封扉题签：姚奠中

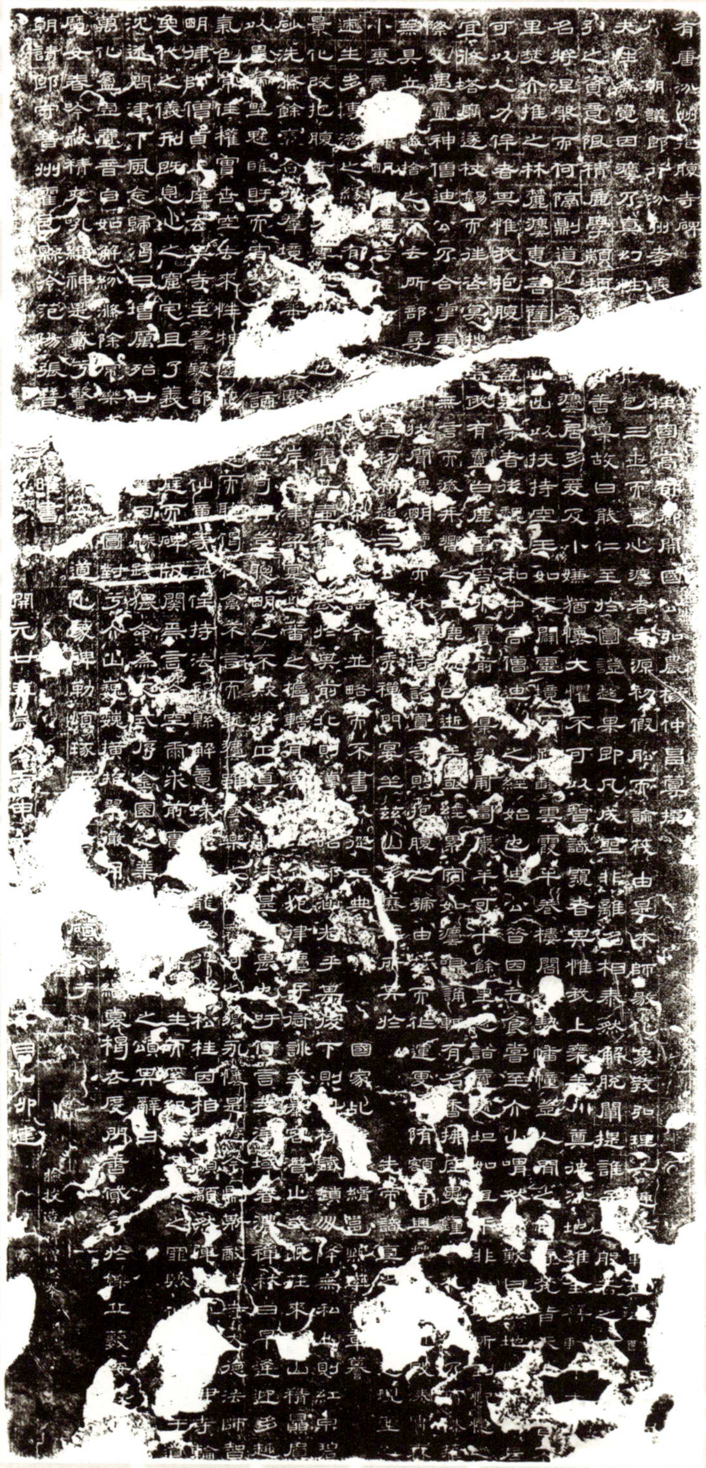

国家十二五规划项目

三晋石刻大全

晋中市介休市卷(上)

三晋石刻大全

总主编　李玉明　李俊明

主编　宋林伟

山西出版传媒集团
三晋出版社

《三晋石刻大全》编纂委员会

《三晋石刻大全》晋中市编纂委员会

《三晋石刻大全·晋中市介休市卷》编纂委员会

凡　例

一、以抢救和存史为收录原则。收录范围：以《三晋石刻总目》为基础，凡古代、近现代和新中国成立后现存和佚失石刻全部全文收录（其中新中国成立后没有社会文化价值的私人墓碑等除外）。收录上下限：上限从本地最早的石刻起，下限到定稿为止。

二、以县（市、区）分卷，原则上每县（市、区）一卷，另有山西省博物院卷、五台山卷、晋商会馆卷和总目各一卷。

三、“概述”为一个县（市、区）或石刻收藏单位总论性的文章，既有资料性，又有学术性，内容主要包括：石刻历史发展（收藏）演变情况、现在分布区域、类别、时代、数量和保存情况，重要石刻简述、主要特色和价值评估、保护和利用建议等。

四、石刻单位称谓：各类碑刻（包括造像碑）一律称“通”；石碣（或刻石），称“块”或“方”；经幢（包括石幢）称“尊”；墓志和墓志铭，有盖的称“盒”，无盖的称“方”；画像（图像）石、匾额、塔铭、法帖，称“方”或“块”；摩崖题记称“处”或“条”。石柱，称“根”；戒牒，刻在碑上的称“通”，刻在碣上的，称“方”或“块”。石刻录文称谓：碑，称“碑文”；碣（刻石），称“碣文”或“刻文”（镌刻诗赋的，称“诗文”）；造像碑（含座），称“发愿文”；墓志铭和墓志，称“志文”；石匾，称“匾文”；镌刻帝王诏令的，称“敕文”；摩崖题刻、画像石、石幢（内容非经文者）、石柱等，称“题记”或“题刻”；经幢，称“经文”；塔铭，称“铭文”；墓表，称“表文”；石对联，称“联文”；戒（度）牒，称“牒文”；法帖，称“帖文”。

五、不设篇、章、节，一件石刻独立成篇。全卷录文分两部分，即现存石刻、佚失石刻。以县（市、区）为纲，分别按时代顺序排列，不分类。

六、每件石刻编纂内容包括名称（全称）、简介、录文（全文）。另附照片或拓片。

七、凡涉及人物的石刻，“简介”除介绍石刻外，还介绍人物的生卒年、籍贯、主要官职、生平事迹、著述等；凡涉及人物籍贯的，一律用原地名，括号内注明今地名。如郭泰，太原界休（今山西省介休市）人。

八、新中国成立以来，有不少石刻陆续由原址搬迁到异地，这部分石刻均由现收藏单位收录。地址一律按原址书写，然后注明搬迁时间和地点。

九、真假或断代暂无定论的石刻，可沿用旧说或存疑。有几种说法的，诸说并存。

十、纪年：1912 年以前的石刻一律用历史纪年，括注公元纪年，如唐贞观元年（627）。括号内公元纪年前后不加“公元”和“年”字。1912 年至 1949 年 10 月 1 日中华人民共和国成立前，一律用民国纪年，括注公元纪年，如中华民国 16 年（1927），也可写成“民国 16 年（1927）”。民国年号用阿拉伯数字，不用汉字。1949 年 10 月 1 日之后，一律用公元纪年。

十一、表示体积、面积等尺寸的，单位用“厘米”。如长（或高）120、宽 60、厚 20 厘米，长、宽均不加“厘米”二字，用顿号间隔。

十二、收录的石刻文字原为繁体字的，仍用繁体字；原为简化字的，仍用简化字。1957 年汉字简化之后，有的碑繁简混用，录文尽量保持原貌，以保存史料的真实性。录文横排，原则上根据文意分段，不易分段的，可以连排。编者所加文字，用楷体字，并加圆括号，以与正文宋体字区别。如“(碑阳)”“(碑阴)”等。

十三、收录的石刻文字，只作标点，不作校勘，原文中的错别字、异体字、通假字及不当之处等，一般保持原貌，不作甄别、注释和括注。

十四、石刻文字漫漶、剥泐不清的，用一字一“□”表示。漫漶、剥泐字数不清的，用“……”或“下阙”表示。

十五、索引按类编排，使本书既可按历史顺序阅读，又可按类检索，互为补充，相得益彰。

总序（一）

李玉明

石刻，指镌刻有文字的历代碑、碣、造像碑、经幢、石幢（内容非经文者）、摩崖题记、墓志铭、画像石等，是历史文化的重要载体。

石刻，有狭义和广义的两种理解。狭义的理解，专指“碑”；广义的理解，包括碑、墓志、造像等各类刻石。

所谓“碑”，汉以前就有了，但那时的碑不是为了刻字，而是立于宗庙、学校，用以观日影、记时刻、测方向的。古代礼仪规定，主人迎宾进宗庙之门要当碑而揖。祭祀时亦常常把祭祀用的牛羊等牺牲先拴于碑上。碑在古代还有另一种用途，是立于墓前用于棺木下葬，称为“窆石”，下棺时用以固定辘轳。所以早期的墓碑中上部有穿，称之为“碑穿”，用以系绳下棺；在宗庙之碑则为系牺牲的牛羊所用。因此，最初碑的用途并非为了刻字，而是实用。

现代意义上的“碑”，兴起于西汉而盛于东汉。原来在西汉以前，即商周时期，歌功颂德的文字铸刻在钟鼎彝器上，西汉开始以石代金，用碑记载功德和事件了。这即是金石铭文的由来。

从西汉“碑”开始镌刻文字以来，历朝历代的碑刻大体相似，均由碑首、碑身、碑座三部分组成。但各类碑之间又呈现繁多的样式。碑首有圭首、圆首、平首、梯首、冠形首、螭首等。碑身以长方形为多，另有倒瓶形，六棱、八棱形，正方柱形，扁方形等。碑座有龟趺形，形状庄重，采用得最多。古人以龟为长久，常常以龟（实际称赑屃）背碑。碑的种类有功德碑，记载文臣武将的文治武功；庙碑，种类繁多，记述庙的修建历史；墓碑，记载死者籍贯、世系、事迹及卒葬时间等。还有记事碑、纪念碑、文告碑、诗文碑等。

从现代广义上讲，凡是镌刻有文字的石刻都可以称为碑刻，而在先秦时除“碑”以外，其他都不称碑，而称“刻石”。我国迄今发现最早的刻石是商代的《小臣系簋》和一些石磬刻字。以后有秦石鼓文，秦始皇峄山、泰山、琅琊台刻石等。汉以后这些刻石逐渐统称碑石了。佛教传入中国和中国道教兴起后，又出现了宗教刻石及造像。山西是我国中原地区宗教刻石最早产生和发展的省份之一，云冈石窟、天龙山石窟，以及现在散存在全省各地大量的经幢、石幢、造像碑等刻石，见证了这一历史发展的轨迹。另外，作为墓碑衍化物的墓志，起源于汉代，形制为长方形。而标准方形的墓志则兴起于魏晋南北朝，大盛于唐，是碑刻的重要组成部分。比如山西现存的北魏司马金龙墓志，封和宠、辛祥墓志；北齐裴良、厍狄回洛、娄叡墓志；东魏刘懿墓志等。

石刻最大的特点，是能长久地保存下去，故称为刻在石头上的历史，简称“石史”。它最大的功用，是可以证史、补史和纠正官修书面历史记载的舛误，在弘扬民族文化，借鉴历史经验，在社会主义经济建设、政治建设、文化建设、社会建设和生态文明建设服务等方面，都有十分重要的意义，历来受到地方当局、有关社会组织和个人爱好者重视。例如，我国现存最早最大的殿堂式建筑五台山佛光寺东大殿，1937 年梁思成先生调查发现后，轰动了国内外学术界。殿前镌刻于唐大中十一年（857）的经幢，解决了该殿学术上的两大问题。一是根据经幢的记载，该殿始建于唐德宗大中十一年（857），不仅使该殿是唐代建筑得到了有力的佐证，而且使这座国宝级文物建筑有了准确的纪年，其学术价值大大被提升。二是从这尊经幢的记载中得知，佛光寺东大殿的施主（即捐资人）是长安官宦人家出身的女弟子“宁公遇”。由于施主的身份高，其建筑的级别也相应被提高。又例如，山西现存 18000 多处古建筑，其每处建筑的历史沿革，要么文献记载简单，多数只一句话；要么查不到任何记载。而这些建筑前前后后的历史发展变化情况，主要靠现存碑刻的记载来见证，因而各座古建筑附属的碑刻就成了该古建筑历史沿革有力的证据。再例如，山西历史上的灾荒不断，元大德七年（1303）平阳、太原地区曾发生过山西历史上最大的一次地震；清光绪三年（1877）

曾发生过山西历史上最大的一次旱灾，连续三年颗粒无收，死亡百姓不计其数，并出现了人吃人的现象。这些灾荒，由于历史的原因（如信息不畅），或是地方官员为保乌纱帽，有意隐瞒，因而文献记载零碎简单，甚至缺失无记载。而民间百姓在灾荒过后却镌刻了不少碑刻，使后人永志不忘。这些灾荒碑虽有不少毁于战火，或被人为破坏，但各地保存至今的仍有不少，已成为研究山西历代地震、水旱等自然灾害的宝贵资料。除灾荒碑外，存世的还有不少古代科技方面的碑石，是研究当地农林水利、医药等发展的重要实证。三晋石刻是山西省一个丰富多彩的重要人文资源，因此，编辑出版《三晋石刻大全》，不仅具有深远的历史意义，而且有可资借鉴的现实意义，是功在千秋、荫及子孙的一件好事、善事。

自宋代兴起金石学以来，访求石刻是历代众多史学家、方志学家们的终生爱好和一生的追求。山西自明成化十年（1474）创修《山西通志》时，就收录了“金石”资料，现在能够作为代表的是清光绪年间山西巡抚胡聘之主编的《山右石刻丛编》。这套《丛编》于光绪二十五年（1899）出版，共 40 卷，收录北魏至元代计 14 个王朝 840 余年的各类石刻 720 通（件）。还有在此之前于光绪十八年（1892）官修的《山西通志·金石记》（单行本称《山右金石记》），杨笃（秋湄）主编，收录汉以来碑刻 1550 余通。《山西通志·金石记》与《山右石刻丛编》比较，前者“有则录之，存亡不计”，后者“存者收录，亡者不述”。

山西历史上石刻最多时究竟有多少，谁也说不准。新中国成立后，经过文物部门的多次调查和普查，山西现存各类碑碣大约 5 万。清代著名金石学家叶昌炽在《语石》中说：“大抵晋碑皆萃于蒲、绛、泽、潞四属。”四属原都称州，大体上是现在的运城、临汾、晋城、长治四市，即山西南部地区。《山右石刻丛编》收录的 720 通碑刻，属于上述四州的有 496 通，占全省的 68.9%;《山西通志·金石记》收录的 1550 余通碑刻，属于上述四州的有 993 通，占全省的 64%；现存的 5 万余通石刻中，上述四市占了全省的一半以上，叶氏的论断基本是正确的。但除上述四州（四市）外，其他地区也有不少碑刻存世，其中不乏精品，同样应予重视。

新中国成立以来，山西省文物考古部门和有关部门、团体以及个人爱好者，在石刻的调查、保护、拓印、研究、出版等方面做了大量工作，取得了一定成果。但这些成果比较零星分散，缺乏全面性、系统性；也没有一个专门访求石刻的机构，使这项事业的发展受到一定制约。其次，历史资料少而缺失，已出版问世的石刻著作，存量极少，不仅难求，而且收录不全。比如，《山右石刻丛编》和《山西通志·金石记》均只收录到元代，且遗漏不少，大量明清时期的碑刻又未被采撷，造成历史的遗憾；宋代赵明诚的《金石录》只收录山西唐以前碑石 45 通；清代王昶的《金石萃编》，只收录山西元以前碑石近 30 通。所有这些，都需要我们在前人研究成果的基础上，做大量的拾遗补缺工作。第三，建国以来又新发现了大量的石刻，特别是新发现和出土了一批重要的墓志铭、摩崖题记、造像碑等，大大丰富了山西石刻的研究资料。比如北朝至隋唐一批重要墓志的出土、黄河沿岸等处汉以来漕运摩崖题记和一批早期造像碑的发现，以及其他一大批新发现石刻的著录登记等，都是重要的石刻资料，这些都需要有人去进一步访求和研究。第四，石刻文物具有不能再生性的特点，毁一件即少一件。比如北周武帝二次灭佛，山西的汉碑及三国两晋碑除郭泰碑外，全部被毁。郭泰碑后来也流失不存，造成了“山右无汉碑”的历史遗憾。当前仍存在盗窃和建设工程中人为破坏石刻文物的严重现象，自然损毁也日益加剧，古老石刻随时都有流失和被毁的危险。因此，抢救保护石刻，将其全部著录在册，世代流传下去，是当务之急，是带有抢救和存史双重重要性质的宏大工程。

为了全面系统地开展三晋石刻的访求和研究工作，三晋文化研究会成立以来，即借鉴历史经验，适应形势的需要，挑起了保护研究石刻传统文化这个重任。从 1990 年开始，即着手分市编辑出版《三晋石刻总目》，到 2006 年底，已有 9 个市的《总目》正式出版，共收录存碑 11878 通，佚碑 4168 通，合计 16046 通。

在基本完成《三晋石刻总目》编辑出版的基础上，三晋文化研究会从 2007 年正式开始编辑《三晋石刻大全》。《大全》以《总目》为基础，将新中国成立前后的碑刻，不论存佚，有文则存，全文抄录，并断句。同时，每篇加“简介”，附照片或拓片。基本上每县（市、区）1 卷，山西博物院和五台山、晋商会馆各 1 卷，再加记事总目录 1 卷，全省预计 125 卷。

分步编辑出版的山西石刻研究成果，其资料价值、历史价值、学术价值和使用价值都将远远超过以往出版的石刻著作，将成为山西有史以来的首创之作，流芳后世，意义深远！

是为序。

总序（二）

李俊明

2024年8月换届产生的山西省三晋文化研究会第七届理事会，坚持以习近平文化思想为指引，全面贯彻党的二十届三中全会精神，认真落实省委“加强三晋文化研究和活化利用”的部署要求，以山西正在做的事情为中心，突出“六个紧紧围绕”，深入开展古色文化、红色文化、绿色文化、土色文化、墨色文化等“五色文化”立体研究，探索开展黄河文化、长城文化、太行山（第三阶梯线）文化、万里茶道（晋商古道）文化、万里移民文化等“五线文化”集成研究，展示“五彩山西”形象，凸显山西“一地中、两枢纽、三中点”特殊地位。

山西是中华文明的重要发祥地之一，历史悠久，文化灿烂，遗存丰厚。特别是珍藏在三晋大地上海量的石刻遗存，是山西文化大省的重要标志，是“五色文化”的重要载体，是“五线文化”的重要见证。

回望历史，中华民族素有树碑立传的文化传统。这些镌刻在石头上的文字，形式多种多样，内容包罗万象，是中国社会史上原始、鲜活的史料，可信度高，具备极高的学术研究价值，构成中华历史文献的重要部分。自宋代以来，金石学逐渐成为一门显学，著述和文献成果层出不穷。

据近年对山西石刻文献的系统整理知悉，全省所存各类石刻总量当在50000种左右，在中华石刻总量上占有很高的比重，而且有许多名碑，如唐太宗李世民亲撰并书写的国内第一通行书碑《晋祠之铭并序》，有唐武则天时期无名氏篆书的《碧落碑》，有苏轼撰写的《司马光神道碑》（俗称《杏花碑》），有宋代驸马潘师旦主持编刻的名帖《绛帖》，有明代藩王府朱奇源主持刊刻的《宝贤堂集古法帖》，等等，均属国内名碑名帖，是三晋“墨色文化”中的瑰宝。

整理出版《三晋石刻大全》，是中华石刻文献整理史上的一大创举，被列为“国家十二五规划项目”，是国家古籍整理的重点工程。山西省三晋文化研究会自2007年启动编撰出版《三晋石刻大全》以来，以县（市、区）为单位，已出版83个县（市、区）的石刻史料，占全省117个县级行政区的70%。

《三晋石刻大全》的编撰出版，得到业界的充分肯定与广泛赞扬。中国社会科学院考古研究所研究员、中国石刻研究权威专家赵超在《中国古代石刻概论》中指出：“如果像编写《三晋石刻总目》这样地区性石刻目录的工作，能够在全国开展起来，最终形成一部中国石刻总目，那么，必将对中国古代石刻的保护与研究产生重大影响。”事实上，我们历经17年，已取得三晋石刻整理出版的巨大成果，为社会提供了大量文献价值极高的石刻史料，有力地推动了三晋文化研究。

《三晋石刻大全》形式多样，有碑、志、铭、碣、摩崖、经幢等多种形式。内容丰富，包括遍及山西各地的佛教、道教、民间信仰史料，农业水利及农业信俗，以及天灾记录、战争信息、生活习惯、职官名称、姓氏演变、名人踪迹和题刻、家族变迁、婚姻缔结、书院学校、科举题名、建筑修缮、雕塑彩绘。其中最为显赫且具备广泛社会影响的，有太原晋祠、临汾洪洞的水利史料，五台山、云冈等地的佛教史料，永乐宫等地的道教史料，上党地区的民间信仰史料，等等。

为此，新一届理事会坚持守正创新，在继续整理出版石刻史料的基础上，计划对三晋石刻中涉及的职官、地名、耕织、水利、灾荒、教育、戏曲、信俗、宗教、匠艺、建筑、书艺、彩绘和壁画等方面进行类编和研究，并相机出版内容完备的《三晋石刻总目》。

《三晋石刻大全》的整理出版，凝聚了全省各级三晋文化研究会同仁和出版社编辑的心血和汗水。历经十七载寒来暑往，有大量热心的研究工作者参与石刻文献的搜集和整理，做出无私奉献。他们田野调查，披荆斩棘，照相抄碑；梳理史料，兀兀穷年，检校错讹；排版编辑，焚膏继晷，谨慎判读。虽不能尽善尽美，但力期无误。最难能可贵者，当属李玉明、罗广德、杨子荣等老一辈研究会领导，他们在宏观规划、筹集资金、编辑出版等方面，可称筚路蓝缕，老骥伏枥，皓首穷经，实在可钦可佩。相关各市县（市、区）研究会同志，热情饱满，坚持不懈，协力同心，奋发争先。截至目前，晋城、运城两市已完成所辖各县（市、区）的整理出版任务，走在全省前列。

一代人有一代人的使命，一届研究会有一届研究会的责任。我们一定要牢记"赓续三晋之文脉，弘扬时代之新风"的办会初衷，发扬"功成不必在我、功成必定有我"的优良传统，秉持孜孜不倦、久久为功的学术精神，精心组织，全力以赴，深化研究，并力求做到创造性转化，创新性发展，圆满完成《三晋石刻大全》这一中华石刻整理史上的里程碑式壮举，不断谱写三晋文化研究新篇章！

是为序。

序一

晋中市人大原副主任　杨二怀

“盛世修志，盛事勒石”，极言修志刻石之至要也。修志即纪史，史可鉴古知今，晓谕后人，但由于历代史官自身的局限性或某些客观原因，使有的史书中许多记载史料不实、不全，甚至存在明显的差错。一旦形成定论，以讹传讹，贻害无穷。唯同一时期的石刻、碑碣等，由于其内容涉及面相当广泛，几乎囊括各个层面的各种社会状况，且秉笔直书，史料翔实，可以证史之真伪，补史之不足，进而纠正史书之舛误。历史上通过碑碣、墓志等刻石取得佐证，澄清史实，进而辨别真伪及疑案、悬案的事例，比比皆是。由是，访求石刻成为许多史学家、方志学家和文化学者的终生爱好，历来为有识者所重视。

晋中市地处三晋腹地，历史悠久，源远流长，乃中华民族传统文化的发祥地之一，文化底蕴极其深厚。境内文物古迹众多，各类文化遗存十分丰富。仅就石刻而言，不仅门类齐全，而且跨越时间长，具有很高的历史、科学和艺术价值。晋中市三晋文化研究会在省三晋文化研究会的指导下，已陆续编纂了《晋中碑刻选粹》和《三晋石刻总目·晋中市卷》。前者辑录选拓上自北魏下迄民国的各种碑刻共计463通，乃晋中碑刻之精粹；后者收录与前者同一时期各类石刻目录计2474条（晋中市现存碑刻总量约在3000通以上）。虽不敢言已悉数收录和发掘，但其不失为一笔宝贵财富，对挖掘、弘扬优秀传统文化，推进“文化晋中”建设，具有重大而深远的意义。

这些石刻、碑帖中，不乏珍品佳作，其中有些在全国都是极为罕见的，如明洪武年间的《新修十八盘并天井郊城堡图碑》、唐代的《汾州抱腹寺碑》《李光进神道碑铭并序》和《李光颜神道碑铭并序》等。此外，还有许多碑帖都是书法艺术价值极高的稀世珍品，如清初傅山隶书《郭泰碑》、清中期祁寯藻行书《祁氏支祠碑》、民国时期赵铁山楷书《太谷重修大观楼记碑》、常旭春楷书《朱子治家格言刻石》等。尽管如此，由于条件所限，仍有大量有价值的碑刻未被采撷，不能不令人引以为憾。所喜者，近年来由市三晋文化研究会组织各县（市、区）分别遴选的一批精粹石刻，已陆续编录出版。

在此基础上，各地有志于此的同志们继续整理和研究金石碑刻，从收录、拓印、点校到编辑成书，他们几经寒暑，甘守寂寞，淡泊名利，不遗余力，终于按照三晋文化研究会《三晋石刻大全》之要求，编纂成各分卷，其中甘苦，非亲历者不能察也。其精神令人钦佩，感铭至深！古语云：“有志者，事竟成。”信哉斯言！

谨此数语，聊以为序。

序二

鹿建平

1990年，省三晋文化研究会担起保护研究三晋石刻传统文化重任，到2006年底，已有9个市的《三晋石刻总目》正式出版，收录存碑、佚碑16046通。之后，编辑出版《三晋石刻大全》，并被列为"国家十二五规划项目"、国家古籍整理重点工程，至今已出版83县（市、区）石刻史料，占全省117个县级行政区的70%。

在这一浩大工程中，晋中市已有榆次区、寿阳县、灵石县、太谷县、和顺县、左权县、平遥县、介休市八个县（区、市）完成收集编辑出版工作。还有《三晋石刻总目·晋中市卷》收录2474条，约占晋中市现存碑刻总量3000通以上的82%。如此之功，原晋中三晋文化研究会的前辈和各县（区、市）的同志们付出了极大的努力，市县两级领导和部门给予极大支持，为我们薪火相传继续完成好这一工程注入了强大动力。

晋中地处三晋腹地，毗邻北方边地，在黄土高原农耕文化与北方游牧文化几千年的交流交融交往中，扮演了重要角色，形成了独特的农耕文化生态。晋中是晋商故里，在晋商"纵横欧亚九千里，称雄商界五百年"的辉煌历史上，晋中商人是万里茶道上的排头兵，是晋商票号的发轫者，晋中是晋商文化生态的"百科全书"，是以古城大院古村为载体，古韵犹存的晋商文化"活态存在"。晋中汾水长流、太行巍峙，山川壮美、人杰地灵，从灵石县旌介的商文化，到太谷白燕的华夏文化，从先秦到明清，三千年弦歌不绝、先贤辈出、群英璀灿。他们或入朝为官、修齐治平，或退于故里、报答桑梓，或鏖战沙场、建功立业，或筚路蓝缕、万里从商，创新创造、生生不息，为三晋历史写出了壮丽的晋中篇章，也为晋中大地留下了160余处旧、新石器文化遗址，5539处不可移动文物，2处国家级历史文化名城、2处中国历史文化名镇、17处中国历史文化名村、90个国家级传统村落，61处省级历史文化遗产，300余处革命遗址和革命纪念建筑物。晋中非物质文化资源丰厚，现有国家级非遗代表性项目21项、省级128项、市级352项、县级1031项。有国家级非遗生产性保护示范基地2个、省级2个，有国家级"文化之乡"称号非遗传承县7个。晋中市全境于2010年6月被批准建设国家级晋中文化生态保护实验区，2023年1月29日，文化和旅游部正式公布为晋中文化生态保护区（山西省晋中市）。

石刻，包括历代碑、碣、造像碑、经幢、石幢、摩崖题记、墓志铭、画像等，是历史晋中、文化晋中、英雄晋中的真实见证和重要载体。介休"三杰"之一的郭泰（字林宗，又名有道），东汉名士，太学生领军人物，去世后蔡邕亲为其撰碑，此碑久已湮灭，清傅山书《郭有道碑》，现存介休市后土庙。傅山还为祁县戴廷栻所修丹枫阁写下旷世佳作《丹枫阁记》，碑文现存太原傅山碑林。1644年傅山奉母避乱并出家于寿阳五峰山，《五峰山草书碑》立于寿阳太安驿五峰山龙泉寺。至于《唐平淮西碑》更是熔裴度功绩、韩愈文章、祁寯藻书法为一炉，世称"三绝碑"。祁寯藻书写的《蓝公教织歌》，刊刻于故乡寿阳蓝公祠东西壁，广布于寿阳"城乡市镇九十有二所，人人歌舞公之功"。祁寯藻还经常为乡民无偿书写碑文或楹联，至今寿阳城乡仍有保存。晋中先贤先民刻石勒碑、摩崖造像，千载相传、万世不灭，后人需要倍加珍惜。

晋中三晋文化研究会即将复会，我们要坚持以习近平文化思想为指引，践行总书记"敬畏历史，敬畏文化，敬畏生态"殷殷嘱托，全面落实省委"加强三晋文化研究和活化利用"要求，认真落实市委"文化晋中建设”部署，牢记“赓续三晋之文脉，弘扬时代之新风”初衷，按照省三晋文化研究会“六个紧紧围绕”“五色文化”“五线文化”研究要求，接过接力棒，担当新使命，展现新作为，圆满完成《三晋石刻大全》晋中各项工程，为建设文化强省作出晋中贡献！

前 言

介休市三晋文化研究会 赵宇

在悠悠历史长河中，文化与艺术如同璀璨星辰，照亮了人类文明的天空。而石刻艺术，作为这一浩瀚星河中一颗独特而耀眼的明珠，不仅承载着历史的记忆，更凝聚了匠人的智慧与情感，见证了时代变迁与文化传承。介休，素有寒食之乡、琉璃之城、三贤故里、忠孝之都之称，这座古老而充满魅力的城市，以其丰富的历史文化遗产和精湛的石刻艺术，成为探索中华文明深厚底蕴的一扇重要窗口。

介休市三晋文化研究会成立不久，即迎来《三晋石刻大全 ·晋中市介休市卷》的出版问世，真可谓恰逢其时。该书既是研究会收到的一份厚礼，也是今后发展的稳健基石，实乃研究会之幸事、介休文化界之盛事，值得我们共同庆贺与珍视。

《三晋石刻大全 ·晋中市介休市卷》是一部集大成之作，它汇聚了介休地区从古至今众多精美石刻的精华，涵盖了佛教造像、道教真形、陵墓石志、碑刻铭文等多个领域，全面而系统地展示了介休石刻艺术的独特魅力与非凡成就。这些石刻作品，或雄浑古朴，或细腻温婉，或刚劲挺拔，或圆润秀美，每一刀一凿之间，皆透露出匠人对美的极致追求与对生命的深刻理解。它们不仅是艺术的结晶，更是历史的见证，让我们得以跨越时空的界限，与古人进行一场心灵的对话。

介休石刻之所以能够独树一帜，得益于其得天独厚的地理位置与文化环境。介休是三晋腹地重要交通枢纽，是陕西、四川两省在元、明、清时期通往北京的重要驿道。在漫长的历史演进中，中原黄土农耕文化和北方草原游牧文化在这里长期交融、碰撞，形成了厚重、多元的文化特色，涵盖了寒食清明文化、琉璃陶瓷文化、古建彩塑文化、军事文化、宗教文化、水利文化、晋商文化等多样文化类型。加之历代文人墨客、能工巧匠的辛勤耕耘，使得介休石刻艺术在继承传统的基础上不断守正创新，形成了自己的风格与特色。

介休市委、市政府多年来非常重视历史文化的保护传承工作，通过持续不断的文物修缮，不仅抢救了许多岌岌可危的文物建筑，而且大量重要的石刻附属文物或得以妥善保存，或在修缮过程中“失而复得”，重见光明。特别是随着文物保护意识的深入人心，保护文物逐渐成为一种社会共识，民间人士捐赠石刻文物的事例时有发生，一些散落民间的石刻也重新展现在世人面前，许多文物的历史脉络得以厘清，发挥了重要的正本清源作用。其中未收录到本书的“新发现”石刻，将是研究会今后整理研究的重点，也是出版后续专辑的主要内容。

《三晋石刻大全 ·晋中市介休市卷》的编纂出版，是对介休石刻艺术的一次全面梳理与深入挖掘，它不仅为学术界提供了宝贵的研究资料，也为广大读者打开了一扇了解介休、认识中国石刻艺术的窗口。通过本书，必将有更多的人被介休石刻的魅力所吸引，进而关注并参与到文化遗产的保护与传承中来。

在此，向所有为本书出版付出辛勤努力的专家学者、文化工作者以及社会各界人士表示衷心的感谢与崇高的敬意。愿《三晋石刻大全 ·晋中市介休市卷》能够成为连接过去与未来的桥梁，让介休石刻这一珍贵的文化遗产在新时代焕发出更加绚丽的光彩！

概 述

介休，位于汾河谷地中部，太原盆地南端，周边与平遥、灵石、汾阳、孝义、沁源等县市接壤。"东望蚕簇之山，西距雀鼠之谷，绵山峙其前，汾水经其后"，成"陕晋通衢"之枢要形势。

史籍中有关介休的最早记载为鲁隐公五年（前718），由沃庄伯伐翼，晋翼侯奔随（"随"在介休县城之东）。公元前7世纪，这里曾发生过一件永载史册的大事：晋国介子推携母隐居绵山，晋文公为请介子推出山，举火焚山，介子推与母亲殉难于此。因此事件而逐渐形成一个重要的全国性纪念节日——寒食节。介子推食于斯，居于斯，葬于斯，魂魄存于斯，介休遂为寒食清明文化发祥地。

公元前514年，晋国在介休东部区域设置"邬"，封司马弥牟为邬大夫，介休的县级建制从这一年算起，已有2500多年历史。秦始皇实行郡县制，在"邬"之西设界休县。以后历朝曾改界休为界美、介休（西晋时）、平昌。东魏时，定阳郡一度侨置在介休境内。隋、唐时设介休郡、介州，兼领平遥县。唐乾元元年（758），介休县属汾州。宋、元、明、清时期，介休县域和领属关系基本保持不变。民国元年（1912），介休县属山西省。中华人民共和国成立后，介休县先属榆次专署，后属晋中专署、晋中行署。1992年2月，介休撤县改设县级市。

明清以来，介休被称作"左控神京，右通梁雍，腹地之大邑也"。中原黄土文化和北方草原文化在这里长期交融、碰撞，形成了厚重多元的文化特色，遗存了丰富灿烂的文物古迹。全市列入名录的文物有458处，其中有11处全国重点文物保护单位，15处省级重点文物保护单位，4个中国历史文化名村，22个中国传统古村落，涵盖老城名镇、古堡古村、名窑名泉、佛寺庙宇、晋商大院等不同文化门类。在这些绚烂多姿的文物古迹中，散落着大量的石刻碑碣，记述着这些古迹的兴衰过往、历史沿革以及当地的风俗民情。

清末民初，介休著名学者董重所著《介休金石略》，对当时留存于世的石刻进行了辑录。然时过境迁，风雨侵蚀、兵燹纷争、人为破坏等自然和人为因素，导致很多石刻消失在历史烟云中，《介休金石略》所录已有不少散佚不见。抢救、搜集、整理介休的石刻资料，把重要历史信息保存下来是十分必要之事。

1997年，介休市政协文史资料第七辑"碑碣专辑"，对20余通重要石刻进行了标断注解，同时以一览表形式收录了现存全部石刻，是中华人民共和国成立后我市对石刻文物较早进行的一次有组织整理，成为当时研究石刻资料的重要参考。此后，本土文化学者们有关石刻的解读文章散见于各类报刊媒体。2017—2018年，郝继文先生《百年碑情》、市史志办《介休碑传集》两部石刻专著先后出版发行。《百年碑情》是介休名碑《郭泰碑》的研究专著，是对郭泰本人及所处历史背景、碑体变迁史及本身所含历史文化信息所做的全面深刻解读。《介休碑传集》收录了介休73通石刻资料，并逐一进行了标断注释，其中有的石刻为首次面世，填补了历史文化研究中的某些空白，纠正了一些多年形成的舛误信息，实用价值颇高。

以上专著贵在解读碑文之"专"，若以收录数量之"全"论，则还远远不够，唯有加快完成《三晋石刻大全·晋中市介休市卷》的编纂，才能实现数量"全"的目的，才能使常年经受风雨侵蚀，风化剥落严重的石刻文字尽可能完整地保存下来。

《三晋石刻大全·晋中市介休市卷》的编纂工作始于2007年，成稿于2023年6月，历经17年之久。全书收录了本市境内完整或基本完整的古代石刻，以及较有价值的现当代石刻430件（篇），佚失石刻98件（篇），总数528件（篇），是迄今为止第一部全面系统的介休石刻资料汇总。收录的石刻上起北魏，下迄当代，时间跨度近1500年。按碑文内容大体可分为政令、公益、条规、讼案、记事、节孝、纪念、庙宇建修、祠堂族谱、墓志墓表、义行善举、诗词歌赋、楹联匾额等不同类别。介休石刻集中之地有洪山源神庙、兴地回銮寺、小靳东岳庙、绵山风景区、后土庙，每处藏碑均在10通以上。这些石刻所承载的历史文化信息对古代政治、经济、商业、村情民风、社会治理等多方面研究，都具有重要参考价值。

古代社会无村不庙，无庙不碑，庙宇建修碑是存世数量最多的石刻类别。《有唐汾州抱腹寺碑》，又称开元碑，是考证抱腹寺建造年代的重要史料，碑文隶体，有汉隶遗韵，碑侧有唐太子宾客贺知章及宋、金、元历代名人题诗题字。开元碑既是书法珍品，也有重要的史学价值。唐贞元十一年（795）《法兴寺四界地亩碑》，系洪山村法兴寺香火地四至碑，碑文中"西至琉璃寺"一句，表明在唐代时，介休的建筑屋顶已开始使用琉璃，这是目前能证明介休琉璃烧制技艺起源年代的最早文字记载。《源神碑记》系北宋大中祥符元年（1008）碑，文中记载的"磁窑税务任韬……前磁窑税务武忠"，印证了当时洪山陶瓷烧造规模之盛大，以至于官府要设立磁窑税务收取专项税银。《冀宁路汾州介休县豹虎何村重建永泽庙堂记》记述了元大德七年（1303）八月六日夜，"厚坤失载，动若浮舟，官舍民屋，率皆崩陷，庙堂与焉"，对山西历史上这一罕见大地震的破坏程度做了形象描述，这无疑是研究山西地震史可贵的文字资料。介休市龙凤镇张壁村两通孔雀蓝色琉璃碑，建于明万历年间，是介休被称为"琉璃艺术之乡"的重要实物见证。碑文记述空王佛田志超修行成佛之艰苦历程，文字平平，碑体的琉璃材质却十分珍稀，不过在这本石刻大全中只能以附录形式收录。清代是中国古代庙宇建设的鼎盛时期，介休城乡各地存世的庙宇大多为清代创建、扩建或重建，大量现存庙宇碑刻也即当时的建修碑。庙碑不仅记录着庙宇的建修年代、起因、经过、规模等基本信息，同时也能反映当时社会的发展状况、民情民风以及商业繁荣程度等。

墓志墓表类也是本书收录的大项，有的因墓主或撰文者声名显赫而突显珍贵，有的因碑文中记录有关历史事件而受人重视，有的则是以镌刻、书丹艺术高超而被人追捧。东汉郭泰墓碑，史载为当时文学家蔡邕撰并书，事后蔡邕说："吾为人作铭，未尝不有惭容，唯为郭有道碑颂无愧耳！"后世遂称之为"无愧碑"。北周武帝宇文邕曾诏除天下碑，惟介休郭林宗碑诏令特留，惜原碑已佚。现存为清初太原傅山根据原拓重摹碑，仍不失为碑中珍品。《唐□焦府君墓志铭并序》对介休行政沿革、焦家堡村史及焦氏起源研究具有参考价值。《大唐故宋府君墓志铭并序》的独特之处在于此碑铭为墓主人生前自撰刻就，这是一个十分罕见的现象。北宋天禧二年（1018）《李将军碑铭》对西汉名将李陵做了高度评价，对其灵柩安葬于介休的起因进行了记述，碑阴内容则为研究介休古村落渊源提供了重要线索。明嘉靖二十三年（1544）《万人墓石志》非个人墓志铭，记述的是一件惨绝人寰的历史事件：嘉靖二十一年七月初二，蒙古俺答汗入境介休，"杀抢□方，遇女男而□□□□，逢老幼而恁意伤残，血□遍地，白骨盈郊"，许多尸骨因无法辨认而不得安葬，"本村（史村）禅惠寺僧人遗秀、南张村观音堂僧人真千，见得生灵无主，同发诚心，建一枉墓，□境数十余村尸骨，尽葬在枉墓之中。"《皇明晋阶中议大夫太仆寺少卿献苼乔先生墓志铭》是崇祯年间的一方墓志，墓主人乔承诏才学渊博，政绩卓著，累官至太仆寺少卿。墓志中记录的乔承诏所经历的两件大事："会红夷寇，公督兵剿杀之……""……是为己巳。奴入犯，则其冬十二月也。公奉旨督齐化门严饬，多运奇略……"是反映明朝末年朝政内外交困的真实史料。清代中后期的墓志墓表数量众多。乾隆三十四年（1769）《晋邑令贾公墓碑记》是对西晋介休县令贾浑殉难过程的具体描述，高度评价了贾浑守土有责、杀身成仁的忠贞不渝。《太学生王文辉墓志铭》《国子监祭酒梁锡玙墓志铭》《诰授奉直大夫布政使司经历加二级乡饮大宾容斋茹先生墓志铭》《清贡生岳处园先生之墓志》等有关介休文苑名士生平经历的墓志，是研究清代至民国期间介休人文状态的重要史料。《皇清诰赠中宪大夫原职太仆寺卿加三级用二品服又加五级芝岩范公墓表》《皇清诰授通奉大夫晋封资政大夫二品衔花翎即选道达堂冀公暨德配诰封夫人梁罗高宋张太夫人合葬墓志铭》《古棠侯公墓志》《参政范毓䄻墓志铭》等晋商名流的墓志，对晋商文化研究极具参考价值。

介休碑刻中，有相当一部分为训诫、训饬、条规内容，这类碑刻如实记录了历史上某一时期的政治观点、道德标准、民间惯例、民情民风等，反映了在历史长河中，介休乡民探索适用于自己的"守则"或"条规"，不断向法制化过渡的心路历程。这方面内容的碑刻以历代洪山泉分水条规碑最多，《介邑王侯均水碑记》《新浚洪山泉源记》《重修三河水平记》《源泉平讼记》《中河碑记》《介休县水利条规碑》等均为此类碑刻，分水条规对介休水利事业规范发展起到了积极的推动作用。龙凤镇南庄村的两方清代镶嵌碑记录的是村规民约类内容，具体规定了禁止村民随意堆放粪土事项，证明了该村自古以来对维护生存环境的重视程度，对研究中国古代的乡村治理有一定参考价值。兴地村回銮寺同治七年（1868）《公议规章》对村民砍伐树木、买卖土地房产、用水规则、开山图利、堵塞水路、赌博、开烟馆等事宜或禁止、或处罚、或规范，堪为乡规民约的典型范例。洪山源神庙《公同义阖碗窑行公议规条碑记》，系洪山碗窑行于光绪十八年议定的条规，民国五年增补条款后立石，是介休存世较少的手工行业条规碑。

祠堂族谱类碑刻数量不多，但是对介休重要家族的研究极具价值。本书据《介休县志》收录了介休"三贤"之一的文彦博家庙碑文，系司马光撰文，文中记述了文彦博建造家庙的缘由、过程等，并对文氏世系进行了详尽考究，可当信史来读。《范氏祠堂序》《侯氏世系记》《重修祠堂并考订侯氏世系记》是研究介休晋商巨贾范、侯两家世系的重要依据。《重立曹氏始祖碑记》为北盐场、沙堡村曹氏的渊源提供了实证。《小东街杨氏世谱》记录了家族从一世至十七世的详细谱系，是家谱族谱编排的范例。

义行善举类碑刻见证了介休老百姓的家国情怀。顺治十四年（1657）《董公义修文庙碑记》《董生修文庙记》，记载了董氏一家三代义修文庙的事迹，具有重要的现实意义。乾隆四十三年（1778）《史公塔记》记述了介休标志性建筑史公塔的建造始末，失落多年，2022 年由社会人士捐赠到介休市博物馆。史公塔是为纪念万历年间介休县令史记事而建，其时史县令离介已有 150 年时间，建塔费用均由介休乡贤义捐，由此可管窥史县令在介休百姓心目中的地位。嘉庆二十一年（1816）《迎源堡陈公让地址水口碑记》记述的事情甚为感人：迎远堡村陈介伟为了同用一条河渠的七个村行水便利，情愿将西湖龙村水渠边的自家土地无偿献出，以便七村共同修筑损坏不堪的水渠。陈介伟不因一己私利而损害七村百姓大计的深明大义和宽广胸怀，堪为当代人学习的楷模。此外，大量的建城立庙、修桥补路、兴学育人等义行善举之碑，是地方史志的补充和完善，也是地方文明史的传承和见证。

讼案类碑刻存世较少，典型的有清道光六年（1826）《郭林宗庙讼案碑》，记述了郭家村后人争夺"郭林宗庙"的趣事，这应该算是名人的"溢出效应"。道光二十七年（1847）《发琫不守清规判文》记述的是龙头村一位外县僧人因不守清规，被县府判定发送原籍还俗的案例。这两个案例都带有一定喜剧意味，读后令人忍俊不禁。

介休碑刻中还有相当数量的书法碑传世。书法碑是展示传统书法艺术的碑刻，其章法讲究，各具特色，多为当时名人所书，由镌刻高手刻制，使书法与镌刻达到有机结合和高度统一。介休书法碑中的翘楚当属被称为撰写、书法、镌刻"三绝"的郭泰墓碑。介休市博物馆藏《明堂诗碑》，诗系后汉班固所撰，傅山于清康熙二十年用隶字书写，镌刻刀功独特遒劲，亦为佳品。嘉庆十一年（1806）梅山半林子石丁所书《自得记》、乾隆三十一年（1766）《宋其渊诗碣》、乾隆五十九年（1794）《茶亭歌碑》等都是介休书法碑中的精品力作。

《源神碑记》载："斯乃灵泉化出，古庙齐兴。商领西朝，状若屏帏；岚岫前遮，如同翠幕……浓泉百道，绿柳千株，异鸟吟吟，祥花熠熠。汉朝四皓，堪为隐遁之方；晋代七贤，可作优游之地。"碑文气势磅礴，情融于景，典故叠出，读来朗朗上口，是一篇骈体范文。嘉靖二十七年（1548）《过郭有道墓》、嘉靖十三年（1534）《沈伯咸诗碣》、嘉靖四十五年（1566）《介山纪胜》、万历十九年（1591）《洪山源泉诗碣》、万历二十一年

(1593)《新浚洪山泉源记》、康熙十三年(1674))《雨后复游洪山泉记》、乾隆四十二年(1777)《狐岐山祝词并序》等碑碣，或图文并茂、形象生动，或寄情于景、畅发心境，古代文人墨客的文学素养和渊博知识令人叹为观止。

总之，相较于纸质类典籍，石刻文字是易于长期保存的历史资料，是村史、县史研究可资信赖的重要线索。《三晋石刻大全·晋中市介休市卷》的出版发行，将收藏在博物馆、文管所和散落在城乡各地的石刻碑碣集中面向大众，将"曲高和寡"、没有温度的石刻文物汇编成人人可以翻阅的工具书，成为研究介休地方发展史的重要参考资料。当然，在持续不断的文物修缮和城乡基础设施建设过程中，一些销声匿迹多年的石刻随时会再现于人们视野，我们也将不断收集这些零散石刻，编辑补遗资料奉献给广大读者。

《三晋石刻大会·晋中市介休市卷》编委会

二〇二三年七月

目　录

上　册

上编　现存石刻

●唐・五代

●宋・金

●元

●明

●清（顺治—嘉庆）

下　册

●清（道光—宣统）

●中华民国

●中华人民共和国

●**纪年不详**

下编　佚失石刻

附　录

上编 现存石刻

唐·五代

大周故昭武校尉右玉钤卫开远府校尉乞伏君墓志

【简介】

唐神龙元年（705）刊石。墓志发现于介休市义棠镇温家沟村。石呈方形，长48、厚12厘米。篆盖作“乞伏君墓志”。该志为个人收藏。

【志文】

大周故昭武校尉右玉鈐衛

開遠府校尉乞伏君墓誌

君諱基，字克構，隴西生也。君先演派虯苗，□□機衡之位；分枝玉扆，玲瓏秦隴之墟。奉璽珮□□城，暨分珪於汾邑。曾祖諗，随襄州司馬；祖暹，唐□散大夫；父度，驍騎尉，侍親不仕。並鱣序翻儀，龍門挺粹，文高擲地，才軼聞天，里閈挹其芳猷，閭閻仰兹渥澤。君志標慷慨，超逸氣於牛山；鼇宇翻日，指龍存而詡□。文漪万丈，汪汪厕黄叔之才；學海千尋，奕奕聳嵇松之幹。□弧落月，社□杪以騰聲；飛□日文，鴐蕭雲而振響。弱冠，擢隊副；廿七，擢隊正；卅九，遷旅師；卌八，備校尉；春秋五十有五，瘦瘳彌留，神巫莫驗，長安四年十一月廿六日，卒於私第。靈香遽遠，魄散雲臺；瓊草微臻，魂驚夜幽。以神龍元年正月廿五日，与夫人楊氏合葬於秦王原，禮也。方□梓木，以簹黄腸之棺；幾候良占，妙得青□之地。南瞻介巘，望松蓋而氤氳；北眺汾川，歎繡塍而□美。□恐陵移谷徙，刊此銘□。

有唐汾州抱腹寺碑

【简介】

唐开元二十年(732)勒石。青石质,螭首。碑首高60厘米。碑身高220、宽100、厚35厘米。碑文隶体,结体庄重宽舒,有汉隶遗韵。22行,满行50字。篆额"大唐汾州抱腹寺碑"。此碑是考证抱腹寺建造年代的重要史料,亦是书法珍品。碑侧有唐太子宾客贺知章及宋、金、元历代名人题诗题字。碑文依现存碑石并参以光绪六年《介休县志》及胡聘之《山右石刻丛编》录。现存介休市绵山抱腹岩下棋盘洞前。

【碑文】

有唐汾州抱腹寺碑

朝議郎行汾州孝義縣令、上柱國、高都郡開國公弘農楊仲昌蔓撰

夫性為覺因,瀍乃真幻。性者真體,包三世而壹心;瀍者妄源,初假船而諭筏。由是本師勑化,象教弘理。六趣行輪廻之酷,□□□□引之資。意限精麁,學顯頓漸,□□善導,故曰能仁。至於圓證超果,即凡成聖,非離名相,泰然解脫。闡提誰予,與般若之□□;□□□名,將涅槃而何隔。則道之為□,□瀍居多,爰及小嫌,猶懷大懼。不可以智識窺者,其惟我上乘矣。川奠彼汾,地雄全晉。軾干木之故里,焚介推之林麓。瀍惠菩薩,□此山以扶持;空王如來,辟靈境而□鑿。雲霞半卷,樓閣殊勢。幡幢豈人間之□,鐘梵皆天上之音。不可以人力侔者,其惟我抱腹矣。

蓋是寺者,後魏太和中高僧迪公之經始也。迪公昔因乞食,嘗至介山,喟然而歎曰:兹地賢□所居,宜修塔廟。遂杖錫而往,咨冥搜焉。俄有壹白鹿,雪容冰膚,前驅導引,匍匐巖半。可十餘里,忽詣壹處,坦如砥平,非人境所到。恍惚之際,又遇一神僧,迪公乃合掌虔禮,無言而滅,並嚮之白鹿,旋已逝矣。亟經累宿,如瀍唄誦,輒有名香拂座,異鐘警人。迪公乃翦榛薙蕪,具立摽識,捨之而去。所部尋□實狀聞,魏明覽而休□,特詔置寺,則抱腹之號,由兹而作。

運更□隋,額有興替,而遐邇殷湊,實無小衰,意者神明之緼乎?□皇初,滿、超二公者□秀禪門,宴坐兹山,多歷年所。其於先帝識真之兆、大悲現聖之跡,生多博濟之緣、滅有異常之跡,□我事實,希□人謠,今並略而不書,以從正典。國家乩□□、緝邕熙、率舊章、謩景化,改抱腹寺為大雲,從他□也。南則霍丘、壺嶺□長於其前;北則滹沱、昭祁涵光乎其後;下則□梯、鐵索升降無私;上則紅泉、碧砂洗滌餘衰。合妙羣境,增華□□。緊彼岸之津梁,寔此蕃之樞轄耳。其□比丘犯律、瀍子愆訓,或暴客潛止,或靚莊來遊。山精贔屓以晨號,野魅睢盱而宵哭。□□□譎,□無苟容。豈聰明之不欺,將正直之非沫,甚可畏也,吁何言哉。淨域春濃,禪林日早,逢迎多趣,氣色常佳。權實□空,去來性相。靈花□意而聽偈,仁禽不言而說瀍。雖極樂之國、無何之鄉,永懷是遊,今則斯敵。

當寺大德法師智明、律師僧貞、上座玄其、寺主晉疑、都□□仙童等,並住持法印,縣解意珠,□□龍象,行□松桂。因相與顒顒然彈□而□□□寺輪奐,代之儀刑。既息心之窟宅,且了義□□庭,而碑版闕焉。言荃空爾,求前實□□□,俾□生而奚紀,非吾人之罪歟?

仲昌□□於道,沉迷問津,下風念歸,渴日增厲。殆廿□□,曩因勝踐,猥命為文,式序金園之業,□□□□之頌,其辭曰:萬化盈虛,一音自如。解紛滌除,常樂□□。□身圓對兮。介山巍巍,橫抱翠微。月□雲□,繬裳褐衣。度門善貸兮。於鑠丘藪,□□□□。魔女舂吟,祆精夜吼。維神是戴兮。警□□深,安□道心。篆碑勒頌,琢玉追金。□□碩大兮。

朝請郎、守晉州霍邑縣令范陽張晉□伯曜書

開元廿年歲次壬申七□□□□□五日乙卯建

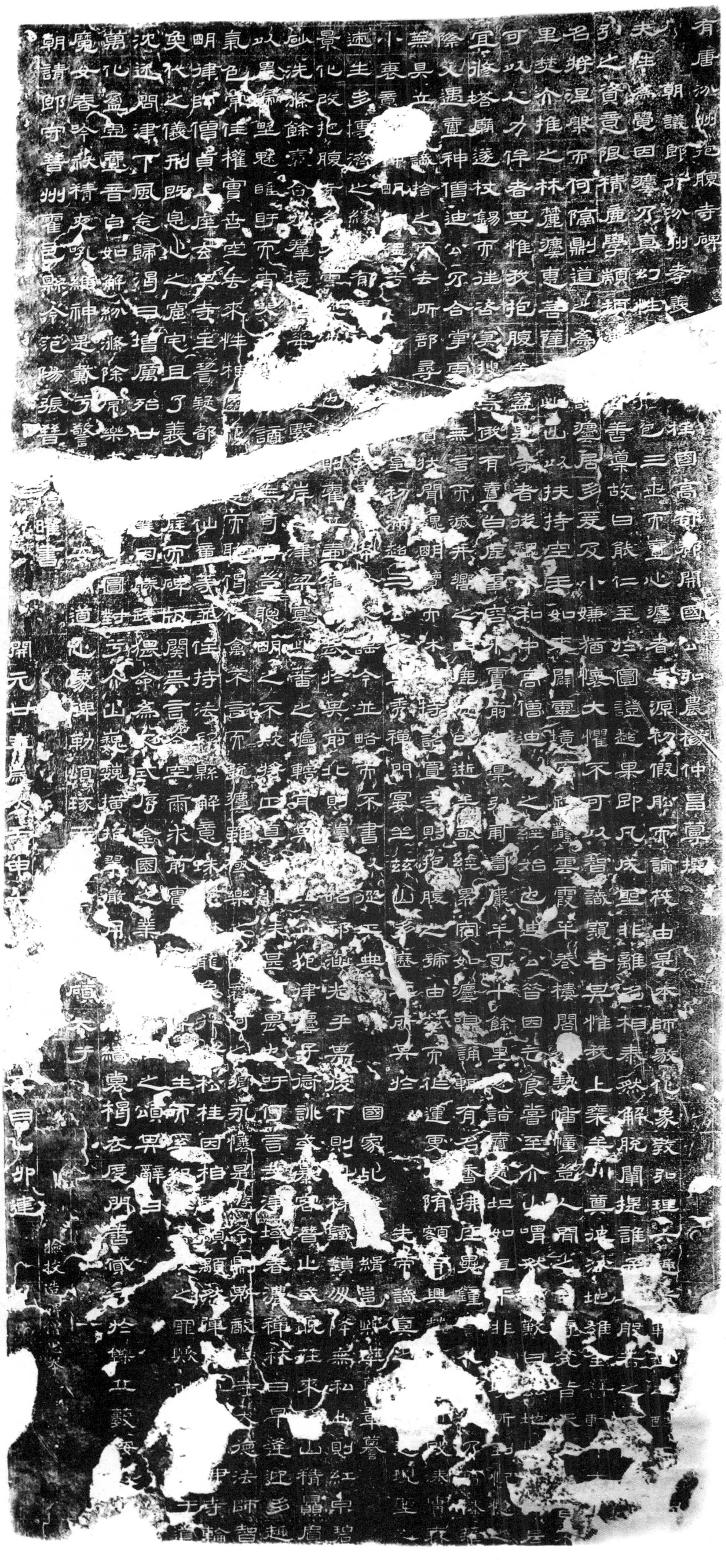

唐故郭君墓志并序

【简介】

唐开元二十七年（739）勒石。志石长37、宽34厘米。志文行书，12行，满行13字。此石于1914年出土于介休南桥头村南，2017年，村民安卫建捐赠给介休市博物馆。

【志文】

唐故郭君墓誌并序

君諱鳳，汾州介休人也，其先望乎太原，承后稷之苗，周文裔緒，剌史□侯之信，竹馬髫童，而期自氏，子孫□西河之系矣。祖諱秀才，任饒州長史。君則史公之子，幼而自天，長有賢德。不襲前祿，性賁丘園。履信居貞，恂義鄉黨。降年不永，遘疾而終。以開元廿七年十一月十三日，與夫人合葬于介城西云。禮也。恐海陸揚傾，勒石紀德。詞曰：

敘生存，揚風敏。嗟逝川，哲人殞。

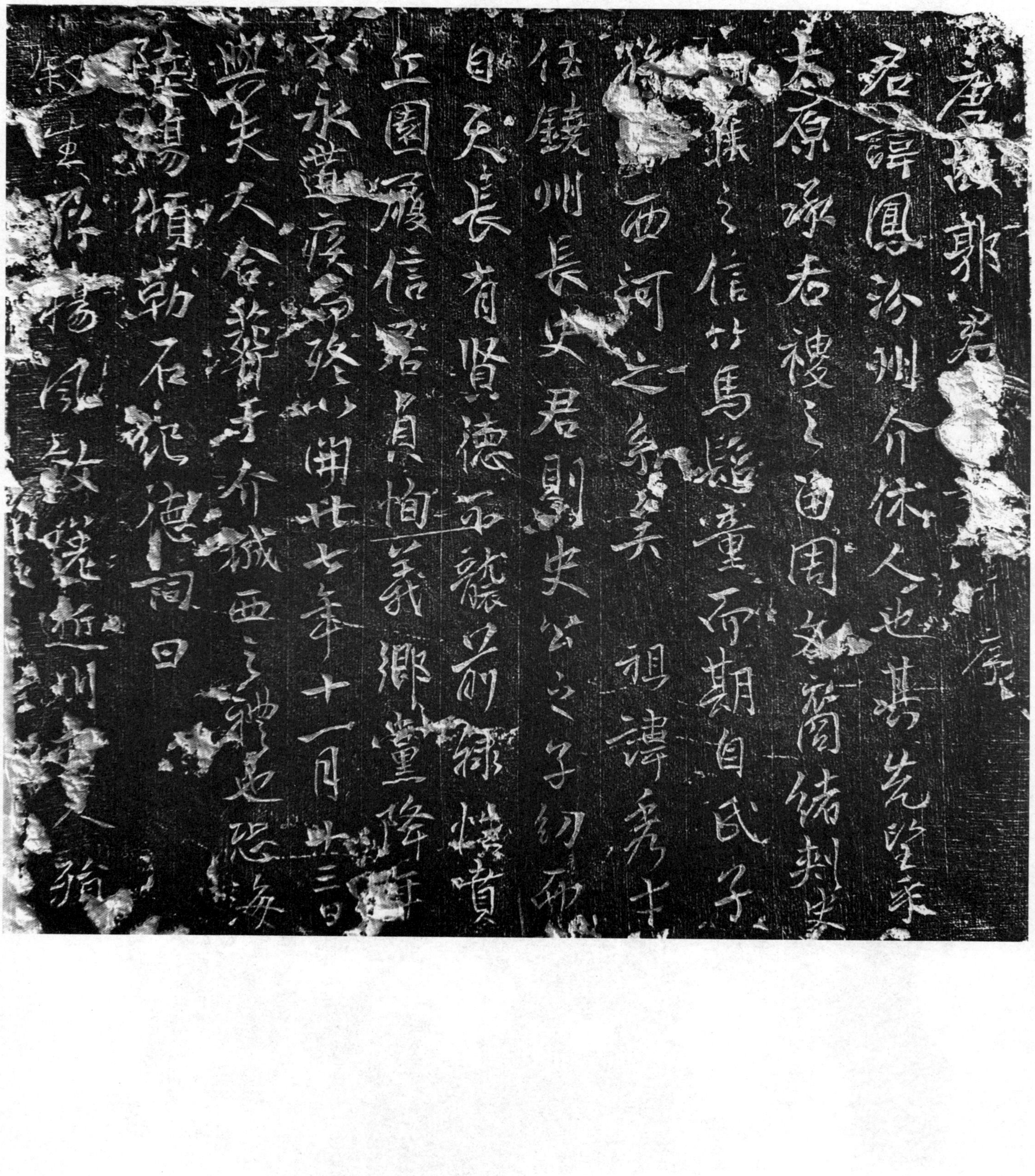

唐故上轻车都尉阎君墓志并序

【简介】

唐至德元年(756)勒石。青石质。志盖盝顶正方形,下底边长55厘米,厚13厘米。盖篆"阎君墓志"4字。志石正方形,边长55、厚11厘米。志文隶体,17行,满行19字。1984年9月由介休县文化馆移交博物馆收藏。

【志文】

唐故上輕車都尉閻君墓誌并序

閻之得姓，蓋出乎有虞。居周則為列侯，在漢則稱良后。代有才傑，譜諜詳焉。

君諱神，字恩哲。族本天水，家居平陶。随唐以來，榮貫不絕。曾祖羅莫，宰蒲縣，冰鏡高懸。王父公潤，牧砂州，仁風遺後。皇考節，海澄山峻，不測高深。府君風骨秀心，難窺遠近。往以羯胡位鯁，有乱天常。公乃征馬□邊，長纓出塞，斬其梟師，直奉闕庭，旋蒙授上輕車都尉。以至德元載十有二月殁於私第，春秋六十有六。夫人太原弓氏，歸我以賢，執德用順。一福不祐，二子而孀。嗚呼！善不可依，天鑒或謬。以其□二十七日遷窆于平遙城西壹里舊塋，禮也。長子太清，成童稽道，以服其黃裳。次子庭賓，弱歲探儒，以安其素履。並號天叩地，泣血燎心，毀損之甚，幾至於滅性。安厝之儀，仍存於大典。乃勒石刻銘，□彰令德。銘曰：

汾水西注，唐山東峙。修壟□兮，哲人斯矣。蒼煙四面，朝飛暮起。追遠送終，哀□□□。

[illegible]之得姓蓋出於有虞君周則爲列侯在漢[illegible]
良吏代有中興譜諜詳焉君諱禕字愚[illegible]
天水家居平陶隨唐已來榮貴不絕曾祖[illegible]
皐蘭縣永鏡高懸王父公瓚牧沙州仁風[illegible]
[illegible]孝郎漪澄山峻不測高深府君風貴[illegible]
雖[illegible]遠近往狀羯胡位紀有亂天常公乃挺[illegible]
邊[illegible]纓出塞斬其梟師宣奉闕庭旋蒙授[illegible]
章命尉狀至德元載十有二月殁於征[illegible]軍書[illegible]
[illegible]夫人太原王氏歸我狀賢執[illegible]用[illegible]
[illegible]紀二子而孀鳴呼蘢不依天鑒或謬狀其
一十七日遷窆於年逆城西壹里舊塋禮也長
[illegible]成重[illegible]遵狀服其黄裳次子庭賞弱歲操
[illegible]狀[illegible]素履並歸天叩地泣血[illegible]毁殞之甚
[illegible]戚慨[illegible]昔之儀何容於大典乃勒石刻銘
[illegible]銘曰[illegible]水西注唐山東峙將壟
[illegible]斯兮蒼煙四面朝飛暮起追遠送終[illegible]

法兴寺四界地亩碑

【简介】

唐贞元十一年（795）勒石。青石质，抹角平首，方座。额高 26 厘米。碑身高 95、宽 54、厚 18 厘米。底座长 53、高 49 厘米。碑文楷体，12 行，满行 33 字。碑阴为北汉天会十四年（970）《洪山寺重修佛殿记》。1983 年在洪山遗址出土，现存介休市博物馆。

【碑文】

法興寺四界地畒碑

竊以成住壞空，古今興廢，是□常道。本寺魂識，恐経移失，議立碑文，開列於後。法興寺四至：東至劉家山，南至沙河溝，西至麻兒溝，北至樊王道。

神峰北地一所：東至大煙頭，南自至，西至瑠璃寺，北至石佛脚。神峰南：洪耀莊、東紫林兩處。洪師道場石佛堂麻地一段，計地三畒七分：東北至大河，南至道，西至賈天祥。兩水教村西北莊子一所，計地一頃八拾畒：東至賀秀，南至段順祖等，西至李德玉，北至大河。崇賢村莊子一所，計地一頃七拾畒：東至道，南至張文俊，西至永潤村宋祐，北至華門溝。木里莊炭窑一分。源神後水磨一分。堡和溝水磨一分。本村觀音堂地一所，內水碾磨兩盤，東至溝心為界，南、西、北至道。

當寺僧四十衆。下院武同村大覺院大約地兩頃；西神村園照庵大約地兩頃。

時大唐貞元十一年　月　日恒澄立石

石匠：仇思義

竊以成住壞空古今共歎
開列于後
洪簇寺菓一所東至侯家山南至汾河溝西至麻兒溝北自至
大煙頭南自至西至瑠璃寺北至石佛腳
石佛堂麻地一段記地三畝七分東北至大河南至道
一所記地頭七拾畝東至大道南至張文俊
炭窯一合 源神後水磨一分
東至溝心為界南西北至道
當寺僧四十 衆 下院
唐大唐貞元十一季 月 日

唐□焦府君墓志铭并序

【简介】

唐咸通十五年（874）勒石。青石质。石为方形，长 47.8、厚 8 厘米。碑文楷体，21 行，满行 22 字。志文字迹模糊。志盖书“焦君墓志”4 字。此碑记载其时上堡村（今焦家堡村）属灵石县辖境。2002 年 8 月 30 日出土于介休市绵山镇焦家堡村砖窑，现存介休市博物馆。

【志文】

唐□焦府君墓誌銘并序

君諱良，君之遠派起自冀州廣平之郡人也。厥後移家，今為靈石人矣。三代考妣，具載斯名，内外繁重而不書也。曾諱興仁，祖諱暉，父諱舉，並以明敏當時，豁達為志，身雖不仕，流譽共傳，跡謝名存，芳聲遍境。

君資性薄厚，稟氣端濃，幹運成家，玉帛優贍，光照宗族，旌表門風。不求名宦，葺宇家林，栽桃李於東園，務耕耘於南畝，乃依雲水，可謂無位而貴，有德而尊。奈何大運既速，晷刻難留，以咸通十四年秋季月九日歿于私第，享年七十有一。

夫人清河靳氏，貌比春蘭，心貞寒竹，閨風婉備，蘋藻克脩，事姑盡孝，婦禮畢終，成家將茂於六親，繼世永昌於九族。嗚呼！驟因癉瘵，風燭難存，同年先君五月七日奄於屏扆，享年七十有二。君有令弟一人，曰端，志廣体儉，匪□□名，躬勤臬貨，恭敬撙節，履道而行，新婦太原郭氏。嗣子敬宗，効樓煩雄監之爪牙，爲邦家之衿带，文武雙美，弓馬两全，盡其孝道，竭力營爲，稱家之有，必誠必信，衣不解褫，髮不暇梳，啜粥飲水，謀旋葬焉；新婦河内宋氏，孝盡其心，每親棗栗，承顏有禮，侍省無虧。姪男宗政，新婦平昌孟氏。下孫四人：曰重玘，新婦安定梁氏；十一；福兒；志柔等。克展孝誠之心，共榮送終之禮，合祔于咸通十五年正月廿五日。兼姪男宗誼亡，新婦李氏，同葬陪陵於介休鄉上堡村南三百步先代墳前，立新塋，是其禮也。嗚呼！其地也勝，四神咸備，金匱玉堂，青龍蟠轉，朱雀□翔，風悲寒草，雲低白楊。慮恐年移代謝，海變田桒，刻石記銘。乃為詞曰：被蒼者天，殲我英賢。鸞沉孤影，龍滅寒泉。一封墳壟，万歲千年。明月皎皎，長夜綿綿。哀哉一子，血灑荒田。

上编　现存石刻

唐□焦府君墓誌銘并序

君諱良 君之遠派起自冀州廣平之郡人也厥後移家今為靈

石人矣三代者姓其載斯名内外絲紊而不書也 曾諱興仁 祖諱暉 父諱舉

孟簡敏當時器達為志身雖不仕流譽言共傳跡謝名存芳聲遍境

君質性薄厚禀氣端濃幹運成家玉帛優贍光照宗族旌表門風不求

名宦旨守家林栽桃李於東薗務耕耘於南畝乃依雲水可謂與俗而貴有

德而尊奈何大運既逮見刻難留以咸通十四年秋季月九日殁于私第享

年七十有一 夫人清河靳氏女比春蘭心貞容竹閤風婉俗賴

藻克脩事姑盡孝婦禮畢終成家將茂於六親継世永昌於九

族嗚呼驟因掩瘵風燭難存同年先君五月七日奄於庠辰享年七十有二

君有令弟一人曰端志履躬儉進□名郭勤泉貨恭敬撙節厥道而行

新婦太原郭氏 嗣子敬宗幼標煩雄臨之爪牙為 邦家之衿帶文武雙美

弓馬兩全盡其孝道竭力營為彌家之有必誠必信衣不解職殿不暇梳

暇翫餘求謀旋恭焉 新婦河内宋氏孝盡其心每親奉粟承顔有禮

侍省無虧 姪男承政 新婦平昌孟氏下孫四人曰重玘 新婦安定梁氏十一福玘

志案專克展孝誠之心共崇送終之禮合祔于咸通十五年正月廿五日與姪男宗證

亡新婦李氏同葬陪陵於介休郷上保村南三百步先代墳前立新塋是其

禮也嗚呼其地也勝四神咸備金道玉堂青龍蟠轉朱雀迎翔風悲宮

草雲低白楊慮恐年移代謝海變田桑刻石記銘乃為詞曰

彼蒼者天 殲我英賢 魂沒孤墳 龍藏黃泉 一封墳瓏 万歲

千年 明月皎皎 長夜綿綿 哀哉一子 血淚流田

大唐故宋府君墓志铭并序

【简介】

五代天祐九年(912)勒石。墓志为墓主人生前自撰刻就。墓志铭为石函,分底与盖两层。志盖为盝顶形,楷书"宋公之铭",长、宽均为38厘米,厚8厘米。志石长53、宽48、厚7.2厘米。志文楷体。天祐是唐昭宗李晔开始使用的年号,天祐元年唐哀宗李柷即位沿用。四年三月,李柷禅位于朱温。此年号共沿用4年,但之后河东、凤翔、淮南仍称天祐年号,有的用至20年。1990年夏出土于介休西宋壁村北门外玉皇庙底。同年7月,介休县博物馆收回馆内保存。

【志文】

大唐故宋府君墓誌銘并序

天以青氣得名,地以濁成刑,人以玄氣靈,為四虵二鼠,遷變不常。

先,西河郡人也,承亞父翁之敘,因官品焉。簪纓遠近,葉□高低,今散為靈石縣人矣。曾諱勗,祖諱儒,考諱憲,妣王氏。昆季五人:長弁,新婦李氏;次政,新婦任氏;次晟,新婦弓氏;次義,新婦楊氏。

先彫宋府君,因官立名儔,以謙禀志,平直居懷,公葉相傳,名彭寰宇。行以两行之信,坐應十鄉之團,儀貌鏗鏘,言辝悄悄。今者未達,奈何春秋八十有一,天祿之終。

去天祐九年,自願造文柏細槨一口。身□門之下,新婦閆氏,四德無虧,三從有志。採桑南陌,中饋北堂,誨示勤心,生繼滋益。罕得良年身邁,昊天難報,思其葬禮,順天之道,為身年耄,為孝竭力也。嗣子二人,手足長在後世,孟者行謹,仲者行段。新婦二人,孫氏、何氏,成家有禮,恭孝齊心。佳存粂問之期,後有畢姑之德。

府君有二女,長曰適寧,中曰適王,宗皆高門貴族,乃武乃文。孫男二人,長字癩子,次曰乖兒。李五七□□。孫女九人,长曰適□,中曰適侯,次曰適楊、住師、清姑、小姑、大昭、師師、小昭。長幼和睦,上順下從。以天祐九年壬申歲正月,遂造生槨一口,即在目前。後忽天命不達,遷葬於靈石縣介休鄉西宋村住宅西南一百步以來,其地南眺介神,北望龍泉,西觀秦廟,東覩白牛之泉。其水一戴,或沉或流,此乃伏恐桑田變改,水陸更移。年代況乃不同,陵谷即多遷異。琢石泉門,幽記于右。後去天祐十六年十月十五日遷葬。

其頌曰:來何因,去何緣,玉菟西移逝九泉。冥冥不知何處去,無形無影不回還。男女號逃何時見,空想生存在目前。千秋万歲永長別,孤墳壟上伴霞煙。

其文自書。

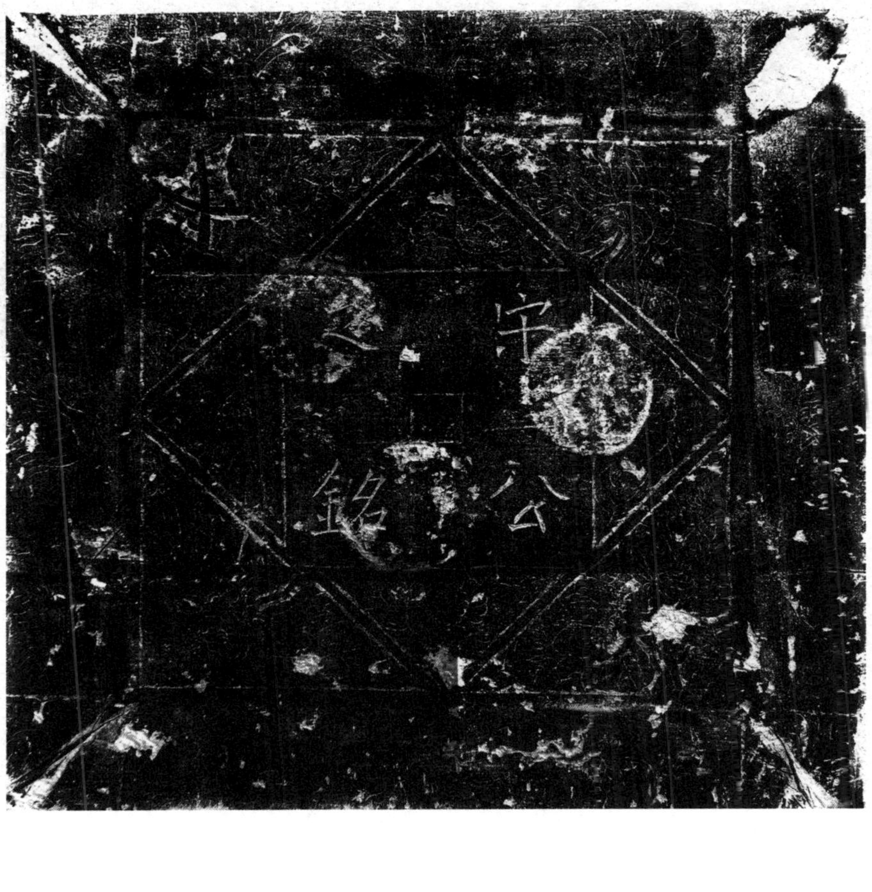

大唐故采府君墓誌銘并序

天以青氣得名地以濁處刑人以玄氣靈為四勉二儀遷變不常

先西河郡人也承丑父翁之叙因官品為簪纓遠逝[illegible]令

散為靈石縣人矣

曾諱昴　祖諱儁　考諱恩　妣王氏　昆季五人長弁　新婦李氏次鼓　新婦

侯氏次艮　新婦冯氏次義　新婦楊氏　先周采府君因官立名儁以諱禀志

平直居懷公業相傳名彰衆字行以雨行之信坐應十鄉之團儀自銘

銜言辭悄々今者未達秦河春秋八十有一天禄終

去天祐九年自領遠之栢細擁一口身衛門未[illegible]閻氏四德無虧三徒

有志採崇南陌中鎖北堂誨宗勤心生続滋春學得良年身遺昊天

難報思其並襟順天之道為身年老竭孝竭力也嗣子二人手足長在

後世孟者行[illegible]仲者行段　新婦二之　孫氏　何氏　咸家有禮恭孝齋心[illegible]

祭問之期後有卑姑之德　府君有二女長日適　寧　中日適[illegible]

皆高門貴族乃武乃文　孫男二人長字癩子次日係兒李[illegible]

孫女[illegible]長日適[illegible]中日適侯次日適楊　住保[illegible]小姑[illegible]

小郎

長幼和睦上順下從以天祐九年壬申歲正月遂造[illegible]槨一口郎在目前

後忽天命不達遷葬於靈石縣介休鄉西采村住宅[illegible]南一百步[illegible]

其地南眺介袖北望龍泉西觀秦嶺東覩白牛之阜其水一載或洗或

流此乃伏恐恭田變改陵更移生代況乃不同陵[illegible]即多遷異琢石泉

門幽誌千古後去天祐十六年十月十五日遷[illegible]

其頌曰　來何因　去何緣　王蒐西移遊九泉　冥冥莫不知何處去無

形無影不迴還　男女號逃何時見　空想生存在目前　千秋万歲水長

別　孤墳壠上伴霞煙

其文自書

洪山寺重修佛殿记

【简介】

北汉天会十四年（970）勒石。青石质，抹角平首，方座。额高26厘米。碑身高95、宽54、厚18厘米。底座长53、高49厘米。碑文楷体，18行，满行33字。题额“重修殿记”。碑阳为唐《法兴寺四界地亩碑》。原在介休市洪山法兴寺旧址，1983年迁至介休市博物馆。

【碑文】

洪山寺重修佛殿记

抱腹山□雲巖沙門智泉奉命序述

竊以為佛尊容、重修古殿者，大哉清信乎！若順理益生、匡徒話道者，奇特洪師矣！洪師者，即是建置當寺住持之祖也，本不露姓氏，亦昧生涯，近代無以知其因由也。古老傳言，滄波龍之種族，棄業出家，道成四果，咸言洪師羅漢和尚，始初示跡，從山東來至此，駐足紫杯，後乃更居栖心、洪嶽兩處，各建立精舍，有同凡僧住，特和尚每將心印應接群機，聞之者不落人天，悟之者咸昇果位，女男奔湊，若市駢闐，僧道往來，如輪上下，精藍蓋就，寺額不祈，壇那随主呼名，喚作洪師之寺。和尚行標白雪，道峻青天，四眾讚揚，聲喧重闕。是時後魏臨朝，數聞師德，亦不徵詔，遣使遠迻，特降天恩，兼宣寺額，依山立号，改為洪山之寺，從昔至今，相繼數百年矣。昨去天會十四年庚午歲秋七月十五日，有當邑信士楊暉、李進等，必是宿承佛教，深解若空，知浮榮若石火電光，□色身似芭蕉□□，可謂傾心佛□.□□金園，屢届禪宫，每親碩德，參問幽玄之理也。

□嗟古殿梁棟年深，基砌隳殘，木植爛朽，慮其頹毁，傷損尊榮，遂乃共議商量，重興修盖。於是命良師選□郢匠興工，斤斧動而雲路喧，鋸鑿交而嵥風緊。攢梁立柱，崢嶸倚天.□□□飛，盤旋翳日，椽鋪玳瑁，瓦甃琉璃。龍鱗成千道青煙，鳳羽横一溪秋水。丹青繢處，光皎寒空，赤白輝時，□分素彩。功圓殿就，深似兜率移來；粉罷筆停，慮是婆娑化出。勝因廣大，福報無涯，塵墨□□，常居尊位，人身不久，佛寺永長，刊石標勳，留名金地。

下寺主僧誼靖、誼普、誼昭、惠柔；寺主□四分律僧雲習、雲欽、雲照、雲秀、智琳、智丕、智江、智通、智全、智隱、智韻、智□、法誼。

朝散大夫行介休縣令兼監察御史李□□

將仕郎試大理評事□介休縣□□□□

西頭供奉□檢校□僕射□□史大夫、充介休□使□□

汾州石匠郭□德

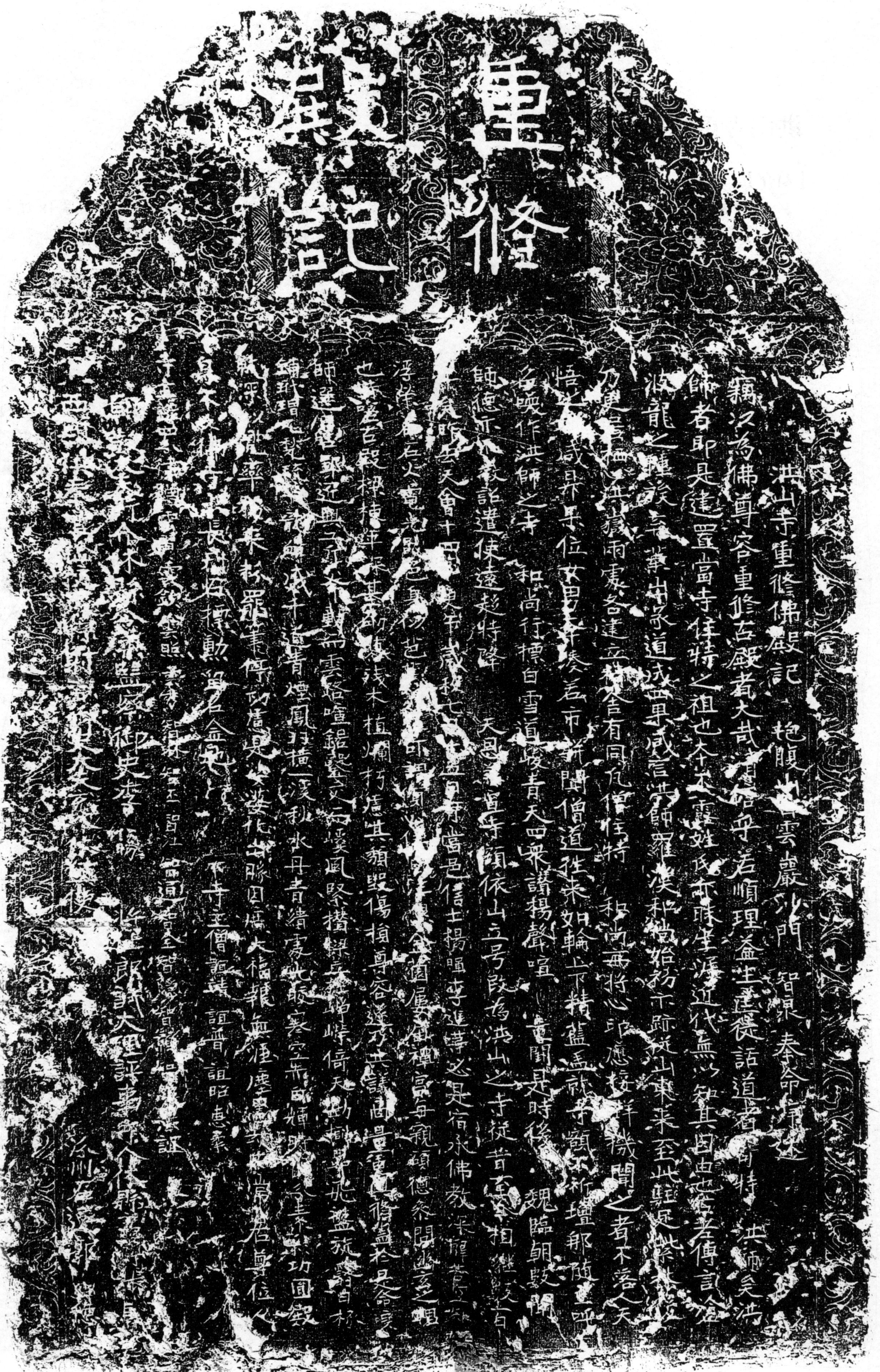

重修殿記

洪山寺重修佛殿記　抱腹山雲巖沙門　智泉奉命撰述

宋·金

[illegible]絳州翼城縣武池等六村取水記
昔箕子陳洪範九疇敘五行則云一曰水且
而滋榮者也余嘗覽史傳所載[illegible]河導[illegible]以
之難何則以其屢經競水未[illegible][illegible]爭故為說
不久矣以是會計動及萬數不施工力欲使
禱之無不應者禍[illegible]為[illegible]澤潤一方考之圖
[illegible]也自唐大曆二年始有碑記多紀靈異之
時王君以秩滿而歸新令尹田君[illegible]蒞事之

抱腹山回銮寺及诸寺院灵境之碑

【简介】

宋咸平五年（1002）勒石。青石质，螭首，龟趺。碑首高83、宽103、厚30厘米。碑身高196、宽100、厚30厘米。底座长164、宽110、高54厘米。碑文楷体，24行，满行58字。篆额“重修回銮寺记”。碑从中部裂为两块，整体风化较严重。此碑是了解抱腹岩和回銮寺发展变迁状况的重要史料。碑阴为金大定二十五年（1185）所刻《重修回銮寺记》。现存介休市绵山镇兴地村回銮寺。

【碑文】

抱腹山回鑾寺及諸寺院靈境之碑

山叟郭岫撰并篆，男鄉貢生傅元亨書

蓋聞千年社稷，有儒教以扶持；萬里山河，仗釋門之庇蔭。慈雲叆□，常遮護於雲天；□雨霶沱，能滋榮於大地。作險途之橋棧，為苦海之舟航。何□□□明君之不修寺齋僧，何聖主之不書經歸佛。即□當山者，一名覆金，二號綿田。昔自唐阼以來，有空王和尚出現。初於太原榆次縣源渦里，俗姓田，法名志超。始從丱歲於晉陽縣開化寺出家，初入當山脩行之日，感得白兔前引，猛虎後威，抱嵌巖而得過危峰，到穩黯而立成寺院。後來得名抱腹山，今施渡橋是也，實謂最多聖跡，宛是靈山。西有川而得字龍真，東欹山而頗同鷲嶺。孤高則勢聳雲天，顯望則平窺海嶽。林巒蓊鬱，巖洞幽玄。群仙潛隱之方，諸佛栖居之地。謹按《神仙傳》云：當山有銀公、𦀗公、綽公者，是天邊聖者。寰外仙人各隱幽巘，久居深洞；乘雲路以往還，駕丹鶴而相命。後乃一□上□。謹按《左傳》云：當山有晉文公忠臣介子推□見於山，上有敕葬陵墓矣。《傳》云：生唯忠孝，沒顯威靈，每節清明，大地禁火。信之者福沾雨露，犯之者禍惹雷霆。鄉官欽依，官員仰重，每年春秋，□時祈賽。謹按《靈異記》云：當山有摩那斯龍王隱化，有□於山上，見有塔庭，可謂藏身歲久，隱跡年深，廣發慈悲，求無不應。行雨露而能平能普，偃□雷無黨無偏。護衛精藍，屏除邪綱。謹按《唐書》《貞觀政要》云：昔有宰臣令孤楚，曾於當山靜林院起立書堂脩學也。可謂山居聖化，境輔天階。喻華嶽以何勝，想天台而難及。元有十區大寺，百所伽藍，三藏金經十堂，羅漢銅鐘一鼎。鉄索千尋，百尺龍潭。三層鳳閣，賓廳八位，客館千梁，有一百□五僧人系帳，為國轉讀藏經。於咸通十年，蒙降天命賜三衣袈裟五十副。兼蒙大唐神聖聰睿仁哲明效皇帝，世傳萬乘，委念群生，傍啟釋□，仰資儒教。若歲大旱，皇風與瑞霧交飛；如濟巨川，傳楫共法船並用。夫當寺者本是靈溪寺也，於山上有古墓及碑記見在。昔因先師惠真和尚□會昌後特詣長安，重求寺額，時遇大唐中和，皇帝駕離西關，來復洛京，改卻靈溪寺名，賜得迴鑾寺額，與陝府、蜀川天下三處同名寺額。自後山門□霸，王化一方，雲樓與月殿比高，法堂共蓮宮競翠。釋迦殿內，施者朱紫之賓；□氏樓前，焚香者書琴之客。奈以時逢增减，劫值興亡；山河之自有崩□，君侯之那無交會。既經兵火，尋罷干戈；運滅煙塵，重瞻舜日。儒教大用，佛法重興；率土安寧，眾人樂業。殿前國相，皆如管晏之才；塞上將軍，總效韓彭之業。切以當寺山門領袖，鄉曲園林；是檀那修福之方，乃信心成因之地。雪眉道者，念經與澗水同流；礼佛高僧，擊磬得林風送遠。朝昏礼懺，報父母膝下之瑩；年月看經，酬君王盂中之義。常以垂幃召士，拂榻邀賓。□容不問於親疏，吐□□遺於高下。金田瑞鼠，叉手而猶解呼賓；近寺靈禽，鳴□而亦能念佛。香煙共祥雲斗碧，佛毫得霞霧添紅。魚鼓擊而雷爆鳴，蚌螺吹而金牛吼。岫才無夢筆，智昧色絲，蒙命修文，聊伸撰緝。直說則理從貴實，□□則豔逸浮虛，不避荒涼，乃為偈頌：抱腹載圖經，回鑾寺遠名。地基標晉魏，位列覆汾□。山岳關書史，煙嵐入畫屏。遠長連五岳，高□透三清。諸佛棲居地，群仙隱跡營。風光資聖化，崗阜壯天庭。功德僧瑤盡，樓臺□□□。金容光燦爛，貌相粉脂凝。坐像看疑語，威□有似行。玉輪西暗謝，金鏡早東明。偽命雄豪盡，真朝宋帝興。樓欄遮皓日，高閣□寒星。士庶多歸仗，川原有倚憑。沈香攢絞隔，杞□□鳳楹。供會鄉郊聚，幡花井邑迎。謂傳今古事，鐫石立碑銘。

鐫字人武因男□□□□□。

時大宋國咸平五年歲次壬寅十月癸亥朔八日山門一十二寺院共成建立。

寺主講誦法華經百法論僧智玄，念法華經僧智嚴，殿主講上生經僧智海，上□僧□□。

將仕郎守靈石縣令解九思，三班□監職靈石縣商稅務劉允志，□□□山門都維那賜紫沙門僧廷皓，念法華經下院主僧廷悟、廷靄，僧講上生經智諭，官賦頭僧智□，講金剛經三契經僧智□，□門人僧云政，僧云岳□□□□□□。

源神碑记

【简介】

宋大中祥符元年（1008）勒石。青石质，螭首，龟趺。碑首高 81、宽 106、厚 32 厘米。碑身高 199、宽 96、厚 32 厘米。底座长 178、宽 104、高 63 厘米。额题“源神碑记”。碑文楷体，24 行，满行 62 字。进士赵珉撰文，前并州押衙银青光禄大夫检校国子兼殿中侍御史徐赟撰铭，日照寺业《维摩经》僧奉峦书丹。碑阴中下部文字漫漶不清。此碑为介休境内现存最早的水利碑，具有极高的史料价值。现存介休市洪山镇洪山村源神庙。

【碑文】

源神碑記

進士趙珉撰文

前并州押衙銀青光祿大夫撿校國子兼殿中侍御史徐贇撰銘

日照寺業《維摩經》僧奉巒書

夫三才始立，二氣俄分。山林藪澤，產利物於人間；日月星辰，佈祥光於象外。斯乃靈泉化出，古廟齊興。商嶺西朝，狀若崢嶸；嵐岫前遮，如同翠幕。顯崑崙之秀氣，湧渤澥之波瀾。鷟鸑池中，瑞彩氤氳；麒麟崗上，飆風颼飀。雙峰山之媚境，比較難同；七葉巖之幽奇，應當未許。此有穿雲翠柏，鎖霧寒松，微風飄玉磬之聲，朗日運金鐘之響。濃泉百道，綠柳千株，異鳥吟吟，祥花熠熠。漢朝四皓，堪為隱遁之方；晉代七賢，可作優遊之地。假使垂釣，呂望棄仕。严陵慕《道德》而須藉林泉，好清閒而乃居函谷。況此龍潛潭內，虎隱岩間，巍峨殿下，倏忽風生，磔礫山前，須臾霧起。灣還白浪，波洋透海之聲；嵂崪孤峰，峭有擎天之勢。□岑□砨，□□□□。雷聲動而山雲□□，雨罷傾而澗水潺潺。虹霓簷畔，令醮客以狐疑；□□池邊，遣耕童之怖畏。青松韻雅，淥沼波深，淒涼而畫棟雲收，俏寂而朱門霧卷。台傾竹葉，烏飛於玳瑁觥中；爐焫梅檀，兔走于珍珠簾下。齊興六律，賀及百靈。南嶽天尊，騎赴星壇；東問李陵，驂遊月殿。有英雄賀魯，勇猛秦王。旌旗遮日月之輝，皂纛擁雲霄之露。鑾鈴雜合，北返龍宮；□鼓崢嶸，西歸鳳閣。可以和風應律，細雨依時；潤稼穡以豐登，助吾皇之感化；求之有驗，禱之即靈；德布眾中，懸垂海內。無為一體，大道齊行。每處沖和，常居闃寂。敏蒼生之寬宥，瑞應皇都；□獫狁之凶頑，威臨紫塞。致得蕃戎稽首，請命求哀。賚聖祖以仁慈，恕匈奴之斂跡。使五星朗照，七曜明玄。天無彗孛之妖，野有嘉禾之兆。澄四溟之瀲灩，浪隱鯨鯢；瑩五嶽以嵯峨，山藏鵬鶚。盤游宇宙，役使風雲。潛形於恍惚之中，造化於希夷之內。是以陰陽莫測，至理難窮；知物外之精微，察人間之善惡。矜慈敏孝，明垂禍福之門；順政逆邪，暗舉無亡之路。深知人事，朗鑒天心；報吉報凶，或瞋或怒。縱子推於雲外，撒雹興雷；順欒巴於盞前，驅風噀雨。能令蜀地火滅，齊國風生，□變須臾，存亡頃刻。蓋自天然，皆因神德若也。經遊四瀆，巡曆八山，施雷電而霹靂縱橫，溶江河而波濤泛溢。摧山拔樹，屏惡除凶，遣迷心作悟心，悛邪見為政見，遂得先人立廟，今古相傳。建聳翠之樓臺，立崢嶸之殿宇。崔嵬碧嶠，鎖三島之煙霞；崒屼洪溪，捧十州之雨露。星分室辟，地接綿田，孤峰當其前，碧泉處其後。岸同馬頰，塢若胡蘇。聞博望侯之所說，海嶽難窮；睹严君平之見識，乾坤罔測。疑此山藏卞玉，水隱驪珠。沃萬戶以滋榮，灌一川之秀麗。紅蓮菡萏，對魏闕以光華；綠柳芳菲，接平陶而蕭灑。鶯啼林下，蝶舞花間，梁園之上客歌歡，洛浦之佳人遊玩。駢闐車馬，無非畫轂雕鞍；猛烈英雄，儘是披羅掛錦。是日花垂碧洞，柳拂長衢，傾玉液於琥珀杯中，會星郎於芙蓉帳裏。絲竹嘹亮，弦管鏗鏘。聲喧鸞鳳之林，韻逐鴛鴦之水。初平石上蘚色斑斕，阮氏池邊花叢蓊鬱。詩仙道伯，玩水看山；釣叟樵翁，尋溪繞澗。況以時當九夏，景若三秋。靉靆雲生玉砌寒，朦朧霧起朱門冷。萬年松下，庵中藏吟風詠月之賓；千尺巖邊，洞裏隱飲露餐霞之客。龍池黯湛，虎谷巉巖。薄暮而水冷溪寒，欲雨而雷奔電掣。雲收殿側，雨霽樓前。蕭蕭兮蕩子淒涼，寥寥兮遊人寂寞。莓苔徑上，依依似翠錦鋪舒；螮蝀河邊，仿佛似仙橋化出。棄瓢高士，杖掛藤蘿；漱石賢儒，衣穿薜荔。林幽境媚，蓋自靈泉；物潤民昌，皆因聖德。徐贇頌：

建國靈祥，於今聖最。泛洶一洞，分流萬派。浩辟滄江，滋濃汾介。護持國土，亨扶聖代。園林繡媚，江山瑩泰。昔慮華宫，廟宇彫壞。將命雄標，重謀更改。殿舉崢嶸，宫修落偏。容備七珍，儀妝五彩。憤志推堅，貞心慷慨。民希獻賀，官遽禱賽。奠酹紫袍，跪爐金帶。秀瑞凝凝，舒雲靉靉。惠布弥均，雨行晋蓋。名譽孤高，功勞獲大。榮耀一方，威臨四海。奉天稟令，順民恣愛。丹灶炊頻，洙風扇咄。高士雲集，興舡頻屆。陶剪翠殊，名彰萬載。

至道三年歲次丁酉六月癸巳朔十日壬寅重建造神堂，大中祥符元年戊申歲七月己未朔十五日癸酉建立此碑。

學究充副維那魏朗，維那郭威，前縣尉衙押司武及，前馬大卿妝官任顏，前油務任能，學究任玉。

故西頭供奉官嵐州兵馬都監弟三傳業任光舜，習學究郭文政，前押司事高綰，前守大通監主簿兼都維那任密，宣補鄭州口澤縣鎮將兼知縣王道，磁窑稅務任韜，故汾州錄事参軍孫學究、芦化言，侄芦永昌。

洪山寺尚座講上生經僧雲秀，講百法論業講法華經僧智皓，見充寺主僧智戀，僧智顯、法敬、法藴、法言。

將仕郎守介休縣尉通引官充介休縣酒務侯裕，前磁窑稅務武忠，習學究田□，荐太玉妝官郭強牡，員寮王珣，禪林院主業百法論僧惠進，業上生經僧惠間，業法華經兼文殊閣主惠海，業法華經惠朗、僧惠清，將仕郎守介休縣主簿張文，客司充介休縣商稅務齊雅，衙長焦莜、李臻、李緒、趙達、溫弼、王旻、楊瑰、王宗。日照寺主講百法論上生經沙門奉泰，業法華經監寺僧奉貞，講上生經奉美，講誦維摩經奉臻，講維摩經百法論奉譚。

儒林郎守介休縣□□贊，使院勾覆官武謙，押司錄事王刊、梁顯、前行趙謙、小張謙、大張謙、□憲任顯、田暹，弓手節級趙斌、張弁、丘訓，司理□節級任斌，前勾當妝官任釗，前隨使郭謙，長使郭演。刊字人馬斌，弟馬釗，男廷海，侄廷誨。

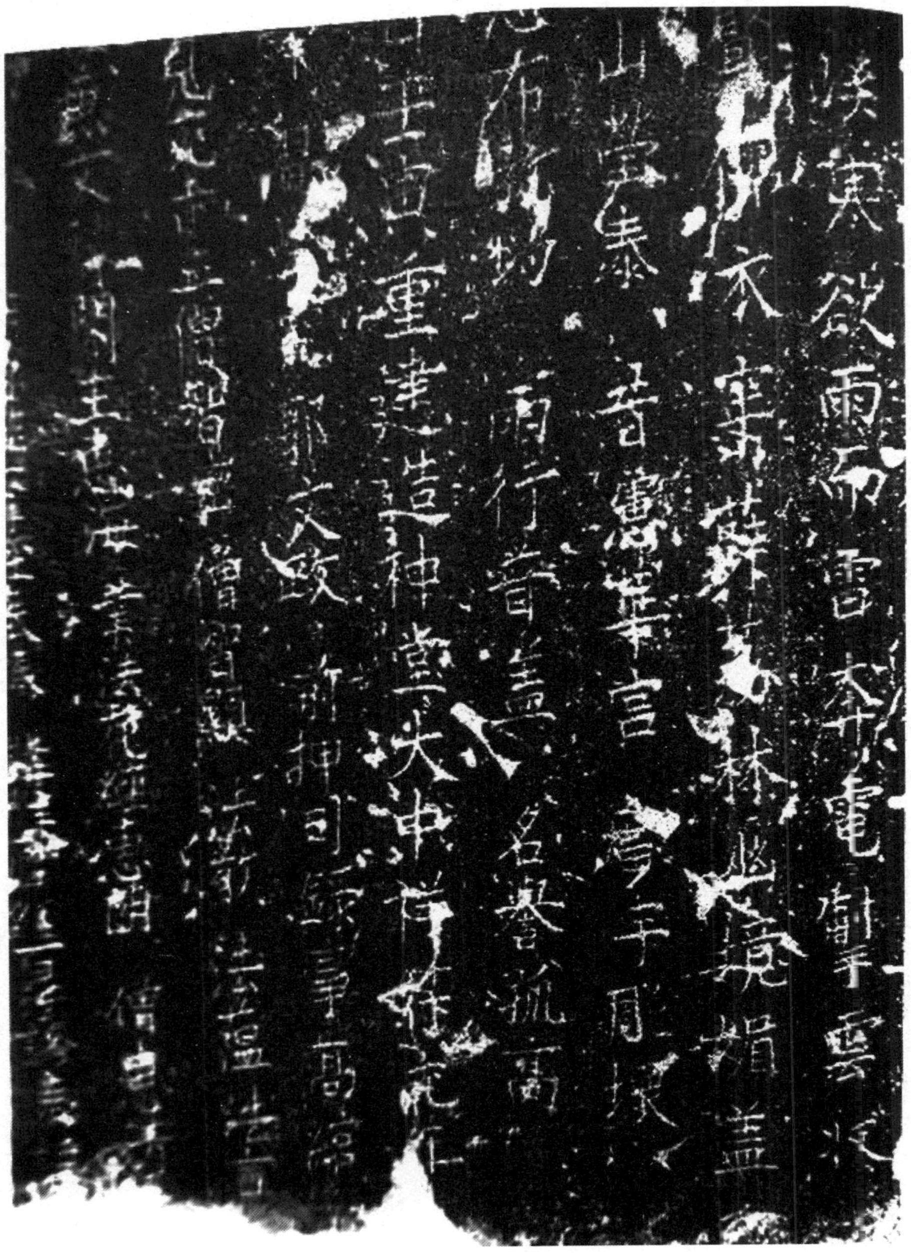

李将军碑铭

【简介】

宋天禧二年（1018）勒石。青石质，螭首，龟趺。碑首高79、宽56、厚27厘米。碑身高140、宽73、厚27厘米。底座高36厘米。碑文楷体，24行，满行62字。篆额“故李将军之碑并记”。碑断为三截。原在介休市张兰镇下李侯村李陵庙，现存介休市后土庙钟楼下。

【碑文】

（碑阳）

李將軍碑銘

前偽命省司别駕徐賓撰，鄉貢學究□易簡書

前定州节度使孫、鄉貢學究喬久成書

原夫持天冢宰，名遷於鳳閣題標；弼帝明賢，彰雅号於龍碑貫錄。舉嚴厲則威臨萬古，□靈應而永固千秋。繇是壁徵欒湛，星聚荀陳，藪澤無遺，英髦必進。使獲□□夢說，蜀進題橋，鼎遂鹽梅，酧調鮍蘗，土食接士，握髮迎賓。八表順其風，兆庶稟其化。思其□□渴，得其仁如酕。中國賴富於賢良，蠻戎懼聞而束手。平酬竭效，定難顯忠。遐羌削魑魅之心，裔域止虎狼之性。君危殿拒，護主奔衝，仗龍旌於聖駕之前，持虎□向鑾輿之後。伏自將軍功書洞谷，劍學名山，筆搖起烏龍於上，劍拔斬白虎于山南。啟合天心，致銜皇命。當以奉使明朝，憂分漢主。遐邊狂狄，掉三寸而說貢中□；烈國皇王，諷一言而來朝諸夏。緬當奉使，歲約千餘；往質戎邦，一十八載。存安慈母，持緘報而信囑魚腸；問候聖顏，奉箋章而專憑雁足。雍容讓進趨濟濟，威□整貌秀堂堂。輔弼顯忠，扶危盡節。貌美金勝於覆粉女，公主帝納于皇宮。壽足戎封，望家國而任怨胡天；歿念家山，慕歸朝而憶同莊舄。返臨聖地，靈愕驻車，住□□□，踟躕不進，度斯聖驗，然議興堂。勅指廟建于汾南，顯瑞靈遷於沁北。虔之獲福，禱者承恩，固獲一方，威臨百代。烏雲倏秀，布穹窿而雷操天門；翠雨濃傾，走紅霞而□飛電□。東臨管朔，西叶源秦，南眄子推白牛，北指天齊賀虜。諸神祐遶，名像朝周。近烈巍峰，朵朵而高層聖頂；遠朝翠仞，纖纖著孫壽之眉。每遇攢祈，或扶頓主。皇帝籌参百揆，綸察万機。盤空睹紫瑞凝冠，踐位感黃龍捧腋。八元定維，十亂評章。臨朝有麟鳳來儀，玩水曙龜圖洛晉。万方響附，四夷影從。邊疆無蜂蠆之虞，朝廷絕狐鼠之患。蓂草長於砌，蓮脯生於廚。檜田秀合穗之禾，野茧備朝天之服。將軍先祖，老□諱聃，身居太上，位舉天尊。掌三清，主太極之宮；統九天，處陽寥之殿。三古之聖人設化，五千之《道德》親宣。誕身于李樹邊，生慕因封之为姓。連枝桂散，本係一根。次有老將軍諱廣，弓開滿月，石虎曾射于藍田；跨佩七星，下蠻王擒經九縱。征奸獲效，降撤擒妖。□有廟内將軍諱陵，為朝剛領袖，護聖股肱，懷機略則辯及相如，推俊彦則詞高陸賈。腰懸金印，曾匡十萬雄師；臂杖龍泉，顥匣而孔除三害。慮復本，龍潛於洞浦；慕遠元，虎踞於崆峒。後有唐朝僕射諱靖，二儀蔭蓋，亞西複技。侯封十万之勳，位列三觀之上。術悟黃公三略，法受玄女九天。盛書回霄，滿庚改少。得遇宰君，忌獻懸魚。遷官棄犢，彰雅譽而琴喧百里，教民豐而水制千門。斥訟明非，分□察咎。黃沙定罪，憫哀矜而刑用蒲科；抱愛驅雞，窘地芥而馴桑逐雉。夢受神毫五色，禽呑□鳳九包。民無聚斂之憂，樵興叩檐之曲。鰥孤寡獨，丞矜恤而勉力懷鄉；□叟□單，念撫綏而猶心戀土。及佐縣級錄，徵逋薄斂，容限輕徭。除撓紊而犬無夜吠，住煩苛則雞禁早鳴。吏疏促欠之勞，民無剪茅之役。今有太上繼世之孫，樹高根擀，桂拔枝分。追涼而例獲披蔭，植種而班生異莞。念宗宗之烈效，表祖祖之霸□。葉茂風搔，條濃蓊鬱。憤心機於一變，談美号於千齡。蘸螢默晃縱輝，焰而照識無寬。浮木孔窺雖瞪，目而寧推廣見。倅纙微縷，經百練而致算色絲；用意精研，累搔句而始皆黃絹。纂諸僻瑞，鑿銘銜彰。銘曰：

命奉高皇，遠篚戎疆。重持國信，奮說皇王。心鋪錦繡，辯吐瓊章。二君好會，漢虜和光。百寮舞蹈，万里甯康。壽足戎封，故體還鄉。偶臨聖地，□重維將。停車住輦，奉勅興堂。遺風爽爽，聖德昂昂。旅恭穆穆，初祭□□。希夷罔則，恍惚難量。奥驅汾水，島瑑空王。四維繖服，七政共皇。麒麟獨步，鸞鳳翱翔。地神捧寶，天降符祥。八元定維，十亂評章。介汾顯右，帝業隆昌。龍碑鎮後，永霸皇罡。

後漢武帝至大宋天禧二年歲次戊午七月辛酉朔七日丁卯建立，故記。

學究李化成篆，馬伋□字，弟再□、再茂

將仕郎守介休縣尉李恩問

將仕郎守介休縣主簿段□□、高□□

將仕郎試秘書省校書郎知縣高荊廉舉

縣前押司尉事庞憲　任顯

衙長曾進　李緒

前行陳斌　溫弼

後行陳升　冀忠　魏臻　庞廣　薛杲

（碑陰）

下里侯村：維那張貞　維那張能　維那張及　維那□□　□□張□董　張璘　李美　張□　呂海　溫□　杜奇　王□　張鉦　王溱　張丕　董惠　董□

維那並鄉錄高王能　維那張文

維那張吉　□晏　溫遇　梁習　溫珂　董照　張通　溫海　張□　□斌　張真　張從義　王通　張文義　□□　李□

當村：妝塑神

妝塑將軍並伏侍共三事　張文

妝塑□□□張演

妝塑二判官溫靄　張釗

鄉前學究張從一

妝塑園母張及　妝塑夫人王能

妝塑□□智邁　妝塑二通事張根　張橙

院主僧增升　客戶田茂　宋榮　梁臻

董溱　徐□　宋斌　賀□　曹天

高顯　段乃　杜□

上里侯村：張宗　張恭　張誨　張枚　李顒　張璘　張蘊　張璉　張□　□筠　張玉　張高　張勳　張望　董咢　張緒　張福　張詮　張奇　張□　□發　張榮

郭壁村：郭韜　郭朝　郭弼　傅千　郭旺　郭政　郭謙　郭璉

齊家莊：齊海　齊釗

楊同村：鄉錄李榮　侯榮　張環　李贇　任璉　王超　張演　賈美　侯興

下梁村：王勳　□□　□暉　高顯　□□　□英

臨川村：王密　梁譽　宋玖　梁密　王晏　王奇　康川　王川　宋全　于謙　李演　王溫

石堰社：趙謙

神村：王贇　李□　王蘊　王榮　賈玉　劉貴　李文　任榮　李演　王旺

南王里：康□　□□　□咢　王全　□□　□晏

樊王社：王謙　李晏　李謙

水谷村：郭翠　郭忠　郭旺　郭□

祥　莊：曹威　胡斌　冀□　□釗

西　社：艾晏　武勳　艾進　周習　郭璘　鄉錄事張莒　鄉貢明法艾化隆

北里村：楊約　楊及　□□　楊璘　楊晏　郝贇　武晏　楊弼　任裕　武千　□□　楊元　楊□　楊臻

義軍指揮使武釗

板谷村：武璘　武遇　張全　李□　郭咢　王真　武丕　見勾當□□友　尹靄

焦寺村：郭謙　郭文政　郭斌　任□　任能　任真　任釗　任謙　酒務張制　炭稅務□□

上梁村：見勾當里正　胡能　孔朝

樂　人：李因　曹貞　張斌　燕能　任司　任莊　任玉

下里侯村邑婆：王氏　郗氏　郭氏　王氏　張氏　梁氏　□氏　李氏　賈氏　王氏　張氏　古氏　喬氏　李氏　董氏　趙氏　王氏　溫氏　梁氏　□氏　宋氏　王氏　張氏　王氏　聶氏　王氏

樂　人：梁顯　□迺　宋璘　宋溱

縣前書手□：田用　梁戾　梁政　王臻　郝憲　田釗　張義

神村□□主講維摩經僧智圓

散　樂：藥最僉　藥滿攔　藥銷寬

汾阳军太守谢雨祭文

【简介】

金大定十一年（1171）勒石。青石质，抹角平首，无座。碑首高25厘米。碑身高62、宽58、厚9厘米。题额“谢雨祭文”。碑文楷体，13行，满行20字。现存介休市绵山抱腹岩。

【祭文】

汾陽軍太守謝雨祭文

竊唯去歲，夏序旱暵，久愆時雨，郡民懷憂。乃詢諸鄉老，僉云抱腹名山，有龍神栖宅，嚮來祈求，無不獲應。遂與郡僚同議，委西河縣令蕭特末往詣請禱。應時甘澍沾足，遂獲西成之報。今歲夏旱，亦復如是，民心未寧。然居守土之官，安可坐視而不問？欽仰龍神靈應不愆，迺整服登樓，遙瞻稽首，作敬虔祈。即日再獲甘澤，大慰民庶之望。復獲有秋，敢忘昭報？禮宜躬往拜奠，限以官守拘係。謹委西河縣丞趙天祺，賫名香旨酒，恭詣神所，以代告謝之誠。伏唯歆享。

大定十一年五月　日

中奉大夫知汾陽軍節度使兼汾州管內觀察使事護軍太原郡開國侯食邑一千戶食實封壹佰戶王璹

住持沙門講經論傳戒沙門清鐸立石

汾陽賀邦乂刊

重修回銮寺记

【简介】

金大定二十五年（1185）勒石。青石质，螭首，龟趺。碑首高83、宽108、厚30厘米。碑身高196、宽100、厚30厘米。底座长164、宽110、高54厘米。碑文楷体，26行，满行64字。篆额“重修回銮寺记”。碑从中部裂为两块，整体风化较严重。此碑碑阳为宋咸平五年《抱腹山回銮寺及诸寺院灵境之碑》。现存介休市绵山镇兴地村回銮寺。

【碑文】

重修迴鑾寺記

粵以天地融會，日月合明，海嶽符靈，聖賢間出。然□教興，行大方流化。是故釋迦如來之道，顯晦莫測，應變無方。在蒼周則示虹貫之祥，於□漢則夢金人之像。軫深仁而濟眾，蘊□聖以匡時。德布諸天，聲流華夏。示一時之妙□，作萬代之良規。巍巍乎無以加焉，蕩蕩乎不可極也。然而其妙則無損無增，其跡則示興示滅。且夫迴鑾寺者，昔號靈溪，唐貞觀初在乎東山、柴谷之間。至唐中和之歲，兵盜匯起，旦夕相淩，而不得屈焉。主僧惠公禪師，導眾飛錫，徙於是地，撥土成基，特興寶刹。降及僖宗皇帝自蜀還闕，惠公躬詣長安而求新額，改靈溪之號，賜曰迴鑾。而後炎宋加兵太原，其寺又經零滅。繼有智玄禪師薦□□葺，復廣如前。又適天厭宋朝，時罹兵革，寺復丘墟，一無所在，緇眾寥落，悵失歸依。是故上天垂祐，屬我昌朝。奄萬方而在己，統六合以為家。神武遐楊，皇風還夢。蕩蕩乎羲猷軒道，洋洋乎禹惠湯存。禮樂藻修，民樂從化。式彰有道之時，重啟至平之路。修廢舉逸，奉釋崇儒。時抵天會十有一年，遠公和尚嗟祖風杜絕，賢聖□以□居，黽勉勤誠，夙興不寐，仍於故基而興新□。於是屏去瓦礫，芟薙蒿萊，揆務量才，亟其營制。時賴一人有慶，百姓餘閑，故得眾勸其功，匠樂其事，約之閣□，緣之囊橐，不數祀間，其功大成。殿堂之跂翼，樓閣之翚飛，廊廡徘徊，園圃幽邃。寰以藻繡，絡以編連，密異乎芬馨。雖汾陽梵宇，庶□罕有出其右者。即又化□□子之靈祠，襟帶空王佛聖跡。左則層巒疊嶂秀吐晴風，右則廣野大川平分遠靄；前則綠水橫流輕氛起潤，後則高陵叢木綠蔭生涼。□□景物輻輳，可坐而觀貞靈瑞之勝概也。上可為國家致福之地，下可為黎庶勸善之場。從此長坐五衍之□，永開八正之門。內殊寧正，終無永歎矣。自鄺至是，凡重建乃三。或紀功於碑銘，或著績於鐘鼎。唯我遠公興崇之德，卓越於前爾。論其殊勳高行，蓋一時之英傑也。遠公世汾陽靈石南叢里人，俗姓王氏。宗族豪瞻，父祖英哲。和尚生而不茹葷辛，始解語言，常念諸佛名號，父母奇而愛之，仍許為僧。十歲出家，禮琳公和尚為師，□□□戒。師體貌豐偉，德宇淵厚，抗志高節，□□淩雲。見上不趨，臨下不傲。倨倪乎塵埃之表，當為乎不世之賢。重佛旌麾，破邪闐闠，真所謂僧也。□能監壟田畝，謹守□□。居常之暇，舉措均一；食著之餘，絲毫不貯。唯嗜恤憐煢，獨矜癃殘。自此鄉黨交新，工賈樵牧，悉歸其德。住持兩院五十餘年，度門人智彥、智德、智□、智辯、智義、□□、智心。師資相慕，若父子之□親；長幼有倫，如昭穆之有序。於大定二年五月一日奄然而歸，壽齡八十有一，僧臘六十有三，葬於寺右。其高第彥公，自幼出家，隨師修道，誠心盡力，備歷艱辛。至乎暮齒，恩師遺訓。慕師高風，而謂僕曰：我親教和尚，平生懇力，護□院門，惠澤流芳。慮其寒暑推遷，功名湮沒。嘗不紀其歲月，刻於琬琰，則□造之因起自何人哉。僕乃求學人也，承寵召以屢言，濫濡毫而立意，直書厥事，垂諭後昆。為之銘曰：

皇哉調御，至睿至明。妙智圓寂，無得而稱。光被六合，惠及群靈。應世隱顯，隨時廢興。故是梵刹，而得隳陵。梁棟灰燼，瓦礫交橫。墟□圮址，蘚徑蒿庭。遠公惻隱，思復重營。□眾僉議，靡不思敬。況遇昌世，海宇清平。頌聲並作，協氣具生。工木大用，不日告成。殿堂偉麗，樓閣崢嶸。金碧燦爛，彩色融凝。□□前□，□難後□。福祥至只，永保康寧。彼哉遠公，器識豪宏。其譽可□，其德□評。□榮後代，卓冠前英。彥公紹嗣，告立其銘。流□播後，遠□□名。

時大定二十五年十月六日　當寺住持沙門智彥立石　門人僧普榮

故導宿前管內都僧正判官講唯識等論傳法沙門□千門人智澄；法眷平遙縣集福寺前管內都僧正 講經律論□ □戒沙門智才；前住持僧智文；現住持僧智敏；汾州永壽院住持僧智舒；當里保安院講圓覺經住

持沙門普深、普嚴、普行；講百法論僧普昌、普鑒；□門諸寺院、栖隱寺住持僧清浩；清隱院講□論住持沙門思德；膺福禪院講百法論住持沙門海淵；□□修造化緣住持沙門玉義；慈恩寺□□□□；虔虚觀□□；瑞雲觀道長志源。助緣：當里参授太上靈寶□玄内教法緣弟子李□、趙□□、吳□、閻仲、董皋、宋永、宋完□□、□□□□郝椿、申彰；長壽村李潤、尹□□□；馬堡村郝忠；張高村阮福、李齊；馬和村武翔、武霖；太平村楊禮、劉忠、溫澄、溫演；小水村李志、李□；□河村□智；南叢村胡福、任翊。本院講上生經智實、智進；興地村李興、樊湧、葛恩、葛演、葛順、葛進、任順；靈石陳尹述文；□山比丘□□書丹；霍邑縣馬□□、男馬□□刊。

元

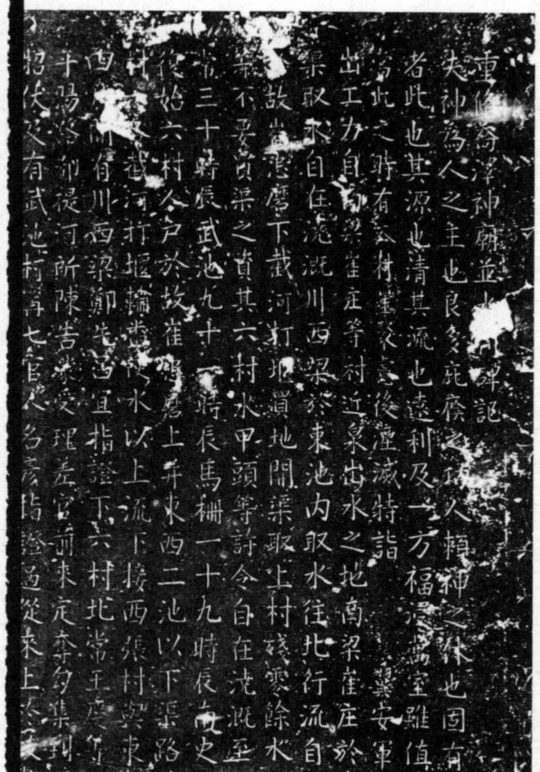

冀宁路汾州介休县豹虎何村重建永泽庙堂记

【简介】

元延祐三年（1316）勒石。青石质，圆首。碑首高24厘米。碑身高140、宽70、厚20厘米。底座长72、宽52、高50厘米。碑文楷体，20行，满行52字。题额“永泽庙记”。冀宁路解元忻州儒学正里人胡公复撰文，乡贡进士里人宋钦书丹。此碑记载有元大德七年（1303）介休发生大地震的重要史料，为研究山西地震史提供了翔实资料，具有极高文物价值。现存介休市后土庙戏楼东侧下方。

【碑文】

冀寧路汾州介休縣豹虎何村重建永澤廟堂記

冀寧路解元忻州儒學正里人胡公復撰，鄉貢進士里人宋欽書

延祐改元之三年五月一日，貴里豹虎何村郭顯、李山、陳瑞、李茂、宋珪、任璘，踵門謂余曰：潤澤侯者，玆郡興雲雨之神也。爰自後魏，佐主有軍功，久戰汾陽之西北。其山無水，侯之士馬困乏，所望活命者唯水耳。侯欲之他尋訪，乘馬跑地而泉出焉。其流溉田利物，代代無窮矣。人慕侯之德，被侯之澤，於泉側建廟，而歲祀不輟。昔嘗大旱，官率士民而詣廟請禱，甘澤時降，捷於影響。由是宋朝崇重，廟錫永澤，侯封潤濟，之所自也。本縣汾陽軍所屬也，聞耆舊相傳，肇自金世，建侯行廟於吾之鄉矣。中更兵革，鞠為茂草。大元龍興，欽崇神聖，詔諸路郡縣所在名山大川、五嶽四瀆、忠臣烈士，凡有功於民者悉祀之。厥後，邑之官寮、里之士庶，於侯誕辰，悉來祭享。奈舊址茅塞，饋奠無所。先進任概、陳和等相謂曰：吾鄉永澤廟遺址幸在，曷若併力經營，修建堂廟，上以遵國朝之所詔，下以述前人之事功，何如？僉議允肯，各施財物，戮力營建，不歲成之。廟殿復完，神像悉具，庶得歲時祭焉，旱沴不作。大德七年，歲步癸卯，八月六日夜，厚坤失載，動若浮舟，官舍民屋，率皆崩陷，廟堂與焉。朝廷為之賑恤，更平陽曰晉寧、太原曰冀寧。震逾數年，不遑經始。今我聖天子御世，恩漸動植，祀及神祇，天地位焉，雨暘時若。郭顯、李山、陳瑞、李茂、宋珪、陳裕、宋信、任璘等僉曰：吾鄉幸風淳俗厚，民物阜蕃。緣廟址荒蕪，殿庭瓦礫，神無以棲其靈，民無以徼其福。來者見為惻然，豈得謂之里仁為美乎？於是糾集一十八村人戶，輸財營葺。仍舊建大廟，東西構二堂，一曰廣善侯，一曰訶利帝。塑飾像貌，丹堊垣壁，戶牖彝器，靡不具焉。請為記，以文諸石，庶永其傳與。余應之曰：夫鬼神者造化之跡也。人之所以積善獲福、積惡被禍，歲之所以風雨調順、五穀豐登，實鬼神之用也。數君子者，廟堂建完，敬神甚謹，加以好賢樂善，保族宜家。大功既畢，美跡已續，奚以記為？辭不獲已，書此識之。歲在丙辰五月端陽日記。

進義校尉、冀甯路介休縣主簿馬嗣周，本縣陰陽教諭任履道，承事郎、冀甯路介休縣尹兼管本縣諸軍奧魯勸農事和謙，省差介休縣典史趙秉恕，司吏張克溫、馬思禮、賈瑞、任秉中、吳仁、馬德華，進義副尉、冀甯路介休縣達魯花赤兼管諸軍奧魯勸農事八兒思不花，將仕佐郎、冀甯路介休縣尉楊觀節，鄉貢里人宋珪、李茂、李山、陳瑞、郭顯、任璘立石。孝義縣董周村燕林、燕秀，男燕茂刊。

維大元延祐三年歲次丙辰甲午月壬戌日戊申時建石碑記

永澤廟記

焦居士真骨碣銘并序

【简介】

元元统三年（1335）勒石。青石质，抹角平首。碑高80、宽50、厚7厘米。碑文楷体，14行，满行26字。篆额“居士碣铭”。现存介休市绵山抱腹岩。

【碑文】

焦居士真骨碣銘并序

鄉貢進士左遵道撰，門人侯璲書額，何村里宋企賢書。

居士諱豐，介休上堡里人也。幼嗜浮屠學，寤寐興居，罔或違念。迨暨中歲，信慕彌篤，飄然有遺世心。迺捐妻子，登抱腹巖，禮空王佛，持修行之願。服膺所戒，既精且專，六鑿隨泯，顥氣充而丹田澤，不粒食者累年，而髮玄顔赭，體愈寧健。諗寺僧曰：吾夐絕塵慮，當返天真。因斂衽端坐，慨瞑而逝。衆以為蟬蛻形骸，神遊超升之應。實中統之壬戌也。閱一十六稔，當至元丁亥，而軀象宛然，備固如昨。孫添慮夫歷歲□邈，終歸靡蠹，命工塑之，庶乎不朽。居士之處俗也，有男二女二，長曰美性，復好善，號稱化主。嘗修關子嶺道及柳行官路，行旅便之。晚遊關中，誓構灃水石橋，庀傭僦工，垂成而卒。孫添亦蚤逝。曾孫思敬，時甫九齡，厥母王氏，守義鞠焉。悼居士之奇跡，欲托諸鋟碧而不果。今歲春，思敬恪尊母訓，爰豎茲石，蘄予紀之，因摭其實，以示將來。銘曰：雲巖之根，靈刹之門。先祖是依，其福永存。

大元元統三年乙亥三月初二日焦思敬立石

王中村趙惠刊

明

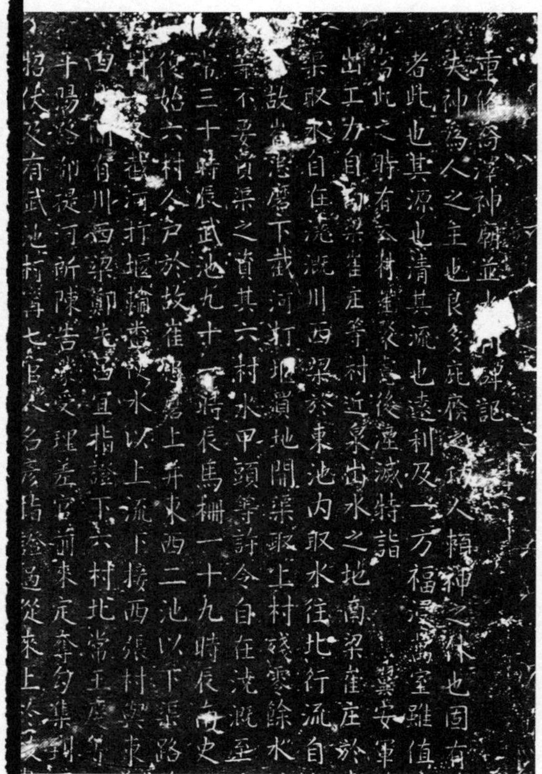

文中靖安处士墓志碑

【简介】

明洪武四年（1371）勒石。额题“大明”。碑文楷体。下部残损。现存介休市张兰镇张兰村。

【志文】

文中靖安處士墓誌碑

前辛卯進士里人梁……

先生姓左氏，諱遵道，字希顔，其先出自齊公族左子，因……仁鄉，先祖諱理，始居今張難里。曾祖恩，恢弘有度，為起……金源之□，四方肇亂，前元始建，文治未遑。先生生於至……成人風，祖□世才，鑑裁超詣，知先生為令器，俾就學時……耆宿多工辭章，先生始而嗜，中而厭，既而幡然改圖，其……心領焉。淹貫經史，尤邃於易學，剗華就實，充積厭饑，淵……所厭□吾河東之人皆願拭目焉。予童年時嘗欲親几……十二造光霽中，予每見輒疏難疑百餘事以就正先生……大□也。予雖出入諸儒先之門，而密邇桑梓，故私淑……□譽傳播遠邇。時朝廷雅重其名，欲以一官起……之號，先生不屑也。其居畎畝，授生徒，漠然無所憂喜……使伊呂之徒生今□，其肯黽勉從仕乎？昔使仁傑仕……不欲□仕於婦人之朝，仁傑大慚。先生嘗論及此，每……漸之□鳳棲□□薫陶漸染，無愚智皆傾仰愛慕之……八月乙酉日，享年七十五歲，迄今十年，未有發潛德……也。三子，其仲季先卒，其孟曰敬□□□遊甚久，常欲……□篤□□，志不克遂，方刻苦□□□曠失，負荷……始末。先生有文集，大兵後失之□□仰明賢而述……

洪武四年歲次重光大□□余月吉日

少林闲云和尚道行碑

【简介】

明洪熙元年（1425）勒石。青石质，圆首，龟趺。碑首高30厘米。碑身高120、宽47、厚20厘米。底座高44厘米。碑文楷体，28行，满行50字。篆额“少林闲云和尚道行碑”。碑阴为“释迦佛传法宗派之图”。现存介休市绵山镇兴地村回銮寺。

【碑文】

（碑阳）

少林閑雲和尚道行之碑

嗣法小師用彛天章撰

伏聞法身無相，雖五目以難窺；妙體凝然，終一塵而不受。既非關於名相，豈有得其視聽者哉！是以虛徹靈明，真常不昧，動靜一如，滅而不滅，含虛空合，体而通靈，生而不生，包萬象運，用而垂妙。有無不著，視聽咸離，然雖不立纖塵，喜貴道風流布。吾大宗師閑雲伴公禪師者，俗姓溫氏，靈瑞莚介人也，生於元末。其祖曾仕於宦，父母淳樸。師於髫齔之年，性体異常，厭惡葷羶，志慕釋門，投禮興國果公為師，二十受具，遍遊講肆，聽古峰大德之教，深明旨趣。次造仁山之室，侍立二十餘年，不憚勞苦，志慕禪宗，機緣契合，遂蒙印可，并門大德悉嘉其美，偶江南俗官，深通儒教，善能詩書，通徹奧理，深傳其妙，是以超乎其群，拔乎其萃也。錄師行狀功德之祥：

初出世，住龍山石壁永寧禪寺，次住抱腹嵓，次住本山興國禪寺。蒙考赴京，中其甲科，回禮祖庭，值其虛席，輪選堪能，唯師可當。法王前席龜山老宿疏請云：四九峰峰挺秀，須憑作者匡持；五七祖祖相傳，必賴英靈負荷。不有其人，孰弘祖道？赴請入院，拈祖香云：西來的意本無傳，少室山前滯九年。接活無根隻嫩枝，一花五葉遍三千。登座云：身若浮雲近六秋，依山舒捲任悠遊。縱橫自在無拘束，坦蕩逍遙絕繫留。識破功名元是幻，已知聲鴐若浮漚。林泉任運從容樂，剛被清風引出頭。其餘法語，並皆玄妙，於是河南宗匠無不称賞。恢弘祖道，負荷山門，其功非一，其志無二，三載周圓，忽辭曰：洒掃禪源三載是，功名到底成榮辱。不如參究自弥陀，免得臨時相犯觸。遂退居風穴，發願念佛四十八碩豆數，專求淨土。次居香嚴三載，與念佛誠和尚各伴念佛又四十八碩，□隱抱腹嵓中又念四十八碩，共一百四十四碩，轉金剛弥陀經各五千，燃燈八萬四千，行道精勤，朝夕不輟，以此功行，專求往生。忽染微疾，謂眾曰：吾世緣已畢，淨土將歸。作偈曰：浮生偶寄莫張羅，百歲光陰一剎那。富貴英雄風裹燭，功名氣勢水中波。無常迅速忙如箭，老病摧煎急似梭。善脫輪廻生死苦，須當參見自弥陀。咄！燈光元是火，水動卻成波。偈畢，奄然而坐逝，用彛平昔巾瓶，目覩耳聞，何敢忘棄！憶師存日，召用前席，耳提面命，訓教之曰：汝今出家，投吾為師，宜當精持戒行，善修佛事，有念佛法門，求願往生，勉而行之，佛有大願，接引眾生，往生淨土，永脫輪迴，見佛聞法，即無退轉，直至菩提，汝宜精勤，勿忽勿怠。乃受教奉行，發願念佛近二十餘載，朝夕持誦，偶嬰篤疾，四假將崩，念佛之心，愈增堅固，畧無懈怠。忽見空中光明燦爛，阿弥陀佛、觀音、勢至三聖現前，聖容熙怡，相好端嚴，筆舌難盡。用彛乃喜不自勝，便欲隨佛往生極樂，感伽藍神謹謹固留，良久之間，病体復安，恍然甦活。予乃悲喜交集，感嘆不已，遂發願歸山，禁語念佛，日唯一食，少有所證，方知佛願之無虛。乃念師恩之莫報，法浮恩深，萬無一補。謹錄實跡，何敢粧扶！陳師之功，明師之德，少伸荅報之情，畧展孝敬之意，後之覽者，知吾師之大恩，念修行之功行，亦將有以勤勉也，不為無補云耳。乃合十焚香，請工鐫石，乃為銘曰：

宗師閑雲，大志超群。天然法器，落紺童真。博通儒雅，遍扣講門。洞明教眼，禪觀惟尊。

不拘偏正，妙契君臣。金針玉線，鳥道玄津。慣遊湖海，名震乾坤。三尸大剎，道鴐無倫。

退居幽隱，淨業修因。念佛無數，閱教有勤。燃燈八萬，壽近七旬。冰清戒躰，玉潔無痕。

儀風遠播，道德遐聞。二王真讚，褒美惟新。臨行坐脫，不立纖塵。痛思法汝，泣血勒珉。

壯師之德，筆舌難陳。流傳大法，永布劫塵。

旹大明洪熙元年歲次乙巳季春庚寅日

嗣法小師智完、用彛立

少林
閑雲和尚道行碑

本山僧會祚隱堂然無□，住持正野雲真源，知事眾僧師弟道詡。

孝義縣俗兄石敬先、石懷敏等助功，師孫歸宗。

（碑阴）

釋迦佛傳法宗派之圖

古佛應世，綿歷無窮，不可周知。近序賢劫千佛，至釋迦文佛，但紀七佛，按《長阿含經》云：七佛精進力，放光滅闇冥。各各坐樹下，於中成正覺。七佛：毘婆尸、尸棄、毘舍浮、拘留孫、拘那含、牟尼迦葉、釋迦牟尼佛。西天二十八代禪祖師者，初祖迦葉，至阿難、商那和修、優婆毱多、提多迦、弥遮迦、婆須蜜、佛陀難提、伏陁密多、弟十脇、富那夜奢、馬鳴、迦毗摩羅、龍樹、迦那提婆、羅睺羅多、僧迦難提、伽耶舍多、鳩摩羅多、闍夜多、婆修盤頭、摩拏羅、鶴勒那、師子婆舍斯多、不如密多、般若多羅。菩提達摩，乃是東土初祖，至慧可、僧燦、道信、弘忍、慧能、青原思、石頭迁、藥山儼、雲嵓晟、洞山介、雲居膺、同安丕、同安志、梁山觀、大陽延、投子青、芙蓉楷、鹿門覔、青州辯、大明寶、王山體、雪嵓滿、萬松秀、雪庭裕、少林泰、少林育、少林才、佛嵓忍、奉聖瀾、少林毅、少林伴，此是西天此土歷代祖師。□□□讃。

閑雲和尚真：禪師閑雲，道行無倫。英才天挺，大智超群。專修淨業，戒體冰清。經律論藏，一貫咸通。正法眼藏，頓悟圓明。高懸慧日，大振玄風。不言而化，不令而行。鑒開人天眼目，恢張佛祖家風。切行圓於六度，壽將近於七旬。臨終坐脫，復妙歸真。令繪容像，啟我讃陳。實末法龜鑒，乃宗門棟樑。神機疾如電，面目嚴如霜。雞足峰前打失那伽之定，大明國裏發揮本地風光。碎窠舊，驗作家，震雷霆於天下；建法幢，立宗旨，驅龍象於四方。龜毛長拂子，大地一張床。放行正令全機活，十號尊稱亦可當。

讃：老尊禪，貌古别；鐵眼銅睛俱照徹。樓頭正午翫蟾輝，夜半金烏光皎潔。抱腹嵓前師子威，大用神機如電掣。吹毛斬却聖凡情，殺人手段元勦絕。亘綿千古鎮常明，一點靈光無欠缺。少林正脈曹洞宗，萬載祖燈吹不滅。鷲嶺拈花事最奇，廖廓虛空向上機。物外風光超色相，劫前消息絕聞知。九重深處人難識，五位偏圓孰可窺。一炁當陽輝祖位，踏翻斗柄現全威。

嗣法小師用彝焚香拜讃：骨格清新，機鋒綿密。宗眼洞明，纖塵不立。妙悟弥陀法身，親得達磨骨髓；慣行水底魚踪，踏破空中鳥跡。宗門柱石，少室親傳，法苑良規，君臣偏正作生涯，玉線金針為軌則。龜毛拂上起清風，兔角杖頭轟霹靂。法身非相等虛空，彩繪形容從費力。咦！不医當日得親傳，豈辨吾師真端的。泣血焚香自讃真，法乳恩深難報一。更須末後重相州，園林花縱當春日。

勸眾念佛語：唯心淨土，普現十方，自性弥陀，分形六道，良由不肯承當，所以自生退屈。八功德水翻成業海波瀾，七寶園林變作侵天荊棘。若也回光返照，人人盡現紫金容，處處揔為安樂刹。生離心之淨土界中，無去無來；現自性之弥陀直下，非凡非聖。但得耳根清淨，家家觀世音。用處分明，各各大勢至。青青翠竹皆七寶林，鬱鬱黃花現金色相。是處水禽風樹，轉不退輪；相逢雪鬢霜眉，獲無量壽。蓮開九品即當人上中下根；法說三時，此處正五九月。化少眾為多眾，不妨大慈大悲；會諸家為一家，可謂同名同號。《弥陀經》云：其國眾生，無有眾苦，但受諸樂，故名極樂。有七重欄楯，七重羅網，七重行樹，七寶池，八功德水。池底純以金砂布地，所遍街道金銀、琉璃、玻璃合成，上有樓閣，亦以金銀、琉璃、玻璃、硨磲、赤珠、瑪瑙而嚴飾之。地中蓮華，大如車輪，微妙香潔，常作天樂。黃金為地，晝夜六時，雨天曼陀羅華。其土眾生，常以清旦，各以衣裓，盛眾妙華，供養他方十萬億佛，即以食時，還到本國。餘食經行，種種奇妙雜色之鳥，白鶴、孔雀、鸚鵡、舍利迦凌頻伽，共命之鳥出和雅音，演唱妙法，微風吹動諸寶行樹及寶羅網，出微妙音，如百千種樂同時俱作。彼佛光明無量，照十方國無有障礙，諸大菩薩，萬聖千賢，共勸往生而為眷屬。經云：念一聲阿弥陀佛，滅八十億劫重罪，得八十億劫微妙功德，相貌端然，壽命福慧，功德莊嚴，不可具說。

訟曰：世相如同閃電過，勸君聞早念弥陀。少年色力難保長，衰老光陰向不多。富貴但能添業障，貧窮未免逐風波。法王有願能依奉，入聖超凡在刹那。

抱腹嵓興國禪嗣祖沙門用彝天章勸述

門人本地孫歸初立

見寓汾陽曉齋宋昱拙筆書丹

介山石匠王普賢謹誌

釋迦佛
傳法宗派之圖

介休县兴王寺碑记

【简介】

明宣德二年（1427）勒石。青石质，螭首。碑通高331、宽128、厚27厘米。碑文楷体，34行，满行73字。范荣撰文，李士真、张翚书丹。杨端等立石。原在南寺遗址，现存介休市城内后土庙院内。

【碑文】

介休縣興王寺碑記

前承事郎江西贛州府興國縣知縣范榮撰

前河南汝寧府信陽縣儒學教諭侯琰篆額

介休縣儒學廪膳生員李士真、張翬書丹

僧會司兼興國寺住持子然、德淨，僧吏滿德，維那本哲

本寺僧義成，住持妙海、弟妙清，僧人法俊、法英、法□

崇壽寺住持妙注，門人法運、法道

普照寺住持圜川、門人滿順

陰陽人李端、郝茂

開字石匠父王有德、王端、男王盈

粵若稽古，□書興王寺在東南坊，始于金大定二年，僧德顧創建。昔唐貞觀元年，有并州榆次縣原鍋里戒行人田氏志超，誓登介之巉巖，俄得白兔引路度巖，亦有五龍奔出，其下□中□□□感摩那斯、銀□二人護法之。貞觀八年，志超成道圓寂，雲中有神人執金字板書曰：過去興王佛。時唐太宗勅修佛殿，賜號空王，□寺又名道場焉。其山在縣南四十餘里，崇崗峻嶺，連樓村墟，夤緣林麓，路逕縈紆，往來躡履，傴僂提攜，拊膺脇息，非至人幽。客不能進步，常有雲煙晻靄，神秀氤氳，乃間隔凡塵之所。□□石梯，次則塔巖頭，一徑蟠旋，深如復道，上觀下瞰，逼人魂魄。又經滴水巖、白雲洞、坦途橋，巘巇不一。後至大巖，矗起如破甕側覆，下可容千人，高蔀半天，崖陲巀然，何啻萬仞，如此形狀，因□而度，故名之。

每歲□三月中旬七日，并汾綿霍奉善香客拜謁，不知其數。巖之端倪，風鐸雲旛，聲之鏦錚，常若天樂，歌舉梵唄，蕩滌人心之垢，咸興樂善之儀。陟其頂巔，摩斯頭懸泉里，白□□泓是纏送護托之□也。

今縣隅之寺，實分烟下院，亦檜柏蒼鬱，庭宇延袤。殿額扁以“大雄”，明夫釋迦世尊掌教，□恒河沙佛皆皈向之，猶川歸巨海，鱗宗飛龍，所以正座塑一佛二菩薩，云是阿彌陀佛、觀音、勢至，使人念念不忘功果圓滿，九品蓮池化生。靠壁之背，却設興王之像者。蓋總公雄氏之化域，而成其正覺矣。

載言，世尊雪嶺修道六年，頓悟沙牛御月，石虎懷兒，蕉花春風之機，梧桐秋雨之秘，春山暮雲，碧潭夜月，如此深妙。而遂得獅子頻伸，象王回顧。開正法眼，藏華嚴教，海說法三百餘，會利濟人，天薦□幽冥，故其教遠延震旦，光照海外。肇自漢明帝入於中國，其後晉梁陳隋因之，唐宋金元接迹，咸尊達磨飛錫東來，著一花五葉之裔，然後曹溪雲門等名山勝剎系派滋矣。考之《如來成道記》、禪宗《傳燈録》，昭然可見。

方今聖朝頒降勸善、陰騭等書，化風振作，自古在昔，未有如此之盛也。惜乎本寺自創建以來，雨淋日炙，斗轉星移，棟甍桁棁，脊獸瓴甋，棧桷簷牙，歲久年深，率皆破落，而聖像壁繪丹青脫剝，況見住僧稀少，甚至淒凉，所以起念。厥有在城檀信楊端、馬顏等發心緣募資，工始于宣德元年四月吉日，起手修整，以新易舊，粧飾金碧，侖奐爛耀，及將伽藍壽亭侯祠殿皆得完備。僉謂：今修□□竟，紀諸堅珉，頗有隳摧，俾後善又重繼之，以為千百載不朽之計。斯其韙哉。懇求予記，辭不能已，乃言之曰：三教之理，本以勸人為善，願法輪興太極圖之循環而不止，存亡顯密四生六道之門，萬彙均霑法惠，保庇世世生生為事者矣。焚香欽祝皇府萬年，邦畿鞏固，海宇升平，臣民臻福，為慶幸爾……密□□密□□□□□□□□□選□□大□□驍驛□□□□□□□□□□□，因為記之，又從而為之辭曰：

□沌分判為洪荒，□□□□□□張。斷鼇足以立□極，龍馬神龜遞呈祥。

人文一著旋太極，萬理通□□渺茫。象太初者迺誰氏？日月五星騰輝光。

蒼蒼蒸民賴禹跡，土穀惟修勸耕桑。世務滾滾若流水，紛紜萬緒分頡頏。
柢欲將身類松柏，壽數却有彭與殤。□□□□□□□，化□□□在春陽。
面皺髮白相促迫，言之似覺熱中腸。仄間輪回□欣戚，窮斯更溢情哀傷。
迨及西方生聖人，雪山諒豈徒徜徉。號為能仁大雄氏，教廷東震聯遐方。
始于炎劉□典午，六朝繼踵齊與梁。陳隋鼎祚歸日角，白馬西回教愈長。
□生□□□□□，造福信□□□堂。奇哉并州榆次縣，佛芽生出慧芬芳。
乾乾戒行不肯息，鐵鑄身心孟八郎。盲龜跛鱉自遠循，白兔引行五龍翔。
攀緣石磴危橋後，修道暨眷巖中央。一朝功結涅槃果，神報過去之興王。
貞觀聞風輒降勑，受佛芳名並道場。年□□□□□額，天風響振聲鏗鏘。
釋衲幽人普拜禮，銅爐石鼎龍涎薌。幽明共霑經吮力，慈恩廣大難可量。
下至宋朝化亦顯，復有金元教盛章。大定年間僧德願，創建此寺東南坊。
嗟哉年失馳迅速，幾番裨補興修妝。今寺將隳墉欲垝，檀信累累增彷徨。
□□□□□□□，□煙斷續佛凴涼。所以具疏叩賢哲，官民喜捨加讚揚。
功德完成樹金石，願眾獲福家道昌。和南闔郡逢禎吉，贊襄法輪扶綱常。
時大明宣德二年歲在丁未五月中朔旬上吉日修造
立石人：楊端　馬顏　趙衡　董珍　任禮　段志友　段厚　□顏　任旭　李然　溫厚　李本威　□□□□□助緣
刑部主事陝西西安府華州渭南縣趙溫
本縣承事郎知縣李琬
助功郎縣丞韓穎
□□郎主簿郝福　李榮　趙遜
儒學訓導厐倫
闢子嶺巡檢司巡檢孫榮
稅課馬大使陳牟
義棠驛驛丞鄭蘭
醫學訓科范能
陰陽訓術厐志端
僧會司僧會子然
道會司道會任奕峕
靈石口巡檢司巡檢張青
儒學生員：宋諸　武□□　張庸承　李迪　薛孜　宋□□　王質　劉質　岳宗　李璨　張進　陶欽　田翱　趙昂　武□□　李□□　李彧　李士真　張蜇　張翠　劉澄　梁殷　張□　李振　楊成　任允　宋玉　楊祥　李春　宋斌　王□□　王懋　羅□□
本縣吏典：司吏焦溥　王□□　郝真　冀真　樊表　何□□　典吏王碧　郭完　劉斌　宋春中　段文義　陳能　李庸　劉能　冀魯　武茂
都功德主：王璟　梁翀　冀亮　張奉先
副功德主：陶彬　陶雄　張升　張敏　張□　仇立　楊□　任全
糾首：李恕　馬拳　李玘　李端　李海諒　鈕楫　王信　白□□　溫拳　李端　閆璲　王銘　任貴　宋玘　董瑜　任友　喬信　胡瑄　王□□　楊拾　任福　石讓　楊升　喬永　鈕質　王璲　楊順　梁禎　李友
助功施飯人：楊英祚　薛能　胡整　陶威　谷智　石林
鄉貢進士：陶造　楊暉　武允　郭晉

重修天圣禅寺碑记

【简介】

明弘治三年（1490）勒石。砂石质，圆首，龟趺。碑首高29厘米。碑身高150、宽76、厚24厘米。底座高57厘米。碑文楷体，20行，满行44字。篆额“重修天圣寺碑”，碑阴题额“佛日增辉，法轮常转”。现存介休市义棠镇沙木堝村大佛寺。

【碑文】

（碑阳）

重修天聖禪寺碑記

古并太原□山郡圓明禪寺閒居埜衲秀孤峰撰文

堯都靈瑞郡僧會司僧官兼大雲寺住持豫素誠書

佛居兜率天宫，宿願未周，示同生滅，西印土現相，東震旦傳聲。周昭王甲寅二十四年四月二十八日，大地震動，夜五色光，王問太史蘇由：是何祥也？由曰：大聖人生於西方，先現瑞光，一千年外，教傳此土。後漢明帝永平三年，帝夢金人丈六，光明照耀，帝問群臣，傅毅對曰：西方有得道者，其名曰佛。帝遣博士王遵等一十八人往西域求訪佛法，至月支國，遇二梵僧摩騰、法蘭，白氎畫像、四十二章經白馬馱者，邀迎洛陽。明帝賞接，建立精舍。永平十年，像法始臨於漢朝，大震玄風，宏開覺路，慈雲廣布而普潤三根，法雨洪施而霞霑萬彙，教之始興，其在於斯。

釋氏設教，普化群生，根機萬等，大根利智，傳佛心印，續焰聯芳，小種微苗，全憑願行，德生淨域，至人垂化，各有深慈。今靈石僧會能進道，囊培智種，宿有善根，幼年詣大雲寶刹江公月印禪師室內，持巾捧鉢，壯歲至金臺敕建大覺禪林佛規老師座下，立志精懃正。歲次甲子，遇□天念佛，皇上聖節，敕建海印，眾閱藏經，內有山西靈瑞，汾河西五里許，古有神僧造像石佛弥勒，修其石洞，結制百日，雲霧瑞氣騰空而去。宋朝熙寧三年歲次庚戌，始建弥勒佛閣三檐，名為天聖。元朝大德七年八月六日夜，地震倒毀，大德九年重建。是神僧聖境，為檀門作福之場，乃釋子脩行之所，晨鐘夕梵而上祝皇恩，暮礼朝参而均霑幽顯。既乃修崇於上古，寧可荒廢於今時？景泰歲次辛未，本寺住持能進道知是神僧之所增修，獨力難成，鳩集十方檀越、當境善眾，興作福心，修殊勝事，重金古造石佛，增修基址坊垣，刱建佛殿五間，觀音、羅漢、僧房，塑畫聖容，金碧爭光，其成無上福田，完以□故。弘治庚戌，殿堂疏漏，比丘進道又捨衣鉢重修佛殿伽藍，壁畫水陸，鐫碑存焉，奐然一新，使人人再覩金容，令代代重聞玉偈。今見任僧會豫素誠，僧中為嫖幟，佛門作樂動，喜捨衣鉢之貲，刱造周圍石堎基址，莊嚴金地，成就寶坊。人天路上求逍遙，解脫門中常自在，此乃福不唐捐，功不虛棄而矣。勝事將周，踵門求予紀其歲月，不愧斐才，姑為堅珉。

大明弘治三年歲在庚戌四月辛巳八日庚寅吉時致仕僧會能進道立石

（碑阴）

天聖寺根源，藏經內遺言。佛像神僧造，石洞銀杖鐫。伽藍人祈嗣，右邊湧清泉。寶刹古聖境，作福永遠堅。

冷泉鎮施財功德主郝焱，妻周氏，男郝文懷、郝文章、郝文寬施馬一疋。（施财人名略）

致仕官周濟，介山義官古禎、侄古子奐

靈石縣致仕僧會兼天聖寺住持進道能禪師，本寺首座定進，藏主定春、定清，使者定昭、智逮、智連。

致仕僧會兼大雲寺住持素誠豫禪師、大雲寺首座□□施緞子一件，維那智通、□海，使者智□、智□、智□。

法眷資壽寺住持圓□，首座明監、明全、明顯、明玉，維那王璨、立璋、立牟，藏主明玄、明理、明迪、明寬。

陰陽人李文昌，丹青曹紀秀、□境、周工，鉄匠喬泰、男喬子宣，木匠王士全、燕雷，泥水匠張文友、王文顯，油匠張愷，霍州石匠伏威，作務人宋原、李福得。

重修天
聖寺碑

重修天聖禪寺碑記

古并太原□□郡圓明禪寺閑居□□□撰文
□都靈瑞□僧會司僧官兼天雲寺住持□□書
佛居兜率天宮宿願未周示同生滅西印土現相東震旦傳聲周昭王甲寅二十四年四月八日大地震動夜五色
光王問太史蘇由是何祥也由曰大聖人生於西方先現瑞光一千年外教傳此土後漢明帝永平三年帝夢金
人丈六光明照耀帝問群臣傅毅對曰西方有得道者其名曰佛帝遣博士王遵等一十八人往西域求訪佛法
至月支國遇二梵僧摩騰法蘭白氈畫像四十二章經白馬馱者邀迎洛陽明帝賞接建立精舍永平十年後□
始臨於漢朝大震玄風宏開覺路慈雲慶布而普潤三根法雨洪施而遐霑萬彙教之始興其在於斯
釋氏談教普化群生根機萬等大根利智傳佛心印頓悟聯芳小種微善全憑頌行得生淨域至人普化各有□
慈今靈石僧會能進道曇培智種宿有善根幼年詣大雲寶刹江公月印禪師室内持巾捧鉢壯歲至
金臺勑建大覺禪林佛覲老師座下立志精懃正歲次甲子遇於天會□作
皇上聖節勑建海印衆閣藏經内有山西靈瑞汾河西五里許古有神僧吉像石佛□□其□□□制百日雲□
瑞氣騰空而去宋朝熙寧三年歲次庚戌始建弥勒佛閣三檐名為天□元朝大德七年八月六日夜地震倒毀
大德九年重建是神僧聖境為檀門作福之場乃釋子修行之所晨鐘夕梵而上祝
皇恩暮礼朝參而均霑幽顯既乃修崇於上古可荒廢於今時景泰歲次辛未本寺住持能進道知是神僧之所
增修獨力難成鳩集十方檀越當境善衆共作福心脩殊勝事重金古造石佛□□基□方□□建佛殿五間□
音羅漢僧房塑畫聖容金碧光共成無上福田完以如故弘治庚戌殿堂疎漏比丘進道又捨衣鉢重修□殿
伽藍壁畫水陸鐫碑存焉莫然一新使人人再觀金容令代代重聞玉偈僧見任僧會豫素□僧中為標幟□□
作樂勸喜捨衣鉢之貲刱造週圍石墻基址於厥金地成就寶坊人天路上衆道延齡脱□中常有在此為福□
唐猗功□並棄而矣勝事將周湮陶求予紀其歲月不愧斐才强為堅紙
大明弘治□年歲在庚戌四月辛巳八日庚寅吉時致仕僧會能進道立

上编　现存石刻

重修城隍庙记

【简介】

明弘治八年（1495）勒石。青石质，圆首，方座。碑首高31厘米。碑身高135、宽72.5、厚23厘米。底座长82、宽57、高24.5厘米。碑文楷体，23行，满行46字。篆额“重修城隍庙记”，碑阴题额“碑阴记”，为捐资人姓名。任九皋撰文。现存介休市东大街城隍庙正殿檐下。

【碑文】

重脩城隍廟記

生員李時習丹書

生員王誥□□□

肆惟我太祖高皇帝，復華夏於腥羶之餘，膺歷數於恢弘之日，干戈寧謐，制度維新，□□□□大川□□□□□□□□□□□改元庚戌。詔命司郡邑者刱建廟貌，舉引祀典，俾編甿春祈秋報有所依歸，惟冀雨暘時若，五穀豐登，□□□□□□□之意良有以。夫孟子曰“民為貴”是已。而城隍之神，兩京諸路，天下都邑，在在立廟，其陰翊蔭同主宰□□□□□□□□必昭強暴，默助善良，暗佑福善，禍淫如影隨形。詩曰：昊天曰明，及尔出王。昊天曰旦，及尔游衍。是也。

介休□□□□□□□沿革比前代若異，而築城鑿池，上樓下宇，奠安民居之制，未有異焉。洪武三年，縣丞雷□卜基於邑中東□□□□□□規模體勢廣袤，周圍□出治之所相等，乃建正殿六楹，內連壼道，寢宮左右兩司，裏外三間，烹□廚□□□□□□□壯麗鮮明。奈何年矢每催，風雨吹溯，壯麗者傾圮，鮮明者彫剝，甚至星探月透，風入雪□□□□□□□□□□□之子齊，乃捐己貲，又慮孑力難成，告請邑中縉紳士夫，量施鏹緡，糲□不拘，□□□□□□□□□□□□□□既老。乃事於今年三月初七日，延召丹青繪工、各色人匠，夙夜惟勤，終始不怠，越一載□□□□□□□□□□□科栱椽桷門窗，金碧朱翠，黝堊艷靛，煥然一新，神像衣冠內外，儀從□然稱耀爾。□□□□□□□□□□□□□墁整飭矣再振，邑人於每歲七月七日行報賽禮。且誌有曰：享祀豐潔。豈不韙歟？厥工告成，然不□□□銘□□□感人，遠不是以□世，倘斯廟不億，被回祿災，將何以勒後人于異時哉？適者省祭官□□□□□□□□□□□□記惟之。乃諸謂天禮，法施於民則祀之，以死勤事則祀之，以勞定國則祀之，能禦大災則祀之，能□天地則祀之。□□□□崇德報功之典也，是五者載諸祀典，炳烺日星，昭四雲漢，而凡有血氣者罔不敬仰。

矧城隍之神，捍衛保障一邑，人物無不賴之以安妥焉。其功法之盛與，五者同功均利。吁！廟貌□□□□□□□□□胡可不脩飾嚴潔，以悚動人之肅恭哉！凡莊嚴輝爛，悉愈於舊。功肇於乙卯歲之春末，落成于仲秋之□。□捐助施人姓名於碑陰，與董公同垂悠久。故記。

大明弘治八年歲次旃蒙單閼八月重光大淵獻吉旦立

國學生任九皋撰

提訓官文林郎知縣忽忠

將仕郎主簿賈茂　典史賈舉

陰陽訓術　李睿

都糾首　董齊

副糾首　李志　楊林　董□　李□　楊時光　□□□　□□　□□□　□□□　□河　□希能

重修城隍廟記

重造空王古佛金身石殿踊路碑记

【简介】

明正德十二年（1517）勒石。青石质，无首无座。碑身高240、宽99、厚28厘米。碑文楷体，28行，满行77字。碑文中提供了正德十一年正月初一抱腹寺正殿失火起因及正德十二年铜铸5048斤三尊古佛等史料。惜碑严重残损，字迹难以辨认。现存介休市绵山抱腹岩正殿台阶下。

【碑文】

重造空王古佛金身石殿踊路碑記

平遥縣良庄里受萬壽戒壇宗師法隱士優婆塞聶浩撰文，浩長男廷□篆額，小男縣掾廷璧書丹。

釋教者始自後漢，大漢明帝夜夢金人，長大項，有日光。天明遂問大臣傅毅，□□：周昭王時二十四年甲寅四月八日，暇光虹貫於東土，大□蘇由丞相奏曰，千年後教法流傳於東土。我王朝□蔡愔等十八人，西域求教至天竺臨境，遇二梵僧摩騰、竺法蘭，白馬駝經□陽城，西安下建寺造塔，教興焉。

夫空王佛因行在兜率陀天觀，見大地眾生謗佛侮法毀僧，墮入四生六道□□。於大唐高祖時，托化人間。上祖田氏，貫陜右馮翊人也，□於府之太原、邑之榆次、都列源渦。聖誕之晨，異香滿室。名志超，八九婚而不納，捨己資而代都徵糧，葬双親，而不願為俗，披剃於開化寺，不忍赴應，遊履至太谷縣鳳凰山頂，悟参文殊菩薩□開通，路經介休縣光嚴寺聽講，良久不樂。遙觀邑之迤行至脚下，觀溪澗水鳴流，梯峻巍崎崄，無人履踐。上至塔岩頭，雲煙□□，蜂房泉水實聯珠，白雲洞祥雲繚繞，靈宮仙窟，猛虎來□，白兔□行引路，躡跡踏釖而過懸斷崖，白兔拖度。一斗泉非絕仞，雨雪不侵，日星照朗，喬松翠柏，接漢淩雲，怪石巉岩，獅行虎態，珍禽異獸，晝夜遊巡，瑞草奇花，四時香馥，無人履踐，堪作叢林之境。□□石紛圍甚景枚□不尽。趺坐磐石，形枯似鶴忽□。摩斯、銀公受記侍奉，青衣童子献古佛牙舍利，穀麥盈倉供給。

貞觀初年□旱，祈禱無應，國師諭云：山右綿山禪師處祈。長安□□□介□抱腹巖以祭，禮畢□即空王□個□□□作務□向西三杓。信善長者請迴，長安雨足。

貞觀十三年正月，詔師不至，師知後□詔，於是年三月十七日，太宗御果至興地回鑾寺，詔□□□將御駕□諸巖□□□祝曰：上聖□□□□羅漢□，現出金字牌“過去空王古佛”。隨駕条禮金灵，敕葬岩下臺塚，四天王献□□造衣仍在岩收掌。

唐朝敕建空王古佛殿塑像，弥勒老祖殿五架三間，聖母殿三間，年久□□，大宋重修。至我聖朝辛巳歲南吕月，晋恭王遊謁条禮，覩視前朝大宰張天覺蜂房泉□□□資詣斯無不留題，各處信善人等鎔銅鉄及雕刊□佛菩薩聖像，□□殿墜缺處所，並供桌上俱是聖□天橋，寶盖幢旛溥世界。十三布政司，信善四眾人等誠為生死事大，惟恐無常□□，訪諸□菩薩修行之道場，翫祖師羅漢成道之幽境，□人□□之□。忝想□□男女覩慈顏，每歲於三月中□空王佛壽誕涅槃之辰，遊履瞻仰。

至大明正德十一年正月朔旦晚夕，大聖前燃點金燈蠟燭，照耀□防燭□□將供桌烜燒，刊雕聖像俱燃，二殿□燒火□□□□□□□上界□□□□□太原州驚覺□□抱腹岩綿山之四周圍見者，大聖紫霧騰空，極樂宮三期火熛止存。平遥縣良庄里東□□隱士、□人聶浩鎔造銅南无阿弥陀佛、南無弥勒佛、南無空王古佛、故國□□□聖像俱□□。造像□□□□□齊守戒匠師照□□□功□□□□□感□□□留榜□以斯驚覺□□□□北廂曾施大衣□都善誘。安倫等聞知抱腹岩焚毀殿像，談論典章，若得人身，享富奢華□□□□□□□□一事誠可重造。重修者□□□□□□□□□，生受者是要知後世因果，生作者是若人為鑄造成，佛像皆已成。佛道同發，弘□鎔造空王古佛金身。除各捨己□費錢□□□□□□到文水縣下曲□□□界□□□□□□□□□資殖。

至正德十二□□□丑乙巳月，禮請匠助工鎔造銅空王古佛出山像貌，三次無成。王林、安倫等曰：佛有□相好八千種，隨形十號俱彰，三身圓□□□三□□□□□施螺滿月，相□□□□□□，乞禱祝□請□吉時造佛金身完好，重五千四十八零。巨富財主善人安泰□備牛車□送上岩。隨從寶盖幢幡，迎送者三五百人，至興地迴鑾寺□□□佛上下金身往□□□□□□□□□□獨□三千餘人。抱腹雲梯、齊崖陡岸，

用繩索絞二日一夜，上岩安座。王林、安倫等□□□□諭大眾善人。又聞䶊自空王古佛成□□聖，一□□
□□□□□□□至□年冬□□□□□□□傾倒塌。

大宋□□□□□謁重修，住宿隨從官僚無不瞻仰，川野居民信善人等遊□至太原。每歲□遇上天亢旱，祈禱無不應，感今鎔造銅空王古佛聖像□□□□□□□□□□□□木殿□。恐年久□□□□□□□□□長者仕庶、賢良信善人等或施金銀財帛、米麥□□，禮請鐫石匠師古陶郡安亖里韓文良、韓文寶等，平陽府河津縣□□等於岩□□□□□□□□□石條，每□人五十□□□□□□□□□□□□□□十石，砌石踊路，按五十三兩□板故事□□象回回等壹拾三□□□□資一百二十，施□□□□□□□□□□□□□上火燒□□起□□□□□□□□□□□□□□□□□□□□□□□□□□餘，搬掩之時，每日用人□□餘人，日費□錢一兩二分，日用食米一石八斗□兩，□□□□□□□□□石，石□□□□□□□人□□□□□□□□□□□□□□□□□□□□聖相方安寶座，又□□十□文殊、普賢二菩薩。摩斯、銀公□□王殿止，門窗□□□□。糾首功德、助像姓名，銘刻於後。

岩主可胡，門徒悟□、悟鍾。

□□平遙縣安□□□石

重造空王古佛金身石殿踊路碑記

抱腹岩重建空王殿碑记

【简介】

明正德十三年（1518）勒石。青石质，圆首，龟趺。碑首高100、宽97、厚28厘米。碑身高246、宽93、厚26厘米。底座高50厘米。碑文楷体，22行，满行80字。篆额“抱腹岩重建空王佛殿碑”。碑面残裂数块，字迹尚可辨认。此碑提供了唐代高僧田志超生平及唐太宗李世民朝绵山的确切时间，具有重要史料价值。现存介休市绵山抱腹岩云峰寺六十级台阶下。

【碑文】

抱腹巖重建空王殿碑記

本邑致仕官、八十翁任九皋撰文。悦道子張應奎篆額。強恕子郭海書鐫。丹青李文讓，男李□、李軒。

介休縣，古冀州域也。治南四十里名曰興地，有明山曰介山。路入東南十里許，有朝陽古刹名云抱腹巖也，空王佛得道所也。山峰疊翠，溪水鳴流，石梯峻嶮，纏徑崎嶇。白雲洞雲煙靉靆，蜂房泉水竇聯珠，拖度橋之深險，鉄索嶺之高危，岩如抱腹，高空百仞，雨雪不侵，日星照朗，喬松翠柏，接漢淩雲，怪石巉□，□形虎態。餘若竹林寺、銀公洞之清幽，摩斯頂、五龍纏之雅趣。珍禽異獸晝夜遊巡，瑞草奇花四時馥馥，道場梵刹左右紛圍，其景又不可以枚舉而成記。

歷代名賢詣於斯者，無不留題，故帝王有唐太宗、晉恭王之詩，賢相有張天覺、皇甫韶之詠，真人間第一作福所也。岩下正殿四楹，塑以空王佛像，昉自唐初，以及宋元修葺數次，勑諭尚存。正德丙子歲正月一日，偶逢回祿之毀，殿像蕩然一空。樵夫子往來休憩者，皆興咨嗟之念；善男信女遠近香火者，咸動黍離之悲。邑人董氏子齊聞視不忍，即有重修之願，遂捐己貲，恐力不給，且倡其首，暨本邑張揖、男張永旺、榮清、李裕、李大賢輩協力同心，延請十方善士，不約而至，富者輸財，貧者助力，匠者售能，緡鏹金帛，贏羨稍備。晋王聞之，即捐白金兩鎰，令旨一通，特遣承奉官司張君喜詣岩助緣，乃卜日鳩工，重建正殿六楹，補塑空王佛像，柱頭斗拱，甍楹榱桷，鳳翥鸞翔，龍遊獸峙，金碧妝嚴，規模高大，倍增於昔。功始於丁丑歲之春，落成於戊寅歲之秋。守岩僧可亮等來謁曰：古人有營必紀者，所以告成功而勗後來也。糾首董均既有如是之功，宜旌不泯之記，僧等願誌於石以昭於後。因請故諸曰：介休鉅家甚多，仗義者幾人哉！均之父曰克占，好善樂施，世稱為董善友。子曰時習、時新、時勉、時春，素不忤父之心，見父為善，各捐金帛，樂趋事之，代代流傳，好善不已，所以家道豐盈，子孫繁衍也。《易》曰：積善之家，必有餘慶。其斯謂與！故余不卻而樂為之說。

昔聞先正曰《高僧傳》云：空王佛，陝之馮翊人也，其先遠出太原榆次縣源渦里入籍，俗姓田氏，初名志超，生而不凡，異香滿堂，三四歲時禮佛齋僧，七歲時舍家投寺，父母不忍離別，遂定婚禮。十七歲娶妻不納，後落髪開化寺，披緇受記，雲遊天下，趨禮文殊，洞明心地，回至介休縣光嚴寺講經，良久，入抱腹山靈宮仙窟，逼出五龍修行。俄有猛虎來逼，白鹿前引，躡跡過懸險之崖，名大拖度，白兔又引東二里餘，遇拖跡之徑，倍險於前，踏力釼而過。抱腹岩禪定，崖開金字。摩斯、銀公受記侍奉，有青衣童子奉古佛牙舍利，穀麥盈倉供給。

唐貞觀初，亢旱甚極，唐之太宗祈雨無應，知臣占云：聖地山居禪人處祈，長安耆老各處名山祈請。以至介山拜投禪師，令拜厨下使者，摩斯值淘米，將泔向西潑三杓曰：急回去，長安巳時雨足。果應。由是，太宗於貞觀十三年正月十五日詔請師入長安，不去，知後必來再詔，於是年三月十七日，禪師瞑目，若結跏趺坐，悠然真象。太宗御駕果至巖麓回鑾寺詔請。禪師已化，神色不變，宛若生存。駕親詣岩行香，時山昏霧慘，鳥獸哀鳴，石落半山，未通名號，善眾處誠祝曰：聖者或是。諸佛菩薩、羅漢夫人顯其靈驗。倏爾，雲霧四合，雲中現出金字牌云“過去空王古佛”。太宗禮畢，勑賜“空王佛”號，包塑真容梛刹，織女感送袈裟，匾名“抱腹寺”也。累朝以來，祈禱迄今，九百餘年，每歲三月袚除之晨，四方遐邇，扶老携幼，各賫香果，詣岩拜供，或掛幡□，月終方息。

逮我國朝洪武三十四年歲次辛巳秋八月，晉恭王亦來遊謁，曾經重修住宿留題，隨從官寮咸賡其韻。

噫！佛雖歸化，靈貺常存，護國庇民，禦災捍患，祈雨而雨，祈暘而暘，凡百禱求無不響應。惜乎，時有否泰，物有廢興，今董均因其廢而更新之，亦所以繼往開來，以俟海變桑田之一轉運也。

夫碑則欲其敷而美記，則欲其典而實愚也，恥無皇甫湜之宏詞，張君房之捷慧，姑將重建施工之始終直錄以記。銘曰：

聖佛空王，大與人異。生而神靈，驚天動地。滿室異香，霞光覆墜。雖婚不婚，異床異被。性地心田，絕無塵蔽。其身苾芻，不容瑕類。釋氏宗風，出類拔萃。禪定寂然，深於造詣。遊歷明山，真家歸去。濯濯厥靈，遐邇一致。捍患禦災，隨處咸被。吾土之民，蒙其惠利。陰翊皇明，千歲萬歲。

大明正德十三年歲次戊寅秋重九日

慶成王殿下　永和王殿下

提調官、知介休縣事、縣丞王天佑，主簿、典史王銳，教諭李仁、訓導陳國用、僧官本泰、陰陽生李侃。

本寺戶長可演，門徒悟連、悟暹，岩主可亮，門徒悟空、悟禪立石。

本縣大木都科父榮己、榮大勝，男榮文德、榮文行、榮文福，孫榮響思、榮響宗。

创建献楼记

【简介】

明正德十四年（1519）勒石。青石质，螭首，须弥座。碑首高92、宽87、厚19厘米。碑身高194、宽88、厚17厘米。底座长96、宽70、高47厘米。碑文楷体，正文13行，满行42字。篆额“创建献楼之记”。碑阴额题“碑阴”，内容为功德姓名。郭海撰书并篆额。此碑详载了献楼创建时间与建筑特点，且碑文书写颇具功力，有较高史料价值。现存介休市后土庙东垛殿真武殿东侧廊下。

【碑文】

創建獻樓記

后土廟舊有樂棚三間，因其敝壞，矮窄不堪，正德丙子春，邑耆梁公諱智等，欲建樓廣闊而重修之。奈城下有三清觀與樂棚相近，建樓樂愈高而神愈下，可乎？士民薛君雄謂衆曰：改三清閣築基，與獻樓同合為一，中則分之，起三清聖像于崇樓之極，前列萬聖朝元，後奏獻以奉后土，則神上而樂下，使人心安而神妥也。衆如其言。本廟道士張德深，告請四方賢士共建斯樓。梁公施白金數百餘兩以董其事，由是施財百數者數十人，十數者百餘人，五數者數百人，兩數者不下千餘人也。遂採綿山之木，卜日鳩工，以建崇樓。夫富者施其財，貧者助其力，工者鬪其巧，三載之功，其費也大矣。是樓也，上接雲霄，下連中鎮，金碧丹彩，覆簷深邃，則神有所依。洋洋乎如在其上，如在其左右也。人心以安，知所畏敬，而至誠足以感神明也。過客來賓，或奉祀，或登眺，東瞻漢郭林宗之巨塚，西覩唐助國聖母之神祠、宋文潞公之墓道，南觀綿峰麓晉介之推之茂木，北望汾水之汪洋，孰不曰美哉！斯樓誠一方之勝景也，囑余記之。蓋聞燔柴以祀天，瘗埋以祭地，起建崇樓，敬神之至也，神之享曰敬而已。魯論有云：吾不與祭，如不祭。信斯言也。

大明正德十四年歲次己卯中秋之吉 邑人強恕子郭海東之撰并書及題額

慶成王府殿下　奇預　奇澤　奇漖　表棋　表桔　表椌　儀賓李遷奎　表枳　表柷　表桓　表植　校尉李欽　表□　承事郎知介休縣事王天祐　陰陽學署印生李侃　都功德主梁智　糾首梁溫　梁冠　梁原　梁彝　侯冠　趙胤　梁忍　梁帶　趙文增　梁池　梁萬鍾　羅章　薛雄　梁珍　董惟精　郭經　侯文　梁繪　梁儒　梁甫　梁強　董環　梁巨海　梁時熙　李洪蘭　梁又新　梁實　本廟道士張德深同立石

石匠大宋里吉公敬

獻樓記

后土廟舊有樂棚三間因其斁壞矮窄不堪正德丙子春邑耆梁公諱智等欲建

三清觀與樂棚相近建樓樂愈高而神愈下可乎士民薛君雄謂衆曰改三清閣

分之起

三清聖像於崇樓之極前列萬聖朝元後奏獻以奉　后土則神上而樂下使人

道士張德深告請四方賢士共建斯樓梁公施白金數百餘兩以董其事由是於

餘人五數者數百人兩數者不下千餘人也遂採綿山之木卜日鳩工以建崇構

工者鬬其巧三載之功其費也大矣是樓也上接雲霄下連中鎮金碧丹彩霞籠

在其上如在其左右也人心以安知所畏敬而至誠足以感神明也過客來賓或

之巨塚西覩唐助國聖母之神祠宋潞公之墓道南覩緜峯麓晉介之推之祠

美哉斯樓誠一方之勝景也囑余記之蓋聞燔柴以祀天瘞埋以祭地起建崇

己曾論有云吾不與祭如不祭信斯言也

大明正德十四年歲次己卯中烁之吉邑人強恕子郭海東之撰并書及題額

慶成王府級下　表[illegible]　儀賓李廷奎　[illegible]李欽

[illegible]　表[illegible]　表織　表柦　表椽

表[illegible]　表梲　表桌

[illegible]介休[illegible]事王天祐　陰陽學署印生李[illegible]

都功德主梁智

糾首梁温　梁帶　[illegible]　董環

梁寵　趙[illegible]　郭[illegible]　梁[illegible]

梁京　梁迎　侯[illegible]　梁[illegible]

梁彝　梁[illegible]　梁繪　[illegible]

[illegible]寵　羅[illegible]　梁[illegible]　梁[illegible]

趙[illegible]　[illegible]　梁用　梁實

梁忍　梁[illegible]　梁強

塑妆十王殿记

【简介】

明正德十五年（1520）勒石。青石质，圆首。碑首高 40 厘米。碑身高 120、宽 74、厚 19 厘米。底座长 72、宽 50、高 33 厘米。碑文楷体，24 行，满行 41 字。题额“塑妆十王殿记”。碑阴额题“宗派之图”。现存介休市绵山镇兴地村回銮寺。

【碑文】

（碑阳）

竊聞神鬼之事，悟也難明，視之而弗見，聽之而弗聞，恍恍惚惚，心□□覺也。以理言之，鬼神，天地之功用而造化之跡也。佛者一覺後，能聞竟自情，如夢覺，故名曰佛。

自漢明帝永平七年，感帝聞之西域有佛，因遣使之天竺，求其道，得其書。及沙門以來，宗貴慈□不殺，以為人死精神不滅，□腹受形，生時所行善惡，皆有報應。故所脩煉精神以至為佛，善為宏闊勝大之本，以勸誘愚俗精於其道，百姓信之。

後梁武帝天隆八年，列國魏主專尚釋氏，遠近承風，無不事佛，重興焉。夫天地之間，專以聖人為法，與天地同禮。凡人校之，必見其實者，然也。惟佛氏之說，心踰天地之外，腹過世界之中，寒暑不入，灾病不侵，生而不見於世，滅而不隱於靈，不與世類者尚矣。況由天地不能覆載，人可知之乎？子膚凍餒無識，豈聞三教之理，恝趣鄙語而已。

聖朝成化，歲有師無為和尚，俗介山興地里任氏之子，自幼德善聰惠，禮大興國禪寺志超□和尚為師，方得事理。親詣抱腹岩東五里許林埜，㓝建□泉庵一座，脩習淨業二十余年，道業成就，龍天推出，感本寺者□僧，眾請迎下山本寺說法，普度群迷，猛見正佛殿右地藏一所，倒塌朽壞，聖像漓淋，師不捨慈心，持珠作正，普化檀那，重脩殿像，未畢，吉祥而逝。貽門人曉東明和尚，俗靈石縣文殊里馬氏鑑之長子，自幼难俗，頗通心地，報前師出世之恩，接續修盖，上究下砌，補塑聖像，金粧彩畫，故得一新。鄉人稱其佳美，梵釋讚其勝境，當可立石，以貽後輩者矣。

本寺僧眾：

圓英　圓性　圓覃　圓俊　可智　可寧　可睿　可辛　可清　可泉　可演　可琦　可現　可瑚　可玉　可揖　可得　可貴　可聞　可富　悟山　悟潮　悟賢　悟海　悟□　悟心　悟宗　悟達　悟尋　悟玘　悟洪　悟章　悟傲　悟寅　悟瓚　悟玲　悟蛟　悟連　悟遠　悟通　悟暹　悟來　悟開　悟念　悟淨　周和　周興　周盥　周盠　周儒　周盂　周智

抱腹巖岩主：可聰

腰岩：平曉

塔院寺：悟禪

五龍：周文　周徹　周□　周□　周□

近窄溝：可單

漁泉庵：可純

寶□庵：可柰

銀公庵：悟緣

新庵見：周悅

竹林寺：悟琴 德倫

造佛三尊：芦家庄施主劉公賢李氏　迪公郎　僧會司僧會　本泰　本縣承文郎、典史、署陰陽生李侃　將仕郎、關子嶺巡檢

在市功德主：

閆□　閆奇　董時冠　董時春　董時鋭　安強　趙守原　王應乾　李邦左　任道　郭強　□文　張

塑粧十王殿記

楫　溫渚　李經　溫選　男溫瑚、溫璉、溫寅、溫洪、溫輅、溫代、溫眉　李浩　張九□　□　□　張永德　李鎬　溫瓚　男溫宣、溫質、溫廣　安林　溫昌　侯珮　監生溫九敘　李萬忠　溫栗然　溫□然　溫天用　李時花　溫章　溫征　溫盤　溫羅　溫法　溫珠　溫卓　溫繼　李然　鈕翱　溫林　溫享　溫玄　溫納　溫曇　梁智　梁時熙　梁泉　梁瑚　梁璉　溫玠　梁璿　高廷

党谷里東歡村：郭泰封氏男郭大華　宋氏孫男王種見　王□現　張鵬林　張鵬周　張軒　張梅　張枝　張章得　張玠　張刁　康大采　康得厚　康瓚　康璽　康軒　岳添楫　閆文

宋安里：郭□　郭大剛　張氏男郭遷

時大明正德十五年八月　日　立石

修造主可曉　門徒悟環　俗弟馬守得　姪男馬大准　馬大江

張家里燕得相撰

本寺悟心書

石同里刊石匠：任思良　男任燕

（碑阴）

宗派之圖。福慧智子覺，了本圓可悟。周洪普廣宗，道慶同玄祖。清淨真如海，湛寂淳貞素。德行永延恒，妙體常堅固。心朗照幽深，性明鑒崇祚。衷正善禧祥，謹慤原濟度。雪庭為道師，引汝歸玄路。

秦廣王　初江王　宋帝王　五官王　閻羅王　地藏菩薩　變成王　秦山王　平等王　都市王　轉輪王　毗盧佛一尊　觀音菩薩二尊

劉全　劉景林　劉大川　張旺　張鼎

侯堡村女善人：張妙善　宋妙喜　張妙秀　宋妙賢　周妙蓮　封妙果　李妙喜　呂妙祢　封僧院

王文貞　岳奉威　岳良　王子成　王寶　史忠　史進　史大成　史大林　史大明　王大成，妻宋氏　宋儒

旌介村香老

芦家庄：劉公賢　銅佛三尊

韓溫聚，妻郭氏　李玉　韓慶　任□

王大用，妻李氏　馬文海

郭文興，妻溫妙喜、溫妙善

溫烺，母李妙善，妻張妙果

本寺僧悟賢

郭仲成　郭佳　郭文恩　郭文壽　郭展　郭滿　郭文浩　郭文興　郭文喜　郭文旺　郭文□　郭文相　申旺　申大吉　申大富　張善勝　任希權　申□　申千　申山　岳奉林　郭泰　郭大明　閆計　李□　李甯　馬氏　李宣　李子占　李梅　李庭　李璽　李萬億　范寧　李子貴　李廷　李琴　王妙喜　焦妙賢　陶妙喜　郭妙果　□妙喜　張妙賢　申妙香　陶妙善　劉妙喜　李妙善　張妙通　李妙賢　王大通　王萬鍾　石兒　張文吉　張文秀　張文剛　張文進　張文清　張大成　張　瓚　段公義　王子辭　那剛　王聚　任大仁　香老溫璉　馬安　李宣　張九倫　何景絨　徐文秀　□□□　李　瓚　李琅　李善　岳慶　白子江

辛武里：任山，男任伯桀、任伯廣　靳文興　經何倫　李大其　何□　何大山　馬冀　徐仲財　宋子川　田六　宋伯甫　金　礚　范財，妻徐氏　范要　王普　宋相

曲買里：郭廷鋭

小靳村：

陶鋭　陶伯山　陶曉　陶伯通　陶伯聚　陶伯保　陶甯原　陶思溫　陶思柔　宋絨　王文深　劉順　張旻　張森　康強　宋聚才

興地里：

王英　王俊　馬仲全　楊得川　王儉　王付　李大爽　李子川　韓成　韓彪　馬士明　喬惠　韓庭玉　焦琦　宋儉　宋良　宋讓

本村：

王文通　李泰　王文清　焦然　張旻　張柔　宋廷　張儉　馬士貞　任訪　趙泰　李玉　曹公玘　曹公友　曹公智　馬文智　韓　昊

韓板里：

李大旺　李文　李大仁　李時□　李時用　李楨　武鑾

北舡頭：

崔敬　張庭旺　呂武　呂彥江　李成　崔甯　崔琦　馬妙善

南舡頭：師璽李氏，男師大鵬、師大鴻

芦家庄：王文得　劉威　劉公賢　靳奉　劉妙賢　劉妙秀　王妙果　楊妙善　翟妙賢　李妙元　李妙善　白喜　馬英　馬廷

五路莊：

悟定　郭妙□　李妙果　馬妙蓮　趙妙善　任妙善　王妙果　武妙果　任妙善　武妙貴　宋妙喜　張妙果　閆妙秀　李妙善　鄭氏　劉氏　董氏　馬泰保

橋頭村：

安文寅　安伯懷　李妙喜　安福澄　程妙英　安伯旺　安文儉　安伯慶　安公立　安伯琮　安伯興　安伯愛　李成榮　馬士文　張　□

靈石縣文洙里：

房甯　房倫　房勝　房大賢　房得名　房秀　房子山　房通　房穩　房現　房守金　房公仲　房珙　房道　房達　房公洗　田清　田成　馬清　馬仲祥　馬興　馬子友　馬得友　馬得明　馬得海　馬學　馬大琦　馬大林　馬公仁　馬公意　馬公智　馬大用　馬公義　馬公禮　馬公德　馬公良

城東廟丹青：溫景統　姪男溫甯、男溫時華　李浩

靈石縣：王騰　牛尚禮　李花

□鉢□鉢：孝義縣橋北廂　曹文俊　曹文執

旌介村丹青：段倫

泥水匠：羅洪　北莊張通　張子□　張玘　張弘　張統　張廷付　張廷佑

旌介里　李子山母王氏　叔父李旺　王世美　李兵□

侯氏世系记

【简介】

明嘉靖十年（1531）勒石。侯氏十代孙侯甸、侯服、侯都所立。碑额隶书“侯氏世系记”。碑阴记祖茔并另立茔地数目。石刻原存北贾村旧堡侯氏东祠堂。1983年，祠堂拆毁，改建为个人房院，祠内碑刻由介休县博物馆拓文保存，石碑埋在房主院内南墙下。碑文据拓片录。

【碑文】

侯氏世系記

本邑庠廩膳生員松竹翁王應元體仁撰文

本邑林下仙槐子郭海東之書題額

嘉靖辛卯春，余籍名在泮，有同業生侯天爵，父甸，字大邦。竗入黌宮，因其父逝，乞歸養祖。謹慕追遠，執世狀與予言曰：“慨聞世之富家大室茂鳴於時者必有譜，而譜之紀載，所以敘世系、別族屬，而弘先祖之德善聲名，以示于後。與古之所謂列傳、世家殆同下意，是故君子重之。然而蹙焚倏溺、襲舛傳訛，理有所不免者。苟會此不免而遺，世遠則族有所支，逮人亡則行隨以泯。豈若撮支裔之殷窮、流派之遠酌之于石而垂永世之為愈哉？”余是之，既而請成志人之美也，不敢終以澀文辭。謹按侯公之來狀而鋪敘焉。

夫侯之先世，五代以前族歷不錄，意者其失之譜也。然而所可鳴者，唯遠祖安，自宋季年立業於介休縣治之東，里名田堡，而北賈村又其所居之地名也。一族蕃殷，倘佯中地。安生資，資生瑜，時聯喪星落，久不合窆。瑜之子恩，舉備禮妥幽魂於村之東原里許，就先志焉。妻薛氏，二子嗣之，長曰遵道，室宋氏，子五人：希文為長，希顏、希廉、希閔、希魯為之次。仲曰志道，室薛氏，子五人：景為長，曉、孟、震、鑒為之次。逮洪武初元，詔編天下戶甲第，遵道長其里，至今不免役焉。而志道之子景發貢縣庠，主簿于直隸昆山，赫如也。家世頗豐，敦尚行義。正統六年，適歲大歉，曉謀于家，具雜粟一千五百斛輸官而賑濟之，民免于凶者德焉，行歌于途，饑抃于野，富人服于義，有司聞于朝，蒙敕褒第，豎扁“義民”，閭里華焉。二公之子姓蘭叢桂密，郁郁青青，不勝其慶者，以有聞而先之，不具敘也。獨希魯婚于梁，生彬，彬室于母氏之族，生鋭。惜彬蚤逝，遺鋭與室寡居，而孑立不接如縷。鋭比長，娶於郭，亦一子嗣，諱福增，即甸之顯考公也。成化間，歲復歉，鋭具白金六十兩充官備賑，亦膺冠服，意若公可謂敬蹈前人之武者矣。然而福增公居室于梁，側室于石，有子三：甸一人焉，擇配于董；服一人焉，擇配于雷。俱梁出。都一人焉，亦梁配，為石出。孫男則天祿、天爵，董出；天賜、天敘，雷出矣；天秩、天輿，梁出。天爵、天敘、天秩，邑庠生，合六人焉。各室于縣之良家。曾孫曰湘、曰鴻、曰漸、曰瀛，尚幼。至世公之女氏，婉娩淑資而聘適良門者，亦不具敘也。夫高祖公之後，世際一人，今則曾而玄、重而來，支蕃而家實，慶衍而流長，屢世同廚，闔門雍穆者，豈非根于先人積義之厚之所致哉？《易》曰：“積善之家，必有餘慶。”侯門有焉。不知嗣是而後者，果能景淑先行與？抑改弦易轍，與登丘壟而行墟墓之間，盍思所以世濟其美焉可也。不然，則顯于前者墜于後，而乃祖乃父敦義之心孤矣，仁人孝子固如是哉？此理之所不必□，而在後人之自勵者。予于終乎併及之。

大明嘉靖十年歲次辛卯三月清明日

後世孫侯甸　侯服　侯都立

本邑石工王存實　王存禄刊

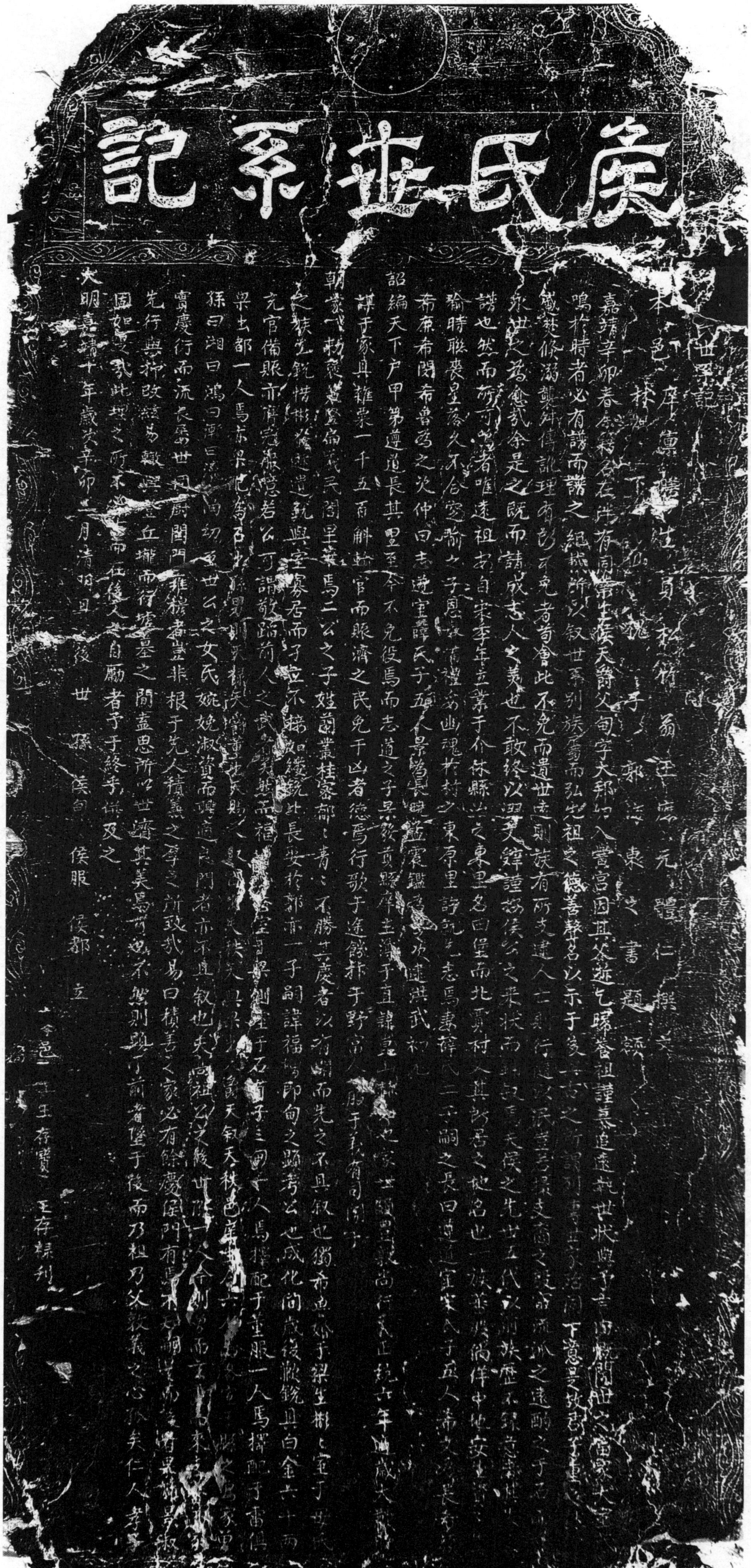
侯氏世系記

重建后土庙记

【简介】

明嘉靖十三年（1534）勒石。青石质，螭首，方座。碑首高83、宽88、厚18厘米。碑身高193、宽86、厚17厘米。底座长90、宽56、厚34厘米。碑文楷体，12行，满行41字。额篆“重建后土庙记”。碑阴内容为施银人姓名等。邑人郭海撰文并书丹、题额。碑断裂为三块，有缺失。现存介休市后土庙西垛殿三官祠西侧廊下。

【碑文】

重建后土廟記

介邑縣□□□□□潤濟門，迤西有后土氏行宫，創建無可考焉。宋孝武帝大明元年、梁武帝大同二年，皆重修之。□□□□尉遲敬德，在此經累宿。古老相傳曰：南有陣巷口，今存之。信不誣矣。宋仁宗皇祐元年，敕修之□□□□地震廢壞。延祐戊午，本廟提點李道榮復建。是則屢代修飭，奉祀不衰。逮我國朝洪武□□□□會辛秀顔又重修之。左有真武廟，右有三官祠，迄今百餘年來，俱被風霾所敝。夫殿宇傾頹神□□□□無所祀，秋報春祈，有未便也。邑之壽官梁公諱智曰：前有三清、獻樓相連，巍峨高聳，有欺廟貌，必□□□□構可也。于是同志者薛君雄、董君惟精等，以倡其首。署印道士張德深，告請合邑賢良善士，各施金□□□磚瓦木植，工於正德辛巳，則三廟築基廣闊，奂然一新。重簷轉角，金碧輝煌，龍翻鳳翥，倍增于昔。復□□□廡獻亭，鉄鑄以醮爐香鼎，以壯觀也。古聖帝明王，英君義主，我太祖高皇帝，仁□□□悉教民立社以祀。后土以其有生成之功，育養萬民之德，故施者如歸市，一載而成功。今將施財姓名□□石，以彰以示後來者矣。因採碑石未便，延今記之。

嘉靖十三年岁次甲午仲春之吉　邑人郭海撰并書及題額

承事郎知縣李其松　迪功郎縣丞劉蕭　將士郎主簿解魯　儒學教諭蔡風翔　訓導陳鵠　巡撫甘肅都御史張□

鄉宦梁定　閻佐　吉元真　溫□　馬驥　董鎮梁　燕庠　張餘慶

監生張習　文宗道　張餘澤　王詰　文觀光　良醫張承恩　生員馬騰翼　郭致中

都糾首梁智　眾糾首梁帶　薛雄　梁珍　羅章　醫官侯文　董惟精　梁恕　趙廷億　梁繪　董環　孟懷善　梁強　郭經　梁又新　李洪蘭

本廟道會祖師趙洞海門人：韓福霓　王福宏　門徒韓德源　張德深　高德濟　門徒李通桂　吕通相　郝通楔　胡通樞同立石

石匠吉公敬

重建后[illegible]

介邑縣[illegible]濟門迤西有后土氏行宮創建無可考焉宋孝武帝大明元年梁武帝大同二年晉

重修之[illegible]創建敬德在此經累宿古老相傳曰乾有陣巷口今存之信不誣矣宋仁宗皇祐元年

勅修之[illegible]地震廢壞延祐戊午本廟提點李道榮復建是則屢代修飾奉祀不衰逮我

國朝洪武[illegible]曾辛秀穎又重修之左有眞武廟右有三官祠迄今百餘年本廟被風霪所致大殿宇

傾頹神[illegible]所祀秋報春祈有未便也邑之壽官梁公諱智曰前有三清獻樓相連巍峩高峙有欺

廟貌必[illegible]神可也于是同志者薛君雄董君惟精等以福其首署印道士張德源告請合邑賢良善

士各施金[illegible]磚瓦木植工於正德辛巳則三廟築基廣闊奐然一新重簷轉角金碧輝煌龍翻鳳翥倍

增于昔復[illegible]廡獻亭鐵鑄以醮鑪香鼎以壯觀也古聖帝明王英君義士我

太祖高皇帝仁[illegible]悉教民立社以祀后土以其有生成之功育養萬民之德哉施者如歸市一載而成功今

將施財姓名[illegible]名以彰以示後來者矣因採碑石未便迄今記之

嘉靖十三年[illegible]次甲午仲春之吉邑人郭海撰并書及題額

[illegible]

同立石

沈伯咸诗碣

【简介】

明嘉靖十三年（1534）勒石。青石质。碣长135、宽50、厚12厘米。碣文行书，录沈伯咸感怀诗二首。现存介休市博物馆。

【诗文】

過介休拜郭有道先生墓

小雨綿山過野田，林宗古墓夕陽邊。

鴻飛萬里芝留澗，鶴返千秋松卧烟。

落帽清風爭折角，蕩舟春水擬登仙。

勤予亦致生芻奠，敢謂同心企大賢。

望綿山因懷介子

漫尔龍蛇章，昧我介子心。奉母采山蕨，肥遯綿山陰。君不見首陽□□非狷介，野冠衣□□□□。□□□□□□□，□□□□□毒淫。嗟乎！生前巨焰灰忠骨，罽土空沾壯士襟。嗟乎！介子心有靈，聽我綿山吟。

嘉靖甲午夏日前進士、浙秀水少泉沈伯咸漫題

介休縣知縣李其松立石

新建镇河楼记

【简介】

明嘉靖十九年（1540）勒石。青石质，圆首，方座。碑首高47厘米。碑身高145、宽75、厚17厘米。底座长86、宽60厘米。碑文行书，正文15行，满行35字。额篆“新建镇河楼记”，碑阴额题“碑阴”。现存介休市义棠镇西刘屯镇河楼下。

【碑文】

（碑阳）

新建鎮河樓記

介休縣西二十里有鎮曰劉同，東臨汾水，西靠高崗，南通平陽，北近汾省，路當要□，□秀俗美風和，漢武樓船昔詣于斯。本鎮糾首常增、路質、常璠嘗語余曰：鎮之南北玄帝、觀音二祠，奈汾時常泛溢，鎮人患之。我朝正德辛未，鄉耆鈕維等謂眾曰：南北有祠□可建樓，一以助風水，一以鎮汾之□□，眾從之。於是各捐貲擇辰鳩工，經之營之，柱頭、枓栱、重簷轉角、周圍附楹一□，□□水泛，將大柱並附以磚石包砌，為攸久也。處士常大釗謀於鎮眾：人生覆載，聞□□世，樓既成，當塑玉皇聖像於崇樓之極，朝夕香火以報上帝，使登眺者悉加虔畏。噫！鈕公逝矣，又因歲荒，是工中途而止，今二十年餘，修葺□□士路公梅室人李氏捐己粟五石、銀一兩，克敬克誠，晝夜匪懈，告請四方男婦□□工，舊簷重二，今增為三，由是鎮人庶而且富，有勝于昔，此後人才豈可量乎？增□□置佳石，請予為記，以彰厥德。斯樓也，金碧輝煌，龍翻鳳翥，興二祠巍巍然，若□□□虞，鎮何患哉？余往汾過鎮，友生常達留予盡日敘談，果如之，故記。

大明嘉靖十九年歲次庚子新秋之望邑人仙槐子郭海撰并□題額

署儒學事傅朝用

縣丞張義龍

知介休縣事劉源澄

主簿董舉正

典史党孟儉

本鎮義官常翼

起意都糾首鈕維□　王興　宋興　宋會　王輅　王文義　常文

畫匠：李大邦　李大良　李大宝　李大□

（碑阴）

施財姓名開列於後：

女善人趙妙連一錢　　郭妙善一錢

王妙惠一錢　　馬宗□□□

王妙真六錢　　郭妙喜六錢

旺□□□□　　□妙□□□

孝義縣南曾里李鼎、妻任氏，男李仲祿、妻趙氏，女婿任進祿、妻李氏共銀四兩

張氏一錢　喬氏一錢　武妙兵一錢　郭妙進一錢　武氏一錢　梁武一錢　趙妙果五錢　冀氏□錢　馬氏□□　□□□□□　□聚長□□　景氏一兩　趙氏四錢　趙氏三錢　郭□秀□□　武妙兵二錢　趙妙連二錢　武枚妻任氏□□　郭妙喜二錢　武氏一錢　王氏一錢　王氏一錢　劉妙志一錢　李妙善一錢　梁賢榮□□　馬妙善五錢　□□□□□　□□□□□　趙志禮雷氏一錢　趙志信李氏一錢　趙雄母一錢　趙□□氏一錢　朱氏一錢　王妙賢一錢　閆仲洪一錢　姚甫一錢　程仲榮一錢　張大廣一錢　李氏一錢　張氏五分　劉瑞五分　武軒五分　朱妙賢五分　□□□□□　□□□□□

義常里：李萌興一錢　趙連□氏一錢　劉藏王氏四錢　孫深一錢　孫萬一錢　孫廷亥三錢　靈石張

妙善一錢

嶺北：趙子德一錢　趙□□□　趙軒一錢　趙思孝母二錢　趙達玉三錢　李裕妻三　蘭大勇二錢

本村：常耀妻景氏，男常文祿、常文祝、常文禧共銀一兩一分，溫伯五分　李時孝三分　劉世宗二分　武強妻侯氏、何氏，男武正達一兩　武廷五錢　武正和一錢　張演妻一錢　趙祥妻一錢　喬□通三分　武希寶二分　武楷妻田氏、男武正遠妻常氏、范氏、任氏、孫武恩二兩　武寶魁董氏二錢五分　趙琮三分　趙七三分　康子原五分　常羽達妻景氏、□氏，男常文壁、常文學共六錢　常羽連妻馬氏、男常文續，李氏、常文緝共六錢　常文良妻侯氏、男常永壽、常永安共一錢　常　迪四錢　常遠二錢　常文繹　樹一株　常文□一錢　常倫一錢　侯氏、男常文廣四錢　常永正二錢　常永才二錢　常兵二錢　常玉珍二錢　常軒侯氏二錢　降文際五錢　王臣儒馬氏四錢　王臣信七錢　王洸二錢　王□五錢　李喜二錢　李佳四錢李　潭二錢　武文俊妻三錢　武才三錢　武鋭、劉氏、男武公議、胡氏三錢　武章玉二錢　無名氏、武意、武虎、武公禮、李氏、武毛福、武補修共一兩　常一異方氏、男常文善王氏、常文裕王氏、景氏、常文盛高氏共五錢　李□林、王氏、男李時智、王氏、李時習、宋氏、孫李潔、常氏共一錢　常大忠、王氏、男常崇一錢五分　常傑一錢　常□二錢　常信一錢　武公倹二錢　武湘一錢　武灘一錢　武江一錢　胡秀四錢　胡現母一錢五分　胡讓七分　胡瑞四分　胡奇妻五分　路鼎一錢　路廷瑞一錢　路弘貴一錢　路廷璋一錢　路公道一錢　常文盛一錢五分　常文深一錢　常文榮一錢　武琛、男武公保二錢　武公道二錢　武琴四錢　武秀二錢　景太威一錢　景宿一錢　景公宏五錢　景公儒一錢　景公祿一錢　王文秀、男王朝、王秀　共四錢　李大仁一錢三分　常文學一錢半　常文冠一錢半　武廷二錢　武公智一錢　武公信二分　武公潔一錢　德兩衛常瑞二錢　武林一錢　李瑞檁一根　景文二錢　□□□□□　常文翰一錢　常文恩二錢　常文龍一錢　王□光一錢　侯時繼母常氏一錢五分　宋清一錢　常文愛一錢五分　常文誠一錢　常文貴一錢　常文顯一錢　姚相二錢　常信一錢　胡奇妻一錢　常文珮一錢　常文林二錢　常文迺一錢　武庫伍分　武秀二錢　景公儒一錢　常文冠一錢半　常文謙一錢半　藺通三錢　常文廉一錢　常文侃一錢　常璽柱七分　常文仁一錢　常文希一錢　范慕二錢　范　保一錢　程仲英一錢　王氏五分　常□□一錢　景時美一錢　趙文付妻一錢　武衛卿一錢　李有甫妻五分　景公祿一錢　趙公秀一錢　武　寶一錢　李子良一錢　路公恒一錢　趙七三分　任廷貴三分　趙瑞三分　趙尚禮三分　常文園一錢　趙進三分　趙尚才三分　趙尚玘三分　趙思孝三分　趙梃三分　趙鼎三分　趙顯三分　趙思恩三分　常文惠三分　□文三分　趙良然三分　閆萬中三分　武文遂妻三分　任秀妻三分　武朝室三分　武朝用三分　范玠三分　李時通三分　李時遠三分　呂蘇五分　庞森二分　常文賞一分　常文璟一錢　常文遜二錢　宋公能中飯　杜雄助工　常文庫助工　宋公林助工　王文禮助工

老人：趙玉　常文厚　武田□

万人墓石志

【简介】

明嘉靖二十三年（1544）勒石。青石质。长 82、宽 75、厚 15 厘米。碑文楷体，13 行，满行 19 字。现存介休市张兰镇史村禅慧寺。董重《介休金石略》题作“万人墓石志”。

【碑文】

□以大明之世嘉靖年中，遭末劫而人民驚恐，遇虜患而世界不寧。於嘉靖二十一年歲在壬寅七月初二日，達賊入境，殺搶□方，遇女男而□□□□，逢老幼而恁意傷殘，血□遍地，白骨盈郊，誅父子深情割斷，杀夫妻恩愛分離，家家□父南子北，戶戶告□離財散。屍灵者認的者各家埋在墳□，不便者尽在野外沙灘，屍骸難便，惡犬食嘗。有本村禪惠寺僧人遺秀、南張村觀音堂僧人真千，見得生灵無主，同發誠心，建一枉墓，□境數十餘村屍骨，盡葬在枉墓之中。并村眾等同發善心，各捨資財，請僧做三昼夜水陸大齋，超度生天者矣。

本村會頭宋仲礼，平遙縣會首程友慶，並本村一會眾信人等

助緣人：宋公秀　宋仲義　王甫　張□□

同起意人：真千　宋良用　遺秀　祖潭　宋仲□　祖鷹　道智

觀音堂僧明曉

女善人：呂氏　侯氏　梁氏　郭氏　竇氏

助工人：宋□　侯復倫　宋公路　宋真海　趙□讓　王□千

平遙縣七同里石匠郭堅

時嘉靖二十三年七月初三日吉旦書

过郭有道墓

【简介】

明嘉靖二十七年（1548）勒石。青石质，圆首，龟趺。碑首高27厘米。碑身高118、宽70、厚18厘米。底座高33厘米。碑文草书，8行，满行14字。巡按监察御使黄洪毗撰文。碑文笔法流畅，功力遒劲，潇洒自如，堪称书法珍品。现存介休市后土庙钟楼下。

【诗文】

過郭有道墓

角巾吹折憶王孫，出使星軺過古墳。

汾水魚龍閒白晝，漢家宫殿正黄昏。

保身暗識高賢恨，駢首誰招黨錮魂。

千載精靈何處是？鶴聲華表夜深聞。

嘉靖戊申仲冬

巡按山西監察御史　莆田黄洪毗

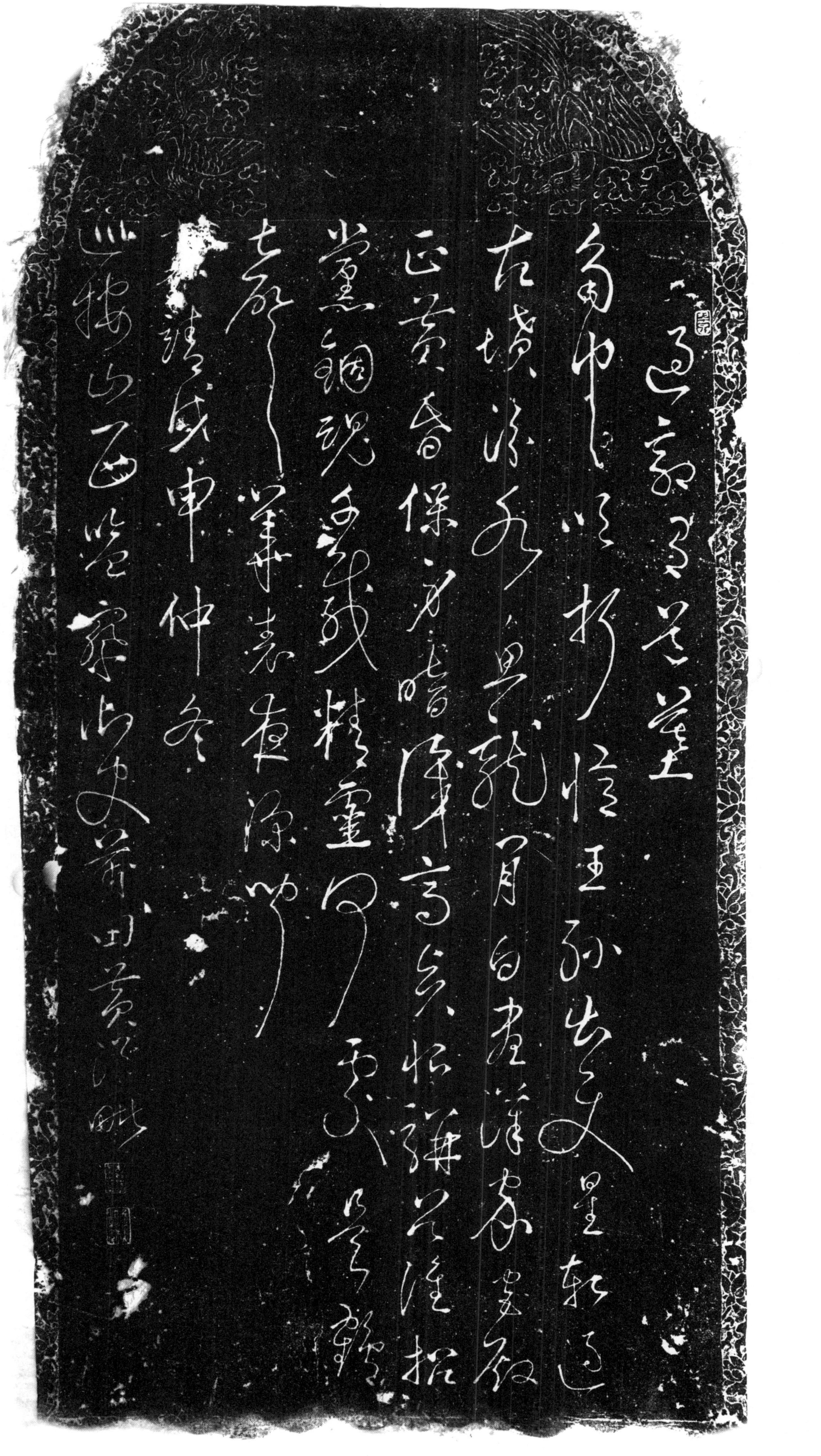

龙天庙记事碑

【简介】

明嘉靖三十三年（1554）勒石。青石质。长89、宽52厘米。碑文楷体，34行，满行31字。碑有残损。嵌于介休市绵山镇兴地村龙天庙墙壁。

【碑文】

洪武二十四年起科造冊，興地村報水地二頃九十七畝五分。

成化二十二年四月內，興地村段恒等與旌介村范計禎，互告明河東道□僉及□永。

弘治元年五月初八日，本村香老韓俊、焦鋭、張貴、段成、太忠會同本村人等與文秘，約□□□，自古以□逆年享賽。有本縣知縣、前監察御史張，差本里老人劉□查，見原報水地兩分，□□水頭輪流澆青，本廟享賽，若有失誤，罰米三石捐神明度，將穀神首開列於□。

三月二十五日，何玘、溫睿、習靖，四月二十九日，李秀、張貴、徐深，五月初八日，韓俊、段成、馬成，周知久始。

嘉靖三十三年三月初三日，在城起意糾首溫秉性會同香老王聚秀、李□胡、王仲全、張永得、任恕之、章瀾、梁如增等始建蚜螯風雨神樓三座。

三十四年三月□十日，溫世清、溫世潔、溫世澄栽槐樹二個。

三十五年五月內，起意糾首溫秉性會同在城康大宗、溫秉善、溫得高、□廷旺始建王廟兩壁並聖母衣壁。在場人李冠、溫□、溫□、溫秉中、溫秉衣、康得元、康得□、康顏、溫九材、溫為□、張永得、閆宗道、楊遂、王仲全、梁廷佑、李甫美、王應成、王應得、郝時益、李玨、溫時冠、溫才幸、溫時裕、溫認、溫□生、溫時宰、鄭武、溫世清、溫世潔、溫世澄、康永清、溫世興、李時□、范祿、劉大強、張仲柏。

本村施財人：李強　李善　李珙　李璉　李時福　李思興　李時雲　李時勝　李時美　李時寅　李節　李佐　李時方　李時道　李□□　□□　張利　張□□　□□□　張□道　張廷□　□□□　□□□　□□　□計史　□計中　韓□雲　任時錄　任時興　任寶　宋禮　劉□仁　李得旺　李時臣　李廷□　韓廷□　韓廷忠　韓廷仕　韓廷付　韓廷寶　□雲俊　劉貴　楊廷興　王文計　王文慶　王文貴　馬仁　張先　馬遒　馬進　馬聰之　馬存　張廷付　任祥　馬□　□公□　□寶美　□□得　陳□得　陳□□　陳□甯　陰士□　岳天得　岳天□　□時倫　郭時剛　張□　韓□固　任貴　張□　張生圖　張節　張大才　李胡　□時貴　焦□　任付明　任付□　陰廣善　任世祿　郝仲武　□□□　郝仲文　張世強　□汝才　溫廷行　張□祿　李時中　卞六　王雲　任林□　任友貴

敕賜興國寺僧人：司胡　司閏　悟瑜　悟文　悟渠　悟里　悟珮　周徹　周昶　周山　周戚　周通　周義　周思　周雲　周□　周□　周鼎　周□　周□。

本村香老李胡　張其　段大良　馬廷　郭上江　宋義　韓仲旺　僧悟和。

本廟□靈石縣共地拾畝施。

義安里守廟善友程增　徒孫秦補兒

□□青　溫八輦，男溫確當地共六段，計地拾畝，不訌典賣

起意修造東城西北坊糾首溫秉性建立石碑

嘉靖三十三年六月□□二日工完

妝庙人：溫世潔

溫秉性書

重重复修观音三贤圣殿碑记

【简介】

明嘉靖三十三年(1554)勒石。青石质，圆首。碑首高40厘米。碑身高97、宽60、厚16厘米。碑文楷体，正文18行，满行38字。额题“重重复修观音三贤圣殿碑记”。现存介休市绵山镇南槐志村龙庆云庵。

【碑文】

重重復修觀音三賢聖殿碑記

蓋聞介休迤南肆拾里許有懷志莊，曰大元建立觀音寶殿壹所。至大明嘉靖貳拾柒年腐□□□落剝削，無人修壘。有本村糾首武碧、安時□、郭天庫、任伯意、韓宿等，各乃意生□念，同樂誠□□□□等之稱，重修聖殿，補塑□大師菩薩、拾陸應真羅漢、二郎、關聖真君，并諸王、佛祖、天宮，黝□黷黰，花梁完備，命匠□甎鋪地，葩藻□□，甃築其□，殿前栽栢方垂。東連紅泉，鴉黶天崖，古來避虜患而無侵；南觀綿山介祠神，前寶□聖境；西聯汾水，通京綫路；北靠商山，諸姓庄窠。殿前遙瞻，塔巖靈錦山光，村前古感名山，迸烈金泉，□□性命之鰠。古者鑿井而乞飲，從來耕田而望食，非選而自湧至焉。此巒山者，從霑介境，林宗、文潞，先賢古隆之遺光，生來秀俊，風淳俗美，人傑地靈。天降金頂須彌，地湧玉色山崗。此殿潛者，上衝摩斯龍王，玲瓏寶塔，天垂接雲，蓋頂相連，下霑塔鈎嚇魂，陡峻崖□。此殿者，嵯峨□黶，山嶟嶺覆，感來空王□道之天宮，五龍遼遠，霧繞盤旋。至唐朝興隆，傳遺享天下而春光遊履之場，古陶引來諸邦，累朝不絕之□，萬代常存之境。夫觀音者，迺古世尊是也，示現南海，普陀山間，紫竹林中，屵巋巉峩，並無為而默默雲霄。使神通而三臺華藏少有，變化而肆洲淨居□無。□鳩而有現，不慕而無邊。威光赫赫，神通豔麗，三塗有拔，八難無妨。遣邪蹤而遠避，鎮乾坤而常亨，灝灝而慈雲示現，湛湛而金光湧耀，普照萬方有慶之光，徧閱諸天無際之臺，神兵重重擁護，聖將累累相隨。禮觀音者，人人有泰；侍菩薩者，個箇無愆。拈香祝皇王聖壽遐齡，祈乾坤永遠靖平，八方威震，國界安寧，宦將心無顫。鳩托天地佑護之方，六合通弥；永保黔黎妥侑之兆，五穀臻榮。天垂肆氣，萬物均停。滋山川社稷康寧，昆侖耀頂，獅子吼喊，懽忻欲乾坤不照之方，□神鬼昏明之患。福無顯應，禍有所侵，善惡若無報應，乾坤不分清白，人能克己，天垂聖道，輒言無盡，讚莫難窮，夫聖者毫光炳煥，瑞氣圓融。有始無末，徵余於序者矣。

起意糾首：武碧　安時義　韓宿　任伯意　郭天庫

介休縣西北坊助緣人范存，募緣僧范圓海、門徒明喜

時大明嘉靖叁拾叁年歲次甲寅夷則下翰蓂凋叁葉之期建立

汾陽書撰人侍生侯大邦

重重復脩
觀音三大賢
聖殿碑記

同修永护门功德碑

【简介】

明嘉靖三十八年（1559）勒石。青石质。碑文楷体。此碑是记述修建张壁南堡门（永护门）功德碑的碑阴。碑的正面磨蚀严重，不能识别。碑文只记录地名和人名，未列赞助金额，文字不甚工整。捐输者除本村之外，也有来自京城、省城以及附近各县的人士，其中以平遥人居多，此外还有文水、祁县、灵石诸县人士。碑中所列地名可见44处，为研究相关村落的历史和演变提供了佐证。现存介休市龙凤镇张壁可罕庙正殿檐下。

【碑文】

□□□助緣人：王時美　王崇禎

本縣□□□助緣人：王一臣　郭致安　王□　王樞　王希禹　李顯　王信□　□權□　任越　高天安　宋庫　□□□　侯思齊　李安　宋□　宋項　宋定　宋息

小靳村助緣人：郭讓

南莊村助緣人：張仲強　張仲旺　張仲□　張天佑　張時積

渠池助緣人：仝甫　仝時實　仝時安　仝時崟　仝冠　宋千　宋道　焦林　仝時榮　仝周　焦崇　宋大斌　焦賢　宋大盛

□□施財人：焦軒　焦時積　焦運茂　□□茂　焦延福　焦延祿　焦尚貴　仝妙喜

□□□□□人：李安　王公慶

□堡助緣人：梁昶　梁永璽　□□高　梁厚　梁永實　梁永倉

□□堡助緣人：宋弘　宋文　宋鍪　□時發　宋時用　宋　齊

河□□助緣人：毛公和　張郎玉　黄玉璽

遐壁村助緣人：鄧公存　鄧滿　鄧積

石□里助緣人：武時友　武時強　武時勇　武時□　武時威　武世威

朔頭村助緣人：喬妙貞　李妙賢　任妙元　鄧妙晨　喬知恩　任學□　劉良實

三家村助緣人：趙普仁　秦文觀　秦妙秀　任妙存　劉大學　秦妙果　張　□　趙晉實　張妙秀　吉妙胡　武妙賢

樊王助緣人：□□福　吉寬

大期里寄□人：任世賢

南賈村助緣人：趙瓚　石大祥　庞大武

党谷里：宋冠妻康氏

沙堡村：王妙祿　冀妙美

田堡村助緣人：馬普穩　趙妙穩

洪山村助緣人：閆瑰　劉汗成　韓普穩　溫善　王應雄　閆時貴　韓實　劉璲　田得仕　韓晨　任妙溫　田福雲

瓦瓮村助緣人：冀時達　任賢　冀雲崇　宋文意　冀賢□　陶妙達　李進和　李本付　郝楚國　趙承相　張妙順　李普金　郝普義　趙承宰

褚同村助緣人：李定　張柏香　楊經　張朧　張雲盛

平遙縣助緣人：冀公德　喬妙善　范普准　賈妙貞　郭普旻　雷普村　張妙賢　范普沁　范普珮　張妙貞　劉普環　郭貴　李妙開　侯開　郝玉俊　張妙志　張妙喜　白妙喜　郝妙喜　冀妙喜　馬妙賢　梁妙喜　李妙貴　李妙會　王子儉　相普文

道虎壁助緣人：鄧妙經　王普瓚　劉妙興　趙普洗

達蒲村塑匠：孔大智

道備□助緣人：張付林

西□里：劉萬意　孫勝元

引回村：陳良固　陳良文　陳良福　王忠　陳妙善

幹加里：白氏

平遙縣岳壁村：馬五老　雷村寶　李大進　郭用　胡妙秀　李艮慶　李同

東郭村：李元坑

應望村教善師：張普禪

東郭村寨引進師：郝培青

門世村：侯大京　房妙京　馬□　馬妙賢　郭如江　劉妙貴　武妙賢　胡妙賢　田妙會　侯紀　侯時用　梁妙善　侯鸞　侯鳳　王妙善　尹妙玉

平遙縣文會坊助緣人：程妙貴　程妙貞　張妙善　梁妙喜

南良莊助緣人：王永貞　張奎　張文伸　王希林　李文代　王山可　王從潔　常海　張文彪　李鼎　郭廷學　郭子倫　宋章　佐佃方　趙仲義　梁實　梁廷吉　胡景成　王希海　閆志華　李尚福　褚得倉　李志　梁星　梁廷忠　孫廷佳　王斌　褚得會　史還　王金　王變　常寶　常里　王巖　杜香　趙崇福　彭莞　王爰　陳賀才　梁伸　孫廷信　梁付宗　杜果　郝文友　霍萬才　張仲寶　宋大用　侯付　任意　王友仁

蔣家堡：趙子登　趙香　常整　付元琴　韓景萬　杜妙會　定要

在城：王普寶　郭廷奎　郭廷瓚　郭廷光　田大賓　楊宗祿　閆妙喜　閆妙真　李妙善　馮倫　馮鑾　馮克用　馬妙道　雷妙靈　李妙德　馬普濟　楊妙滿　孫廷福　雷振錦　雷妙貴　段妙善　薛□禎　段妙清　宋妙善　田大戶　雷妙果　李妙賢　趙妙賢　胡　羽　馮瑄　馬景宗

喬家山助緣人：劉普徹　郭瓚　郝廷　張其　王燦　雷良朝　雷良宰　郭世文　郝三老　郝子禮　杜氏　郭氏　毛氏　梁氏　王氏　雷氏　張氏　宋妙善　張琰　劉氏　梁妙賢　郭大千　郭大萬　孔氏　陰文制　朝氏　陰仲江　陰仲胡　道鉛法孫　隆洞

南致村：賈老大

閆村助緣人等失名

羽城村：師妙善　張子公　王妙賢　張會　韓妙果　張雲　王妙喜

喬頭村：任三龍　張丙　張四老　楊仁周　鮮九賴　張妙俗　楊宗　薛良甫

細嶺村：郝子玨妻　張妙貞　王妙善　郝妙善　雷妙好　郝良賢　雷妙賢　郝廷秀　侯琰　溫氏

東堡村：郝廷井

郝村：張澤

西城里：侯中

長壽村：李文恕　李守宗

太原縣：許東都　康廷席

祁縣來遠鎮：楊妙言　陳妙果　張妙喜　郝志明

辛堡村：張何

城趙村：武敖

炮守堡：侯時用　侯鸞　楊從現　胡景春　　胡景倉

文水縣仁智都：賀欽　溫妙善　賀妙

文水縣安仁都：任甯　楊妙寧

張壁本村助緣人：賈天相　賈公受　張時輝　王廷依　賈天周　辛尚福　張大彪　張洪　張時學　張時旺　王廷文　張時貴　王禮　王□芳　張敬　張明慶　賈仝喜　賈天輝　焦廷仁　鈕天爵　張日雲　張時禮　賈仲旺　張大敖　賈仲寶　肖已千　賈□□　張華　賈仲友　賈公美　賈天來　張升祖　張氏　賈天恩　靳武□　賈仲計　張時息　張時寶　張大才　王廷彩　賈天　賈仲秦　賈仲強　張時恩　賈仲賢　張順　李汝翁　賈公廷　張時意　王廷香　賈仲孝　張永受　王守信　張大安　王

洪　張時義　宋時興　賈仲美　張大友　王汝安　張大文　張計郎　張萬　王廷受　靳時友　賈仲玘　賈天朝　任仲全　張大林　張計貴　張齊　靳時玘　靳時雲　張時勝　賈天良　王廷安　王汝寶　賈天祥　西霓仲興　張大庫　東霓仲興　任友倉　張大仁　賈鶱　賈天旺　賈仲福　張拱　賈天甫　王民壯　張遠　靳時竇　宋朝　王滿　王廷武　張仲友　賈天龍　賈天貴　張勉　靳時庫　張大秦　賈仲祿　張計福　張大叁　王廷恩　任月　靳時倉　張天相　王廷甫　張計祿　張時興　喬汝貴　張大相　賈仲雲　賈天才　張大山　張大貴　張大德　張大祿　張大福　張大崇　張大元　張大學　王庫　喬汝相　范希竇　張高　張景　張大維　張積

平遙縣遮胡村助緣人：霍廷相　霍還　霍鳳　霍盤　霍廷才　霍敖　霍廷津　霍廷倉　霍沿　霍廷公　霍廷信

大閆村：郝才順妻　郝廷洗妻劉氏

文會坊：李廷華妻郭氏

平遙縣不知坊里村施財衆男女善人等：

胡妙秀　妙秀　張妙相　劉妙意　劉沖　張敖　張騰　郝文達　郝文展　張四十　姚會　張彦通　張彦達　陳妙喜　劉妙善　張氏　宋妙善　段妙善　雷妙貴　梁妙善　侯妙善　梁妙善　賈妙善　郝妙善　丘妙會　郝妙善　梁妙會　劉氏　許妙果　馬氏　趙氏　閆氏

本縣團圞村助緣人：焦妙善　郭妙善　王漢　宋時堯　李妙善　溫氏　張氏　任氏

本縣本村北門道人趙得良善友霍羽

此一面碑各名字本村張時輝拙寫，碑文不工，轉央別師做。

永护门匾额

【简介】

明嘉靖三十八年（1559）勒石。青石质。碑文楷体。嵌于介休市龙凤镇张壁南门洞上。

【匾文】

護村鎮河

時大明嘉靖三十八年正月廿七日村人等同修

平陽府河津縣石匠李謙　張世萬　□□□　董蘭□　靈石縣石匠曹現□

重修太宁宫殿并创建三门记

【简介】

明嘉靖四十年（1561）勒石。青石质，圆首。碑首、碑身通高292、宽97厘米。碑文楷体。额篆“重修后土庙创建三门记”。现嵌于介休市后土庙娘娘殿后墙内。

【碑文】

重脩太寧宮殿并創建三門記

縣城北有后土廟焉，其來遠矣。中堂為太寧宮，東序為真武殿，西序為三官殿。歷代以來，因其廢壞而脩飾者蓋亦屢矣，然皆未之增益也。迨我朝正德丙子歲，本邑義士梁公諱智者，首倡重建，增以獻亭、樂樓並兩廊焉，考之兩楣碑記者可知也。然樓殿雖飾而土階猶存，兩廊雖建而神像未置，規制雖偉而三門尚未之建也。下有三清觀，聯木斯廟，幾於廢壞，皆不得而不脩者也。今去梁智公脩飾後幾四十載，而其所脩飾者漸為剝落，已弗若於初矣。惟時復有義士梁時道、羅朋者，約諸糾首而謂之曰：建廟所以妥神，而廟貌之弗隆，非所以展誠敬而致孝享也。乃各出資財，於工之未完者為之補葺焉，於門之未有者為之創建焉，於三清觀之廢壞者為之改舊為新焉。且於廟之東廊也，塑以九耀星君，蓋取其文明之義也；於廟之西廊也，塑以三曹考校，蓋取其勸戒之義也。茲舉也，督工者諸糾首公也，募緣者本宮住持道士張通曉、呂通相也。由是槩邑之人悉義此舉而助其財者千餘人焉。豈非諸公之義有所感激而然哉！其工始於嘉靖之丙辰，而落成於嘉靖之己未。夫以難舉之功，而成之若是之速者，是雖神之靈應所感，要亦諸公見事之勤有以致之矣。據今而論之，自文明之取義於九耀也，而本邑之文風振焉；自勸戒之取義於三曹也，而本邑之民俗厚焉。嗚呼！諸公之建廟立神也，其意不亦淵乎，其功不亦偉乎！茲者，異成功之甚速，覩廟貌之益隆，故於作事之始末而備誌之，以垂不朽云。

嘉靖四十年歲次辛酉季秋之吉　庠生敬菴燕民望撰　東橋張騰漢書　東谷梁祚篆

重脩太寧宮殿并創建三清觀記

縣城北有后土廟焉其來遠矣中葉為太寧宮東序為真武殿西序為三官殿歷代以來因其廢壞而脩飾者蓋亦屢矣然皆未之

增益也迨我

朝正德丙子歲本邑義士梁公諱智者首倡重建增以獻亭樂樓並兩序焉攷之兩楹碑記者可知也然樓殿雖飾而土堦循存兩廊

缺陋而神像未置觀制雖備而三門尚未之建也下有三清觀瓦木斯爾幾於廢壞皆不得而不脩者也今去梁智公脩飾後幾四

十載而其所脩飾者漸為剝落已非若於初矣惟時後有義□梁崇道暨明者糾諸紀者而謀之曰建廟所以妥神而廟貌之弗稱

非所以展誠敬而致孝享也乃各出貲財於工之未完者為之補葺焉於門之未有者為之創建焉於三清觀之廢壞者為之改葺

為新焉且於廟之東廊□塑以九耀星君蓋取其文明之義也於廟之西廊也塑以三曹考校蓋取其勸戒之義也茲舉也皆工者

請紀首公也募緣者本宮住持道士張通䒷呂通相也由是槩□人慕義此舉而助其財者千餘人焉□卜諸公之義有所識致

而然哉其工始於嘉靖之丙辰而落成於嘉靖之己未矣以難舉之功而成之若是之速者是雖神之□應所感要亦諸公見事之

勳有以致之矣揆今而論之自文明之取義於九耀也而本邑之文風振焉自勸戒之取義於三曹也而本邑之民俗厚焉嗚呼諸

公之建廟妥神也其意不亦渊乎其功不亦偉乎茲者異成功之甚速觀廟貌之益隆故於作事之始末而備誌之以垂不朽云

嘉靖四十年歲次辛酉季秋之吉邑庠生敬菴燕民望撰

東橋張騰漢書

東谷梁祚篆

同立石

重修兴国寺正殿碑记

【简介】

明嘉靖四十四年(1565)勒石。青石质，圆首。碑首高30厘米。碑身高128、宽70、厚16厘米。底座长84、宽57、高48厘米。碑文楷体，24行，满行23字。温宝撰文，周鼎书丹。额题“重修正殿碑记”。碑阴额题“重修佛殿碑记”。现存介休市绵山镇兴地村回銮寺大殿廊下。

【碑文】

重脩興國寺正殿碑記

竊聞表經史以明人倫，立紀綱以彰法度者，須頼儒道以治世，遠紅塵不貪世務，言善惡以戒諸生緣業者，咸被佛教之化耳。盖佛自周昭王時生身于西域，至漢永平傳教于東方。自後以來，□王畿閭巷多脩佛寺，白首黄童尚尊乎法首，言五戒不殺不偷不淫等語，即儒教之五常仁義禮智信也。道不同□言雖異而禮同也，其教非傳理素感入于人之肌膚者，豈能事傳于千百載，與儒道教□列三途而不泯耶！觀人遇患難之際，連声便祝南無阿彌陀佛，意為解厄，可尊可敬，信矣。有空王佛生身于榆次，自隋大業初捨俗披剃，雲遊本縣城東華巖、縣西洪濟等寺，因各地人烟輳集，有妨了道，即跋登于綿山絕頂柴谷之間。逢一石巖，高愈三百余尺，深圍約幾數畝，日星照朗，雨雪不侵，其下剪荊架屋，名曰“臨谿庵”。遂感摩斯、寧公，住持脩煉。間至唐貞觀八年，因時亢陽不雨，有長安父老訪知道行，趨至佛前祈禱，佛令摩斯望西南洒潑米泔三杓，長安遂應泔淋。眾耆啟奏，皇上驗識非凡，駕臨斯境，有佛預覽，即入涅槃矣。皇上仰天禱祝，或是神僧羅漢顯其姓名，空中現出金字牌，云“空王活佛”，皇上即令工包塑真容，更臨谿為迴鑾寺。後遭兵燹其殿，被回祿之毀，遂移骸殯于綿山麓下，今有塔塚存焉。至宋建龍三年初更名興國寺，□遷殿于村中。因歲深，殿見蕭條，凡有僧俗遊觀其地者，見得功程浩大，徒為感歎耳。有本寺□僧張悟玲、李悟蛟約愚等作糾首，同化鄉賢，各施物□□□，本寺僧眾富者輸其財，貧者助其力，工垣頹者更磚以垛之，椽樑朽者易木以新之，佛像金容，重簷瑰綠，兩傍繪畫□□□□□□磚砌，以供桌上□下□燃一新。工始于嘉靖庚戌，落成于嘉靖辛酉。有玲徒周武蛟、徒周變囑愚為記，自愧鄙陋，雖素不能文，敢以道听之言，聊輳俚語，妄述佛氏之始末，以勒于石，使垂不朽之記云。

本邑耆民溫寶撰　本寺僧周鼎書

本□經魁舉人李先稔

生員郭繼祖　梁利

糾首□□□□寶　閆進

敕賜大興國禪寺施財眾僧：可膚　可期　可玉　可得　可聞　悟心　悟玲　悟璋　悟鼇　悟蛟　悟暹　悟和　悟渠　悟鍾　悟讓　悟珮　悟理　悟徹　悟珩　悟相　悟明　周利　周武　周逢　周經　周智　周恩　周遂　周美　周變　周意　周暘　周榮　周鼎　周職　周萬　悟湧　周本　周□　周□　周□　周和　周□　洪□　洪法　洪喜　洪善　洪朗　洪落　洪義　洪賢　洪滿　普愛　普才　廣福

萬曆二十二年六月十五日本寺□□□□□□平水地□□□，計地九畝九分五厘，共粮捌斗五合九勺，捨與本寺常住永遠作業，日後並不□典賣。里長：宋大孝，俗姪王永興、王永旺，石匠任時臣。三家里下磨頭信人孫時玉、孫天粟、孫天谷。本寺大眾僧等。

本寺禪□師　可□　可瑚　己身悟玲　悟蛟　門徒周武　周變　法孫洪喜　洪義　洪賢　洪滿

時大明嘉靖肆拾肆年歲次乙丑捌月乙丑朔拾伍日己卯吉望

靈石縣石匠張守庫　男張樓　張閣

重脩正殿碑記

介山纪胜

【简介】

明嘉靖四十五年（1566）勒石。青石质。长103、宽58厘米。碑文楷体，37行，满行24字。刻赵讷、梁岐泉等人诗作十一首：《东皇村》《兴国寺》《岩下水》《观音阁》《蜂房泉》《白云洞》《拖兔桥》《抱腹岩》《铁索岭》《下岩》《介子祠》。嵌于介休市绵山镇兴地村回銮寺墙壁。

【诗文】

介山紀勝

嘉靖丙寅三月十有三日，宗正南川翁及小川邀同鄉梁岐泉翁偕予遊介山，來往得詩十一首。

東皇村

高陰垂柳下，曲水古村邊。便可班荊坐，因之枕石眠。

萋萋芳草地，淡淡白雲天。攜有壺中酒，醉鄉處處然。

興國寺

勝遊憑美主，流憩有禪門。預問登山路，還將窮水原。

古槐列踈冷，老柏聳駢繁。閑對高僧坐，鳴鐘晝已昏。

巖下水

行行近高山，流水轉潺潺。本自丘陵下，却來人世間。

雲過時作主，花落不相關。塵面羞巖穴，臨溪一浣顏。

觀音閣

造物含靈秘，不容人易來。登高絕緣壁，覽遠坐春臺。

空谷鳥相應，背巖花亦開。仍窮化城上，端可脫塵埃。

蜂房泉

懸崖獨泉溜，疑是漏天河。水豈激從上，地應厚更多。

珠璣紛錯落，星斗燦森羅。一歃纔盈掬，翛然醒睡魔。

白雲洞

白雲渺何許，而洞在其間。中有幽人坐，獨無塵世顏。

何須嗤下界，自爾抱玄關。昨夜空梁月，嘹嘹鶴唳還。

拖兔橋

絕壁臨深澗，危橋一尺橫。須從這裏過，纔得彼中情。

足外無多路，險時亦可行。若將蹈水意，此地更為平。

抱腹巖

揭來已絕險，歷磴復巋然。山下豈無路，人間別有天。

洞從高處闢，巖更上頭懸。佛自清涼者，漫勞人火煙。

鐵鎖嶺

節節高巖上，誰知復有山。便當安見在，何事費躋攀。

天險本自絕，人為故不閑。因憐好進者，豈止仕途間。

下巖

予昔甲寅曾至山下，憚險不果上，茲二老攜持，始一遊焉。

昔年半林麓，今始到巖前。償卻遊山債，蒙茲同結緣。

夙心驚一紀，回首憶諸天。即此當平地，知誰種福田。

介子祠

遙遙綿上山，山樹鬱蒼蒼。遺思悲寒食，高名表晉壤。

谷風吹古廟，嶺月照長廊。酌取泉頭水，心香敬此將。

龍門外史趙訥、孟敏稿

[illegible]介山紀游
嘉靖丙寅三月十有三日[illegible]
偕梁岐泉翁偕[illegible]遊介山，來往得詩十一首
東皇村
高陰垂柳下，曲水古村邊。便可班荊坐，因之枕石眠。[illegible]
地淡淡白雲天。携有壺中酒，醉鄉爰處然。
興國寺
勝地[illegible]美主，流憩有禪門。[illegible]登山路，還將[illegible]原。古槐列[illegible]
[illegible]老柏聳[illegible]。閒對高僧坐，鳴鐘晝已昏。
巖下水
行行近高山，流水轉潺潺。本自丘陵下，却來人世間。雲過時作
主，花落不相關。塵面羞巖穴，臨溪一浣顏。
觀音閣
造物含靈秘，不容人易來。登高緣絕壁，覽遠坐春臺。空谷鳥相
應，背巖花亦開。仍窺化城上，端可脫塵埃。
峰旁泉
懸崖獨泉溜，疑是漏天河。水豈激從上，地應厚更多。珠[illegible]
落，星斗爍森羅。一歃幾盈掬，倏然醒睡魔。
白雲洞
白雲渺何許，而洞在其間。中有幽人坐，獨無塵世顏。何須[illegible]一
界，自爾抱玄關。昨夜空染月，嘹嘹鶴唳還。
抱兒橋
絕壁臨深澗，危橋一丈橫。須從這裏過，繞得彼中情。足外無多
路，險時亦可行。若將蹈水意，此地更為平。
抱腹巖
躋來已絕險，然磴復巋然。山下豈無路，人間別有天。洞從高處
闢，巖更上頭懸。佛自清涼者，[illegible]勞人火煙。
鐵索嶺
節節高巖上，誰知復有山。便當安足在，何[illegible]天階本自
絕人為，故不聞因[illegible]進者，豈止仕途[illegible]
下巖 [illegible]
昔年半林麓，今始到巖前。儻却遊山肯，家玆同結緣。[illegible]心篤一
紀，回首憶諸天。即此當平地，知誰種福田。
介子祠
迢遞綿上山，山樹鬱蒼蒼。遺思悲寒食，高名表晉[illegible]。谷風吹古
廟，嶺月照長廊。酌取泉頭水，心香敬此將。
龍門外史趙訥孟敏稿

龙天庙记事碑

【简介】

明隆庆二年（1568）立。青石质。长98、宽46厘米。碑文楷体，42行，满行24字。碑体有残损。镶嵌于介休市绵山镇兴地村龙天庙墙壁。

【碑文】

隆慶元年九月十五日，建廟經過到此，本廟神像衣服盡行所無存，刹□人名無□，此生日後為有此事，□□□□之。

于隆慶二年三月，興地村香老起意，會同□□人等，□□□□神像衣□□□□，銅羅三面，旌二面。

在□施銀人：□時裕銀一錢　溫時完銀□□　溫俊信銀一錢　溫時□銀三分　溫時□銀五分

溫□幾銀一分　溫得高銀五分　溫來壽銀三分　溫來□銀五分　□□□銀五分

本村施銀人：

李時壽銀一錢　李時□銀一錢　李節小麥五升　李時寅小麥四升　李時美銀五分　李滿銀五分

李時福銀五分　李暢銀五分　韓廷寶銀五分　韓廷旺銀五分　韓奎銀五分　韓儒銀五分

郭時經銀五分　郭時偉銀五分　郭時□銀五分　郭□□銀五分　郭峰銀五分　岳天從銀五分

岳□道銀五分　陳大學銀五分　張□□小米六升　張廷貴□一斗

在沛人：溫時立銀米五升　閆尚禮銀五分　閆晉銀五分　張天□銀五分　張偉銀五分

張宜銀五分　陳朝□銀四分　王應臣銀五分　王應得銀五分　何大得銀五分　李時敬銀五分

段□銀五分　馬尚義銀五分　馬尚信銀五分　馬全銀五分　郭□政銀五分　□□□幾斗

李承恩銀五分　王文計米三升五合　王文徹銀五分　王虎銀五分　李甫銀五分　張義銀五分

任時福銀五兩　張美銀五分　任恩銀三分　申發義銀四分

寺僧一□銀五分　悟依銀五分　周智銀二分　周武銀四分　周□銀四分　洪濟銀五分

靜介村人；李智銀五分　□根去　任□銀五分　任時□銀五分

起意香老：張林銀五分　韓廷付銀五分　陶□銀五分　宋義銀五分　李時興銀五分　驥□銀五分

□悟俊銀五分

稷山縣石匠：薛志賢　王□□銀五分　李讓銀五分

義安里看廟善友：程增　弟□馬喜同

告曰本處人等知秉，城西廂張鎮銀五分　張□琅銀五分

神靈所居，本當清靜，豈可作賊，自□□後，在有此廟，□□所災，秋夏田禾草束，攘諸相□本廟□踐者，神靈降懲亦□之災。男子入內，落在溝涯，留下婦人□□□□，□叮嚀囑咐，為有不依凡語之人，神只不遠降災。

隆慶二年香老望日造

成化二十二年四月二十五日造本廟門東，香老韓俊、段成、張貴、焦鋭、徐士然。

于隆慶二年三月十五日，孫男韓廷財、段旺起名在此。

後有在廟余剩錢銀重修

神□三杆亦並□□後□□老王文計

□八斗大小米人：溫□□

儀匠：□□□

题佛古圣空王碑记

【简介】

明隆庆五年（1571）勒石。青石质，螭首，龟趺。碑首高65、厚20厘米。碑身高103、宽56、厚15厘米。底座高15厘米。碑文楷体，18行，满行40字。额题“下兴国寺空王佛碑”。碑阴额篆“题佛古圣空王碑记”。现存介休市龙凤镇西宋壁村兴国寺。

【碑文】

（碑阳）

題佛古聖空王碑記

在城當里陶充谷二斗，張九經谷一石。

蓋聞佛者是寂滅之神也，乃西域貨洲聖人也，今我國土口称南無佛，否也。自天立極，三皇續後，佛出於周朝，昭王甲寅歲二十四年四月八日降誕南瞻中國，釋迦牟尼佛也，經典尚今傳教紀綿今也。

大漢明帝夜夢一人，身長丈六，体着袈裟，面体金色，項穿數珠，麾頭赤足，左手把弓一張，右手搭箭二枝，從西而來，飛降殿前，躬身向帝借問土寸之地。次曉陞殿敘問群臣：朕得此夢吉凶？班出一人上奏：丈六金身，張弓搭箭，乃為佛字，借問土寸，刼為寺字，這是西方聖人，曰佛，度王中國。勅修寺殿，頒行天下，建造塑粧聖像，居民普悉，供養遺今也。自漢魏晉宋梁隋滅之後，有北泉頭地一處，東至溝，西至道，南至中泉，北至天堂廟。大唐太宗貞觀七年，亦有古佛降世，出於山西太原府榆次縣原渦村，其佛名曰田志超，於年三月十七日降誕。自降以來，天資聰敏，仁慈好善，敬重三宝，持守齋戒，禮念經文，削髮為僧。俗門二徒，長曰摩斯，次曰銀公，同介境綿山抱腹巖中苦煉無為，得成正覺。唐時大旱，人君親到綿峰興國寺，遣臣上巖勅宣聖主，祈求雨澤，逼滅巖前，真性歸空，雲間吊下金牌，上書“古佛空王化現”，吊一無縫佛衣，方园丈六，故今遺跡。二徒摩斯、銀公同時入滅，即為五海竜王之長，俱此名山，建造寺殿，巍儀体像。節年三月降誕之辰，槩省善男信女進香遊景，往古昔今不絕也。今此宋壁村亦為下空王寺，寓村迤南崖畔，踞中正殿，西有地藏十王殿，南有觀音閣，東有威光廟，東堵廣禪侯，西堵土地公，俱已經造年久，殿宇崩摧。且今本村起意都維那糾首、功德主宋公諱弘、諱文等謹發誠心重修，粧彩塑畫聖像，方此鐫石，以為碑記，萬代不朽矣。

時大明隆慶五年四月吉旦重修

本村都副糾首宋弘　宋文　宋甫　時智　焦尚貴　高呂　宋公礼　宋廷良　李天得　李显　宋時貴　宋時旺　宋齊仝誌

重修地藏十王殿、觀音閣妝像功德主宋弘

重修威光廟　廣祥侯廟功德主宋弘　宋文仝誌

本寺住持善友郭佩

河津縣鐫石匠李燕　張秀

當里教讀、何村李公諱萬園字達夫撰並篆

（碑阴）

紅金輕身銅空王佛一尊，宋文施銀三錢，同善友郭佩，紅金銅摩斯竜王一尊，□显施銀三錢。

本村金妝合童，焦尚貴、男焦求昌，外母梁妙周施銀七錢。

西北坊金妝摩斯竜王一尊，父侯公受己身，侯重支施銀一兩，男侯得舜，孫男保安。

本村金妝正尊空王佛一尊，父宋公祐己身、宋弘同男宋時遂、宋時貴、宋時旺施銀五兩。

西北坊金妝銀公竜王一尊，父侯公受己身、侯又支五男侯得显等施銀一兩。

金妝合童一尊，侯璉、侯得正施銀一錢。

在城等坊助緣人：

李紹芳谷二石　侯璉谷八斗　侯思齊谷五斗　侯得元銀二錢　侯班齊銀三錢　侯世祿谷一石、銀一錢　侯尚花銀一錢　王士明谷一石　任廷芳銀二錢　梁學仁銀二錢　梁順榮木銀一錢五分　梁金成谷□斗　梁國相銀二錢□分　溫尚祿谷麦四斗　李相卿谷三斗　李廷付銀二錢　李朝卿谷三斗　段周銀一錢、男段時福銀一錢　段恩銀一錢　高呂小麦三斗又一斗　李昰麦谷六斗又一斗

東宋壁助緣人：

梁達谷麦四斗　梁要谷麦五斗　梁遷谷麦四斗　梁高銀一兩　梁求花谷一石　梁權谷二斗　梁福谷二斗　梁榆谷二斗　梁萬銀一錢五分　梁願銀一錢五分　梁永金谷麦大斗　梁求海谷三斗　梁榮谷三斗　梁智銀三錢（同弟三人）　梁彩谷三斗　梁永庫谷麦二斗　梁永倉谷麦二斗　梁永厰谷麦二斗　梁永寬銀一錢五分　梁達谷豆二斗　梁永光谷三斗　梁甫谷二斗　梁永□谷麦七斗　梁文節銀五分　梁田銀一錢　梁永才銀一錢　胡來俣銀七錢　郭尚厫銀五分　賈天良銀一錢　武廷盛谷麦二斗　王時立谷麦一斗

團圞村助緣人：

宋息谷四斗　宋燕谷二斗　宋永旺谷一斗

豹虎村助緣人：

宋廷榮谷麦二斗　李時信谷麦三斗　李時長谷麦三斗　陳時立谷麦二斗　陳惟恕谷豆二斗　李朝用銀一錢五分　李彥武谷二斗　陳時盛谷麦二斗　張溫谷二斗

何村助緣人：

李時達谷二斗　李時勝谷二斗　李永安谷二斗　李萬□谷一斗　李萬意谷二斗　李樞谷麦二斗　李萬邦小麦一斗　李景榮谷一斗　李萬文麦一斗　宋世臣谷一斗　宋世榮谷一斗

安□里助緣人：

張應明銀三錢　李明奉銀二錢　陳行谷二斗　陳尚宣谷二斗　陳崇谷二斗　陳永昌谷二斗　陳節谷一斗　陳厚谷二斗　梁妙員谷一斗

渠池村助緣人：

仝甫谷二斗　仝代谷一斗　仝粟谷一斗　仝時友谷一斗　仝時奎谷一斗　仝時寶谷一斗　仝時定谷一斗　仝時榮谷一斗　仝天福谷一斗

上堡村助緣人：

焦杲谷一斗　焦笙谷一斗　焦尼谷一斗　焦延福谷一斗　焦尚貴麦四斗　焦永常谷一斗　木匠榮天祿一錢　任尚中一錢五分　任廉銀一錢五分

莊頭村助緣人：

張輝麦六斗

本村助緣人：

宋弘麦一石二斗　宋文麦四斗　宋廷良谷麦八斗　宋時貴麦谷八斗　宋時旺麦谷八斗　宋時廷銀二錢　宋引良銀三錢　宋時近銀二錢　宋齊谷麦八斗　榮席銀二錢　宋公禮谷四斗　宋貴谷麦三斗　宋陽椿樹一根　宋時忠銀二錢　宋智良一錢、谷一斗　宋高谷麦六斗　宋時寶谷四斗　宋時達谷一斗　宋大林谷麦二斗　宋燕谷三斗　宋甫谷二斗　宋志方銀一錢　榮天得銀一錢　榮才得席一支　宋時元谷二斗　宋天旺谷豆二斗　宋廷庫谷三斗　宋時逵銀一錢　宋時智麦二斗　宋魏黑豆一斗　宋秦豆麦二斗　宋楚谷一斗　宋時黑豆一斗　宋時得谷二斗　榮天□谷一斗　宋朝銀一錢　宋時要、宋時金銀一錢三分、麦二斗　宋心德谷二斗　梁妙周柳樹一根　本寺善友郭倜施銀二錢、生麦二斗

齊創人焦妙貞　陳妙賢　溫妙喜　任妙果　李妙明　宋時儉妻孫氏　宋時敬妻焦氏、梁高、梁求施金一錢　榮天閏八分。

本寺常住地數：三角地六畝，粮三斗五升三合，又廟後地一處，東至□，南至宋□、西至□。

泥匠：段周　段恩

下興國寺
空王佛碑

重修城隍庙碑记

【简介】

明隆庆六年（1572）勒石。青石质，圆首。碑首、碑身通高162、宽78、厚17厘米。碑文楷体，19行，满行51字。此碑记载了明嘉靖四十五年至隆庆四年间介休三任县令的姓名及修理城隍庙事宜。现存介休市城内城隍庙。

【碑文】

重修城隍廟碑記

邑士武敬修篆並鐫

本縣城隍廟，其來遠矣。迨嘉靖戊戌遭回祿之變，邑人已重修焉。然苟完畢而未美，仍舊矣而未宏，居邑者咸以為欠。糾首溫寶等捐資募眾復為經營，大門、儀門咸加修飾，東西建二司，兩廊增為四十餘間。樂樓高聳，厨舍廣設，視昔美且宏焉。金碧輝煌，映一方之景象；規模恢闊，昭四境之光華。固足以為神之棲依，亦足以為民之信仰。事既成，屬予記之。予唯廟之創建，其方位之所□，興廢之所由，前記載之詳矣，兹無容贅。但聞古之建邦置邑，必先設官分職，以治乎民；又必立祠奉祭，以事乎神。蓋官以理乎明，神以司乎幽。幽明兼濟，然後政成而人和也。我國家統一區宇，其於人神之制，尤為詳密。故邑必有宰，使膺乎治民之責；亦必有城隍，使操乎禍福之柄，所以格神人而理幽顯者焉矣。由是觀之，城隍乃邑之正神，民之司命，祀典之所最先，而崇奉之所當裕者也，豈淫祀濫祀之可比乎？夫子嘗云：敬鬼神而遠之。夫敬也者，祭其所當祭；而遠也者，不當瀆其所不可祭也。然民之所當敬事而祭禱者，孰有過於城隍之神耶！先正有言神也者，聰明而正直者也。蓋明為正人，而幽為正神，此理之常，無足怪者。今吾邑城隍廟，民屢年修葺，鼓舞而忘倦者，諒必有聰明正直之神潛乎而默感其衷者矣。自兹以往，吾見棲神有所，事神有常，神將為之神善而禍淫焉。使之善有所勸，而惡有所懲也。為之禦災而捍患也，使之水旱無愆而雨暘時若也，為吾民者，寧不陰受其賜耶！是役也，始於嘉靖四十五年，歷隆慶四年而工告畢。適黎陽于公司直、富川劉公旁、汜南高公鈞相繼宰邑，凡治民事神之典，靡不飭舉。於是幽明兼理，神人協和，予輩樂觀厥成焉。遂為之記。

大明隆慶六年閏二月吉旦，邑人進士欒天薛鳳鳴撰。

本朝道士高德濟，徒孫張玄煥、張玄煒、張玄耀護印。

介休縣知縣襄城高鈞，舉人賈公儼，縣丞咸陽張朝用、董□□，典史束鹿李朝官、武奮孝，儒學教諭銅梁任楚，訓導膚施李子民，本廟道士高德濟，徒孫張玄煥、張玄煒、張玄耀。

糾首：溫寶　羅開　任時用　范時仁　宋秦　石光普　賈暉　宋應元　侯時正　薛安　梁天祿　張鳳翔　梁天祿　董永亮　侯時善　董養濟　李朝進　趙元奇　董元銘　董航　張四教。

善友：段守相

化緣善友：武榮

縣丞咸陽張朝用　董淳　梁潔　梁天錫　梁自新　王時□　燕□□　石光普　宋應光　任時祿　郝繼明　宋應祿　羅永受　武威　郝百才　董永亮　侯之罕　李朝進　溫侵位　薛延義　羅時香

重修三清观碑记

【简介】

明万历元年（1573）勒石。青石质，圆首。碑首高31厘米。碑身高140、宽76、厚23厘米。底座长95、宽60、高40厘米。碑文楷体，正文15行，满行47字。额篆“重修三清观记”。碑文剥蚀严重，字迹漫漶不清。现存介休市城内后土庙三清观献殿内。

【碑文】

重修三清觀碑記

□□□北隅有三清觀者，偕后土行宫而建，取義不可考也。内□殿三楹，□□東廊救苦聖，西廊雷神聖，暨左輔右弼者青龍白虎，旁□□次列，為向善者祀享之所，迄今不知若干載矣。□□□□守官梁君智，先施己貲數百餘兩，薛君雄、董君惟精等既補葺矣。嘉清丙辰，義士梁君時道、羅君朋等又整飭□□□□□□安矣，以棟宇則具備矣。顧歷年既久，風霾所□，□題傾圮，采色凋落，褻瀆為甚，識者慨之。觀左右所居，多敦□□□□□□□□懷夙夜不寧。一日，梁君時祥、友德、時□□羅君侃、尚仁，郝君璡等，相要於殿曰：三清者，道法之宗也，古□□□□□□□□□□悦俗塵，了輪回之理，其教固有□□其微者，先代建殿造像，將使後人即像以求道法，緣道法以求□□□□□□□□□□無所依矣，將安仰哉。遂各□□□貲，儲聚六材，吉辰興工役，仍同心戮力，殫精智慮，以為修飭，□□□□□□□□□□□□□□□□不足，□□□□□及左輔右弼，青龍白虎亭皆易卑為高，革故鼎新，覆□瓴甓，飭以金碧，礱砌樸斲，舉力□□，□畫丹青，罔□質良，雲彩□桷寶像，華案壯麗，孰盛焉！且增設講經卷棚三間，以示覺悟群迷之意；廚舍一所，以備設酌□獻之需。凡周圍牆垣，靡不有業有嚴，式堅式好，規模深邃，氣象恢弘。猗歟！靈界聖境煥乎，玉宇天臺，三清神昭之聖妥於斯矣，□人報享之忱伸於斯矣。后土行宫不亦相映有光耶？嗚呼！樹功于一時，垂名於百代，維緒於已往，徼福於將來。梁君、羅君、郝君等之賢，孰可尚哉。其興工在隆慶六年二月，至萬曆元年四月工完。庠生梁族育公、體利公、鐵公、樞公、恩公、祚公、去恕公、拱辰公、邦輔公、思恭公、遇春公及郝公名世，與予同道且深契也，屬識之故議。

明萬曆元年歲次癸酉四月吉旦

舉人汾□賈公儼、静庵武奮孝合撰

貢生松峰溫尚義書

庠生東谷梁祚篆

介休縣知縣河南襄城高鈞

縣丞陝西咸陽張朝國

主簿陝西西河魏九貢

儒學教諭四川銅梁任慧

訓導陝西膚施李□　直隸安明張□

糾首：

羅　誥　梁時佩　梁天賦　郝　璡　梁時茂　梁友德　梁時祥　羅　侃

梁體乾　梁廷倉　梁時浩　康　都　羅　瑜　羅尚仁　梁　權　梁順花

梁廷爵　郝時雍　梁廷善　王　邦　楊　曾　梁世祥　梁法盛　溫九吉

梁金行　梁廷玘　梁　珩　梁廷器　梁廷佃　梁餘興　郭斂照　梁彥壽

梁彥貴　梁世才　梁崇德　梁好古　董汝寧

本觀道士：

趙静墀　李雲燈　郭玄輝　李玄　王玄□　胡静□　□□　文武榮　秦世□

雷天君庙功德碑

【简介】

明万历二年（1574）勒石。青石质，圆首。碑首高18厘米。碑身高73、宽52厘米。碑文楷体，15行，满行22字。额题“皇帝万万岁”。嵌于介休市绵山雷天君庙外墙壁。

【碑文】

隆慶六年九月二十四日重建此殿一座，計開使過樑柱、磚瓦、顏料、金粧助緣姓名開列于後：

慶城王府宗室松麓施銀伍錢

教尉高演施銀壹兩

西南坊见后吏郭润施米壹两

石潤里郝邦才施桃紅緞女襖一件

西南坊張汝楫施銀貳兩伍錢

西南坊驛丞溫輅施銀伍錢

東南坊醫官董友聿施銀貳兩

安戶里李果施銀壹兩

糾首：舉人董藏　李萬財　喬時息　喬時璲　郭元良

永寧州化緣道士馬常明

萬曆二年二月初十行

木匠：孫時臣　孫大武

泥水匠：羅殿　高永厫

鉄匠：喬倉　段大利

丹青：段天節　段大亨　段大貞

介休县瓦瓮村重修洁惠侯庙记

【简介】

明万历三年（1575）勒石。青石质，圆首。碑首高50厘米。碑身高185、宽85、厚16厘米。碑文楷体。额题“建碑刊铭”。洁惠侯即介之推，系北宋真宗天禧元年（1017年）追封谥号，该碑碑阴后半截镌有陈裴等咏绵山介之推诗六首。原在介休市龙凤镇龙凤村介子庙。

【碑文】

（碑阳）

介休縣瓦瓮村重修潔惠侯廟記

萬曆十九年十一月初二日，本里楊文德施捨村南大橋上地四畝，價銀八兩、粮一斗，永遠長久作業，不許变賣。

粵考介山之名，傳其遠矣。介山之名，非之推無以顯；之推之節，非介山無以彰。侯姓介氏，而山名□因之晉人。當獻公時，以驪姬之難，奉公子重耳出奔，適齊、過衛、之楚、之秦，孤苦寡援，殆弗克堪，秦穆公賢而納之。推之始事文公也，割股而食，以避大難之臨，周旋□外，十有九年之返，昭其忠也；及至返國，目舅犯之要，君恥與之而並立，昭其清也；攜母入山，養親隱居，昭其孝也；死火不就，乃天性之所報，昭其烈也。忠、孝、清、烈，推實兼之，苟以爵禄企之，豈其心哉？是知致力於流離之時者易，而秉節於事定之日者難；晦跡於山林者易，著名於千□者難。其若兹，不啻俾竊位苟禄者知所羞愧，而棄賢好諛者亦庶幾自勖焉，故文公環綿上封之，可謂善補過而不終負矣。故嘗謂之說曰：汨羅之忠，首陽之清，四皓之高，子陵之節，之推則可謂兼有之矣！孔之言曰：求仁而得仁，又何怨？又曰：志士仁人。之推則可謂兩得之矣。稽夫春秋之傳曄日簡冊之間，使數千載之下想其清風，赤心貫日，雖謂與嚴霜烈日爭光可也，仰其高潔，志氣淩雲，雖謂與介山萬古不朽亦可也；其血祀於一方，詎不宜乎？予輩樂其金碧輝煌，映一方之景象；規模宏闊，昭萬載之光華。固足以為神之棲依，亦足以為民之瞻仰。創建於嘉靖甲申季春之始，落成於萬曆乙亥仲秋之終，功既完矣，属予為記。故序。

時嘉靖三年歲次甲申季春之吉起建

本村社學生教讀高峰　冀雲沖字鵬程拜撰

介休縣知縣趙臣　縣丞段宸　主簿王璠　典史崔浩　儒學教諭崔瑀　訓導陳國用　楊景明　禮房吏李得滌　武津　冀榮禄

起意糾首：功德主冀文友　冀公付　張習　冀展　冀雄　宋□　任付　郝大智　冀忠　楊信　冀希勝　冀寬　香老張文敬　趙子巖　冀興　張文剛　冀良　冀清　郝大能　楊義　冀應　冀琦　張子現　宋璋

西廊糾首：功德主冀友林　張受　李得厚　張子用　強資　宋瓚　冀時忠　冀時和　宋玫　張仲福　張仲禄　張仲友　梁智　梁廷儀　冀寧　張□珞　郝恭　董鼎　張子□　張清　張琦　冀希□　張忠　李賢　冀冠付　梁壽　趙太用　張仲羨　劉仲祥　劉琦　段巴林　鈕公□　喬梅　武時珊　張澤

修樂棚香老糾首：宋得興　弓廷付　梁廷儀　張子琦　趙結　宋□璋　張琦　張德　梁文勝　張仲禄　強朋　李貞　功德主冀朋　張仲寬　趙宗　冀穩　冀雲登　弓時佑　冀雲付　張時興　張時朋　楊中仁　楊時旺　張富計　冀希旺　董國　冀雲弼　冀雲高

刊字石匠：本里趙時榮　趙時花　趙時富男趙守義

本村冀裳書

大明萬曆三年歲次乙□八月重修刊石碑起意糾首：住持僧人興隆　糾首段時來　冀光彩　宋良　功德主宋廷寶

（碑阴）

建刊碑铭

（部分内容略）

山西按察司提學副使陳棐詩

荒涼遺廟此城隈，晉國高賢系子推。同列未燒心已熱，諸臣死後骨皆灰。

早春羹糈寒尤奠，古壁龍蛇畫半頹。一十九年無祿報，百千萬載使人哀。

呂解元詩

綿山駐馬斷雲浮，棟宇深深結暮愁。澗樹沙高壅動水，野花風散鋪平疇。

百年節歲同寒食，萬里封疆立介休。孤耿逢君却未了，獨傳香火動春秋。

曾狀元詩

荒祠下馬讀殘碑，知是當年介子推。愛主不辞刀刺股，入山難免火燃脂。

生前錫爵恩何薄，死後封田悔莫追。千古令人傷往事，杏花風雨禁庭時。

郭僉事詩

每於青史想高風，故里經過涕淚中。欲吊當時棲隱处，滿山殘樹夕陽紅。

龍蛇寂寞一祠存，濁世誰知处士尊。謾向綿山空墜淚，火能燒骨何燒魂。

胡希顏詩

子推立廟古城邊，瞻拜衣冠尚儼然。三月禁煙俗可怪，千年割股事空傳。

雨晴綿上生芳草，春曉山前叫杜鵑。駐馬行臺評往事，應知不愧□大賢。

介休知縣邵苾詩

晉室頻危孰與扶，先生忠義古今無。為君割股真男子，携母歸山大丈夫。

寒食千年遺世俗，介山百里始封侯。文公報德誠堪恨，廟下泉聲似嗚呼。

重修岱岳碑记

【简介】

明万历四年(1576)勒石。青石质,圓首。碑通高136、宽57、厚13厘米。底座长79、宽47、高40厘米。额题"重修岱岳碑记"。碑阴额题"万善同归"。现存介休市绵山镇小靳村东岳庙。

【碑文】

(碑阳)

村助缘人:

李剛銀三錢　李賓銀四錢　李時建銀二錢　王時騰銀二錢　王時英銀二錢　王時近銀一錢
王遂銀一錢　李喜榮銀二錢　李安、男李樞　李楠銀一兩　李萬友銀四錢　李萬登銀八分
宋德臣銀三錢　李萬邦銀三錢　李萬興銀二錢　李萬富銀三錢　李萬元銀二錢　李□□銀四錢
李萬貫銀三錢　李萬世銀二錢五分　劉子安銀五分　郭騰銀五分　郭廷泰銀三分　郭廷文銀五分
郭梅銀五分　郭廷楊銀五分　郭廷舒銀五分　王應臣銀五分　郭泰銀五分　耿志旺銀五分
郭達眾銀五分　郭廷弼銀五分　郭世堯銀五分　郭廷賢銀五分　任大庫銀五分

東歡村在村:

安□盛銀五錢　郭棠銀二錢　郭四銀二錢　郭愛銀二錢　郭廷禱銀二錢　董魯銀一錢
郭廷真銀一錢　郭廷銀五錢　郭時旺銀四錢　郭世□銀五錢　郭廷禄銀五錢　郭廷勉銀二錢
郭廷侯銀五分　郭尚厚銀一錢　郭瑞升銀三錢　郭琮銀三錢　郭廷宴銀二錢　郭廷黨銀二錢
郭廷芳銀五分　郭廷列銀五分　郭廷伯　郭時剛銀五分　郭世寶銀五分　宋文才銀五分
郭廷懷銀五分　郭廷威銀五分　郭侃銀五分　郭世□銀五分　郭廷佃銀五分　郭卅良銀五分
郭廷盛銀五分　郭廷名銀五分　郭廷智銀五分　郭時弘銀五分　郭才銀五分　郭廷□銀五分
郭廷安銀五分　郭廷光銀五分　郭□銀五分　朱來通銀五分　吕良銀五分　鈕仲禄銀五分
鈕仲要銀五分

侯堡村:

宋文興銀五錢　封子崇銀五錢　封子洪銀六分　封子相銀六分　封子雷銀五分　封尚兒銀二錢
封時旺銀五分　封介銀二錢　封子光銀二錢　封尚智銀二錢　封天貴銀一錢　封尚志銀一錢
郭和銀二錢　鈕仲楊銀一錢　封尚信銀二錢　封尚美銀一錢　封尚賢銀一錢　宋時義銀一錢
鈕仲倫銀一錢　鈕仲林銀一錢　周堂貴銀一錢　周廷禄銀二錢　周尚□銀二錢　宋文得銀一錢
封正朝銀一錢　封尚禄銀一錢　封勤銀一錢　吕尚威銀一錢　封子臣銀一錢　封尚學銀一錢
封尚貴銀五分　封尚昌銀五分

渠池村:

仝終銀五錢　仝時安銀一兩　仝時榮銀六錢　仝連銀三錢　仝孝銀六錢　高信銀一錢
侯佃銀一錢　侯林銀一錢　柔道銀一錢　柔進才銀五錢　仝時泉銀二錢　仝時方銀一錢
張永安銀一錢　仝時恩銀二錢　仝天福銀一錢　柔軒銀一錢　柔寶銀一錢　仝時□銀一錢
侯時高銀一錢　柔千銀一錢　張時賢銀一錢　李奉臣銀一錢　焦崇銀一錢　仝時寶銀三錢
仝時福銀一錢　任賢銀一錢　閆留任銀一錢　侯文得銀一錢　焦遠銀一錢　侯禄銀一錢
侯時倉銀一錢　陶公銀一錢　高傑銀一錢　高玉銀一錢　焦尚萬銀一錢　焦尚意銀二錢
高時榮銀一錢　劉才生銀一錢　高賢銀一錢　柔奇銀一錢　梁子興銀一錢　焦尚庫銀一錢
仝時智銀一錢　仝時義銀一錢　仝時盛銀一錢　柔尚顯銀一錢　侯威銀一錢　張永庫銀一錢
柔升盈銀一錢　柔賢銀一錢

馬堡村:

宋花銀五錢　任時貴銀八錢　宋永信銀九錢　宋永倉銀二錢　宋大孝銀五錢　宋玉銀五錢

宋阜銀二錢　李萬賢銀二錢　宋勵銀二錢　米大泉銀二錢　宋人貴銀一錢　宋人玘銀一錢
米大順銀一錢　任時遠銀三錢　宋良才銀一錢　宋永燦銀二錢　宋永楊銀二錢　任時才銀一錢
任如冠銀一錢　任時信銀一錢　任時宰銀一錢　任崇銀二錢　任時高銀一錢　任時旺銀一錢
任時希銀一錢　任輝銀五錢　任玉銀一錢
長受村：
曹廷德銀四錢　曹希旺銀五錢　宋旺銀一錢　宋時旺銀三錢　宋有忠銀一錢　溫尚義銀一錢
宋時貴銀一錢　宋永道銀一錢　溫尚周銀一錢　宋時義銀一錢　宋廷銀一錢　曹尚倉銀一錢
宋永恩銀一錢　宋永興銀一錢　鈕永旺銀一錢　鈕永才銀一錢　曹倉銀一錢

（碑阴）
上堡村：
焦元江銀一錢　焦葉銀一錢　焦碧銀二錢　焦谷銀一錢　焦時祿銀一錢　焦時王銀一錢
焦合禮銀二錢　焦倉之銀一錢　焦尚積銀一錢　焦尚貴銀三錢　焦奉朝銀一錢　仝妙喜銀二錢
焦光旺銀一錢　焦奴女銀二錢　焦元顯銀一錢　師晉見銀一錢　焦萬周銀一錢　焦萬朝銀一錢
焦萬鋪銀一錢　焦永厚銀一錢　焦永原銀一錢　焦萬海銀一錢　焦萬通銀一錢　焦廷福銀三錢
焦時春銀一錢　焦元厚銀一錢　焦庫銀一錢　焦周銀一錢　焦新銀一錢　焦用銀一錢
陶厚銀二錢　焦天得銀一錢
在城：楊堅良銀一兩
梁家村：
宋廷修銀三錢　宋廷恩銀一錢　宋廷新銀一錢　鈕文□銀一錢　宋孝銀三錢　宋廷進銀一錢
宋旺銀三錢　宋廷貴銀二錢　宋興銀一錢　宋廷珠銀一錢　宋武銀二錢　宋和銀一錢
萬光村：
宋時弘銀二錢　米文智銀一錢　宋文鳳銀一錢　宋文辰銀一錢　宋文照銀二錢　宋文昌銀一錢
宋文秦銀一錢　宋盤銀二錢　宋朝宗銀一錢　宋文夏銀一錢　宋廷榮銀二錢　宋廷謐銀二錢
宋時珠銀二錢　宋廷全銀二錢　宋時羽銀一錢　宋大寧銀一錢　宋乾旺銀一錢　馬應倫銀一錢
馬永寶銀一錢　宋乾程銀一錢　宋希銀一錢　宋時祥銀一錢　王時孝銀一錢　王時玘銀一錢
王時邑銀一錢　王時宰銀一錢　王永堅銀一錢　王永支銀一錢　王永福銀一錢　王計銀一錢
王文銀一錢
張村：
賈仲祿五錢　賈仲貴五錢　張時輝五錢　張時學五錢　封時玘一錢　張計福一錢
賈天用一錢　賈天真一錢　張兔一錢　張朝用一錢　張大崇一錢　賈天相一錢
王時興一錢　王時厚一錢　王□一錢　王侃一錢　王永會一錢　溫志傑一錢
興地村：
溫俊任三錢　溫俊孔一錢　溫厚忠二錢　□□高一錢　張其一錢　溫才學一錢
張林二錢　韓廷付一錢　韓廷旺三錢　韓為一錢　韓時福一錢　韓時節一錢
張官三錢　韓玉周一錢　李時德三錢　李節　三錢　李治一錢　李如梧一錢
李時勝三錢　李時美二錢　李時魁一錢　李時祿二錢　暢□二錢　溫列一錢
郭時剛四錢　郭其二錢　郭崇一錢　岳尚忠一錢　岳尚孝一錢　陳大學一錢
李成通一錢　郭計仁一錢　馬尚宰一錢　陶周一錢　何□□一錢　何來弗一錢
李成□一錢　喬倉一錢　陶時成一錢　陶時安一錢　李氏一錢
興國寺僧：
尚開一錢　晤征一錢　晤明一錢　周武一錢　周遂一錢　周只一錢　洪濟一錢　周昶一錢
周清一錢　張恒一錢　段制一錢　陳朝倫一錢　任仲恭一錢

獨樂村：

宋永旺五錢　宋永言五錢　宋永貴五錢　宋永珠五錢　宋永常一兩　宋尚志一兩

宋永寬三錢　宋永齊一錢　宋永趙三錢　宋永吾一錢　宋存為二錢　宋永利二錢

喬時通二錢　喬時達二錢　張邦甫三錢　張邦康一錢

宋家莊：

宋玉七錢　□□梁讓一錢　郭時孝一錢

槐志莊：

郭天亙一錢　李時辛一錢　任章二錢　任查一錢　孫志臣一錢　溫戈其一錢　安九遠一錢

安九智一錢　任良才一錢　任才豐一錢　孫志一錢　王永昌一錢　朱永慶一錢　朱永付一錢

周兩一錢　侯世賢一錢　張臣一錢　任玉一錢　任良德一錢　楊祿一錢　任良賢一錢

任良相一錢　郭進寶一錢

李家莊：

李時智　李時貴　李正榮　李□□　張選　宋時達　王新智　溫天益　師信　王志　王永福

萬曆四年三月吉日

重修起意糾首：陶恩文　宋□

大靳村起意糾首：郭時益　郭花　陶春　陶時才　郭時勝　郭時道　陶歲富　焦奉鳳　李延貴

修造僧：祥明　徒誓亮　誓寬

善友：陳守德

平遥縣宣化坊匠人：范仲朝，男范時福；范時祿，男范世倫、男范世魁

萬善同歸

介休县重修后土庙碑

【简介】

明万历六年（1578）勒石。青石质，圆首。碑首、碑身通高168、宽72厘米。碑文楷体。额篆“金妆圣像碑记”。现嵌于介休市后土庙娘娘殿后墙。

【碑文】

介休縣重修后土廟碑

嘗謂天開於子，陰陽成其象；地闢於丑，剛柔肧其基。由是□□□生人於□□□。天地者，萬物之父母；萬物者，天地之子孫也。夫人□□□處，均被生成之德，宜敦祈報之典。故帝堯有上帝山川之祀，武王有皇天后土之祈，孔子有上下神祇之禱。介邑城上建后土、玄帝、三官諸廟，以定□□，蓋取諸此耳。且中立后土，以奠尊位；輔以玄帝，則濟度群迷；弼以三官，則總領功過。要皆贊相生成，維持覆載，不為無益。故集材以建廟，塑像以祈禱，非淫祀也。創建於唐，勑封於宋，重脩於我朝永和宗藩。自是以來，時和年豐，民安物阜，神恒着其威靈，人咸仰其顯應。萬曆乙亥，糾首士民梁君正春等偕本廟署道會事李□□共□眾誠，約起醮會，迄今三載，會事已終，咸願輸財重整三廟尊神。盖欲金玉其冠裳，粉飾其輪奐，增建三元神閣、三殿欄杆，務俾煥然一新，庶神明樂有所依，祀禱永為定所，請予為文以紀始末。既而疑之曰：天位乎上，地位乎下，施生相倚，覆載同功，使有后土而無皇天，不幾於重地而遺天，大異於三聖之所行耶？反而思之，南有皇天之閣，斯北有后土之廟，盖以地而配天也。神雖兩在而不測，人當因時而致祭，如此則天地各饗其誠，人民並受其福，千萬世之下可恃之以永賴矣。或曰：神不歆非類，天地至尊，惟天子得以祭之，雖諸侯莫敢僭也，況庶人乎？殊不知孝婦禁三春之雨，忠臣飛六月之霜，惡人齋戒沐浴，猶可□祀上帝，上帝且饗，則后土可知矣。今介休巨邑，人才迭興，豈無齋戒沐浴，祀則受福者乎？茲者恭惟邑侯薛翁、少尹劉翁、判簿朱翁、蓮幕強翁體天地好生之德，用離照以臨民，法坤厚而載物，兩造備而彼此稱平，三禱行而甘霖隨降，指日喬遷則調元贊化。霖雨乎介邑者，必將霖雨乎天下矣，岂□□哉？是舉也，經始於萬曆三年二月二十一日，完工於萬曆五年正月二十二日，四民各輸其財，群工各效其能，成工之速，信乎人力不至于此也。謹記。並銘曰：厥位向陽，厥工堅剛。厥材孔碩，厥時孔良。殿宇樓閣，巍巍堂堂。金容玉質，穆穆皇皇。有感斯應，無美弗彰。禦災捍旱，祐善抑強。洋洋如在，血食一方。萬世永□，受福無疆。

時大明萬曆六年歲次戊寅新正之吉

介休縣儒學訓導、遷安新陽張思仁撰

近竹梁正春篆

文林郎知介休縣事霸州靖庵薛臣

縣丞狄道誠軒劉繼紳

主簿巨鹿介齋朱□珂

典史涇陽雙栢強仲義

儒學教諭□□谷馮皋謨

訓導太原熙齋張拱宿

慶成王府宗室松麓新□

雲峰武敬脩書並鐫

虔誠糾首梁怍、梁體英、李萬材、李萬貴、張璉、鈕學、趙國英、羅天美、宋世邦

督工糾首郭正弘、梁正春、羅鈺、溫應春、范希堯、楊貴、鈕如惠

本宮道士李玄燈、李玄燦、王玄洞，門徒……同立

明故寿官内堂王君配梁氏合葬墓志铭

【简介】

明万历六年（1578）勒石。青石质。石呈正方形，长79.5、宽60、厚15厘米。志文楷体。出土于汾矿技校对面建筑工地，2012年1月1日由介休市文物局移交市博物馆收藏。

【志文】

明故壽官内堂王君配梁氏合葬墓誌銘

賜進士出身、嘉議大夫、前四川按察司按察使、中陽梁明翰譔

賜進士第、中憲大夫、四川保寧知府、前戶部郎中、孝義趙訥篆

鄉貢進士、文林郎、陝西鎮安縣知縣、郡人賈公儼書

君諱翰，字文源，別號内堂，榮膺壽官，世為介休人。高祖諱福，曾祖諱諭，祖諱正，父諱衮，配梁氏，邑人仁之女，凡四世皆隱德不仕。君生而重厚，性慈祥，自幼能孝，恪守父訓，出入必告。母嘗病，涉遠迎醫，路遇故人止宿，將割雞以食之。君聞其聲，卻之曰：母病危甚，豈忍殺生。其人嘆服而止。妹患眼疾，懸金得奇方立效，遂以方濟人。陝西清澗儒生武豸聞風就醫，君仍助以藥餌，不彌月而愈。武偕親識制軸為贈，並未受一毫謝儀。親甥如子，婚娶相資，餽遺從厚，養母志也。族屬黨巷及村落，或貧不能葬者，每捐棺以賑之，歲值凶荒，貸無利穀三百石，一時全活甚眾。市有老嫗鬻樹芽，往來號呼，無承買者，君見有菜色，推食與之，至再至三，不厭其煩，嫗感激，他日令兒負薪圖報，君倍給以價，饜酒肉而謝之。鄉人貨布，惡少用假金易之，詐稱君名，其人明日踵門誶語，君不復與辯，猶憐其貧，代以白金償之。平生輕財樂施類如此。予嘗同保寧太守陽谿趙公遊抱腹巖，君緣夙昔相識，設筵敦請．予再辭，君意益切，令馳良驢遠迎，驢奔遭蹶，敝之無憾，亦不使予聞之，其好客重義尤足徵也。先是邑宰慶陽邵公僉富戶作鄉老，君素雖恬靜，宰命不敢不從，為之代催科，任差遣，兢兢焉不敢怠。若事後德州鄒公舉耆者，禮請鄉飲，君謙退固辭，終不赴宴。視昔晉蔡謨不就孝廉之辟，而應君命則疾趨者同一揆矣。為富而仁，好德而壽，鄉人無小大、無遠邇皆曰王耆老，推達尊也，士夫敬重之，有司禮待之，薦於大人山泉吉公，扁其門曰“察院獎賢”。隆慶二年，遇恩詔，膺壽官冠帶，總督鑑川王公扁之曰“恩光耆德”，是表厥宅，里□樹之風聲，謂一鄉之善士，非邪？八旬有七，耳目聰明，猶閑中奕碁以博勝，優遊於太平之世。予與陽谿曾贈言為壽，以百歲為期，詎意逾年而云殂，幽明永別，惜哉！距生于成化三年十二月二十八日亥時，卒于萬曆五年八月初一日五時，享壽八十有八。配梁氏時和之女，鎮靜勤儉，家有懿範。側室馬氏俊之女。梁氏生男應麒，娶張氏楫之女，繼張氏孝祖之女，繼梁氏積之女，側室鈕氏公厚之女。女二，一適庠生董一正，一聘梁德明，蚤卒。孫男二，長士聰，國子生，娶羅氏瑜之女。次士明，娶梁氏遠照之女。孫女一，適邑掾董策。曾孫男二，曰存遠，曰霍州，女一，聘梁三，三俱幼。卜以六年三月二十二日合葬于祖塋之次。士聰持分教溫君狀，請予銘。予原貫介山，且知君有素，難以不文辭，謹按狀而為之銘。銘曰：

綿山之青，汾水之聲。惟君之沒，而不沒其名。厚石之質，堅金之色。惟君之沒，而不沒其德。先業既拓，内助且賢。恩逢曠典，壽享永年。惟天純佑□，介祉實繁。積善之門，當及子孫。

大明萬曆六年三月望日，孫王士聰、王士明立石

邑士武敬脩鐫

空王佛记碑

【简介】

明万历九年（1581）勒石。青石质，圆首。碑首高38厘米。碑身高155、宽65、厚17厘米。底座长90、宽50、高42厘米。碑文楷体，17行，满行41字。碑文是记述空王佛行迹较详细的史料。介休县县丞南宫龙江邢绪撰文。碑阴碑文楷体，21行，满行45字。额题“皇帝万岁”，额左刻“庆成府辅国松麓　庆成府镇国庆成王”，右刻“永和王”。为万历九年“重修钟鼓楼、悬钟、安门碑记”。现存介休市绵山镇兴地村回銮寺。

【碑文】

（碑阳）

空王佛記

庚辰歲仲秋月，余緣興地寺盤查社倉穀，聞有大巖空王㑲在邇，素欽其名而往謁焉。第見其山巍峨層嶇，氣象萬千，履其境如在天上，望其神如在目中，令人毛髮竦然，莫敢戲豫。非真有大神靈如古佛之稱，烏能臻此？既而按其故跡，遡其源流，迺知古佛系陜西鳳翔府人，俗姓田氏，寄居在太原府榆次縣原渦村，自幼齋素，聰明智慧，迥出常人。長膺里長，凡有錢糧逋負者，一併陪補。其後陪補不給，受縣責打，遂棄家割愛，辭親與妻，至開化寺削髮為僧，法名惠超。繼訪靜樂縣，旋回鳳凰等寺，住三年餘，尋師訪道。又至介休縣華嚴、洪濟等寺，遇眾安禪，自發肯心，擔水赴工，致動四天王使鍾抬水，因主僧清晨識破，將鍾抛下，漂至河津。至臨溪塔巖頭，感青衣童子奉献，摩斯、銀公迎接，五龍王祈請到中巖，麋鹿啣花，猿猴献菓，至嵌巖危峰，幾不能過，有二白兔搭橋引之于前，一猛虎追赶威之于後，五龍捧聖，皈至大巖。三月初旬，盖倉房一所，聚眾安禪，微有小麥六石，日食五斗，至夏小麥依然還在。常有異僧往來，共談說法，與五龍下棋，每每有勝，織女献衣，天王捧鉢。至唐貞觀八年，亢旱不雨，長安耆老来祈甘雨，佛命摩斯施雨，比時摩斯淘米，將米泔西望三杓，得雨三日。耆民未至長安，而途人已報大雨足矣，其雨俱是米泔三日。唐王聞此大悅，遂命鑾駕，訪見真人，空王等三聖不肯屈見，以故隱匿入滅，即今抱腹巖、摩斯塔、銀公洞是也。唐王焚香虔祝，乞示明應，大空中擲下金字牌，書寫“入滅聖人”，即空王佛，摩斯、銀公即二龍王。為度此方，故示出現。盖惟聖人原係古佛，故有此徵應，人人欽仰，神神孝奉。余獲遘靈異，駭愕弗勝，謹梓諸石，以垂之不朽云。是為記。

大明萬曆九年孟夏吉旦

介休縣縣丞南宫龍江邢緒謹撰

（碑阴）

重修鐘鼓樓、懸鐘、安門碑記

本縣舉人武奮孝。

本寺修造僧師祖湖重器、師蛟成量、己周□時熙、謫法孫普禪，大呂月上旬六日吉時立石。

介休縣治南有村曰興國寺，起自唐王，重脩宋帝，乃空王古佛靜養之所，則知此寺為古刹禪林也。歷年久，中間佛殿、西廊、山門咸加脩飾，惟鐘鼓二樓無人修飾。大鐘一課永無懸置，往來觀者無不慨焉。

適萬曆六年，有僧周便目擊其□，感激于中，乃集鄉中尚義者議曰：寺乃古寺也，鐘非常鐘也，樓傾而弗脩，有鐘而不掛，何以為佛寺乎？于是，募眾將鐘入樓，鼓入座，新增儀門二座，庶傾者正而塞者聞，一以壯一方之觀望，一以鳴一方之景象，一以通往來之出入，夫一舉而二善備焉。則先人建樓造鐘之意為不負，為佛家之子亦有光矣。

功既竣，屬予為文，予非純文者，姑即實而直頌之云。

汾州生員：古文明　王門　古堯卿　古舜卿

汾州善人：王春　王崇得　張林　銀一两　各處人曰一同：王公才　趙子成　趙尚現　趙世甯　李公禪

空王佛記

貞元歲仲秋月余緣興地寺巡查社倉欽聞有大巖空王佛在通索欽其名而往謁焉第見其山巍峩層

壒氣象萬千覆其境如在天上望其神如在目中令人毛髮竦然莫敢戲殘非真有大神靈者佛之裔

烏能臻此既而按其故跡遡其源流迺知古佛係陝西鳳翔府人俗姓田氏寄居在太原府榆次縣原渦

村自幼齋素聰明智慧迥出常人長齊里長危有錢糧逋負者一併陪補其後陪補不給受縣責打遂棄

家割愛辭親與妻至開化寺削髮爲僧法名惠超繼訪靜樂縣旋回鳳凰等寺住三年餘尋師講道又至

介休縣華嚴洪濟等寺遇衆安禪自發肯心擔水赴工致動四天王使鍾提水因主僧清晨識破將鍾拋

下漂至河津至臨溪塔巖頭感青衣童子奉獻摩斯銀公迎接五龍王祈請到中巖棗鹿啣花猿猴献果

至嶽巖危峯幾不能過有二白兔搭橋引之于前一猛虎追赶威之于後五龍捧

聖皈至大巖三月初旬蓋倉房一所聚衆安禪微有小麥六石日食五斗至夏小麥依然還在常有異僧往

來共談說法與五龍下棋每每有勝織女献衣天王捧鉢至唐貞觀八年亢旱不雨長安耆老來祈雨

佛命摩斯施雨此時摩斯淘米將米淋西望三杓得雨三日耆民未至長安而途人已報大雨足矣其雨

俱是米淋三日唐王聞此大悅遂命鑾駕訪見真人

空王等三聖不肯屈見以故隱匿入滅即今抱膝巖摩斯塔銀公洞是也唐王親香更號爲亦明應大空中

[illegible]下金字牌書寫入藏聖人即空王佛摩斯銀公即二龍王爲使此方敬示出現互推聖人原係[illegible]故

有此徵應人人欽仰神神孝奉余獲遺靈異駭愕弗勝謹將諸古蹟之不朽云是爲記

大明萬曆九年孟夏吉旦介休縣縣丞南宮龍江邢諮謹撰

本縣生員：梁體利　賈汝元　梁铁　李逢陽　侯時新　賈梧　仕官董讓　梁尚高

靈石縣信官：張思聰、男張横、張涼　任貴相　王朝成

四家窑：張楚　張□相　張無美　□蒲　□源　張□相　鈕朝用　鈕朝旺　□□□　康永亨　□尚□

在市信人：溫罕　溫時裕　二两　梁穩　梁好古　梁特冠　溫得位　李逢春　溫時現　溫時澤　任尚高　孟一真　王時騰　高和玘　王守　李良才　任大保　任大明　任大順　劉廷福　劉廷真　田洪　曹莊　田王燕　范王共　孔廷伯　萬裕新　王時巍　孟時光　梁相

城南村：李果、男李崇德、李崇義、孫男李武武、李葛葛　施銀壹拾陸两

宋壁村：梁永華　銀貳两　李崇□　董天禄　銀一两　李崇義　銀一两　陰絡　銀一两　石朝林　銀一两　張汝節　銀一两　羅朝　羅佃　銀一两　張廷安　安天禄　劉登興　史邦遠　一两五錢

侯堡村：封崇　封洪　封子雷　封子成　郭時旺　封子光　封黨　封界　宋文興　封興朝　鈕仲陽　封尚義　封尚全　封廷官　封尚高　封尚貴　封尚學　宋時義　封尚意　周尚旼　周尚興　焦岱林　焦計□

長受村：曹廷得　宋廷會　宋明　曹永旺　曹希旺　曹興旺　鈕永旺　鈕永才　鈕得成　鈕得相　宋時貴　溫元臣　溫良成　溫永孝　王彦忠　宋時福　王邦臣　宋文智　宋友道　武恩　宋楚　宋友□　宋友得

梁家村：梁廷倫　宋廷時　宋明　宋汪

小靳村：郭有縱　郭華　陶時禄　陶時香　陶時積　郭時益　郭時勝　郭時道　郭時安　陶時得　陶時貴　陶時善　陳尚才　宋□　焦光宗　陶宗冠　陶宗正　陶宗甫　陶時受

女善人：賈妙善　蘇廟繕　宋妙文　屈妙香　李妙果

馬堡村：宋華　任時貴　宋用旼　宋大孝　宋大順　任洪　任輝　宋大玘　宋大貴　王榮　任甫　任周　任奉奇　宋鸞

靈石縣：段益方　師訓　申誠　閆□　李思□　馮貴洪　□□□　游尚欽　游尚泉　段元禄　郝蕾　郝葺　郝廷村　郝廷保　郝廷貴　靳□□　靳□付

槐志莊：郭大庫　任章　安九臣　任香　韓大□　孫計曾　郭天禄　　郭廷體　郭廷貴　安時恩　安九智　朱永慶　李項

東歡村：郭時旺　郭開鎧　郭璠　郭世威

本縣瓜窊村：武公受　武□□　武良□　武良欽　武良欽　武良鄉　劉尚章　武良明　郭仲臣　□□□　□□□

看門樓人：梁雲鳳、男梁文炳　溫如流　溫如詩銀一两

在市人：李承祖　趙桂　溫學詩　溫才余　　溫學禮

本村善人：李時勝　李時美　李時德　張成仁　張偉　陳□　李暢　焦時善　任受禄　張孜　張安　武宿　李如權　李如桂　張天遂　□□□　□□東

起意生員：梁三才　喬峻　李如梧

本村耆老：張林　焦付旻　何永福　郭計禮　李時禄　韓儒　郭時遂

本村善人：韓廷旺　郭時經　郭時剛　陳天學　馬尚存　喬念　岳尚忠　韓廷現　馬尚學　何永仁　韓時清　郭岐　韓時福　王永興　溫時旺　常□□　韓永節

抱腹巖大興國禪寺住持得良　圓清　銀三錢

廣靜菴住持通聚，徒賢義、賢讓

李姑巖住持慧見　五能戰憲能

□塔院寺洪福

□□村：梁增相　梁增賜　吕祥　溫良甫

助工借索人：陳勝　段成相　何永幸　李明陽　賈朝忠　陳恩　宋德　鄭□□

敕賜大興國禪寺住持僧□□　潤悟　徹悟　明周　遂周　美周　楊周　枳周　□周　巽周　達周　選周　裕周　示會　洪津　洪吉　洪朗　洪讓　洪春　洪夏　洪祿　洪禎　洪幸　洪謙　普奉　普□　普□

□應□觀住持普才、徒廣學

時大明萬曆九年十二月初一日

本鄉庠生：李如悟謹撰

靈瑞陰陽：武時忠

本寺僧：周福　拙筆書丹

本鄉善人：劉天節，男劉永安　施銀五錢　都□　侯安祿　廣□□　喬萬宰　董志

（左）慶成府輔國松蘿、慶成府鎮國慶成王

（右）永和王

皇帝萬歲

介休县水利条规碑

【简介】

明万历十六年(1588)勒石。青石质，圆首。碑首高47厘米。碑身高140、宽74、厚18厘米。底座长87、宽55、高36厘米。碑文楷体,39行,满行76字。额篆“介休县水利条规碑”,碑阴额题“碑记”,正文7行,满行41字。此碑是研究地方水利发展史的重要资料。现存介休市洪山镇洪山村源神庙。

【碑文】

(碑阳)

介休縣水利條規碑

汾州介休縣為嚴革宿弊，均水利以息爭端，以遂民生事。奉本州帖文，蒙欽差協理糧儲山西等處承宣布政使司分守冀南道左參政侯案驗，蒙欽差提督雁門等關兼巡撫山西地方都察院右副都御史沈批。該本道呈萬曆拾陸年陸月拾玖日，蒙本院批：據介休縣民溫恕、宋希賓、劉思、宋惟德、任節等連名具狀，各爭狐岐等泉水，澆灌田地。該本縣知縣王一魁，查得本縣東南離城二十里，有狐岐山源泉，自宋文潞公開為東西中三河，自南而北流出，可溉田壹百伍拾貳頃貳拾玖畝玖厘捌毫。又有石同村灰柳二泉、洪山河利民泉、謝谷村謝谷泉、灰南二泉、胡村河西野悶津泉、龍雨泉、蒲池泉，各發源不同，溉田不等，共水地柒拾貳頃壹拾柒畝貳分玖厘柒毫。議謂自宋迄今數百年來，時異勢殊，利弊相尋，欲將查出有地無水，原係水地而從來不得使水者，悉均與水程；有水無地，或原係平坡鹼地，竄改水程，或無地可澆，甚而賣水者，盡為改正厘革。唯以勘明地粮為則，水地則徵水粮，雖舊時無水，至今以後例得使水。平地則徵旱粮，雖舊時有水，今皆革去，以後並不得使水。不論水契有無，而唯視其地粮多寡，均定水程，照限輪澆。日後倘有賣水地者，其水即在地内，以絕賣地不賣水、賣水不賣地之夙弊。仍要責令有水鄉村，鐫石立碣，以載鄉民姓名，分定水程日時，以垂永久等。因照詳蒙批：既名水地，則水與地原自相連，乃分之為二，而地自地、水自水甚矣。介民之巧於規利，敢於骫法而滋弊也，該縣官鋭意更正，以水即歸之地，而名水地者，即得用水，使昔之賣地不賣水、賣水不賣地者無所容其奸焉。其用心誠勤，而弊端可永絕矣。仰守南道再一復勘行令，立石以垂永久。此繳蒙此本年閏陸月初柒日，蒙巡按山西監察御史文批：據該縣申同前事蒙批據議，蓋亦厘弊息爭之美政也。但水地與旱地，鋪粮輕重遠甚，向内未見開載明白，且買水買地，百姓各為世業，今者一旦驟為更張，民情果否相安妥？至於昔日以水地寫作平坡，是平坡為欺弊矣。今認水粮而聽眾人無詞，眾人果能公乎？事屬更始，不厳詳密，守貞道查確報奪。蒙此行據汾州□稱，該本州知州周史耀親詣該縣，拘集鄉村渠長、老人並父老人等，再三面訊，俱各願照今次清查水利遵行，別無異詞。隨吊賦稅等項卷同到官。查得該縣狐岐等泉水地，舊額年久，無憑稽查。萬曆玖年清丈地粮之時，惟照見使水程，丈明水地，共貳百玖頃陸拾伍畝捌分捌厘，每畝均攤水粮捌升壹合，共水粮壹千陸百玖拾捌石貳斗三升陸合貳勺捌抄。平地每畝攤粮陸升，坡地每畝攤粮貳升伍合，沙鹼地每畝攤粮貳升柒合肆勺貳抄，山崗地每畝攤粮貳升伍合，共合原額實徵粮數，自萬曆拾年起，拾陸年止節。據小民陸續訐首，並奉例摘查，屬平坡沙鹼改水地壹拾頃貳拾玖畝柒分柒厘五毫，各照地色加粮不等，共加水粮貳拾玖石柒斗陸升肆合柒勺陸抄。其欺隱小民宋惟德等並自首小民李師、王新等□經免罪，多出粮石即年於□縣正徵粮内通融減派。今次清查水利曆算地冊，□比總額外又多出水地肆頃貳畝陸分捌厘玖毫。原係丈地之時，各里公直書算，將水捏平。本應究罪，但事遠人眾，似應姑從寬宥，仍照平地每畝加水粮貳升壹合，共該水粮捌石肆斗陸升貳合九勺陸抄玖撮。以上計比萬曆玖年清丈，多出水地壹拾肆頃三拾貳畝柒分陸厘肆毫，多出水粮叁拾捌石貳斗貳升柒合柒勺貳抄玖撮。節今應作贏餘，撥豐贍庫，每年另項徵解。倘後戶部會計，一時稍有加增，或偶有水衝沙壓，就將此項贏餘抵補，不必加派重累小民。通計概縣總共水地貳百貳拾叁頃玖拾捌畝陸分肆厘肆毫，總共水粮壹千柒百叁拾陸石肆斗陸升肆合玖撮外，革過原非水地，止以加買水契，強使水程不納水粮地壹拾叁頃玖畝陸分陸厘，已將犯人張世德等問罪追究，幣贖玖拾玖兩□□□。本道批允：脩理本處狐岐泉神廟宇，置買木料應用訖，看得該縣地多山崗磽薄，全賴水泉灌溉，從來遠矣。迨至於今，強弱不均，亂獄滋豐，為利

固多，而其為害也亦復不少。豈水之初端使然哉？蓋緣利之所在，民爭趨赴，奸僞日滋，弊孔百出，是以有賣地不賣水、賣水不賣地之說。自此端一開，遂令富者雨積溝澮，而止納平地之粮，貧者赤地相望，而尚共水地之賦，利屬富室，害歸窮簷。久之富益富，貧益貧，而民間之大利始變而為民間之大害矣。然積弊已久，習俗相沿，蠢爾無知之民，狃于樂成，闇於慮始，而有司又多傳舍視地、秦越視民者，蓋既憚其勞，復慮其怨。是以百年以來，因陋守舊，未聞有發其弊而厘正之者。今該縣王知縣洞燭前弊，不避勞怨，鋭意更張，直欲拔其本而塞其源，其為民之心誠為勤懇。且該縣水地如此其多也，用水之人如此其眾也，一旦而更正之，或加或革，又如此其驟也，脫使衙役果有受賄，分派少有不公，則此介休素稱好訟之民，有不紛紛爭告者乎？又誰可禁止而不以告哉？乃今翕然信從，杜口無詞，若此則該縣官之調停妥當，分派公平，有以服民之心，而息民之爭也，此蓋足以觀矣。至於各泉輪澆之法，查得狐岐山水舊規，澆溉先足下地，漸及上地，至今民皆稱便。今本縣水利已經查正，並各泉仍照舊制，自下而上，各照分定水程，輪流澆溉，週而復始，將不謂畫一之法，可為定守者耶。合無轉詳，允示刊書立石等因，到道據此為照。引水溉田，誠為美政。揆之介休水利，初時必量水澆地，而流派周便，民獲均平之惠。迨今歲月既久，奸弊叢生，豪右恃強爭奪，奸滑乘機竄改，兼以賣地者存水自使，賣水者存地自種，水旱混淆，漸失舊額。即以萬曆玖年清丈為准，方今七載之間，增出水地壹拾肆頃有奇，水粮叁拾捌石零。以此觀之，蓋以前加增者，殆有甚焉。是源泉今昔非殊，而水地日增月累。適今若不限以定額，竊恐人心趨利，紛爭無已，且枝派愈多，而源涸難繼矣。據今王知縣目擊斯弊，極力湔除，無非息爭止訟，杜漸防微之意，良於民瘼有裨，既經該州調停曲盡，況百姓咸願遵守，似得公平之法相應。呈請合候詳示，行令汾州轉行該縣，準將查明水地水粮，應增應減，應改應革，並輪流之法，及妥定水程等項事宜，悉照今議遵行。仍摘簡節緣由，並縣總水地共貳百貳拾叁頃玖拾捌畝陸分肆厘肆毫，水粮壹千柒百叁拾陸石肆斗陸升肆合玖撮，及諸泉名目總數，刊刻書冊，給散有水人戶，每家一本。仍鐫勒石碣，豎立發源處所，以垂永久。日後若復有告爭者，即系奸民，聽該縣指名申呈，重究其前水粮。除足萬曆玖年清丈原額外，多出水粮叁拾捌石貳升柒合柒勺貳抄玖撮，准作贏餘名色，自萬曆拾陸年為始，揆豐贍庫，每年徵解本司交收，作正支銷。倘後該縣偶有水衝沙壓，或會計稍有加增，就將此項抵補，不必加派小民，以免重累。如此，庶規制定，而豪強者無復逞侵冒之謀，法令嚴而刁悍者不敢為蔓滋之訟，弊端永絕，利澤均沾，而介民受無窮之惠矣。等緣由具呈照詳蒙批，復經該道查議，蓋甚詳確如議，刊刻書冊，鐫石立碣，以垂永久。多出水粮准作贏餘名色，類解布政司交收，作正支銷。其或該縣偶有衝塞，會計稍有加增，即以此項抵補，不必加派小民。仍備行布政司知會。此繳。蒙此案照已經呈請去後，今蒙前因擬合就行。為此案仰本州帖，仰本縣官吏照帖備蒙案驗內事理，即行該縣掌印官，准將查明水地水粮，應增應減，應改應革，及分定水程並輪澆之法等項事宜，悉照今議遵行。仍摘簡節緣由，並縣總水地共貳百貳拾叁頃玖拾捌畝陸分肆厘肆毫，水粮壹千柒百叁拾陸石肆斗陸升肆合玖撮，及諸泉名目總數，刊刻書冊，給散有水人戶，每家一本。仍鐫勒石碣，豎立發源處所，以垂永久。日後若復有告爭者，即係奸民，聽該縣指名申呈重究。前水粮除足萬曆九年清丈原额外，多出水粮叁拾捌石貳升柒合柒勺貳抄玖撮，准作贏餘名色，自拾陸年為始，揆豐贍庫，每年徵解本司交收，作正支銷。倘後該縣偶有水衝沙壓及泉渠淤塞，或會計稍有加增，就將此項抵補，不必加派小民，以免重累。如此，庶規制定，而豪強者無復逞侵冒之謀，法令嚴而刁悍者不敢為蔓滋之訟，弊端永絕，利澤均沾，而介民受無窮之惠矣。事完具遵行，過緣由並刊完書冊及鐫立石碣，各印刷數張，送州以憑轉報施行。奉此擬合刊立石碣，為此除外合行開坐，仰管水老人、渠長及有水人戶，一體查照，遵守施行，須至碑石。

萬曆拾陸年拾壹月　日

知縣王一魁　縣丞竇臣　主簿浦洪　典史王端容　工房吏宋希閔　書鈕永學　管水老人王汝安　張思善　渠長任守證　張光臣　張實

（碑陰）

計開：

狐岐山源泉：洪山與胡村同用一河，有南北古石堰一條，以致通流至洪山村心，分為兩河，有四六水平。洪山本村係發源近地，分水陸分；胡村分水肆分，各輪澆溉于后。

洪山河共分水地壹拾陸頃肆拾畝叁分伍厘貳毫，共水糧壹百叁拾貳石捌斗陸升捌合伍勺壹抄貳撮。

洪山共水程壹拾柒程壹時。

萬曆拾陸年拾壹月　日

管工官：侯世爵

管工皂隸：楊永幸

糾首：張恩思　朱雲祖

夫頭：任天應

程頭：溫大付　郭欽　劉恩雲　張恩林　張天只　任交厚　劉天教　劉三郎　張大金　田得甫　喬明□　蔡光元　張天保　段天旻　張天受　王清

重修小靳村东岳神祠记

【简介】

明万历十八年（1590）勒石。青石质，圆首。碑首高30厘米。碑身高163、宽72、厚20厘米。底座长91、宽58、高41厘米。碑文楷体，19行，满行46字。额题“皇帝万岁”。同霸州事宣德郎绵麓侯宗宪撰文。碑阴为《建修神前乐楼碑记》。现存介休市绵山镇小靳村东岳庙。

【碑文】

（碑阳）

重修小靳村東嶽神祠記

小靳枕綿山之麓，居邑原之南。原屹東嶽神祠，像儀古雅，厥始無徵。居民災疹旱患，禱而屢應。春秋賽報，則十有八村之民皆走集而享祀焉，誠香火輻輳之祠也。至元七載重加修葺，然規貫仍舊，而廊廡臺榭莫之展修，何裨觀麗。越皇明以來，無慮三百餘載，雖松栢茂林，而牆堵傾剝，宜賡復而無因。適晉陽郡藩表槸知𠰏，嗜巨栢之豐隆，欲以為壽棺也，屢求採取，而民不聽命。已而捐三鎰之金，復來撫台之命，居民猶不忍斫伐。我邑侯王翁，假廟以台命而諭之曰：凡名祠宜飾者，尚募己資為之。今以古木而易鉅資，俾廟貌緣此以修廣，於神不益妥乎，如之何其不樂為也？眾咸唯唯應命。乃指牆下二栢遺之。藩王喜答神休，復賚四十金來，以助修葺，通前價為百金。吁！是誠斯廟鼎新之會也。眾遂卜日舉功，侯復命官董其事。由是備五材，鳩五工，匠作率屬以勤猷，土作併力以趨事，不閱歲而大功落成。若有靈以相之，實我侯矢心厥謨，幽贊神明之所致也。僉欲傳之永久，伐石紀事，乞余言敘其顛。余謂營構大事也，順時者舉有名，協謀者功必偉。矧福地靈祠，一方之保障所關。而時至事起，信非長府之得已而不已者。但東嶽泰山也，鍾于齊魯之封，而行祠則構于斯，何哉？傳曰：觸石而出，膚寸而合。不崇朝而雨遍天下者，唯泰山之雲為然。夫雨露茲息百物，所以膏澤生民者。而嶽瀆之靈，司之則是神也。誠民庶之所仰依，而不得不祠焉者。況奉命增修，又豈止於藻潤而已，益其所未備焉，飾其所未新焉。如寢殿隘而楹之，以三廊署缺而增之，以兩樂樓廣為重簷，三門加之博大，復為廚室、為臺砌、為之黝堊丹漆。雖復廟層樓無改於故，而規制全美，黼藻雕甍，視昔頓改觀矣。吾人一登覽之間，則見山光熙照，林景氛霏，丹閣淩霄，喬木蔽空。誠耀然而日星明，恍然而雲霞燦矣。其績不亦偉乎？自是而民樂有祀，神樂有依，濯靈孔昭，孚侑下土。俾之雨暘以時而災害不作，舉一方之民而壽且滋者，於神不大有賴與！是役也，肇功於己丑春三月，迄功於庚寅春正月。倡首勤事者十有六人，并匠藝諸工於法得書，咸次而勒于碑陰之左。

明萬曆十有八年歲在庚寅春二月望日

同霸州事宣德郎綿麓侯宗憲撰

賜進士第知介休事洋川王一魁　縣丞竇臣　主簿浦洪　典史王端容　監工官侯世爵　皂隸董承忠

（碑阴）

建修神前樂樓一座，西廊三間，東廚屋三間，重修山門，補修後殿三間，正殿並獻周圍簡座，押□墁台□工牆壁，收工已完。

敕賜大興國禪寺住持僧人周達　書字周福

各村眾糾首：

焦家堡焦延祿

何村王英

渠池村柔賢

東歡村郭廷得

侯堡村封尚信

槐至莊郭炅庫

重脩小靳村東嶽神祠記
小靳地踞山之麓居邑原之南原北東嶽神祠
之人皆走集而享祀焉誠香火輻輳之祠也至元七載重脩
皇明以來無慮三百餘載
邑侯王翁假廟以台
妥乎如之何其不樂為也
金
以趍事不閱歲而大功落成若有靈以相之
言敘其顛余謂營搆大事也
得已而不已者但東嶽泰山也鍾於齊魯之封
者惟泰山之雲為然夫雨露滋息百物所以膏澤生民者而嶽瀆之靈司之則是神也
焉者況奉命增修又豈止於
改觀矣吾人一登覽之間則見山光
亦偉乎自是
不大有賴與是役也
明萬曆十有八年歲在庚寅春二月望日
賜進士第知
縣丞
主簿
典史
監工官

興地村張廷宰
萬光村宋文智
馬堡村任崇
獨鷂村宋永昌
長受村宋時興
大靳村王永福
本村郭時蓋　陶時得　郭時勝　陶崇
興地村刊字匠人王尚科
大明萬曆十八年歲庚寅春三月十五日吉立
石匠任時成

介邑王侯均水碑记

【简介】

明万历十九年（1591）勒石。青石质，圆首。碑首高27厘米。碑身高152、宽73、厚20厘米。底座长87、宽48、高41厘米。碑文楷体，16行，满行58字。赐进士出身嘉议大夫奉诏进二品阶前四川按察司按察使孝义梁明翰撰文。汾州儒学生员牛师尧书丹。石匠屈应元镌。此碑为纪念介邑县令王一魁兴利除弊的水利改革而立，有较高史料价值。现存介休市洪山镇洪山村源神庙。

【碑文】

介邑王侯均水碑記

縣之東曰洪山泉，泉水湧出，灌民田得沃壤之利，鄉人立廟祀之，從來遠矣。往者歲月無可考，按舊碑，至道三年始建神堂，乃宋太宗之末年。曁元武宗至大二年，創修廟宇三楹。我明洪武十八年重修。每歲三月上巳，縣尹偕寅寀土人詣廟，具一羊一豕祭，告神開渠，重報本也。惟時田有頃畝，粮有額設，水有程限。地獲利而民易足，刑不繁而賦易完。歷今二百餘年，承平既久，民偽日滋，始有賣地不賣水、賣水不賣地之弊。故富者賣水程而止納平地之粮，貧者耕荒壟而尚供水地之賦，年復一年，民已不堪。迨萬曆九年奉例丈地，奸巧之徒改立契劵，任意兼併，以致賠納之家傾貲蕩產，無所控籲。初為民間美利，今為民之大害矣。紛爭聚訟，簿牒盈几，且上官嚴督，不勝厭苦。丁亥季秋，適洋川三公履任，正催科之期，昔嘗有聞，今目擊其弊，弗忍坐觀，遂鋭然更始為己任。於是問之父老，詢之士夫，督同三尹浦君，取具水地人戶朱契甘結，與清冊參兑，仍單騎馳歷行水處所，親勘高下遠近，酌量程限，算無遺冊。自戊子二月至五月，終清出各泉河等水地二百二十四頃余畝，水粮一千八百余石，額外餘粮若干。通呈撫按兩院、守巡二道及本州允行，出榜曉諭，仍鐫石以垂不朽，誠足為地方之福。百姓荷公更始之恩，因有新廟之請。自公遷廟於泉之北，規制宏敞，水盛于前，書曰"至誠感神"，豈偶然哉？憶昔叔孫敖起芍陂而楚受其惠，文翁穿腴口而蜀以富饒，史起鑿漳水于魏，鄴界有稻粱之詠，鄭國導涇水于秦，谷口有禾黍之謠。後世稱水利者必歸焉，至今頌之不衰，胤是介民享其利於無窮也。知源淵之有自，寧不以誦四公者誦公邪？余貫介民也，遷孝義甫六世。緣監生郭永貴，老人宋希賓、程仲文、溫尚玘、張天壽等來托記，乃贅詞以志不忘云。

萬曆十九年歲次辛卯秋季吉旦

賜進士出身嘉議大夫奉詔進二品階前四川按察司按察使孝義梁明翰撰

汾州儒學生員牛師堯書

縣丞呂師儒　典史張應祥　主簿浦洪　儒學教諭、舉人趙璿　訓導王明德　張思敖

管工官侯世爵　吏趙應春　楊天祿

工房書李鴻鵠　董養秀

水老人：東河　王廷榮　丘良美　王永興　溫尚深　劉尚邦　劉恩　郭建別　張大珠　董九皋　羅璞

西河　宋希賓　溫尚玘　劉思　孟天穩　溫魏　楊正勤　段現　段登　董養濟　秦侃　程鳴鵬　劉天義　樊天恩　薛應林　董士良　李時福

中河　程仲文　吳亮　趙津

糾首郭衛民　梁明善　馬明彩，孫孝、康整　張光成　羅天才　王要　強時文　王永義

洪山河　張天霆　張光壽　任守成

胡村河　郭友義　冀立　李英　李天成　張賢

石匠　屈應元鐫

介邑王侯均水碑記

縣之東曰洪山，泉水涌出，灌民田，得沃壤之利，鄉人立廟祀之，從來遠矣。往者歲月無可考。按舊碑，至道三年始建神堂，乃宋太宗之末年；暨元武宗至大二年創修廟宇三楹；我明洪武十八年重修。每歲三月上巳，縣尹偕寅寀士人詣廟，具一羊一豕，祭告神，開渠，重報本也。惟時田有頃畝，糧有額設，水有程限，地因利而民為足，利不紊而賦易完。歷今二百餘年，承平既久，民偽日滋，始有賣地不賣水、賣水不賣地之弊。故富者買水程而止納平地之糧，貧者耕[illegible]地而尚供水地之賦。年復一年，民已不堪。迨萬曆九年，奉例丈地，奸猾[illegible]徙改立，[illegible]任意兼併，以致賠納之家傾貲蕩產，無所控[illegible]，初為[illegible]間[illegible]之大害矣。紛爭聚訟，簿牒盈几，且上官嚴督，不勝厭苦。丁亥，欽遵洋川王公[illegible]獲任，正催科之朝，昔嘗有聞，今目擊其弊，弗忍坐視，遂[illegible]更始為己任。於是問之父老，詢之士夫，督同三尹涌君[illegible]具水地人户[illegible]冊[illegible]，乃單騎馳歷，行下[illegible]所親勘，高下遠近，酌量程限[illegible]自戊子二月至五月終，清出各泉河等水地二百二十四頃餘畝，水糧一千八百餘石，額外餘糧若干，通呈撫按兩院、守巡二道及本州，允行出榜曉諭，仍鐫石以垂不朽。誠是為地方之福，百姓倚公更始之恩，因有新廟之請，自公[illegible]嚴水盤于前。書曰：至誠感神，豈偶然哉！憶昔叔孫敖起芍陂而楚受其惠，文翁穿[illegible]口而蜀以富饒，史起鑿漳水于魏鄴[illegible]于秦谷口，有禾黍之謠。後世稱水利者必歸焉，至今稱之不衰。能是，介民享其利于無窮也。知源淵之有自，寧不以誦四公者誦公[illegible]孝義甯六世緣監生郭永貴、老人宋希寬、程仲文[illegible]尚杞、張大壽等來託記，乃贅詞以志不忘云。

萬曆十九年歲次辛卯秋季吉旦

賜進士出身嘉議大夫奉

詔進二品階前四川按察司按察使孝義梁明翰撰

汾州儒學生員卜師堯書

縣丞　呂師儒　　典史　張應祥

主簿　涌　共

晉[illegible]官　侯世爵

儒學教諭舉人　趙　璿

王明德

訓導　張四教

工房　書手　馮鵠　董泰秀

吏　趙應春　楊天祿

[illegible]老人　[illegible]

東　河工　延[illegible]　丘良美

西　河　宋希寬

温尚玭　劉思[illegible]

河　程仲文

吳　龍

趙　淳

洪山河　張[illegible]

胡村河　郭大[illegible]

莫　立

[illegible]

馬時彩

李天成

張光[illegible]

[illegible]

郭廷[illegible]

新建源神庙碑记

【简介】

明万历十九年(1591)勒石。青石质，螭首，龟趺。碑首高54、103、厚34厘米。碑身高224、宽97、厚32厘米。底座长143、宽110、高55厘米。碑文楷体，29行，满行70字。题额“新建源神庙碑记”。碑面保存完好。此碑对洪山水源作了详细考证，并对水弊形成过程详细作了记述，是明代地方水资源管理及水利条规制定较完整的史料。碑文同时提供了礼神词韵，具有重要的史料价值。书法细瘦劲健，承继了宋碑遗韵而更见丰满，字形庄重而不生涩，颇见功底。现存介休市洪山镇洪山村源神庙。

【碑文】

新建源神廟碑記

明賜進士第文林郎汾州介休縣知縣古洋王一魁撰。

縣治東南三十里許，有山名洪山，下有泉，俗謂之源，蓋即酈道元《水經注》所稱石桐水，即綿水，出介休綿山，北流注于汾者。而洪山則綿山之旁出者，其實亦綿山也，邑志故稱狐岐山勝水。然以地里求之，非是，豈《禹貢》“治梁及岐”蔡注有誤也？余嘗為之辨。水自南而北流，流東中西三分。介人取以溉田，田若干頃，詳余所為水利條規碑刻。其開鑿導利不知何許時，亦不知誰氏，殊無可考。山故有源神廟，故事，每歲三月上巳，有司率土人詣廟修浮沉，蓋東作溉田時也。余自丁亥秋蒞茲邑，越明年戊子春三月，邑人白余，余竊唯山川丘陵能出雲為風雨者皆曰神，古者諸侯方祀祭山川，祭法能禦大災則祀。若茲源泉，既以其水溉舄鹵矣，又時以其氣蒸為雲雨，即歲大旱，猶不至乏絕，夫非所謂神，而能禦大災者耶？若是者，祭之則不為非。其所祭不為非，其所祭則不得謂之淫祀。藉令不祀，吾猶將義起。矧今有其舉之，曷敢廢哉！于是設具起祀。祀畢周覽其地，審曲面勢，見廟在山之西阜，南向位置欹側，而南山當面牆立，瞻眺弗廣，而泉出左腋。陟廟則泉不可見，又基址狹隘，垣宇傾頽，心切病之。夫廟以妥靈也，今若茲，豈所以肅明神而迓，況施哉？廟之作，亦莫得其詳，唯刊書至大二年創建，暨洪武十八年重修，乃墨漫粉落，幾不可辨。已又得一石刻，□視之題曰“源神碑記”，進士趙珉撰文，前并州押衙、銀青光祿大夫、檢校國子兼殿中侍御史徐贇撰銘，碑稱至道三年重建神堂，大中祥符七年建碑。用是知源神祠廟，當自宋以前已有之。而其為水利，所從來最深遠。碑文用四六，頗麗，然誕漫纖靡，而闊略于事情，銘及字畫尤為草草，字復多剝蝕。顧匪是則罔與徵往而觀來，要不可棄弗存矣。頃之，見南山麓有平阜焉，喜而登其上，則連亙諸峰，隆隆南負，左右盤礴崛起，若雙闕逶迤。北下益蜿蜒映帶，不知其幾里，豁然大觀，而飛泉數道，瀉出于平阜下。兩峰之間，如萬斛珠，隨地而湧，又如鷗如鷺，騰騫于煙汀沙渚，其聲泠泠然，鏘鏘然，若理絲桐、鳴環佩也。而澄流百步，派分三河，湍湱澎湃，則又若風雨驟至，雷霆乍驚，鐵騎突出，有蕩胸之勢焉。余于是喟然歎曰：噫嘻！斯不亦神皋靈域乎！奈何不是廟也。余蓋慨然有意乎改作，會土人亦以新廟請，然私念歲祲方銷，公私告匱，不敢輒問土木。先是介人以水利漫無約束，因緣為奸利，至不知幾何年，積弊牢不可破，百姓攘攘，益務為囂，訟靡寧日，坐是困敝者不可勝言。而亂獄滋豐，簿牒擁濁，曾不可究詰。諸上官又時或督過，吏茲土者，蓋甚苦之，甚厭之，然亦付之勿問焉已。余則謂：凡為政者，利之也，亦平之也。今民以利爭弗息，而弗為之平，名雖曰利，其實害之，亡論諸上官督過，即不焉，而吾日抗顏于此橫目之上，一切厭苦麾去之，若懵瞶然，謂吾民何？吾是以不能無惻然于衷，則為之清其源、均其流，廝疏其渠堰，著為約束，以平其爭訟，請于當途者刊書鐫石，與民更始，蓋民甚便之。其鄉焉，兼并豪黨，當途者欲置于理以示懲，則皆叩頭悔汗于前，以願新神廟為詞。余乃為白于守道侯公，侯公亟報曰：可以致于當途者。當途者又輒可焉。于是度地庀材，鳩工卜日，詮邑之有行誼者董其事，余亦時出稍食之入以佐之。其它諸土人，用灌浸享其利者，亦各輸錢穀為助。蓋鄙人有言，利于己為有德，以彼其利，宜其奔走共事弗後也。卒遷廟于南阜，負離抱坎，水泉居前，夫坎水也，而廟當之固其所也。況泉水前注，視瞻爽塏，豈天造地設歟！正殿五楹，塑三神像，其中東西廡各五間；殿前數步，甓券門五洞，洞上□砌為臺，臺上反宇廻欄，狹而脩曲為樓，額曰“鳴玉”，樓外有門，以木為之。門與樓周繞，俱粉堞相屬，可散步其上，頫而窺之，則泉水如鏡，蛟龍之窟宅，隱隱在焉。睥睨則舊址，蒼松鬱蓊盤屈，與泉上古栢相應接如虬龍。又漁者、樵者、荷重者、茭牧者、裹飯餉田者，相望于山顛水涯，亦足歡已。極目騁望，則塊漭之野，百穀蕃廡，其間如匹練、如杯、如衣帶，倐有倐無，皆支渠衍溢，異口同源。而遠岫連空，水天一碧，意即汾流為茲水所注者耶。門之外，地勢漸下，作石梯，梯竟作小石橋，竪坊其上，榜曰"溥博淵泉"，廟左方西偏，又作官亭一所，題云"趨稼"，盖祀神時亦即齋居焉。山地若干畝，付奉廟人。廟之役始于戊子之夏，而落成于庚寅之秋，規制棼橑，城墉黝堊，庶幾巍然焕然者。土人告我曰：泉水盛矣，又新泉六七眼出山下。余不答，既視之，果然。此詎不謂神之靈哉！諸薦紳先生暨父老輩咸趨余記，余亦謂不可以弗識也。以故具述其顛末，勒珉而樹之廟左。宋祥符碑亦移置廡下。立碑時則萬曆十九年辛卯三月三日也。同事僚友某某，經始樂成，得並書之，其他諸工役載碑陰。又作樂歌三章，俾歌以侑祀。詞曰：冠山兮紫宮，直天門兮顯通。俯渟泓兮玄醴，流飛閣兮曲瓊。豐澤兮下土，萬民載兮神佑。歷吉日兮辰良，浴椒蘭兮沐芳。望螭駟兮至止，佩長鋏兮琳琅。載旌遊兮雲飛揚，倏忽三乘兮下大荒。[右迎神]荔席兮菂房，美要眇兮滿堂。陳鼓鐘兮鳴球，勺流霞兮露英。羞雞彘兮投璧，折瓊枝兮搴芳。爇蘭膏兮明燭，燦昭昭兮未央。遣巫陽兮使振，萬靈連蜷兮樂康。詔義和兮頓轡，聊逍遙兮徜徉。[右享神]飆車兮龍輈，蹇日暮兮焉留。指歸途兮雲際，排帝閽兮夷猶。覽冀州兮揚靈，眷恩澤兮悠悠。敕應龍兮中谷，執女魃兮顯戮。山高兮水長，五風兮十雨。俾三農兮歲有，秋介我稷黍兮穀我士女。[右送神]。

縣丞范縣呂師儒　主簿桃源浦洪　典史晉江張應祥　儒學教諭、舉人平定趙璿　訓導肅甯王明德、岢嵐張四教

汾州儒學生員潘九成書

關子嶺巡檢保定周薦賢

義棠驛驛丞陽曲孫繼孟

管工官侯世爵

水老人：丘良美　劉思　王廷榮　宋希賓，溫尚玘　程文　張天祿　楊正欽　張光元　郭有義　張天壽　李英　段天明

石匠屈應元鐫

洪山源泉诗碑

【简介】

明万历十九年（1591）勒石。青石质，圆首。碑首高 25 厘米。碑身高 135、宽 72、厚 18 厘米。底座长 78、宽 56、高 42 厘米。诗文行书，20 行，满行 22 字。碑阴横书“碑记”二字，内容为万历十六年记事碑（楷体，正文 7 行，满行 35 字）。前进士邑令关中洋川王一魁手书。典史晋江张应祥立石。碑分为上下两截，上截为诗，下截为洪山泉地貌及庙宇图。现存介休市洪山镇洪山村源神庙。

【诗文】

（碑阳）

源泉詩四首有小序

縣治東南三十里，有泉出山下，名源，盖即酈道元所稱綿山石桐水也。泉分東中西三河，余為濬渠均流，溉田萬畝，且著為約束，以息爭端，民甚便之。已又改建水神祠宇，祠前起樓曰“鳴玉”，又構軒左方曰“趨稼”云。

雙闕岧嶤左右蹲，中流一水瀉潺湲。風雲自護蛟龍宅，溪澗時驚鷗鷺騫。
却笑桔槔空俯仰，常教甘澍足田原。三農九谷年年事，美利功成總不言。

地主浮沉歷水頭，土人舉火企神庥。書傳酈氏標靈秘，波潤綿山稔歲秋。
匹練微茫通澤國，層軒疏豁俯汀州。停車一問陶唐俗，不是尋常翫物遊。

三河北去是横汾，目極平川幾派分。遠岫連天都入画，回風吹浪動成文。
決渠競注瀟湘雨，奮鍤俄興觸石雲。為抉田家何事業，休將游惰誤耕耘。

倚山樓閣鬱崔嵬，蜃氣疑從海上來。入檻泉聲鳴佩玉，當簷樹色落樽罍。
將雛野雉高還下，驅犢農人去復回。欲向秋風重寓目，離離禾黍繡成堆。

萬曆十九年歲次辛卯上巳

前進士邑令關中洋川王一魁伯星甫手書

縣丞　濮陽吕師儒

主簿　桃源浦洪

典史　晉江張應祥立石

（下半截碑为狐岐山、源神庙山水图）

源泉詩四章有小序

孫治東南三十里有泉出山下名源盖即酈道元所稱縣山石桐水也泉分東中西三河余為濬渠均流溉田萬畝且著為約束以息争端民甚便之已又改建水神祠宇祠前起樓曰鳴玉又構軒左方曰趣稼云

雙闕岧嶤左右導中流一水瀉潺湲風雲自護蛟龍宅溪澗時驚鷗鷺騫劫嗟桔槔空俯仰常教甘澍足四原三農九谷年年事美利功成總不言

地主浮沉歷水頭土人舉火企神庥書傳酈氏標靈秘波潤縣山稔歲秋匹練微茫通澤國層軒駢豁俯汀洲停車一問附唐俗不是尋常覽物遊

三河北去是橫汾目極平川綫派分遠岫連天都入画回風吹浪動成文決渠競注瀰瀰雨奮鍤俄興解石雲為換四家何事業休將游惰誤耕耘

何山樓閣欝崔嵬蜃氣樓從海上來入耳泉聲聲鳴佩玉當窗樹色落罇罍將雛野雉高還下驅犢農人去復還欲向秋風重回首離離禾黍彌成堆

萬曆十九年歲次辛卯上巳

進士邑人癸中汴州王一鶚伯星甫手書

縣丞潁陽呂時儒　主簿桃源衛洪　典史晉江張應祥　立石

（碑阴）

介休縣東南離城二十里，古有狐岐山源泉聖水。

計開：

胡村與洪山、洪山與胡村同用一河，有南北古石堰一條，以致通流，至洪山村心，分為兩河，肆陸水平。洪山本村分水陸分；胡村分水肆分，溉地至大許村十五里。

狐村河共水地肆頃柒拾貳畝叁分肆厘，共水粮叁拾捌石貳斗伍升玖合伍勺肆抄，共水程壹拾柒程陸時。

管水老人：任時穗　羅美　宋懷珍

渠長：任尚德　任廷海　宋用賓

夫頭：任秀　宋時智

程頭：文應晰　任天貴　羅美　任守臣　任時旺　李拱　郭友義　宋惟德　宋疇　宋時金　宋一元　劉志海　宋廷相　李尚才　王天實　宋世友

萬曆拾陸年拾壹月　日　立石

新浚洪山泉源记

【简介】

明万历二十一年（1593）勒石。青石质，圆首，须弥座。碑首高33厘米。碑身高137、宽76、厚18厘米。底座长85、宽37、高23厘米。碑上文下图。碑文楷体，27行，满行30字。额题“介休县水利碑”。敕授文林郎寻升奉直大夫山西汾州知州洛阳刘衍畴书丹。下图为洪山源神庙周围池水分布，有绵山、洪山、源神庙、介休城及城周各村大略位置，王正己绘图。现存介休市洪山镇洪山村源神庙。

【碑文】

新濬洪山泉源記

按介休於汾屬邑中稱為沃野，豈不以洪山源泉之利溥哉？泉在縣東南三十里，一派分為東中西三河，計溉田萬畝。余往蒞兹土者，決渠均流不虛也。然水不加多，盖泉源未濬，地靈若有待耳。迨今癸巳春，余行縣，詢百姓之利病，眾以洪山水利對，余慨然欲大興之。即往尋源頭，語諸吏民曰：牧民者無先於興利，興利者無大於引水。斯泉也，其灌浸誠遠，其利賴誠弘，儻尚有源可濬而廣乎？乃遍相地理，躬歷川麓，見夥石鳩雜之處，水雖微出，有迅激之狀，叩其中津津然，尚多蓄也，因捐俸金，命里人挑河濬池。以典史藺崇郅董其事，不日開出小泉七孔、大泉一孔，大者如汲水之桶，小者如瓶口、如鵝眼，又如古木之竅穴。雲隨決起，雨逐鍤至，若蛟龍競注，若江海輒溢，水視昔不翅倍之。其順流而逝也，莘莘將將，梠梠轠轠，麗崖曲隈，荄畛谷分。其自高而下也，噴激波湧，若皓鷺之翱翔，又若素車白馬帷盖之騰張。其灌于南阡北陌也，水流有聲，清風徐來，禾黍油油，農人荷鉏而傴僂，樵子蹇裳而蹶趋，傍觀者掀髯而鼓腹，問津者語喇喇不休。其西疇告成，薦之廟紀而奉之父母也，黍稷苾芬，明德馨香，又孰非此水之豐潔者致之哉！土人踴躍歡呼，以為神明，此詎直一時之利，將千百祺是賴焉。昔西門豹治鄴，有漳水弗用溉田，當時謂仁智未盡，至史起引之聖令之歌，迄今猶有余芳。介令王君，日惟民瘼，孜孜訟平政理，盖亦嘗一至其地，審其利病，決其淤塞，期為民便，然而未有所創也。是用勒石繪圖，竝紀其事，俾後之人考焉。激流揚波，履畝歸思，廝水頌德，夫因天分地，家給人足，開前垂後。余先于汾通向陽上林諸泉，灌汾陰而閭閻富饒，黌泮而文運興，士民稱便，茲復開介之源泉，不益有以廣其利乎。且汾素號難理，今值天心厭亂，奸宄斂跡，獄訟省減，民俗士風寖淳寖正，兹非幸乎天哉。是為記。

時萬曆二十一年歲次癸巳秋九月之吉

敕授文林郎尋陞奉直大夫山西汾州知州洛陽劉衍疇書

介休縣知縣王正己繪圖

縣丞李賦訥

管工典史藺崇郅同立

重修后土圣母祠记

【简介】

明万历二十二年（1594）勒石。青石质，圆首。碑首、碑身通高190、宽82厘米。碑文楷体。额题“重修碑记”。现镶嵌于介休市后土庙娘娘殿后墙内。

【碑文】

重脩后土聖母祠記

介治之西北隅，地脈與城相連，高廠爽塏，遠近不能蔽翳，超然可以寄耳目於高山大川之外，且蔭蔭鬱鬱，環抱有風氣。雖城市哉，儼然有山林之景，可以棲神而妥靈。余亦嘗一至其所，土人告我，此有后土聖母祠，東序玄帝，西序三官，其下兩廡、獻亭、樂樓、三門，洎老太上閣，相為倚角而枝輔焉。余亦曰此宜有此祠宇。創建不知起於何時，重脩者亦屢矣，第歲久易湮，殿閣之剝落，妝飾之燶瘁，牆垣之傾仄窟穴，始未嘗不完美，而後陵遲頹毀也。善士梁君廷伴等惻然有慨於衷，因鳩集眾，眾先出囊資不等為晃倡。仍偕善士梁君正威、本祠黄冠王玄炯，募緣於□□，得白金百兩許。大起而修飾潤色之，昔之剝落者、燶瘁者、傾仄而窟穴者，煥然完固而新潔，殆與地之高爽、景之蔭鬱者兩輝映云。趙子曰：吾聞之漆園生曰，凡物之無不成也，無不毁也，無不毁也，無不成也。其成也，乃所以為毁也，其毁也，乃所以為成也。成毁之机，雖有時起，毁而為成，豈不以人哉？梁、董二生來啓余曰：廷伴等之功亦偉矣，敢假一言以記歲月。余為之敘其初尾，并成毁之說以告，俾後之人有所感而興焉。時其脩葺，豊其祭祀，以祈神貺，以報□□世世□欣□民安悅，以垂不朽。是役也，始於壬辰之春三月，成於甲午之春三月，若合符節。

明萬曆二十二年甲午之秋七月吉日榆関舉人□在父趙瓚撰

庠生趙雲風書

知介休縣事関中王正己　庠生梁鈇　縣丞関中李賦訥　主簿関中吳國東　典史関中陳邦登　儒學教諭榆関趙瓚

糾首：梁天佑　梁廷全（字迹不清　略）

本廟道士：李玄燈　王玄炯

起意道士：郝靜墉

本廟署印道士：王真鉞

上编　现存石刻

重修后土聖母祠記

介治之西北隅地脉與城相連高敞爽塏其近亦不能敵翁超然可以寄耳目於高山大川之外且蔭蔭蔚
鬱環抱有風氣雖城市哉儼然有仙様之景可以棲神而妥靈余亦嘗一至其所土人告我此有后土聖
母祠東序玄帝西序三官其下兩廡戲亭飛棧玉門泊老太上閣相為倚角而枝輔焉余亦曰此宜有此
祠宇創建不知起於何時重修者亦屢矣歲出久易湮殿閣之剥落粧飾之㬊舜墻垣之傾圮宜也始未
嘗不完美而後陵遲頹毀也鄉善士梁□伴等惻然有慨於衷因鳩集衆衆先出囊資不等為㫖倡附從
善士梁居正盛本祠黄冠王玄烱參緣募化得白金一百兩許大起而修飾潤色之昔之剥落者㬊舜者
傾圮而穴者與然完固而新燦然殆與地之高爽景之蔭蔚者兩輝映云趙子曰吾聞之涑國生曰凡物
無不成也無不毁也無不毁也無不成也其成也乃所以為毁也其毁也乃所以為成也成毁之機雖有
時起毁而為成豈不以久哉梁董二生来啓余曰近伴等之功亦偉矣敢假一言以記歲月余□之敍其
初尾并成毁之說以告異後之人有所感而興焉當其脩葺豈其祭祀以祈神貺以報神庥世世猶所□
民安悅以靈不朽是役也始於壬辰之春三月成於甲午之春三月若合符節

萬曆二十二年甲午之秋七月吉旦榆閔舉人在父趙璪撰　庠生趙雲鳳書

知介休縣事閩中王亞也　庠生梁鉄

縣丞閩中李賦訪

主簿閩中吳國東

典史閩中孫邦登

儒學教諭榆閔趙璪

訓導□□郭宗雅 [illegible]

省祭官□听 [illegible]

抱腹岩大兴国禅寺重修塑妆地藏十王碑记

【简介】

明万历四十年（1612）勒石。青石质，圆首。碑首高25厘米。碑身高122、宽83、厚16厘米。底座长94、宽74、高24厘米。碑文楷体，23行，满行53字。额题“重塑妆十王殿碑”。现存介休市绵山镇兴地村回銮寺。

【碑文】

（碑阳）

抱腹嵓大興國禪寺重修塑妝地藏十王碑記

詳夫劫空之際，一物元無；始分天地以來，三才乃有。因人為善惡之歧差，故境分苦樂之異趣。由是忙忙六道，俱漂生死，長河浩浩，群生盡□□□苦海□芥城，而無由出，难窮劫石，而未獲超昇，不逢聖賢扶持，何時脱離於苦。

觀音者，過去為功德山王，現在作觀音菩薩，慈悲廣大，行願洪深，為眾生造無量之苦使，化現作地藏能仁。尋聲救苦，潤爐炭之樵枯；意念光輝，除黑暗之地獄。冥殿十王考，誓願未周，永作獄主，偏嫌十惡之人，愛念作善之者，賞善罰惡，照鑑無差，隨處塑畫十王，各方盡一冥殿。兹若綿山抱腹嵓大興國寺，并汾巨刹，介域名藍。唐朝改靈溪作回鑾，金、宋重修，名興國。空王佛視現之道場，唐太宗敕修之聖境。巒峰疊疊，綠水潺潺，青龍旋遶，招提丹□，背乘梵苑，殿宇金碧爭光，聖像妝嚴未畢，即有本寺化緣僧道，遍普化十方信士、四遠賢良，共結善緣，同修聖□事。今具管塑粧鑾，工錢、顏料施主班芳于後。

都功德主：

介休縣在市白中，男白璲，孫男白玉、白瑄、白□

梁顏，男梁振、梁沖、梁鳳，孫男梁泰、梁勝，故父梁□，男梁守中，孫男梁凍

遐壁里故父侯思，男侯庸，孫侯演、侯瑛

宋敏，男宋然、宋□

本里故父宋周榮，男宋孝先、宋孝中、宋孝純、宋孝敏、宋孝庸，孫男宋瑞、宋正

張敬通，男張端、張庸、張璃，孫男張本、張奉、張福、張貴、張瑄、張選

故父任聚，男任長吉、任仲吉，孫男任淵、任□、任敏、任冉

靈石縣旌介里段希迺，男段威，孫段守政、段用堅

段克讓 段庸，男段表、段謙、段深、段厚

申良惠，男申得威、申得茂，孫男申俊、申瑛、申沪、申鐸、申缽、申鏡

樂人：薛福 吉祥 薛良智，孫男薛□□

張嵩村李玘，男李表、李俊，孫男李恒、李鎧、李柰

馬和里張孝忠、張孝輕，男張興、張文貴

副功德主：

本村：任貴　張悦　李彥達　李瑛　李俊　李行　□□□　張顏　宋士庸　宋文諒　李顏　史彥通　史彥名　馬俊　焦整　徐彥□　徐彥整　徐春文　徐士原　屈顏　韓茂　王友　馬瑛　任禮

南村：郭庸　張仲美　張貴純　張寶　宋彥　郭原　張表　張貴　田立　宋良

長壽村：宋美　宋貴　宋彥達　宋威　曹瑛　曹升　王本　楊壽　陰巨林

旌介村：唐順褕　唐克政　唐克庸　段彬　段俊　王文政　王表　范友政　王孝輕　王孝得　王拳　王孝庸　王瑛

席廣村：何士廣　何美　何五　張友賢　張孝行　許得　張孝顏　張孝威

靜升里：李普遇　張寬　王賢　孟沖　張守謙　張普貴　三友林　王友賢

馬和村：張士純　溫執　劉長　郭興　何友才　何友賢　何興　張思孝　楊威，男楊載　楊愛　張

重塑十王殿碑

純　張表　王恒　王厚
曲賈村：張林　張恒　鄭厚　蘇瞻
馬堡村：任友達　任友才　任友信　任友康　秦謙　郝敬端
小靳村：宋敬先　陶得祚　郭整　郭厚
梁家村：宋孝然　宋聞　宋諾　高根

（碑阴）
本山前僧會司僧會　祚陰堂
見壬僧會司僧會：然無礙　堂眾　智爨　覺義　智益　全□　智恩　覺隱　子安　智寬　用暹　子厚
本山住持：
漁□源　覺訪　智訊　道表　道遠　道香　□□　□□　時□　春禪　道尊　子威　道秀　時通　道深　道□　本顯　□□　□□　□□　本□　子□　□□　本□　□□　道傑　道巨　智□　智周　□□　本□　□□　道□　□讓　本真　本□　□□　本榮　本緣　圓旺　道清　圓欽　□□　周崗　圓禪　箋亮　□□　□容　□□　本　尚
冷泉春紋堂：崔鼎　郝進　宋縱舉　鄧普成、鄧普山，姪男鄧甫、鄧嚴、鄧銘，孫男鄧文朗
靈石縣要□里劉家莊　劉瑞□，男劉□、劉俊、劉郁，孫男劉鑑，房瑞，男房得才、房全堂、房□興、房億、房郁　劉普通，男劉□　郭敏，男郭元貞
在城趙真　張妙善　燕妙善
□北里：張意　張士進　張賢　張貴　張孝　張廉　張庸　張恒　李孝直　李孝得　李克善　李美　王免
在城里宣化坊　鄭敏中，男鄭愷、鄭福受　李守信，男李瑛　王日□　王瑨
大泉嶺　李順祥，男李福
介休縣　□□□　□□□　宋恕榮　李友讓　李友純　李友威　羅楝　羅進　孟友□　孟希古　孟弘　李從道，男李迪　李七　□□釗　□□　羅士□　□□□　李達　武時才　武玉　孟□□　□□全
□戶里　王豪義　□□政　任□□　武洪謙　鈕庸　馬弘　郭士友　馬□平　馬□□　□庸　□□　郭□□
遐壁村：何□　李守□　李瑛　李□　李□
靳淩村：何福　　女善人：武妙善　宋妙貞　張妙秀
本村住緣善女人：
張妙賢　徐妙果　羅妙真　曹妙秀　羅妙善　楊妙連　侯妙仙　張妙美　宋妙連　任妙善　王妙金　王妙賢
沁源縣綿上都黄段村：郝縱
王□村：郝士林　張魯
水谷村：雷雲祖　鄭魯　武志祥　武穩　武虎
戶方里觀音院　比丘尼院主　覺秀　李成　周賢　李智　男善人：韓資　李妙果　韓妙榮　張妙法
孝義縣五蘆里　武士純　武士拳　武士□　塑待詔　周茂輕　周政輕，男周瑄、周讓　白友義
本里鐵匠：何寬　何讓　木匠：焦純　焦瑛　女善丁氏男　何廣　何滿　何妙順　何根見　金趙公　□保
大明歲次壬子季月朔庚戌日甲申日辛未時
修造主出家比丘尼僧道便，門人用照，師孫本蓮，俗姪男段甫、段顔

介处士双槐张公暨元配侯氏合葬墓志铭

【简介】

明万历四十七年(1619)勒石。青石质。高88、宽63.5、厚11厘米。碑文楷体,27行,满行24字。盖篆“双槐张公讳美墓志”。乔承诏撰文,陶熏书丹。2001年12月出土于介休市纺织厂建筑工地,现存介休市博物馆。

【志文】

介處士雙槐張公暨元配侯氏合葬墓誌銘

蓋人生炎忽耳,冬曦易邁,曉露靡常,衡象貌於造物磨弄中,聽其成毀,孰與夫一段精神,共鉛松怪栢屹然於懸崖絕壁之間,生氣獨存夫。是之謂不朽,我公殆近之矣。

按狀,公諱美,字子英,别號雙槐。遡家世,高祖諱咢,其長兄諱翼,登永樂甲辰進士,縉秩都憲,為一時冠冕。自兹以還,顯晦不一,亦其氣運使然。公獨洒然更始,抵掌嘗庭,力耕治生,以無忘先緒世業,駸駸不貲。已而厭情塵囂,寄興煙霞,問柳吟風,擊築舉白,日進丈夫子而訓誨之。

里中或有不能舉火者,公每捐貲賑恤,各愜其願以去,惠愛輯睦,嘖嘖有聲。人亦多公長者,盖公質心直行,砥節令終,真精獨存,儻與黄虞以前人物,仿佛一二兼之。令嗣達士,少負異質,夙有才名,咫尺大捷,步武都憲,慶源之積,發祥必宏,則公身後之榮,方且引之弗替,又何顯晦存亡之間論成毀也。

公卒于萬曆四十六年七月廿三日,距其生属嘉靖二十九年四月之廿五,得壽六十有九。元配侯氏,生員侯時臣女,先公卒;繼娶史氏,史宗曾女;側室羅氏,羅朴女。男四。長奇士,配宋氏,宋友德女,俱早卒。次秀士,錦衣衛冠帶舍人,配李氏,李梧女,繼梁氏,梁子春女。三達士,附學生員,配溫氏,溫才恩女,俱侯氏生。四儒士,配梁氏,梁八政女,繼文氏,文永年女,史氏生。女二尚幼,羅氏生。孫男二:長治具,達士出,聘生員王克信女;次治猷,儒士出,幼未聘。令嗣等卜吉于本年四月初八日葬公于縣西之佳城,以啟元配侯氏之壙祔焉,抵京乞銘,余為論次,其槩如此。系之銘曰:公之德隱,公之志伸。公之分卑,公之名尊。公之形化,公之神存。泉壤匪幽,聲華常新。賢胤光大,冥贈昌隆。

賜進士、文林郎、廣西道監察御史、眷侍生喬承詔頓首拜撰

儒學庠生、通家侍教生陶薰頓首拜書並篆

大明萬曆四十七年己未夏孟月吉旦謹誌

介庵士雙槐張公暨元配侯氏合葬墓誌銘
蓋人生炎忽耳冬曦易過曉露常倏象貌於造物磨弄中聽
其成毀就與失一段精神與鉛松柽柏此然於懸崖絕壁之間
生氣獨存夫是之謂不朽我公殆近之矣按狀公諱寅字子英
別號雙槐迺家世高祖諱學其長兄諱翼登　永樂甲辰進士
緒袟都憲為一時冠冕自茲以還顯晦不一亦其氣運使然公
獨洒然更始抵掌當定力耕治生以無忝先緒世業駸駸不貲
已而厭情塵囂寄興烟霞閒柳吟風擊筑舉白日進丈夫子而
訓誨之里中或有不能舉火者公每捐貲賑恤各愜其願以去
惠愛輯睦嘖嘖有聲人亦多公長者孟公質必直行砥節令終
真精獨存儻與黃虞以前人物彷彿一二焉之令嗣達士少負
異質夙有才名咫尺決捷步武都憲慶源之積貴祥必宏則公
身後之榮方且引之弗替又何顯晦存亡之間論成毀也公卒
于萬曆四十六年七月廿三日距其生為嘉靖二十九年四月
之廿五得壽六十有九元配侯氏生員侯時臣女先公卒繼娶
史氏史宗曾女側室羅氏羅朴女男四長奇士配宋氏宋友德
女俱早舉次秀士錦衣衛冠帶舍人配李氏李梧女繼梁[illegible]
子春妝三達士附學生員配溫氏溫才恩女俱侯氏生四[illegible]
照子氏出八政女繼文氏文永年女史氏出女二尚幼[illegible]
孫男二長治具達士出聘生員王克信女次治[illegible]士出
聘令嗣第卜吉于本年四月初八日啟公于縣西之佳城以啟
元配侯氏之壙祔焉振京乞銘余為詮次其槩如此系之銘
曰公之德隱公之志伸公之卒公之名[illegible]公之形[illegible]公之神
存永壤匪幽榮華常新賢胤光大其贈且榮
賜進士文林郎廣西道監察御史崔倩生孫承詔撰首[illegible]
儒學庠生通家侍教生陶[illegible]頓首拜書并[illegible]
大明萬曆四十七年己未正月吉旦立誌

五岳庙创修道院并地亩记

【简介】

明万历四十七年（1619）勒石。青石质。高82、宽53厘米。碑文楷体，26行，满行16字。嵌于介休市五岳庙大殿外墙壁。

【碑文】

五嶽廟剏修道院并地畝記

斯廟之建，遠難備紀，其道院之修立也，盖自萬曆叁拾壹年始。至四十六年地震，牆屋塌毁，復為重修。時有住持道士馬全成督工間，思及地基地畝，恐世遠無憑，因而立石於道院之側，以垂不朽云。

計開本廟地共二十七畝陸分：

一　段剛妻桑氏捨三岔道口地五畝，廟用價買段剛地五畝，東西畛一段，横頭地一段，粮陸斗。

一　監生李可久捨城西胡家墳地八畝壹分，粮五斗。

一　□□□捨□西河河西地五畝五分。

一　高進忠捨地一畝。以上二人地係一段，共粮三斗九升。

一　□□光先母梁氏捨宋丁村南棗園賦役大地三畝，粮二斗二升五合。

一　□□□□劉尚恩在朔州轉化布施二十餘兩，剏立道院廟殿大碑書載。

一　侯□捨廟後空基一塊，東鄰家，小巷内通前□後，俱有廟行路。

一　□□買梁門王氏房基，東鄰小巷，亦有行路，今改作出水渠路。

一　廟前後共栽栢樹一十四株。

儒學庠生溥陽陶薰浴手書

纠首：陶养桥　高进忠　杨世隐　陶正林　秦奇□　董承怀　梁求鳳　任应孝

万历四十七年三月十三日立

住持：马全成　徒张真云　孙陈冲禄　温申祥

重修弘济寺记

【简介】

明万历年间勒石。青石质，圆首。碑首高49厘米。碑身高146、宽80厘米。碑文楷体，26行，满行49字。额篆“重修弘济寺记”。碑文剥蚀严重。现存介休市义棠镇虹霁寺景区。

【碑文】

重修弘濟寺記

介休縣□□□□所□綿汾□之干，橋西北二里有山曰銀錠，山之巔有寺曰弘濟，鄉人以為□季榆次人空王出家之所。今介之□□□東抱腹嚴□空王寺，豈於是同常往來者與。考《□藏經》載：唐初起兵晉陽，經汾州，凡行陳之處皆為建寺，蓋恤夫殤□□者而度□□名，弘濟則其一□。寺以弘濟名，則以其□汾水而示拯溺之義。□流無涯，回首是岸，故唐三百年間，□□為變之陵夷，至於□□金元。竊據我祖高皇帝□已驅□□酋北遁沙漠，而擴廓猶遺羶三晉，迺遣徐武□□心□冀，從燕京直下□□，馮宗異由懷慶入會定河東，至□□□□，永享中華文明之治，使我輩得以息作繕遊於重熙□洽之世，其濟也孰弘□之？寺遺址至今尚存，相傳□□□□□於汾流至河中之域。萬曆初，義民侯尚□等蹤跡其舊□□□其□，由是遠邇瞻依，檀越雲集，近而貧者出□□□□□出財□，於塔之北建正殿五間，左右廊房各五間，塔之南為□門三間，又甓三□為大門，下仍砌以石磴，其山□□為樓，以標示□路，其餘為禪房，延僧住持其中。

予嘗登覽其上，則汾□東引，冷泉關西控，兩岸山排□蜿蜒而立，泓迤□其中，北枕孝義，為三晉之亢，南拊靈石，為絳霍之背。時方夏也，南風徐□，白雲連山，麥黃苗青，濃靚如畫。栽而嘉樹高底，野鳥翔鳴其間，復有□於野，有商在路，遠近人物各得其適，而不相為謀，皆□濟之色相也。鳴呼，自有天地便有此山，□汾之山川自如也，鳥樹無知人亦忘□力矣。繼自今，凡我士民當永戴我國家弘濟之恩，即有唐□遠亨，當惟其所始，由是實心積善，以成勝果。□□川□為虛□□□，則不計近利，彼施捨□□迺實心之緒餘。積善之□□□，西方聖人之教與，吾中原聖人之心之理□□□□□而已矣。□以人之慊於修為者□不濟是□心也。此之謂□□□□，庶無負於弘濟云。

大明萬曆□□□□□□□六月望中□□□　前戶部郎中、出守四川保寧□□□□、孝義趙訥撰　男廩膳生員趙守安書

進士□□□□□□□□□

□□縣丞□□□　主簿□□□　儒學□□□□□

起意立碑糾首：侯正宗　侯伯夏　侯伯春　侯天輔　王寧　劉子濟　侯天經　李公祿　王永順

開山住持僧真□　門徒性妙　法孫海旺　住持僧□貴　門徒禪明　法孫助洪

後續住持僧文相　門徒□忠　法孫道安　道喜　道然

□□湛定　湛澄　湛來立石

石匠：汾人成登刻

明敕封文林郎待赠监察御史名山乔公暨元配孺人王氏继配罗氏钮氏郭氏梁氏温氏合葬墓志铭

【简介】

明天启二年（1622）勒石。青石质，无盖。长97、宽91、厚10厘米。志文楷书，35行，满行42字。邑人郭海撰文并书丹、题额。碑断裂为三块，有缺失。现存介休市博物馆。

【志文】

明勑封文林郎待贈監察御史名山喬公暨元配孺人王氏繼配羅氏鈕氏郭氏梁氏温氏合葬墓誌銘

嘗謂簪組之與煙霞有以異乎？樂恬適者，居恒不波，履豐愈淡，惟知□德以砥行，而一種超然物外之趣，政不可以仕隱較軒輊也。

余邑喬公，諱峻，字崇夫，別號名山。與余世有葭莩之雅，長君侍御承詔，尤素同鉠硯，時與論文談心，而瑰材遠志，余實遜之。

歲戊午，余幸以考選續貂，獲聯世講。公之逝也，侍御君輒以墓石為託，余實不敏，而不能為辭。逾年卜窆，即遠有期，侍御君來徵前諾，而余已儼然在疚矣。□□□是泣，敢與知銀管？往復數四，侍御君意愈堅，不得已而為之銘。

按公世為介休人，遡先世皆積德累行，至六世祖諱騰者發祥。於公生而資稟甚慧，極其純孝，恋□孺慕，有戲彩浣牏之風，垂髫躭書史，胸貯酉藏，手揮采範，弱冠即遊黌序，人咸以公輔為期。柰家政坎壈，孑身鞅掌，志大而奇於數，抱璞弗售。惟兢兢禔身醇樸，罔事侈靡，青天白日之胸次，纖芥不留，而一心以凜明神。睦宗族，見有紛爭者，片言譚笑立解，絕跡公庭，善周穷乏，凡所陳乞，給楮賑稍，各得如願以去。

丙戌歲大祲，流離載道，公慨然輸粟，為邑人首倡，用以起幾斃者而生之。鄉人含惠，迄今誦德無以，碩德鍾祥，篤生三桂，日惟義方提命，不直以紅蘭梯榮而亟以青簡垂芳，孔孟伊周之德業，恒惓惓焉。

神宗癸巳，侍御君發軔華選，公始勉膺冠帶。至癸卯，領鄉薦。庚戌，登進士第，筮仕令真定之南宫，公獨楬清、慎、勤三字，昕夕規諭，侍御君唯唯奉命，五載如一日，惟時譽滿恒陽，治稱第一。聖天子不悋恩寵之錫，以褒名臣，而公封文林郎，如其官，元配王氏得贈孺人。到今，南宫之父老子弟感恩不已，建以生祠，尸而祝之，歸本所自，以歌公之盛美於無窮也。戊午，侍御君選授廣西道監察御史。奉旨省親，適季君以長劍天馬之才，榮遊膠泮，異時固未可量者，并次君日娛膝下，亦□公之至樂矣，而公之恬退如故。庚申歲，廣文王君、邑侯李君、別駕溫君式閭造請，欲延為鄉飲正賓，力辭不就，此其高風姱節，洵足媲美有道，鴈行之推矣。而何一旦仙馭促程，翩然白雲之遊也。

新皇御極，大溥覃恩，百尔臣工咸得榮及父母。侍御君雖在衰絰之中，綸音未沛，而公在九原已應加贈監察御史矣。元配孺人王氏，翼成孝行，壼政克修，篝燈相夫，和□□□，歷歷淑德，有難更僕盡者。形之羽化，精神如在，人之云亡，彤史攸彰，儻亦含笑於地下者耶。公卒於萬曆四十七年十二月二十六日，距生嘉靖二十三年五月初七日，享壽七十有六。元配孺人王氏，生於嘉靖二十五年九月初七日，卒於萬曆五年四月初七日，享壽三十有六。繼娶羅氏、鈕氏、郭氏、梁氏、溫氏，咸備婦順，俱先公卒。再繼侯氏，受戒恤孤，操行貞烈。男三，長承詔，即御史，娶董氏，贈孺人，繼侯氏、張氏、郭氏，俱卒，再繼梁氏，封儒人，王氏出。次承誥，禮部冠帶儒士，娶郭氏，梁氏出。次承謨，邑庠生，娶王氏，溫氏出。女三，長適董衆，次適儒士郭寧，俱王氏出，次適楊應和，梁氏出，並卒。孫男四，長選，係嗣子，未聘，次遷，聘辛酉舉人董君直愚女，詔出。標，聘生員王君克恭女，柱，聘生員梁君□順女，誥出。孫女一，適藩司冠帶孟君應期男儒士衛孔，詔出。

今卜天啟二年三月朔日之吉合葬於城西之新塋。夫世德作求，光流景爍，其勛烈寖寖方茂，且蘭孫繼起，奕世之庥，實開其兆。茲言固不足為玄宇重，特誌其余慶世系而著之銘。

銘曰：

綿汾之精，鬱鬱間值，鍾此芳英。冰鏡瑩然，照耀今古，溷泳考亭。滄珠偶□，厥藴未展，暢於后昆。餤餅曲江，驄巡之烈，法星爍明。一經誰授，慈嚴交督，煥發人龍。鸞箋方賁，弗替引之，允兆紗籠。

賜進士第、徵仕郎、刑科右給事中、前中書科舍人、眷年家晚生董承業頓首拜撰

賜進士第、文林郎、工科都給事中、前翰林院庶吉士、通家晚生暴謙貞頓首拜書

賜進士第、文林郎、山東道監察御史、前行人司行人、年家晚生李嵩頓首拜篆

大明天啟二年三月初一日之吉

不肖男承諸　承詔　承謨仝泣血謹誌

石工宋應元鐫

重修白云洞碑记

【简介】

明天启二年（1622）勒石。青石质，圆首。碑首高20厘米。碑身高66、宽42、厚14厘米。底座长50、宽30、高23厘米。碑文楷体，17行，满行29字。额篆“重修云洞碑记”。现存介休市绵山风景区大罗宫顶层白云洞。

【碑文】

重修白雲洞碑記

竊惟道大，學道者亦大，其大或涅槃，或飛身，要皆空五蘊、淨六根、煅七返、揑九轉，無不借資于峻峰懸崖。奇哉！綠乳湧甘津，空王佛境首景；白雲飛石洞，綿山禪榻名岩。苾蒭義光者，號明菴，介邑西北坊人也。幼辭父母□婚，長讓兄弟家產，輕棄富厚，以断恩爱，樂棲山林，而甘淡薄。故蔬食水飲，完絕五味調和；凝精全神，守一心養浩。方圓應世，量等天地；清淨虛中，明同日月。德冠比立，衜詣妙奧，誠聖僧也，殆天授哉！不啻為興介增輝，實可為府川胥慶。因見雲洐頹毀，意欲維新，遂感本邑紅善村為按台司幕者席宴賓號敬齋，才猷盖世，足為我聖朝棟樑，無論且勢不淩人，遇貧窮靡費援濟；富好行德，見善良尤加恭敬。故喜修雲洞，供養明菴，可謂慧福兩得歟。噫！親炙者飫志，風聞者踵遙。如興地村陳威號西菴、温才善號清池者，樂善好賢，志行最高，廣施普濟，德譽俱隆，亦糾眾捨財協作焉。庶上下整麗，內外媲美，可為遊履者壯觀，更可為修行奮志，彼此各有功云。

大明天啟二年歲次季春中旬吉日

輸財功德主席宴賓，父璲，母樊氏、石氏，妻郭妙賓，弟宴客，男□。

汾陽縣庠生空空子頓首拜撰書

介休縣童生李春泰篆

住持僧義光、門徒志源立

石匠：……

泥匠：任希旺

重修关圣贤庙记

【简介】

明天启五年（1625）勒石。砂石质，圆首。碑首高31厘米。碑身高94、宽63.5、厚13厘米。底座长84、宽52、高11厘米。碑文楷体，16行，满行37字。额题“重修碑记”。现存介休市义棠镇小宋曲关帝庙。

【碑文】

（碑阳）

重修關聖賢廟記

縣邑之西北去城十里許有鄉焉，其名曰小宋曲，至其鄉，稍轉而南，舊有關帝聖賢廟一座，年久敝壞，不足以庇風雨。有糾首羅姓者諱鳳翔，號虞峰，係城中人，有莊田於此，因居焉。其人原聰明人傑也，目擊其壞而心不忍，迺屬本鄉之耆□陰也旺、張興等而議曰：古人立廟，原有意義存焉，蓋謂南來一路直衝其鄉，觀其形勢，若箭之射人，非立廟以鎮之，將必有殘疾不完之人出焉，其所系盖甚重也，可任其敝壞而不為之所哉？眾皆欣然曰：羅公之言是也。於是各出資財，修其敝壞，補其缺略，有正室一楹，室前有卷棚，棚前有門樓，樓前有掩壁，雖未及其規模之大，而周圍攢構□節相連，儼然一清雅之所也。迺復粧飾其聖像，加以冕旒，增以帝服，一如我明褒封之旨意焉，且以其功勞繪之以於壁間。噫！亦可謂完且美矣。而厥功實不逾月而告成，因求記於予，予曰：人以依神者也，神以衛人者也，況我明之褒封，豈不彰明較著也哉！今鎮茲，坐其□災捍患，保此一方之人，常享其福壽之慶也，又不待言矣。或曰：□村僻陋，廟宇狹隘，神其據我乎？予曰：不然，神之至也，不在廟貌之巍峨，而在人心之感召。人心苟誠，則我之精聚神之精，諒必有洋洋乎如在其上者矣，又何慮神之不我據哉？予非嫻□詞者，惟是以诚之一字為一鄉望云。是為記。

天啟五年歲在己丑孟春之吉

介邑貢士劉重光頓首拜撰

邑人王國雄、羅鳳翔書

住持道士王静安，門徒喬真禄，門孫葛常静

糾首：羅鳳翔　陰天志　陰崇光　陰崇榮　陰崇明　張大剛　陰天明　陰光良　陰光偉　陰天恩　張禄　陰光喜　張計　陰光仁　任守賢　陰國貞

功德主：陰光旺　張興

石匠：李明付

（碑阴）

陰崇明妻任氏施銀五兩

施銀三兩：陰光旺　陰光偉

施銀一兩五錢：羅鳳翔　張興　陰光仁　陰光寵　張明旺

施銀一兩：陰天知　張繼　陰光喜　任守國　陰光興　張禄　張時法　張玉錢　陰崇光　陰崇榮　任守濤　段汝寧　張厚

施銀五錢：梁貞　王時元　張秋　陰光圓　秦時洪　溫啟宏　陰光選　段汝才　梁守清　任守公　宋時夏　陰崇威

施銀四錢：陰光秋　閆國忠　陰國貞

施銀三錢：王時新　陰在彩

施銀三錢：陰光夏　陰國清　段汝興　任亮　任守善　安尚全　陰國立　閆永光　任國權　任守德　王國貞　陰光友　任天寧　王鼎　王都　任剛　任中賢

施銀一錢：任天元　閆國義　安永立

施銀二錢：陰天奇　任守全　李汝元　陰光陰　王世郎　張洪　任萬榮　任天恩　陰廷旺　陰天元

任守美　陰天俊　閆天輝　任福林　張國秀　王國俊　任國玉　王大堯　李國臣
王時林　王時聰　閆士英　王全銀

施銀一錢五分：陰光良　王天鼎　閆才□　閆才登

施銀一錢：宋惟光　王時璽　張天興　溫國傑　董德□　任景春　李彥芳　王國雄　劉時美
王時化　李崇福　李崇計　李彥才　任守重　閆國卿　任守才　張東正　李天寵
閆國選　梁天倉　任根　陰崇利　□時順　□□秀　李天□　溫第　張時明　段良宰
任景賢　王天臣　張選貴

施銀五分：降元祥　□福　陰光通　王天昶　梁文滿　李崇旺　任守深

張時福銀五分　郭妙龍銀五分　梁妙信銀三分　梁妙進銀二分　寬師銀一分　郭妙元銀一分
閆妙喜銀一分　田妙佑銀一分　李妙旺銀一分　宋妙臣銀一分　田妙興銀一分　劉妙貴銀一分
陰妙善銀一分　降妙空銀五分　孟妙英銀五分　梁妙元銀五分　降妙羽銀三分　秦妙洁銀三分
溫妙元銀三分　常妙林銀三分　張妙德銀三分　梁妙善銀三分　王妙卿銀二分

施銀三分：孟德世　李應敏　羅恩

重修可罕庙碑记

【简介】

明天启六年（1626）勒石。红砂石质，圆首。碑首高30厘米。碑身高130、宽70、厚20厘米。底座长73、宽46、高38厘米。碑文楷体，正文15行，满行42字。额题“可罕庙重修记”。碑下部断为三块，其中一块缺失。碑面数处风化。府庠廪生宋可大撰文，本村张宝书丹。现存介休市龙凤镇张壁古堡可汗庙。

【碑文】

重修可罕廟碑記

邑之東南張壁村，綿山環亘焉。土地肥潤，人居稠密，誠南鄉之巨擘也。兼且五日一雨，十日一風，旱魃不為災，蝗蟲不入境。適其地，見其嘉禾遍野；問其人，咸頌年歲豐登。原厥所繇，非神之呵護默佑不至。

此村惟有可罕廟，創自何代，殊不可考。而中梁書“延祐元年重建”云，第年深日久，牆垣不無傾圮，彩色不無剝落，睹故宫而泣下者有之。于是僧人寬節慨於衷，約與村之善士天禎、大權等曰：可罕神，一方之保障也，廟宇如是，于心安乎？禎等皆勃然曰：師之所言，實眾人之素志也。即書名捐資，鳩眾興工，修墜舉廢，革故鼎新，以基址則壯固也，以彩色則璀璨也，飛漆流丹，奪人心目，視昔之傾圮剝落，皆大不侔矣。則歲時祭享，何至遺人以風木之悲哉。

余嘗瞻禮其地，眾謁余為記。余□為，可罕，夷狄之君長也，生為夷狄君，歿為夷狄神，夷狄之人宜歲時薦俎焉，以我中國之人祀之，禮出不經，然有其舉之，莫敢廢也，況神之福庇一方，護佑眾生，其精英至今在，其德澤至今存，則補葺安可廢，而祀典又安可缺耶？且旁有子孫聖母祠，復同時振飾，則啟我後嗣、保我嬰赤者，其慈烏可殫述乎？而答報之貺矣，亦烏可少者？

是役也，起于萬曆肆拾柒年之秋柒月，告竣于本年之冬十月，何□□□速哉？緣人之趨事者亟耳。故一時與事之人，咸汲備勒于石，以垂不朽云。是為記。

時大明天啟陸年柒月吉旦

府庠廪生宋可大沐手拜撰

本村張賨沐手拜書

起意：本村香老：賈大禎　張大權　張全　賈節　賈相　張義

糾首：張大寧　張□□　□□□　□□□　□□□　王正邦　張登　張貴　張志　張強　張陽　賈守臣　賈汝利　賈政科

住持僧人：寬節　徒□□□　□孫道英　道俊

木匠：榮時安　男榮和□

石匠：張時興　男張國秀

重修可罕廟碑記

邑之東南張壁村綿山環亘焉土地肥潤人居稠密誠南鄉之巨擘也焉且[illegible]日一雨十日一風[illegible]此村

不為災蝗蝻不入境適其地見其嘉禾遍野問其人咸頌年歲豐登原所[illegible]非神之呵護[illegible]然[illegible]不至[illegible]惟有

可罕廟創自何代殊不可考而中梁書延祐元年重建云第年深日久墻垣不無傾圮彩色不旦剝落觀[illegible]宮

而泣下者有之于是僧人寬節慨於衷約於村之善士天禎大權等曰[illegible]

可罕神一方之保障也廟宇如是於心安乎禎等沓勃然曰師之所言實衆人之[illegible]意也即當[illegible]指[illegible]

工修墜舉廢革故鼎新以基址則壯固也以彩色則璀璨也飛[illegible]流丹奪人目視昔之頹圮[illegible]則[illegible]大[illegible]

侔矣則歲時祭享何至遺人以風木之悲哉余嘗瞻禮其地衆請余為記余為

可罕夷狄之君長也生為夷狄君歿為夷狄神夷狄之人宜因時為祖焉以我中國之人祀之[illegible]

有其舉之莫敢廢也況神之福庇一方護佑衆生其精英[illegible]今在其[illegible]澤至存則補葺安可[illegible]

安可缺耶且傍有子孫聖母祠復因時振飾則啓我後嗣佑我嬰赤[illegible]其[illegible]子而[illegible]

烏可以者是役也起於萬曆肆拾柒年之秋柒月告竣於本年之冬十月[illegible]代[illegible]人之[illegible]

耳故一時與事之人咸得備勒於石以為不朽云是為記

[illegible]音

大明天啓陸年柒月吉旦介庠廩生宋可大沐手拜撰 本村張宝沐手拜書 [illegible]紀首 張大[illegible]

[illegible]賈天禎 張全 賈相

起意[illegible]香老 張大權 賈郭[illegible] 住持僧人寬節

重修后土庙碑记

【简介】

明天启七年（1627）勒石。青石质，圆首。碑首、碑身通高169、宽77厘米。碑文楷体。额题“补修庙记”。镶嵌于介休市后土庙娘娘殿后墙内。

【碑文】

重修后土廟碑記

則聞神道設教，先王所以愚民；廟貌時新，君子用將明信。故報德報功，具載祀典，而宫寢殿宇，實緊式憑。矧茲后土古蹟，敕賜太寧，刱建幾更世代，修葺疊現累朝，位次乾地，翊配皇天，盖取諸坤承之義焉。崔嵬峻峙，爽塏軒翥。居甞金碧焕昭牛斗，丹漆燦著雲霞。睇觀其内，蒼松翠栢，氤氲鬱葱，隱隱隆隆，赫若神威震熠，靈爽玄通。陟降上下，直攝人精氣之微者，允壯一方勝覽，洵佑四境生靈。宇内人蔑不戶祝駿奔，一似賓□頭之赴諸天者。然兼以左統玄武，右總三官，下建九曜三曹，綦置明肅，於以福善禍淫，如響應云。無奈歲久剝瘁，風雨敝壞，属者城垣砌毁，水漬行宫，糾首梁廷儒輩咸為惻然，督諸住持道士岳静玲募緣重脩，遍懇檀越，各輸囊槖不等，其以虔誠竭願惟均也。一整飭間，而廟貌較前增煒，神道視昔彌弘矣。諸君戮力之功不可少也，善士福利之報寧有既耶？工竣鐫之貞珉，盛事垂於永世。

本邑舉人孺慕梁忻薰沐謹譔

三清觀道士宋□□書

時天啟七年歲次疆（彊）圉之洽單閼八月中秋吉日立

原任巡按福建監察御史喬承詔同男施銀□兩，原任兵科右給事中董承業施銀□兩，奉政大夫、河南衛輝府清軍同知□王化同男……

糾首：梁廷用、梁廷儒、梁行德、梁生鳳、梁正貴、梁□桐、梁誠明、梁懋德、梁清□、梁忭

本廟住持道士岳静玲，門徒……侄趙真鐳，徒孫翟常清

重修元土廟碑記

嘗聞神道設教先王所以為民崇祀時祈名子用祈明信故報德報功具載祀典而宮殿字實繁式

憑剏於居土古號初賜太學初建後更世代修葺益見景觀位次乾地朔記

皇太盍取諸坤承之義爲崔嵬峙突豈軒昂居當金碧煥彩牛斗丹漆爍著雲霞聯觀其内蒼松翠栢

氤氳鬱葱隱隱隆隆赫若神威震耀霹靂玄通陟降上下互攝人精氣之微者充塞一方覽洵佑四

境生靈守为人蔑不尸祝發奔一致爲靈所之赴諸大者然無以左旋玄武右繞三官下達九曜三曹

共昭明補於以福善禍淫如響應云無奈又剝落風雨敝壞屬者城垣砌牧水漬侍宫前首梁连傾

並咸爲惻然晉諸住持道士岳靜全募緣重修道經檀越各捐囊橐不等其以虔誠竭願維均也一登

餘間而廟貌較前增崢

神道視昔彌弘矣諸君戮力之功不可少也普士福利之報寧有既耶工竣囑記勒銘垂事於永世

本邑宗人梁慕梁忻 撰

三清觀道士宋 書

本廟住持道士岳靜全 門徒

徒侄延真 徒孫

晋天啟七年歲次強圉之治單閼八月中秋吉日立

原任巡按福建道監察御史介休張詔問 男延長

原任兵科右給事中 張

泰故大夫河南 府同知

進 授 訓 導 門 男

梁廷儒 梁廷貴 梁世德 梁 楷

紀首 梁廷用 梁王 梁誠明

梁行德 梁桐 梁清吉

重修王右师庙碑记

【简介】

明崇祯三年（1630）勒石。青石质，圆首。碑首高30厘米。碑身高120、宽68、厚18厘米。底座长80、宽50、高44厘米。额题“皇帝万岁”。碑面被磨，字迹不清。现存介休市绵山镇兴地村龙天庙。

【碑文】

（碑阳）

重修王右師庙碑記

大凡光被之宏者，其尊親自遠；思慕之深者，其追祀必厚。邇齊魯之跋，見臨淄即墨，崇祀上卿曰：轉附朝儛之下，澤潤生民者，皆蚜鳌之大有造也，□□赤子睹巨津而思大夫之功，不啻淪肌洽髓。然迨至吾鄉，聞興地、旌介两鎮沾東谷細流之澤者，感頌齊卿之大有造于西也。晉人之勤礼，不減齊士之敬養，整飭庙貌，歷久若新。適香耆會同本村衆姓人等請予為法，及造其聖域，謁衆承謙謙之度，一若朝暮見賢之容，豈德於孟夫子之感，悟樂正子之補袞力助。爰相其形勢，北倚青岐，南臨綘翠，度其基址横尋，從如其横而加尋焉，核其堂奥，正殿三間，主祀卿相，東翼三間兼祀水草牛王，西翼三間，兼祀昌胤聖母，两廊各三間，献亭三座，儀三間，旁五間，成象成爻，若天造地設，神所憑依，將在是矣，是以敢私言之。水草牛王、子孫聖母，金粧焕然一新。

靈石縣静介里一甲恭議何友花仝□長等古來有地，村蚜鳌廟後地二段叁畝，東西俱至道，南至焦時恭，北至溝，情愿捨與興地村蚜鳌庙永遠作業，隨地帶到秋粮伍升。日後立石為記，同戶長何應謙、何愛民、何天民。又有本縣西北坊溫克勤有澗南沙圪闊地貳畝，隨地帶到秋粮伍升，地基價銀柒錢使过，山上租銀壹拾貳两，有古即李姑岩道場一處，東至柱口楔，南至牛槽溝，西至龍岩會，北至店則去。

施財衆姓人：西南坊醫官王夏，男生員王廷伊、王廷傳，孫王大基、王永基施銀一两，生員王佐才、王英才、王賢才施銀三两。西北坊溫才恩，男生員溫禹謨、溫皋謨，孫男溫而雅施銀貳两。本里馬永旺，男馬正嘉、馬正鶴施銀貳两。生員董翼龍施銀三錢，生員石化玉施銀二錢，生員梁佐才施銀三錢，生員董爾型施銀二錢，生員陳舜卿施銀三錢。李元英施銀壹两，李如桂施銀伍錢，溫才清施銀三錢，溫才善施銀三錢，溫才美施銀二錢，溫學易施銀三錢，溫學禮施銀五錢，溫如流四錢，溫受福施銀五錢，溫受祿施銀五錢。

崇禎三年七月二十七日，起意香老王永旺　焦時潤　溫才清　溫如流　李士桂　李旺紀　申榮　李如棋　郭文純　李育才　溫克儉　喬奉應

督工香老：陳威　洪德

靈瑞生員何天民拜撰　立石

（碑阴）

蚜蚄廟碑

陳威　銀一两　　溫嘉證　銀一两　　李翰才　銀一两

韓正　銀七錢　　王永旺　銀六錢　　王永興　銀五錢

岳希盛　銀五錢　　李茂才　銀五錢　　李育才　銀五錢

馬□金　銀五錢　　何先則　銀五錢　　王道順　銀四錢

郭文雄　銀四錢　　焦時潤　銀三錢　　李士桂　銀三錢

溫克儉　銀五錢　　陳才　銀三錢　　任公旺　銀三錢

李登榮　銀三錢　　陳天才　銀三錢　　溫如林　銀三錢

溫光義　銀四錢　　李時正　銀三錢　　郭文能　銀三錢

溫應達　銀三錢　　陶時厚　銀三錢　　韓得　銀三錢

李春泰　銀三錢　　王仲義　銀三錢　　溫光禮　銀三錢

重修玉石師廟碑記

溫光信　銀三錢　　溫秋季　銀三錢　　陶六義　銀三錢
霍州韓得付　銀四錢　霍州韓得支　銀一錢　李明紀　銀三錢
李科　銀三錢　　溫侵吼　銀一錢　　李如櫃　銀二錢
溫可福　銀三錢　　溫受花　銀二錢　　馬永興　銀二錢
溫東元　銀二錢　　康正恭　銀二錢　　李元厚　銀二錢
張朋林　銀二錢　　任永旺　銀五錢　　李永旺　銀二錢
何興倫　銀二錢　　王道安　銀二錢　　韓時祿　銀二錢
溫洪世　銀二錢　　任友付　銀二錢　　王道明　銀二錢
李如棋　銀二錢　　王道臣　銀二錢　　王道倫　銀二錢
申榮　銀一錢　　李旺　銀一錢五分　　張科　銀二錢
范尚立　銀一錢五分　　溫世亨　銀一錢　　韓應亮　銀一錢
韓時節　銀一錢　　王尚德　銀一錢　　李明科　銀一錢
陳天保　銀一錢　　宋明祿　銀一錢　　岳希才　銀三錢
馬汝恩　銀一錢　　韓時福　銀一錢　　溫大剛　銀二錢
陳文付　銀一錢　　溫如祿　銀一錢　　李登　銀一錢
申福　銀一錢　　李良　銀一錢　　陶宗穩　銀一錢
馬正祿　銀一錢　　馬正女　銀一錢　　段良周　銀一錢
柏東海　銀一錢　　溫士英　銀一錢　　劉進德　銀一錢
薛精　銀一錢　　溫應俊　銀一錢　　劉興　銀一錢
王道通　銀一錢　　任莊　銀一錢　　張定　銀一錢
陳恩　銀一錢　　郭邦宰　銀一錢　　閆邦明　銀一錢
李應俗　銀一錢　　李希旺　銀一錢　　李明臣　銀一錢
李登科　銀一錢　　蘇務　銀一錢　　溫洪福　銀一錢
韓時智　銀一錢　　劉計才　銀一錢　　溫才明　銀一錢
郭文莊　銀一錢　　任明旺　銀一錢　　溫才友　銀一錢
李明穩　銀一錢　　岳汝金　銀一錢　　岳尚厚　銀一錢
岳汝元　銀一錢　　郝汝才　銀一錢　　李養志　銀一錢五分
馬勝旺　銀一錢　　李俊如　銀一錢　　王應秋　銀一錢
申貴　銀一錢　　焦時光　銀一錢　　溫永義　銀一錢
喬奉應　銀一錢　　段希登　銀二錢　　降天存　銀二錢
史良周　銀一錢　　陳王仁　銀二錢
本村張時和捨地一處
本縣石匠：左得資　任莊
昭廟人史成栽松、朴树二个
守廟人：李明臣
敕賜興國寺眾僧　洪朗　銀三錢
普川　銀三錢
普尋　銀二錢
廣魁　銀二錢
廣孝　銀一錢
本寺周福　徒洪億　拙書

皇明晋阶中议大夫太仆寺少卿献荩乔先生墓志铭

【简介】

明崇祯十年(1637)勒石。青石质。无盖。志石长101、宽71.5、厚13厘米。志文楷体,53行,满行44字。1989年5月宋古乡梁吉村出土,现存介休市博物馆。

【志文】

皇明晉階中議大夫太僕寺少卿獻藎喬先生墓誌銘

賜進士出身戶部觀政通家眷晚生田芳頓首拜撰

賜進士督理遼餉兼巡撫天津等處備兵防海贊理、征東軍務兵部右侍郎兼右僉都御史年弟鄭宗周頓首拜書

賜進士巡按直隸真順廣大四府兼管關務綜核將領監察御史年弟王槐秀頓首拜篆

先生諱承詔，字揚明，別號獻藎，籍介之西南坊人。曾祖鉞，祖騰。世惇孝友，著清望，生名山公峻，誥封中憲大夫、太僕寺少卿，為邑庠生。父行冠介上，喜隱行；德配王氏，封恭人，即先生母也。先生生而岐嶷，少負大志，治二戴記跡，攻經生業，不沾沾帖括家言。汲塚禹穴，探奇博異，間馳騎購書清泉，千餘里所過名山大川，捫蘿問渡，憑弔往哲，上下千古比捆。歸則下帷苦吟不輟，乞居距齋頭不數武，或至窮年不一問家人生事，蓋其于文學覃精，天性然也。壬辰冠軍介士，明年癸巳，膺恩選第一入對。客燕邸，慨然曰：丈夫生逢明聖，不能奮跡青雲，馳驅王路，而糜微糈，匏落陸沉，無所短長於國家尚論之謂何，何誦讀之為也？尋著《勸心言》，几上而取古窮愁奇刻名人自況，蓋其志念深矣。懼功名不立，春秋逾邁，日皇皇垂白，尊人嗟咨訓誡，不克先鼎食爾。公事親純孝，奉太翁及太恭人晝色養。蚤失恃，事繼母一如其所生，異母弟藹然友也。癸卯登賢書，庚戌遂成進士，筮仕南宮。公方以強出，高堂行爾。介故數十年無第者，公始之，而復承歡燕喜，具美一時，相傳盛事云。蒞南宮著循良譽，南宮之董家廟，商稅等候其地者博潤焉。公遽革，不使其羨污也，徵畝稅亦如之。南宮素悍，逋負而無不樂為。公家用則公，清正豈弟，而訓擾之也。至嘉惠子衿，澤溉枯骨，嫠弊興槁，不啻捄拯焚溺。士大夫百姓歌之，碑勒之，構堂而俎豆之，臺使者薦言捃至，蔑不謂燕臺一裙也。秩滿，擢御史，執簡抗論，不懾權貴。尋按閩，故事移訪訃贓獲，公謂真豪多營窟，而株連無辜，干和造物，心實憐之，遂已。其巡事風采諤諤諸，激揚震厲，閩海肅清。會紅夷寇，公督兵剿殺之，相機指授，伏險道，生擒渠魁喧叭、擠哥十二人，獻俘闕下，然公不自功也，則曰：天子之靈，諸多士之力。而公去，而按閩者為會稽姚公，疏稱“精貴貫日，壯略擎天。前按臣不自言，而臣實心下之”等語。追薦凡三，上載姚稿，朝士紳類能言之，莫不仰公之忠事而含章也。監闈試，平和之顏子異才也，文成五經真稾，具先是以違格罷斥者再矣。公曰：否，士子風簷中不能備一經，況五乎？才而錮之，無監臨以也。命遵制錄其本經遴之，已獲售，遂特疏請旨，久之，甲戌為今上欽取一人，則公之愛才而挺然擔荷，光明侃直，士林偉之。比按歸，杠十餘皆書帙，露裝入第，道路目者咸有鬱林之歎。無何，以疏薦左楊忤璫，謫其官，則蕭然行李歸，杜門乎一編矣。里居之日，所課授惟青衿子數人，所酌唯斗酒，所嘯詠惟松竹□書。而貴官過從及縣庭不一投刺，攸然意自適。而至於百姓疾苦不獲上聞者，則又未嘗不為之請命。厚族姻，時給秫粟，助婚喪，而介庠士子尤多惠。育二稚燕樂，油炭饋贈之類加而無已。曰：吾休暇里中，歲時伏臘，與故人同杯瀝，而二三髦士皆吾徒，聚樂唱和之雅事也，浮沉宦海何居乎。會姻親楊與人訟擬罪，公不為囑也，則陰使人致贖金，其曠淡高寄，介介矜守類如此。歲饑，多為賑邮，則旅拾而乳存者男二人、女五人。方是時幾艾未嗣，公及梁恭人日夜祝憂之，而至德之感，蹶然舉丈夫子，英茂秀出，鄰邑人皆德公，為手額稱歎。其居太翁喪，哀毀累累，三年無嘻色。樗散自喻，蓋公決志山林久矣。戊辰，上興恩起廢，用刑垣薛公薦，仍擢公北京畿御史，未浹歲晉同卿，是為己巳。奴入犯，則其冬十二月也，公奉旨督齊化門嚴飭，多運奇略，然寒甚，京軍多以凍死。公惻焉，捐俸三百金為制裘被，憐而生之。明年，催餉秦中，道汾上，人望錦焉。公曰：君言不宿於家，稚子即呱呱泣，吾豈以家為哉？過門不入，勞於王事。先生以之而竟以卒於秦。嗚呼！此其志之可悲者也。入秦竭蹶襄事，甫十日即得餉十之三，時多之。而公念驛及百姓之苦，即奉旨督催，夫

上编　现存石刻

役飲食服用，率自顧給，而不以官致。時延慶平罹兵荒餉棘，上下苦之。公慨然上疏，條三郡災狀，乞緩其徵，秦人益以德公，一如南宫之德而歌，歌而碑祝之也。居秦署移文，窮日夜勞劇，既感疾，猶時□削簡命史，卒之日，方書答王中丞，稿成而逝，容色如生。然病革惓惓，以不獲報命為憾，不一及家政。所謂鞠躬盡瘁，死而後已，公殆古名大臣之選矣。秦王嘉其賢，禮以五百金之棺棺之，同年中丞王以數十金殮之，而署中蕭然無長物。比論定入祀鄉賢，則邑之里人、士大夫公列其狀，督學袁公廉而上之。俎豆千秋，用光大典，時丙子之夏四月也。先生亦可謂不朽矣！所著有《綱鑒彙編》六十四卷、《喻錄策選》諸書行於世。先生生於嘉靖四十三年十月十五日，卒於崇禎三年六月十七日，壽六十有七。母王恭人，繼母鈕氏、郭氏、梁氏、溫氏、侯氏。梁生仲弟承誥，太學生，任涿州同知，升都經。溫生季弟承謨，附例太學生。而公其長也，娶董氏，繼侯氏，俱贈恭人；又繼張氏、郭氏、張氏、梁氏，封恭人，壽官梁君元祉女。子一，遷，未冠入庠，娶吏部董公直愚女，繼娶孝義劉庠生源深女，梁出。女一，適壽官孟君應期之子太學生衛孔，侯出。孫男一，聖瑞，董出，聘孝廉馬公初登女。女殤。其新兆則於縣之西北三里許，而葬期則崇禎丁丑十一月之廿日也。銘曰：公德不倫，公庸不磨。爰及孫子，龍文者驊。洪波回激，天峰嵯峨。鬱鬱浩氣，以作山河。

清（顺治——嘉庆）

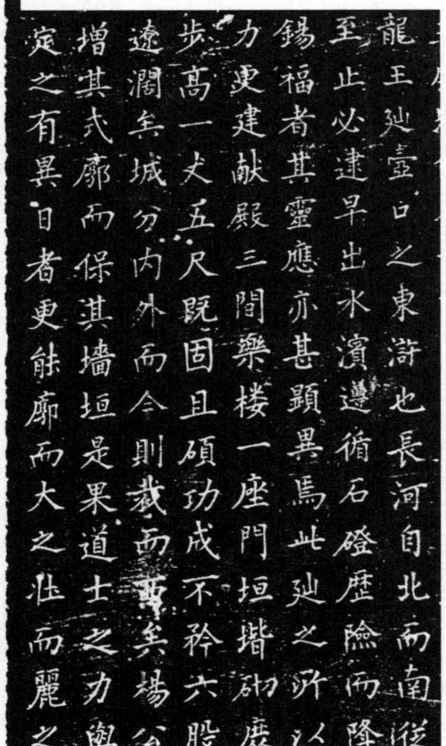
龍王廸壹口之東滸也長河自北而南從
至止必逮早出水濱邊循石磴歷險而降
錫福者其靈應亦甚顯異焉此廸之所以
力更建献殿三間樂楼一座門垣堦砌廢
步高一丈五尺既固且碩功成不矜六股
遠濶矣城分内外而今則截而[illegible]矣楊公
增其式廓而保其墻垣是果道士之力與
定之有異日者更餘廓而大之壯而麗之

重修岱岳碑记

【简介】

清顺治九年（1652）勒石。青石质，圆首。碑首高23厘米。碑身高117、宽57、厚12厘米。底座长75、宽40、高38厘米。碑文楷体，正文4行，满行42字。额题“皇帝万岁”。碑阴额篆“重修岱岳碑记”，内容为功德人名。现存介休市绵山镇小靳村东岳庙。

【碑文】

（碑阳）

縣南三十有都曰小靳村，本村有廟□曰東嶽聖，其來遠不可考，以為鄰近各都之保。每年三月貳拾捌日，拾捌村輪供其神，迎獻其盛，一□之民，莫不享其靈護，任上貢求仰神庇佑。歷年久遠，殿宇不清，缺少獻亭、戲樓。有本村鄉耆陰汝海、郭應科、陶大功、陶應興、陳天賜陪同主持僧海玉，會及眾鄉募化資財重整殿宇，補建獻亭，戲樓復整為新，神人共妥。略記其及，今將施財眾姓開列於左。

獨樂村糾首　宋天職

獨樂村出銀人數：

禮部儒官宋國禮　施銀叁兩三分

邑生進士宋壽傑　施銀伍兩　　宋添注　施銀叁兩

宋其禎　施銀壹兩　　宋增積　施銀壹兩叁分

宋國科　施銀壹兩二分　　宋從禹　施銀壹兩

宋得起　施銀壹兩　　宋從舜　施銀伍分

宋守欽　施銀伍分　　宋　坵　施銀壹兩

郭奇才　施銀柒分　　郭希才　施銀柒分

宋國智　施銀三錢　　張應汨　施銀三錢

溫士恩　施銀一錢八分　　王奉元　施銀一錢五分

陶大全　施銀二錢

大靳村出銀人數：

王汝興　銀壹兩三錢　　王應好　銀壹兩　　王應科　銀壹兩

李克讓　銀壹兩　　宋大美　銀以兩　　宋繼舜　銀以兩

宋繼禹　銀伍錢　　王永順　銀叁錢　　宋國彥　銀壹錢二分

宋國璋　銀壹錢二分　　王　壽　銀壹錢二分　　宋守才　銀壹錢

宋尚元　銀壹錢　　宋學紹　銀壹錢　　王國貞　銀三錢

喬俊喜　銀二錢　　郭進友　銀二錢　　王永孝　銀二錢

梁士玉　銀三錢　　王□業　銀二錢　　王永立　銀二錢

王國臣　銀二錢　　王汝厚　銀二錢　　宋發詩　銀一錢

宋尚秀　銀一錢　　張應孝　銀二錢　　宋國廉　銀一錢

吉啟秋　銀一錢　　宋國孝　銀一錢　　梁承興　銀一錢伍分

王應臣　銀一錢五分　　王承暉　銀一錢　　王汝旺　銀一錢

王詳奇　銀一錢　　王承旺　銀一錢　　溫國俊　銀一錢

王汝才　銀一錢　　王俊福　銀一錢　　宋朝儒　銀一錢

孟朝儒　銀一錢　　宋學倫　銀一錢　　吉汝冬　銀一錢

李尚旺　銀一錢　　宋國禎　銀一錢　　王永春　銀一錢

李國英　銀一錢　　王永俊　銀一錢　　任臣得　銀一錢

郭應興　銀一錢　　李福興　銀一錢　　宋學異　銀一錢

皇帝萬歲

宋國盛　銀一錢　宋國吉　銀一錢　張應忠　銀一錢

□莊出銀人數：

安應夏　銀五錢　宋守禮　銀五錢　楊大禎　銀一錢

安應冬　銀一錢　胡昭祥　銀一錢　宋　氏　銀五分

陶　氏　銀六分　焦　氏　銀一分

侯保村出銀人數：

宋朝玘　銀伍錢　周起元　銀四錢　封　九　銀三錢

封段弼　銀二錢　周三元　銀二錢　封學信　銀一錢

宋才就　銀一錢

（碑阴）

本縣：

生員：石耀邦　一兩二錢　趙忠梅　五錢

原任守備：王廷付　一兩　任兆福　三錢

生員：喬環　一兩　王孟高　三錢

信士：宋氏　施齋一供　男宋玉玘　二錢　高登箔　一兩

高俊喜　二錢　任一元　一兩　劉明孝　一錢一分

安魁　一兩　張國興　三錢　郭郗祿　二錢

文才福　一錢五分　胡思榮　一錢　焦正英　一錢五分

劉承福　一錢　焦正忠　三錢　焦立謙　三錢

焦正熊　一錢五分　焦國仁　一錢二分　焦樂壽　一錢

焦國好　一錢　焦立旺　一錢

焦家堡村出銀人數：

焦國通　三錢　焦正興　二錢　焦旺英　一錢二分

焦得安　一錢　焦正孝　一錢二分　焦正選　一錢

焦正翔　一錢　焦玉龍　一錢　焦國立　一兩

焦汗英　伍錢　焦正恩　三錢　焦國雄　一錢伍分

焦乃秀　一錢　焦正光　一錢　焦國臣　一錢二分

焦崇念　一錢　焦濤秋　一兩　焦永寶　三錢

焦崇保　二錢　文心旺　一錢伍分　焦立壽　一錢

焦壽祿　一錢　焦旺縣　一錢　焦奉全　一錢

宋大貞　五分

陶家莊出銀人數：

谷雄邦　一錢伍分　安壽旺　三錢　郭應太　五分

安起奉　五分　宋國雄　一錢　任國艾　一錢

宋永庫　一錢　曹命積　七錢　溫都龍　一錢

張時旺　一兩三錢　張時海　八錢五分　宋世福　三錢

宋邦享　一錢　宋玉房　二錢　宋文秋　二錢

宋百才　一錢　武小歪　一錢　梁應泉　二錢

鈕寬裕　一錢　張時福　一兩三錢　陳子才　七錢

宋旺都　五錢　張國旺　三錢　宋國英　三錢

宋國旺　二錢　張士元　一錢

上壽村出銀人數：

鈕一登　二錢　韓國□　一錢

萬光村出銀人數：

張修　一兩　宋元貞　五錢　宋作棟　二錢

宋得壽　五錢　宋旺洪　一錢五分　武志威　一錢

馬堡村出銀人數：

宋文壽　一兩　宋文夏　五錢　任奉臣　五錢

任奉強　五錢　宋文英　二錢　武旺　一錢

本村：

陳天賜　二兩五錢　郭應制　一兩五錢　向宗禹　一兩三錢

郭應林　一兩三錢　陰汝海　一兩二錢　陶大恭　一兩二錢

陶應興　一兩二錢　陶士滿　一兩　陶應芳　一兩

任助　一兩　李進旺　九錢　陶應旺　六錢

郭海旺　六錢　王俊榮　五錢　杜化龍　五錢

王汝宰　五錢　陶宗喜　五錢　陶應賢　四錢三分

陶應達　四錢　陶應發　五錢　郭應魁　五錢

陳天順　五錢　陰汝海　五錢　高汝俊　四錢

陶應度　四錢　武深山　四錢　高汝英　四錢

趙文智　四錢　陶應好　四錢　郭位　三錢

陶大福　三錢　陶大禎　三錢　陶大才　三錢

陶大湖　三錢　陶大詔　三錢　陶應龍　三錢

郭應好　三錢　陳壽福　三錢　趙大仁　三錢

李善標　三錢　陶應元　三錢　焦承山　三錢

陶永壽　二錢　陶宗旺　二錢　郭螢毛　二錢

任承旺　二錢　宋玉玘　二錢　郭應壽　二錢五分

陶大智　二錢　陶大國　一錢五分　陳永旺　一錢四分

焦承登　一錢二分　陶大元　二錢三分　陳天詔　一錢五分

陶應登　一錢二分　郭福登　八分　陳大梅　一錢

李氏　一錢二分　薛國榮　一錢五分

順治九年四月二日

起意開工脩造化住僧人寂興　門徒詔寧　徒孫普益　普貴

本村糾首人：陰汝海　陶大恭　郭應科　郭應興　陳天賜

泥水匠：王金利　一錢

木匠：溫應夏

石匠人：王增　張俊

重修碑记

【简介】

清顺治十一年（1654）勒石。青石质，圆首。碑首高32厘米。碑身高133、宽73.5、厚14厘米。底座长80、宽54、高35厘米。碑文楷体，正文8行，满行45字，其后纠首、布施等文300余字。额题“煮汞烧丹”。现存介休市宋古乡李家堡村玉皇庙。

【碑文】

重脩碑記

介休縣離城三里西北李家堡素稱名鄉，内有玉皇廟一座，規模宏大，氣象巍峨，不知建自何朝，遠無可稽。時值多事，人皆避居城堡，迩來風雨摧折，將殿宇塌毀，金身□露，目覩心傷，人莫不歎息者矣。住持僧普源、徒廣慶發願脩緝，但功程浩大，恐微資不克濟其事。辛卯冬日，□□公□去京募化，本鄉信士侯君諱秉秀、秉福、秉祿一門積慶人家，好陰□□事，即會本鄉李君諱守榮，欣然應□。玉皇乃神人之主，一鄉之所憑依者也。予等發心已久，但共事無人，今□□□，予心慊□。侯君輸銀伍拾兩，李君輸銀拾兩，本僧迴日復化本鄉眾士，起功脩補，未周歲，聿新殿宇，金粧聖像，較前倍加其美麗也。神有所依，人心安處，庶不負先代建□之意，于是向予以□，予雖不斐誼，無敢辞，□作鄙語，以表其功德云。

順治十一年歲次甲午孟秋吉旦

庠生孟景明撰并書

起意糺首：李汝全　李汝寵　李守良　李守讓　李守春　李貢楨　李養楨　閆加仁　侯秉秀　侯秉福　侯秉祿　侯世襲

侯秉秀妻王氏施銀拾兩伍錢；李守榮施銀叁兩；李□楨施銀貳兩；侯三俊施銀貳兩；喬氏、男侯世襲施銀壹兩捌錢；劉重喜施銀壹兩伍錢；鈕登龍施銀壹兩貳錢；施壹兩人：侯秉福、侯秉祿、常明教、梁明元、郭□盛、趙登富、張進德、陶其清、張文炳、燕九德、董進賢、康正中、郭明春；施銀捌錢人：生員李養楨、閆嘉禎；施銀陸錢人：孟開祥、李汝寵、李先榮、張文新、安□輔、王□□、師輝□；施銀伍錢人：段承緻、宋可興、張福寿、弓天成、董福魁、石玉芳、宋之禎、鄭時化、鄭全命、藺□、趙國元、李躍龍、王好善、紀應科、閆國印、張士逸、李逢春、楊君□、李□木、趙□□、□□□、李為標、任萬顏、朱承恩、田鳳、王加科、王九祿、侯三才、武振兵、喬應選、趙應睿、常應荐、王建□、馬成龍、張士光、董皇萊；女善人：剌氏、白氏、杜氏、史氏、楊氏、侯氏、□妙□……壹两伍錢

重修白云洞碑记

【简介】

清顺治十三年（1656）勒石。青石质，圆首。碑首高17厘米。碑身高100、宽58.5、厚12厘米。底座长64、宽36、高24厘米。碑文楷体，正文12行，满行44字。额题“重修云洞碑记”。现存介休市绵山风景区大罗宫顶层白云洞。

【碑文】

重修白雲洞碑記

凡物之興廢有時，成毁有數，從來天下國家及與宫觀寺院，無非此理之循環，尤窮其要之数至時可，又必得任事之人出焉，乃克相與以有成。如斯洞者，其所以得名，與其肇造於初者，俱不可詳。

我明之末，則上人義光道號明菴者，寔住持焉。上人之潔清自好，師表禪門，膾炙人口，姑不具論。獨記歲在乙酉，闖王方熾，余曾寄寓于此，撫懸崖之壁立千尋，未嘗不愛斯洞之險峻天成，羡上人之安樂得所也。然而，目擊時事，未免有陵谷变遷、滄海桑田之慮。嗣是以往，果爾兵焚相繼，家室流離，勝境福地悉為寇盜縱横之所，而斯洞亦不獲安静如昔日矣。兼以上人脱塵神遊淨土，塌毁日甚，整理無人，向之避亂安居，其不與斷草荒榛同歸無用者幾希。

幸有其四代孫諱惟誠號敬心者，慨然以重修之責為己任，既不忍以先人数傳之業自我而隳，又不忍以歷代遞延之基自我而壞。爰是募化十方，力為修整，而斯洞乃又得焕然改觀矣。謂非其時数之所為不可然，吾終歸功於乘時数以舉事之人也。工竣，索記於余，余始也憂其毁而廢，今也樂其成而興，能不為之欣然援筆哉？辭之固陋，所不假計矣。

時崇禎己卯科鄉試舉人溫旌光薰沐述撰

生員溫封光五兩	生員溫啟光五兩	舉人溫旌光五兩
貢士馬登高五兩	生員馬綘啟五兩	生員梁星炳三兩六分
李朝貴二兩八分	李開元一兩二分	張益秀妻任氏三兩
武應龍一兩二分	宋從舜三兩	宋從禹三兩
溫光禮三兩	宋必亨一兩二分	馬伯奇五兩
宋應選一兩二分	任門張氏一兩	武宰李氏一兩二分
李朝位一兩二分	張天宰一兩二分	孫守禮一兩二分
郭連城六分	韓德一兩四分	張天海一兩二分
溫國良一兩二分	任門張氏三兩	宋應丁一兩二分
胡明祥一兩二分	張得才一兩二分	張洪印三兩
韓俊六分	張榮六分	郭金湯六分
韓斗牛六分	張其良六分	梁魚龍一兩
王門賀氏一兩二分	冀良印一兩二分	魏玉性一兩二分
安邦及一兩二分	宋一福六分	安應奇六分
馮應洪一兩二分	張國棟一兩二分	馮光一一兩二分
鈕寬心一兩二分	宋之立一兩二分	喬應其一兩二分
劉光州六分	郭進才六分	

自己置旌介村回香水地三畝，羊桃地七畝，共計粮三斗二升。

興地村徐家塋地三畝，南边沙地三畝，平道口坡地三畝七分，桃林沙地四畝，圓盤地上下二段地二畝，原上溝兒地三段地三畝，共計粮五斗三升。

師祖置地二十九畝　孫徒覺會　覺英　覺道　門徒惟誠　門徒惟詳　門徒惟玄　尚慶　尚吉　尚福

時大清國順治十三年二月吉旦立

僧人性澄書，石匠王自仁鐫

重修
白雲
洞碑記

重修白雲洞碑記

凡物之興廢有時，成毀有數，從来天下國緣及興宮觀寺院無非此理之循環，然[illegible]要之數至時可，又必得住持之人出焉，乃克相與以有成。如斯洞者，其所以得名與其肇造於初者，俱不可詳考。明之末則上人義光道弘明來者，寔住持焉。上人之徒清自好，師表禪門，膽為人且然，不具論。獨記歲在乙酉，聞王中嘗寓于此，拍思[illegible]之堅立千尋，未嘗不愛斯洞之險峻天成，美上人之安學得所也。然而目擊時事，未免有陵谷變遷、滄海桑田之[illegible]。是以往果爾，其後胡繼，家室流離，勝境福地忽為盜賊縱橫之所，而斯洞亦不獲安靜如昔日矣。兼以上人脫塵，神遊淨土，場毀[illegible]甚，整理無人，向之遊覽者，其不與斷垣荒榛同歸無用者幾希。幸有其四代孫諱惟誠號敬心者，慨然以重修之責為己任，既不忍以先人數傳之業自我而隳，又不忍以歷代遊延之基自我而壞，爰是募化十方，力為修整，而斯洞乃又得煥然改觀矣。謂非其時數之所為不可，然吾終歸功於乘時數以舉事之人也。工竣索記於余，余始也惜其毀而廢，今也樂其成而興，能不為之欣然援筆哉？特[illegible]之固陋，所不暇計矣。

昔崇禎己卯科鄉試舉人温旌光薰沐謹撰

生員温封光五[illegible] 梁從洋三[illegible] 孫守礼一[illegible] 錫俊六卜 馮應洪 自己置旌介村回香水地三厶
生員温啟光五[illegible] 宋從高三[illegible] 郭連城六[illegible] 張[illegible] 張國棟 羊[illegible]地七厶 共計良五斗二升
舉人温旌光五[illegible] 温光礼三[illegible] 韓德二[illegible]四卜 郭金湯六卜 馬光一
貢士馬登高五[illegible] 宋必亨一[illegible] 張天海 韓斗斗六卜 宋之立 與地村徐家莹地三厶南迄[illegible]地三厶
生員馬終啟五[illegible] 馬伯奇五[illegible] 温國良 張其良六卜 鈕寬心 平道口坡地[illegible]厶七卜 老林[illegible]地四厶
生員梁星炳 宋應選 任門張氏 梁魚龍一[illegible] 喬應其 圓盤地上下二段地二厶
李朝貴二[illegible]八卜 任門張氏 安[illegible] 王門賀氏 劉光州六卜 [illegible]上溝児地三段地三厶
李開元一[illegible] 武宰 李氏 胡明祥 吳良卯 郭進才六卜 共計良五斗二升
張益秀妻任氏 李朝伍 張得才 魏玉性 師祖置地二十九厶
武應龍 張天宰 張洪[illegible] 安郅[illegible] 孫徒覺會 門徒惟誠 尚慶
宋一福六卜 姪覺真 門徒惟詳 尚吉
安應奇六卜 覺道 門徒惟玄 尚福
石匠王自仁鐫

僧人惟澄書

旹大清國順治十三年二月吉旦立

重修抱腹岩碑记

【简介】

清顺治十六年（1659）勒石。青石质，圆首。碑首高38厘米。碑身高159、宽70、厚18厘米。底座长85、宽47、高49厘米。碑文楷体，19行，满行55字。刘士醇撰文，广正书丹。额题“重修古刹云峰寺碑”。现存介休市绵山风景区云峰寺。

【碑文】

重修抱腹巖碑記

縣治之南，離城五十里許，棉山之巔古蹟雲峰寺，乃大唐勑建，空王古佛化身所也。

粤稽古佛，我晉榆次邑人，俗姓田氏，繼如來之衣鉢，領西域之法器，披剃于弘濟禪林，修煉于棉峰嶽頂。金棺見足，而後闡教中邦；隻履遺踪，以來傳燈東土。無欣無憂，偃鉢結因緣之果；不生不滅，菩提開智慧之花。悟空于不二門中，覺性于大千界内。

唐主駕趋梵宇，玉趾遙臨；天王躬賫法衣，金牌下錫。高峰日近，雲霞時遠山巔；石洞天成，幡影恒蔭座右。峰房湧滚滚珠璣，晚翠映閃閃秀色。一斗泉、白雲洞奇境天成；玉兔橋、麋鹿跡僊蹤地設。般若躰雖捐，山色猶著清淨身；無遮教常存，溪聲時作廣長舌。先年曾以米汁活人，後世每以甘露濟世。不亞當時天竺，真乃見世西方。邇來歷年既久，景色漸非。風飄簷前，荒碑頹于古砌；日晒殿上，丹色剝于陽曛。廊廡塵封，石階斷落，邑人每切吁嗟，綿力不能率作。

丁酉之歲，時值亢暘，邑侯李宗師軫念民瘼，痌瘝切己，虔誠步禱，贔贔而登焚祝之，後霖雨大作，因念此佛靈應如嚮，此寺荒蕪特甚，詢諸父老，乃知此地租課佈施，歷年不減，百金盡被興地村廻鑾寺僧人稱為巖主侵入私囊。聞之不勝驚駭，乃曰：大清聖人開基定鼎，百度維新，何物妖魔尚敢作祟，置殿宇于罔聞，饕公物而飽腹？良可恨也！遂呼住持惟祥面囑，重修之後，其錢穀司之，糾首催辦督之。僧人為之作序文一通，以弁緣簿之首；捐奉金十兩，以倡士民之先。仍令勒石紀載，以杜後日之爭端。于是黨人士咸慶之曰：此僧慾斷諸緣，根冥六淨。說偈則天雨花而石點頭，譚經則慧鵝参而靈雞聽。識栢子西來之意，堪使野狐藏踪；悟松樹東向之枝，應令群狼斂跡。俾之經營是役，足令佛殿改觀矣。于是，不憚步武之勞，咸來向余索記。余以半世芸人，一生虛度，學問尚屬茫然，盛舉安敢稱述，然以李宗師之命，諸鄉友之請，兼與此僧有三生之識，義不敢違。于是不辭功過，不避雌黃，撚筆書其顛末，以誌之云。

時順治己亥之歲□□之吉，儒學生員劉士醇薰沐撰，授戒比丘廣正書

欽授文林郎、知介休事、今陞陝西平涼府固原州知州、鐵嶺衛李如樸

欽定通判、敕授介休縣縣丞、今陞廣西柳州府同知、栢陵李克似　典史朱之紱　教諭趙維治　訓導傅锜　進士馬绛張王章璨　貢士董正紳　侯詔封　陳玉章

巖主僧人覺道　覺惠　覺英　覺臣　門徒維祥　維成　維玄　法孫尚祿　尚達

開字匠周鳳鳴鐫刊

重修古剎
峯寺碑

创建大悲庵记

【简介】

清顺治十八年（1661）勒石。青石质，圆首。碑首高25厘米。碑身高107、宽59、厚13厘米。底座长61、宽44、高34厘米。碑文楷体，正文20行，满行40字。额题“创建大悲庵记”。碑阴额题“皇帝万岁”。现存介休市龙凤镇峪子村委院内。

【碑文】

介城東南可六七里許，天峻勝麓□有峪子村焉，徑閑閴，有腴田，可隱居，民淳樸少詐，堪作侶，無通衢大鎮之□騷，出則車騎貴人之□者也最。今日桃源選勝處，村北土阪斗絕□上，週圍亢爽寡儔，目隣天半，俯瞰木□，□置身空青鈍碧間，昔大繕築環垣，屬有天險，因字曰“土寨”。寨之中屋址尚少，西有大悲庵一院，僧彌在之，獨□大悲畫像一軸，踽踽涼涼，別無點綴。年來棟蠹瓦窳，繪筆磨滅，幾不可解，而大悲之名僅存。里人宋天諱等好義喜施，禮而憂之，爰首事作久遠計，集善信某某捐金力若干，鳩工庀材，笵土合而不□明，易椽瓦為磚石，易點染幅為宮商相，建無樑窑三空，仍塑大悲大士像，左右翼以勢至白衣大□者，□□□□□榻□諸天菩薩說法拈花得解共咲狀，咸金碧丹檀，淨花慧果，具慈憑性大，法力莊嚴，□天然□□□□□□，真所謂□□□之穀玉，作南禾之金湯也。視向之為蠹為窳、為踽踽涼涼、磨滅不可解者，殆□□天淵矣。噫嘻！□□亦有力大哉。工竣，欲鐫石，□余為文以誌其略。余之為浮屠作諸佛者，□□引碑碣舊文以數□□□。三大士居其畔，尤人世所信奉者，其精刹名藍、蘂宮珠宇遍佈於名山大川、都會郡邑中不可勝□。下至□家之舍、一里之黨莫不置龕繪像，是崇是依。噫嘻！三大士之鼓動流俗亦甚矣哉。余竊疑之，三大士□聞思脩入三摩地，是以耳根而成正覺。今諸眾生造相掃室，起恭敬心，是以眼根而作佛事。三大士以眼觀世間音，音眼□眼，音復何色？色見於耳，色又何音？知世間聲色無主，了不了論為真實，而迺因幼生相，因相橫列為三，以□身菩薩作木工形骸，吾知三大士見之聞之，必嗤然大□矣□。余聞之坡□云：神之在天下，猶水之在地中，水無往而不寓，神亦無往而不遇也。三大士亦神也，以三十二應遍□□□，以先後身化而為□，又可化而為百千億萬身，百千億萬身又可化而為三為一。是□明晰在芥□□□者，□□□□以河世界者，亦即此何必相，何必不相，何必三，何必不三。土寨之立，倘亦有見及此耶？□□□□云爾。□天感應靈異，偶然附會之跡，如世傳所云云者，余終不敢拈出為異，□□□□幟也。辛丑中秋既望，靈石□□□人何亮記，本邑庠生任駿烈書。

旹順治拾捌年歲次辛丑戊戌月　吉旦立石

起意糾首：宋天恭　生員梁於殿　生員梁□星　宋天讓　宋奉根　宋純儒　宋汝山　宋汝恭

宋一異　宋守正　宋一錦　宋一徵

住持僧人福通　門徒慶清　慶亮　法孫祥安

石匠：宋之厚　尹進財

（碑阴功德人名字迹不清，略）

三清观重修碑记

【简介】

清康熙二年（1663）勒石。青石质，圆首。碑首高50厘米。碑身高203、宽90、厚18厘米。底座长90、宽53、高27厘米。碑文楷体，20行，满行42字。额题“重修碑记”。碑阴额题“传芳奕世”，内容为捐资人姓名。户部观政王章灿撰文，梁云弟书丹。碑左下角残损，下部碑文漫漶不清。现存介休市后土庙前三清观院内献亭东侧。

【碑文】

三清觀重脩碑記

邑中西北隅三清觀歷年滋遠，不可攷矣。其位背坎向離，久為全真焚修之地。中正殿三楹，居三清聖像，左右兩廊居人天□□一 □□有献亭□有门廡，規制亦稱備矣。惜其基址卑下，中唐狹隘，更兼以邇年山水暴漲，駸駸乎有傾圮之虞，殊非所以明燕□□□報也。□□□□□□慨欲更新其事，糾首梁公雙豐、復順、復瑞等僉同心偶率，各輸厚資，遂飭舊圖新，地勢加以崇高，院宇益以广闊。□□□□□□□輪奐之奇。廊楹增七成九，備霞明玉映之盛，以至門欄牖壁，齋沐戒飭之所，靡不金碧交輝，丹堊流翠。今日之觀大□□□□□□□□□也。其經始在順治十五年二月，落成於康熙二年五月，閱六歲而鼎工告竣。遊其下者，恍為瓊樓玉宇，貝闕琳宫，三清昭昭之神，將實式憑之矣。諸君倡率之力，誠不可沒也，兹鐫石垂永，屬余言誌之。

夫上世濛濛無極，於以生大□□□□□□□□□□□元始上清之說。迨青牛過函谷，守雌立訓，尼父亦有猶龍之稱，道教之尊三清也固也。乃溢而為黄□□□□□□□□□□□牝之門為天地根，而譜彙籙籍，則萬靈統是焉。且下元黄籙三姓，得而祀之，己推乎卑尊之分，為百族之依也，□□□□□□□□□□於民禦災捍患者與焉。

今觀左右輔弼暨星辰嶽瀆、風伯雨師之屬，無不燦然具備，更及于皇王師相古帝名□□□□□□□□□□於此哉，乃或以道教崇尚玄虛，如飛仙變化之術，丹藥符籙之技，禱祀醮祭之法，沉淪鬼獄之論。見譏為正□□□□□□□□□真，而黄龍之事不旋踵，不益彰神實籙之為誣乎？余意不然，漢文躬行黄老，幾致刑措，顧其用之者，何如其善？□□□□□□□□□慢鬼神而褻之也。向令積年名勝任其傾頹，吾人妥侑之心有恫乎不安者矣，吾心不安，而谓神永享于是乎？今殿宇□□矣，绘像金□矣，外而鳥革翬飛，由而珠星碧月，則神有所依，神有所依，而吾人妥侑之心以慰，非今日大快事也耶？信□诸君倡率之力诚不可及也。《閟宫》之頌曰：“新廟奕奕，奚斯所作。”盖以表經營之功，為將來之勸，今猶行古之道也夫。用是差次其姓氏……

賜同進士出身、戶部觀政王章燦熏沐謹撰

府庠生員梁雲第熏沐謹書

糾首：梁明楷　梁復順　梁雙豐　梁復騰　梁興□　羅九苞　侯袞讓　王公封　張士亮　王善□

梁進洪　任位坤　王宗貴　梁瑞容　梁洪庭　梁胥保　梁明柱　梁明懋　王從俊　梁明進

梁明□　□□□　□□□　梁膺斗　梁膺□　□□□　□□□　□□□

大清康熙二年歲在癸卯仲夏上吉鐫石

重修碑記

重修源神庙碑记

【简介】

清康熙二年（1663）勒石。青石质，圆首。碑首高40厘米。碑身高164、宽77、厚21厘米。底座长83、宽53、高41厘米。碑文楷体，21行，满行51字。额题“重修源神庙记”。现存介休市洪山镇洪山村源神庙。

【碑文】

重修源神廟碑記

清文林郎、知介休縣事、東魯濟水呂淑胤薰沐謹撰。

介休城東南二舍許，有狐岐山，山有泉，凡數□□《禹貢》治梁及岐。蔡註：狐岐之山，勝水出焉，即酈道元所稱“綿山石桐水”，其說近是。

山有源神廟，不知肇自何代。考諸徐賛撰碑云：□□□□重建神堂，大中祥符七年重修廟宇。至道三年者，宋太宗之末年也；大中祥符者，真宗改元之年也。迨元至大二年重建，□□八年重修，趙□撰有碑文可攷，則知廟宇之為水利建也，所從來尚矣。

故事令茲邑者必躬親登□，歲以為常。明季縣令王公□萬曆十六年始遷廟於此，構正殿五楹，左右翼為廊廡，前造磚窑五眼，上起樂樓，名曰“鳴玉”。東西構鐘鼓樓二所，外建三門，砌以崇臺，在其左構軒曰“趋稼”，以及官亭、廊房、廚舍，靡不畢舉，其規模弘敞，加於曩昔。緣歲久傾圮，鄉人張嘉秀等遂以乞准復祠告，蒙道行縣，縣令李公曾委縣尉蔣董理其事，率四河渠長、水老人照地醵金，蕆工庀物，居無何，李公升秩，工亦中馳。

壬寅癸卯六月，余承□茲土，越明年癸卯三月上巳，余與諸僚有事於源神，所以重民生、□神惠、遵故事也。觀其廟貌摧頹，詢知其故，爰令糾首張嘉秀等復續前工，凡楔□垣甓之頹缺漫漶者皆治而新之。迨夫丹雘□□，金碧輝煌，煥然改觀。功竣，乞余為記。余稽古者法施於民則祀，□□勤事則祀，以勞定国則祀，能禦大災、捍大患則祀，極之於□□道路馬蚕貓虎、兵師疾厲之屬，凡有功烈於民者，蔑不有祀，匪□□也。謂之曰：黷神則弗福，矧源神粒我蒸民，稅不虧額，介稱□□其水利與甘霖同功，山澤與天澤配德，厥功懋焉，厥德懋焉。孰□□神陰騭而默相之者哉，宜乎血養萬年，與此泉俱不息。邑□於地數多寡，水程遠近，詳載前碑，夫復何贅？遂作樂歌三章，凡祈年□穀報賽者，令巫者歌之：

其一章曰：洪惟源神，赫濯聲靈。山澤通氣，牝吐玄津。地脈受澤，百穀滋生。分畎達畝，原隰惟均。譬彼岫□，膚寸出雲。崇朝而雨，曰作商霖。

其二章曰：如規者渭，鳥鼠攸通。如觴者洛，熊耳是宗。勝水如乳，源本石桐。唾珠□□，其出也蒙。因民之利，謂之曰庸。土愛心臧，協贊天工。

其三章曰：神之來止，鴛言龍驤。儀俱磨牙，雲旄翩還。□□□□，粉數百泉。鼓聲紞紞，石簴鐘懸。牲牷既齬，猊褻檀煙。源神降福，世世逢年。

修職郎、介休縣縣丞汝南李芳春

典史越水高遷

儒學教諭翔山陳維新

山東濟甯後學汪起謙沐手拜書

本村生員張化鵬　張質奇　貢生張基昌

中河生員董奮帷　王新德　生員朱慎鰍　郭元實

西河生員劉竑圣　劉光翰

東河從九李光受　張彥奇　任應試　宋國才　李國泰

中河水老人孫享恕　張現士　劉鳳麟

西河水老人高圖南　楊汝英　劉一忠　劉體實

洪山河水老人梁克元　張奉經　張雲鵬　張毓奇　梁生耿　吳應彩

狐村河老人劉志民　宋眷智　劉裔

住持道士石守初　門徒趙太瑀　宋太程　孫任清境　鈕清玉　重孫燕一貴

崞縣石匠：王三貴　王貴山鐫

康熙二年仲秋八月

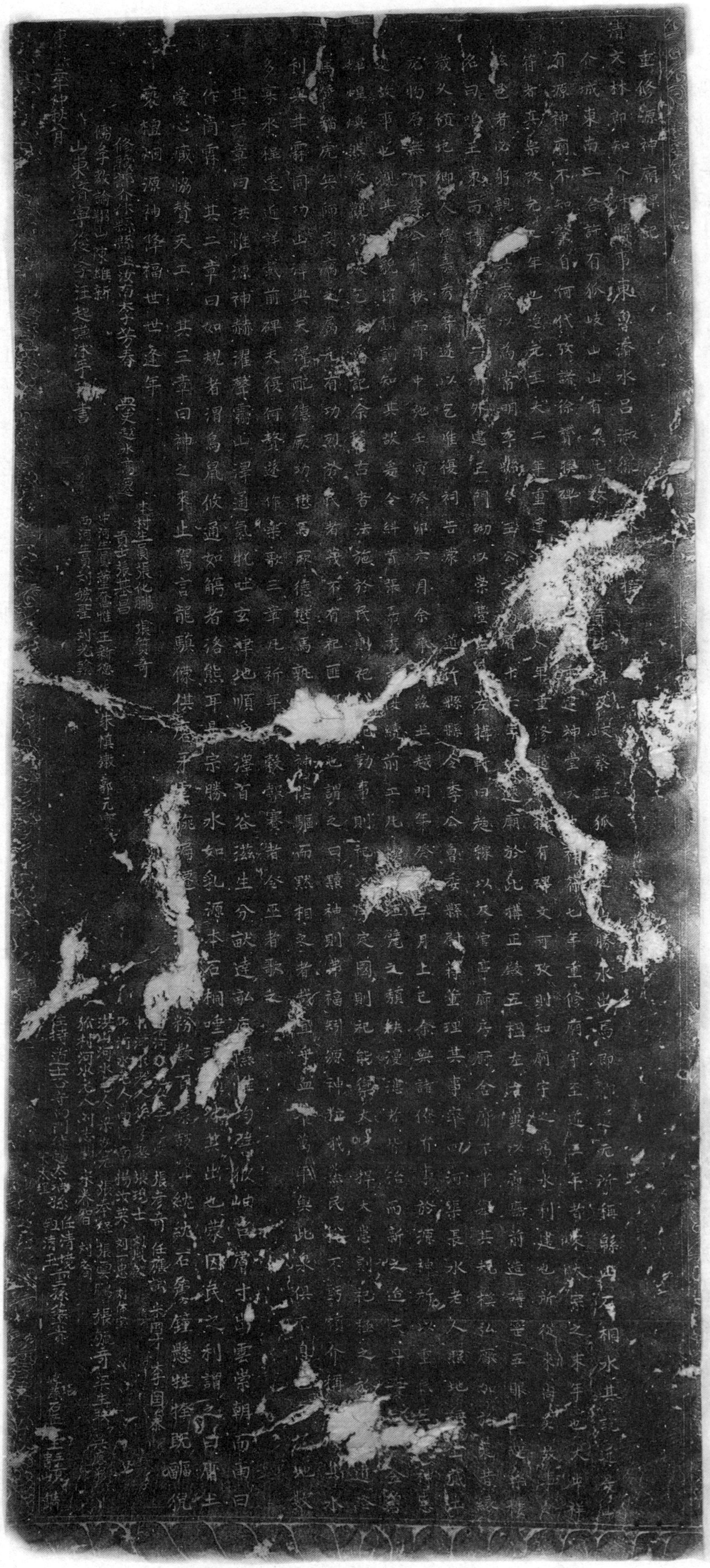

重修殿楼碑记

【简介】

清康熙三年(1664)勒石。青石质，圆首。碑首高35厘米。碑身高129、宽65、厚14.5厘米。底座长85、宽47、高21厘米。碑文楷体。额篆“重修殿楼碑记”。碑阴为清雍正七年(1729)岁次己酉季春“重彩碑记”。李若梅撰文，侯翰书丹。现存介休市城内顺城关三结义庙正殿廊下。

【碑文】

大木都糾：榮正明出銀拾壹兩　李元亨三兩　喬承義三兩　喬承秀三兩　喬承智三兩　榮正大三兩　喬承禮二兩　喬承第一兩　降應易二兩　王之福二兩　喬勝芳二兩　喬壽二兩　李世恩　段桂枝　段增彩　生芳　喬承忠一兩　喬承信一兩

泥水匠：高崇　高榮　高定　宋光顯　高朝非

丹青匠：□應芳　文士旺　宋十英　宋魁

鐵匠：趙雲才　趙雲秀

石匠：尹進才　宋文厚　宋之興　尹進福

鮮匠：郭正立一兩　郝雲壽二兩　董雲信一兩　王俊偉二兩　任天奇一兩　任天熙一兩　劉福壽二兩　郝雲旺二兩　程茂興二兩　郭壽旺二兩

琉璃匠：張進才　張希周(太原縣人)　張　賢

磨石匠：喬嘉旺　喬嘉興

土　木：唐貴金　唐貴甯　閆應壽、　張進福　宋丕然二兩　榮福才　唐南道　杜車靈　張德勝　任應賢

康熙三年二月初八日吉旦

重修殿樓碑記
大木都料宋正明出銀叁兩 段高宗 鮮匠郭正立
康熙三年二月初八日吉旦

重修源神庙碑

【简介】

清康熙八年（1669）勒石。青石质，圆首。碑首高35厘米。碑身高129、宽68、厚18厘米。底座长67、宽52、高50厘米。碑文楷体，19行，满行44字。张化鹏撰文，侯度肃书丹。额题“重修庙碑”。现存介休市洪山镇洪山村源神庙。

【碑文】

重修源神廟碑

《易》曰：陰陽不測之謂神。又曰：神也者，妙萬物而為言者也。故□福澤及物者，尊而為神，立祠祀之。君子雖剏□焉可也，矧前人為之，後人詎不可因而繼之哉？

邑東洪山村，狐岐之山，勝水出焉，即《禹貢》所載“治梁及岐”□匚，泉名“鸑鷟”，廟曰“源神”。其剏建之始，年遙代遠，殊不可攷。至明季萬曆十九年，邑令王公狹小□人之制，而始□建于此焉。構正殿五楹，左右廡各三楹，面造磚窑五眼，上起崇樓，題曰“鳴玉樓”，左右構鐘鼓樓若翼，外建三門，砌以崇台，左構軒云“趨稼”，官亭、祠宇及其廚舍，靡不具備，規模弘敞，較昔倍甚。

是役也，始于戊子之夏，成于庚寅之秋，其經始之艱且難盖如此。後之人過廟，而生敬焉，感神惠也，觀碑而樂道焉，頌公德也。迄今八十餘年，廟宇傾頹，神像塵垢。

清朝定鼎，于順治八年間，募化重修，好義樂輸者固有，而飲流忘源者不少。是以功將成而中止，過往君子莫不□焉。幸逢蕪江□潘公蒞兹邑，政簡刑清，雅重民事。于康熙八年再祀神廟，見藻彩未施，勃然動重新之意，爰及李二公襄厥事。時李公陞封川縣知縣也，感神惠之無疆，念民事之攸重，延各河糾首督催錢穀，不數月而告成焉。

迨夫金碧輝煌，丹雘塗堊，弘敞之規模，焕然復新矣。語云：作始者難為功，繼起者易為力。數十年來，眾言鼎沸，反成築室，不有毅然之李公，則潘公之美意竟成□□，而王公之德澤亦幾湮沒矣。□□繼起之功，不與作始者等哉？嗣是而介民之飲流享利者，莫不家□戶祝，以頌王公者頌二公矣。是為記。

介休縣知縣潘懋達

縣丞陞廣東封川縣知縣李芳春

儒學教諭張奠美

典史高遷

府學增廣生員張化鵬薰沐撰

縣學生員侯度肅薰沐書

本村河糾首：生員張化鵬　信士張亮秀　張雲鵬

東河糾首：生員張應堯　生員孟之傑　信士李國太　宋國才

中河糾首：生員董福惟　監生王新德　生員康六佩　秦汝玉　程付恩

西河糾首：信士高國南　貢生劉竑聖　生員武纘謨

旹康熙八年歲次己酉冬吉旦立

住持道士趙太瑀　宋太理　門徒任清境　孫燕一桂

石匠李榮陞　立

源神庙置地碑记

【简介】

清康熙八年（1669）勒石。青石质，圆首。碑首高 31 厘米。碑身高 113、宽 59、厚 27 厘米。底座长 75、宽 47、高 40 厘米。碑文行书，16 行，满行 37 字。碑阳额题“源神碑”，碑阴额题“源神庙碑记”。张化鹏撰文并书丹，李芳春等立石，李荣升刻石。现存介休市洪山镇洪山村源神庙。

【碑文】

（碑阳）

源神廟置地碑記

源神者，源泉之神也。所以司禍福，贊造化，沛濟乎一方，潤澤乎群生之神也。然廟宇之設，從來遠矣。明季萬曆十六年戊子之歲，邑令王公始遷建于兹，迄今八十餘年，廟宇幾經傾圮。揆厥由來，惟贍養無地，住持乏人，而長無經理故也，此誠缺典矣。噫！神之惠人，至無窮也，人之于神，焚修無資，豈所以妥神灵、報福澤哉！時順治八年，住持道士石守初募眾重修，功將成而物故，其徒宋太成苦守二十餘年，衣食不足，眾思欲安全之而莫之為也。幸逢邑令潘公，豈弟君子，民之父母，敬神愛人，其素志也。於康熙八年己酉之三月初，躬承祭祀，覩廟宇之頽敗，而慨然樂更新焉。爰憫道士貧寒，而為之批據云：神功澤及萬民，奉祀理應資助，置產以計久長，准著各渠長、水老人從公佈施，以奉香火，誠曠代盛舉也。于是糾首張嘉秀等募于鄉眾，或照地輸資，或任便捐金，置地若干畝，庶足乎贍仰而焚修有賴。其先，人非神無以告福，神非人無以妥灵，然則安人即所以妥神也。今而後贍養有地，住持不至枵腹，而焚修告□，神灵日祐，神澤日永，民因以殷，物因以阜，果何為而致此歟！為之頌曰：

巍巍高山，神棲其麓。流膏布液，澤及萬物。潘公之德，惠我神人。與山俱高，與水俱深。

勒珉謹誌。

知介休縣事蕪江潘懋達

本村府庠增生張化鵬沐手撰書

縣丞陞廣東封川縣知縣天中李芳春

起意糾首張嘉秀

石匠成榮陞刻

住持道士石守初　門徒趙太瑀　宋太理　孫任清境　重孫燕一貴

康熙八年己酉仲夏吉旦立

源神碑

（碑阴）

開列人名于後：

趙意糾首：生員張化鵬　張加秀

施地人王時俊二分

貢生張基磐二兩　生員馬應房三兩　董青雲三兩　貢生梁應龍二兩　生員張化鵬二兩　張鏞一兩　張懷奇一兩　張道清一兩　張雲鵬八錢五分　生員張質奇八錢　守備張皋謨施銀三兩　郭醇儒七錢　張□七錢　朱思誠六錢　張繼房六錢　張繼郎六錢　賈學逵六錢　侯國佑五錢　石呈瑞五錢　侯國貞五錢　溫汝信五錢　張毓俊施銀三兩　張璽三五錢　閆曉恕三錢　梁克元三錢　張錦三錢　張加興三錢　楊發榮三錢　張天太三錢　張健三錢　張俊三錢　龐毓仁三錢　張登義三錢　段世林三錢　高圖南三錢　文雲合三錢　張繼孔三錢　王仁三錢　武奇永三錢　趙汝好三錢　郭進臣三錢　武安邦三錢　武學武定國三錢　田彥員二錢　田應賓二錢　趙登立三錢　郭正榮二錢　段世禹三錢　張永才二錢　張如棟三錢　張進林一錢　生員侯庚貞八錢　張繼才三錢　海岱三錢　武秋三錢　田尚通三錢　張加希二錢　張文厚一錢四分　郭治三錢　羅朋奇

本村程頭：

一程、二程：董青雲　三程：任國付　四程：張毓奇

五程：梁克元　董美德　六程：馬應房　七程：劉汝俊　劉正花

八程：史秉直　九程：梁門李氏　十程：張奉金　張應智

十一程：宋傑俊　十二程：郭崇儒　梁艮祚　十三程：張懷奇

十四程：張進榮　張加樂　十五程：張加秀　十六程：張文學　張某福

十七程：張雲鵬　十八程：董奇雲

各施銀不等

狐村河程頭：

一程：劉正志　二程：郭聚印　三程：王渚玘

四程：宋玉陽　五程：宋光通　宋享玉　六程：宋春威

七程：宋雲進　宋士弘　八程：宋春智　九程：宋光通　宋春孔

十程：宋士聰　十一程：劉志高　十二程：劉可鐘

十三程：劉正善　十四程：文奇鞏　劉果　十五程：劉邦選

十六程：劉志愛　十七程：宋光太　十八程：文則韓

十九程：王汝欽　二十程：劉正志　二十一程：程任懿

二十二程：王汝旺　二十三程：梁守德　侯慶貞　二十四程：任斗輝

二十五程：劉裔　二十六程

新置水地拾畝

白登義　白登善　一兩

源神廟碑記
新置水地拾畝

重建三结义庙碑记

【简介】

清康熙十三年（1674）勒石。青石质，螭首，方座。碑首高90厘米。碑身高201、宽84、厚17厘米。底座长98.5、宽64.5、高24厘米。额篆“重建三结义庙碑记”。碑文楷体，26行，满行76字。梁才侯撰文，张基磐书丹。碑文记载了明嘉靖十一年改祆神庙为三结义庙的缘由。现存介休市顺城关三结义庙献亭。

【碑文】

（碑阳）

重建三結義廟碑記

介邑之東關有三結義廟，其初非三結義廟也，蓋宋文潞公特為祆神建耳。其規制之壯麗，氣象之崢嶸，稱一方鉅觀焉。在當年締造之意，見於《平妖傳》中者，固非無因，然以之享一方之血食，受萬年之香火，不侈且誣乎？第以先賢所建，未敢輕議變置，故久而相安且相忘也。越大明嘉靖壬辰歲，廷勑天下概毀淫祠。惟時邑侯王公奮然曰：祆神之廟胡為乎來哉？稽其名號，故經典所未聞，核其功烈，亦祀典所不載，今日淫祠之毀，其在斯乎！其在斯乎！然除邪神必須崇正神，而後可以彈壓魅魅，抑人諂瀆之心，作人剛大之氣，因思天地間忠廉節義，耿耿不磨，孰有如桃園兄弟千古為昭者哉？於是遂以漢昭烈皇帝、關聖帝君、英烈王塑像正殿，而武侯諸賢配享東西兩廊中，因顏其額曰“三結義廟”。此始而為祆神廟，更而為三結義廟也，嗣後人仰聖德之無私，悚明威之有赫，苾芬告虔，歲有常期，百餘年來未之有斁。

迨順治己亥孟夏之初旬八日，興秩節，脩祀事，越宿事竣，忽於漏下二皷時，烈焰欻發，熤熤煓煓之勢，□不可遏，達旦炎息，而正殿、東廊、獻亭、樓閣已盡作咸陽灰盡矣。其與魯靈光同不朽者，則僅西廊數楹耳。嗟乎！祖龍煽禍，見之生平使記者不可殫述，然皆以人有惡德，故天災隨之。茲何以巍巍廟貌，亦竟供祝融氏之一燎耶，此亦理之甚不可解者矣。雖然，凡人屋舍被焚，罔不思振作而更新之，所以奠厥居、寧婦子、衍先人之堂構者勤勤不敢觫也。至廟宇災飭，而反聽其廢者不脩、缺者不補，俾遺像儼然日飄零風雨之中，其何以妥神靈而肅瞻拜也？況桃園之義，華夏共仰，天下之立廟肖像者，由王畿而達海寓，自州郡而逮窮鄉，何可數計？獨此一方，棟宇因回祿之變而不蚤為之，所將當日之驅邪崇正、更名定位者謂何？禮所稱有其舉之、莫敢廢之者謂何？且此廟肇脩非獨徼神聽、求式穀以□也。南則綿山獻秀，北則汾水環清，一方風氣聚焉。太皞司令，于此迎神，青衿入闈，於此勸駕，一邑之典故存焉。此本關紳衿張君煌、文君士興、高君圖南等，鄉耆郝汝相等，啟處莫遑，毅然欲以身任之，所慮者功浩費繁，奏績匪易，不啻長河之決，非一手之所能障也。爰集我都人士共相商榷，而補缺脩廢之舉，人人實有同心。適值分守汾東道馮公祖經過廟前，見焦頭爛額之狀，遂慨然發金，而吾邑段父母復銳意修葺，為士民倡，則革故鼎新，端在今日矣。時余亦濫側末座，遂走筆書引，而聚財糾工，從此次第舉行焉。工起於順治十七年十月，告成於康熙七年十月。其規制之壯麗，氣象之崢嶸，宛然如舊，更覺煥然改觀矣。康熙十三年甲寅歲陽月之吉，屬余記其事以勒諸石，余唯唯應之曰：是役也，程其期限，有十年之久，覈其金錢，有六千之多，固不僅與尋常修補者可同日而語也，安可無說以處此。至於經營者之苦心，與輸助者之樂善，以及住持之勞瘁、匠作之勤樂，亦俱不可泯沒不傳也。余故悉紀而並書之，使後之居此址者目擊而繼前脩，俾萬憶斯年永無傾圮之患。庶於從前改建之意，與今日重修之意兩無負云。是為記。

賜同進士出身、福建福州府福清縣知縣梁才俟薰沐撰

吏部候選州同知張基磐薰沐書

汾州府儒學生員張鉽薰沐篆

大清康熙十三年歲次甲寅孟冬吉日立

賜進士第文林郎、知介休縣事柯郡程萬鍾

儒學教諭郭超宗

縣丞潘日升

重建三結義廟碑記

典史金應玉
驛丞任鼎鎮
糾首：張煌　常毓秀　侯尚剛　董昌祿　宋奕昌　梁才喬　文三策　郝汝相　溫一新　侯度
常彥通　張基磐　溫廷傑　文士興　高圖南　常敏靈　文掄魁　文光斗　常三畏　溫邦瑜　溫士弘
文一元　榮皇錫　文聯魁　董陳策　董對策　李方蔚　侯奉職　梁鍾泗　劉一魁　郝光俊　郝光耀
張君聖　常袞　常曠　張鋭　張錫　侯廷俊　常華國　文三奇　張基厚　常且盛　劉文鼎
石匠：張□　宋□　梁進則　尹進□　梁進元　張福榮　宋文奇　宋文新　仝□
本廟住持募緣脩造僧人海翠、門徒寂力、孫聰文、曾孫晉

（碑阴）

重建三結義廟碑

王正身妻梁氏捨常樂村地十七畝
梁嘉賓男才奇 才魁銀三十两
張永錫男世潤銀二十五两
張奇玉男永成、永憲銀二十四两
郝光男、王三元、王四元银二十一两
李□、侄恒光銀二十两
常自盛、常自榮銀十七两二錢
闫俠男承緒、孫貴、富银十二两五錢
溫玉明銀十一两二錢
文一元男跂遠銀十一两
郝錦男士俊 士勇　士實　孫瑄銀十一两
侯受爵銀十两三錢
郝光俊男玉殿　玉□　玉□銀十两
楊來傑男昌慶　孫生元奮翔　奮翀　奮□　奮□银十两
李明英 明耀銀十两
燕汝顯銀十两
王進科銀十两
武維貞　維□　維新銀十两
武自友銀九两一錢
張君聖銀八两三錢
溫應新銀八两
劉一登銀七两
溫子夏銀七两
鈕文升　文昌　文□銀四两
常悦男弘範　弘謨银四两
武本順男光前銀四两
宋之維　宋汝堯銀三两七錢
宋務銀三两六錢
王明虎男之輔銀三两五
陽和張大好銀三两五錢
武大定銀三两四錢
文九厚男治德三两三錢

李奇英銀三十一两
武士毅銀三十两
常彥通男三公銀二十七两
鈕登龍銀二十一两
靳希□銀十两
常國通男自超銀十三两
郝汝相男應昭銀十三两
常發奇銀十二两
劉鴻錦男瑞銀十一两
常三知　常三貴銀十一两九錢
溫邦瑜男廷諫　廷試銀十两四錢
藥萬合銀十两二錢
段三益銀十两
常吉豈銀拾貳两伍
□□□銀十两
□□□侄三樂　孫毓芳　毓□銀十两
宋宰銀十两六錢
常□　□新國銀八两四錢
劉一魁銀八两三錢
齊尚登銀七两
李元亨男奇俊銀七两
僧人寂春　門徒照承　照行銀八十两
張鏸銀四两
劉之傑男察　宣　宸銀四两
溫子陽銀三两七錢
榮奕興銀三两六錢
郝汝材男應容　應宇　應惠銀三两六
王守福銀三两五錢
郝雲開銀三两五錢
梁明英男任巨　荷巨银三两三錢
元盛鋪銀三两三錢

王體仁銀三两四錢
高淩雲銀三两三錢
趙宏銀三两
鄉耆侯度男應福　應禧銀三两
張登瀛銀三两
張鵬男金富銀三两
武邦義男本全　本魁銀三两
宋大英男光旺銀三两
董新茂男小丑銀三两
郭夢柞男奎銀三两
郝名楊男從周銀三两
燕剛銀三两
溫士弘銀三两
文天明銀三两

文掇魁銀三两三錢
常弘聲銀三两二錢
郭永根 永洪銀四两
萬全局銀三两
常三畏男生奇銀三两
侯才富男祥伯銀三两
李國輝男如松　如椿銀三两
梁星光男我讓　我福銀三两
斛尚義男進科　進可銀三两
梁奇德　奇偉銀三两
張天凝銀三两
武三望銀三两
梁才偉銀三两
文三奇銀三两

三两人數

管友蕙　劉加臣　武天文　王進道　安魁　宋德超　李尚志　梁枝奇　胡新奇　趙國棟　任三聘　宋一盛　李自益　梁文星　薛蕙芳　范明現　李正美　蔣奇功　武時祥　趙光祿　劉正相　李宗絳　李明秀　冀登秀　張永益　燕騰霄　王登貴　李□魁　梁雙豐　李天才　段翠　宋廷周　陳思雨　鄭光現　宋強　侯貞度　冀世祥　李大受　侯若功　張世唐　萬全鋪

二两人数（1620 人　略）

雨后复游洪山泉记

【简介】

清康熙十三年（1674）勒石。砂石质。长58、宽33厘米。碑文楷体，27行，满行25字。王鼎起撰文。碑体剥蚀严重。嵌于介休市洪山镇洪山村源神庙墙壁。

【碑文】

雨後復遊洪山泉記

山陰王鼎起玉㽞甫著

介休三篇文字，綿山奇險，自足壓卷；洪山泉正而嫵，次之；義棠魯般橋上亦一韻處，又次之。舍此而外，不足留一矚也。綿山宜雪，尤宜雪霽，從天半撩青披白，是峨嵋嫡派。洪山泉宜雨，尤宜積雨，萬聲砰磕，亦水靈之府也。魯般橋則宜月，尤宜殘月，在淡煙縹緲之間。此余之私評，要後之韻人才友，亦莫更余評者。

適於雨後，復有洪山泉之探。未及石屯村，而潺潺者瀉出於兩耳之間，似謂王生復來，何暮也？真廣長舌哉！至環翠橋畔，盡可一“雲林筆意”之亭，無奈士人造一面樓，襲吾鄉“萬壑爭流”額，仍帶俗氣。然於竹樹陰翳中，聽激湍奔壯，佐以水碓環舂，轟雷破耳，雨餘果愈震也，而尤趣絕。過村幾百武，白濤從田間層級而來，如尺白丈絲，皆蛟人所織。有從坡上來，覺蹩躠難行，參差縈繞，似畫家名手，故作拙筆，以頓挫分其遠近，語默也；有從澗中來者，滃滃如爭，喁喁如呾，或左或右，或隱或現，現而近者，響反細隱，而伏流石竇者，如鸚鵡入甕，甓中弄舌，作洛生詠。又如風雨雜陳於黯霮之夜，相商祟語，不大明了，勝彌漫出，跳作碎珠濺玉也。坐源神廟橋上，仍有□□□树，今羽士挹泉试茗，片刻清福，慙媿享受。此身非晉非唐，覺勞生夢，夢於晴日，風霆中參出泡影，幾何桃花，一番紅淚，又為王生泣下也。遙見柳根半為水浸波洄，余特近之，以影送入泉中，殷勤洗濯，骨毛為之灑淅，余其為魚乎？始悟洪山泉文字取第二卷，是“素以為絢兮”之題。盖洪山泉是素，而雨則其絢焉者也，亦當定評，以波瀾濁老成矣。余快甚，故歸而記之。

是《水經注》一小則也，可以流香千載矣，史公諱紀事脩邑志，詩文收者絶少，得此，兼可備後賢之錄，余故選石以鐫之。同里弟金應玉跋。

雨為泉之絢，自是㽞□師創論。焕則以為，此洪山泉之絢，又甚於雨之無盡，筆亦與之無盡矣。

門人山陰劉焕謹跋

重修三官庙碑记

【简介】

清康熙十四年（1675）勒石。青石质，圆首。碑首高30厘米。碑身长118、宽60、厚14厘米。底座长78、宽48、高20厘米。碑文楷体，正文6行，满行45字。碑阳额题“重修碑记”。碑阴额题“三官庙”，布施文1100余字。现存介休市洪山镇北两水村三官庙正殿外。

【碑文】

（碑阳）

重修三官廟碑記

介邑東離城二十里許，古稱兩水村，村西舊有三官廟，不知創自何代，歷年風雨摧剝，□牆傾□，本村信士任□□會集鄉人而議曰：“祠廟之立，祈神佑也。茲三官廟傾壞若此，神無所棲，我等坐視，神其為我佑乎？協□重修何如？”眾以言當，歡忻樂從，內議糾首等□□。嗣是置辦物料，輸財鳩工葺廟，于西正殿三楹，金碧丹青，神像粧飾，煥然一新，誠一方之偉觀也。起自康熙七年三月，□□年而厥工告竣，凡糾首及節次捐貲者例合勒石，以□志不忘。余以三官神，一賜福，一赦罪，一解厄，□□□□仙□□神通廣博，法力無邊，皆有碑。于吾儕者，前人建廟，有意存焉，後人重修，亦□禮正神、重祀典也。故樂執筆，以誌顛末云。

候銓貢士常毓秀撰

庠生常青宫書

引進人任祚昌□壹兩叁錢　任汝賢銀貳兩陸錢　郭興銀壹兩伍錢　竇□銀壹兩貳錢　張文□銀壹兩
豐有舖銀伍錢　張文謨銀伍錢　趙時旭銀伍錢　曹良進銀伍錢　趙鼎新銀伍錢　宋□科銀伍錢
任進英銀叁錢　王汝才銀叁錢　陸鳴禎銀叁錢　王天星銀叁錢　景胤銀叁錢　王九運銀叁錢
董振鐸叁錢　□□□叁錢　常毓傑叁錢　武□□叁錢　董國奇叁錢　王興德叁錢　任安國叁錢
燕福真叁錢　任一魁叁錢　李正林叁錢　宋之璞叁錢　王林貳錢　任□俊貳錢　段文□貳錢
曹三喜一錢二分　郭□虎一錢二分

引進人任應洪銀壹兩貳錢　刘汝俊銀壹兩　溫奇禄銀伍錢　王予壁銀伍錢　刘体靠銀陸錢
宋士毓銀肆錢　楊良相銀三錢　張起蛟銀三錢　羅九錫銀三錢　□□□銀三錢　□□□銀三錢
董得隆銀三錢　段榮通銀三錢　□有辛銀□錢　刘□秀銀二錢

伍錢人：生員趙宗胤　宋天選　靳思會　生員常青宫　趙汝受　王志鼎　靳天安　任應宫　靳永魁
侯□臣　孟之俊　任應起　任朝英　任□好　任時友　任汝安　任汝榮

肆錢人數：□汝□　常弘聲　喬九富　任應整　任汝斗　任汝喜　任汝□　任汝林　任汝盛
□應貴　任天盛　任汝□　任應□　任□德　任時智　任時秀　任汝海

起意糾首：任□彥　任麟　任天滿　任祚昌　侯國朝　常怡　任承旺　任□玉　任時才
王萬智　侯進高　任汝定

旹康熙十四年歲乙卯暮春穀旦

（碑阴）

宋天秀壹兩貳錢　梁氏壹兩一錢　任凰鶴壹兩三錢　任□□壹兩□錢　任應□壹兩□錢
任承□壹兩二錢　任□才壹兩二錢　侯國朝壹兩一錢　任朝玉壹兩一錢　侯進高壹兩一錢
常怡壹兩　任汝定九錢六分　任應麒九錢貳分　任應登捌錢陸分　□□捌錢肆分　常悦捌錢
王汝科捌錢　常愉捌錢　任應俊捌錢　侯國俊捌錢　任應貴柒錢貳分　冀芝蘭柒錢
任汝龍陸錢捌分　常忭陸錢陸分　張□才六錢二分　任汝黄六錢六分　王萬智銀六錢　施銀陸錢
任天通　王汝秀　任天元　王萬洪　任汝好　石應仕　孫廷□　□□　任□彦　任天滿　田興
錢陸分　郭九然　程永亮　任汝福　宋世洪　任信　任時虎　郝承秀　任應禎　楊自好　任進興
任時現　任時盛　任朝俊　任朝雄　銀叁錢　張國俊　石應魁　張淑載　宋秀　趙汝彦　□世科
趙國現　李元慶　王芝□　喬伯力　張繼　宋光滿　郝一舜　石應後　任承虎　常氏　秦妙禄
侯妙亮　□□□社□□道孫□德貳錢陸分　郭□春貳錢四分　閆氏貳錢四分　龐世成貳錢四分
刘体寧貳錢四分　薛天洪貳錢四分　王自忠貳錢四分　銀二錢　李進□　趙益　趙時虎　趙□□
李□□　喬邦□　郝進□　喬□□　武□□　□自乾　韓進貴　楊貴吾　段文金　李桂林　楊翠喜
李文秀　段存仁　鈕□龍　侯進耀施地四厘　任林施地捌毫　任應順施地玖毫　王良□施地壹厘
王良□施地壹厘　銀貳錢數　李長青　趙汝海　溫化有　趙仕奇　程守賢　□□順　刘從秀
張□□　王□林　段文選　廉山　郭妙昇　溫妙□　王妙宰　任妙照　宋妙元　宋天禄　衛應興
趙汝普　郭應禄　刘一德　錢伍分數　□□□　□□　郭□　任天□　任□　王德利　武□興
□氏　錢貳分數　□□興　田尚海　□加成　郭□□　陳時光　鈕光寧　陶應加　程世忠　郝有只
李加信　李志盛　郭汝龍　郭一□　郭一□　孫□　□□□　宋養□　孟三元　溫登會　李□林
□登科　□三喜　□汝洪　李□倉　趙汝□　趙應唐　秦應登　趙時根　強化玉　□元成　任□宰
文煥然　□化龍　刘光□　刘奉龍　侯明信　李成芳　趙成宝　馬世恩　張大生　王□　侯成德
□文盛　程天山　王成奉　張□榮　郭禄　常天貴　任大□　刘相公　□□□　常彦通　□光朝
□士魁　侯述　侯□周　榮進忠　薛興　宋天登　□一相　□惟殿　史朝洸　李進夏　胡可祥
杜興　□天命　梁來喜　梁巴小　張世秋　孫守明　胡成□　段福興　李妙□　刘妙繡　賈妙□
楊妙□　程妙□　侯妙□　郭妙□　王氏　張氏　任氏　郭妙通　施銀一錢數　衛應泰　喬□宝
梁□□　宋光鑑　宋光遠　李光英　王應洪　靳光應　郭天□　郭應玉　任德才　任□□　任定
靳氏　陸分人數：□奉川　□□英　□□□　張□□　□□新　刘□命　宋天才　孫显月　孫登友
段存秀　孫显□　孫□　孫登魁　刘錫□　孫登朝　胡康喜　董如金　孫昇祖　孫問明　胡□脩
段元成　□□□　張□□　□永昇　任□雄　王□□　□□□　任□壯　孟□□　郝□□　郝□□
郝□□　郝□□　郝□□　李□光　常□□　郝有□　王□好　□一□　□一□　楊□□　郭一盛
王奇秀　□英　趙時秋　孫□龍　張唯一　張□□　李□□　張榮耀　溫□□　溫□□　□□旺
侯世禄　□□周　□金□　□□□　□□□　□□□　張□□　馬□□　楊□　孟朝杰　梁仲□
李□□　李□□　任良才　馬世輝　賈登選　□登榮　田尚威　田尚□　□應禄　□□　南酒房
□□□　□□□　王□□　□氏　李□登　溫妙義　程氏　□氏　楊氏　武□□……趙氏　王氏
張妙□　張妙□　李□厚　趙妙傑　郭建邦　□□□　□□亮　□興旺……李□□　石匠李奉主
□□王明才　□□李如□　住持趙真□銀二兩　徒鈕沖椗　孫王和□　薛和□　曾孫任得□
施銀……

大小靳村重修东岳碑记

【简介】

清康熙十七年(1678)勒石。青石质，圆首。碑首高34厘米。碑身高160、宽74、厚17厘米。底座长78、宽55、高41厘米。碑文楷体，正文8行，满行80字。张豫昭撰文，兴国寺僧书丹。碑阳额题“皇帝万岁”。碑阴额题“一钱二分人名于后”。现存介休市绵山镇小靳村东岳庙。

【碑文】

大小靳村重修東嶽廟碑記

聞嘗□覽輿圖，見五嶽聳□天壤，不禁在望泰岱，喟然歎曰：德產其獨至也。夫德產其獨至也，天朝以知其然也。東方者春，春之焉，言蠢也，產萬物等也。夫萬物莫不肇主於春，而春則繫之以東，從此知東嶽大帝視衡華恒嵩而特尊，其利人澤物之功，較之衡華恒嵩亦最遠，所以諸山或□□，而此山之專祠在在而有焉，崇祀報功，良有以哉。

小靳村距城二十里，南抵綿上，北俯河汾，自昔稱為風水之關，其在元時亦建東嶽神祠而祀之，而且協者有一十八村之夥，瞻仰者千萬億姓之數。威靈顯赫，呵護一方，詎非泱泱乎大觀也歟乎！歷久傾頹，勢或不免此禍，子寂興亟圖所以更新之也。事後□記於余，余維廟宇之始□□存乎創，而欲其永□興也賴乎修，乃□脩而不殊於創，具脩而大有裨於創者，誠不可不有以記之。如廟之殿宇猶是耳，而塗翠丹 則一新；廟之廊廡猶是耳，□□□□□□新。即廟之樂樓、禪室亦猶是耳，而起盖□□□改砌窑洞，則無□弗新。然則修之為功，於創也何如乎？故於五嶽而獨重。

夫泰岱者德產之至也，於一十八村而建祠于大小靳者，風水之□也。祠始於往代而增脩於今日者，多□□其永興□，而鮮或替也。於□□□時，團圞村宋從禹恭進三□銅像一堂，求附斯廟，非以斯廟之煥然改觀，□□□□輟也耶！嘻！以一隅而傾忱輸助，故□□而竣工告成，余甚嘉此方之地僻而人好施，寂興之辛勤而志罔懈也。爰記之以垂不朽。

大小靳村：

王汝業　壹两五錢　　王門焦氏　壹两五錢　　王國成　壹两五錢
王國禎　壹两　　梁成俊　壹两貳錢　　王應威　壹两
王壽奇　壹两　　王永春　壹两　　王福青　柒錢
宋大秀　柒錢　　李門張氏　捌錢　　王國增　陸錢
王國良　伍錢　　宋大英　伍錢　　宋繼禹　伍錢
王俊福　伍錢　　王俊祿　伍錢　　王國鼎　肆錢
王永亮　肆錢　　宋大福　肆錢　　王福旺　肆錢
王俊亮　肆錢　　王福仁　叁錢　　宋皇福　叁錢
王福盛　叁錢　　陰陽温國俊　叁錢　　王永瑞　叁錢
王福元　叁錢　　武奪魁　貳錢肆　　王威俊　貳錢貳
宋大俊　貳錢貳　　王成英　貳錢　　王昰奇　貳錢
王鼇璽　貳錢　　王化禎　貳錢　　王福齊　貳錢
王正榮　貳錢　　王國順　壹錢伍　　王俊態　壹錢伍
任天保　壹錢貳　　王國棟　壹錢　　宋皇封　壹錢
王精盛　壹錢　　梁繼燦　壹錢　　宋霞　壹錢貳
田氏　壹錢　　郭氏　壹錢　　喬俊儀　壹錢
王襲寶　壹錢　　王福興　壹錢　　李俊英　壹錢
王應啟　壹錢　　王應成　壹錢　　宋皇龍　壹錢五
王汝洪　壹錢　　封氏　壹錢　　王俊要　壹錢

王國英　壹錢　李氏　壹錢貳　溫焦保　貳錢
王封　壹錢貳
本村出銀人名：
任昌祚　叁两叁錢四　陶應秀　叁两錢貳　陶應興　叁两貳錢五
陶永慶　叁两　郭先奇　貳两玖錢　陶應旺　貳两五錢
陶永傑　貳两陸錢五　陰汝福　貳两陸錢三　李春官　貳两陸錢貳
陰崇貴　貳两貳錢　任福俊　貳两四錢貳　郭起龍　貳两叁錢壹
郭位　貳两叁錢五　陶應達　貳两叁錢五　郭應秀　貳两貳錢二
陶大德　貳两壹錢八　郭福禎　貳两壹錢五　陳大奇　貳两壹錢五
陶應義　貳两壹錢三　陶永濟　貳两壹錢　郭應魁　貳两陸分
焦承林　貳两肆分　高春滿　貳两肆分　陳房福　貳两叁分
陳天賜　貳两七錢四　焦繼元　壹两玖錢六　陶應成　壹两玖錢二
高汝俊　壹两捌錢四　陶應仁　壹两柒錢七　宋王兒　壹两柒錢四
任承旺　壹两柒錢貳　趙景榮　壹两柒錢　師明興　壹两陸錢九
郭應好　壹两陸錢八　陶應通　壹两陸錢二　杜玉光　壹两陸錢貳
陶應發　壹两五錢四　陶大美　壹两五錢　陶永春　壹两肆錢
陶□□　壹两肆錢　武永山　壹两伍錢五　王發遠　壹两叁錢九
陶永立　壹两叁錢五　焦承山　壹两叁錢　郭應倉　壹两貳錢
陶永山　壹两貳錢　任昌胤　壹两貳錢三　陶永芝　壹錢貳两二
陳天順　壹两貳錢五　郭福才　壹两壹錢四　陰崇德　壹两壹錢
胡應芳　壹两二分　陶大禎　壹两　焦自珍　壹两
焦升旺　壹两　王芝秀　玖两捌分　陶星炳　柒錢九分
郭先才　柒錢二分　王發興　柒錢三分　韓國英　伍錢
郭成盛　肆錢五　陶成興　叁錢　焦自新　叁錢
陶有鼎　叁錢　陶大全　貳錢　陶大要　貳錢
陶大英　貳錢　陳大英　貳錢　陶大元　壹錢伍
陳大海　壹錢二　趙三元　壹錢二
女善人：
郭門任氏　伍分　郭門王氏　叁分　郭門梁氏　叁分
郭門王氏　叁分　高門王氏　叁分　宋門焦氏　叁分
郭門武氏　叁分　郭門郭氏　叁分　師門梁氏　叁分
趙門郭氏　叁分　王門範氏　叁分　郭門翟氏　叁分
郭門宋氏　叁分　陳門李氏　叁分　陶門任氏　叁分
陳門王氏　叁分
興國寺書字即住持僧人宗法　門徒道甯　道忠
大清康熙十七年歲次戊午秋柒月拾貳日上浣立吉
介休縣儒學廩膳生員張豫昭　薰沐撰
裕子村刊字匠尹進才，男尹忠宰、尹良宰、尹光宰

壹钱二分人名于后：共17行，分左右开列，计32人，其中16行每行43人，计688人。17行总计人名720人，姓名略。

壹錢弍分
入名于後

郭泰碑

【简介】

清康熙十七年（1678）勒石。青石质，无首，须弥座。碑身高224、宽90、厚19厘米。底座长90、宽63、高49厘米。碑文隶书，13行，满行40字。蔡邕撰文，傅山书丹。右下角残缺5字。碑尾有清乾隆丁酉年（1777）县令吕公滋加注“蔡议郎书久泐矣，此太原傅氏山青主所书，不知者误以谓蔡作，今特识之”。碑边另有傅山小草题刻，碑阴有傅山子傅眉、介休知县吕公滋、金一凤等人题诗。现存介休市后土庙东垛殿廊下。

【碑文】

（碑阳）

先生諱泰，字林宗，太原界休人也。其先出自有周，王季之穆有虢叔者，寔有懿德。文王咨焉，建國命氏，或謂之郭，即其後也。先生誕膺天衷，聰睿明哲，孝友溫恭，仁篤慈惠。夫其器量弘深，姿度廣大，浩浩焉，汪汪焉，奧乎不可測已。若乃砥節厲行，直道正辭，貞固足以幹事，隱括足以矯時。遂考覽六經，探綜圖緯，周流華夏，隨集帝學。收文武之將墜，拯微言之未絕。于時纓緌之徒、紳佩之士，望形表而影附，聆嘉聲而響和者，犹百川之歸巨海，鱗介之宗龜龍也。爾乃潛隱衡門，收朋勤誨，童蒙賴焉，用祛其蔽。州郡聞德，虛以備禮，莫之能致。群公休之，遂辟司徒掾，又舉有道，皆以疾辭。將蹈鴻厓之遐迹，紹巢許之絕軌，翔區外以舒翼，超天衢以高峙。稟命不融，享年四十有二，以建寧二年正月乙亥卒。凡我同好之人，永懷哀悼，靡所置念，乃相與惟先生之德，以謀不朽之事。僉以為先民既沒，而德音猶存者，亦賴之于見述也，今其如何而闕斯禮？於是樹碑表墓，昭銘景行，俾芳烈奮于百世，令聞顯於無窮。其詞曰：

於休先生，明德通玄。純懿淑靈，受之自天。崇壯幽浚，如山如淵。禮樂是悅，詩書是敦。匪為摭華，乃尋厥根。宮牆重仞，允得其門。懿乎其純，確乎其操。洋洋搢紳，言觀其高。栖遲泌丘，善誘能教。赫赫三事，幾行其招。委辭召貢，保此清妙。降年不永，民斯悲悼。爰勒茲銘，擿其光耀。嗟爾來世，是則是效。

蔡議郎書久泐矣，此太原傅氏山青主所書，不知者誤以謂蔡作，今特識之。

乾隆丁酉秋，介休令新安吕公滋碩亭甫。

先生諱泰字林宗太原界休人也其先出自有周王季之穆有虢叔者寔有懿德文王咨焉建國命氏或謂之郭即其後也先生誕膺天衷聰睿明哲孝友溫恭仁篤慈惠夫其器量弘深姿度廣大浩浩焉汪汪焉奥乎不可測已若乃砥節厲行直道正辭貞固足以幹事隱括足以矯時遂考覽六經探綜圖緯周流華夏隨集帝學收文武之將墜拯微言之未絕于時纓緌之徒紳佩之士望形表而景附聆嘉聲而響和者猶百川之歸巨海鱗介之宗龜龍也爾乃潛隱衡門收朋勤誨童蒙賴焉用祛其蔽州郡聞德虛已備禮莫之能致群公休之遂辟司徒揚又舉有道皆以疾辭將蹈鴻涯之遐迹紹巢許之絕軌翔區外以舒翼超天衢以高峙稟命不融享年四十有二以建寧二年正月乙亥卒凡我四方同好之人永懷哀悼靡所寘念乃相與惟先生之德以謀不朽之事僉以為先民既沒而德音猶存者亦賴之于見述也今其如何而闕斯禮於是樹碑表墓昭銘景行俾芳烈奮于百世令問顯于無窮其詞曰

於休先生明德通玄純懿淑靈受之自天崇壯幽濬如山如淵禮樂是悅詩書是敦匪惟摭華乃尋厥根宮牆重仞允得其門懿乎其純確乎其操洋洋搢紳言觀其高棲遲泌丘善誘能教赤三事幾行其招委辭召貢保此清妙降年不永民斯悲悼爰勒茲銘摛其光耀嗟爾來世是則是效

蔡議郎書久沕矣此太原傅氏山青主所書不知者誤以謂蔡作令特識之乾隆丁酉秋介休令新安呂公滋[illegible]亭甫

（碑阴）

郭有道祠漢槐　南匯吳省欽沖之甫：

穎陽湓漫鶗聲死，藏獵陰飆射檐底。

老蛟脊瘦身百圍，倒卷濃氛蔽山鬼。

此樹婆娑是誰植？日對林宗无愧色。

蒼棱近拂介休城，金蕊紛飄洛陽陌。

雖同屋社覆枌榆，稍異宮門委荊刺。

三公當日位朝右，水火元黃拉枯朽。

本撥枝傷國步移，宵炕書蟲終難守。

墊巾徵士翩若仙，高蹈要拍洪崖肩。

議郎一碑翳深莽，恠尔突兀撑邱阡。

腹空屢被雷雹破，幹古肯受藤蘿纏？

鼠耳菁葱亦凡木，有人繫紡有人觸。

樹譽由來重漢京，物宜毋乃因唐俗。

君不見槐里令長馳直聲，此樹不同殿檻旌。

又不見槐市生徒買禮器，此樹不將區宅它。

欺霜壓雷善因天，集鳳栖鴦矜得地。

久聞過墓禁樵蘇，豈數叢祠長條肆。

石闌駮葷瞑色拖，行埽落葉影長歌。

甘泉玉樹問安在？槐乎！槐乎！千秋萬歲惟尔多。

嗚呼，千秋萬歲即不惟尔多，懷人曰槐懷則那。

乾隆戊戌春日洛西受業呂公滋書丹上石

標榜釀成東市禍，鴻涯高蹈幾人知。

只今遺廟孤城下，折角風流尚可追。

邑令金一鳳拜題

有道芳躅，非蔡中郎不足以闡之。碑蝕風雨，手書殘缺且廢矣。得青螺郭先生續其勝，摹似一二，又立一通於墓傍，纔及百餘年，碑復不可問。今青主傅先生脫略宏詞科之召，可以繼踪有道之累辭所辟，仍熟漢隸以補之。

適玉司介邑捕事，欣逢其會，不禁慨然曰：人以品重，安在芝粒員甘捧檄之同歡者不見取，如割雞之茅氏耶。惟願此碑立後，久將湮沒，更有如郭、傅兩先生起而新之者。

會稽金應玉其相跋

隱不違親，貞不絕俗，亂世之賢者，難為宦情如此。會吾土修先生祠，護先生壟，因覓得公它濁為所書中郎碑，勒之佳石。公它書類中郎，人類有道，庶不負吾黨此舉，先生當頷之矣。

董正紳跋，時年七十有二。

撑柱難合，非今不巧。不能模文，效顰此老。

張念東珮題

今行中郎隸書，惟《汝帖》“定冊帷幕”數字及《夏承碑》耳。家君此書，蓋斟酌于二者之間。

傅眉敬跋

漢有衜後，唯傅徵君。節介不事，孝念最殷。字翻漢蹟，召我運斤。是非熟逕，勉効其勤。

古離石弼廷王良翼題

林宗先生之品，伯仲黄叔度、徐孺子，其不為危言激論，故不罹党禍。當年中郎而為之碑，誠為不媿。惜此碑竟蕪于砂淤之間，今得傅青主先生隸以補之，宛如中郎手書，又不媿于中郎矣。

會稽金應璘恭跋

有道先生無慚黄憲，差勝李膺，故其墓亦仙舟。當年蔡碑獨妙，惜歲久缺矣。得傅先生一補，宛属旧書，豈僅虎賁之貌類哉。風流不墜，吾黨增顔。

山陰劉煥堯章跋

公它先生書中郎碑，命弼廷先生勒此貞石，茹生鉤之，追陪累月，始得返我藥壺，四月經始，六月斷手。

茹谦六吉附记碑末

傅先生品行高甚，此番補隸，一片碑真敵得綿田幾許也。

山陰余鉉子慎跋

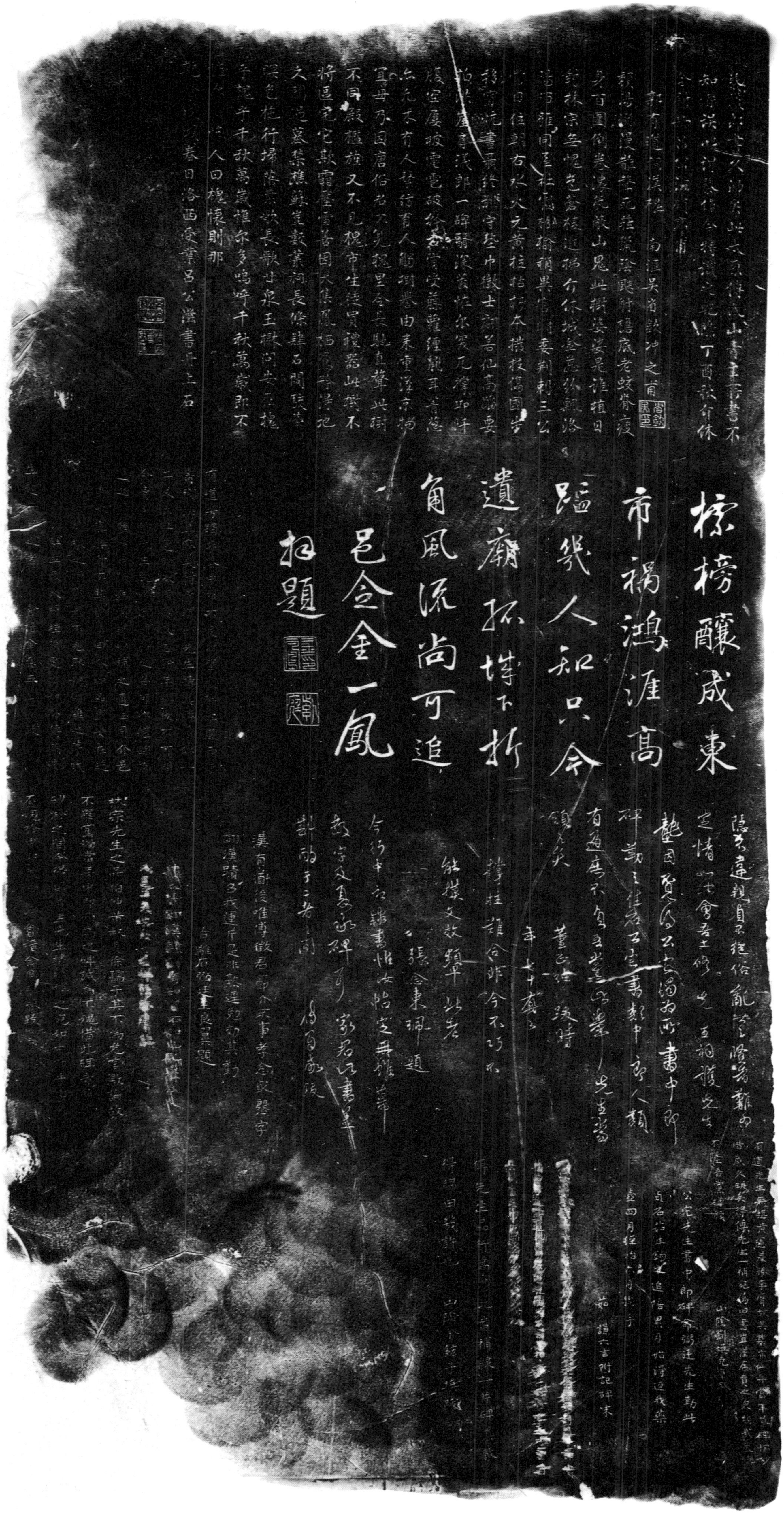
標榜釀成東
市禍鴻涯高
蹈幾人知只今
遺廟孤墳下折
角風流尚可追
一邑今全一鳳
拙題

（碑側題刻）

（上截文为傅山草书6行）洪景伯《天下碑錄》：此碑有二：一曰《郭有道碑》，蔡邕文並書，在太原平晉龍泉側；一曰《郭林宗碑》，在介休墓側。今所謂龍泉者，並其地而迷之，其墓側但有元人真書誉其文耳。其《隸釋》及《集古》《金石錄》皆不列此文，唯引《水經注》有之，而作“建寧四年正月丁亥卒”，“哀悼”作“哀痛”，與今行文少異。每疑景伯在南渡後，不得收北碑有之，而歐、趙二錄，在北宋時亦不列此，何也？洪於《水經注》所列碑後云：“其碑今不毁者，十財一二。凡歐、趙錄中所無者，世不復有之矣。”乃知此碑在南渡之前已不可得矣。而今乃有藏此碑者，吾從汾陽曹孝廉偉得一本，不知近代何人補書。前篆書頗可可，而碑字陋甚。至於篤、鴻、焉、為、庶下皆作“火”，尤鄙陋可笑。不知青螺公所嘗識以為漢碑者，又為何本？或非吾所見者耶？吾不知之矣。吾家世習漢隸，間嘗與息眉、孫蓮蘇各以其手法書一本藏於家。會介人士磨石要書，老人不復能俯石上受苦，爰以家本令蓮蘇雙鉤過之石上。石工粗鑿有劃，而屬離石王生良翼對本修之，豈敢唐突中郎，聊以補晉金石之缺爾。王生貌樸野不文，而實內慧，能文多解，兼能醫，運斤病字，良賴鈘砭。是舉也，董公正紳，朱翁敏清、張長公佩實慫恿之。吾橅擬《百石卒史》；眉得《泰山太守》處多，亦間作《梁鵠》方嚴體；蓮蘇專寫《淳于長》，略得其疏拙之似。一本出自平定者，是眉別用《梁鵠》法，非家藏三本內者。僑黃老人傅山記。

（下截王鼎起行书6行）

介環城东北，郭氏墟有道中路墓罣如，中郎不愧，钦鱼汉久空传碑也。傅徵君隶熟补诸□残者变厥□，重光作噩子書。

山陰王鼎起

傅山书明堂诗碣

【简介】

清康熙十九年(1680)勒石。青石质。长89、宽40、厚6.5厘米。碑文隶书,10行,满行6字。东汉班固作诗,傅山书。原为介休市南街燕家巷张氏旧宅物品,1977年居住人捐赠于介休县博物馆。

【诗文】

於昭明堂,明堂孔陽。聖皇宗禖,穆穆煌煌。上帝宴饗,五位時序。誰其配之,世祖皇武。普天率土,各以其職。猗歟緝熙,允褱多福。

孟堅明堂詩十二句四十八字,時年桼十四,傅山。

新建门楼碑记

【简介】

清康熙二十二年（1683）勒石。青石质，圆首。碑首高25厘米。碑身高97、宽55、厚14厘米。底座长60、宽40、高43厘米。碑文楷体。碑阳额题“新建门楼碑记”。碑阴额题“皇帝万岁”。现存介休市龙凤镇峪子村委院内。

【碑文】

（碑阳）

大清康熙歲次癸亥閏陸月拾陸日吉旦立石

王增施□家坡坡地壹晌

宋守教施銀陸兩　冀妙俊施銀三兩　宋文啟施銀壹兩肆錢　宋天孝施門口空基地壹塊　宋北鏰施門口空基地壹塊　董廷詔施銀壹兩伍錢　宋之厚施銀伍錢　吉泰住持施銀六兩　宋士元施銀三錢　宋士光施銀三錢　宋士璲施銀三錢　宋奉彩二錢　宋光玺二钱　宋士俊一錢六分　宋一奇一錢五分　宋汝山六錢二分　宋登義一錢二分　宋士傑一錢二分　宋福雨一錢四分　生員鈕昌欺一錢二分　生員燕齊鵬一錢二分　鈕昌盛一錢二分　李宗白一錢二分　宋一立二錢　宋朝相二錢

一錢二分人：宋一洪　康誥　宋守教　宋一世　宋一錦　宋一讓　宋一異　宋一仲　宋惟英　李秉正　羅鐸　尹名宰　宋之美　宋福貞　宋文成　宋自財　生員王維基六分　生員燕宇飛六分　生員鈕昌運六分　冀於鳳六分　燕一寧六分　王琮一錢二分　張學武一錢二分

一錢人：宋奉根　宋登礼　宋惟祥　宋惟祿　宋九祿　宋榮耀　武名旺　孟之貞　武文元　宋之祥　宋文正

八分人：宋一敬　宋可贈　宋文宦　宋文奇

六分人：宋登貴　宋九福　宋守巳　宋一福　宋一要　宋含貞　宋榮輝　宋之麟　宋君遴　宋光前　宋存周　梁生榮　宋之龍　宋之立　宋翔鳳　宋翔鵬　宋翔鶴　宋文章　李妙愛　宋妙秀

五分人：宋汝海　宋登仁　宋一元　宋守寶　宋一彩　宋興旺　宋興玉　尹進福　宋可久　宋可仁　宋之升　宋守福　張鳳儀　宋一光　刘同翰

任明傑施銀一兩二錢

起意人：宋一錦　宋守教　康誥　宋汝山　宋一洪　宋一讓　宋之厚

師父祥安 住持僧吉泰

（碑阴）

江南生意出銀人名開列於左：

施銀伍兩：德義號

三兩陸錢：元吉號

弍兩伍錢：大有號

弍兩肆錢：元順號

施銀弍兩：跟盛號　隆盛號　張國樞　范大元

壹兩陸錢：恒元號

壹兩伍錢：萬順號　萬昌號　天津府引進　宋三聘

施銀弍兩：益昇當　豐泰當　大興當

施銀壹兩：義興當　永豐當　永順當　公順當　德盛號　廣裕當　安懷當　均成當　永義當　裕成當　瑜義當　恒瑞當　豐裕當　元盛當　富有當　章成當　張國耀　陳興　萬興號　萬有號　吉慶堂　萬興號　協盛號　張永隆　任德隆　三義號　天錫號　日昇號　石嚴定　宋公盛　公德號　接引

庵　忠義號　源聚號　公義號　天順號　梁玉成　楊德明　張廷柱

施銀八錢：大成號　興隆號　萬隆號　六合號　豐隆號　四美號　任房　魁星樓　公義號　王福元

施銀陸錢：馬公房　天吉號　西晉堂　張萬威　喬福成　恒泰號　張奇建　馬積元　范家房

施銀伍錢：武統周　原學堯　張應枝　馬得源　永盛號　萬發號　興源號　乾元號　隆興號　雙盛號　聚盛號　元隆號　任含瑞　賈大品　馬東武　李景文　李景武　薛大虎　張弘禹　賈起昌　李生旺　毛廷揚　陳泰喜　張永豐　協成號　白房　如意堂　楊仙鳳　宋大林　李成祿　張漢斌　冀品貴　宋明旺　張廷仰　張國明　張皓預　陰玉彪　弓賜□　李生富

施銀四錢：泰來號　恒義號　興隆號　鈕玉金　楊榮光　郝維清　張九旺

施銀二錢六分：合盛號　任修祿　張應澤　任宣威　張元義　賈元忠　梁森　孫喜翰

施銀三錢：永豐號　宋宏興　源慶號　天順號　天錫號　永順號　張萬勇　鄭國英　焦天瑞　李祿青　三義堂　張標　郭大金　宋金令　張之彪　宋福臣　范大積　喬枝茂　仝彩　仝學嚴　王元富　師世公

弍錢四分：胡富　陶璘　范才智　張國棟　宋文穩　雙成號　薛士照　榮秀英　宋學瑞　陰玉魁　張廷業　喬廷侯　羅大貴　武德　毛俊　郝維齡

施銀弍錢：馬府合房　乾盛號　溫立義　馮德興　任戌良　郝士英　王大章　賈大定　高漢鼎　范大玉　張士元　張國瑞　榮福全　王体仁　張文輝　宋福印　王孟蛟　毛起昌　王世寧

一錢六分：石和　張廷奇　柔進寶　任景光

一錢二分：張通隆　王柱

重修吉祥寺碑记

【简介】

清康熙三十三年(1694)勒石。青石质,圆首。碑首高46厘米。碑身高190、宽90、厚22厘米。碑文楷体,24行,满行63字。碑阳额题"重修碑记"。碑阴额题"峻奕题名"。现存介休市洪山镇南两水村吉祥寺。

【碑文】

重修吉祥寺碑記

蓋聞佛教之興,其由以來,自漢至今,數千餘載,三寶之尊,代代崇敬,人人福被。微言者,山河大地悉叨洪化,蠢動含靈,盡屬甄陶,凡我生成,敢□報□,豈……茲者,介治震方舊有吉祥古寺,捌自唐時,沿及清盛,道緊汾源襟帶,衢通秦晉咽喉,夙稱綿上名區,舊號定陽。古剎崔嵬,耳殿伽藍位置坤方,□□只□□□□□□□中建梵閣三重,講堂四配,香積處處精嚴,山門亭亭壯麗。碧柳參差,對群山而聳翠;優曇繚繞,接兩水以潮宗。嵯峨聖像,倒蓮花于綺井;□□□□,賓□麗□天池。集□女香火之精,開伏臘尋律之路,□稱鹿苑道風。無何風雨傾頹,更見臺垣荒蕪,幢幡不陳於左右,鐘皷猶响於朝昏,□座塵埋難□□□□□□□鴨□□,空凝慧日之□□□滌,佛顏黯澹痛□寶莊嚴之,那堪兔跡孤蹤,慘六根清靜之所,安思樵歌牧唱,使行者覩之悚,俾居者對之景,然儒釋□□□□深威□□。

春谷和尚大事因□□出現於世也,重構佳原,增加正殿三間,勒豎留芳之碑,表石柱之由來。屢遭山河猛水浸沒,前、中、後廡竟已成□□□□寺西磬□□□□峰原系春谷五代法孫鳴□祖槊規模,明紀三修可乎?

我朝有癈,常有懷復之心,歲寒汗熱,務苦耕耘,日淡莘糟穗,聚拾兩餘金,屢次倡眾願□□□□□□□□乞眾囊,慷慨輸珎,樂整原基,托幸本村居士李文慶喜捐己資,同僧愽募,鳩合眾籌,書修疏簿,銳志經營□□□□祥焰,全仗檀□□□□籌璧□萬□□□□□□千鈞。由是遍告四海高賢,懇求十方善信,各宜打破堅囊,不惜槖中長物,咸令剖開悕綱,豈辭倉裹餘粮,使汲運□,□勉□拋磚引玉,□今□□前□照□□□山門重□疊樂樓。于康熙二十二年而舉工,三十三年而斯工告竣,三重四配,金壁交輝,依然寶筏停雲。此□迎□□爾,蓮峰映□,不□□□□不□能□□相□。爰以鐫石留芳,自是垂名不朽。

賜進士出身、詹事府少詹、癸酉科江南典試正主考、翰林院侍讀學士、纂修一統□、右春坊右庶士掌坊事、纂修兩朝聖訓、明史、翰林院侍講、侍讀、日講官、起居注、左右春坊中允、實錄纂修官、癸丑科會試同考、丙辰科殿試掌卷、翰林院編修加一級、內弘文院庶吉士、介里李錄予沐手拜撰

候補內府光祿寺典簿張珮

前湖廣襄陽府南漳縣知縣張璲

生員張鉽、生員張鋭、例監張鉅

信士李元慶施銀壹拾捌兩

信士趙汝然施銀壹拾三兩柒錢

信士趙應秀施銀壹拾貳兩陸錢

信士趙應鼎施銀壹拾貳兩伍錢

西東坊二甲生員張翼魁捨寺後石灘地一畝三分

石大用捨垛坡沙地一畝八分

本村起意糾首:王萬洪　趙汝海　張國俊　李元慶　任鳳鶴　任祚昌　李汝倉

李瑤林　趙時□　趙時彪　趙應封　趙為狄　趙時雄　趙善德　趙汝魁

趙應秀　冀應強　郝元魁　趙應合　溫福海　常　忭　趙應章　段存官

王汝喚　趙汝祥　鈕金元　王祚新　郝有職　任時財　郭進財　段毓林

趙應皇　趙應學　趙應太　任汝慶　趙應鼎　任汝斗　趙汝秀　趙應洪

李學儒　常□□　任汝英　趙承英　段文翰　趙承鋭　王萬星　段毓秀

趙英成　趙　□　趙應□　趙汝彪　趙汝然　王開基　李進友　段　裕

李茂法　□時旺　任進府　任□定　趙應正　段應仁　段文金　趙應唐

王應□

定陽隐焦寺白衣庵曹洞正宗一十五代比丘福□沐手書

本村住持僧人西磬□□□□□

石匠：梁進雨　宋文彩

旹大清康熙三十三年十月初一日吉立

法孫東笛　東定　曾孫深□　□□　清□　□喜

重修观音堂小记

【简介】

清康熙三十四年（1695）勒石。青石质。碑长98、宽55厘米。碑文楷体，正文6行，满行25字。嵌于介休市龙凤镇北庄村观音堂正殿廊下西侧墙壁。

【碑文】

重修觀音堂小記

本村觀音堂其從□久矣，然世遠年湮，傾圮殆甚。茲香老、糾首闔村立志重修，舊閣規模煥然改觀復新，且於北面增加禪室三間，為住持香火之記。今已工成告竣，將倡議糾首、出銀眾善姓名勒石以誌不朽，更望後起者為之繼事，庶盛事永久弗替矣。是為記。

邑人生員王之蕃撰

康熙三十四年十月十一日立

香老：范奇旺 王汝鳴

書字人：范宗敬

糾首：生員郭維寧　王汝盛　王汝鸞　生員王之蕃　張鳳翼　范奇能　范奇儒　王汝鵬　王福茂　王汝傑　范奇茂　范奇寶　楊伯棟　王廷祺　王福遠　楊名興　范奇金　王俸臣

施銀人：生員郭人任五錢　郭人偲五錢　郭人僑五錢　王汝盛五錢　王汝鳴五錢　王廷祺五錢　王汝鸞五錢　王奉承五錢　王福通五錢　范奇寶五錢　王福銀五錢　張富翼五錢　楊光祖五錢　王廷佐五錢　范奇金五錢　王福景五錢　范宗敬五錢　王汝傑五錢　范奇儒五錢　峪子村生員宋之星仝施銀陸錢　尹忠寧三錢　楊明寶三錢　王福遠三錢　楊伯榮弍錢伍分　王福顯弍錢　楊伯意弍錢　王福旺弍錢　喬文太弍錢　王得息弍錢　王福茂弍錢　王汝玉弍錢　王福昌弍錢　王汝智弍錢　范宗選弍錢　王國臣弍錢　范奇珠弍錢　王廷俊弍錢　范宗正一錢陸分　王汝欽一錢弍分　楊名旺一錢弍分　郭明奉一錢弍分　王福周捌分　李汝玉捌分　王富貴捌分　王德喜捌分

峪子村宋士俊　宋士輝　宋士光　本村楊伯棟　楊明興　楊明寶兩家仝捨行路一條

住持僧人了道　門徒明安　善友李錦　本村王福運捨□觀音堂西南角地基一塊

木匠：范景新

泥水匠：郭中實

石匠：尹忠宰

陰陽：張明遠

袄子岭庙碑记

【简介】

清康熙三十五年（1696）勒石。青石质，无首，无座。碑身高130、宽58、厚16厘。碑文楷体，正文10行，满行55字。碑存介休市龙凤镇鳌子岭村委院内。

【碑文】

襖子嶺廟碑記

昔人有言：莫為之前，雖美弗彰；莫為之後，雖盛弗傳。是前後之人交相代、交相望也。今於是村建廟修廟，益信之。此地村西有五嶽廟，不知創自何年，起意建造者何人，即重修者屢矣，僅有名榜聊存，其人之姓名亦在若隱若顯之間。嗟乎！前之人樸而無文固如是耶？由今以往百世代而不名榜，散佚同泯沒無聞已爾，誰復有傳之者乎？嗣後復增建地藏殿、聖母廟，善人啟光李氏有感焉，向眾言曰：前人之失傳，後人已慨前人矣，今不刊石勒碑，久而失傳，後人又慨後人矣。爰集前重修首事人等，公議立碑一事，咸欣然應之曰：此今日之責也，適當眾心矣。夫始建之失傳，已不可考矣，若重修者，金粧聖像，增造樂臺、禪房，則李福仁、張自雨之功也。增建地藏殿、聖母廟貌輝煌，則李國玉、劉福才等之功也。詳載勒石，百世後覽殘石之記載，不特今人之功德賴以不沒，即後人之聞風而起者因此而感發矣。用是為記。

賜進士出身王賜召謹撰

峪子村逸民宋玥謹書

康熙十六年仲春修鐘鼓樓、禪房使銀三十六兩四錢九分

康熙二十年孟秋修樂臺使銀八十七兩

康熙二十年六孟冬金粧正殿使銀二十一兩一錢三分

康熙二十八年孟夏金粧五嶽老爺聖像使銀五十一兩二錢二分

起意糾首：張自雨　李汝福　李福仁　李福盛　李國玉　李國才　李國貞　劉大龍　李啟光　張崇傑　李汝忠　張崇羽　張崇德　李福　劉福才　張□增　李啟才　李啟成　李喜　李進元　李進貞　梁安慶　李可成　劉福華　張□達

住持善友張　秀

石匠：尹忠宰　尹光宰　尹臣宰　尹侯宰　仝鐫

旹大清康熙三十五年九月初一日立

重新观音诸佛罗汉金像碑记

【简介】

清康熙三十八年(1699)勒石。青石质。碑长98、宽55厘米。碑文楷体,正文6行,满行26字。嵌于介休市龙凤镇北庄村观音堂正殿廊下东侧墙壁。王之蕃撰文,张明远书丹。

【碑文】

重新觀音諸佛羅漢金像碑記

觀音堂舊規稍隘,年來重修整飾,增以垣牆茶室,較前式廓□隆。羅漢及懸塑諸佛復金妝重整,煥然一新。皆本村父老子弟、善男信女暨鄰鄉善士之資力也,是不可不述其功德,傳其姓氏示後,□□□久遠。故為小序,鐫石以記之云。

邑人生員王之蕃撰

張明遠書

康熙三十八年十月初九日立

香老:王汝鵬　王廷俊

糾首:王之蕃　郭人偲　王汝傑　王福運　王汝盛　張明遠　楊伯意　范奇寶

施銀人:生員王之蕃壹兩式錢　生員郭維寧陸錢　王汝盛陸錢　郭人偲五錢　郭人僑四錢　王汝鳴四錢　楊名興四錢　舉人郭人任三錢　王廷位三錢　梁挺會三錢　王福運三錢　王汝鵬三錢　范奇旺三錢　王廷俊三錢　王汝□三錢　楊名福式錢五分　張明遠式錢式分　范奇寶式錢式分　王廷禎式錢式分　王□□式錢式分　王福鎮式錢式分　王福景式錢式分　楊名芳式錢式分　王汝凰式錢式分　楊名通式錢式分　生員郭維城式錢　高大秀式錢　郭中實式錢　王廷選式錢　楊光祖式錢　楊名昌式錢　王福通式錢　楊伯意一錢六分　范奇能一錢六分　范宗海一錢六分　王福茂一錢六分　王廷儒一錢式分　王廷偉一錢式分　王得璽一錢式分　郭人仙一錢式分　王俸祿一錢式分　李魁盛一錢式分　王汝傑一錢式分　楊名寶一錢式分　范奇茂一錢式分　范景新一錢一分　王福太一錢一分　文詩一錢　宋際達一錢　石□富一錢　生員喬求燦一錢　任大良一錢　任瑞魁一錢　楊氏一錢　燕氏一錢　張氏一錢　李妙芳一錢　宋興英一錢　梁妙賢一錢　王福玉一錢　王才林一錢　梁世縉一錢　羅進秩一錢　張進虎一錢　王福顯一錢　范奇有一錢　范奇傑八分　王福遠八分　王福近八分　范宗異七分　王福旺七分　馬雍廷三錢　郭名宰六分　王俸仁六分　范宗敬六分　張明遠五分　李妙玉五分　王汝玉四分　范奇金四分　羅永際三分　王汝脊五分　白守金三分　郭名鳳三分　王得恩三分　楊昌實三分　郭名鸞三分　康喜旺三分

比丘住持了道　善友李錦　徒孫昌興式錢

生員王之蕃施地肆畝　生員郭維寧施地三畝　郭人僑施地三畝　泥水匠宋守選銀一錢式分

石匠:尹忠宰

重修回銮寺记

【简介】

清康熙四十一年（1702）勒石。青石质，圆首。碑首高42厘米。碑身高205、宽89、厚15厘米。底座长91、宽60、高48厘米。碑文楷体，24行，满行73字。温席珍撰文并书丹，王之弼、梁起蛟等立石，尹忠宰、尹光宰等刻石。碑阳额篆"高僧古迹"。碑阴额题"重修碑记"。现存介休市绵山镇兴地村回銮寺。

【碑文】

（碑阳）

重修迴鑾寺記

夫重修之事與創建等，使不詳考古迹，实敘今功，亦何以使後之人知其名實乎？按唐汾州光巖寺釋志超傳載：志超，俗姓田，同州馮翊人也，遠祖流寓并州之榆次縣焉。少在同齡，知量過人，年垂壯室，親為聘妻。超聞之，避親姻，覓歸矣，行婚禮，惟置一床，超乃抽氊席地，令妻坐上，躬自處床，勤為說法，妻謝相累，既確乎其難□親，乃捐□□而任之。年二十有餘，投并州開化寺，歷試諸難苦役身。先慧瓚禪師親閱驗之，令受戒品，即往定州導采律藏，括其精要，删其煩雜，三教略圓，乃返故鄉，定慧雙啟。至隋季，寇賊久横，而超徒竊盜相淩，便欲奔散，乃以誡法勸無變情：鏡業既臨，逃嚮何地？眾感其言，課時無輟。嘗夜坐禪，忽有群賊排門直進，炬火亂舉，白刃交臨，合坐端然。賊乃拜俗歸依，起隨宜誘計量權授法，咸發心敬，合掌而退。

高祖建義太原，超率侶晉陽，住儀定寺，禪學數百，清肅成規，道俗欽仰，□及皇旗南指，三輔無塵。義寧二年，超率弟子二十餘人，奉慶京邑，武皇夙承嘉望，待之若仙，引登太極，敘之殊禮。左僕射魏國公裴寂簞中別院，置僧住所，邀延一眾，至歷寒星，業新弥厲，但為貴遊，喧雜外進無因。時藍田山化感寺沙門靈潤等，義祥同氣，延住彼此，猶志得大，意在度人，還及晉川，以求名地。

武德五年入於介山，岩名抱腹，四方有聞。下望百尋，上臨千仞，泉石結韵于仙室，風雨飄漬於壯端。道使觀者至上，陶鑄堅心，自強誨人，僧使百眾，素而鶩石，同置一倉，日膳五十，從春至夏，計費極多，怪而檢覆，止磨两斛又數。感異僧蒙神，驚墮至於石，眾鐘聲隨時自響，石泉上湧，隨人多少，靈瑞屢興。又于城立光巖寺，躬親締構，故行深者巖居，道淺者城隱。忽因遘疾便知不住，以貞觀十三年三月十一日卒於城寺，春秋七十有一，塟于城南山阜。自隋唐两代親度出家者一千人，範師遺訓，在所聞見傳者，昔預末筵，親蒙慧誥，故即而敘焉。《續高僧傳》所走述如此，非古佛再來，其能然乎？

元大定二十五年，陳尹碑曰：廻鑾寺者，昔號靈谿，唐貞觀初，在東山、柴谷之間。至唐中和，盜起不得居，惠禪師徙於是地。僖宗自蜀還闕，禪師躬詣長安求新額，改靈谿之號，賜曰"廻鑾"。

歷宋智禪、元遠禪師又修葺之。及閱明興國諸碑，謂長安禱雨，空王有霖雨米泔應驗，唐太宗御駕至，雲中現金字云"過去空王古佛"，其徒摩斯、銀公，即二龍。太宗返駕，因名"廻鑾"，何文之不同也？然其所傳者，蓋已久矣。且至今，遠近旱祷雨即應焉。

庚辰夏四月，予尋幽峪道，忽見隸書斷碑，題"有唐汾州抱腹寺碑"，系朝儀郎高都郡上柱國開國公弘農楊仲昌撰，有曰法惠菩薩住此山，以扶持空王如來。

後魏太和中，高僧迪公之經始也，白鹿前導，神僧示現，抱腹岩之號，由茲而作。皇初滿超三公，宴塵此山，多歷年所，有轉洽三緣，滅有異常之徵，略而不書，以存正典。國家改"抱腹寺"為"大雲寺"云。朝議郎守晉州霍邑縣令范陽張伯曜書，開元廿年歲次壬申七月十五日乙卯建。由是觀之，在岩之寺，"抱腹"改為"大雲"。雲峰在村之寺，"靈谿"改為"廻鑾""興國"，各有其故。而空王、廻鑾之名，實可考矣。

第寺基周圍三十餘畝，殿廊廣大，鐘鼓危樓，松柏蒼蒼，山水朝抱，真勝景哉！即惠禪師所徙地也。年久頹壞，不堪甚矣。邑庠生王君之弼、梁君起蛟慨然歎曰：神人相依，佛之不妥，民何以安？不忍立見其廢也，任勞任怨，其敢辭乎。信士李春榮、溫如玉等聞而是之，咸起意倡眾修葺，各捐己資。而介休其時縉紳士庶，共樂於佈施，寺僧宗法、道遠、道璋、慶嘉等亦盡其心力，而寺復煥然一新矣。是役也，興作於康

高僧古跡

熙二十五年丙寅，告成於四十一年壬午。勒石垂名，屬予記事。夫發心經營，其善可書，衆共喜舍，其善可書。於是詳考古跡，實敘今功，以告來者。倘後之人有同志者焉，隨時修葺，庶斯寺之不朽也。

康熙四十一年五月端陽吉旦　邑人溫席珍撰書

糾首：王之弼　梁起蛟　李春榮　溫如玉　王應榮　馬正利　溫禹　馬正海　鈕日瑾　李萬祥　溫習之　陶應全　張根福　陳□　范□□　梁啟瑞　王之川　溫德祥　溫炯鑑　李春惠　李國祥　韓大友　趙大生　劉禎蓉　任福禎　郭春貴　陶永起　溫秉彝　趙廣生　郭世魁　郭汝祿　馬現瑞　李萬禎

香老：韓應智　喬天禹　段明開　李棲桂　段希禎　岳生蘭　董文傑　溫之澤　焦福興

住持：宗法　道遠　道璋　道甯　慶喜　慶住　慶亨　同富　同悅　玄要　玄深　玄光　玄輝

峪子村石工：尹忠宰　尹光宰　尹臣宰　宋大邗　同立石

（碑陰）

介休縣正堂李　捐俸銀拾两　　貢生董正紳　施銀伍两

貢生降綬　施銀伍两　　生員李懷珍　肆两肆錢

生員董奕泰　壹两伍錢　　歲貢董奕芳　壹两伍錢

歲貢董奕著　壹两伍錢　　生員董振譽　施銀三两

貢生董印龍　施銀貳两　　歲貢梁宇本　施銀貳两

生員董振望　施銀貳两　　貢生董印賓　施銀貳两

歲貢梁增□　施銀貳两肆錢　　生員王之梅　施銀壹两

貢生李存心　施銀壹两　　歲貢王之舟　施銀壹两

拔貢董振初　施銀壹两　　信士郭夕興　施銀三两

信士董士雲　施銀陸两

道門釋子：安雅信　王揚靜　助銀三拾两　王清源　壹两伍錢　　善祿　助銀拾貳两

京都等處施銀人：

李鳳朔　施銀貳两　元恒號　施銀貳两　范經元　施銀壹两　燕經邦　施銀壹两　李鑑予　施銀壹两　蘇公敏　施銀壹两　宋興安　施銀壹两　宰元弼　施銀壹两　趙自賢　施銀壹两　常玉蘭　施銀壹两　張明道　施銀壹两　高鼎　施銀壹两　強政道　施銀壹两

五錢人：周之隨　李鳳儀　趙文玉　盧敏昌　郭生彩　溫國榮　張起龍　張可信　趙奇芳　武甯　常弘祉　張國俊　王國典　王光作　郭藩畿　楊福才　王翊基　侯惟元　侯永慶　王照泰　侯士謙　張韻增　程子莊　藺善友　藺登朝　李應奇　陰承德　晁諫　郭皇圖　溫毓文　秦毓林　武應庫　崔之翰　李生豫　梁印　李登　許時升　王宗傑　王宗儒　張志義　馬君喜　宋國富　冀興量　白玉山　任宏達　史弘恩　宋門張氏　李國柱　何進昭　趙宗文　何麟鳳　郝昌俊　梁應禪

三錢人：張良□　李□□　郭裕作　閆聖瑞　常學恕　梁大鵬　梁奇英　武善述　段明泰　王成福　梁茂芳　梁裕榮　李錫甯　冀正信　賈雲錦　孔應林　和衆　李啟聖　關明珠　常二錫　閆速俊　梁國瑞　張楹　鈕大州　□祥　孔應林　張不二　白藏□　冀永祚

大靳村：

王俊奇　壹两　　王景魁　壹两　　王奎奇　伍錢　　王茂奇　伍錢　　王敖秀　伍錢

長壽村：

溫貴祿　一两二錢　　鈕金鈺　一两二錢　　六合當鋪　一两　　鈕金元　一两　　王國禎　三錢　　王正奇　三錢

小靳村：

陶大傑　一两　　郭起聖　一两　　陶應興　八錢　　郭應秀　五錢　　郭應好　三錢　　陶大美　二錢　　郭福禎　二錢

一錢人：陳大興　陶星炳　陰永□　陶永□　李克富　王之秀　陶大庸　趙景榮　陰先龍

槐志莊：

韓成玉　貳两　　安邦武　壹两　　任成登　七錢

五錢人：梁應盛　劉法旺　任文章　王文喜　韓國旺　吴良成　任進才　劉自明　郭汝臣　郭希傑　梁建遠

三錢人：張奇善　劉自亮　劉自信

二錢人：梁□□　劉自亮　王如英　鄧成善　任適佑　冀□龍　郭□□　□進□　安貴　任文盛　宋得□　張守秀　任承□

一錢人：劉守禄　安□喜　李進庫　郭世富　劉自□　宋國英　溫習孔　冀俊義　冀俊□　冀子榮　任□太　溫可盛

馬跑泉村：

蘇□□　貳两五錢　　□□興　貳两五錢　　□□□　貳两五錢　　李□□　壹两　　富雲　壹两　　郭□福　壹两　　張□□　壹两

□封公　壹两　　張賢　壹两　　馬有德　壹两五錢　　劉起□　壹两五錢　蘇明遠　壹两五錢　　李大明　壹两五錢　　武天恩　壹两五錢　　蘇喜　壹两五錢　　蘇明剛　壹两五錢　　王□德　壹两五錢　　苗旺　壹两五錢　　蘇明旺　壹两五錢　　侯庫　壹两五錢　　李福保　壹两五錢　　吕登傑　壹两五錢　　任德　壹两五錢　苗　興　壹两五錢　　富林　壹两五錢　　魏福　壹两五錢　劉學　壹两五錢　　蘇明興　壹两　　王運　壹两　　武天才　壹两　　徐寶　壹两　　樊玉寶　壹两　　李應才　壹两　　蘇明成　壹两　　蘇明寬　壹两　　樊三珍　壹两　　樊玘富　八錢　　賈珥　八錢　　樊玘貴　六錢　　富福　五錢

東歡村：□□□人等　施銀　拾两

西歡村：□□□人等　施銀　玖两　　尹惠宰　二錢五分　　尹忠宰　壹錢五分　　尹臣宰　一錢五分　　宋大相　壹錢五分

本村士民：

生員王之弼　施銀拾貳两　　生員梁起蛟　施銀拾两　　信士馬俊英　施銀拾两　　信士馬正海　施銀捌两　　信士李春榮　施銀柒两　　信士王應榮　施銀柒两　　信士馬正利　施銀陸两　　信士王濟榮　施銀陸两　　信士鈕自強　施銀伍两　　信士陳德范　施銀伍两　　信士溫烔鑑　施銀伍两　　信士溫心馥　施銀肆两陸錢　　信士趙啟才　施銀肆两　　信士梁啟瑞　施銀肆两　　信士溫效孔　施銀三两伍錢　　信士溫如玉　施銀三两貳錢　　信士靳萬福　施銀三两　　信士韓應仁　施銀三两　　信士溫爾福　施銀三两　　信士溫習之　施銀三两　　信士梁啟福　施銀三两　　信士馬俊傑　施銀三两　　信士劉寶貴　施銀三两　　賈永禎　施銀貳两伍錢　　靳可禄　施銀貳两伍錢　　溫啟之　施銀貳两伍錢　　李萬祥　施銀貳两　　溫得祥　施銀貳两　　郭春貴　施銀貳两　　梁三貴　施銀貳两　　秦明英　施銀貳两　　史贊堯　施銀貳两　　溫之澤　施銀貳两　　馬正湖　施銀貳两　　陳奇猶　施銀貳两　　陳洪疇　施銀貳两　　韓燕富　施銀貳两　　德克讓　施銀貳两　　溫周雅　施銀貳两　　岳生蘭　施銀壹两八錢　　郭世恩　施銀壹两捌錢　　溫秉翼　施銀壹两五錢　　任福禎　施銀壹两五錢　　馬現德　施銀壹两五錢　　武俊明　施銀壹两五錢　　王應產　施銀壹两五錢　　董福乂　施銀壹两五錢　　胡進才　施銀壹两五錢　　郭金　施銀壹两五錢　　李積貴　施銀壹两五錢　　陳天友　施銀壹两五錢　　溫晶鑑　施銀壹两五錢　　溫祚林　施銀壹两五錢　　李生桂　施銀壹两五錢　　閆明富　施銀壹两五錢　　溫得林　施銀壹两五錢　　董萬成　壹两五錢　　溫帝珍　壹两五錢　　溫元潤　壹两貳錢　　溫可昌　壹两貳錢　　胡貞康　壹两貳錢　　李圓祥　壹两貳錢　　梁根福　壹两貳錢　　王福友　壹两貳錢　　馬成龍　壹两貳錢　韓燕祥　壹两貳錢　　牛萬貴　壹两貳錢　　陶應恩　壹两壹錢　　段希幀　壹两壹錢　　封爾立　壹两壹錢　　段希禧　壹两壹錢　　李棲柱　壹两　　李萬禎　壹两　　李春惠　壹两　　陶應全　壹两　　韓大友　壹两　　馬觀瑞　壹两　　郭汝禄　壹两　　韓應智　壹两　　溫光貴　壹两　　韓應堯　壹两　　朱俊奇　壹

两　焦福興　壹两　董承鎖　壹两　董福才　壹两　張奇曾　壹两　董承保　壹两　溫世富　壹两　何信　壹两　馬學　壹两　趙汝福　壹两　張徫才　壹两　李光亮　壹两　馬升韻　壹两　范文傑　壹两　段福禎　壹两　張起□　壹两　董興盛　壹两　李萬忠　壹两　陳洪興　壹两　劉福元　壹两　范興福　壹两　馬義龍　壹两　范忠倉　壹两　段明開　壹两　溫中開　壹两　劉大禎　壹两　田富祥　壹两　段希隆　壹两　溫士榮　壹两　溫興保　壹两　溫興文　壹两　張守倉　壹两　唐穩福　壹两　文周帝　壹两　侯國興　壹两　陳洪德　壹两　何文裕　壹两　劉貴英　壹两　范萬富　壹两　王天富　壹两　文昭南　壹两　任福貴　壹两　焦起輝　壹两　王福□　壹两　李逢威　九錢　溫立孝　九錢

八錢人：鈕文璪　韓應忠　李起輝　靳可旺　韓大金　馬變龍　王起龍　溫廷郎　郭三奇　岳汝達　郭起貴　鄧□□　馬□

七錢人：王天德　郭汝興　張守庫　韓熙□　溫爾貴　文心旺

六錢人：王端成　馬福祥　□富□　何□貴　郝學仁　馬升雲　溫亦孟

五錢人：溫龍□　溫盛□　劉國才　王得位　岳汝才　溫□甯　李方玉　王□才　李□□　李承登　胡喜英　岳生旺　梁□□　□□□　韓□□　□□□　陳□裕　段□□　段□□　王□□　李□□　□□□　□□□　張弘□　李□輝　溫奇珍　申□祥　段□□　鄧□旺　李□□

四錢人：喬文□　□□□　□□□　□□□　□□□　□□□　□□□　□□□　□□□　□昭友　陸應洪　溫□貴　□□□　□□□　馬□□　李興□

三錢人：宋進喜　梁取方　李之元　何興　宋三星　馬福才　郭天意　降明才　閆大龍 李之林　孟□□　陶敦玉　王福禎　郭汝英　閆景玲

二錢人：張意元　韓大洪　田根林　溫光興　郭大虛　宋充榮　劉英俊　王廷禹　強心亮　馬起龍　馮□秀　王廷台　焦福威

一錢人：李秉□　任毓林　閻□才　李盛□　李興顯

張蘭鎮女善人：羅門張氏　施銀肆两

本村女善人：

溫門范氏　施銀壹两　喬門唐氏　施銀壹两　韓門高氏　施銀三錢　董門段氏　施銀三錢　鄧門張氏　施銀三錢　賈門任氏　施銀三錢　景門周氏　施銀三錢　韓門秦氏　施布壹　趙門張氏、□門陶氏　施布壹匹　溫門張氏　施銀二錢　張門□氏　施銀二錢

木匠：封爾侯　楊本立　封爾恭　邢有相　宋國慶　馬務　王克才　張廷選　梁鼎秀

鐵匠：康興盛

泥水匠：劉應富　劉明旺　武明旺　宋國瑜　郭全　王得立　郭永禎

解匠：宋才達　宋福權　李福□　李正傑　梁俊盛　宋才享　郭思秀

石匠：韓淑昌　任文盛

本寺僧同富　書

宋壁修门开道疏水碑记

【简介】

清康熙四十一年（1702）勒石。青石质，圆首。碑首高22.5厘米。碑身高76、宽50、厚11厘米。底座长62、宽42、高37厘米。碑文楷体，正文12行，满行42字。碑阳额题“修门开道碑记”。碑阴额题“碑阴”，碑阴内容为修门开道捐资人姓名。现存介休市龙凤镇西宋壁村兴国寺。

【碑文】

宋壁修門開道疏水碑記

□慨自大道既隱，城郭溝池以為固，及世變日起，防禦益嚴，更為編立保甲，逐戶嚴督，迄今仿而行之。嗟乎！溝池□雖屬地利，豈能效靈看守？保甲即極嚴密，安得人人畏法？倘有一時不虞，大則連累十家，小則干係鄉保。莫說百年之計，即一歲日有三百六十，敢定何日何時無事哉？煢煢山舍，安居不能養八口，有事豈堪受累？余雖祖居城中，目擊時事，嘗為地方慮。今村四面臨溝，地利固在也，保甲編立，官法非不嚴也，挨門輪守，窮民非不苦也。奈連年山水漂決，門閭傾頹，饑饉之歲，保無有越溝駕嶺者乎？雖曰輪守，保無有年老年幼苦不堪繼，一時偷閒者乎？此必門閭鞏固、易於防守為第一要著也。至興國古寺坐鎮一方，旁有積水坑，歷年滄浸寺道，崩裂者不啻計數，百年之勝地不將為荒丘蔓草乎？幸闔村居民皆樸實淳良，公議僉曰：同開南門以朝陽，修北門以拱極，西門長庚燦照，擴基以迎輝，填水坑，闢寺道，香火不絕，鐘鼓之聲為山舍生色。盛哉此舉！自是啟□有時，綠坡無犬吠之驚，東流西注，村舍無水沖之患，晝可耕耘，夜可安枕，洵一勞永逸，數百年長久之計也。至睦鄰敦族，愛敬相親。一旦君子采風問俗，誌之曰：宋壁仁里也。美哉！又余之所深望也夫。

誥封奉政大夫、吏部文選清吏司郎中梁欽搆撰

介邑儒學生員溫德澤書

王廷偉施槅扇四扇

西北門施地人：王楷　董殿奇　宋源　王相

耆長：高世成　任帝奇　榮世通　侯應錫

香老：宋承宰　張一凰　宋璟琮　高世有　張一鵬

糾首：宋源　榮奉奇　張鳴學　宋福全　侯一位　高世祿　高鼎　宋珮　董殿卿　梁挺京　宋福金　榮世卿　榮世璋　溫學堂　王相　高昌　宋琣　宋顯勳

起意總管糾首：王栻

泥匠：鄧景通　張鳴現

木匠：榮世富　榮奉奇　榮世祿

石匠：趙文好　宋文明

旹大清康熙歲次壬午十月上浣六日　吉立

志创建自得庵碑文

【简介】

清康熙四十一年（1702）勒石。砂石质，圆首。碑首高27厘米。碑身高118、宽60、厚14.5厘米。底座长70、宽52、高25厘米。碑文楷体，正文14行，满行51字。额题“福田心地”。现存介休市洪山镇洪山村华严寺。

【碑文】

誌創建自得菴碑文

嘗稽三代盛時，帝王以善蒞天下，士庶以善修其身，故風俗淳美，人心樸厚，而天下大治。迨其後機械日生，變詐百出，因而盜賊兵革不絕於世，而佛教以興。嗚呼！佛胡為乎來哉？佛生於西，而自漢入，究其所歸，不過引人於善，智者唱於前，愚者和於後，舉平日之政不能道、刑不能齊者，獨於佛教奔趋如鶩。亦或冥冥之中憐憫斯人，以輔政、刑之所不逮與？噫！此氣數所至，天地亦囿於其中而不能自主，惟在好善之人正其誼、明其道。善於朝，君仁臣忠，善於家，父慈子孝，放而行之，睦族和鄉，仁民愛物，孰非此善之所為也？

吾族鳳吾，性秉純良，品行端正，少以商居朔邑，一絲一粒，從不欺三尺童子。年甫艾，厭煩歸里，不田園求適，不諧同要譽，平心樂施，從吾所好，族黨鄰里無不敬之重之。一日閑步郊原，覽山川之勝景，望東南之淑氣，離城二十里名曰洪山，山石玲瓏，泉水澎湃。半山有自得庵，楞高數丈，下臨大河，面對金屏崖，後倚商山坡，東西水溝奔注大河，古名二龍抱珠。我鳳吾環顧久之，欣然喜曰：“此吾邑巨觀也，苟好善，何必西方，何必南海！”於是鳩工興作，正砌磚窑五眼，東山湖洞門，西砌磚窑一眼，面山湖埵口，正窑佛殿三間，東護法堂一間，西窑道房一間，一椽一檁，一磚一瓦，皆出己貲，未嘗持鉢求合尖。善哉！功成矣。自此屏人事之紛擾，觀萬物之得所，存心養性，鳳吾真好善人也！若曰念彌陀修來生，此又因果之說，非我鳳吾之行，並非我鳳吾之志也夫。

賜進士第、誥封奉政大夫、吏部文選清吏司郎中梁欽搆沐手拜撰

丹書人薛景玫

石匠梁星旺

開山建刹華嚴嗣祖沙門住持道高，徒續聖、續賢，孫佛化、佛起，重孫心受、心寬，心強、心實，元孫宗□、宗□

旹□□康熙四十一年歲次壬午孟夏穀旦立

福田心地

世字铭

【简介】

清康熙四十四年（1705）勒石。青石质。碑文隶书，15 行，满行 10 字。碑右篆书“世世子子孙孙”。现存介休市连福镇赵家庄村。

【碑文】

按《說文》，𠯑字從卅。以𠯑為銘者，蓋欲子子孫孫世世科甲、富壽康寧而已。弍乂為五，從弍而交，象陰陽交午之義。天數極於九，地數終於六，九六之數為十五，而天地之數備，𥘅其數以制器，而天地之理寓焉。

進士梁通洛銘

貢士趙祚炳記并書

庠生侯瑞容　庠生王谕鑒造

康熙四十四年季夏重修

石匠梁逢有勒

重修东岳庙记

【简介】

清康熙四十七年（1708）勒石。青石质，圆首。碑首高30厘米。碑身高186、宽86、厚19厘米。底座长90、宽58、高38厘米。碑文楷体，正文15行，满行46字。温席珍撰文并书丹，尹光宰刻石。题额“福国佑民”。碑阴题额“重修岱岳庙记”，内容为功德人名。现存介休市绵山镇小靳村东岳庙。

【碑文】

（碑阳）

重修東嶽廟記

禮曰：諸侯祭境内名山大川，名山大川皆有神主之，使陰陽和而風雨時，疾疫不作，庇福國也。維兹東嶽之神視三公，古諸侯方得祭之，而大夫不敢與焉，況于庶人乎？今也廟祀徧天下，又益之以其配，喬訌實甚，不勉力乎人道之所當□，惟惑于鬼神之不可知。日從事祈福保安還願，乃禱之者紛紛，福之者邈邈，幾疑乎鬼神也無靈。噫！此正神之所以為靈也。神之福人也，以其持一紙錢、捧幾盤供福之乎？抑以其忠孝節義無愧人道福之乎？夫以一紙錢、幾盤供福之也，是人間一貪賄者之所為，聰明之謂神，人不得以賄惑之，正直之謂神，人不得賄枉之，正神之為正神，固如是也。處此世間，亦勉為忠孝節義，以善自修，則神自嘉而降康。毋曰仁而貧夭，恭而富壽，因果報應或类如，殊不知仁而貧夭是今壯之美未熟，前世之惡已熟也，而惡業先还也，恭而富時是今世之惡未熟，前世之善已熟也，而善業先还也。禍福無門，善惡所乃，因果報應不类正神實司之焉。

介邑南大小靳村旧有東嶽廟，兩廊山神、牛王，昔之連類建此也，意謂東方生生不息，奠山服牛祈諸神同佑，以庇此方民也，歲久漸傾矣。糾首住持募化重修，乃殿宇、聖像、樂樓、献、厨俱新，始於康熙三十五年秋，終於康熙四十七年春。事成，勒石紀諸，村共事佈施姓名，屬余為文。余游觀其廟甚古，又見兩大柏周數圍，勢淩霄，蒼翠古樸，為此廟壯觀。夫楝樑材而終老于高原鄉村，寂寂窮年似乎不幸，然不用於時，得全天性，鑒於神明，為遊人野老所稱歎，亦非不幸矣。願後之勉力人道者，隨時修補此廟，無令翦伐此樹也，則東嶽正神恕事□非鬼而祭之諂。陰陽和而風雨時，永無疾疫，庇民神國，神甚靈也，豈曰邈而不可知哉？是為記。

康熙四十七年戊子春三月戊申中旬吉旦

定陽居士溫席珍謹撰

各村眾糾首（略）

住持募緣僧人照安　門徒普存　普靜　法孫　通印

刊字匠人尹光宰　尹忠宰　尹臣宰

（碑陰）

侯堡村：封賢弼　封百乘　封學禮　宋才魁
封爾貴　宋　□　郭　巖　封　瓚
周滋

上堡村：焦貴瀛　焦貴德　焦福金　焦廷喜
焦源潮　焦漢汝

豹虎村：董迎道　劉奇祥　李景發　劉大耀
陳光禮　溫文采　郭永甯　李景發

馬堡村：宋靈秀　任建玉　武元奇　宋奇秀

興底村：段希禎　李生秀　李萬祥　焦福興
溫玉才　李國祥

槐志莊：安應倉　韓成玉　孫進寶　任文章
安邦金　安邦國　任文秀　郭進庫
胡明俊　趙國俊　郭汝成　劉志亮
郭希仁　梁建遠　任進才

張壁村：張國喜　靳國俊　賈六爰　張大珍
張國禮

東歡村：郭希庫　郭文典　郭久秀　郭久通
郭天積　郭玉芝

萬光村：宋玉鵬　宋光實　張文經　宋洪京
宋作俊　梁掄第　張玉曜

長壽村：曹國祥　曹國禎　宋奇福　溫皇章
溫泰章　王正奇　馬　捷　王國有

團圞村：宋學禮　宋國瑞　宋國旺　宋奇德
宋　珽　宋　珠

大小靳村：王國增　宋繼禹　梁玉珍　喬俊義
王俊奇　王積榮　王業昌　武進威
宋繼文　溫正祥

本村香老：任　昌　郭福禎　陶永滿

本村：陶大德　陶大美　陶應達　陶應通
陰　科　郭縣奇　焦承林　郭起龍
陶永奇　陰先龍　陶永傑　陳大英
陶永雄　陳國傑　陶永慶　任福俊
郭先鳳　焦自昇　陶永山　高壽滿
郭自付　陳宗賢　陶永甯　郭　承
李春付　任文福

住持募緣僧人：照安　門徒普存　普靜　法孫通印

刊字匠人：尹光宰　尹忠宰　尹臣宰

宋壁村重修兴国寺碑记

【简介】

清康熙四十八年（1709）勒石。青石质，圆首。碑首高37厘米。碑身高124、宽68、厚11厘米。底座长73、宽55、高26厘米。碑文楷体，正文13行，满行33字。额篆“宋壁村重修兴国寺碑记”。碑阴额题“碑阴”，内容为施财人名。现存介休市龙凤镇宋壁村兴国寺。

【碑文】

宋壁村重脩興國寺碑記

邑南宋壁村，吾祖庄也，遠啣綿峰，俯枕城郭，舊有興國寺，始造於元，重修於明。其北大殿三楹，則空王古佛也，東西兩殿則聖賢尊神、地藏菩薩也，左則牛王廟，右則土地祠也，中為柏棚，南為觀音堂，仰托神庇，歷有年所。洎今為風雨所患，廢瓦頹垣，塵封象教，鼪鼯棲棟，俎豆難伸，霜露沾裳，椒醑莫展，遊覽者能無空梁燕雀、古壁丹青之感乎？

糾首王栻等目擊心傷，立意重修，但本村居民鮮少，檀越寥寥，凡廣募眾擎，鳩工庀材，盖幾殫心力焉。越一載而垂成，昔之傾頹者煥然復新，又增創鐘樓、山門，而壁壘且一變矣。

夫滄桑倏忽，物之廢興成毀相尋於無窮，禾黍荊棘、丘墟隴畝，忽而為亭為榭，輪奐巍然。則夫亭榭之復化為禾黍荊棘、丘墟隴畝，亦數之必然也。盖不有創造者則莫為之前，不有重修者則莫為之後，若漢之栢梁、魯之靈光，其淪落於荒烟蔓草者，無人為以繼葺之也。後之視今，亦猶今之視昔，繼起者踵是志而為之，則庶幾斯寺之不朽也已。是為記。

邑人梁于蕃薰沐撰，宋國棟書

時大清康熙四十八年十月初十日吉立

誥封奉政大夫、吏部文選清吏司郎中、四十八年三月十三日入鄉賢祠梁欽搆

鄉　耆：李聰睿　宋臣宰　榮世達

香　老：榮世富　宋顯勳　宋如玺

起意總管糾首：王栻

糾　首：宋　珖　宋　源　高世孝　高　昇　宋顯明　任帝奇　張一鵬　張一鳳
張一位　董殿卿　榮世通　宋存義　侯應錫　宋璟琮　宋福全　高　遷
侯一位　榮世祥　宋先太　宋福金　高　通　侯應芳　榮世瑋　高　鼎
宋　珮　宋□臣　榮世生　李唐公　王曆暉　宋文殷　榮世卿　梁大卿
梁大臣　榮學正

領疏頭人：高通　侯一位　張一位
王　相　高世有　梁挺金
侯應錫　宋　瓚　王　栻

木　匠：榮世富　榮世祥　榮世生　榮世祿

泥　匠：張一傑　張一俊

磨磚瓦匠：喬福盛

畫　匠：馬玉　范忠

鉄　匠：武玉寧

石　匠：王印珠　王自福　王玉章

十字街北槐樹一棵，價銀壹兩伍錢。

住持：傳奕　徒法殷

关帝庙重建碑记

【简介】

清康熙五十年（1711）勒石。青石质，圆首。碑首高38厘米。碑身高157、宽77、厚15厘米。底座长84、宽52、高38厘米。碑文楷体，正文14行，满行66字。碑阳额题“万古流芳”。碑阴额题“福缘善庆”。王良甫撰文，王士蛟书丹，贾云瑞、张大贞等立石。现存介休市龙凤镇张壁古堡关帝庙。

【碑文】

（碑阳）

關帝廟重建碑記

嘗思隆盛之世，地方安堵，人康物阜，顯賴國家福祚，幽恃神聖式靈。所以不必省府州邑，即村疃屯堡亦有神廟鎮靈者。如我張壁者，居近南山，土薄民貧，幸而人性樸實，好善尚義，里仁之風甲於鄰壤。

余聞香老向余嘗言曰：我等遭明末之時，賊寇生發，寢不安席，附近鄉鄰俱受侵淩，遇有賊寇來攻，吾堡壯者奮力抵敌，賊不能入。賊曰：汝村中赤面大漢乘赤馬者是何處之兵？我等曰：請來神兵剿滅汝寇也。賊自相語曰：神兵相助，村中必有善人。遂欲退去。

復有旗號自北而來，眾恐曰：賊兵繼至，不能保守，將堡門擁閉。兵曰：我乃請來官兵，何故阻之？即開北門放入村中。張公諱義者執約曰：我乃鄉約，兵首以阻遏軍威，將張公並守門宋林以軍令施行，餘者秋毫無犯，出南門剿滅賊寇，回兵而去。

嗚呼！張公以一人之身，當一村之難，可謂仁人義士，壯哉！此乃里老嘗談，吾耳孰焉，故能詳也。平定之後，村眾曰：吾鄉仰賴關帝聖君保獲平安，理宜建廟記之。彼時惜無寬廣之地，逼門草創一間，以權祀之。

自我皇清定鼎以來，迄今七十餘載，未遂其志。有僧了道與賈公諱國印者相善，言曰：見貴村門處，關帝廟臨街，獻祀之際，甚屬不潔，何不重建，以伸其誠？賈公曰：師言及此，正合我意，我等有心久矣。

於是，會同香老張大貞、賈瑞，會請糾首公議，按地公派，地每畝七分，山地每畝五分，人心通順。寫之日，踴躍歡呼，無退其後者。可見神之靈、人之誠也。

是年戊子，天時不利。至己丑，香老賈雲虎、王天爵勤劳謹慎，于仲春起工，大殿聖像于九月告成。修水陸會場，是日，外鄉善信湊聚，喜施樂助，誠勝會也。

至庚寅，香老張國禮、仝邦文修僧舍磚窑四眼、鐘鼓二樓，有古越鹽商范公諱緯者獻寶刀一口、大鐘一口、鼓一面、神馬工價一兩。村中有柏樹一株，年遠枯朽，賣銀壹百貳拾兩。

至辛卯，香老張弘敬、梁居旺修建山門樂台三楹，塑神馬二匹。三年之間，共使三千五百餘工，俱是按門樂助。前後煥然一新，燦然可觀，非神之靈、人之誠，何能成功如是之聯捷哉！皆眾香老倡導勤勞之功，眾鄉耆、約保協助之力，眾糾首贊助之勞，住持僧傳華籌畫之績。正所謂群賢聚集，眾善同歸者也。

工完，勒石求序，余幼而失學，實不能文。因信神靈，喜人之和，幸地之利，樂道人之善，故為之記，以傳其後，庶不湮沒諸公之勤誠云耳。

本村木鐸老人王良甫薰沐謹撰

內閣供事官王士蛟薰沐敬書

香　老：賈雲瑞　張大貞　王天爵　賈雲虎

張國禮　仝邦文　張居旺

鄉　耆：張弘敬　張祥義　張國威　梁居旺

靳國文　賈雲萬

鄉　約：賈國瑞　賈國遠　賈大俊　喬旺寶

賈雲萬　張弘周

保　正：賈國褒　王天英

萬古流芳

糾　首：靳國珍　賈國喜　賈雲官　張國禹　賈之展　喬旺法　靳國玉　張國禮
張國治　王天爵　賈雲英　賈雲光　賈雲爰　靳國孫　張國威　賈雲萬
賈雲廷　賈雲瑜　梁參達　王良甫　賈雲宿　賈雲虎　仝邦文　張國官
張國朝　張國倉　賈雲顯　賈雲成　梁居旺　賈雲煥　賈國印　喬際泰
宋朝正　張弘道　張弘召　賈國泰　賈國喜　賈國隱　賈國殿　張弘荃
張祥義　張祥瑞　張元官　焦廷洪　賈國運　武福才　賈國顯　張應賓
張弘業　賈大海　賈大祿　張弘權　賈大貴　張弘敬

石　匠：王自祿　王印珍　王印琦共施銀玖錢

本廟住持僧人曹洞正宗第十一代師祖興實，師隆章，己身傳華，門徒法治、法熔。

新穿水井一眼，費銀肆兩

賈雲煥處造木魚一顆

梁居興處獻供器一堂

賈國印、賈國隱處造煖閣一楹

賈國隱化造旗傘二事

時大清康熙伍拾年歲次辛卯中秋中旬七日吉立

（碑陰）

計開出銀人名，一應扶梁、金妝、掛簷人工在內：

賈國印　貳拾兩　代化銀六錢	賈雲霓　拾貳兩八錢	官生賈國殿　拾貳兩柒錢
賈大祿　拾壹兩三錢	賈國隱　拾一兩	靳國玉　七兩
靳國瑜　七兩	賈雲煥　七兩	賈大海　六兩三錢
張弘業　六兩	張大貞　五兩八錢	梁參達　五兩六錢
賈雲瑞　五兩四錢	羅維秀　五兩三錢	張弘圖　五兩
張雲英　四兩七錢	張雲敬　四兩七錢	張國禹　四兩六錢
張國權　四兩五錢	王邦盛　四兩四錢	賈國星　四兩四錢
王良甫　四兩三錢	賈雲光　四兩二錢	生員張弘荃　四兩二錢
張弘權　四兩二錢	賈國卿　四兩一錢	靳永先　四兩一錢
賈雲官　四兩	賈國太　四兩	賈大源　三兩九錢
張汝浩　三兩六錢	賈雲宿　三兩六錢	賈國瑞　三兩六錢
賈國郡　三兩五錢	賈國鑑　三兩五錢	仝邦文　三兩五錢
張國朝　三兩四錢	靳國文　三兩四錢	張應賓　三兩二錢
鄧國珍　三兩二錢	賈雲顯　三兩二錢	張國威　三兩一錢
賈國寧　三兩一錢	武汲璽　三兩	張國欽　三兩
王仁遠　三兩	靳國俊　三兩	張應珠　三兩
賈雲顯　三兩	賈士俊　二兩九錢	張國智　二兩八錢
賈雲忠　二兩八錢	賈雲孝　二兩八錢	張弘道　二兩八錢
王天高　二兩八錢	張國倉　二兩七錢	張國節　二兩七錢
賈國喜　二兩七錢	梁居旺　二兩六錢	仝進旺　二兩六錢
賈國千　二兩六錢	靳國龍　二兩六錢	靳國安　二兩六錢
賈雲爰　二兩五錢	賈雲成　二兩五錢	賈大福　二兩五錢
張先引　二兩五錢	張國禮　二兩五錢	張際太　二兩四錢
賈大貴　二兩四錢	王良弼　二兩四錢	宋朝正　二兩四錢
賈士道　二兩三錢	喬旺法　二兩三錢	賈國貿　二兩三錢

張弘照　二兩三錢
賈雲萬　二兩二錢
賈雲金　二兩二錢
張弘鼎　二兩二錢
武福才　二兩二錢
宋妙秋　二兩
張正龍　一兩九錢
賈大洪　一兩八錢
王天英　一兩七錢
賈國魁　一兩七錢
張自立　一兩六錢
賈國威　一兩六錢
張奇德　一兩六錢
賈國玺　一兩五錢
仝進才　一兩五錢
王福盛　一兩五錢
賈國珍　一兩四錢
張應魁　一兩四錢
張弘鉞　一兩四錢
張汝鑑　一兩三錢
喬際壽　一兩三錢
張弘德　一兩三錢
張弘府　一兩三錢
張弘本　一兩二錢
王良佑　一兩二錢
張國喜　一兩二錢
宋朝時　一兩二錢
張弘朋　一兩二錢
南居旺　一兩二錢
賈國升　一兩二錢
王福祿　一兩一錢
賈雲千　一兩一錢
賈國仁　一兩一錢
梁成龍　一兩一錢
焦廷艮　一兩一錢
李登官　一兩一錢
王我輝　一兩
王我秀　一兩
賈國現　一兩
賈大賢　一兩
靳士祿　一兩
張弘逵　一兩
宋朝光　一兩

靳永鐸　二兩三錢　鐘梁二根
賈雲廷　二兩二錢
賈國相　二兩二錢
張弘傑　二兩二錢
張弘奇　二兩
比丘了道　二兩
賈雲展　一兩九錢
靳國廣　一兩八錢
賈國旺　一兩七錢
耿士達　一兩七錢
賈國運　一兩六錢
焦廷印　一兩六錢
張國珮　一兩五錢
王邦琦　一兩五錢
張國萬　一兩五錢
王福林　一兩五錢
靳國臣　一兩四錢
王天禹　一兩四錢
張萬彪　一兩三錢
張弘廣　一兩三錢
張弘榮　一兩三錢
焦廷洪　一兩三錢
張居興　一兩三錢
張弘奉　一兩二錢
張弘太　一兩二錢
賈國達　一兩二錢
靳永鉉　一兩二錢
張弘官　一兩二錢
賈雲耀　一兩二錢
釋子傳芳　賈國好　一兩一錢
張進廣　一兩一錢
張弘官　一兩一錢
賈大寶　一兩一錢
張大好　一兩一錢
賈雲儒　一兩一錢
張國信　一兩一錢
王我旺　一兩
鈕萬威　一兩
張奇傑　一兩
賈雲林　一兩
王天珍　一兩
劉應金　一兩
賈國康　一兩

靳國珍　二兩二錢
賈弘達　二兩二錢
仝進養　二兩二錢
榮奉傑　二兩二錢
賈國白　二兩
賈太環　一兩九錢
賈大順　一兩八錢
張國強　一兩八錢
喬旺寶　一兩七錢
張弘登　一兩七錢
賈國惠　一兩六錢
賈國遠　一兩六錢
張弘京　一兩五錢
張啟升　一兩五錢
張國柄　一兩五錢
靳永礦　一兩四錢
張國官　一兩四錢
焦廷敬　一兩四錢
張世好　一兩三錢
張國俊　一兩三錢
張弘華　一兩三錢
張星煒　一兩三錢
張昌威　一兩三錢
張先榮　一兩二錢
蘇星玉　一兩二錢
宋朝貴　一兩二錢
焦廷金　一兩二錢
靳永鈿　一兩二錢
張大鑾　一兩二錢
張弘曾　一兩一錢
宋朝大　一兩一錢
張　品　一兩一錢
賈雲位　一兩一錢
宋景星　一兩一錢
張弘岱　一兩一錢
張弘星　一兩一錢
張　盛　一兩
賈雲升　一兩
張世隆　一兩
賈國貴　一兩
張弘根　一兩
楊伯高　一兩
榮世宰　一兩

王良官　一兩	釋子玄醒　釋子傳學　賈國官 一兩	
賈大發　一兩	靳國奇　一兩	張國俊　一兩
賈大珍　一兩	榮世現　一兩	王天奉　一兩
李天秀　一兩	李天潤　一兩	靳永興　一兩
梁廷洪　一兩	趙福恩　八錢	靳士榮　八錢
郝雲權　八錢	梁貴　八錢	喬際英　八錢
張弘意　八錢	鈕萬官　八錢	張弘苗　八錢
李星旺　八錢	梁元吉　八錢	梁國郎　八錢
賈大官　八錢	張應恩　八錢	張弘利　八錢
靳士英　八錢	靳永鳳　七錢	賈雲德　七錢
張國煥　七錢	張奇通　七錢	趙福德　七錢
喬際雄　七錢	黄鼎新　七錢	任妙俊　七錢
張弘州　七錢	宋長壽　七錢	王邦正　七錢
張大玉　七錢	任門宋氏　六錢	武福官　六錢
張國夏　六錢	榮世臣　六錢	張應光　六錢
梁梃全　六錢	全義鋪　六錢	全義儒　六錢
梁起龍　六錢	高大秀　六錢	張鼎　六錢
比丘福實　焦妙倉六錢	郝雲威　六錢	梁福盛　六錢
張鳴實　六錢	李皇興　六錢	張世權　六錢
豐泰當　六錢	豐裕當　六錢	田盛當　六錢
和盛當　六錢	隆盛當　六錢	王茂衍　六錢
李燦　六錢	張妙滿　六錢	賈大立　六錢
釋子傳印　梁梃智　六錢	文正瑞　四錢二分	王天耀　四錢
張興　四錢	張進璞　四錢	張世福　四錢
張妙好　四錢	賈雲智　四錢	賈雲賓　四錢
羅貞彪　三錢六分	趙福祥　三錢六分	梁世元　三錢六分
武作槐　三錢六分	梁世鋭　三錢六分	王籍　三錢六分
梁崇洸　三錢	張國偉　三錢	張弘魁　三錢
王一登　三錢	喬際盛　三錢	郝光要　三錢
梁妙威　三錢	徐元忠　三錢	宋弘仁　三錢
永慶鋪　三錢	王一科　三錢	張奇珍　三錢
冀嗣盛　三錢	王栻　三錢	榮世達　三錢
高通　三錢	任進忠　三錢	溫進秩　三錢
石螗　三錢	范生貴　三錢	李澄　三錢
陳枝葉　三錢	張鼎　三錢	丁國柱　三錢
丁國用　三錢	賈福義　三錢	仝進司　三錢
王福通　三錢	楊枝發　三錢	牛世祥　三錢
郝旺魁　三錢	靳國海　三錢	賈蘭　二錢五分
侯榮華　二錢五分	王崇玉　二錢四分	榮學周　二錢四分
李養盛　二錢四分	馬玺　二錢四分	張玉鼎　二錢四分
侯漢傑　二錢四分	梁世璞　二錢四分	梁國棟　二錢四分
梁世通　二錢四分	王發選　二錢四分	侯君寵　二錢四分
楊梃興　二錢四分	榮聲著　二錢四分	任門李氏　二錢四分

張瑾　二錢四分
生員張鉞　二錢
賈國信　二錢
李維新　二錢
焦邦喜　二錢
王連　二錢
焦邦林　二錢
董貴傑　二錢
張應秋　二錢
韻江水　二錢
永和店　二錢
宋正量　一錢七分
趙起龍　一錢七分
梁振瑄　一錢二分
張加巽　一錢二分
張旺達　一錢二分
榮奉庫　一錢二分
靳成官　一錢二分
楊佛楝　一錢二分
王之棟　一錢二分
陳應宰　一錢二分
賈國佑　一錢二分
冀士美　一錢二分
文正美　一錢二分
張官良　一錢二分
李上玉　一錢
梁梃楝　六分
張逢祥　六分
劉存元　六分
劉自顯　六分
陳應讓　六分
張世耀　六分

文正新　二錢四分
經歷張璽鼎　二錢
王尔旌　二錢
魏林卿　二錢
范三貴　二錢
冀顯通　二錢
任國貴　二錢
楊發　二錢
原光武　二錢
趙彩　二錢
張汝錫　二錢
侯應芳　一錢七分
郭成權　一錢七分
梁世康　一錢二分
李維橋　一錢二分
任進寶　一錢二分
焦自奇　一錢二分
陳大朝　一錢二分
李工馥　一錢二分
張翹　一錢二分
馬士林　一錢二分
郝旺禮　一錢二分
張妙威　一錢二分
文正炳　一錢二分
焦自元　一錢二分
梁旺宰　一錢
程天祿　六分
劉國智　六分
劉有禮　六分
宋自榮　六分
張儒　六分
任效舉　六分

賈國祿　二錢
焦邦旺　二錢
石大榮　二錢
張大斌　二錢
梁世發　二錢
李貞　二錢
甄國生　二錢
焦為盛　二錢
栗三寶　二錢
南居福　二錢
李登貴　二錢
喬林權　一錢七分
張國太　一錢七分
鄭國玺　一錢二分
王奇福　一錢二分
郭儒　一錢二分
李彬　一錢二分
郭盤岱　一錢二分
孟發　一錢二分
王奇隆　一錢二分
馮漢祥　一錢二分
劉弘跡　一錢二分
鄧妙龍　一錢二分
楊學宰　一錢二分
張弘仁　一錢
田可慶　一錢
武起祥　六分
李澤　六分
張顯標　六分
米斗寧　六分
冀光鳳　六分

張世喜施山庄地二段，計地四畝，隨地認粮一斗。
賈雲富仝孫男大臣捨飲牛河地貳畝，隨地認粮五升。
江南領疏人　賈國印　賈國卿
右衛領疏人　靳國銘　賈國康　王光顯
湖廣領疏人　仝進旺
襄垣領疏人　梁參遠
掌總賬糾首　梁鍾堉
掌錢糧糾首　梁凝祚　侯琦

福緣善慶

大悲庵功德碑

【简介】

清康熙五十年（1711）勒石。青石质，圆首。碑首高23厘米。碑身高110、宽58、厚14厘米。底座长60、宽43、高35厘米。碑文行书，正文8行，满行37字。额题“流芳百世”。碑阴为置地碑，额题“用垂永久”。现存介休市龙凤镇峪子村委院内。

【碑文】

（碑阳）

介邑之南鄉名峪子村，離村坎丘上有一寨。大悲庵云：三聖人為南海觀音、文殊、普賢菩薩。菩薩真菩薩，一片仁心，充宇宙大士；大士誠大士，滿腔德意，普乾坤護法之神，威力赫赫，三界鬼怪皆滅跡，四洲邪魔盡絕蹤。遙想當年，本土僧人□也者有病在身，真心學善，諷經念佛，寒暑弗輟，克勤克儉。又置地畝以為□此住持養贍之資，宜也。寨內寨外青柏亭亭，伊所種植，獨力栽成。嗚呼！雖亡樹存伊序。況乎□然蒼秀，貫乎四時，不惟□以□人之觀賞，實為我鄉之旺盛，發富發貴保乎斯矣。耆老約保合村人等追念其人，欲立其碑，囑予文而表之，以垂不朽焉。

康熙五十年六月穀旦

（碑阴）

□□□貳畝，東至行□，南至石堰，西北至宋奉學，粮□斗貳升，常住置。中河灘地壹畝，東至小滿，南至宋文海，西至宋明臣，粮貳升七合。□□□地壹畝，東至宋一世，西至庚務，南至□□□，北至宋一江，係宋良志所施窑院，在宋一世處兑來粮貳升七合。□□□□地貳畝五分，東至□□□□朝相，北至宋可贈，南至小道，粮九升五合，福通置。□家灘地東一段柒分，東至宋之金，南至鈕萬忠，北至張繪，西一段五分，東至張錚，南至□節，西至張基耀，北至張繪，粮三升三合，係吉泰置來張□地貳分，宋奉粮施地壹畝。□子溝地三畝，南、北、東至堎，西至土坡，粮七升五合，係原業。東□園地壹畝，南北畛，東至宋一友，西至宋福仁，南北至小河，粮六升。東桑園地三畝，東至梁應星，西至宋禧肇，南、北俱至小河，粮壹斗捌升，吉泰置。寨則坡地五畝貳分，東、北俱至宋士俊，西、南俱至尹建祿，粮壹斗三升，吉泰置。南以清置地壹畝貳分，東至堎，南至觀音堂，西、北俱至宋登宇。黃□溝地三分，東至宋真儒，南至堎，北至河，西至王汝寧。宋文相寨則後施地內路壹條。

康熙五十四年十月初八日……

关圣帝君庙碑记

【简介】

清康熙五十一年（1712）勒石。青石质，圆首。碑首高40厘米。碑身高169、宽79、厚20厘米。底座长103、宽69、高43厘米。碑文楷体，正文13行，满行52字。碑阳额题“关圣碑记”。碑阴额题“万善同归”。现存介休市城内后土庙。

【碑文】

關聖帝君廟碑記

邑南三里許城南堡東建有關帝廟三楹，坐坎向離，東廊則子孫聖母，西廊則土地，而南則戲樓也。雖不知創自何時，而巍然道左，固有一鄉之鎮，往來行人之所具瞻仰也。

第址濱河河畔，地勢卑濕，易為傾圮，且歲月久矣，風雨摧殘，丹青剝落，瞻拜者每目擊心傷，其奚以妥靈爽而昭奏格耶？僧人照千日夜焦思，寤寐輾轉，遂謀及諸糾首，欲修葺而振新之。除本堡輸金多寡不一，而其後募鄰村之隨心喜捐者，庀材鳩工，擇吉垂葺。

起於康熙四十九年春二月，至秋九月落成焉。雖規模未嘗有加，然振舊為新，金碧輝煌，視疇昔之頹毀凋殘、不堪寓目者，則固不侔矣。告竣，屬余文以終局，余惟神之精忠大節，昭為日月，無庸置喙。惟是振古以來，神聖之挺生，所在皆有，然一方顯赫，他處則否，中□尊崇，異域則否，學士、大夫、王公大人稱頌祗奉，愚夫愚婦□台廝隸則否。孰有英靈昭察，合古今內外賢愚貴賤之人心，欽仰傾慕，不謀而同，如是者哉！

盖以神矢志漢室，歷終始，生死不渝其節，故其精誠有以塞天地，大義有以貫金石，則凡有血氣心知者，感而應仰而慕，至誠動物，理固然也。

然則今茲廟宇創建重葺，後先同志，其亦精誠流□於人心而不能自已者耳。宜捐資者遠邇有同心董役者，不數月而告成也，是烏可無記？

廩膳生員文註薰沐撰

本村庠生田戌疆沐手書

糾　首：田壽才　張世榮　王向光　劉名成

張林禹　田克實　劉大爵　宋之璽

劉名策　王登□　白為金　王勝彪

劉大發　劉肇荃　王登庸　王□通

張　珍　王言成　任之彥　劉發中

劉發舒　張彩秀　張官榮　楊福全

宋桂馨　王　軾　王治貴　田允盛

劉福禎　張呈□

住持僧官：寂立門徒照千，孫普慈、普□、普信，曾孫迪教、迪天、迪□。

旹大清康熙歲次壬辰仲吕上浣三日立春

重修源神庙记

【简介】

清康熙五十一年(1712)勒石。青石质，螭首，龟趺。碑首高90厘米。碑身高192、宽80、厚15厘米。底座高46厘米。碑文行书，20行，满行64字。题额“重修碑记”。碑阴题额“源神庙碑”。温席珍撰文。现存介休市洪山镇洪山村源神庙。

【碑文】

(碑阳)

重修源神廟記

環介東南皆綿山也，綿之旁出者曰洪山，有泉焉，建祠曰“源神”，灌溉田畝，諸河享福，宋以前已有之。至明萬曆邑侯王公遷建此地，負離而抱坎，水泉在前焉，山勢迴抱，廟貌當之，真寧神之勝地也。

考《山海經》云:“狐岐之山無草木，多青碧，勝水出焉。而東北流注于汾水，其中多蒼玉。”酈道元《水經注》所称“石桐水，北流注于汾”者是也。宋儒蔡注《禹貢》“及岐”之文曰:“介休狐岐之山，勝水出焉。”先賢或有疑其誤者。然《山海》《水經》明曰“北流注于汾”，似亦無誤。憶舊時，康熙甲寅歲，余曾与同志之諸友人讀書于村之千佛庵，覩山高水長，備歷四時之景:庚鳴鳩應，春山景也;呼晴喚雨，夏山景也;風吹葉落，秋山景也:崖寒壁瘦，冬山景也。四時之景，俱極可愛，皆源神水之助其景色也。已而偕友人覽揆古跡，見夫瀠洄曲折，水聲潺潺，則源神水也。光明鏡照，水勢渟泓，水所出之源也。過石橋，見其榜曰“溥博淵泉”。瞻眺久之，心曠神怡。又登而觀“趋稼亭”，重農事也。又登而觀“鳴玉樓”，水声環珮也。重重高步，登其堂，正殿五間，中有三聖像焉，相傳堯舜禹也。

夫禹治水于岐，沿而河洛江漢，覩河洛江漢而思明德。向非堯舜之使之，亦何以奏平成之烈其並祀之固宜。亦可見千載而下，土人水源之思也。每年三月三日，官長率眾祭祀，抛祭品于池，禱神祈年之佳舉也。

廟自王公遷建後，百有餘年，乃向之煥然者忽傾圮矣，向之燦然者忽剝落矣。癸未，洪山村諸村人慨興焉漸廢，敦請本村糾首、他村糾首董其事。公感神澤，復續前功，備極辛勤，任勞任怨，總以期全神事。

夫廟所以妥神也，妥神所以安人也。廟祠之不飾，其如神何?神之弗妥，其如人何?凡山川丘陵能興雲雨者，皆曰神。諸侯祭境內名山大川，古有功烈于民則祀之，況大聖人萬世永賴，非淫祀可比也。重新廟貌，理固當然。又于橋新增卷棚，又增侯祠，煌煌改觀。

工成，記盛事人等姓名，屬余為文。彼廟建之新舊，水泉之利弊，古碑與縣志書昭然縷列無贅。今所記者，當事之出示勸輸，糾首之勤勞敷載，有水分之佈施而已。噫!自有此天地，即有此山川，幾興幾廢，總視善作善成，而此方萬世永賴神功者也。

余于山見舊時之蒼翠焉，于水見舊時之浩渺焉，于廟見舊時之崇隆焉。撫今思昔，逝者如斯，不覺四十年。倘後之人能如今日之糾首公而忘私，則神廟常新，水泉常盛，數十村田畝常茂。則斯記之作，非徒然勒石，足以垂不朽云爾。

康熙四十九年庚寅十月丁亥初九日吉旦定陽溫席珍撰

廟貌重修增補維繫，人心不一，工及半途，幾幾廢矣。幸逢正堂楊老爺諱允和，敬神勤民，其工克賴以成焉;貼堂徐老爺諱言禎，為民報本，其工克賴以贊焉。

是工也，起于甲申之春，成于庚寅之秋，迨今壬辰歲季冬二十日立碑。

凡經營糾首共執事者盡載諸碑。

洪山村係附近之地特有糾首諸人:

董事總糾首:官生張嶧　業儒張道源

掌總賬糾首:梁鍾堉

掌錢糧糾首:梁凝祚　侯琦

辦材料糾首:郭邦儒　張志聖

住持道會司道官任清境，徒閆一林　孫閆陽生　曾孫李來權　杜來義

石工趙吉凰　徒張秉謙　陳光遠

（碑陰）

洪山河管工糾首：張軒奇　史貴賢　張倬　張鳳翥　梁頤　張宿印　張三公　劉敷典　馬德富　郭錦秀　張奇貴　侯璿　劉應魁　劉得祥　侯邦玉　張志魁　劉一志

狐村河經營糾首：王爾柱　文弘

東河經營糾首：生員王一星　壽官穆維陞　贡士張□瓚

候選訓導穆進忠

中河經營糾首：生員梁堂珖　監生董宣禮

西河經營糾首：梁裔光　高仲良　武威　武敷治

生員劉士偉　劉從英

本鄉逸士梁鍾埥，書以示後之同志，嗣而葺之，庶廟貌之益增其美也。

邑侯金公名一凤清廉德政去思碑

【简介】

清康熙五十三年（1714）勒石。青石质，圆首。碑首高 38 厘米。碑身高 156、宽 70、厚 19 厘米。底座长 77、宽 39、高 11 厘米。碑文楷体，5 行，满行 24 字。额题“甘棠遗爱”。碑阴为乡绅姓名。碑断裂为两块。原在介休市东关郭有道祠，现存介休市后土庙戏台下。

【碑文】

邑志云：公係浙江紹興府山陰縣拔貢，賦性剛明，涖事果決，攝服胥役，嚴懲積弊，訟獄不累無辜，編審克協眾志，以丁艱去。

邑侯金公名一鳳清廉德政去思碑

今陞山東兗州府知府

大清康熙五十三年七月吉日

闔邑紳衿耆庶重立

重装抱腹岩空王佛像记

【简介】

清康熙五十六年(1717)勒石。青石质，圭首，无座。碑首高35厘米。碑身高112、宽66、厚13厘米。碑文楷体，18行，满行30字。额题“石影重辉”。碑阴碑文楷体，14行，满行26字。额题“重修置地碑记”。下半部分剥落严重。现存介休市绵山风景区抱腹岩。

【碑文】

（碑阳）

重裝抱腹岩空王佛像記

介之東南有岩曰抱腹，因左右環山若手之相交，是以命名，□□□□□□□□□□□，岩高百仞，闊數畝許，因之為殿，為臺榭，為僧房禪屋□□□□□□□□□□□□□□皆穴宇高深，虛明朗秀，石列萬狀，松挺雲攢，下臨□□□□□□□□□□□□□□□則來往可通，撤則百計莫度，此真人世絕景也。以故空王佛□□□□□□□□□□于此，雖帝主若唐之太宗感泔雨而鴐臨，晉之恭王捐帑□□□□□□□□□□□□皆題名。歡美騷人、羽客緇衣之士往來遊觀歌詠讃頌□□□□□□□□福□□以萬計。

今歲三月，司馬邨生員自勇字毅之張公，偕崑秀□□□□□□□□轉□□，見岩後古所塑空王佛像金容剝落，賓座欹危，悲感橫生□□□□□□□□之□□，蓋以慳囊不破，是以流轉，生宛□在，寔諸所無，先佛悲之□□□□□□□□空諸□□所有，或曰：王者當富貴之極，稱眾庶所歸往，何以言空？余曰：□□□□□□□□□□虛懷□空不能包乎萬有，岩不空不能成絕勝之景，煩惱□□□□□□□□□□□□□空不能□養太和，息诤端以要言之，空之一字，實超塵之樞□□道□□□□□□□之財裝□□已空之佛。於是，佛不墮空，財不滯有者矣。以此立身學道，道□□□□□□□踐聖賢□之域，永成不朽之功，詎可尋常一二測度者哉？或者難唯如是□□□□□□。

傳曹洞正宗第三十一世龍山德睿撰，傳臨濟正宗天童下第四□□□□□

孝義縣悅里坊六甲司馬鎮施財功德主生員張自勇、室人陳正□□□□

康熙五十六年菊月上澣七日本山住持岩主海般立石

嵻邑石匠梁有□□□□

（碑阴）

抱腹岩重修置地記

定陽野逸温席珍□

出家人修慧修福，皆是正因正果，有慧無福，□□□□□□□，無慧則福為痴福，故二者缺一不可也。抱腹岩住持止□□□□□戒律，深于經教，修廢補壞，備極辛勤。如石佛殿之□殿□□□□□□、三官殿、五龍殿、藏經閣、觀音閣，石梯盤路，一切禪房或重修□□□種種莊嚴，又置地若干，爲僧眾贍養，詳載碑陰，是福慧雙修□也。後之住持是雲峰寺者，宜以為法焉。故記。

今將地畝開列于後：

長畝地一段，係南北畝，計三拾畝，東至文圖南，西至梁鞏極，南至澗渠，北至道根（其下十余字剥落无法辨认）。

圪台頭水地一段，係南北畝，計地肆畝，東至趙世明，西至梁宅，南北俱至渠根（其下十余字剥落）。

观音堂西水地一段，係南北畝，計地叁畝，東至買主，西至董硯靜，南北俱至渠根（其下十余字剥落）。

水峪口地六段，係南北畝，計地五畝，東南至買主，西至小須彌，北至溝（其下十余字剥落）。

孫進寶捨水峪口地兩段，計地貳畝，東至道，南至朱子楝，西至□，北至□，粮七升五合。

李國祥捨砂窯上地三段，計地柒畝，東至□，南至捨主，西至朱俊庫，北至道□□□□。

石影重輝

重崇抱腹岩宝王佛像記
介之西茹有岩曰抱腹因左右環以右手之相交是以命名
岩高百仞澗數十餘丈為殿為臺繞為僧房群臺
皆穴宇高深確明朗秀石列萬狀松柏雲擁下臨
則来往可通振則百計莫度此真人之絶景也以空王佛
于此雖帝王若唐之太宗感渊而駕臨晋之恭王捐帑
皆題名歎美騷人拐容緇衣之士往來遊觀歌詠讚頌不
以為計今歲二月司馬柳仕顯因勇字敦之張公偕泰
見岩後古所塑空王佛像金容剝落寶座欹危悲感損甘
益以慳囊不破是以流積生苑過在定諸所無先佛懸
所有或曰王者富貴之極稱衆庶所歸往何以言空余曰
空不能包乎萬有岩不空不能成繞脉之景煩惱
養太和息諍端以要言之空之二字實超塵之樞[illegible]道者
已空之佛於是佛不墮空財不滞有者矣以比之身學道通
之域永成不朽之功詎可尋常一二測度者哉或者唯唯如
傳曹洞正宗第三十一世龍山德濤撰　傳臨濟正宗大覺
孝義縣悦里坊六甲司馬鎮施財功德主生員張自勇
康熙五十六年菊月上浣七日本山住持岩宝海般立石

重修置地碑記

观音堂记

【简介】

清康熙五十七年（1718）勒石。青石质。碑长 33、宽 28 厘米。碑文楷体。嵌于介休市洪山镇西宋丁观音堂墙壁。

【碑文】

大清康熙伍拾柒年閏捌月初一吉立

己身弟子郭金英 郭金庫 男皇印 皇信叩建

新建财神殿白虎神殿碑记

【简介】

清康熙五十七年（1718）勒石。青石质，圆首，方座。碑首高46厘米。碑身高139、宽67、厚17厘米。底座长71、宽56、高44厘米。碑文楷体，正文13行，满行47字。碑阳额题“用垂永久”。碑阴额题“降福无疆”，内容为起意纠首及捐资人姓名。现存介休市城内五岳庙。

【碑文】

嘗謂神人一道也，惟神得所依，而人心亦慰。故祀典定制，天子祭天地則有圜立方澤；諸侯祭社稷則有壇壝；大夫祭五禮則各於其所而迎尸於奥；士庶祭先則有寢。外此而立廟以祀之者，又有恆規焉。大抵功參造化，德被蒼生者，則祀之感通，祈報之理實至精而不可易佚。惟財神掌握財源，不特厚藏之家為神庇蔭，即尋常之經費、日用之出入，罔不於神取給也，謂非斯須不可去者乎！至若白虎神者，棉花商賈悉尊奉之，而杼柚之家朝夕維勤，以為授衣之具者皆神之力也，則以享以假，以似以續，誠不約而有同然也。夫廟以寧神之渙，歷閱城中，財神之像向側列於別廟，而無專殿祀，白虎神者又只設主以獻焉，有心者恒指為缺事而不忍去。諸懷友擬於祠中東建財神殿，西建白虎神殿，盖取青龍居左，白虎居右之義。抑又思之，八蜡之中，先農、先穡類皆粒我蒸民，而佐以二神，則使斯民有餘粟者亦並有餘財、有餘衣，其為功於人一而二，二而三者也，享賽於同廟，不誠神人共安矣哉！請之當事，約之通鄉，計費募資，鳩工庀材，閱日月而告竣焉。但見廟貌有侐，寔寔枚枚，神得所依，而□工商賈祈報在斯，瞻仰無憾矣。是役也，經始於康熙五十五年四月二十四日，落成於五十六年八月初九日。爰勒貞珢以誌之，用垂永久矣。

康熙五十七年歲次戊戌季秋穀旦

邑庠廩膳生員陳欽沐手拜撰，增廣生員宋懷棠沐手拜書

糾首：王騰彪　梁恒喬　梁于垣　董卯真　陳欽　郭異品　温國禮　王玠　李弘發　段起鳳　高進禎　任弘績　梁學映　張懋功　薛全性　段學湯　馮錦富　李天英　蕭鳴鶴　曹學舜　鈕文輝　胡金現　喬可立　張懋德　梁茂　郭思元　梁軒鶴

住持：王正玫　門徒宋本桂　王本榮　徒孫楊□□

石匠：尹忠宰　尹光宰

改建虸蚄列圣庙碑记

【简介】

清康熙五十七年（1718）勒石。青石质。碑身高170、宽64、厚13厘米。右下残损。碑文楷体，正文8行。现存介休市张兰镇张兰村。

【碑文】

（碑阳）

改建虸蚄列聖廟碑記

蓋聞神威赫奕，千秋肅毖祀之瞻；廟貌巍峩，百世仰弘綱之重。司民天而……廟社不滅。吾邑北張蘭鎮虸蚄列聖廟者，創自前朝，基趾落於堡內，歷年久遠，棟宇化為烏有。前人不無修葺，乃至再……默佑，動穆老太公諱維陞、維衡、君取等之葵誠，咸發命工庀材之願，破都人士之慳囊，共起施金拾……三官隙地，建神殿五楹，琱楹繡瓦，面向青龍，金闕瑤臺，位坐白虎。正殿以南磚窑洞若，由是而東，山門豁……舊宇之餘材，杰出青雲之表，起泥塗之仆石，依然棘道之旁。駕虹梁而曳文杏，飛虬棟而舞盤螭，巍巍峩……之默佑成之，人曰公輸之鬼斧，善哉，吾謂糾首之精誠感之，自非然者？以再四無戒之功，而成於不日，抑又何也？斯役告……持因索記於予，予雖學蕪，然義不可辭，爰溯由來，勒茲貞石。

綿峯處士侯贊元薰沐謹撰

中堡糾首梁明達薰沐敬書

選擇陰陽穆琰琦

總糾首穆維陞 穆維衡 穆君取

管帳糾首穆大公

管銀糾首任石珍

經理糾首：王國鼎　穆志長　穆大璉　經歷梁桂馥　王自亮　穆君璲　穆君屏　穆大任　穆養鳳　穆養士　梁明達　千總張聖誥　左臨　劉克禎　梁國正　穆自高　穆大彝　穆宗周　白才傑　穆琰琦　馬世秉　穆大齊　馬承貴　李承旺　趙天才　左福星　趙仲元　梁起貴　朱元仕　車見雲　趙登印　梁儒秀　張國瑞　王大俊　左讓　喬應科　王自偉　穆養英　胡永貴　馬天奇　張聖誘　梁廷印

泥水匠李芝芳　左俊興　木匠穆明晉　穆養起　王奇德　石匠趙吉凰

康熙伍拾柒年歲次戊戌九月下浣穀旦

住持張正珮　門徒張本賢

（碑阴）

本村施銀功德主開列於後：穆維陞銀拾兩　穆維衡銀捌兩　穆大璋、璉、瓚銀伍兩五錢　穆大公銀伍兩五錢　任石珍銀伍兩　張養福銀伍兩　趙天才銀伍兩　任石琦銀伍兩　馬世秉銀伍兩　張奇英銀伍兩　穆大任銀三兩六錢　經歷梁桂馥銀三兩六錢　左乾銀三兩六錢　穆志長銀三兩　監生梁桂馨銀三兩　穆養鳳銀三兩　千總張聖誥銀三兩　左讓銀三兩　王自亮銀三兩　馬承貴銀三兩　梁福雄銀三兩　李俊偉銀三兩　左福星銀三兩　王九功銀三兩　王國鼎銀二兩六錢　永泰號銀二兩四錢　王國新銀二兩四錢　穆君屏銀二兩四錢　穆大□銀二兩四錢　生員張聖訓銀二兩四錢　穆養士銀二兩四錢　穆大明銀二兩四錢　穆大旺銀二兩四錢　左丞銀二兩四錢　王公矦銀二兩四錢　王之龍銀二兩　梁國正銀二兩　張文瑞銀二兩　楊枝梁銀二兩　李承魏銀二兩　李承龍銀二兩　王克忠銀二兩　王自璋銀二兩　馬有功銀乙兩八錢　李文曇銀乙兩八錢　張萬榮銀乙兩六錢　穆大翠銀乙兩六錢　王克臣銀乙兩五錢　黄玉章銀乙兩五錢　白爾衷銀乙兩二錢　生員朱文秀銀乙兩二錢　穆君取銀乙兩二錢　穆君璲銀乙兩二錢　穆宗周銀乙兩二錢　穆琰琦銀乙兩二錢　梁起貴銀乙兩二錢　梁孝信銀乙兩二錢　刘福通銀乙兩二錢　任良才銀乙兩二錢　穆明睿銀乙兩二錢　穆明昇銀乙兩二錢　穆正文、穆妙喜、梁門楊氏　以上

改建虸蚄列聖廟碑記

盖聞神威赫奕，千秋肅禋祀之膽；廟貌巍峩，百世御弘綱之重。司民天□□

廟社不滅。吾邑北張蘭

虸蚄列聖廟者，創自前朝，基址落於怪内，歷年久遠，棟宇化為烏有。前人不□修葺，乃至再□

黙佑，動穆老太公諱維壁、維衛、君取等之恭誠，感發命工庀材之頹破，邑人士之慳囊，共越施金

三官隙地建神殿五楹，凋極繡尾，面向青龍，金閣瑤臺，右□白虎。正殿以南磚窰洞若，由是而東山門路□

舊学之餘材，杰出青雲之表，起泥塗之外，□依然棘首之旁，駕虹梁而戈文杏，飛虹棟而□盤，巍巍□

之黙佑成之人，曰公輸之鬼斧議哉。吾謂糾首之精誠感之，自非然者，以再四無成之功而成於不日，抑又何也？斯後昔

持因索記於予，予雖學蕪，然義不可辭，是溯由來，勒茲貞石。

綿峯退士侯賛元薰沐撰

中堡糾首梁明建薰沐敬書

選擇陰陽穆琰琦

督帳糾首 穆大公

總糾首 穆維衛 穆維壁 穆君取

督銀糾首 任石珍

經理糾首 穆居遂 梁桂馥 穆志長 王國明 穆大璉 王自亮 穆君屏

左臨 梁明達 穆養鳳 穆大任 穆養士 張聖諧 劉苑禎

穆琰琦 穆宗周 穆自高 梁國正 穆大昊 白才修 馬世秉

趙伊元 趙天才 馬永貴 穆大□ 李永旺 左福星 梁起貴

王太俊 梁倫秀 卑見雲 宋元仕 趙登印 張國瑞 左讓

張聖謨 胡永貴 王自偉 喬應升 穆養莊 馬天□ 梁廷印

木匠 穆明晉 王奇□

泥水匠 李芝芳 左俊典

石匠 □吉鳳

康熙伍拾柒年歲次戊戌九月下浣穀旦

住持張正珮 門徒張本賢

銀一兩二錢　朱文煊　王自善　穆承縣　王海龍　李承秀　穆桂奇　王大俊　穆桂龍　張國瑞　張應秀　李承旺　王明有　左溫　以上銀壹兩　梁孝周　任良時　張繼湯　曹含金　王得金　梁福英　穆大舜　穆大齊　穆大奇　秦貴山　以上銀八錢　穆体□　王定國　朱君弼　梁孝義　郭天礼　郭天智　穆君珮　郭維藩　穆大春　穆大秀　穆正亮　王自□　李芝蕙　□得有　王孝德　左肇秀　左秀　王克鸞　喬應科　賈明章　王自德　孟妙美　以上銀六錢　增盛鋪　穆大才　王雲龍　穆明哲　白玉印　穆明晉　梁明選　李文昇　常大金　王成□　□國太　穆大□　趙□元　趙□□　穆桂盛　穆□印……左鳳璘　穆大熙　左俊興　李元鼎　左維林　以上銀五錢　穆大耀　王正明　王正林　王正元　王一達　穆承訓　穆承誥　穆增秀　李生鼎　左國玉　穆大俊　郝光□　王□德　穆自高　王喜鸞　以上銀四錢　梁玘偉　梁玘興　剌三才　梁一達　常大運　梁一□　王妙祿　□□□　穆進統　王興才　李正彝　王自賢　馮興榮　穆養登　王正祿　穆繼周　穆興文　李芝芳　左珍　李承德　穆進禮　以上銀三錢六分　左□照　穆養□　胡景秀　王喜凰　□□仁　白□佾　趙□福　王正祿　穆增顯　張自福　李文星　穆正邦　穆正國　穆大珍　王自禹　王自智　梁福庫　刘□□……賈培喜　張文□　□亮□　穆維英　郭氏　安□慶　王自意　穆養玘　賈漢傑　以上銀三錢　李自貴　王吉榮　梁儒秀　郭尔忠　車大礼　梁玘富　車見榮　梁一玺　梁一奇　柴繼堯　刘福達　薛可才　梁孝節　穆養順　穆進顯　任□榮　張天統　王明紀　米万倉　王孝□……穆大儒　穆明定　□孝福　穆明□　梁玘□　李承豹　梁喜元　梁孝成　穆進才　梁福榮　穆自太　常大德　李永公　王三秀　王自新　左逢貴　左肇選　穆正周　左贇　王三□　□維太　楊□祥　左喜虎　□世興　白文燦　以上銀二錢四分　梁玘生　孟尚貴　梁一□……田三樂　韓正龍　李芝蘭　王定興　曹福選　李俊英　王奇義　黃玘雲　穆桂興　穆維賢　樂化麟　穆自才　以上銀二錢　梁光奇　□喜成　左喜福　曹孝龍　以上銀一錢八分　王玘才　王可遠　刘一虎　王興□　趙仲傑　以上銀一錢五分　梁明達　穆桂才　梁明暹　董□□……李養珍　馬世榮　左三奇　高永魁　穆君良　穆明暹　馬成光　張瑞彩　李治國　張國泰　李國柱　張聖誘　楊進鳳　梁□遠　趙景玉　葛成寧　王國治　穆養□　郝維唐　王見龍　米万全　張天統　常得榮　郭應忠　張福□……王吉□　□養訓　穆進美　穆進善　□□鼎　穆進宝　穆清□　梁福生　穆養明　郭維屏　郭維昇　穆進鼎　梁孝偉　梁孝溫　梁得显　楊有會　梁金牛　梁登晉　梁□儒　梁玘元　穆養生　賈玉旺　梁孝正　梁一□……高存義　蘇祿福　穆□英　梁玘公　穆進貴　梁孝奇　梁孝禎　梁明相　梁明富　梁之□　梁孝□　梁玘□　梁玘鵬　王之印　安吉慶　□□□　朱□□　朱才□　朱才茂　朱文運　朱秀芳　朱君□……穆君□　王氏　田茂會　左氏　冀□□　史應□　穆□□　常大寧　高大礼　黃明祥　溫□海　黃□□　李承□　梁桂苞　孟之法　裴福□　王成閏　武□孝　穆正□　王□□　王一□　以上銀一錢二分

領疏募化功德人名於後：張化……拾陸兩　穆維□　大本仝化……捌兩　馬元龍……陸兩　楊皇□銀叁兩　王喜凰銀□兩　張……

扶梁功……穆□□銀捌兩　穆維□銀伍兩　穆□□銀伍兩　梁□□銀伍兩　張聖□銀□兩　張……穆大公銀三兩六錢　□□□銀三兩六錢　穆□周　□□銀三兩六錢　王自□銀三兩　□□□銀三兩　穆……王自亮銀一兩□錢　王秀丞銀一兩□錢　穆大□□銀一兩□錢　□□□銀一兩二錢　左□□銀一兩二錢　李本蘭銀一兩二錢　梁福英銀一兩　穆大熙銀一兩　梁福雄銀一兩　穆明□銀……

增修玄帝庙记

【简介】

清康熙五十八年（1719）勒石。青石质，圆首。碑首高33厘米。碑身高117、宽60、厚12厘米。底座长72、宽44、高42厘米。碑文楷体，正文10行，满行49字。碑阳额题“增修玄帝庙记”。碑阴额题“用垂永久”。现存介休市连福镇西杨屯村玄帝庙。

【碑文】

增修玄帝廟記

楊同之北有玄帝廟者，其建始歷有年矣。按其舊制，惟有正窑三洞，踞其上者聖殿三楹，規模褊狹，曾未足以當一顧。甲午春，糾首等款請辛武僧人濟川為住持，因而有重修之舉。量廟中舊積銀若干，復隨力新捐銀若干，鳩工庀材，增其式廓，於正窑三洞旁左右各支角窑一洞，東西兩廊各列三楹，廊房之南各聯耳房一間，輪奐爭輝，不特妥神孔安，凡客來烹茶、老僧齋坐，皆恢恢有餘地焉。且環堵嚴翼，如竹苞，如松茂，堅厚久遠，無以踰此。南向者正門也，直通堡中，屏樞一轉，覺路弘開，遠近人士遊歷其地，若在村之中，若在村之外，彼此遙映，更覺境地幽清，洵哉人間一洞天也。予世居辛武，地連唇齒，久為心寫，欲摹勝概，而濟川和尚與其徒瑞雲等又不時往來，因功成索序，予豈敢以不文辭？蓋古人舉事，用意深厚，建廟設祀，豈徒觀遊夫！以為一方風氣計也。如楊同一村，煙火數百餘家，□□而地腴，環其外棗林茂密，繞其西澗水瀏清，若乃北面，尤稱高阜，立廟於茲，庶風氣有所結束焉，此前人之微意乎！前人造端，後人增美，則廟貌有□，實實枚枚，將來居人樂業，漸熾漸昌，悉自今日以為之始，其所關豈細故哉！是役也，經始於康熙五十四年四月十二日，落成於康熙五十八年十月十五日。爰勒貞珉，以誌不朽云。

旹大清康熙五十八年十月十五日吉立

臨濟宗派：有義道德興洪了悟真寶覺性戒定慧脩常樂寂靜清鎮遠方玄澄普映

住持僧人清富 徒鎮祥 孫遠□、□、□ 曾孫方隆、盛、發

生員閆俊士薰沐謹撰

僧人遠□薰手謹書

使過舊積銀叁百兩整

重脩糾首：郝應大　孟應秋　杜登寧　杜登宝　杜登明　郝永安　郝永綱　田奉榮　杜國泰　杜國柱　左承章　郝自謙

信士田奉榮施化供器壹付

玄帝廟記

补修三结义庙西廊碑记

【简介】

清康熙五十九年（1720）立石。青石质，螭首，方座。碑通高254、宽81、厚18厘米。额高76厘米。底座长88、宽57、高26.5厘米。额篆“补修西廊碑记”。碑文楷书，19行，满行52字。邑庠膳生员文注撰文，邑庠增广生员宋怀棠书丹。现存介休市顺城关三结义庙。

【碑文】

補修三結義廟西廊碑記

三結義廟殿宇輝煌，樓臺巍煥，誠邑中勝觀也。第先年曾經回祿之災，殿宇樓臺盡為灰燼，唯西廊若靈光之獨存。是以他皆重建，西廊則稍為補葺而加以丹堊，遂煥然改觀。是西廊之多歷年所，原非新建者可比。矧年來風雨浸損，故日就傾圮，不堪寓目。鄉人士亦屢議修振，特以時艱未果。迨丙申秋，淫雨連綿數十天，椽簷摧折，神像露處，而工遂不得不興。但所費頗繁，非一手一足之力所能就也，因而募諸邑中之善信，更懇里人貿易他方者，賫引化緣，以資其不逮。於是鳩工庀材，協力締構，朽者易之，傾者振之，神像之剝落者補塑之。計費二百五十余金，始復飛翬矢棘之舊。斯誠所謂“有其舉之莫敢廢焉”者也，而誰云是事之可已哉？工起于丁酉初夏，五閱月而始告完。董其事而晨夕弗倦者，候補州同常君三公，耆碩董君□、郝君玉璋也，其餘亦各量能效力焉。事竣，諸首事欲垂之久遠，向余乞言以勒石。余因敘其顛末，以告後人之繼葺者。是為記。

邑庠膳生員文註薰沐謹撰

邑庠增廣生員宋懷棠薰沐謹書

大清康熙五十九年歲次庚子季春之吉

糾首：侯成功　文注　張□　董敷策　張銑　張钜　宋之芳　董□　侯廷佐　梁崇智　齊聖　董□　梁必遇　李若梅　侯廷傑　侯廷儀　梁必逢　劉翊宸　温含钜　張世倫　侯維新　馬企昌　郝玉瓚　宋明柱　郭家鵬　張格　郝玉璋　常三公　李應禎　温誦典　張生輝　長治當

石匠：宋文明、梁星玨、王印章同鐫

臨濟宗派：智慧清静，道德圓明。真如性海，寂照普通。心融至理，妙達玄宗。靈光永鑒，法藏印空。

本廟住持募緣僧人臨濟正宗第十二代弟子海翠徒掌僧會司事寂立　孫堂僧會司事照文　照千　曾孫普定　普信　元孫通教　通惺　來孫心□心□　同立

補脩三結義廟西廊碑記
三結義廟殿宇輝煌樓臺巍峨誠邑中勝觀也第先年曾經回祿之灾殿宇樓臺盡爲灰燼惟西廊若
西廊則易爲神萃而加以丹堊遂煥然改觀是西廊之多歷年所原非新建者可比矧年來風雨浸
士亦屢議脩抵持以時艱未果迨丙申秋霪雨連綿數十天椽層摧折
神像虧虚而工遂不得不興但所費煩繁非一手一足之力所能就也因而募諸邑中之善信
其不逮於是鳩工庀材協力締構朽者易之傾者振之神像之剝落者補塑之計費二百五十餘金
爾有其舉之莫敢廢焉者也而誰云是事之可已哉工起於丁酉初夏五閏月而始告完董其事而晨夕弗倦者
三公首碩董君韜和君玉璋也其餘亦各量能効力焉事竣諸首事欲垂之久遠向余丐言以勒石
葺者是爲記
邑庠廩膳生員文 註 薰沐謹撰
邑庠增廣生員宋 悰 崇薰沐謹書
大清康熙五十九年歲次庚子季春之吉
糾首
侯成功 侯廷佐 梁必逢
文 註 梁崇智 劉翊宸 張 格
張 鉞 齊 琞 温含鉅 郝玉璋
董 勳 張世綸 常三公
張 綂 梁必遇 侯維新 李應禎
張 鉅 李若梅 馬企昌 温涵典
宋之芳 侯廷儀 郝玉璜 張生輝
董 韜 侯廷儀 宋明桂
信人臨濟正宗第十二代弟子海果徒孫信含司事寂

增修墙垣墁院碑记

【简介】

清康熙五十九年(1720)勒石。青石质，圆首。碑首高33厘米。碑身高126、宽63、厚18厘米。底座长72、宽49、高47厘米。碑文楷体，正文7行，满行40字。碑阳额题“皇帝万岁”。碑阴额题“广种福田”。本邑逸士王良弼撰文，本村信士贾大灿书丹。现存介休市龙凤镇张壁古堡关帝庙前廊下东侧。

【碑文】

(碑阳)

增修牆垣墁院碑記

嘗聞積德恒賴于喜施，功宏無加於補缺。本村地名張壁，村南門外對面舊有關帝廟宇，古建窄小，闔村協力糾工重修，殿宇增闊，金像增高，樂樓、臺榭彩色妝嚴，大殊古昔，洋洋乎誠一巨觀也。

然殿宇皆新而牆院仍舊，似乎見缺。本村生員張弘荃募化疏引銀壹拾壹兩三錢，起意信士張國郡輸心包原，更兼募化銀貳拾兩六錢八分，土牆改以磚牆，塵院增砌磚院。發心賈國印施樹一株，國郡增添工價，以為廟院東邊旗杆一根，更建茶棚一間，以濟往來行人之渴，雖云小補，功德實隆。工既告竣，理宜勒石千載，揚徽不朽云爾。

發心竹皿槅扇窗戶人：信士賈雲虞、易國暉助銀壹兩

本邑逸士王良弼薰沐敬撰

本村信士賈大燦頓首拜書

香老：賈國郡　武國才　張國禹　賈國瑞　張弘業

鄉耆：張弘業　賈雲耀　靳永鉉

鄉約：賈大淵　張文奇　賈大祿

保正：張國旺　張弘琦

糾首：張國威　賈士虎　張國朝　梁居旺　羅維秀　仝邦文　王天英　張弘達　賈國太　賈雲煥　張弘京　焦廷即　喬際威　王邦殿　張弘權　靳永鐸　張應保　靳永清　賈大有

陰陽：張旺逵　助銀三錢

泥匠：張一傑　助銀三錢

木匠：榮奉傑　助錢一錢貳分

時大清康熙伍拾九年孟夏吉旦

本廟住持僧人傅印，徒德貴，孫眼成助銀伍錢。

(碑阴)

生員張弘基　四兩　　生員王麟趾　一兩　　任伊業　五錢

生員王翰　五錢　　梁梃洪　一兩二錢　　賈雲虎　九錢

賈雲孝　九錢　　賈雲瑞　八錢　　賈雲燦　七錢

張國朝　六錢五分　　賈國欽　六錢五分　　靳永鐸　六錢五分

張元才　六錢五分　　賈大良　六錢五分　　梁成龍　六錢一分

焦進瑞　五錢　　高大玉　五錢　　董琮　五錢

楊名昌　五錢　　張弘敬　四錢五分　　賈大還　四錢五分

賈大順　四錢五分　　賈國太　四錢　　宋朝貴　四錢

仝進才　四錢　　張奇美　叁錢六分　　張貴琮　三錢

三錢人名：梁太有　郝勳　武釗　房清　馬煥武　曹珖　高鏞　田旺詳　姜之璉　郭澤盈　張克美　張翀雲　田明瑞　蘇長珍　李大成　張克盛　高繼文　武振業　張文　王文進　魏史　韓晉臣　耿

增修墻垣墁院碑記

嘗聞積德恒賴於喜施，功宏無加於補缺。本村地名張壁村南門外對面舊有　關帝廟宇，古建赏小。闔村協力行工，重修殿宇，增闢金像，增高樂樓，臺榭彩色粧嚴，大殊古昔，洋洋乎誠一巨觀也。然殿宇皆新，而墻院仍舊，似乎見缺。本村生員張弘基募化，疏引銀壹拾壹兩叁錢。起意信士賈國郡輸心包原，更兼募化銀弍拾兩六錢，入分土墻，砍以磚墻，土院增砌磚院。發心賈國印施樹一株，國郡增添工價，以爲廟院東邊旗杆一根，更建茶棚一間，以濟往來行人之渴。雖云小補，功德實隆。工既告竣，理宜勤石，千載揚徽不朽云爾。

發心竹四構扇窗户人信士賈云虎男國暉助銀壹兩弍錢

介邑逸士王良弼薰沐敬撰　信士賈國運男大玥助銀伍錢

本村信士賈大璨頓首拜書　梁星垣

賈國郡　鄉約　糾首　仝邦文　焦廷印　靳永清　石匠宋文明助銀叁錢

武福才鄉耆　賈大淵　張國咸　王天英　喬際咸　賈大有　王紹璋

香老

張國禹　張弘業　張文奇　賈云虎　張弘達　王邦殿　陰陽張明達助銀叁錢

賈國瑞　賈云羅　賈大祿　張國朝　賈國英　張弘權　泥匠張一傑助銀叁錢

張弘業　靳永鉉　保正賈國旺　梁居旺　賈云嶼　靳永鐸　木匠宋春傑助銀一錢弍分

賈大俊　張弘綺　羅維秀　張弘京　張應寶

本廟住持僧人傳印，徒法貴，孫䏋成助銀伍錢

皆大清康熙伍拾九年孟夏吉旦

漢弇　王衍義　張存祥　楊國柱　王命欽　王貞　王行仁　王行璽　武旺政　李全福　高奇庫　張汲旺　劉福棟　焦為庭　郭之燦　焦進宫　宋正廣　梁世鋭　宋一彩　梁挺蘭　楊名興　張弘業　賈國瑞　賈國千　張弘庫　賈國殿

二錢四分人名：李滚昌　羅珍標　王治義　梁世璞　宋文秀

二錢人名：賈現貴　焦為書　焦為玉　任文起　任雲貴　郭印祥　范奇玉　范才偉　焦為浩　張登升　張登奇　張奇現　焦殿臣　宋珠　宋奇奎　喬進璞　張國禹　賈雲洪　賈國威　張應寶　賈國賓　賈大殿　賈國康　焦廷印

一錢六分人名：郝光耀　張仁貴　溫正祥　焦為海　焦品章　梁世詒

一錢五分人名：賈雲成　靳國侯　武國章　靳永銘　仝進旺　賈大俊　王天英　靳永鉉　梁元吉　鈕萬威　張弘容　靳永清　張正龍　靳國傑　王良佑　張弘花　靳國廣　賈國魁　靳永鏜　靳國文　耿士達　張正奇　賈國相　賈大有　張龍　賈國威　張弘典賈國賀　仝進寶　張世龍　賈國良　仝進權　賈大貴　王邦殿　張國柄　張弘道　賈國遠　焦廷敬　馬明實　焦邦仁　張弘本　馬際慶　賈國白　張弘科　馬際威　張弘登　喬際春　張鼎　賈國星　張弘權　賈國昌　滎世現　賈大貞　楊國郎　張弘廣　張弘琦　張國倉　張應恩　商居福

一錢二分人名：焦生海　王福道　梁廷楨　梁奇秀　石秀銀　趙天璽　范才俊　侯國柄　宋所仁　任修德　爐朝芳　陰崇盛　馬璽　李生芳　陳福祥　劉邦祚　任帝夔　滎學明　郭玉秩　張燦

一錢人名：張弘興　張弘州　張昌威　張弘秀　王福祿　宋景星　南居旺　張應光　鈕大還　賈國好　趙福恩　趙福德　張國好　張應旺　賈大州　李登貴　賈士光　賈國維　宋朝正　王天秦　賈大福　賈大臣　賈大淵　賈國資　賈國展　賈國煥　賈國賢　賈國鑑　賈國俊　賈弘旺　賈弘玘　賈雲萬　張弘制　張弘官　張弘貴　賈國慶　張德　張弘欽　張弘穩　張弘星　張汝錫　張汝鶴　張汝圖　張汝奉　王良甫　張品　張國林　張春通　張雲位　張弘銀　王良付　張春達　張弘文　靳永先　張元付　鈕萬虎　張元貴　賈士德　張弘彝　張弘府　張弘英　賈元彪　靳國銘　靳永鑛　仝進才　武明英　靳永鎮　靳永鈿　靳永星

五分人名：靳永恭　賈國甯　靳永鈞　仝進泰　靳國盛　王邦甫　張元寶　張元魁　張鉞　王仁遠　靳永興　靳士祿　張大鑾　王奉魁　張國禮　張弘召　張國寶　張彝　張弘增　張弘鉞　張弘才　張國珮　宋文義　張盛　張弘粟　喬際英　賈國質　賈國旺　賈國萬　賈國珮　王邦成　賈國肇　賈國現　賈國旌　李天秀　李皇旺　張國俊　賈國達　張弘京　李登官　梁福盛　賈國棟　張應魁　張國旺　張國武

賈雲虎處獻條機壹張

用公中杆樹銀本利叁兩捌錢柒分

起意募化增修旗杆　圍牆　墁地　□房人工佈施碑記

本村信士賈國印　賈國文　男大生　大德　孫士都助銀貳拾兩壹錢

重修城隍庙记

【简介】

清雍正二年（1724）勒石。青石质，螭首，方座。碑首高 91 厘米。碑通高 206、宽 81、厚 19.5 厘米。底座长 93.5、宽 51.5、高 21 厘米。碑文楷体，16 行，满行 65 字。额题“重修庙记”。碑面底部风化，字迹不清。现存介休市城内城隍庙。

【碑文】

余既蒞介之明年秋七月，重修城隍廟落成，邑人士丐铭于余，將立石焉。余於是役謝無功，堅弗許，而諸人士請益力，乃取邑進士馮公爾琛所督碑文而讀之，始以康熙四十八年鳩工庀材，凡十載事始竣。余於是役誠荷功哉。顧余亦嘗聞之，聖人以神道設教而天下服，非聽命於神也。誠此動役潛移□□□□□□□，則為□固自廟神焉者。

今天子總理萬幾，周恤民隱，凡郡縣有司必令陛見，寄以□人社稷之潰，教以化民，成俗之道，守一郡者司一郡，守一邑者司一邑。修舉廢墜職□□，故如城池廟□之□□功□□民則祀□□□□，廉節一□感于山□□□易，而興行□斯道之所以神，而即聖人之所以教也。《詩》曰：神之格思，不可度思。傳曰：鬼神非人實親，惟德是依。然則天□之，□□□□□，只□□□□相通，而善德惡□，以豈必真藉城隍之神，而後有其權也乎？余不敏，奉簡命來晉，大中丞諸公委署兹土，夙夜兢兢，恪守厥職，未敢諉人事於神道，而惟是顧成城之義，□復隍之城，于邑人士相勉於有成。斯則余之所□□□□□□□石，以謝諸人士之請，而更紀其終始之月日，亦見一役之興、一土之成，非易易也。若夫諸人士之好義樂施，則周□□□□記詳言之矣。余於是以記。

文林郎知介休縣事高容平合撰

儒學教諭呂光聲

儒學訓導李興鄴

典史　王勝會

驛丞　陸　善

龍飛雍正二年八月吉旦仝立

邑庠生梁旼薰沐敬書

[illegible]之明年秋七月[illegible]廟[illegible]成[illegible]勒名於余將立石焉[illegible]

[illegible]八年[illegible]凡十載事始竣余於[illegible]役[illegible]功[illegible]

[illegible]民德凡郡縣有司於令

[illegible]之責教以化民成俗之道守一邦者司一郡守[illegible]

[illegible]之所以神而即聖人之所以教也[illegible]神之[illegible]

[illegible]城隍之神而後有[illegible]權也予余不敢[illegible]

[illegible]

大[illegible]允格于厥職未敢謗人事於神道而[illegible]

士之[illegible]月日亦見一役之興一工之成非易易也若[illegible]

[illegible]

[illegible]儒學[illegible]合撰

儒學訓導[illegible]

典史王勝[illegible]

驛丞[illegible]書

[illegible]雍正二年八月吉旦公立　邑庠生[illegible]書

重修城隍庙碑记

【简介】

清雍正二年（1724）勒石。青石质，螭首，方座。额高90、宽81、厚18.5厘米。碑身高194、宽79、厚14.5厘米。底座长91.5、宽56、高14厘米。碑文楷体，16行，满行65字。碑阳额题“重修庙记”，碑阴额题“重修城隍庙记”。碑阴为捐资人名。现存介休市城内城隍庙。

【碑文】

重修城隍廟碑記

賈子曰：禮義者，遵之未然之前；法禁者，制之已然之後。若夫禮義不及防，而法禁不能制者，其惟鬼神可以治之乎？方今國家祀典，學宮而外，尤重城隍。有司既有常舉，而里巷小民祈請賽會，祗畏彌甚，不獨一邑為然。

本邑廟址創始洪武中，厥後屢圮屢修，至本朝順治間，增建寢宮、獻亭、樂樓、兩廊及齋宿、官廳、道院，規模益備。歷五十餘載，漸□頹削，是時方重葺學宮，一二有志者乃遂奮然并修隍廟。鳩工集眾越十年，既竣，請余序記其事。余揖而告之曰：辛苦諸君子克僝兹工，邑之觀瞻於斯乎在，且亦知所以立廟之意乎！余考“城隍”二字，始見於《易》，猶言城池云爾，非以為神也，而後世乃立廟崇祀。至隨郡縣差其階秩，以為是實司能生殺禍福人者。余不知果有是否。然人亦既信其真能生我殺我、禍福我也，雖有愚頑強悍之夫，一聞城隍之名，輒駭汗慴伏。於是知廟中不必有城隍，而人心自有城隍也。故曰聖人以神道設教，豈不然乎？

介本唐魏遺民，馴□易治，然歲時斂財立社，奔走兹廟，殆無虚日，則其慴伏敬畏，亦槩可知矣。而頻年來，太平日久，體善生息，介之人莫不安居而樂業，謹守禮，重祀法，即以為神之賜，又似無不可者。顧廟毀不葺，如神靈何？固宜諸君子亟亟而議修也。

是役也，經始康熙四十八年，落成雍正二年孟冬，雖丹彩畫額，恢于舊而高昭肅穆。俾入其中者拜跪瞻仰，益有所驚心動魄而不自已。然則城隍之祀，真當與學校並重而修而葺之，基於立廟初意□為大有功也，又豈苐觀瞻之美已哉！既以為諸君子告，因筆而為之記，其諸君子及倡議捐資姓氏，兹不失載，載在碑陰可考。

賜進士第、欽取吏部候補主政、戊子科順天分試、敕贈文林郎、知直隸大名府濬縣事加三級又加二級梁通洛謹撰

雍正癸卯恩科、禮部進士馬爾瑑謹書

糾首：董協清　董硯齡　梁于朝　張珮　董弈著　溫文琳　閆秩敘　董協和　侯國楨　薛全性　吳邦相　宋福龍　閆紹祖　郭輪唐

勤勞：高壽魁　梁含　郭宗盛　王祚新　趙連生　李進才　侯英才　閆維祖　王璋　郭崇茂　趙有昌　胡進祚　郝喜周　李天英　劉嘉德

師祖：薛守櫺　張守極　侯守朴　張守椿

師：郭太煌　鄭太煒　梁太蒸　張太烜　盧太曠　劉太煊

徒：張清壑　張清　郭清封　宋清墉　郝清□　胡清培　宋清垣　任清坼　武清墳　張清□

孫：宋一軫　武一鉉　董一鑄　文一錦　文一鋑　喬一鋒　溫一銑　任一銡　鈕一鍠

曾孫：張陽浚　武陽洸　董陽治　雷陽法　任陽□　王陽洲　常陽海

選擇陰陽官：王富佐　胡聖選

石匠：趙吉凰　徒：王全紮　張壽新　楊秀生　張瓚　張秉讓　趙弘祿

住持道士：郝清典　胡清培

徒：武一鉉　董一鑄　溫一銑　宋一鎮

孫：張陽浚　劉陽濟　郝陽溥　史陽湧　文陽浴

皇清敕封征仕郎内阁中书静斋梁君墓志铭

【简介】

清雍正六年（1728）勒石。青石质。石为方形，长73、宽73、厚12厘米。碑文楷体，志盖篆书“皇清敕封征仕郎、内阁中书静斋梁君墓志铭”。介休市绵山镇南新屯出土，2006年11月由介休市文物局移交至介休市博物馆收藏。

【志文】

皇清勑封徵仕郎內閣中書靜齋梁君墓誌銘

賜進士出身、誥封奉政大夫、翰林院侍講學士加二級、充聖祖仁皇帝實錄纂脩官、前詹事府左春坊左庶子掌坊兼翰林院侍讀加一級、提督江南學政、日講官、起居注、翰林院侍讀加三級、詹事府左春坊左替善兼翰林院檢討、癸卯甲辰两科順天鄉試同考官、翰林院編脩加一級、充武英殿纂脩官、癸巳科山東鄉試主考官、翰林院庶吉士、海鹽俞兆晟撰文。

賜進士出身、勑封儒林郎、日講官、起居注、翰林院編脩加二級、充聖祖仁皇帝實錄纂脩官、前提督□廣湖北學政、癸卯陝西副主考□□□、內廷供奉、蒙養齋纂脩、翰林院庶吉士、□□吳家騏篆蓋。

賜進士出身、勑封儒林郎、左春坊左賛善兼翰林院檢討加一級，前翰林院編脩、翰林院清書庶吉士、嘉興許玉猷書丹。

介休梁君漢昭，卒於康熙己丑，其子墱早卒，閱十年，而孫錫珩又卒，其曾孫濬將以雍正六年十二月初八日，葬於南鄉之新阡。問君之行，事於親知，述為狀策，蹇走長安。介予友求志其墓，且礲石以待不獲，已為敘而銘之。

君諱星炯，字漢昭，號靜齋，世為汾州之介休人，先世曰永通者，以耆德稱於里，賜冠帶。四傳至州佐，字清如，贈中憲大夫，配降氏，贈恭人，即君之考妣也。弟曰星熤，郭恭人出。君生而穎慧，早歲掾觚為經生家言，弱冠補博士弟子員，食餼於庠，益攻苦自勵，寒暑不少休，顧屢躓於省試，及清如公違養，遂息意仕進。後數年循例需次中翰，胷中仍澹然也。性至孝，事親盡色養，居喪以禮，瞢窀穸忘飢渴。兄弟相友愛，有過則正色以規之，故弟之事兄若嚴師焉。墱能文，早歲為邑諸生，而督課彌切。及墱卒，遺腹生錫珩，其母宋亦旋卒，君悲錫珩之孤苦，所以愛護之者備至，比長，則督課如墱時，未嘗稍姑息也。

每語人曰：子弟不肖，皆由於不讀書，若不使之讀書明大義，則與聾瞽何異？及辱身敗家而後悔之，噬臍何及耶！其平生所見若此。居家樂善好施，急人之患，儉歲倡義賙恤，復鳩工興作，人或誚之，則曰：吾以活饑饉也，不然豈樂為是哉！他若葺學宮，建尊經閣，脩南靳屯故里以庇族人，尤較著□，□家頗饒，而自奉恒澹泊，惟好□□□□必令臧獲洒掃，俾無纖埃，構小齋，雜蒔花木，室中羅□□、□畫、茶董、香椀，細及研滴、扇拂□□□□置，暇則閉門謝客，徜徉其中。

歲丁亥，郡舉養老之典，延□□協眾望，時君之弟已佐吳郡，知君素躭山水，寓書邀君，盛言莫鼇縹緲之勝，君重累官聲，未嘗一往，其高懷卓識又如此。己丑，竟以訟卒於太原之逆旅，事白歸櫬，而家亦中落矣。嗚呼！予聞晉人之稱君也，好善如渴，疾惡如仇。夫君子立身宜介，而遇物宜容，奈何知折節於端人正士，而不知優容於非禮之□□憤鬱以戕其生，良可悲夫！

君以崇禎丙子生，距其卒，為歲七十有四，配溫氏，繼配溫氏、董氏，俱封孺人，有婦德。

銘曰：中都之城，有道是宅。上溯唐風，猶吟蟋蟀。職思其居，讀書謝客。貽厥孫謀，勿替舊德。峨峨高原，青青松柏。勒茲文珉，永妥魂魄。

皇清敕封
徵仕郎內
閣中書靜
齋梁君墓
誌銘

重彩碑记

【简介】

清雍正七年（1729）勒石。青石质，圓首，方座。碑首高 35 厘米。碑身高 129、宽 65、厚 14.5 厘米。底座长 85、宽 47、高 21 厘米。碑文楷体，19 行，满行 68 字。题额“重彩碑记”。碑阳为清康熙三年“重修殿楼碑记”。现存介休市城内顺城关三结义庙正殿廊下。

【碑文】

順城關三結義廟由來已久，殿宇樓臺，鳥革飛翠，洵一邑巨觀也。迄今六十餘年之丹堊，皆被烈風驟雨幾剝落殆盡焉。如此勝地，並無稱頌，名扁雖曰“至德福溢”，入廟瞻則□□□缺畧之憾也。

茲因去歲四月初八日，有禪賽餘銀伍两，復募本邑紳衿、善士，共襄盛事。於是，大殿公立朱紅扁一面，門內懸墨地金扁一面，門外新設柵欄两扇，台上新量□器一□，其餘有書扁、書聯者，俱各另題姓氏。將正殿五楹、東西两廊、樂樓前面，以及大門、角門、台脊、堂階、門柵掩發一應傾圮損壞者，悉皆修葺，紅綠塗□者，重新彩畫，□□□□□□□□然改觀，亦神人共快之一事也。約費三十餘金，工程雖未浩大，而首事者不無經理、募化之勞，施捨者亦有資斧多寡之分，何能湮沒而不傳乎？爰鐫貞珉，以示後之有志□□□。

邑庠生李若海薰沐謹撰

邑廩生侯　翰薰沐謹書

大清雍正七年歲次乙酉季春之吉

趙城縣儒學副堂	張昳雲	三錢六分	
新簡陝西適用知縣	梁成武	二錢四分	
候選州判	張鉅	二錢六分	
候選州同	常三公	二錢六分	
乳源縣左堂	常三元	二錢六分	
生員冀淑賓	一錢二分	生員齊聖	一錢二分
生員梁必逢	一錢二分	生員王佶	一錢二分
監生李際康	三錢二分	監生石維琄	二錢六分
監生郝玉璽	二錢二分	候選經理李有年	二錢一分
監生侯國新	三錢六分	生員王瑗	一錢二分
生員侯服	一錢二分	監生楊源	二錢四分
監生侯聘	二錢四分	候選州同賈晉甯	伍錢
官生張生耀	一錢二分	監生高嵩	一錢二分
學生侯翰	一錢三分	生員任佐湯	二錢四分
耆賓梁維傑	三錢	監生趙濤裕	一錢六分
副生侯晉	一錢二分	監生郝□曾	二錢二分

六錢：侯玉

三錢六分：郝玉璋　宋瑜　武成功　賈良貴　胡福盛　李自有　義恒鋪　復盛鋪

三錢：薛三鳳　王祖欽

二錢四分：任琦　李景富　張麟　文璘　任祿　段成經　田祿恒　楊枚　高肇奇　王金殿　曹大光　鍾明旺　范忠　尹養茲　賈榮貴　楊浡　梁翰烜　永典鋪

一錢二分：董額　郝士匯　胡桂枝　楊之松　宋旺柱　張可鳳　張紹興　郝玉璜　郝□潔　張□馨　武林遠　張瑾璠　李元成　武玉珍　梁裔旺　梁成台　郭久逵　竇應珠　劉惇　任廷貴　董玉琳　曹得金　郭久朝　郭如桐　任忠　劉文光　武達　侯寵　郭文泰　邢天章　曹盛　李思賢　范思

賢　郝景華　任大仕　郭俊秀　溫其訓　李學仁　任光大　侯汲勝　朱光貴　郭永成　任起珖　喬玉珍　孔玉珠　文光傑　宋榮　董昌福　李啟忠　劉福珠　溫經　劉盛　尹忠宰　普光　合興鋪

八分：常繼美　冀潤章　常珽　武貴興

六分：冀振祿　張景□　張大□　冀維□　□□□　劉仰□　□盛□　焦□□　□□□　□興致

五分：□□□　□□□　□□□

信女：郝門郭氏　三两　任門羅氏　一两二錢

石匠：尹錫□　李□□　王□□仝助□錢四分

首事人：郝□　□若旋　王會□　郭鏞　□□□　□□□　□□□　郭□　侯□□

（以上有数行文字模糊不清）

本廟住持普定　徒通□　通□　孫□□

东岳庙记事碑

【简介】

清雍正八年（1730）勒石。青石质，圆首。碑首高 27 厘米。碑身高 127、宽 64、厚 16 厘米。底座长 78、宽 45、高 38 厘米。碑文楷体，正文 11 行，满行 40 字。增广生员王镇撰文并书丹。额题“万善同归”。碑阴额题“重修碑记”。碑存介休市绵山镇小靳村东岳庙。

【碑文】

（碑阳）

從來地固因神而靈，而神必得廟而安。廟自前人而創，尤賴後人修，是修之有俾於創也寧固也哉！粤稽東嶽尊神，職司陰界，善惡隱受其賞罰，靈佑陽間，禍福顯□於貞淫。是鬼神之威灵，誠有補於天地之造化也，故承祀者有一十八邨之眾，欽仰者在億萬兆姓之多。然是廟也由來已久，余嘗讀書於此，而見夫外無関鎖之壁，内無安靜之所，而且垣墉傾倒者具多，因喟然歎曰：廟貌之光彩，一方之興隆係焉，胡為不增飾乃爾也？此不特人不樂也，即神亦不安耳。於是兩邨糾首誠心起造，咸願重興□也乎，樂助資財，共成勝事。第見廣廓者其禪門也，彩飾者其牆□也，重修締造者廟中之禪室也。刻壁雕牆，實足壯廟貌之光；修堂葺室，克當結萬善之緣。由殿宇而廊廡，以及樂樓、献亭，皆輝輝乎有煥彩之觀焉。斯時也，其人樂甚，其神樂甚，而吾遊覽其地，亦無不樂甚。但厥工告成，應宜勒石永垂不朽，煩略為敘文，以為是庙□。于是乎記。

大清雍正八年歲次庚戌五月中旬一日吉旦

本村北頭增廣生員王鎮謹撰并書

大小靳村香老糾首：

北頭香老：王琇奇　焦玉鼎　香老喬玉儒

糾首：宋繼榮　王琇奇　王貴奇　梁大魁　王奇瑞　生員王景奎　武先湯　喬玉儒　王之睿　王景辰

南頭香老：王之秀　陶星炳　郭福瑞　陶永庫　陶應合　王國榮　郭成萬

糾首：陶星炳　陳宗智　郭承耀　陳宗賢　陰存貴　陶永祿　陶永鼎　陶玉鼎　郭承映　陶玉祿　陶有玺　陶有恩　焦如滿　郭承遷　陶玉玺　陶玉珮　郭倉玉　李進才　陶玉珍　任貴芳

陰茂盛　郭積文

施照壁地坊人：陶星炳

刊字匠：王印奇　梁星玉　王印章　梁禮　二錢四分

木匠：榮世慶　施銀五錢

磨匠：喬福貴　施銀二錢

泥匠：張一傑　施銀二錢

瓦窑匠：宋學監　施銀二錢

郭自游　郭自學　施銀二錢

陰陽：溫訓

住持僧人心福　門徒雲貴

（碑阴）

計開北頭出銀人名：

王琇奇　施銀四两

王章奇　一两三錢六

王進殿　一两一錢

王奇瑞　一两一錢

生員王景奎　施銀四两

王景辰　一两三錢六

王廷佑　一两一錢

王進奇　八錢四

王進林　二两九錢二

王景舜　一两三錢六

王奇爰　一两一錢

王正榮　七錢

同歸

王□壐　七錢　王琪　七錢　喬玉儒　七錢
王之睿　七錢　武光湯　七錢　喬琮奇　六錢五
宋顯才　五錢六　王景美　五錢三　王積貴　五錢三
焦玉鼎　五錢三　宋皇錫　五錢二　王景運　五錢一
梁大魁　五錢一　王發起　四錢七　王大成　四錢五
溫諒　四錢五　宋成德　四錢五　王景興　四錢五
溫訓　四錢五　王玉璞　四錢五　王奇祿　四錢五
宋顯鳳　四錢五　王柱　四錢三　王皇選　四錢三
喬清儒　四錢二　喬英儒　四錢二　王業相　四錢二
王發祥　四錢二　王門楊氏　三錢九　王恭穗　三錢七
王之玉　三錢六　王文秀　三錢六　王門郭氏　三錢一
王奉貞　三錢一　王俊念　三錢　王奉花　三錢
王進□　三錢　王進□　三錢　王敖成　三錢
王才穗　三錢　焦□海　三錢　□發玉　三錢
王廷甫　三錢　王景榮　三錢　梁維燮　三錢
王大富　二錢八　王璜　二錢七　喬林全　二錢七
王敖美　二錢七　王奇景　二錢七　焦奇傑　二錢四
王瑞賢　二錢四　王文　二錢四　王玉傑　二錢三
王憲　二錢三　王正傑　二錢三　宋繼榮　二錢二
任喜　二錢一　王來成　二錢一　王奉合　二錢一
宋璞　二錢一　王廷佑　二錢一　王正盛　二錢一
王進朝　二錢一　溫讓　二錢一　王瑞寶　二錢一
仝進旺　二錢一　王業周　二錢一　宋成喜　二錢一
王瑞才　二錢一　梁珮　一錢八　焦生浩　一錢八
王之珮　一錢五　宋珍　一錢五　王之雲　一錢五
王門孟氏　一錢二　喬貴儒　一錢二　宋魁　一錢二
王福益　一錢二　馬堡村　一錢二
任建權　宋喜之　宋恒光　任俊彦　任明德　任璞　任建基
宋煥文　王崇裕　梁應士　任建糧　任武　任重　張貴金
鈕海　任俊士六分
陶家莊
張洪景　一兩二　王俊秀　八錢　陳天明　三錢
陳天耀　三錢　陶有玉　二錢四　張瑞庫　二錢
陳天福　二錢　陶永魁　一錢二　□景永　一錢二
李文錦　一錢二
南頭出銀人名：
陶玉鼎　一兩八　陶玉爵　一兩六　趙景榮　一兩五
陶玉章　一兩四　陶永庫　一兩二　陳天祥　一兩二
陳宗智　一兩　王國榮　一兩　郭承遷　一兩
陶星炳　一兩　陳宗賢　一兩　郭自榮　一兩
郭承耀　一兩　陶有恩　一兩　焦如福　一兩
焦如達銀一兩　郭承璞　銀一兩
九錢人名：

焦自長　陶玉璽　王國臣　郭承太　陰茂盛　陳文策

八錢人名：

陶永旺　陶永滿　陶永祿　宋國全　陶如旺　陶永鼎　陶玉祿　郭承萬　宋國義　郭美玉　陶玉珮　陶玉珍　郭本圖　郭弘圖

七錢人名：

郭承楝　郭承映　郭倉玉

六錢人名：

郭門柔氏　陶應合　陳大金　陶永乃　焦世奇　陳耀光　宋選　任貴芳　郭文達　陳文寶

五錢人名：

陶應輝　陰存貴　陰存旺　陶有璽　陳宗義　陰自禎　李品璞　陰自祥　焦發貴

四錢人名：

郭自慶　郭承統　宋滿　郭文魁

三錢人名：

李進玉　陳永喜　陶玉定　李進才　郭志圖

二錢人名：

王之秀　陶門王氏　焦如秀　陳文章

一錢二分人名：

焦門劉氏　陶有道　陶有成　高聚才

敕建广济禅林重修鼎新碑记

【简介】

清雍正八年（1730）勒石。青石质，圆首，方座。碑首高45厘米。碑身高185、宽93、厚19厘米。底座长99、宽46、高12厘米。碑文楷体，25行，满行55字。额题“永为后鉴”。现存介休市义棠镇师屯北广济寺。

【碑文】

勑建廣濟禪林重脩鼎新碑記

粵稽三皇立世之始，混沌初分，陶穴巢居，衣葉衣食，動食五穀，衣居尚無，又何以有寺觀廟堂？迨至漢帝迎佛臨凡，於是始釋氏設教建寺塑像，以鳴虔誠焉，然豈特安佛安神而已哉，且欲倚為一方之福庇，開萬代之風氣。

介邑之西師屯村，離城二十里許，有古義同里廣濟寺寶刹一所，唐朝創始，明季重脩，欽奉皇上勑封創制，顯庯而與他祠之後建者迥異矣。斯刹也，前焉對汾流之勝水，後焉倚崔嵬之名山，誠勝境也。

本寺古建正殿五楹，兩廊十楹，天王大殿五楹，懸塑水陸敻絕，鐘鼓臺榭非常。石室禪室，皆藏脩之勝境；翠柏蒼松，悉幽雅之風情。噫嘻！要惟地之有靈神，斯響應者始能如是耳。不意年歲云邁，風雨飄搖，以致寺貌頹矣，佛像毀矣，並其遺址而亦幾廢矣。瞻拜者興嗟，聞風者致歎。本處屢思脩葺，奈工程浩大，村民貧窶，勢不行也。

欣逢本里劉同村原任陝西按察使司僉事道加三級常學易自陝歸里，目擊心傷，大發善願，特無領袖，徒有其意而不能舉其事也。復幸康熙五十三年間，本村糾首李齊唐亦大發善志，開囊捐資，會茶集眾，常公捐資五十兩，倡率眾善士捐資數百餘金，更議本村生員侯封邦為都糾首、經歷李含彩等為副總管，並住持僧道旺、道昇、洪海、洪泗、通秀、通柱，經脩五載，忘食忘寢，同心同德。鳩工庀材，監督考成，庶常公之願，遂李翁之志，全衆糾首之功德亦成矣。斯時也，既勤垣墉，塗厥塈茨，既勤樸斲，塗厥丹雘，將見一時更變之際，傾頹者復整，毀壞者改觀，殿宇競輝，金身增麗。倚歟休哉！誠為一方之福庇，而開萬代之風氣也。今功竣勒石，眾糾首請余為文，余雖疏淺，亦不敢不操觚以應，而尤望司世訓者弘其教鐸焉爾。

大清龍飛雍正八年歲次庚戌三月二十一日立

孝義縣儒學生員武性善薰沐謹撰，邑人王興盛薰沐謹書，釋子通權盥沐叩篆

欽授陝西按察使司僉事道加三級常學易捐銀伍拾兩

糾首：張風翥　生員侯封邦　李齊唐　經歷李含彩　王承寶　宋鴻儀　王國亨　靳元　王承貞　王嘉憲　王嘉德　樊應龍　劉紹基　李發祥　王興盛　茹皇極　宋福貞　楊作極　侯宗貴　王君誥　經歷劉弘基　田廣豐　樊俊傑　張俊秀　樊應元　陳現林　侯亨基　李光輝　茹時佺　侯開基　監生茹時倧　侯承基　侯加義　李如祥　茹時偉　王正太　田萬成　王秀魁　宋麒麟　侯鞏基　宋子孝　侯光耀　楊可掄

住持：沙門道旺　僧會司僧會道昇　徒洪海、洪泗　孫通權、通秀、通禮、通柱　曾孫玅智、玅晟、玅寶、玅定、玅安、玅意、玅印、玅法　元孫理文、理經、理正、理元

木匠：宋賡福　喬盛起　楊茂棟　馬應林　侯光寶

泥水匠：薛之貴　張錦職

鐵匠：喬起貴　喬文燦

解匠：李鳳樓　秦大慶

石匠：梁星玉　王印章

鐫刻：梁禮

畫匠：王正太

土工：侯加榮　房興祉　李如棟　劉福興仝立石

重修□□□西方圣境碑记

【简介】

清雍正九年（1731）勒石。砂石质，圆首。碑通高161、宽65、厚17.5厘米。碑文楷体。额题“急公好义”。现存介休市龙凤镇张壁古堡西方圣境殿前。

【碑文】

（碑阳）

重修□□□西方聖境碑記

邑南二十□□□□張□□綿山初落脈所結，其土沃，其□厚，平若閣左，往來□□相與，絕無浮□囂□之□。村中遇有公舉，率□□村誠□□□□先，視他方慳吝相尚、彼此效尤者實分天壤。

本堡南門頂古有西方聖境殿宇三楹，歷年已久，□□□踐，聖像剝落。納子傳學於康熙年間，早有整飭之舉，□歲□□□□中止。迨□歲幸際時和，傳學□遂初□□□□□□□整飭金妝，鄉人咸約欣悅，一時出資財、任力作者莫不容□，所願亦□。於今厥功告成，僉思勒石□□□以為□序之。

予自束髮受書，不佞佛事，為其隣于誕、近於虛也，今視斯舉□□從前□□過執。蓋人心向善之念有□□□，今之為善者輒曰：願出苦海，早起西域。登斯堂也，睹斯境也，西方如接，斯人□□之念，有不勃勃欲動者乎？

□□為善者思勉於善，為善者益堅於善，一鄉而皆善焉，其俗日進於淳，未必□□□□此虛與誕也。況墜者舉，廢者修，鄉人急公好義，克繼前□，尤不可沒。固綴蕪詞，以誌不朽。

邑庠廩生李珮沐拜撰

候選經歷賈國寧頓首拜書

康熙五十九年起意，雍正八、九年成功。

香老：賈雲耀　靳永鉉

鄉耆：王邦殿　曹國安

鄉約：靳永鑛　靳永先　賈大燦

保正：張弘庫　張應□　武福才　賈雲虞

糾首：張國宇　張國威　賈國瑞　王邦盛　張弘全　賈士弘　賈大淵　張文全

丹青：賈國肇　施工顏料妝飾山門

陰陽：張照逵

石匠：梁星玉　王印璋　王印琦　施銀三錢

水泥匠：張一傑

木匠：賈國富　榮世慶

大清雍正九年歲次辛亥仲秋穀旦謹立

本廟住持僧人傳學，門徒法光，徒孫眼法 助銀拾壹兩，侄徒法貴，侄孫眼玉。

（碑阴）

計開出銀人名於後：

賈大燦　貳兩壹錢

賈大興　壹兩五錢

賈國即　壹兩

賈大學　九錢

張即賓　八錢

張弘珠　七錢六分

賈士弘　貳兩

張鏗　壹兩貳錢五分

賈大臣　壹兩

賈大淵　八錢六分

賈國星　八錢

張弘圖　七錢二分

候選經歷賈國歲　壹兩七錢

張國宇　壹兩

賈雲孝　九錢

賈國文　八錢五分

賈大良　八錢

張弘業　七錢　　賈國洪　七錢　　靳國文　六錢五分
張弘全　六錢五分
六錢人名：靳永先　賈九義　賈士德　賈士堯　賈龍　賈士爵　賈士禹　張思
賈士仁　伍錢六分　賈國朝　五錢二分
五錢人名：賈國詩　賈國安　武福才　賈士道　宋玉佩　靳永清　靳永淑　賈國瑞
賈國貢　四錢七分　　張奇包　四錢五分　　張國炳　四錢五分
賈國孔　四錢五分　　張弘鉞　四錢五分　　張弘彝　四錢一分
四錢人名：靳國廣　賈大武　賈雲弘　張奇石　焦妙賢　賈大玠　喬際威　靳永鉉　靳國傑
張　忠　三錢八分　　段成本　三錢八分　　靳永鐸　三錢七分
王邦盛　三錢六分　　賈大林　三錢三分　　賈國展　三錢三分
張弘貴　三錢三分　　賈士良　三錢三分　　宋學見　三錢三分
賈雲耀　三錢　　張大鋆　三錢
三錢人名：張弘久　榮世慶　靳永錦　宋朝臣　賈士升　仝進才　張文印　張印珠　靳永鉞
焦邦玉　賈國義　張盛
張國倉　二錢五分　　喬際慶　二錢八分　　賈國資　二錢八分
仝邦文　二錢八分　　賈國質　二錢七分　　賈國璞　二錢六分
張奇魁　二錢六分　　賈大還　二錢六分　　張　鋆　二錢五分
賈雲彪　二錢五分　　張正章　二錢五分
貳錢五分人名：梁貴　李皇珠　王光顯　王光燦　焦邦朝　王印熊　賈國魁
貳錢四分人名：王邦奇　喬際春　賈大玥　張元旺　張四維　賈國賀　梁元吉　賈國肇
貳兩二分人名：梁成章　段妙珮　賈國賢　喬成瑞　張弘州　王邦殿
貳錢人名：張弘庫　張弘奇　賈國玘　張弘官　張雲成　張元官　賈大鋆　張弘穩　張光　張弘朋
梁棋殿　張印恩　賈大敬　賈國意　賈國好　鈕大怡
壹錢七分人名：王印魁　張彝　梁扶殿　賈國維　賈國恩　賈國化　賈士興　賈大州　梁升
壹錢五分人名：賈國相　喬成林　喬際昌　靳永臣　賈大謙　張國夏　張元才　趙福恩　賈大殿
壹錢三分人名：賈國梁　楊國郎　王邦希　張印魁　榮世宰　張弘居　張弘典　賈國遠　武福全
張富　張奇通　張品　張旺　張鉞　王邦荃　靳永斗　李大林　仝瑞　王邦臣　靳國旺　鈕大柱
王質　李成良　南□遠　李皇旺　賈士福　張印旺　張世好　張弘景　王印選　靳永興　靳永朝
郝雲安　張正奇　張太　張玄　張國林　賈大照　張國賓　焦邦珠　焦邦成　張弘合　賈大福
張輝　張仁　張奇遇　張弘曾　張奇慶　張印　張弘魁　張奇英　張弘欽　張國煥　張靖
張弘府　王春鼎　張弘英　張弘秀　張鼎　賈大□　賈國□　賈士□　靳永良　王天泰　賈文秀
王邦正　靳國盛　王邦俊　賈國曜　賈大厚
喬際太　七分半　　張海　五分　　張涼　五分
張弘□　三分

重修镇河楼碑记

【简介】

清雍正九年（1731）勒石。青石质，圆首，方座。碑首高70厘米。碑身高156、宽80、厚19厘米。底座长94、宽68厘米。碑文行书，正文9行，满行24字。额题“重修镇河楼碑记”。现存介休市义棠镇西刘屯村镇河楼旁。

【碑文】

重修鎮河樓碑記

介邑劉同村鎮河樓刱自有明，以逮國朝盛□，鄉之勝觀，前人之述備矣。然自萬曆重葺以來，經百十餘歲，為風雨所飄，而柱石傾圮，簷牙破壞，再沿而久之，損傷益甚。其為吾里之所□，豈淺鮮哉！

雍正元年春，里人常宜謂等起意修葺，因功程浩大，村小力薄，首募化四方，得百十餘金，後本村捐輸得百十餘金。五年春，集議糾首，卜吉鳩工，三月肇造，九月告竣，數月之間，煥然一新矣。因序其事，勒諸貞珉，因誌不朽。是為記。

時大清雍正九年十月上浣之吉日建立

邑人汾州府學廪生李□熙撰

邑人汾州府學庠生常宜珍書

特簡湖南郴州府桂陽縣知縣常三立，特簡廣東肇慶府開平縣知縣常□書，生員常□□，同侄監生宜謙、宜敬，捐銀壹拾貳兩。

原任順天府武清縣丞署□□事范錫命　男生員玨捐銀拾貳兩

吏部候選州同武善纘　同侄生員國傒　國瑜　己身　募化共銀拾兩

起意經理糾首常宜謂　常宜珍　己身　募化銀貳拾一兩

糾首：常學遠　武善禮　常三賜　武國宰　常三覺　常三義　李熙　范瑜　常三龍　常宜宇　常宜謙　常宜敬　常宜珍　常裕□

新建土神庙碑记

【简介】

清雍正十年（1732）勒石。青石质，圆首。碑首高40厘米。碑身高148、宽72、厚18厘米。底座长70、宽54、高44厘米。碑文楷体，21行，满行51字。碑阳额题“用垂永久”。碑阴额题“流芳百世”。嵌于介休市城内后土庙古建群关帝庙西配殿北侧山墙。

【碑文】

（碑阳）

新建土神廟碑記

粵稽《土皇經》云：一氣初分二儀，交感三才，定位四象，分方五行布化，而土則居於中央，王於四季，貫乎四旁，是五行之中有土，猶五常之中有信也。語其體，廣博深厚；論其法，載生載育。大而萬卉百穀無不是藉，小而經營建造之靡不是需。則是土神之于人為甚切，而人於土神之宜祀也明矣。邑人素亦知尊禮之，每值建造之餘，輒迎神於家，邀黄冠羽客輩設壇以祭是也。第恐院宇弗清，粢盛弗潔，神若有知，必將吐矣，其能享茲瀆祀乎？若然，則人於土神宜專祠也，亦又明矣。

介邑百神有祠，惟土神無祠。余深以為缺典，常欲與二三知己商酌建立。未幾，以薄職微員秉鐸延陵，尋復陞授山左之東皋，簿書鞅掌之勞、道路跋涉之艱，宦海蒼茫，未遑再舉，然此心不無□□耳。

辛亥歲，余以致政歸里，閒居林下，適有紳首譚世英，以建土神祠宇，來相就正。余不覺躍然興曰：噫嘻！子之斯舉可謂寔獲我心矣，其以有鑒於家祭之非禮耶，盍亟經營以妥神位。英等擇吉築基於城之西北隅，建殿三楹，與呂祖、白衣二閣相並祀，而暮鼓晨鐘、香火焚修亦俱，令二閣住持相並理。經始於雍正己酉之申月，落成於庚戌之戌月。是役也，磚瓦水石之資，不無藉於十方檀那之力，而鳩工庀材，經畫區處，則糾首英等之功居多。今而後，神有專祠，人無瀆祀，凡有興作，入祠報賽，□知神樂人悅，降福降康，永荷神庥於無替。以視昔之邀黄冠羽客祀神於私室之中者，大相徑庭矣。爰樂為之記，以誌其不朽盛事。所有捐金督工、共襄是舉者，並相勒之碑陰，用垂永久云。

歲進士出身文林郎山東濟南府齊東縣知縣前大同府廣灵縣儒學教諭加二級記錄四次邑人梁洲拜手撰

李夢星書

雍正十年歲次壬子子月穀旦

糾首：

梁　瞻　梁輝隆　梁迪同　梁斗輝　梁美英　梁希聖　梁琪澤　梁　溶　梁星燃　梁文遠

梁以蘭　梁參映　梁夢鈴　梁錦抒　荊生芝　張延棟　張蘭馨　譚世英　張文慶　師福仁

許美德　韓國富　張士升　鈕一德　董文弼　常增福　張國棟　王興富　王福湯　白正謨

高現輔　張起旺　鄭國選　孟國相　李裕才　裴世福　郭麒麟　胡貴奇　譚福通　董祿貴

武　達　宋奇俊　何榮富　李惟冀　羅國富　安　楹　郝士泰　溫福財　譚福興　溫建玉

曹福貴　高福寶

住持羽士：王鎮　徒：張陽浩　孫：冀來桂

木匠：胡寶珠　喬玉　高星檀

石匠：王金佩　張瓚

面匠：梁藻　文義潤　田奉明　郝建國

（碑阴）

譚福通陸錢　冀林海二錢　張國棟二錢

張士生八錢　胡寶珠三錢　董文虞六錢

荊秀蘭六錢　張廷棟一兩四錢　荊生芝一兩六錢

譚世榮七錢五分	王興福一兩三錢	譚世英貳兩二錢
許美德一兩二錢	扶樑人楊梅一兩二錢	扶樑人胡寶珠一兩二錢
扶樑人梁慧中一兩二錢	扶樑人梁興隆貳兩	扶樑人梁津輝貳兩
扶樑人梁輝隆貳兩	扶樑人張蘭馨一兩貳錢	扶樑人宋發元六錢
常增福一兩六錢	胡貴奇六錢	裴世福一兩一錢
孟國相伍錢	宋奇俊六錢	譚福隆六錢
譚福旺六錢	趙達八錢	韓國富一兩二錢
董祿貴三錢	郭奇林三錢	任榮富八錢
鈕士德八錢	鄭國選二錢	張永齊三錢
侯起榮七錢	溫進玉二錢	羅國富四錢
溫福才一兩四錢	曹福貴伍錢　銀八兩	李惟興三錢
劉俊才三錢	燕條仁三錢	侯廷德三錢
武魁二錢	譚福興二兩四錢	張文康二兩七錢
羅現二兩三錢	張通津六錢	王虎臣兩十一錢
焦汝拱一兩二錢	譚門李氏伍錢	譚門李氏一兩
張奇魁二錢		

出銀一錢二分：

段體仁　董門王氏　石門郭氏　常門王氏　張門張氏　劉們常氏　李門裴氏　梁門王氏　王門田氏　任門任氏　賈仁交　宋門王氏　王門梁氏　趙門陳氏　宋門趙氏　李氏　張門任氏　生員楊奇魁　劉興讓　羅氏　鄭門李氏　董門朱氏　楊門魏氏　張門商氏

常善人

出銀六分人：

郭恒慶　劉鳳枝　宋玉珍　任定統　王永堂　羅　藏　梁成富　李文法　同聚鋪　郭三德　黄世隆　劉承澄　趙　鋭　馮隆當　陳　良　孫壽昌　溫　喬　任　玉　李玉詳　郭萬莊　郝正科　梁文遠　郭一魁　馬連瑽　趙門王氏　李門樂氏　康進時　馬興吾　宋景昌　姚福珍　喬門郭氏　羅之冠　梁星琇　梁大福　梁門張氏　溫門李氏　宋　昌　梁集國　冀嗣統　張文多　燕興旺　朱　喜　冀　遇　石應武　雲興富　梁來祥　孔玉奇　楊　氏　張　旺　閆瑞盛　曹玉興　張靈玉　董元興　任駿聞　豐興店　杜　氏　永盛鋪　梁福貴　張星讓　吴元祖　梁　氏　譚福祿　王維皇　張殿奇　李福祿　劉　氏　郝成積　張秀儒　李　耀　焦玉璽　王奇孝　閆德華　劉邦貴　吏員張蘭讓　任定緎　楊　氏　梁國富　隆大經　連定邦　梁迪常　楊奇竣　王　炯　段　蘭　楊進才　康　材　王成玉　梁並琢　李宗禮　李之才　任熹可　胡　義　閆玉祥　和合鋪　任嘉可　永增當　岑　浩　亨太鋪　陳茂富　趙玉仝　張　能　郭起鳳　陰　旺　溫　良　梁以柄　尹福隆　康門孟氏　任近興　胡文寶　張奇貴　王　沛　張國覽　任士傑　田之標　馮龍輝　喬　聚　畢玉郭　董喜貴　武成禮　鈕供功　高喜照　焦玉福　王門張氏　李鳳傑　常門張氏　陳門侯氏　張門曹氏　段門郭氏　常　富　曹門梁氏　任門王氏　董門陸氏　段起盛　李之珙　趙承□

修開余錢三佰三十文　武好英伍錢　冀求富共化銀壹兩二錢五分　李金龍出銀三錢

出銀一錢貳分：

胡連佩　王信魁　郝士傑　馮發邦　郭門張氏　張弘荃　張一傑銀五分　杜成甯　董意法

鑄鐘人：田立　薛旺旺　郝之信

焦家堡眾善人貳兩　鞏邦乾一兩一錢　劉裕昌二錢四分　焦三德四錢　眾石匠人施銀伍錢

雍正十年歲次壬子 月 穀旦

设立南门记

【简介】

清乾隆元年（1736）勒石。青石质。碑长 59.5、宽 34 厘米。碑文楷体，正文 9 行，满行 19 字。现存介休市张兰镇旧新堡村。

【碑文】

設立南門記

嘗謂洪功遇期而始建，大業待人而後行，余之新堡同心協力，共襄盛事，既西門之□畢，即南門之□興。憶昔張子書紳有言曰："南門□倍於西，最可取者丙與辛合，更足羡者南有赦文水一條。赦文入戶，則遇凶皆化吉，丙辛相合，斯文□□□盛，此南門向西之所由來也。"卜吉七月初二日□工，循次漸進，相與有成。村之人咸謂不可無□以記也，余復□言□以序其大槩，使後世不至□□之□□□□前人之失傳矣，謹以首事人等詳□於□。

起意糾首：侯萬良　王瑄　侯祿天　侯萬爵　侯萬武　侯萬明　侯治隆……

本村侯鋑耀□氏別號□和主人撰文並書

乾隆元年歲次丙辰月□□□□□二日穀旦

绵山宁空洞十方碑记

【简介】

清乾隆四年(1739)勒石。青石质，圆首。碑文行书，正文8行，满行38字。额题“皇帝万岁”。现存介休市绵山峰顶银空洞前。

【碑文】

綿山寧空洞十方碑記

寧空洞者，不知肇於何代，而重修於大明萬曆間。歲月既久，岑寂難其居者，遂無人焉，風雨飄零，佛殿僧房恒為豺虎狼豹之所遊處。康熙五十八年，道成會公來自大同，路经介邑，遙觀綿上雲蒸霞媚，松蒼石怪，堪為修靜之所居焉。由是卓錫于斯，不立煙爨，蔬食澗飲，數月之間，樵牧始知，口碑□□，城市村落紳衿士庶以謂有道之士，兢相供給。未久之間，有張壁、渠池、焦家堡三村之眾，以修造啟公，為興復計，公忻然從之。逮有廿載，佛殿僧房無不輪煥，巍乎一大梵刹，堪聚十方英賢，作選佛而學□為也，豈不盛哉？故為記，勒石遺夫後，志述事者有所觀感興起，遂不復為豺虎狼豹之所遊處，庶幸矣。

寓城南蓮花洞萬佛林無知了華撰並書

张壁村众信人等施银叁拾壹两

渠池村众信人等施银叁拾壹两

焦家堡众信人等施银捌两捌钱

义安村众信人等施银贰佰两

城内各铺行众信人等施银叁拾□两

……

乾隆四年臨濟正宗第三十六世際會　門人了圓　了本同兩序立

金妆碑记

【简介】

清乾隆六年（1741）勒石。青石质，圆首。碑首高44厘米。碑身高193、宽84、厚22厘米。底座长80、宽46、高12厘米。碑文楷体，23行，满行50字。碑阳额题“悠久无疆”。碑阴额题“明德维馨”。现存介休市义棠镇师屯北广济寺。

【碑文】

金粧碑記

竊惟神道設教，固古聖所垂，而振頹飭舊，尤後人深心。第莫為之傳，雖美弗彰。

本村廣濟寺，據古碑殘踪，敕建大唐貞觀年間，督工者皆親王大臣，其本末源流，敝石難悉，而遺啣圖印，斷碣猶存。雖古制恢廓，基址繁多，惜湮明訓，而遺愛可親者尚有正殿兩廊、天王殿暨配祠與鐘鼓二樓焉。歷朝應有整飭，闕於不信無徵。

迨國朝康熙乙酉年，棟宇摧折，牆垣傾覆，非止鼠雀是慮，抑且飄搖堪傷。維時住持洪海、洪泗，糾首李齊唐等，□振頹之易舉，恐既壞而難營，同心協力，或募或輸，土木工畢，勒石告成，雖緣舊規，頓覺改觀。原正殿崔峨，廊圍森列，二樓並峙，視圮頹之景迥異；而佛像塵封，棟樑闇淡，榱題無色，較創修之日何光。

歲及乾隆丙辰，住持通權、通秀發心疏募，糾首王嘉德等咸願樂輸，飭工庀材，煥然一新。第見金身閃灼，殿宇輝煌，簷牙浮光耀彩，窗櫺點翠流丹，繪畫雖無加於前代，繼述幸未墜於後人。工竣，命余作序，非惟敬神禮佛，樹一方偉望，抑以幹蠱傳芳，實名教所崇。使不勒石垂後，微論眾士之喜捨泯滅無聞，即太宗之遺愛，其不與時俱逝者幾希。不然，殿后石室幽洞存敝不下數十，南北神祠禪堂基址殊為實繁，溯厥由來，茫然莫辨者，寧非止為創修不詳、碑記之敝也歟。愧余識慙全牛，才疏半豹，抑且文獻不足，徵信無從，既無陽春白雪之韵，足以表彰盛美，復鮮印泥畫沙之傳，可以不負前人，止述聞見，以告將來，至方位殿廡，前碑已載，兹不復贅。謹記。

介休縣儒學生員王朝柱薰沐謹撰

沙門通權盥沐叩書

糾首：李齊唐　王嘉德　劉紹基　宋福有　劉翠基　王興盛　監生侯亨基　薛時倧　宋奇林　劉開基　茹时仁　經歷茹時建　李含玉　靳光明　李光輝　段應星　生員王朝柱　等謹□

住持沙門道旺　道昇　徒洪演、洪洛、洪海、洪泗、洪法、　洪演　孫通權、通禮、通秀　曾孫玅智、玅晟、玅寶、玅定、玅安、玅決、玅印　元孫理文、理正、理元、理莊、理敬

附記：廣濟寺禪林宗派　福德智慧　文思圓滿　戒定宗修　證真常道　洪通玅理　覺性清明　祖吾了玄　大興隆旺

大清乾隆六年歲次辛酉應鐘穀旦立

塑匠：任皇門

畫匠：閆現瑞　王正泰

石匠：薛君侯

皇清诰授中宪大夫今管汾州府清军分宪事加三级魏公讳乾敩号玉庵万民感戴碑

【简介】

清乾隆八年（1743）勒石。青石质，螭首，龟趺。碑首高98厘米。碑身高200、宽86、厚15厘米。碑文楷体，5行，满行42字。碑阳额题“遗思绝患碑”，碑阴额题“永除均感记”。魏乾敩书丹。现存介休市洪山镇洪山村源神庙。

【碑文】

（碑阳）

皇清誥授中憲大夫今管汾州府清軍分憲事加三級魏公諱乾斆號玉庵萬民感戴碑

公柏鄉魏相國之孫，歷任部曹、太守，今奉旨簡佐汾郡，兼管水利，性耿介，斷事明敏，不畏強伯。近有在源神池以下、兩河水平以上擅建水磨者，地勢狹隘，有妨灌溉，萬民病焉。公單騎親勘，立命搬去磨堰，且立斷案，嗣後此水準以上永遠不許擅建水磨。萬姓感戴，立石誌之，以垂不朽云爾。乾隆八年桂月，洪山、狐村河有水士民人等、水老人、眾渠長等公立。

（碑阴）

洪山、狐村河水老人、眾渠長及有水之家，因源神池古堰塌毀，架水橋亦塌毀，兩河人民灌溉有碍，上關國課，下係民生，爰公議動工修補，以復古跡。今工程告竣，附刻為記。

水老人：文有章

頭一程：白如玪　侯存信　杜成福　宋本洪

貳程：生員梁必逢　田進滿　田大鼎　監生郭玉潤

叁程：康益陞　任秉良　王鵬翥　郭士偉

肆程：靳正鐙　宗　演　張媲煥　張沖霄

伍程：州同郭擢　張　瓚　郭二奉　張二奉　張奇貴

陸程：張軒凰　王順貞　郭　擢　閆奇太

柒程：梁必取　郭玉潤　侯存祥　宋國靖

捌程：閆大傑　張　勇　任成美　張文富

玖程：刘國明　任大祿　任瑞鳳　侯唐公

拾程：張奇貴　張旺政　張軒鶴　張祚成

拾一程：賈如禎　張　珠　董心誠　齊有祿

拾二程：張奇榮　梁晉公　郭　撥　張軒凰

拾三程：董彦靜　靳正鐙　董玘文　張軒凰

拾四程：董玘寶　康　泰　靳正鐙　張奇貴

拾五程：了　常　張　棟　康　元　任大禎

拾六程：韓忠信　韓福安　韓福康　任大祿

拾七程：薛純良　張福星　薛光先　文禮章

拾八程：任玘全　韓福顯　武益祿　李桂芳

水老人：任伯元　王九璵

頭程：刘弘節　宋奇榮　武正魁

貳程：宋敷榮　宋敷英　郭正玉

叁程：監生王烈　李嚴　宋敷新

肆程：宋賜公　宋敷澤　宋敷五

伍程：宋敷瑞　宋邦魁　宋　福
陸程：張　玠　宋賓王　宋賢尉
柒程：宋繼湯　宋正璞　宋賜偉
捌程：宋福貴　宋　永　生員宋兆魁
玖程：宋邦賀　舉人宋邦和　生員趙璧英
拾程：宋奇彪　宋奇發　生員薛憲黃
拾一程：刘子進　刘　佩　生員張九成
拾二程：刘大伸　刘進忠　刘大興　監生刘玉顯
拾三程：刘士璜　張九淵　樊國印
拾四程：文自成　刘維綱　馬一宅
拾五程：刘從盛　刘從瑄　生員石貞文
拾六程：刘正奇　刘正棟　宋受鑒
拾七程：張　璠　宋述孔　宋正良
拾八程：文興周　逯苓芝　貢監宋如濂
拾九程：王九璵　王九國　王體聖
貳拾程：任伯元　王鼎玉
貳拾一程：任斯偉　王成旺　宋敷成
貳拾二程：王奇湯　宋學文　生員梁棟才　侯纘周
貳拾三程：儒學訓導梁巨勝　刘　貞　馬企寧
貳拾四程：任斯躬　王印魁　逯苓蘭
貳拾五程：刘兆璜　王九寧　王純禮　監生郭玉潤
貳拾六程：任秉文

經理人：任伯元　白如玱　文有章　王九璵會眾成功
耆約保：張祚焕　李興唐　張三福　喬福全　吳士龍　董奇寧　韓正清
兩河公議經管挑河公舉十人，此十人者俱是急公好義，正直無私。勒石為憑，以存久遠。
文有章　張　珠　杜成福　任秉良　白如玱　張祚成　宋敷榮　宋福貴　刘子進　張　璠
石工：張之才　張應舜　張應禹
泥水匠：張昔郎
住持道士自來玉，師弟侯來德，門徒高復成、梁復中，侄梁復昌。

公栒鄉、魏相國之孫，歷任部曹太守，今奉

旨簡佐汾郡，兼管水利，性耿介，斷事明敏，不畏强□。近有在源神池以下兩河水平以上擅建水磨者，地勢□陸，

有妨灌溉，萬民病焉。公單騎親勘，立命撤去磨堰，且立斷案，嗣後此水平以上永遠不許擅建水磨。萬姓感

戴，立石誌之，愈垂不朽云爾。

皇清誥授中憲大夫今管汾州府清軍分憲事加三級魏公諱乾斅號玉菴萬民感戴碑

水老人

洪山河有水士民人等公立

孫村泉渠長

乾隆八年桂月

[illegible]山[illegible]水[illegible]人[illegible]平卡又有水之家園[illegible]

[illegible]古渠[illegible]木橋並塌毀兩岸人民灌溉有碍上閘　閘渠下係民生[illegible]

[illegible]勸工[illegible]復古蹟合工程告竣附刻爲記

[illegible]

經理人　任伯元　白如珍　文有章　王九琪　會衆成功

西河公議經[illegible]河公[illegible]

[illegible]

张新政书韦应物诗碣

【简介】

清乾隆八年（1743）勒石。青石质。碑长67、宽35、厚8.5厘米。碑文草体，内容为张忻运书韦应物诗四首。忻运为张新政的字，张新政为介休人，康熙五十七年武进士，官侍卫，后告假回乡。石原在介休市文庙东（原绵山书院），1985年5月2日收藏于介休市博物馆。

【诗文】

萬物生眾聽，太空恒寂寥。還從靜中起，却向靜中消。
勢從千里奔，直入江中斷。嵐橫秋塞雄，地束驚流满。
僧齋地雖密，忘子跡要賒。一來非問訊，自是看山花。
徘徊輕雪意，似惜豔陽時。不晤風花冷，翻令梅柳遲。
癸亥秋七月
張忻運書

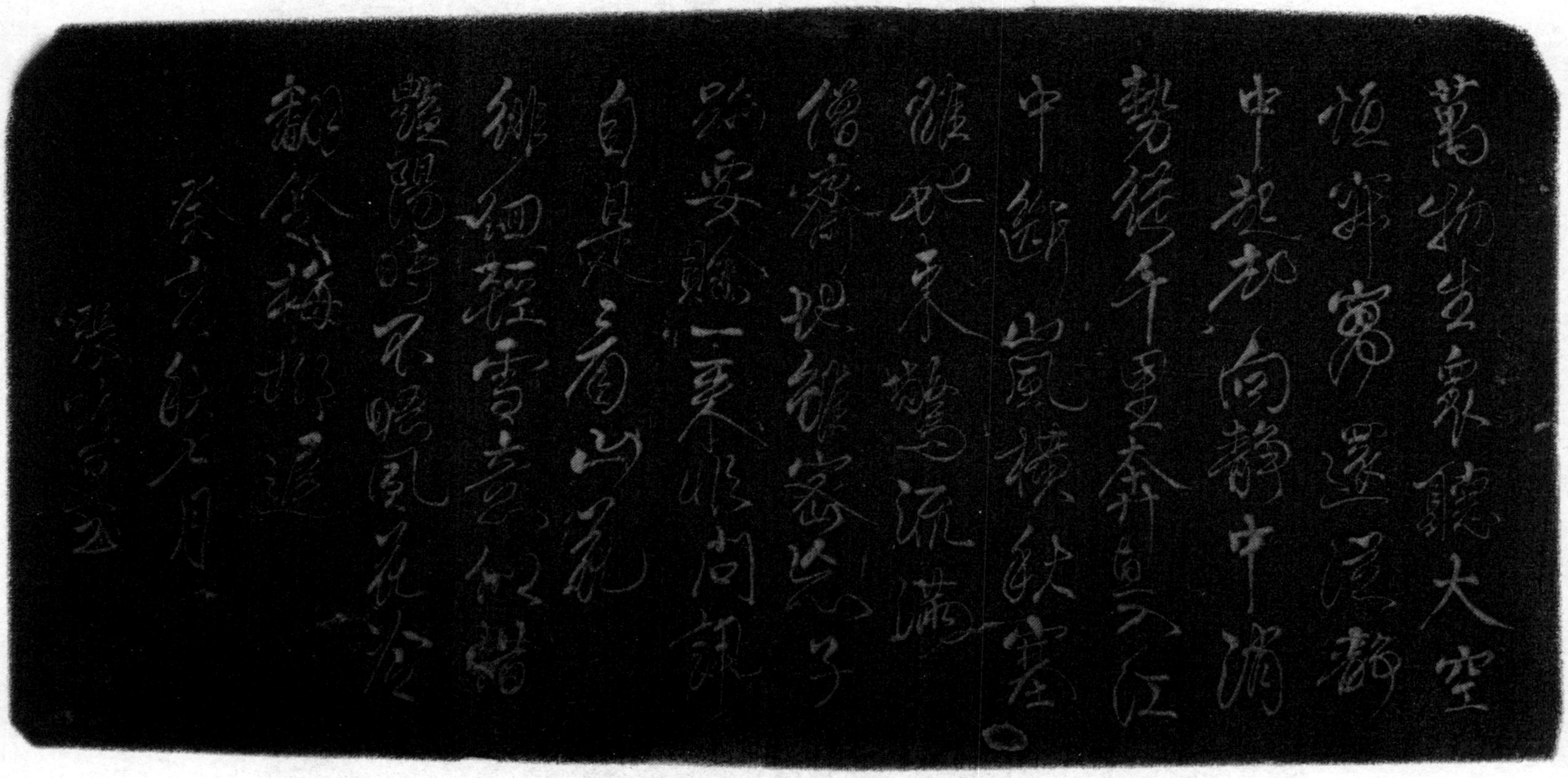

本村重建二郎庙碑记

【简介】

清乾隆十一年（1746）勒石。青石质，螭首，龟趺。碑首高25厘米。碑身高235、宽83、厚18厘米。底座长91、宽88、高24厘米。碑阳额题"功垂奕祀"。碑阴额题"德建名立"。现存介休市龙凤镇张壁村二郎庙正殿廊下。

【碑文】

（碑阳）

本村重建二郎廟碑記

聞之堪輿家謂張壁村址坐縣南，去綿山不遠，其接摩斯顶之脈者，較他村為甚近。惜乎堡中形勢南高北低，風水之自山來者易泄難留，藉非北門外甕圈中二郎廟為之屏蔽，其何以收風水而成富庶之鄉哉？倘此廟再高數仞，則藏風斂氣而興發是村者，當更不知其何如盛也。所以鄉之人久有革故鼎新之志，而未及舉糾。忽數年前，而闔村公議增修改作，崇高殿宇，其一時人心兢勸，施財者不惜銀錢，施工者願勞膂力。而住持傳芳亦樂襄盛事，先遣門徒法慧募化南方，繼復多施磚墒。因而眾擎易舉，不經久而厥工告竣。

舊殿改砌磚窑五眼，窑上新盖正殿三楹，祀以二郎尊神，又於對面起建丁字門以通村路，門上增修樂樓以隆妥侑。他如禅堂、山門亦皆煥然改觀，而非復從前舊制矣。如此則北廟與南廟互相掩映，而風水之自山來者，不將愈為屏蔽，而成一方之重鎮哉？

近聞風鑒之至其地者，見其人民輻輳，物阜財豐，輒羡其為富庶之鄉，而不復惜其形勢之南高北低也。余於此既嘉闔村人同心協力之有功，益以信人傑地靈之說為不可易也。是為序。

特恩癸卯科舉人　冀永棠薰沐撰

儒學增廣生員　冀奇逢敬書

金妝二郎老爺聖像信士　張弘顯助銀壹拾伍兩

鄉約：張燦　賈大環　王邦正　張弘居　張佩　賈大旺　靳永財　賈大榮　賈國暉 張元

鄉保：靳永鏜　賈士良

總管糾首：賈之孝　張應寶　賈大環　張　思　羅九義　賈士慶　賈士弘　賈士弘　張弘鉞
賈國朝　賈大榮　榮福英

經理糾首：喬際威　王邦盛　張弘府　張弘貴　賈國魁　張弘彝　張弘文　靳永先　張弘琚
張應珠　王邦正　靳永鏜　賈國肇　張應亨　梁参曜　靳永財　王　臣　賈士德
張文奇　仝　禎　賈士玥　賈大良　賈大王　張文印　張　佩　武進金　賈大鵬
賈大興　賈大銳　靳　龍　靳永淑　張　燦　賈大安　張　崟　張　鈞　張　穩

住持：比丘師隆寺

門徒傳芳　傳醒

法孫法慶　法慧　法圓

重孫眼如　眼清　眼榮　眼愈

玄孫普法　普成　普義　普滿

元孫同樂　同官　同寶　同安

施磚銀壹佰貳拾兩

陰陽：張士蕃

泥水匠：張福智　張福元　張元隆　張元盛

木匠：榮福英　榮福龍

丹青：賈國肇　羅大統

磨磚匠：喬現文施銀壹佰伍分

本村重建二郎廟碑記

石匠：王應珠　王應璋
石匠：尹錫溥　尹錫洪　尹錫貴　王景成　梁光仁　施銀伍錢
時大清乾隆十一年歲次丙寅孟冬穀旦立

（碑阴）
計开法慧江南募化出銀人名於後：

侯溶　一两二錢	焦進瑞　一两貳錢	楊遇景　二两四錢
賈大旺　三两六錢	賈國質　二两四錢	張鑛　二两四錢
賈士德　二两四錢	張恩　二两四錢	賈大品　二两
賈大善　二两	宋玉璟　一两八錢	王應選　一两五錢
張元　一两五錢	賈國禮　一两二錢	侯進職　一两二錢
仝進才　一两二錢	賈國洪　一两二錢	張龍　一两二錢
賈大賓　一两二錢	賈士禹　一两二錢	范澤蒲　一两
宋為寧　一两	賈國貴　一两	賈大學　一两
侯述職　八錢	聚寶樓　八錢	張永寶　八錢
喬成光　八錢	張彪　八錢	焦印玉　八錢
焦帝章　八錢	梁運　八錢	靳永索　八錢
侯承興　八錢	宋文義　八錢	宋安義　八錢
宋濟道　六錢	楊枝鵬　六錢	榮世達　六錢
張傑　六錢	賈大珊　六錢	賈大瓚　六錢
賈士升　六錢	羅鍌成　六錢	張鐸　六錢
宋德元　六錢	賈士鑑　六錢	宋善盛　六錢
張登全　五錢	張福顯　五錢	張□　五錢
郝雲成　五錢	李芳　五錢	冀嗣偉　五錢
高鼎　五錢	侯應端　五錢	楊枝楨　五錢
賈雲耀　五錢	張彝　五錢	焦進彩　五錢
裕盛當　五錢	公盛當　五錢	焦源盛　五錢
梁珽正　五錢	仁義店　五錢	冀福宣　五錢
李顯魁　五錢	喬皇瑞　五錢	靳永錄　一两五錢
賈雲孝　一两五錢	任正善　四錢	范才英　四錢
宋光謨　四錢	李生業　四錢	焦景璋　四錢
賈大興　四錢	宋贊殷　三錢六分	李滾秀　三錢六分
胡文運　三錢六分	宋璽　三錢六分	吉維昌　三錢六分
李進璞　三錢六分	高文韜　三錢六分	溫培　三錢六分
李錦　三錢六分	侯海　三錢六分	宋應瑄　三錢六分
李大功　三錢六分	侯承德　三錢六分	仝進榮　三錢六分
王金貴　三錢六分	宋銀　三錢六分	冀元寶　三錢六分
張瑞　三錢六分	宋九旺　三錢六分	焦自燦　三錢六分
榮學顏　三錢六分	榮世光　三錢六分	梁梃輝　三錢六分
張燦　三錢六分	楊運盛　三錢六分	張□　三錢六分
焦如常　三錢六分	焦進鳳　三錢六分	焦進敂　三錢六分
劉旺福　三錢六分	梁懋綸　三錢六分	鄧維賢　三錢六分
宋弘品　三錢六分	喬光祿　三錢六分	宋維元　三錢六分

喬光禮　三錢六分　　宋玉璋　三錢六分

叁錢人名：

肖　斌　賈端儀　王福長　賈天成　宋述殷　張廷鄰　陳　紳　焦玉斌　焦自常　張巖旺　王進祿　梁太學　張秀玲　梁聖章　合成行　閆欽然　張應聯　焦天輝　郭玉寶

貳錢四分人名：

任先印　張　暻　冀元翼　仝廷珙　梁挺文　高大富　焦通福　張廷義　白元發　梁日曉　董　潔　趙瑞先　劉挺武　宋黃恩　任　鏞　張進瑄　張　冕　劉　彥　張廷斗　宋奇祿　張官荃　張應選　趙玉玺　楊光仁　王成全　張榮良　范奇寶　梁挺盛　王秦玉　侯福玉　郝之魁　任體旺　張之祥　張　影　李　生　梁伯順　冀福輝　焦如德　焦發升　郭翰儒　焦生海　劉　偉　張景珠　安仁政　曹漢良　世隆館　張玉庫　張自才　張福榮　張元通　侯齊周　任嘉熙　仝　進　梁大興　梁廷信　宋能霓　張富良　李天智　郭鞏嵩　郝維富　武翰林

貳錢人名：

王福成　任起祥　任泰昌　郭　斌　李鳳儀　溫景珠　張永盛　梁世論　武弘德　喬隆佑　郝景榮　張　玘　張俊良　趙名新　李興福　宋國瑞　王來征　王崇纓　羅文玉　紹泰號　薛　金　冀嗣龍　興隆館　汪德純　焦俊章　李學新　慶泰館　公興號　焦自聚　宋士遠　宋宏興　郭　洪　宋　璋　焦仁福　喬義合　郭漢楝　岳奇光　任美珍　劉祚和

一錢八分人名：

劉元荃　董殿邑　鈕發維　梁定魁　楊自豹　張國玺　馬　金　郭建才　仝建顯　焦發盛　陰大有　李建寧　孟宗聖　張孝良

壹錢二分人名：

任元瑞　曹漢偉　楊遇□　天隆當　郭漢光　喬顯榮　羅光鴻　姚　珍　賈奮曙　鄧玉旺　王　有　宋文葉　任正昌　孫可珙　任弘滿　梁福叁　溫得青　張國朝　梁大福　王元祚　焦邦元　宋之運　張正英　賈大智　孫亨貴　張有忠　宋淑堂　靳世善　李貴春　梁魁興　董和祿　孟達聖　杜光璽　張福潤　李殿魁　孫贊林　楊□□　董複□　劉全海　劉大興　王有太　王善文　董　琬　劉方琳　趙昌巨　劉方俊　郭漢采　曹仁貴　張　肇　宋承瓚　宋承璽　梁人□　馬□□　鄧旺俊　宋文武　張敬蘭　宋文弼　宋玉富　張永善　宋嘉梁　喬天貴　梁福星　張國品　宋宏智　羅邑玉　宋文秀　宋宏安　劉心曾　張　聖　賈大鴦　任儀順　任自公　宋貴生　安國玉　馬廷金　皇甫盛　姚　訓　閆　信　范　璜　白梁楝　閆　朝　石玉富　任俊中　梁挺鑑　張進禮　宋文僉　田崇發　樊國玺　康益升　梁晉公　梁挺燦　許文選

周家口領疏人□良遇並出銀人名：

同泰號　銀三两　　泰和號　銀二两　　義盛號　銀二两
德盛號　銀一两六錢　　集盛號　一两六錢　　申泰號　一两六錢
興隆號　一两三錢　　興泰號　一两　　焦進彩　一两
焦進魁　一两　　焦國泰　一两　　勝全號　五錢
焦恒德　五錢

朔平府領疏人王傑並出銀人名：

宋元皋　銀三两　　任鶴祥　銀一两　　張辰　銀一两
師漢臣　銀一两　　恒義鋪　銀一两　　宋榮　銀一两
九如鋪　銀一两　　溫養貞　銀一两　　汝甯縣知縣　銀五錢
靳嘉鋪　銀五錢　　王國□　銀五錢　　常德　銀五錢
邊衛　銀五錢　　李榮發　銀五錢　　劉正忠　銀五錢
曹意富　銀五錢　　宋光賴　銀五錢　　李福豐　銀五錢

魏縣領疏人張元維並出銀人名：

萬順號　銀一两二錢　候銓州同曹魁英　銀一两　候選縣丞任渚棟　銀一两
明同王日寬　銀五錢　州同王振世　銀五錢　縣丞王晃世　銀五錢
汾盛號　銀五錢　長順鋪　銀五錢　孟元盛　銀五錢
焦如書　銀五錢　興隆號　銀五錢　焦發連　銀五錢
全盛號　銀五錢　隆盛號　銀五錢　統興號　銀三錢
武可榮　銀三錢　宋起升　銀三錢　孟承狀　銀三錢
郝梓銘　銀三錢
庞各莊領疏人賈士舜並出銀人名：
公慶當高才達　銀二两二錢　陳□　銀一两　廣本當郝祥　銀一两
鹽店李進公　銀一两　廣順當溫有卿　銀一两　永泰號崔文舟　銀一两
萬順號王齊　銀一两　公義號郭溵　銀一两　隆益號曹維智　銀五錢
公發號郭恒彪　銀五錢　通義號宋旺玘　銀三錢
甘明領疏人賈大定並出銀人名：
增盛鋪　銀七錢　本錦號　銀六錢　任國隆　銀五錢
段維貴　銀三錢六分　馬維駱　銀二錢六分　段宗舜　銀二錢六分
萬盛鋪　郭有仁　郝正英　孟希連　馬佑駱　王國富　馬龍升　張應發　李復林　孔崇儒　張　枝
郝正旺　□有□　梁大才　賈大慶　賈大定　賈士雄
計開本村出銀人名於後：
經歷賈國寧　銀十三两二錢　賈士舜　銀十二两五錢　賈士弘　銀十二两
賈士偉　銀十二两　賈國文　銀十一两六錢　賈大生　銀十两七錢
賈國暉　銀十两四錢　賈士慶　銀十两　賈國肇　銀八两五錢
榮福英　銀八两三錢　賈端遇　銀八两三錢　張應賓　銀八两
張恩　銀七两六錢　賈大榮　銀七两　張弘業　銀六两三錢
賈雲孝　銀六两一錢　賈大安　銀五两七錢　賈士能　銀五两四錢
張良　銀五两四錢　張弘權　銀五两三錢　賈方遇　銀五两三錢
賈國朝　銀五两二錢　靳國廣　四两六錢六分　喬際威　銀四两五錢
賈大玠　銀四两四錢　賈大品　銀四两三錢　郭永淑　銀四两二錢
張玉璞　銀四两二錢　賈大環　銀四两一錢　賈大善　銀四两一錢
張文卯　銀四两一錢　張鈞　銀四两　賈士德　銀四两
靳永財　銀三两九錢　張彪　銀三两八錢　張文奇　銀三两七錢
張大禮　銀三两七錢　張應珠　銀三两六錢　張正龍　銀三两六錢四分
賈大良　銀三两六錢　賈大明　銀三两六錢　張褒　銀三两六錢
賈大瑞　銀三两六錢　李世禎　銀三两五錢　賈士升　銀三两五錢
王俊　銀三两四錢　羅九義　銀三两三錢　賈安遇　銀三两三錢
張珮　銀三两三錢　張修維　銀三两二錢　張龍　銀三两二錢
賈國讓　銀三两二錢　賈大穩　銀三两　張弘顯　銀三两
賈國禮　銀三两　王傑　銀三两　賈大興　銀三两
賈淑遇　銀三两　張能　銀三两　賈大格　銀二两九錢
梁貴　銀二两九錢　喬成光　銀二两九錢　張弘興　銀二两八錢
王臣　銀二两八錢　王棒盛　銀二两八錢　冀芳章　銀二两八錢
賈大慶　銀二两七錢　張弘鉞　銀二两六錢　張元　銀二两六錢
張玉珍　銀二两六錢　宋玉現　銀二两五錢　賈國魁　銀二两五錢
賈大學　銀二两五錢　賈大斌　銀二两四錢七分　賈大敬　二两四錢六分

王應善　二两四錢五分
賈士棠　二两四錢
張弘　二两四錢
李皇珠　二两四錢
張應霓　二两三錢
張弘翼　二两三錢七分
焦邦朝　二两一錢四分
靳國旺　二两一錢
王邦奇　二两二分
賈大全　銀二两三分
靳升　銀一两九錢
賈太厚　一两八錢六分
張慶　一两七錢九分
張燦　一两七錢
張弘發　一两七錢
張鏜　一两七錢
宋弘光　一两六錢
耿義　一两六錢七分
賈國璞　一两五錢
仝進全　一两五錢二分
趙斌　一两五錢
張元財　一两五錢二分
張立維　一两五錢
賈士昌　一两四錢五分
賈大吉　一两四錢
張定維　一两四錢
王邦臣　一两四錢六分
賈大芳　一两三錢五分
賈大珩　一两三錢
仝禎　一两三錢四分
張萬光　一两三錢
喬成麟　一两三錢
宋善貴　一两二錢
王慶　一两二錢
張萬旺　一两二錢
張泰　一两二錢一分
鈕大柱　一两二錢三分
焦邦珠　一两一錢
賈大雄　銀一两一錢二分
張應亨　銀一两一錢
張應釗　銀一两一錢
張國賓　銀一两七分
賈大鶴　銀一两五分

賈大林　二两四錢
賈大質　二两四錢
段成年　二两四錢
張崟　二两三錢
王應選　二两三錢
宋玉璟　二两二錢
宋玉璋　二两一錢
賈國賀　二两一錢
張文珍　銀二两
賈元賓　銀二两
賈國賢　一两九錢一分
賈國質　一两八錢六分
王應魁　一两七錢九分
張應恩　一两七錢
賈大謙　一两七錢
張弘府　一两七錢一分
張福貴　一两六錢
張應環　一两六錢二分
賈大定　一两五錢
楊之世　一两五錢一分
張琮　一两五錢
賈大章　一两五錢八分
張弘珺　一两四錢
賈大興　一两四錢
賈國競　一两四錢二分
張弘光　一两四錢
張　珻　一两三錢四分
賈國業　一两三錢
喬玉柱　一两三錢
焦邦玉　一两三錢四分
張質　一两三錢
賈大肇　一两二錢
□□□　一两二錢
賈國年　一两二錢
武進玺　一两二錢
南宗達　一两二錢一分
鈕大環　一两二錢三分
宋福旺　銀一两一錢四分
靳枝龍　銀一两一錢三分
賈大貴　銀一两一錢
賈大環　銀一两一錢
賈富昌　銀一两八分
王奉鼎　銀一两二分

賈士才　二两四錢
張弘貴　二两四錢
張奇榮　二两四錢
張弘文　二两三錢
賈大鵬　二两三錢七分
張大鋆　二两二錢
靳沛　二两一錢
賈雲耀　二两一錢一分
梁參曜　銀二两三分
賈士良　銀二两
賈大玥　一两八錢
喬際慶　一两八錢四分
靳國盛　一两八錢
王邦荃　一两七錢
喬成瑞　一两七錢
賈國正　一两六錢二分
張應雄　一两六錢
張定　一两五錢
靳永成　一两五錢三分
王佐　一两五錢
靳龍　一两五錢二分
梁永禎　一两五錢七分
張弘璞　一两四錢五分
賈大隆　一两四錢
王璞　一两四錢三分
仝照　一两四錢
李天秀　一两三錢
梁洪殿　一两三錢五分
王良際　一两三錢
仝紹祥　一两三錢
喬際昌　一两二錢八分
靳永鏜　一两二錢
□□瑞　一两二錢
張奇翼　一两二錢
賈大洪　一两二錢
王邦興　一两二錢
張妙文　一两二錢
賈國錦　銀一两一錢一分
王彪　銀一两一錢一分
張玉　銀一两一錢
宋宏康　銀一两九分
張祥雲　銀一两六分
張弘現　銀一两一分

靳永先　銀一两
賈國楨　銀一两
張銳　銀一两
賈國銳　銀一两
賈大瓚　銀一两
賈大要　九錢五分
梁星成　九錢四分
李成良　銀九錢
張士忠　八錢四分
張應　八錢三分
靳國鑑　八錢三分
張□□　銀八錢
賈大根　銀八錢
張弘安　七錢三分
張□　七錢一分
賈大好　七錢九分
宋春　銀七錢
賈大斌　　銀七錢
王良吉　六錢七分
梁國穩　六錢二分
張旺　六錢七分
賈大倉　銀六錢
張奇年　銀六錢
靳永鏞　銀六錢
張妙弼　銀六錢
賈國威　銀六錢
靳永鈿　銀六两
靳永通　銀六两
張弘昌　銀六两
賈國信　銀八錢五分
賈大勇　銀五錢
張弘瑞　銀四錢三分
賈士正　銀四錢七分
張穗　銀二錢八分
宋宸銀　銀二錢
張炳　銀二錢

張士維　銀一两
張弘宿　銀一两
王道成　銀一两
賈國煥　銀一两
張珍　銀一两
賈國資　九錢三分
張□　九錢三分
李大庫　銀九錢
賈士福　八錢四分
張仁　八錢二分
靳永世　銀八錢
榮福全　銀八錢
張玠　銀八錢
張弘鼎　七錢六分
賈寶旺　七錢五分
賈大鋆　七錢一分
賈大銀　銀七錢
岳奉玺　七錢二分
賈國要　六錢七分
張金　六錢三分
張彝　六錢三分
張弘璟　銀六錢
王應熊　銀六錢
靳永召　銀六錢
梁鐵牛　銀六錢
李妙富　銀六两
靳永清　銀六两
靳永□　銀六两
張弘穩　銀六两
張富　銀五錢四分
武福有　銀四錢七分
靳潞　銀四錢
賈天來　銀三錢六分
焦邦金　銀二錢八分
宋國賓　銀二錢四分
梁門賈氏　銀二錢四分

張應慶　銀一两
賈大時　銀一两
靳瀅　銀一两
賈大賢　銀一两
張品　九錢五分
梁昌威　九錢四分
張文信　九錢三分
梁元吉　銀九錢
張弘秀　八錢三分
張奇玨　八錢一分
張興　銀八錢
榮福才　銀八錢
張鑑　七錢五分
梁國柱　七錢九分
王邦部　七錢三分
梁福禧　銀七錢
賈士文　銀七錢
焦旌　七錢二分
賈國良　六錢四分
張廷玉　六錢七分
張弘陰　六錢一分
張福才　銀六錢
賈士學　銀六錢
靳永年　銀六錢
張意　銀六錢
賈大維　銀六两
靳永錦　銀六两
武進善　銀六两
張弘安　銀五錢八分
王應賢　銀五錢
張賢　銀四錢五分
仝忠　銀四錢
宋妙恩　銀三錢
焦仁富　銀二錢八分
武進孝　銀二錢二分

三明寺记事碑

【简介】

清乾隆十一年（1746）勒石。青石质。碑长55、宽40厘米。碑文楷体，正文10行，满行16字。嵌于介休市龙凤镇龙凤村三明寺墙壁。

【碑文】

竊惟前人於寺院培植柏樹四株之意，原為隆廟貌，壯觀瞻，而使神有所憑依也。奈世遠年湮，大樹皆糟朽而無一存者。我輩見神前止有新栽二小株，不勝惻然，久欲復配二株而不可得。不意乾隆十年間，袄則嶺村有歲貢李姓諱肇武、仝姓生員諱作舟者慨然喜施柏，栽二大株，庶廟貌常隆，觀瞻仍壯。而前人欲神有憑依之意固依然其弗墜，而李姓之福澤亦將綿綿其無既矣。是為記。

住持　行典

鄉耆　冀福正　趙世興

鄉約　張一隆　張遂良　冀先祐

堡正　冀州安　劉明相

書人　張□徵

大清乾隆十一年四月穀旦立

补修净土寺碑记

【简介】

清乾隆十二年（1747）勒石。青石质，无首，无座。碑身高179、宽74、厚16厘米。碑文楷体，正文8行，满行56字。碑阴布施文1200余字。原在介休市张兰镇孙村农户院内，2022年4月移交介休市博物馆收藏。

【碑文】

（碑阳）

補修淨土寺碑記

嘗聞禪林之建，尊崇佛教，自古以來，其□莫可易也。《詩》云“如飛如翼”，《禮》曰“美奐美輪”，蓋謂其恢宏偉壯也。然□宇之規模固貴其可大，尤必圖其可久。余東南鄉史村寨淨土寺，創始□□□□□□□，但見締造式廓，體勢巍峨，輒不禁喟然歎曰：“猗歟休哉！此則余鄉之一大觀也！”闔邑人民時而焚香，時而享祀，舉平日之政不能道、刑□□齊者□□□□奔赴輸誠，迄今人心樸厚，寨寺攸寧，亦不可謂不久矣，然而眾善士之心猶有所未安也。其意以為前人之創造雖美，顧近年以來不無剝□塌□之處，於人心得無憾乎！丙寅孟春，公舉心證持家相商議曰：“墜者宜修，缺者宜補，此當然之理也。今寨之堡垣剝落、堡樓塌壞，孰謂其不當振興也！”以故執事人等同心協力，本村眾善士及□□之支分而派衍者，無不好義輸財，相濟其美，不數月而功成告竣，屬余為文以誌之。余周覽其間，見夫牆垣凝然堅固，□□煥然維新，修葺之功，實於前人有光。由是住持在內，晝則經聲不輟，夜則鐸號宣□，能使賊寇匪□俱可潛消默化。美哉！勝刹不可□矣！雖然，莫為之前，雖美弗彰，莫為之後，雖盛弗傳，若夫隨時整飭，不致傾頹，與天地永留於無疆者，復於後之仁人君子有厚望焉。爰是載筆而鐫諸石。

大清乾隆十二年歲次丁卯八月望日

壬辰歲貢生、候選主簿邑人梁栻薰沐撰書

本村糾首：宋九合　宋宬　宋桂豔　宋□　宋桂瑜　宋九旭　宋光汴　宋桂月　宋國珖　宋九柱　宋典　宋奇武　宋奇琳　宋奇芝　宋奇斌　宋英　宋台位　宋宗漢　宋玫　宋瑜　宋邦秀　宋都成　宋美玉　宋捷選

經理執事：監院心證　都監通熯　監寺融智　總理心理　副司至覺　都管融錫　都管融植　典座心一　書記至寬　至誠　直歲通隆　至喜　知眾普明　通壽　融伶　知客至益　心昌　庫頭融祉　庫頭至美　庄頭融錀

監院心證勒石

（碑阴）

施財功德姓名於左

寺院心證栽栢樹一對　誥授中大夫、軍功議敘布政司參政道加一級范毓䄅　誥封奉直大夫范毓馨　欽命鎮守直隸正順廣大等處地方都督僉事加三級、記録五次范毓𮗼　候補員外郎范清洪共捐銀陸兩　李保貴施銀壹兩陸錢　李嗣奇　傑　偉施銀壹兩陸錢　喬君施銀壹兩伍錢　候選縣丞楊茂星施銀壹兩貳錢　黄俊朝施銀壹兩貳錢　王玉珮施銀壹兩貳錢　廣盛油店施銀陸錢　王建基施銀陸錢　武繩文施銀陸錢　張廷臣施銀陸錢　候選州同李正惠施銀伍錢　候選縣丞李成功施銀伍錢　李太耿施銀叁錢　李永粱施銀叁錢　白妙梅施銀叁錢　李昌斌施銀貳錢肆分　王開禮施銀貳錢肆分　李昌璿施銀貳錢　李昌瑚施銀貳錢　李昌貴施銀貳錢　李永義施銀壹錢貳分　李永學施銀壹錢貳分　李正福施銀壹錢貳分　李永清施銀壹錢貳分　王崇德施銀壹錢貳分

本村施銀人：宋桂瑜施銀壹兩貳錢　監生宋扆施銀壹兩貳錢　宋□施銀壹兩貳錢　宋台位施銀壹兩貳錢　宋九合施銀壹兩　宋瑛施銀壹兩　宋玫施銀壹兩　宋典施銀壹兩　宋國珖施銀壹兩　宋桂月施銀捌錢　宋邦秀施銀捌錢　宋光汴施銀陸錢　宋九旭施銀陸錢　宋桂豔施銀陸錢　宋九柱施銀陸錢　宋奇芝施銀陸錢　宋瑜施銀陸錢　宋都成施銀陸錢　宋捷選施銀陸錢　宋美玉施銀陸錢　宋奇斌施銀陸錢　生員宋宗漢施銀陸錢　宋奇武施銀陸錢　宋奇益施銀陸錢　宋宗岐施銀陸錢　宋台英施銀伍錢　宋奇昇施銀叁錢陸分　宋邦定施銀叁錢陸分　宋奇珩施銀叁錢陸分　宋奇讀施銀叁錢陸分　宋奇玥施銀叁錢陸分　宋奇鶴施銀叁錢陸分　宋奇相施銀叁錢陸分　宋奇知施銀叁錢陸分　宋桂鳳施銀叁錢陸分　宋奇照施銀叁錢陸分　馬可仁施銀叁錢陸分　宋奇林施銀叁錢　宋奇壽施銀叁錢　宋絲殷施銀叁錢　宋達常施銀叁錢　宋轅施銀貳錢肆分　宋邦新施銀貳錢肆分　宋謐施銀貳錢肆分　宋鉄漢施銀貳錢肆分　宋溫利施銀貳錢肆分　宋守鼎施銀貳錢肆分　宋基有施銀貳錢肆分　李妙臣施銀貳錢肆分　監生宋扃施銀貳錢肆分　宋如郊施銀貳錢肆分　宋奇施銀貳錢肆分　宋國智施銀貳錢肆分　宋明枝施銀貳錢肆分　宋台玉施銀貳錢肆分　宋九豪施銀貳錢肆分　宋邦盛施銀貳錢肆分　宋邦景施銀貳錢肆分　宋奇枚施銀貳錢肆分　宋奇朋施銀貳錢肆分　馬紹施銀貳錢肆分　龐正積施銀貳錢肆分　馬封鼎施銀貳錢肆分　張自煥施銀貳錢　宋基顯施銀貳錢　宋桂鰲施銀壹錢陸分　宋明益施銀壹錢貳分　宋廷貞施銀壹錢貳分　宋堂施銀壹錢貳分　宋元亨施銀壹錢貳分　宋邦華施銀壹錢貳分　宋明英施銀壹錢貳分　程國智施銀壹錢貳分

本寺助銀人：普光施銀拾兩　普容施銀捌兩　心憓施銀捌兩　心仁施銀捌兩　監院心證施銀陸兩　心奇施銀陸兩　心貴施銀陸兩　融學施銀陸兩　心立施銀伍兩　原任僧官融植施銀伍兩　普福施銀叁兩　通璟施銀叁兩　通俊施銀叁兩　通錄施銀貳兩肆錢　心旭施銀貳兩肆錢　融威施銀貳兩肆錢　照鐸施銀貳兩　普濱施銀貳兩　普澤施銀貳兩　通樂施銀貳兩　通亮施銀貳兩　通教施銀貳兩　融立施銀貳兩　現任僧官通黄施銀壹兩陸錢　心明施銀壹兩陸錢　心理施銀壹兩陸錢　心通施銀壹兩陸錢　普信施銀壹兩貳錢　普濟施銀壹兩貳錢　融錫施銀壹兩貳錢　融華施銀壹兩貳錢　融寧施銀壹兩貳錢　至璉施銀壹兩貳錢　至良施銀壹兩貳錢　通極施銀壹兩　心□施銀壹兩　心元施銀壹兩　融光施銀壹兩　至睿施銀壹兩　通願施銀陸錢　通傑施銀陸錢　心如施銀陸錢　心讓施銀陸錢　心惠施銀陸錢　至喜施銀陸錢　妙祥施銀陸錢　心顯施銀叁錢陸分

行人冀大佩施銀伍錢

領疏頭人心滿募化：冀學孔銀叁錢陸分　冀明學銀貳錢肆分　冀明珠銀貳錢肆分　冀明曜銀貳錢肆分　冀學延銀貳錢肆分　冀明敢銀貳錢肆分　劉永伯銀貳錢肆分　張復連銀貳錢肆分　張存衣銀貳錢肆分　李森枝銀貳錢肆分

本村丹青宋秉樞

施財功德姓名於左

重修蚄蚄庙碑记

【简介】

清乾隆十三年(1748)勒石。青石质，圆首。碑首高29厘米。碑身高150、宽70、厚14厘米。碑文楷体，29行，满行59字。钮景凤撰文，李棫书丹。碑阳额题“百世流芳”。碑阴额题“重修碑记”。现存介休市绵山镇兴地村龙天庙。

【碑文】

重修蚄蚄廟碑記

介邑興地村有蚄蚄廟焉，由來已久，始創之碑無存。詳考古跡，惟有大元延祐三年重建之說，歷明正德、嘉靖、隆慶、萬曆以及國朝康熙年間俱有□□□碣。但歷年已久，廟宇傾圮，聖像剝落，糾首住持惻然心傷，于是募化十方，增脩東西廊房四間、馬棚三間、山門一座，不期年而工告竣焉，屬余為文□□□勞姓名。余思聖王之治世也，有一代之制度，即有一代之祀典故，春祈秋報，上以妥神靈，下以庇民生，其篇章載籍歷歷可考也。蚄蚄之神，職司禾稼，澤濟群生，和□□發育萬物，霖雨降而惠及人民，神功之浩蕩，有無遠弗届者矣。然不煥然改觀，昭其嚴肅，何以令祈祝者寧神定志，而致如在之誠乎？今者覩其聖像金妝彩繪，視其廟貌潔碧輝煌，赫赫乎神威遠震，令人入廟而思敬，巍巍乎峻宇雕牆，足以遊目而曠懷。而且廢者脩之，雖華而不為靡；缺者補之，雖費而不及奢。由是神以佑民，民依神生，後之雨暘時若，歲豐年稔，五穀熟而民人育，未始非神聖一德之所致也歟。惟望後之人勉行善志，隨時補葺，庶斯廟之不朽云尔。是為記。

乾隆十三年歲次戊辰季夏己未下浣六日己卯吉旦

儒學生員鈕景鳳撰

生員李棫書

募化住持了智　徒達材　達株　達尊　孫悟聖　悟賢

香糾：曹建彩　經歷李永達　趙進卯　張漢祥　文永富　岳兆林　王景魁　韓魏傑　溫奇秀　李禧　生員鈕景豐　石斐然　生員馬　趙世襲　任維倫　李生瑞　秦建功　監生溫布仁　馬福魁　王自立　石存金　監生梁玉英　趙世旺　申帝命　李生果　溫歧　監生張鎧　趙世興　生員李棫　溫惟臣　趙仁　段增貴　陶之玉　王文　溫瑞　胡乾選　申善玘　溫潤　秦福祿　馬訊　李金　溫岫　郭正　韓通　溫□　溫布儀　王□　趙裕　李醇　段謙舉人梁靖　五錢

銀三錢四：香老郭實

一錢五分：賈大倉

一兩二錢：州同宋賓穆　全義號

施銀一兩：永豐當　張多見　永寧號　天成當　公德號　永固當　義成號　王義盛　王玉盛　四盛號　薛義和　王恒泰　封六□　李謙益　王恒隆　喬隆盛　喬恒盛　喬貴天　喬豐盛　喬興盛　王永太　王太和　王九為　溫起祿　永升義　印成號　合興號　順興號　郭萬成　郭和合　張恒盛　趙太耒　趙永隆　清順號

施銀八錢：侯黃　郝鳳英

施銀六錢：賈大品

施銀五錢：趙香旺　曹滋　監生田盼　溫興旺　監生鄭汝敬　長豐號　義和號　王安　永盛號　義順號　董秉發　存信當　公盛號　恒順當　溫萬順　文　當　同人當　王面鋪　永太號　興盛當　原通號　雙益號　通順號　興隆號　郭　仁　弘義號　長順店　萬順店　恒順號　太享店　元正店　太升店　太豐店　豐盛店　陽　號　焦溫樞　焦文宇　焦發林　喬義和　正恒隆　賈大瓚　任建文　晉隆號　乾玉珍　永和號　安仁興　焦為珮　垂鳳樓　郭萬成　江為洛　韓貴滿　丁伯涵　荃立成　劉世珍　王德名　王豐雲　劉景富　李堂柵　全盛號　義盛號　天慶號　仁和店　公盛店　侯　代　張茂才　郭和盛　郭復興　于王聞　□增盛　廣信茂　天順號　通盛號　郭□□　劉德奎　昌　敏

百世流芳

張福雄　張　瑾
施銀四錢：賈士萊　大成店　豐隆號
施銀三錢六：羅斌職　任宣威　張士
施銀三錢：王元順　監生董淑介　焦帝章　貢監董纘曾　靳沛　郝成周　李文才　宋弘義　溫經為　郭金倉　郭立元　王大海　王家錫　梁文奎　程有錄　全盛號　義和號　和順店　義順號　永盛號　成得號　郭丕宣　仁義號　大元號　益盛號　尚興號　萬興號　義和號　降宜升　降陰柱　常玉文　焦世良　本成號　王榮桂　王翼元　魏相立　王秉義　胡　明　靳永錫　耿質文　康　超　楊　斌　井勝海　宋益成　德謙號　萬順號　弘隆店　天順店　復興號　弘順號　麟順號　恒順號　胡　佐　日升號　玉吉號　申一相　申爾立　封玉珍　大興號　同合當　萬順號　宋元士　復興店　穀扶錄　連伏棟　雙合號　正興號　張名山　焦興裕　義成號　張　隆　曹希程　王和合　任克輝　許同興　曹國禮　廉織夷　王永盛　王義春　王恒盛　胡升德　王永太　陶興隆　茂盛鋪　任三元　新太鋪　□盛鋪　陳光貴　亦春號　韓廷祿　萬順鋪
二錢四分：李全福　焦秀良　焦如滿　喬翔鳳　張福蘭　王福昱　張俊良　張彥生　宋忠　郭玉珍　張　□　楊玉林　大來號　梁廷珠　趙　斌　李成瑚　劉紹奇　宍懷棠　廣原鋪　賈士昌　封得善　賈光義　冀召珍　宋　斌　張得財　宋玉琦　宋三禮　溫富寶　張　珍　宋弘光　焦生貴　三義號　冀元升　焦毓仁　任發忠　楊權宏　□大興　李品原　和順店
施銀八錢：焦連成　王承福　唐元春　文富爵　元盛號　喬毓斌　楊枝珍

重修碑记

【简介】

清乾隆十六年（1751）勒石。青石质，圆首。碑首高35厘米。碑身高190、宽83、厚16厘米。底座长90、宽60、高40厘米。碑文楷体，正文11行，满行50字。儒学生员陈周浩撰文，比丘湛晖书丹。碑阳额题“流芳百世”，碑阴额题“因果分明”，内容为功德人名。现存介休市绵山镇小靳村东岳庙。

【碑文】

重修碑記

嘗聞莫為之前，雖美弗彰，莫為之後，雖盛弗傳，前後之人，不誠相得益彰乎！粤稽南鄉大小靳村南頭有東嶽天齊大殿，由來尚矣，後有子孫聖母，旁加牛王尊神、土地神祠，皆以保一方之民康物阜，佑兹土之雨順風調，其功豈淺鮮哉！但年深日久，不無損壞。吾讀書于大小靳村，偶遊其地，常見廟宇有傾頽之機，聖像有剝落之势，未嘗不致歎曰：此前人創造於始，□正以賴後人之修葺於繼也。而不意本廟僧人湛曠亦萌此念，因會村中眾糾首共襄其事，人俱樂從，不日之内而輸納數百金，或一人而獨成一功，或數人而共成一功，以至積流成海，聚土成山。起功於乾隆十二年，告竣於乾隆十六年，此固人力之速成，實神靈之感應也。時值孟秋之期，一日復遊其地，遠而望之，第見巍峨者廟貌也，高闊者門牆也，近而即之，鳥革飛翬者棟宇之美也，彩畫金妝者聖像之光也，而樂樓之環繞，禪壇之護應，亦俱焕然振興焉。流連欣賞，未嘗不赞美之曰：“規模猶是也，而景物則一新，猗歟休哉，豈非一時之大觀也哉！”此雖後人修葺之力，亦不減于前人創造之功也，所謂前後之人相得益彰者，不信然哉！故略敘時人，述其原由，以示方來，吾意後之視今，亦猶今之視昔也，後之覽者，其將有感於斯文。修造住持比丘湛曠、湛暉，徒妙建、妙跡，孫體府、體唐、體明仝立並書。

大清乾隆十六年歲次辛未春三月壬辰中旬吉旦

靳淩村儒學生員陳周誥頓首拜撰

各村疏頭、糾首人名：

後團村起意：

宋國晟　宋嗣錢　宋嗣旺　宋嗣厥　李奇貴　宋冀

上堡村起意人：

焦自聚　焦秉成　焦邦遠　焦邦光　焦應章

槐志莊南北頭起意人：

溫習顔　宋邦付　劉世昌　梁星旺

萬光村起意人：

宋祚秀　張瑞枝　宋洪龍　宋奇才　任通　□鵬

東歡村起意人：郭殿珍　郭鞏洪

馬堡村起意：任發文　任發榮　任三奇

保和村起意人：趙福寶　李興　趙福全　李明顯　李子厚

陳伯詳　溫士瑾

陶家莊香老人起意

河村起意：焦為　李加祿　李嚴　李顯珠

侯堡村起意香老人

靳淩村起意：陳祿謙　陳福翔

秦樹村：溫正常

張壁村香老人起意

興地村起意：降壽玉　溫武　李生菓　王清心

兩歡村起意：王國宰　全正

東西宋壁村香老人起意

董家莊香老

長壽村起意：溫竇　曹良臣　王錫

疏頭人名：王　鐫　梁少武　宋時章　韓太仁　張玉林　王壽奕　任宣木　文永富　傳　儒　祖　祥　同　錦　梁星永　王堅弼　張瑞花　王大欽　溫　潤　馬　良　溫布仁　溫淑義　趙世旺　趙　欽　喬天正　申　儉　王林貴　宋為光　宋弈迪　皇　甫　馬林魁　張貴甯　王國盛　馮有興　梁　成　岳相林　同　興　文永春　張國佛　馬世珊　梁　典　郭漢林　宋竇庫　韓登偉　趙　環　秦　榮　湛　月　喬玉為　宋　璞　王進考　王　進　王景賢　王　賓　王英壽　王　鎮　王景雨　王　鍾　王壽瑞　王奇珍　焦　海　溫　訓　王旺法　陳斌全　仝姜友　王　富　焦為花　郭承遷　陶永和　李進玉　陶文錦　郭承太　陶　璨　郭豐圖　李　文　陳文錦　郭玉圖　郭元弘　郭承統　陶玉珮　焦發貴　閆　璉　陳文財　陶世榮　趙福林　郭承喜　陶世旺　陶世根　陶有法　梁　成　陶世興

大靳村起工香老：王賀　宋璞

糾首人：王英才　王進壽　喬玉為　王進　王景賢　王瑞　王禎　王景雨　王鎮　王旺法　焦海　王鍾　溫訓

本村起工香老：郭承　陶文錦　焦發貴　糾首起郭承遷　李進玉　陰自祥　郭承太　郭承統　陶玉珮　郭豐圖　陶有恩　陶世榮　陶世光　香老王教穩　王景兵　王玉竇　郭永圖　陳文竇　陶有珍

抬碑人：任文元　朱璋　朱文　安禹　賈時玉　郭皇成　陳忠華　焦為起　郭璩圖　焦登貴　梁京　陶林　陳文倉　任修得　陶世和　李元福　郭朝文　陶世庫　陶文秀　陶之仁　陳進富

泥水匠人：張喜

畫公匠人：陳斌　郭子禎

刻字匠人：張鵬　張秉鳳

臨濟宗派　性海滄湛　竗體精榮　心通玄悟　力極歸真　永證常樂　佛菓方成

抱腹巖雲峰寺師祖海般　師澄　澄仁　師兄　師弟湛暐　湛暎　湛暒　湛□　侄竗過　竗逞　竗逸　竗近　侄孫體康　體亨　體榮　體惠　重孫精廣　精潤　元孫榮立

雍正九年十一曰月初一日，王國榮同男王貴周施南□香火地叁畝，隨地認到秋粮五升四合；陶永庫同男陶文錦施麻會溝香火地叁畝，隨地認到秋粮捌升三合。

重修碑記
各村疏頭糺首人名後

新建子孙圣母庙碑记

【简介】

清乾隆十八年(1753)勒石。青石质,圆首。碑首高27厘米。碑身高137、宽61厘米。碑文楷体,24行,满行66字。碑阳额题“永垂不朽”。碑阴额题“流芳百世”。现存介休市义棠镇白水村子孙圣母庙。

【碑文】

(碑阳)

白水村新建設子孫聖母廟,所以啟後人,延嗣續,為鄉人所禱祝而求者也,故予先師慶奇已久欲襄厥事矣。即予與小徒祖聰、孫清皇寤寐思之,亦急欲遂先師之志。獨是地瘠民貧,捐資者少,且交接又寡,募化亦難,鄉人與予雖有志,而亦徒歎於束手無策也。于是欲襄其事不得,欲□其事又不忍,私心竊计曰:是予之責也夫,是予之責也夫!予因苦求諸已,有賴先師所置產業八十餘畝,奈予師徒與孫生稟愚魯,無才□禪事,力耕唯生,食唯箈,衣唯粗,日儉其用,數十餘年,得積金貳佰貳拾餘兩,而又不敢獨成其功,必先與鄉人共議。鄉人皆曰:此盛事也。慨然量力捐資,募化四方長者,其銀壹佰零三兩,此可以成其功。於是卜吉庀材,荒度土功,上滿面磚窑三空,東西磚包房共六間,不崇朝而工告成,以視前之土窑塌毀者,至是而規模增其擴大。鄉人之志遂,而予師徒孫之志亦遂其願矣,是不可不以文誌。

靈石縣生員宋琠撰,□甫書。

住村僧人玄玘、徒祖聰、孫清皇、曾孫淨福。

糾首:蔡禄順　王福玉　羅述先　羅珖先　蔡鍾珖　蔡禄林　羅允睿　李弘勳

稷山縣刊匠:薛懷立

時大清乾隆拾捌年六月二十七日吉立。

本村施銀人名開於後:

羅珖先銀五兩壹銀弍份　蔡鍾居銀五兩

李應主叁兩柒錢

助銀叁兩貳錢人:羅允敏　李弘福　李弘禄

助銀貳兩柒錢人:李弘元

助銀壹兩六錢人:羅玉珠

助銀壹兩任錢人:羅緒先　羅述先　羅允恭　王福玉　郭起偉　蔡禄順　蔡開先　韓學智　蔡國滿

助銀壹兩叁錢人:段榮福　蔡國楝

助銀壹兩貳錢人:羅起先　蔡鍾珖　張珍　羅寶銀　羅允睿

助銀壹兩壹錢人:羅鳳先　溫金庫

助銀壹兩人:羅允朝

助銀捌錢人:韓學禄　蔡國隆　蔡國虎

助銀六錢人:羅允聰　羅大維

助銀伍錢人:羅蔚先　蔡鍾璋　羅允寬　岳蒼斗

助銀四錢人:蔡鍾魁

助銀叁錢人:羅允孝

舍崖面壹槐作銀捌兩人:韓尚林　羅允豪　韓學仁　羅允謙

募化人□志貳分　一錢一分人兆朮公

募化人溫大隆　一錢一分梁居貴　眾善人

募化人宋萬銀　一錢人任能寬　任能賜　任能信

眾善人六錢弍分四厘　助□人楊成

募化人□明　郭明光　岳貴殿　樊洪友　師福仁

復盛鋪八錢四分
趙廣銀一錢
孟顯　衆善人七錢
□□　一錢　范□三錢一分
梁克德三錢八分　李國升□□□□□
李應禎　古國貞　郭顯巨　張國享　師福兒　任天文　溫敨廣　閆星忠　閆如賓　趙之元　燕超景
溫敨明　□□□　□□□　□□□　趙□林　趙孔宗　閆如祥□□□□□□□　蘇德才　□門馬氏
張□祖　賀□天　賀□臣　賀國寧　□茂昌　溫□□　武□通　李玉□　王鼎琛　康示允　田廣有
宋迎禮　吉自魁　宋通洗　宋通周　宋有金　宋萬有　李正謙　郭安才　王□猷　羅逢先　任　福
趙世則　董　瀚　董天緒　董天紀　董　珩　董　璞　薛正相　馮益貴　李承富　李承貴　李承勳
李興珠　周　成　羅光巨　李　達　李德宣　何月明　吳之楚　衆善人一錢八分　蔡仲光　古□信
曹桂林　衆善人一錢六分　李富元　劉奇英　李　強　李□斗　蔡佑寧　李　□　李　祿　李光聖
侯同貞　蔚進功　蔚□如　蔚久□　武　揚　武　盛　武　亨　任福德
（此碑布局章法上松下紧，人名拥挤，字迹模糊，捐银人数无法理清）

（碑阴）
靈石縣生員宋璵助銀三兩
助銀貳兩四錢人：郭應玉　李永璞　監生李永桂
助銀壹兩八錢人：康廷選　康廷詔
助銀壹兩弍錢人：范斌　范珍
募化人蘭生朝助銀壹兩　李之如九錢二分
直隸天津府中所史　天津鎮檁四党口營唐宫屯温　永興當　永成當　益升當　永豐當　復盛當
監生張有常　元順號　復興鋪　募化人羅允謙每人助銀五錢
李中靈　劉贊還　馮守信　孟福之　交弘仁　募化人李允桂每人助五錢
大興店　分順當銀三錢　魏泰來三錢　張魁升六分
募化人藺生朝助銀三兩　高福盛三錢　高恒典弍錢　蔣中和四分
鄭和盛　刘興盛　張興隆　郭和義　刘瑞基　刘淳茂　宋興盛　劉焦成　降起芳
北角頭村施銀人：
李金玉　李金成一錢一分　羅景化　高存勤六錢　高存勳　溫時功　李金光　溫時景二錢四分
張成景　溫大相　張成魁　刘三虎壹分二錢人：溫大宰　王世定　李泰柱杜之孝　石自臣銀二錢
宋憬銀二錢　募化人溫景庫助銀六錢一分
張繼文　張纘文　張樹聲一錢一分　梁軒　任燦章　梁門孫氏　張賜祿　段永富
衆女善人共六錢六分
司家庄募化
毛三重　王文禎貳錢四分　王文檜　閆鋭　張其俊　刘振聲　毛翔　韓之亮　洪照　玄義
募化人李現林弍錢一分
州同房龍輋助銀弍錢四分　監生董天□弍錢董天紹　董海　梁金仁　田見封　薛善德　李門張氏
李田□　李應茂　李門李氏一錢一分　監生刘呈祥　監生劉現祥　監生刘瑞祥　刘生祥　閆門李氏
房如□　楊□堂　梁鎧　溫勤　董灝一錢一分
募化人宋起龍、李福化共六錢
李之貴　生員李桂　李伏景　李真品　李全品　李玉品　任益旺　趙祥　李昌祿　張成章　杜大禮
李元都　李棲祿　陳富國　李發強　宋奇彪　宋之寧　宋奇豹　宋奇英　宋奇黄　寧之忠
趙門李氏　李福昌　宋奇從

要立林三錢六分　高進安　高進玉　李生異　李生祿　李生廣　李成才
一錢八分人：馮成貴　李明芳　李成有　李門陳氏　宋弘昌　梁國印
六分人：　李成興　李文生　郝門陳氏
圪塔村弍錢四分人：王守惠　梁翔素　羅乾元　王九福　羅秋元
一錢二分人：孟中貴　王志祥　王志元
六錢人：王志興　任巨才　梁成　王志隆　王志弘　王門蘭氏
募化人孫弘學五錢
二錢四分人宋祚生　一錢一分趙祥　孫進朝　孫弘財　王福善　孫蜇　郭文秀　蘭奇斗　侯世英
六錢人：孫弘庫　閆福□　侯世宗　孫弘慶
募化人馬思極六錢，溫弘德五錢
二錢二分人：范忠　范廷　刘直　刘庄
募化道自奉一兩
二錢四分人：張達　趙應昌　閆光國　閆光前　辛永起　羅珮璋　羅寶璋　董觀光　武生烈　王繼楚
鄉約
二錢四分人：段成富　古文秀　李富全
一錢二分人：郝弘儒　孫弘才　郭玉汾　孫哲
募化人張瑞黄
□□知縣梁林勝　監生鳳舞
藩憲書吏張照　張健　農官王祭邦　張瑞鳳
募化人郭永椽　榮現璋　石廣祥　張門張氏　郝金周　羅學州　石廣祉　董藩　閆仁傑　李生郎　羅門張氏　張作洲　張奇　杜大智
募化人溫棟海
一錢一分溫棟朝　李德榮　溫守庫　溫大光　張進堂　張公禮　楊唐　楊相　楊文玉　溫守蒼　景崇達
六分人：尤弘先　王守英　張大成　薛萬一　王禎　溫大正　段喜禎　楊美潔　劉玉勳　胡德寧　閆安星　劉洪德　朱萬學　溫守蒼　李有付　李德堂
募化人張計一錢一分
趙有善　趙存元　陳誦　陳世法　陳世則　梁貴　梁富　張珠　張世太　武盛　張吉　任榮　任趙華　原諒　梁體忠
募化人李明朝
任門杜氏　李時殿　李明富
金妝人助銀四分：侯來金　任天祿　柳成福
募化人羅允昌五錢：
一錢二分人：趙昶　眾善人
复泰局二錢　永隆局募化一錢二分
翁生局成龍二錢
解福增先一錢　柴晉興二分
王杜　任景忠　高肇奇　任善□　元順杏　武漢　武時宜　武佩　柴大選　任景禮　元栻　任賓　王威玉　任魁　武春眉　閆大□　侯□明　□□□　春榮館　□□□
廣盛鋪一錢四分　□喜清　廣福店　張□堅　張□□
募化人李□□□□
張興旺　張□□　張英旺　張興喜　張□□　張□□　李成□

观音堂施地记

【简介】

清乾隆十八年（1753）勒石。青石质。碑长30、宽40厘米。碑文楷体，10行，满行10字。嵌于介休市连福镇樊王村观音堂墙壁。

【碑文】

馬坡地五畝，施於本村觀音堂香火資修。

施地功德主：任化吾　妻陸氏　男大元　妻閆氏　大成　妻趙氏　孫男德昌　妻陸氏　德運

乾隆十八年十一月十五日吉立

住持清亮　清寧

朝山碑记

【简介】

清乾隆十九年（1754）勒石。青石质，圆首。碑首高20厘米。碑身高218、宽93、厚14厘米。底座长55、宽38、高32厘米。碑文楷体，正文9行，满行40字。额题“朝山碑记”。碑体断为两截。现存介休市绵山风景区朱家窊。

【碑文】

粤稽神聖曷為乎尊？尊以人焉爾。曷為乎靈？靈以人心焉爾。惟人心有不得不靈之理，斯人有不得不尊之勢。至于玉皇神聖焉，神聖中所稱尤尊者也，位居帝宰，德普四方，凡為覆載生成者，何人不在尊靈之數乎？矧愚周應昌等產獲孝邑，地寔接壤，又為尊靈數内親，而且近因合會百十餘人，積金數十餘兩，每逢季春望日，同齋沐浴，焚頂來朝，跋履雲山，奉為殂豆。究此不過畧答弘恩，敢謂有容心于間哉？然善人降之以福，惡人降之以禍，上帝靈應，自爾不爽，將見愚儕竭誠，福雖未至，禍庶先免，自此卜吉，子孫綿綿克昌，享福無窮，勒石永誌，以為修善者鑑。

靈邑太學生王檍端肅撰書

將隨會人姓氏開序于左：

香首：周應昌　常崇美　張文貴　蘇懋功　張奇虎　郝永溫　韓福禎　姚興　馮齊坯　高三富　武節斗　任三喜　任富爵　武建鼎　任衍基　任保文　任得宰　任克章　武起仁　任彥文　馬□定　張丁正　劉漢保　馮生龍（以下捐资人名略）

時大清乾隆十九年三月十五日吉立

住持僧人妙进　徒體然　體相　體裕　孫精琳　精珮　精珠　仝立

將隨會人姓氏詞房于左
靈邑太學生王槐端肅撰書
昔大清乾隆廿九年三月十五日吉立

重修玄帝庙及砌井序

【简介】

清乾隆十九年（1754）勒石。青石质，圆首。碑首高27厘米。碑身高120、宽60、厚8.5厘米。底座长80、宽49、高33厘米。碑文楷体，正文7行，满行30字。碑阳额题“用垂悠久”。碑阴额正书“流传奕禩”，正文为布施文700余字。现存介休市绵山镇东内封村真武庙。

【碑文】

（碑阳）

重脩玄帝廟及砌井序

夫天地間有益勝舉，創始固難，而繼述也不易。如本邑東内封村西門裡舊建北極尊祠一所，門前鑿井一眼，以玄帝而祀兑位，更附之以井者，蓋取其生生之意，其資益於居民者非淺。但年深日久，剝壞者多，使不重脩之，則恐剝者終剝而壞者終壞矣。故楊、李四君鳴鐘糺眾，量力輸貲，籌畫葺補，及既經葺補，則煥然一新焉。眾姓人等樂觀其新，而索序於予，予喜而筆之於石，非徒市美沽譽，正欲使後之人知其善体前人之志，而不忘創始之意云爾。

國學生碧潭居士冀顯謨頓首敬撰　　楊兆渶頓首敬書

糺首：楊俊寶　楊懷震　楊廷抍　李如梅　　石匠喬吉宣　畫匠張希順

旹大清乾隆歲次甲戌六月廿九日建

（碑阴）

開例助銀姓名於後：楊廷擢募化銀叁兩貳錢　監生楊洲施銀叁兩貳錢　劉永康施銀貳兩肆錢　宋珩施銀壹兩捌錢　楊玉堂施銀壹兩肆錢　楊□□施銀壹兩貳錢　生員楊……兩　監生楊憲……　劉澤……　梁振峪　祖……　楊茂芳□□捌錢　楊榮生施銀捌錢　楊玉盛□銀捌錢　楊騰□□銀捌錢　楊扶施銀捌錢　楊廷抍施銀陸錢　楊逵施銀陸錢　李如梅施銀陸錢　朱翰宰施銀伍錢　楊懷震施銀肆錢　張靈秀施銀肆錢　楊廷□施銀叁錢　梁璨施銀叁錢　楊茂森施銀貳錢肆分　鈕應柱施銀貳錢肆分　任養林施銀貳錢肆分　朱翰輔施銀貳錢肆分　王邦傑施銀貳錢肆分　楊清英施銀貳錢肆分　劉成施銀貳錢肆分　任正端施銀貳錢肆分　任正易施銀貳錢肆分　侯天錫施銀貳錢肆分　張常施銀貳錢肆分　宋維綱施銀貳錢肆分　侯毓昌施銀貳錢肆分　王彬施銀貳錢　楊玉智施銀貳錢　宋理施銀貳錢　王永禎施銀貳錢　楊兆清施銀貳錢　楊俊寶施銀壹錢捌分　李顯珍施銀壹錢捌分　姚定邦施銀壹錢貳分　王成鳳施銀壹錢貳分　連鳴喜施銀壹錢貳分　王盛生施銀壹錢貳分　南俊要施銀壹錢貳分　楊福盛施銀壹錢貳分　任美晄施銀壹錢貳分　李子厚施銀壹錢貳分　王永清施銀壹錢貳分　王定民施銀壹錢貳分　王天祿施銀壹錢貳分　楊宜生施銀壹錢貳分　張純施銀壹錢貳分　張門珮施銀壹錢貳分　張門奇施銀壹錢貳分　張元施銀壹錢貳分　李□施銀壹錢貳分　李毓□施銀壹錢貳分　孟王祿施銀壹錢貳分　石俊岱施銀壹錢貳分　任養龍施銀壹錢□□　朱景貴施銀壹□□□　侯進財施銀壹□貳□　鈕公清施銀壹錢　連如德施銀壹錢　白憲忠施銀壹錢　楊生祿施銀壹錢　張玫施銀陸分　朱光明施銀陸分　楊生憤施銀陸分　宋景貴施銀陸分　楊茂來施銀陸分　楊立施銀陸分　溫福魁施銀陸分　朱翰章施銀陸分　楊生潤施銀陸分　楊□□施銀陸分　劉□宗施銀陸分　郝光□施銀陸分　□成柱施銀陸分　張鍾寶施銀陸分　董布貴施銀陸分　劉奇滿施銀陸分　仝補修施銀陸分　李發華施銀陸分　楊撲施銀陸分　楊援施銀陸分　張寧施銀陸分　朱光璨施銀陸分　岳嵩林施銀陸分　張言施銀陸分　焦仁生施銀陸分　王鳳龍施銀陸分　楊學舜施銀陸分　劉進賢施銀陸分　李奇珍施銀陸分　張昭施銀陸分　連如彪施銀陸分　楊□貴施銀肆分　梁門楊氏、王門楊氏各施銀貳錢肆分　翟門王氏、趙門楊氏、劉門楊氏、楊門楊氏、劉門張氏、張門劉氏、張門曹氏各施銀壹錢□分　李門岳氏施銀捌分　楊門梁氏施銀柒分　李門楊氏、王門焦氏、楊門任氏、楊門張氏、楊門任氏、王門宋氏、張門曹氏、張門王氏各施銀陸分　劉門王氏施銀伍分　張門楊氏施銀肆分

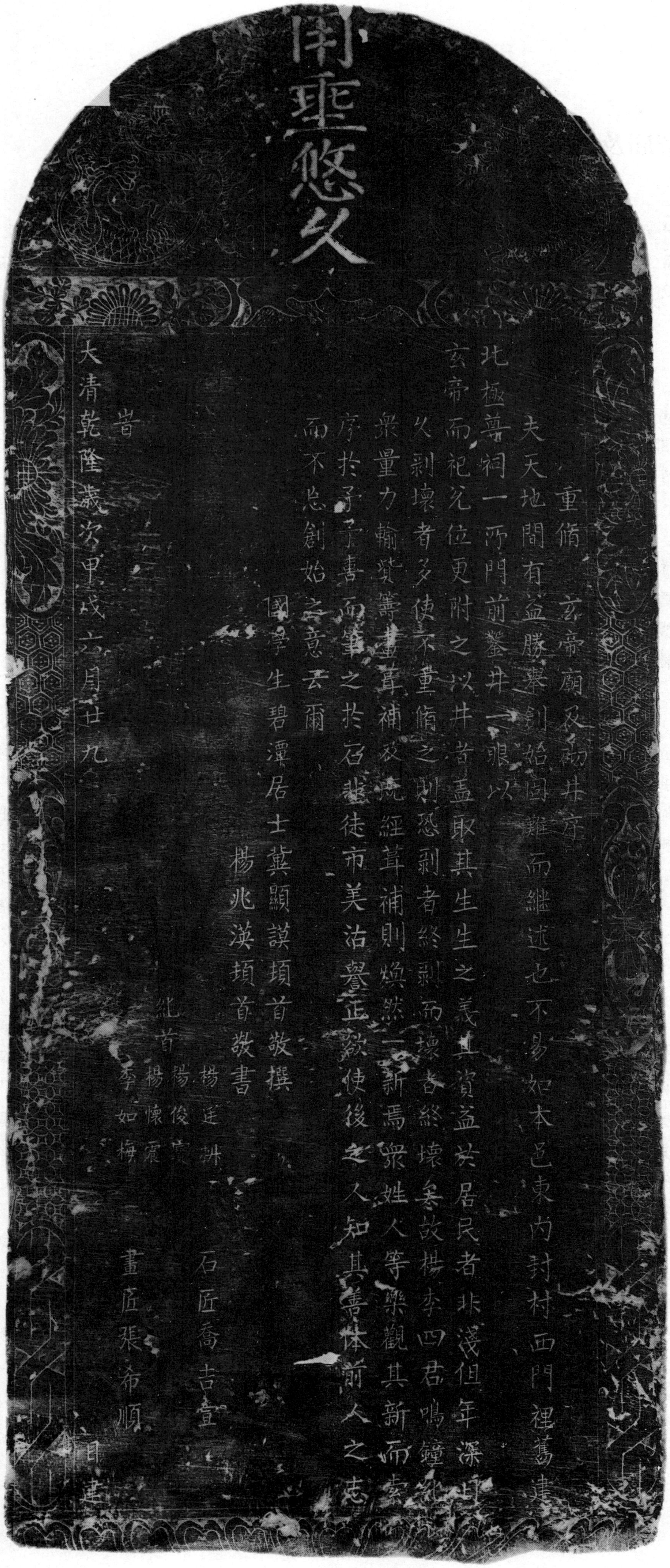

閈垂悠久

重脩　玄帝廟及勅井序

夫天地間有益勝舉創始固難而繼述也不易如本邑東内封村西門裡舊建

北極尊祠一所門前鑿井一眼以

玄帝而祀之位更附之以井者盖取其生生之義且資益於居民者非淺但年深日

久剝壞者多使不重脩之則恐剝者終剝而壞者終壞矣故楊李四君鳴鐘糾

衆量力輸貲籌畫葺補及殿經葺補則煥然一新焉衆姓人等樂觀其新而索

序於予予書而筆之於石非徒市美沽譽正欲使後之人知其善体前人之志

而不忘創始之意云爾

國學生碧潭居士冀顯謨頓首敬撰

楊兆漢頓首敬書

糾首　楊廷洲　楊俊宣　楊懷震　李如梅

石匠喬吉宣

畫匠張希順

皆

大清乾隆歲次甲戌六月廿九日建

流傳萬禩

新筑贾村中和堡碑记

【简介】

清乾隆二十二年（1757）勒石。青石质。碑高 100.5、宽 68、厚 17.5 厘米。碑文楷体，正文 9 行。碑阳额题“万世不朽”，碑阴额题“用垂永久”，记方位、面积，约 900 字。现存介休市张兰镇旧堡村。

【碑文】

（碑阳）

新築賈村中和堡碑記

堪輿立村觀風水，儒家作堡驗地形。中高不懼河淹沒，四下又……築堡岡隆似峻城。南北牆厚有幾丈，東西衛垣亦相同。廣與崇……門開二座如眼目，樓□四隅若陣雄。中間高高玄帝廟，北方保護……入門即動忠義心。兼□公所廳一院，春夏秋冬讀書聲。堡内四方……分域停停作六塊，長□横二縱一□。□□□□車兩輛，一丈數尺……四面餘地畝分明。命曰和者為□□，□曰中者立大本。況且新來……安樂長生無雀角，本末相資少鴻□。□以□言□□□，舊堡北方……新堡在左接來龍。朱雀□□□□□，□□□□□外□。休哉勝……

今將堡基四圍開後

己酉拔貢、乙卯副貢、候銓儒學正堂古陶……

汾州府儒學生員、捐授歲貢生□□侯書并篆額

經理人……

（碑阴）

築堡揔計原地壹頃零七畝，堡牆根基寬二丈，南□中街寬一丈五尺，東西二街寬皆一丈四尺，南……二尺，堡外餘地數畝除訖，共計淨地七十壹畝七□□厘，分為六塊，長短廣狹亦不一類，今將地之大小……

東南一位，揔計地方北面三十六丈二尺二寸，南面二十□□九尺三寸，東面二十丈零五尺三寸，西面二十丈零一尺三寸。侯得爵北面四丈四尺九寸，南面四丈四尺六寸，東面二十丈零□□□寸，西面二十丈零四尺八寸；段永錫北面十一丈三尺四寸，南面十一丈二尺四寸，東面二十丈□尺五寸，西面二十丈零二尺二寸；郭奇翰北面四丈五尺七寸，南面四丈五尺三寸，東面二□□□□□寸，西面二十丈零□尺□□；侯生禮北面十一丈零二尺七寸……侯庫、光斗則北面四丈五尺□寸……

西南一位，揔計地方南面三十四丈九尺三寸，北面三十□丈零二寸……西面十九丈六尺五寸。王成址南面十丈零九尺，北面十丈零九尺，東……西面十九丈□尺□寸；侯成文南面六丈四尺，北面六丈四尺，東面十□丈九尺二寸，西面十九丈八尺三寸；馬謙南面四丈五尺八寸，北面四丈……侯子鋂、鋐南面十三丈零五寸，北面十四……

東中一位，揔計地方南面三十六丈二尺一寸，北面□十六丈四尺二寸，東面二十丈零三尺五寸，西面十九丈六尺五寸。侯萬□南面二十七丈零三寸，北面二十七丈二□，東面二十丈零三尺五寸，西面十九丈八尺三寸；侯奇台南面四丈六尺，北面四丈六尺二寸，東面十九丈七尺四寸，西面十九丈六尺五寸；侯楊、祚興南面四丈五尺八寸，北面四丈……

西中一位，揔計地方南面三十六丈一尺五寸，北□□十七丈三尺三寸，東面十九丈六尺，西面十九丈一尺三寸。侯印、富臣，侯生桐東十九丈六尺，西面十九丈五尺四寸，□□四丈五尺二寸，北面四丈五尺二寸，臣南桐北；侯萬翼東十九丈三尺，西面十九丈一尺三寸，□面十三丈四尺二寸，北面十四丈六尺；侯度顯東面十九丈五尺四寸，西面……

東北一位，揔計地方東面十九丈二尺八寸，西□十九丈四尺七寸，南面三十六丈四尺一寸，北面三十六丈一尺七寸。侯星奎東面十九丈二尺八寸，西面十九丈□尺一寸，南面五丈七尺二寸，北面五丈六

尺八寸；侯爾錦東面十九丈三尺四寸，西面十九□□尺七寸，南面六丈八尺三寸，北面六丈七尺九寸；侯子鎬、生立東面十九丈三尺一寸，西面……侯執中東面十九丈三尺七寸，西面……

西北一位，捴計地方南面三十七丈一尺……三十七丈一尺九寸，東面十九丈五尺，西面十九丈四尺七寸。公所南面三丈六尺，北面三丈六尺，東面十九丈五尺，西面十九丈五尺；侯祚興南面十八丈五尺五寸，北面□八丈五尺九寸，東面十九丈四尺九寸，西面十九丈四尺八寸；侯萬明、星煜南面十一丈五尺九寸，北面……侯生悟南面六丈九尺六寸，北面……

每位地方，從東至西已分寫明□，分寸不差，每塊四角俱有畔石，不得侵街占道，即如堡門前餘地與村內街……禁止，倘有不遵者，合村俱到公所議罰，既已勒石，不得徇情。

乾隆二十二年歲次丁丑六月初四日合村公立

（以下系20世纪50年代抄录的碑文）

新築賈村中和堡碑記

堪輿立村觀風水，儒家作堡驗地形。
中高不懼河淹沒，四下又能路長平。
相地崇埠如奶乳，築堡岡隆似峻城。
南北牆厚有幾丈，東西衛垣亦相同。
廣與崇方無彼北，三分弑一酌其中。
門開二座如眼目，樓占四隅若陣雄。
中間高高玄帝廟，北方保護作錦屏。
東南且有聖賢祠，入門即動忠義心。
兼有公所廳一院，春夏秋冬讀書聲。
堡內四方皆有道，巡更擊柝得相通。
分域停停作六塊，長街橫二縱一根。
街闊能容車兩輛，一丈數尺可並行。
總計堡圍幾百步，四面餘地畝分明。
命曰和者為達道，命曰中者立大本。
況且新來皆君子，徹夜雞犬可無驚。
安樂長生無雀角，本末相資少鴻鳴。
即以常言龍虎論，舊堡北方玄武星。
印堂南賈居其右，新堡在左接來龍。
朱雀最怕南開口，史村堡牆作外屏。
休哉勝地此為最，命曰中和永康寧。

今將堡基四圍開後

己酉拔貢己卯副貢候銓儒學正堂古陶鄧繩武撰

汾州府儒學生員捐授歲貢生侯康侯書並篆額

經理人：侯得賞　侯萬兵　王成址　公立　侯成文　侯萬翼　侯生禮

閘永垂久

侯祚興南面十八丈五尺五寸北面[illegible]

各從地方從東至西已分爲明[illegible]分寸不差每塊四角俱有界石不得侵街占道即

禁止倘有不遵者合村俱[illegible]所議罰既已勒石不得徇情

乾隆二十九年歲次[illegible]月初四日

重修乐楼碑记

【简介】

清乾隆二十七年（1762）勒石。青石质，圆首。碑首高26厘米。碑身高105、宽74、厚12厘米。底座长88、宽56、高40厘米。碑文楷体，正文8行，满行41字。儒士郭维藩撰文，比丘湛曠书丹。额题“因果不昧”。碑阴内容为功德人名。现存介休市绵山镇小靳村东岳庙。

【碑文】

重修樂樓碑記

二十六年歲□□地貳畝，買銀伍兩，随地粮伍升肆合。

夫樂者，所以昭示豫順、□□神人者也，是以樂樓之興廢，一廟之盛衰係焉，一廟之盛衰，□即一鄉之氣運□焉。矧修第之□較之創造之始，尤有易為功者乎！介邑南鄉大小靳村舊有東嶽廟，揆厥□始，杳不可追，而重修之功已經疊見。迄辛巳之秋，大雨連綿，樂樓傾其過半，鄉人目擊心傷，以為不有補葺，無以壯悦神之所。於是相與量力捐資，共襄厥事，廢者修而墜者舉，甫及一月而告厥成功，是樂樓之興實一廟之盛也，而一廟之盛即一鄉之隆也，此同事有必至、理有固然者。功成勒石，因命余以敘其事，余亦在糾首之列，頗悉其始末，故畧而言之，以志不朽云。

本村儒士郭維藩謹撰

大清乾隆二十七年歲次壬午丁未月丙午中旬日吉立

起意住持比丘湛曠，徒紗健，孫體府、體洲仝立並書

大小靳村鄉老糾首人名：

香老：王玉璞　王幡　陶有禎　郭永圖　李文章

糾首：王鎮　王明德　王德周　王煥　陶永鼎　陶文錦　陳文魁　郭廣圖　趙福林　郭安圖　焦如富　郭梓鑒　陳興隆　陶世福

大靳村三錢陸分

本村人名：郭梓鑒　陶文錦　陶世龍　焦發盛

壹兩貳錢人名：王鎮　王鍾　王振威

八錢人名：王鐸　王賓　王輔　王奇珍

六錢人名：王統仁　王信　王恭　王玉林　王宏　王彩文　王景□　宋來貴　王景德　王進閣　王進旺

二錢四分：郝雲昶　王德周　王煥　陶家莊

壹兩□錢：張瑞富

壹兩（略）

重修源神庙碑记

【简介】

清乾隆二十七年（1762）勒石。青石质，螭首，龟趺。碑首高86、宽77、厚25厘米。碑身高157、宽75、厚23厘米。底座长118、宽77、高52厘米。碑文楷体，正文9行，满行53字。额题“重修源神庙碑”。刘必元撰文，张廷柱书丹。现存介休市洪山镇洪山村源神庙。

【碑文】

（碑阳）

重修源神廟碑記

在昔神禹治水之功賴及萬方，奚止一鄉一邑哉！然即一鄉一邑，而大聖人疏鑿溝洫之奇，亦有不可測識者。考之《書》“治梁及岐”，又曰“狐岐之山，勝水出焉”，則禹之治水，斷始狐岐無疑矣。山之拗折處有源神廟，所以尚禹功也，而必及堯舜者，不敢忘所自也。上為大殿五楹，兩廡列齋房、道室各數間，下有享堂、樂樓，樓懸洞門一座。自階以下地頗平衍，有泉百餘竇，甃石為大池，旁通一渠，逾嶺上，溉山田百十頃，謂之上嶺水。溯池流而下，直地分水處堰為三河，其中西二河道顯夷，水勢潺湲，無足異；獨東河□山掘穴，望之黯然而黑，窈然而深，潛行嶺底中約三四里，從山後峪口湧出，即今所云窀則眼是也。歷數千百年不騫不崩，神工鬼斧之奇，真令人有不可思意者。方通道河積石，劈雷首，鑿龍門，下底柱，良不虛也。四河縱橫，灌田幾四十里，介邑百萬生齒之眾，咸取給焉。固地之靈，非神之功歟！

茲三月三日，分府水利德、邑侯葉躬率吏民，瞻拜宇下，瞥見屋瓦頹毀，金妝剝落，色然而駭者久之。召四河渠長而諭之曰：烏有世資其利而漫厥神如是耶？亟新之，罔有斁。於是士庶樂從，督工興役，越數月而告竣。雖規為仍其舊制，而增飾又有加焉。將勒石，邀余作誌。余既重所請，夙慕斯地名勝，謹誌。

汾州清軍總捕分府德太老爺　捐銀肆拾兩

介休縣正堂葉老爺　捐銀貳拾兩

介休縣督捕廳李老爺　捐銀肆兩

洪山村監生張永盛　施銀一百壹拾兩

東河武屯村張廷柱沐手頓書

洪山狐村河水老人：經歷宋敷瑞　任朝俊　張映良

糾首：恩榮宋正福　朱生輝　生員張憲孔　任帝武

東河水老人：監生□□□　張廷柱

糾首：貢生張大筠　王松年　監生鈕晁　張景英　王之方　李憲生　王起安

中河水老人：監生董泮　程漢臣

糾首：康堺　郭玉舜　吳世朝　怡園溫公明

西河水老人：任應文　王維利

糾首：溫富起　生員侯職修　劉旺　閆汝旼

大清乾隆二十七年十一月　日　四河公立

（碑阴）

計開洪山狐村河渠長：

馮學盛　喬相國　閆官高　靳起洪　張士錦　閆煜　張漢鳳　文煥章　張憲孔　張芝　任玉颰　張軒富　劉國梁　李定海　文學周　王光玉　任朝俊　鈕應天　李其耀　張述明　宋九全　侯存元　張可仕　梁邦輝　喬承敦　董啟文　張明盛　張儒經　劉晏臣　劉啟文　任帝武　王順興　田永狀　張光炳　吉有全　喬文昇　劉令瑞　宋賜輔　王燦　宋賜卿　宋敷瑞　張映良　宋起　宋邦通　宋受光　宋奇熊　劉正樞　劉大盛　文自成　劉土黄　劉維信　劉正奇　張九元　張□　文興周　梁毓蓁　任伯元　任斯偉　郭如嶟　任斯黄　梁更材　王正忠　吴秀明

計開東河渠長：

王富生　李宗魁　曹興輔　王國全　孟承志　孟承命　曹際隆　曹武棟　曹嗣珍　郝崇位　張廷任　郭承德　白元發　馬大狀　任邦宰　張光鑄　張富景　張景馥　劉正位　張慧明　任鼎禹　孟國秀　米世瑜　米大磬　王彦棟　郭楷　張錫綬　米世璟　陳文　米大韶

計開中河渠長：

常道通　侯啟文　劉珍　宋寅　張意廣　宋永興　程通　梁福盛　孫開邦　常盛　喬甯庫　郭良棟　董之望　任縣　牛徤　秦廷悦　薛之屏　劉成德　張弘渡　劉銷　程肇昇　程會元　孔育俊　楊文珠　梁文塏　劉金海　曹權　劉金功　強承誥　侯啟殿　任加玉　程憲章　孫爾通　程珮　張保安　侯周達　王珍　劉金玉　劉凝祉　朱彭年　王龍求　康三支　康奠國　王命選　孫亨福　董五教　王希堯　李福照　喬凝庫

計開西河渠長：

楊國淳　白成玉　劉文魁　楊敬魁　李大德　張公　張心聖　趙世智　楊茂斗　董福達　郭淇泉　董昌　溫攀元　溫順　羅元大　劉志爽　董有麒　董琰　雷顯榮　李子成　任文　李聘　溫富太　高龍翔　郭鎮璵　東嶽廟　郭新城　劉盛　郭森城　劉彬　王桂奇　劉克應　劉璋　劉世祥　劉鎮　劉基遠　林宗祠　武大靜　武印　喬之功　楊清風　劉淑琬　馬楠　武祥　喬良陞　郭珩　郝元文　喬奇才　李文纬　宋光奇

計開石匠人名：付景昇　寧大江　寧大暐

計開本廟住持：郭來鎬　鄭復旻　自來玉　宋優清　侯來德　羅福長　郭靈德　陳本閏　本實

皇清例赠修职佐郎岁进士清泉张公墓志铭

【简介】

清乾隆二十九年（1764）勒石。青石质，志文楷体。石呈方形，长77、宽77、厚11厘米。志盖篆书“皇清例赠修职佐郎岁进士清泉张公墓志铭”。张正谨，字体恭，号清泉，介休城内人。志石于2007年1月由介休市文物局自张兰村刘全文处征得，当年8月，介休市文物局移交博物馆收藏。

【志文】

皇清例贈修職佐郎歲進士清泉張公墓志銘

賜進士出身特授奉直大夫日講官起居注翰林院編修加二級紀錄四次年家眷姻弟范清沂頓首拜撰文

賜進士出身特授中憲大夫貴州思南府知府加二級紀錄五次雙記大功一次宗姪時楝頓首拜篆蓋

欽命揀選文林郎吏部候選知縣壬申科舉人年家眷晚生張拱極頓首拜書丹

張公既歿之七年，其孤大繡將以閏二月二十八日葬諸邨東里許翥鳳原之新阡。先期緘誄於余，且囑銘焉。余與公有姻誼，舍姪檢為公門婿，故不容吝於搦管，弗一為之，摧梗概，闡潛德於幽宮。

公姓張氏，系出清河郡，諱正謹，字體恭，清泉其號也。十一世祖翼，歷官明永樂河南道御史，稱縉紳家固已久矣。傳至曾祖粹樓公，再振家聲。大父邑庠生省躬公，書香聿繼。父諱國琳，字毓修，由博士弟子員成歲進士，以次子正誼任江南興武衛督運千總，例贈武德將軍。髫齡不昧遺金，為人古道照人，睦姻任卹，有彥方遺風。篤生公昆季五，公行三，幼習讀書，稍長精騎射，緣家事煩重，将弱冠即承膺厥務。念稼穡為生人本業，農亦名君，稷亦名相，古聖人悉心肆力於艱食，其務匪淺，其理宜通，而資之運於他方者，亦近世衣食之源。權子母，握奇贏，不可少有差錯，以故内外經紀，必得其宜。蓋擘畫精詳，知人善使，所性然也。其於兄弟姐妹間涉紛紜，輒代為妥置，不憚劳勩，家號素封，自奉維儉，衣食以粗敝為嘉，一切踵事增華，淡如也。肰處己約，而待人未嘗不厚，有求必應，無急不周，族里姻戚有讀書未成、才堪棟樑者，悉委效計，然不致閒散，今之藉是以興家立業者，非公之賜歟！抑余又聞之，公為子輩延師購書，毫不吝惜，長男與三皆令業儒。次子起鳳，膂力頗健，欲使肄武，補所未逮，比及遊庠，而公之作古已數年矣。嗟乎！一己抱技未售，又不及親見其子之成名發軔也，悲夫！然揆諸在天之靈，不有慰焉者乎！

起鳳立志卓然，邇來功業不輟，轉瞬秋戰，必掇巍科，其所以慰公者正未有艾。語云：不於其躬，於其子孫。信然哉！平居體晦公家訓，黎明即起，逢朔望拜家祠，常着衣假寐，其敬謹有如此者。總之一生勤儉過人，作事井井有條，而大節無愧，大義克明，尤其幼嫺家教，而能自樹立也。昔者謝車騎将北討郗超，決其必能立勳，蓋於在桓宣武府時已見，而心識之矣。

夫出處無異用也，以公之精緊，使獲通顯，當必大有可觀，乃僅施之家政，雖昌大日盛，論者終有不竟其用之歎。

公生於康熙四十七年二月二十九日丑時，卒於乾隆二十三年十月二十三日巳時，享壽五十一歲，配張氏。子三：長大繡，國學生，娶王氏；次起鳳，武生，娶劉氏；三大綽，業儒，娶郭氏。女四：長適王，國學生重瑞；次適范，即用府同知檢；三適強，國學生榆；四適任，國學楷章。孫男三：安世聘雷氏，昌世聘宋氏，繡出；守世聘王氏，起鳳出。孫女二：繡出者一，起鳳出者一，俱幼未許。銘曰：

生有造於家，歿可利其嗣。維勤與儉，厥世□□。安此佳城，光前裕後而無□。

稷山寧世昌鐫

皇清例贈修職
佐郎歲進
士清泉張
公墓誌銘

重修碑记

【简介】

清乾隆二十九年（1764）勒石。青石质，圆首。碑首高32厘米。碑身高115、宽60、厚19厘米。底座长70、宽49、高42厘米。碑文楷体，正文6行，满行45字。碑阳额题“重修碑记”。碑阴额题“皇帝万岁”。现存介休市龙凤镇峪子村委院内。

【碑文】

且天下事創之者固難，即繼之者亦不易耳。莫為之前，雖美弗彰，莫為之後，雖盛弗傳，是前人之功德尤賴後人以永垂於不朽也。本村淨土庵舊有子孫、泰山、水府聖母、蚆蚄尊神殿窑三楹，年深日久，牆壁傾頹。住持道人王清桓目擊心傷，發願重修，□由告竣。又見神路不順，心欲修一雲梯達路，以便來往。奈工程浩大，獨力難成，於是募化眾生人等，各捐己資。後有本村之善士宋三良、宋顯林等協意同心，竭力轉化貲財，共成勝事。新修門樓一座，美輪而美奐，達路一條，人樂而神怡。將先□之傾頹者煥然而一新，不順者有條而有理。雖屬感格非常，亦係人力所為。是為誌。

晉陽白衣李榮桂薰沐撰

施銀拾兩：宋時魁　□□□　□□□

施銀伍兩：宋善珮……

施銀壹兩：宋仁義　宋耀　宋喜賢　宋新正

施銀捌錢：宋文成　宋賢忠

施銀伍錢：宋文秀　宋和　宋大陞　宋芳惠　宋皇欽

施銀三錢：尹錫洪　宋大祿　張萬玉

壹錢二分：刘宏德

鄉耆宋祿肇施銀弍錢

鄉約宋純珠施銀弍錢

鄉保宋文威　香老宋應瑄施銀弍錢

香老宋太寶施銀弍錢

木匠趙生枝施銀弍錢四分

石匠薛君正施石根九拾丈　工

工匠宋芳照施銀壹兩二錢……

大清乾隆二十九年冬月三十日告竣

创建弥陀阁碑记

【简介】

清乾隆三十一年（1766）勒石。青石质，螭首。碑首高90、宽84、厚20厘米。碑身高183、宽76、厚16厘米。底座长96、宽56、高45厘米。碑文楷体，正文15行，满行61字。碑阳额题“创建碑记”。碑阴额题“好善乐施”。现存介休市龙凤镇峪子村委院内。

【碑文】

創建彌陀閣碑記

峪子村北有土寨，萃石河以環珮，列天峻而拱極，洵避變之佳境也。昔人建大悲庵于上，殆將借慈航以為捍衛歟！然西北僅磚窑數空，足蔽風雨而已。迨至上人妙圓之師祖諱瑞峰者極力營謀，又建東殿三楹，而化城一新矣。

竊思釋教以佛氏為尊，而佛氏以彌陀為上，瞻禮者因而生感焉。幸有上人妙圓門徒達靈數年勤儉，積累百餘金，意欲於西窑之上另建彌陀閣一座，復於南廂另建無梁窑三間，則福庇愈深，護持愈固，庶登斯寨者無異適彼極樂國土也。但工程浩大，獨力難為，爰相商於信士宋子諱祿肇等，願好善樂施人有同情。肇等遂亦欣然和之，或力募化遠近，或願自出囊貲，或為鳩工庀材，不終年而終厥事。而要經營之力，上人居多焉。殆所稱果于為善，為善必力者乎？落成，乞予為記。

嗟乎！廟貌崇而人知敬，貞珤立而人知勸，是又烏可無記也？粤稽十劫成身，假鳥說法，自漢及晉，並勒丹青，列刹相望。嗣後而欄楣，而竹樹，燈什結轍於西山，林遠有隨乎世左，蔭法雲則火宅晨涼，曜慧日則重昏夜曉，佛氏之為教亦云盛哉，獨何以斯寨為避變而設？而金沙弗布，層軒弗砌，恐功德雖有入水，亦無由福庇矣。是果佛教無靈，抑人謀之不藏耶？昔有貧人發地得甕，見滿甕貯水，覆水於地，抱甕而歸，其後來見之者則曰：金無數也。又有拾遺金于道者，俄而忽化為蛇，蒸然而動，急棄之，惟恐其傷也，後人得之，復為精金。夫金之與水、與蛇異矣，福薄則金化為蛇、水，福厚則蛇、水化為金。然則有受也者，有其前因，有作也者，有其後果，不亦可推而論歟。揔之，此理從虚不從寔，吾儒紀事盖亦從其虚者，而紀之則惟神道設教之意為可言也。

夫聖人為人指迷，必先宗九疇、明四象、演八卦，使之趨吉而避凶。乃市井閭巷、深山空谷之子，因不識文字，教子禮樂詩書，坐臥第恐偶落輪回，惟群聚拜跪，竟以阿彌陀佛四字淨諸惡念，獨鄙吝成風。而箕箒有岸語，無論童昏理道者，謹括囊口，厚自封殖，即稍知名教，如買李等輩亦可醜也。若夫創建飛閣，金輝像貌，不惜己貲，以佐不給，為藉檀旃善事，庶可作功德津梁。然則佛也者，當濁流成海塵情成岳之時，能破鄙吝之心，日引人于為善之樂，非四十八願足以福庇斯人，而能若是乎？唯如是，是則土寨創建彌陀閣之意也，是則予嘉上人克勤克儉，力與肇等成是舉也，是則予歎世有變而佛教不變，而為之作是記也。經始於大清龍飛二十九年春，告竣於本年秋，越二載而勒銘，並勒輸姓氏於碑陰，使後來者知所勸云爾。

榆社縣儒學生員得臣王夢卜撰文

本村士人 今茂宋大來書額

二十九年鄉約：宋純珠　鄉耆：宋祿肇　鄉保：宋文威　香老：宋應瑄　宋大寶

三十一年鄉約：宋進寶　鄉耆：宋嘉珮　鄉保：宋文威　香老：宋文銓　宋呈秀

糾首：宋時魁　宋文寵　宋文敏　宋文銓　宋時功　宋文牧　宋東埗　宋芳普　宋大瑞　宋大位　宋喜珮　宋新進　宋大泰　宋芳沂

管工：宋秉正　宋芳梅

泥匠：李柱廷

木匠：董奇

石匠：薛懷仁

丹青：宋芳華

住持僧妙圓 門徒達靈　徒孫悟□

大清乾隆三十一年歲次丙戌孟冬穀旦立

宋其渊诗碣

【简介】

清乾隆三十一年（1766）勒石。青石质。长93.5、宽64、厚11厘米。碑文草书，15行，满行14字。后有附记行楷小字5行，满行11字。宋其渊志并书。此碑书法洒脱飘逸，运笔流畅自然，显示出深厚功力。原嵌于介休市梁吉村村委会壁间，现藏介休市博物馆。

【诗文】

君不見黃庭寫罷籠群鵝，鐵畫銀鈎永不磨。從此真草開褚虞，顔柳筋骨相調和。青雲草聖張顛醉，綠天蕉狂懷素歌。萬事天生各有體，要宜臨本細摩挲。先生家本天下脊，豪游楚豫至三河。廣平枝葉梅品重，十年學書費揣摩。腕臂尤有千鈞力，閬中大字掃擘窠。主人豪氣邁元龍，湖江相逢鬓未皤。女校書侍公孫娘，劍器不舞興亦多。於今涼天八九月，酒徒詞客坐相羅。對我揮毫淋珠玉，鼓掌擊節快如何。古來一字千金價，應知載寶求東倭。先生乎！先生還鄉速整京都轡，自有遇和補帝戈。

己卯秋日，客游魯陽，寓焕章陳長兄書齋，得晤鈞臺鳳喈倪先生者，愛予大字，惠贈此章，特屬揮草，爰細書以什藏云。

乾隆歲在丙戌仲夏

其淵謹誌并書

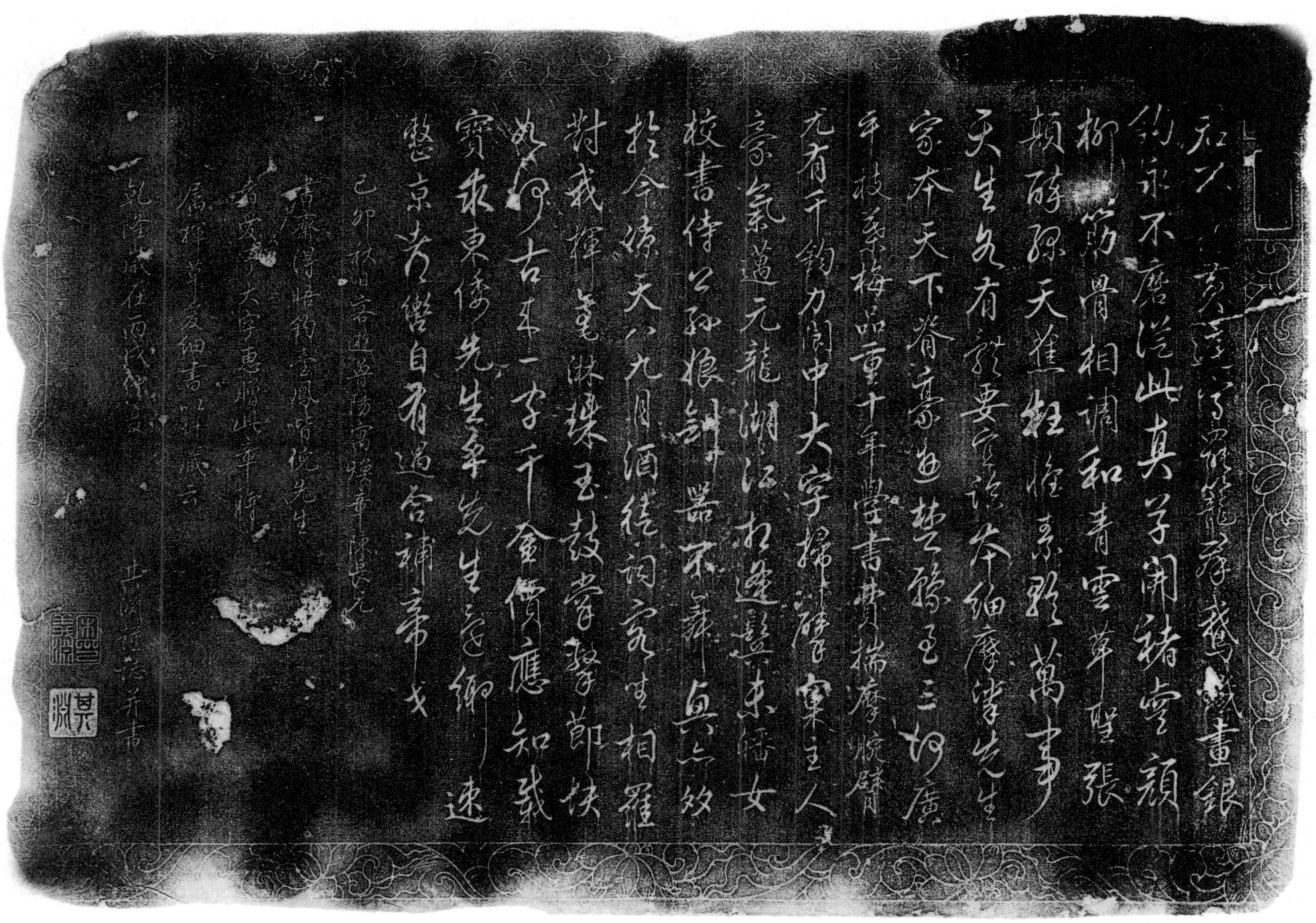

重修地藏十王殿碑记

【简介】

清乾隆三十四年(1769)勒石。青石质,圆首,无座。碑首、碑身通高151、宽74、厚14.5厘米。碑文楷体,兴地村赵如良撰并书。额题“皇帝万岁”。现存介休市绵山镇南槐志村庆云庵。

【碑文】

重脩地藏十王殿碑記

聞之天下有創之事，即有因先之功。蓋非創，而因先之功無由施，不有□而創建之事則不立，是創與因功相藉而事相資矣。

介邑南鄉槐志庄有慶雲庵焉，其來已久，不知創自何年。思建□之意，大約以村之踈廓，為一方之庇佑耳。正殿之南有地藏十王殿三楹，歷時日之久遠，棟宇瓦解而土崩，遭風雨之漂搖，聖像裂裳而毀冕，村人視之，不勝欷歔。於是會同闔村起意重脩，效力輸財，共襄善事。俾棟宇之瓦解土崩者，得以瓊宮而瑤宇，俾聖像之裂裳毀冕者，得以黼黻而龍□。庶幾盛地無隳，神人胥悦，一舉而兩善備焉。況晨鐘暮鼓，新增二樓，更於東西禪室偏小者、□□錯者變易矣，規模較前煥然改觀。雖曰重脩，而誠無異乎創建。但見廟貌崇隆，而神威之震驚自無懈於人心；彩繪既精焉，禪院之清幽亦可怡於耳目。

工成之竣，屬予為文以記糾首之勤勞、布施之姓名，則不獨示當世脩葺之意，實以開萬代繼述之心，以效斯公之不朽也云爾。

乾隆三十四年歲次己丑四月二十一日吉立。

興地士民趙如良虔心撰並書，李生輔書。

起意香糾：□□高懋　□□□建裔　□□郭旺福　□□任齊朝　□□王久興　冀世明　□□良　劉世琮　任上朝　□學文　楊寶珠　任啟本　朱章　孫鏜　韓太仁　楊泰陽　庄儉　冀臧□　任善堂　張自秀　郭建祥　□□禎

本村施銀人□後(共列九行,第一行9人,二至八行每行17人,第九行5人,字迹模糊不清,剥饰严重,略)

住持玄輝 玄煌　徒祖鵬穀旦仝立

重修回銮寺碑记

【简介】

清乾隆三十五年（1770）勒石。青石质，圆首。碑首高37厘米。碑身高130、宽68、厚13厘米。底座长70、宽51、高32厘米。碑文楷体，17行，满行38字。赵如良撰文并书丹。王选、曹廷相、张士俊刻石。额篆“古迹重振”。碑阴额篆“功流奕世”。现存介休市绵山镇兴地村回銮寺。

【碑文】

（碑阳）

重修廻鑾寺碑記

天下之事，因創相倚，然有創於前，必有因於後。天下之地，盛衰相及，故欲顯其盛，當先振其衰。

余鄉興地村有廻鑾寺焉，越世甚久，諺傳為空王出現，唐太宗躬親詣佛至此，旋車返駕，固以廻鑾寺為號，疑與抱腹巖同時而興、相繼而建者也，然不見經傳，言無可考。但見廟貌宏廓，殿宇崇高，松柏青青而繞翠，龍槐曲曲而映堂，謂以名地，不其然乎？至觀大院古碑，由宋至元，由元至明，以及清輿康熙年間重脩補造，不一而足。至今數十年來，棟宇圮毀，聖像傾頹。香糾瞻仰，不勝惻然，挾疏募化，遂興整飭之念。噫噫！甚哉！神之欣悅，即人心而徵其樂從，或有官民而解囊樂施，或有貧乏而任勞不倦。又恐所費不給，復請糾首四人經理寺地，租粟以為脩補之資。日積月累，不期年而存數百餘金，增修東廊，彩繪正殿，其餘舊者新矣，塌者補矣，捄之陾陾，築之登登，數年之間，而百堵皆興矣。將見畫棟雕樑，金容燦爛，滿堂共呈彩色之凝，鳩材庀工，樓閣飛翠，而楹盡吐崢嶸之勢。赫赫乎，鬼神之威靈自危於人心；洋洋乎，人民之對越儼然而如在。斯固靈應之所感，要非糾首之勤勞不至此，況起廢興衰，煒然可觀，而關於風俗之盛者誠非細故矣。是役也，始於乾隆三十一年丙戌，成於三十四年已丑。後之人徜時加補葺，勿惰厥志，以致斯廟不朽，則神靈默佑歲稔，物阜民安，未始非神功之一助也。

乾隆三十五年歲次庚寅十一月初二日甲辰吉旦

笨亭趙如良撰書

稷山縣石工：王　造　曹廷相　張士俊敬刊

泥匠：榮世臣

解匠：陳全仁

木匠：陳元貴

丹青：石先榮　郭生楝

（碑阴）

糾首人名：

租粟糾首：馬良質　何文深　李□□　李良賓

督工：李良賓　馬良質　李進朝　何文深　胡鋆　王清政　李臻

執事管工：溫金　胡文　溫進滿　郭元盖　韓世魁　秦貴祥　陳裕　李進孝　任秉朝　胡斌

梁汲賓　王　裕　溫　學　李茸金　王林貴　降　昌　李□□　梁君佑　李世茂　李汝成　郭衛翹

秦建祿　李汝景　溫述典　郝旺祿　趙　發　趙　毅　任　楝　鄧旺福　李珍珠　梁紹祖　溫性福

王　右　岳現榮

公耆約保：李進孝　溫述典　王慶政　任秉朝　馬良質　韓　弘　陶汝榮　溫孝　馬麟魁　李汝成

韓昭祿　王　裕　韓　宏　降　昌　郝文賓　溫自汲　溫煥文　李汝魁　降　昌　胡　鋆　王　裕

馬良賓　陶汝榮　李汝魁　劉文德

新舊香老：秦貴祥　郭衛翹　趙　毅　陳　裕　梁德寶　韓世魁　任　楝　溫性福　李汝景

鄧旺福　喬　金　任秉朝　王林貴　李　臻　何成寶　溫海元　王清政　馬　濟　段　謙　溫性福

古蹟重振

重脩廻鑾寺碑記

天下之事因創相倚然有創於前必有因於後天下之地盛衰相及故欲顯其盛當先振其衰今
與地村有廻鑾寺焉起世甚久毀尊爲空王出現唐太宗躬親詣佛至此旋車迴鑾故以廻鑾爲號
疑與抱腹巖同時而興相繼而起者也然不見經傳言無可考但見前[illegible]宇崇高松柏青青
而繞翠龍槐曲曲而映堂謂以名地不其然予登觀大院古碑由宋至元由元至明以及清與康熙
年間重脩補造不一而足至今數十年來棟宇圮毀聖像傾頹香紳瞻仰不勝惻然扶蹄募化遂共
整飭之念噫嘻甚哉神之欣悅即人心而徵其樂從或有富民而解囊樂施或有貧乏而任勞不倦
又恐所費不給復請紀首四人經理寺地租粟以爲脩補之資日積月累不期年而存數佰餘金增
修東廊彩繪正殿其餘舊者新矣損者補矣捄之陾陾築之登登數年之間而可指皆興矣將見畫
棟雕榱金容燦爛滿堂共呈彩色之凝鳩材庀工樓閣飛翬兩楹畫吐崢嶸之勢赫赫乎鬼神之威
靈自危於人心洋洋乎人民之對越儼然而如在斯固靈慿之所感要非紀首之勤勞不至此况起
廢興衰燁然可觀而關於風俗之盛者誠非細故矣是役也始於乾隆三十一年丙戌成於三十四
年己丑後之人倘時加補葺勿惰厥志以致斯廟不朽則神靈默佑年豊歲稔物阜民安未始非神
功之一助也

乾隆三十五年歲次庚寅十一月初二日甲辰吉旦　篆亭趙如良撰書

稷山縣石工王　造　曹廷相　張士俊鐫刻

泥匠荣世臣　解匠陳全仁　木匠陳元貴　丹青石先荣　郭生植

本寺僧人同慧　侄徒玄輝　玄煌
特調介休縣正堂加五級陳斌　捐銀肆兩
秦樹村候銓縣丞溫正書施銀壹佰壹拾兩貳錢
靜升村生員王釗　銀伍拾兩
敕授征仕郎、原署江南安慶府宿松縣事加一級、記大功一次董憲曾　銀貳兩肆錢
誥授奉政大夫李瑞　銀壹兩貳錢
原任西城兵馬副指揮郭正璋　銀壹兩貳錢
候選州同知郭正璜　銀壹兩貳錢
布政司理向郭鎮琳　銀壹兩貳錢
候推千總樊問知　銀壹兩貳錢
監生李秦源　銀壹兩貳錢
監生郭錫璋　銀壹兩貳錢
軍功議敘吏目梁本樸　銀壹拾貳兩
貢生李日普　施銀肆兩　唐貞觀　施銀叁兩
韓善人募捐轉王淑　眾善人　銀壹拾壹兩貳錢
秦樹村募化人：鈕雲海　溫正武　陳發財　郭大德　宋士仁
監生溫澤　銀叁兩捌錢四分　溫潭　銀叁兩柒錢二分　溫溥　銀貳兩肆錢
宋發財　銀貳兩肆錢　鈕雲海　銀壹兩貳錢　朱文泰　銀捌錢八分
宋丹　銀七錢八分
銀柒錢肆分：任聚仕　郭良狀
銀陸錢貳分：郭榮祖　溫進祿
銀伍錢：趙義才　郭沛　郭銳　溫繼舜　秦玉成
銀肆錢八分：宋瑄　張有倉　宋進宏
銀叁錢八分：溫正品　郭衛相　趙成印　郭大德　郭大義　郭養傑　溫玉德　郭亮　溫璥　郭衛祿
宋炯　郭發　宋掌財　郭印良　郭之及　李進善　趙顯成　孟宗氏　溫金武　郭養禮　溫卓懿
□□□
銀貳錢四分：趙成虎　溫正福　宋□□　郭輝　焦為元
銀壹錢二分：郭振彝　溫□祿　監生溫洸　趙一喜　溫胡氏
募化人趙顯仁　施銀貳錢四分
千總張淑政　監生石□誠
監生劉輔漢　監生石為金　孟澤固　孟貴周　康有祿　任宗五
銀壹錢二分：冀錦　梁天直　龔有祥　薛起功　趙顯仁
領疏人龍鳳村：武韓氏　冀王氏　鈕正勳
銀壹兩貳錢：冀京氏　郭康圖　王溫氏
銀柒錢：萬善久
銀叁錢：張發充　王景賢
銀貳錢四分：王輔　武生　王正綱
銀貳錢：張正勳　張煌　李常
銀壹錢貳分：張秀荃　張應厚　陰泰恒　張應品　樊君旺　王賜玉　王智　王署　王仁德　王喬氏
王梁氏　王郭氏　張劉氏　劉梁氏　梁廉氏　宋李氏　劉劉氏　楊德有
西□村銀六錢：劉賓
銀貳錢四分：白文智
河底　宋安　張壁村僧人：

心廷　銀一兩　清寧　銀一兩　法聰　銀叁兩
韓善人化南原村　任李氏叁兩六錢
化靜升村　王玥　供品二堂
募化人：殷善人
銀貳兩：王燕氏
銀壹錢二分：李劉氏
銀壹錢：殷善人

关圣大帝觉世真经

【简介】

清乾隆三十五年（1770）勒石。青石质。碑长56、宽41厘米。碑文揩体，26行，满行20字。嵌于介休市绵山镇焦家堡村观音堂墙壁。

【经文】

關聖大帝覺世真經

敬天地，禮神明。奉祖先，孝雙親。□王法，重師道。信朋友，□□□。□夫婦，教子孫。時行方便，廣積陰功。救□濟急，恤孤憐貧。創修廟宇，印造經文。捨藥施茶，戒□放□。造橋修路，矜寡扶困。重粟惜福，□難解紛。捐資成美，垂訓教人。究讐祥釋，斗秤公平。親近有德，遠避凶人。隱惡揚善，□物□民。回心向□，□禍自新。滿腔仁慈，惡念不存。一切善事，□心奉行。人雖不見，神□早聞。加福增壽，添子益孫。災消病減，禍患不侵。人物咸寧，吉星照臨。若存惡心，不行善事。淫人妻女，□人婚□。□□名節，妒人技能。謀人財產，唆人爭訟。損人利□，肥家潤身。恨天怨地，罵雨呵風。謗聖毀賢，□像欺神。宰殺牛犬，穢溺字紙。恃勢□善，倚富欺貧。離人骨肉，間人弟兄。不信正道，奸盜邪淫。好□□□，□重儉勤。輕棄五穀，不報有恩。瞞心昧己，犬□□□。□□□教，引誘愚人。讬說升天，斂物行淫。明瞞暗騙，橫言曲語。白口咒詛，背地謀害。不存天理，不順人心。不信報應，引人作惡。不修片善，行諸惡事。官詞□□，水火盜賊。惡毒瘟疫，生敗產蠢。殺身亡家，男盜女娼。近報在身，遠報子孫。神明在鑒，毫髮不紊。善□□□，禍福攸分。行善福報，作惡禍臨。我作斯語，願□□行。言雖淺近，大益身心。戲侮吾言，斬首□□。有能持誦，凶消聚慶。求子得子，求壽得壽。富貴功名，皆能有成。凡有所祈，如願而獲。萬禍雪消，千祥聚集。諸如此福，惟善□致。吾本無私，惟佑善人。眾善奉行，毋怠厥志。

□□□□□□銘

乾隆三十五年歲次□□□□刊石

记事石碑

【简介】

清乾隆三十六年（1771）勒石。青石质，无首，无座。碑身高137、宽57、厚16厘米。碑文楷体，正文10行，满行38字。现存介休市义棠镇北角头关帝庙。

【碑文】

介休縣北角頭，西鄉之僻邑也，從古以來有神廟一所，離村二里之遙。年遠日久，風雨飄搖，廟貌毀壞，邈無存矣，但本鄉人民每年逢節，明禋俎豆，以報神聖庇護之恩。奈人有祀事之微忱，却無定在之方位。於是合村公議，在本村廟場公地，於乾隆三十六年四月二十三日擇吉開工，起造磚窑五眼，坐北向南，設立院宇，暫築戲臺基址耳。磚窑正中塑立關聖帝君神像，左窑塑立龍王神像，右窑塑立財神聖像，既壯一鄉庇佑之觀瞻，又為四民獻享之定所。今雖樂樓未能建立，廟貌院宇已就，金粧神像，告竣成功，爰立石勒名，以誌功德永垂於不朽云。

沁源縣廩膳生員張金闕撰並書

糾首李金樑施銀三十七兩　羅寶珍施銀二十九兩　糾首高仁施銀二十四兩

李忠湯施銀十七兩四錢　糾首溫大鵬施銀十五兩二錢　高自成施銀八兩弍錢

劉三府施銀五兩七錢　李化顯施銀五兩四錢　羅寶玉施銀五兩壹錢

張恩英施銀五兩　溫上柱施銀四兩五錢　溫虎義施銀四兩

溫大殿施銀三兩七錢　糾首杜國典施銀三兩六錢　賈福義施銀七錢

溫虎金施銀七錢　溫虎林施銀五錢

虸蚄庙地亩碑记

【简介】

清乾隆四十年（1775）勒石。青石质。碑长140、宽64.5厘米。楷书，正文14行，满行44字。碑体保存完好。额题“永垂无弊”。镶嵌于介休市绵山镇兴地村龙天庙墙壁。

【碑文】

虸蚄廟地畝碑記

且自人心不古，貪腹不足，先王設界限以至之，故田有溝洫，途有阡陌，可以別公私而絕侵爭矣，況記載泯滅，考據無由，則欲得後人昭然於心，亦烏可得？

本村之有虸蚄廟焉，其來已久，養贍雖不深厚，勤敏足以托身，奈主持達仁侈行妄作，棄廟窃逃，其畝數地段杳焉弗知。而廟宇則棟折榱崩，葺補而無聞矣。爰鄉耆王林貴、公正李進忠等竭力查問各地詳明，會同村中父老共相嘀酌，議請糾首二人經理廟地租粟，非漁利也。誠恐代遠年湮，地有迷失，不請住持，懼其復蹈前轍，善友居之以致暮鼓晨鐘，一舉而眾善兼備。擇廟前後左右之地為善友香火日用等資，其餘盡屬糾首掌管，積累金貲，補脩廟宇孔固，改造戲樓，而使神聽和平。此等盛事，神人胥悅，更將本廟地畝段落四至逐一開明，紙墨之記久而易廢，故勒貞珉，世世相傳，俾永遠無抵諱竊賣之弊，而地終為斯廟之有云爾。

大清乾隆四十年歲次乙未十月二十一日吉旦

艸堂儒士趙如良撰并丹書

胡家坊旱地一段，計地四畝；抬爺道旱地一段，計地貳畝；房兒道水地二段，計地六畝；十八日使水段家坟旱地一段，計地五畝；西原旱地一段，計地五畝；後劍溝旱地二段，計地二畝；崖背旱地一段，計地三畝；本廟前後旱地拾段，計地拾畝。共地三十七畝。靈石縣東作里石戶徵粮五斗四升六合；何戶徵粮五升五合；本縣城北廂五甲徵粮銀九錢四分；谷張里五甲徵粮銀二錢二分，人粮銀一錢七分。

糾首：郭萬倉　馬榮

鄉耆：王林貴

公正：李進忠　馬濟

約保：何發清　何紹唐

香老：王永承　史才　趙如良　梁熙績

永垂無弊

蚪蚄廟地畝碑記

且自人心不古，貪饕未足，先王設界限以爭之，故田有溝洫，途有阡陌，所以別公私而絕侵爭矣。況記載泯滅，考據無由，則欲得後人昭然於心，亦爲可得。本村之有蚪蚄廟焉，其來已久，養贍雖不甚厚，勤儉足以托身。索住持達仁後行妄作，棄廟竊逃，其畝數地段，香焉弗知，而廟宇則棟折榱崩，葺補而無聞矣。爰鄉耆王林貴、公正李進忠等竭力查問各地，詳明會同村中父老共相商酌，議請糾首二人經理廟地租粟，非漁利也，誠恐代遠年湮，地有迷失。不請住持，懼其復蹈前轍，善友居之，以致暮鼓晨鐘，一舉而衆善兼備。擇廟前後左右之地爲善友香火日用等資，其餘盡屬糾首掌管，積累金貲，補修廟宇，孔固改造戲樓，而使神聽和平。是舉也，事神人胥悅，更將本廟地畝號落四至逐一開明。紙墨之記，久而易廢，故勒貞珉，世世相傳，俾永遠無紙諭窮責之弊，而地終爲斯廟之有云爾。

大清乾隆四十年歲次乙未十月二十一日吉旦　卅堂儒士趙如良撰并丹書

本廟地畝記開

蚵家坊旱地一段，記地四畝；拾畝道旱地一段，記地貳畝；旁兒道水地二段，記地六畝，十八日使水；段家坟旱地一段，記地五畝；西原旱地一段，記地五畝；後劉涛旱地二段，記地二畝；崖背旱地一段，記地三畝；本廟前後旱地拾段，記地拾畝；共地三十七畝。靈□東作里石□□糧五米四非六合，何户徵糧五斗五合；本縣城北廂五甲徵糧銀九錢四分，各張□五甲徵糧銀二錢二分，□糧銀一錢六分。

郭萬倉　李進忠　衙濟清　王永來　趙如良

鄉耆王林貴　公正　□紹宗　鄉老

糾首　馬榮　馬濟　段紹唐　史才　梁□緒

兴地村社仓碑记

【简介】

清乾隆四十一年（1776）勒石。青石质，圆首。碑首高38厘米。碑身高125、宽72、厚11厘米。底座长77、宽45、高30厘米。额题“奉官卖售”。碑文楷体，18行，满行43字。乡耆段谦叙记，居士赵如良书丹，河津县石工柴玉昌刊。碑阴为乾隆四十三年记事碑。此碑记载了当时社仓储粮的精确数据及粮价，具有重要史料价值。现存介休市绵山镇兴地村回銮寺。

【碑文】

興地村社倉碑記

余興地社倉穀，貯於雍正二年，原捐之數，冊簿無存，不得其詳。至今回鑾寺藏經殿現貯穀壹百四十壹石四斗，記入倉房壹百捌拾捌石四斗伍升一合二勺，屢年出借村人度用，新穀登場，如數征還。乾隆四十一年，署介休縣事、應州正堂加七級、紀錄十次蘇□為，遵旨核議覆奏事，蒙本府抄案、蒙布政使司劄付、蒙署撫部院覺羅巴奏准，糶售社倉息穀等，因蒙此合行出糶。為此仰催西北南鄉各村莊倉長及公耆、約保：該村貯社倉穀石，速即照單開數目糶售，其穀價銀兩限期交庫，以便造報批解，毋得延遲，致干察究。但本村與秦樹、長壽、南北槐志庄合併一村，凡屬縣事，無不公行至村。社倉雖另分貯，有事亦係公辦，因票無代管倉名，不敢擅賣。鄉耆段謙具呈稟案，候其訊斷以決。公獨兩念，蒙批該房即改差押辦，並傳該倉長等訊比，盖謙等遵批糶售本村穀一百石，繳價銀壹百陸拾兩，除糶淨存穀八十八石四斗伍升一合二勺，外村穀石毫無糶賣。楮墨之記歷久難存，爰勒諸石，以垂永遠之記云耳。

居士趙如良書

大清乾隆四十一年十一月初一日鄉耆段謙敘記

鄉耆：段謙

公正：韓宏　李世武

約保：文國孝　董成枝

香老：趙達　王清義　申進朝

倉長：王永承　史仝德　梁熙纘　趙如良

河津縣石工柴玉昌刊

奉官賣售
興地村社倉碑記
介興地社倉穀貯於雍正二年其原捐之數冊簿無存不得其詳至今
壹石四斗說入倉房壹百捌拾捌石四斗伍升一合二勺
四十一年署介休縣事應州正堂加七級紀錄十次蔣
旨核議覆奏事蒙
本府抄蒙
布政使司劉付蒙
署撫部院覺羅巴奏准糶售社倉息穀等因蒙此合行出糶爲此
該村存貯社倉穀石速即照單開數目糶售其穀價銀兩
但本村與秦樹長壽南北槐志莊合併一村凡屬縣事無不公行
票無代官倉名不敢擅賣鄉耆段謙具呈稟案
倉長等訊此蓋議等速批糶售本村穀
合二勺外村穀石毫無糶賣楮墨之記
大清乾隆四十一年十一月
鄉耆段謙敘記
溫玉

狐岐山祝词并序

【简介】

清乾隆四十二年(1777)勒石。青石质。长94、宽53厘米。碑文行楷书,20行,满行18字。吕公滋撰文。嵌于介休市洪山镇洪山村源神庙壁间。

【碑文】

狐岐山祝詞并序

山在介休東南三十里，其下有泉，名鸑鷟，即勝水也，灌田數千畝，民利之，建祠於上，祀堯、舜、禹，曰源神。每歲三月三日，各渠長咸集，執水牌分晷刻，有司往祭而定其程焉。因為詞以祝之曰：

狐岐之麓，泉名鸑鷟，噴珠漱玉。浩浩靈源，開自中天，溉我南阡。绵上千頃，溝洫分町，豪強兼併。鑿石為塘，鑄鐵為梁，釐正厥疆。民樂其利，禹同二帝，俎豆百世。殿宇巍峨，樓臺映波，禱祀孔多。載拜稽首，臨流酹酒，以祈大有。澤我烝民，黍稷苾芬，神其來歆。

附絕句三首：

石屯村外路西斜，半倚山巖分水涯。多少遊人堤上望，春風開遍碧桃花。

鸑鷟何年鳴此山，靈泉萬古碧潺潺。雲英化作源頭水，流出青山白石间。

草含新綠柳含翠，遠啼春山列畫屏。勝水澄清修禊好，風流千載想蘭亭。

乾隆四十二年上巳日，中州呂公滋題

重修观音堂碑记

【简介】

清乾隆四十二年（1777）勒石。青石质，圆首。碑首高 39 厘米。碑身高 163、宽 74、厚 17 厘米。底座长 80、宽 52、高 33 厘米。碑文楷体，19 行，满行 48 字。碑阳额题"观音堂"。碑阴额题"碑记"。现存介休市义棠镇北村观音堂。

【碑文】

（碑阳）

重修觀音堂碑記

聞之太上有言曰：禍福無門，惟人自召。明乎神之於人，隨感而隨應也。顧人能感神，而神能應人，至神能應人，而人之感之者遂覺。神之獨有其靈，而思所以感乎神者，愈無不至焉。

茲廟之設，自大明創始，先民以有感而建者，遠不可稽。第自建廟以來，而神之所以濟困扶危、救災恤患，俾此邦人士克享休寧者，至今有明徵焉。所以此廟在昔曾經風雨之傷，而惟我先民亦勤補葺之力。

迨歲之丁丑，經世愈遠，歷年愈深，當年締造之鮮明，既遙遙而莫覩，而往代繼增之燦爛，亦渺渺而難追。盖凡廟貌一切，至是又將傾圮之矣。

文等感神之靈，觸目心傷之下，正皆志切重新。即於是歲，適有一道人者路經茲邑，象貌非凡，道往言來，絲毫不爽，忽覩此廟，隨舉手而示眾曰：大士、三皇對坐不甯，爾村民急宜修整，於廟前設一間壁，庶彼此可以相安矣。彼時，文等共聆其詞，尚猶在夢，及至去後，驚其貌言之奇，稽其歸來之所，而竟來無其踪，歸無其迹也。自是文等知為神靈顯示，而纘修之志遂永矢不忘焉。

至乾隆四十二年，文等以此事宣於村眾，而闔村老幼咸奮然稱快，異口而同聲曰：此盛舉也，某□情願出資若干以敬。两月之間，廟以內禪房、殿宇，遂煥然而生新，廟以外間壁、門楹，輒挺然而爭秀。此固以廟址之巻曲使然，而亦孰非神明之靈應有以默而助之也哉！

茲當落成之期，爰勒諸石，以志村民姓字於後，俾後之覽者知神靈之顯赫，永生虔恪之忱，鑒先世之功施，亦懷纘述之意。是則文等之所厚望也夫。

經理糾首：監生降尼文、武生降為檀等纘修

監生降九叙敬撰文

監生降鼎新謹誌書

乾隆四十二年歲次丁酉九月初浣之七日　吉立

（碑阴）

施銀人名開列於後：

施銀陸两人：監生降九叙　監生降清傑　降清佑

施銀肆两人：降澤淵　降清傳

施銀三两人：官生降殿卿　降碩柱　郝秉義　監生李得年　監生降尼文　生員降清榮　生員降其良　降壽宥　監生降振綱　武生降為檀　降為楷　降振經　降洪金

施銀貳两人：貢生溫　籍　降開泰

施銀壹两人：降國斗　降金□　降碩祥　降月恒　劉哲　郝麟　監生房　竝　降世達　降純德　降相府　降生敏　降峻德　監生溫質濘　降澤深　降彭齡　降寶德　降晉才

施銀陸錢人：降秉誠

施銀伍錢人：李炯　降九立　劉法華　監生溫純　李禦貴　降金錫　馬爾驥　監生劉炯　降殿元　監生溫質晄　降際隆　降明德　降廣信　降祐　孫明遠　降純智　李毓□　監生降會□　降祿　耿大賢　張延福　降啟□　田生實　監生溫養儒　降生善　郎進明　劉得祿　監生劉章　溫質灝　監生劉

觀音堂

重修觀音堂碑記

聞之太上有言曰禍福無門惟人自召明乎神之於人隨感而隨應也顧人能感神而神能應人至神能應人而人[illegible]感

之者遂覺神之獨有其靈而思所以感乎神者愈無不至焉茲廟之設自大明創始先民之以有感而建者遠不可稽[illegible]

自建廟以來而

神之所以濟困扶危救災恤患俾此邦人士克享休寧者至今有明徵焉所以此廟在昔曾經風雨之傷而惟我先民亦鼎補

葺之力迨歲之丁丑經世愈遠歷年愈深當年締造之鮮明既逝而莫覩而往代繼增之燦爛亦渺渺而難追矣嗚[illegible]

貌一切至是又將傾圯之矣　文等感

神之靈觸目心傷之下正皆志切重新即於是歲適有一道人者路經茲邑象貌非凡道往言來[illegible]不與忽覩此飄然[illegible]手

而示衆曰大士三皇對坐不寧爾村民急宜修整於廟前設一間座庶幾此可以相安矣彼時　文等共聆其諭尚猶在夢

及至去後驚其貌言之奇稽其歸來之所而竟來無其蹤歸無其迹也自是　文等知爲

神靈顯示而纘修之志遂永久不忘焉至乾隆四十二年　文等以此事宣於村衆而閤村老幼咸奮然稱快異口而同辭以

盛舉也其老情願出貲若干以故兩月之間廟以內禪房殿宇遂煥然而生新廟以外門壁楹軏挺然而爭秀此固

廟址之恭由從然而亦孰非

神明之靈應有以默而助之也哉茲當落成之期爰勒諸石以誌村民姓字於後俾後之覽者知

神靈之顯赫永生虔恪之忱而先世之功施亦慷纘述之意是則　文等之所厚望也夫

經理糾首

監生降尤爲文等[illegible]

武監生降九敘敬撰文

監生降殿[illegible]謹書

乾隆四十二年歲次丁酉九月初完之七日吉立

奕顯　監生降純謙　降會光　降登元　降正魁　降振猷

施銀肆錢人：郎為鳳　武光輝

施銀三錢人：降爾珽　降忠　賀大升　監生溫禮　降爾瑄　降與彥　降重□　監生王同保　監生溫頌　閆澤浩　降殿即　降文遴　吏員降宣化　降九翼　劉三謨　降茂榮　降顯榮　降又複　降福榮　劉體經　降與□　降九章　劉體仁　石為璧　石為金　任國泰　降世瑛　降易生　張佛紳　陰大發　降翼　郝汝訓　劉法玉　降□　劉法高　劉富　降秉孝　降質珍　降會榮　降時元　降紹基　劉體儒　降清偉　降清相　降會彩　鄭鳳麟　降言孝　降重哲　郝之貴　王景富　降重恭　降言忠　郎為禮　李亨萬　闞守教　田生芳　田生秀　降　翀　王信　嶽生寶　降秉端　房學律　降清梅　降伯通　降清光　降質穎　降生英　降錫寵　降錫榮　降秉瑞　降純恭　樊存林　降秉金　降得普　降錫久　郎清棟　監生劉　奎　石為琮　王　□　降時偉　降晉文　降晉武　降復旺　降生本　降以聰　降顯義　監生降以忠　降時明　降時義　劉繼賢　降為棟　闞守庫　降習良　降習恭　武維德　武榮福　任良德　白士公　宋義　藺奇貴　王玉柱　郭建功　李易發　李楷　于大發　常進祿　張劉氏　降與珍

同理糾首：降明遠　降際隆　降九聘　李得年　降碩柱　降殿卿　郝秉禮　降九叙　降殿文　降殿鼎　降以忠　降晉才　降其良　降清傑　降純福　降鋭榮　降開甲　降振綱　降為梁

保正：劉富

鄉耆：降紹基

公正：劉體經

鄉約：降福榮

木匠：郝志通

泥匠：耿大賢　閆得普　宋生金

畫匠：羅玉璜　宋得祿　曹貴寶

狐岐山祝词

【简介】

清乾隆四十三年（1778）勒石。砂石质。长 132、宽 68 厘米。碑文行书，18 行，满行 26 字。录诗三首，诗作者分别为吕公滋、张开东、茹伦常。镶嵌于介休市洪山镇洪山村源神庙墙壁。

【词文】

狐岐山祝詞

狐岐之麓，泉名鸑鷟，噴珠漱玉。浩浩靈源，開自中天，溉我南阡。綿上千頃，溝洫分町，豪強兼併。鑿石為塘，鑄鐵為梁，釐正厥疆。民樂其利，禹同二帝，俎豆百世。峰巒嵯峨，臺殿映波，禱祀孔多。載拜稽首，臨流酹酒，以祈大有。澤我蒸民，黍稷苾芬，神其來歆。

中州新安吕公滋

丁酉夏讀碩亭世兄《狐岐山泉祝詞》，歌以勗之

忠節元孫牧伯子，翩翩五世成進士。出宰湫水有廉聲，司農遺民稱世美（寧鄉為司農公舊治）。大官交章調介休，狐岐山下清泉流。君作祝辭走相告，被其澤者為歌謳。願將經術敷文吏，功在一時名萬世。君家名宦數十人，高曾風流還能繼。我昔綿上吊子推，有道高塚草離離。安得渡河見賢宰，停車再讀蔡邕碑。

海嶽遊人張開東

狐岐山行

久聞《山海》紀此山，雖無草木峰斑斕。勝水之源所從出，蒼玉往往生其間。又聞□岐載《禹貢》，勝跡直溯楢欙還。滄桑世代知幾更，山水依舊相周環。綿上諸峰遠秀出，恍若相向排煙鬟。太虛岩石更奇詭，雀糞冰柱莓苔頑（太虛岩，狐岐支山也。石最□□，邑乘謂如雀糞碎砌，冰柱膠粘）。連郙古剎紛映帶，懸崖飛瀑爭淙潺。寶馬香車楊柳岸，芒鞋竹杖菰蘆灣。遊人歲歲此修禊，我亦十度窮追攀。不愁登眺傷遠目，翻嶺游泳慚衰顏。平生眾石有遐契，忍令終老縈塵闤。何年卜築向山麓，草堂三徑開松關。

古綿山人茹綸常

此余丙申舊作也，碩亭明府命錄《狐岐山祝詞》及楚中張□芳先生詩，勒諸貞珉，因并附於後。常再識。

乾隆歲次戊戌孟秋中浣

绵山介公祠记

【简介】

清乾隆四十三年（1778）勒石。青石质。碑长72、宽43厘米。碑文楷体，21行，满行16字。汾州府同知闽南安洪世佺撰文。嵌于介休市绵山云峰寺壁间。

【碑文】

綿山介公祠記

綿山，介山也。寺刹林立，獨無介公祠，數典忘祖矣。戊戌重陽，邑令吕君邀余及諸朋舊羣遊於此，探幽選勝，思為公祠而難其地。吕君慨然曰：身將隱，焉用文？公則言之。將為隱者祠，而奚用廣場華屋、飛金湧碧為？眾皆曰：然。乃即抱腹岩禪房指授規略，俾釋子稍為更新焉。堂凡三楹，中祀介公，上為樓，以妥公母，前設兩廡，繞以垣而門之，詢謀僉同，各出橐中資，諏日鳩工，不匝月告成。

眾謂：兹山今真介山，而喜兹遊之不偶也。然予竊以為當河干投璧時，恥貪天功，匿影銷聲，之死不顧，其視浮名蔑如矣。百世之下，卒以是山歸之，豈非逃祿於生前，永名於身後乎？遊公之山，建公之祠，太史公曰：雖不能至，心嚮往之。同遊為山長奚君元超，縣尉施君肇森，城守任君在禹、彭君翔萬，邑紳茹君綸常、李君日普、侯君維龍、張君清典。

乾隆四十三年十月朔日，汾州府同知閩南安洪世佺記。

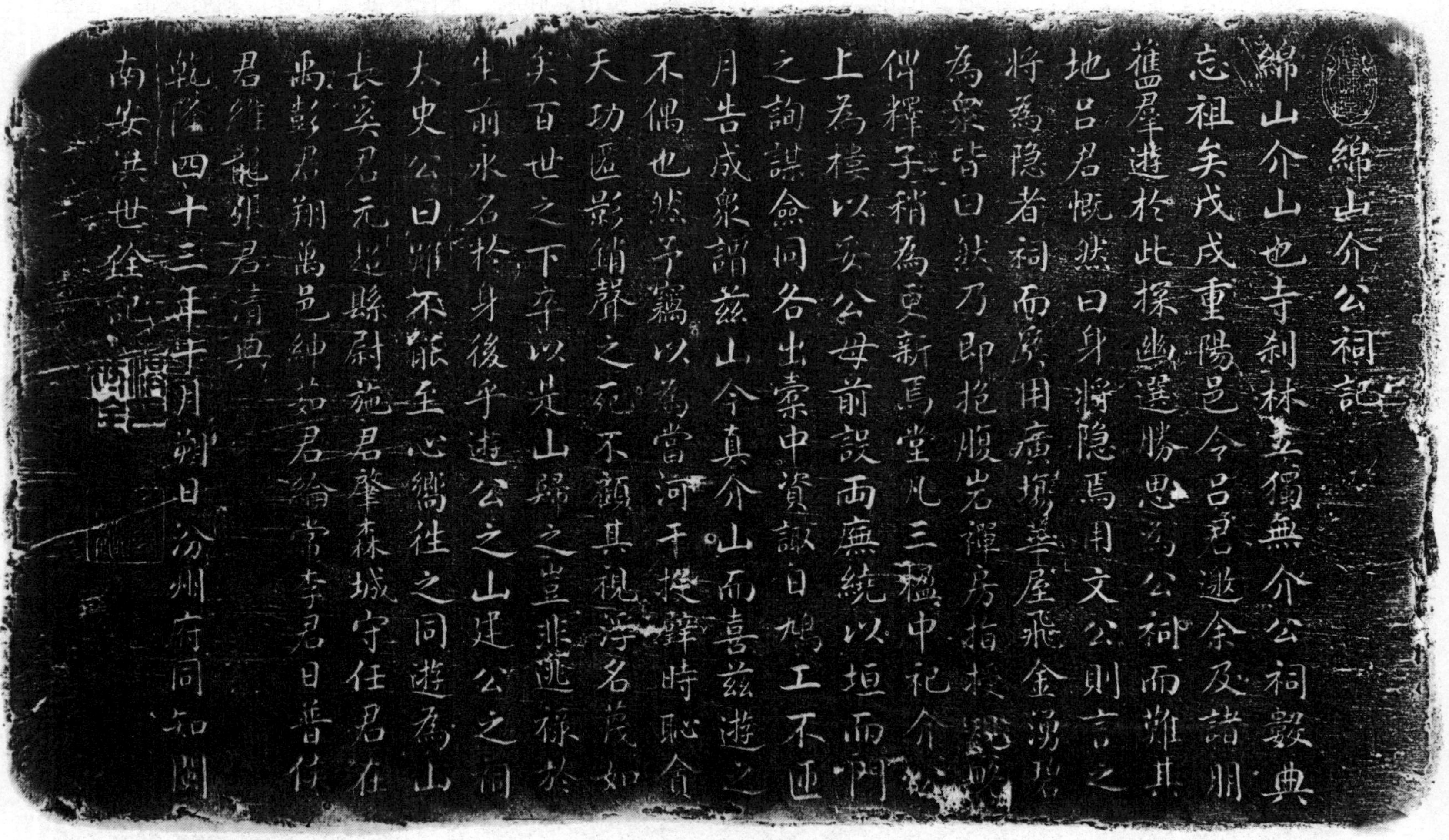

秦柏碑

【简介】

清乾隆四十三年（1778）勒石。砂石质。高96、宽53、厚15.5厘米。碑上部为中州吕公滋题《秦柏》五言诗一首。隶书，10行，满行6字。下部为邑庠生梁鸣遴绘制秦柏图并附记文。行书，3行，满行26字。碑穿4孔，曾作基石。现存介休市绵山镇西欢村柏树岭秦柏旁。

【诗文】

秦柏

聞道秦時樹，綿山久結根。

虬枝深歲月，翠色老乾坤。

詎以不材棄，宜同大北存。

風塵誰賞識，萬古挺孤邨。

中州吕公滋題

乾隆四十三年戊戌之秋

《介休志》載：秦柏在柏樹嶺，周遭五丈，高六尺，桐柯霜幹，嫩枝亦大十圍，相傳為秦時物也。旁有村曰“秦樹”。戊戌九日，滋由綿山過訪其樹，中心空虛，上分十一枝，一枝折而復上，狀若馬鞍，餘與《志》符，因繪諸石。

邑庠生梁鳴遴繪

秦
開衛秦時樹綿
延久結根虬枝
溪歲月翠色老
乾坤詎旨不材
棄庸同大北杼
風塵誰賞識萬
古挺孤卲
中州呂公滋題

戊戌九日游绵山诗碑

【简介】

清乾隆四十三年（1778）勒石。青石质。碑长66、宽42厘米。碑文行草体，18行，满行13字。豫新安吕公滋撰文。嵌于介休市绵山抱腹岩壁间镶嵌。

【诗文】

戊戌九日遊綿山

夜宿招提寺，朝為綿山遊。初日照林巒，青濛霧靄收。

峰回路曲盤，扶笻入深幽。峭壁削千仞，下瞰澗水流。

陰巖生松柏，矢矯如龍虯。峻嶺懸鉄鎖，危橋空際浮。

我來當九日，木落万壑秋。野菊含露綻，紅葉山逕稠。

石乳滴石髓，琤琮響不休。清冷沁心脾，煮茗試一甌。

歷險至大巖，敞豁縱雙眸。其形如抱腹，古刹多比邱。

云有空王佛，昔從此地修。鑾輅遙相訪，飛升不可求。

惓懷介子推，綿田今尚留。胡不為廟祀，而以妥神庥。

群醉茱萸酒，陶然復何憂。天風吹我衣，白雲共悠悠。

薄暮憺忘歸，明月滿山頭。

豫新安呂公滋稾

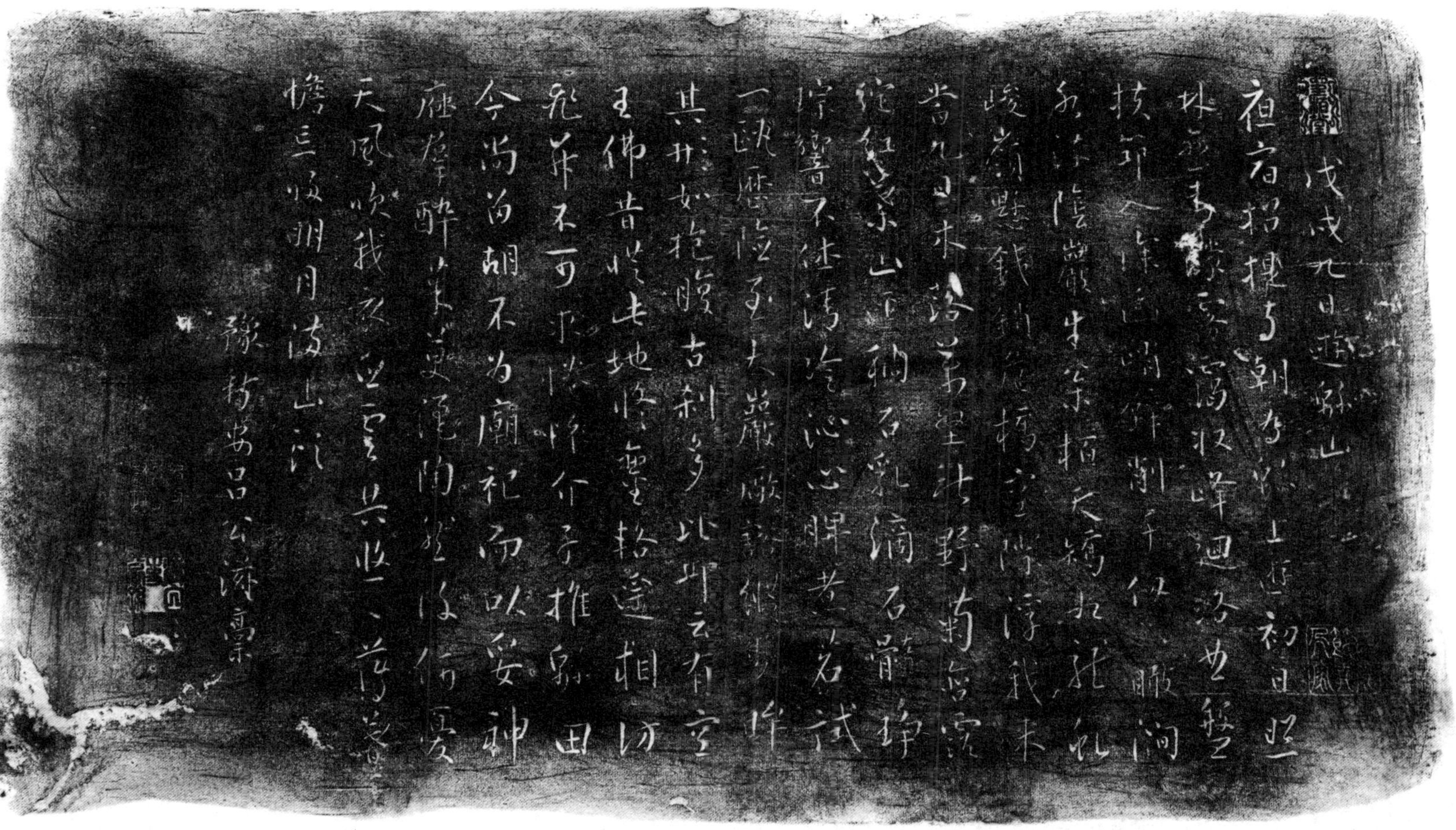

洪世佺诗碣

【简介】

清乾隆四十三年（1778）勒石。青石质。碑长72、宽43厘米。碑文行草体，刻闽南安洪世佺题诗三首。嵌于介休市绵山抱腹岩壁间。

【诗文】

宿廻鑾寺

龍飛不記秋，山色自悠悠。野老誇遺事，靈旗空際遊。
更闌風在樹，僧定月當樓。誰識籃輿興，綿田最上頭。

遊綿山

秋水肩一笠，秋山手一笻。綿田高何許，乃有白雲封。
是日天氣霽，落帽無回風。蒼茫煙色澹，下接介林中。
逶迤古竺乾，老僧玉鍊容。導我過殘橋，澗泉聞琤瑽。
噴珠而濺雪，信如杏飛蜂。奇絕小大巖，徙墾開佛宗。
纍纍高復下，嵐翠藹千重。松篁枝掩翳，萸菊花陰濃。
道是焚後荄，懷古渺無悰。噫嘻古之人，敝蓰輕萬鍾。
長往不違親，甘作蟠泥龍。褰我身上衣，手線密密縫。
南天雲一抹，凝望遠愁儂。逝將從此去，急流聲淙淙。

自綿山歸再宿廻鑾寺

又作招提宿，於焉共嘯歌。半生青眼少，一榻白雲多。
濁酒從人送，黃華笑客酡。綿山今日路，回首興如何。

閩南安洪世佺題
乾隆四十三年十月朔日

回銮寺记事碑

【简介】

清乾隆四十三年（1778）勒石。青石质，圆首。碑首高38厘米。碑身高125、宽72、厚11厘米。底座长77、宽45、高30厘米。碑文楷体，16行，满行40字。额题“合村感德”。碑阳为乾隆四十一年《兴地村社仓碑记》。现存介休市绵山镇兴地村回銮寺。

【碑文】

特調介休縣正堂加三級，又軍功加一級，隨帶紀錄五次，記功二次呂□爲給照，暫免差務，以示體恤事：照得本年九月初九日，本縣隨同軍憲赴綿山神廟進香，路經興地村，該村多撥夫役，踴躍護送，殊屬可嘉，若仍令一體辦差，民力未免拮据，合行給照，暫免差務，以示體恤焉。此仰該村公耆約保知悉，自九月十五日起，至十二月十五日止，凡屬一切大小襍差，悉行寬免，俟三月期滿後再行照舊辦理，倘有書役從中滋弊，爾等即執照具稟，以憑究處，各宜凜遵，毋違須照。

乾隆四十三年九月十三日　右照給興地村公耆約保准此

汾州清軍廳　洪太老爺　介休縣正堂　呂太爺　介休縣右堂　施老爺

城守司　任老爺　副城守司　彭老爺　書院山長　奚老爺

候選布經廳　菇老爺　候選府右堂　李老爺　候選縣右堂　侯老爺

候選州左堂　張老爺

鄉耆韓宏　公正李憲　胡斌　約保陶發財　馬榮

香老胡斌　王輔　岳右　鈕通

糾首董成枝　段謙　何文深　文國孝　李養龍

閻村感德

特調介休縣正堂加三級又軍功加一級隨帶紀録五次記功二次吕，爲給照豁免差徭以示□□

照得本年九月初九日本縣隨同軍憲赴綿山神廟進香，路經□□村，該村夕撥夫役□□

殊屬可嘉，若仍令一體辦差，民力未免拮据，合行給照豁免差徭以示獎□。爲此仰該村公□

知悉：自九月十五日起至十二月十五日止，七屬一切大小雜差悉行寬免，俟三月期滿後再行□

舊辦理。倘有書役從中滋擾，爾等即執照具稟，以憑究處。各宜凜遵毋違。須照。

右照給與閻村公孝約保准此

乾隆四十三年九月十三日

汾州清軍廳洪大老爺

介休縣正堂吕太爺

介休縣右堂施老爺

城守司任老爺

副城守司彭老爺

書院山長吳老爺

候選布經歷茹老爺

候選府右堂李老爺

候選縣右堂侯老爺

候選州左堂張老爺

鄉耆韓宏

公正李

約保閻發財

史公塔记

【简介】

清乾隆四十三年（1778）勒石。青石质。长102、宽91、厚11.6厘米。碑文隶书，24行，满行27字。此碑记述介休标志性建筑史公塔的建造始末，曾失落多年，2022年6月25日，北坛街道花园社区居民任庆春捐赠给介休市博物馆。

【碑文】

史公塔記

史公塔者，葢遵有明萬曆間邑侯史公之遺式而建之者也。考邑乘，公治介時實心愛民，善政多端，教養之餘，留心堪輿。見邑北坎地元武卑弱，城河之水由南山來者，一自坤達乾，一自巽泄艮，同源分流，有關民風，宜使分流者會歸一處，兼有塔以鎮之則善，是塔之建，固補元武之卑弱，亦以之鎮水口也。惜公不久以内艱去，所以有志未逮，僅留塔式以待後人，二百年來未有繼之者。乾隆十一年丙寅，進士梁公郁亭先生以河南中牟尹予告來歸，慨然有建立之意，商於先君子進士中憲公，有同心焉。因會集紳士，呈明邑宰，勸化助捐，而冏卿范公芝巖先生首捐千金，為闔邑倡。余先君子亦如數繼之，彼時雖頗覺周張而必如數者，實從先祖封君武德公之命也。由是相繼而捐者，或四五百金，或二三百金，以至百金、數十金，雖多寡不等，要皆欣然樂施者也。是歲春卜吉興工，時與其事者，郁亭先生與先君子總理而外，如王公檀、梁公嶸、李公宏發、李公宏儒、郭公思誠、李公宏任、宋公懷棠、李公日麗、強公桂繩、任公珩、弓公斯張、□公□、王公□如、郝公九錫、宋公賓穆等，尤其勤勞最著者也。三閱歲而厥工告竣，約費七千餘金，嗣因捐項在簿者未及收全，資用不足，故建塔之工程雖竣，而塔階未甃，院内之窑房雖備，而窑庭未修，不無一簣未成之慨焉。至三十七年壬辰，邑侯清湖王公因事到院，訝其工之未竟，乃設法而甃所未甃、修所未修焉。余喜前人之事業至此方終，而恐前人之功德湮沒無聞，故序其大略云爾。至於碑碣之豎，全列糾首之姓名，備載捐施之數目，則捐簿具在，實有望於後人也。

大清乾隆四十三年戊戌秋七月張聖訓謹識敬書

重修祠堂并考订侯氏世系记

【简介】

清乾隆四十五年(1780)勒石。青石质,圆首。碑通高184、宽68、厚20厘米。碑文楷体,14行,满行59字。额题“承前启后”。原存介休市张兰镇北贾村侯氏宗祠,介休市博物馆存拓片。

【碑文】

重修祠堂並考訂侯氏世系記

特恩壬申科副元、揀選儒學教諭、十八世孫鉷绛文謹撰

欽文恩書譜

邑庠廩膳優生、十九世孫、臨泗青川謄稿

稷山鐵筆楊一節川刊

攷古家廟之制,尊祖也,即以譜系顧,有舊章則續譜在存信,無成憲則續譜在析疑。余小子博物非鄭僑,曷堪膺厥任,而責不容委,有不得不勉強從事者。

自前明八世祖甸、服、都於嘉靖時創建祠堂,規模恢弘,歷年既深,摧殘剝落。先嚴悽愴怵惕,乃於乾隆庚申鼓支眾順天、承天、震天、鈔、鎮、鋑等經始重修,越酉秋告竣。時方鳩工度石,不謂已夢坐兩楹矣。繼乃呼小子諭之曰:是役也,雖非孔碩,差強人意,獨王子所云宋季,與口傳所謂陝西、四川人者,予惑焉。夫宋分南北,靡不有季,混以相舉,則是懸想揣摩,未能確实。況金亦編年鼎峙乎?年不確則無由因時以別地,而為陝為蜀,遂令後人互存其説而莫能定。汝念哉,詳載石以慰吾志。余小子泣而誌之。迄今戊戌之歲,余年且七十有九,懼其不獲終命也。爰準今酌古,本朱子三十年一世之□攷之,以今皇上乾隆四十三年為始,逆數而上,遞至南宋孝宗興隆元,為金大定十三,共積年六百三十有九,與現在二十一世之數合,其諸自西徂東之權輿乎!且攷當日南都在杭,北境逾汴,巴蜀自隸於隆興,奉、秦、晉同陷於大定,因知為震動者金,非宋也,適樂郊者陝,非蜀也。如曰四川,是宋遷其民而納諸已失之地,金實其地而移乃未得之民,此豈理之所可信,而事之容或有者哉?若某州、某里,則不敢以無稽附會矣!敬告同宗:始祖陝西人,於隆興元年、大定十三年前後,金主東遷來茲土。有欲因流溯源,而審所自出者,斷以是為□。奕葉子若孫遵不朽之口,葺易毀之祠,或肯堂,或肯構,使如作室底法而攷,幸子勿棄基也,則余志慰,先嚴及諸父兄弟之志亦無不慰。至簪纓繼美、世續書香與好義樂施諸嘉懿,已悉原譜,不復贅。

雲軒□灑沐手謹誌

大清乾隆四十五年歲次庚子新秋朔日立

承先啟後

下李侯三官庙功德碑

【简介】

清乾隆四十七年(1782)勒石。青石质，圆首。碑首高34厘米。碑身高140、宽72、厚16厘米。底座长86、宽51、高59厘米。碑文楷体。碑阳额题"因果不昧"。碑阴额题"垂名不朽"。碑文内容为三官庙捐修功德。现存介休市张兰镇下李侯村三官庙正殿二层。

【碑文】

(碑阳)

張大柱在北京募化:

興順店　施銀壹兩　　中成當　施銀壹兩　　王恒詳　施銀壹兩

崇興當　施銀壹兩

以上共銀叁兩伍錢

原永寶、張大紀、張大鋆、張學威、張桂芳在四川成都府募化:

原永光　施銀拾兩　　原永旺　施銀拾兩　　張學芳　施銀拾兩

張大鋆　施銀捌兩　　原永全　施銀陸兩　　張學有　施銀陸兩

原成鋭　施銀陸兩　　張學威　施銀伍兩　　張大祚　施銀四兩

張沛祚　施銀四兩　　馬發　施銀壹兩　　葛區才　施銀壹兩陸錢

張大廣　施銀壹兩　　原成興　施銀壹兩　　鄧學書　施銀貳兩四錢

張大治　施銀貳兩四錢　　張沛永　施銀貳兩四錢　　張大浩　施銀貳兩四錢

葛起智　施銀貳兩　　張大欽　施銀貳兩　　田偉　施銀壹兩

張憲福　施銀壹兩　　張沛明　施銀貳兩　　張學販　施銀貳兩

原區倫　施銀貳兩　　張憲文　施銀貳兩　　劉景倉　施銀壹兩陸錢

張大志　施銀壹兩貳錢　　張正庫　施銀壹兩貳錢　　張大俊　施銀壹兩貳錢

張大海　施銀壹兩貳錢　　張大善　施銀壹兩貳錢　　原永良　施銀壹兩貳錢

張大年　施銀壹兩　　張星達　施銀壹兩　　張大鵬　施銀壹兩

張成憲　施銀壹兩　　張大印　施銀壹兩　　韓世榮　施銀壹兩

張憲舉　施銀壹兩　　張景文　施銀捌錢　　張憲盛　施銀伍錢

張學琳　施銀伍錢　　張大舉　施銀伍錢　　原成輝　施銀伍錢

張繼全　施銀伍錢　　張繼興　施銀伍錢　　原成旺　施銀伍錢

張繼才　施銀伍錢　　張沛有　施銀伍錢　　劉耀有　施銀叁錢

劉承成　施銀叁錢　　張大安　施銀叁錢　　張憲曾　施銀叁錢

張沛周　施銀叁錢　　原成鋆　施銀叁錢

以上共銀壹佰而拾玖兩貳錢，得利銀壹佰兩零零貳錢

金塑子生員張毓芳　謹書

大清乾隆四十柒年歲次壬寅十月吉立

(碑阴)

起意募化佈施袁疏人張大廊偕張沛瑜、桂芳

今將領疏募化助銀人名備於後。

張沛瑜在北京募化:

李學樑　施銀拾兩　　大成號　施銀伍兩　　天泰樓　施銀貳兩伍錢

合盛號　施銀貳兩　　李成琯　施銀貳兩　　侯國撰　施銀壹兩伍錢

天匯號　施銀伍兩　天福樓　施銀叁兩　天盛布鋪施銀貳兩
法源號　施銀貳兩　劉自有　施銀貳兩　張成恩　施銀壹兩
段松號　施銀伍兩　新盛號　施銀叁兩　天興細鋪施銀貳兩
廣成號　施銀貳兩
以上共銀伍拾兩，得利銀貳拾兩。
張世經、張繼鋆在廬州府募化：
全盛典　施銀拾兩　新盛號　施銀肆兩　天成號　施銀壹兩陸錢
義興號　施銀壹兩　豐裕號　施銀壹兩　隆盛號　施銀壹兩
源隆號　施銀捌兩　永泰典　施銀叁兩　錫昌號　施銀壹兩叁錢
永成號　施銀壹兩　大瑞號　施銀壹兩　豐興號　施銀壹兩
佳盛號　施銀伍兩　永隆典　施銀貳兩肆錢　複盛號　施銀壹兩
以上共銀肆拾貳兩叁錢，得利銀貳拾兩零四錢三分。
張大潤在廬州府募化：
復盛號　施銀六兩四錢三分　法盛號　施銀叁兩　天錫號　施銀貳兩壹錢柒分
錫昌號　施銀貳兩　新盛號　施銀貳兩　晉豐號　施銀壹兩
全盛典　施銀伍兩　義源號　施銀貳兩四錢
以上共銀貳拾四兩，得利銀伍兩。
張大孝在北京募化：
聚發號　施銀貳兩伍錢　務本號　施銀壹兩　裕典局　施銀壹兩
冀士威　施銀伍佰　廣裕號　施銀伍錢　王洪統　施銀伍錢
王桂仁　施銀壹兩　義合號　施銀壹兩　洪順號　施銀伍錢
天和號　施銀伍錢　三義號　施銀伍錢　永興號　施銀伍錢
韓弘亮　施銀壹兩　隆順號　施銀壹兩　資深號　施銀伍錢
天興號　施銀伍錢　萬興號　施銀壹兩　裕泰西記　施銀壹兩
永隆號　施銀伍錢　法合號　施銀伍錢
以上共銀拾陸兩壹錢，得利銀柒兩伍錢叁分。
張正鑪在北京募化：
關達邑　施銀貳兩　廣裕號　施銀壹兩　復盛號　施銀伍錢
隆興號　施銀伍錢　永發布鋪施銀伍錢　富之布鋪施銀伍錢
李法福　施銀壹兩　恒盛義記　施銀壹兩　裴朝棟　施銀伍錢
美利布鋪施銀伍錢　梁壽功　施銀伍錢　昌盛號　施銀伍錢
永利號　施銀壹兩　廣興成記施銀壹兩　三合館　施銀伍錢
以上共銀拾壹兩伍錢。
張憲武在北京募化：
溫郁蘭　施銀貳兩肆錢　天興紳鋪施銀壹兩貳錢　曹秉泰　施銀壹兩
王承鳳　施銀壹兩　張心筲　施銀壹兩　梁思英　施銀伍錢
梁彩章　施銀貳兩　三義布鋪施銀壹兩　永和布鋪施銀壹兩
以上共銀拾壹兩壹錢，得利銀伍兩貳錢柒分。

重修三官庙碑文记

【简介】

清乾隆四十七年（1782）勒石。青石质，圆首。碑首高33厘米。碑身高142、宽72、厚16厘米。底座长84、宽50、高40厘米。碑文楷体，16行，满行40字。保德州儒学生员郭巩郊撰文，国子监太学生张世臣书丹。碑阳额题“流芳百世”。碑阴额题“万善同归”。现存介休市张兰镇下李侯村三官庙。

【碑文】

（碑阳）

重脩三官廟碑文記

自先王以神道設教，而寺觀之建遍於天下，社稷山川而外，凡有功德於民者，莫不立廟尊奉之。矧三官之靈，其載於《搜神》《洞冥》諸記者尤彰彰可考，歷代崇祀，其來久矣。

介治東四十里地曰嶺後，舊有廟一區，專祀三官，鄉之父老，春秋祈賽，於是乎在焉。歷年既久，遂多傾圮，鄉人沛瑜等慨然任事，募緣醵金，庀材鳩匠，規制湫隘者恢拓之，基址頹毀者增築之，牆垣污垔者丹碧之。役竣，將壽諸石，問記於余。余竊謂碑記者不没人善，垂之永遠，俾後之作者有所感而興也。

夫人無所觸於目，斯無所動於心，興廢舉墜之事，非必任其事者天性獨厚，彼於百世下見昔人作一善，而其名至今存焉，則心斯喜矣。

余詞雖不斐，謹直敘始末，所以著君子之樂善好施，亦將使後之觀者知某也始之，某也終之，以善感善，庶斯廟之不朽也。是為記。

保德州儒學生員郭鞏郊薰沐敬撰

國子監太學生張世臣薰沐叩書

總理糾首：

正事：張沛渝　副事　公正：原成義

賬簿：張世法　錢銀：張爾溫

協辦糾首：張大□　張正丹　張正滿

職員：宋皇琳　原永光　監生張學芳　原成銳　監生原生倫　張大德　張繼廣　鄉耆　張沛謹　張繼　張大孝　張大近　鄉約　張大宰

大清乾隆四十七年歲次壬寅十月吉日

（碑阴）

計開本村施銀人數：

張世德　施銀　壹佰一拾伍兩

原永光　施銀　叁拾肆兩伍錢

原成仁　施銀　叁拾兩

張大　施銀　壹拾捌兩四錢

張沛謹　施銀　壹拾陸兩壹錢

原永旺　施銀　壹拾伍兩

張繼　施銀　壹拾肆兩伍錢

原成義　施銀　玖兩貳錢

張道忠　施銀　玖兩

張學謙　施銀　陸兩

張大孝　施銀　伍兩柒錢伍分

職員：宋皇琳　施銀　伍兩柒錢伍分

張馬氏同孫南儒英　施銀　五拾柒兩伍錢

張大近　施銀　叁拾肆兩伍錢

張沛瑜　施銀　貳拾柒兩六錢

監生張學芳　施銀　壹拾柒兩貳錢伍分

張廷之　施銀　壹拾陸兩

張沛瓚　施銀　壹拾肆兩

張學耀　施銀　拾兩

張大英　施銀　玖兩

張爾溫　施銀　陸兩玖錢

張繼武　施銀　陸兩

重脩三官廟碑文記

自先王以神道設教而寺觀之建遍於天下社稷山川而外凡有功德於民者莫不立廟尊奉之列
三官之靈其載於搜神洞冥諸記者尤彰彰可考歷代崇祀其來久矣介治東四十里地曰嶺後舊有廟
一區專祀三官鄉之父老春秋祈賽於是乎在焉歷年既久遂多傾圮鄉人沛瑜等慨然任事募
緣醵金庀材鳩匠規制湫隘者恢拓之基址頹毀者增築之墻垣汚垩者丹碧之竣將壽諸石問
記於余余竊謂碑記者不沒人善垂之永遠俾後之作者有所感而興也夫人無所觸於目斯無所
動於心興廢舉墜之事非必任其事者天性獨厚彼於百世下見昔人作一善而其名至今存焉則
心斯喜矣余詞雖不斐謹直叙始末所以著君子之樂善好施亦將使後之觀者知某也始之某也
終之以善感善庵斯廟之不朽也是爲記

保德州儒學生員郭肇郊薰沐敬撰
國子監太學生張世臣薰沐叩書

總理糾首
(帳簿)張世德 (正書)張沛瑜 (副事)原成義 (銀錢)張爾温

協辦糾首
張大鍪 張正丹 張正湍 宋皇琳
原永洸 (監生)張學芳 原成鋭 (監生)原正倫
張大德 張維廣 (鄉耆)張沛瑾 張維鍪
張大孝 張大近 (鄉約)張大寀

大清乾隆四十七年歲次壬寅十月吉日 立

書法官：張旺性　施銀　伍兩
張沛祚　施銀　伍兩
張世舉　施銀　伍兩
張繼廣　施銀　肆兩陸錢
監生：原正倫　施銀　肆兩陸錢
張正　施銀　肆兩
張正丹　施銀　叁兩肆錢伍分
張大貴　施銀　叁兩
張大注　施銀　貳兩柒錢陸分
張大廣　施銀　貳兩肆錢
張沛永　施銀　貳兩肆錢
張正侯　施銀　貳兩貳錢
梁大官　施銀　貳兩
張大隆　施銀　壹兩伍錢
李元官　施銀　壹兩伍錢
張大勇　施銀　壹兩貳錢
原成鋼　施銀　壹兩貳錢
張學旺　施銀　壹兩貳錢
張學忠　施銀　壹兩貳錢
張世璵　施銀　壹兩貳錢
原成明妻　施銀　壹兩貳錢
張大梅　施銀　壹兩
張大海　施銀　壹兩
張興福　施銀　壹兩
劉奇善　施銀　壹兩
劉星漢　施銀　壹兩
張繼盛　施銀　壹兩
原永琳　施銀　捌錢貳分
郭凝晃　施銀　捌錢
薛可輝　施銀　柒錢伍分
張大第　施銀　柒錢伍分
原永璞　施銀　柒錢
張學根　施銀　柒錢
張繼　施銀　柒錢
葛正廣　施銀　陸錢
張星斗　施銀　伍錢伍分
宋國男　施銀　五錢
劉大盛　施銀　五錢
王士榮　施銀　五錢
張大棟　施銀　五錢
張繼興　施銀　五錢
張學瑞　施銀　五錢
張正好　施銀　五錢
原成統　施銀　伍兩
張沛喜　施銀　伍兩
張沛珠　施銀　伍兩
原成鋭　施銀　肆兩陸錢
張正滿　施銀　肆兩壹錢肆分
張大柱　施銀　肆兩
原永福　施銀　叁兩
張繼榮　施銀　叁兩
張繼通　施銀　貳兩伍錢
張大普　施銀　貳兩肆錢
吳好墜　施銀　貳兩肆錢
張大光　施銀　貳兩
原成相　施銀　壹兩陸錢
張士奇　施銀　壹兩伍錢
張大宰　施銀　壹兩叁錢捌分
張大志　施銀　壹兩貳錢
原正耀　施銀　壹兩貳錢
張學穩　施銀　壹兩貳錢
張世瑤　施銀　壹兩貳錢
張世琦　施銀　壹兩貳錢
原永□　施銀　壹兩
張大謐　施銀　壹兩
張學侯　施銀　壹兩
劉弘玉　施銀　壹兩
劉景豪　施銀　壹兩
張繼永　施銀　壹兩
張大美　施銀　壹兩
原永梅　施銀　捌錢
劉星倉　施銀　捌錢
郭銘鳳　施銀　柒錢伍分
張大壽　施銀　柒錢伍分
張景光　施銀　柒錢
張沛玉　施銀　柒錢
原成官　施銀　陸錢
張大祀　施銀　伍錢伍分
原正全　施銀　伍錢伍分
張繼麟　施銀　五錢
楊自紹　施銀　五錢
葛正禮　施銀　五錢
張大遠　施銀　五錢
張緒統　施銀　五錢
張世晃　施銀　五錢
張憲成　施銀　五錢

張大立　施銀　五錢
張景光　施銀　五錢
王成斌　施銀　五錢
葛正才　施銀　五錢
任妙祥　施銀　五錢
張沛忠　施銀　五錢
張學珍　施銀　五錢
張學玉　施銀　五錢
王士華　施銀　五錢
葛正有　施銀　肆錢
張大即　施銀　叁錢
原成積　施銀　叁錢
劉景祚　施銀　叁錢
李妙隆　施銀　叁錢
張繼庫　施銀　叁錢
張景良　施銀　叁錢
原成倫　施銀　貳錢肆分
張大通　施銀　貳錢
張正開　施銀　貳錢
張學鋅　施銀　五錢
張大時　施銀　五錢
張學宰　施銀　五錢
張大昱　施銀　五錢
張學仕　施銀　五錢
張學相　施銀　五錢
張大慶　施銀　五錢
張大相　施銀　五錢
張世瑞　施銀　肆錢伍分
張景元　施銀　叁錢叁分
李昌金　施銀　叁錢
張大進　施銀　叁錢
張尊甯　施銀　叁錢
張大謙　施銀　叁錢
張景狀　施銀　叁錢
張六憲　施銀　叁錢
張大千　施銀　貳錢
原成瑞　施銀　貳錢
原成輝　施銀　壹錢

玄門主持張義成　徒張禮實　徒孫葛智運

□□□監：馬法憲

木匠：趙成國

泥匠：王立芳

解州畫匠：楊永林

稷山縣石匠：交陞鐫

张兰东头掘井记

【简介】

清乾隆四十八年（1783）勒石。青石质。碣长50、宽82厘米。碣文楷体，布施文约400字。现存介休市张兰镇张兰村。

【碣文】

乾隆三十六年二月初六日，東頭因河口吃水不便，公議掘井，建立井樓，今將出布施人名開列於左：

張友玉貳兩貳錢　張輝元壹兩捌錢　吳繼周壹兩捌錢　張明海壹兩陸錢　張爾樸壹兩肆錢　張弘富壹兩肆錢　張定壹兩弍錢四分　張耀銀貳兩　張山海壹兩叁錢　張文珎壹兩壹錢　張廣東銀捌錢四分　張鶴銀玖錢　張文賓捌錢弍分　吳顯周柒錢弍分　任自顯銀捌錢　張繼賢柒錢伍分　張文琳陸錢陸分　張友玺陸錢弍分　張賓銀伍錢四分　張鈅銀伍錢　張文清銀伍錢　王文銀伍錢　張百行銀伍錢　楊如鳳銀伍錢　張惛肆錢玖分　張炯肆錢四分　張林汝叁錢陸分　王昌叁錢陸分　三義號銀叁錢　監生張鏡銀叁錢　張斐然銀叁錢　王武弍錢八分　張銀汝弍錢八分　監生張伸銀弍錢　張文珠銀弍錢　張繼祖銀弍錢　李福成銀弍錢

經理人：張爾樸　張輝元　吳繼周　張友玉　張明海　張定　張通　張文珍

共布施銀叁拾兩零伍錢　共化費銀弍拾伍兩伍錢捌分　除使下餘銀肆兩玖錢　做井使訖

乾隆四十八年三月初九日公立

乾隆三十六年三月初六日東頭因河口吃水不

敷，掘井進立井樓，今將出布施人名開列於右：

張文玉　貳兩貳錢

張輝元　壹兩捌錢

吳繼周　壹兩捌錢

張明海　壹兩陸錢

張爾樸　壹兩肆錢

張弘富　壹兩肆錢

張　宓　壹兩貳錢[illegible]

張　耀　銀貳兩

張山海　壹兩叁錢

張文珍　壹兩壹錢

張廣東　銀捌錢四分

張[illegible]明　銀玖錢

張文寶　捌錢貳分

吳顯周　柒錢貳分

任自顯　銀捌錢

張繼賢　柒錢伍分

張文琳　陸錢陸分

張友璽　陸錢貳分

張　寶　銀伍錢四分

張[illegible]明　銀伍錢

[illegible]清　銀伍錢

[illegible]文　銀伍錢

張百行　銀伍錢

楊如鳳　銀伍錢

張　播　肆錢玖分

張　烱　肆錢四分

張林汝　叁錢陸分

王　昌　叁錢陸分

三義號?　銀叁錢

張　鏡　銀叁錢

張斐然　銀叁錢

王　武　貳錢八分

張銀汝　貳錢[illegible]

張仲良　貳錢

張文珠　銀貳錢

張繼祖　銀貳錢

[illegible]福成　銀貳錢

經理人

張友定

張輝元

張爾樸

吳繼周

張明海

張　通

張文珍

共布施銀叁拾兩零伍錢

共花費銀貳拾伍兩伍錢捌分

除使下餘銀肆兩玖錢交井使訖

[illegible]四十[illegible]三

重新金妆宏济寺碑记

【简介】

清乾隆四十八年（1783）勒石。青石质，圆首。碑首高40厘米。碑身高162、宽75、厚15厘米。底座长85、宽50、高41厘米。碑文楷体，20行，满行52字。碑阳额题“永为后鉴”。碑阴额题“碑记”。现存介休市义棠镇宏济寺景区。

【碑文】

重新金粧宏濟寺碑記

疑悔永已盡，安住寔智中，此上求妙覺之門也，而即下度眾生之路。盖聖賢之心本無不善，固無藉於因果報應之說，下此則性為情湮，種種惡業皆緣根塵以起。向非因果報應之說，有以悚目驚心而動其不敢之心幾何？不至於惟欲是從也。審是而人惟善根盡壞，不生信心，斯無可救度耳。否則一念之信，皆可度之人善，況頂禮供養之不已，而又捨財捨力以虔誠新佛金身，是非信心堅固不至此。或曰：佛在心頭，區區莊嚴，似無與於真信。予曰：是誠然，而特不可遽爾，以此望人，使必以此望人，則人之可棄者夥矣，豈大慈法王普慶眾生之意乎？但使確信有佛，即是信有應果報應矣，信有因果報應，則必不敢縱欲為惡矣。

今宏濟寺塔廟依然，眾善特以剝蝕塵封，即發願一一金粧，而岩半聖母廟與滾鐘坡石級亦連及而并修焉，一言募化，倏已整新。說者謂此寺創建之始，金剛運水，又山近虹霽名橋，故其神獨靈，而有以默牖乎人心，而吾謂眾善之信心，則固不可沒也。

法王以六度度人，而檀波羅密居一焉。盖謂布施能度慳貪，慳貪去而惡緣已去大半矣。願眾善由此舉之，捨而推之，以至於無不能捨，由頂禮莊嚴之信而推之，以至於即心求佛，將見善因，圓滿身爾，善果現前。小則救其苦難，錫以蕃昌；大則予之智慧，斷其煩□。是在信心之真與不真爾。

寺在介西師屯銀錠山，本名宏濟，里人以與虹霽同音，因混之。初建於唐貞觀年間，再造於前明萬歷年間。先以國朝康熙年間重修，今以乾隆四十二年重新金粧，謹書緣起，用垂奕禩。

乾隆四十八年歲次癸卯八月辛酉吉旦

庚子科舉人、候銓知縣喬元椿撰，邑居士茹世琚沐手敬書

起意糾首：監生王許穆　田福耀　吏員茹文周　監生茹文章　吏員李義　段榮桂　李本仁　李偉　宋可任　陳可義　任致遠　侯王政　田福亮　監生茹文藩　吏員茹文莒　李含榮　監生宋友璵　李寶珠　侯廷拔　宋銘　張富愷　李師周　宋大寶　監生宋廷玳　吏員王許壽　任致中　王積禄　茹超椿

木匠：□奇綱

泥水匠：張廷富

繪畫匠：蘇作檀　李有道

磨磚匠：李芳盛

土工：張興發

鐫字匠：楊富

住持僧：悟榮　悟泉

門徒：真海　真净

永為後鑑
重新金粧宏濟寺碑記
乾隆四十八年歲次癸卯八月辛酉吉旦

重新修补庙宇茶棚施财功德勒碑序

【简介】

清乾隆四十八年（1783）勒石。青石质，圆首。碑首高33厘米。碑身高130、宽63、厚15厘米。底座长77、宽47、高15厘米。碑文楷体，正文9行，满行41字。碑阳额题“流芳百世”。碑阴额题“用垂不朽”，内容为功德人名。现存介休市绵山镇董家庄关帝庙。

【碑文】

（碑阳）

重新修補廟宇茶棚施財功德勒碑序

盖聞歷代至今，修功作德，只因好善之事；修理廟宇，坐落茶棚，只因本境風水。鄉觀古有胞腹綿山之景，北臨汾水之光輝，大有風味。《法華》云：若於曠野中，積土成佛庙。如是諸人等，皆共成佛道。玆因先糺首生印等一人發心，得四鄉萬姓交力，康熙壬寅年間，與闔莊公議興工，起建關聖帝君廟宇並茶棚。果是善缘喜，接待過往仁人君子、士庶客商，原為吃水解渴之地。承南鄉各村莊眾姓同心協力，喜捨資財，共成勝事，至今六十餘載，因年深日久，風雨損壞。奈工成浩大，獨力難成，僧人日夜憂思甚，不忍坐視。僧因目覩心傷，不思勞力之苦，有意莊嚴聖地，自己力微，無奈烹茶會眾，叩請闔莊眾姓寺主大家公論，重新修補，彩画金粧，庙宇茶棚，裡外具已告成，施財者獲福無邊，助工者功德不淺，永作不世之功德，神人共悅，豈不美哉！

薰沐書人梁助　僧人智能撰

監生劉漢瑜施金粧銀式拾兩　焦家堡公香約保募化銀六兩　大靳村公香約保募化銀五兩　東宋壁公香約保募化銀二兩四錢　西宋壁公香約保募化銀二兩四錢　遐壁村公香約保募化銀二兩四錢　宋家小莊香約保募化銀二兩二錢　渠池村公香約保募化銀二兩　萬光村公香約保募化銀一兩二錢　霍家堡橋工上施銀一兩　陶家莊公香約保募化銀六錢　上城南李達化銀五錢　狀元邢墩行施銀三兩　布政司庫使梁琪溥　梁琪濯　梁琪湟施銀二兩四錢　監生任錫光施銀一兩二錢　張昇臣施銀一兩二錢　附貢董昀施銀一兩二錢　梁通福施銀一兩　武宏世施銀一兩二錢　趙榛施銀一兩　武寧世施銀五錢　郭珝施銀五錢

四十一年三月廿日，監生任臣，男生員御拔、擢、携、掄，孫芳、芬施地八畝，又槐樹一株。

住持僧人買庙前地一段計二畝；井西地一段一畝，西边地四畝；庙東溝地一段二畝，又兌陳戶地一條边至溝底地三畝；又戲台後戲社地兩段三畝，井在內；七畝坡地一段柒畝；戲社貼庙上粮錢三百文，每年貼。

靜昇村恒慶鋪五錢　王封楚三錢　王升瀛　王永興　王忠極　張炳　張治清　文盛鋪　張興讓二錢　王中孚　王定國　王果遴　王曼吉　董文璘施銀五錢又化銀六兩　彭翔萬一兩　梁思敬五錢　孫御龍　任斌　張興中　曹□珧　訾澤淳　張世則　文泗□　九昆斋　梁瑞　范璘化銀十四兩　日升當一兩　全義店　義興當　萬盛鋪　宗興當　永譽店　端興當　新盛鋪　恒盛鋪　益盛鋪　和盛鋪　義盛店　聚盛鋪　范豐太

經理人：梁□　梁福秀　□□□　梁助　李全盛　梁大榮　宋發仁　□□　梁亨柱　梁大順　任積富　梁成祿　梁通文　鄭復明

泥水匠張有榮，刻字人趙緯

僧人達賢，徒悟雲　孫真來　曾孫空太　空靜

乾隆四十八年三月二十一吉日穀旦立

（碑阴）

靳淩村募化銀拾九兩四錢　武寧職二兩四錢　東宋壁一兩二錢　王德隆　西宋壁　遐壁村　梁璜六錢　陳熙鉉　陳敏　高望極　陳亮　李嘉賓三錢　鈕萬熙　梁質永　李本誠　李任洽　李嘉□　陳

流芳百世
重新修補廟宇茶棚施財功德勒碑序
蓋聞歷代至今修功作德只因好善之事修理廟宇坐落茶棚只因本境風水鄉觀古有肥腴綿山之
景北臨汾水之光輝太有風味法華云若於曠野中積土成佛庙如是諸人等皆共成佛道茲因先斜
首生印等一人發心渴四鄉萬姓交力康熙壬寅年間與闔庄公議興工起建
關聖帝君廟宇並茶棚果是善緣喜接待过往仁人君子士庶客商泉爲乾水解渴之地承南鄉各村庄衆
姓同心協力喜捨資財共成勝事至今六十餘載因年深日久風雨損壞奈工成浩大獨力难成僧人
日夜憂思甚不忍坐視僧因目覩心傷不思劳力之苦有意莊嚴聖地自己力微無奈烹茶會衆叩請
闔庄衆姓寺主大家公論重新修補彩画金粧庙宇茶棚裡外具已告成施財者獲福無邊助工者功
德不淺永作不朽之功德神人共悦豈不美哉
邑庠生薰沐書丹人梁勛 僧人智能撰
經理人
乾隆四十八年三月二十一日 吉日穀旦立

俊□二錢四分　陰天□　□□□　陳元政　陳述詩　郭伯顯　陳李氏　陳述曾　郭有德　李尚達　李宏遠　李加謨　任景光一錢二分　高福德　陳秉盛　陳榮　陳聚文　陳太安　李宏勉　侯銘　陳元□　陳在範　陳克仁　陳玢　焦文品　陳太通　蘭孝進　任林福　仝孝文　梁世文　蘭清　蘭孝沛　任宏宗　李加信　陳□世一錢　陳名世　豹虎村化銀十八兩　陳聚文一兩一錢　溫士瑄一兩　溫士珍八錢　刘汗瑜　刘汗珍　刘成位　郭繼程　安兆鵬　溫欣然五錢　溫士賓　李尚錦　刘承德　李尚售四錢　焦大有　郭純　郭繼和　宋兆寧　郭繼順　李尚祿　趙玉通三錢　趙玉隆　焦恒秀　焦昶榮　溫士瑢　李聚園二錢　趙玉成　陳聚斌　溫清泉　溫德照　溫士璨　刘汗璨　陳彥吾　溫士珖　溫永孝　李鳳翔　李忠仁　李忠義　李忠聖　宋袭功　李尚聞　焦□璘　焦發澤　溫芳泉　溫士瑜　曹海廷　溫景秀　宋琨　李子祥一錢四分　河村化銀十六兩六錢二分　李世德三兩六錢　李清功五錢　李鳳璘　李大貴三錢　李清威　李興玉　宋吾英　宋尔英　樊宝二錢四分　范錦　王福恩　李高　李顯盛　陰玉產　李錦　李銑　李世昇　李章　樊文鼎　李權　李世敏　李□　李世福　李福寧　宋正英　李性　李锜　李宏統　李清秀　李福□　李日昇　李宏玉　李興太　李世傑　李宏積　李世積　李興瑞　李楷一錢二分　范斗　范秉諒　李廷詔　王德貴　李斌　冀士英　梁明　李聰　范達　李福聚　李宏如　李清斌　李興國　李清　李產　王禎　王元福　李清鼎　焦自林　李治光　李有光　李興斗　李□　宋發科　范秉功八分　小靳村化銀五兩二錢八分　郭永圖　郭康圖六錢　郭維翰五錢　郭大楝　陶孝孔二錢四分　陶孝信　陶孝忠　陶懷堂　陳興隆　郭懷智　郭世圖　郭遠圖　陶進賢　郭正圖一錢二分　郭維垣　陶孝堯　陶孝舜　陶世福　焦發貴　陶文秀　焦福寧　陳興祥　陶進義　郭懷仁　宋胡　王貴府　李文斗　宋光　郭成喜　陶文財　陶世根　城內王廣信施銀二兩八錢　又化銀七兩二錢六分　元亨當五錢　常宜宇　同發舖　常廷□　李國永　復和店　侯為龍三錢　溫義三錢六分　王昇三錢　陳度　鄭永清　張廷詔　宋豐　郝□　景榮昇　武秉□　武思貴　賁善海　溫瑾　王裕　宋偉　□□氏施銀弍兩四錢　城內趙孝書施銀一兩　又化銀二兩　晉殿鼐二錢　文恭　義興舖　楊定元　侯位　王聚昇　侯天烈　宗□有　義盛舖　□成舖　燕賈氏一兩二錢　党龍　溫曜一兩　吉日正　董輝章一兩一錢　高文武六錢　王立功　石明成　郭企黃五錢　董瞪　梁殿武　楊德福　王作林　鈕懋林　喬林珠　喬文洋　眼碌師　梁積　中興舖　梁萬青三錢六分　翟顯福　李加功　張全玺三錢二分　宋寧三錢　梁福貴　范廷佐　王悟　梁□貴　陳思賢　馮振緒　馮憲郭　陳尔修二錢　馮振志　馮□謨　馮憲□　天順舖　楊耀一錢　李文□　任振□　李文玉　趙于英　王奇三錢　李汗山　劉□福　張濟清　段成達　郝企賢　宋錫庸　宋敷政　弓清棟　宋發金　溫殿光　梁廷煥　燕世榮　燕世忠　燕綎　梁□施銀一兩三錢　又化銀十二兩六錢　中和當一兩　元亨當　張崑明　聯元店　復盛舖　龐濬五錢　三義舖　馮文生　邢可利　楊必暢　呂祥祿　合盛舖　史誠　孫相　鄭復明施銀三兩　又化銀十一兩三錢　慶同舖　義盛舖　全盛舖　袁家樓五錢　大樓上　王元　閆源喬　旧小樓　新小樓　恒裕舖　三台舖　同茂舖　公發舖　隆元舖　張文輝　三盛舖四錢　陳家樓　梁景鶴施銀一兩二錢　又化銀十兩　永興當六兩　存誠當五錢　永盛當　萬益當　人和當　興隆當　存德當　太臨當　太來當　陶世仁施銀三兩　又化銀九兩零七分　王秉孝一兩　萬成舖五錢　万順當　天順舖　裕隆當　梁炳　郭永金　王秉哲　李克成　王太和　李興盛　陶孝孔　陶孝信三錢　陶孝舜　陶孝堯　王秉彝二錢四分　陶孝忠　楊廒　焦克成　陶世德二錢　鄭復明募化人名于后　溫全雄三錢　李愷吉　毛正顯　張應真　張忠立　張士傑　雷成俊　同興舖　如元店　梁福秀施銀三兩　又化銀八兩零四錢　王起龍二兩四錢　王起鳳一兩二錢　梁永盛　宗廷左　宋金滿五錢　王扶后　李玉玺　王成龍三錢　王王氏二錢四分　梁成福施銀一兩二錢　又化銀七兩四錢　王全盛一兩　任源興　榮茂順五錢　焦同興　燕袭　張定陽　董□□　斛貴募　万順舖　焦三義　張福孝　焦生宝　梁同盛　李全勝施銀一兩二錢　又化銀四兩八錢　段德昇一兩二錢　董子巽六錢　中正舖　豐太舖　永成舖　李文林　王□富　梁成祿施銀一兩二錢　又化銀六兩三錢二分　李鳳璘一兩二錢　董清政五錢　廣隆舖　郭存礼　董國義　李大貴　王文杜　同人舖三錢　宗□琳　任耀德　張倫全　王□二錢　張□林　榮秀文　李宗唐一錢二分　范秉智　宗發仁施銀一兩二錢　又化銀五兩五錢八分　閆楷三錢六分　王相清二錢四分　楊章　宗沛林　李宏義　李敬承　胡

柱國　龐孝先　侯定□　楊瑛　孫國昌　梁瑜　楊如山　張右士　李晉　石廷貴　復盛舖　郭淳　郝璠　武寀世　郭繼成　梁滢一錢二分　宗刘氏　李連昱　梁生盛化銀一兩六錢四分　梁生標　梁登第二錢　武興隆　張祥　岳寓仙　梁元硃一錢二分　梁元錩　溫福有　焦發祿　鈕永太　武興硃　焦閏　唐玉柱施銀五錢　又化銀三兩一錢四分　張於峙五錢　張聖功　張李氏　張聖仁三錢　張聖訓　張聖言　張於峒　李希靖二錢　梁步瀛一錢二分　王佳興　本村施銀人名于后　梁亨柱施銀二兩四錢　韓伯玉施銀三兩　任昌施銀二兩　任世悅施銀三兩　梁勛施銀一兩五錢　梁助施銀一兩三錢　梁全柱施銀一兩二錢　梁大榮施銀一兩　陶世礼施銀一兩　王明施銀一兩　梁福奇施銀六錢七分　梁勣施銀六錢　梁存貴施銀五錢　李全仁施銀五錢　王亮施銀五錢　梁通文施銀五錢　梁大順施銀五錢　孟善人施銀五錢又化銀三兩零六分　陶世義施銀三錢六分　梁大仁施銀三錢六分　陶世智施銀三錢六分　王□魁施銀三錢三分　梁功施銀三錢　李全德施銀二錢四分　任王氏施銀一錢二分　梁段氏施銀一錢二分　梁成榮施銀一兩二錢　梁福俊施銀三錢　梁大林施銀三錢　梁存富施銀五錢　豹虎村募化功德人　刘成德　焦恒秀　刘章　李宗聖　李尚錦　李加文　溫錦秀　募化功德佈施人名於後　鄉耆武興周　公正陳太林　白文治　香老侯成文　約保蘭李信　陳喜隆　侯成武六分　陳有明　李天順　張滿正　李興亨　侯在貴　梁成貴　李汗福　李殿英　李隆　張旺　侯在朝　張盛　郭文　任景盛　任景魁　侯在宋　侯林昌　焦文魁　陳俊彥　陳太元　陳殿林　李加盛　白廣　焦文盛　陳熙太　劉大長　王福興　太原府張有榮募化人名　郭維屏施銀二錢四分　張士察施銀二錢四分　高秀山施銀二錢四分　韓貴元施銀二錢四分　溫岐□施銀二錢四分　張作述施銀二錢四分　趙福相施銀二錢　徐福剛施銀二錢　張繼施銀二錢　趙俊德施銀二錢　張廷必施銀二錢

永垂不朽

重修龙王庙碑记

【简介】

清乾隆五十年（1785）勒石。砂石质，圆首。碑首高30厘米。碑身高98、宽60、厚10厘米。底座长66、宽40、高16厘米。碑文楷体，正文17行，满行37字。碑阳额题“遗芳百世”。碑阴额题“千载不朽”。现存介休市义棠镇汪沟村龙王庙。

【碑文】

（碑阳）

重修龍王廟碑記

介邑綿山自南而西横亘數十餘里，至余村分枝落脉，周圍環繞焉，内建龍王古廟，居半壩。中壩下出清水泉，灌溉農田，流入於汾。更有蒼白大石，形如鳥獸，盤居於廟之前後左右，重峰叠嶺，緑水清波，或亦神靈之助歟！唯廟宇日就傾頹，父老相約，咸謀整修。余聞之，凡山川邱陵能出雲雨者皆曰神。祭法云：能禦大菑則祀之。兹地時以其氣蒸為雲雨，瘠土可轉為腴，非所謂神而禦大菑耶？整修之舉，報厥神功也。經始落成，例得並書，諸有勞勩者亦載碑陰，示不敢略云。

廪膳生員李敬棠撰　儒學生員李正華書

扶前簷中梁人：例封武信郎李光明　太學生李光顯　侄監生李正春捐銀六兩

龍王神像金粧人：例封武信郎李光明　太學生李光顯　侄監生李正春捐銀三兩

土地、山神神像金粧信女李門郭氏　男李大臣等捐銀一兩

糾首：李光明　溫焕宇　梁廷魁　張偉□　仨昌喜　喬世和　喬世璋　李光顯　喬進昶　孫治

岳文祥　喬進厫　李大臣　張信□　李恒恭　李正春　任元熙　郭憲　郭志和　白如星

彩畫：蘇作檀

木匠：熊奇綱

泥匠：冀枝梅　劉進福

鐵筆：寧若全

聖母廟住持真空　徒如明　如印　孫體介　體然

大清乾隆五十年歲次乙巳仲冬上浣十日立

（碑阴）

捐銀紳士姓名：

喬學湯募化銀三兩

楊可寧募化銀壹兩壹錢

例封武信郎李光明　太學生李光顯

捐銀貳兩肆錢：監生李生春

捐銀壹兩肆錢：李大臣

捐銀壹兩貳錢：澤深當

捐銀壹兩壹錢：監生張偉□　任昌喜

捐銀貳兩：王治太

捐銀捌錢肆分：監生孫治　喬進厫　監生郭志和

捐銀柒錢：喬進昶

捐銀陸錢：任進喜

捐銀肆錢貳分：鄉耆張信斌　從九郭憲　任元照　喬進達

捐銀肆錢：九遠號　張染房　喬繼周

捐銀三錢肆分：溫煥宇　喬世和　喬世璋　張銳
捐銀三錢：大興廠　恒升號　人和號　聚義號　本鎮鄉耆魯智　梁廷魁　梁承誥
三錢：梁繩祖　王盛旺　張像斌　陳可義　陰欽州　岳文祥　宋海金　宋文章　白光寶　楊光斗
李大福　白光有　喬世欽　張永睿　喬正寬　喬正供　白如星　李成湯
弍钱四分：張福珠　得勝窑　陳進寶　原士威　裴學元　宋海華　李達
弍錢：喬廷英　溫學斗　任永珠　張棲梧　任旺昌　李應聘　陳文鎬　杜觀璽　羅湘　任國有
趙成榮　喬學武　李宗斗　周文煥　李益社　李日晏　宋琳　楊可寧　任廷秀　李日泰
王位檀　周進武　武尚義　宋琮　陰玉才　李天培
壹錢六分：張有珠　郭瑞征　李師堯
壹錢四分：澤順號　郭士義　武大福　劉進福　冀枝梅
一錢二分：大店　任斗金　任可榮　任可榮　白成煥　岳殿臣　張大富　宋海潮　郭天寶　張大貴
喬學林　宋文魁　溫成光　劉體科　馬世芳　龐福功　李立天　裴天立　裴光亮　溫如星
任有直　胡永興
一錢：李洪海　段存仁　楊文有　李郁　任玉琳　李芝　喬世璜　宋海寶　喬建朝　張富斌
喬學文　降祿富　任根珠　喬學斌　楊玉富　郭天明　降祿貴　韓奇昌　郭天佑　李日照
張世孝　王茂盛　段有信　郭澤寧　任文喜　白大賢　喬學安　康玉進　岳鳳印　孟悅

恒泰铺还款文约

【简介】

清乾隆五十年（1785）勒石。青石质。长66、宽49厘米。碑文楷体，16行，满行51字。嵌于介休市宋古乡宋安村三官庙二层墙壁。

【碑文】

四十六年正月廿日，恒泰舖有借温曜銀一千兩。是年十二月廿日，即改借到宋安村三官廟郭復禮名下。事經溫曜、溫銑之手，約據不能考實。五十年三月卅日，憑本村公耆將本利全清，日後撿出鋪借溫之約、借郭之約，並溫、郭互借之約，俱與恒泰鋪無干。恐有後此生變波累，立石為証。

公正：李際濂

鄉耆：武士藹

經手：溫　曜

中人：石宜欽

住持：郭復禮

乾隆五十年四月初十日立

此銀修廟費訖

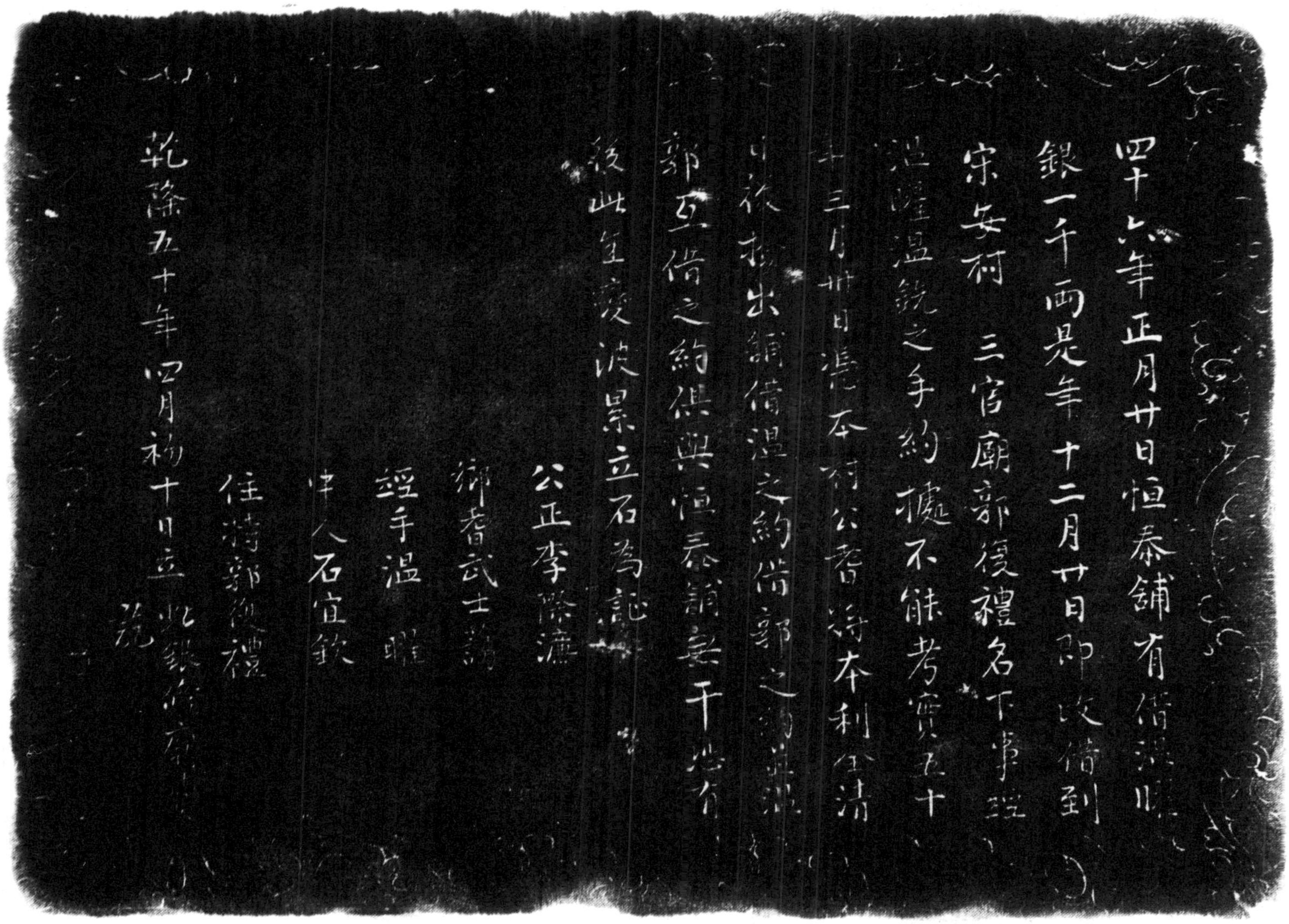

新建献亭兼修殿庑乐楼记

【简介】

清乾隆五十一年（1786）勒石。青石质，螭首，方座。碑首高101、宽89.5、厚19厘米。碑身高236、宽87、厚17厘米。底座长104.5、宽63、高18厘米。碑文楷体，19行，满行62字。额篆“新建献亭记”。诰授中宪大夫、前直隶保定府水利盐捕通判、候补京府通判加四级、又恩加一级、又军功加一级、又庚子甲辰乡饮大宾张文达撰文，儒学生员常秩宗书丹。敕授登仕佐郎、议叙即用翰林院待诏加一级、戊戌乡饮大宾侯国新篆额。现存介休市顺城关三结义庙。

【碑文】

新建献亭兼修殿廡樂樓記

天下事之興廢豈偶然哉，莫不有數焉以存乎其間。即如三義廟之由來昉於宋，而名實更於明，至國初遭回祿，而廟貌遂幾不可問。若非有先輩諸君子鼓舞振興，今雖欲求其故跡，而杳無復有所存。嗟呼！天道其難測乎。

若我三義尊神，秉乾坤正氣，堪與日月爭光，遭際亦竟若是，豈冥冥中或有厭故喜新之意也耶？不可得而知也。然今廟貌雖存，献亭終缺，觀者惜之。乾隆初，幸有邑人康氏，偶有所感，陡輸己資貳佰伍十金以為始基，欲後權子母而成厥功，迄今歷數十年，僅得千有餘金，而康氏亦竟置若罔聞矣。庚子秋，有住持融實者，睹基址之空存，念資斧之有限，忽邀本關士庶，闡明其意，而士庶輩亦俱慨然承應，各竭己力，數仍無多。越歲，復會本城諸公設法捐輸，亦僅貳千柒佰零。壬寅春初，遂約本關諸公竟興厥工。若者董事，若者司庫，若者庀材，若者討捐督工。余雖老病無為，亦謬為諸公所不棄。雖然献亭之修固已，而正殿之凋落，兩楹樂樓之傾壞，若聽其顛危而不為之振，雖献亭告成，亦終與袍縕立狐貉者比。爰為之傾者扶之，缺者補之，陳者新之，是或可以妥我神靈乎！是役也，功興於壬寅之春初，告竣於甲辰之秋季，計費白金肆千捌佰有奇。然此亦第補偏救敝已耳，豈敢曰大改厥觀，巍乎煥乎云爾哉！後之君子復有繼此而毅然振興者，其改觀又不知何若也，是則余今日之所厚望也夫。至於捐化之姓氏、銀數之多寡，另紀於碑陰，載諸別碣，不復及焉。

誥授中憲大夫、前直隸保定府水利鹽捕通判、候補京府通判加四級、又恩加一級、又軍功加一級、又庚子甲辰鄉飲大賓張文達薰沐謹撰

儒學生員常秩宗沐手謹書

敕授登仕佐郎、議敘即用翰林院待詔加一級、戊戌鄉飲大賓侯國新薰沐謹篆

大清乾隆歲次丙午孟秋吉日糾首公立

特授文林郎、介休縣知縣加五級、軍功加一級又隨帶紀錄二次汪本直

修職郎、介休縣儒學教諭董之璠

修職佐郎、介休縣儒學訓導李生棟

介休縣典史周景和

捐化姓氏總稿閻汝旺、文佩沐手謹序

住持心海門徒融實　徒孫至仁　曾孫理璋　元孫妙穎

新建獻亭兼□殿廡樂樓記

天下事之興廢豈偶然哉莫不有數焉以存乎其間即如三義廟之由來昉於宋而名實更於明至

國初迺回禄而廟貌遂與不可問若非有先輩諸君子鼓舞振興□□徵求其故迹而今無復有所存嗟乎天道其難測乎若我

三義尊神秉乾坤正氣堪與日月爭光遭際亦竟若□□□□中或有厥故焉新之□聊不可得而知也然今廟貌雖存獻亭終缺觀者惜之乾隆初幸有邑人康

氏偶有所感捐輸已資貳佰伍拾金以爲始基□□推予母而成厥功迄今歷數十年僅得千有餘金而康氏亦竟置若罔聞矣庚子秋有住持融實者覩基

址之空存念資斧之有限忽遂本閭士庶闔明其□而士庶輩亦俱慨然承應各竭已力數仍無多越歲復會本城諸公設法捐輸亦僅貳千柒伯零壬寅春

初遂約本閭諸公章與厥工若者董事若者司庫若者庀材若者討捐督工余雖老病無爲亦謬爲諸公所不棄雖然敏予之修固已而正殿之凋落而極樂

樓之傾塌若聽其顛危而不爲之振雖獻亭告成亦終難□祀立廢絡者比比爰爲之傾者扶之缺者補之陳者新之是或可以妥我神靈乎是役也功與

壬寅之春初告竣癸卯甲辰之秋季計費白金肆千捌伯有奇然此亦第補偏救弊已耳豈敢曰大改厥觀巍乎煥乎云爾哉後之君子復有繼此而敦然振興

者其改觀又不知何若也是則余今日之所厚望也夫至於捐化之姓氏銀數之多寡另紀於碑陰載諸别碣不復及焉

誥授中憲大夫前直隸保定府水利塩捕通判候補京府通判加四級又恩加一級又軍功加一級又賜頒鄉飲大賓張文達薰沐謹撰

儒學生員常秋宗沐手謹書

勅授登仕佐郎議叙即用翰林院待詔加一級戊戌鄉飲大賓候國新薰沐謹篆

大清乾隆歲次丙午孟秋吉日糾首公立

特授文林郎介休縣知縣加五級軍功加一級又隨帶紀録二次汪本直

捐化姓氏總稿文理汝旺沐手謹序

修職郎介休縣儒學教諭崔之璠

修職佐郎介休縣儒學訓導李生棣

介休縣典史周景和

住持心海門徒融實徒孫至仁會孫理璋元孫妙顯

栽松柏记

【简介】

清乾隆五十一年（1786）勒石。青石质。长47、宽34.5厘米。碑文楷体，14行，满行11字。本村赵如良撰书。嵌于介休市绵山镇兴地村世姑庙墙壁。

【碑文】

栽松柏記

本村世姑廟落綿峰足下，名曰"黄土坡"，其地清幽而静寂，正坤神所憑依也，但地勢寥落，獨無樹木映秀。爰本村宋天保、宋天海目擊心感，□念栽培，遂於神廟前後栽松柏數十餘株，壯瞻神廟而秀麗，亦有所藉焉。住持玄□不忘況瘁之□，勒之於石，以垂好善無窮之志云爾。

乾隆五十一年歲在丙午四月中浣　本村業儒趙如良撰書

重修关帝庙碑记

【简介】

清乾隆五十二年（1787）勒石。青石质，圆首。碑首、碑身通高225、宽53、厚11厘米。碑文楷体。额篆“重修碑记”。现存介休市绵山镇南槐志村庆云庵。

【碑文】

重修關帝廟碑記

嘗謂天灾流行，固屬不測，修廢舉墜，端賴人為。本村東門外有關聖帝君廟一座，由來已久，自乾隆丁卯重脩而後，頗為一方祀神福地。夫何歲值戊戌四月初二日夜，忽遭回祿，正殿三楹成灰燼。

夫以帝君之聲靈赫濯，庇佑斯世，薄海內外，罔不家祀而戶祝．而謂斯廟之脩，寧容緩乎？苐以村小時艱，差務繁多，有志未逮，□廟神傷，登堂浩嘆，此鄉之人大有不安於心者。鄉耆郭君與住持岳智熺爰修短引，預於村人之貿易四方者，托其□□。

辛丑冬，而鳴鑼會眾，倡議重脩，人皆踴躍，慨然寫捐，雖多寡不齊，要咸傾心樂輸，初無難色，約有八百餘金，因而議舉□，鳩工庀材，於壬寅季春而工興焉。是役也，方慮工程浩大，有莫克繼之之憂，而不謂人力鼓舞而前，佈施紛沓而至。上有糾首經營區畫，不殫勳勞，不數月而告竣。廟貌聿新，翼然煥然。上不有以妥神靈，下不有以慰眾志乎！而更移建照壁，理三官、賀庿廟，俾無傾圮傾壞之虞。一時之間，廢脩墜舉，神悅民安，僉以一方勝事，與捐資募化出銀姓氏□□沒，公舉勒石，以傳不朽，余忝為糾末，不禁珥筆而為之誌。

府學增生溫緯薰沐謹撰

從九品李廣泰薰沐謹書

銀錢糾首：趙三智　監生李珂

總管糾首：郭鏡　生員溫緯

管賬糾首：監生靳維國　李常豐

買辦糾首：趙三信　李桐

襍辦糾首：王錦文　張樞

管工糾首：董楚　監生李鉉　武舉宋興　監生溫厚　王九功　喬俊榮

住持：岳智熺　徒信坦、信垣　新住持僧人□賓　徒侄仁　孫理璋　曾孫妙穎助銀二兩四錢

泥匠：楊振雄　楊發財

丹青：南師

木匠：李安唐

石匠：薛逢　薛懷仁

木工：曹廣斌

乾隆五十二年九月二十二日

重修关帝庙碑记

【简介】

清乾隆五十五年（1790）勒石。青石质，圆首，无座。碑首、碑身通高185、宽80、厚15厘米。碑文楷体。额题“承先启后”。现存介休市绵山镇南槐志村庆云庵。

【碑文】

重修關帝廟碑記

《禮》云：有其舉之，莫敢廢也。凡祭類然。而關帝之文武聖神，護國保民，尤當同乾坤不朽者。余庚戌春來遊茲土，見夫神像煥然，正殿臺閣蔚若，美哉造修乎！問其功，曰累年之增補；問其資，曰四方之募化；問其倡而成之者，共言糾首趙禮、溫積善等。

是年秋，並帷牆、廊廡而從新焉。功既告竣，費亦無餘，遂乞余作文以記之。夫以神靈憑依，廟貌為先，建立者功在一時，重新者事属萬世。此一舉也，誠足繼已往之功于勿替，而開未來之事于無窮乎。茲特刻記碑文，爰列捐施花名及經理人等於左，以望夫繼起作新者無廢止舉也。是為序。

關中生員高元福撰　本庄學士宋林森書

乾隆二十八年宋福興施劉元珠沙灘子地三段七畝，王指畝地一段七畝，共地一十四畝，隨地計大粮四斗。

總糾首：趙禮　溫積善　郭富堂　安秀崑

經理糾首：安禹　郭明禎　張雲琦　劉永清　任大富

大清乾隆五十五年十月二十七日立石

主持：心然　徒弟蝠明　徒孫慈寧　慈靜

□□□□□□碑记

【简介】

清乾隆五十五年（1790）勒石。砂石质，圓首。碑首高 34 厘米。碑身高 131、宽 63 厘米。碑文楷体，21 行，满行 59 字。额题“重修碑记”。落款具体年代漶漫，但从干支纪年“庚戌”可推断为乾隆五十五年。字迹剥蚀严重。现存介休市义棠镇小宋曲关帝庙。

【碑文】

□□□□□□碑記

□□□□□□吾不得而知之，我聞曰：有其廢之，莫敢舉也。有其舉之莫敢廢也，唯我□夫子□□□□□例而□□世永賴者也。

茲小宋曲距邑之西八九里間，有神祠蕞爾，甚且風雨□處，久貽神怨恫。康熙五十四年，縣主楊公□□此神□篁，捐俸一百一十兩，以追佐貳、捕驛並兩學咸有捐焉。本村糾首王道元等欲改舊置而廓規模，非得一明作有為之住持則不可用。是旁□□□煥文玉，道人連諱陽照謀諳村眾，稟諸公堂，楊公稱之曰能。道人甫來時，絕無托足處，暫借觀音堂□止，既而略其地，相其勢，意世之喜於有為□□□技久類於盧鶩者，不勝屈指，輾轉反側，夙夜憂慮，恐住持□□有傷付託，又諮訪孫暢□、東堡、西堡、羅王庄四村智足多能之君子，鳴之縣尊，奉□敦請，祈為領袖，共襄厥事。爰建大殿三間、鐘鼓二樓、東西磚□六眼並山門三間，至雍正七年而工始告竣。雖然神宮攸芋，而香火無資，其能發□不變乎？道人又慮及於此，出其乎昔之所得於藥資者，置田七畝有奇，有調□於信士之施捨□三十畝有奇。百年香火之資，更復何慮哉？當茲勒石，屬余為言，余以不文辭不获已，因憶曩者道人始焉寄跡於觀音堂，已而徙居於帝廟，道人待人不敢有簡率，奉神愈加謹，不俟此廟之□□□將彼殿之更新，早作夜思，不憚烦瘁，於雍正五年，為之塗塈茨、塗丹雘，美輪美奐，不在人耳目間耶。噫！道人之心力□苦矣。然道人雖自苦其心力，□□□□□居其功之所□而言曰：今此之功，悉賴神靈之佑與眾糾首、諸信士之力，我則何德而何能？余心折其謙。總之，是役也，非眾糾道不能成，道人□□□□□□□□□□□□此一方之鉅觀也。余素拙，不善脩辭，人不樂為溢美，姑敘其始終顛末之實蹟云。

邑庠生范繩武薰沐謹撰　邑庠生張為福薰沐敬書

儒林郎知介□□□□□□□楊允和　左堂加十級徐言禎　督捕廳傅汝賢　郵政廳陸善

糾首：耆賓降斗弘　生員張星炘　降子美　同州范俊榮　王道元　降玫　□□□□□　□□□

□□□　生員張薦福　耆賓張聖學　生員□令曲　生員李煌　張鎰　□興琪　張斯榑

□□□　王宗□　鹽□降□□　生員石之玠　張楹　楊明譽　胡之璞　□弼　□爾璞

任福金　孟世通　王國龍　陰恭福　王道儒　陰國昌　陰福魁　王際隆　陰俊儒　王俊儀

任福富　王俊祿　溫啟定

龍門派住持師祖段清埏　師叔李一鐸　王一鎮　師弟裴淨　冀洞　張陽浩　李洪　溫淵　師侄冀來檀　冀來桂　冀來樸　任來桓

本廟住持蕭一辂　徒募緣焚修王陽照　孫任來樞　任來杞謹立

石匠：張秉讓　趙弘祚鐫

時大清乾隆□□□年歲次庚戌□□□□

新建献殿碑记

【简介】

清乾隆五十六年(1791)勒石。青石质，圆首。碑首高45厘米。碑身高148、宽76、厚14厘米。底座长88、宽55、高43厘米。碑文楷体，正文11行，满行40字。碑阳额题“神人共乐”。碑阴额题“风雨攸除”。现存介休市龙凤镇张壁古堡关帝庙献殿西侧。

【碑文】

(碑阳)

新建献殿碑記

嘗聞踵事增華，固屬先賢之戒，而缺略不全，實亦人心之憾。

今本村關聖帝君廟缺少献殿，當供献時，光天化日，儀卫森嚴，盤炷鮮明，而趋蹌駿奔亦斑斑肅敬，人心殊覺暢快。如遇狂風驟雨，陰霧連天，排列則左右無行，貢饌則前後失次，登降拜跪之際亦多參差錯雜，而肅敬不伸，尚可以邀神貺耶?

村人欲修献殿，願亦久矣，止因財力不逮，遲緩延年。幸本村監生張鵬翔發願成功，吾等舊有積聚銀一百四十三兩，又有張福定、賈泰遇清寧漢口化來積聚銀六十五兩，俱樂為合一焉。

因與香老頭腦商約，遂請糾首并募村眾，果爾善有同心，無不踴躍樂輸，以成勝舉。

斯工也，起于本年二月，成於九月，又補修正殿、旁殿以及樂樓戲臺、牆院，無不振舊為新。鵬翔尤不慊意，獨力金妝彩畫，由是翬飛鳥革比其華，刻桷丹楹方其麗。雖往來觀瞻者未免踵事增華之誚，然必如是而尊神之敬意始伸，人心之抱憾始釋。非敢云求福，庶幾人和於下，神安於土，有貢献而無不享矣。於是為記。

本村壬寅歲進士、候銓儒學訓導賈大彩敬撰並書

香老：賈士儒　張玉瑄

公正：羅成林

鄉耆：李枝盛

鄉約：賈大志　張廷維

保正：張安維

積聚糾首：王道成　賈大介　張福學　賈大彩

總理糾首：賈元盛

糾首：張修維　賈士通　王錫定　張九功　賈雯　張萬青　張禮維　賈大彩

本廟比丘僧清甯　門徒淨悅　孫真木　真悟　曾孫如源　如澄

大清乾隆五十六年十一月十三日立

神人共樂

新建獻殿碑記

嘗聞建事增華固爲先賢之戒而缺略不全實亦人心之憾今本村

闗聖帝君廟缺少獻殿當供獻時光天化日儀衛森嚴盤烓鮮明而趨蹌駿奔亦班班肅敬人心殊覺暢

快如遇狂風驟雨陰霧連天排列則左右無行貢饌則前後失次登降拜跪之際亦多參差錯而

肅敬不伸尚可以邀神貺耶村人欲修獻殿願亦久矣止因財力不逮遲緩延年幸本村監生張

鵬翔發愿成功吾等舊有積聚銀一百四十三兩又有張福定賈泰遇清寧漢口化來積聚銀六十

五兩俱樂爲合一焉因與香老頭腦商酌遂請糾首并募村衆果爾善有同心無不踴躍樂輸以成

勝舉斯工也起於本年三月成於九月又補修正殿傍殿以及樂樓戲臺墻院無不張舊加新鵬翔

尤不憚意獨力金粧彩畫由是翬飛鳥革也其華刻桷丹楹方其麗雖往來觀瞻者未免踵事增華

之誚然必如是而尊神之敬意始伸人心之抱憾始釋非敢云求福庶幾人和於下神安於上

有貢獻而無不享矣於是爲記

本村壬寅歲進士候銓儒學訓導賈大彩敬撰并書

香老　賈大儒、張王瑄　鄉約　賈大志、張廷維　積聚糾首　王道成　總理糾首　賈元盛　張九功　賈大彩

糾首　賈大介　張修維　賈雯

公正　羅成林　保正　張安維　張福學　賈士通　張萬青

鄉　李枝盛　賈大彩　王錫定　張禮維

本廟化主僧清寧同徒淨滿孫真本曾孫如海

大清乾隆五十六年十一月十三日立

（碑陰）

新修献殿出銀人名開列於右：

河南浚縣四泰典募化銀貳百四十兩　　京都南各莊羅成林募化貳十四兩

東宋壁侯君召助銀三兩　　龍頭村生員任重威助銀一兩

本村人名：經理　張禮維　助銀四兩　　歲貢　賈大新　助銀三兩

生員　靳開隆　助銀二兩四錢　　張萬育　助銀二兩

張永和　助銀一兩五錢

一兩貳錢人名：靳開業　從九張萬青　張九疇　張九功　監生賈雯　張萬增　張方隆　張仁春　張仁春　張仁義　張仁智

一兩人名：賈士通　賈元忠　賈元良　王錫定　王錫清　王錫盛　賈進　梁湛深　燕振能

八錢人名：羅士有　張修維　張玉瑄　賈士紹　張振仁　張振義

六錢人名：宋太儒

五錢人名：靳開勳　楊開凰　王應聘　張安維　張廷維　張九廣　張萬俊　張鵬荃　張九光　張騰維　賈士賢　賈士珍　靳枝興　賈大穩　仝學官　賈士儒　王太宇　李枝盛　賈大志　賈大業

四錢人名：賈士春

三錢人名：張德維　張盛維　賈來遇　賈士安　張景旺　張信維　賈大祥　張萬倉　張福善　張大喜　張永義　張永忠　王　賓　賈士閣　張扶魁　賈士聚　賈德遇　靳宗文　賈太聚　賈大俊　賈士迪　賈士讓　賈士敦　張萬滿　賈世德　王應璽　李枝鳳　靳嗣旺　王道林　賈元功　宋士元　宋士寶　冀敦誠　許晉彭　王應春　榮元勳　榮元成　榮從海　焦門榮氏　張福美　王太官　靳開美　王體信　高門郭氏　張萬財

二錢四分人名：賈妙傑　靳枝魁

二錢人名：靳枝昌　賈大昌　賈士官　趙為孝　張扶智　張孝維　張萬佛　賈士柱　王應功　李士華　張九文　張榮維　張飾維　張九安　賈孝通　賈士謙　靳偉　賈士直

一錢二分人名：張存建

創建东禅堂重修乐楼碑记

【简介】

清乾隆五十七年（1792）勒石。砂石质，螭首。碑首高81、宽77、厚19厘米。碑身高182、宽73、厚14厘米。底座长80、宽47、高40厘米。碑文楷体，正文9行，满行31字。额题“德行流芳”。现存介休市绵山镇马堡云栖寺。

【碑文】

創建東禪堂重修樂樓碑記

余鄉在綿山之西北，為往來朝山之衝衢，有寺名曰“雲棲”，乃空王古佛之遺跡也。予生也晚，未見創始之巍煥，但覩殿宇之傾崩，惻然而感焉。適己酉歲，予辦理村事，彼時主僧體榮向予商酌，意欲興功。因而請知諸糾公議，眾皆同心，斯有是舉，遂積資三載，於壬子歲功成告竣，煥然聿新。庶殿宇臥草棲煙者，得以停雲凝目，神像之吞風飲雨者，得以佩玉披金。未幾而廟貌輝煌，人皆沐其庥矣。眾囑余作文，予自愧筆穎未飽，硯田久疎，難以言文，然眾善之功德豈可掩沒者乎？固而不揣俚言，搦管直敘，以勒之石。是為記。

乾隆五十七年十月二十七日穀旦

本邑太學生任登朝謹撰並題

香糾公人：監生任三聘　監生宋撰　郭鳳岐　宋儒盛　武鎮　張自魁　宋观貞　宋湧　任發隆

任三卿　宋英　宋承先　宋來賢　宋豐□　梁程　宋寶　任佐朝　任宜朝　監生宋賓生　任朝

監生宋豫貞　宋元宰 宋承業　任慶朝　任□旺　王凱　任鑑　監生任清藩

抱腹巖雲峰寺臨濟正宗本寺修造僧營侖　營彰　徒心域　心垻　孫通林　通仙　通元　曾孫玄光仝立

石工：柴本士　郝天雨鐫刻

總理糾首：登朝 一丹書

增修千佛寺碑记

【简介】

清乾隆五十九年（1794）勒石。青石质，平首。碑首高35厘米。碑身高140、宽67.5、厚14厘米。底座长79、宽52、高41厘米。碑文行书，15行，满行45字。碑阳额篆“福寿”。碑阴额篆“永垂不朽”。现存介休市张兰镇下李侯村千佛殿内。

【碑文】

（碑阳）

增修千佛寺碑記

文公韓夫子云：莫為之前，雖美弗彰，莫為之後，雖盛弗傳。若是，則天下事未有不前後相濟而克有成者也。介邑東距城四十里許有聚處焉，以其地比漢將軍李陵之墓，因名曰下李侯村，古有千佛寺，屏山帶水，堪勝境也。康熙壬午年，昔人雖已補葺，然世遠年湮，風雨漂搖，牆垣傾圮，見者莫不深慮。幸有兼管本寺住持融寶和尚，為人素守清規，一切服食事務概□儉約，將圓寂時，請合村眾善士告曰：僧有積金數百，久欲修理千佛大殿，今已矣，弗能為也，賴諸檀越鼎力，僧歿後克成乃事，福德無量矣。迄今歷有年所，金愈積而廟愈毀，眾念君子成人之美，是與人為善之莫大焉。況殿宇傾頹，無以妥神靈而崇祀典，余鄉人更□為□竭力，因□興工。嫌其卑下，然薦舉之，因其殘落，□堅厚之，且神像剝落，則重新金妝之。抑又念寺居村外，殿止三楹，□□僧舍仍然狹小，人毀神像而汙棟宇，是□尊神，適所以褻神也。於是更建東西兩廊、內外禪門以及圍牆□□□□□□□□□，惟神前香火無缺，抑且永絕小人汙滅之患。猗歟！是舉也，工程浩大，徵寶師輸財於前，□以建景，士之助□□□□□□□□□□□成寶師之善。茲乃金光炫朗，彩色輝煌，斯寺之美而彰，盛而傳者孰神，非資財人力相濟而成工也。工既□□□□□□□□□，因志韓夫子之所志，學韓夫子之所學。何以文為辭不獲已，因覽舊碑記云，上之性乎，無像其次，觀像以合乎，善心又其次，睹像以預其勝緣，向導雖異成功，然是像教，無有補於一教也，故不深論。特敘其事之本末而勒之於石，永垂不朽，殆亦不沒人善之意云。是為記。

時大清乾隆五十九年歲次甲寅四月上浣吉立

儒學□生張大科再名桂林敬撰文並書

（碑阴）

經理修寺眾士人名詳著於後：

公正：生員張毓芳

鄉耆：張大相

鄉約：張道惠

總理：

糾首：原永光　張沛瑜

銀錢兼理出買：張世臣

賬簿兼理評房：張廷□

協辦糾首：張大柱　張憲文　原成相　張學有　張沛稱　張大貴張道忠　生員張春芳　歲員梁星林　張大志　原永明　原永福　原成義　監生原正倫　張憲武　張爾昌　張世舉

選擇先生：馬星輝

稷山石匠景就景鐫

木匠：趙成國

泥匠：王玉相

金妝匠：榮先興　南天愷　楊文本

茶亭歌碑

【简介】

清乾隆五十九年（1794）勒石。青石质。碑长 108、宽 64、厚 7.5 厘米。碑文草体。2006 年 9 月，介休市南街居民乔全福捐赠，现存介休市博物馆。

【诗文】

茶亭歌

綿山三面驛路連，積砠起伏無深淵，
行子道渴須浆解，環峰不見噴流泉。
蒜峪陳公見且憐，築亭煮茶息客肩，
田夫不煩汲井綆，高士不費飲水錢。
此亭相沿五十年，亭内廟貌何巍然，
武聖衣冠迎日麗，文昌照耀如珠聯。
更有金人拈花笑，百寶光中湧玉蓮，
香火不假二氏手，司事給以郭外田。
君家積德何綿綿，桂宮應取姓名鐫。
君不見庭前矯矯儘是摩天翼，
從此搏風振羽共到鳳池邊。
乾隆五十九年五月
嘉定江萬泉

重修架水桥碑记

【简介】

清乾隆六十年（1795）勒石。青石质，螭首，龟趺。碑首高81、宽75、厚21厘米。碑身高166、宽71、厚17厘米。底座长119、宽76、高49厘米。碑文楷体，正文8行，满行44字。碑阳额题“重修桥碑”。碑阴额题“源远流长”，内容为乾隆六十年刻洪山泉域水程及渠长。郭淇洸撰文，乔世泽书丹。现存介休市洪山镇洪山村源神庙。

【碑文】

（碑阳）

重修架水橋碑記

橋梁之設，所以通往來，而吾鄉是橋非但通往來，且以接勝水灌阡陌也。盖自大小鸑鷟泉池出水，名曰架嶺水，入鐵孔而下，澆洪山、狐村、張良、大許等邨田。顧距鐵孔數十步，又有深溝阻河，不能上行，是以前人横建石橋一座，而於橋頂上順砌石渠，始得駕引洪山狐村河之水。是此橋之設，實與四村民命相關。迨後余等先輩於乾隆八年曾經修理，又於二十七年補葺一次，未得甚堅，迄今三十餘年，石隙漸開，滲漏不已，且塌壞之狀，朝不謀夕。若不重為砥柱，一旦橋斷河涸，四村之有水分者將不堪其害。

余係值年水老，勢難坐視，因會同洪山河十八程渠長、狐村河二十六程渠長於六月十二日動工，先就道東開引河，南北馬頭接木槽，於水分不誤，於功程未碍，八月而橋告竣焉。時復鑿神池，砌河堰，補修花欄，修葺神路，工石之費總計用金四百餘兩。墜者舉，舊者新，不僅往來行人心焉數之矣，所以資灌溉、利民生者正復不淺。是為誌。

旹在乾隆五十九年歲次甲寅，越歲乙卯五月中旬八日勒石。

洪山河水老人邑庠生郭淇洸撰

監生喬世澤書

狐村河水老人張正和　宋玉貴

經理賬目銀錢：郭炳輝　從九王國林　張問仁

重修架水橋碑記

橋梁之設所以通往來而吾鄉是橋非但通往來且以接勝水灌阡陌也蓋自大小鸑鷟泉池出水名曰架嶺水入鐵孔而下澆洪山孤村張良大許等鄉田頃距鐵孔數十步又有深溝阻河不能上行是以前人横建石橋一座而於橋頂上順砌石渠始得架引洪山孤村河之水是此橋之設實與四村民命相關迨後余等先輩於乾隆八年曾經修理又於二十七年補葺一次未得甚堅迄今三十餘年石隙斷開滲漏不已且塌壞之狀朝不謀夕若不重為砥柱一旦橋斷河涸四村之有水分者將不堪其害余係值年水老勢難坐視因會同洪山河十八程渠長孤村河二十六程渠長於六月十二日動工先就道東開引河南北馬頭接木槽於水分不悞於功程未碍八月而橋告竣焉時復鑿神池砌河堰補修花欄修葺神路工石之費總計用金肆百餘兩墜者舉舊者新不但往來行人心焉數之矣所以資灌溉利民生者正復不淺是為誌耑在乾隆五十九年歲次甲寅越歲乙卯五月中旬六日勒石

洪山河水老人邑庠生郭淇洗撰

監生喬世澤書

孤村河水老人　張正和　宋玉貴

經理賬目銀錢　郭炳湛　王國楨　張問仁

（碑阴）

洪山河十八程渠長，輪流管工，每日三程。

第壹程：宋九功　侯存興

第貳程：從九閻定邦　劉益朝

第叁程：宋為樞　任簡毅

第肆程：文貴才　田福仁

第伍程：張定　張開武

第陸程：生員郭淇浚　從九郭　梓

第柒程：劉啟源　杜興

第捌程：劉益宰　監生宋為梁

第玖程：趙守貴　閻天佑

第拾程：張子煥　監生張元善

第拾壹程：張益　田從理

第拾貳程：張璠　任玉林

第拾叁程：監生劉鍾信　郭桂馨

第拾肆程：董名顯　張子勝

第拾伍程：張明文　郭洽梓

第拾陸程：從九王國林　張治泰

第拾柒程：張鑑　王泰

第拾捌程：田永積　溫貴隆

狐村河二十六程渠長

第壹程：劉漢魁　第貳程：宋善武

第叁程：王宏善　第肆程：宋善召

第伍程：宋賜元　宋受良　第陸程：張正和

第柒程：宋瑞樂　第捌程：裕德堂

第玖程：宋果公　第拾程：宋興盛

第拾壹程：劉武興　第拾貳程：劉開財

第拾叁程：劉德成　第拾肆程：文進善

第拾伍程：劉殿寧　第拾陸程：劉錫臣

第拾柒程：張正和　第拾捌程：宋玉貴

第拾玖程：王之通　第貳拾程：任之照

貳拾壹程：任希賢　貳拾貳程：王之介

貳拾叁程：任存有　貳拾肆程：任之瓏

貳拾伍程：任存保

貳拾陸程：侯存祥　張天貴

住持郭復櫺　侄郭本信　徒董本秀　曹本英

石工：高天才鐫

乾隆六十年歲次乙卯五月穀旦

重建雷天君殿碑记

【简介】

清乾隆六十年（1795）勒石。青石质，圆首。碑首高24厘米。碑身高76、宽53、厚115厘米。底座长70、宽36、高20厘米。碑文楷体，正文10行，满行30字。额题“流芳百世”。碑阴内容为施银人姓名等。现存介休市绵山雷天君庙前。

【碑文】

重建雷天君殿碑記

蓋聞生而為聖，首庶物而萬國咸寧；歿而為神，普靈雨而四境沾德。助造化以流行，生成永賴；乘氣機而鼓盪，溫肅悠宜。神功蕩蕩難名，下土依依無盡，詎可以萬古之神靈常昭，即坐視其廟貌凋落，以絕千秋之享祀乎！今本處舊有雷天君殿一座，代遠年湮，不知創建何時，殿宇傾頽，聖像損毀，磚木土石無存。有邑民王俊祿、趙清祉於五十六年間朝山進香路過此地，目擊心傷，意殿宇補塑聖像，清祉慨然捐銀一十兩。奈工程浩大，獨力難成，於是功脩數載，費用維廣。俊祿殿前設立香桌，擊磬募化往來貴官長者、善男信女、朝山人等百有餘金，無不慨然樂助，共成勝事。工完告竣，煥然聿新，可不為之廟而崇祀乎！

督理鹽法水利清軍楊徽典撰文

候銓分巡司韩秉忠书丹

穆清琰　劉兆隆　公化銀十兩　　張大經　楊張氏各金粧銀四兩　　趙宋氏　金粧銀二兩四錢

郝國魁　化施銀三兩　　張琳　化銀二兩　　李永輝　化銀一兩六錢

王繼世　化銀一兩六錢　　李生玉　化銀一兩三錢　　程自利　化銀一兩二錢

郭李氏　施化銀一兩九錢

張蘭鎮經理人：王俊祿　劉世卿　曹世武

大清乾隆六十年四月十四日吉立

稷山縣開字蘇槐鐫

重修极乐庵碑记

【简介】

清嘉庆元年(1796)勒石。青石质,螭首。碑首高100、宽90、厚20厘米。碑身高200、宽85、厚18厘米。碑座长95、宽60、高51厘米。碑文8行草书,8行楷书,满行57字。碑阳额篆"千古"。碑阴额篆"德芳",内容为功德人名。现存介休市连福镇连福村关帝庙廊下。

【碑文】

重修極樂菴碑記

從來事之無關重輕者,有其廢之,莫或舉也;事之有關民義者,有其舉之,莫或廢也。

連福村西偏居民盡處舊有玄、關帝廟,規模宏敞,殿宇巍峨,以崇祀典,以便瀆法,以權形勝,其有關於民義至鉅也。其遷建之由與夫窑亭之數,前人之述备矣。歲在乙卯,庙貌漸即傾圮,住持奉善具茶會眾,更議重修,眾咸韙其事,樂襄盛举,爰為量力捐募,擇吉程工,廢者修之,缺者補之。正殿則修葺一新,樂樓則煥然改觀,左右添設鐘鼓二樓,而山門亦重為展拓焉。一時殿廡輝煌,堂階肅穆,過其前者望而生敬,入其內者悚而加嚴,此□真足以妥神靈而崇祀典,重瀆法而放形勝也乎。

是役也,事鉅費繁,約捐千有餘金,始於乾隆六十年乙卯,迄於嘉慶元年丙辰,所閱不過年餘而功即告成者,亦可以見人心之樂善好施,而拮据所不計也。古聖人以神道設教,此其明驗歟,事竣,爰按其巔末,俾勒諸石,以詔後之補葺者云。

受川廪膳生員閆鵬超撰　綿山埜居蘭亭題

總理:監生張景馥　監生張貴竑

銀銀賬簿:監生張貴萱　張貴夷　張貴煥　供事任兆履　監生溫生萬

糾首:張光鑄　張富燦　張正隆　王正康　楊玉棟　張崇德　張祿庫　任彥生　楊生荣　王魁亮

張筮謙　張貴賢　張富桓　任彥儒　張朝棟　宋奇實

住持臨濟正宗第壹拾貳代僧人廣亮　徒續金　孫本善　本明　曾孫覺靈　覺果　玄孫禪珍　禪寶

嘉慶元年歲次丙辰季冬月穀旦立

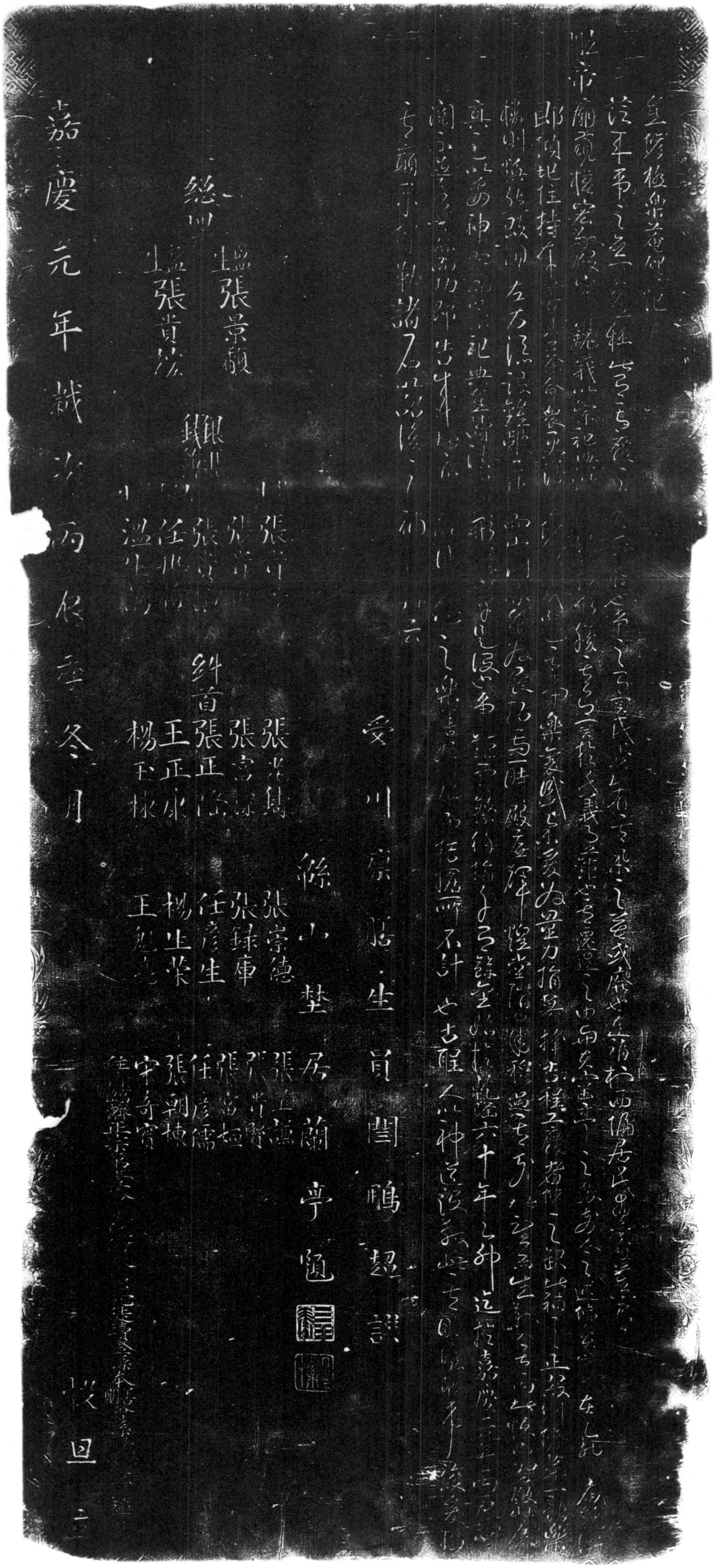
嘉慶元年歲次丙辰季冬月 吉旦

北两水重修柳泉神祠碑记

【简介】

清嘉庆二年(1797)勒石。青石质,圆首。碑首高40厘米。碑身高138、宽71、厚14厘米。底座埋在地下。碑文楷体,正文12行,满行50字。碑阳额题“万古不朽”。碑阴额题“重修碑记”,布施文600余字。现存介休市洪山镇北两水村娘娘庙献亭。

【碑文】

(碑阳)

晉之水無論大小,以柳泉名者所在多有,而是邑得其二。一出於石屯,過灰泉與勝水之衍流合而北,一出於兩水村之左,即今建廟處,池之外數十步,遂與石屯者會而亦北,土人謂之下柳泉,以示別也。然則是村之名曰兩水,其即以此歟?及考廟之所創始,世代不可得而知,按其碑碣,則自有明以迄國朝,重修之舉業經五六,蓋其所從來者遠,無乃觀於其廟之神,則並列三女像焉。噫,異哉!我聞有功德於人者,則祀之以禮也,以此水積厚流長,資灌溉而成沃壤者不可以數千百畝計,則飲水思源,廟而祀之,以展其祈報之忱,亦固其宜。顧何以肖為是形,而轉相傳述附會,曰謂當年果有其人,試問生自何代,神自何時?誘令老少狂惑,婦女皈依,禮僧道而競供養,初不計事涉左道,有干厲禁,流俗之好新奇,而訛以傳訛,謬以踵謬,大類如此。然則是固無待於重修乎?而又非也。以余之流寓是鄉有年也,廟中常立學舍,每見其師若弟循循然有尔雅風,詢其既往,凡讀書其中聲蜚黌序者指不勝屈。是神不惟大有造於厚生之益,抑且大有造於人文之萃,而凡余之所以為之辨者,誠不欲以如是之正神,將誣為邪教而等於淫祠,甚可懼也,重修之議,又惡容已?或曰:“居中者柳泉神,水象柔,故女之;其左乃所增之靈姑神也;其右乃所增之高煤神也。則固皆女也,與有功德於人則祀之之禮無悖。夫有其舉之,莫敢廢焉,又何煩子之辭費也哉!”是役也,其廟之北隅則易其舊舍者三楹,東偏則創為新舍者三楹,凡殿宇廊廡以及池沼,壞者更之,缺者補之,傾圮而汙塞者甃之、石之、疏濬之,與夫一切塈茨丹雘、整齊嚴肅之飾,莫不備舉。計落成癸丑,距經始辛亥,凡二年。

沁郡衛之發石臺氏撰

本村李步蘇企東書

糾首:李倉　李廷楝　李承喜　李仁　郝□　溫官　李承鑛　李承錦　郝振翼　李福來　趙永登　李三有　李廷玉　李步蘇　王金鉅　李步閣　李錫祉　李天壽

木匠郭全太　泥匠李三才　丹青樊九智　石匠嚴尔增

大清嘉慶二年五月立

住持宗才　徒能富　徒孫仁玉　曾孫法亮　法全

萬古不朽

（碑阴）

施銀拾兩人名：耆賓郝□　監生趙永登　職員李承書　李綸

施銀捌兩人名：李績

施銀伍兩人名：李廷楝

施銀肆兩人名：溫官　王殿臣　李倉　趙永治　趙儒成

施銀叁兩人名：李福偉　李泰

施銀弍兩肆錢人名：靳啟成　監生斛啟櫟　李旺　李步蘇　李步安　監生任士誠　史顯福

施銀弍兩人名：監生李承易　宋玉孝　李定生　李安民　靳啟瑞

施銀壹兩伍錢人名：韓貴順　張有陞

施銀壹兩弍錢人名：李浡　李興榮　李承喜　李廷玉

施銀壹兩人名：郝五常　溫學綸　李福來　晉國忠　李承賜　趙世彥　王有德　郭錫洪　李廷相　靳啟禮　溫立功　李承鑛　郝振翼　李承錦　李三華　李承楝　任永安　郝五楝　溫學義　李三德　孫懷禮　王存選

施銀捌錢人名：孫有義　郝五良　李興玉　李步殿　李世光　李承盛　李承新　李承斌

施銀陸錢人名：孫太禹

施銀伍錢人名：靳大煥　郝五賢　郝志德　任俊　郝志仁　郝五教　李步怡　任士讓　李輝　李錫昌　李興柄　李步順　張年　李步明　李承誨　李承錫　李承林　李廷達　劉漢彰　李承有　趙迪吉　李正秀　李廷威　趙奇魁　王錫煥　溫定功　趙世能

施銀肆錢伍人名：李興文

施銀叁錢人名：孫懷經　李奇英　李豹　郝五典　李世公　李世有　鈕嘉位　李天榮　趙威　趙擢　李三才　任肇林　溫炳　胡雲鶴　李定旺　李正斌　李承寧　侯存虎　溫學詩　溫學聰　王嘉儒　李适　趙儒楝　溫學易　李承華　李承德　李彪　李仁　張宏　孫懷公　劉漢錫　任成功　曹道經　李世德　侯玉孝　張貴邦　李興邦　任明憲　郝禮　王嘉億

施銀弍錢人名：李廷召　李得興　李天華　李明順　溫學智

施銀叁錢人：靳鈕氏

施銀壹錢三分：閆王氏

以上共入本村布施、開光金粧、四方募化、巡更，社内餘剩銀四百壹拾一兩六錢九分、錢三伯四十一吊三伯五十四文，一應灰土木石、眾人工裸費共用銀肆伯零壹兩六錢九分、錢三伯三拾捌吊零八十文，置下枣園地弍畝、郝家地八分、杜家地六分，又費銀捌拾玖兩九錢五分，餘剩銀拾兩，住持收用。

重修碑記

功德碑

【简介】

清嘉庆二年(1797)勒石。青石质。碑长78、宽53厘米。嵌于介休市洪山镇温村天地堂正殿东侧。

【碑文】

計開出銀人名於後:十兩劉錫桓　六兩常文仁　三兩喬成龍　二兩喬奇根　郭玺　趙天錫　田名世　喬億　田守疆　趙焕　一兩武嚴　喬定檀　喬福　喬德榮　武經文　喬恒　喬義　趙光　劉永康　喬澤　王尔聪　武戈　郭巨榮　武景楨　常生耀　八錢常克昌　六錢喬德興　五錢喬玉顯　喬榮　喬廣禄　郝玉宗　喬良□　喬清龍　田開疆　喬致功　喬如衡　武興　喬秉鏞　張科　劉永泰　喬鵬九　喬若芸　常文禮　賈皇功　喬尔静　劉方興　喬承裕　武景通　武景濟　喬如鳳　武景遠　李達　喬成虎　武彪　趙臣顔　喬錫九　常文智　常裕如　常吉如　喬尔昌　武鉞　任林　任永昌　武偉　喬學盛　張錦成　郭盛輝　常福如　李晉　原光樞　鈕永福　王士選　董忠　史達通　董昌　史達章　劉振基　郭彪　王正清　宋智登　四錢武寧顯　三錢喬貞　冀元　喬廣濟　王尔興　喬棲鵬　喬治　常文斌　王世相　喬宏量　王啟寧　喬天錫　燕榮　孫學立　三錢喬鳴九　弓福陶　常禎如　二錢喬天瑞　薛守貴

新建神堂碑记

【简介】

清嘉庆二年（1797）勒石。青石质。碑长 80、宽 48 厘米。碑文行书，22 行，满行 17 字。嵌于介休市洪山镇温村天地堂正殿西侧。

【碑文】

新建神堂碑記

吾鄉素號仁里，動有古風，每歲正月朔望敬祀天地，雖盤炷豐潔，而妥神之地不過架木圍棚，未免褻瀆。丁巳春，鄉人議建一堂，惟街心有隙地一塊可以創造，但物各有主，無能柜強，及按地以告，無不樂施，于是糾工庀材，挨戶捐助，不月而工程告竣矣。夫施地者慷慨不吝，輸銀者踴躍相從，一鄉之中同於一家，非快事乎！是為記。

施地：喬奇文　喬承祥　喬體健　常肯堂　賈宏功　喬永年　喬永華　喬承禧

經理：武嚴　喬奇文　喬奇棖　郭壐　武經文　喬良彬　劉錫桓　常文仁　趙天錫　田開疆　喬義　喬承祥　劉永康　常肯堂　田守疆　喬億　喬澤　喬成龍　武景楨　趙臣顔　喬爾昌

旹嘉慶二年三月穀旦公立

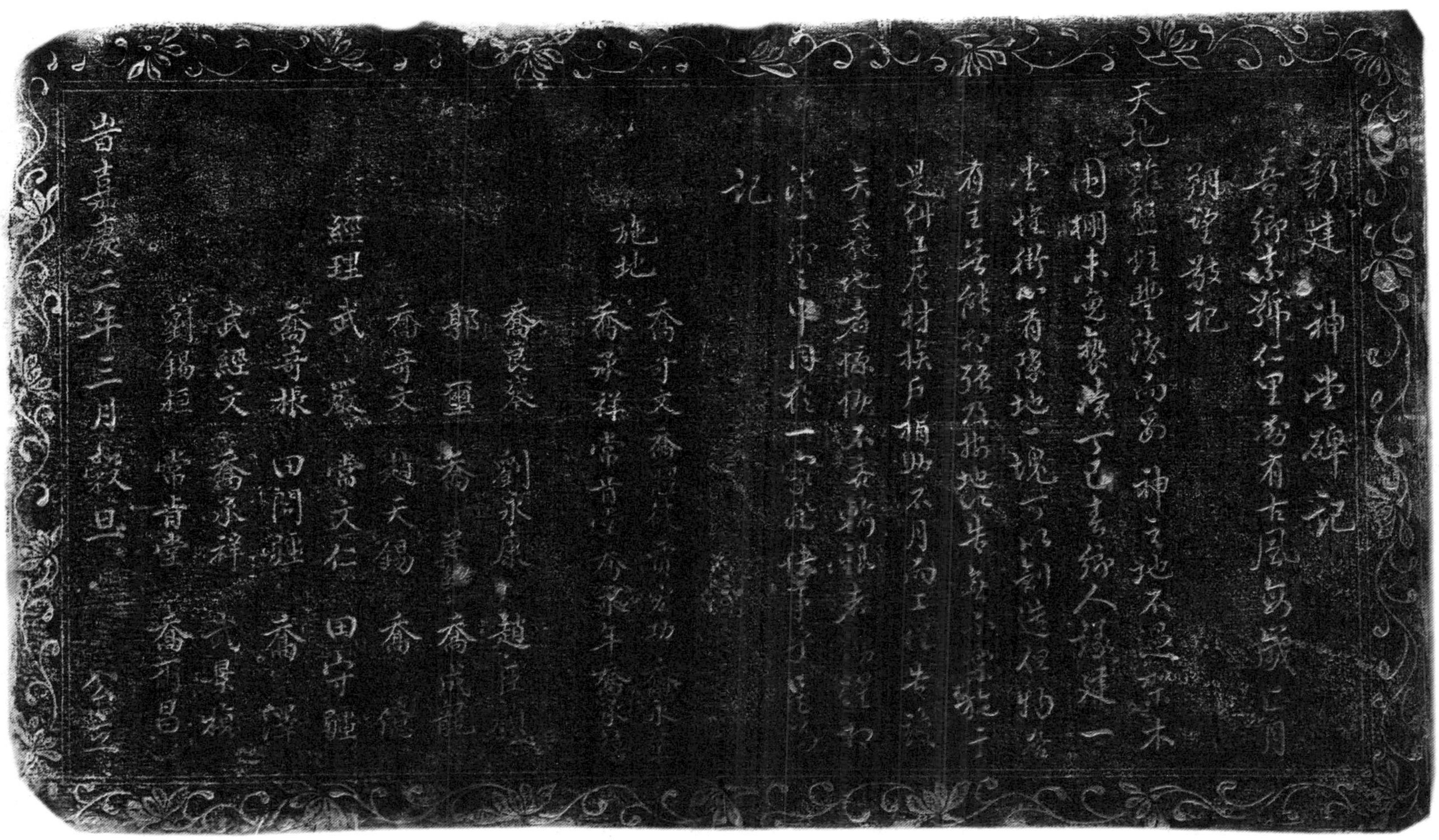

重修东岳庙碑记

【简介】

清嘉庆三年（1798）勒石。青石质，圆首。碑首高40厘米。碑身高188、宽83、厚14厘米。底座长90、宽56、高37厘米。碑文楷体，16行，满行52字。知县李维让撰文，李村郭肇馨书丹，僧妙近立石，薛宝卫、李超俗等刻石。碑阳额篆“永垂不朽”。碑阴额篆“功德常昭”。现存介休市绵山镇小靳村东岳庙。

【碑文】

（碑阳）

重脩東嶽廟碑記

大小靳村東嶽廟，由來舊矣，歷唐宋元明，代有補脩。類皆規模卑狹，未極恢宏之觀，豈一時之人心未齊歟，抑興廢之數自有其候歟？乾隆辛亥夏，廟前古柏一株枝葉焦枯，根蒂動搖，觀者咸曰：與其名木就腐，何如乘此剪伐，以為修廟之資？眾皆唯唯。爰命木工量度成材，獲銀八百餘兩。越四五年，而生息過半焉。丙辰春年歲豐收，人皆樂業，乃集合一十八村糾首共議重脩，大靳村香老王公振綱等皆力贊，即於本村募銀四百兩有零，而小靳香老陳公興隆等，亦於本村募銀四百餘兩，其餘保和等村或百八十兩或三二十兩，莫不各視其村落之大小、人民之多寡，量力捐助，毫無吝惜。住持體琛亦雲遊四方，募銀百十餘兩。於是分派糾首陶公學堯等輪流監工，而舉郭公維翰獨董其事，鳩工庀材，經之營之，至次年丁巳秋告厥成焉。正殿、獻殿暨子孫聖母宮仍其舊制，重加彩畫，樂樓則從新改作東廊圈窑五空，敬列福、祿、財神，牛王尊神，西廊圈窑五空，敬列摩斯尊者、土地尊神，東北隅、西北隅各列客位三楹，廟前脩神房數十間，猗歟休哉！何人心之齊而成功之速歟！豈非數百年未竟之緒，其有待於今歟。且夫東嶽一廟，北枕汾水，南接綿峰，為一方風水攸係，而廟貌誠不可苟焉已也。兹乃簷牙煥彩，列翬飛鳥革之觀；丹堊流輝，呈金碧綺麗之美。《詩》曰：作廟翼翼，四方之極。又曰：方斲是虔，松桷有梴。旅楹有閑，寢成孔安。其是之謂與！余縱覽斯廟之所由始，與其所由成，固賴眾糾首之同心協力，而尤歎維翰公之年近古稀，朝考夕課，始終不怠，非真樂善不倦者不能也。他若捍患增福之詞、顯庇默佑之說，前人之述備矣，兹不復贅，爰臚其重脩之巓末，約畧而為之記。

乾隆壬子科舉人、候銓知縣甯鄉縣李維讓薰沐撰文

國子生本村郭肇馨沐手書丹

稷山縣薛寶衛　李超俗　李金貴　鐫字

住持抱腹巖雲峰寺僧妙近　侄徒體　孫精良　曾孫營善

大清嘉慶三年歲在戊午夏四月既望六日穀旦

（碑阴）

乾隆五十四年經理伐柏樹人列後：

大靳村：香老：介賓王玉瑾　王懿德

公耆：王日新　溫立貴

小靳村：香老　介賓郭維翰，經理生息　登仕郎陶學堯　登仕郎陳興隆

公正：王貴府　監生陶學忠

嘉慶元年起工修造經理人列後：

大靳村：香老：監生王德澤　監生王振　監生王偉　監生王勵　監生王棻

大靳公耆：監生喬廷選　千總王振威　監生王勷　監士王朝士

糾首：監生王玉廣　介賓王正綱　喬廷瑞　介賓王秦凱　監生王德潤　監生王振綱　千總王振威

監生王檀　監生王棻　監生王士元　王文麟　監生王淩雲　王濟朝　監生王掄元　宋成仁

陰陽：陰九齡

永垂不朽

重脩東嶽廟碑記

大小靳村東嶽廟由來舊矣，歷唐宋元明代有補脩，類皆規模卑狹，未極恢宏，□豈一時之人心未齊歟，抑興廢之數自有其候

歟。乾隆辛亥夏，廟前古柏一株枝葉焦枯，根荄動搖，觀者咸曰：與其名木就萎，何如□□伐以爲脩廟之貲。衆皆唯唯，爰命木工

量度成材，獲銀八百餘兩，越四五年而生息過半焉。丙辰春，年歲豐收，人皆樂業，乃集合一十八村糾首共議重脩。大靳村香老王

公振綱等竭力□勸，即於本村募銀四百兩有零；而小靳香老陳公興隆等亦於本村募銀四百餘兩；其餘保和等村或百八十兩，

或三二十兩，莫不各視其村落之大小、人民之多寡，量力捐助，毫無吝惜。住持□璟亦雲遊四方，募銀百十餘兩。於是分派糾首陶

公學堯等輪流監工，而舉郭公維翰獨董其事。鳩工庀材，經之營之，至次年丁巳秋告厥成焉。正殿、獻殿暨 子孫聖母宮仍其舊

制，重加彩畫；樂樓則從新改作；東廊圖塑五岳，敬列 福祿財神、牛王尊神；西廊圖塑五岳，敬列 摩斯尊者、土地尊神；東北

隅、西北隅各列客位三楹；廟前脩神房數十間。猗歟休哉！何人心之齊而成功之速歟！豈非數百年未竟之緒，其有待於今歟！且夫

東嶽一廟，北枕汾水，南接綿峯，爲一方風水攸係，而廟貌巍峨，不可苟焉已也。茲乃檐牙煥彩，列翬飛鳥革之觀；丹雘流輝，呈金碧綺麗之

美。詩曰：作廟翼翼，四方之極。又曰：方斲是虔，松桷有梴，旅楹有閑，寢成孔安。其是之謂歟！余幾覽斯廟之所由始與其所由成，固賴

衆糾首之同心協力，而尤嘆維翰公之年近古稀，朝考夕課，始終不怠，非真樂善不倦者不能也。他若捍患增福之詞，緬茈黙佑之

説，前人之述備矣，茲不復贅，爰臚其重脩之巔末，約畧而爲之記。

乾隆壬子科舉人、候銓知縣、寧鄉縣李維讓薰沐撰文

省 國子生 本村郭峯馨沐手書丹

大清嘉慶三年歲在戊午夏四月既望六日 穀旦

小靳村：香老：介賓郭維翰　登仕郎陶學堯　登仕郎陳興隆

公正：登仕郎陳興隆　監生陶學林　從九品郭繼垣　從九品陳興周

管理銀錢賬目：介賓郭維翰　監生陶學忠　千總郭大桂　監生郭肇馨

糾首：登仕郎郭承喜　登仕郎趙福秀　從九品郭遠圖　郭懷仁　監生郭懷堂　郭懷信　陶世傑

陶九卿　登仕郎陶進義　陶學舜　監生　陶學林

贊禮郎：陳興詔　贊禮郎：陳興荃　陳興祿　陶學縉　州同：郭維寧　宋珖　陶紹籍　陶國文

監生：郭大柱　陳興禎

乾隆五十四年柏樹賣銀八百三十一两，生息至嘉慶元年，共得利銀四百五十八两四錢六分，本利共銀一千二百八十九两四錢六分。

大靳村共募化銀　肆佰貳拾肆两陸錢，施銀人名開列於後：

伍拾两：監生王檀　千總王振威

叁拾两：介賓王玉璞　王任氏　監生王掄元

貳拾两：監生王棻　監生王德潤

拾伍两：監生王玉廣　監生王士元

拾貳梁：監生王元　監生王朝棟

拾两：喬廷瑞　監生王　勵　監生王勣　王文麟

捌两：監生王淩雲

伍两：王泰安　王濟朝　生員李文炳　監生王在朝

肆两：監生王德澤　州右堂王潤

叁两：介賓王紳　監生王　監生王偉　王守義

貳两四錢：王肇岐

貳两：王慎言　監生王紀　監生王兆祿　王在職　監生王明朗　介賓王秦凱　王維彩　王繸

壹两陸錢：王體中

壹两伍錢：王泰智

壹两貳錢：梁生福　溫大齡

壹两：王盛　從九品　王欽　任發林　監生王九齡　楊厫　王秉孝　王□　王秉智　王華封
監生王振綱　監生王文綱　張鑑

伍錢：信儀館　任玉召　王宏綱　王統　王兆瑞　復盛號　宋士元　溫泰齡　王泰信　王永春
宋成仁　王廷珍　王萬春

叁錢：焦發世　王運　王玉珊　葆真堂　王嵩封　王綱　王旺綱　王光　王耀　王正朝　陶福祿
王正滿　王奏策　王守綱　宋玉寧　王元　王際雲　王發祿　焦溫經　宋士章　王世和
焦士敏　王青雲　王崇綱　王陶氏　王大富　梁清　德裕齋　王安　王治　溫敏　溫孝
宋玉成　梁武　宋大康

小靳村共募化銀叁拾捌两肆錢，施銀人名開列於後：

伍拾两：介賓郭維翰　州同郭維寧

肆拾两：千總郭大柱

貳拾两：監生郭懷堂

拾伍两：陶紹籍

拾貳两：監生郭大柱　郭大樑

拾两：登仕郎陳興隆　登仕郎陳興紹　登仕郎陳興荃　登仕郎陳興周

捌两：監生陶學忠　監生陶學林　陳興祿

柒两：從九品郭遠圖　宋珖

陸两：陶九錫　陶圖文　郭朝馨

伍两：從九品郭維垣　陶進書　郭大魁　陶紹端
肆两：趙福秀　陶世傑　宋璉
叁两陸錢：郭懷瑾
叁两：登仕郎郭承喜　郭懷信　陶九卿　登仕郎陶學堯　陶學舜　登仕郎陶富　登仕郎陶進義　陶爵　靳大發
貳两四錢：登仕郎陳興達
貳两：陶有倉　陶世福　郭茂圖　焦性仁　李顯亮　郭興隆
壹两六錢：郭懷仁　陳士元
壹两貳錢：焦發甯　陶學昌
壹两：郭正圖　陶世相　鐘顯有　張新富　陳興國
捌錢：陰天成
陸錢：登仕郎陶世富
伍錢：陶隆　郭懷忠　陶世俊　陳世偉　陶世英　宋成寶　陶進禮　陶進寶　陶進德　李顯德　郭勤　王成立　陰士恭　龔尚禮　武龍光
叁錢：登仕郎郭永圖　焦發盛　郭皇寶　陶世錦　陶正倫　李生瑞　宋興盛　陶學程　宋興隆　陶學智　陳士梁　陶學經　陶學清　陰士棟　王旺　封啟甯　郭永安　喬石黄　張秉孝　宋成禮　冀天利
陶學舜施廟西東、西便路一條，計寬四尺一，陶家莊共募化銀叁拾两叁錢，施銀人名列後：
拾两：陳起財
捌两：張鍾秀
陸两：王履泰
伍两：陳世義
壹两：陳玉瑾
叁錢：張起賢
泥匠：李恭　李讓　馬愛　銀肆两叁錢，又募化銀叁两
木匠：楊昌　施銀叁两叁錢
畫匠：吴秀文　施銀壹两捌錢
鐵匠：封國恩　施銀壹两捌錢
石匠：密文禮　施銀壹两伍錢
解鍋匠：張玉文　施銀壹两
磨磚匠：喬顯榮　施銀伍錢

梁家村龙天庙记事碣

【简介】

清嘉庆五年（1800）勒石。青石质。长68、宽44厘米。碑文楷体，正文9行，满行12字。嵌于介休市绵山镇梁家村龙天庙墙壁。

【碑文】

作善必昌，作惡必殃，理之自然也。而為善一事，莫大於造橋修路，且利行人與燃眉而已，慱施之德，非朝夕之可泯也。緣窑灣舊有郭家坡，自頂至底二十多丈有奇，水口皆行沖壞，路又漂成坑溝，以致工成浩大，非三兩家之資可成，因而募諸有地之眾資，勒石樂成悠遠之福澤也。

出資人名於後：

王象三　銀三兩	王凝祚　銀一兩五錢	王廷祚　銀一兩五錢
王傑士　銀一兩	溫靄　銀五錢	王瑞　銀五錢
鈕雲鴻　銀三兩五錢	鈕希會銀四錢	鈕希言銀四兩
鈕希正　銀三錢	鈕希問　銀三錢	鈕廷璣　銀一兩
鈕廷玖　銀一兩	王永祚　工五名	宋珮　工五名
王璣　工五名	宋克□　工五名	宋儒隆　銀三錢

經理人：鈕雲鴻　鈕希言

嘉慶五年五月吉日立

新建奎星神君宝塔碑记

【简介】

清嘉庆五年（1800）勒石。青石质，圆首。碑首高39厘米。碑身高120、宽70、厚12厘米。底座长65、宽46、高37厘米。碑文楷体，15行，满行39字。额题“千秋永固”。现存介休市绵山镇焦家堡村关帝庙旧址。

【碑文】

新建奎星神君寶塔碑記

吾堡北門外深溝環繞，而形勢之突出，天然奇石者，左似卧龍，右如伏虎。玄帝廟之修於左臂也，距今已週花甲矣，村人漸漸饒裕。說者以為是廟之坐向誠得地焉，獨右背空闕。堪輿家咸云：利於建塔，鎮水口、補洩漏，莫此為甚。故先師與先人嘗有志焉，而未獲圖厥成者，豈人事之不力乎，抑亦地運之顯晦有時耳。

余於丁巳年捐金置地，捨於公中。戊午冬准備磚灰，急力從事，但善不敢不與人同，爰糾公人以及村衆、長者，幸與余有同心，或願助銀兩，或願親畚築，無不慷慨輸捐將。於是興工於己未歲維孟之春，告竣於是年建未之月，塔成而棲奎星神君於上，庶斗星高照，俾我堡科第絡繹，而巨富之迭起，不待言矣。是固余與同事者所厚望也，因勒石以誌。

節節崚嶒節節伸，陡成花塔望無垠。

淩空一臂擎天柱，拔地幾層棲斗辰。

頂上星光皎潔耀，雲中筆彩縱横伸。

更聞木鐸風前振，喚起人文色色新。

董事主人：州同焦昌周撰

定羌儒學增廣生員賈　梃校纂

本村歲貢生焦養翼書

大清嘉慶五年歲次庚申閏四月十三日吉立

东岳庙维修开支记

【简介】

清嘉庆七年（1802）勒石。青石质。长90、宽74厘米。碑文楷体，正文4行，满行17字。陶赓飏书丹，刘大福等刻石。嵌于介休市绵山镇小靳村东岳庙墙壁。

【碑文】

本廟献殿新置栅欄、花欄牆並修井房、牆壁二宗，共費銀六十八兩六錢八分。

收佈施人工銀四十一兩二錢，收悉老舊存銀二十七兩四錢八分，二宗共收銀六十兩六錢八分。

香老：郭遠圖　陶學忠　陳興紹

公正：陳興紹　陶學舜

糾首：陶學緯　郭懷信　郭維清　陶世傑　陶進智　陳興基　郭懷謹　焦性義　陶世英　郭大柱　陶賡颺　陳文朝　陶學程　陳興國

本村居士陶賡颺謹書

出銀人名開列於後：

叁兩：郭維翰　郭維甯　郭大柱

貳兩：郭懷堂

壹兩貳錢：陶九錫　陶紹籍　陶國文

壹兩：陳興紹　陳興基　陳興國　郭大柱　郭大魁

八錢：陶九卿　陳士璠　陶紹端　宋珧

七錢：陳興禄　陳興禎

六錢：陶學忠　陶學林

五錢：陶進義　郭遠圖　郭維垣　宋璉　郭永喜

三錢：陶世傑　陶學舜　郭懷信　陶進智

二錢：焦發盛　焦發家　宋興盛　陶學智　宋希周　陶學康　陶世錦　陶學周　陶紹唐　郭興隆　侯金寶　郭天錫　宋發秀　郭正圖　郭維俊　郭益際　郭皇隆　郭懷忠　郭益興　陶學經　陰士棟　陶元信　陶進禮　李顯光　陶　智　陶進寶　陶國武　陶進書　陶進富　陶進魁　陶　節　陶　忠　陶進德　宋興隆　陳士良　武龍光　曹振鑑　陶學縉　陳興達　封啟寧　陶有倉　王承立　郭永安　陰士恭　趙秉謙　趙秉恭　陳士元　陳興宏　焦性禮　王統玉　李生全　陶世俊　陶世偉　郭維屏　焦秀安　張秉孝　鍾顯有　郭皇興　李汝賓　宋成寶　冀尚禮　冀天利

石匠：劉大福　常養麒

善友：宋得福

嘉慶七年八月仲秋望日穀旦

住持僧體瑮　徒精良　孫營善

本廟献殿新置柵欄花攔墻並修井房墻壁

二宗共費銀六十八両六錢八分

將布施人工銀四十一両二錢
將香老舊存銀二十七両四錢八分

二宗共收銀六十八両六錢八分

香老

陶學忠 郭逵圖、陳興詔、紀首

公正

陳興詔 陶學舜

陶學韓 郭懷信 郭維清 陶世傑 陶進智 陳興基 郭懷瓚

焦性義 陶世英 郭大柱 陶廣颱 陳文朝 陶學程 陳與國

出錢人名開列於後

本村居士陶廣颱謹書

叁両 陶學智 陶□智 趙天泰

郭維翰 陳興祿 宋希周 陶進寶 陳士元

郭維寧 陳興貴 陶學申 陶國武 陳興宏

七錢

郭天佳 陶世錦 陶進書 焦性禮

貳両

陶學忠 陶學周 陶進宮 王毓士

郭懷堂 陶學林 陶紹存 陶進魁 李生全

六錢

壹両貳錢 郭興隆 陶□錦 陶世俊

陶九錫 陶進義 侯金寶 陶□忠 陶世瑞

五錢

陶紹箸 郭逵國 郭天錫 陶進德 郭維昇

陶國文 郭維垣 宋發秀 宋興隆 焦秀安

壹両

宋□雄 郭正岡 陳士良 張秉孝

陳興詔 郭永嘉 郭維俊 武龍光 鍾穎有

陳興基 郭益隆 曹振鑾 郭呈興

三錢

陳興周 陶世傑 郭呈隆 陶學緒 李汝富

郭大柱 陶學齊 郭懷忠 陳興達 宋成寶

郭大魁 郭懷信 郭益興 封啟守 秦尚經

八錢

陶進智 陶學經 陶有倉 焦天利

陶九卿 陰士棟 王永立

二錢

陳士璠 焦發成 陶之信 郭永安 □大福

陶紹端 焦發榮 陶進禮 陰士恭 □守□

宋□銑 宋興盛 李顯光 趙秉謙 宋得福

嘉慶七年八月仲秋望日 穀旦 住持僧體□徒□□□□

补修可罕王庙碑记

【简介】

清嘉庆八年（1803）勒石。青石质，圆首。碑首高40厘米。碑身高130、宽70、厚13厘米。底座长75、宽45、高44厘米。碑文楷体，正文8行，满行30字。额题“引伸新美”。现存介休市龙凤镇张壁可汗庙前廊下。

【碑文】

補修可罕王廟碑記

竊聞人情皆樂於創新，而功莫要於補舊。盖整齊一方之舊地，即如創起一方新宇也。

我村可罕王廟後山於今年暮春间忽崩塌崖山數丈，若不急為修理，則大雨漂淋，必將廢毁廟址。於是，公耆、鄉約與香老、住持協同商議，請糾首會村眾，而好事舉矣。崖仍用土築，而堅固倍之，西崖臨街數丈易為磚牆，上廟行路盡修為磚階，南門樓圍牆亦易舊而為新。又於廟院中坤地新增一茅窑，而奎樓下茅房、驢圈盡去，人心為之一快。試由街層級而上，入廟四顧，巍然焕然，孰謂振舊而非增新耶！老夫欣喜樂道，援筆而為之記。

本村徵仕儒學訓導賈大彩撰

本村候補儒學訓導靳炳南書

香老：賈士通　榮枝林

公耆：賈士訓　張九桂

鄉約：張仁義　賈定遇

鄉保：王世文

糾首：賈士桂　張九功　張永義　賈士業　賈士儉　賈士瑜　賈通遇　張本榮

住持：同輝　徒沙柱　孫界烈

嘉慶八年歲次癸亥季秋　穀旦立

補修可罕王廟碑記

竊聞人情皆樂於創新而功莫要於補舊蓋整齊一方舊地即如創起一方新宇也我村可罕王廟後山於今年暮春間忽崩塌崖山數丈若不急為修理則大雨漂淋必將癈毀廟址于是公者鄉約與香老住持協同商議請糾首會一村衆而好事舉矣崖仍用土築而堅固倍之西崖臨街數丈易為磚墻上廟行路盡修為磚階南門樓圍墻亦易舊而為新又於廟院中坤地新增一茅窑而奎樓下茅房驢圈盡去人心為之一快試由街層級而上入廟四顧巍然煥然孰為振舊而非增新耶老夫欣喜樂道爰筆而為之記

本村徵仕儒學訓導賈大彬撰

本村候補儒學訓導新炳南書

香老 賈士通 榮枝森 公者 賈士訓 張九德 鄉約 張仁義 賈定道 鄉保 王世文

糾首 賈士柱 張九功 張永義 賈士業 賈士儉 賈士瑜 賈通邑 張來榮 住持同輝 徒沙柱 孫畀烈

嘉慶八年歲次癸亥季秋穀旦立

关子岭高公备五墓碑

【简介】

清嘉庆八年（1803）勒石。青石质。碑长94、宽46厘米。碑文楷体，14行，满行35字。现存介休市连福镇关子岭村。

【碑文】

山西汾州府介休縣東梁上下里一甲關子嶺，又名関頭村，在寨東南名陽吉地，坤龍起祖，乾山巽向，單行直受，戌字不入，坐棺乘氣，宜丁丙，賴亥字，三七分經，至於中宮，五尺神路不可佔葬塚，五尺高合定大吉。再記金井以木金尺壹丈零四寸，合貪巨武星，子子孫孫以昭穆七輩法，雁行一字葬。惟備五公忠孝仁義誠，堪立祖，生順没寧，萬古流芳。

備五公之祖父捷興，庠生，誥贈通議大夫；祖母梁氏，誥贈淑人。父日昇，原任河南府經歷，誥封中憲大夫，晉封懷遠將軍，晉封通議大夫；母陸氏，誥封恭人，晉封淑人，墓在村西老塋。高公諱攀鳳，字備五，號圖南，行四，康熙乙未進士，御前待衛，誥授中憲大夫；妻岳氏，誥封恭人。子遠，字至明，庠生。孫有三：踰凡，字軼倫，國學生；踰傑，字秀夫，國學生；踰卿，字廷援，國學生。曾孫有五：元瑾，字懷珍，號璨軒，增廣生員；元琮，字象坤，號瑞亭，應試國學生；昌隆，字豐召；元璞，字完齋，國學生；元璉，字商云。玄孫權典、敘典、敕典、敬典。

大清嘉慶八年癸亥孟冬十八日立

山西汾州府介休縣東梁上下里一甲閬子嶺又名閬頭村在寨東南名揚吉地坤龍起祖
乾山巽向單行直受戊字丙入坐棺乘氣宜丁兩賴亥字三七分經至於中宮五尺神路不
可佔葬塚五尺高合定大吉再記金井以木金尺壹丈零四寸合貪巨武星子孫孫以照
穆七輩法雁行一字葬惟倫五公忠孝仁義誠堪立祖生順沒寧萬古流芳
倫五公之
祖父捷興庠生　誥贈通議大夫
祖母梁氏　誥贈淑人
父日昇原任河南府經歷　誥封中憲大夫　晉封懷遠將軍　晉封通議大夫
母陸氏　誥封恭人　晉封淑人　墓在林野老塋
高公諱攀鳳字倫五號圖南行四康熙乙未進士　御前侍衛　誥授中憲大夫妻岳氏
誥封恭人子遠字至明庠生孫有三踰九字軼倫國學生踰傑字喬夫國學生踰卿字廷拔
國學生曾孫有五元瑾字懷珍號璨軒增廣生員元琮字象坤號瑞　應試國學生昌隆
豐召元璞字完齋國學生元璉字商云玄孫權典敘典敕典敬典盛典
大清嘉慶八年癸亥孟冬十八日　立

新修下院街西陵水口碑记

【简介】

清嘉庆九年（1804）勒石。砂石质，圆首，方座。碑首高30厘米。碑身高129、宽67、厚14厘米。底座长88、宽76、高34厘米。碑文楷体，14行，满行32字。额题“源远流长”。现存于介休市绵山镇焦家堡村真武庙旧址。

【碑文】

新修下院街西陵水口碑記

古者量地制邑，度其里居，必經其溝澮，所以備水潦、防浸溢也。

余堡村自東而北而西，皆面臨深澗，懸絕數丈，遇雷雨，堡中水必達諸澗，而東與北地偏崎，勢莫之便，舊鑿水口於下院街西陵，一村之水由是出。特陵屬土皋，易至浸圮，余先人早籌及之，意欲修而未之逮。

癸亥夏，大雨自陵，果傾壞，道之往來於上者幾無容足，予因念是陵之當修也。先人有其志，克承厥志者後人，況時之所迫，事有難已，爰合余之諸昆仲及鄉父老，各量力捐貲，以勵盛舉。不數月，工告竣，為紀其事之本末以序，俾夫後之視今，□猶今之視昔，庶無廢事云尔。

起意總理人焦望周撰

定羌庚申舉人王文鳳書

總理糾首：焦九功　焦生泰　焦宗周　焦大定　焦祿明

管工糾首：焦有德　焦深周　焦生麟　焦生理　焦生全　焦生玨　焦振周　焦化斌　焦發清　焦□　焦際昌　焦季性　焦秉文　焦丕福　焦際亨　焦慶功　焦聚星　焦益德　焦銀疆　焦濟林　焦聚幸　焦集成

大清嘉慶九年歲次甲子五月十五日吉立

中河碑记

【简介】

清嘉庆九年（1804）勒石。青石质，圆首。碑首高31厘米。碑身高131、宽63、厚13厘米。底座长74、宽46、高30厘米。碑文楷体，正文12行，满行62字。额篆“泽流井里”。八村共同勒石。碑文内容为禁止污染洪山泉水的禁令，具有较高史料价值。现存介休市洪山镇洪山村源神庙。

【碑文】

中河碑記

我邑源水流膏，所以養人，原非害人也。從可知民命攸關，斷在水利。奈何石屯村漁利之家，虎踞中河上流，掩造草紙，放毒下流，八村受害，仁者於此有痛心焉。

乾隆年間，已經八村民人拆去伊等掩造物具，永行禁止。嗣因日久懈生，羅國標等在中河上復行掩造草紙等物，惟任逢泰掩造草紙，雖未流毒中河，而所用之水，究係中河之時辰水，八村將何以堪！因之公議，於嘉慶九年六月十三日，公呈縣案，邑侯蔡公准飭差查明，繪圖稟覆，及情形備悉，即行示禁，張帖山佳村公所一示、石屯村公所一示，屹如山立，案存工房可查。

兹奉縣主告示，公勒詳載，倘後來再蹈覆轍，有掩造等事，尚義之君子即指案稟究，切勿徇情啞忍，致我八村民人率受伊等之荼毒也，則幸甚。是為記。

特調介休縣正堂加八級、紀錄十四次蔡，為悬請給示以除積弊事。據山佳等村生員赵聖拔等呈，稱介邑源水流膏，所以養民，原非害民也。凡受水利者，以水粮完納國課，斷不容有滋擾之處，由來已久，詳載邑乘可考。兹缘中河石屯村任逢泰、羅國標、真武廟住持等恃居上流，晝夜掩造草紙并黑蒲紙，全用石灰，遂致滿河流毒。生等村莊儘居下流，接水灌地者共計八村，不特連年不登，且大有碍於吃水，利在一己，害在衆人。生等於本年正月內，會同中河水老人，同至石屯村向伊村公人理講，任逢泰自知理屈，強應停止。孰知口是心非，晝則暫停掩造，夜仍任意所為，非蒙法禁，其弊難除，理合公懇給示。生等勒石公地，以垂永久等情到縣。據此，查介邑狐岐勝水，源遠流長，農田普資灌溉，利濟蒼生，詎容在上游掩造草紙并黑蒲紙，以石灰水隨流下注，有害田畝，并妨村民汲飲？除以往不究外，合亟出示嚴禁。為此示仰石屯村任逢泰等，并該村公耆、約保、渠長、水老人等知悉，自示之後，各宜痛改前非，不得仍蹈舊轍，掩造草紙等物。倘有不遵示諭，仍前掩造者，許該公耆、鄉保等立即扭稟到案，以憑按法究治，各宜凜遵毋違。特示。

大清嘉慶九年七月初十日示

總理中河水老人：吏目李元林　從九董生富

山佳村經理水利：生員侯介琠　侯介琪　監生劉楷　劉錫玢　監生張克寬　任嘉元　赵學文　康天佐

下磨頭村經理水利：從九冀士輝　融宏

西湛泉村經理水利：沙國慶　董克志

東段屯村經理水利：從九段翰注

西段屯村經理水利：李春元

東湛泉村　邱屯村經理水利：劉玉欽

洪善村　宋安村經理水利：董格

八村公同勒石

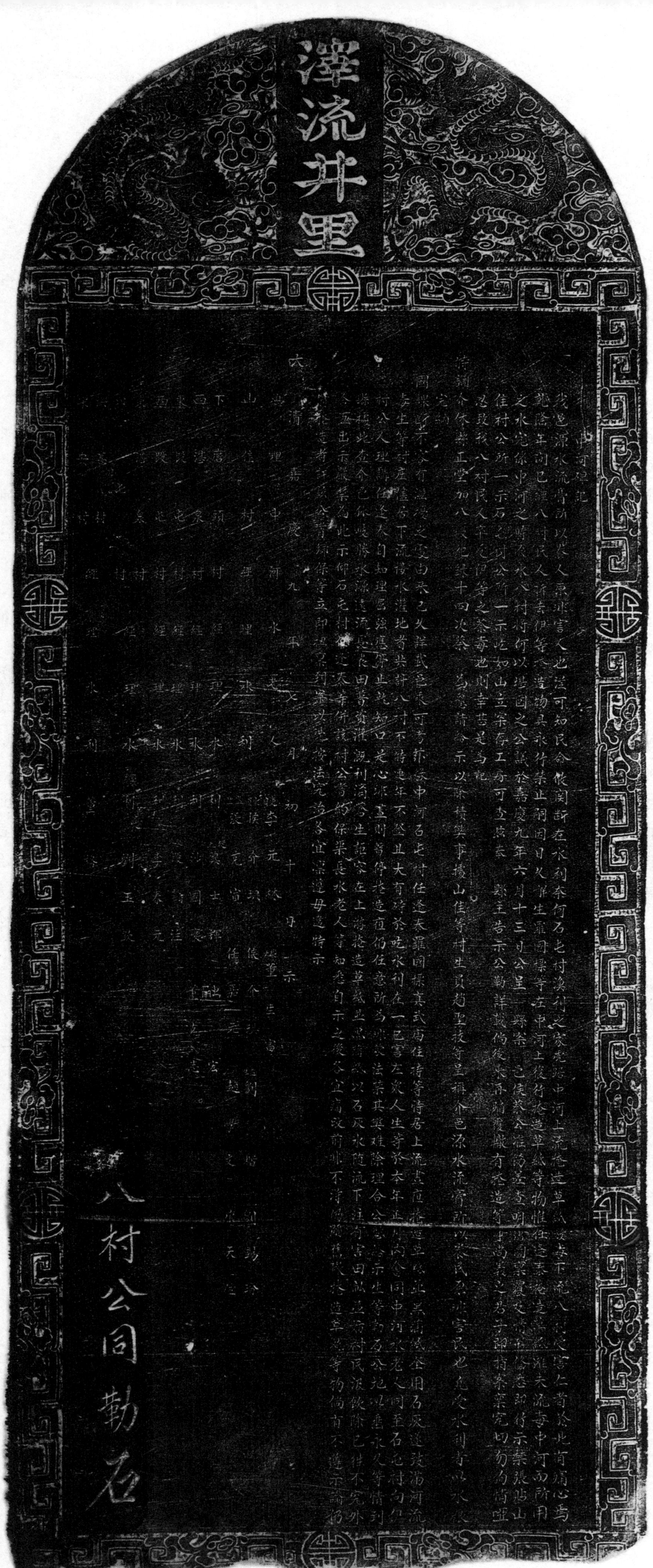
澤流井里
八村公同勒石

新建同心桥碑记

【简介】

清嘉庆十年（1805）勒石。青石质，圆首。碑首高36厘米。通身高223、宽79、厚16厘米。座长83厘米。碑文楷体，16行，满行42字。诰授朝议大夫候补知府李觐光撰文，李重光书丹。额题“作德□休”。现存介休市绵山镇河村。

【碑文】

新建同心橋碑記

嘗讀《陰騭文》有云：修數百年崎嶇之路，造千萬人來往之橋。是修路造橋，固古聖所垂訓，亦人世之所急需也。如介邑南鄉距城十五里許有河村者，溝渠險塹，車馬必達數里之遥，崖□深臨康衢，尚有長途之阻。而且南接綿峰，有橋可來靈秀之氣，北臨汾水，賴橋亦壯文明之觀。更當東西之沖，雖我周道，實為要區，馬足車塵，恒嗟途路之險，肩挑貿易，每歎道里之遥。況村中父老久有修橋之意，覲光遂與首事十二人僉議，覲願多出義資首事，村眾咸欲共濟樂輸。於是擇日行工，庀材者踴躍爭先，糾工者不辭勞役。故工施於乙丑之春，告成於霜露之秋。猗歟休哉！固盛舉也，亦善途也！考《周禮》所載，十一月徒杠成，十二月輿梁成，深慮民之病涉也。是橋也，雖不敢望周禮于萬一，亦聊以觀負載者不有險阻之虞，視履者皆有蕩平之樂，故以同心名橋記之。

誥授朝議大夫候補知府由軍功議敘縣左堂李覲光撰

例授儒林郎候銓知州由軍功議敘縣左堂李重光書

太學生李鍾岱篆額

（纠首等略）

時大清嘉慶十年 歲在乙丑梅月朔越六日泐石

新建同心橋碑記

嘗讀陰騭文有云：修數百年崎嶇之路，造千萬人來往之橋。是修路造橋，固古聖所兼重，亦今世之所急需也。如介邑南鄉距城十五里許有河村者，溝渠險，輕車馬必遶[illegible]臨[illegible]，有長途之阻。而且南接綿峰，有橋可束霧秀之氣；北臨汾水，賴橋益壯支明觀。更當[illegible]西之[illegible]，雖非周道，實為要區，焉足車塵。恒嗟於路之險，肩挑貿易每嘆道里之遥。村中父老久有修橋之意，[illegible]為首事十二人，僉議頗多，輸己貲。吾事村衆咸欲共濟，樂輸。於是擇日行工，庀材者踴躍爭先，司工者不辭勞，從役致工。始于乙丑之春，告成于霜露之秋。猗歟休哉！固盛舉也，亦義舉也。考周禮所載：十一月徒杠成，十二月輿梁成，深[illegible]民之病涉也。是橋也，雖不敢望周禮於萬一，亦聊以覘負載者不有傾阻之虞，視履者皆有蕩平之樂，故以同心名橋，記之。

誥授朝議大夫候補知府西軍功議敘縣[illegible]李觀光撰

例授儒林郎候銓知州由軍功議敘縣左堂李重光書

太學生李鍾岱篆額

總理　李福寶　李清功

糾首　李世敏　監生李有光　監生李[illegible]　李鍾富

李[illegible]　焦發沛　監生李清秀　陳學遠

監生李鍾岱　監生李鍾支

大清嘉慶十年歲在乙丑梅月朔越六日勒石

绵山小须弥复建天桥殿宇悬屋碑记

【简介】

清嘉庆十年（1805）勒石。青石质，圆首，无座。碑首高30厘米。碑身高100、宽55、厚10厘米。碑文楷体，19行，满行60字。碑阳额题“禅林丕振”。碑阴额篆“芳名垂后”。内容为“铁门洞记”。现存介休市绵山风景区天桥。

【碑文】

（碑阳）

綿山小須彌復建天橋殿宇懸屋碑記

吾邑西南五十六里有小須彌，綿山之古刹也。壁立天塹，岊□□嶆，梵宫在其中，沿崖蜿蜒，插木為橋，形若長虹，地坐鼉道十尺之上，行人共仰望而不得。

唐貞觀間，空古佛入山之初，掛錫於斯也。迨明末兵燹廢弛，路斷橋殘，殿頹屋傾，百餘年已□無人之境矣。嘉慶丁巳夏，余謝□綿山，偶與眾遊，攀藤捉木，猱升躋上，見其煙縈霞覆，鶴舞雲飛，山嶺嵂嵲，險峻巇巀，有天動地岌之狀。且對峙岝嶺，環列澗繞，鳴溪曲直，須彌抱掩，日月有所境，雨雪不能浸，誠勝地也。何香煙闃寂，化作灰塵若是哉，不禁拈灰落壁曰：如此真勝境，凋零若是哉！靈憑何善士，金碧易塵埃。又題曰：人間天上。年來□靈石棗□崔有德者值歲，朝山觸目甚念蕭索，苦於力薄，徒深切□，每與城人陳龍武盤詢頹況，咸為感嘆，固非一日。辛酉傍晚，龍武朦朧，似有天人□空，驚視□形恍，聞言曰：須彌空王佛經此感格。遂佃百金先速修橋，有德奮力奔馳，勤慎督役，互相募化，越半載而橋成，計長六十一丈，名之曰“天橋”，以“卅三天界”匾之。次歲復佃資重修大殿三楹，内祀空王古佛、二大菩薩，俱裝以漆金。銀公、摩斯二郎聖帝接行，諸神彩金如故。三官殿三楹，沿橋懸屋十間，均修堅固。崖次有乳石，高不可及丈，周足正圜，玲瓏可玩，岫中流脂而結成者，古號為“須彌石”，近驗一切瘡疾，飲搽立愈，堪謂靈山佛寶。壁次有泉，業經久涸，當茲工將竣，亦漸潤而林瀟矣，因名曰“寶月泉”。銘云：神之格思。以故有崔有德之引進作功，陳龍武之倡施首善，在城千總郝勳、仙台村郎士文輔翼其功。嗚呼！久經廢弛之地，一旦金碧輝煌，自神器什物莫不克置，香火土田三十六畝，按數掣歸，一切債逋，統行清楚，養贍則充足有餘，晨昏則香燈不缺。山門外新建初天神祠於谽谺，詎非神靈之所感哉！

是役也，起於辛酉夏午，竣於癸亥秋申，經費一千數百金。眾以余同事頗悉其詳，咸推作記，余愧不文，然叨邀督工之末，不便固辭，因略記之。復匾於橋曰“寶筏横空”，聯於殿曰“峙嶺參差，三面翠屏朝古佛；鳴溪曲直，一條青帶鎖須彌”云。

敕授徵仕郎、轉盐運司經歷、前任福建提刑按察司照磨兼通省郵政庫寶福局錢法堂琉球國驛傳事、己亥科文武兩闈督卷知印官加二級董松茂撰

京都潭柘山岫雲寺得誠比丘、綿山雲峰寺僧人體文書

督工募化：陳龍武（城内）　崔有德（靈邑棗灣）　郝勳（城内）　郎士文（仙台）　董松茂（城内）　田雨德（義棠鎮）

大清嘉慶十年歲次乙丑天中令節立石

糾首：冀賢　郝文彪

住持：融權　弟融旺　徒通修　孫曉□

（碑阴）

鉄門洞記

溫席珍述

竊惟地理一事，□跡□上，經前代名人已定規制，不可權改。一則于險要攸係，一則于風水所關，匪細故也。

禪林玉振

介休縣南山抱腹巖初入門，門曰"鉄門洞"，在扼吭之地，勢極隘，設吊橋，不過容一人一騎，昔人規制若此，原有深意，□而為嶂道數里，各山峽□高陽處皆有□□，為抱腹巖，其下最後為小嶂，尖如蛇尾，嶂道係僧道諷修之地，亦係闔縣避難之地。堪輿家言似蛇形，門口不宜大，大則出妖僧妖道，又東方甲乙木，為青龍口，大水漲口谷，近地庄村漸漸覆敗，為害不小。紳衿父老代代相傳，屢屢重修，毫不增損。

國初重修，止洞數寸，順治六年，遂出妖僧侯和尚，居地藏殿，據馬跑泉爆□數千賊，殺介、靈、沁三地縣民無數，傷官兵至煩。大兵剿斬招安，地方始寧，各衙門俱有卷案。繼而山水大漲，沖壞峪口石堰，足驗改大之害。

近于康熙五十年三月內，復有欲擅改古制，洞大其門者，闔縣紳衿父老公會於縣文昌祠，公言不宜大，仍舊規而止，恐後來□謀者假借，不能容官府轎馬朝山馱載，肇動當事，下情難達，貽害地方。畧述數言，刋之于石，使後人知所據也。

偶湊碎碑多塊，摹出右記，詳斟攷識，大約不差魚魯。按鉄門洞即望峰門，乾隆三十七年，此門增闊盈尺，將吊橋填寔。四十年有大水沖倒石堰，壞田數頃，其他美惡自有耳目所云。右跡昭垂識□，何而言無憑？攷核碎石中，獨得此文，抑或佛靈之一應耳，因復勒石。

首倡重修城內陳龍武捐化銀壹佰兩

金妝姓氏：空王古佛　閆張氏十二兩

觀音大士　李元棣八兩

聖帝　營千總郝勦五兩

王在勳四兩五分

摩斯佛　　李聚福四兩二分

二郎神　　閻泉照磨董松茂

銀公佛　　武士□鴻　李許氏　征士郎羅士昌各四兩

天官大帝　　張生榮

地官大帝　　武玉瑚

水官大帝　　武振成各二兩一分

岳現魁、李廣朝、降得立、授引菩提任氏各三兩；左輔武玉元、孫武盛、武豐、右弼喬恒德、李永權、侯田氏、李劉氏各二兩四分；馬杜氏、李本檀、郎高氏、雷郎氏、李趙氏各一兩二分；王有富一兩一分，郝清澤一兩，張李氏一兩。

捐化姓氏：梁□檀、任壽安各八兩；德勝會、宋倚瑞各七兩二分，郝國魁六兩二分，梁存實一兩一分，溫李氏等五兩二分，降昌文四兩九分，溫祖章四兩八分，□□□五兩，郝應遠二兩，郭士達一兩六分，闫朝帝一兩四分，任富功、趙四富、李芳茂、□大賓、□憲瑞等、左任氏各三兩，郭如□一兩八分，□□□□□、任□□□□，德勝□□□□、李金□□□、王英□□□□、冀永進□□□□、宜人范刘氏、李刘氏、張張氏、魏高元等、劉□邦、□光泉各二兩四分，張國儉、張國僉、監生段金科，任萬光各二兩二分，張生榮、任清潢各二兩一分，郭思敬、張有溫、王錫光、趙存榮、魏顯廷、郭子隆、胡趙氏、任積富、冀秉柱、趙永成、郭天祿、李如金各二兩。田種玉、楊元盛、武國斌各一兩二分，張書一兩七分、冀秉政、霍讓、梁天齊各一兩六分，王在卬、王汝霖、宋永秀、張仁、安樂書、程鼎各一兩五分，王公傑、崔有德、鄉當行、田雨德、張淇功各一兩二分，朱效儉、郭學智、梁學清、万鎰樓、趙自榮、李靈、曹郝氏、冀天受、高文治、李玉斌、王鈺、長春園、張萃、武國賓、郭家旺、張起威、梁士統、曹楊氏、王恩厚、刘鎮福、王清選、曹申氏、曹溫氏、馬壽□、永寧居、王韓氏、張化傑、張永廣、張九翔、刘文讓、郭元風、常秉載、左福遠各一兩一分，尹倬、五福堂、賈張氏、郝黃氏、張學貴各一兩一分，李賈氏、朱郝氏、任德寶、馬堯嶙、刘長義、武玉有、王金玉、張大典、郭履厚、馬立紀、李喜茂、三和號、張仁湧、武翼威、陰久旺、溫善敦、任成奎、王芳、岳現章、王存良、喬學士、張麟權、王發珠各一兩，任武熙、刘史氏、刘存福、郭善人各八分，王玨、趙郎氏、李富實各七分，任德盛、溫太候、常義會、宋盧氏、王郝氏、師景貴、刘士武、武光運、宋李氏、郭□□、溫梁氏、王霍氏各五分。

张兰村修井碑记

【简介】

清嘉庆十年（1805）勒石。青石质。碑长50、宽62.5厘米。碑文楷体。现存介休市张兰镇张兰村。

【碑文】

……脩井碑記

□□生成，原以資下民之□，吾堡有井，其來已久，但歷年既多，屢有損壞，補脩不知其幾何矣。乾隆年間，井損重脩，有記可考，嘉慶十年，井復有損，爰集同堡而共謀之。于是出銀錢者有人，出人力者有人，勞心者更有人，脩訖，謹將姓名開列于後。

邑人任方中書并撰

出銀伍兩　任重遠　任宏愷　出銀叁兩五錢　任重禄　出銀叁兩　任化積　任璽　任巨□　石如□　出銀□□壹錢　□□□　出銀壹兩伍錢　喬□□　□□□　□□□　□□□　王□安　任□　□□　出銀壹兩　任□□　出銀捌錢　任□□　出□□錢　□□□　□□伍錢　任□□　□春　任□□　任□□　任□□　出銀肆錢□分　王得功　出銀肆錢　任鵬□　任敦典　出銀三錢八分　任尚元　任□翼　出銀三錢六分　□廷富　出銀三錢　陰宣化　孫國柱　任明德　喬廷祐　任九二　出銀二錢八分　□□敬　出銀二錢四分　任宏喜　任全世　劉桂林　任勛清　劉長林　任功清　出銀二錢　任遇春　出銀一錢二分　任宣俊　任法賢　任芳世　任助清　郝士有　喬錫功　宋□□　劉本□　出銀一錢　任心□

經理人：喬廷贊　楊繼善　任重禄　任葆中

嘉慶十年季冬月吉立

自得记

【简介】

清嘉庆十一年(1806)勒石。青石质。长84、宽38、厚12厘米。碑文草书，33行，满行17字。梅山半林子撰文。1983年3月收集于介休洪山村华岩寺，现存介休市博物馆。

【碑文】

自得記

梅山半林子石丁筆

丙寅春，余與世姪希邵王在雍讀書自得菴。夫自得菴者，汾陽老人本然大禅師自得處也。曾同傅丹崖、梁鳳吾兩先生談道其間，後得上乘時，血筆寫《蓮花》《金剛》二經，藏于華嚴，到今百餘年矣。啟帙目之，赤光射日，金液有不可磨者，因以指謂希邵曰：汝識此真經否？曰：未解所以然。余乃即禅境示之曰：汝不見石柎開紅梅，丹心其圓通乎？汝不見天花堆白雪，玉蘂且玲瓏乎？汝不静听桐泉冰弦，固無思乎？汝不閒觀金屏明珠，有如意乎？汝不南步九紫荷池，弄香波而漾月乎？汝不東望千層靈塔，眺梵影之湧浪乎？汝不高探獅子窟，窟中藴有慧劍乎？汝不深窺毒龍潭，潭底潛有香栢乎？希邵曰：遊玩久之，亦若有所得也。余曰：常自得之，本然師之金丹發露山中矣。眼前迹象何，莫非血書之真經耶？汝有会心，足以聯歌廿四韻，以紀覺苑之妙体。

余歌云：自得禪關八景趣，王云：紅梅蘂香開石樹。此花可结舍利兒，余云：攜登佛国淩雲渡。渡過靈山見如來，王云：天花妙散白雪臺。若現真音如是者，余云：不耳哆囉圓覺哉。覺岸鳴琴傳曲水，王云：耳之即以洗塵耳。風入松中皆梵聲，余云：足悟無弦弦七七。七弦彈罷色皆空，王云：空中何露一点紅。乃是金屏珠發現，余云：照人大千玲瓏宮。且看紅蓮波印月，王云：秋蟾影落石花窟。九瓣香風自南來，余云：可誰夢到大士闕。南無山下有靈泉，王云：塔影如浴水中仙。借問唐僧何處掃？余云：頂上圓光玄又玄。悟空慧眼窺寶劍，王云：劍藏石匣斬妖魖。花獅洞裹出真如，余云：試以無字金剛念。念念血經語哪喃，王云：無心香柏照龍潭。由斯打破靈關去，余云：自得人至自得庵。

此歌庵之八景：紅梅玉樓，白雪天花，自得丹石也；琴鳴曲水，珠耀金屏，自得聲聲而色色也；蓮波印月，塔影浴泉，自得荷池土塔之三印妙空也；劍生獅窟，栢照龍潭，自得鍾靈寶物也。

余故復題一絶云：此地名丹山，石門是佛関。本然圓觉處，丹崖往來間。

希邵亦和云：誰得見真山，相隔人鬼關。惟目天明命，月入門中間。

余不覺喟然歎曰：這個間字，是一輪明月到天心也，汝其自得之。是為記。

嘉慶丙寅梅月刻石

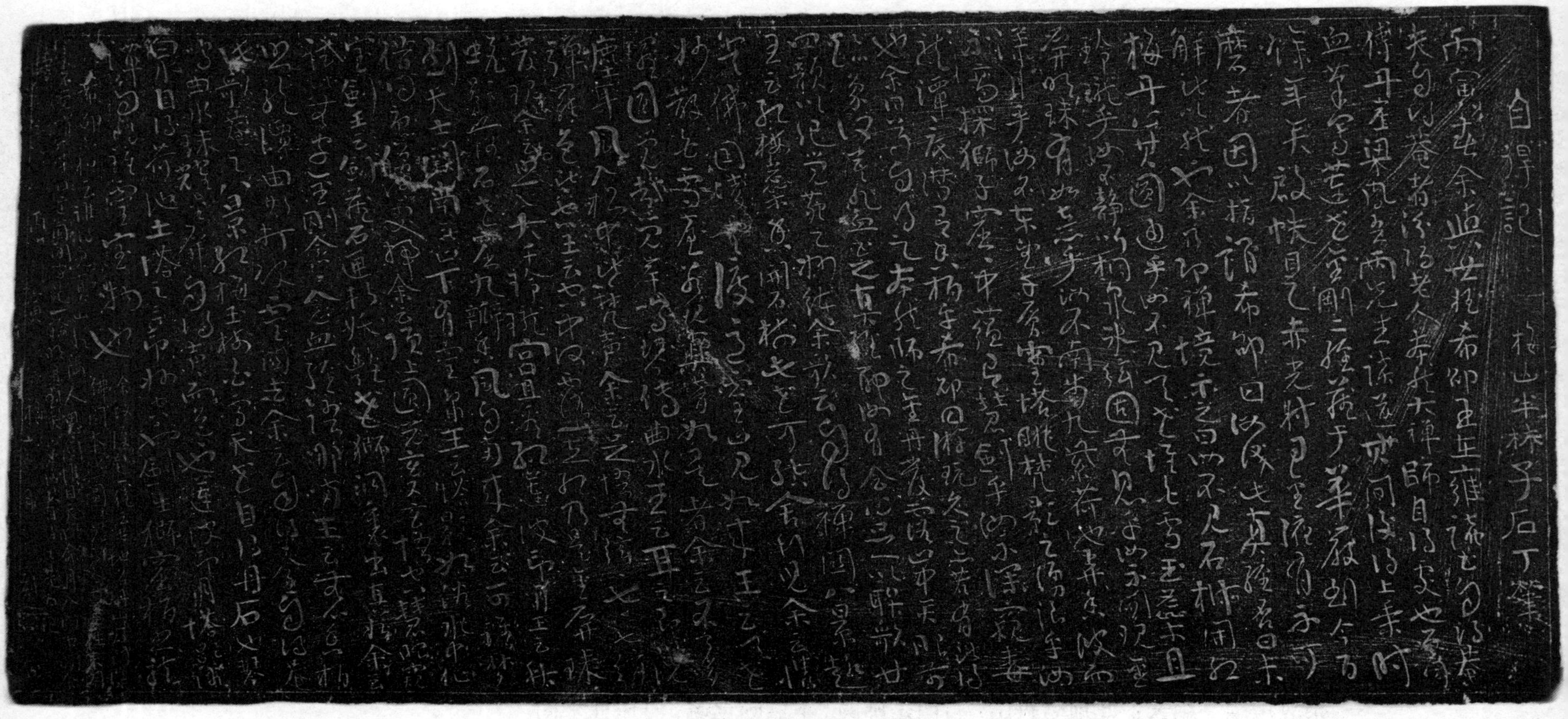
自得記
梅山半樵子石丁籑

张壁里北门门匾

【简介】

清嘉庆十三年（1808）勒石。青石质。匾文“青霭”二字行书，年款楷体。嵌于介休市龙凤镇张壁里北门洞上。

【匾文】

嘉慶歲在戊辰季春中浣六日

青 靄

闔村重建

赈济碑记

【简介】

清嘉庆十三年（1808）勒石。青石质，圆首。碑首高36厘米。碑身高126、宽71、厚11厘米。底座长78、宽48、高36厘米。碑阳碑文楷体，28行，满行49字，碑阳额题“赈济碑记”。碑阴碑文楷体，17行，满行36字，李广基撰文并书丹，碑阴额题“永垂不朽”，内容为捐资功德人名。现存介休市绵山镇兴地村回銮寺。

【碑文】

（碑阳）

賑濟碑記

歲在丙寅，自春徂秋未降甘霖，麥秋俱未見獲，懸磬興悲，民不聊生，閭巷蕭然，人盡饑色，悲苦之狀，真有視之而不忍視，言之而不忍言者。於是村中雖四五佰戶，而殷實無幾，共積銀肆佰玖拾捌两貳錢，散結之後剩銀陸拾肆两。首事人營運以作築墩之費，今功成立石，將姓名銀數載於碑，微特使奕世有所勸勉，斯亦不泯人善之至意也。

大清嘉慶拾壹年新正月廿一日

本村士民李昌業敬書

捐銀人名開列於後：

銀伍拾两：監生王權

銀叁拾两：從九梁熙績　監生何成珠　監生溫天澤

銀貳拾两：監生文子科　監生王統制

銀壹拾捌两：監生溫養棟

銀壹拾伍两：何有功　監生趙如賢　溫大林

銀壹拾叁两：馬濟

銀壹拾两：趙誠　監生溫天瑞　溫天基　從九溫天豫　何發榮　何有謙　監生趙如庠　劉永功　陶德寶　溫天壽　溫天杍

銀捌两：溫詔

銀柒两：王永承

銀陸两：劉文彩　溫文辛　李興業　王善義

銀伍两：趙秉彝　溫登科　溫煥章　梁肯堂　焦國鏞　趙玉峰　郭信　郭喜貴

銀肆两：李煥林　李懷德　溫奇龍

銀叁两貳錢：李國棟

銀叁两：陶汝聰　王清元　陳光裕　李爾貴　郝清英　溫學智

經理人：

鄉耆：韓國珠

公正：陶汝聰　馬良明　趙如章　王棟

香老：李廣朝　馬勷　溫興　焦國鏞　陶繼清　何有功　溫天盛

鄉約：溫天盛

鄉保：岳殿福　馬光耀

管賬：溫天壽　何發榮　梁肯堂　趙登岐

石匠：李恩盛

本住持：靜珠　靜寶　徒禎祥　禎祿

賑濟碑記

歲在丙寅，節春得秋未降甘霖，麥秋俱未見穫，懸磬興悲，民不聊生，閭巷蕭然，人盡飢色，甚至有奄奄之狀，
真有視之而不忍視，言之而不忍言者。于是村中富厚之家，咸體天地好生之心，舉發仁人惻怛
之意，量力而行，各出餘貲，以濟極貧。將銀買米，按口分散，雖不能充腹，而杯水解渴，是即萬死
而猶有一生之意也。然村中雖四五伯户，而殷實無幾，共積銀肆伯玖拾捌兩弍錢，散給之後
剩銀陸拾肆兩，首事人營運以作築壁之費。今功成立石，將姓名銀數均載於碑，微特使異世
有所勸勉，斯亦不泯人善之至意也。

大清嘉慶拾壹年新正月廿一　日本村士民李昌業敬書

捐銀人名開列於後

銀伍拾兩　監生王權

銀叁拾兩　從九梁熙儀　監生何成珠　監生溫天澤

銀弍拾兩　監生文子科　監生王統制　監生溫寬

銀壹拾捌兩　監生溫養棟

銀壹拾伍兩　何有功　監生趙如賢　溫大林

銀壹拾叁兩　馬濟

銀壹拾兩　趙誠　監生溫天瑞　溫天基　從九溫天祿　溫天壽

溫天祥　何發榮　何有謙　監生趙如庠　劉永功　陶德賢

銀捌兩　溫詔

銀柒兩　王永承

銀陸兩　劉文彩

溫文章　李興業　王善義

銀伍兩　趙象彝　溫登科　溫煥章　梁肯堂　焦國鎮　趙玉峰　郭信　郭嘉貴

銀肆兩　李起林　李懷德　溫奇龍

銀叁兩弍錢　李國棟

銀叁兩　蔣汝聰　王清元　陳光裕　李爾貴　郝清英　溫學智

經理人

鄉耆韓国珠　何有功

公正陶汝聰　溫天盛

馬良明　鄉約溫文福

趙如軍　保岳殿福

王林　馬光耀

香老李彥朝　晉張　溫天壽

馬勳　何發榮

溫興　梁肯堂

焦國鏞　趙登岐

陶繼清　石匠李思盛

本寺住持靜寶　徒珠祥　禎祿

（碑阴）

新建墩塔碑記

從來時至事起，雖曰人事，豈非天意哉？累來能地理者，咸謂村南方氣散而不聚，是以殷實少而文教不振也，惟西南宜建大墩一座，而財源士風均有益焉。但屢逢歉歲，費無所出，地屬家戶，恐難驟成，是以言之屢矣，而未遂焉。迄今歲，村中公耆勃發善念，欲成厥事，合鄉老而□無不歡欣樂從。訪其地主姓氏，乃東社溫楊氏地也，意楊氏以閨門之婦，詎肯省此地，聊公議出價，與楊氏謫議。楊氏曰：此盛舉也，余不能出資，以襄其事，何愛一席之地而隳大功之□成也？慨然未受分文之價。此見善心人所同具善事，人所樂成，風淳俗厚，先王之遺意獨存。由是選期就工，而輸財者有人，督工者有人，蓋不踰月而告厥成功矣。異日者農人悉歌有大，士子雁塔題名，猗歟休哉！何盛如之！然斯舉也，共費銀壹佰貳拾餘兩，村中罰銀三拾伍兩，去年散濟餘銀柒拾伍兩，均費於茲。是皆不可以不誌，以為後世之觀感云。村中公議與楊氏免四畝地，永不行差。

蘭溪李廣基撰書

鄉耆：韓國珠

公正：文子科　王統制　約保溫久福　馬光耀

香老：郝清俊　溫興　任大受　焦國鐸

經理人：溫久福　文子科　王統制　馬光耀　郝清俊　溫興　任大受　焦國鐸　何發榮　趙如賢　溫天壽　梁肯堂　韓國珠　李廣朝　趙如昇

嘉慶十三年桂月十五日公立

永垂不朽

新建盤塔碑記

從來時運事起雖曰人事豈非天意哉累來通地理者咸謂村南方氣散而不聚是以[illegible]

而文教不振也惟西南宜建大塔一座而財源士風均有益焉但屢逢歉歲費無所出[illegible]

户恐難驟成是以言之屢矣而未遂焉迄今歲村中公者勃發善念欲成厥事合鄉老而[illegible]

無不歡欣樂從訪其地主姓氏乃東社温楊氏池也噫楊氏以閨門之婦詎肯以此地[illegible]

出價與楊氏商議楊氏曰此盛舉也余不能出費以襄其事何愛一席之地而[illegible]大功之成

也慨然未受分文之價此見善心人所同具善事人所樂成風淳俗厚先王之遺意猶存[illegible]是

選期就工而輸財者有人督工者有人蓋不逾月而告厥成功矣異日者農人來歌有大[illegible]于

爲塔題名倚歟休哉何盛如之然斯舉也共費銀壹伯貳拾餘兩村中罰銀叁拾伍兩去[illegible]

滿餘銀柒拾伍兩均費于衆是皆不可以不誌以爲後世之觀感云

村中公議與楊氏免四畝地永不行差

簡[illegible]李廣基撰書

郝清俊

公文子科 約温久福 耆温典

鄉耆韓國珠 正王統制 保馬光耀 老任天受

焦國鐸

經理人

温久福 郝清俊 何發荣

文子科 温典 趙如賢

韓國珠 李廣朝 趙娃昇

王統制 任天受 温天壽

馬光耀 焦國鐸 梁肯堂

嘉慶十叁年桂月十五日公立

文昌帝君阴骘文

【简介】

清嘉庆十四年（1809）勒石。青石质。碑长70.5、宽48.5、厚9.5厘米。碑文楷体，30行，满行20字。武举强燮和书。原在介休市文庙东（原文昌祠），1985年5月2日收藏于介休市博物馆。

【碑文】

文昌帝君陰騭文

帝君曰：吾一十七世為士大夫身，未嘗虐民酷吏，救人之難，濟人之急，憫人之孤，容人之過，廣行陰騭，上格蒼穹，人能如我存心，天必賜汝以福。於是訓於人曰：昔于公治獄，大興駟馬之門；竇氏濟人，高折五枝之桂。救蟻中狀元之選，埋蛇享宰相之榮。欲廣福田，須憑心地。行時時之方便，作種種之陰功。利物利人，修善修福。正直代天行化，慈祥為國救民。忠主孝親，敬兄信友。或奉真朝斗，或拜佛念經。報答四恩，廣行三教。濟急如濟涸轍之魚，救危如救密羅之雀。矜孤恤寡，敬老憐貧，措衣食周道路之飢寒，施棺槨免屍骸之暴露，家富提攜親戚，歲饑賑濟隣朋。斗秤須要公平，不可輕出重入；奴僕待之寬恕，豈宜備責苛求。印造經文，創修寺院，捨藥材以拯疾苦，施茶水以解渴煩，或買物而放生，或持齋而戒殺。舉步常看虫蟻，禁火勿燒山林，點夜燈以照人行，造河船以濟人渡。勿登山而網禽鳥，勿臨水而毒魚蝦，勿宰耕牛，勿棄字紙，勿謀人之財產，勿妬人之技能，勿淫人之妻女，勿唆人之爭訟，勿壞人之名利，勿破人之婚姻，勿因私仇使人兄弟不和，勿因小利使人父子不睦，勿倚權勢而辱善良，勿恃富豪而欺窮困。善人則親近之，助德行於身心；惡人則遠避之，杜災殃於眉睫。常須隱惡揚善，不可口是心非，剪礙道之荊榛，除當途之瓦石，修數百年崎嶇之路，造千萬人往來之橋。垂訓以格人非，蠲資以成人美，作事須循天理，出言要順人心。見先哲於羹牆，慎獨知於衾影。諸惡莫作，眾善奉行，永無惡曜加臨，常有吉神擁護。近報則在自己，遠報則在兒孫，百福駢臻，千祥雲集，豈不從陰隲中得來者哉！

甲子科武舉強燮和沐手敬書

嘉慶十四年歲次己巳七月中旬八日

樊家庄新通车路重建庙宇碑记

【简介】

清嘉庆十五年（1810）勒石。青石质。碑高63、宽44厘米。碑文楷体，正文8行，满行25字。现存介休市绵山镇樊家湾村。

【碑文】

樊家莊新通車路重建廟宇碑記

夫聞事不在大，便於民者為大；功不在崇，關乎神者為崇。如我村地憑岡阜，居民不多，廟社僅有。茲因大郎神村闢通車路，而於茲村相距許僅一里，糾首等會眾斟謪，興工修築，而車路以通。又於村之東門建文昌閣以煥文星，村之西門建觀音堂以收氣脈。舊有之龍王廟、五道祠無不重新補葺，以壯瞻拜之觀，行見往來人人坦適，神靈歲歲錫福矣。其例得書名者，併列於左。

起意人：樊保鏞　樊國璽　樊國欽

經理人：樊國鐸

廩膳生員李有柱手撰

儒生樊國梓敬書

糾首：樊保惠　樊保清　樊國鐸　樊國柱　樊國殿　樊國正　樊國安　樊國美　樊國亮　樊國梅　樊國敬　樊國梓　樊國連　樊國賛　樊清沛　樊清俊　仝誌

嘉慶拾五年六月吉日立

诰授奉直大夫布政司经历加二级丕谟王公墓志铭

【简介】

清嘉庆十五年（1810）勒石。青石质。志石呈正方形，长75、宽75、厚9.5厘米。碑文楷体，27行，满行31字。志盖篆书“皇清诰授奉直大夫布政使司经历加二级丕谟王公墓志铭”。现存介休市博物馆。

【志文】

誥授奉直大夫布政司經歷加二級丕謨王公墓誌銘

余友王公，諱祚昌，字永錫，號丕謨，職布政司經歷加二級，是靜庵公之長孫，誥封奉直大夫誠齋公之長子也。生於乾隆壬午三月十七日丑時，卒於嘉慶丁卯五月初十日寅時。正配石氏，生子在田，□室李氏，生子在泮，女一，尚皆幼也。茲於庚午季秋，卜吉庚午壬午，公隨先靈附葬於三道河水木蘆鞭之曲池穴地，坐乾向巽，分金庚辰、庚戌也。其弟際清囑余作誌，不敢以不文辭，率筆銘之。

原與世交，深知公性情所似，其為人也友於弟，慈於侄，篤於所親，和以待人，嚴以正家，儉守前業，不愆而不忘也。若所癖，則潔而不塵，靜而寡言，自養廉甚，日以粥糜保元，蓋多病也，明於醫而終莫自治，得年四十六而已，且心有所憾憾。九歲喪父，孩提號泣，聲應母啼，長而不得孝事之，怨慕悲悲，更有憾於年之不假，先母而逝。雖依依慈幃，子戀母，母戀子，其奈天齡之莫錫，何故？靈前有吊之以哭，哭詞云：哭哭噫，想我母泣我兒兮，呼天淚漣洏，病臥語不語愁思。痛曰：吾兒非吾兒，問爾喪爾父兮何時，爾尚穉，爾弟呱呱泣乳饑，形影自吊，夜凄其雪，幃守爾孤子，意欲胡為？亦謂養兒待老老無危，哭哭巇血淚，洟洟呼地間，阿兒靈魂何處之，爾子兩角童戲戲，爾母多憂老□□，□憑爾弟辛苦持如何，不念□□慈如何，棄卻幼孩與母氏，寡媳無言愁□□。哭哭嘻，□吾兒心鎚，苦切汝，痛心汝，連年固疾無醫，斯亦命也，而泣別床前無一辭。哭哭咿，我母哭我兒兮，兒何知魂之歸來乎？靈幕燈影移，逝者仙逝矣。焚□□待且慰之，我欲登堂視手澤兮，遲疑步遲遲為，不忍聞我母哭兮，故將淚墨寫數行離騷詞，教爾八歲慧兒啼歌哭哭詩，則誦是詞而知公之所憾矣。所以誌其所憾者銘孝思也，誌其所癖者銘天性之不鑿也，誌其所愛所厚者銘至情之肫肫然也。

銘曰：吉人之相，辭寡不浪。吉人之祥，定靜不颺。溫溫兮和光，瑟瑟兮維臧。雖不壽乎怏怏，恨莫得慈前終養。然有子乎聰朗，如鳥數飛勤書幌。庶其安乎白璧藏，泉之靈乎潛龍跳躍銀潢。

敕授徵仕郎、內閣中書兼管誥封事務加一級、記錄兩次、癸卯科舉人、眷世弟梁譽佐頓首拜撰並書

嘉慶十五年歲次庚午丙戌月庚午吉

皇清誥授奉直
使司經歷
誌銘

重修东岳庙碑记

【简介】

清嘉庆十五年（1810）勒石。青石质，圆首已毁。碑身高140、宽80、厚14厘米。碑文楷体，22行，满行40字。碑体部分损毁。在介休市张兰镇史村财神庙院内横躺。

【碑文】

重修東嶽廟碑記

《禮》：諸侯祭封内山川。泰山者，固諸侯所宜祭，而下山不得舉者也。故季氏以大夫而旌聖人，猶非□□士庶乎！乃後世祀典繁興，無論縣鎮村庄，咸為立廟，不可詳也。夫創建姑勿深考，而復修則又何哉？□□□有其舉之，莫敢廢也，殆亦猶守此意也乎！

我史村西北隅舊有東嶽大帝廟，創始之年不及詳稽，迄今傾欹崩壞，村人欲整之，特以工程浩大，里中力薄，不敢輒□□□□廟院有古柏二株，歷年久遠，枝葉摧零，村人會聚公議，以為此樹之生不知幾經寒暑矣，今已日趨□□，後將歸於無用，殊為可惜，不若鬻之以供修理之貲，既不棄神前之物，又不傷村中之財，豈非一舉兩得之事哉？衆咸稱善。爰將二柏鬻得一千八百金，於已巳春擇日興工。帝廟居中，循舊制作磚洞二眼，復□□聖母宫，舊在帝廟□，今改建於帝廟之東，又新建龍王、雨師、蚌蚄三神祠於帝廟之西。更有□□山神祠舊在西垣外，今移附於垣内東明堂，共為磚洞九眼，取其堅久而正□也，中□□□□□□□址，且示有別也。至於牆垣則增修之，戲樓則藻繪之。越庚午秋，厥工告竣，董事者囑余記其□，因敘□末於右，俾後之登斯地者知此廟之何以□而復新歟，二柏之何以有忽無云爾。

本村庠生宋養融拜撰

宋履安拜書

經理糾首：宋宗溥　宋全義　宋開綸　宋洽都　宋宗軾　宋捷偉　宋斗珠　宋邦棟　宋美光

嘉慶十五年歲次庚午仲秋吉日立

创建圣母献殿碑记

【简介】

清嘉庆十六年（1811）勒石。青石质，圆首。碑首高32厘米。碑身高140、宽64、厚15厘米。底座长77、宽53、高32厘米。碑文楷体，12行，满行43字。碑阳额题“福绿善庆”。碑阴额题“永垂不朽”，内容为功德人名。本村儒士陶赓飏撰文，焦性仁书丹。现存介休市绵山镇小新村东岳庙。

【碑文】

創建聖母獻殿碑記

且夫享祀妥侑，非獻殿不足以壯其觀瞻；祈福求貞，必潔地始可以伸夫誠敬。如我村聖母尊神，歲祀久矣，闔村感麟趾之德，萬姓賴庇佑之安，是獻殿誠不可以不修者也。適辛未歲，有本村善士興周陳公者因報聖惠，欲建獻殿以竭心願，質諸胞兄興詔、興基暨侄正言等，均有此心，咸為樂助。於是首倡斯舉，會同香老、糾集眾議，皆不約而同，故咸量力施財，或隨心出資，而陳公等獨集其成。遂舉善士世傑陶公總理經營，朝考夕課，毫無懈志，又舉九卿陶公、維清郭公暨佥協贊其事，不兩月而厥功告竣。此雖總理協贊之功，要非陳公首倡於前，與夫眾善士共和於後，焉能成此功哉！庶自今以往，凡祈福求真者，誠敬得藉以伸享祀妥侑者，觀瞻亦因以壯也。已告竣，徵文於余，余固辭不允，略述其巔末而為之誌云。

本村儒士陶賡颺薰沐謹撰

時年一稀焦性仁沐手敬書

大清嘉慶歲次辛未十六年重陽九月穀旦

住持僧體琛　徒精良　孫營善

福緣善慶

創建　聖母獻殿碑記

且夫享祀妥侑非獻殿不足以壯其觀瞻祈福求貞必潔地始可以伸夫誠敬如我村
聖母尊神歲祀久矣闔村感麟趾之德萬姓賴庇祐之安是獻殿誠不可以不修者也適辛未歲有本村善士
世周陳公者欲報　聖恩欲建獻殿以竭心願質諸□□□□與基暨　任正言等均有此心咸
為樂助於是首倡斯舉會同　香老糾集衆議皆不約而同故或量力施財或隨心出資而　陳公等獨
集其成遂舉善士　世傑陶公總理經營朝考夕課毫無懈志又舉　允卿陶公　維清郭公暨余協贊
其事不兩月而厥功告竣此雖總理協贊之功要非　陳公首倡於前與夫衆善士共和於後焉能成此
功哉厥自今以往凡祈福求貞者誠敬得藉以伸享祀妥侑者觀瞻亦因以壯也已告竣徵文於余余因
辭不危畧述其顛末而爲之誌云

本村儒士陶賡颺董沐謹撰

時年一稀焦性仁沐手敬書

住持僧體環徒精良孫喜善

大清嘉慶歲次辛未十六年重陽九月　穀旦

皇清诰赠武翼都尉显考邦华府君暨显妣阎太淑人迁葬墓志

【简介】

清嘉庆十六年（1811）勒石。青石质。志盖篆书，6行25字。志石楷书，正文27行，满行34字。现存介休市张兰镇旧新堡村。

【志盖】

皇清誥贈武翼都尉顯考邦華府君

暨顯妣閻太淑人遷葬墓誌

【志文】

皇清誥贈武翼都尉顯考邦華府君暨顯妣閻太淑人遷葬墓誌

嗚呼痛哉！幼無父者曰孤，何不孝茂堉竟未及生而即失所怙耶！蓋不孝之生之前五月府君已棄世，嗣是乳抱甫離，慈母又復見背。嗚呼痛哉！人生慘酷之遭，未有如不孝之甚者也。維賴祖母梁太宜人與伯父虛谷公鞠而教之，恩斯勤斯，俾不孝幾不知有無父無母之苦。考府君之歿，年才十有七耳，年少無所著聞，時不孝猶未生，更不及聞所著聞。惟是事祖母與伯父日久，府君之性行嘗為不孝事事數曰："汝父生不類群兒，寡嬉戲，七歲詣塾請讀書，群兒相率弄，而汝父誦習自若也。每自塾來省時，汝祖詰以塾師所口授，輒能言之了了，及為文，儘有匠心，不屑嚼人口餘。爾祖嘗語予，喜曰：'此子才將來可繼吾事矣。'且天性純篤，幼即知事父母，求其歡心，或有過，汝祖與予色不豫，必痛自改悔，俟色笑如常乃即安。與汝伯父友愛怡怡，了無間言。乃遭家不造，於歲之戊戌，汝祖捐館舍，予念家務瑣瑣，命汝伯父肩其事，使汝父無內顧紛其慮，庶得潛心積學，紹書香以光前業者，惟汝父是望，而汝父亦自是自砥益堅。年十六，汝母閻氏歸焉。汝母故名門子，溫惠淑慎，能軌婦道，恒以專心學業為汝父相勸勉，顧天命不佑，遽奪其算。汝母以青年喪所天，痛泣幾不欲生已，念汝尚在娠，而雌雄未卜，及分娩得男，汝母乃輟涕慰予，誓保孤以延夫嗣，聞者咸以賢淑稱。無何，閱六歲亦遽從汝父於地下，時汝方七歲，每聞汝呼阿孃聲，予酸鼻不忍聽。"

嗚呼痛哉！此不孝自稍知識來，祖母與伯父每為不孝言之輒嗚咽不勝，而不孝聞之所裂腑摧肝而莫容者也。胡天不弔，更奪吾祖母、伯父之速，相繼殂歿，俾不孝無怙無恃，並不得享祖母之庇、伯父之依稍底成立，則天之於不孝抑又太酷矣。罪大福輕，謂之何哉！

府君姓劉氏，諱煒彬，字邦華。曾祖諱世昌，誥贈奉政大夫；祖諱洪訓，增廣生；父諱光楷，乾隆辛酉副貢，丁卯亞魁，軍功議敘即用知縣，誥贈奉政大夫。府君生於乾隆戊子年三月初二日寅時，歿於甲辰年七月二十三日未時，年十有七歲，以不孝職誥贈武翼都尉。母閻氏，軍功議敘候選州同知諱錞公女，以乾隆己丑年十一月十二日巳時生，以庚戌年二月十八日申時歿，年二十二歲，誥贈太淑人。遺孤一，即不孝茂堉，由太學生捐授遊擊，娶李氏，太學生養龢公女，繼娶張氏，太學生、誥贈武德佐騎尉彭年公女。孫男二，長鈞，次鐸，俱幼。孫女一，字守禦所千總清象李公子。

府君及妣舊窆起鳳原祖塋之側，玆改卜新阡於松村靈臺原，弟松堉將以十六年十一月初九日安葬先伯父母，而不孝即遷府君及妣柩葬以次。今謹以府君及妣之性行，據不孝夙所耳熟於祖母與伯父者泣血而追誌之，以納諸隧，庶幾我後世子孫之有考云。

誥授奉政大夫、刑部福建司郎中、記名知府加二級姻愚弟王汝珽頓首拜填諱

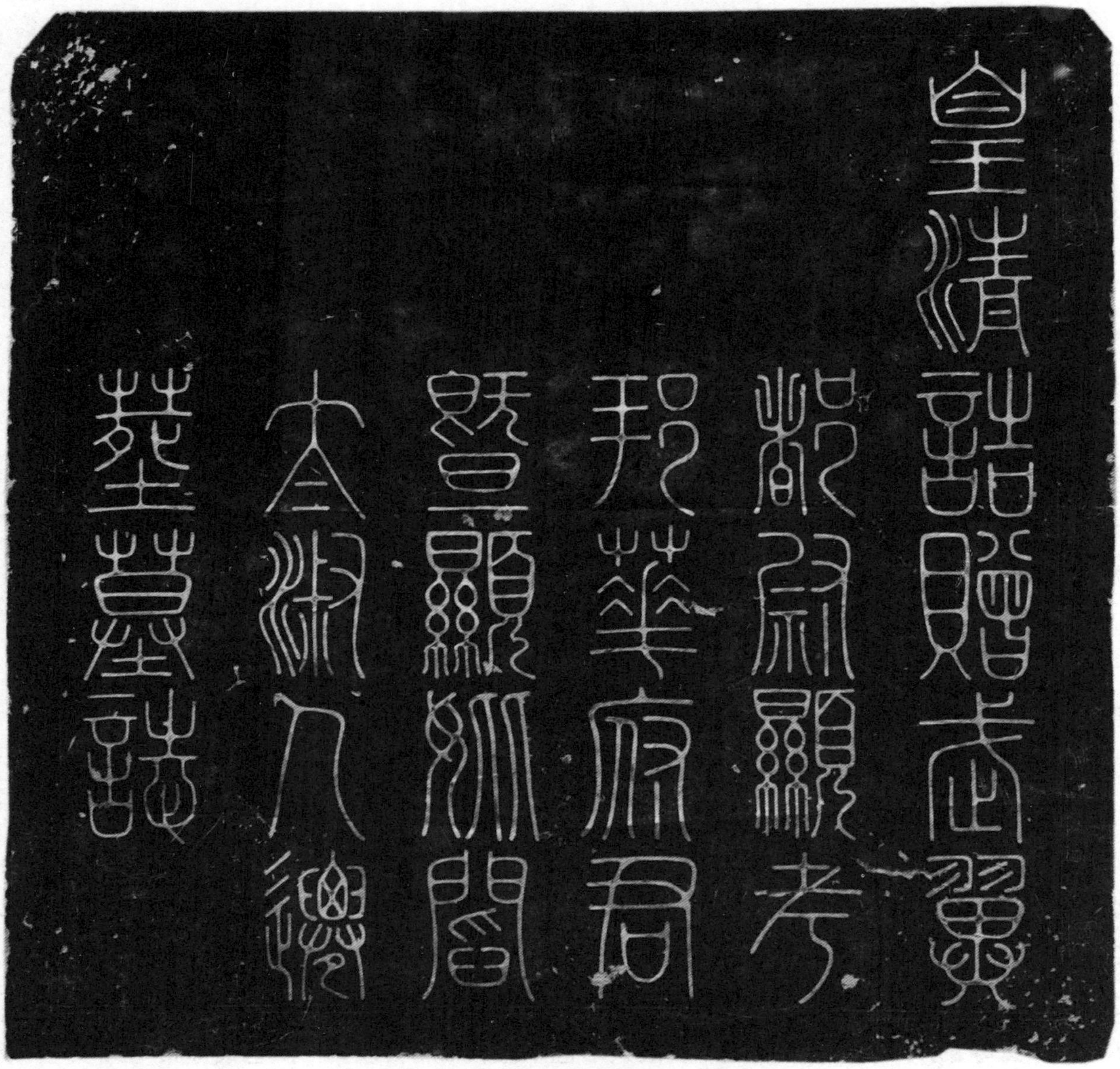

新建虮蜡坛影戏台记

【简介】

清嘉庆十六年(1811)勒石。青石质。碑长56、宽65、厚7厘米。碑文楷体，22行，满行20字。现存于介休市绵山镇小靳村东岳庙大殿内。

【碑文】

新建虮蜡壇影戲臺記

竊思神無所不在，必以祠宇為憑依；敬無所不通，惟得春秋以祭告。余鄉每歲秋成，獻影戲以□神功，冀雨暘時若，百穀用成耳。舊在堡門外，多歷年所矣，迄今人眾地狹，且往來通衢，甚屬未便。適庚午冬，買到趙姓場一所，價百十金，於是度地經營，眾皆力役，而世傑陶先生首膺其事，公人糾首罔弗同心輔理焉。其址建虮蜡壇，其南修影戲臺，而西方一代盖住房、碾棚、車門四間，內安碾一盤，以便闔村不時之需。既落成矣，爰紀其功之始末並費之多寡而勒於石，以垂不朽云。又安磑一盤。

儒學生員陳昌言撰

時年一稀焦元善書

香老：陶進義　陶興詔　陳興禎　陶學緯　陶興禎　陰士恭　郭盛圖　陶學林　郭正圖

公正：陳興周　郭大柱

甲長：陶學程　郭天賜　陶紹星

糾首：陶之信　郭懷堂　陳興基　陶進智　李顯光

糾首經理：陶世傑　陶賡颺

賬目：陶國文

石匠：寧敬儒

善友：劉溥

共總花費銀叁佰捌拾捌兩陸錢陸分

嘉慶十六年歲次辛未仲春二月初旬九日　公立

新建土神庙碑记

【简介】

清嘉庆十七年（1812）勒石。青石质，圆首。碑首高42厘米。碑身高166、宽74、厚18厘米。底座长75、宽52、高38厘米。碑文楷体，正文6行，满行36字。碑阳额题“永垂不朽”。碑阴额题“吉祥道场”。内容为功德人名，字迹不清，从略。嵌于介休市城内后土庙古建群关帝庙配殿北侧山墙。

【碑文】

（碑阳）

新建土神廟碑記

竊維土居中央，旺於四季，廣博而深厚，載生而載育，是土之于人為最切也。介邑西北隅有土神廟，其來久矣，但歷年既遠，不無損壞，非所以妥神靈而壯觀瞻也。炳等目擊心傷，欲從新葺理，苦於無資，伏乞大德仁人慨施捐助，共襄盛事，則功德無量矣。

經理糾首：宋炳　梁清典　溫禮　文顯　梁昌　溫殿傑　宋士義　宋士隆　仝募化謹叩

住持：馬本垣　賀址　任坦

侄徒：溫一鐸　師和録　郭和鈺　任錦仝叩

大清嘉慶十七年十月十五日立石

（碑阴）

（人名略）

重修三官庙碑记（共十通）

【简介】

清嘉庆十七年（1812）勒石。青石质。共10通，并排镶嵌于院墙内，每通大小相同，高218、宽73厘米。第一通为记事碑，碑文楷体，正文9行，满行51字。其余9通均为功德碑。现存介休市义棠镇西刘屯村三官庙。

【碑文】

（第一通）

重修三官廟碑記

三官廟建自前明嘉靖七年，約略記之，遙遙者幾三百載矣，歷年既久，而旁風上雨，棟折梁崩，其有賴於重修也亦孔亟矣。

歲己巳，余姪元泰久客歸里，偕余長子恒泰入廟瞻仰，荒涼逼人，不禁慨然曰：是不可不修，且修之不可緩也。

於是集眾成議，修疏作引，首領之以為諸人倡，而募化諸公亦皆踴躍從事焉。觀此爭先恐後之狀，識者早已卜其事之必成也。越年餘，各處金錢絡繹而至，邑人公推余為總理，獨司其事。余老矣，恐負眾望，辭之至再。而眾請益堅，不獲已為之經營建造。而細為審量，有宜因考，有宜改者，亦有宜遷者，至禪房、厨舍塗飾之、堵築之，而暘房、暘面之不足者，則捐己業以成就之。

且本巷之形勢西高而東下，堪輿家有言：非甲位高聳樓閣不足以補風水之缺。用是建樓於東門之上，敬供天地，邑人士歲時享祀，庶神樂而民安乎！余之前後位置，始終營造者如是。是與非，功與過，自有公論，何庸記？然諸君募化之功、村人捐助之力，并余家二子起意之由，均有不可泯沒者。爰勒其事於石，以為後來者勸。

監生景士微誌　介賓王化宇撰　生員范清杰書

（第二通）

佈施募化人名開列於後：

監生景士徵 施場基一塊，上北房四間，東至牆外根，西至廟牆根，南至牆外根，北至房牆根，作價銀一百两。施木料、樹木等項作價銀六十两。施銀二百四十两。以上共施銀四百两，轉化銀二百四十八两六錢九分。

監生景恒泰　化銀五十五两三錢

監生王德旺　化銀四十两

生員景階平　化銀十三两

生員張生一　化銀十二两

千總董為政　化銀十两

趙清燮　化銀四两三銀五錢

降佩琮　化銀三两

高通信　施銀一两

監生李應智　施銀五錢

威縣當行　六十两

義峰盐號　和成盐號　各十二两

世麟堂　恩泰號　各八两

翁自隆　五两

監生溫如瑛　化銀五十两

李明仁　化銀二十五两

隆應　化銀十二两五錢

淨廣　化銀十二两

武思龍　化銀五两

監生武正璋　化銀三两

吏員李大相　化銀一两二錢四分

秦和梁　施銀八錢

監生景元泰　施銀二两化銀二百两

安福堂陸　二十两

和裕號　十两

金順德　長興典　各六两

景徽堂朱　廣裕成　相里鳳來　天成號　天錫布店　復和布店　三和布店　以上各四两

公合布店　王錦　日興贍　以上各三兩
仁義堂任　張鎮南　天順布店　悦來號　展聚堂　王三元　賀務本　以上各二兩
常雲會　王沐清　各一兩　　　　生員王化宇施銀四兩　化銀八十兩
巢縣典匣　四十兩　　　　巢縣正堂牛　十六兩
義源號　永興號　泰興號　以上各四兩
監生景恒泰化銀名列於後：
恒盛窑　協盛窑　義恒窑　天順窑　德盛堂　永盛窑　以上各五兩
郭瑞武　生員郭瑞璠　馬□三　武生張爾温　解元田國寶　監生趙復禮　以上各二兩四錢
三和公　甯奉全　董明聖　甯正朝　武生王蔭檀　義和窑　以上各一兩二錢
天順堂一兩　　　　昌泰號　三和永　武廷獻　以上各五錢
監生温如瑛化銀名列於後：
中成當　喬隆盛　喬恒盛　義和當　宋天慶　同仁當　以上各三兩
信義當　永和當　恒興當　鞏翕盛　素昌盐號　義隆號　恒隆當　恒裕當　慶成當　吴同吉　義盛當　吴仁義　齊誠意　永信當　同興當　以上各二兩
監生王德旺施銀一兩貳錢，化銀名列於後：
永興號　十四兩　　　　慶有號　四兩
萬順號　源達號　任憲章　天合號　永發號　恒裕當　長美號　大升號　致遠號　存仁堂　以上各二兩
立源號　允達號　各一兩　　　　景清泰　施樹九株　作銀四十兩
王邦麟祖　施銀三兩　化銀卅五兩五錢　　　　長盛當　二兩
永順當　復興當

（第三通）

恒盛當　豐裕當　至公當　永和當　永泰當　豐裕當　王人和　萬盛號　豐泰號　義成當　元發當　監生孟光庠　德隆號　謙益當　升錦號　五福當　德成號　永興當　豐盛當　金蘭當　王永和　恒盛當　信成號　商萬興　以上各一兩
濟裕當　中成當　恒盛號　任謙　恒裕號　李林盛　吉成號　義興當　義盛當　監生宋承億　天福當　廣聚當　廣聚當　郁興當　以上各五錢
從九景學洙　施銀五兩　化銀三十四兩五錢
永和當　貢生王桂元　素昌盐店　恒盛當　中成當　恒興當　永信當　義和當　天慶當　同仁當　福興當　恒隆當　和盛號　以上各二兩
靈石縣正堂張　永和號　廣源號　雙興衣店　恒源號　新盛號　廣合號　恒足號　以上各一兩
茂盛號　五錢
監生范文典施銀四兩　化銀三十四兩
上美號　天元當　天豐當　以上各二兩
永德當　源盛當　安成當　永慶當　恒昌當　萬成當　長慶當　日升當　源隆當　萬源當　德潤當　天元號　天盛號　天義當　永春當　元春號　太春號　聚義當　隆順號　興泰當　聚順當　成美當　泰來當　中正當　公盛號　公盛號　久興號　寧輝堂　協正當　以上各一兩
李明化化銀名列於後：
復興號　監生景安泰　各三兩
景志銓　生員景雲錦　生員景玉川　以上各一兩
同升義　鄭蘭旺　復隆寬　鄭發照　源盛順　日新當　皮正　隆昌號　瑞昌號　正興當　恒泰合　崔顯宗　復成美　以上各一兩

監生景懷初　施銀一两二錢　化銀二十四两
閆六合　四两　豐盛當　元隆當　各三两
梁中昌　義盛號　復源號　發興公記　永盛號　以上各二两
景義聚　監生郭青霄　郭和盛　羅永隆　以上各一两
武思經施銀一两　化銀二十三两
天然居　三两
永昌號　連成當　瑞騰當　永升號　巨慶號　義恒號　以上各二两
源長號　恒足號　中成號　祥集號　正豐號　億慶號　以上各一两

（第四通）
武豐益　武奉天二人施銀二两　化銀八两四錢
從九韓有倉　萬和當　重益當　慶隆號　廣慶號　以上各二两
隆盛號　賀勤政　武君錫　馬世昌　張成定　張成仕　喬清斌　以上各一两二錢
宋廷元　施銀五錢　化銀十九两五錢
太和居　源昌號　豐裕局　信和盛　永和號　萬興號　義和店　合盛當　慶和店　泰元店　廣和店　恒興店　雲泰店　義聚號　義成店　仁和局　以上各一两
閆天喜　天和興　元盛號　以上各五錢
郝成魁祖化銀十七两七錢
同義典　日盛當　永裕當　通裕當　源裕當　生生當　以上各一两二錢
同泰號　六順號　魏長順　以上各一两
聚興當　八錢
恒足當　日新當　仁聚當　以上各六錢
趙有執　信義號　增盛號　聚豐號　臨豐號　晉元號　聚泰號　以上各五錢
會瑞號　泰來號　雙義號　以上各三錢
康秉仁　施銀二两四錢　化銀十五錢五錢
廣仁當　德盛當　各二两
恩長當　天順當　廣泰號　德聚當　豐泰當　慶源當　元慶號　萬通號　監生羅保　元順號　以上各一两
東成號　復興號　慎德號　以上各五錢
景學深　施銀一两六錢　化銀十五两
李榮　梁億盛　張炎　以上各一两二錢
中成當　廣聚當　大生當　義質當　楊其耀　和合號　澤深當　王廣當　朱士建　以上各六錢
生員董孝　生員張世勳　監生張淑世　武永命　武溫　永發號　武廷獻　生員劉迺勳　武發光　劉子藝　劉顯庫　王貴詳　以上各五錢
張顯功　施銀二两四錢　化銀十二两六錢
久盛窯　三两　段麻鋪　謙和號　宋耀光　薛玉功　以上各二两四錢
張有　施銀一两二錢，化銀十三两六錢
武生劉創基　監生孫志靈　武生魏維屏　武生武維甯　鈕濟　張坦　監生任桂林　劉玉　以上各一两二錢
張積忠　一两
永興店　通順楊　孝邑二皂班　協義店　王英　以上各六錢
生員景階平化銀名列於後：
奉直大夫董鑑馨　靳啟璿　郭棣馨　程學閔　朱竹聖　郭治蘭　牛步瀛　曹爾儀　宋道儒　王憲

重修三官廟碑記

三官廟建自前明嘉靖七年約略計之遥遥者幾三百載矣歷年既久而旁風上雨棟折梁崩其有賴於重修也亦孔亟矣歲也巳余始見茲久客歸里偕余長子恒泰入廟瞻仰荒凉逼人不禁慨然曰是不可不修且修之不可緩也於是集衆議修疏作引首與之以爲諸人倡而募化諸公亦皆踴躍從事焉觀此爭先恐後之狀識者早已卜其事之必成也越年餘各處金錢絡繹而至邑人公推余爲總理獨司其事余老矣恐負衆望辭之至再而衆請益堅不獲已爲之經營建造而細爲審量有宜因者有宜改者亦有宜遷者至禪房廚舍塗飾之墻築之而曠旁曠面之不足者則捐己業以成就之且本巷之形勢西高而東下堪輿家有言非甲位高聳樓閣不足以補風水之缺用是建樓於東門之上敬供天地邑人士歲時享祀庶神樂而民安予余之前後位置始終營造者如是是與非功與過自有公論何庸記然諸君募化之功村人捐助之力并余家二子起意之由均有不可泯沒者敢勒其事於石以爲後來者勸

監生景士徵誌

介賓王化宇撰

生員范清杰書

布施募化人名開列於後

監生景士徵施地基一段上北房四間東至墻外水西至廟墻根南至墻外根北至房墻根作價銀一百兩

施木料樹木等項作價銀六十兩

施銀二百四十兩

以上共施銀四百兩

轉化銀二百四十八兩[illegible]

監生景恒泰化銀五十五兩三錢

監生溫如瑛化銀五十兩

監生王德旺化銀四十兩

李明仁化銀二十五兩

生員景隆平化銀十三兩

隆應化銀十二兩五錢

監生張生一化銀十二兩

淨廣化銀十二兩

常雲□攻化銀十兩

武茂花化銀五兩

[illegible]化銀四兩三錢五分

監生武正瑋化銀三兩

降鳳瑞化銀三兩

貢生李大楨化銀一兩二錢四分

高通信施銀一兩

秦和梁施銀八錢

監生李應智施銀五錢

監生景元泰化施銀二[illegible]

威縣當行六十兩

安福堂任二十兩

義峰鹽號 和成鹽號各十二兩

和裕號十兩

世福堂 晶泰號各八兩

全順德 長興典各六兩

翁自隆五兩

[illegible]

廣裕成 相里鳳來 天成號 天錫布店 復和布店 三和布店以上各四兩

公合布店 王錦 日興號以上各三兩

仁義堂任 張鎮南 天順布店 悅來號 展聚堂 王三元 賀務本以上各二兩

常雲會 王沐□各一兩

生員王化宇施銀四兩

巢縣典恒四十兩

巢縣正堂牛十兩

義源號 永興號 泰興號以上各四兩

義興號 長成號 三義號 聚成號以上各三兩

監生景恒泰化銀名列於後

恒盛窑 協盛窑 義恒窑 天順窑 德盛窑 永盛窑以上各五兩

郭瑞武 生員郭瑞璠 馬三千

武生張爾溫 元解田國寶 監生趙復禮以上各二兩四錢

[illegible]

銘　以上各一两

王汝明　閆允弟　郭汝楫　生員郭在京　以上各五錢

隆應　施銀一两五錢　化銀名列於後：

千總冀樞　生員楊嘉幹

（第五通）

千總陰家鶴　千總胡居正　理問陰培榮　監生胡明遠　監生胡玉賓　監生冀型謨　監生胡金鐸　監生楊際昌　監生胡惠永　監生胡紹曾　監生史紹光　監生胡基遠　監生胡正彩　史紹基　張宏治　李通魁　陰發　常泰來　劉體良　以上者五錢

生員張生一　施銀一两二錢　化銀名列於後：

千總趙宗舜　同州趙永年　從九趙宗周　武生趙宗聖　武生趙大年　監生張生炤　以上各一两二錢

監生趙維誠　雷元盛　監生王天春　高士升　張楷　以上各六錢

淨廣化銀名列於後：

監生郭恒斗十二两

千總董為政施銀五两　化銀名列於後：

任自匡　石珧　宋希曾　王祚康　溫暟　以上各一两

景榮位父化銀十两　趙宏顯施銀五錢　化銀七两五錢八分

降壽清　一两　趙宏印　六錢

閆進文　吳盛　喬廷元　趙禮　趙宏亮　以上各五錢

降彭齡　趙文實　溫富儒　閆永慶　張瑄　郭天裕　以上各三錢

趙錦盛　宋汝林　張子正　趙光睿　趙家麟　溫廷傑　郭如雲　以上各三錢四分

景懷遠祖化銀八两

奉直大夫常裕六　施銀八两　守府常裕九　施銀八两

景紹書　施銀六两二錢，化銀五錢六分：

李禎　二錢　喬學周　溫達　李應信　以上各一錢二分

景殿卿　施梁三根　作銀三两　施銀三两二錢四分

武思龍　施銀一两　化銀名列於後：

同知李鍾岳　盐道張清政　從九王雲端　同知張應恒　監生張本　以上各一两

監生景安泰施銀六两

李存仁施銀四两　化銀一两五錢六分

李灝　茹文葳　原希孔　文志浩　文光印　王定國　以上各二錢四分

汾原號　一錢二分

景榮住　施梁四根　作銀四两　化銀一两

降秉傑　降恩壽　杜成義　溫鎮遠　降秉瑞　以上各二錢

常廷楷施銀二两四錢　化銀二两四錢

郭志乾　郭志義　喬先廣　張永茂　郭志德　郭萬年　郭星全　郭季旺　廣成號　郭志禹　以上各二錢四分

趙清燮施銀五錢　化銀名列於後：

王慶　張兆祖　閆來明　梁堉　以上各五錢

田永豐　趙昌　宋振綱　以上各三錢

樊廷楝　宋天錦　宋振鐸　此上各二錢四分

李永　李萱　各一錢二分　于奇宰　施銀一两四錢　化銀一两九錢二分

張全義　張敏功　岳倉壽　董富有　郭如山　武學寶　趙賓　岳世俁　以上各二錢四分

郭清英施銀一两二錢　化銀二两八錢二分
高士林　高士達　各五錢　高通　梁彦亭　王廷有　以上各三錢
任致德　任秀位　任秀林　任邦進　以上各二錢
段瑾　一錢二分
李如棟施銀四錢　化銀三两六錢
發源號　任彦珍

（第六通）
美盛號　義昌號　汾原號　陳進殿　陰肉鋪　元泰號　恒升號　裴學文　溫寶元　李應吉　監生李應智　有餘號　以後各二錢四分
永興號　四義樓　各一錢二分
薛文煥施銀一两　化銀三两
喬世禎　施銀四两
王福施銀二两　化銀二两
永盛店　楊進元　裕成號　王喜科　以上各五錢
監生常裕寶施銀三两五錢　景懷本施銀三两三錢
景紹烈施銀一两六錢　化銀一两六錢
岳建甯　岳現達　楊仁和　溫可文　以上各三錢
常廷州　蔡國秀　各二錢
降佩琮施銀六錢　化銀名列於後：
耆賓劉法林　李永東　劉朝棟　溫養元　降振經　劉士寶　劉銘　源泰號　劉奕興　溫鎮遠　以上各二錢四分
監生武玉璋施銀七錢　化銀名列於後：
任翹桐五錢
任翹林　王修德　趙文斌　武正邦　張爾齡　任朝升　以上各三錢
守府任國泰施銀三两　千總景懷淳施銀三两
融祥施銀三两　化銀二两三錢六分
任學昌　任學恕　祖彦　雲祖　以上各五錢
融福三錢六分
景仰聖施銀一两　化銀一两四錢八分
楊克德　五錢　靳枝旺　梁逢乾　以上各二錢
李殿文　冀奇秀　梁逢年　燕琮　以上各一錢一分
梁峘一錢
趙文密施銀五錢　化銀一两九錢四分
監生趙錫麟　五錢
張誥　閆元　羅西雲　王元輔　張問士　梁記生　以上各二錢四分
晉光彪施銀三錢　化銀二两一錢
郭學禮　汾原號　梁書勳　黄學魁　梁狀城　任光照　通泰號　以上各三錢
武思轍施銀二两四錢　監生武思通施銀二两四錢
景榮第施銀一两　化銀一两二錢四分
趙晃　趙廷俊　各五錢　田生芝　二錢四分
興盛化銀二两一錢
降恩壽　降豐隆　降九聘　溫騰萬　溫質清　溫質溥　溫養元　以上各三錢

馬光相化銀二两
張企敬　五錢　李履東　梁世遠　榮堂　曹魁　曹永發　以上各三錢
景開泰　施銀二两　景宗泰　施銀二两
景紹甯　施石鼓二對　作銀二两
溫璋　施銀三錢　化銀一两六錢八分
張帝宰　武興隆　溫生福　閆永慶　張銃　溫希孔　以上各二錢四分
溫富儒　孫紹封　各一錢二分
常裕芝施銀一两　化銀六錢六分
安世爵三錢　溫學書二錢四分　萬成號　一錢二分
田生玺施銀一两八錢　千總強愃　施銀一两六錢
常宏肇　施銀一两六錢
梁体元　施銀一錢　化銀二两
藺錦山　趙士震　監生閆玉珠　中成當　以上各二錢
常廷拔施銀一两　化銀五錢
王繼統　溫玉柱施銀一两五錢　景懷德施銀一两四錢
常學恩施銀一两三錢
吏員李大相施銀五錢　化銀名列於後：
李明仁　三錢　二合號　二錢四分　李明倉　二錢
李天成化銀一两二錢二分
張世元　五錢　郝衡　二錢四分　田一楷

（第七通）
高習一　郭樞　任介　以上各一錢二分
李光施銀二錢四分　化銀九錢六分
合意號　張肉鋪　霍科　張威棟　郭天保　成子昌　大和號　喬福　以上各一錢二分
監生岳銳施銀二錢　化銀一两　王裕炯　三寶敞　各五錢
趙禮施銀五錢　化銀七錢
張學勤　三錢　郝全光　郭志義　各二錢
一两二錢：監生閆著琦　大生當　武乘騂　監生常日麗　常裕瑢　武思綱　武思恒　景文學　朱士儉　武思琳　監生常廷珪　景懷美　張子福　常廷九　武振綱　田生璞　郝成智
任威施銀三錢　化銀八錢四分
田遂　二錢四分
趙士宏　趙元文　趙士偉　趙宏顯　監生趙純賢　以上各一錢二分
李傑施銀八錢　化銀三錢
李國富　一錢二分　李純榮　李純珠　李純香　以上各六分
王廣富施銀三錢　化銀七錢二分
趙宏印　閆永慶　趙金鳳　以上各二錢四分
樊德潤施錢二百文　化錢八百文
閆生德　武國興　孫紹武　任全　以上各一百文
武永命施銀五錢　化銀五錢
武發元　雷佩施銀四錢　化銀六錢　王世泰　溫□　各三錢
張爾勳施銀五錢　化銀五錢　張爾堂　三錢　馬萬林　二錢
一两：正發號　生員房景齡　常宜適　常宜忠　監生范文斌　李永年　景雲龍　常裕輝　趙倉　景

懷遠　武思康施銀五錢　化銀四錢
王世宏　二錢四分　陳玉鼎　張正寧　以上各一錢二分
李增福施銀二錢四分　化銀六錢
侯明遠　田川　各二錢四分　田龍　一錢二分
八錢：孟存仁　常秉誠
張玉恭施銀五錢　化銀二錢四分　趙萬　趙永盛　各一錢二分
續成施銀三錢　化銀三錢六分
武萬命　趙宏顯　田遂　以上各一錢二分
六錢：監生武學教　王德喜　董子義　茹景琳　常裕宰
溫成儉施銀一錢二分　化銀四錢二分　武學舜三錢　常廷明一錢二分
武學良化銀五百文
那世仁　二百文　李自立　胡應魁　王可儒　以上各一百文
五錢：王承緒　王裕炯　監生張淑世　梁財明　三寶敞　合意號　李並宗　吳有　李顯宗　張變　宋廷邠　范清□　段學明
武成盛　武思定　朱立邦　常宜訓　梁歧鎮　茹景瑗　增盛樓　武思智　任滿　常懷瑾　武思鎮　武思贊　武思堯　武思寧　景學升　常廷公

（第八通）
從九常廷永　景紹璞　武思洋　常廷贊　武學明　武學儒
安生才　陰德　理真化銀四錢八分
閆昱　閆進標　閆進□　靳武氏　以上各一錢二分
性慈施銀三錢四分
党發旺化銀三錢　增監茹增南
三錢：從九胡惠永　梁彥亭　監生李文珍　常宜彥　溫世清　常裕訓　監生武思睿　從九常裕芃
武思良　李天培　晉光龍　楊其芝　李芳達　景榮發　任大政　張九春　于成藩　南正元
景榮甯　李方榮　景青雲　喬德昌　李方才　降秉義　羅源通　李天貴　李天成　李崢嶸
景榮著　劉漢玉　宋貴興　續真　武思孔　楊文仁　景紹梁　武學梁　降宏澤　董子智
常裕挺　宋富　閆富　王家鎮　宋大賓　景紹光　劉漢傑　景紹棟　武全福　常懷江
武金樑　武學孔　武學敏　武彰　羅德全　常廷義　常宏振　常廷九　常廷璠　常廷棫
常廷煥　常廷彪　景懷道　景懷義　常廷德　武振倫
三錢四分：王合店　元順店　李慶　楊亦棟　王邦柱　田宏盛　任梁　張其元　胡履聰　胡學詩
常宜成　范文華　張維唐　張維玉　張維傑　降存景　常宜璟　武學元　常裕權
常裕柄　高佑極　常廷琳　劉思文　武學侃　岳常氏　馬光相
二錢：張顯富　常裕瑾　段永茂　常廷賓　王顯濯　任兆清
王大召施銀一錢六分
恒毅交生息銀六十三两五錢二分
以上除場基、木石等項作價銀二百零九两，外淨收佈施募化銀一千三百七十八两九錢六分
補遺：景胡氏一两　景武氏一两　武思倫　李發七錢六分
張全仁　景榮王五錢　武學公五錢　景榮錫七錢四分
常裕鎮三錢　常廷文五錢　常宜政　一錢四分
體介化四錢　常巨賢一錢四分　常崇福三錢四分

以上除場基木石等項作價銀二百零九兩外淨收布施募化銀一千三百七十八兩九錢六分

（第九通）

一切花費碑記

一宗買木料等項使銀一百九十七两九錢一分

一宗買磚瓦　脊獸使銀一百五十两零四錢三分

一宗買石碑十座使銀一百两

一宗買石灰使銀四十七两三錢一分五厘

一宗鉄器使銀二十九两五錢八分

一宗裱大小疏頭使銀一十二两四錢一分

一宗買石獅、石柱、石條使銀一十二两

一宗買柏樹一對使銀四两

一宗土工工銀一百四十二两七錢八分

一宗泥匠工銀八十四两六錢八分

一宗木匠工銀八十六零八分

一宗畫匠包工使銀一百二十九两

一宗開光雜使銀三百五十六两九錢六分五厘

一宗立碑雜使銀一十四两七錢

一宗耗平銀一十一两一錢

以上十五宗共費銀一千三百七十八两九錢六分。

本廟地畝碑記

蔡家圪塔地十畝整，系南北畛，東至武族公地，南至堎西，西至溝，北至堎。

又一段三畝，系南北畛，東至常裕九，南至溝，西至溝，北至堎。

灰渣坡地七畝，系南北畛，東至王德壐，南至水道，西至堎，北至溝。

又一段三畝，系東西畛，東至本廟，南至堎，西至常裕九，北至堎。

王中原地六畝，系南北畛，東至武國標，南至道，西至王治，北至溝。

茅兒渠地六畝，系東西畛，東至道，南至宋大賓，西至道，北至道。

紅窑底地五畝五分，系東西畛，東至珧頭，南至常裕鎮，西至車道，北至董企孔。

榆林頭地五畝，系東西畛，東至李傑，南至常廷焕，西至小道，北至李方明。

武家背後地四畝，系南北畛，東至景安，南至道，西至堎，北至道。

紫城地三畝，系東西畛，東至車道，南至武思轍，西至車道，北至景懷美。

大溝口地二畝，系東西畛，東至道，南至王德興，西至聖母廟，北至車道。

大墓圪堆地二畝，系東西畛，東至常裕六，南至常裕六，西至趙宏亮。

以上十二段共計地五十六畝五分三，宋義里十甲粮一两一錢，九甲粮六錢三分五厘。

（第十通）

嘉慶十七年九月十三日

總理糾首：監生景文明 時年七十有二

起意糾首：監生景元泰　監生景恒泰　景紹烈

協理糾首：從九景學洙　生員王化宇　景學深　景清泰　景懷美

住持：興源　興全　徒真華　真初　孫如鏡　如亮　公立

木匠：劉晉唐　　　　泥匠：耿旭

土匠：楊文義　　　　畫匠：衛仰秀

石匠：甯正己　　　　鐫字：楊天吉

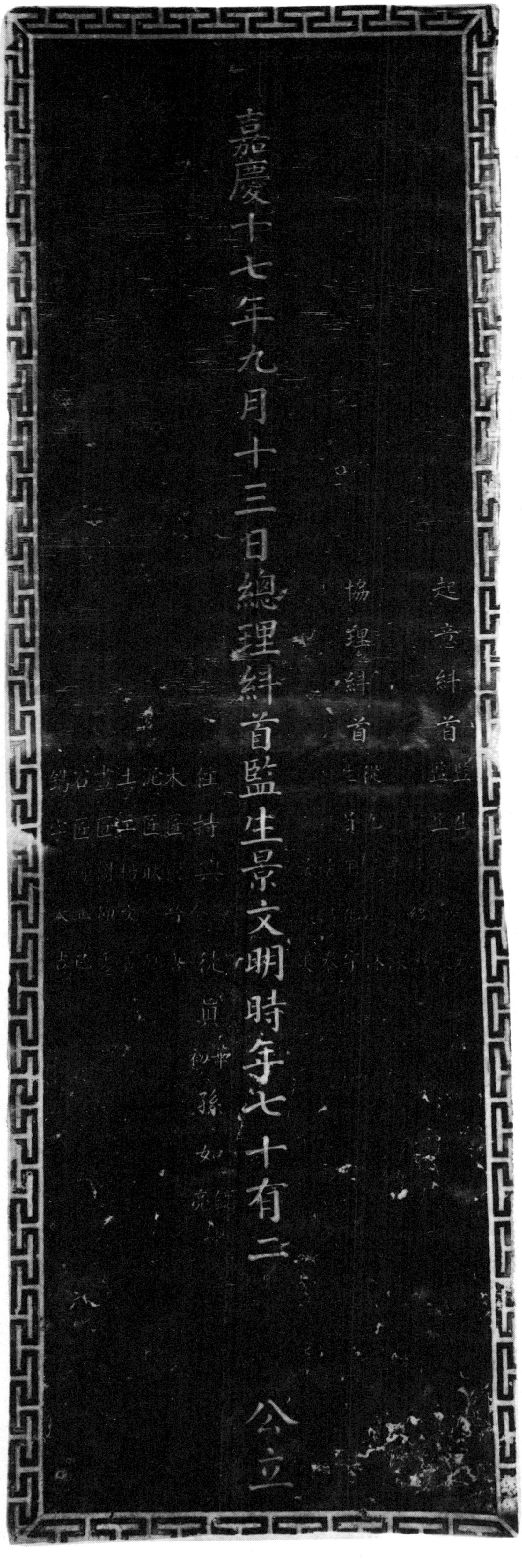

嘉慶十七年九月十三日總理糾首監生景文明時年七十有二　公立

重修城隍庙外石阶并前岁庄严行像碑记

【简介】

清嘉庆十九年（1814）勒石。青石质，圆首，方座。碑通高165、宽71、厚13.5厘米。额高33厘米。底座长80、宽49、高16厘米。碑文楷体，19行，满行56字。碑阳额题“永垂不朽”，碑阴额题“福缘善庆”。碑阴内容为建修大殿内左右神阁捐助人名。现存介休市城内城隍庙。

【碑文】

重修城隍廟外石階並前歲莊嚴行像碑記

從來建修之舉，不必其功之大也，惟事所當為人所欲為而必不可已者，一旦起而作之，斯足快當時、傳後世耳。吾邑城隍廟規模宏敞，諸如人意，惟門臨東市，故照牆兩旁魚鱗磚砌，高約仞許，隔內外也。奈日久滑落，都人士禮神不便，有礙出人，竊欲謀諸石工，改為皆□之舉，因去歲莊嚴行像，重修暖閣，皆出王君炯、蕭君有綸、梁君憲中諸人之手，復與商之，以酌可否，孰意不謀而合，諸君皆久有此意也。春三月捐資倡導，不日告竣，功雖不大，實為盛事。落成後欲文以誌之，用彰德善，僉曰：今茲之舉，固事所當，為人所欲為而不可不為者也，以當為之事盡不可不為之責而為之，以慊乎人人之心，俾後之瞻其廟者、拜其像者以時事至而聚議於其中者，咸拾級而登，從容而上，履其地以稱快，傳其事於不朽足矣，焉用文為？雖然，諸君固不欲自居其功，而日月逝矣，慮沒眾施者之意。僉曰：慮及此也，則立之。然去歲之施者未曾表而著，豈今歲之施者獨不可以滅而没乎？今有一舉兩得之意，如前事已過，不必詳序，第因比及彼務，使捐施至意得附而彰，或無遺議，况牌分兩面，書名犹不甚狹也。噫！至矣盡矣！諸君之意不可及矣，敬謝不敏，爰筆記之，用以為文，永垂不朽！

介休縣知縣　陸元鏸捐銀拾兩

道會司道會　郭來楷薰沐謹書

蕭有綸捐銀拾兩

王濟宇捐化銀拾兩

范聖仲捐銀捌兩

宋步景化銀拾兩

儒學生員　李建言　薰沐謹撰

布政司經歷楊際春捐銀拾兩

張□□捐銀拾兩

分巡司　梁憲中捐銀拾兩

慎餘堂捐銀拾兩

梁瑗捐化銀□兩

監生　李汜捐化銀□兩

介賓　李生瑞捐化銀貳陸兩　王相清□□□□

武生　弓御桂捐銀陸兩　萬育堂捐化□兩

監生　宋勳偉捐化銀□□　王炯捐銀□兩　任懷瑞□□□

從九品　郭遐齡捐銀□兩

介賓　范□捐化銀□兩

東街　二班社捐銀貳兩四錢

住持道會司郭來楷　侄徒張兖　王熿　王復　王炤　侯熺　徒孫廉堌　高基　侯□　任壛　石本基　石墲　張域　温璽安城　曾孫高鑑　范銀　張鈐　宋和　宋金元　王鐕　范鏞　宋鍾　孟銘　元孫李教濱

大清嘉慶十九年歲次甲戌桂月仲秋

重修城[illegible]廟外石牆並前殿莊嚴[illegible]行像碑記

役[illegible]建修之役不必其功之大也惟事所當爲人所欲爲而必不可已者一旦起而介之斯足快當時後世耳吾邑

城隍廟胡[illegible]棕[illegible]諸祀人竟惟門臨東市故[illegible]墻兩旁[illegible]爲[illegible]向[illegible]許隅内外也奈可又[illegible]都人士[illegible]不[illegible]有[illegible]出入[illegible]諸君[illegible]

改爲[illegible]升之衆因十[illegible]莊嚴　行像重修　殿閣皆出王君炯[illegible]有綸梁君[illegible]也諸人之于役[illegible]合[illegible]君[illegible]

治此[illegible]春三月捐資倡導不日告竣功雖不大[illegible]事[illegible]成後敬文以誌[illegible]用[illegible]曰合[illegible]固事所當爲人所[illegible]而不可[illegible]

爲[illegible]之事[illegible]不可不爲之責而爲之以慊乎人人之心俾後之瞻其廟者拜其像者以時事[illegible]聚[illegible]於其中者咸拾級而登

役[illegible]而[illegible]其地以稱[illegible]其[illegible]於不[illegible]足矣[illegible]用文[illegible]君固不[illegible]日月[illegible]及此也[illegible]

[illegible]者[illegible]曾[illegible]者豈不[illegible]之[illegible]者獨不可以[illegible]而[illegible]今有一[illegible]兩[illegible]以[illegible]用以爲天永垂不朽

附[illegible]以[illegible]分兩面[illegible]名[illegible]甚狹也噫至矣[illegible]之[illegible]不可及矣[illegible]不[illegible]

[illegible]縣[illegible]陸[illegible]元[illegible]捐[illegible]銀[illegible]拾[illegible]兩　儒學生員李[illegible]建言薰沐謹撰

[illegible]坐捐銀[illegible]兩　[illegible]育[illegible]　道會司道會郭來楷薰沐謹書

[illegible]孫[illegible]捐[illegible]拾兩[illegible]化銀[illegible]兩[illegible]子助[illegible]化[illegible]

[illegible]捐[illegible]兩[illegible]烟[illegible]兩

[illegible]捐[illegible]兩　李[illegible]

[illegible]兩　李生瑞[illegible]兩[illegible]品[illegible]郭[illegible]

[illegible]中[illegible]　王相清[illegible]

[illegible]　[illegible]郝桂[illegible]兩

[illegible]

清[illegible]十[illegible]年[illegible]戊[illegible]次[illegible]甲戌[illegible]月[illegible]仲秋[illegible]日立

住持[illegible]　徒[illegible]徒孫[illegible]

庸[illegible]　高基[illegible]　侯[illegible]　任[illegible]　石[illegible]　石[illegible]　張[illegible]　温[illegible]　安[illegible]

高[illegible]　范[illegible]　張[illegible]　宋[illegible]　王[illegible]　范[illegible]　宋[illegible]

重修圣教洞碑记

【简介】

清嘉庆二十年（1815）勒石。青石质，圆首。碑首高37厘米。碑身高137、宽73、厚16厘米。底座长85、宽50、高26厘米。碑文楷体，正文7行，满行49字。碑阳额题“百世其昌”。碑阴额题“永垂不朽”，碑文楷体，正文7行，满行50字。碑阴为同年重修关帝庙碑记。碑存介休市绵山镇谢峪村。

【碑文】

（碑阳）

重修聖教洞碑記

聞之《詩》有云：靡不有初，鮮克有終。以是知創業者固艱，而守成者亦不易也。我謝峪村聖教洞，傍山臨水，雖無綿峯抱腹之勝，而幽雅非常，亦足為一邑之巨觀焉。曩者，雲峯寺智圓和尚居此數十年，糾合村人，於半山之中增脩大殿三間，内塑釋伽古佛、羅漢尊神，晨昏之際香火不斷，過其地者，孰不羨地靈人傑之美乎！夫何世遠年湮，村人不振，廟貌臥草棲煙，神像呑風飲雨。我輩適充村事，不忍坐視，因會集村人，于甲戌之歲鳩工庀匠，補造維新，將見廟貌如繪，神人共悅，鍾鼓之聲不間于朝夕，椒醑之献時薦於春秋。今因關帝神前功成告竣，石有餘地，並刻其事，以誌不朽云。

本年鄉耆梁炳薰沐謹撰

彭城氏□劉德清沐手敬書

總理糾首公耆：任煌　梁炳　溫元哲　高文傑　高其昌　杜子玉　高文鏡　宋元龍　杜廷明

約保：梁愷福　高文春

募化人：高文傑　高文鏡銀二十兩　趙福銀十三兩

布施人：梁愷福銀八兩　宋邦揚銀五兩　高天佑銀三兩　高文璋銀三兩　宋文靜銀三兩　宋文才銀三兩　高文玫二兩五錢　高文達二兩四錢　高奇吉二兩四錢　任權二兩四錢

二兩人：高奇祥　曹正綱

一兩五錢：李如龍　李如彪　杜廷元

一兩二錢：董中爣　王文士　梁炳　宋廷柱　杜良玉　梁有仁　侯照　任易虎　馬濟

施工十個：范孝文　杜天斗　宋文魁

工五個：杜子玉　宋元龍　宋榮先　溫元聦　梁燿　宋廷樑　郭永隆　梁有三　宋銓　溫大功

工三個：溫檀　高文惠　高文鏡　趙太和　高天宝　高文珊

工二個：梁士功　李如卿　布施五錢：田福　范孝義　杜成玉　杜真玉　宋光先　溫元哲　范孝武　宋孝湯　梁□　高奇仁　高奇英　任易彪　任堪侯　任璉　冀士蘭　杜祿　高文璵　張養才　溫玉祿

三錢人：鈕大魁　梁才　李進宝　胡世貴　梁際語　梁積元　梁壽　梁殿財　高奇顏　高文顯　康中選

貳錢四分人：宋繼武　溫尔信　高天書

河東村郝布□施栢樹十四株

住持僧人悟雲　徒孫空寧　曾孫全文

嘉慶二十年歲次乙亥九月吉立

百世其昌

（碑阴）

重修關帝廟碑記

蓋聞神威赫奕，千秋肅毖祀之瞻；廟貌巍峨，百世仰弘綱之重。是以丹心昭青簡而□新，精氣貫白虹而不滅。吾邑謝峪村關帝廟者，係風氣之鎖鑰，威震一方；通南北之要路，靈應四境。況東有蚪蚄，永除旱魃之災；西供聖母，時現麟趾之瑞。凡此諸神，孰非庇佑生靈，响答塵寰者哉！第以創造多年，神像將有風雨之憂；補修無自，父老難展椒醑之獻。過其地者，孰不目擊心傷，痛大廈之將傾乎？茲本村信士際熙等虔心募化，立志重興，乞檀那於四海，散謫仙之黃金。幸於乙亥之歲鳩匠經營，功成告竣，又與東西兩廡增塑財神三尊，痘神、催生二尊，將見翬飛煥彩，粉堊凝霞。洗刀河畔，定有白猿叫月；繫馬橋边，時聞赤兔嘶風。神忻人悅，均沾潤浹於蕢墡；瑞應祥徵，爰慶風調於鳳律。顧茲勝事，何可湮沒，敬修俚言，以志不朽云。

監生梁際熙募化並助共銀五伯貳拾四兩五錢五分　永合亨記　永茂義記　義成秀記　廣興義記　豐裕瑞記　恒泰義記　天成亨記　永順寧記　慶泰正記　悅和義記　昌裕和記　成章協記　聚錦良記　聚興弘記　充輝興記　時盛燦記　隆和世記　新泰永記　增慶公記　增盛永記　廣元昌記　蔚盛長記　和盛恭記　恒盛恭記　順元德記　天錦成記　德盛公記　喬隆泰號　信孚號　怡怡堂　泰來棧　復元棧　義泰號　任煌化銀壹伯陸拾兩　候補衛千總李憲章助銀貳拾兩　冀□魁化銀四十一兩　任易虎助銀卅三兩　杜良玉化銀廿八兩　生員高文梅化銀廿一兩　溫元聰化銀二十兩　高奇功化銀二十兩　高文達化銀十三兩　梁達化銀八兩　溫元哲化銀四兩一錢　李義興助銀一兩五錢　張起興助銀壹兩　宋□化銀四兩

糾首：梁際熙　任煌　梁炳　梁暐　侯照　溫元哲　高文梅　杜祿　杜子玉　王耀　梁殿斌　杜良玉　任堪侯　杜廷明

公正任煌　鄉耆梁炳　鄉約李大豐　鄉保高文春

木匠李義興　泥匠董俊　畫匠宋文才　石匠薛宜須

邑人劉德清書

住持曾祖悟雲　祖真來　師空太　本身全文

嘉慶二十年十月初一日立石

永垂不朽

重修[illegible]廟碑記

盖聞神威赫奕，[illegible]化之[illegible]，廟貌巍峩，百世仰弘[illegible]之重，是以丹心昭青簡[illegible]氣貫白虹而不蔽。吾邑[illegible]村

閣帝廟者，係風氣之鎖鑰，嶽位一方，通南北之要路，靈應四境。況東有[illegible]永除旱魃之災，西供聖母時現[illegible]之端，北[illegible]諸

神跡非常，佑生靈响答[illegible]者哉。第以創造多年，神像將有風雨之憂，補修無日，致老[illegible]擬酬之狀，過者靡不目擊心[illegible]。

信后去居之[illegible]俱乎本村信士除熙等虔心募化，立志重興，乞[illegible]那于四海，散[illegible]仙之黃金，奉于乙亥之歲，始匠經營，功成[illegible]

[illegible]又其東西兩無增塑財神三尊，瘟神、催生二尊，將先[illegible]舊[illegible]彩粉畫[illegible]河畔之[illegible]白[illegible]馬橋[illegible]

[illegible]光斷風，神所人悅，均沾潤澤，于[illegible]皆瑞應祥徵，慶風調于[illegible]律，[illegible]勝事何可湮沒，故修俚言，以誌不朽云。

[illegible]

公正　任煌　[illegible]李大[illegible]

[illegible]

嘉慶二十年十月初一日立石

重修乐楼栏杆记

【简介】

清嘉庆二十年（1815）勒石。青石质。长73、宽73厘米。碑文楷体，正文8行，满行14字。嵌于介休市绵山镇小靳村东岳庙东配殿外墙。

【碑文】

重修樂樓欄杆記

嘗謂天下無不敝之物，而賴有垂久之功，然必為所當為，斯克歷久不朽耳。如茲村樂樓，其規模宏麗，既完美矣，惟台前圍板以木為之，屢經風雨，難免朽腐之虞。

公人起意造作，舊以木者今易以石，所費無幾而煥然一新，非惟壯觀瞻，亦且多歷年所矣，爰刻石以記之。

儒學生員陳昌言撰

本村儒士陶言颺書

香老：陳興紹　郭興隆　陶世傑

公正：陶九卿　郭建馨

甲長：陶學程　郭懷瑾　武安壽　陶紹星　趙秉謙

東嶽廟住持　體琛

觀音堂住持　精倓

石匠：三義廠

善友：楊文寶

嘉慶二十年歲次乙亥仲秋念九日吉立

重修三教堂碑记

【简介】

清嘉庆二十年（1815）勒石。青石质，圆首。碑首高40厘米。碑身高170、宽75、厚13厘米。碑文楷体。额题“传芳奕祀”。现存介休市绵山镇四家窑三教堂。

【碑文】

重修三教堂碑記

嘗讀《陰隲文》有云“廣行三教”，又曰“創修廟宇”，以是知前輩之尊斯神、建此廟，非徒望神靈錫福，實欲繼往開來，奉行陰隲於無窮者，此物此志也。然天下莫為之前，雖美弗彰，莫為之後，雖盛弗傳。

我村舊有三教聖殿，歷年既久，殿宇頹矣，牆墉蔽矣。庚午春，香老澤首倡斯舉，鄉中之父老子弟歡聲載道，輸誠恐後，共捐三百餘金，復有服賈於外者，轉募四百餘金。一時董事輩勞瘁不辭，廢修墜舉，仍其舊也，上棟下宇，昭其明也，丹楹刻桷，壯其觀也。于是，不數月而木工告成。說者曰：斯廟也，風水所攸關，堪輿家屢言之，鄉閭實嘉賴焉。

乙亥夏，囑予為文。予觀夫僻處鄉間，其得以神罔斯怨、神罔斯恫何？莫非吾鄉樂善者眾相鼓舞於不倦哉！既思此，亦何以文為，不過指陳其實事，庶不負前人創修之深意，聊待後之人嗣而葺之云爾。至若術數之談，可略而不書。是為記。

邑庠生武志寧沐手敬撰並書

香老：王信光　郭澤

公耆：糾首郭定都　武正玉　郭珽　郭永和　王開第　監生武求寧

鄉保：李元士　郭縉

糾首：武正玺　布政司理问武惟繹　郭璠　武恒寧

郭永德　郭永泰　鈕國欽　溫欽　王登第　郭珮

溫勉志　郭鐸　郭柱　武志寧　武枌

泥匠：榮進良

木匠：王師

畫匠：吕武盛

石匠：郝天玉

住持僧：覺圓　門徒海寧　徒孫常林

時大清嘉慶二十年歲次乙亥夏五月下浣吉日立

重修观音堂记

【简介】

清嘉庆二十年（1815）勒石。青石质。碑高100、宽57厘米。碑文楷体，36行，满行22字。现存介休市龙凤镇南庄村。

【碑文】

重修觀音堂記

蓋聞莫為之前，雖美弗彰，莫為之後，雖盛弗傳。此後起之功德所由，不緩於前人也。

南庄村素有觀音堂，舊廟殿廡輝煌，門垣高峻，洵足以妥神靈嚴祀事焉。奈代遠年湮，風雨剝蝕，迄於今而土崩瓦解矣。本村公耆士庶人等各出己貲，未暇募化，慷慨樂施，繕完補葺，不數月而工程告竣，煥然聿新。紫竹林中非復荒煙蔓草，白蓮座下無非惠海青蓮，猗歟休哉，何其盛與！爰求詞於余，余不揣固陋，因搦筆而書之，以記其不朽云。

銅鞮儒學廩膳生員張杲沐手敬撰並書

公正：張文馨　鄉耆：張士顯

鄉約：張文光　香老：張世泰　張輔臣

鄉保：張正寧

糾首：張應世　張扶佐　張扶唐　張扶清

張承發　張有功　張培楠　張承輝

施銀伍兩人名：

監生張永舜　千總張廷鋭　監生陰泰忠　張佐臣　張文寶　張有功

叁兩人名：

耆賓張金文　張永壽　監生張應舉　耆賓張應普　監生張扶鼎　監生張扶基　監生張扶唐　張扶定　張廣成　張永輝

貳兩人名：

張廷珠　張扶佐　監生張寧馨　張光祖　監生張輔臣　監生張家鳳　監生張應世　張萬積　張培椿　張芳輝

壹兩弍錢：

張世泰　張士輝　從九張永祿　張應通　張佐清　張應德　張廷美　張應富　張德富　張廷寶　張相臣　監生張繼良　昌宋氏　監生陰泰臣　張扶教　張應升　張希賢　張有注　監生張培梁　張有盛　張克恭　監生張承謨　張芳光　張承緒　張企武　史祿明

捌錢人名：

張善德　張昌福　張文富　張家鵬

伍錢人名：

張扶廷　陰玉斌　張扶儒　張扶文　張扶廷　張正宇　張九恩　張扶禮　昌喬氏　張裕德　張有陞　史文興　陰岐傑　張扶通　張有肇　張應達　李生蘭　張文斗　張有富　張萬基　張際盛　張克仁　張承喜　張可興　張正斌　張應輝　張扶仁　張彥春　張有亮　張萬順　張三保　張有文　張善和　張有明　陰泰隆　陰岐良

嘉慶歲次旃蒙大淵獻季冬穀旦立

补修禅慧寺碑记

【简介】

清嘉庆二十年（1815）勒石。砂石质，圆首。碑首高45厘米。碑身高159、宽74、厚16厘米。底座长87、宽54、高41厘米。碑文楷体，正文7行，满行48字。额题“永垂不朽”。现存介休市张兰镇史村禅慧寺。

【碑文】

補修禪慧寺碑記

大凡事功之興，前必有創之者焉，後必有繼之者焉。不有創之於前，則後人之事無因；不有繼之於後，則前人之功不永。今人固甚賴有古人哉，古人尤甚賴有今人哉！我史村有寺名禪慧者，創始之年不及稽已，邇來廟貌欹側，牆垣傾頹，村人久欲□之，特以工鉅費繁，不敢輕舉，如是者亦復有年。客歲，眾集寺中議曰：《記》不云乎？有其舉之，莫敢廢也。夫昔人之造此亦□□□，今日坐視厥敗，是廢前人之功也。且前人無所資而猶創建之，後人有所藉而不事補葺之，何古今人之不相及哉！是□□輩之羞已！眾然其說，爰賦財己里，亦募緣他方，擇吉興工，越數月厥工告竣。董事者囑余記其事，余見夫既勤垣墉，惟塗□□，既勤樸斲，惟塗丹雘。捄陾度薨，築登削馮，向之傾頹者，茲復完固矣；跂翼矢棘，鳥革翬飛，向之欹側者，茲復整齊矣。□□□□增□時之規模如故，而氣象迥別，今日之面目一新，此其事固不可沒也，爰□厥顛末如右。

……儒學生員宋養融撰

……監太學生宋凝瑞書

經理糾首：宋□都　宋□義　宋□府　宋□安　宋□成　宋□德　宋由義　宋崇□　宋美光　宋美□　宋□潤　宋清源　宋美奇　宋□□　宋美□　宋清鋒　宋清潤　宋澤□　宋□謨　宋保安　州同宋養義　宋□□　宋養寧

住持達……

大清嘉慶貳拾年歲次乙亥孟夏上澣吉日立

稷山南□□鐫□

宋家小庄记事石刻

【简介】

清嘉庆二十一年（1816）勒石。青石质。高98、宽55厘米。碑文楷体，45行，满行18字。现存介休市绵山镇宋家小庄关帝庙。

【碑文】

嘗謂前所已興之業，損當修之；前所未興之業，缺當增之。斯堡門上舊有窑一孔，其制高峻，久有縫裂之虞，復值甲戌秋大雨，迩致崩頹，□門當道。是歲即速修理，改為房屋一間，不數日而厥功告竣。又念門外村人閑坐，無避風雨乘涼之處，守門者門上居住，晨啟昏閉，上下不便。丙子秋創修歇厦三楹，門房一間，功業雖云不大，而或因或創，庶不負損修缺增之云爾。

府庠生員宋朋□撰，國學生宋□龍書

□源人：國學生宋成麟捐銀叁拾肆兩

布施人名開列於後：

貳拾兩：監生宋瑞麟　　拾伍兩：武生宋世金

拾貳兩伍錢：貢生宋登峰　　伍兩：宋鋆

肆兩伍錢：宋兆雙　　肆兩：宋兆□

貳兩肆錢：宋兆金　宋發鼎　壹兩伍錢：宋世錫

壹兩肆錢：宋世凱　　壹兩：宋世良

玖錢四分：宋元清　宋世侯　李皋

陸錢陸分：宋世蘭　宋發林　宋世德　宋世鳳

伍錢伍分：郭發義　宋士景　宋□武　宋□廷　宋元明　宋傑　宋士祿　宋溥　宋登源　宋□　宋世汀　宋淦　宋世清　宋灝　宋□洲　宋發長　宋士立　宋世周　宋世臣　李世信

肆錢肆分：宋兆有　宋發慶　宋門董氏　宋元德　宋世虎　張秀

壹錢伍分：李世成

壹錢壹分：李世傑　宋世明　李傑　宋世安　吉成　宋登天　吉祥　張星魁　宋培貞　吉明

經理：宋世金　宋世鋆　宋成麟

公正：宋元貴　宋世錫

鄉保：李溥　宋溥　宋世□　宋世安　王福　焦潤智　張星魁　宋雙林

泥匠：王汝林

木匠：陳德新，石匠楊天□

嘉慶二十一年仲冬吉日立

迎源堡陈公让地址水口碑记

【简介】

清嘉庆二十一年（1816）勒石。青石质。碑长 51、宽 117 厘米。碑文行楷，正文 22 行，满行 17 字。现存介休市连福镇西湖龙村。

【碑文】

迎源堡陳公讓地址水口碑記

聞之好善樂助，天必佑之，急功尚義，人必□之，天人共欲，百事可成，此千古不移之語也。茲西湖龍村南古有南北河渠一條，是狐岐下流七村順規灌溉必行要衢，其渠西邊溝凹不齊，歷有年深，每逢冬月，水性就下，常有塌堰倒渠之咎，斯村受害，莫可甚言。今歲春間，東河老人郝永錦、米清佑等沿河踏勘，目擊心傷，會同七村渠長悉心妥議，意欲脩築，但西邊渠下地址不能如式。無奈公託在座白家駒協同西湖龍好義之士任作舟公展轉運籌，不一而足，煩請下庄頭村子魁郭先生同迎源堡地主陳介偉公商酌斯址七村行水之艱，公慨允，言：渠下之地原是祖遺，茲下流七村受累，予心不欲，今既□河老人、眾渠長先生起意脩築，務以堅固為要。即將應占之地，毫不受價，情願相讓，更將河渠北頭連堰水口可以止密，只要有益七村，予家即種是地亦無悔耳，但一言為定，永無更移。此所謂利物利人、修善修福之本與！是址已妥，趕緊興工，公同議定，仍央作舟任公督工脩理，不日告成，應將脩築是河之巔末逐一敘明，以為七村永感之記。計開渠堰南邊壹丈五尺、北邊二丈，俱至河邊，共長拾丈，高厚不齊，入於七村公堰之餘。

東湖蘭溪白南瞻撰并書

東河水老人郝永錦 米清佑 北張村渠長王家賓 仁安村渠長張成德 東湖龍渠長王肇邦 白光昱 西湖龍渠長任繼煌 武屯村渠長米清俊 城場溝渠長王清昭 西楊村渠長田大騏公同勒石永垂

大清嘉慶二十一年歲次丙子九月初九日吉立

募化功德碑（共十六通）

【简介】

清嘉庆二十二年（1817）勒石。青石质。共16通，每通高150、宽56厘米。碑文楷体，第一通文字11行，满行38字。其余为功德人、经理纠首人名及工程开支等。镶嵌于介休市洪山镇洪山村关帝庙东、西配殿内墙（各8通）。

【碑文】

（西配殿）（第一通）

募化功德疏序

乙亥之春，廟哉工糾首沛源王公等，以募化功德疏示余，余既允從，乃事因感而言曰：夫泰山不辭土壤，故能成其高，河海不擇細流，故能就其深。善不可以獨為也，故君子恒樂取諸人。向也諸公慨廟之圮，集議重修，謀始於乾隆四十五年，歷經三十餘年。其間，疏引之散給，計有一百餘人，刀幣之捐輸，計有一千八百餘金。諸公節取所入，勤心籌畫，權母求子，日積月累，今計所儲一萬餘資，庶可竣厥工。

信所謂取諸人以為善，而善莫大者也。領疏諸君子與佈施之善士，銀數載在冊端，枚可舉也，宜乎昭人耳目，垂芳奕祀。王公暨諸董事咸曰：子之言是也。爰勒珉謹以為序。

候補儒學訓導、歲貢生張儒通撰

汾州府儒學增廣生員段書升書

國子監肄業生李梅爾和氏書丹

大清嘉慶二十二年歲次丁丑秋九月穀旦

（第二通）

領疏募化諸公姓名開列於後：

生員李亮祖　募化銀　壹佰零柒兩　　監生閆官忠　募化銀　陸拾兩

旌表孝子郭淇注　募化銀　伍拾三兩

耆賓王銀　劉邦禎　介賓劉邦謹　三人共募化銀　伍拾兩

王二酉　募化銀　肆拾玖兩　　段生文　募化銀　肆拾肆兩

郭柱　募化銀　三拾肆兩　　監生王秉仁　募化銀　三拾肆兩

監生張元嘉　募化銀　三拾肆兩　　監生李學成　募化銀　三拾貳兩

從九張治泰　募化銀　三拾貳兩　　康漢泰　募化銀　三拾壹兩

侯錫全　募化銀　三拾壹兩　　張立成　募化銀　貳拾捌兩

董子林　募化銀　貳拾柒兩　　史達孝　募化銀　貳拾陸兩

閆際福　募化銀　貳拾伍兩　　劉世雄　募化銀　貳拾肆兩

侯光　募化銀　　貳拾肆兩

（第三通）

田玉廣　募化銀　貳拾三兩　　侯輝　募化銀　貳拾貳兩

監生李懋玉　募化銀　貳拾貳兩　　馬岐武　募化銀　貳拾貳兩

薛春元　募化銀　貳拾壹兩　　宋國照　募化銀　貳拾壹兩

監生張元德　募化銀　貳拾兩　　監生喬相國　募化銀　貳拾兩

介賓白照宇　募化銀　貳拾兩　　監生齊淵龍　募化銀　貳拾兩

耆賓梁大川　募化銀　貳拾兩　　侯存興　募化銀　貳拾兩

從九劉益朝　募化銀　貳拾兩　監生郭文采　募化銀　壹拾玖兩

乙亥之春廟哉工料皆沛原王公符[illegible]蔡化功德疏示余余既允從乃事因感而言曰夫泰山不辭
土壤故能成其高河海不擇細流故能就其深善不可以獨爲也故君子恒樂取諸人向也諸公慨
廟之圮集議重修謀始於乾隆四十五年歷經三十餘年其間疏引之散給計有一百餘人力幣之
捐輸計有一千六百餘金諸公[illegible]取所入勤心籌畫權母求子日積月累今計所儲一萬餘貲庶可
蕆厥工德所謂取諸人以爲善而善莫大者也領疏諸君子與布施之善士銀數載在冊端牧可舉
也宜乎昭人耳目垂芳奕禩王公暨諸董事咸曰子之言是也爰勒珉誌以爲序
候補儒學訓導歲貢生張偶通撰
汾州府儒學增廣生員段書丹書
國子監肄業生李梅雨和氏書丹
大清嘉慶二十二年歲次丁丑秋九月穀旦

監生任簡旺　募化銀　壹拾捌兩　　趙信　募化銀　壹拾捌兩
孟養敬　募化銀　壹拾柒兩　　從九楊士智　募化銀　壹拾柒兩
閆文忠　募化銀　壹拾柒兩　　張元寧　募化銀　壹拾陸兩
劉邦林　募化銀　壹拾伍兩　　從九張子喜　募化銀　壹拾伍兩
郭治洪　募化銀　壹拾伍兩　　侯存鑑　募化銀　壹拾伍兩

（第四通）
理問王炳　募化銀　壹拾伍兩　　胡愷章　募化銀　壹拾肆兩
監生宋為梁　募化銀　壹拾肆兩　　監生張可仕　募化銀　壹拾肆兩
監生杜忠　募化銀　壹拾肆兩　　劉奇　募化銀　壹拾三兩
程玉賓　募化銀　壹拾三兩　　任武　募化銀　壹拾貳兩
溫玘凰　募化銀　壹拾貳兩　　劉益孝　募化銀　壹拾貳兩
張書紳　募化銀　壹拾貳兩　　從九梁佩淦　募化銀　壹拾貳兩
郭治梓　募化銀　壹拾壹兩　　劉邦瑞　募化銀　壹拾壹兩
任簡全　募化銀　壹拾壹兩　　程光裕　募化銀　壹拾壹兩
康憲章　募化銀　壹拾壹兩　　張可興　募化銀　壹拾壹兩
武生奎　募化銀　壹拾壹兩　　劉朝彥　募化銀　壹拾兩
董廷輝　募化銀　壹拾兩　　劉旻　募化銀　壹拾兩
王錦　募化銀　壹拾兩　　賈定麟　募化銀　壹拾兩

（第五通）
趙守金　募化銀　壹拾兩　　李廷英　募化銀　壹拾兩
李憲明　募化銀　壹拾兩　　監生郭桄　募化銀　壹拾兩
監生齊洋龍　募化銀　壹拾兩　　武生武大勇　募化銀　壹拾兩
供事楊文元　募化銀　壹拾兩　　田俊　募化銀　壹拾兩
劉鍾瑞　募化銀　壹拾兩　　任簡元　募化銀　壹拾兩
喬善國　募化銀　壹拾兩　　張盛顯　募化銀　壹拾兩
監生張子勝　募化銀　玖兩　　張寧五　募化銀　玖兩
劉鍾縉　募化銀　玖兩　　賈定達　募化銀　捌兩
劉元齡　募化銀　捌兩　　宋景祿　募化銀　捌兩
從九任玉禎　募化銀　捌兩　　張述恭　募化銀　捌兩
郭鎮禮　募化銀　捌兩　　申永清　募化銀　捌兩
張玘鶴　募化銀　柒兩　　任成斌　募化銀　柒兩

（第六通）
宋國侯　募化銀　柒兩　　董如淵　募化銀　柒兩
監生郭帝亮　募化銀　陸兩　　張斗元　募化銀　陸兩
宋九功　募化銀　陸兩　　吳士賢　募化銀　伍兩
張子輝　募化銀　伍兩　　李東輝　募化銀　伍兩
劉玘元　募化銀　伍兩　　李兆來　募化銀　肆兩
程玉煥　募化銀　三兩　　田本豐　募化銀　貳兩
以上共銀壹千柒佰陸拾兩
乾隆四十五年二月初二起

原管賬：同盛號　王茂泉

（第七通）

原管銀：廣成號　劉鍾英　轉交

東升號　喬殿選　又轉交

旋吉號　郭長煇又交

糾首　王茂泉等修廟用

至嘉慶二十二年八月，共得利銀壹萬壹千零柒拾陸兩陸錢陸分。

二宗共銀　壹萬貳千八佰三拾陸兩陸錢陸分

二十二年興工重修捐助並金妝、扶梁、施匾，諸公姓名開列於後：

介賓喬殿傑　捐助銀　伍拾兩　　北頭第三社　捐助銀　三拾兩

（第八通）

理問郭長煇捐助銀　三拾兩　　從九王茂泉　捐助銀　貳拾陸兩

韓志誠　捐助銀　貳拾肆兩　　監生劉緯　捐助銀　貳拾兩

監生劉鉞　捐助銀　壹拾伍兩　從九喬殿英　捐助銀　壹拾肆兩

監生任簡和　捐助銀　壹拾貳兩　　王正安　捐助銀　壹拾兩

王東漢　捐助銀　壹拾兩　　生員李亮祖　捐助銀　陸兩

東昌衛守備郭長煥　捐助銀　陸兩　監生孫懷西　捐助銀　陸兩

芝蘭齋　捐助銀　伍兩　　耆賓梁大川　捐助銀　陸兩

監生任簡旺　捐助銀　伍兩　　監生申樞　捐助銀　伍兩

胡緒虞　捐助銀　伍兩　　劉寧遠　捐助銀　伍兩

劉鍾瑞　捐助銀　伍兩　　耆賓侯錫魁　捐助銀　肆兩

從九張貴璽　捐助銀　肆兩　　理問王炳　捐助銀　肆兩

降喜生　捐助銀　肆兩　　劉德裕　捐助銀　肆兩

（东配殿）（第一通）

齊廷金　捐助銀三兩　復源號　捐助銀貳兩　生員郭林泰　捐助銀貳兩

白照宇　捐助銀貳兩　從九梁佩洤　捐助銀貳兩　康憲兢　捐助銀貳兩

從九李萬春　捐助銀貳兩　李萬馨　捐助銀貳兩　梁質勇　捐助銀貳兩

李永壽　捐助銀貳兩　董旭明　捐助銀貳兩　梁立世　捐助銀貳兩

王國棟　捐助銀壹兩　解元張垣映　捐助銀壹兩

府經歷宋允恭　捐助銀壹兩　張銘珮　捐助銀壹兩　杜永和　捐助銀壹兩

侯清俊　捐助銀壹兩　田恒仁　捐助銀壹兩　張正廣　捐助銀壹兩

郭振基　捐助銀壹兩　監生郭桂□捐助銀壹兩

降喜慶　捐助銀壹兩

（第二通）

韓秉宏　捐助銀伍錢　宋景柱　捐助銀三錢

眾善人金妝神像　銀　貳拾兩

武生郭長煊　金妝神像　銀拾兩

眾紳士　共施扶梁銀　壹百肆拾伍兩

眾糾首　共施扁銀　三拾肆兩肆錢陸分

耆賓　王銀　捐助大殿琉璃脊壹道
共銀伍佰陸拾兩零肆錢陸分

（第三通）
賣入地價並舊戲臺地基銀　貳佰陸拾壹兩貳錢
賣入松樹銀　壹佰肆拾兩
賣入家居雜項銀　壹佰陸拾陸兩柒錢柒分
三宗共入銀　壹萬三仟玖佰陸拾伍兩零玖分
花費計開：
出買地價銀　玖佰柒拾兩
出二宗稅契、過糧銀　肆拾肆兩伍錢捌分

（第四通）
出買樹銀　壹仟肆佰柒拾壹兩貳錢
出買椽飛、杉杆、棧板、檁銀　壹仟零伍拾柒兩柒錢三分
出買磚瓦銀　壹仟柒佰玖拾柒兩陸錢玖分
出買青石並石匠工銀　玖佰貳拾玖兩肆錢伍分
出買亂石山古石銀　三佰三拾三兩柒錢柒分
出買琉璃銀　柒佰捌拾貳兩伍錢三分
出買鐘鼓銀　三拾柒兩三錢壹分

（第五通）
出買顏料　金油鰾銀　三佰柒拾玖兩壹錢三分
出買鐵器並鐵匠工銀　三佰三拾玖兩貳錢陸分
出買白錫並工銀　陸拾貳兩三錢玖分
出買麥汁銀　柒拾玖兩捌錢陸分
出買蔴頭髮銀　伍拾貳兩玖錢柒分
出買紗燈　神簾銀　壹拾陸兩壹錢三分
出木匠工銀　貳仟壹佰零陸兩捌錢玖分
出泥匠工銀　三佰陸拾伍兩柒錢捌分

（第六通）
出包工銀　貳佰柒拾兩
出土工銀　壹仟貳佰柒拾三兩柒錢壹分
出鐵匠工銀　貳佰貳拾玖兩捌錢捌分
出磨磚匠工銀　壹佰玖拾三兩玖錢伍分
出油匠工並油漆銀　三佰三拾肆兩捌錢壹分
出眾工匠人靠勞銀　貳佰三拾兩零壹錢玖分
出一應家居雜項，並會茶花費銀貳佰貳拾柒兩玖錢貳分
以上二十五宗共用銀　壹萬三仟玖佰伍拾玖兩陸錢玖分
除使淨存銀　伍兩肆錢　開光補用使訖

（第七通）

原起意糾首：

耆賓侯存祥　耆賓劉璞　從九任希武　監生喬定國

從九喬殿元　監生李學成　劉邦珠　從九李茂泉　旌表孝子郭淇注

總理人：從九□□□　　劉鍾瑞　武生喬殿選

管理銀錢賬人：監生李懋玉

張恒拱　介賓喬殿傑　監生任簡和　從九馬齊勇　理問郭長煇

監生張佩芳　監生劉緯　劉漢儒　監生孫懷西　監生陳德明

張振耀　監生王鳳翥

辦材料人：梁溥　侯治國

（第八通）

管工人：監生齊淵龍　介賓劉鍾信　從九張□孔　介賓白照宇

耆賓侯錫魁　監生張儒泰　程光裕　武生張儒達　理問王炳

監生馬齊毅　耆賓梁大川　耆賓陳玉斌　州同宋邦侯　李宣

王國棟　劉鍾現　武舉張垣耀　降喜生　監生郭帝亮　王正安

侯存興　監生申樞　經歷郭桂馨　閆才學　千總喬殿臣　增生任經常　劉炎　監生喬世昌　閆天成　劉仁裕　李永吉

本村泥匠：趙忠

文水木匠：柯應全

河津石匠：高天才

金陵鐵匠：陳朝厚

絳州油匠：蘇金龍

本廟住持僧人：融成　門徒至性　徒孫理義

设立义学义坟碑记

【简介】

清嘉庆二十二年（1817）勒石。青石质，圆首。碑首高 42 厘米。碑身高 150、宽 74、厚 13 厘米。底座长 86、宽 53、高 39 厘米。碑文楷体，15 行，满行 40 字。国子监太学生温天泽叙实。定羌儒学廪生张好谦书丹。碑阳额题“以义制事”。碑阴额题“书田永利”，为道光二十年《义学地亩碑记》。此碑记载了清代民间捐资办学的实例，书法精湛。现存介休市绵山镇兴地村回銮寺。

【碑文】

（碑阳）

設立義學義墳碑記

余鄉僻遠處山隅，地瘠民貧，不暇務讀。成珠何公嘗與余議立義學，奈村人力薄，事屬難成。余於十五年，與秦樹村旌表孝義、誥封奉直大夫、晉封武翼都尉、候補都司、鄉飲大賓、覃恩紀錄三次道坦溫公聞余此意，公慨然自許曰：既有不暇務讀者，恐亦有不能葬殮者，有義學，猶當有義墳。遂輸銀三百兩，公堂弟候銓州同知泰明公亦輸銀八十兩，本村如升趙公募化運城候補鹽課司大使應楷王公銀二百五十兩，余與光朝李公等在本村募化銀三百七十兩整。於是延師教讀，而義學興焉。即于村之西原，擇地一塊，計數八畝，而義墳亦興焉。自有此舉，將余鄉無不讀子弟，無不殮之喪，紀誠盛事也。余因援筆勒石，以誌其實云。

國子監太學生溫天澤敘實

定羌儒學廩生張好謙敬書

監生何成珠捐銀壹百兩　監生趙如賢捐銀壹百兩　監生王統制捐銀肆拾兩　監生文子科捐銀三拾兩　監生溫天澤捐銀貳十伍兩　統盛號捐銀貳拾兩　溫付麟捐銀拾伍兩　富新號捐銀壹拾兩　何發榮捐銀壹拾兩　溫天杼捐銀壹拾兩　趙如瑛捐銀壹拾兩　以上十四人共捐銀壹千兩

大清嘉慶二十二年十月初九日立

（碑阴）

義學地畝碑記

兩堰上旱地一段，計地捌畝，東南北俱至道，西至趙雙峰，記到澗安里一甲、四甲粮二斗一升四合三勺。此地作為義墳。

圪臺上水地一段，計地捌畝，東至王統制，西至陶汝聰，南北至渠。初九日，水香六寸，記到西東坊一甲粮三斗二升三合一勺二抄。

豬肚水地一段，計地捌畝，東至李爾福，西至道，北至渠，南至溫詔。初七日，水香一尺六寸，記到西北坊董戶粮四斗一升三勺二抄。

河南水地一段，計地叁畝，東至任德宣，西至李姓，南北至渠。十七日，水香六寸，記到城北廂一甲粮三十八升九勺。

南杏園水地一段，計地貳畝，東至馬良明，南至王楝，西北到渠。記到西北坊梁戶粮一斗六升二合。初七日，水香四寸。

杏園旱地一段，計地捌畝，東至李溪，西至溫大柱，北至隨角，南至小道，南北有隨角二塊。記到澗安里二甲粮二斗六升八合。

原上旱地一段，計地五畝，東至陶汝聰，西至宋姓，北至郭姓，南至梁姓。記到西北坊董戶粮三斗八升九合。

下原上旱地一段，計地捌畝，東至李泰文，西至道，北至溝堰。記到城北廂八甲粮一斗四升。

長畛旱地一段，計地捌畝，東至董成貴，西至李奎元，北至道，南至澗溝。長畛旱地一段，計地肆畝，東至劉文元，西至何本榮，北至道，南至澗溝。共記到西北坊梁戶粮四斗五升六合。

以義制事

設立義學義墳碑記

余鄉僻處山隅，地瘠民貧，不暇務讀。成珠何公嘗與余議立義學，奈村人力薄，事屬難成。余於十五年與秦樹村

旌表孝義誥封奉直大夫晉封武翼都尉候補都司鄉飲大賓覃恩紀錄三次道垣温公閒敘此意，公慨然自許，曰：既有不暇務讀者，恐亦有不能葬殮者，有義學猶當有義墳。遂輸銀三百兩。公之堂弟候銓州同知泰明公亦輸銀八十兩。本村如昇趙公募化運城候補鹽課司大使應楷王公銀二百五十兩。余與光朝李公等在本村募化銀三百七十兩。整於是延師以請，而義學興焉。即於村之西原擇地一塊，計數八畝，而義墳亦興焉。自有此舉，將余鄉無不讀之子，亦無不殮之喪，紀誠盛事也。余因援筆勒石以誌其實云。

國子監太學生温天澤敘賞

定羌儒學廪生張好謙敬書

監生何成珠捐銀壹百兩　監生趙如賢捐銀壹百兩　監生王統制捐銀肆拾兩　監生文予科捐銀叁拾兩

監生温天澤捐銀式拾伍兩　統盛號捐銀式拾兩　温付麟捐銀拾伍兩　宫新號捐銀壹拾兩

何發榮捐銀壹拾兩　温天柎捐銀壹拾兩　趙如琰捐銀壹拾兩　以上十四人共捐銀壹千兩

大清嘉慶二十二年十二月初九日立

澗南旱地一段，計地肆畝，李至溫天兆，西至石姓，南至澗溝，北至道。記到谷張里五甲粮一斗五升二合。

小道旱地一段，計地三畝，東至鈕開業，西、北俱至溫福成，南至郭奎文。記到西北坊董戶粮一斗一升四合。

以上十二宗，共水地壹拾陸畝，旱地肆拾捌畝，共價銀玖佰伍拾兩，稅契過粮五十兩，共記到本縣粮叁石零玖合陸勺貳抄。

道光二十年，闔村公議義學、義墳地畝、租粮等事，盡歸於回鑾寺一體辦理，議定每年撥出銀伍拾兩，以為東西頭義學館內支用，所有一應賬目，當日同申交明。

經理人：溫天澤　李光朝　溫九倉　溫起龍　梁肯堂　何發榮　趙如賢　趙雙峰

書田永利

金妆罗汉神像功德碑

【简介】

清嘉庆二十二年（1817）勒石。共两块，青石质。每块长80、宽40厘米。碑文楷体。嵌于介休市义棠镇北村观音堂墙壁。

【碑文】

金妝羅漢神像：劉張氏　溫郭氏　劉孟氏　閆劉氏　李降氏　李降氏　李趙氏

重修觀音堂工匠人名開列于後：

塑匠：程克忠

彩畫匠：程光明

石匠：薛秉海

鐵匠：孟一誠

木匠：郝志達　郝志遠

泥匠：耿旭　耿晃

土工頭：降顯隆　降習儒

本廟西庭後之西南角原基本斜，丙子八月，公議用降宏恩地基一塊，東西計寬三尺，南北計長八尺許。降宏恩修理東門，靠廟後牆，村人不得藉為短長，至廟前醮盒一個，原系降相府引路，不過暫為攔道之計，日後修理之時，聽其拆去。是誌。

嘉慶二十二年十月十五日　吉立

金妝神像、扶梁施銀人開列於後：

扶大殿中梁　布政司經歷溫養儒　守禦所千總溫養元　施銀壹拾貳两

扶立旗杆　守禦所千總溫世壽　施銀壹拾两

金妝觀音神像　監生宋郁章妻降氏　施銀壹拾貳两

扶鐘樓梁　候選州同降清賢　施銀壹拾貳两

扶鼓樓梁　奉直大夫溫質清　施銀壹拾貳两

扶大殿前梁　布政司理問降言慎　施銀捌两

扶卷棚中梁　溫質映　施銀肆两

扶卷棚前梁　劉士寶　施銀肆两

扶山門中梁　降時通　施銀肆两

金妝韋陀神像　守禦所千總溫世壽母武氏　施銀肆两

妝塑眼光菩薩神像　守禦所千總溫世壽　施銀肆两

金妝文昌帝君神像　監生宋郁章妻降氏　施銀三两

妝塑送子觀音神像　遊擊安應亨　施銀三两

金妝太歲神像　安武氏　施銀三两

金妝天官神像　營千總降清泰　施銀貳两

金妝地官神像　岳房氏　冀房氏　施銀貳两

妝塑痘疹娘娘神像　布政司理問降言慎　施銀貳两

金妝龍王神像　降陰氏　施銀貳两

金妝七陀太子神像　降才有　施銀貳两

金妝羅漢神像　降李氏　降王氏　武降氏　鈕降氏　降張氏　張降氏　李降氏　陰降氏　□降氏　施銀陸两五分

重修乐楼供器记

【简介】

清嘉庆二十三年（1818）勒石。青石质。长102、宽74厘米。碑文楷体，正文7行，满行20字。儒学生员申汝谦撰文，本村居士郭步蟾书丹。陈秉福刻石，住持僧精微立石。嵌于介休市绵山镇小新村东岳庙墙壁。

【碑文】

重修樂樓供器記

立廟妥神，古之制也，而戲樓之建、供器之興，尤為妥神靈要務。是廟戲樓供器已經前人創立，然天板僅護中間，而香炉尚未全供。因於戊寅春重漆畫板兩間，新供献器六堂，非敢自誇己見，以掩前人之功，庶使制度合宜，永垂勿替云爾。是為記之。

靈邑儒學生員申汝謙撰

本村居士郭步蟾書

香老：陳興紹　郭興隆　陶世傑

公正：陳興國　陶九卿

經理人：陶世傑　郭絓祺　陶賡颺

鄉保：武安壽

甲長：陶紹星　宋興盛　陶學緯　郭維禹　郭維億

共費銀壹佰壹拾兩零柒錢五分

出銀人名開列於後：

肆兩肆錢：監生王嘉謀

貳兩伍錢：（本村）理問郭維翰　郭維清

貳兩柒錢：郭甲元

壹兩伍錢：監生郭建馨

壹兩貳錢：千總郭維勷

捌錢：監生郭天柱

伍錢：張世科　介賓陳興紹　監生陶國文　介賓陳興基

陳興禄　介賓陳興周　陳正言　郭大魁

叁錢：郭興隆　耆賓陶九卿　陶世傑　郭懷信

陶學成　陶學緯　陶賡颺　宋珗　陶全慶

陶全榮　陶紹昌　李顯光　武安壽　陳士利

郭維億　陶全禄　陶維唐　陶繼曾　陶敷敏

石匠：陳秉福

木匠：孟尚榮

起佈施銀貳拾伍兩柒錢

戲臺内佃銀三拾陸兩仟錢捌分

村外人銀肆拾捌兩肆錢柒分

三宗共銀壹佰壹拾兩零柒錢伍分

住持僧　精微

嘉慶二十三年歲次戊寅榴月中旬三日穀旦

重修樂樓供器記

立廟妥神古之制也而戲樓之建供器之具尤為妥神靈之要務是廟戲樓供器已經前人創立然戲板僅蔽中間而香炉尚未全供因於戊寅春重整戲板兩間新供獻器六堂非敢自誇已見以掩前人之功庶使制度合宜永垂勿替云爾是為記之

靈邑儒學生員中汝蘇撰

本村居士鄒步[illegible]書

嘉慶二十三年歲次戊寅臘月中旬三日穀旦

张壁外北门门匾

【简介】

清嘉庆二十四年（1819）勒石。青石质。匾文“德星聚”三字草书，年款楷体。嵌于介休市龙凤镇张壁外北门洞上。

【匾文】

嘉慶己卯年菊月

德星聚

靳炳南題

车马杂差记事碑

【简介】

清嘉庆二十五年（1820）勒石。青石质。长96、宽54厘米。碑文楷体。嵌于介休市义棠镇北村观音堂墙壁。

【碑文】

溯自我村辦差以來，向係四馬五車，一應雜差、倉谷照此派辦。數年之間，汾□横波較前更甚，戶口受害至此已極。己卯之夏，公耆酌議，哀懇陸縣主減去一車一馬，一應雜差、倉谷俱按三馬四車派辦，所有條例開注於後。

計開：

一、車馬，每次車四輛、馬三匹；

一、雞鴨，每季雞六隻、鴨一隻，每隻雞折錢壹佰拾文，每隻鴨折錢叁佰文，共折錢玖佰六拾文；

一、倉谷，前按七十石，今以四十石派領。如倉項本少，只依二十石派領；

一、官炭車，每季二次，每次四車，每車折錢四佰文；

一、官草，每季交草壹佰伍拾斤，照時估折。每□春夏交草壹佰伍拾斤，交錢壹佰伍拾文，秋冬交草貳佰伍拾斤，交錢貳佰文。

經理人：降言慎　降清佐　劉士賓　降恩壽　降宏恩　劉奕積　降振五　降繼祖誌

公正：劉奕積

鄉耆：降清佐

鄉約：降伯盛

保正：劉奕彩

清佐又及：二十三年五月間，公中買到降青秀西門外舍址地一塊，計地七分。二十四年，又買到王籍園地半畝，以為村蓄水之地。大概規模已有池沼之形，其堅固綿遠，以待後之賢者襄成厥功，他日告竣，可名阻汾。

所有随地粮票，同眾找貼西廟經管，與公無涉。

嘉慶二十五年二月二十六日　立石

回銮寺西廊改作砖窑并各处补修碑记

【简介】

清嘉庆二十五年（1820）勒石。青石质，螭首，龟趺座。碑首高84、宽84、厚20厘米。碑身高172、宽81、厚17厘米。碑座长125、宽84、高40厘米。碑文楷体，20行，满行55字。碑体断为两截，字迹清晰。额题“亿万斯年”。现存介休市绵山镇兴地村回銮寺。

【碑文】

迴鑾寺西廊改作磚窑並各處補修碑記

從來廟寺建碑，所以昭神恩也，所以奬功德也。興地迴鑾寺，介邑一寶刹，古佛之宮殿也。載之國史，京都皆知，傳之邑乘，郡邑盡曉。其中松柏映翠，龍槐呈景，名儒博士悉有詩賦筆之，縣誌可考而知也。

粤創建之始，肇自前唐，寺院廊大，神宮極多，歷年久遠，時有傾頹。其間補葺重□者不一而足，前人俱有明記，勿庸復贅。在建立之初，東西廊同其材木，一其間數。

迄嘉慶戊辰之歲，各處雖有破壞，惟两廊尤為塌毁，□工程浩大，不能驟成。彼時即欲築修，力不從心，又恐□塌其木材。於是盡為折落，暫為停止。越數年，而值年香糾協同公耆起意重修，點閲木材，小者散失極多，惟大木僅存。嘗云一木不能成大厦，不如易木材而改作磚窑，微特有以持久，尤足以壯奇寺內之觀瞻也。

由是邀村人而議之，眾者皆悦之，僉曰：此盛舉也。遂傾然而樂從焉。從前選期就工，殷實者悦意以出資，貧乏者踴躍以赴功，即貿易於外者亦皆□意領疏，盡心募化，此可見善心人所同具，善事人所樂成也。期年之間，大功告成，凡寺內神宮以及山門、戲臺、周圍牆垣，墜者修之，廢者舉之，無不煥然從新矣。然斯舉也，共費銀三千五佰餘两，不有碑石，何以著眾善而昭來許乎？故謹書頊珉，以要諸永久云爾。

解州儒學生員趙一德撰文

從九品馬輔成敬書

經理糾首：何發榮　李廣朝　溫起龍　監生溫天澤

起意糾首：趙雙峰　任得宜　李焕林　何發榮

管工糾首：介賓何成珠　馬海珠　李懷德　監生文子科　從九陶繼泰　溫久福　千總王統制　溫久倉　溫天成　馬良明　鈕紹祖　從九馬輔成　溫焕章　溫詔　郭如枝　監生焦國鏞　溫德榮　監生李逢春　任大位　趙玉峰

大清嘉慶二十五年六月初七日立

住持淨柱　淨寶　徒禎祥　禎壽　孫如蓮

木匠：陳德寶　王治基

泥匠：梁世清　張文喜

石匠：李思盛

丹青：衛泰武

秦樹村公耆　化銀貳拾貳两

日昇號　捐銀壹拾貳两

長壽村　捐銀壹拾两

北槐志莊　捐銀壹拾两

楊家原　王意昌　捐銀貳拾两

旌表孝義、誥封奉直大夫、晉封武翼都尉、候補都司、鄉飲大賓覃恩紀錄三次溫泰履　捐銀壹百壹拾貳两貳錢

嘉慶拾三年公耆餘銀玖拾五两，十九年公耆餘銀捌拾两，二十一年公耆餘銀陸拾两，二十二、二十三年公耆餘銀壹百玖拾两。

迴鑾寺西廊改作磚窑並各處補修碑記

從來廟寺建碑所以昭神恩也所以獎功德也與地迴鑾寺介邑一[illegible]刹
古佛之宮殿也載之國史京都皆知傳之邑乘郡邑盡曉其中松柏映[illegible]龍槐呈景名儒博士悉有詩賦筆之縣誌可考而知也粵創建之始肇
自前唐寺院廊大 神宮極多歷年久遠時有傾頽其間補葺重者不一而足前人俱有明紀勿庸復贅在建立之初東西兩廊同其材
木一其間数迄嘉慶戊辰之歲各處雖有破壞惟西廊尤為塌毀功程浩大不能驟成彼時即欲築修力不從心又恐陷塌傷其木材於
是盡為折落暫為停止越數年而值年香斜協同公者起意重修[illegible]閣木材小者散失極多惟大木僅存嘗云一木不能成大厦不如易木
材而改作磚窑微特有以持久尤足以壯寺內之觀瞻也由是[illegible]約人而議之衆皆悅之僉曰此盛舉也遂欣然而樂從爲從茲選期就工
殿實者悅意以出貲貧乏者踴躍以赴功即貿易於外者亦皆意領踊盡心募化此可見善心人所同具善事人所樂成也期年之間大
功告成凡寺內 神呂以及山門戲臺周圍墻垣壞者修之廢[illegible]舉之無不煥然從新矣然斯舉也共費銀叁千五伯餘兩不有碑石何以
著蒙善而昭來許乎故謹書頊珉以要諸永久云爾 一 何生榮化銀叁拾貳兩

解[illegible]學生員趙一德撰文 從九品馬輔成敬書 介賓何成珠 從九品陶繼泰 溫天成 溫煥章 溫德榮
何發榮 趙雙峯 馬海珠 溫久福 馬良明 溫詔 監生李逢春
李廣朝 銀 任湧宜 李懷德 千總王統制 鈕紹祖 郭如枝 任大位
總理糾首 溫起龍 起錢糾首 李煥林 工糾首
監生溫天澤 何發榮 監生文子科 溫久倉 從九品馬輔成 監生焦國鏞 趙玉峯

大清嘉慶二十五年六月初七日立 住持淨珠寶 徒禎祥壽 孫如蓮 木匠陳德寶 王治基 泥匠梁世清 張文嘉 石匠李思盛 丹青衛泰武
秦樹村公者化銀貳拾貳兩 日昇號捐銀壹拾貳兩 長壽村捐銀壹拾兩 北槐志庄捐銀壹拾兩 楊家原 王意昌捐銀貳拾兩
旌表孝義 誥封奉直大夫晉封武翼都尉候補都司鄉飲大賓 覃恩紀録三次溫泰履捐銀壹伯壹拾貳兩貳錢
嘉慶拾叁年公者餘銀玖拾五兩 十九年公者餘銀捌拾[illegible]兩 二十一年公者餘銀陸拾兩 二十三年公者餘銀壹百玖拾兩

重复补修关帝庙及庆云庵碑记

【简介】

清嘉庆二十五年（1820）勒石。青石质，圆首，无座。碑首、碑身通高137、宽67、厚15厘米。碑文楷体，灵石增生张乾翼撰书。额题“留芳百世”。现存介休市绵山镇南槐志村庆云庵。

【碑文】

重復補修關帝廟及慶雲庵碑記

太史公云：莫為之前，雖美弗彰，莫為之後，雖盛弗傳。自古廟宇之設，創修與補修，其功無異也。

南槐志庄西南舊有關帝廟一座，正殿、樂樓對列翚飛，東西兩厦，是以停息侏優。廟東百餘步有上廟為慶雲庵、僧人禪室，北殿塑觀音、文殊、普賢三大士像，兩廡塑十八羅漢，南殿塑地藏王菩薩像，兩邊排列十殿閆君。歷年已久，風雨漂搖，兩廟舍宇、神像每多坍塌損壞之處。

村人公議欲補修廟宇，金妝聖像，奈工程浩大，獨力難支。於是眾糾首各帶緣簿，募化外方，越數年積金數百。於嘉慶癸酉者興工補治，不數月厥功告成。上下兩廟神象數十尊，煥然一新，夫然後神靈妥而人心安矣。庚辰歲勒石誌諸糾首募化補修之功，余遂援筆直書其始末云尔。

靈石增生張乾翼敬撰書

起意糾首：趙鼎臣

經理糾首：溫積善　本身一兩　劉永清施銀十二兩　安永清施銀五分　趙信施銀三兩　任昇堂施銀一兩五分　溫積德施銀二兩　任通施銀五兩　任大富施銀三兩　孫文才施銀一兩五分　張有太施銀貳兩　郭富　韓太章施銀八兩　郭康　朱生智施銀六兩　郭玉堂施銀三兩　任大成施銀五分　任克昌　孫文章　趙彦林

募化人：本廟住持僧融明募化銀七十兩零一錢　劉永泰化銀五十兩零六錢，本身銀貳兩　郭康化銀三十五兩，本身銀十六兩　郭富化銀二十七兩　本身銀二十兩　任支亮化銀二十兩　本身銀一兩五分　劉炳化銀十五兩　本身銀三兩　溫積沂化銀十四兩　李生秀化銀六兩一錢四分　本身銀二兩

金妝十殿閆君聖像人：趙儒村施銀十二兩完愿

大清嘉慶二十五年八月初十日立石

住持僧至靜　徒履謙　履讓　履敬　徒孫妙悟

补修堡西墙碑记

【简介】

清嘉庆二十五年（1820）勒石。青石质。长92、宽63厘米。碑文楷体，52行，满行23字。现存介休市绵山镇宋家小庄关帝庙。

【碑文】

嘗思防害宜於其微，治病當乘其□，凡事宜□□修理，亦宜然也。

余村前堡西牆傾頹，本宜速修，奈功大力小，一時難成，致堡内水不歸漕，從西直下，以至廟受水侵，溝坡水渠損壞，坡路受漂。觀音堂圍牆缺陷，四顧不完□非數者，修之不早後必受其大害也。公正李□琜、宋世錫，香老宋世良、宋成麟等心竊為慮，因聚眾協謀，量力輸財。權下堡内水槽築牆、修渠以襄厥事，功成囑余為記，余不敢固辭，故述其事以記之。

邑庠生增廣生員宋漸逵撰並書

肆兩：宋成麟　叁兩：李士傑

貳兩伍錢：武生宋世璽　千總宋瑞麟

貳兩：監生李寬　李溥　宋文麟

壹兩捌錢：宋兆金

壹兩伍錢：□□宋登峰　監生李世□　李□　宋兆□　李連登

壹兩叁錢：宋世良　宋發慶　宋世侯

壹兩貳錢：李瑨

壹兩壹錢：宋世仁

壹兩：焦潤望　宋天利　宋玉俊　宋金鼎

玖錢貳分：宋兆麗

玖錢：李琹　宋昌

捌錢：宋發□　宋世錫　焦潤智　宋士美　李玨

陸錢：宋發登

伍錢：宋武周　李琜　李珍　宋介　宋發功　宋琜　宋發明　宋世勳　宋萬琜　宋灝　宋斐林　吉威

肆錢肆分：宋發魁

肆錢肆分：李積昌

肆錢：宋元清　張學文

叁錢貳分：焦潤顯　宋為林　劉金銘　宋發林　李世偉　宋天立　宋世增　李積壽　宋世祥　宋德旺　宋世寧

叁錢：李蔚秀　宋九峯　焦潤典　焦潤魁　李岱清　宋士楷　郭發義　李檀　宋世雙　吉康　宋玉武　王崙雲　宋壽邱　宋元貞　宋發中　宋士祿　宋世康　楊廷林　宋元泰　宋文照

貳錢：王嵩雲　李梁氏　張星魁　宋發旺　宋士烈　宋書麟　吉明　宋士汀　宋大良　李世義　吉林　宋淦　李安朝　宋昌周　李玉清　宋世成　宋世林　宋士光　李岱澧　宋世成　宋發源　宋元康　宋士景　宋世林　宋發維　宋世蘭　宋發恭　宋發慶　宋世清　宋世風　宋發安　宋元魁　宋發清　宋元金　宋世濟　宋世化　宋世安　劉成

壹錢貳分：宋世周　宋世成　宋立中　宋文麟　李玢　宋元清

糾首：宋世集　李士傑　焦潤智　焦潤金　李琹

香老：宋世良　宋成麟

公正：李琜　宋世錫

鄉保：李玨　宋士立　吉康　宋書麟

大清嘉慶二十五年歲次庚辰孟冬吉日穀旦

封扉题签：姚奠中

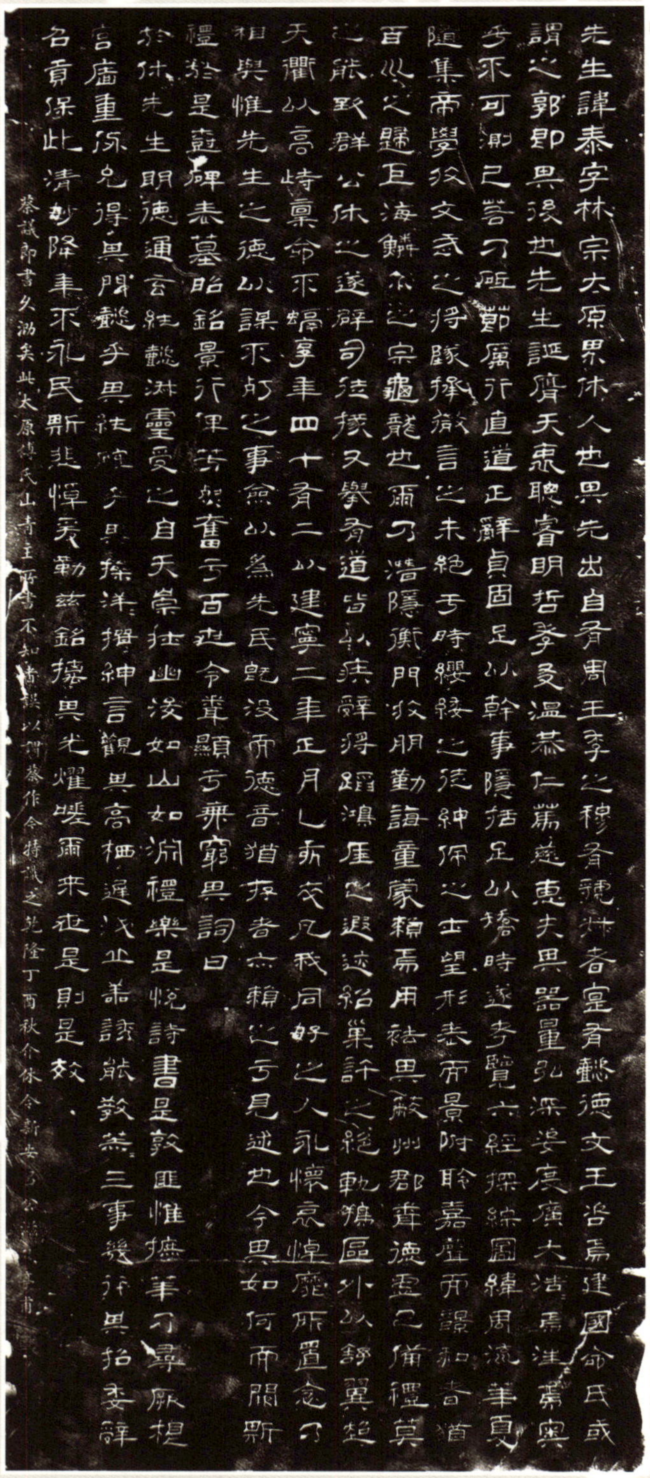
先生諱泰字林宗大原界休人也其先出自有周王季之穆有虢叔者寔有懿德文王咨焉建國命氏或
謂之郭即其後也先生誕膺天衷聰睿明哲孝友温恭仁篤慈惠夫其器量弘深姿度廣大浩浩焉汪汪焉奥
乎不可測已若乃砥節厲行直道正辭貞固足以幹事隱括足以矯時遂考覽六經探綜圖緯周流華夏
隨集帝學收文武之将墜拯微言之未絶于時纓緌之徒紳佩之士望形表而影附聆嘉聲而響和者猶
百川之歸巨海鱗介之宗龜龍也爾乃潜隱衡門收朋勤誨童蒙賴焉用祛其蔽州郡聞德虚己備禮莫
之能致群公休之遂辟司徒掾又舉有道皆以疾辭将蹈鴻涯之遐迹紹巢許之絶軌翔區外以舒翼超
天衢以高峙禀命不融享年四十有二以建寧二年正月乙亥卒凡我四方同好之人永懷哀悼靡所寘念乃
相與惟先生之德以謀不朽之事僉以為先民既没而德音猶存者亦賴之于見述也今其如何而闕斯
禮於是樹碑表墓昭銘景行俾芳烈奮于百世令聞顯于無窮其詞曰
於休先生明德通玄純懿淑靈受之自天崇壯幽濬如山如淵禮樂是悦詩書是敦匪惟摭華乃尋厥根
宫牆重仞允得其門懿乎其純确乎其操洋洋搢紳言觀其高栖遲泌丘善誘能教赤三事幾行其招委辭
名貢保此清妙降年不永民斯悲悼爰勒兹銘攄其光耀嗟爾來世是則是效
蔡議郎書久湮矣此太原傅氏山青主所書不如蔡書誤以為蔡作今特識之乾隆丁酉秋介休令新安呂公[illegible]甫

国家十二五规划项目

三晋石刻大全

晋中市介休市卷（下）

主编 宋林伟

山西省三晋文化研究会
Shanxi Sanjin Culture Research Association
1988·08
三晋石刻大全

总主编 李玉明 李俊明

山西出版传媒集团
三晋出版社

《三晋石刻大全》编纂委员会

《三晋石刻大全》晋中市编纂委员会

《三晋石刻大全·晋中市介休市卷》编纂委员会

清（道光—宣统）

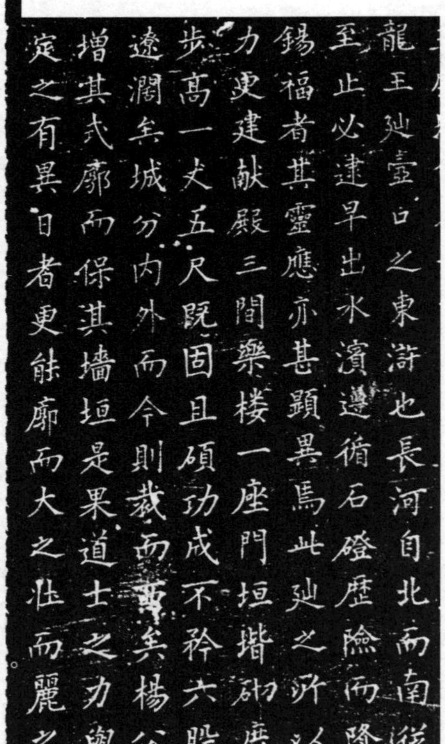

龍王廸壹白之東滸也長河自北而南從
至止必逮旱出水濱邊循石磴歷險而降
錫福者其靈應亦甚顯異焉此廸之所以
力更建獻殿三間樂樓一座門垣堦砌廣
步高一丈五尺既固且碩功成不矜六股
遼濶矣城分内外而今則巍而□矣楊公
增其式廓而保其墻垣是果道士之力與
寔之有異日者更餘廓而大之壯而麗之

整顿社义二仓碑

【简介】

清道光元年（1821）勒石。青石质。长 100、宽 55 厘米。碑文楷体，28 行，满行 22 字。嵌于介休市绵山镇大靳村大兴寺墙壁。

【碑文】

特授介休縣正堂加五級，又卓異加一級、紀錄十次恒為再行恭祿上諭，明白曉諭事，卷查道光元年四月初四日，蒙各憲奉准：

戶部咨山西司案呈內閣抄出，本年二月初四日奉上諭，御史陳繼義奏請"整頓社義二倉"一摺。社倉、義倉所以補常平倉之不及，本系良法美意，雍正、乾隆年間，各直省實力奉行，小民均受其益。迨後，日久弊生，如該御史所稱"倉正偷賣分肥，州縣藉端挪借，胥役從中侵蝕，遂致日久虧缺，僅剩空厫，繼則曠廢日久，並厫座亦復無存。"是以近年直省偶值□灾，議緩議蠲，從未聞議及以社義二倉之粟周贍窮黎者。夫積貯為生民大命，此事廢馳已久，自應及時興修，以裕民食。着通諭各直省督撫，察看所屬州縣地方社義二倉，現在存者若干，廢者若干，以次董率修復惟是。

倉以社義為名，原係民間自為輸納，若官吏因緣為奸，甫經輸納，旋即虧缺，既已虧缺，又復派輸，是閭閻未受其益先受其害。務檢查從前辦理舊章，各趁豐稔之年，勸輸紳民殷戶量力捐輸，妥慎存貯，其出借交還，一切謹守成法。倉正公舉誠實信義之人司其出入，地方官不得抑勒挪移，致多侵擾。如有前項弊端，該管上司訪聞，立即嚴参懲辦。俾鄉里兢敦任卹之風，以期緩急有裨。若數年之間能使良法漸復，水旱不致為灾，其所益於民生者豈淺鮮也！其各實心經理，用副朕重民務本至意。欽此欽遵等。因抄出到部，相應傳付各司行文辦理可也。

五鄉公耆：

東前：申柱　　東後：張維　　西鄉：降清佐　　北鄕：王敦典　　南鄕：王濟五

公和局：董邦彥 降恩壽 曹樹基 楊淩雲 恭錄刻石

道光元年十二月初八日　立

王成兴墓表

【简介】

清道光元年(1821)勒石。青石质。碑长125、宽70、厚14厘米。右上部残缺。碑文楷体，正文19行，满行50字。现存介休市张兰镇孙村。

【表文】

……記

□□“皇天無親，惟德是輔”，又曰“積善之家，必有餘慶”，余於王公勃如之厚德純誠，克昌厥後，而歎古聖賢垂訓勸勉之有徵也。或問：“□公之福，可稱三多矣，果何以及此？”余對曰：“在《易·大有》‘上九，自天祐之，吉，無不利’，孔子曰‘天之所助者，順也；人之所助者，信也。履順思信，又以尚德也，是以自天祐之，吉，無不利’。以余觀之，公仁人也，天相之矣。”何以知其然也？公以孝弟名於世，而以忠義結於人，不然，家庭言之可也，宗族何自稱之？宗族稱之可也，鄉黨何自稱之？鄉黨稱之可也，四方之君子何自稱之？

方其少也，如顏子之安貧，及其老也，如子貢之好禮，所以公既歿，鄉人為之太息，其壯者走哭於柩，老者扶杖泣行下，士君子之為文而弔者數日不絕。嗟乎，豈非仁人也哉！奚為悲思者眾也？天相之也，匹夫而能動天者，亦必有道焉，非仁愛之德，其孰能使之？故曰“德惟一，動罔不吉；德二三，動罔不凶”。或以千金與人而人不喜，或以一言使人而人死之者，誠與不誠故也。余嘗綜領公之德行，而可蔽之以一言，曰仁人也。

公諱成興，字勃如，例授登仕郎，世居介休城東南鄉孫村。祖諱登龍，有隱德；考諱加省，育公一位，賦性和平，居心正直。年甫十三，加省公遂遐升焉，公晝夜哀泣，如窮人無所歸，是公之孝，自幼時已傳說也。公少有大志，家貧不能畢儒學，遂服賈於湖省，越十有八年而家漸豐，行彌篤，嚴以持己，寬以待人，凡家族、親友之沐其恩而頌其德者，所在多有。遇里有爭訟，直指其是非以和解之，人皆心悅而誠服，至於治家有法，教訓有方，尤彰彰在人耳目間，未易更僕數也。

元配王孺人，端妍令淑，舉一子而先逝；繼配宋孺人，相夫敬禮，生女一，而又不獲齊眉；再繼配馬孺人、曹孺人俱有淑德，而宋孺人之德尤著，克勤克儉，撫子慈孫，賢聲懿行與公並稱不朽也。公長嗣心敏，榮膺從九職銜；女適宋氏，而家聲敵稱。孫男五人：長洪鑄，隸入國子監太學生；次洪釗，亦入國子監太學生；三洪鉞、四洪鑑、五洪鈞，俱業儒。曾孫男二，清源、清溢，俱頭角嶄然，將來榮光前代，震耀綿山，可預必焉。孫女三，曾孫女三，燮理婚嫁，皆名門世族，不勝細述。

居恒不尚浮屠，遇修建梵宇、築橋甃路等事，則慷慨樂施，無所吝惜，雖自用儉約，人或以緩急來告，則周給恐後。如乾隆己酉以及嘉慶甲子，風雨愆期，時有荒旱，凡貧困之鄉里，公皆捐銀施粟以賑濟焉，村中賴以舉火者不一而足，此則卓然可稱者也，況孝友性成，又素孚於鄉黨哉！公有高世之行，食報正未有艾，今觀其子孫鸞停鵠峙，知所由來者遠矣，他日奮跡雲衢，天道福善，具徵公之流澤孔長，王氏家聲當久而益振也。公生卒年月日時備載壙誌，無庸復贅。茲于道光元年八月初八日，公之子奉四尊人柩合葬于村南如林之原，問阡表於余，余忝叨友誼，不敢固辭，因畧敘其大概焉。

例授文林郎、揀選知縣、現任隰州蒲縣儒學訓導、戊辰科舉人錮覲眷弟溫□嶠頓首拜題

道光元年十一月二十五日穀旦

……記

皇天無親惟德是輔又曰積善之家必有餘慶余於王公勍如之厚德純誠克昌厥後竊歎古聖賢垂訓勸勉之有徵也或問

……之福可稱三多矣果何以及此余對曰在易大有上九自天祐之吉無不利孔子以天之所助者順也人之所助者信也履順

思信又以尚德也是以自天祐之吉無不利以余觀之公仁人也天相之矣何以知其然也公以孝弟名於世而以忠恕結于人宗

然家庭言之可也宗族何自稱之宗族稱之可也鄉黨何自稱之鄉黨稱之可也四方之君子何所稱之方其少也如顏子之安貧

及其老也如子貢之好禮所以公既歿鄉人為之太息其壯者走哭於振老者扶杖泣行下士君子之為文而弔者數日不絕嗟乎

豈非仁人也哉奚為悲思者衆也天相之也匹夫而能動天者亦必有道焉非仁愛之德其孰能使之故曰德惟一動罔不吉德二

三動罔不凶或以千金與人而人不喜或以一言使人而人悅之者誠與不誠之辨也余嘗綜領公之德行而可敬者以一言曰仁又

也公諱成與字勍如例授登仕郎世居介休城東南鄉孫村祖諱登龍有隱德考諱加省□□□□賦性和平存心正直年甫十三

加省公遂逝弃焉公晝夜哀泣如窮人無所歸是公之孝自幼時已傳説也公少有大志家貧不能畢儒學遂服賈於湖省越十有

八年而家漸豐衍彌篤儉以持己寬以待人凡家族親友之沐其恩而頌其德者所在多有遇里有爭訟直指其是非以和解之人

皆心悅而誠服至於治家有法教訓有方尤彰彰在人耳目間未易更僕數也元配王孺人端妍令淑舉一子而先逝繼配宋孺人

相夫以禮生女二而又不獲齊眉再繼配王孺人曹孺人俱有淑德而宋孺人之德尤著克勤克儉撫子慈孫賢聲懿行與公並稱

不朽也公長嗣心敏榮膺從九職銜女適宋氏而家尊敬稱孫男五人長洪鑄捐入國子監太學生次洪創亦入國子監太學生三

洪鐵四洪鑑五洪鈞俱業儒曾孫男二清源清溢俱頭角嶄然將來帶光前代衆耀綿由可預必焉孫女三曾孫女三俱已婚嫁皆

名門世族不勝細述居恆不尚浮靡遇修建先宗祠橋梁道路等事則慷慨樂施無所吝惜雖自用儉約人或以緩急來告則周給恐

後如乾隆己酉以及嘉慶甲子風雨愆期時有饑旱凡貧困之鄰里公皆捐銀施粟以賑濟焉村中賴以舉火者不一而足此則卓

然可稱者也况孝友性成又孝乎於鄉黨哉公有萬世之行食報正未有艾今觀其子孫蕃衍崎加所由來者遠矣他日奮跡雲

衢天道福善具徵公之流澤孔長王氏家業當久而益振也公生卒年月日時備載鴻誌無庸贅述于道光元年八月初八日公

之子奉四尊人柩合葬于村南如林之原問序表於余余忝叨友誼不敢固辭因畧敘其大概焉

例授文林郎揀選知縣現任隰州蒲縣儒學訓導戊辰科舉人銅鞮眷弟溫嶠頓首拜□

道光元年十一月二十五日穀旦立

重修玉帝庙碑记

【简介】

清道光元年（1821）勒石。青石质，圆首。碑通高135.5、宽63.5、厚15厘米。碑文楷体，正文8行，满行50字。碑阳额题“流芳百世”。碑阴额题“万善同归”，布施文1200余字。现存介休市连福镇北坡村。

【碑文】

（碑阳）

重修玉帝廟碑記

夫獅子崖，介邑十景之一也，向聞其語，未歷其地。迨嘉慶十七年，余舌耕於此，課讀之暇，間一登眺，見夫峰巒迴合，勢若龍蟠，嶺岫高撐，形如虎踞，信乎獅子之名，非虛傳也。更可羨者，民崇信義，俗尚敦龐，居然有古人風。村之中舊有玉帝廟一座，歷年久遠，風雨傾頹，丹青剝落，父老目及心傷，謂：“廟貌若是，胡以安厥神而妥厥靈哉！況莫為之前，雖美弗彰，莫為之後，雖盛弗傳，盍葺之以繼先人之志乎！”村人皆相首肯，但慮地狹民貧，錢粮缺短，可奈何？有糾首諸公等素行向善，慨然言曰：“聞之太山不讓土壤，故能成其高，河海不擇細流，故能成其大。人苟有志，何患地狹民貧哉！”於是踴躍爭先，作緣募化，不數月而工程告竣。遊其地者，但見棟宇燦爛，金碧輝煌，莫不有“如鳥斯革，如翬斯飛”之咏焉。猗歟盛哉！不惟繼乃祖乃父之志，亦且昭罔恫罔怨之誠，何休如之。然而繼往昔尤宜示將來，因復群相計議，欲將募化銀兩與花費銀兩並一切功德施主勒石垂名，俾後之人知前人創垂之艱，世守勿替也。乃祈文於余，余不敏，本不勝任，但與人為善，人有同心，因不揣固陋，勉強應允，備述始末，聊為不朽之一助云，敢言文哉！是為記。

穀遠儒學廩膳生員李永固謹撰

糾首：趙奇福　趙奇峯　趙榮狀　趙榮公　曹繼宗　趙廷傑　張正福　趙士賢　趙榮邦　趙廷魁　陸元廣　趙士英　趙永清　趙廷棟　趙士才　趙貴德　李元德　趙錫爵　趙步清　趙克欽

趙士昌敬書

尚友蘇輝

石匠甯志平

大清道光元年歲在辛巳五月中浣穀旦立

流芳百世
重修王帝廟碑記
大清道光元年歲在辛
五月中浣
石匠甯志平

（碑阴）

曹元林京城化來：復興昌記助銀肆兩　東興號助銀肆兩　信成義記助銀貳兩　天盛泰記助銀貳兩　隆泰典助銀貳兩　嵩陽居助銀貳兩　隆盛號助銀貳兩　源順典助銀叁兩　張同泰助銀貳兩　郭興茂助銀壹兩　合順號助銀壹兩　邱同盛助銀壹兩

趙廷傑定遠縣化來：金恒和行助銀伍兩　張隆興坊助銀叁兩

趙貴寧蕪為州化來：永發號助銀貳兩　義盛號助銀肆兩　天長號助銀貳兩　義盛號助銀肆兩

趙鍾英揚州府化來：隆裕典助銀貳兩

趙隆廬州化來：恒泰號助銀肆兩　廣興裕記助銀肆兩　天□居助銀貳兩　萬通松記助銀貳兩　昌順公記助銀貳兩　慶隆典助銀貳兩　潘寧記助銀貳兩　源興義記助銀貳兩　義益典助銀叁兩　王正興助銀貳兩　永發號助銀壹兩　長發號助銀壹兩　王肇森助銀壹兩　裕盛典助銀陸兩　隆裕號助銀叁兩　德生坊助銀貳兩　永昌號助銀伍兩　公和號助銀貳兩　萬順號助銀肆兩　双盛號助銀貳兩　義興號助銀肆兩　恒昇典助銀貳兩　聚發典助銀貳兩　義豐號助銀伍兩　廣□茂記助銀肆兩　□□布鋪助銀肆兩　永豐號助銀貳兩　元生和記助銀貳兩　永茂成記助銀貳兩　廣成典助銀貳兩　潘源記助銀貳兩

趙榮相儀徵化來：萬誠號助銀叁兩　張天德助銀貳兩　張永昌助銀壹兩　萬億號助銀壹兩　三益號助銀壹兩　靳廣興助銀陸兩　慶寧號助銀叁兩　蔣恒豐助銀貳兩　双盛號助銀肆兩　周華助銀壹兩　永興號助銀肆兩　双合號助銀壹兩　永成號助銀叁兩　裕成典助銀貳兩　源隆典助銀貳兩　義興號助銀伍兩　□來居助銀□兩　永興印局助銀□兩　百順號助銀貳兩　昌順和記助銀貳兩　長盛田記助銀貳兩　瑞和典助銀貳兩　正元號助銀壹兩　萬順號助銀拾兩　天成德記助銀貳兩　双泰板廠助銀貳兩　泰興號助銀壹兩伍錢　天和號助銀壹兩　豐裕號助銀壹兩　劉慶隆助銀伍兩　恊盛號助銀貳兩　趙在中助銀貳兩　義盛號助銀肆兩　恒昌號助銀叁拾貳兩　公興號助銀貳兩　天和號助銀壹兩　天長號助銀叁兩　源長典助銀貳兩　從得典助銀貳兩　義隆號助銀肆兩　□□居助銀肆兩　□成義記助銀肆兩　慶隆典助銀貳兩　悅來號助銀貳兩　福昌公記助銀貳兩　義成典助銀貳兩　興順店助銀貳兩　純義堂助銀伍兩　尹義豐助銀貳兩　永裕號助銀壹兩　□開泰助銀壹兩　恒興號助銀壹兩　厲立興助銀壹兩　裕盛坊助銀叁兩　誼成號助銀貳兩　趙永隆助銀貳兩　元聚號助銀叁兩　□和號助銀貳兩　李如全助銀壹兩　恒成號助銀貳兩　恒若典助銀貳兩　永隆典助銀貳两　信成號助銀叁兩　永□居助銀肆兩　義興永記助銀肆兩　順天號助銀貳兩　恒順助銀貳兩　六合德記助銀貳兩　萬盛號助銀貳兩　萬春居助銀貳兩　韓仞千助銀肆兩　李致中助銀貳兩　馬天順助銀壹兩　邱天成助銀壹兩　張永茂助銀壹兩　謙亨助銀壹兩　金元號助銀肆兩　義源坊助銀貳兩　張中孚助銀貳兩　永茂號助銀叁兩

趙榮邦蕪為州化來：萬勝號助銀貳兩

趙克欽巢邑化來：五福號助銀貳兩　西成典助銀貳兩　豐□典助銀貳兩　義和號助銀肆兩　同泰典助銀肆兩　萬昌松記助銀貳兩　萬裕義記助銀貳兩　丁沅助銀貳兩　茶行聚昌號助銀貳兩　萬隆號助銀貳兩　廣盛號助銀貳兩　翕和號助銀叁兩　萬豐號助銀貳兩　陳義順助銀壹兩　新盛號助銀壹兩　公興號助銀壹兩　吳裕興助銀壹兩　梁澍東助銀肆兩　元成□助銀貳兩　趙廷傑助銀伍兩　源盛號助銀貳兩　永昌號助銀伍兩　景福號助銀貳兩　義豐號助銀陸兩　信成號助銀貳兩　豐盛典助銀貳兩　興盛典助銀貳兩　義成號助銀叁兩　天元典助銀肆兩　廣源號助銀貳兩　榮記助銀壹兩　日昌李記助銀貳兩　仁和盛記助銀貳兩　源順典助銀叁兩　萬德號助銀貳兩　盛永和助銀壹兩　合盛號助銀壹兩　尹永豐助銀壹兩　中孚坊助銀叁兩　彭元光助銀貳兩　德昌號助銀貳兩　萬順典助銀伍兩　永和號助銀貳兩　義昌號助銀肆兩　宋天柱助銀壹兩　發興典助銀壹兩　大興典助銀貳兩

萬善同歸

重修元帝庙碑记

【简介】

清道光二年（1822）勒石。青石质，圆首。碑首高53厘米。碑身高156、宽75、厚16厘米。座长100、宽50、高39厘米。碑文楷体，18行，行43字。额篆“为善最乐”。碑阴内容为功德人名，额题“奕世其昌”。现存介休市城关乡梁吉村。

【碑文】

重修元帝廟碑記

梁家堡北門外舊有元帝廟一座，其來久矣。至今數十餘年，屢遭風穨雨洒，鼠盜雀穿，不惟殿宇剝落，即神像亦難瞻拜也。

我郇人每逢聚首交談之際，莫不追念前人之遺美而歎息也。但念功程浩大，力薄難持，於是經商者願募諸四方，務農者各鼓之閭里，勞心者倡之於前，勞力者繼之於後，皆曰：凡我同人，共襄盛事。遂擇吉道光元年三月初一日未時動工，於九月二十八日厥工告竣，及偏院源神正殿、馬王殿、牛王殿、舞樓、山門、戲房、北門樓，西廟並門樓門圈、南廟並門樓俱各增修，又新建牌坊一座，南門外照壁一座，從此廟貌輝煌，神像燦爛，焕然一新矣。庶幾上以妥神靈，下以迓福庇。余等不過紹述前人之遺美，敢云邀壯觀已哉。爰兹勒石以勸後之繼美者，是為記。

生員梁應圖沐手敬撰　儒士孟增輝薰沐謹書

經理人：監生梁雲五　梁錫五　從九王慶　王景魁　王鈐　梁思正　王炳　李光山　葉芳　胡立文　宋振興

畫匠：程福榮

石匠：薛秉禮

木匠：賀祥　賈光喜

泥匠：梁體富

丘祖龍門派玄門第十四代住持羅復燭　徒侄趙本常　鄭本莊　徒孫張和億

大清道光二年歲次壬午仲冬初旬二日吉立

兴国寺功德碑

【简介】

清道光二年（1822）勒石。青石质，圆首。碑首高33.5厘米。碑身高133、宽70、厚15厘米。碑阳额题“好善乐施”。碑阴额题“程式堪循”，内容为同治七年《膺公耆兼膺保户碑记》，碑文楷体，正文8行，满行50字。现存介休市龙凤镇西宋壁村兴国寺。

【碑文】

（碑阳）

監生梁添（照恩）募化銀八十兩，置地八畝。

三施堂

監生梁添（照恩）募化銀六十兩，置地三畝。

監生榮成棟募化銀二十畝，置地一畝。

□□侯國定募化銀二十兩，置地一畝。

共計地一十三畝，同日施到本村興國寺永遠耕種，有地契二張，鄉老處存貯。

鄉老：榮生武　高秉仁

公耆：監生張大維　榮成材

鄉保：宋榮富

道光二年二月穀旦立

（碑阴）

膺公耆兼膺保戶碑記

嘗思急公好義，君子之心，樂善好施，仁人之德。兹因我邑侯高大老爺於同治六年查地征糧，使地有著落，民無空糧，改戶長為里催人，今各村公人公舉保戶認保里催。夫保戶之任非易任也，值年公耆大椿宋公、普賜宋公躊躇者久之，既不忍強舉村眾為保戶，又不能抗違縣諭而不舉，無奈具稟縣尊，膺公耆兼膺保戶，豈非急公好義之君子乎？然無永膺公耆、永膺保戶之理，因會同村中耆老、糾首議定，西宋壁村當公耆者即當保戶，退公耆兼退保戶，則村民既無空糧之患，而公耆亦免永膺保戶之虞。於是公中舊置地陸畝以為雇里催之資。又有廷光張公樂善好施，恐陸畝地不足贍養里催，情願將自己老溝凹四畝施於公中，其意亦何厚焉。共計地拾畝給里催為工食地，糧自完，本村地畝錢免出，地契存放鄉耆處。遂勒石以為誌，俾後之當公耆者即當保戶，退公耆兼退保戶，而大椿宋公、普賜宋公之急公好義著焉！即廷光張公樂善好施之意亦永垂於不朽云爾。

本村儒學生員張龍光敬撰

本村辛酉提學咨部優行儒學生員侯攀桂薰沐書丹

值年公正：議敘八品宋大椿

值年鄉耆：議敘六品宋普賜

鄉保：從九品張廷光　從九品榮成勳　議敘八品侯其章

鄉老：宋普英　榮濟邦

管賬：監生侯凝命　宋光

倉長：榮泰光　張龍光　宋永光

保約：岳桂林　宋大勳　侯有勳　高步文　董金魁　梁守道　議敘從九宋篤周　生員侯攀桂　議敘五品張近信　議敘五品宋普晛　從九侯有亮　宋瑛

鄉保：榮德惠

里催：董玢

刻字匠：荊有功

大清同治七年歲次戊辰四月初四日西宋壁村公立

重修八蜡祠碑记

【简介】

清道光二年（1822）勒石。青石质，圆首。碑首高42厘米。碑身高138、宽71.5、厚15厘米。底座长84、宽48、高25厘米。碑文楷体，正文10行，满行38字。碑阳额题“千秋永固”。碑阴额题“福缘善庆”。碑存介休市城内五岳庙内。

【碑文】

（碑阳）

重修八蜡祠碑記

介邑東南坊舊有八蜡祠，其建制正殿三楹，八蜡尊神寓焉。厥後東建財神尊祠，西設白虎尊神。惟神不一，而使斯民有餘粟、有餘財、有餘衣，共用無窮之利者何？莫非諸神之力有以默為呵護也哉！奈代遠年湮，棟宇為之傾頹，丹雘為之剝落，有心者於此不禁為之目擊而心傷也。花布行頭永順店慨然起整新之願，爰請本行而議之，僉曰善。情願各出金囊，以成盛事。用是鳩工庀財，閱日月而工始告竣。行見廟貌輝煌，神靈赫濯，以及樂樓、山門無不煥然改觀焉，爰勒石以誌不朽云。

定邑貢生孫雲漢薰沐敬撰

玄門弟子宋禮經沐手敬書

起意人：永順店　郝□

督工人：郝桂芸

經理社首：永茂號　元興號　正和號　天裕號　大成號　復元號　泰豐號　聚源號

大清道光二年歲次壬午九月十七日敬立

（碑阴）

花布行出銀字號開列於左

元興號捐銀貳拾兩　泰豐號捐銀貳拾兩　大成號捐銀貳拾兩　永茂號捐銀貳拾兩　復元號捐銀貳拾兩　聚源號捐銀貳拾兩　正和號捐銀貳拾兩　天裕號捐銀貳拾兩　永順店捐銀貳拾兩　永合號捐銀陸兩　元和號捐銀陸兩　慶豐號捐銀陸兩　聚義號捐銀陸兩　源和號捐銀陸兩　廣益號捐銀陸兩　源遠號捐銀陸兩　益盛號捐銀陸兩　慶長號捐銀陸兩　益成號捐銀陸兩　文興號捐銀陸兩　益美號捐銀陸兩　新成號捐銀陸兩　廣慶號捐銀肆兩　德裕號捐銀叁兩　廣豐號捐銀叁兩　德盛號捐銀叁兩　源昌號捐銀叁兩　恒盛號捐銀叁兩　慶源號捐銀叁兩　永義號捐銀貳兩　德馨號捐銀貳兩　恒昌號捐銀貳兩　永盛號捐銀壹兩　宏盛號捐銀壹兩　謝福成捐銀壹兩

重修兴国寺碑

【简介】

清道光二年（1822）勒石。青石质，圆首。碑首高35厘米。碑身高140、宽70、厚15厘米。底座长79、宽47、高34厘米。碑文行书，正文14行，满行40字。碑阳额题“万福攸同”。碑阴额题“福缘善庆”。现存介休市龙凤镇西宋壁兴国寺。

【碑文】

（碑阳）

重修興國寺碑

且自淫祀之舉紛然錯出，而古聖王祀典久不復問矣。然苟其舉無甚妨於義，其意猶在於安國家利人民，有志之士猶節取焉。

介邑西宋壁村有寺曰興國，詳其創始，相傳自元以來為村巨觀，曆明迄本朝，脩緝者屢矣。兹數年來，殿宇傾圮，金彩銷落如故，首事人發願重脩，聚鄉黨耆老共議，先為聚沙斂緣，謀募化於十方善士者有年，遵舊制興工役，及今上之壬午，功克告竣。闕者補，敝者完，簡且陋者周密而潤澤矣。入門即為白衣大士殿，坐坎向離，上為空王佛殿，左右為關大帝、地藏王，俱南向，兩廡東南向則牛王、土地是也，及他鐘鼓二樓、僧房等皆煥然一新。

夫治天下者法也，賞罰是；教天下者道也，是非是。而法有所不及、道有所不知，帝王聖賢教術如線耳。若乃愚夫愚婦，目亦有所見，耳亦有所聞，一旦□而曰巍然者其寺也，夥然者其僧也，儼然者其諸神也。一念善若則福之，一念不善若則禍之，孰不欣然感怵然惕者？噫！能使愚夫婦感且惕，其去聖人神道設教之意不遠矣。今者建寺或有比意歟，而諸檀越所以爭施捨歟。至關帝功烈高千古，牛王、土地報祀徧羣生，或者皆寓勸善懲惡意，謂可助教化、興愚頑，故並祀之，而名其寺曰興國也，豈不勝哉！故為誌，序諸人姓氏，若所謂福可祈、禍可弭，是在諸檀越自勵，何如諸神不興也，要非建寺本意，故不敢贅。

關中古莘野庠生范如棣謹撰

例授登仕郎樂田宋愷澤敬書

值年公正、登仕郎侯繼武　鄉耆張鵬祥　鄉老宋興光　高秉仁　鄉保宋榮富

總管：武署騎尉宋播光

以上本村並外省捐助銀兩，又倉穀餘利銀壹佰弍拾兩，又掘井餘銀伍拾兩，一併用訖。

道光二年歲次壬午孟夏四月上澣穀旦

重修興國寺碑

且自崇祀之義紛然錯出而古聖王祀典之不復問矣然苟氏輩云甚妨於義其意猶在於安閒

民有志之士猶節取焉介邑西宋壁村有寺曰興國詳其創始相傳自元以來為村巨觀歷明迄

諱者屬舍齋數年來殿宇頹圮金碧銷蔽於是首事人發願重修聚鄉黨耆老共議先為聚沙然

化於十方善士者有年遂舊材與工役及今上之五年功竟告竣闕者補敝者完簡且陋者周密而

美入門即為白衣大士殿主坎向離上為

聖王佛殿左右為閻大帝地藏王佛南向兩廡東西偏則牛王土地是也及他鐘鼓二樓僧房

煥然一新夫治天下者法也賞罰是教天下者道也是非是而法有所不及道有所不知帝王聖哲

之緣耳若乃忍矣忍歸由亦有所見乎亦有所聞一旦聞而曰巍然者寺也巍然者佛也儼然

諸神也一念善焉則福之一念不善焉則禍之孰不欣然戚然惕然嗟嘆悟棟悠夫歸賦且惕然去

神道設教之意不遠矣今者建寺或有此意歟而諸檀越所以爭施捨歟

關帝功烈高千古牛王土地報祀禱孝生或者皆寓勸善懲惡之意謂可助教化無忌憚故亦祀之而

寺曰興國也豈不偉哉故為誌序諸人姓氏若所謂福可祈禍可弭是在諸檀越自勵何必諸神不

而兇建寺本意故不敢贅

闔中古莘野庠生范如棟謹撰

例授登仕郎樂田宋愷澤敬書

值年公正登仕郎侯繼武　鄉耆張鵬祥　鄉老宋興光　高秉仁　鄉保常□苗

總管武略騎尉宋搢光　以上本村僑外省捐助銀兩入倉穀餘利銀二百貳拾兩又掘井餘銀伍拾兩一併用訖

道光二年歲次壬午孟夏四月上浣穀旦

（碑阴）

舉意成功糾首：

公正：宋虎殷　宋文通　宋興煥

鄉耆：宋文通　宋興光　高寧

鄉老：登仕郎宍興讓　榮生武　梁起　高織

經理銀錢賬簿糾首：登仕郎張大經

登仕郎宋愷澤

專管疏頭銀錢糾首：監生侯國鍵　耆賓高綸

監生榮成材

管工糾首：恩榮榮生相　耆賓高綸

高琳　恩榮宋興政

宋士俊　宋熙福　宋成楷

染吉豐　榮成材　捐銀五兩

東西兩邑捐銀人名目錄：

武略騎尉宋播光捐銀弍拾兩

監生宋進福捐銀拾肆兩

監生侯文齡捐銀拾兩

捐銀捌兩人名：登仕郎宋興讓

登仕郎張大經　監生宋榮國

捐銀陸兩人名：武生宋岱

捐銀伍兩叁錢：恩榮宋興德

捐銀伍兩人名：耆賓高綸　高織　監生梁天照　監生梁天恩　監生張大維　監生榮成棣　監生榮成楷
高秉正

捐銀肆兩人名：監生梁大魁　監生侯君肇　監生焦慶豐

梁福智　登仕郎宋愷澤

捐銀叁兩人名：宋進爵　高秉義　張大儒　榮超

捐銀弍兩人名：登仕郎侯君禮　監生梁天佐

登仕郎侯敬亭　恩榮榮生相

恩榮宋興政　衛正堂宋華峰

登仕郎宋倫殷　宋虎殷

溫進元　溫玉良　張著光　宋士偉

高秉仁　高秉信　永立堂

捐銀壹兩伍錢：高□柱　榮生武　宋世安　榮生蘭

捐銀壹兩弍錢：恩榮　高煥　高琳

捐銀壹兩人名：梁吉祥　侯君義　梁天昌　梁吉信

侯君智　梁福壽　宋寶善　梁天輝

監生梁天寵　宋寶位　梁兆瑞

恩榮侯繼義　恩榮侯繼孟

監生宋文彩　宋文通　宋愷全

登仕郎榮生彩　榮九恩　宋愷潤

宋榮富　榮大仁　宋興煥　宋歧

侯繼曾　宋文達　岳淵發　侯凝政

高熙禕　高榮　宋琮　高秉直

捐銀陸錢人名：榮廷奇　侯繼禹　榮生雲　宋耀福
宋興智　高大受　張鵬詳　董清盛
董清位　董貴良　高寧　王世榮
捐銀伍錢人名：榮信奇　宋愷濳　宋智福　宋進孝
宋世祥　侯超綸　侯秉誠　張廷九
捐銀肆錢人名：高楚□
捐銀三錢人名：宋元成　王士英　榮福孝　榮生福
宋興光　宋愷華　宋興亮　張仰棟
宋世昌　張仰暉　張仰曾　冀清武
侯元峰　高秀盛　高寶善　宋榮寵
宋興□　宋廷烈　宋□□　宋成□
薛□龍　劉鶴青
住持本□□□□

西宋壁功德碑

【简介】

清道光三年（1823）勒石。青石质。碑长94、宽57厘米。碑文楷体，正文31行，满行22字。嵌于介休市龙凤镇西宋壁兴国寺墙壁。

【碑文】

修補南門外坡路水口並築灰苴坑之圍牆，又挑西門外貯水池，除張大本地内施用土三十方外，出銀人名詳列於後。

五兩人名：千總宋搢光

四兩人名：監生宋進福　監生宋榮國

三兩五錢人名：監生侯文齡

三兩人名：介賓張大經　監生榮成棟　監生榮成材　張文光　高秉正　監生宋岸

二兩五錢人名：耆賓高綸　高秉公

二兩四錢人名：監生侯國鍵

二兩人名：從九宋興讓　監生梁天照　監生梁天恩　武生宋岱　從九宋倫殷　高秉義
張大儒　監生榮成楷　張廷光

一兩五錢人名：高秉仁　從九宋愷澤　宋士偉　高秉直

一兩四錢人名：千總宋華峰

一兩三錢人名：宋琮

一兩二錢人名：從九榮生彩　張著光　宋溥　岳淵發　高秉信

一兩人名：恩榮宋興政　縣丞宋進爵　宋愷潤　侯凝政　榮生蘭　永立堂

八錢人名：高煥　高琳　從九侯繼禹　恩榮岳承照　宋興智　榮太仁　宋虎殷
張仰輝　宋廷奇　高大才　宋歧

五錢人名：侯繼義　宋生相　宋信奇　宋興德　榮生福　榮生武　高寧　高大受
高榮　榮生耀　張仰櫟　高楚生　劉萬山　榮太貴　張鵬翔　宋世安
宋愷全　溫玉祿　宋愷灊　孫寧　宋文達　從九宋煊　董清仁　監生侯繼曾
榮超　宋熙偉　董清盛　侯年　姚玉株　溫追元　宋進孝

四錢人名：宋耀福　宋榮富　王士魁　宋榮虎　梁裕樞　張得寶

三錢人名：恩榮侯繼湯　榮慶奇　溫進魁　侯發達　監生宋文彩　梁維受　榮廷　侯秉誠
宋興煥　高玉珍　榮生玉　董清武　宋世烈　高文盛　張仰成　張仰才
榮生政　榮成柱　胡喬　高美玉　宋光寶　榮成錦　宋龍寵　榮超福
董貴良　高寶善　宋興光　榮智奇　侯九齡

二錢人名：宋興亮

行夫五名人名：榮太寧　榮成浩

四名人名：王士英　宋世昌　榮成蛟

三名人名：梁錫元　榮超益　王朝榮　榮超元　榮文耀　冀黄忠　宋世芳　宋耀壽　溫玉福
榮生全　宋玉龍　高文發　溫盛魁　榮生美　高貴　李德忠　榮職奇　宋永吉

舉意總理 公正：登仕郎侯繼武

鄉耆：高寧　宋興光

鄉保：宋榮富

鄉老：梁天照　高秉仁

管銀錢糾首：宋愷潤

起銀錢糾首：宋倫殷　侯國璉

管工糾首：高秉禮　岳淵發　高楚玉　董貴良　宋愷潤　梁吉豫

　　　　　宋榮國　張大俊　高秉公　宋進孝

例授登仕郎、邑人侯國璉謹書

闔村共起元系銀壹拾叁兩五錢，紋銀弍拾捌兩陸錢柒分，錢柒拾捌千玖佰壹拾弍文，又用公正舊存緣簿元系銀肆拾叁兩叁錢壹分。

大清道光三年中秋月闔村公立

席村重修关帝庙碑记

【简介】

清道光四年（1824）勒石。青石质，螭首，方座。碑首高40厘米。碑身高151、宽74、厚15.5厘米。底座长90、宽59、高43厘米。碑文楷体，正文11行，满行52字。碑阳额题“赑屃”。碑阴额题“万善同归”，碑阴布施文200余字。现存介休市义安镇席村关帝庙。

【碑文】

（碑阳）

蓋聞神道之設，所以教民，廟貎之垂，即所以妥神也。介邑東鄉距城二十餘里有席村，村之西北隅舊有關帝廟一所，不知創自何時，但有古器數事鏤刻年日，屬於有明，則其來固已遠矣。歷年既久，風餐雨蝕，幾即傾毁，里中社首八家，於嘉慶十六年起意重修。奈地僻人貧，不敢造次，多方積累，富者捐金，貧者輸力，賈於外者募化，善會計者收藏，銖聚錙累，十有餘年，僅博數千金，於道光二年乃敢鳩工庀材，未逾期月而功程告竣焉。其間旣者亥者，丹者雘者，黝者堊者，新增者，特起者，煥然改觀，所以妥神靈而悦人心者，兩得之矣，吾因之有感焉。本邑人民殷富，飲食之家頗多，嘗見富擬朱崇，而繕完私第雕牆峻宇，窮奢極欲，而本社神祠任其圮頹而不之恤者，往往而有。若斯里之父老，本肅敬之心，發崇奉之舉，竭蹶不遑，重新殿宇，拜謁之下，作其忠義之良，消其邪僻之志，人皆悔過遷善，神必祛沴降祥。神道設教，於帝君為倍捷也，非然者，但懾於帝君之顯赫而媚悅焉，則市井之徒、貪婪之輩，罔不家尸而戶祝焉。夫以聰明正直之神，豈能將不軌之流而概肔之以福祿哉？是知帝君之靈，靈於感人，而帝君之靈，特靈於人之見感於帝君者也。嗣今以往，居是鄉者見感於帝君者既深，則有禱輒應，理所宜然，無足怪者。成功之後，里人索記於予，予擇言之有裨於愚夫愚婦者而波及之，至於帝君之德與帝君之神，垂之史冊，昭於宇宙，一則前賢已備，兼以大而難名，皆畧而不陳，懼褻也。

銅鞮廩膳生員芳溪裴沁敬撰

起意糾首：從九康天佑　劉世昌　從九王秉直　康永　耆賓康天敘　張文禮　康天賜　康天申

總理康永　康元治　經理銀錢賬目王秉直　劉世樑　經理買辦劉世棟　康天賜　管工康天申　王錫德　張文禮　康久慶　王聘賢　王錫昌　張堂　康元光　康元淳　劉如向　張文治　康開文　王起盛　劉大成　郭士魁　康開全　王允功　劉如璋　康泰　□□泉　康元溥　王錫伍　康天章　張清賢

大清道光四年梅月上旬立

（碑阴）

劉世安募化紋銀柒拾伍兩　王錫德募化紋銀叁拾柒兩叁錢叁分　劉世昌募化紋銀貳拾玖兩零肆分　康泰募化元銀貳拾捌兩　王秉直募化紋銀貳拾伍兩柒錢捌分　劉如桂募化紋銀貳拾伍兩　尹元魁募化銀貳拾肆兩　康永募化紋銀壹拾陸兩　元銀伍兩肆錢捌分　劉世樑募化元銀壹拾柒兩　康開文募化紋銀壹拾陸兩　康天敘募化紋銀壹拾伍兩貳錢捌分　康元治募化紋銀壹拾伍兩貳錢捌分　康天元募化紋銀壹拾肆兩伍錢　高子寬募化紋銀壹拾叁兩貳錢肆分　張文治募化紋銀壹拾壹兩陸錢柒分　王錫伍募化紋銀玖兩陸錢　元銀壹兩玖錢　段助廷募化紋銀陸兩玖錢叁分　郭景貴募化紋銀伍兩柒錢　康久慶募化紋銀叁兩玖錢陸分　張如俊募化紋銀貳拾伍兩捌錢　張步齡募化紋銀貳兩

蓋聞神道之設所以教民，廟貌之垂即所以妥神也。介邑東鄉距城二十餘里有席村，村之西北隅舊有關帝廟一所，不知創自何時，但有古器數事，鏤刻年日屬於有明，則其來固已遠矣。歷年既久，風饕雨蝕，幾即傾毀。里中社首八家於嘉慶十六年起意重修，奈地僻人貧，不敢造次，多方積累，富者捐金，貧者輸力，賈於外者募化，善會計者收藏，銖纍錙累，十有餘年，僅得數千金。於道光二年乃敢鳩工庀材，未逾期月而功程告竣焉。其間就者、茨者、丹者、雘者、黝者、堊者、新增者、特起者，焕然改觀，誠足妥神靈而悦人心者兩得之矣。吾因之有感焉：本邑人民殷富，飲食之家頗多，嘗見富擬朱崇，而繕完私第，雕墻峻宇，窮奢極欲，而本社神祠任其圮頹而不之恤者，往往而有。若斯里之父老，本肅敬之心，發崇奉之舉，竭蹶不遑，重新殿宇，鉅□之下，作其忠義之民，道其排僻之志，人皆悔過遷善，神必祛於降祥，神道設教，於帝君為倍提也，非□者但得於帝君之□赫而媚悅焉，則市井之徒、發棼之輩，因不家戶而戶祝焉。夫以聰明正直之神，豈能將不軌之流而概縱之以福祿哉？是知帝君之靈靈□慮人而帝君之靈特靈於人之見感於帝君者也。嗣今以往，居是鄉者，過感於帝君者，既濛□有禱輙應，理所宜□無足怪者。成功之後，里人索記於予，予擇言之有裨於愚夫愚婦者，而波及之，至於帝君之德□帝君之神，無之史跡，照於千古，則前賢已備，兼以大而難名，皆畧而不陳，懼褻也。

□郡廩膳生員 芋溪裴沁敬撰

首事 劉育 康天佑 劉世昌 王秉直 康永 康天叙 張文禮 康天賜 康天申

綱理 康永 康元治

經理銀錢賬目 王秉直 劉世楳

經理買辦 劉世棟 康天賜

管工 康天申 王錫德

張文禮 張崇 張文治 郭士魁 康泰 康天章

王聘賢 康元淳 王起盛 王紹功 康元溥

王錫昌 劉如向 劉大成 劉□璋 王錫伍

康久慶 康元光 康開文 康開全 康□ 張清賢

大清道光四年梅月上旬 立

新建天地堂记

【简介】

清道光四年（1824）勒石。青石质。长 50、宽 33 厘米。碑文行书，正文 9 行，满行 14 字。嵌于介休市龙凤镇西宋壁村天地堂墙壁。

【碑文】

新建天地堂記

天地有覆載之恩，人物荷生成之德。庶民戴高履厚，固未能報答萬一，亦非職分所宜祭也。然略分伸情，人生兩間，亦莫不有昭格之深心焉。今於中街之北新建天地正位，庶為敬神祇之至意，是亦村中之盛典也，故約略而為之誌。

舉意総理公正：侯繼武

鄉老：梁天照　宋虎殷

鄉耆：岳淵發

鄉保：宋榮富

道光四年二月穀旦立

皇清敕授征仕郎议叙县丞屏之朱公暨元配雷孺人继配李孺人合葬墓志铭

【简介】

清道光四年（1824）勒石。青石质。志盖、志石长宽均为66厘米。志盖篆书，6行30字。志石楷书，正文24行，满行28字。现存介休市张兰古玩城。

【志盖】

皇清敕授徵仕郎議敘縣丞屏之朱公暨元配雷孺人繼李孺人合葬墓誌銘

【志文】

皇清敕授徵仕郎議敘縣丞屏之朱公暨元配雷孺人繼配李孺人合葬墓誌銘

特授長蘆越支場鹽課大使、庚午科舉人世愚侄孔昭辰頓首拜撰文

特授長蘆蘆臺場鹽課大使姻愚侄郝夢槐頓首拜書丹

特授長蘆滄州分司運判加三級、紀錄十次世愚侄袁詩燾頓首拜篆蓋

甲申春，同寅參軍公為其父卜葬有期，泣拜致辭，以乞銘於余。余與參軍公同官有年，稱知心交，太公行誼知之頗詳，又安可以不文辭？按：公系出大宋徽國文公之後，諱士翰，字屏之，號西園，藉居介邑北張村之北堡，稱巨族焉，亦代有偉人。曾祖秉新公，貤贈文林郎；祖考文煊公，誥贈奉直大夫；父元瑾公，敕授修職郎，生公昆仲二，貤贈登仕郎諱士翹者伯兄也，公居次。公為人溫恭正直，幼讀儒書，而過目則理境洞然，理愈明者行愈篤，故家庭、宗族間入孝出弟，雍雍如也。公復才智過人，有剛斷，無逡巡態，鄉黨間事無大小，一決於公，更無疑議。會嘉慶十七年公膺三堡公正，中堡諸公人以伊堡戶口凋零，地畝甚少，欲懇縣尊，以減差徭，與公來議，公慨然允諾，具呈叩懇，縣尊鑒此義舉，即批准以減之。又於二十年緣本堡財神廟地勢狹小，廟貌頹淺，公集村眾於公地，領疏募化者數十家，於二十二年鳩工庀材，重修於堡中公地，此人神共悅事也，工雖垂成未卒，然公於臨終時猶諄諄申命，其急公尚義為何如者！夫以公才德兼備，其嘉言善行互相稱述者何可勝道，而公乃謙抑自居，不矜不伐，其古高人逸士之流亞歟！

公享壽七旬有二，元配雷孺人與繼配三李孺人俱先公卒。有子一，即余同寅兄名瑗者，娶太學生梁公諱生祚女。有女二，長適太學生馬公諱星烈之長男璽，次適太學生馬公諱學禮之長男崇文。孫男三：長宗倫，候選縣尉，痛於今歲三月初五日以促病卒，得年十九歲，娶黃公諱鵬飛女，於葬公之日附葬公側；次孫宗佺、三宗儉俱幼，未聘。孫女二，俱適名門。公生於乾隆十七年五月十五日卯時，歿於道光三年二月二十五日卯時。茲擇於道光四年四月初四日扶柩於本村北郊新阡之餘慶原以合葬焉，爰為之銘曰：

鍾綿山之靈兮，磊落光明。毓汾水之秀兮，易直寬平。公雖隱兮，才德堪旌。公雖歿兮，事業猶生。惟積善有餘慶兮，早以卜子孫之崢嶸。

稷山景□太鐫

皇清勅授徵仕郎議敘縣丞屏山朱公豐元配雷孺人暨李孺人合葬墓誌銘

创修介休县外关砖城记

【简介】

清道光五年（1825）勒石。青石质，螭首。碑首高194、宽94、厚21厘米。碑身高203、宽90、厚21厘米。碑文楷体，正文14行。额题“修城碑记”。碑体镶嵌于碑亭内，碑亭为石质仿木结构建筑，两侧有楷体楹联“继往克彰前世美，开来可启后人传”。碑文撰写于顺治四年（1647），勒石于顺治十三年（1656），道光五年（1825）重建。碑文结合碑体并参照康熙版《介休县志》卷八录入。现立于介休市内祆神楼旁。

【碑文】

創修介休縣外關磚城記

《易》曰：王公設險，以守其國。又曰：重門擊柝，以待暴客。自古設都立邑，有崇墉深隍以固內，必有重垣複郭以防外，堂奥門庭蓋不得畸重云。三晉故稱天府四塞，而汾州之介休，南扼河東，北捍恒原，東通龍固，西連蜀秦，衝衢四達，尤為巖關重地。城以內廣輪十里，文獻淵藪；城以外煙火鄰鄰，商旅繹繹。轅蹄輻輳，久為探丸揭竿者所眈視。嘉、隆間變起，倉卒幾罹堙井墟社之禍。邑人士懼甚，乃謀築內城，易土以甓，奠基以石，雉堞雲連，睥睨霞映。而城外竟以力竭中止，陂陀土垣，因循漸圮，跛羊可躋矣。數年來，流寇猖獗，所在蹂躪，有識者咸欲壯外以固內，然非常之原，黎民懼焉，則首事難。鳩工庀材以數萬計，當三空四盡之時，旦夕烏能底厥績？則物力經營難。出納鐍廩，勞怨叢集，道旁之築空般，盈庭之咎誰執？則堅厥志以觀厥成難。有此三難，故雖風鶴驚心，屢議屢廢，而侍御張君獨慷慨誓眾曰：奈何以萬世利狃目前自阻哉！遂獨出千金，為紳衿倡，侃侃上疏云：臣邑當三晉之衝，土城非百年之計，守城必先守關，修關勝於修城。關之弗守，即金湯屹屹，何益乃事？臣雖寒素，當首倡捐助，以共保此一塊土！疏入，天子可其奏，乃布詔諭，乃敕撫按，乃簡有司執事，乃集素封閥閱，課終事而專責成。一時急公誼篤，售逃地者數百頃，爭先樂輸，出囊金者千萬家，子來恐後。經始於己卯仲夏，告成於癸未仲秋。崇卑有度，瘠厚有基，礎以磐石，苞如仡如，覆以磚埴，峭如崒如，門墉矗立，樓櫓相望，厥長一千一百丈有奇，厥高四丈有奇，闊如之，蜿蜒巃嵸，六吉峙而五曜合，軫垣聳而慶霱開。費金錢四萬，司農之度支未動錙銖；閱日月四載，閭閻之科派未擾尺寸。厥功懋哉！既落成，侍御乃徵余言，以垂貞珉。余按《春秋》重力役，有城必書，有築必書。蓋以興萬世利，非愜輿情而破隅見，無以堅厥志而觀厥成。是役也，董裁於上，有撫按、藩臬、巡撫、都御史宋公諱賢、蔡公諱懋德、巡按御史陳公諱純德、汪公諱宗友、督理河東鹽課御史李公諱嗣京、楊公諱鶚、左布政使范公諱中彥、右布政使常公諱任賢、提刑按察司使林公諱一柱、提督學政按察司僉事桂公諱一章、分守冀南道右參議黃公諱世清、吳公諱胤、分巡冀南道副使王公諱秉鑑若而人；拮据於下，有守令、丞尉、汾州府知府馬公諱鳴玉、焦公諱浴、同知趙公諱重炤、通判朱公諱咸慶、推官宋公諱翼明、介休縣知縣徐公諱擢、李公諱若星、縣丞時公諱語、典史陳公諱國振若而人。而破隅見以抗疏首事，愜輿情以堅志觀成者，侍御張君之力居多。侍御，邑人，名煊，戊辰科進士。其紳衿倡義共濟，如吏部稽勳司員外郎董君諱直愚諸公，宜並泐於左，以為眾志成城之勸。

大清順治肆年歲次丁亥嘉平月吉

賜進士第、內翰林國史院編修、北海安邱劉正宗撰

順治拾叁年歲次丙申孟秋勒石

欽授文林郎、知介休縣事鉄嶺李如模、縣丞章邱李克似、典史豫章余弘

欽定知縣改補介休縣儒學教諭古絳趙雄台、訓導趙城王思聖

欽特擢通議大夫、太常寺卿、陞資政大夫、兵部右侍郎、令降補整飭蘇松地方兵備道兼理糧儲水利農務副使、邑人張基遠立

六世孫張從龍、人龍，男泰亨、男問世，姪問政、姪問行重建

道光五年歲次乙酉仲秋吉旦

汾州府儒學生員、邑人許宗魯垂摹勒上石

創修介休縣外關磚城記

唐槐碑

【简介】

清道光六年（1826）勒石。青石质，圆首。碑首高30厘米。碑身高90、宽47、厚13厘米。底座长54、宽34、高23厘米。碑文行书，正中刻“唐槐”二字。额题“开元遗迹”。碑断为两截。现存介休市洪山镇南两水村吉祥寺。

【碑文】

道光丙戌年

唐槐

首事人重立

郭林宗庙讼案碑

【简介】

清道光六年（1826）勒石。青石质，圆首。碑首高30厘米。碑身高100、宽54厘米。碑文楷体，正文11行，满行31字。额题“流传千古”。现存介休市城关乡郭家村。

【碑文】

郭有道先生，漢人也，品高德重，累代尊崇，東石門古墓前建有大廟，康熙二十六年增修捲棚，設立祀生，于茲奉祀，載在邑乘，由來舊矣。

郭家村自明季以前尚無先生之廟，迨至嘉靖二十一年，本村父老因先生生長于此，不欲泯其實蹟，亦擬立廟崇祀。奈村微力薄，公同竭力而外，各求親友捐助，方得建正殿三楹。乃聞于官，俾村中勤心香火，永免村中差役。年來多次增修東西壇房六間、左右耳房各一間，碑鐘梁枕俱全，所有捐助姓名始終賬簿聽□問老。今因本年四月間，有爭為家廟之訟，于五月初一日，蒙縣尊羅公斷明立案，係郭家村之公廟，其廟中一切事務理應闔村糾首便宜辦理。立碑存誌，一以紀前事于不泯，一以俾後人知所尊崇，及時修葺，勿令荒廢云爾。

道光六年六月初四日　合村糾首王玘　張生禮　張繼文　董玉光　梁德忠　侯亮彩公立

重修神阁兼葺理乐楼记

【简介】

清道光六年（1826）勒石。青石质，圆首。碑首高33厘米。碑身高136、宽65、厚15厘米。碑文行楷，正文8行，满行38字。碑阳额题“百世其昌”。碑阴额题“千祥云集”，布施文600余字。现存介休市张兰镇涧里村。

【碑文】

（碑阳）

重修神閣兼葺理樂樓記

介邑東鄉澗裡庄，昔者擇地於東南地面建立淨土奄，金篆古佛、菩薩、觀音、龍天、馬王神聖。其庄處於兩澗之隙，夏□時行大雨，溝澮皆盈，大水彪彪直下，來勢威猛險要，形如河海，無不悚然畏懼，皆賴神靈保我黎民，至今平□。由來數百餘載，屢次整理廟貌，未及龍天、馬王神閣，年深日久，未得整飾臺閣，殊覺位置□不恭也。而且樂樓頹危，棟樑損折，樓脊鯱施，面勢逼人，亦屬獻戲之不誠也。爰欲崢嶸臺閣以款式、以尊神，庶可妥其靈而安其祀焉。奈工費浩繁，獨力難支，慕至四方，縉紳商賈慨捐資財，共勷盛事，集有貳百餘金，興工於丙戌年辛卯月丙辰日，成就於本年甲午月庚寅日，共費貳百玖拾餘金，想神靈照之餘慶、之緣報無或爽者，□此碑記。

經管四年疏頭：李良鳳　胡正魁　晉德鎡

建修執年公人：管賬晉德壽　張呂忠　晉文魁　晉文通

管工：晉永和　張体仁　胡正元　晉德積　吳從福　晉德淦　晉德禹　晉德海

本庄人晉德炤撰文并書

經管柒年疏頭公人：賈學曾　晉德書　晉芳清

五宗共銀柒拾兩零肆錢

住持：達意　理恩

石匠景仰行鐫

旹大清道光六年歲次丙戌己亥月己未日穀旦

（碑阴）

樂助芳名

晉盛泰化銀叁拾七兩、助銀叁兩整，晉永和化銀弍拾兩整，晉德益化銀弍拾兩整，張嘉發、李肇霞化銀壹拾六兩整，晉光極化銀壹拾四兩五錢，胡正元化銀壹拾四兩整，晉德年化銀壹拾弍兩整、助壹兩整，晉恒益化銀壹拾弍兩整，晉奇華化銀捌兩捌錢，吳從祿化銀捌兩乙錢六分，晉德馬化銀捌兩整，晉光秀化銀捌兩整，晉奇廣化銀捌兩整，晉德講化銀捌兩整，晉奇隆化銀捌兩整，張漢昌化銀陸兩整，王天賓化銀四兩整、助銀五錢，晉德楷化銀貳拾兩、助銀壹兩，晉光意化銀壹拾叁兩柒錢，王錫福助銀貳兩，郭錫五化銀壹拾捌兩、助銀壹兩，晉奇祥化銀壹拾肆兩柒錢，以上五位共助、化銀柒拾兩零肆錢，晉奇梅化銀壹拾叁兩，晉薛氏施錢壹千文，晉德炤施銀叁兩，李良鳳施銀肆兩，賈學顏施銀叁兩，賈學曾、化玘有、李長春、張九如，以上四位各施銀弍兩，胡正魁、吳從福、晉德壽、晉德淦、晉光哲、晉奇麟，以上六位各施銀壹兩，晉奇逢、晉奇福、晉芳清、晉德惠、晉德智、郝廷旺、晉文通、晉文蘭、張敦科、晉光悌、張永寧、晉光□、晉德恩、王敦震、王立庫、張体仁、晉德禹、晉德海、張呂倉、張呂忠、張呂孝、□奇旺、晉文□、晉德讓、晉奇祿、吳從壽，以上廿六位各施銀五錢，晉德濬、晉德朝、晉德世、張煥顯、張呂賢、張呂金、張呂銀、張書淇、馬才富、馬麟彪、馬麟耀、吳安才、晉光積、晉德右、晉奇印、晉德斌、晉奇懷、晉奇蘭、張敦順、晉奇科、晉才泰、高生泰、晉文華、晉德泰、晉清泰、晉國泰、晉德秀、晉英泰、晉恒重、晉光代、晉德貴、陸清禹、晉光壽、晉奇秀、晉德昶、晉□倉、晉德□、晉德礼、張愷寧、張嘉瑞、晉奇穩、晉德運、晉德府、晉德顏、晉奇昌、晉德浦，以上四十六位各施銀叁錢，晉文定施銀肆錢，晉光金、晉德本、晉德重、晉德左，以上四位各施銀弍錢，達意助銀五兩整，善有餘慶，晉德新施銀弍錢。

百世其昌

千祥雲集

重修吉祥寺碑记

【简介】

清道光七年（1827）勒石。青石质，圆首。碑首高 55 厘米。碑身高 153、宽 80、厚 14 厘米。底座长 90、宽 56、高 45 厘米。碑文楷体，19 行，满行 40 字。碑阳额题“百世其昌”。碑阴额题“姓字流徽”。现存洪山镇南两水村吉祥寺。

【碑文】

（碑阳）

重修吉祥寺碑記

嘗聞困極而亨，否極而泰，理固然也。定陽兩水村舊有吉祥寺，創自有唐貞觀、開元間，迄今後院石柱猶彰彰可考，此敕建所由使也。厥後再造於有明，重修于國初，俱有碑記足徵，要皆未若今之踵事增華也。舊無耳殿、卷棚、牌樓，今則增之；舊有東偏院、南廳並禅室，外院南車門三間、西房五間，今又增之，其他依舊址而高大，更陳跡而圖新者不一而足。至於刻桷丹楹、雕樑畫棟，則又其小焉者矣，倘所謂困極而亨，否極而泰者非耶。他如槐柏交蔭、旁枝內附，或所供諸神靈爽式憑與！

初，壽等自嘉慶二十年，目擊寺中塌毀難堪，幾不可為棲神之所。爰集村人公議亘修，凡賣樹與田，並累年積租，至道光四年開工，不過千有餘金。而募化捐資、助工者咸不惜其財力，是以工費六七千金，不四載而觀厥成焉。雖曰人事，豈非神力哉！今值工程告竣之日，舉凡募化捐資、助工、起意、總管、糾首人姓名俱載在碑陰，與斯寺永垂不朽焉。是為記。

汾州府學儒學廩膳生員、里人喬恒德撰記並書丹

總管：廩生喬恒德　監生楊天興　監生任成錡　公正趙永壽　監生任成璵　公正趙永德

州同任國梁　趙山峰　任開榮　趙永義　公正李錫疇　任嘉福　任先民　介賓趙世鎬

監生李三益　趙世寶　趙山偉　趙如柱　衛千總任國榮　生員趙戒三　監生趙如孟　趙山錦

趙如彬　趙吉琦　李安興　監生郝五縉　公正趙山靜　段生忠　毛相忠　喬正昌

恩榮趙如瑾　從九趙如璋　監生趙如恒　任國禎　趙如綏　郭詩　李金聲　監生宋廷衡

趙如謙　監生喬恒業　趙如灝　監生宋芝國　韓志誠　從九任國桓　段伯魁　從九郝五全

趙如閔　李國經　段成泰　李廷儒　趙錫綸　吳廷光　王殿魁　王一魁　楊天慶　趙天禮

李天裕　趙連元　趙如勵　王學忠　王之禎　楊大耀

住持：少安　少輝　徒林森　林盛

大清道光七年歲次丁亥菊月穀旦敬立

（碑阴）

敬將募化人姓名開列於左：

趙山錦　紋銀　壹佰肆拾貳兩

太原府正堂　穆彰阿　紋銀　壹佰兩

段生忠　紋銀　伍拾伍兩

趙永廷　紋銀　伍拾壹兩

趙世寶　紋銀　伍拾兩

□宋□　紋銀　叁拾伍兩

任成錡　紋銀　陸拾貳兩

軍工□敘□□　靳啟聰　元銀　肆拾兩

吳廷光　紋銀　叁拾兩

趙吉琦　紋銀　貳拾玖兩

任嘉福　紋銀　壹佰兩

監生趙如恒　紋銀　陸拾壹兩

趙大鵬　紋銀　伍拾肆兩

趙世鎬　紋銀　伍拾兩

郝五全　紋銀　肆拾壹兩

任成瑞　紋銀　叁拾肆兩

王家魁　紋銀　叁拾貳兩

趙大禮　紋銀　叁拾兩

監生趙為孟　紋銀　叁拾兩

從九趙玉璋　紋銀　貳拾伍兩

任成璵　紋銀　肆拾兩

段成泰　紋銀　貳拾伍兩

王一魁　紋銀　貳拾肆兩

李三益　紋銀　貳拾貳兩

趙如和　紋銀　貳拾壹兩

王錫光　紋銀　貳拾兩

李安興　紋銀　貳拾兩

趙永旺　紋銀　拾捌兩

冀玘德　紋銀　伍拾兩

李國綸　紋銀　貳拾五兩

趙太輔　紋銀　貳拾肆兩

李國經　紋銀　貳拾叁兩

喬恒業　紋銀　貳拾壹兩

楊天興　元銀　貳拾壹兩

趙山偉　紋銀　叁拾壹兩

張如洞　紋銀　拾玖兩

趙山奎　紋銀　拾陸兩

李國若　紋銀　拾陸兩

總管：趙永壽紋銀　拾陸兩

生員：趙戒三紋銀　拾陸兩

同州：任國梁紋銀　拾柒兩

趙永祿紋銀　拾貳兩

盧正照紋銀　拾壹兩

王相忠紋銀　拾兩

李三英紋銀　玖兩

少輝　紋銀　拾叁兩

趙如瑾紋銀　拾兩伍錢

趙山珠紋銀　拾兩

趙大亭紋銀　拾壹兩伍錢

趙山壽紋銀　捌兩

監生：趙五縉紋銀　捌兩

公正：李錫疇紋銀　陸兩

靳開義紋銀　拾兩

喬正昌　紋銀　叁兩伍錢

石玉珍　元銀叁拾壹兩伍錢

李廷成紋銀　陸兩

趙如彬紋銀　肆兩

趙如謙　紋銀　拾兩

三佳村：孔廣心金妝、彩畫大殿　銀壹佰拾陸兩

百世其昌

重修吉祥寺碑記

嘗聞固極而亨否極而泰理固然也定陽雨水村舊有吉祥古寺創自有唐貞觀開元間迄今後院石柱猶彰彰可考此勅建之所由始也厥後再造於有明重修於國初俱有碑記足徵要皆未若今之踵事增華也舊無耳殿捲棚牌樓今則增之舊無東偏院南廳併禪室外院南東門三間西房五間今又增之其他依舊址而高大更陳迹而圖新者不一而足至於刻桷丹楹雕樑畫棟則又其小焉者矣備所謂月極而亨否極而泰者非耶他如槐柏交蔭旁枝內附或所供諸神靈爽式憑與初建等自嘉慶二十年目擊寺中塌毀難堪幾不可為棲 神之所爰集村人公議重修凡賣樹與田併累年積租至道光四年開工不過千有餘金而募化捐貲助工者咸不惜其財力是以工費六七千金不四載而觀厥成爰舉日人事豈非 神力哉今值工程告竣之日舉凡募化捐貲助工起意總管糾首人姓名俱載在山與斯寺永垂不朽焉是為記

汾州府學儒學廩膳生員里人喬恒德撰記併書丹

總管

喬恒德 楊天興 任成錡 趙永壽 任成璵 趙永德 任國樑

趙山峯 任開榮 趙永義 李錫疇 任嘉福 任先民 趙世鎬

糾首

李三益 趙世賓 趙山偉 趙如柱 任國棠 趙戒三 趙如孟

趙山錦 趙如彬 趙吉詩 李安興 郝五緇 趙山[illegible] [illegible]

毛相忠 喬正昌 趙如瑾 趙玉璋 趙如恒 任國禎 趙如綬

郭詩 李金聲 宋廷衡 趙如謙 喬恒業 趙如灝 宋芝國

韓志誠 任國桓 段伯魁 郝五全 趙如閏 李國經 段成泰

李廷儒 趙錫綸 吳廷光 王殿魁 王一魁 楊天慶 趙大禮

李天裕 趙連元 趙如勵 王學忠 王之禎 楊大耀

住持少安 徒林盛 林森

大清道光七年歲次丁亥菊月穀旦敬立

建立三皇尧舜禹庙碑记

【简介】

清道光八年（1828）勒石。青石质，圆首。碑首高 42 厘米。碑身高 145、宽 73、厚 15 厘米。底座长 87、宽 50、高 43 厘米。碑文楷体，19 行，满行 42 字。碑阳额题“百世流芳”。碑阴额题“万善同归”，碑阴为捐资人名。现存介休市张兰镇板峪村。

【碑文】

建立三皇堯舜禹廟碑記

廟制之設，由來尚矣！粤稽唐虞有徧于羣神之文，注曰：羣神，古昔聖賢之類。《禮記》祭法有五，其一曰：凡有功德□者，則祭之。又曰：非此類也，不在祀典。春秋爰居之祭，聖人譏其不知，盖謂其失祀典與。漢晉而下，釋老教興，廟制孔多，羣仙佛祖之祀遍天下，窮鄉僻壤所在皆是。而正神之祀，自關帝君而外，不獲多覩，盖人惑於祈福禳災之說，而於祀典固不諳歟。舊有龍天神廟，相傳為介邑令，夫妻死節。考《晉史》，喬晞寇介休，邑令賈渾與妻宗氏死節，或是其人歟，然亦未見實據。後人又於上建玉皇閣，東西兩旁空隙，糾首趙崇輝等又建立三皇堯舜禹殿。因力薄，於村中四外募化數百餘金，於是庀材糾工，不期歲而告成。既成，共費二百餘金，請序於予。又曰三皇之說，有謂天皇、地皇、人皇者，細繹其義，以伏羲、神農、黄帝為是，至於堯舜禹又功德之照然，萬世不可磨滅者也。予既嘉衆意，又喜其合於祀典，不惑於世人祈福禳災之說，故略為之序。或曰：聖帝之祀，古皆天子立廟，民間未有聞焉，疑非鄉村所宜。予曰：神仙佛祖之祀，豈鄉村所宜乎？胡為舍彼而疑此也？

國學生侯元樞撰文

本邑侯泰樞丹書

糾首：趙清焕　趙崇由　趙清與　趙繼輔　趙清部　趙得才

　　　侯元翼　趙得庫　趙崇輝　趙得仁　趙繼珍　楊志楝　趙桂輝

住持：趙本良　徒王和武　徒孫孫教仁　郝羲　化禮

石工：楊憲樊

木工：常永山、

泥工：弓永和

塑工：楊春輝

大清道光歲次八年五月吉日　立

重修源神庙乐楼记

【简介】

清道光八年（1828）勒石。青石质，螭首，龟趺。碑首高103、宽98、厚26厘米。碑身高211、宽94、厚19厘米。底座长157、宽105、高45厘米。碑文楷体，正文9行，满行48字。碑阳额题“重修乐楼”。碑阴额题“昭兹来许”。邑庠生张鼎五撰文并书丹。碑文追述了明万历年间介休知县王一魁东移源神庙的概况。现存介休市洪山镇洪山村源神庙。

【碑文】

（碑阳）

重修源神廟樂樓記

廟之作，余不知創自何時，考碑誌，自宋來已有之，前明王邑侯始改建于池東。相其陰陽，觀其流泉，遂攬邑東南一帶之奇勝。其間正殿五楹，東西兩廡各三間，其下則捲門五洞，洞上砌石為臺，則樂樓在焉。王邑侯所額“鳴玉樓”，昔人所稱“天然韻”者是。嗚呼！是樓也，松濤谷應，山水音清，其泉瑩瑩然，若玉鏡初開，其聲泠泠然，若絲桐乍聆，斯不亦極勝矣乎！余嘗壯游荊楚，登黃鶴望江水汪洋，登岳陽窺湖光瀲灩，以與斯樓相比擬，則斯樓也雖不能上下天光，一碧萬頃，而造化自然之秘，亦不待鏤劚剪刈，已自得於狐岐勝水之間。顧時歲之播遷，風雨之漂搖，則傾圮奚疑！雖其間補葺者亦不乏人，然斯廟之作，四河按水均派，計議實屬難一。甲申之春三月三日，邑侯恒具祀於斯，祀畢周廻覽視，黯然神傷者久之。時村人曉峯王公在側，具道其所以，因力贊其成。恒公遂諭四河水老人郭炳輝等，復出示以示眾，郭炳輝亦慨然應允，凡一切周章之難，殆不惜焉。於是四河公派，仍照舊章，公舉董事，具材鳩工。顧工浩大而資有限，樓僅成而囊已空，屹然中止，殊非觀成之至意，然亦暫緩歲時，俟後君子之興起焉耳。曉峯公囑誌於余，余固弗能文，因述其顛末云爾。

邑庠生張鼎五撰文並書

董事：州同加二級宋邦侯　按察知事郭桂醰

糾首：千總郭桂粉　千總馬齊泰　候銓訓導張儒道　從九喬殿英

東昌衛守備郭長煥　布理張珖　布理陳德明　生員張鼎五

洪山狐村河水老人：狐村河　王應惠　大賓王炳　耆賓田玉輝　監生郭炳輝　武生郭長煊

監生申柱　狐村河任繼

東河水老人：從九張三銘　曹聚星　監生曹崇蘭　監生左天光　張明光

中河水老人：董子純　孫嘉興　武生梁星炳　孫學凝

西河水老人：從九宋玉光　溫廷瑞

道光八年歲次戊子孟秋月穀旦立

（碑阴）

四河使水派銀舊規。此次興工，每河派銀八百兩整。

洪山、狐村一河，洪山使駕嶺河水六分，應派紋銀四百八十兩；狐村使駕嶺河水四分，應派紋銀三百二十兩；東河使三河水一河，應派紋銀八百兩；中河使三河水八分，應派紋銀六百四十兩；兩河使三河水十二分，應派紋銀九百六十兩。

第一程：侯廷封　降喜慶　王燔喜　同盛號

第二程：侯廷藩　箕學生李永年　介賓劉邦瑾　監生郭連城

第三程：劉清才　監生馬顯仁　守禦宋文煥　喬殿侯

第四程：介賓馬齊毅　文如錦　從九張立德　田豐盛

第五程：張允升　陳寶樹　張天馥　王正安

重修源神廟樂樓記

廟之作，不知創自何時，考碑誌，自宋業已有之。前明□邑侯始改建於池東，但□□陽觀其流泉，遂灌邑治泉南一帶之[illegible]。勝其間，正殿居中，東西兩廡各三間，其□則樓門五洞，洞上翻石為臺，則樂樓在焉。□邑侯所額鳴玉樓，昔人每稱天然賞者。共鳴呼其樓也，松濤谷應，山水音清，□□□以□□玉□聞其聲，冷冷然若絲桐作，聆斯不亦□勝矣乎。余嘗壯遊荊楚，登黃鶴，望江水汪洋，登岳陽，窺湖光瀲灧，以與斯樓相比擬，前斯樓也，雖不能上下天光，一碧萬頃，而造化自然之秘，亦不待[illegible]。別有洞天，自得於狐峽勝水之間，顧時歲之播遷，風雨之漂搖，頗圮矣，雖其間補葺者亦不乏人，然斯廟之作，四河梅水[illegible]。均派，詳議究為難。一甲申之春三月三日，邑侯恒公具祀於斯，祀畢，周迴覽視，愀然神傷者久之。時村人曉峯王□在側，具道其[illegible]。呼可力肩多贊其成。恒公遂諭四河水老人郭炳輝等，復出示以示衆。郭炳輝亦愀然應之。凡一一□勁周章之難，始不皆爲[illegible]。神□流，勿恥為萬帝公舉，董事具材，鳩工□□，顧工浩大而費有限，樓僅成而囊已空，屹然中止，殊非觀成之至意，然亦皆緣[illegible]。後君子之興起焉耳。曉峯公囑誌於余，余因弗能文，因述其顛末云爾。

邑庠生張鼎五撰文並書

糾首

郭桂林　馬齊本　張儒通　喬殿英　郭長煥　張□珖　陳德明　張鼎五

北山狐村河水老人

王應惠　王炳　田玉輝　郭炳輝　郭長煊　申柱　任□繼

東河水老人

張三銘　曹□星　曲崇嗣　左天光　張明□

中河水老人

董□紀　孫嘉典　梁星炳　孫□□

西河水老人

宋玉光　溫廷瑞

□□□年歲次戊子□□孟秋月穀旦

第六程：監生張儒泰　監生申梁　劉熾　介賓喬啟傑
第七程：張真喜　李萬馨　耆賓韓輝　李永吉
第八程：文福定　從九董子林　從九白晃宇　董元
第九程：張貴寶　附貢杜恒光　趙守貴　侯清梁
第十程：李秀章　馬顯煥　劉九山　馬天佑
第十一程：從九張明緒　張大觀　張益　劉九慶
第十二程：監生郭桂□　郭坩英　侯治安　監生王志楷
第十三程：從九李萬春　李大勇　張世清　溫廷俊
第十四程：張德慶　張金山　監生孫懷西　康萬年
第十五程：宋元琳　郭炤城　監生王憲銘　監生王鳳翔
第十六程：張治成　任生麟　吳自修　郭振增
第十七程：監生宋本輝　喬德本　田育忠　張光燦
第十八程：李憲章　喬瑞五　韓天保　理問郭長輝
丘祖龍門派住持曹本俊　徒侄薛和墉　馮和城　侄孫李教貞　宋教福　王教祥　曾孫剌永清
石工：嚴富榮　甯徐迎　刊

补修门街记

【简介】

清道光八年（1828）勒石。青石质。碑长 110、宽 33 厘米。碑文楷体，正文 9 行，满行 13 字。嵌于介休市龙凤镇张壁西场巷墙壁。

【碑文】

補修門街記

夫設險者，守國之要圖；相保者，仁里之美俗。而閭中整潔，地利攸關，古人安居樂業，良有以也。我西場巷舊有門街，創於乾隆十八年，歷年已久，傾圮殊甚，不有捐輸，何資補葺？工即興於七年小陽月，農事既畢，人皆赴功，春阳回暖，工速告竣。爰為之記，以昭示於樂成云。

武成信施銀五錢　張世通施銀五錢

張二酉施銀五錢　張符化施銀壹錢

賈夢桂施銀壹錢　張妙金施銀壹錢

張九廩施銀壹錢

經理：張文煒　賈榮遇　張仁德　張世英　賈田榮　賈祚昌

道光八年四月十六日穀旦立

回鑾寺记事石刻

【简介】

清道光九年（1829）勒石。青石质。长、宽均为 76 厘米。碑文楷体，17 行，满行 22 字。嵌于介休市绵山镇兴地村回銮寺大殿门侧墙壁。

【碑文】

余於乾隆六十年夜，夢一大漢挺立吾前，腹上有縫，縫内有蜂。余問其故，答曰：别無他意，惟願汝留心。及夢醒，三思不解。

其後，回鑾寺公人、糾首緣修理鐘鼓樓，借用銀五百兩，欲除寺中柏樹，以還此債。余忽悟前夜夢中之事，似乎樹神之授夢也，斯以與眾商議，留此二樹未伐。

迨至道光五年三月間，樹蜂忽沒，杳無蹤影。竊思蜂居勝地，蜂勝人旺，况廻鑾寺乃一村之主廟也。是以余在佛前屢屢虔誠默祝，旋於五月十三日，蜂回原處，此乃樹之神，亦蜂之靈也。

夫數者，風聲之應也；蜂者，聚集之象也。是以庇蔭閤村之庶民、扶載一鄉之風水也豈淺鮮哉！願後之公人、糾首者，永遠不伩此樹，是乃一村之吉祥也。不止願於不伐，且更期於恭敬也。是以切禱，願共昭鑒云爾。

糾首：李廣朝　溫久倉　溫天澤　溫起龍　溫天成　馬良明　李煥林　馬輔成　溫大樑　任大位

道光九年重陽月吉旦

受夢人溫天澤眾等誠敬設立

余於乾隆六十年夜夢一丈漢提言吾前腹上有縫縫內有蜂余問其故答曰別無他意惟願汝留心及夢醒三思不解其後廻鑾寺公人糾首繚修理鐘鼓樓借用銀五百兩欲除寺中柏樹以還此債余忽悟前夜夢中之事似乎樹神之授夢也斯以與衆商議留此二樹未伐追至道光五年三月間樹蜂忽浸杳無踪影窃思蜂居勝地蜂旺人旺况廻鑾寺乃一村之主廟也是以余在

佛前屢屢虔誠默祝旋於五月十三日蜂回原處此乃樹之神亦蜂之靈也夫樹者風声之應也蜂者聚集之象也足以庇蔭閤村之庶民挨戴一鄉之風水也豈淺鮮哉願後之公人糾首者永遠不伐此樹是乃一村之吉祥也亦不止願於不伐且更期於恭敬也是以協誠顯共昭鑒云爾

糾首 李廣朝 溫天澤 溫天成 李煥林 溫大樑

溫久倉 溫起龍 馬良明 馬輔成 任大位

道光九年重陽月吉旦 受夢人溫天澤等衆議敬誌立

补修三官庙观音堂龙天庙碑记

【简介】

清道光九年（1829）勒石。青石质，圆首。碑首高40厘米。碑身高154、宽68、厚14厘米。底座长77、高28厘米。碑文楷体，18行，满行52字。碑阳额题“永垂不朽”。碑阴额题“万善同归”，内容为功德人名。现存介休市连福镇里屯村三官庙二层。

【碑文】

補修三官廟觀音堂龍天廟碑記

創始之謂作，守成之謂因，自古創始難，守成尤不易。韓昌黎曰：莫為之前，雖美弗彰，莫為之後，雖盛弗傳。信哉是言也。

介邑里屯村舊有三官廟，宮闕輝煌，殿宇崇峻，村中之大觀也。有廟以來，傾頽修葺，不知凡幾。至道光元年圮毀又甚，倘不急為整理，則是作於前者有以善其始，因於後者無以善其繼也，守成之謂。何況三官大帝，上福國、中福民、下福物，尤不可不隆其廟貌者哉。

由是，糾首王禧品諸公共議重修，又念東門外觀音堂、龍天廟，一則保我子孫，一則殉吾邑難，維時亦甚坍塌，皆不可聽其傾圮。爰竭力募化，並補兼修，此也鳩工庀材，彼也簿書會計，同心協力，不憚勞瘁。奈工大費煩，事未竣而用不支，僅將三官、觀音兩廟先為脩飾。逮九年始將龍天廟正殿三楹、樂樓、社室、山門、垣牆一并經營，還其舊制。但見禪林煥彩，梵宇增輝，昔為風雨所剝蝕，今皆克壯其觀瞻，所去一舉而三善者，其諸公之謂歟！事既竣，糾首諸公屬余為記，余謹綜其事之始末而記之，非惟慷慨樂施之人愈久而光也，且令後之君子觀感興起而隨時補葺，不至浸荒浸廢，貽神靈之怨恫，忘締造之艱難焉。豈不休哉！豈不休哉！

武鄉縣儒學生員武炳煥薰沐敬撰　里人王衍瑞薰沐敬書

守禦所千總王錫珪募化紋銀五拾四兩整 施紋銀弍兩整

糾首：王子貞　張清梓　王禧品　張大山

王錫昌　王國清　張清傑　王鷄年

王衍瑞　王錫蘭　王垣　王光琦

段明書　王錫梓　王錫讓

畫工：王禧品

泥水工：王發福

石工：南有鳳

木工：韓生榮

住持：妙祥 徒達寶

大清道光九年仲秋月吉立

補修[illegible]三宮廟[illegible]觀音堂[illegible]龍天廟碑記

[illegible]創始之謂作守成之謂因自古創始作守成尤不易韓昌黎曰[illegible]之前雖美弗彰[illegible]後雖盛弗傳

舊有[illegible]

三宮廟宮闕輝煌殿宇崇峻甘中之大觀也有廟以來循蹟修葺不知凡幾至道光[illegible]年[illegible]毀[illegible]甚倘不急[illegible]

善其始因於後者無以善其繼[illegible]守成之謂何況[illegible]三宮大帝上福國中福民[illegible]不可不除[illegible]

品諸公共議重修又念東門外觀音堂[illegible]龍天廟一則係我子孫[illegible]所以為吾[illegible]亦甚坍塌皆[illegible]

並補葺修此也鳩工庀材彼[illegible]會計同心協力不憚勞瘁余[illegible]頓事[illegible]用不支[illegible]將[illegible]

逮九年始將[illegible]龍天廟正殿三楹樂樓社室山門垣墻一並經[illegible]建立[illegible]但見[illegible]彩龍宇增輝昔[illegible]

其視聽所云一舉而三善著其[illegible]公之謂歟第既[illegible]糾首諸公屬余為記余謹[illegible]之始末而記之[illegible]

光也且令後之君子觀感興起而隨時補葺不至浸[illegible]浸[illegible]殆[illegible]神[illegible]之[illegible]不[illegible]

武[illegible]鄉[illegible]縣[illegible]儒學[illegible]生[illegible]員武[illegible]丙[illegible]撰

理人 王[illegible]

守禦所千總 王錫圭 施銀[illegible] 募化紋銀五拾四兩整

糾首 王子貞 王國清 王垣 王德品

張清梓 張清傑 王光琦 王[illegible]

王德品 王鶴年 段明書 [illegible]有[illegible]

張大山 王尉瑞 王錫梓 [illegible]祥生榮

王錫昌 王錫蘭 王錫祿 [illegible]妙祥[illegible]

大清道光[illegible]九年[illegible]神[illegible]秋月[illegible]吉立

创建关帝庙碑记

【简介】

清道光九年（1829）勒石。青石质，圆首。碑首高46厘米。碑身高142、宽72、厚15厘米。底座长86、宽57、高32厘米。碑文楷体，正文7行，满行55字。碑阳额题“永垂不朽”。碑阴额题“为善最乐”，内容为功德人名。现存介休市义棠镇要里村关帝庙。

【碑文】

蓋聞護國佑民，惟神為大；彰善□惡，惟神最明。神之為靈昭昭也，其在《書》曰：皇天無親，惟德是輔。是知神之格思不可度，思籌敢不存加在之誠乎？原夫山西介休縣西北鄉要禮村有舉意功德主溫武善人者，解衣推食，鄉黨替之，恤孤憐□，親友養之，雖年屆稀□，神猶矍鑠，率男溫善菓、媳婦溫耿氏、孫男餘慶知會合村諸君子、糾首公等：吾欲於本村西門外創建關聖大帝廟一座，以為千萬人之保障，壯一方之觀瞻。僉曰：善事也，盛舉也。但化費雖大，即募化之外，有不足者，溫武善人獨任之。即於道光九年春三月初十日興工動土，數月之間工程告竣，擇吉於十月初九日開光補工，諷經獻戲，神人胥悅。將見廟貌巍峨，棟宇燦爛，福庇無疆。《詩》曰：綏我眉壽，介以繁祉。其斯之謂與！凡我同人，或多助，或寡助，以襄盛事者書名勒石，以垂不朽云爾。

大清道光九年十一月二十四日吉立

陝西延安府延州縣廩膳生員王倫鈞薰沐拜撰

本邑順城關東門外華嚴庵僧至林沐手敬書

舉意功德主：溫武　王□

經理銀錢總管糾首：溫善菓

管賬糾首：高錦寶　高貴玉　李爾鼎　郭百祥

糾首：高錦貴　李福全　李三有　高貴義　李福□　郭奇□　高承福　李雨朝　董謙　李煒

經理女善人：高孟氏　高靳氏　郭趙氏

李雨盛施捨地方三尺五寸

一應共錢六百四十三千五百文

一應化費錢五百九十七千九百九十文

除使淨存錢四十五千五百一十文明年所用

本廟住持僧人理明　徒妙義　妙成　妙良　孫達輝　達雲　達耀

泥匠工：□章

木匠：曹德王

畫匠：衛有儀

重修三河水平记

【简介】

清道光十年（1830）勒石。青石质，笏头，龟趺。碑通高192、宽74、厚14厘米。碑文楷书，17行，满行45字。任维翰撰文并书丹。三河公立，原秉直、景丰裕刻石。碑阳额题“永垂不朽”，碑阴额题“百世流芳”。现存介休市洪山镇洪山村源神庙。

【碑文】

（碑阳）

重修三河水平記

鄔城碑云：狐岐勝水，宋文潞公始開三河，東曰龍眼洞河，中曰天鑒明河，西曰沿山虎尾河。水池迤北，於三河分水處設木閘三區，號為水平。

我朝康熙八年，邑侯李公鍾盛易木平為鐵平，長一丈七尺，鉄口內淨落均水處三區各五尺。其高除上下樑淨一尺八寸，厚則上樑四寸，下樑五寸，共重三千二百觔。至四十四年七月忽壞，以致鼠牙雀角紛紛橫滋。延至乾隆十年，李起雲、張漢耀等重按水平，兩旁增築五丈余石堤，高三尺，厚四尺，而訟方息。則知水平之於三河，固非無關重輕、可有可無之物也。

詎意今歲六月二十七日，因大雨滂沱，又值敝壞。余等比即傳三河各村渠長會議，僉曰：水平，三河要物，不可一日無之。

是日即公央余等總理速修。余等才疏識淺，而身應值年水老，亦難諉為異人任也。爰具公稟，領示諭，即令張蘭鎮和成砂院鑄水平，長短高低照舊，而厚則加寸焉，共重三千七百觔，每觔代脚力錢二十八文，凡一切灰石諸般物料俱次第以備。八月初八日興工，九月初三日軍憲福大老爺、邑侯李父臺親詣三河勘立水平，至二十日石堤成而工始告竣矣。余等竊思水平者分水之具，而石堤尤為水平之所依也，石堤壞，豈惟水無收斂，即水平必漸而亦敝。今既三河水均，煥然改觀，後之為老人者，慎勿任石堤之傾頹，坐視其漂搖而莫之救，是則余等之所重望也夫。

郡庠生任維翰撰文並書

經理：東河水老人監生任懷瑾　生員任維翰

中河水老人監生楊元經　監生任述端

西河水老人監生郭桂旺　盛生郭增高

石匠：原秉直　景豐裕

大清道光十年十月二十四日三河公立

重修三河水平記

郿縣碑云泝岐勝水宋文潞公始開三河東曰龍眼洞河中曰天鑒明河西曰沿山虎尾河水池迤北於三河分水處設木閘三區號為水平我朝康熙八年邑侯李公鍾岱易木平為鐵平長一丈七尺鐵口內凈落均水處三區各五尺其高除上下樑凈一尺八寸厚則上樑四寸下樑五寸共重三千二百觔至四十四年七月忽壞以致鼠牙雀角紛橫滋延至乾隆十年李起雲張漢耀等重按水平兩旁增築五丈餘石堤高三尺厚四尺而訟方息則知水平之於三河固非無關重輕可有可無之物也詎意今歲六月二十七日因大雨滂沱又值散壞余等北即傳三河各村渠長公議僉曰水平三河要務不可一日無之是日即公央余等總理速修余等才疏識淺而身膺値年水老亦難諉為異人任也爰具公禀領示諭即令張蘭鎮和成砂院鑄水平長短高低照舊而厚則加寸焉共重三千七百觔每觔代腳力錢二十八文凡一切灰石諸般物料俱次第以備八月初八日興工九月初三日

軍憲福大老爺

邑侯李父臺親詣三河勘立水平至二十日石堤成而工始告竣矣余等竊思水平者分水之具而石堤尤為水平之所依也石堤壞豈惟水無收斂即水平必漸而亦散今既三河水均煥然改觀後之為老人者慎勿任石堤之傾頹而視其漂搖而莫之救是則余等之所重望也夫

郡庠生任維翰撰文並書

經理東河水老人監生任懷瑾　貢生任維翰　中河水老人監生楊元經　監生任士端　西河水老人監生郭桂旺　監生郭增高

石匠原東立　景世裕

大清道光十年十月二十四日三河公立

（碑阴）

計開各款花費賬：

一宗挑河工錢壹拾柒仟三佰文

一宗石灰土錢壹拾伍仟九百文

一宗石匠工錢貳拾仟零伍佰文

一宗泥匠工錢柒拾柒仟貳佰文

一宗石頭錢壹佰三拾柒仟貳佰文

一宗水準鐵釻吊錢壹佰壹拾捌仟文

一宗請老爺備酒席錢貳拾捌仟陸佰文

一宗去張蘭縣請示辦物料用錢貳拾貳仟伍佰文

一宗修壘兩月餘一應火食襍用錢九拾四仟六百文

一宗本廟香煙並炭錢壹拾六仟文

一宗酬神立石花費碑價錢貳拾貳仟文

以上拾壹宗共用錢伍佰柒拾仟有餘

各宗有零數

流芳百世

計開各欵花費賬

一宗挑河工錢壹拾柒仟叁伯文
一宗石灰土錢壹拾伍仟九伯文
一宗石匠工錢貳拾仟零伍伯文
一宗泥匠工錢柒拾柒仟弍伯文
一宗石頭錢壹伯叁拾柒仟貳百文
一宗水平鉄釘吊錢壹百[illegible]拾捌仟文
一宗請老爺俻酒席錢貳拾捌仟陸百文
一宗去張蘭縣請示雜物料用錢弍拾弍仟五百文
一宗俻壘两月餘一應火食俻用錢九拾四仟六伯文
一宗上廟香燭[illegible]錢壹拾六仟文
一宗酬神立石花費碑價錢貳拾貳仟文
以上拾壹宗共用錢伍伯柒拾仟有餘

各宗有零數

戏院植槐树记

【简介】

清道光十年（1830）勒石。青石质。碑长60、宽90厘米。碑文楷体，正文11行，满行9字。现存介休市义安镇董村。

【碑文】

乾隆五十年間，里有鼎勷王翁者，每逢酧神獻戲，念臺前隙地無多，情願將地基五厘有零施捨於公，業已勒珉。玆又於道光十年三月中旬公議戲院栽槐樹三株，以冀後先輝映，發育森然，殆有契於古人手植三槐之意，同誌不忘云。

闔村公立

捐化碑引

【简介】

清道光十一年（1831）勒石。青石质，螭首，方座。碑首高100、宽100、厚22厘米。碑身高200、宽90、厚18厘米。碑文楷体，22行，满行12字。额篆“同心同德”。碑下半部分均为捐资人姓名。现存于介休市义安镇北辛武村太和岩牌楼院内东侧。

【碑文】

（碑阳）

捐化碑引

夫人同此一心，同此一理耳，性善修善，理固宜然，故舉一善以會眾善，仍集眾善以歸一善，是獨善有限，而眾善正無窮也。

此功未舉，請捐求化，糾首之能事已畢。及其舉也，功程愈作愈大，佈施愈入而愈微，功之財用幾至不繼。於是由鄉族以及親友，散疏日日不已，來化疊疊生新，甚至一人募化一再而三，功已竣而債未平，債不平而化難止，七年於兹，而事乃克終。善哉！古道猶存，此地之人情乎！幸也！名義相尚，今日之遇合乎！藉非芝蘭同器，梓里同心，賴眾善之鼎力贊勷，詎能勝此萬金之鉅任，成此一鄉之盛事也哉？心感靡窮，人善難没，故聊疏短引，并勒捐化姓名以垂後云。

峕大清道光歲次辛卯菊月　謹勒

南辛武千總孟懷恪化銀　六拾兩整
義安村州同程騰萬化銀　伍拾貳兩整
孫家寨張正山化銀　肆拾叁兩
縣西關董□□化銀　肆拾兩整
義安村監生張振輝化銀　叁拾兩整
沙堡莊趙宏泰化銀　貳拾兩整
南辛武介賓田育溥化銀　貳拾兩整
張蘭鎮義盛長記化銀　壹拾陸兩
太和號溫廣居化銀　壹拾肆兩
義成齋溫世宇化銀　壹拾壹兩
湛泉監生溫毅化銀　壹拾兩
永興廠梁存禮化銀　壹拾兩
南辛武生員孟養適化銀　捌兩整
同合號范一鰲化銀　六兩整
店上通順廠捐銀　壹拾六兩
張蘭鎮福祿壽耆老張光麟捐銀　壹拾兩整
董村廣源廠化銀　捌兩整
董村公益廠捐銀　六兩整
從九冀士倬化銀　壹佰兩整
從九冀士偉化銀　壹佰伍拾兩
監生閆居仁化銀　壹佰貳拾兩
監生李凝道化銀　壹佰零五兩
衛守備閆保和化銀　壹佰兩
冀漢經化銀　壹佰兩
監生張興福化銀　捌拾七兩

沙堡莊監生曹淳化銀　伍拾四兩整
南辛武監生孟懷鉽化銀　伍拾貳兩整
西段屯州同董邦彥化銀　肆拾貳兩
胡龍從九任殿柱化銀　叁拾兩整
三佳村魏仲謀化銀　貳拾兩整
義安村生員郭承樞化銀　貳拾兩整
三義號閆萬魁化銀　貳拾兩整
永寧州生員劉洛川化銀　壹拾陸兩
南辛武從九孟養□化銀　壹拾貳兩
義成齋常泰安化銀　壹拾壹兩
永興廠李生貴化銀　壹拾兩
永興廠韓昌慶化銀　壹拾兩
樂善村趙清霄化銀　六兩整
洪山村宋如升化銀　貳拾兩整
胡龍千總高衍慶捐銀　壹拾貳兩
□□□□□□□田永豐捐銀　捌兩整
張蘭鎮源遠長記捐銀　六兩整
下莊頭守千總陳錫朋捐銀　五兩整
樂樓石欄杆六拾兩
監生冀寶三化銀　壹佰貳拾兩
周敦仁化銀　壹佰壹拾貳兩
冀國申化銀　壹佰兩
南永生化銀　壹佰兩
介賓張承麟化銀　玖拾貳兩
生員冀命躬化銀　捌拾六兩

捐化碑引

夫人同此一心同此一理耳性善修德理固宜然故舉一善以合衆善仍集衆善以歸一善是積善有限而衆善正無窮也此功未舉請捐求化纖百之餘事已畢及其舉也功程愈作而愈大布施愈入而愈微功之財用幾至不繼於是由鄉族以及親友散疏日日不已來化者營生新甚至一人募化一再而三功已竣而債未平債不平而化非止七年於兹而事乃克終善哉古道猶存此地之人情乎幸也名義相尚今日之適合予籍非芝蘭同罄仵里同心賴衆善之畢力贊勤詎能勝此萬金之鉅任成此一鄉之盛事也哉心感靡窮人善難没故聊疏短引并勒捐化姓名以垂後云

晉

道光歲次辛卯蒲月　謹勒

從九冀命徵化銀　捌拾六兩
監生冀漢江化銀　捌拾兩
守千總閆峻化銀　捌拾兩
介賓閆居廣化銀　七拾七兩
理問冀國定化銀　七拾四兩
監生冀國香化銀　七拾叁兩
冀奕和化銀　六拾五兩
冀廷璋化銀　六拾兩整
白漢英化銀　六拾兩整
閆潤宇化銀　五拾六兩
冀學治化銀　五拾兩整
冀命瑞化銀　五拾兩整
王天沛化銀　五拾兩整
魯錫祿化銀　五拾兩整
耆賓冀峻緒化銀　四拾七兩
州同冀士寬化銀　四拾四兩
閆迪第化銀　四拾貳兩
王維德化銀　四拾貳兩
從九冀漢旺化銀　四拾壹兩
冀緒光化銀　肆拾兩整
監生閆起齡化銀　肆拾兩整
閆榕化銀　肆拾兩整
武生閆彪化銀　叁拾九兩
冀汝俊化銀　叁拾柒兩
楊海宴化銀　叁拾六兩
南正和化銀　叁拾五兩
王大滿化銀　叁拾貳兩
耆賓王恒凝化銀　叁拾貳兩
大賓冀培璜化銀　叁拾貳兩
胡開旺化銀　叁拾貳兩
李生亮化銀　叁拾壹兩
冀方芝化銀　叁拾兩
冀昭德化銀　叁拾兩
韓清英化銀　叁拾兩
冀廷式化銀　叁拾兩
冀廷昭化銀　叁拾兩
監生冀命緩化銀　貳拾玖兩
冀錫九化銀　貳拾八兩
冀士績化銀　貳拾八兩
穆生山化銀　貳拾陸兩
冀生麟化銀　貳拾陸兩
胡憲閔化銀　貳拾肆兩
冀梁濂化銀　貳拾四兩

冀克炳化銀　捌拾兩
冀兆蘭化銀　捌拾兩
冀廷康化銀　捌拾兩
從九王大權化銀　七拾六兩
守千總冀生瑄化銀　七拾四兩
增生冀廷吕化銀　七拾叁兩
王維山化銀　六拾兩整
從九冀正緒化銀　六拾兩整
耆老楊海興化銀　六拾兩整
冀正睿化銀　五拾貳兩
楊泰之化銀　五拾兩整
貢生王維屏化銀　五拾兩整
李憲祿化銀　五拾兩整
冀生域化銀　四拾九兩
冀作模化銀　四拾七兩
冀錫純化銀　四拾三兩
冀鐸化銀　四拾貳兩
監生閆遐齡化銀　四拾壹兩
從九冀士昌化銀　四拾兩整
從九閆運第化銀　肆拾兩整
孫興仁化銀　肆拾兩整
吏員冀生輝化銀　肆拾兩整
冀銳化銀　叁拾九兩
左福德化銀　叁拾柒兩
冀生立化銀　叁拾五兩
冀漢鼎化銀　叁拾叁兩
杜春惠化銀　叁拾貳兩
監生冀光化銀　叁拾貳兩
孟廷光化銀　叁拾貳兩
監生冀炳化銀　叁拾壹兩
從九岳鍾英化銀　叁拾兩
冀錤化銀　叁拾兩
楊起林化銀　叁拾兩
冀錫華化銀　叁拾兩
監生冀錦才化銀　叁拾兩
白如岱化銀　叁拾兩
吏員王定成化銀　貳拾玖兩
監生冀士譓化銀　貳拾八兩
冀士熬化銀　貳拾柒兩
閆履中化銀　貳拾陸兩
冀緒化銀　貳拾肆兩
冀鍾化銀　貳拾四兩
傅世權化銀　貳拾四兩

監生閆□華化銀　貳拾四兩
監生閆夢鼎化銀　貳拾四兩
冀榮先化銀　貳拾叁兩
從九冀正緯化銀　貳拾叁兩
從九冀作雲化銀　貳拾貳兩
從九王國興化銀　貳拾壹兩
冀培偉化銀　貳拾兩
守千總王維城化銀　貳拾兩
冀蘭化銀　貳拾兩
守千總閆王興化銀　貳拾兩整
劉白元化銀　貳拾兩整
楊盛林化銀　貳拾兩整
冀廷憲化銀　貳拾兩整
冀飾朝化銀　貳拾兩整
冀錫村化銀　貳拾兩整
原光安化銀　壹拾九兩
傅世棟化銀　壹拾九兩
杜春棣化銀　壹拾九兩
冀生炳化銀　壹拾八兩
冀澤濤化銀　壹拾八兩
冀漢吉化銀　壹拾柒兩
冀培相化銀　壹拾柒兩
監生閆爾福化銀　壹拾陸兩
監生閆夢能化銀　壹拾陸兩
耆賓冀士盾化銀　壹拾陸兩
店上冀漢鼎化銀　壹拾陸兩
冀學狀化銀　壹拾陸兩
冀維墉化銀　壹拾陸兩
田園泰化銀　壹拾陸兩
張光輝化銀　壹拾五兩
冀昌言化銀　壹拾五兩
冀錫舉化銀　壹拾五兩
郝有魁化銀　壹拾五兩
張樞化銀　壹拾五兩
剌世保化銀　壹拾五兩
杜春暢化銀　壹拾四兩
冀憲典化銀　壹拾肆兩
冀銘化銀　壹拾肆兩
郭林芳化銀　壹拾肆兩
王玉廣化銀　壹拾叁兩
冀緒盛化銀　壹拾叁兩
廩生閆冠山化銀　壹拾貳兩
冀安和化銀　壹拾貳兩

冀尚忠化銀　貳拾四兩
張光佑化銀　貳拾叁兩
冀漢儀化銀　貳拾叁兩
從九冀作賓化銀　貳拾貳兩
冀星文化銀　貳拾壹兩
冀士禎化銀　貳拾兩
南永喜化銀　貳拾兩
冀凝輝化銀　貳拾兩
南炳志化銀　貳拾兩
千總胡應清化銀　貳拾兩整
李憲福化銀　貳拾兩整
南正壽化銀　貳拾兩整
冀漢珍化銀　貳拾兩整
冀緒熾化銀　貳拾兩整
理問閆□化銀　壹拾九兩
傅世梓化銀　壹拾九兩
南昌義化銀　壹拾九兩
冀漢魁化銀　壹拾八兩
冀錫綏化銀　壹拾八兩
冀培狀化銀　壹拾柒兩
冀方威化銀　壹拾柒兩
張應德化銀　壹拾柒兩
冀生聚化銀　壹拾陸兩
冀漢偉化銀　壹拾陸兩
冀命化銀　壹拾陸兩
八街冀錫瑕化銀　壹拾陸兩
冀廷旺化銀　壹拾陸兩
冀學元化銀　壹拾陸兩
郝有亮化銀　壹拾五兩
冀國亨化銀　壹拾五兩
冀星貴化銀　壹拾五兩
郭清渠化銀　壹拾五兩
段學禮化銀　壹拾五兩
耆賓冀生灝化銀　壹拾五兩
耆老冀可魁化銀　壹拾五兩
韓德義化銀　壹拾肆兩
冀士傑化銀　壹拾肆兩
侯有德化銀　壹拾肆兩
冀兆光化銀　壹拾叁兩
耆賓冀生恩化銀　壹拾叁兩
郝生門化銀　壹拾叁兩
監生閆居寬化銀　壹拾貳兩
生員冀心安化銀　壹拾貳兩

冀德鐸化銀　壹拾貳兩
冀生嚴化銀　壹拾貳兩
冀永龍化銀　壹拾貳兩
從九閆庭荚化銀　壹拾貳兩
監生冀錦義化銀　壹拾貳兩
冀述語化銀　壹拾貳兩
冀培銀化銀　壹拾貳兩
監生閆恩榮化銀　壹拾貳兩
侯生棟化銀　壹拾貳兩
趙永年化銀　壹拾壹兩
冀鉞化銀　壹拾壹兩
喬潤祉化銀　壹拾壹兩
冀士進化銀　壹拾壹兩
監生李向榮化銀　壹拾壹兩
王國棟化銀　壹拾壹兩
王安化銀　壹拾兩
冀可□化銀　壹拾兩
冀純元化銀　壹拾兩
栗春正化銀　壹拾兩
韓大儒化銀　壹拾兩
冀生敦化銀　壹拾兩
閆國錫化銀　玖兩整
張承龍化銀　九兩
冀建哲化銀　九兩
南永興化銀　捌兩
閆崢化銀　捌兩
冀緒懋化銀　捌兩
郭清翬化銀　捌兩
耆賓南昌彥化銀　柒兩
樊永立化銀　六兩
岳承紀化銀　五兩
從九王守義化銀　五兩
衛守備冀守魁化銀　五兩
胡嘉謨化銀　四兩
冀國和化銀　拾兩
石匠：甯秉魁、景三卯刊

冀生和化銀　壹拾貳兩
冀先明化銀　壹拾貳兩
生員冀錫和化銀　壹拾貳兩
貢生楊雲□化銀　壹拾貳兩
店上冀鎬化銀　壹拾貳兩
理問閆岐化銀　壹拾貳兩
冀漢鍾化銀　壹拾貳兩
監生李凝淨化銀　壹拾貳兩
冀生博化銀　壹拾壹兩
監生冀效乾化銀　壹拾壹兩
冀學林化銀　壹拾壹兩
監生原安和化銀　壹拾壹兩
守貞堂化銀　壹拾壹兩
冀在麗化銀　壹拾壹兩
監生閆琇化銀　壹拾兩
冀□化銀　壹拾兩
冀興維化銀　壹拾兩
冀漢義化銀　壹拾兩
耆賓魯學仁化銀　壹拾兩
胡憲孟化銀　壹拾兩
閆發雲化銀　玖兩整
王名國化銀　玖兩整
冀兆慶化銀　九兩
杜春梅化銀　捌兩
冀培瑜化銀　捌兩
冀運乾化銀　捌兩
冀飛龍化銀　捌兩
耆賓冀麟定化銀　捌兩
冀作謙化銀　柒兩
冀北駿化銀　五兩
趙貴泰化銀　五兩
耆賓冀向澄化銀　五兩
冀之泉化銀　五兩
張大經化銀　貳兩
冀生暘化銀　貳兩

（碑阴）

王國梓捐銀捌兩
五福號　冀緒達　杜春興　張承鯉　南昌柱　吏員冀士謙　監生冀正璟
郭淑仁　監生李凝道　李道敏　李凝達　源豐號　冀廷藩
從九冀正緒　王玉廣　監生冀廷呂　冀尚忠　萬興齋　振深號
郭大定　張永欽　劉繼亶冀鈞　以上各捐銀壹兩整

李建忠　冀映柱　冀培御　冀廷柄　冀命順　冀士周

冀飛魁　朱顯閔　冀正易　冀培受　冀士禎　胡憲文

岳見玉　致美齋　冀忠　冀士平　冀廷榮　南正生　田九章　冀鎮□

曹肇鑾　冀錦秀　冀澤濤　冀士斑　梁世泰　南昌運　冀新有　郭清拔

冀生福　馬懷忠　郭光儀　田承淦　冀聘三　馬國生　冀培忠　孟全□

冀恒儒　冀長庚　冀維楷　李永秀　周福臨　宋泰權　合和號　王玉恭

李興安　李正蹊　張承龍　常文泰　雷光旺　南昌文　大賓杜詩

冀維祿　冀正忠　冀樹榮　冀生周　冀道沂　冀士千　賈世龍　冀漢福

趙元　杜春梅　孟懷照　王進臣　范玉祥　冀煜□　郭春海　冀友諒

冀凝秀　周士宇　張俊萬　冀正□　霍名有　冀錫璋　南丙志　宋清福

任永富　胡開基　韓廷棟　南福昌　韓玉甯　冀作謙　冀興先　冀士霞

吳漢林　南昌明　楊泰之　冀正林　冀乾元　冀成世　冀生則　冀培立

左福盛　郭清儒　冀益三　冀生嚴　胡周□　胡永成　韓慶侯　王學良

楊春元　雷福元　冀作湖　孫世甯　冀凝魁　孟天賜　楊超林　王維統

冀兆榮　南昌林　賈維□　冀子愚　郭清禎　郝有世　王之祿　冀學元

楊越林　冀廷燦　周福昌　萬誠號　冀學顏　冀生秀　蘇清吉　馬懷義

冀國仁　冀漢璋　冀漢良　冀國祥　孫旺華　冀士久　南永和　李憲祿

冀國甯　韓清文　冀維綱　冀漢儀　曹秀成　南永喜　孟開元　冀仕瑾

張九裕　冀生義　喬瀾祉　冀澤濂　白為岱　冀生霓　李寶玨　冀在歧

元盛號　郭中祿　冀士魁　溫永善　冀廷蘭　冀生長　冀維樑　冀培遐

冀生茂　冀士滿　冀士霓　張明成　冀學林　冀學壯　冀生炳　南正端

冀士福　冀培根　旭升號　宋暘芳　冀向泗

以上各捐銀五錢

閆思忠捐銀壹兩貳錢

冀生福捐錢壹兩整

並將捨賣地基丈尺價值及出入銀兩備載於後。

嘉慶二十五年十二月十七日買到冀鐸芳舍基一塊，計南北長一十四丈五尺，東至本廟，南至冀凝章行路，北截至冀凝魁，西南截至冀培棟，北至本廟，價紋銀貳佰貳拾兩整。

同日，買到冀王氏等舍基一塊，計南北長七丈一尺，東西闊八丈一尺五寸，南至冀鋲，北至冀培棟，冀凝章行路，西北截至冀培曠，西南截至冀大鼎，東至大街，價紋銀叁拾五兩整。

道光九年十月初十日，買到冀培棟等舍基一塊，計南北長一十五丈三尺，東西闊四丈，東南上行路八尺，東至本廟，西至冀培曠、冀國定，南北俱至本廟，價紋銀一百柒拾兩整。

道光二年三月十八日，冀廷植同祖母王氏捨典本廟樂樓後地基一塊，計南北六尺八寸，東西二丈三尺五寸。

道光三年冬月二十六日，冀生灝六門公舍典本廟東地基一塊，南截東西兩面俱至冀愚。是月二十八日，因此地不與廟基相連，故將南截闊一丈三尺九寸五分，長八丈七尺兑與冀錫純作業，純將伊房西基地長闊照前丈尺兑典本廟執業，錫純因許伊房□依舊西□將伊房後空基□留伊房東一尺四寸，其餘南北長八尺，東西闊一丈三尺九寸二分亦典本廟管業，大略如是，詳悉有舍兑約可覽。

共捐銀壹千八百貳兩伍兩八錢整

共化銀柒千八百四拾八兩整

使村公餘項銀捌拾兩整

共扶梁銀壹百七拾叁兩五萬錢整

共金妝銀貳佰伍拾壹兩壹錢整

開光佈施銀伍佰貳拾五兩九錢九分
以上六宗共八銀壹萬柒百四兩叁錢九分
禱疏銀壹百貳拾陸兩整
買地基銀肆百貳拾伍兩整
石灰帶腳費銀壹百柒拾叁兩九錢四分
土坯小工銀肆百叁拾兩貳錢四分
琉璃工料、柴炭銀玖百肆拾兩貳錢七分
本帶工銀叁仟叁百捌拾四兩九錢五分
磚瓦泥工銀貳仟肆佰叁拾六兩六錢壹分
繩麻席葦銀玖拾伍兩柒錢叁分
□費銀四百四拾捌兩五錢叁分
石料帶工銀貳佰六拾九兩貳錢八分
竹料帶工銀貳拾玖兩柒錢整
畫工帶料銀叁拾八兩叁錢八分
鐘鼓銀叁拾九兩叁錢整
付□銀捌百柒拾貳兩八錢壹分
碑石帶工銀壹佰貳拾兩整
磨磚□工銀壹百四拾四兩八錢整
以上十八項共出銀□□柒百四兩叁錢□分
道光三年二月，冀玉安在戲院內載□□各二株。

玄帝庙重修碑记

【简介】

清道光十一年（1831）勒石。青石质，螭首，方座。碑首高100、宽93、厚23厘米。碑身高200、宽90、厚20厘米。碑文楷体，18行，满行58字。碑阳额篆“庐古”。碑阴额篆“棠昕”。现存介休市义安镇北辛武村太和岩牌楼院内东侧。

【碑文】

竊惟至靈者，神也。然□□□□□□□□□□顯，有感乎神之鑒察者，而神之靈應自不爽也。至靈者又心也，然心莫知鄉靈，非無觸而動，有起乎人之敬畏者，而心之靈明乃不□□□興盛哉！此殿宇之所以不可不肅，而神像之所以不可不供也。

吾鄉玄帝廟古矣，溯厥自始，碑記內雖有“建自明季”一語，其實原碑無存，究不知創建也何代，經營者何人。所可考者，重修之碑有四，自乾隆年重修以後，迄今四十餘年，風雨飄零，勢將傾頹，若不及時整理，異日之功程不愈甚乎？爰有倡義，諸公協力盡心，理此盛事，賴一鄉之捐輸，更賴四方之功果，出資財四百餘金以置鄰舍，廓基址一十多丈，以增殿宇正殿三楹，仍供玄帝。聖母三尊移供于東北耳殿，河伯六聖移供於西北耳殿，東廡西廡俱改舊廚房，偏院併作新牌坊，外建以游欄，樂樓旁設乎鐘鼓，門面五間，博大昌明，更為改觀。三年而工程始竣，董事者乃以碑記托余。余質鈍學淺，何堪勝任，抑又思之事為前人所已有，而後人補葺之，徑績不至湮沒而不彰；事為前人所微有，而後人更張之盛事，乃可流傳而弗贅也？況乎廟貌齊整，神像□嚴，參神者儼然在望，自不敢或慢乎神靈，入廟者肅然起敬，又何敢負疚於幽獨？此一舉也，其遠紹乎前人者，功已不淺，而丕振一鄉之人心也，功尤大焉。若夫吉祥之報，理雖固然，而敬畏之心，情實難已，豈圖神靈之監察而始然也哉！□則在神者聽之，在己者勉之，在人之克成盛事，有裨人心者，實而敘之可矣。是為記。

是役也，經始於壬午二月，落成於甲申九月。

大清道光十一年九月　穀旦

邑庠生冀心安率真氏薰沐撰文

村人冀緒晃旭輝氏薰沐書丹

總理：張永麟　冀正睿　冀生瑄

糾首：監生冀斐章　理問冀國定　貢生冀作舟　冀士鎮　監運司推舉閆朝第　從九岳鍾英

從九冀士倬　冀國中　冀廷式　介賓冀寶三　監生閆克第　陶永生　冀廷康　冀國兵

監生閆居□　冀學□　王從盛　閆居廣　介賓冀國棟　□□□閆峻　冀生安　李光榮

冀福　冀培璜　□□光　冀生龍　冀生立　冀生灝　閆庭文　冀漢旺　閆思恭　李凝淨

閆榕　冀心一　王國興　傅世權　杜春榮　冀作雲　冀炳　楊超林　冀長庚　冀漢璋

冀昌元　孟天賜　都司冀作權　監生李凝安　冀作梁　冀作杬

公正：監生冀逢龍　介賓閆居廣　介賓冀國棟　介賓冀寶三　守千總冀生瑄　生員冀命躬

從九閆運第

鄉耆：張承鳳　傅世權　南永生　冀廷相　冀生應　冀士昌　冀玉緒　冀生旺　武生閆彪

保證：賈維垣　冀生安　岳見玉　南昌林

鄉約：冀愚　冀學顏　王維統　冀向泗

石匠：甯玉　甯徐 印刊

住持：定成

重建奎楼山门碑记

【简介】

清道光十一年（1831）勒石。青石质，螭首，方座。碑首高82厘米。碑身高173、宽84、厚16厘米。底座长96、宽64、高43厘米。碑文楷体，正文12行，满行57字。碑阳额题“功崇业广”。碑阴额题“同心同德”。现存介休市龙凤镇张壁古堡真武殿。

【碑文】

（碑阳）

重建奎樓山門碑記

吾鄉接南山一帶之脉最真，地雖蕞爾，頗據形勝，前人論之詳矣，茲不復贅。第急脉緩受，地勢宜然，而吾鄉南高北低，去脉頗促，賴有北門真武廟、二郎廟為一村鎖鑰，于以藏風聚水，前人之建立誠善也。但二郎廟山門直沖村南，不若改建艮方，更多停蓄。村南罕王廟巽地舊建文昌樓、奎星樓，歷有年矣，嘉慶戊辰歲移村外，不幾年而基址毁裂，意神靈之不欲遷移，而舊址之究屬安吉耶！二工村人雅欲修理，第工程頗大，恐村力難支。

乙酉歲，經廳張禮維籌畫起意修理，同生員賈充輝、監生張文焯並余與本年公人商約，公人僉曰：村雖力薄，當共勉焉。因公請糾首立簿捐輸，幸善有同心，捐貲者若干，捐工者若干，領疏募化者若干。於是鳩工庀材，於北門外舊山門東邊新建山門三間，視前更覺巍焕。文昌樓、奎星樓仍於村内舊址建立。第舊址頗窄，固復廣地基若干，又從而磚砌之。下接磚窑二間，上建閣三楹，高插雲漢，旁立燈杆一座，元燈不墜。而理問張思謙又施北門處地二畝，以供香火焉。

至於地藏堂、眼光殿、吕祖閣、龍神廟、北門外照壁，一時竝建，雖因創不同，而樂善則一。其他彩繪妝嚴，隨方補葺。又因北門外水道一條，直行東注，堪輿謂不若仍舊水向東南，于闔村大有回護。固改渠擋堰，水歸東南焉。

尤不容已者，吾鄉街道向用亂石堆砌，歷久攲側難行。茲盡用石條鋪砌，蕩平正直，人稱便焉，傾蹶顛踬，吾知免矣。是役也，起于道光乙酉，竣于丙戌，約費銀壹千捌佰有餘兩。丙戌春，余造任徐溝縣教諭，未得與諸君仝行贊理，及由任歸，而工差竣。諸君問記于余，余愧不能文，然思記以紀事，亦無庸深文也，因敘其顛末，既以嘉吾鄉之率作興事者之樂善為不倦，而起意修理之識與力亦不容沒也。是為記。

歷任壽陽、沁水、徐溝縣儒學教諭靳炳南撰

儒學生員、鄉飲介賓賈充輝書

香老：恩榮賈士珩　張振義　恩榮靳宗孝　賈金遇

公正：從九靳嗣旺　監生賈士琜

鄉耆：耆賓賈清輝　張有秩　王道德

鄉約：張九霄　李太和　張應田　張仁全　賈世豐　賈世香

鄉保：焦發林　賈世興

總理：張禮維　賈充輝　靳炳南　張文焯

糾首：賈士瑜　張萬育　賈中元　張景貴　監生張仁壽　靳嗣旺　張芳輝　張九棟　恩榮賈世勳　仝大錢　賈錫豐　賈岫　賈世桂　張永忠　張永通　靳召南　張世英　王永蘭　賈世祿　王祚阜　賈祚昌　靳文彬　賈田成　賈恒熙

泥匠：燕守榮

木匠：張居升

土工：王錫政　王九齡

彩畫匠：周體恭　溫連壽

石匠：薛賓唐

重建奎樓山門碑記

吾鄉接南山一帶之脉最真，地雖散﨑，頗擅形勝，前人論之詳矣，兹不復贅。第急脉緩受，地勢宜然，而吾鄉南高北低，去脉頗汲，賴有北門真武廟、二郎廟為一村鎖鑰，于以藏風聚水，前人之建立誠善也。但二郎廟山門直冲村南，不若改建艮方，更多停蓄。村南罕王廟與地舊建奎星樓，歷有年矣。嘉慶戊辰歲移建村外，不幾年而基址毀裂，□神靈之不欲遷移，而舊址之究屬安吉耶。二工村人雖欲修理，第工程頗大，恐村人力難支。乙酉歲經廳張禮維籌畫起意修理，同生員賈充輝、監生張文蘭並余與本年公人商酌，公人僉曰：村雖力薄，當共勉焉。因公請糾首立簿捐輸，樂善者有同心，捐貲者若干，捐工者若干，領簿募化者若干。于是鳩工庀材，於北門外舊山門東邊新建山門三間，視前更覺巍煥。文昌樓仍于村内舊址建立，第舊址頗窄，因復施地基若干，又從而碑砌之，下接磚窰二間，上建閣三楹，焉補雲漢，旁立燈杆一座，元燈不墜，而理閣張思謙又施北門外地二畝，以供香火焉。至於地藏堂、眼光殿、呂祖閣、龍神廟、北門外照壁，一時竝建，雖因創不同，而樂善則一。其他彩繪粧嚴，隨方補葺。又因北門外水道一條直行東注，識者謂不若仍舊水向東南，于闔村大有回護，因改渠揚堰，水歸東南，焉是不容已者。吾鄉街道向用亂石堆砌，歷久欹側難行，兹盡用石條鋪砌，蕩蕩平正，直人亦便焉，傾跛頗躓，吾知免矣。是役也，起于道光乙酉，竣于丙戌，約費銀壹千捌伯有餘兩。丙戌春，余適任徐溝縣教諭，未得與諸君全行贊理，及由任歸而工甚竣，諸君問記於余。余愧不能文，然思記以紀事，亦無庸深文也，因叙其顛末，既以嘉吾鄉之幸，作興事者之樂善為不倦，而起為修理者之識，其力亦不容没也，是為記。

歷任壽陽、沁水、徐溝縣儒學教諭靳炳南撰

儒學生員、鄉飲介賓賈充輝書

香老：賈士衍　張振晨　靳宗孝　賈全遇

公正：靳嗣旺　賈士琰　張世英

鄉耆：張有秩　賈吉輝　王道德

鄉約：張太和　張九霄　張應田　張仁全　賈世豐　賈世香

鄉保：焦發林　賈世興

總理：靳炳南　張禮維　賈充輝　張文煒

糾首：張□英　賈士□　張萬育　賈中元　張芳輝　張仁壽　靳嗣旺　張九棟　賈世勳　全大銭　賈錫豐　賈屾　賈世桂　張永忠　張永通　靳召南　張世英　王永蘭　賈世祿　王祚阜　賈祥昌　靳文彬　賈田成　賈恒熙

泥匠：張燕守榮

木匠：張居昇

土工：王□政　王九齡

彩畫匠：周體恭　溫進壽

石匠：薛宵唐

住持僧：沙界安

□光拾壹年歲次辛卯季春穀旦立

住持：僧沙柱　界安

道光拾壹年歲次辛卯季春穀旦立

（碑阴）

領疏募化人名開列於後：

賈太和　化銀　玖拾玖兩　　李天和　化銀　玖拾叁兩

張九霄　化銀　玖拾捌兩　　賈世祿　化銀　玖拾捌兩

賈恒裕　化銀　伍拾陸兩　　王道德　化銀　伍拾兩

靳炳南　化銀　肆拾捌兩　　賈錫豐　化銀　肆拾陸兩

賈中奎　化銀　肆拾壹兩　　賈澄　化銀　叁拾捌兩

張應田　化銀　叁拾伍兩　　焦秀祥　化銀　叁拾陸兩

張有□　賈清　化銀　叁拾貳兩　　賈田成　化銀　貳拾玖兩

張永道　張承詮　化銀　貳拾捌兩　　賈充輝　化銀　貳拾伍兩

張振鐸　化銀　貳拾伍兩　　靳宗孝　化銀　貳拾貳兩

靳旺嗣　化銀　貳拾兩　　張文煒　化銀　壹拾捌兩

賈世珍　化銀　壹拾貳兩

靳賈巷口靳宗福西房後有槐樹壹株

靳宗福收過銀叁拾兩，將樹並長樹地基，一塊賣於公中執管。恐後無憑，勒石為據。

本村捐銀人名：

六拾兩：張禮維

四拾兩：張文煒

貳拾肆兩：張永孝

貳拾兩：賈田榮

拾貳兩：賈士瑜　賈士琜　靳嗣旺

壹拾兩：賈充輝　靳炳南　王道德　賈士祿　賈大和

八兩：張有秩

六兩：燕守榮　仝大錢　賈居　王清璲

五兩：賈士珩　靳世勤　張仁德　賈其輝　仝大盛　張永忠　賈士珙

四兩：張景貴　賈中元　張仁壽　張振　張大明　張永通

叁兩：張九霄　賈世香　賈燦　賈清輝　宋士祥　賈中奎　賈霖　賈世桂　賈恒慶　張芳正　賈元祥　李天和　賈夢蘭　賈榮遇　吉演

貳兩五錢：張九職　張世英

貳兩：張萬育　賈照龍　賈鴻德　賈祚昌　張應田　張芳輝　張有序　張鳴謙　監生靳枝旺　張九盛　喬輝應　焦遠山　張希文　張景裕　賈世祿　王應輔　賈維綱

壹兩伍錢：張九棟　賈士誼　張九卿　賈公遇　張扶凝　靳宗孝　張通祿　賈裕光　賈祚康　賈科遇　喬樹檀

壹兩貳錢：張仁禮　靳嗣立　賈俊　賈世豐　張希孔

壹兩：靳文彬　焦發林　賈金遇　張振常　張韞輝　張通元　王道福　焦發易　梁永輝　賈升通　王道溥　賈元旺　賈世熙　冀欽爵　賈傑　喬正寶　張永文　榮培源　張仁全　溫進壽　榮本基　賈滋　靳枝興　賈澄　燕守貴

八錢：靳枝奎　李為檀　賈士定　仝大輝　賈光　賈星遇　張芳忠　賈敏遇

五錢：張克昌　賈世勇　羅萬錦　張牧謙　張永清　範秉衡　賈孔燮　趙為梁　楊培蘭　靳宗福　賈懷遇　李大純　靳宗彥　仝大定　賈世全　賈中德　張居義　張志仁　張志義　任永順

張明太　張玉田　李太元　焦發梓　賈漢光　賈漢輝　張本德　張九成　賈謙遇　賈希文
王體周　王錫政　賈彭齡　賈岐　賈閣遇　賈恒貞　張妙信　賈世信　賈士湛　賈世通
王世通　賈世傑　賈士玠　賈居興　張青雲　賈漢輔　李士華　仝大凝　李太福　榮大海
張芳麟　張振太　賈慶遇　張符化　張鶴齡　張永太　喬元功　宋希旺　宋永昌　張九逵
王錫五　張有思　賈衡遇
三錢：賈祥麟　鈺福寶　梁煥　靳宗孔　焦德元　靳宗貴　張仁義　張振旺　王太富　賈士全
靳枝森　賈士澤　靳嗣隆　靳宗義　張受田　王太有　靳枝春　靳爾凝　張福謙　張有良
羅妙灝　張九文　張本俊　張吉遇　張志禮　張心田　張太忠　張志盛　高榮讓　靳阜齡
張旺有　張九鑾　張九亨　張九達　賈實遇　賈凝太　榮從瑄　賈聘遇　張冀氏　張九資
賈東旺　賈盛　賈丙辰　賈成福　焦發通　賈張氏　張愷維　靳宗選　喬正財　榮立言
王太福　賈書遇　王太春　張芳鳴　榮從義　張景武　張永全　張永財　賈美遇　宋善恩
王太宇　梁進功　李太廣　張景仁　王體謙　李太旺　李太忠　梁福星　陶之仁　張振邦
榮從仁　張景賢　賈恒元　張居良　張居昶　賈誼遇　張世通　賈希遇　榮本吉　賈興
張大祿　張廷泰　張芳義　張金光　賈安　武成功　張慶維　武成憲　武成文　張應隆
張振慶　李太昌　靳官沅　王貴卿　張通顯　賈士官

增建窑楼碑记

【简介】

清道光十一年（1831）勒石。青石质，螭首。碑首高87、宽85厘米。碑身高180、宽84、厚15.5厘米。底座长96、宽61、高29厘米。碑文楷体，正文11行，满行48字。碑阳额题“馨香百世”。碑阴额题“芳名永垂”。现存介休市绵山镇东内封村真武庙。

【碑文】

（碑阳）

增建窑樓碑記

縣治之西五里許有村曰東內封，聚族而居者數十百家，歲時伏臘，擊鼓歈豳，以為祈報之所，則廟立焉。村內外舊有廟，供奉玄帝、財神、龍天諸神，創始無所攷，前人屢經修葺，歷年既久，風雨摧殘，父老虞無以妥神明，僉謀更新之，且謂：玄帝位隆北極，宜高不宜卑，而廟建村內；財神職司南金，宜萃不宜渙，而廟建村外。射父有言，敬而不瀆，則神降之嘉生。祀非其地，瀆孰甚焉？衆唯唯。繇是辨方正位，庀材鳩工，於東門外增建磚窑三楹，樹樓其上，窑祀龍天，樓供玄帝，位坎嚮離，大觀在上。而財神遷於村內，昔祀於彼，今祀於此，庶幾可以妥神明矣。旹村之公正余族兄俊也首倡其舉，里人亦各稱量輸金，多方募化，人咸急公，工亦奏技，朽者易之，故者新之，規制閎闊，視前有加焉。其他觀音堂、文昌祠、奎星閣亦重加藻采，焕然一新。經始於戊子春初，告竣於己丑秋仲，鬻工六千而贏，費貲三千有奇，族兄屬余為文記之，余不獲以不文辭，謹按《春秋》，有舉必書。斯役也，相助為理，相與有成，陶唐氏之遺風猶有存焉者乎！若夫神之靈爽，寔式憑之，里人以享以祀，俎豆馨香，祈禱恒於斯，報賽恒於斯，將見雨暘時若，民和年豐，而神降之福未有艾也。爰縷述其顛末以壽諸石，凡以財輔、以力相者，咸著勞勩，法得並書於後。

例授修職郎、候補儒學訓導、廪貢生侯錫蕃敬撰

增廣生員古龍門董景舒敬書

糾首：從九劉國佐　介賓侯俊　耆賓楊清和　從九楊憲誥　千總楊本溶　耆賓楊敀珩　任加俸　連義　監生張有恭　楊兆川　吏員楊本秀　宋世烈　劉守經　從九李永發　監生任永盛　理問王永成　宋文明　從九羅芳　任錠　宋德功　任守愚　楊本澄　楊本固　王廣興　任九錫

木匠李金貴　石匠三義廠　泥匠張正友　畫匠曹潔　程天有　土工岳常彪　藺雨興

大清道光十一年歲次辛卯孟秋中浣之吉　住持僧人佛照　徒圖元仝立

增建窑樓碑記

縣治之西五里許有村曰東内封聚族而居者數十百家歲時伏臘擊鼓歛逰以爲祈穀之所則廟立焉村内舊有

廟供奉

財神　玄帝　龍天

諸神創始無所攷前人屢經修葺歷年既久風雨摧殘父老慮無以妥神明僉謀更新之且謂玄帝位隆北極宜高

不宜卑而廟建村内財神職司南金宜華不宜湮而廟建村外射父有言敬而不瀆則神降之嘉生祀非其地瀆孰

甚焉衆唯唯繇是辨方正位庀材鳩工於東門外增建磚窑三楹樹樓其上窑祀龍天樓供玄帝位次嚮離夫觀

在上而財神遷於村内昔祀于彼今祀于此庶幾可以妥神明矣凿村之公正余族兄後也首倡其事里人亦各稱

量輸金多方募化人咸急公工亦奏技朽者易之故者新之規制閎闊視前有加焉其他

文昌祠　觀音堂　奎星閣

亦重加藻采煥然一新經始於戊子春初告竣於己丑秋仲鬻工六千而嬴背背三千有奇族兄屬余爲文記之余不

獲以不文辭謹按春秋有舉必書斯役也相助爲理相與有成陶唐氏之遺風猶有存焉者乎若夫神之靈爽式憑

之里人以享以祀俎豆馨香祈禱恒於斯報賽恒於斯將見雨暘時若民和年豐而神降之福未有艾也爰縷述其顛

末以壽諸石凡以財輔以力相者咸著勞勩法得並書於後

例授修職郎候補儒學訓導廪貢生侯錫蕃敬撰

增廣生員古龍門董景舒敬書

糾首

楊[illegible]喆　侯俊　劉國佐　楊清和　楊本洛

張有恭　任加倖　楊啟珩　連義　楊兆川

李東發　宋世烈　楊本秀　劉守經　任永盛

任鋐　宋文明　三元成　羅芳　宋德功

王廣興　楊本澄　任守邑　楊本固　任九錫

石匠王義厰

木匠李全貴

泥匠張正友

畫匠曹[illegible]　程天有

土工岳常忠　蘭雨興

住持僧人佛照徒岡毛全[illegible]

大清道光十一年歲次辛卯孟秋中浣之吉

（碑阴）

施銀人名開列於後：

從九楊啟珍陸拾兩，布政司理問王永成肆拾兩，李永安貳拾捌兩，鄉飲介賓侯俊貳拾肆兩，監生宋經魁貳拾肆兩，從九李永發貳拾肆兩，楊光宗貳拾肆兩，鄉飲耆賓楊清和貳拾兩，從九楊憲誥貳拾兩，監生任永盛貳拾兩，任守愚貳拾兩，連義拾兩，任加信捌兩，監生高封公捌兩，劉永旺捌兩，監生張有恭陸兩，從九王瑞陸兩，監生許光玉陸兩，任錠陸兩，楊本固陸兩，王秀蘭陸兩，任加俸伍兩，從九孫榮先伍兩，宋世烈伍兩，任九錫伍兩，從九劉國佐肆兩，楊兆川肆兩，宋德功肆兩，劉樊氏肆兩，劉永光肆兩，楊元文肆兩，溫恭肆兩，王永泉肆兩，王大發叁兩，劉大成叁兩，劉守統叁兩，任鐸貳兩肆錢，廣盛號貳兩，義合齋貳兩，豐盛杆貳兩，許錫九貳兩，監生董元智貳兩，李選貳兩，王璠貳兩，李廣興貳兩，任鍈貳兩，從九羅芳貳兩，楊本澄貳兩，楊光世貳兩，劉清楷貳兩，王廣興貳兩，劉光第壹兩捌錢，宋文明壹兩伍錢，郭廷蘭壹兩貳錢，宋世和壹兩貳錢，恒順油店壹兩，朱應禎壹兩，千總楊本溶壹兩，張正友壹兩，李勇壹兩，喬廷文壹兩，王珖壹兩，楊宏文壹兩，連允盛壹兩，楊彭年壹兩，朱秉林壹兩，王大定壹兩，劉生發壹兩，楊清泰壹兩，溫有秀壹兩，連交泰壹兩，劉守經壹兩，布政司經歷梁履泰壹兩，王廣仁壹兩，王者輔壹兩，宋世權壹兩，梁極壹兩，冀為霞壹兩，靳漢富壹兩，劉榮壹兩，許耀德壹兩，楊孝宗壹兩，宋賓王壹兩，宋介年壹兩，羅蓉壹兩，楊大昌壹兩，張鳳壹兩，宋成義壹兩，張繼順壹兩，楊兆忠伍錢，羅永泰伍錢，王大富伍錢，朱應榮伍錢，王琳伍錢，溫自立伍錢，吏員楊本秀伍錢，溫有世伍錢，靳漢彪伍錢，李興伍錢，李維俊伍錢，梁際昌伍錢，劉紹祖伍錢，楊大謙伍錢，劉漢元伍錢，靳自廣伍錢，溫卓立伍錢，梁清林伍錢，陳興祖伍錢，劉文輝伍錢，陳聚榮伍錢，梁文凱伍錢，任銓伍錢，宋光裕伍錢，蘭福寶伍錢，靳漢虎伍錢，劉漢文伍錢，李昌伍錢，朱秉恭伍錢，楊大相伍錢，劉世林伍錢，宋楷伍錢，侯廷楝伍錢，王廣文伍錢，任繼祖伍錢，連升伍錢，姚俊伍錢，樊榮伍錢，梁世清伍錢，楊耀文伍錢，楊望東伍錢，劉永義伍錢，連宇伍錢，李桂林伍錢，劉愷仁伍錢，朱天亮伍錢。

領疏頭人名開列於後：

監生任永盛化銀壹伯柒拾兩零伍錢，從九李永發化銀壹伯壹拾陸兩陸錢，布政司理問王永成化銀玖拾柒兩，任錠化銀玖拾叁兩貳錢，監生張有恭化銀捌拾貳兩，從九鈕瀚化銀捌拾兩，鄉飲介賓侯俊化銀柒拾壹兩，宋世烈化銀陸拾叁兩，從九羅永寧化銀陸拾兩零玖錢，監生許光玉化銀陸拾兩，從九羅芳化銀伍拾肆兩，宋世和化銀伍拾叁兩，監生楊大烈化銀伍拾壹兩，監生宋經魁化銀肆拾陸兩，吏員楊本秀化銀肆拾貳兩，宋三聘化銀肆拾兩零叁錢，楊宏文化銀叁拾伍兩玖錢，從九楊憲誥化銀叁拾壹兩柒錢，從九王瑞化銀叁拾壹兩貳錢，任守愚化銀叁拾兩零捌錢，任九錫化銀叁拾兩，從九劉國佐化銀貳拾陸兩肆錢，任加信化銀貳拾陸兩肆錢，楊彭年化銀貳拾兩捌錢，任加俸化銀貳拾兩零陸錢，王廣興化銀拾柒兩陸錢，溫恭化銀拾柒兩，連升化銀拾貳兩，董元善化銀拾壹兩肆錢，鄉飲耆賓楊清和化銀拾兩，宋文明化銀玖兩，朱應禎化銀捌兩，李選化銀柒兩，任鐸化銀伍兩，劉光第化銀貳兩柒錢，劉生發化銀壹兩貳錢，劉永光化銀壹兩貳錢，劉文輝化銀壹兩貳錢，宋賓王化銀壹兩貳錢。

施銀人名開列於後

從九楊啟珍 陸拾兩
耆賓王永成 肆拾兩
李永安 貳拾捌兩
鄉飲介賓侯 良 弍拾肆兩
監生李經魁 貳拾肆兩
從九李永發 貳拾肆兩
楊光宗 貳拾肆兩
鄉飲介賓馮青和 拾貳兩
從九楊憲詰 拾貳兩
監生任永成 拾貳兩
監生任得愚 拾貳兩
進 長 拾兩
任加信 捌兩
監生高封公 捌兩
劉永旺 捌兩

監生張有恭 陸兩
從九王 瑞 陸兩
監生許光玉 陸兩
任 鋐 陸兩
楊本固 陸兩
王秀蘭 陸兩
任加俸 伍兩
從九孫榮先 伍兩
宋世烈 伍兩
任九錫 伍兩
從九劉國佐 肆兩
楊兆川 肆兩
宋德功 肆兩
劉樊氏 肆兩
劉永光 肆兩

楊元文 肆兩
温 恭 肆兩
王永泉 肆兩
王大發 叁兩
劉大成 叁兩
劉守統 叁兩
任 鐸 貳兩肆錢
賡盛號 貳兩
義合齋 貳兩
豐盛杆 貳兩
許錫九 貳兩
監生董元智 貳兩
李 遐 貳兩
王 璠 貳兩
李廣興 貳兩

任 鍈 貳兩
從九羅 芳 貳兩
楊本澄 貳兩
楊光世 貳兩
劉清楷 貳兩
王廣興 貳兩
劉光第 壹兩捌錢
吳文明 壹兩伍錢
郭廷蘭 壹兩貳錢
宋世和 壹兩貳錢
恒順油店 壹兩
朱應禎 壹兩
楊本浴 壹兩
張正友 壹兩
李 勇 壹兩

喬廷文 壹兩
王 珖 壹兩
楊宏文 壹兩
連允盛 壹兩
楊彭年 壹兩
朱東林 壹兩
王大定 壹兩
劉生發 壹兩
楊青泰 壹兩
温有秀 壹兩
連交泰 壹兩
劉守經 壹兩
鄉飲耆賓梁履泰 壹兩
王廣仁 壹兩
王者輔 壹兩

宋世權 壹兩
梁 極 壹兩
梟鳳霞 壹兩
靳漢富 壹兩
劉 榮 壹兩
許耀德 壹兩
楊孝宗 壹兩
宋賞上 壹兩
宋介年 壹兩
羅 蔡 壹兩
楊大昌 壹兩
張 鳳 壹兩
宋成義 壹兩
張繼順 壹兩
楊兆忠 伍錢

羅永泰 伍錢
王大富 伍錢
朱應榮 伍錢
王 琳 伍錢
温自立 伍錢
吏員楊本秀 伍錢
温有世 伍錢
靳漢彪 伍錢
李 興 伍錢
李維俊 伍錢
梁際昌 伍錢
劉紹祖 伍錢
楊大謙 伍錢
劉漢元 伍錢
靳自廣 伍錢

温阜立 伍錢
梁清林 伍錢
陳興祖 伍錢
劉文輝 伍錢
陳紫榮 伍錢
梁文凱 伍錢
任 銓 伍錢
宋光裕 伍錢
蘭福寶 伍錢
靳漢虎 伍錢
劉漢文 伍錢
李 昌 伍錢
朱東恭 伍錢
楊大相 伍錢
劉世林 伍錢

[illegible]
[illegible]
[illegible]
[illegible]
[illegible]
[illegible]
[illegible]
[illegible]
[illegible]
[illegible]
連 守 伍
李桂林 伍
劉恒仁 伍
朱天亮 伍

領疏頭人名開列於後

監生任永盛 化銀壹佰柒拾兩零伍錢
從九李永發 化銀壹佰壹拾陸兩陸錢
耆賓王永成 化銀玖拾柒兩
任 鋐 化銀玖拾叁兩貳錢
監生張有恭 化銀捌拾貳兩
從九鈕 翰 化銀捌拾兩
鄉飲介賓侯 俊 化銀柒拾壹兩

宋世烈 化銀陸拾叁兩
從九羅永寧 化銀陸拾兩零玖錢
監生許光玉 化銀陸拾兩
從九羅 芳 化銀伍拾肆兩
宋世和 化銀伍拾叁兩
監生楊大烈 化銀伍拾壹兩
監生宋經魁 化銀肆拾陸兩

吏員楊本秀 化銀肆拾貳兩
宋三聘 化銀肆拾兩零叁錢
楊宏文 化銀叁拾伍兩玖錢
從九楊憲詰 化銀叁拾壹兩柒錢
從九王 璐 化銀叁拾壹兩貳錢
任守愚 化銀叁拾兩零捌錢
任九錫 化銀叁拾兩

從九劉國佐 化銀貳拾陸兩肆錢
任加信 化銀貳拾陸兩肆錢
楊彭年 化銀貳拾貳兩捌錢
任加俸 化銀貳拾兩零陸錢
王廣興 化銀拾柒兩陸錢
温 恭 化銀拾柒兩
連 升 化銀拾貳兩

董元善 化銀拾壹兩肆錢
鄉飲耆賓楊清和 化銀拾兩
宋文明 化銀玖兩
朱應禎 化銀捌兩
李 遐 化銀柒兩
任 鐸 化銀伍兩
劉光第 化銀貳兩柒錢

劉生發 化銀[illegible]
劉永光 化銀[illegible]
劉文輝 化銀[illegible]
[illegible] 化銀[illegible]

东内封真武庙功德碑

【简介】

清道光十一年（1831）勒石。青石质，螭首。碑首高88、宽85厘米。碑身高178、宽85、厚19厘米。底座长100、宽64、高31厘米。碑文楷体。碑阳额题“万善同归”。碑阴额题“善与人同”。现存介休市绵山镇东内封村真武庙。

【碑文】

（碑阳）

增建窑樓募化、施銀人名開列於後：

鄉飲大賓溫泰履肆拾兩，泊頭何集成叁拾陸兩，泊頭永景堂叁拾肆兩，守禦所宋希偃叁拾兩，積善堂貳拾伍兩陸錢，泊頭集成當拾陸兩，源隆號拾肆兩，滄州德元當拾貳兩，鹽山德成當拾貳兩，貢生宋清颺拾貳兩，沭陽眾字號拾貳兩，河南元泰當拾壹兩，曲周昌慶當玖兩，滄州永泰當玖兩，懷慶宋天慶玖兩，滄州德興當捌兩，衛輝慶成當捌兩，湖北德安所柒兩伍錢，孟津張元發柒兩，溫邑恒盛當柒兩，泊頭天吉店柒兩，滄州阜順當柒兩，守禦所溫泰一陸兩，安陽當行張人和等陸兩，亳州恊泰店陸兩，交河恒裕當陸兩，泊頭三義公陸兩，天津恒昌當陸兩，孟津福隆號陸兩，□邑瑞凝和陸兩，曲周宏盛當肆兩，交河三義當肆兩，饒陽德成當肆兩，蠡縣德隆當肆兩，泊頭三泰義肆兩，交河恒興當肆兩，交河廣源當肆兩，天津寧遠粮店肆兩，勝芳公源號肆兩，天津晉六吉肆兩，元隆號肆兩，日新當肆兩，公泰當肆兩，曲周當行肆兩，汴城恒發號肆兩，天津恒裕當肆兩，豐泰當肆兩，源隆當肆兩，鴻昇金珠局肆兩，聯順首飾局肆兩，聚全衣鋪肆兩，人和當肆兩，聯裕當肆兩，王慶怡堂肆兩，同源合肆兩，發興公肆兩，孟津羅永隆肆兩，冶戍瑞凝當肆兩，曲周東昇當肆兩，京都繼昌當叁兩，彰德永吉當叁兩，寧津玉豐當叁兩，南皮恒盛當叁兩，齊正修堂叁兩，泊頭德和號叁兩，滄州正心號叁兩，泊頭永和號叁兩，交河廣盛當叁兩，人和當叁兩，滄州永泰當叁兩，滄州德慶當叁兩，天成號叁兩，冀炳文叁兩，永合號叁兩，聚錦良記叁兩，恒興當叁兩，臨清隆泰當叁兩，廣宗豐裕當叁兩，彰德又新當叁兩，溫建興叁兩，楊恩光叁兩，楊繼蘧叁兩，監生張子隆叁兩，洛陽元益當叁兩，永祥當叁兩，孟縣張瑞凝叁兩，河南姚復盛叁兩，彰德萬源當叁兩，萬吉當叁兩，豐盛當叁兩，義利當貳兩，方錫祿貳兩，同仁號貳兩，啟泰當貳兩，同泰當貳兩，恒興公貳兩，廣基當貳兩，緒豐當貳兩，廣聚當貳兩，商邱元隆號貳兩，乾元號貳兩，郜正興貳兩，吉陞號貳兩，魁盛號貳兩，魁元號貳兩，袁順興貳兩，慶源公貳兩，隆順號貳兩，歸德元發號貳兩，睢州恒昌當貳兩，沭陽日升當貳兩，恒升號貳兩，恒益當貳兩，天泰當貳兩，瑞豐當貳兩，郯城通興當貳兩，恒吉店貳兩，郯城雲和當貳兩，宜和當貳兩，永慶當貳兩，泊頭義興號貳兩，天津元椿號貳兩，三多堂貳兩，西裕成貳兩，常德船行胡承淳貳兩，天津張奎士貳兩，王句香貳兩，董含菁貳兩，廣盛號貳兩，德茂號貳兩，源昌店貳兩，郭怡怡堂貳兩，魏餘慶堂貳兩，永昇號貳兩，敬勝號貳兩，元興當貳兩，南皮白餘慶堂貳兩，泊頭恒通號貳兩，連鎮恒昇號貳兩，東光通源當貳兩，東光永成當貳兩，鹽山和成當貳兩，泊頭協來號貳兩，交河慶餘當貳兩，泊頭安吉仁貳兩，獻縣義美當貳兩，泊頭大順當貳兩，南皮聚源當貳兩，泊頭楊中含貳兩，交河萬益當貳兩，廣隆號貳兩，興基義貳兩，溫隆盛貳兩，東昌義順當貳兩，臨清仁興店貳兩，李元澎貳兩，山東營守備侯貳兩，理問胡明遠貳兩，監生胡寧遠貳兩，監生胡基遠貳兩，天津馬見斯貳兩，上吉當貳兩，天盛當貳兩，朱紓貳兩，友于堂貳兩，公興當貳兩，三義當貳兩，又新當貳兩，洛陽慶泰生貳兩，平邑恒泰公貳兩，祁邑源豐大貳兩，靈邑永泰興貳兩，祁邑義和馨貳兩，豐裕奎貳兩，恒慶恭貳兩，復泰謙貳兩，廣和永貳兩，恒義元貳兩，崇義公貳兩，洛邑集祥號貳兩，邱縣裕玉當貳兩，遼州積成玉貳兩，邱縣錦泰裕貳兩，曲周廣裕店貳兩，廣宗豐盛當貳兩，興順當貳兩，恒順當貳兩，遼州永泰朱貳兩，永興茶店壹兩伍錢，永興衣店壹兩伍錢，寧裕店壹兩伍錢，交河李岳聞壹兩伍錢，發盛號壹兩伍錢，順昌號壹兩伍錢，從九李永發壹兩伍錢，曹豐盛壹兩伍錢，從九劉國佐壹兩肆錢，宋克禮壹兩貳錢，信元號壹兩貳錢，聚昇號壹兩貳錢，永茂號壹兩貳錢，恩瑞元壹兩貳錢，興隆當壹兩，衛成章壹兩，王奎盛壹兩，天元號壹兩，天福號壹兩，天成號壹兩，天合號壹兩，充源號壹兩，三寧號壹兩，福凝號壹兩，永信號壹兩，如昇號壹兩，如松號壹兩，慶成號壹兩，隆和號壹兩，萬盛慶壹兩，廣源隆壹兩，萬興隆壹兩，通泰長壹兩，李日昇壹兩，余明信壹兩，浦市雙茂行壹兩，三義行壹兩，泊頭楊榮安壹兩，楊豐年壹兩，瑞昇號壹兩，義隆泰記壹兩，永來號壹兩，德來號壹兩，滄州袁復禮堂壹兩，東光永泰號壹兩，東光裕興號壹兩，泊頭發元號壹兩，南皮武攀德壹兩，南皮王既翕堂壹兩，南皮王保滋堂壹兩，南反三存愚堂壹兩，南皮王種德堂壹兩，德昌號壹兩，李瑞元壹兩，永順店壹兩，魁聚號壹兩，天泰號壹兩，茂豫號壹兩，九思號壹兩，益和號壹兩，廣豐鎮壹兩，常允中壹兩，天津義合號壹兩，雙成協壹兩，長順店壹兩，昌盛店壹兩，西廣同號壹兩，天成號壹兩，成安天元號壹兩，萬順號壹兩，成安隆盛號壹兩，義恒店壹兩，曲周協盛號壹兩，大成號壹兩，曲周源盛號壹兩，恒裕號壹兩，平鄉天成號壹兩，宏盛號壹兩，元聚當壹兩，合興號壹兩，慶成號壹兩，永成號壹兩，洛邑史元昌壹兩，協泰號壹兩，正興號壹兩，天吉號壹兩，文昇號壹兩，開泰號壹兩，祁邑豐裕奎壹兩，裕興號壹兩，牛復興壹兩，行復昌壹兩，任興盛壹兩，張恒義壹兩，曲周源遠當壹兩，廣盛當壹兩，昌盛當壹兩，威縣長茂成壹兩，臨清廣成號壹兩，威縣生眾號壹兩，曲周西成店壹兩，義恒店壹兩，恒昌號壹兩，昌盛店壹兩，恒盛號壹兩，昌裕號壹兩，懿盛號壹兩，遼州人和合壹兩，蔚州復承敬壹兩，張廷柱壹兩，劉錫壹兩，從九張九錫壹兩，臨清武舉張大志壹兩，曲周三順號壹兩，德昌號壹兩，長泰店壹兩，元盛號壹兩，周興嗣壹兩，天順染房壹兩，聚成當壹兩，聚元當壹兩，通源當壹兩，大成當壹兩，慶成當壹兩，慶裕當壹兩，恒昇當壹兩，慶隆店壹兩，楊伯積壹兩，楊本澄壹兩，曲周永盛店壹兩，清化焦華盛捌錢，修武中和店捌錢，太行山張泰興捌錢，南皮怡德堂伍錢，張中和堂伍錢，廣盛號伍錢，東成號伍錢，永豐號伍錢，天德號伍錢，合盛號伍錢，三盛號伍錢，邱縣合順店伍錢。

增建宮樓募化施銀人名開列於後

（碑阴）

施銀陸兩：彰德興盛當、勝芳元泰號、木栾美盛當、孟津元隆當、河南豐盛當、天津萬隆當；施銀伍兩：三合號、泊頭豐益當、孚益當、南皮王永德堂、永義號、木栾廣成當、李義聚、孟邑恒隆當、寧郭天復當、河南恒裕當；施銀肆兩伍錢：湖南粮船左衛；施銀肆兩：龍塘永裕當、天津批廳姚、萬昌當、日昌號、源昌店、振興店、完縣店、泊頭重興號、南皮玉成號、元盛當、睢州積善鹽店、泊頭恒順當、交河德裕當；施銀叁兩：京都聚昌當、灵邑王慶恩、崇古堂、崇静堂、崇美堂、廣德堂、天津永和號、長美號、永發號、吉昌號、誠意當、隆盛當、瑞長當、張全用、昌齡當、德福當、安順當、金順號、同益號、同春當、咸春號、公義當、寧一當、康寧當、謙和當、布政司理問冀國定、谷縣咸寧亨、潞灌恩泰當、南皮恩隆當、青縣恩長當、鎮代當、泰臨當、恒久當、萬盛當、兩儀號；施銀貳兩捌錢：任守愚；施銀貳兩：永泰號、清源永盛店、永昌號、永義合、趙杰、同興當、永信當、濟源恒盛當、同義當、張達甫、義隆號、聚豐當、義豐當、信義當、長春當、通成號、信成號、貢生李鴻謨、道生坊、秦新茂、同春號、瑞興號、達順號、義順號、蘭山王恒昌、郭崇興、趙常豐、楊仁和、靳協興、費縣全益當、沭陽正和當、義興當、永盛當、履信當、廣裕當、二成號、日章當、日新當、永慶當、天津聚義當、聚順當、泰來當、長慶當、安成當、日升當、萬源當、德潤當、恒升當、天津永春當、永德號、充源號、永盛號、上美號、錦隆號、泊頭合興號、德元號、德興號、慶元號、玉成號、如源泉、滄州和合號、德瑞號、發源號、全義號、萬豐參局、張樹滋堂、公慶號、和源號、晉原泉、德瑗店、永盛號、祁縣慶泰恒、平邑協泰裕、靈邑永祥當、張晉豐、永義號、景義聚、王永昌、全盛鹽店、廣聚當、天津德寧號、德源堂、德新義、永和號、太谷會亨德、祁邑萬億森、平邑咸亨吉、協慶義、光泰永、洛邑三盛合、史一恒、彰德恒足當、公興當、敬勝當、萬順當、萬益當、永盛當、人和當、誠昇當、李人和、奎盛號、義合號、公盛當、公順當、永慶當、天益當、元善當、彰德元亨當、衛達、全盛號、曲周西成店、世德店、遼州恒隆成、元成美；施銀壹兩：永興號、大昇號、吉慶號、永達勝、王思恭、謙益號、稷山下迪薛文善、王益順、三元號、商邱協成號、蔚興號、德興衣店、復興衣店、夏森茂、劉亦隆、郯城王益升、楊文盛、孫茂盛、陳信義、劉永泰、葉永源、同聚號、廣泰店、聚和店、永昌店、源豐泰、德隆店、沭陽永慶衣店、信成當、湖南日升當、興安當、泊頭聚成號、光盛板店、奉直大夫宋培傑、溫大興、李四美、祁邑寧遠號、天祐號、喬冠魁、聚興號、吉亨當、邱挺秀、李公興、劉紹先、二合號、段興隆、任常盛、天益當、天豐號、薛長興、曹義育、益興號、永興號、德興號、萬育號、欽盛號、天中號、溫大中、萬昇號、公義當、永茂號、源遠號、義興當、增聚當、德元號、永順號、張若林、王起榮、合成號、萬順號、劉廣如、豐盛號、元興當、隆慶當、協政堂、監生羅青藉、監生閆光宇、鹽運司庫廳李、發源號、三成號、協盛號、日源號、日昇號、德順號、永昇號、范泰隆、仝大順、李和盛、大生號、濟美鹽店、祁邑逢原永、昌盛當、德裕號、降振五、降振世、降振韜、降萬殊、溫錫祿、拱辰堂、宏源號、寧郭復盛號、新邑公興店、臨清鄭世隆、津邑永隆號、廣聚號、龍王廟同心店、任其昌、長順店、歸化興盛和、館陶養元堂、河曲西大成、宏泰店、遼州積泰清、東常新、邱縣裕昌號、日泰號、館陶元聚號、萬聚號、聚興號、集盛店、昌懋號；施銀伍錢：宋偉、文德昌、李新、茹纘祖、候銓縣丞董繼騫、張拱宸、永公號、張聖績、張維垣、燕鳴謙、廣源號、慶隆義、同盛廠、昌福廠、昌盛廠、義興廠、永盛廠、復順號；施銀叁錢：張維州、張維甸、世興堂、李昌、董成。

大清道光十一年歲次辛卯孟秋中浣之吉日立

太和石廠刻

大清道光十一年歲次辛卯孟秋中浣之吉日立

太和石厰刻

重修朱家窊广济庵碑记

【简介】

清道光十二年（1832）勒石。青石质，螭首，须弥座。碑首高 85、宽 85、厚 15 厘米。碑身高 160、宽 80、厚 12 厘米。底座长 89、宽 51、厚 30 厘米。碑文楷体，正文 8 行，满行 49 字。碑阳额题“千古永垂”。碑阴额题“百世流芳”，内容为功德人名。现存介休市绵山风景区朱家窊。

【碑文】

重修朱家窊廣濟庵碑記

嘗聞廟宇之設，創始者難，繼起而整修者更難。前無其人，無由開基而立廟；後無其人，不能妥神于永久。前人與後人，其功德皆為諸佛所護佑。

綿山朱家窊舊有空王佛、弥勒佛廟，歷年久遠，凋殘毀壞，且養贍不足，住持數相更換，均不能安其身。茲于嘉慶年間，介邑城内胡公纂麟因其子偶患瘋疾，特來朝山拜佛，見廟塌壞，慨然有整修之意。謂大岩掌院大師體文曰：余願捐金百兩，竭力募化，師宜助成此功。體文素修莲台，所作福田甚多，欣然允納。不數年，胡公力追修廟，體文專掌其事，動工補修，共費銀五百餘兩。大師又治旱地廿一畝，為後人養贍香火之資，庶神靈永護，得以久遠。謹直敘其事，以勒石云。

大清道光十二年五月望日穀旦立

施財功德 起意糾首胡纂麟，妻□氏、□氏，男明照、明昀、明貽、明福，孫男胡清誥、清華、清寧、清太、清宜、清全，重孫胡鋐、胡錠，弟胡元麟。

督工總理修造：□□雲峰寺掌院兼理西域溝正宗寺方丈、特授介休縣僧會司住持體文率眾仝立

披剃法徒七十歲比立精華撰並書

本廟新舊地畝開後：

興地村大橋上水地三畝，初一日水香六寸，韓張水里一甲官銀三兩一錢三厘。

北下元水地二畝，十二日水。

石谷欒水地二畝半，十二日水。

大拐巴水地一畝，十二日水。

紅崖底平地四畝，以前四宗。

沙坡頭旱地二畝，隨角地西塊。

李家圪塔旱地六畝，梁戶官銀四兩九錢五分，陶戶粮二斗一升六合。

北槐志庄旱地七畝，官銀二十六錢四分。

石樓地八畝，修廟石粮。

新舊共水旱地卅六畝半，具官銀六兩九錢。

施財功德起意敢糾首胡較麟，男昕、旼、晧，孫汝賢、汝友、汝德、汝忠、汝培、汝堂、汝孝、汝惠，曾孫五昌、世昌、其昌施銀拾兩。

介邑楊清灝捐化銀拾兩

赈济碑记

【简介】

清道光十三年(1833)勒石。青石质，圆首。碑首高37厘米。碑身高164、宽70、厚11厘米。底座长80、宽48、高30厘米。碑文楷体,14行,满行38字。马辅成撰文并书丹,赵如佩、李明远等立石,严廷佐刻石。碑阳额题“赈济碑记”。碑阴额题“乐捐广济”。现存介休市绵山镇兴地村回銮寺。

【碑文】

(碑阳)

竊思天有好生之德，地有載覆之恩，庶人無不時時歲念。亦時值去歲亢旱，年來未得時雨，麥秋仄收，此為天數使然，無可如何。及至來春米粮昂貴，貧民勢難支援，惶惶張張，似有不克，寧靜者亦□窘迫，無聊所為也。仰蒙本村公人不忍坐視，看其光景，甚覺不安，因而糾眾公議，勸富濟貧，共斂銀四百□拾七兩，即為買米助貧,按日報名發給,以安大眾之心,以濟燃眉之急,稍助窘民聊可度生。及至五月十日,小麥告成，窘民稍有活計，頗可自顧，是以為止。承眾恩德，無由可酬，勒碑刻銘，以表善念，流傳於後世，以此為序。

從九品馬輔成撰並書

鄉耆趙如珮

公正李明遠　馬德仁

約保郝清嘉　何權

香老溫世有　李敬　溫詳　何本榮

經理人溫起龍　溫天澤　李煥林　馬良明　王治來　馬輔成　溫養梁　溫大樑　任大位

管賬人溫大全　梁青堂　鈕家勸　溫大森

住持淨寶　徒禎祥　禎壽　孫如蓮

道光拾三年七月吉旦

石匠嚴廷佐刊

賑濟碑記

（碑阴）

出銀項人名開列於右；

溫氏餘慶堂　捐銀壹佰柒拾貳	監生溫附麟　捐銀叁拾
何富榮　捐銀貳拾	何本榮　捐銀拾貳
王喜　捐銀拾	監生趙如賢　捐銀拾
何非鵬　捐銀拾	耆賓馬良明　捐銀拾
趙連科　捐銀拾	任守志　捐銀拾
劉競奎　捐銀拾	溫起龍　捐銀捌
溫大樑　捐銀捌	何非慶　捐銀捌
郭思德　捐銀陸	溫養樑　捐銀陸
王慶　捐銀陸	永盛號　捐銀伍
焦太宇　捐銀伍	何兆文　捐銀肆
趙奇逢　捐銀肆	劉大光　捐銀肆
馬德仁　捐銀肆	萬盛號　捐銀叁
馬輔成　捐銀叁	溫天盛　捐銀叁
溫大校　捐銀叁	溫大楫　捐銀叁
溫大椿　捐銀叁	豐盛號　捐銀貳
陳炳　捐銀貳	任元魁　捐銀貳
溫世有　捐銀貳	趙如珮　捐銀貳
溫自和　捐銀貳	李明遠　捐銀貳
李應斗　捐銀壹	何兆富　捐銀壹
溫大柱　捐銀壹	李通春　捐銀壹

後附：

道光六年重修鼓樓，至緣其大柱年久枯爛，頃安難塌，其勢崇大，而其佛前神器可加而不可去，覺乎不敢待觀候自傾也。隨是糾首公議重修，抽換大樑三枝，諸皆已添補等等，不及細詳，共費銀捌佰两有奇。其時舊積不敷支□費，缺短三百餘金，出息借用，所以未敢立石。今已六載有餘，舊缺業已補足。值遇賑濟，立石後序於此。

鄉耆：馬良明

公正：溫天澤　溫起龍

鄉約：何有名

鄉保：郭如枝

香老：王棟　溫九倉　趙如璋　王冊

糾首：溫起龍　李煥林　李廣朝　溫天澤　溫天成　溫大樑　溫九倉　馬良明　任大位　馬輔成

住持：淨寶　徒禎　祥　禎　壽　孫如蓮

木匠：王統基　陳開雲　王萬基

石匠：李思盛

泥匠：梁春和　張文喜

桥碑

【简介】

清道光十三年(1833)勒石。青石质，圆首。碑首高19厘米。碑身高69、宽41厘米。碑文楷体，9行，满行26字。额题“桥碑”。现存介休市义安镇北盐场村。

【碑文】

莫為之前，雖美弗彰，莫為之後，雖勝弗繼。鹹場溝村南閎津泉水上舊有石橋，以便往來行走。奈年深日久，漸至損壞，更兼左右洗半取損，不大負先人之良法美意乎！今同眾渠長商議，及今不□協心同意，莫不欣然相允。但有出錢樂助者，亦有不願出錢者□強區，但既不出錢，日後亦不許使水澆田。倘欲使水澆田，到臨時□可或否，即出錢者更有田內私渠，異日或本主欲摊去，下挨□□言明□□□生枝葉，橋上左右亦不許再洗衣濯物，以到損壞□□。非余□過於見真，庶幾一勞永逸，以求其長遠耳。故樹石□□。

大清道光十三年五月初三日

起意總經理　渠長：

西窑頭村王宸元

鹹場溝村王應輔助協□

介邑董家庄重修关帝庙碑记

【简介】

清道光十三年（1833）勒石。青石质，圆首。碑首高41厘米。碑身高150、宽73.5、厚14厘米。底座长84、宽50、高23厘米。碑文楷体，正文11行，满行68字。碑阳额篆“福田广种”，布施文约900字。碑阴额篆“万善同归”，并有对联“金声昭克始；玉振显能终”，布施文约1400字，隶书。现存介休市绵山镇董家庄关帝庙。

【碑文】

（碑阳）

介邑董家莊重修關帝廟碑記

蓋聞香庵精舍，多起岡巒之中；山邨遠莊，每托神靈之庇。維茲董家莊離城七里，坐據高垣，綿山南障，汾水北環，四望縈清，萬象觸目，為介邑之勝地，洵南北之衝衢也。爰有關帝廟，創自明初，往來負荷，嘗於是息肩焉。而特以當年小構，院宇僻隘，僅有正窑三眼，不惟無以容車馬，而亦無以妥神靈。雍正初年，神靈每每示異，邨人徵夢有祥，爾時糾首、住持於上募脩大殿三楹，尊奉聖帝，道西起建樂樓，以肅觀瞻。是役興於雍正癸卯之歲，繼后住持玉璋與邨眾募脩北窑伍眼，上建真武閣，下作村門，功湮緣簿未齊，備石擱鐫，以致終沒，及今言者猶為之惻然。歷乾隆癸卯暨嘉慶四五年，復賴住持達賢、悟雲師徒兩次與邨眾修飾於大殿兩角，各接配殿壹間，左供子孫、痘疹、催生三聖母，右奉福、祿、財神三像，於樂樓前設立茶亭，以濟煩渴，遠近咸賴，董家莊於以名焉。獨嫌北周南缺，廟中橫插車路，加以茶亭塞蔽，路狹轍深，塵埃日夜不息。濟茶宜清，和泥帶土，禪地取潔，積穢堆渣，酌以堪輿確論，謂斯路直率，有礙風水，邨人亦即是為介介。奈工費浩繁，莫敢輕舉，時惟住持全文以為己分所當，發願遂善，樂眾苦身，積累固歷有年矣。度其資可以興作，乃糾邨眾，冀了夙願，眾亦符合，遂於道光六年二月動工，大眾鼓力捐化，增脩南窑三眼，上建觀音閣，與真武閣作配，以補偏缺，路移於樂樓之後，以藏風水，山門向陽改築，杜塞舊衝，俾正殿與樂樓通廠，茶亭遷於豁亮，足以容肩擔而納車馬。工竣於八年，彩畫既畢，金碧輝煌，乃於十月開光獻戲，設醮謝神，神安邨喜，往來清爽，禪堂幽靜。噫嘻，誰之力歟？住持耶？住持不言功。邨長耶？邨長不居工。然則究誰之力歟？煌煌功德，若泯焉而弗歸，其何以遠發善心而種福田也？住持曰：“唯唯。青山不老，綠水長流，其惟眾善，克成厥猷，子為我次其輕重以表揚之。”乃援筆而為之記。住持法名心璋，全文乃其號也。

國子監監生李天相薰沐撰并書丹

劉鏞化銀貳拾玖兩，任聚扶捐銀捌兩、化銀貳拾兩零□錢，梁大仁同男玉珍捐銀叁兩、化銀弍拾四兩六錢，梁成福化銀貳拾貳兩捌錢，梁助同男大庫捐銀陸兩、化銀拾叁兩六錢，郭元捐銀貳兩、化銀壹拾柒兩肆錢，梁克儉化銀壹拾叁兩柒錢，王貢寧捐銀壹兩伍錢、化銀柒兩叁錢，陶福魁化銀捌兩柒錢肆分，王慶捐銀壹兩貳錢、化銀柒兩伍錢，梁治化銀柒兩叁錢伍分，梁明柱同男潤捐銀叁錢、化銀肆兩叁錢，梁湧捐銀捌錢、化銀伍兩捌錢肆分，梁潭捐銀壹兩貳錢、化銀伍兩肆錢，梁世縉捐銀□兩、化銀四兩伍錢貳分，陶學盛捐銀陸兩，陶學龍同男紹俊捐銀伍錢、化銀肆兩柒錢，梁大禮化銀肆兩玖錢，李陞化銀肆兩捌錢捌分，王貢賢捐銀伍錢、化銀叁兩壹錢，梁明化銀叁兩壹錢伍分，梁正柱同男澤捐銀貳兩、化銀壹兩零八分，梁慶成化銀叁兩，鄭如學捐銀叁兩，李桂芳化銀貳兩玖錢伍分，梁大廒同男玉福捐銀壹兩、化銀壹兩玖錢，梁光化銀貳兩捌錢伍分、捐銀叁兩，唐玉朴同男富捐銀伍錢、化銀貳兩壹錢，梁三魁化銀貳兩伍錢玖分，梁玉昌化銀貳兩肆錢伍分，梁清楷捐銀叁錢、化銀□兩，李桂傑化銀貳兩叁錢，梁大倉捐銀壹兩貳錢、化銀捌錢，王恒捐銀貳兩，陶學有同男紹寧捐銀伍錢、化銀壹兩伍錢，梁殿柱同男楷捐銀伍錢、化銀壹兩肆錢，梁曜化銀壹兩玖錢，陶學旺捐銀肆錢伍分、化銀壹兩貳錢，梁華化銀壹兩陸錢，陶學財同男紹祿捐銀叁錢、化銀一兩三錢五分，李全仁捐銀壹兩伍錢，梁世德捐銀壹兩伍錢，張玉龍捐銀伍錢、化銀玖錢肆分，韓伯玉同男大興捐銀伍錢、化銀柒錢弍分，陶學儒捐銀壹兩貳錢，梁大寶捐銀貳錢貳分、化銀捌錢，宋光玉捐銀壹兩，梁以恭化銀玖錢，梁聚化銀捌錢伍分，梁大順捐銀捌錢，陳光豈同男仙捐銀伍錢、施銀貳錢柒分，

福田廣種

陶學貴捐銀叁錢、化銀肆錢伍分，梁玉福化銀陸錢陸分，王廷芳化銀陸錢伍分，梁魁化銀伍錢，梁大財捐銀叁錢，梁永泰化銀玖錢貳分，李愷化銀叁錢，梁煥化銀叁錢，本廟填脩地價銀壹伯零貳兩壹錢柒分

糾首：陶紹光捐扶銀叁拾柒兩、募化銀捌拾伍兩，梁大傑捐扶銀壹拾肆兩、募化銀叁拾伍兩，梁成榮捐銀柒兩、化銀叁拾陸兩伍錢，任寧捐銀肆兩、化銀壹拾玖兩貳錢，陶紹純化銀貳拾壹兩叁錢，任重遠化銀壹拾陸兩貳錢，李亮化銀陸兩柒錢，陶紹良化銀叁兩柒錢，梁太來捐銀叁錢、化銀壹兩叁錢，梁大寧化銀□兩玖錢肆分，梁通祿捐銀壹兩，梁大聚化銀捌錢壹分，梁英捐銀伍錢、化銀叁錢。

廟族：悟真、徒真慧捐扶銀伍兩、化銀肆拾壹兩貳錢；真從化銀肆兩陸錢叁分

住持心璋、徒源林填用地價銀壹伯零貳兩壹錢柒分，填脩銀壹伯貳拾叁兩陸錢伍分

大清道光十三年歲在昭陽大荒落月應仲呂之望吉立

石工黃景起鐫

（碑阴）

恭紀遠近善信名實於左：

楊煜捐銀弍拾捌兩四錢，河村脩助弍拾七兩捌錢，靳如汾扶化銀弍拾四兩，郭庶康捐銀弍拾弍兩，李鎮五捐銀弍拾兩，靳淩郇化銀壹拾壹兩玖錢，大靳村募銀壹拾叁兩，李鍾□捐銀壹拾弍兩，王志謙化銀壹拾壹兩，李良桂化銀壹拾兩零捌錢，焦家堡募銀壹拾兩零捌錢，王星瑞捐銀壹拾兩零伍錢，宋家庄捐銀壹拾兩零叁錢，張政堂金粧佈施捌兩，李鍾嶂捐銀八兩，宋士義化銀八兩，段廷選化銀七兩八錢七分，同心號銀七兩伍錢，馬凱化銀六兩叁錢，豹虎郇捐銀伍兩四錢，張承照化銀伍兩弍錢伍分，小靳村捐銀伍兩壹錢玖分，渠池村四兩八錢六分，任世良捐化四兩八錢，王清功化銀四兩壹錢，李三升捐銀四兩，李永泰叁兩六錢，王志吉叁兩伍錢，劉綸邦叁兩壹錢，李鍾華捐銀叁兩，同益號捐銀叁兩，王錫昌弍兩六錢，田鳳臺弍兩伍錢，王大明弍兩四錢，李鍾巒弍兩四錢，強爾琪捐銀弍兩，王志道捐銀弍兩，遐壁村壹兩八錢，通順公壹兩八錢，段富元壹兩八錢，陶家庄壹兩六錢，宋學□捐銀壹兩伍錢，任洪文捐銀壹兩伍錢，李泳捐銀壹兩四錢，演正弍兩八錢，誠悅壹兩八錢，隆顯壹兩八錢，界智壹兩七錢，理智壹兩七錢，理璋壹兩，達靜玖錢，融煥八錢伍分，體璋壹兩，融愷伍錢，昌炳貳兩，源龍玖錢，崇安壹錢八分，先福伍錢，澄琭四錢伍分，心光四錢伍分，沙喜叁錢，法照叁錢，海淵四錢伍分，光耀弍錢七分，真梅弍錢七分，至林弍錢七分，王體倉化銀壹兩叁錢，霍家堡捐銀弍兩弍錢，李德浩捐銀壹兩叁錢，石玉山捐銀壹兩弍錢，張寧捐銀壹兩叁錢，李長青捐銀壹兩弍錢，天元樓捐銀壹兩弍錢，宋郁章壹兩，張元立壹兩，李宗鄴壹兩，張明珍壹兩，曹爾炤壹兩，段達壹兩叁錢伍分，段錦全壹兩壹錢八分，賈福壹兩弍錢六分，慶仙臨捐銀壹兩壹錢，郭玉捐銀壹兩壹錢，段志敏捐銀玖錢玖分，太和醋捐銀六錢三分，和合號捐銀伍錢四分，福來號壹兩，慶元號壹兩，同福號壹兩，李果馥壹兩，寧泰號壹兩，敬業堂壹兩，雙成號壹兩，協成粮玖錢，福興號玖錢，成天順玖錢，溫承櫟玖錢，孔廣文玖錢，王萬福玖錢，楊萊園玖錢，王志忠玖錢，王志德玖錢，王繼玖錢，王志安玖錢，張萬寧玖錢，馮士寶玖錢，王生德玖錢，楊兆鳳玖錢，楊成章玖錢，東宋壁玖錢，萬光郇玖錢，西宋壁玖錢，武慶麟玖錢，趙李氏玖錢，天益號六錢六分，李泰豐七錢四分，石增光八錢，溫立訓六錢六分，侯秉恭六錢伍分，鈕淩霄伍錢，李景陽伍錢，胡敬伍錢，王萬齡伍錢，曹積棠伍錢，任士端伍錢，郝振漢伍錢，靳啟璿伍錢，靳漢英伍錢，昌盛廠伍錢，李兆潼伍錢，董通源伍錢，王廷英四錢，豐盛號四錢伍分，樊武四錢伍分，李輔魁四錢伍分，賈杲四錢伍分，王秀珠四錢伍分，靳開基伍錢，甯自脩伍錢，郭淇濱伍錢，李企荃伍錢，張榮五伍錢，王成世伍錢，張泰亮伍錢，裕林廠伍錢，綺素齋伍錢，四錢伍分李福縉、薛飛明、李龍、侯盛魁、介一處、文馨齋、天成毡、梁德昌、支成鳳、長慶居、侯盛統、溫禮、復昌廠、恒興號、段榮、王萬祿、協順當、王有珠、王文盛、段植、薛長齡，王慎行叁錢，王繼典叁錢，李斌叁錢，昌盛廠叁錢，梁其沂叁錢，段富良叁錢，李沛叁錢，任大偉叁錢，郭秀叁錢，刺秉忠叁錢，元和店叁錢，仁和鉄叁錢，義興廠叁錢，萬和麵叁錢，張徽五叁錢，張景徽三錢弍分，王杰三錢，任英三錢六分，弍錢柒分宋兆揚、武國華、任質相、胡大定、張士縉、穆永昌、郭起富、王昌、陳克儉、武相康、段通發、王錫安、王錫祿、王允貞、王君斌、王生鶴、王錫寶、段梓成、王玉珠、賈成、李定福、高上星、王翰相、張守禮、史天秀、段梧、王萬清、段文良、王志盛、段積鑛、

王德川、段德才、王錫康、王瑀、長盛藥、永發號、賈祥照、賈福照、梁萬山、王智、燕輔清、宋子寧、七香居、張奮書、廣源號、王俊、原治衡、賈祿、段梓魁、賈隆、王生寶、王錫魁、柳水□，宋述宗弍錢四分，李元豐弍錢四分，侯樹屏弍錢四分，武天弼弍錢四分，李書源弍錢四分，范金鰲弍錢四分，張本弍錢四分，郭觀泰弍錢四分，侯錫蕃弍錢四分，郭永錫弍錢四分，董應潭弍錢四分，任世淳弍錢四分，任廷璋弍錢四分，合盛館弍錢叁分，弍錢弍分張鵬飛、水神廟、武學湯、張元學、張元宰、馬本良、段貴長、孟漢富、侯實、高文鏡、陳克全、王爾元、燕成周、恒泰號、段永協、王錫福、段志賢，段德成弍錢弍分，壹錢捌分王寶全、程進魁、張性□、王錫寧、段錦璜、趙壽世、焦梁氏、□盛樓、聚成號、河底善信，劉世晃瓦獅壹對。

永垂不朽

石工馬其騁鐫

萬善同歸

义捐济米碑记

【简介】

清道光十三年（1833）勒石。青石质，圆首。碑首高44厘米。碑身高158、宽76、厚15厘米。底座长86、宽55、高27厘米。碑文楷体，正文5行，满行34字。碑阳额题“集义所生”。碑记记述道光十二年岁歉，张壁村富家捐钱购米扶困之事，对研究当时地域社会经济状况有一定参考价值。碑阴额题“裒多益寡”。现存介休市龙凤镇张壁古堡空王行祠前。

【碑文】

（碑阳）

義捐濟米碑記

從來歉年饑歲，何地蔑有？而濟困扶危，無時不宜。

嘉慶十年，年歲不登，人多菜色，鄉人捐貲糴米，以周貧困，誠善舉也。去歲壬辰年復歉收，視往昔而更甚，吾鄉善有同心，勉力捐貲，共措銀肆佰玖拾餘兩，糴米若干，計口而給，敢云盈止，聊以小補。

孔子曰里仁為美，孟子曰樂善不倦。鄉人勉乎哉！

歷任壽陽、沁水、徐溝教諭　靳炳南撰

國子監太學生　張錦堂書

香老：賈金遇　仝大錢

公正：張世英　張振鋒

鄉耆：榮從仁

鄉約：賈維馨　賈璞　張素舒

鄉保：賈世興

經理：仝大錢　賈敏遇　賈世桂　張應田　張九卿　冀欽爵　靳嗣立　楊培傑

石匠：張北桂

時大清道光十三年歲次癸巳仲夏穀旦立

集義所生

義捐濟米碑記

從來歉年饑歲何地蔑有而濟困扶危無時不宜嘉慶十年年歲不登人多菜色鄉人捐貲糴米以周貧困誠善举也去歲壬辰年復歉收視往昔而更甚吾鄉善有同心勉力捐貲共措銀肆佰玖拾餘兩糴米若干計口而給敢去孟止聊以小補孔子曰里仁爲美孟子曰樂善不倦鄉人勉乎哉

歷任壽陽沁水徐溝縣儒學教諭靳炳南撰

國子監太學生張錦堂書

耆老 賈金遇 仝大錢 公正 張世英 張振鐸 鄉耆 榮從仁 鄉約 賈維馨 賈璞 張素舒 鄉保 賈世興

仝大錢 賈世桂 張九鄉 靳嗣立

經理 賈敏過 張應田 冀欽爵 楊培傑

石匠 張林桂

旹大清道光十三年歲次癸巳仲夏穀旦立

（碑阴）

捐銀人名開列於後：

布□□張禮維　壹佰兩

張永壽　陸拾兩

賈田榮　肆拾兩

鄉飲介賓賈士瑜　叁拾兩

張鎮莉　貳拾肆兩

監生賈太和　拾貳兩

儒學教諭靳炳南　壹拾兩

仝大錢　壹拾兩

從九靳嗣旺　壹拾兩

張仁法　壹拾兩

賈居訏　捌兩整

候銓州同知張景貴　柒兩整

張鳴謙　陸兩整

燕守榮　陸兩整

從九張萬育　五兩整

張有秩　五兩整

王道法　五兩整

仝大旺　五兩整

張日法　五兩整

賈恒謙　五兩整

仝養春　五兩整

恩榮賈中元　四兩

宋士祥　四兩

張永恆　四兩

監生張仁壽　四兩

賈霖　四兩

賈恒敬　四兩

恩榮賈士珩　叁兩

喬輝應　叁兩

恩榮靳宗孝　叁兩

賈中奎　叁兩

賈清輝　叁兩

張旺輝　叁兩

冀欽爵　叁兩

賈詩輝　叁兩

賈雙錫　叁兩

張扶凝　叁兩

張世俊　叁兩

張芳輝　貳兩

賈金遇　貳兩

鄉飲耆賓王清遂　貳兩

喬之禮　貳兩

張應田　貳兩

焦發易　貳兩

李太和　貳兩

張九卿　貳兩

賈錫本　貳兩

賈世桂　貳兩

賈世祿　貳兩

張世英　貳兩

王永蘭　貳兩

張九桂　貳兩

靳嗣立　貳兩

榮從仁　貳兩

張本法　貳兩

賈希文　貳兩

王世孝　貳兩

賈敏遇　壹兩

賈澄　壹兩

賈九霄　壹兩

賈世傑　壹兩

賈世香　壹兩

賈裕光　壹兩

楊培蘭　壹兩

賈夢蘭　壹兩

羅恒慶　壹兩

賈瑞麟　壹兩

武承憲　壹兩

賈雙麟　壹兩

張九成　壹兩

上共捐銀肆佰九拾壹兩，買米五拾叁石六斗，每石價銀□□□，共用紋銀四佰六十六兩零五分。共食米人壹佰貳拾戶，計大口叁佰零捌口，小口九十口。每日大口給米壹合半，小口給米壹合。自二月初十日起，五月十六日止，共給米五拾貳石玖斗九升貳合。

石碑壹座，作銀叁兩。下餘銀十三兩九錢五分，余米六斗零八合，□用補修南北廟戲樓。

裒多益寡

重修碑记

【简介】

清道光十三年(1833)勒石。青石质。长 84、宽 54 厘米。碑文楷体,正文 19 行,满行 18 字。嵌于介休市绵山镇大郎神村关帝庙墙壁。

【碑文】

重修碑記

定陽公等重修路竣,屬記於予,予詢其由來,以舊碑視予,顔其額曰"通道碑記"。予讀之而歎曰:通道之為義大矣哉!天下之達道五,道路也,達通也,此自然而達,不待達而自無不達者也。子興子曰:山徑之蹊間,介然用之而成路,為間不用,則茅塞之矣。此亦無事於達,用之則達,不用則塞,不必達而亦可以達者也。《禮經·月令》云:道達溝瀆,開通道路,毋有障塞,此又既達而達,慮其不達而又達之,以期其無不達者也。今大郎神邨之路達之已二十餘年,風雨之所侵頹,車馬之所淩轢,幾不達矣,何以利行旅便農民?公乃迺鳩眾力而更達之,後之君子鍾其事而達之於無竟,則無不達矣。易有之推而行之謂之通,形而上者謂之道,是義也,獨修路也乎哉!工始於道光十二年八月,竣於十一月。予不文,聊以經生家言應其請而記之,至首事及捐輸者之芳名得書於後。

壬子科解元、知廣西藤縣事任質淳撰

監生曹聚財　捐錢叁拾千文

監生曹聚錦　捐錢叁拾千文

監生宋子明　捐錢叁拾千文

曹輝　捐錢伍千文

曹聚美　捐錢伍千文

曹大溫　捐錢貳千文

曹伶　捐錢壹千文

曹文郁　捐錢壹千文

曹景福　捐錢壹千文

糾首:董銓　董榮璲　宋子明　曹太和　董鏞　仝誌

一應共人工費錢壹佰零貳千有零,淨剩錢貳千有零

道光十三年九月仲浣之六日　吉立

真武庙回赎地亩记

【简介】

清道光十四年（1834）勒石。青石质。碣长 47、宽 68 厘米。碣文楷体，正文 13 行，满行 16 字。现存介休市连福镇西湖龙村。

【碑文】

嘗思不可掩者善行，不容再者愆尤。我村真武廟原置水旱地共二十八畝，詎意近年來糾首、住持竟出典大半，殊不知廟宇田土原係養僧人、奉香火之資，出典者固非所宜，即典之者亦不應爾。茲幸我村監生任泰錦前年貿易楊州府，在鄉親各典共募來銀四十八兩，今春一並交出，與我等妥議，重新金粧真武廟神像，又新置木供器一付，所餘之銀將出典之地價作七折，一應回贖，此誠盛事也。我等特恐世遠年湮，募化與施銀者湮沒弗彰，而糾首、住持故智復萌，仍蹈前轍也，故謹誌之，以昭示來茲云爾。

恒昇典、裕盛典、隆裕典、西成典、從得典、聚發典、德裕典、大興典各施銀叁兩；發興典、源昌典、豐興典、源盛典、興盛典、源興典、豐盛典、源隆典各施銀叁兩。

道光十四年十月中浣吉日

議保　鄉保公立

修筑池边围墙碑记

【简介】

清道光十四年（1834）勒石。青石质。碑长70、宽50厘米。碑文楷体，19行，满行17字。嵌于介休市龙凤镇南庄村东门门洞壁。

【碑文】

修築池邊圍牆碑記

竊思道歸平蕩，方稱盤砥之安，而水溢池塘，每致陷溺之嘆。矧臨閭里之孔道，當往來之要衝，尤為修葺所不容□者也。

茲南庄村東門外五道尊神廟前，舊有楊樹三株、水池一所，歷年久遠，未築堤防，春霖秋滂，□容□嗟，水漲□流，行人□□。□□公議，興工運石，建造圍牆，童叟無憂。所□□□不□馳驅，不惟步迢迢坦□，而且為一村之壯观焉。工程告竣，勒諸貞瑁，以昭利澤，以示久遠云爾。

陰德恭撰　張鈞書

香老：張扶清　張文光

鄉約：張萬山

公正：陰泰忠

鄉耆：張□□

鄉保：張扶□

道光十四年仲冬闔村公立

新建财神庙碑记

【简介】

清道光十五年（1835）勒石。砂石质，圆首。碑首高52厘米。碑身高175、宽80、厚20厘米。底座长103、宽65、高42厘米。碑文楷体，15行，满行40字。儒学廪生刘瑞麟撰文，张梓书丹。额篆“永垂不朽”。现存介休市张兰镇下李侯村财神庙。

【碑文】

新建財神廟碑記

蓋聞元公敷理財之政，大禹傳利川之謨，疇陳五福，以富為先，箕衍八政，以貨為務，普至天下而畢達，措之一鄉而咸宜。生之者，雖亦藉夫人工；畀之者，罔弗由於陰騭。蓋財神之係于人命也大矣。鄉之父老久欲敬立財神廟，倡為募化者蓋亦有年，而猶未能以贍土木資也。爰遇相聚云謀，各解義囊，又于公項中分其所有餘，補其所不足，為之補其基址，植其棟宇，建神位於窑中，位列三官殿右。左右有室，南以牆圍，金碧以煥其華焉，丹青以耀其采焉。今而後，以享以祀，以富農工，以足商賈，以養老疾而恤幼孤，奠一方於富厚，開百家之豐盈，咸於是乎賴焉。工告竣，爰壽諸石為之記。

介休縣儒學廩生劉瑞麟薰沐撰文

武德佐騎尉候推禦所千總張梓沐書丹

介休縣儒學武生張蔭南薰沐篆額

糾首：張儒鴻　張憲義　張世欽　張沛隆　張望曾　張立仁　張繼業　原振翼　□□張桂元

　　公耆張繼經　□□張永錫　監生張爾恒　□□張爾祺　□□張輝　張楷檀　張楷輝

大清道光十五年歲次乙未八月二十六日吉立

財神社首于道光十二年十一月　紋銀四百二十七兩七錢三分

公耆經手得利紋銀七十六兩六錢五分

楊時潤施紋銀十兩

積善廣記施紋銀十兩

德盛公施紋銀十兩

韓生庫施紋銀八兩

聚義源記施紋銀七兩

德禺號施紋銀七兩

張望興施紋銀五兩

隆盛箱鋪施紋銀四兩

復興成施紋銀三兩

合材公施紋銀三舊兩議

誥封趙宜人棫母施紋銀五十兩

例授奉政大夫候選□張儒鴻施紋銀七十五兩

例授儒林郎光祿寺署正張儒真施紋銀七十五兩

例授昭武都尉都□府張儒篤暨姪梅施紋銀六十七兩

國子監太學生張儒實施紋銀三十三兩

誥授奉直大夫郭主事加一級張掝暨姪□之施紋銀一百兩

誥授武德佐騎尉守禦所千總張梓施紋銀五十量

議政鹽知事張楷施紋銀五十兩

新建財神廟碑記

盖聞元公敷理財之政，大禹傳利用之謨，疇陳五福，以富為先，箕何人斯以此為務。普之天下而思達，措之一鄉而歲宜。生之者雖亦稽夫人工，畀之者罔弗由於陰隲。蓋財神之係於人命也大矣。鄉之父老久欲敬立財神廟，倡為募化者蓋亦有年，而猶未能以贍土木資也。爰是相聚而謀，各解義囊，又於公項中分其所有餘，補其所不足，為之卜其基址，植其棟宇，建神位於寢中，位列三官殿右，左右有室，南以墻圍，金碧以煥其華焉，丹青以耀其采焉。今而後以崇以祀，以富農工，以足商賈，以養老疾而恤幼孤，奠一方於富厚，開百室之豐盈，咸於是乎賴焉。工告竣，爰壽諸石而為之記。

介休縣儒學廪生劉瑞麟薰沐撰文

武德佐騎尉候推守禦所千總張棹薰沐書丹

介休縣儒學武生張[illegible]南[illegible]篆額

糾首 張儒鴻 張世欽 張立仁 張桂元 張爾炟 張楷楹

張憲義 張沛隆 張繼業 張繼經 張爾祺 張楷輝

張望曾 原振翼 張永錫 張煇

大清道光十五年歲次乙未八月二十六日 吉立

重修仪仗补葺彩绘碑记

【简介】

清道光十五年（1835）勒石。青石质，圆首。碑首高43厘米。碑身高155、宽73、厚18厘米。底座长84、宽53、高42厘米。碑文楷体，正文11行，满行46字。碑阳额题“协力同心”。碑阴额题“继先述后”。张锦堂撰文，靳钊青书丹。现存介休市龙凤镇张壁古堡南门外。

【碑文】

（碑阳）

重修儀仗補葺彩繪碑記

蓋聞鑾儀備具，所以昭赫濯，即以狀尊嚴也；而廟制整齊，所以肅觀瞻，即以慿靈爽也。

本村關聖帝君尊前，乾隆壬子已置錫儀仗三十二杆，迄今四十餘年，殘缺失次，不堪排列，享祀之期，衆心歉然。

道光甲午春，教諭靳炳南、李太和，監生賈太和、賈維馨四公起意重修，由揚州府化來紋銀壹佰餘兩交付余等，即與香老十家公人商約，僉曰：執事雖新，而殿宇傾頹，丹青剝落，尚不足以奉神靈也。

遂請糾首募化本村，果爾善有同心，無不慷慨樂輸，共成勝舉，亦捐紋銀壹佰貳拾餘兩，公中又添紋銀貳佰餘兩。爰至仲夏，選命精工，安爐鏤造，為形改式，為數依先。故夫大纛高牙，比當年而多加華麗；劍戟弩盾，視往昔而更覺輝煌。

至於正殿、傍殿、樂楼、戲臺、山門以及觀音堂、韋陀殿、奎星樓、僧舍、禪堂，無不命工修理，其他隨方補葺，内外煥然一新，繪畫妝嚴，上下加之五彩。必如是而尊神之敬意始伸，人心之抱憾始釋也。

北門樓空王殿舊有木儀仗三十餘杆，亦重新而補修焉，尤不容已者，本年閏六，北門處堡牆塌毀，闊三丈，高四丈，厚七尺，余等經營而補築焉。諸公欲勤諸貞珉，囑余一紀其事，余愧不能文，但忝與村事，昕夕贊理，不得不詳其顛末，以垂不朽云爾。

監生張錦堂敬撰

居士靳釗青敬書

香老：賈金遇　張應田　張九卿

公正：張錦堂

鄉耆：李太和　賈世傑

鄉約：張世輝　靳釗青　賈維嶽

鄉保：焦發易

糾首：張有秩　張九霄　張振鋒　賈通　賈歧　靳釗青　張四德　賈維嶽

泥工：燕守聰

錫工：廣興號

木工：申永荃　賈士金　張居升　賈恒德

繪工：張世奎　溫進壽

石工：張林桂

大清道光十五年歲次乙未季秋穀旦立

同心

重修儀仗補葺彩繪碑記

蓋聞[illegible]像[illegible]則所以昭赫濯即以狀尊嚴也而廟制整齊所以肅觀瞻即以迎靈爽也本村

關聖帝君尊前乾隆壬子已從鍋儀仗三千余桿迄今四十餘年歲砍失次不堪排列享祀之期衆心歉然道光甲午春

[illegible]四公起意重修由揭州府化來紋銀壹伯餘兩交付本寺[illegible]與首老十家公人商酌僉曰執事

維新而殿宇傾頹丹青剝落尚不足以奉神靈也遂請[illegible]紳首[illegible]化本村衆爾善有同心無不慷慨樂輸共成勝舉

亦捐紋銀壹伯貳拾餘兩公中又添紋銀貳伯餘兩爰至仲夏選命精工妝繪鍍造爲彩改式焉數條先被大夫[illegible]

高平比當年而多加華麗劍戟等府視往昔而更覺輝煌至於正殿傍殿樂樓[illegible]山門以及觀音堂神之[illegible]

奎星樓僧舍禪堂無不命工修理其他隨方補葺內外煥然一新繪畫粧嚴上下加之五彩必如是而尊神之意

始仲大心之抱憾始釋也北門樓一空主殿舊有木儀仗二十餘桿亦重新而補修焉是不容已者承下門六北門

外堡墻倒毀闊至丈高四丈厚七尺纔等經營而補築焉諸公欲勒諸貞珉囑余紀其事余學不能文但奉與村

中耆夕貫理不得不詳其顛末以垂不朽云爾

監生 張[illegible] 歸[illegible] [illegible]塋 敬[illegible] [illegible]

居士 靳[illegible] [illegible] 青 [illegible]書

耆老 張逢田 公正 張錦堂 [illegible] 鄉耆 賈世杰 鄉約 張世輝 鄉保 朱公易

賈金遇 [illegible]太和 賈紹斌

張九卿 [illegible] 賈士全 [illegible]

張七[illegible] 賈通 張四德 [illegible] 張君子 [illegible]

糾首 [illegible]有[illegible] 賈岐 賈[illegible] [illegible] 賈而富 [illegible]

[illegible] 靳剛青 [illegible]

大清道光[illegible]十五年[illegible]歲[illegible]

（碑阴）

維揚捐銀人名：

七兩五錢：裕泰號

五兩：賈恒盛

肆兩：德聚號

叁兩：充慶號　　恒盛號　天順號　呂先

貳兩七錢：從得典　隆裕典　久源典　發興典　公和典　西成典　源昌典　德裕典　豐盛典
興盛典　大興典　恒升典　隆和號　聚盛號　和豐號　國盛號

貳兩貳錢：順成號　晉隆號

貳兩：四美號　天立號　劉述先

壹兩八錢：永發號　永茂號　源生號　天盛號　仁和號　監生李清璽

壹兩五錢：德隆號　陸殿元　唐維新

本村捐銀人名：

拾貳兩：張禮維

拾兩：張芳桂

捌兩：賈田榮

肆兩：靳嗣旺　張有秩

叁兩陸錢：沁水縣教諭靳炳南　監生賈太和　賈維馨

貳兩柒錢：冀欽爵　賈維甸　賈居訐

貳兩：耆賓賈清輝　　賈錫本　李太和　張永通　仝養春

壹兩八錢：賈士玠

壹兩伍錢：恩榮張萬育　張振邦

壹兩：益昌號　同順號　靳宗孝　理問加二級張恩謙　焦發易　仝大黄　賈中奎　張九霄　張益謙
張世輝　張永旺　賈希文　張四德　張鎮荊　賈霖

八錢：張景貴

五錢：豐義號　義慶號　張仁壽　賈維綱　賈世桂　喬樹桑　武承憲　趙通元　張九卿　張鳴謙
王道德　張旺輝　賈敏遇　榮從仁　仝大旺　張九桂　賈世祿　賈岐　張振常　賈通
燕守聰　溫進壽　張希文　張志文　賈恒敬　賈恒祚　靳官元　賈世勇　賈雙南　賈裕光
燕文廣　張芳典　賈恒謙　張世俊

肆兩：梁煥

叁錢：三義樓　大興號　霍肇德　張應田　王清璲　張有序　申永荃　張永清　王太順　王永蘭
賈世香　賈恒慶　靳嗣立　張世英　羅萬金　賈士誼　靳嗣光　張建勳　賈夢蘭　王道盛
任來鳳　賈漢光　張抉凝　宋永春　賈奇遇　賈□□　張本德　賈中德　賈瑞麟　賀福玉
賈祚昌　張九資　張志誠　賈俊　喬樹檀　賈居仁　張九成　王世孝　賈恒悦　賈敬修
仝養泰　張芳喜　賈雙麟　賈成福　賈世理

貳錢五分：羅科遇

貳錢：賈光　宋希旺　賈世瑛　王昌齡　賈溢　張愷維　賈珍　王道博　張惠田　張克謙　張克昌
賈恒德　張永興　賈士定　仝養育　楊培桂　賈士金　梁永輝　張志仁　張青雲　宋希孔
賈錦　趙永豐　王世榮　賈昌盛　張恩德　張牧謙　張清化　賈仕達　張鼎隆　張太盛
王太福　靳爾凝　李正倫　張居升

新建关帝庙碑记

【简介】

清道光十五年（1835）勒石。砂石质，圆首。碑首高 50 厘米。碑身高 180、宽 80、厚 19 厘米。底座长 97、宽 64、高 40 厘米。碑文楷体，17 行，满行 48 字。额篆“流芳百世”。现存介休市张兰镇下李侯村关帝庙。

【碑文】

新建關帝廟碑記

甚哉，創始之難也，而創始，夫工繁費鉅之事為尤難，惟不辭其難，斯其事始可創而□□□□祖吾里蕞爾微□，每羡關帝祠宇遍天下，凡有血氣，莫不尊親，獨吾里而顧無廟貌之隆哉？父老傳聞，久欲興工創□□□□無餘，有志未逮耳，言念其事，我村人心殊耿耿，未嘗一日□也。茲賴諸善士或募自他方，或捐由一己，以及二三□□□，各多術經營，曆有年所。癸巳春，卜基於村之西北隅三官廟左，庀材鳩工，經始其事，莫不踴躍樂趨，歡然相□。而董事諸公朝夕考督，屢易寒暑，不辭勞勩，其志尤足嘉焉。越乙未夏乃□事，中建磚窑五孔，系關帝大殿，東西廡各五楹，前面牌樓一座，崢嶸藩峙，繪藻塗丹，宏敞壯麗，宮牆□立，仰承北極之輝，背□屏開，座□南山之秀。是役也，匠氏呈能，偃師獻技，巍巍爍爍，自今伊始，洵乎有志者事竟成也，向之所謂無者，今日儼然在望矣，向之所謂難者，今亦□觀厥成矣。工竣，囑文於余，余聞之鄂然，竊以余本不文，愧無瑰麗詞以壽諸貞珉，而迫於諸父老命，又不敢辭，因不揣譾陋，據事直書，用告來者勿忘樸斲之勤，歲時昭假，式禮莫愆，斯所以邀神貺而庇民生者多矣。是為記。

介休縣儒學生員張玉川薰沐撰文

武德佐騎尉候推守禦所張梓薰沐書丹

介休縣儒學武生張蔭男薰沐篆額

起意建修表疏募化首事人：原成舉　張儒行　張儒鴻　張憲義

糾首：張儒鴻　張憲義　張世欽　張沛隆　張望曾　張立仁　張繼業　原振翼　張桂元

張繼經　張永錫　張爾煊　張爾祺　張楷楹　張楷輝

大清道光十五年歲次乙未八月二十六日吉立

赒恤小记

【简介】

清道光十六年(1836)勒石。青石质，圆首。碑首高39厘米。碑身高140、宽68、厚10厘米。底座长71、宽42、高28厘米。碑文楷体,15行,满行36字。申楷撰文并书丹,马良明、马德仁等立石。碑阳额题"恤苦怜贫"。碑阴额题"姓字流芳"。现存介休市绵山镇兴地村回銮寺。

【碑文】

赒恤小記

丙申年自春至於六月不雨，禾苗槁而米價昂貴，村中嗷嗷待哺者幾數十百家。持村事者見其疾苦，惻然加憐，欲為泛舟之舉，奈村小力薄，計無所施。不得已，極力募化，始得積聚銀三佰兩，買米三十三石，按日開舟，計口給發，不三月間，而麥秋告成，村人遂小康焉。懷恩者戴德不忘，請泐石垂後，諸公以不務名辭。余謂實至者名必歸，況天災流行，何時蔑有？彼晉饑秦疏之粟，秦饑晉備之糴，救災恤憐，自古為然，使於斯事而不用吾記，又烏乎用吾記！諸公於是頷之，余於是不揣固陋而記之。是舉也，吾不知與仁人君子之用心為何如，然後之人得其義而遵，將見緩急濟焉，有無通焉，人心淳而風俗厚焉，未始不大有造於斯土也，豈曰小補之哉!

竹林儒學生員申楷撰並書

鄉耆：馬良明

公正：馬德仁　溫大樑　約保郝清喜　何權

香老：溫養梁　劉允昌　馬林　李應斗

經理人：馬良明　馬輔成　任大位　馬德仁　溫大全　溫天澤　溫養梁　劉允昌　李天愷　李應斗　溫起龍　王喜　馬林　溫大樑　任元魁

大清道光十六年十月二十日立

重修茶房碑记

【简介】

清道光十六年（1836）勒石。青石质，圭首。通高160、宽70、厚13.5厘米。碑文行书，正文8行，满行30字。碑阳额题“福缘善庆”，碑阴额题“永垂不朽”，布施文约300字。现存介休市连福镇北坡村。

【碑文】

（碑阳）

重修茶房碑記

陸家莊，介邑之東鄙也，在官頭嶺之中，居獅子崖之旁，地雖狹小，而行李往來，寔當要路。舊有茶房，為行人息肩濟渴之所，茶房内有關帝象一尊，茶房後有古佛殿三間，余館於北坡時，嘗遊覽焉。遠則汾水、狐岐一望無既，近則峰廻巒抱豁人心目，一快境也。惟是棟宇傾圮，金光剝落，葢風漂雨洒，歷有年矣。莊中父老顧而太息，以為有其舉之，莫可廢也，于是募化四方，鳩工庀材，大興土木。改作正殿三間，東西僧房四間，門樓一間，又移置神像，重塑金身，規模虽不甚大，而設前舊址，功程頗大，花費頗多，越數載而始告竣焉，是不可不勒諸石以垂後世。友人張世清徵文於余，余樂其能繼先人之志、能述先人之事也，因不揣鄙陋，援筆而為之記，聊以□繼往開來之一助云尔，敢言文哉！

沁州沁源縣儒學歲貢生、候銓訓導李永固謹譔並書丹

糾首經理人：张正第、張世清、张正□、张□、张杰、张□、□□、張世倫薰沐謹叩

旹大清道光十六年歲次丙申七月吉日立

（碑阴）

今將上年募化存項並目前捐助人名開列於後：

自道光八年原存布施銀壹伯叁拾弍兩，至今共生利銀壹伯壹拾肆兩弍錢七分；張正第、張杰各施錢壹拾弍千文；張鳳、張璜各施錢柒千弍伯文；張門陸氏、張世清、張濤各施錢陸千文；州吏目趙世昌施錢肆千文；張孝悦施錢三千六伯文；張正偉、張榮、監生趙錫珍各施錢三千文；張天祥、趙錫蘭、監生趙士才、齎奏廳趙士毅、監生趙士英各施錢二千五伯文；張世綸施錢二千四伯文；趙廷傑、例貢趙鍾英、趙漢熹、監生趙克欽各施錢一千五伯文；張正慶、來大朝、張心林、楊正成各施錢一千二伯文；韓良知、趙永清、張元成、李銀增、趙貴金、萬成公、曹元棟、趙良玉、張天壽、張世金、張世榮各施錢一千文；趙貴瑤、張美俊、永興老號、高生和各施錢五伯文；用過張戶本族祠内舊木料，共作銀壹拾兩整，施入庙上，以免爭端；占趙貴金地五分，作為布施；張天才、張鉅各施錢壹千文。

鐵筆王才貴鐫

福緣善慶
重修茶房碑記
大清道光十六年歲次丙申七月吉日立

永垂不朽

重修碑记

【简介】

清道光十六年（1836）勒石。青石质，圆首，无座。碑首高34厘米。碑身高126、宽63、厚12厘米。碑文楷体，16行，满行27字。江步堂撰书。额题“万善同归”。现存介休市绵山镇南槐志村庆云庵。

【碑文】

重修碑記

蓋聞混沌以來，週而復始，三皇治世，五帝為君，所以造天地之化育。又云壞者修之，殘者補之，斯理確然，豈敢廢焉。

余南鄉南槐志庄鎮安堡，舊有玄天上帝宣楼壹座，始創於崇禎拾年，復修於乾隆貳拾捌年。至道光拾五年，金身剝落，殿宇凋淩，闔堡内人等目睹心傷，不忍坐視塌毁。忽然香糾郭玉堂、曹文藉、李儒珍、任步陞等商量，起意動工修理，補塑金像。合堡人等同心協力，人有聖凡，功無大小，苟有益於人者，皆當為之補其風脈，自古已然，而況今乎！堡内風氣之所聚也。資給所费銀壹佰伍拾捌兩伍錢捌分，共助成功。神人共悦，永垂永久，功德無量矣。

靈邑學生江步堂撰書

經理人：韓中元　任步陞　郭玉堂　孫文章　李儒珍　劉攀鳳

稷山縣石匠：蘇可久刻石

大清道光十六年七月吉日立

重修东关三结义庙记

【简介】

清道光十七年（1837）立石。青石质，螭首，方座。碑首高84、宽89、厚24厘米。碑身高229、宽85、厚18.5厘米。底座长105、宽64.5、高16.5厘米。额题“善庆”。碑文楷体，16行，满行48字。邑庠生张太亨撰文并书丹。碑存介休市顺城关三结义庙。

【碑文】

重脩東關三結義廟記

邑之東關三結義廟由來已久矣。自余大曾祖司馬公整脩後，歷數十載，棟宇摧殘，丹青脫落。先君子司農公春秋瞻拜，目覩心驚，遂有更新之意。然費用浩大，獨力難成，商諸同人，曰：凡事與其傾而扶之，曷若扶之於未傾時為愈哉？因捐化貳伯餘金為諸公先。一時僉踴躍稱善，慨然承應。如州同梁公譽傑捐伍拾金，州同鈕公以瑄捐叁拾金，理問楊公源豐捐化伍拾金，監生宋公玉化壹佰貳拾餘金，監生梁公淨化陸拾餘金，監生文公立言化肆拾餘金，信士陳公文德化捌金，共計伍佰柒拾餘金。僉推先君子經理，為整修之資，而先君子毅然無難色。嘉慶癸酉，先君子携眷北上，以此項屬理問堂叔人龍公代權子母利。至道光丙戌，先君子由京歸里，詢及此項，已獲壹千有奇。欣然曰：數雖無多，故跡堪新，加我數年，是工可興矣。奈先君子春秋高，兼有疾，此志竟不克遂。至丙申冬，住持理璋以東廊將傾告，余因念先君子有志未逮，使不及時整脩，恐浩費愈大。而我先人更新之意未闡，諸公樂善之念不彰也。於是商之諸公，經始於丁酉仲春，費白金壹千伍佰有奇，至八月告竣。是役也，經理則州同梁公叔頤、理問楊公源豐，督工則署正堂弟問行、監生胞弟太昌，住持則僧會司理璋。據事直書，用告來者。是為記。

誥授奉直大夫、戶部河南清吏司員外郎、坐辦山東清吏司事加二級張太亨薰沐謹撰並書

糾首：張人龍　梁叔咸　張萬鵬　梁叔頫　石鍾山　梁汝培　張問行　楊源豐　張太昌

住持：僧會司理璋　徒孫達潤　曾孫元寶　元安

大清道光十七年歲次丁酉仲秋吉日公敬立

重修東門三結義廟記

邑之東門三結義廟由來久矣自余 大曾祖司馬公整脩後歷數十載棟宇摧殘丹青脫落 先君子司農公春秋[illegible]

[illegible]然有更新之志計費用浩大獨力難成商諸同人曰凡事與其傾而扶之曷若扶之於未傾時爲愈也因捐化弍[illegible]

金爲諸公先一時僉踴稱善慨然承應加川同梁公粵傑捐伍拾金川同伍公以琔捐叁拾金理問楊公源豐捐化伍拾金

監生宋公玉化壹佰弍拾餘金監生梁公淨化陸拾餘金監生文公立言化肆拾餘金信士陳公文德化捌金共計伍佰柒拾

餘金僉推 先君子經理爲整修之資而 先君子毅然無難色嘉慶癸酉 先君子攜春北上以此項屬理問堂叔人龍公

代放子母利至道光丙戌 先君子由京歸里詢及此項已獲壹千有奇嶽然曰數雖無多故蹟堪新加我數年是正可興矣

奈此[illegible]予春秋高而有疾此志竟不克遂至丙申冬住持理璋以東角將傾告余因念 先君子有志未逮使不及時整[illegible]

恐浩費愈大而我 先人更新之意未闢諸公樂善之念不彰也於是商之諸公經始於丁酉仲春費白金壹千伍佰有奇至

八月告竣是役也經理則川同梁公叔順理問楊公源豐督工則署正堂弟問行監生胞弟太昌住持則僧會司理璋成事[illegible]

書此告來者是爲記

誥授奉直大夫戶部河南清吏司員外郎坐辦山東清吏司事加二級張太亨薰沐謹撰并書

張人龍 梁叔順 張問行

糾首梁叔嵩 石鍾山 楊源豐 住持僧會司理璋徒孫達明曾孫元安

張萬鵬 梁汝培 張太昌

大清道光拾柒年歲次丁酉仲秋吉日公敬立

信约碑

【简介】

清道光十七年（1837）勒石。青石质。长97、宽56厘米。碑文楷体，28行，满行21字。嵌于介休市绵山镇焦家堡村观音堂墙壁。

【碑文】

公議立信約公人：焦丕謙、焦逢潤、焦慶功等，為剔匪除奸，預杜弊端，以靖刁風而安善良事。據我村焦家堡，本屬仁里，有禮讓之風，無矯誣之俗，堪輿家皆指為名區焉。不意近有一種無賴小人，以訛詐為得意，希圖肥己，搔擾村鄉。公耆等如不執真究辦，勢必釀成惡習，貽患日深。若要執真，又恐為合村除害，反成一己私患。於是我等糾首眾議，議定凡有匪類滋生事端，挾嫌訛詐，嫁禍於公耆、公人者，闔村皆要秉公協力幫扶。倘惡黨叵測，變生不虞，所有花費銀錢，值年公耆、公人固屬闔村公認，即已卸事之公耆、公人，亦必公中承認一半，有事之家自認一半，庶幾君子道長，小人道消爾。無詐而我無虞，而風醇俗美，今之焦家堡不依然昔之仁里乎！恐口無憑，立此信約，勒石永遠存據。

鄉約：焦開疆

公正：焦逢潤

鄉耆：焦本誠

鄉保：焦旺林

香老：焦丕謙　焦會元　焦丕忠　焦步廷　焦秉恬　焦書勳　焦祿全　焦定富

公人：焦慶功　焦凝五　焦丕隆　焦泰運　焦啟經　焦逢源　焦逢年　焦濬智　焦兆奎

道光十七年六月二十三日　公立

田逢灝墓碑

【简介】

清道光十九年（1839）勒石。青石质，圆首。碑首高37厘米。碑身高150、宽71厘米。碑文楷体，碑阴文字22行，满行50字，额篆“光明”。碑原在介休市义安镇田岳堡村。碑文据拓片所录。

【碑文】

（碑阳）

例授儒林郎布政司經歷愚兄郎鳴玉頓首拜題

皇清敕授儒林郎布政司理問田公諱逢灝字沛如號景程皇清敕封安人　安人合葬之墓

男樹基 孫兆豐謹立

（碑阴）

嗚呼痛哉！吾父沒矣，而吾父之行之異人者，不孝始得之於心而不能不宣之於口焉。不孝幼時見吾父亦無恙，異人者飲食衣服不類素封，動靜語言無殊直魯，惟好讀書，不輕言笑耳。至不孝趨前，輒正色訓之，謂此子不知羞惡，否則又以為無志氣焉。時不孝喪母，常依祖母，每見吾父至祖母前，氣甚和，容甚婉，與平時不輕言笑者迥別，故不孝當時非在祖母前，且不欲見吾父，又安知吾父之行固大有異人者耶！

吾父素善病，嗜岐黃，同鄉中老幼親疏恒多賴焉，且邇年吾鄉堡牆之築，吾父倡之，貧人之棺，吾父施之，多為遠近所稱許。不孝私心竊計，以為此殆吾父之行之異人者乎！

嗚呼痛哉！今吾父沒矣，吾父之行之異人者，不孝方思而□其真矣，而何能默默也。不孝憶十二歲時，祖母撫不孝而言曰：吾孫今週歲是矣，漸長成矣，吾孫勉之，學而翁可也，而翁亦無別長，惟聽我之言與知我之苦耳。我所悔者而翁有志功名，而我拂其意，然而翁亦不以此為憾也。不孝聞而詢其實，祖母言：而翁生而弱甚，長從師讀三二日，病輒作。後十二歲，爾祖父卒，其病益甚，吾患之，遂不許攻舉子業。斯時也，而翁殆不欲之甚，乃邇年與吾言，求功名者不勉奔走，見孀母年高，又鮮兄弟，使功名是求，如孝母之奉侍何？古人云：不為良相為良醫。見今學醫守身，得吾母膝下朝夕奉待，見之願亦足矣。彼功名特在外之榮耳，其又羨乎？觀而翁此言，知而翁亦不以吾禁其讀為憾也。不孝之問於祖母者如此，此即祖母所謂聽我之言者乎！

厥後，吾父病，流連一日，呼天而泣曰：天乎天乎，真不使吾得以終養乎！復俯首於祖母之懷曰：吾母無憂，見病不久自愈也。時不孝姑母等適來，眾相勸慰，謂：數不可知，理或可必，論吾弟素行，病當自瘳，況得一賢孫，無異孝子，侄已長成，何過傷焉？吾父聞而泣曰：吾之母非他人之母比也。吾年幼而孤，吾母愛憐偏甚，吾身弱而病，吾母憂患更甚。□□繼配張氏，所留兒女亦累及吾母，至吾母之勤儉寬厚，更為女流中所罕覯。尤有念者，吾當少時，吾母愛憐憂患中時加訓誨，迄今□不至流於大不肖者，皆自吾母訓誨中來也。今吾母將就木焉，而吾病流連，天乎天乎，真不使吾得以終養乎！不孝之親見於吾父者如此，此即祖母所謂知我之苦者乎！

嗚呼痛哉！今吾父沒矣，不孝於吾父此行之似不異人者，而知其大異人焉。彼僅僅明於醫學，勤於築堡，樂於施棺，何足為吾父輕重也哉！吾父棄不孝時，不孝前母棄世已廿六年矣，不孝母棄不孝已九年矣，其婦德婦□不孝雖難記憶，而不孝諸姑恒稱其稟性溫柔，持家勤儉，皆不愧為祖母媳。惟吾母能誦讀醫經，辨別藥物，聰慧尤有過人者，吾祖母與吾父皆以為非虛言也。

嗚呼痛哉！使吾父吾母皆壽登耄耋，不孝常侍膝下，庶罔極之恩得少報焉！今皆沒矣，徒追憶吾父吾母之行之異者而述之，有何益哉！然筆之於書，勒之於石，或後世子孫緣文思義，而遵守之勿敢忘，是則不孝之志也。彼夫選辭飾句，謂平日之事□若何，持身處眾若何，不孝不暇為吾父述，亦不屑為吾父述焉。

大清道光十九年歲次己亥九月十一日吉時立

不孝男樹基泣血謹述

争地界碑

【简介】

清道光二十年（1840）勒石。青石质。碑首高26厘米。碑身高99、宽52厘米。碑文楷体，15行，满行28字。碑阳额题“永垂不朽”。碑阴额题“流芳百代”，内容为道光二十一年争地案记录。现存介休市洪山镇东湛泉村。

【碑文】

（碑阳）

正堂多示諭，湛泉鎮、下磨頭村兩村公人爭訟河一案，本縣勘明：湛泉鎮所賴洪山源神，水澤本屬無多，兼無行水河渠，不能澆地，經年受旱。諭湛泉鎮每年到霜降後，奉送下磨頭村綿羊二隻。該□□□□村念鄰村有相助□理，將泥程餘流之水，上河用足，將餘水讓□□□□□三河私河渠行□□田五日，不許多沾日期，亦不得壅絕下流，□□□□□□□浸淹田□□□上下爭論，亦不許衆花戶藉端混行兩□□□□□□□之後，以□□遠定規，不得爭論，倘有衆花戶人等爭論，本□□□□□□宜稟遵毋違。特諭。

公正：孫學曾　從九董子純

鄉□：□□□

保戶：孫希純　孫學疑　孫學忠　孫致遠　孫正福

起派：孫元亨　孫懷金　孫懷旺　宋大禮

道光二十年十二月十五日

（碑阴）

二十年十一月間，因高橋地一段，呈控湛泉鎮張成、溫學濂、溫定在案，屢蒙縣尊多公堂訊對詞，伊等又訴出張明恒、李元慶、張同秀等。又于二十一年闰三月間，多公當堂訊明，諭令義安村、兩水村、三佳村三村公人查勘，理處覆奪。三村公人随即查勘，明確古有官路中，高橋俱在下磨頭村境內，高橋地本該下磨頭村承管，不與湛泉相干，兩造遵依三村公人稟後。延至十月間，花名冊籍交代明白，各具甘結存案，因此勒石為記。

道光二十一年十二月十一日

公正：孫學曾　從九董子純

鄉保：孫學成

修庙西双眼桥碑记

【简介】

清道光二十年（1840）勒石。砂石质。碑长60、宽30厘米。碑文楷体，16行，满行15字。晋德普撰并书。碑体风化，字迹模糊。现存介休市张兰镇洞里村龙王庙院。

【碑文】

修廟西雙眼橋碑記

□□□十九年六月，大雨集時，河水漲□，將橋損壞，往來行人不便。我等公議復修橋道，奈功費浩大，我村煙戶稀少，功業難成。余等商議，將□□□□所積□□項使用。於庚子仲春□□□工，是□□□成就，計費錢貳拾捌兩餘金，以成盛事，謹此聊記，□□不朽也。

糾首、總理：王天□　李良惠　晉德積　晉德壽　張敦科　晉德年　晉文蘭　晉芳青

張嘉發　晉奇瑞

晉德普撰并書

大清道光歲次庚子八月穀旦立

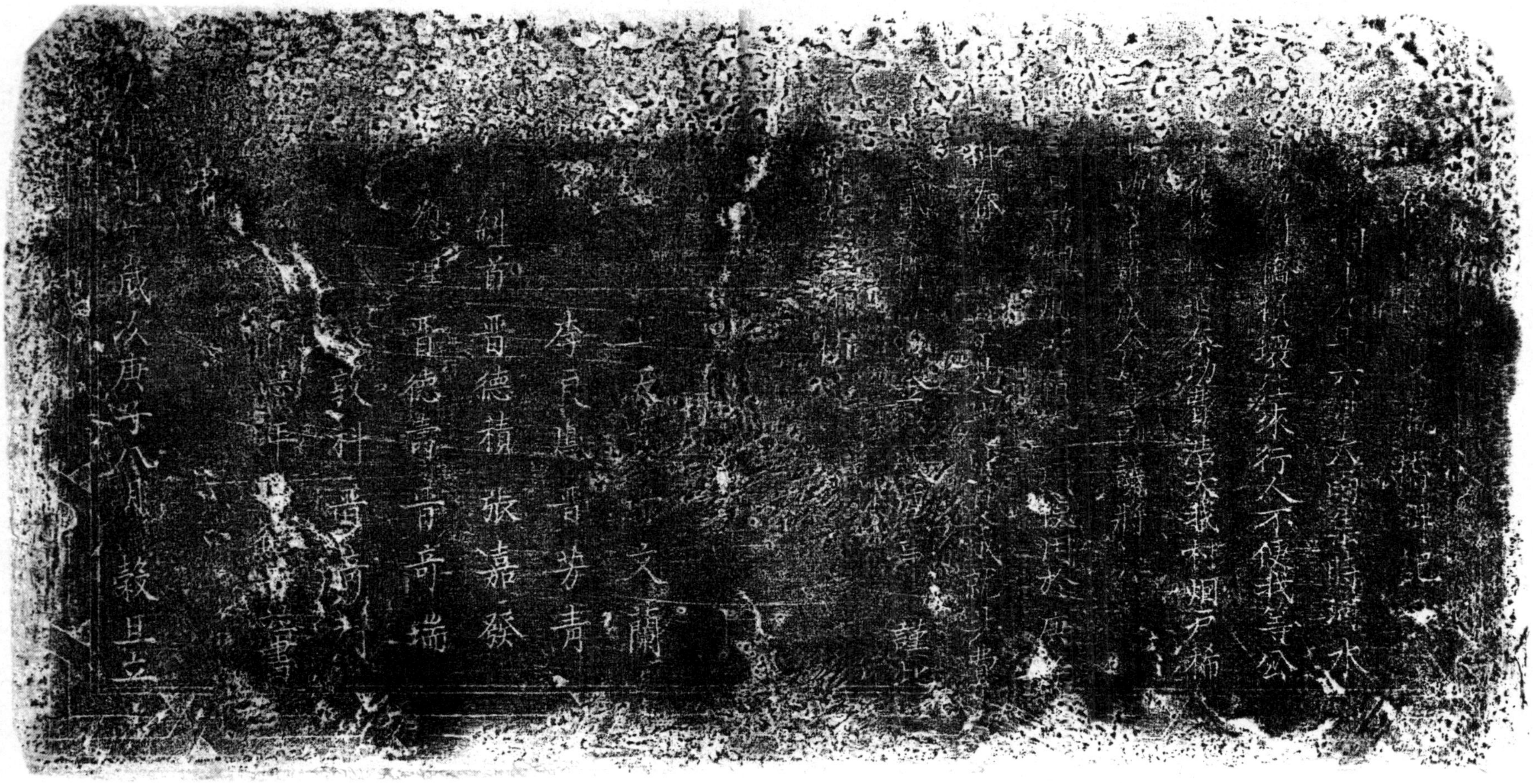

张壁神社门匾

【简介】

清道光二十年（1840）勒石。青石质，匾文行书。嵌于介休市龙凤镇张壁村神社门上。

【匾文】

道光庚子季夏立

神社

靳炳南题

留别綿山书院生童

【简介】

清道光二十二年(1842)勒石。青石质。长90、宽33、厚10厘米。碣文楷体,28行,满行12字。祁世奔撰文,张甄陶书丹。原在介休市绵山书院旧址,现存介休市博物馆。

【诗文】

留别綿山書院生童

綿山四載共追隨,欲去難忘去後思。多士盡堪為益友,寸心深愧是庸師。
敢矜桃李皆吾屬,惟冀蓬麻各自持。更有一言相勸勉,讀書賴要日孜孜。

得結文緣亦夙因,驪歌欲唱倍酸辛。交情數載原非泛,告語臨行不厭諄。
敦品為先須正大,立言所貴在清真。潞公風範林宗節,窮達相期慕雨人。

將之樂陽司訓任,步徐仙洲韻以自嘲,兼示書院諸同人

漫將桃李羨春官,繞砌芝蘭任意看。地僻却嫌過客少,祿微深恐養親難。
慚無丹術堪醫拙,幸有青氊可耐寒。此去樂陽為隱官,盤中苜蓿也加餐。

消受清閒是冷官,冷官休作宦途看。登場切忌存心熱,入世須防立脚難。
留得本來真面目,尋來至味在酸寒。殷勤訓迪原吾事,免使遺譏說素餐。

壽陽祁世奔題於綿山書院之克復堂
後學張甄陶代書
道光壬寅中秋日立

重修奎星阁碑

【简介】

清道光二十二年（1842）勒石。青石质。碑呈方形，边长92厘米。碑文楷体，正文7行，满行28字。现存介休市绵山镇大靳村大兴寺。

【碑文】

蓋聞美於前者，不可不盛於後，况登龍門而作佳士，古今咸賴焉。

村之東南有奎星閣者，久經風雨，頽壞日甚，瞻仰之人咸心傷之。爰糾衆議，重新脩葺，輸銀者莫不踴躍，任事者亦各爭先，後之君子登斯閣者，應慨然興右文崇儒之意，是亦正人心、端風俗之一道也夫。

本村從九王臨元撰　沐手敬書

公耆：王體謙　王登元　王儒林

香老：王錦元　王臨元　王以淦

糾首：王兆祚　王咸中　王嘉猷　王體訓　王致中　王儒仕　王宇豐　王樹棣

管賬：王有元　王魁翰　王仕

起佈施：喬大勇　王啟疆　王宇淳

捐銀肆拾兩：王登元

捐銀叁拾兩：王久元　王居敬

捐銀貳拾五兩：王朝彥

捐銀貳拾兩：王家鵬

捐銀柒兩：王培元

捐銀陸兩：王錦元

捐銀肆兩：王惠元　王慎儒　王家麟　王恩光　王恩浩

捐銀叁兩伍錢：王維周

捐銀叁兩：王立中

捐銀貳兩伍錢：王以淦

捐銀貳兩：王步瀛　王秀元　王賜元　王啟禎　王儒林　王慎行　王恩遠　王尚志

捐銀壹兩伍錢：王邦英　王協中

捐銀壹兩：王映　王嘉賓　王渾元　王司鐸　王元　王魁　王宇昌　王嘉　王繼慶　王儒達　王嘉猷　王九晟　任繼堯　王啟泰

捐銀捌錢：王肇成　楊吉

捐銀伍錢：王玉德　王肇興　王耀曾　王錫五　陶國才　任秉賢　王有元　王咸中　王五雲　王道興　王祚　王際時　石新榮　王錫九　王步元　梁榮金　王志仁

捐錢五百文：梁守中　梁翼　王勵志　王青雲　任國盛　焦達

捐銀叁錢：溫康齡　王仕　喬大勇　王為芸

善友：王雲

鄉保：王九晟

時大清道光二十二年十二月十六日　立石

重修关帝庙碑记

【简介】

清道光二十二年（1842）勒石。青石质。碑身长 135、宽 65.5 厘米。碑文楷体，正文 7 行，满行 48 字。碑阴布施文 1100 余字。现存介休市张兰镇仙台村。

【碑文】

（碑阳）

重修關帝廟碑記

余村關帝廟不知創自何時，舊有萬曆四十五年重修碑記，僅誌出貲姓名，多漫滅不可辨，自乾隆年間重修，歲久弗葺。村人爰共募金，公耆宋交泰、張五經董其事，擇日興工。正殿一所，塑帝像，易門為三廡，外增柵欄一週，旗杆、樂樓及神前儀仗，皆仍舊而潤色之，煥然改觀，越五月告成，屬記於余。余嘗北走京師，遊省會，所過名勝區暨蕞爾下邑莫不有帝廟，自古懷忠抱烈以節義成名之人，代有專祠，顧歷年既遠，荒垣斷碣，樵夫牧子寢處於其中，無有過而問者。炎漢至今千餘年矣，帝之聲靈赫濯，雖婦孺罔不畏而敬之，所謂浩然剛大之氣塞於天地者，此其驗歟！是舉也，倡之者閻濟昌，贊其事者舊公耆郎奇寬、宋維中與村中諸善士云。

例授文林郎、揀選知縣、丁酉科舉人郎夢元謹撰

例授登仕佐郎宋應泰謹書

十八年經理散疏人：公耆從九品郎奇寬　布經歷宋維

議事：李永青　宋清棟　李清濂　郎鳴玉　郎奇宏　張鳳彩　郎士正　宋交泰　張五經　任鈺　杜永泰　杜永裕　郎夢熊　宋汝藩

當年董事人：公耆從九品宋交泰　張五經

議事：營千總李永青　布經歷宋清棟　布經歷郎鳴玉　耆賓李清濂　介賓郎奇宏　從九品張鳳彩　從九品郎奇寬　耆賓郎士正　任鈺　杜永泰　杜永鈺　從九品郎夢熊　布經歷宋維中　宋汝藩

鄉約：郎績成　鄧大本　郎士榮　宋允中　宋建中　郎士興　郎士達　李三倉　李清棟　乞安林　冀清玉　張昆慶

鄉保：郎奇錢　李安珠

大清道光二十二年歲在橫艾孟陬塞陽之月吉日穀旦

重修關帝廟碑記

余村[illegible]

關帝廟不知創自何時，僅有萬曆四十五年重修[illegible]賢姓名多漫不可辨，自乾[illegible]

公者宋文[illegible]張五經董其事，擇日興工，正殿[illegible]像，門爲三，廡外增[illegible]

舊而潤色之，煥然改觀。越五月告成，囑記於[illegible]京師，遊者會[illegible]過名[illegible]

楷烈以[illegible]名之人，代有卓視，[illegible]歷年既[illegible]

之舉[illegible]雖婦[illegible]罔不畏而敬之[illegible]

奇寬宋維中與村中諸善士云[illegible]

例授文林郎揀選知縣丁酉科舉人郎夢元謹撰

例授[illegible]郎宋應泰謹書

十八年經理散施人公耆：宋維中 清棟 郎鳴王 張鳳彩 宋文泰 任鈺 杜永裕 宋文[illegible]

郎奇宏 李清濂 郎奇宏 郎士正 張五經 杜永泰 郎夢熊

[illegible]宋六泰 [illegible]宋清[illegible] 鈺 宋維中 郎士宋 郎士達 巢清王 郎奇[illegible]

[illegible] 杜永裕 郎續成 宋建中 李清濂 鄉保

當年董事人公耆：張五經 [illegible] 郎夢熊 [illegible] 郎士興 包安林

李永青 郎鳴王 [illegible] 宋[illegible]約 劉大本 宋允中 李三倉 張昆[illegible]

郎[illegible]宏

大清道光二十二年歲在[illegible]之月吉[illegible]穀旦

上编　现存石刻

（碑阴）

義合成捐銀壹兩，旭升典捐銀壹兩，豫升典捐銀壹兩，慶昌典捐銀壹兩，永裕公捐銀弍兩，慶長典捐銀弍兩，永成泰捐銀壹兩，義昌典捐銀叁兩，同義典捐銀弍兩，益昌典捐銀弍兩，益盛典捐銀弍兩，□升典捐銀弍兩，允升典捐銀弍兩，恒豐典捐銀弍兩，源□典捐銀弍兩，凝瑞典捐銀弍兩，同盛典捐銀弍兩，義盛典捐銀弍兩，公益典捐銀弍兩，復盛典捐銀弍兩，允隆典捐銀弍兩，合盛典捐銀弍兩，同聚盛捐銀弍兩，天泰典捐銀弍兩，充裕公捐銀壹兩，正心誠捐銀壹兩，義昌號捐銀壹兩，興隆典捐銀弍兩，道興全捐銀壹兩，兆昌廷捐銀壹兩，□生典捐銀弍兩，余興勝捐銀壹兩，以上郎進武募化；郭大鼎捐銀弍兩，永慶明弍兩，慶裕德弍兩，永益當弍兩，恒裕萃弍兩，益恒當弍兩，松齡堂弍兩，如恒號弍兩，德厚堂弍兩，德恒號弍兩，德謙號弍兩，德成號弍兩，福厚堂弍兩，照恒當弍兩，鼎永豐弍兩，鼎恒當弍兩，福恒號弍兩，占恒號弍兩，德普號弍兩，和恒號弍兩，謙元當弍兩，花漢冲弍兩，观恒當弍兩，永恆當弍兩，以上郎奇寬募化；大成當捐銀肆兩，大成號捐銀弍兩，天裕局捐銀弍兩，永利號弍兩，長順號弍兩，義和典弍兩，鼎昇典弍兩，匯源號弍兩，寧遠典弍兩，吉泰軒弍兩，協成典弍兩，長盛隆弍兩，恩義局弍兩，乾元典弍兩，以上宋維中募化；景發典捐銀一兩，義合號一兩，恒裕號一兩，新盛號一兩，公盛號一兩，通盛號一兩，昌盛號一兩，德興號一兩，和泰號一兩，九如號一兩，天德號一兩，和合店一兩，恒泰□一兩，隆盛號一兩，恒和義一兩，豐盛號一兩，長裕號一兩，長盛號捐銀一兩，德□□一兩，魁興□一兩，廣盛號一兩，復成號一兩，德裕號一兩，醴泉號一兩，復源□一兩，五福□一兩，福隆□一兩，聚成□一兩，元復昌一兩，全盛輝一兩，以上郎士榮募化；天慶緞店捐銀一兩，大成號一兩，悦和義記一兩，惠親王府捐錢五吊，慶豐典弍吊五，慶裕典弍吊五，慶義典弍吊五，慶盛典弍吊五，慶新典弍吊五，啟盛齋弍吊五，永和號弍吊五，洪泰號弍吊五，協盛公弍吊五，石俊義弍千文，人和典一吊，楊鎔一吊，李桂芳一吊，羅廷棟一吊，李清富一吊，以上李清富募化；萬盛成記捐銀四兩，義昌銀號二兩，裕豐銀號二兩，協泰銀號二兩，乾泰錢鋪二兩，元昌錢鋪二兩，全泰公記弍兩，源茂卉記二兩，恭壽堂沈二兩，蘊山堂顧一兩，綸恩堂孫一兩，一經堂章一兩，世懋堂阮一兩，以上李培秀募化；□得俊捐銀二兩，松盛公二兩，永裕長二兩，聚泰義二兩，全義長二兩，義成錢鋪二兩，通和店二兩，全如成二兩，全慶成二兩，萬和成二兩，北全如二兩，王錫純捐銀一兩，以上杜永泰募化；泰昌號捐銀二兩，協成當二兩，益盛永二兩，廣盛隆二兩，永興長二兩，德滋當二兩，復興曹二兩，泰和號二兩，義成號二兩，順成當二兩，以上李清鑑募化；泰來德記捐銀二兩四，昌興順記二兩四，萬順礼記二兩四，同慶生號二兩四，永盛元號二兩四，德興布店二兩四，定泰遠號一兩六，田怡慶堂一兩二，田純嘏堂一兩，刘介福堂八錢，以上田耘書募化；元興復捐銀一兩，永興當一兩，同兆號一兩，萬豐號一兩，德興號一兩，合興號一兩，合成號一兩，允□義一兩，益源公一兩，萬泉湧一兩，義成永一兩，德盛號一兩，恒興玉一兩，昌隆號一兩，裕泰當一兩，福元號一兩，合成玉一兩，永盛合一兩，永隆源一兩，以上郎□□募化；公盛典捐銀二兩，永泰□二兩，聚義典二兩，義豐協一兩，義茂店一兩，公興和一兩，義興典二兩，振興和一兩，春興長一兩，洪義復一兩，永昌公一兩，以上劉大福募化；曹仁義募化銀柒兩、錢叁十四吊。

移建财神庙碑记

【简介】

清道光二十二年（1842）勒石。青石质，圆首（残），无座。碑身高 183、宽 90、厚 17 厘米。碑文楷体，正文 7 行，满行 40 字。碑体风化严重。现存介休市绵山镇东欢村财神庙。

【碑文】

移建財神廟碑記

凡修廟建寺，雖曰善事，必相其地之所宜而為之，地相宜則神安，而人亦蒙休矣。我村舊有財神廟，崇祀西閣之上，堪輿家謂非□神之所，宜移建高原之上，因求之讖語，稽之卜筮，皆曰遷之吉。是以公耆等會同糾首公議，欲舉其事，村中聞者莫不樂從，或募於遠方，或化於近鄰，數年而積金數百。本寺東北隅舊有靜室一處，地基窄狹，善士郭如元施窑地一段，於道光壬寅年建寺遷神，庶於風水相宜，財丁俱利。復於街心建修獻棚三楹，以收壯氣，以壯觀瞻，棚底另有碑記可考。厥功告成，應將樂善好施者勒石以誌。

本村居士郭麟徵謹撰　從九郭玉璜敬書

經理：郭麟徵　郭得中　郭聞基

起意公耆：郭和中　郭允恭　郭培玉

經理領疏公耆：郭麟徵　郭相京　郭作聖　郭玉璜　郭正純　郭允昌　郭培基

香老：郭耀青　郭玉端　郭體宜

大清道光二十二年八月穀旦立

重修八蜡祠布施碑

【简介】

清道光二十四年（1844）勒石。青石质，圆首。碑通高196、宽70、厚14厘米。碑文楷体，记捐资人名、商号。额题“万善同归”。现存介休市城内五岳庙东八蜡祠正殿下。

【碑文】

（碑阳）

郭建馨在山東、河南、直隸眾號募化銀貳佰伍拾两

郭淩斗募化銀貳佰壹拾柒两

拾两：賈田榮　陰泰忠　張有年

九两：梁廣慶

八两：張充輝

六两：義成號

伍两：張有為　張有章　張有儀　集義堂

肆两：協和當　天錫號　王思浚

三两：豐源號　宋振中　豐慶號　恒源當　王思遠　劉裕邦

永昌當　恒升義　興盛當　謙和恒　隆和義

貳两：王慎儒　焦珮璜　陳肇垣　郭映奎　萬盛號　郭相京　封步蟾　宋培傑　大興元　廣義當
聚昌和　胡□　王惟銘　豐興號　楊中傑　興盛當　茹瓚祖　豐泰當　梁兆勳　德基號
慶元當　聚成太　亨裕局　恒泰號　萬盛號　恒裕號　萬寧當　義興永　恒源泰　裕慶號

壹两伍：舜典號　同興義　元裕號　郭維藩　永盛號　昌福店　慶元號　郭維增　恩久當　豐祥號
乾泰生　恒聚號　鴻裕號　錫瑞號　協聚號　萬有號　復盛全　景昌寓　永盛號　大生號
益盛號　乾興和　王惟忠　溫廉泉　義生源　豐慶源　萬聚號　昌美公　永泰號　致祥和
福生長　梁霞琦　王棣華　李國棟

郭膺元募化銀壹百貳拾玖两

六两：張玉氏　焦丕忠　李永旺

伍两：冀維賢　張芳桂　李浩

肆两：慶昌號　李博　致中和

三两：馬駟　溫匯泉　溫達泉　溫潼泉　宋慎修　永昌當　恒升義　仝守魁

貳两：李寬　張有光　宋在洙　張世光　張世煥　宋進賢　李永豫　陳倫　慶泰號　慶發號
發昌號　德興號　致信號　恒茂公　吉儒聞　恒昌升　萬盛號　宋金湯

壹两：焦九齡　李文裕　封維屏　王若宇　德昌號　溫錫鉞　任合朝　解其基　元盛號　義合號
萬昌號　廣源號　復成號　恒豐號　曹汝聰　王殿鼇　燕全德　董玉堂　劉永亮　大豐公
封步蟾

郭守元募化銀貳拾两

郭培春募化銀柒拾貳两　生息銀三两肆

肆两：廣昌當　天昌號　仁昌號　李應亨

三两：鈕萬慶

貳两：集祥當　聚昌和　思義當　廣茂當　廣儲當　天錫成　合成號　廣興號　萬興號　廣隆號
廣業當　永泰號　德昌號　永義號　郭秉鏞

壹两：公成號　侯洽　陝瑞蘭　封作會　李光　喬養浩　任萬春　姜伯元　恒豐和　陳倫　石懷清
郭培光　郭繼昌　韓兆熊　趙擢蘭　陳玉明　田人魁　孫聯震　王安朝　陳玉璋　牛士隆

恒興號　永隆號
陶繼來募化銀伍拾柒两
三两：義和當　恒升義　廣和當　文勝當　致和當　聚義當　洪緒店
貳两：致信號　廣成美　鼎成號　復新號　益成號　復興號　洪裕當　四新當　豐盛號
壹两：天元號　義興西　天保和　廣茂永　元盛號　恒豐號　義和號　萬昌號　郭萬慶　廣源號
協成號　蓋興號　隆盛號　協興號　永盛號　宏裕號
陶昌通募化銀伍拾两，生息銀三两
伍两：瑞興當
三两：元亨當　元吉當　東祥當　鴻慶當　德基號
貳两：馬逢金　瑞隆號　四維堂　天吉和　薛景磊　天泰和　永茂號　天和當　姜玉藻　正茂號
萬全堂
壹两：廣興號　高泰平　義和號　德興號　福興號　永盛號　鈕萬昌　洪聚號
陶彦升募化銀肆拾肆两四
三两：天和當　隆昌當　永豐庫
貳两：謙和公　協和當　恒昌當　永德當　元成當　永興當　三和當　永順當　恒元泰
壹两伍：萬源號　元盛號
壹两肆：乾資堂　永盛王　元隆昌　培榮堂　馨宜堂　德豐永
壹两：聚昌和　德潤號　復興號　萬聚號　聚盛號　三盛泰
陳謨言募化銀四拾四两
肆两：李聿修
三两：隆昌當　同合店
貳两：星聚當　恒源泰　義興永　合興川　新泰厚　聚昌和　書業成　協和當　恒本和　永德遠
乾興和
壹两：興茂公　乾資堂　錫福堂　義和敬　世裕成　景昌當　永泰號　天福號　永興號　義生源
永和號　天成號
陶繼曾募化銀肆拾貳两伍
伍两：陳文
三两：隆昌當　廣業仲　永和當　廣泉德
貳两：聚昌和　永福號　廣儲當　萬和當　廣茂當　義萃當　廣業勤　光裕號　天德成
壹两伍：公興號
壹两：湧泉號　李生輝　義昌號　慶裕當
伍錢：祥盛號　任起諄　石班文　溫如源
郭治募化銀拾肆两
三两：廣儲當
貳两：廣昌當　廣茂當
壹两：思義當　公成號　萬興號　永泰號　廣興號　天昌號　永義號
陶敷文募化銀壹拾伍两

（碑陰）

郭維祺募化銀肆拾两
四两：李蟾桂
貳两：協盛當　武成基　復元號　武守基　尊義昌　協和號　呂爾信　宋喆　劉裕邦　武志仁
李永謙　李永益　李永濟

壹两：元慶號　復慶號　武炳時　武興基　宋發珠　封維屏　溫大紳　安楨　李永豫　任泰觀

郭壯募化銀三拾伍两

三两：呂歸瀛　致中和

貳两：致和興　義和當　張治堂　崇信堂

壹两：恒增店　協成號　豫泰店　鼎成店　永和興　復聚店　益成店　三盛公　復興永　滋豐店　致興店　洪源店　雙和號　隆盛號　永豐號　寶和號　宏裕號　永順當　三星堂　張朝選　畢海瀛

陶繼禹募化銀三拾两，生息銀貳两伍

三两：永昌當

貳两：恒昌升　聚昌和

壹两：廣茂永　萬盛號　元盛號　天保和　恒豐號　天元號　義合號　義和當　道生長　張治堂　萬昌號　聚義號　廣源號　公裕新　復成號　恒升義　致信號　長茂義　致和當　恒茂公　復興永　鼎成號　益成號

宋會午募化銀貳拾伍两

拾两：王大昌

伍两：張世光

四两：李永豫

三两：張恩佑

貳两：封士喆

壹两：任清瓚

陶承業募化銀貳拾壹两壹

貳两：豐盛當　廣豐當

壹两：巨集盛號　巨集裕號　萬盛號　廣豐號　三和號　集成號　永裕興　三順興　任治朝

玖錢：新豐店　廣和興　萬順泰　東興義　廣發店　永興店　萬興和　永和興　寶興號

陶廣德募化銀貳拾壹两

貳两：聚和當　廣儲當　廣昌當

壹两：吉興號　萬青號　元興號　聚隆號　義盛號　吉豪號　介陞號　永義號　豐盛號　萬昌號　逯天祥　永隆號　義萃當　本泰號　泰豐號

郭贇元募化銀貳拾两

三两：合興川

貳两：永昌當　恒升義　廣和當

壹两：文勝當　洪裕當　義和當　田新當　恒豐號　義合號　廣源號　恒升昌　恒茂公　協成號

陳其義募化銀貳拾两

貳两：恒升義

壹两四：福順當　恒茂公

壹两：復興成　恒昌升　宏裕號　廣豐號　永昌號　永盛號　永興隆　永昌當　天保和　萬盛號　德興號　長茂號　恒泰店　天德和　和順合

焦性安募化銀貳拾两

貳两：隆昌當　協和當　星聚當　乾興和　永德遠　永泰號　天福號　公裕店

郭汝敬募化銀拾玖两伍

三两：宋振伍

貳两：封王畿　任泰恒　豐泰號

壹两：永新號　任步亮

捌錢：萬福號　復臨號　恒興號　義合號　日增號　三合號　福源號
柒錢：慶榮號　永和號
伍錢：任清德　□協當　恒升當　萬贏當　天德當　公盛當　萬隆當　萬生當　謙和亨　廣泉德
　　恒順號　寶豐德　聚昌和
陶承運募化銀拾三两
壹两：永興號　東升號　元興店　日升號　三和號　東興號　義興號　天豐號　源昌順　天成號
　　元生號　宏盛號　義興永
宋璉募化銀捌两
壹两：趙修麟　東義合　两益恒　久盛公　永興隆　永茂川　永慶當　裕順公
協成號募化銀捌两
貳两：萬順店
壹两：三慶店　復慶店　統盛號　東來店　興隆兆　恒興店
劉得印募化銀柒两伍
壹两：錦德魁　錦和成
伍錢：劉錫有　安美盛　萬和號　元亨號　慶成公　張進
貳錢伍：王璽　龐兆鳳　杜元善　郝萬寧　德茂久　長德湧　永合成　大成協　永慶成　邢桂
郭朝棟募化銀柒两
貳两：恒升義
壹两：萬盛號　永昌當　德興號　恒茂公
陶全興募化銀貳两伍
伍錢：李鎮五　焦聚文　李政光　李湧泉　李文裕
四两：天興和
三两：協和當　元吉當　萬有當　興盛當　德豐永　合興川　德泰全
貳两：天保和　聚昌和　天裕永　四箴局
壹两：謙和號
貳两：尊義昌
三两：恒發廠
貳两：協成號　恒足號
稷山石匠：甯向盛　衛裕奎　捐銀四两
稷山木匠：姚發　李景　程玉印　蘇淩珍　張作梅　捐銀拾两
陽曲泥匠：馬熙元　馬照元　捐銀四两
稷山：甯紹先　賈克己　鐫字
觀音堂竣工碾地基記：
道光二十四年六月十九日，陶紹端、陶敷敏、敷文、敷功、廣德、廣興，緣陶繼禹說合，將西南角地共壹塊，情願賣與公村安碾使用，言明價□銀貳拾两整，亦有官契為憑，恐歷年已久失落，同此刻石永垂存證。

贾氏建立祠堂碑记

【简介】

清道光二十四年（1844）勒石。青石质。碑长119、宽62.5厘米。碑文楷体。嵌于介休市龙凤镇张壁古堡贾家巷内墙壁。

【碑文】

賈氏建立祠堂碑記

堂以祠名，本遠祖也。曷謂其為奉先祖焉，古往今來，報本追遠之意也。

賈氏自漢唐以來，代有嗣人□□深。考大明年間，始祖讳文智從晉陽省城剪則巷徙至介邑南鄉張壁村賈家巷定居，南北二巷，丁多族廣，故也舊祠不□詳載。

自大清道光二十一年元旦，闔族人為祀地非宜，奮志建祠，不數日而捐錢□□，□□於無卜吉，未敢妄建。至二十三年清和月，北□□□□□□□，而物歸原主耳。自夏至秋，再三躊躇，近至八月，□□□□之踴躍赴功者爭先恐後，越五旬而工告竣。□□大□三□，後盖磚窑四間，資用不足，全美難言。

甲辰□□七月，□□□捐者聚於祠堂之內，努力復捐。曰不有□□□□□□，由是，碑立於祖塋之上，神畫於佛龕之間，欄□□□□□□昭，宛若印形，百世無改。《書》曰奉先思孝，《詩》曰□□□□。吾族子子孫孫永保哉。

十三世孫監生田榮謹撰

十三世孫居士世香敬書

捐銀人名開列於後：

士□	捐銀五兩	士□	捐銀五兩	□遇	捐銀五兩	□□	捐銀貳兩
□遇	捐銀壹兩	□□	捐銀壹兩	中□	捐銀貳兩	□□	捐銀肆兩
□□	捐銀叁兩	維□	捐銀叁兩	維凝	捐銀五錢	□遇	捐銀壹兩
□甸	復捐銀叁拾叁兩	□德	復捐銀壹拾叁兩	□德	捐錢五錢	□常	復捐銀貳拾貳兩

十三世孫：

世桂	復捐銀肆兩五錢	□□	捐銀叁錢	世苑	捐銀柒錢	□□	捐銀陸兩
世興	捐錢柒兩	世□	復捐銀壹兩叁錢	世□	捐錢五錢	□□	捐銀柒兩
□□	捐銀五兩	世相	捐銀貳兩	□化	捐銀五錢	□□	捐銀叁錢
□通	捐銀五錢	□□	復捐銀肆兩貳錢	田□	復捐銀壹佰柒拾兩	清□	捐銀貳兩
□辰	捐銀貳錢	□□	捐銀五兩	□□	捐銀壹兩	□□	捐銀五錢
□蘭	捐銀叁兩	裕光	捐銀捌兩	□文	捐銀壹兩	□昌	捐銀叁錢
□源	捐銀五錢	世瑛	捐銀貳兩	世瑾	捐銀叁兩	□傑	捐銀五錢
德忠	捐銀五錢	夢福	捐銀五錢	□煥	捐銀壹拾兩	成福	捐銀貳兩
成祿	捐銀五錢	成際	捐銀肆兩	成壽	捐銀壹兩	居安	捐銀貳拾壹兩
成敬	復捐銀壹拾貳兩	成光	捐銀五錢	□熙	捐銀叁兩	清輝	捐銀叁拾五兩
恒德	捐銀五錢	恒立	捐銀貳兩	恒升	捐銀壹兩	恒敬	捐銀五兩
祚昌	捐銀五兩	恒元	捐銀壹兩	孔炤	捐銀五錢	恒悅	捐銀五兩
恒祚	復捐銀壹拾壹兩	孔煒	捐銀壹兩五錢	恒源	捐銀壹拾壹兩	昌德	捐銀叁錢
清麟	復捐銀貳兩五錢	昌盛	捐銀貳兩	百齡	捐銀五錢		

十四世孫：

彭齡	捐銀壹兩	恒禮	捐銀五錢	恒輝	捐銀五錢	昌和	捐銀叁錢
恒葉	捐銀叁錢	恒煥	捐銀貳兩	昌孝	捐銀壹兩	毓豐	捐銀貳兩

十五世孫：

雙南　捐銀貳錢　雙賢　捐銀叁錢　雙錫　捐銀壹拾五兩　濳修　捐銀叁兩
雙鳳　復捐銀五兩五錢　繼文　捐銀五錢　雙麟　復捐銀叁錢　繼昌　捐銀五錢
繼成　捐銀叁錢　妙維　捐銀五錢　妙誼　捐銀五兩　妙旺　捐銀叁錢
妙治　捐銀叁錢　妙俊　捐銀叁錢
如山捐銀壹兩
以上共捐銀伍佰伍拾捌兩五錢
買窑院一所，價紋銀壹佰壹拾貳兩
應修理共化費紋銀肆佰叁拾捌兩四錢八分
除化費淨餘紋銀柒兩零貳分，另有清單
大清道光二十四年十月□立

重修二郎庙空王殿痘母宫碑记

【简介】

清道光二十四年（1844）勒石。青石质，圆首。碑首高86厘米。碑身高162、宽80、厚18厘米。底座长88、宽57、高43厘米。碑文楷体，正文10行，满行44字。碑阳额题“德建名立”。碑阴额题“作善降祥”。现存介休市龙凤镇张壁村二郎庙前廊。

【碑文】

（碑阳）

重修二郎廟空王殿痘母宫碑記

二郎廟舊址也，殿前槐柏著美。自東望之，巍然而幽深者，空王殿、痘母宫翼翼焉，奕奕焉。創之於前，不知幾費經營，宜乎於今為烈耳。

然歷年多，則簷牆皆裂；工程大，則需賴甚宏。有起意糾首于道光十六年預為籌畫，幸領疏募化者尚不乏人。故越四年而乃有其備也，至二十年春，動惟厥時。

二郎廟棟宇崇高，垣墉孔固，為屏為翰者，照壁建焉。又東北隅痘母宫，仍其故址，擴而充之，即如神社鼎新，以為供獻造作處。其他北門內門房重修，更房新立，及堡牆險要之所縮版以載。諸糾首咸踴躍從事，不逾年而工遂竣也。況綿峰常垂以甘露，唐代早封為古佛，不有整理，又何以報功？空王殿於二十三年，像金妝之，壁彩繪之，缺略者繼增之。是役也，一舉而數善備焉。廟貌崇，則風氣聚也；宫室廣，則後生保也；殿楹輔，則雨澤助也。俾鄉之人秀者觀光，而化頑者沐恩而安，有嘉德而無違心，上以答明神默佑之靈，下以成都人願施之善。余不文，焉能為記？第念斯工經始，實惟領疏以成其美，吾鄉之人卒能隨心樂輸，勿貽鮮終之誚，其誠均不容沒也，是所以邀神格而庇人生者多矣。特為記。

國子監太學生賈田榮謹撰

儒學增廣生員仝九二敬書

香老：張有序　張九卿　賈世傑　賈恒慶

耆賓：張九宵　王道德　仝大黃　張四達

公正：張九宵　賈錫本　張錦堂　監生張應生　賈田榮

鄉耆：靳釗青　賈岐　賈世香　賈賢　靳嗣立　張志賢　仝大黃　仝大旺　王祥麟

鄉約：張四達　李正成　賈田榮　賈惟荃　張鎮梁　張克美　賈惟甸　張芳桂　王祚豐　張志誠

鄉保：焦發易　靳昌齡

起意人：大賓張禮維　教諭靳炳南　監生賈太和　賈岐　靳釗青　監生賈田榮　監生張錦堂

監生賈維蕃　張四達

總理：張禮維　靳炳南　張應世　張錦堂　賈維馨

糾首：賈世傑　王道德　仝大黃　張有序　張九霄　張志賢　賈世香　焦發易　靳嗣立　靳釗青

賈維荃　王祥麟　賈維甸　張克美　張四達　梁煥　賈雙錫　張鎮梁　李正成

泥匠：燕守聰　賈世勇

木匠：申永荃

丹青：南根和　溫進壽

住持：心誠

時大清道光二十四年歲次甲辰季秋穀旦立

（碑阴）

捐銀人名開列於後

南莊村　銀六兩　　大靳村　銀五兩　　石河堡　銀四兩　　北莊村　二兩五錢

峪子村　錢六千　　焦家堡　錢五千　　龍頭村　錢三十六百　　小靳村　錢三十六百

河　村　錢三十　　東宋壁　錢二十四百　　兩宋壁　錢二十四百　　遐壁村　錢二千

河東村　錢二千

監生張錦堂　銀十二兩　　監生賈田榮　銀十兩　　張鎮荊　銀八兩　　王養孝　銀四兩

監生賈維馨　銀三兩　　賈維徇　銀三兩　　張芳桂　銀三兩　　張芳典　銀三兩

靳釗青　銀二兩　　王祚麟　銀二兩　　賈恒謙　銀二兩　　張志誠　銀二兩

王世春　銀二兩　　賈維常　銀一兩伍錢　　張建勳　銀一兩伍錢　　張楷吉　銀一兩伍錢

賈居安　銀一兩伍錢　　監生張應世　銀一兩

耆賓：張九霄　銀一兩　　仝大黄　銀一兩　　賈敏遇　銀一兩　　張九桂　銀一兩

賈清輝　銀一兩　　宋芳榮　銀一兩　　張志賢　銀一兩　　賈恒祚　銀一兩

張四達　銀一兩　　仝大旺　銀一兩　　張居旺　銀一兩　　賈成福　銀一兩

靳逢源　銀一兩　　賈雙錫　銀一兩　　王世忠　銀一兩　　張仁敬　銀一兩

賈熙　銀一兩　　張立功　銀八錢　　賈中德　銀八錢　　張九成　銀八錢

榮守聰　銀七錢　　仝養順　銀七錢　　靳嵩齡　銀六錢　　仝立朝　銀六錢

賈世桂　銀五錢　　賈世傑　銀五錢　　張通元　銀五錢　　宋士祥　銀五錢

焦發易　銀五錢　　張元禹　銀五錢　　仝大執　銀五錢　　賈恒立　銀五錢

張振鐸　銀五錢　　賈維馨　銀五錢　　賈馨遇　銀五錢　　楊培桂　銀五錢

賈珍　銀五錢　　賈世勇　銀五錢　　賈居敬　銀五錢　　賈裕光　銀五錢

王道通　銀五錢　　賈祚昌　銀五錢　　賈恒敬　銀五錢　　侯繼先　銀五錢

賈恒悦　銀五錢　　賈濬修　銀五錢　　賈雙鳳　銀五錢　　賈雙麟　銀五錢

李正成　銀五錢　　賈為文　銀五錢　　張志信　銀五錢　　賈世醒　銀五錢

張鍾秀　銀五錢　　張崇本　銀五錢　　賈中奎　銀四錢　　喬元體　銀四錢

張本德　銀四錢　　張志仁　銀三錢　　喬元功　銀三錢　　喬元盛　銀三錢

張志禮　銀三錢　　賈恒元　銀三錢　　靳嗣光　銀三錢　　賈孔炤　銀三錢

賈夢蘭　銀三錢　　賈錦　銀三錢　　賈士遒　銀三錢　　王祚豐　銀三錢

王益謙　銀三錢　　張振典　銀三錢　　王世鐸　銀三錢　　張芳聚　銀三錢

張振訓　銀三錢　　王祚阜　銀三錢　　張清化　銀三錢　　張渭田　銀三錢

張仁有　銀三錢　　任來鳳　銀三錢　　喬樹檀　銀三錢　　梁　煥　銀三錢

張芳聲　銀三錢　　張景裕　銀三錢　　仝九喜　銀三錢　　焦德文　銀三錢

賈昌盛　銀三錢　　史大受　銀三錢　　張有恩　銀三錢　　賈書遇　銀三錢

張永通　銀三錢　　張永凝　銀三錢　　賈佩蘭　銀三錢　　靳易齡　銀三錢

賈德麟　銀三錢　　張維舒　銀三錢　　張九卿　銀三錢　　張世俊　銀三錢

武士珍　銀三錢　　賈為山　銀三錢　　張惠田　銀三錢　　溫進壽　銀三錢

張克謙　銀二錢　　鈕福凝　銀二錢　　賈孔煒　銀二錢　　張六傑　銀二錢

榮昌　銀二錢　　張世豐　銀二錢　　仝養德　銀二錢　　賈士實　銀二錢

賈世祿　銀二錢　　賈賢　銀二錢　　王大順　銀二錢　　張九資　銀二錢

張紹德　銀二錢　　賈化　銀二錢　　賈希遇　銀二錢　　賈科遇　銀二錢

張符化　銀二錢　　梁福星　銀二錢　　張世通　銀二錢　　宋士貴　銀二錢

王錫政　銀二錢　　賈元福　銀二錢　　梁永輝　銀二錢　　賈維楨　銀二錢

賈彝　銀二錢　　賈通　銀二錢　　賈收謙　銀二錢　　張鼎隆　銀二錢

靳枝春　銀二錢	賈世通　銀二錢	王太春　銀二錢	喬樹桑　銀二錢
李正奇　銀二錢	張愷維　銀二錢	張恩本　銀二錢	宋希仁　銀二錢
張定福　銀二錢	靳兆齡　銀二錢	靳望齡　銀二錢	王世通　銀二錢
張仁安　銀二錢	梁廷棟　銀二錢	梁清彦　銀二錢	宋錫泰　銀二錢
賈漢輔　銀二錢	燕文先　銀二錢	賈易春　銀二錢	賈維賢　銀二錢
賈呂和　銀二錢	賈易德　銀二錢	賈長源　銀二錢	喬大智　銀二錢
張懋德　銀二錢	榮本吉　銀二錢	劉宏昌　銀二錢	李正貴　銀二錢
王珮璋　銀二錢	宋成功　銀二錢		

以上外省、外村、本村共捐紋銀玖佰六拾六兩伍錢，共費紋銀玖佰壹拾陸兩壹錢，除費淨餘紋銀伍拾兩零四錢，以備北工補修建用。

经理公田义学碑记

【简介】

清道光二十五年(1845)勒石。青石质，螭首，龟趺。碑首高85、宽84、厚20厘米。碑身高170、宽80、厚16厘米。底座高47厘米。碑文楷体，15行，满行52字。王柽撰文并书丹。严廷佐刻石。碑阳额题“继往开来”。碑阴额题“万世永赖”。现存介休市绵山镇兴地村回銮寺。

【碑文】

經理公田義學碑記

蓋聞琳宮紺宇，所以妥侑神靈；家塾黨庠，所以培養俊秀。此固前人創之，尤望後人守之者也。粵稽興地村作廟之初，號曰興國寺，逮唐改號廻鑾寺，其前後左右殿宇欄廈數十餘間，歷年既久，每有傾壞之處，自合隨時修葺，而功程浩大，資費維艱，以故前輩創制公田三頃二十九畝伍分，以田中之所出，為修廟之所資。因選村中端正有品者十人為之糾首以經理之，而何公文深等嘗董其事焉，由何公傳至溫公天澤，由溫公遂傳以至於今，屢年增益，除撥養贍地九十二畝五分外，積有公田二頃九十七畝三分。此則前人之成勞，皭然而不容沒者也。顧善作尤期善述，而慮始要必慮終，以彼年歲漸遙，新舊迭代，而記載不明，將來或生弊端。於是溫公大樑合糾同議，將逐地畝數、逐地段落詳刻於石，俾村人共聞共曉，庶可絕弊端於未萌乎。又先是溫公天澤募化銀兩於村之東西，修理房院二所，倡立義學之地，交與經理之糾首經管，而志未及行，今遵而行之，並泐諸珉，庶幾託付得人而盛事可垂於無窮矣。議既定，大樑諸公因索于余，余曰：諸公制產以儲廟費，則神其饗之矣，立學以勵儒風，則人尤賴之矣，亦既至勤至公，而今復立石垂文，昭示來許，則所以為後輩慮者又何深且遠也。僕雖不敏，請述其意而記之。

業儒王檉沐浴撰敬書

糾首：耆賓溫大樑　馬清祿　溫大泉　李天愷　監生溫附麟　馬騰蛟　王家賓　溫大森

任元魁　溫世泰

住持：淨寶

石匠：嚴廷佐

大清道光二十五年歲次乙巳九月二十四日吉立

經理公田義學碑記

蓋聞琳宮紺宇所以妥侑神靈，家塾黨庠所以培養俊秀，此固前人創之，尤望後人守之者也。粵稽興地村作廟之初，號曰興國寺，逮唐改號

廻鑾寺。其前後左右殿宇櫊厦數拾餘間，歷年既久，每有傾壞之處，自合隨時修葺，而功程浩大，資費維艱，以故前輩創制公田叁佰貳拾玖畝伍分，以田中之所出為修廟之所資，因選村中端正有品者十人為之糾首，以經理之。而何公文深等嘗董其事焉，由何公傳至温公天澤，由温公遞傳以至於今，屢年增益，除撥養贍地玖拾貳畝伍分外，積有公田貳佰玖拾柒畝叁分，此則前人之成勞皭然而不容沒者也。顧善作尤期善述，而慮始要必慮終，以彼年歲漸遥，新舊迭代，而記載不明，將來或生弊端，於是温公大樑合糾同議，將逐地畝數、逐地段落詳刻於石，俾村人共聞共曉，庶可絕弊端於未萌乎。又先是温公天澤募化銀兩於村之東西修理房院貳所，倡立義學之地，爰與經理之糾首經管，而志未及行，今遵而行之，并泐諸珉，庶幾托付得人，而盛事可□於無窮矣。議既定，大樑諸公因索於余，余曰：諸公制產以儲廟費，則神其饗之矣；立學以勵儒風，則人尤賴之矣。亦既至□至公，而今復立石垂文，昭示來許，則所以為後輩慮者，又何深且遠也。僕雖不敏，請述其意而記之。

業儒王樫沐浴撰敬書

糾首：耆賓温大樑　温大泉　監生温附麟　王家賓　任元魁　馬清禄　李天愷　馬騰蛟　温大森　温世泰

住持：淨寶

石匠：嚴廷佐

大清道光二十五年歲次乙巳九月二十四日吉立

重修龙天庙记

【简介】

清道光二十五年（1845）勒石。青石质。碑高192、宽70、厚17厘米。碑文楷体，正文9行，满行51字。其后纠首、经理等名漶漫不清。额题“万古流芳”。现存介休市张兰镇上梁村。

【碑文】

重修龍天廟記

上梁村舊有龍天廟，建自天順四年十月間，縣誌所謂賈侯名渾者是也。侯於晉永興元年宰介邑，劉淵將喬晞攻破之，侯與夫人宗氏俱不屈死，邑人憫其節，為立祠焉。其名以龍天者，豈侯之德澤宏深，如霖雨之遍及蒼生與？抑民之愛戴不忘，故假神靈之異以尊之與？今鄉民雨暘之不若、百穀之未成、疾病災患之不時，則惟神是禱，禱輒應。初，廟在南門外之高阜，內祀龍天並觀音菩薩、子孫聖母。康熙十二年，重修龍天大殿三間、聖母大殿三間、樂樓一座，補修則乾隆四十八年三月也，嘉慶十年，復設鐘鼓二樓。日久弗葺，鄉人懼無以妥神之靈也，張公九疇與眾募金，遷廟於巽地，坐坎向離，規模較前加闊。正樓三間祀龍天，以廟本號龍天也，正窑五間祀送子觀音，東殿祀龍王，西殿祀子孫聖母，門樓一座，左右廊房各三間，鐘鼓樓二座，大門三間，樂樓一座，圍牆對列，梨園下處一所，金碧丹雘，煥然生色。工既竣，求記於余，余思龍天廟所在多有，而人或不知其為侯，知□為侯矣，且謂其能降雨澤，而忘其忠烈之大節，至或有以龍王相附會者，代遠年湮，日失其實。夫發微闡幽，士大夫之事也，況侯之夫婦□死，節義□雙，而可聽其湮沒而弗彰也哉？因誌其事而勒諸貞珉。時道光辛丑孟秋也。

例授文林郎、□□□□□□科舉人郎夢元撰文

□□□□□□□州同□憲仁書丹

□□□□□□□堪輿

總理廟工□耆　糾首……

工頭……

道光二十五年歲次乙巳中秋乙酉月吉日敬立

村规民约碑

【简介】

清道光二十五年（1845）勒石。青石质，碑身高73、宽30、厚12厘米。碑文楷体。碑文内容似有语法错误，但对古代村规民约和乡村治理研究具有参考价值。现存介休市龙凤镇南庄村南。另有一方嵌于南庄东门外侧墙壁，高85、宽12厘米，无年款。

【碑文】

（村南碑）

道光二十五年十一月 立

閤村公議禁止，左右不許堆積糞土，如違重罰。

（东门碑）

閤村禁止，門外左右永不許堆積糞土。

补修后土庙碑记

【简介】

清道光二十六年（1846）勒石。青石质，圆首。碑首高43厘米。碑身高150、宽69、厚18厘米。底座长82、宽49、高40厘米。碑文楷体，15行，满行43字。碑阳额题“永言配命”。碑阴额题“自求多福”。现存介休市城内后土庙。

【碑文】

（碑阳）

竊思廟工興修，全憑眾善佈施；石勒芳名，始謂千秋不朽。即如道光十二年介邑諸君起意補修后土廟，不僅數十君子，闔邑仁人善士，同有樂意補修斯廟之誠心也，所以疏寫貳萬數千佈施，未嘗費力。

余今獨自立石，固自己捐輸外，又持疏募化自己鋪東、親友共有佈施千金，如同余佃會得會之頃，彼時只為急功補修風水廟宇焉。有希邀額外鴻恩，無如功溢費缺，無法完竣，所藉者官紳公舉，上憲詳開五百多名，共捐化銀玖萬五千之多，邀請議敘所奏者，撫憲大人題請，自十四年補修五處工程，至十五年完竣之。疏奉旨恩，准以貳百兩上者議敘七十八人，貳百兩以下者有四百多人，給匾花紅。當初官紳詳文開，余捐輸銀壹千貳百兩，余實屬不知，及後查對，方知照奏之數不敷，余後即照奏明銀數補足，得受鹽知事之職，並未將早年別工之佈施相頂，亦未將親友寫在廟工之佈施頂兑，即如本族榮晉等數人，共捐疏銀數百兩，業已注明各自名下，未受議敘。余亦不能移算自己捐項，惟將自己持疏募化，自己鋪東、親友助余之佈施，今一一詳開，注名刊石。庶不使湮沒仁人君子之善，余又永盛得受恩榮之德。是為記。

此碑於二十三年現成，只待公社普刊善名之後再立，至今三年。茲現年七旬有二，惟恐遺落眾善之名，固自立之。所望高明寬宥趍先，是滋不忍湮沒眾善功德云爾。

大清道光二十六年四月吉日

邑人榮光滋敬立

（碑阴）

都司郭建馨　助化銀肆拾兩　　同知郭申之　助化銀肆拾兩

知府陰天忠　助銀貳拾肆兩

此銀移入董同事募化内

同知靳為汾　助化銀拾兩　　同知張廣忠　助化銀拾貳兩

布理王清魁　助化銀拾兩　　明同張文寶　助化銀拾貳兩

明同張佑臣　助化銀六兩　　知府張文敏　助化銀六兩

生員郭正宇　助化銀六兩　　監生梁安邦　助化銀六兩

生員張承綬　助化銀四兩　　監生張萬昌　助化銀四兩

縣丞郭尉棠　助化銀四兩　　明同靳岐　助化銀貳兩

本邑　廣順隆記　助化銀貳兩　　平邑　恒興長記　助化銀貳兩

本邑　協慶義記　助化銀貳兩　　平邑　蔚源長記　助化銀貳兩

本邑　永盛義記　助化銀四兩　　平邑　正亨永記　助化銀貳兩

祁邑　祥泰號　助化銀貳兩　　平邑　廣泰德記　助化銀貳兩

平邑　玉盛雷記　助化銀貳兩　　平邑　長盛毋記　助化銀貳兩

本邑　廣興西記　助化銀四兩　　利宜借局　助化銀四兩

本邑　三盛鋪　助化銀四兩　　本邑　原衣鋪　助化銀貳兩

平邑　永慶隆記　助化銀貳兩　　平邑　永隆和記　助化銀貳兩

雙池　源盛永記　助化銀貳兩　　交邑　天錦公記　助化銀貳兩

交邑　天錦清記　助化銀貳兩　　祁邑　源和金記　助化銀貳兩

前思朝工共修合邑衆善佈施石勒芳名始謂千秋不朽耶如道光十二年介邑諸君起意補修
后土廟不僅數十君子是闔邑仁人善士同有崇奉補修新廟之誠心也所以謁寫式萬數千佈施不必費力今
[illegible]自立石因自己[illegible]外人特疏募化自己舖東親友共有佈施千金如同合伙分得分之一夜時日為
急功補修風水廟宇焉有希邀額外
焉無如功盜費缺無法營竣所存者[illegible]官紳公衆上[illegible]開五百多名共捐化錢致爲五千之多是爲叙
所奏者
上憲大人想請自十四年補修五處工程至十五年完竣之疏奉
旨恩准以貳百兩以上者議敘七十人以貳百兩以下者有四百多人給匾花紅當初官紳許支開余捐錢壹
千貳百兩余實爲不知反將舊封芳銘照奏之數不敷余後即照奏作銀數補足後受鹽知事之職並未得
子年別工之佈施相項亦未將親友等在別工之佈施項兒即如本族榮晉等數人共募疏銀數百兩業已
注明各自名下未受議敘余亦未能移莫自己捐項惟將自己持疏募化自己舖東親友助余之佈施合一
一詳開姓名刊石庶不使湮沒仁人君子之善余又乖感將受
恩榮之德是爲記
此碑刻於十三年現載於公社[illegible]名矣後刊立至今二十三年滋現年七旬有二惟恐遺忘
衆善之名因自[illegible]刊明並有人[illegible]不忍湮沒此善功德云爾

大清道光二十六年四月吉日 邑人榮光滋 敬立

雙池　新茂永記　助化銀貳兩
汾邑　光裕盛記　助化銀貳兩
平邑　豐裕泰記　助化銀壹兩貳錢
汾邑　協和慶記　助化銀捌錢伍分
孝邑　錦新號　助化銀壹兩貳錢
夏邑　恒興協記　助化銀壹兩
夏邑　敬盛號　助化銀壹兩
東昌　興茂公記　助化銀貳兩
陽谷　廣義典　助化銀貳兩
□邑　儀合同　助化銀六兩
絳邑　三合增記　助化銀六兩
沃邑　興盛協記　助化銀貳兩
典村　萃豐號　助化銀六兩
絳州　義和祥　助化銀壹兩貳錢
□□　雙盛號　助化銀壹兩
夏邑　同心祥記　助化銀壹兩
沃邑　萬盛協　助化銀壹兩貳錢
東禺　廣盛義記　助化銀拾貳錢
聞喜　廣裕興　助化銀四兩
祁邑　德奉全記　助化銀四兩
□邑　恒聚號　助化銀壹兩
長美號　助化銀貳兩
正昌典　助化銀貳兩
德和號　助化銀貳兩
義順號　助化銀貳兩
清□　恒興典　助化銀叁兩
天和號　助化銀壹兩

祁邑　世隆盛記　助化銀貳兩
平邑　聚義號　助化銀壹兩
汾邑　元裕號　助化銀壹兩
孝邑　恒新號　助化銀壹兩貳錢
祁邑　福盛永記　助化銀四兩
夏邑　全盛號　助化銀壹兩
沃邑　全義書記　助化銀壹兩貳錢
祁邑　□長盛記　助化銀貳兩
祁邑　書業成記　助化銀貳兩
絳邑　三元號　助化銀壹兩貳錢
邑　□盛同記　助化銀六兩
白水　玉興永記　助化銀貳兩四錢
□水　公興號　助化銀壹兩
□□　天順號　助化銀壹兩
曲村　萬育亨記　助化銀貳兩四錢
夏邑　永吉號　助化銀壹兩
絳邑　景成號　助化銀壹兩貳錢
東禺　協和興　助化銀拾貳錢
東禺　天升典　助化銀四兩
沃邑　興茂協記　助化銀貳兩
□□永春號　助化銀貳兩
寶聚興　助化銀貳兩
正大典　助化銀貳兩
裕源店　助化銀貳兩
泰升號　助化銀壹兩
永元號　助化銀壹兩
松盛號　助化銀壹兩

募祀人廣興誠記　助化銀肆兩

又募化：

從九　齊元緒　助化銀貳兩
同知　王重彝　助化銀肆兩
監生　董如擴　助化銀肆兩
監生　焦瀛　助化銀肆兩
監生　楊廷升　助化銀貳兩
武生　趙生魁　助化銀壹兩
武生　房聚庚　助化銀壹兩
貢生　王錫瑞　助化銀壹兩
靈邑　廣興面店　助化銀貳兩
靈邑　玉暉號　助化銀壹兩
靈邑　雙和號　助化銀壹兩
士人　強慶　助化銀壹兩
士人　王召南　助化銀壹兩
士人　王德荃　助化銀壹兩

知府　王迪彝　助化銀肆兩
知府　梁重琪　助化銀貳兩
監生　王在乾　助化銀肆兩
從九　張世臣　助化銀貳兩
監生　宋家琮　助化銀壹兩
守府　王爾禺　助化銀壹兩
同知　祁發鼇　助化銀壹兩
靈邑　阜和號　助化銀壹兩
靈邑　世興號　助化銀壹兩
善士　余耀極　助化銀壹兩
善士　王應星　助化銀壹兩
士人　焦映奎　助化銀壹兩
士人　王德旺　助化銀壹兩

募化人監生：李中洲　助化銀貳兩

募化：

京都　人和銀號　助化銀肆兩　　京都　穆先生鴻信　助化銀貳兩
京都　寧順典　助化銀貳兩　　京都　恒裕典　助化銀貳兩
京都　義興典　助化銀貳兩　　京都　天亨典　助化銀貳兩
京都　永元典　助化銀貳兩　　京都　乾興典　助化銀貳兩
京都　裕隆典　助化銀貳兩　　京都　受昌典　助化銀貳兩
京都　元義公記　助化銀貳兩　　京都　瑞興典　助化銀貳兩
京都　元泰號　助化銀貳兩　　京都　中成號　助化銀貳兩
京都　中成號財東法裕堂　助化銀六兩
募化人生員張壽三　助化銀貳兩

又募化：

豐泰典　助化銀伍兩　　德聚典　助化銀貳兩
同盛興　助化銀貳兩　　義興典　助化銀貳兩
同山號　助化銀貳兩　　永興號　助化銀貳兩
義成典　助化銀貳兩　　元隆號　助化銀叁兩
三成號　助化銀壹兩　　章成典　助化銀壹兩
元美號　助化銀壹兩　　安懷典　助化銀壹兩
大元典　助化銀壹兩　　恩昌典　助化銀壹兩
元章典　助化銀壹兩　　元盛典　助化銀壹兩

介賓　郭命之募化：

天德號　助化銀壹兩　　全興典　助化銀貳兩
兩恒裕記　助化銀貳兩　　世昌號　助化銀貳兩
萬和興　助化銀貳兩　　恒慶號　助化銀貳兩
廣仁典　助化銀貳兩　　裕盛號　助化銀貳兩
東成號　助化銀貳兩　　德昌號　助化銀壹兩

又募化：

同義典　助化銀貳兩　　慶和典　助化銀貳兩
聚泰典　助化銀貳兩　　鼎新典　助化銀貳兩
隆茂號　助化銀貳兩　　永義號　助化銀貳兩
慶和號　助化銀貳兩　　懋牲號　助化銀貳兩
裕成典　助化銀貳兩　　吉盛典　助化銀貳兩
太和號　助化銀貳兩
募化人監生常清琳　助化銀拾兩

又募化：

湖南省石門縣知縣衛庶　助化銀拾兩　　募化人監生張世先　助化銀壹兩

又募化：

平邑　廣泰號　助化銀壹兩　　平邑　昌盛和記　助化銀壹兩
平邑　天元號　助化銀壹兩　　平邑　隆泰號　助化銀壹兩
平邑　玉盛雷　助化銀壹兩　　平邑　四盛公記　助化銀壹兩
平邑　萬長和記　助化銀壹兩

監生　喬世忠募化：

襄垣縣　道生典　助化銀肆兩　　善士　胡汝汾　助化銀肆兩
衛群　寶興典　助化銀伍兩

恒裕典　助化銀貳兩　茂盛錢店　助化銀貳兩
萬順錢店　助化銀貳兩　廉永隆　助化銀貳兩
開泰典　助化銀肆兩　公義典　助化銀肆兩
公合典　助化銀肆兩　德興典　助化銀肆兩
孝邑　萬興典　助化銀伍兩　千總　萬魁一　助化銀貳兩
州同　蔡段桂　助化銀貳兩　世□□□山□□世□　孔照佃　助化銀伍兩
募化人監生王立法　助化銀壹兩
又募化：
李家基堂　助化銀叁兩　士人　梁存義　助化銀貳兩
謙典樓　助化銀壹兩　士人　任靜　助化銀壹兩
士人　梁廣亨　助化銀壹兩　士人　張□　助化銀壹兩
募化人　本城　綢行公募化四號　募化人□□　西義號　助化銀拾兩
又募化：
李士　助化銀壹兩　監生　李士冰　助化銀壹兩
監生　王天爵　助化銀壹兩　士人　任士瀛　助化銀壹兩
士人　郭建中　助化銀壹兩　徐慶鼎　助化銀壹兩
募化人義安村：廉慶龍　助化銀貳兩
又募化：
□□堂　助化銀貳兩　□□　趙□瀅　助化銀壹兩
義公堂　助化銀貳兩　大順堂　助化銀壹兩
郭隆號　助化銀貳兩　立昇堂　助化銀貳兩
監生　靳□□　助化銀壹兩　生員　李家熙　助化銀壹兩
吉亨號　助化銀壹兩　勉義堂　助化銀壹兩
依山堂　助化銀壹兩　怡敬堂　助化銀壹兩
募化人義安村　成裕號　助化銀壹兩
又募化：
監生　郭鍾秀　助化銀肆兩　監生　郭鍾萬　助化銀貳兩
監生　李金鼇　助化銀壹兩　從九　李景夷　助化銀壹兩
監生　郭宗真　助化銀貳兩　介賓　郭巖然　助化銀壹兩
善士　郭鍾材　助化銀壹兩　善士　王天吉　助化銀壹兩
募化人　沙堡　義亨號　助化銀貳兩
又募化：
副榜　曹逢吉　助化銀壹兩　善士　曹義和　助化銀壹兩
善士　曹安吉　助化銀壹兩　善士　盧正檀　助化銀壹兩
聚寶樓　助化銀壹兩　日升號　助化銀壹兩
士人　馬萬通　助化銀壹兩　永慶號　助化銀壹兩
衍成號　助化銀壹兩　慶和公記　助化銀壹兩
善士　原光興　助化銀壹兩　原光裕　助化銀壹兩
曹瑞堂　助化銀壹兩　人裕號　助化銀壹兩
義源號　助化銀壹兩　綢行公募　柒拾□兩

所有滋與自鋪在五處工程内出過之佈施，各有碑記、賬簿詳載，毋庸再刊。今滋特立此碑者，惟念有始不可無終，可以不辭指責，任勞任咎，欲斯廟完全之意耳。

大清道光二十六年歲次丙午四月吉日

襄事邑人　趙偉書丹

发琤不守清规判文

【简介】

清道光二十七年（1847）勒石。青石质。长 65、宽 48 厘米。碑文楷体，11 行，满行 13 字。嵌于介休市龙凤镇龙头村崇兴院。

【判文】

遵黄公堂斷訊得：發琤前因不守清規，驅逐出廟，立有文約。茲後捏控軍憲，實屬膽大妄為，發琤掌責貳佰。訊係孝義人，着即備文遞回原籍還俗，以免滋事，取結完案。此判。

道光貳拾柒年八月二十八日

公耆　糾首　耆老　約保　公立

勒增补修关帝庙碑记

【简介】

清道光二十七年（1847）勒石。青石质，螭首。碑首高85厘米。碑身高145、宽80、厚16厘米。底座长90、宽55、高32厘米。碑文楷体，17行，满行38字。碑阳额题“永著千秋”。碑阴为功德碑记，额题“功德流芳”。现存介休市义安镇那村关帝庙。

【碑文】

（碑阳）

勒增補修關帝廟碑記

蓋聞為善者人之本性，善善者人有同情，古今來功德大業，一經創造，即能昭昭然長留於天地間而不泯沒者，賴有善繼者也。我那邨東門外有關帝廟，坐北向南，與樂樓正對，歷年多，攷之碑，言舊廟無記，不知創自何時。康熙五十五年，有本宗歲進士、趙城縣儒學訓導翀雲老先生重修樂樓碑載廟新修；乾隆二十八年重修，有胞叔祖歲進士景昌公碑記；嘉慶十六年補修，亦有碑記。道光十七年，郭本源起意，與村人公議廟後有曠基，欲廓其規模以振修，眾咸諾之。遂協力建大殿五間，東西隔一間耳殿，又東西廂房各三間，意欲南面修庭，東西建鐘鼓樓，而財用不足，有志未逮，無奈寢其事。越八九年，二十六年冬，書銘張公與耆老郭清裕公商議，須會知眾人曰：“有作必有成，不殖將落，議在落成其事。”僉曰“善”。爰擇日興工，築新補舊，移神像於新殿，立神位於舊壇，拆舊耳殿，北修一大照壁，東西留兩門，前後通成一氣，金粧神像，彩絢廟貌，數月間煥然一新，勝事竣焉。如庭□□樓，再待數年，亦可甚矣。事必有為而後成也，莫為之前，雖美弗彰，莫為之後，雖盛弗傳。創始者功著於先，繼起者勣垂於後，勞心雖分先後，為善同歸一致也。功成勒石，向余乞文，余雖孤陋，不願掩沒人善，因援筆以誌其事，竝彰功德之不朽云爾。

鄉人汾州府學生員、准捐儒學訓導、學舉耆儒、例授介賓張燮堂薰沐敬撰

太原府清源鄉儒人李潤堂薰沐敬書

值年公耆：郭清裕　張書銘　郭本淳　趙恒齡

大清道光二十七年歲次丁未重陽節眾糾首公立

石匠河津縣高立言敬鐫

（碑阴）

功德碑記

從來無德不彰，無善不揚，事所必至，理有固然。我那村十七年增修關帝廟，起意於本源公，分猷於眾糾首，勞心年餘，大勢雖舉，未嘗告竣。聞所費用大約三千餘金，其金有舊年積累者，亦有比戶募化者，又有施地基者，則捐施之姓名與施數之多寡皆詳載於賬簿，此賬簿即其所憑依也。迨二十七年，接未成之基以振修，經數月間始落成之。勒石記事，自古皆然，但十七年施主之功德理宜表著，是年本源公作古矣，即與眾糾首再三商議，訪問賬簿，均不知其所在，而猶不敢妄誌，只得闕如。謹將二十七年事載之，如前之賬簿查出，再為立石可也。

信士張書銘捐施紋銀伍拾兩整

信士張申五募化紋銀貳伯叁拾貳兩陸錢柒分

住持僧昌福　昌祿

勒增補修　關帝廟碑記

蓋聞為善者人之本性，誌善者人有同情。古今來功德大業，一經創造，即能昭昭然長留於天地間而不泯沒者，賴有善繼者也。我郉邨東門外有關帝廟，坐北向南，與樂樓正對，歷年多攷之碑，言舊廟無記，不知創自何時。康熙五十五年有本宗歲進士趙城縣儒學訓導池雲老先生重修樂樓碑，載廟新修。乾隆二十八年重修，有胞叔祖歲進士景昌公碑記。嘉慶十六年補修，亦有碑記。道光十七年，郭本源起意與村人公議，廟後有曠基，欲廓其規模以振修，眾咸諾之，遂協力建大殿三間，東西隅一間耳殿，又東西廂房各三間，意欲南面修庭，東西建鐘鼓樓，而財用不足，有志未逮，無奈寢其事。越八九年，二十六年冬，書銘張公與耆老郭清裕公商議，須會知眾人，曰：有作必有成，不殖將落，議在落成其事。僉曰善。爰擇日興工，築新補舊，移神像於新殿，立神位於舊壇，拆舊耳殿，北修大照壁，東西留兩門，前後通成一氣，金粧神像，彩絢廟貌，數月間煥然一新，勝事竣焉，如庶[illegible]後再待數年亦可甚矣。事必有為而後成也，莫為之前，雖美弗彰；莫為之後，雖盛弗傳。創始[illegible]功著於先，繼起者勸善於後，勞心雖分先後，為善同歸一致也。功成勒石，向余乞文，余雖孤陋，不顧掩沒人善，[illegible]援筆以誌其事，茲彰功德之不朽云爾。

鄉人汾州府學生員准捐儒學訓導學舉耆儒例授介賓張燮堂薰沐敬撰

太原府清源鄉儒人李潤堂薰沐敬書

值年公者　郭清裕　郭本淳　張書銘　趙恒齡

大清道光二十七年歲次丁未重陽節眾糾首公立

石匠河津縣高[illegible]言敬鐫

功德碑記

從來無德不彰無善不揚事所必至理有固然我那村十七年增修

關帝廟起意於本源公分猷於衆糾首勞心年餘大勢雖舉未嘗告竣聞所

費用大約三千餘金其金有舊年積累者亦有比户募化者又有施地基

者則捐施之姓名與施數之多寡皆詳載於賬簿此賬簿即其所憑依也

迨二十七年接未成之基以振修經數月間始落成之勒石記事自古皆

然但十七年施主之功德理宜表著是年本源公作古矣即與衆糾首再

三商議訪問賬簿均不知其所在而猶不敢妄誌只得闕如僅將二十七

年事載之如前之賬簿查出再為立石可也

信士張書銘捐施　紋　銀　伍　拾　兩　整

信士張申五募化紋銀貳伯叁拾貳兩陸錢柒分

住持僧昌

祿　福

创建关圣帝君庙碑记

【简介】

清道光二十七年（1847）勒石。青石质，螭首，须弥座。碑首高80厘米。碑身高155、宽78、厚16厘米。底座长95、宽60、高40厘米。碑文楷体，正文11行，满行48字。碑阳额题“永垂不朽”。碑阴额题“万善同归”，碑阴布施文800余字。现存介休市义安镇中街村。

【碑文】

（碑阳）

創建關聖帝君廟碑記

關聖帝君廟祀之重與宣聖等，凡天下建官置師之地，莫不崇祀宣聖，即莫不崇祀關聖帝君。祭用太牢，禮隆九拜，乃武乃文，鉅典煌煌，而鄉里之私事帝君者，謬謂護持佛法，輒與彌勒同龕。如中街村東南隅舊建三大士廟，而祔帝君於阿羅漢之次焉，豈非知尊帝君而未知所以尊歟！我朝釐正祀典，大洗前訛，屢有旁祀帝君之禁。聞此地鄉先輩謀建帝君專祀，以無所憑藉而不果。歲在辛丑，余館孫君希閔家，值孫君敦彝、石君清可、趙君九階昆仲暨希閔君前後俱集余館，談及斯事，議興土木，雅有同心，余復從旁慫恿之。於是先請神會醵金，繼□疏引募化，共積錢伍伯餘千、銀叁千有零，乃於三大士廟之北築土為基，創修正殿三楹，虔請帝君像於中寢，東西殿各三楹，一祀財神，一祀送子觀音，棟宇軒廠，金碧絢爛，允稱神栖。他如門廡、齋房、竈舍以及樂樓、墉垣，皆依次修理，並葺治三大士廟而塗以丹雘。是役也，經始於甲辰歲三月，越二年而告竣，將鐫諸石，以示悠久，囑余為記。余喜神明之得所憑依，既想見解梁祠宇且與闕里廟堂比榮，非如前此之錯處梵宮也，尤喜董事諸公遵朝廷之典，繼先人之志，任力任勞，而復屢次輸金輸粟，以相底於有成。爰贅數語，以紀其畧云。

穀遠廪膳生員王青萬薰沐撰

例授文林郎、吏部揀選知縣、甲辰科舉人趙守經薰沐書

經理糾首：孫懷義　趙世卿　孫學朱　趙世隆　趙世璽　趙世雅　石渠亭

大清道光二十七年歲次丁未孟秋穀旦立

創建關聖帝君廟碑記

關聖帝君廟祀之重與
宣聖等凡天下建官置師之地莫不崇祀　宣聖即莫不崇祀　關聖帝君祭用太牢禮隆九拜乃武乃文鉅典煌煌而鄉里之
私事　帝君者謬謂護持佛法輒與彌勒同龕如白街村東南隅舊建
三大士廟而祔　帝君於阿羅漢之次焉豈非知尊　帝君而未知所以尊歟我　朝釐正祀典大洗前訛屢有旁祀　帝君之
禁聞此地鄉先輩謀建　帝君專祀以無所憑藉而不果識在辛丑余館孫君希閔家值孫君敦輿石君清可趙君九階昆
仲暨希閔君前後俱集余館談及斯事議與土木雅有同心余復從旁慫慂之於是先請神會醵金繼[illegible]疏引募化共積錢
伍伯餘千銀叄千有零乃於　三大士廟之北築三為基創修正殿三楹虔請　帝君像祔中[illegible]東西殿各三楹[illegible]一祀　財
神一祀　送子觀音棟宇軒敞金碧絢爛允稱　神栖他如門廡齋房竈舍以及樂樓垣墉皆依次修理並葺治　三大士
廟而塗以丹雘是役也經始於甲辰歲三月越二年而告竣將鐫諸石以示悠久囑余為記余喜　神明之得所憑依既想
見解梁祠宇且與闕里廟堂比崇非如前此之錯處梵宮也尤喜董事諸公遵　朝廷之典繼前人之志任力任勞而復屢
次輸金輸粟以相底於有成爰贅數語以紀其畧云

穀遠廩膳生員王青萬薰沐撰

例授文林郎吏部揀選知縣甲辰科舉人趙守經薰沐書

經理糾首　趙世卿　趙世隆　趙世雅
孫懷義　趙世璽　石渠亭
孫學朱

大清道光二十七年歲次丁未孟秋轂旦立

（碑阴）

謹將本村神會佈施人名字號開列於左：

趙運舒施錢肆拾玖千、趙運茂施錢肆拾玖千、孫學朱施錢肆拾玖千、孫維屏施錢肆拾玖千、趙世恕施錢叁拾伍千、孫懷義施錢貳拾捌千、孫維藩施錢貳拾壹千、務本堂施錢貳拾壹千、趙世俊施錢貳拾壹千、石丕烈施錢壹拾肆千、石丕猷施錢壹拾肆千、趙世寶施錢壹拾肆千、趙守愚施錢壹拾肆千、孫維清施錢壹拾肆千、孫維倫施錢壹拾肆千、劉澤金施錢拾千伍伯、劉繼綬施錢柒千文、趙世祥施錢柒千文、趙運元施錢柒千文、孫學邵施錢柒千文、石丕建施錢柒千文、孫學禮施錢柒千文、趙世桂施錢柒千文、趙世貞施錢柒千文、冀學貴施錢柒千文、趙世模施錢柒千文、趙世禎施錢柒千文、趙世法施錢柒千文、孫維典施錢柒千文、趙運貴施錢柒千文、石丕功施錢柒千文、趙世隆施錢柒千文、石渠亭施錢柒千文、趙守潤施錢柒千文、李興隆施錢叁千伍伯、楊永義施錢叁千伍伯、石中琦施錢叁千伍伯、趙世全施錢叁千伍伯、冀希賢施錢叁千伍伯、石中秀施錢貳千捌伯。

孫學朱施銀叁拾兩、趙世壐施銀拾陸兩、趙世卿施銀拾貳兩、孫懷儒施銀拾兩整、趙世模施銀拾兩整、三和信施銀捌兩整、集成義施銀捌兩整、謙成義施銀捌兩整、務本堂施銀柒兩整、趙世恕施銀陸兩整、孫維屏施銀陸兩整、楊堯之施銀伍兩叁錢、孫懷義施銀伍兩整、德盛汪施銀肆兩整、孫維倫施銀叁兩整、趙守春施銀貳兩伍錢、魏世久施銀壹兩陸錢、石丕烈施銀壹兩伍錢、趙運貴施銀壹兩貳錢、劉澤金施銀壹兩貳錢、趙世耕施銀壹兩貳錢、孫學珖施銀壹兩貳錢、孫學邵施銀壹兩貳錢、孫維藩施銀壹兩貳錢、趙世封施銀壹兩貳錢、趙守愚施銀壹兩貳錢、趙世綱施銀壹兩貳錢、趙鳴皋施銀壹兩貳錢、趙鳴翔施銀壹兩、趙運鴻施銀壹兩、恒泰成施銀壹兩、趙鳴鸞施銀壹兩、趙世禄施銀壹兩、三發廠施銀壹兩、慶益成施銀壹兩、楊永義施銀壹兩、孫維清施銀壹兩、石丕照施銀壹兩、石丕猷施銀壹兩、石丕樹施銀陸錢、楊舜之施銀陸錢、冀學貴施銀陸錢、石丕建施銀陸錢、石丕曜施銀陸錢、李光第施銀伍錢、趙守先施銀伍錢、趙世禎施銀伍錢、趙守恭施銀伍錢、興茂永施銀伍錢、石中秀施銀伍錢、李興隆施銀伍錢、趙運柱施銀伍錢、孫文昭施銀伍錢、趙運佺施銀伍錢、趙世好施銀伍錢、長盛吴施銀伍錢、趙世恩施銀伍錢、趙世紀施銀伍錢、趙守璜施銀伍錢、趙守潤施銀伍錢、石江亭施銀叁錢、趙世法施銀叁錢、趙世則施銀叁錢、趙守懿施銀叁錢、趙運來施銀叁錢、趙守中施銀叁錢、石丕功施銀叁錢、趙運良施銀叁錢、孫學智施銀叁錢、趙純椵施銀叁錢、孫維謨施銀叁錢、李光喜施銀叁錢、劉世喜施銀叁錢、趙李氏施銀叁錢。

创修藏风桥碑记

【简介】

清道光二十九年（1849）勒石。青石质，圆首。碑通高130、宽54厘米。碑文楷体，17行，满行40字。额题“造桥修路”。碑存介休市龙凤镇张壁村关帝庙东院。

【碑文】

創修藏風橋碑記

橋以風名，志藏也。古者有藏，則以任重，示所伏也。□子得道，以得其歲、程子明道，以密于藏，君子待時而動，以利其藏。其藏之功烈不同，其示所伏一也。

于道光二十九年七月朔八日癸卯晝，陰雲大雨，自我南郊，聞有聲自西南來者，村人僉曰：此河水也，□□乎來哉，□出祀之。但見奔騰澎湃，波濤街驚，北門乍掩，擊鐘不聞，惟有叩泣比天涯。急禱興隆寺，忽□虹起二郎廟，水降北門開，即援村人于南門之處，擋河水於兩堰之間。切望河神□□地中，□形□也，水□三次，橋勢宛成。

乃集公人於寺上而告之曰：石橋不修可乎？曰：石橋不修則淹村。石橋急修可乎？曰：石橋急修則藏風。《易》曰風引水止，又曰巽為風。橋成而風水潛藏，以免一村之水患；橋就而巽水入地，以□□以之文心。

□遇□母有病，速禱關神，願發青石五拾五兩，病果愈復轉。公人梁煥壽□為範□助□人□樂輸，因而急先恐後者甚眾，繼按過橋地畝捐銀錢工以成之。伊誰之力？皆曰公耆。公耆不有，□之公人。公人曰不然，歸之造物，造物不自以為功，歸之神明。神明默佑，而橋□以名藏風。又詩曰：□□□誠香火地，灰渣換做石頭橋。東南洞裏醴泉出，西北堤邊皎月邀。

國子監太學生賈田榮謹撰寫

本村居士□□張九成敬書

香老：賈士傑　賈維甸

公正：賈田榮

鄉耆：張五常　王世道　張立□　梁□□　□中奎　張志誠　□□山　賈中德

賈維荃　賈維倩　張九成　王世友　張芳典　賈維希　賈清麟

大清道光二十九年歲在己酉季秋吉日建立

造橋修路
大清道光二十九年歲在己酉季秋吉日 建

募修文昌阁书名碑

【简介】

清道光二十九年（1849）勒石。青石质，螭首，须弥座。碑首高90厘米。碑身高177、宽85、厚20厘米。底座长95、宽60、高48厘米。碑文楷体，正文7行，满行60字。碑阳额题“众善奉行”。碑阴额题“于万斯年”。现存介休市洪山镇温村文昌阁。

【碑文】

（碑阳）

募修文昌閣書名碑

聞之莫為之前，雖美弗彰，莫為之後，雖盛弗傳。壬寅冬，文昌閣告成，迄今寒暑七易矣。自剏始至蕆工，需金千兩，外募者居十之七，斯可見各字號之樂善不倦，與募寫諸君之好義急公也。乃遲之又久，曾未勒石表揚，非特斯事之盛美弗彰，而亦阻人向善之誠。村中後有興作，豈但解囊無人，即求一二人賫疏往募，恐無應者，故曰阻人向善之誠者此也。

今年余膺理村事，思所以裕後光前，謀諸父老，咸謂此剏舉也，亦義舉也，亟宜壽諸貞珉，以彰厥善，前之人未及舉行者將有待也，今奚待乎！乃樹豐碑，當時之募金輸財者例得具載，非謀名也，示不忘也。俾後之覽者屈指數之曰：某公募金若干，某號輸金若干。斯閣之建，固集眾腋以相與有成也。今而後，前人之善庶不至泯沒無聞，後之人亦將有所觀感而興起也，豈不懿哉！

公正：即用衛千總郭大鼎薰沐撰文　鄉耆：監生任介石敬謹書丹　鄉保：郭永府

監生史廷爵募化白銀七拾壹兩：

鍾邑典商弍拾四兩　瑞豐典四兩　蔚盛文叁兩　復盛宇叁兩　鍾盛玉叁兩
德長厚弍兩　義盛寧弍兩　廣和義弍兩　增盛協弍兩　協盛永弍兩
成順瑞弍兩　公興玉弍兩　四美興弍兩　大興福弍兩　慶昌允弍兩
雙興裕弍兩　隆泰典弍兩　隆昌典弍兩　王和號弍兩　恒盛乾弍兩
謙益恒弍兩

佾生劉晉升募化銀四拾弍兩，錢叁千捌佰文：

羅本性四兩　宋儒璐弍兩　宋儒珮弍兩　張　材弍兩　張樹植弍兩
李　沛壹兩　高鴻達弍兩　李元訓弍兩　李元英弍兩　郭樹模弍兩
宋鵬翔弍兩　郭載桑弍兩　李士潼弍兩　李士泳弍兩　郭介中弍兩
茹績熙弍兩　梁國璽弍兩　孟景梅弍兩　徐耘田弍兩　喬毓芬弍兩
郝樹桂弍兩　李啟芳弍兩　羅守信弍兩　羅發新弍兩　羅桂馨弍兩
羅守安弍兩　賈壽籛伍錢　胡春元伍錢　賈壽衡伍錢　郭觀度伍錢
賈瑞檀伍錢　曹克孝伍錢　刺廷亨伍錢　王恒輝伍錢　宋啟元伍錢
王健常伍錢　宋　鼎伍錢　羅淑元伍錢　郭　提伍錢　孔尚暹伍錢
天元樓伍錢　張聯捷伍錢　宋泉洸伍錢　宋師博伍錢　喬本深弍千
董甲先弍千　羅　康弍千　喬　傑伍佰　羅炳文三佰

從九溫維仁募化白銀四拾捌兩：

日昇昌弍兩　蔚豐厚弍兩　蔚泰厚弍兩　源廣聚弍兩　同春典弍兩
長春典弍兩　源遠典弍兩　恒升典弍兩　豫升典弍兩　景春典弍兩
長發典弍兩　林發典弍兩　永春典弍兩　長遠典弍兩　常新典弍兩
元成典弍兩　信成典弍兩　日升典弍兩　三寧號弍兩　裕盛號弍兩
協升號弍兩　德成號弍兩　裕興號弍兩　瑞凝典弍兩

儐賓賈敏募化白銀四拾弍兩：

裴存誠陸兩　永豐典陸兩　馬永義四兩　隆聚典叁兩　公興同叁兩
焦義興叁兩　永順祥叁兩　南隆盛弍兩　唐隆慶弍兩　徐恒茂弍兩
西隆盛弍兩　天盛協弍兩　晉正興弍兩　王公盛弍兩

附貢劉存雅募化白銀四拾兩四錢：
協成典四兩　永興典弍兩四錢　廣盛典弍兩四錢　益源典弍兩四錢　義和典弍兩四錢
義通典弍兩四錢　義源典弍兩四錢　廣成典弍兩四錢　萬成典弍兩四錢　存誠元弍兩四錢
思義號弍兩弍錢　永盛號弍兩弍錢　復成功弍兩弍錢　萬全號弍兩弍錢　永泰號弍兩弍錢
協義合弍兩弍錢　德隆店弍兩弍錢　豐泰祥弍兩弍錢　仁義店弍兩弍錢　天佑號弍兩
慶成裕弍兩　永成奎弍兩　世盛聚弍兩

衛千總郭大鼎募化白銀三拾陸兩：
和茂迪弍兩　順興盛弍兩　和興號弍兩　春華源弍兩　永泰義弍兩
信成義弍兩　從九盧永磐弍兩　恒裕萃弍兩　合義號弍兩　郭樹倫弍兩
萬昌號弍兩　乾恒號弍兩　豫豐廠弍兩　廣聚典弍兩　吉慶堂弍兩
天德合弍兩　百萬齋弍兩　永慶五弍兩

監生劉安泰募化白銀三拾伍兩伍錢：
公號全弍兩　豫升典弍兩　鼎升典弍兩　恒升典弍兩　永興典弍兩
永新典弍兩　三寧號弍兩　日升典弍兩　益升典弍兩　信誠典弍兩
瑞凝典弍兩　林裕典弍兩　長發典弍兩　同春典弍兩　三合典弍兩
三益典弍兩　生丹□行伍錢

從九劉應儒募化白銀三拾四兩伍錢：
生祥集行四兩　協成茶行四兩　正和店弍兩伍錢　永豐號弍兩　景春號弍兩
復茂號弍兩　中興號弍兩　泰暉號弍兩　蘭茂號弍兩　源長號弍兩
翁盛義弍兩　復盛號弍兩　芝茂仁弍兩　戴香溪弍兩　德茂號弍兩

賓耆劉璣募化白銀三拾兩：
恒足典弍兩　誠升典弍兩　萬源典弍兩　公和典弍兩　永盛典弍兩
天泰典弍兩　敬勝典弍兩　興隆典弍兩　永吉典弍兩　公興典弍兩
萬吉共弍兩　人和典弍兩　泰臨典弍兩　大福典弍兩　天慶和弍兩
聚豐成弍兩　永裕源弍兩　劉延壽弍兩　慶豐典弍兩　裕和成弍兩
萬新店弍兩　天地和弍兩

□□趙爾興募化元銀弍拾捌兩：
眾盛典弍兩　和裕典弍兩　恒興典弍兩　李仁茂弍兩　福來號弍兩
如松號弍兩　大順號弍兩　濟源號弍兩　恒吉號弍兩　羅維新弍兩
聚和忠弍兩　永福慶弍兩　淵泉號弍兩　魁盛號弍兩

□□劉有聲募化元銀弍拾柒兩：
安陽典商興隆典六兩　恒足典弍兩　永吉典弍兩　萬順典弍兩　永盛典弍兩
天泰典弍兩　公興典弍兩　泰臨典弍兩　人和典弍兩　流裕號弍兩
恒盛號弍兩　興隆典弍兩　萬源典弍兩　誠升典弍兩　鎮代典弍兩
萬吉典弍兩　激勝典弍兩　劉延年弍兩　萬新典弍兩　恒裕號弍兩
通順號弍兩

信士任封鄘募化元銀弍拾陸兩：
謙升典三兩　興隆典三兩　永興典三兩　豐益典三兩　源元內三兩
長元典三兩

募修文昌閣書名碑

聞之莫爲之前雖美弗彰莫爲之後雖盛弗傳壬寅冬文昌閣告成迄今寒暑七易矣自剏始至蕆工需金千兩外募者居十之七斯可見各字號之樂善[illegible]倭與募焉諸君之好義急公也乃遲之又久曾未勒石表揚非特斯事之盛美弗彰而亦阻人向善之誠村中後有興作豈但解[illegible]無人即求一二人首倡往募恐無應者故曰阻人向善之誠者此也今年余膺理村事思所以裕後光前謀諸父老咸謂此剏舉也亦義舉也亟宜將諸[illegible]姓氏以彰厥善前之人未及[illegible]行者將有待也今奚待乎乃樹豐碑當時之募金輸財者例得具載非謀名也示不忘也俾後之覽者屈指數之曰某公某輸金若干某號輸金若干斯[illegible]能固集衆腋以相與有成也今而後前人之善庶不至泯沒無聞後之人亦將有所觀感而興起也豈不懿哉

公正即用衛千總郭大鼎薰沐撰文　鄉耆監生任介石敬謹書丹　鄉保郭永府

監生史廷爵募化白銀七拾壹兩
瑞興典　四兩
萬盛久　叁兩
廣盛宇　叁兩
鍾盛王　叁兩
德長厚　弍兩
廣盛寧　弍兩
豐和義　弍兩
增盛協　弍兩
協盛永　弍兩
成順瑞　弍兩
公興王　弍兩
四美典　弍兩
義隆永　弍兩
大興當　弍兩
慶昌兌　弍兩
漫興裕　弍兩
際泰典　弍兩
隆昌典　弍兩

王和號　弍兩
恒盛乾　弍兩
謙益恒　弍兩
生員劉晉升募化銀四拾弍兩[illegible]錢
羅本性　四兩
宋儒璐　弍兩
宋儒珮　弍兩
張材　弍兩
張樹植　弍兩
李沛　壹兩
高鴻達　弍兩
李元訓　弍兩
李元英　弍兩
郭樹楧　弍兩
宋鵬翔　弍兩
郭載彝　弍兩
安士潼　弍兩
李士詠　弍兩
郭介中　弍兩

[illegible]

（碑陰）

任樹鄘募化元銀：

瑞凝典弍兩　永春典弍兩　同春號弍兩　天成號弍兩　雙合號弍兩

信士王文治募化白銀弍拾四兩：

錦盛典弍兩　泰興宏弍兩　昌聚典弍兩　義成典弍兩　景春典弍兩

繡盛典弍兩　義成飾局弍兩　永和典弍兩　三合典弍兩　謙成典弍兩

益源典弍兩

信士王文成募化白銀弍拾弍兩伍錢：

石秀珍三兩　董崇讓弍兩　玉泰號弍兩　趙大明弍兩伍錢　許體智弍兩伍錢

韓紹相弍兩伍錢　德隆號弍兩　劉維成弍兩　義聚號弍兩　高勵忠弍兩

公興號弍兩　李大典弍兩　張定福弍兩　冀天樞弍兩　信泰號弍兩

孫文成弍兩

監生宋大受募化白銀弍拾弍兩四錢：

慶元鼎弍兩　大豐益弍兩弍錢　義新玉弍兩弍錢　協昌公弍兩弍錢　義昌典弍兩弍錢

天吉盛弍兩弍錢　雙興義弍兩弍錢　永隆長弍兩弍錢　天凝典弍兩弍錢　全盛典弍兩弍錢

晉源典弍兩弍錢　義源恒弍兩弍錢　謙亨泰弍兩弍錢　維新和弍兩弍錢　廣裕盛弍兩弍錢

義和典弍兩弍錢

從九杜如桂募化白銀弍拾兩：

森發號弍兩　維新號弍兩　劉翼師弍兩　天泰號弍兩伍錢　德隆號弍兩伍錢

恒足號弍兩　韓自發弍兩　協成號弍兩　厚成德弍兩　隆慶典弍兩

恒成號弍兩　王樹堂弍兩　李宜華弍兩　四成典弍兩　雙泰號弍兩

泰昌號伍錢

信士梁清柱募化白銀弍拾兩：

全盛典弍兩　景勝典弍兩　三合典弍兩　仁德典弍兩　義合永弍兩

松茂恒弍兩　源豐義弍兩　聚豐泰弍兩　聚成興弍兩

監生常介禧募化白銀弍拾兩：

天佑典弍兩　允益典弍兩　元源號弍兩　豫泰號弍兩　天順號弍兩

恒盛號弍兩　永豐號弍兩　萬順號弍兩　復泰號弍兩　立興號弍兩

鹽知事劉布聲募化白銀壹拾柒兩：

安陽典商張人和陸兩　永吉典弍兩　公興典弍兩　永盛典弍兩　萬吉典弍兩

臨恒元弍兩　誠升典弍兩　慶和典弍兩　人和典弍兩　恒足典弍兩

敬勝典弍兩

衛千總郭大鼎募化白銀壹拾陸兩：

玉益號弍兩　瑞和典弍兩　裕隆典弍兩　裕西典弍兩　順興盛弍兩

聚和成弍兩　永順合弍兩　和茂迪弍兩

信士劉布猷募化白銀壹拾陸兩：

安陽典商侯永盛陸兩　永吉典弍兩　人和典弍兩　慶和典弍兩　誠升典弍兩

豫興典弍兩　公和典弍兩　永盛典弍兩　公興典弍兩　通順號弍兩

萬新吉弍兩

信士劉布福募化白銀壹拾四兩：

安陽典商張人和陸兩　公興典弍兩　永吉典弍兩　萬吉典弍兩　誠升典弍兩

敬勝典弍兩　人和典弍兩　公和典弍兩

信士劉布程募化元銀壹拾三兩：

安陽典商張人和陸兩　永吉典弍兩　萬吉典弍兩　公和典弍兩　永盛典弍兩

誠升典弍兩　公興典弍兩　人和典弍兩

儒學訓導武廷璠募化白銀捌兩陸錢：

監生王瓛弍兩　董清城弍兩　布經歷張楷弍兩　監生劉名棠弍兩　舉人劉　伍錢

介賓武立勳伍錢　從九趙居正伍錢　監生武夢齡伍錢　監生焦金五伍錢　訓導武廷璠伍錢

劉忠顯伍錢　劉永者伍錢　耆賓郝文壐叁錢　監生郝映溥叁錢

從九劉登福、劉兆祥公募化白銀壹拾壹兩，青錢伍千伍百文：

協成典弍兩四錢　思義者號弍兩伍錢　興隆瑞弍兩弍錢　永成魁弍兩弍錢　萬順昌弍兩弍錢

廣盛和弍兩　廣成裕弍兩　萬全號弍兩　萬興常伍錢　復成公弍千伍佰文

立成公弍千伍佰文　天順成伍佰文

信士王九　募化青錢弍拾陸千伍佰文：

萬順昌弍仟伍佰文　裕興典弍仟伍佰文　萬盛典弍仟伍佰文　集源號弍仟文　三義號弍仟文

永順昌弍仟文　天泰和弍仟文　永裕號弍仟文　恒源號弍仟文　成裕號弍仟文

恒源號弍仟文　源裕號弍仟文　永興和弍仟文　天錫號弍仟文　永如興弍仟文

成興號弍仟文　永豐源弍仟文　永順號弍仟文　王慶昌弍仟文　永慶號弍仟文

雙義號弍仟文　億中號弍仟文　天裕號弍仟文　章誠號弍仟文　乾元號弍仟文

信士冀臨永募化青錢壹拾壹仟柒佰文：

復盛號弍仟文　公益堂弍仟弍佰文　溫祿泉弍仟文　兩魏堂弍仟文　發元號弍仟文

永升號弍仟文　五福號弍仟文　萬昌號弍仟文　冀臨康弍仟文　益盛堂伍佰文

大清道光二十九年歲次己酉仲秋穀旦敬豎

[illegible]任樹鄉募化元銀
[illegible]豐典 弍兩
永泰典 弍兩
同春號 弍兩
天成號 弍兩
雙合號 弍兩
信士王[illegible]募化白銀
弍拾四兩
錦盛典 弍兩
泰興[illegible] 弍兩
昌盛典 弍兩
義成[illegible] 弍兩
景泰典 弍兩
綉盛典 弍兩
義成新局 弍兩
永和典 弍兩
三合典 弍兩
謙成典 弍兩
慶成典 弍兩
益源典 弍兩
信士王文成募化白銀
弍拾弍兩伍錢
吉李珍 叁兩
萬崇讓 弍兩
王泰號 弍兩
趙大明 弍兩伍錢

許休智 弍兩伍錢
韓紹相 弍兩伍錢
德隆號 弍兩
劉維成 弍兩
義聚號 弍兩
高勵忠 弍兩
公興號 弍兩
李大典 弍兩
張定福 弍兩
萬天[illegible] 弍兩
信[illegible] 弍兩
德隆號 弍兩
孫文成 弍兩
監生宋大受募化白銀
弍拾弍兩四錢
慶元[illegible] 弍兩
大豐益 弍兩弍錢
茂新王 弍兩弍錢
協昌公 弍兩弍錢
義昌典 弍兩弍錢
天吉盛 弍兩弍錢
雙興義 弍兩弍錢
永隆長 弍兩弍錢
天凝典 弍兩弍錢
全盛典 弍兩弍錢
晋源典 弍兩弍錢

義源恒 弍兩弍錢
謙亨泰 弍兩弍錢
乾元亨 弍兩弍錢
維新和 弍兩弍錢
廣裕盛 弍兩弍錢
豫誠典 弍兩弍錢
義和典 弍兩弍錢
從九杜如桂募化白銀
弍拾兩
森發號 弍兩
維新號 弍兩
劉景師 弍兩
天泰號 弍兩伍錢
德隆號 弍兩伍錢
恒足號 弍兩伍錢
韓自發 弍兩
協成號 弍兩
厚成德 弍兩
隆慶典 弍兩
恒成號 弍兩
王樹堂 弍兩
李宜華 弍兩
四成典 弍兩
雙泰號 弍兩
泰昌號 伍錢

[illegible]

大清道光二十九年歲次己酉仲秋穀旦敬竪

重修观音堂记

【简介】

清道光三十年（1850）勒石。青石质。碑长96、宽60厘米。碑文楷体，正文14行，满行10字。边框为砖雕竹节。嵌于介休市洪山镇西宋丁观音堂墙壁。

【碑文】

里中離位舊祀觀音，地僅一笏，狹隘殊甚，非所以肅觀瞻也。

庚戌春集儀重修，賴馬榮壽堂施地，南北長一丈七尺弍寸，東西寬九尺六寸。於是庀材鳩工，建神祠焉。

庶後覽者知斯廟之成，端有藉於仁人君子之樂於為善也，爰敘其緣起如此。額外西面占出官街弍尺叁寸寬。

首事人：史廷相　衛千總郭大鼎　從九劉德潛　郭永府

道光三十年二月二十七日立石

西靳屯水俸买地并重修水门碑记

【简介】

清道光三十年(1850)勒石。青石质。碑长110、宽80厘米。碑文楷体，正文5行，满行49字。嵌于介休市绵山镇西靳屯村关帝庙院内墙壁。

【碑文】

西靳屯水俸買地併重修水門碑記

大清道光十七年七月二十五日契：買謝峪村宋兆揚地一段，計四畝，南北畛，東至宋姓地，西至西靳屯南廟地，南至河心，北至大道。同中溫玉實等說合，價錢壹佰□拾兩，筆下交清，隨地認糧壹斗五升二合。茲緣村中糾首輪班更換，以致原契失落，難以稽查，爰是合村父老議勒石以誌不朽云爾。又於道光三十年八月初十日，余村糾首舉意動工重修水門，因將水俸買地修理水門，捐銀錢人名並列於後。

從九冀敏中撰蓋　佾生冀和程書丹

州同冀克信銀拾五兩弍錢　監生任法曾銀四兩四錢、捐錢伍佰文　冀清樑銀三兩四錢　冀周義銀三兩七錢六、錢五佰文　任光宇銀壹兩弍錢、錢五佰文　冀周仁銀八兩四錢、錢壹錢五佰文　朱啟祥銀弍兩四錢、錢五佰文　冀正統銀壹兩五錢、錢五佰文　李立貞銀六錢、錢三佰文　冀周樑銀壹兩六錢　任澤霖銀九兩四錢六、錢八佰文　介賓冀命輅銀二兩壹錢、錢壹千文　生員冀如淵銀二兩六錢、錢五佰文　舉人冀修業銀二兩八錢、錢六千文　生員冀書常銀二兩四錢、錢五佰文　冀全福銀弍錢八方、錢五佰文　冀琛銀壹兩三錢二、錢三佰文　附貢冀書麟銀三兩三錢八、錢四千文　州同任汝楠銀八兩弍錢六、錢三千文　從九人沛宇銀二兩壹錢、錢弍千文　李修貞銀二兩六千四　冀富銀三兩零八分、錢五佰文　守禦所冀克寬銀一十兩　冀蘭芳銀四兩四錢、錢三佰文　監生冀書思銀四兩四錢、錢壹千五佰文　監生任旺昌銀六錢、錢三佰文　三多堂銀九錢、錢弍千文　生員李師竹銀四錢、錢二佰文　大賓冀書藩銀弍兩壹錢、錢弍千文　介賓冀銅銀壹兩、錢四佰文　任學曾銀四兩弍錢、錢弍千文　監生任守梁銀二兩　任擇善銀二兩八錢、錢一佰文　王光□銀壹兩九錢二　同知張應恒銀壹兩弍錢六　理問李如蘭銀壹兩弍錢　任元富銀六兩八錢　呂永寧銀弍兩八錢、錢五佰文　李文耀銀四兩八錢、錢壹千文　宋明理銀□　□□□　任永安銀壹兩壹錢八　任汝壯銀壹兩壹錢八　鼎源當錢八千文　胡傑錢六千文　冀紹昌錢壹千文　李世夔錢三千文　高奇樸錢弍千文　溫注錢壹千五佰文　從九任企程錢弍千文　董致中錢壹千文　聶明峰錢八佰文　王盛林錢六佰文　監生李地錢五佰文　監生王維藩錢五佰文　從九冀樹道錢五佰文

捐錢五佰文：監生張慶雲　范泰福　從九冀清璧　協成號　梁敏敬　冀世泰　張譯　張永貴　任坦　梁柄　郭福順　任澍　源順廠　永合行　聚新鋪　義興號

捐錢三佰文：李培祉　梁永成　冀勤業　岳文奇　張泰和　高建功　冀毓昌　冀蓉芳　呂永清　郝正光　任良慶　冀明紀　梁燮理　董致遠　薛鴻　鈕如鶴　喬德仁　郝鳳麟　任炳文　宋昌　梁永富　任續　郭襄京　常景森　郭其巍　恒泰玉　永昌和　化生號　生茂榮　聚源永　通順廠　董泰　永興廠　冀啟元　楊大成　冀城　正仁號

捐錢弍佰文：王忠顯　冀柏昌　守禦所李憲章　冀彭年　冀懷禮　趙慶　楊淩垣　冀淵有　冀嵩齡　鈕漢　鄧企堯　冀遐齡　梁其洽　冀懷德　韓本潼　鈕承惠　張自和　回寅堂　永成德　公和號　閻世奎　冀世昌　冀仰岱　王升堂　冀邦　李德林　史師　豐裕號　任丙和

捐錢壹佰文：張迪元　監生冀清楷　冀明　成衣局　董照　楊清光　冀碩恒　閻振林　羅承偉　石文錫　整容堂　任守和　復盛號　溫椿　郭有忠　李福壽　岳春林　梁慶　溫世隆

經理：冀明紀　王維藩　冀命昭　任企程　冀守元　冀世泰　冀啟中　榮世沛　冀遐齡　梁柄　王耀龍　公立

道光三十年歲次庚戌小陽月二十二日敬勒

葺补宝峰寺三官庙化费清单

【简介】

清咸丰元年（1851）勒石。青石质。碑长80、宽63厘米。碑文楷体。现存介休市龙凤镇逯壁村宝峰寺墙壁。

【碑文】

入倉各錢三拾千文

入寶峰寺賣地剩錢弍拾千文

入修真武殿剩錢肆拾肆千弍佰零捌文

三宗共入錢玖拾肆千弍佰零捌文

出買方磚錢拾肆千陸佰五拾文

出買条磚錢拾三千五佰六拾文

出買石灰錢伍千柒佰陸拾文

出修理寶峰寺窑後包工錢四拾三千五佰文

出砌三官廟窑背包工錢柒千文

出買河草秫稭繩花色使錢壹千柒佰文

出□□工錢壹千陸佰壹拾文

出犒勞土工香燭幣錢三千壹佰三拾捌文

出買石□板代工化錢三千弍佰玖拾文

以上九宗共出錢玖拾肆千弍佰零捌文

香老　鄧寧志　李生□

倉長　宋寧建　安定財

公正　鄧寧楷　宋星朗

鄉耆　張正廣

鄉保　宋國來

公人　鄧静安　鄧正禮　宋寧良　梁世昌　鄧元仁　宋三寶　文世魁　鄧振業　鄧静秋　張正秀　鄧静□

住持　□琛　徒佛淵

咸豐元年六月　吉日立誌

合村公禁宰杀碑

【简介】

清咸丰二年（1852）勒石。青石质，圆首。碑首高30厘米。碑身高77.5、宽48、厚8厘米。碑文楷体。额题“改恶从善”。现存介休市龙凤镇张壁古堡二郎庙檐下。

【碑文】

合村公禁宰殺碑

宰殺，惡事也，而屬之於人則為屠戶，屬之於地則為屠地。屠戶屠地之為害豈淺鮮哉！宰在來脈，不利一村；宰在偏隅，不利一方。既不利矣，何不因所利而利之？本村南門外舊有屠戶，而屠戶皆不昌；東巷里前有屠地，而屠地改別業。知風水之攸關，察善惡之分明，合村公人、公耆會議禁止。自禁之後，村中里外永遠不許復開宰殺，□真□有戒，陰騭有訓，如敢故違，稟之官究治，議出必行，決不食言。為此立碑，以杜後患。特禁。

保約公人：恩榮賈敏遇　州同張思謙

耆賓：賈中奎　監生賈田榮　監生賈維馨　梁煥　靳釗青　監生張映辰　張芳桂　鹽知事張鎮梁

香老：恩榮賈敏遇　從九王祥麟

公正：監生賈田榮　從九王祥麟　鄉耆賈雙錫　從九張九成

鄉約：從九張會辰　張志信　賈維清　賈居謙

鄉保：賈世興

大清咸豐二年十月十九日合村公立

重修文昌阁碑记

【简介】

清咸丰五年(1855)勒石。青石质，螭首，须弥座。碑首高90厘米。碑身高178、宽84、厚20厘米。底座长96、宽60、高46厘米。碑文楷体，正文11行。额题“流芳百世”。现存介休市洪山镇西宋丁文昌阁。

【碑文】

(碑阳)

重修文昌閣碑記

介邑形勢，左有狐岐天峻，右則攢簇綿峰，其洄漩崛嵂之勢、屏障羅列之形，非特西河雄鎮，亦三晉名區也。

我里在治之東南，燦獅嶺之聖光，潤鶩泉之雨膏，雖蕞爾而聲名文□，邑中稱之，謂非得鍾毓之秀靈者歟！村東奎樓久峙，兩堡形勝由之起龍，術者謂簡地樹閣以祀文昌，文脉當蒸，而村上父老蓄志久矣。

道光初，乃繕疏遠募，佐以眾囊及歷年子母所捐，共得八百金有奇。於村之乾維買得隙地十數弓，剏脩磚窑三間，上建畫閣而祀文昌。工始道光庚寅，秋初告成。登斯閣也，見樹木之蔭鬱，禽鳥之飛鳴，與夫水光山色流秀爭□□□青畦星羅□錯，延覽之餘，稱勝境焉。

今上即位之二年，又以所餘金補作西廂三楹，以為□誦之地。斯役也，計需金八百，而襄公倍費□，可謂正經營之樂矣。後之人□□□□磨砥礪，以無負締造之盛心耶。且夫窮山水奇者，必在寬閒之野，攬人物之盛者，必據衝要之□。古人放心物外，寓意繁華，義各有取，而非建閣意也。若夫匡廬衡嶽、彭蠡洞□□境奇偉異之觀，煙雲香靄之致，乃功成名遂之後，或棲心於遊賞，或娛意於煙霞，□其養道名山，霖雨蒼生，時切懷來，乃心經濟，則以為廩日曠功，而不敢以娛遊之樂相賞，及時者念有在而不暇及也。然則斯閣之建，非以飾遊觀也，誠以教有由與王制，春秋教禮樂，冬夏教詩書，於崇術立教之中寓棫樸菁莪之意。是故一□構而英才之勃發、賢哲之生奇，□於此而後知修建是閣之意，為後世計至深遠也。

夫國家承平二百年矣，當夫金甌鞏奠，遊風□洽，其霞蔚雲蒸者罔不蜚聲東觀，驤步西□，非秉川岳靈淑之氣，又得賢父兄□師友□濡而樂育之能，□儲公輔學裕經綸，為朝廷上多士之頌，慶得人之雅哉！然則都人士之肄習其中也，望山水之情瑩，則宜思經濟之有用，觀雲煙之縹緲，則宜思勝達之可期。而不徒以□勝窮奇，只騁驤而遊目，將見鳳翔千仞，志永謝夫衡棲，鶴唳九皋，願畢償夫陸漸，豈獨建閣者所深期，抑以余之所厚望也。茲當落成，樹碑為誌之如此。

候補儒學訓導、歲貢劉階薰沐撰文　儒學生員張秉鉞沐手敬書

道光七年舉意募化　公正：介賓劉安昌　郭帝城　鄉保劉登凱

二十二年動工修造　公正：儒林郎劉兆慶　鄉耆：監生任贊元

總理建修：監生劉兆元　理問劉兆鼇　監生常思典　介賓劉安昌

司銀：監生劉兆□　監生劉安泰

總督人工兼收物料：常遇禧　劉布堂　劉兆猷　從九劉德裕　從九劉兆祥　任燮元

買辦：張玉柱　喬福

管工：李其溥　史廷訓　劉布寧　郭良明　溫維仁　劉樹基　王太和　王克亮　劉玉齡　郭永壽　劉通儒　劉兆泰　劉安吉　佾生劉兆芳　劉布猷　劉應聘　劉振翔　宋儒魁

咸豐二年添修西房　公耆介賓劉安昌　□□正劉家駿　鄉保：郭永府　五年經理　刻石公耆監生劉景□　從九劉德魁　鄉保：郭永府

(碑阴)

續刻募捐人名於左：

信士喬□募化

天昌廠紋銀弍兩　　通順廠紋銀弍兩　　天順廠紋銀弍兩
昌順德紋銀弍兩　　恒順隆紋銀弍兩　　昌興局紋銀弍兩
昌興順紋銀弍兩　　德義公紋銀弍兩　　永順號紋銀弍兩
昌順發紋銀弍兩
和祥廠紋銀弍兩　　天成當紋銀弍兩　　居升廠紋銀弍兩
昌順和紋銀弍兩
德義廠紋銀弍兩　　通順廠紋銀弍兩　　廣源廠紋銀弍兩

信士劉德魁募化：

公和號青錢弍貫　　道生號青錢弍貫　　增盛號青錢弍貫
環泰典青錢三貫　　元亨典紋銀三兩　　維興隆紋銀弍兩
存仁典青錢三貫　　全義號青錢弍貫　　順來號青錢弍貫
通順號青錢壹貫

里人：

從九溫柱捐紋銀壹兩　　從九劉兆祥捐紋銀壹兩　　從九杜如桂捐紋銀壹兩
劉布堂捐紋銀壹兩弍錢　　王克亮捐紋銀弍兩　　介賓劉安昌捐紋銀弍兩
監生常思典捐紋銀三兩　　千總劉兆麟捐紋銀四兩　　槐蔭堂捐紋銀伍拾兩
監生劉景驄捐紋銀四兩　　李如檀捐紋銀弍兩肆錢　　監生劉安泰捐紋銀弍兩
監生任贊元捐紋銀壹兩捌錢　　□生徐耕雲捐紋銀壹兩　　監生劉兆元捐紋銀壹兩
從九劉兆捐紋銀壹兩　　千總劉玉騏捐紋銀壹兩　　劉兆泰捐銀壹兩
董友梅捐銀壹兩　　李其溥捐銀壹兩　　郭繩武捐銀壹兩
劉兆芳捐銀壹兩　　任復元捐銀壹兩　　通順慶捐銀壹兩
宋禦魁捐銀壹兩　　劉樹基捐銀壹兩　　史廷相捐銀壹兩
王文成捐銀壹兩　　劉布猷捐銀壹兩　　劉秉和捐銀壹兩
郭學文捐銀三錢　　賈旺有捐銀壹兩　　劉蓬瀛捐銀伍錢
王克輝捐銀五錢　　郭永府捐銀六錢　　喬□捐銀六錢
劉應聘捐銀六錢　　冀臨康捐銀八錢　　張玉柱捐銀六錢
杜信捐銀六錢　　王友蘭捐銀王錢　　劉鍾靈捐銀五錢
史廷梁捐銀五錢　　魏李誠捐銀三錢　　劉德榮捐錢三錢
劉德溥捐錢三百文　　劉玉齡捐錢三百文　　永義鋪捐錢六百文
冀九思捐錢三錢　　劉德魁捐銀五錢　　監生劉德潛捐錢五錢
千總郭大鼎捐錢弍千文　　東堡公捐錢弍千文　　議政劉布聲捐錢壹千文
監生劉汝驥捐銀五錢　　杜玉枝捐銀三錢　　天裕樓捐銀弍錢
劉登相捐錢五百文　　李易福捐銀三百文　　郭可立捐錢三百文

施柏：任燮元施柏樹弍株

大清咸豐五年歲次乙卯秋九月上浣穀旦敬豎

记事石碑

【简介】

清咸丰六年(1856)勒石。青石质，无首，无座。碑身高150、宽68、厚16厘米。碑文楷体，正文4行，满行64字。现存介休市义棠镇北角头关帝庙。

【碑文】

嘗思莫為之先，雖美弗彰，莫為之後，雖盛弗傳。介邑西鄉北角頭村舊有關聖帝君廟，左龍王而右財神，固一里之保障也。然歷年已久，廟貌寡色，且獻戲則有基址而無樓臺，此亦前人之不無遺憾也。歲戊申，里人悉集，各出檀施，共襄盛事，廢者修，墜者舉，神像金粧，樂樓峻起。雖仍昔日之規模，而廟貌則煥然改觀矣。且於廟旁新增牛王廟一座，以期物類茁壯，為務農之資云爾。功既竣，爰勒之於石，使後之視今亦猶今之視昔，則繩繩繼繼，可相傳於勿替云。

義棠鎮汪溝村捐錢拾千文　白岸村捐錢弍千文　□屯村捐錢弍千文　要裹村捐錢弍千文　白水村捐錢拾千文　旺村捐錢壹千五佰文　穀壁村捐錢捌千文　沙木園捐錢三千三佰文　田村捐錢壹千文　圪塔頭捐錢三千三佰文　中原村捐錢三千　南莊村捐錢弍千四佰文

鄉飲介賓、督工總糾首李儒典捐錢壹佰千文　募化銀拾九兩弍錢　募化錢壹佰零弍千文　又捐錢弍千文　住持會錢

溫懷有捐銀弍兩五錢、募化銀六拾柒兩五錢

李貴祥捐錢弍佰四十文、募化銀三拾弍兩四錢

羅洪定募化銀拾六兩、募化錢弍拾壹千九佰四十文

羅瑞隆募化錢三十三千三佰文

李貴徵捐錢壹千文、募化銀弍拾三兩、募化錢弍千文

高振威募化錢拾五錢劉佰六十文

高通雲捐錢四千文、募化錢五千四佰文

高裕光募化錢弍千壹佰廿文

文永元募化壹千六佰文

李忠寧募化錢壹錢三佰文

高守金捐錢壹千文

李永豐捐錢五佰文

糾首高天雲捐錢壹千文、募化銀弍拾兩、募化錢壹千文

糾首溫永寧捐錢弍千文、募化錢拾千文

高振綱捐錢壹千文、募化錢拾千文

李儒斌募化錢三千六佰文

糾首溫永盛募化錢拾四千九佰文

李貴麟募化錢弍千三佰文

高守禎募化錢弍千三百文

糾首溫德昌募化錢五千零四十文

高振昌捐錢壹千文、募化錢弍千九佰六十文

高文忠募化錢壹千五佰文

高裕輝募化錢弍千零廿文

糾首李貴福捐錢壹千文、募化錢壹千文

羅瑞逢募化錢弍千文

高振業募化錢壹千九佰廿文

李貴祿募化錢壹千文
溫雅募化錢壹千五佰文
溫永林募化錢壹千文
朱明珍募化錢壹千五佰文
李貴雲募化錢壹千壹佰文
高裕國募化錢五佰文
糾首溫舒募化錢弍佰四十文
閆生亮捐錢五佰文
溫永成募化錢壹千四佰五十文
岳有福募化錢壹佰文
高裕亮募化錢五佰文
羅洪元募化錢三佰文
高志美募化錢壹千五佰文
李儒財募化錢壹千弍佰文
閆來寳募化錢捌佰文
馮信年募化錢五佰文
羅洪光募化錢三佰文
高德雲募化錢三佰文
咸丰六年歲次丙辰巳月吉日穀旦
糾首：高天雲　溫永清　李儒典　溫永盛　李貴福　溫舒　李貴華　溫永寧　溫德昌
住持大富

功德碑

【简介】

清咸丰六年(1856)勒石。青石质,螭首,须弥座。碑首高80厘米。碑身高153、宽78、厚15厘米。底座长96、宽59、高40厘米。碑文楷体,9行,共96字。碑阳额题“流芳百世”。碑阴额题“亿万斯年”,内容为募化人名。现存介休市义安镇中街村关帝庙。

【碑文】

(碑阳)

本府同知長惠施銀捌兩;本縣正堂楊樹年施銀拾陸兩;本縣右堂余祖慶施銀陸兩;本村信士孫懷義施銀壹伯兩、信士趙世卿施銀壹伯兩、信士趙世璽施銀壹伯兩、信士趙世雅施銀壹伯兩、信士孫維邦施銀壹伯兩。

大清咸豐六年九月穀旦立

(碑阴)

謹將募化人名開列於後:

孫學朱募化銀貳伯七十七兩壹錢,趙運舒募化銀壹伯四十七兩二錢三分,孫維藩募化銀壹伯零壹兩,趙鳴翔募化銀六十六兩壹錢伍分,趙運茂募化銀六十四兩五錢,孫學邵募化銀伍十二兩,趙守愚募化銀伍十兩,趙守性募化銀四十五兩,孫維清募化銀四十兩,孫維倫募化銀三十八兩,孫懷義募化銀三十四兩,趙世法募化銀三十四兩,趙世則募化銀三十四兩,趙世澤募化銀三十二兩,趙守緒募化銀三十壹兩,趙運宏募化銀三十兩,石丕□募化銀三十兩,趙運全募化銀二十六兩,趙世恕募化銀二十六兩,□□□募化銀二十二兩,石丕照募化銀二十二兩,石渠亭募化銀二十壹兩二錢,趙世恩募化銀二十壹兩,趙世祿募化銀二十兩零六錢三分,孫維屏募化銀二十兩零五錢,趙世耕募化銀二十兩零二錢,信盛堂募化銀二十兩,劉繼漢募化銀二十兩,趙世俊募化銀二十兩,趙世寶募化銀二十兩,趙世雅募化銀二十兩,石洲亭募化銀二十兩,任桓慶募化銀二十兩,趙世隆募化銀十九兩,楊士俊募化銀十六兩,趙世懃募化銀十六兩,劉澤金募化銀十六兩,恒泰成募化銀十六兩,趙世封募化銀十五兩,楊堯之募化銀十四兩,石中秀募化銀十三兩二錢,趙世組募化銀十三兩,孫學智募化銀十二兩、錢伍千文,趙世元募化銀十二兩,趙世祥募化銀十兩零五錢,趙世錫募化銀十兩,趙世銘募化銀十兩,李光喜募化銀九兩伍錢,石丕功募化銀九兩,李興貴募化銀八兩,長盛吳募化銀七兩五錢、錢伍千文,孫維□募化銀六兩,德盛汪募化銀三兩伍錢、錢壹千伍伯文,赵守璜募化銀三兩四錢,趙運貴募化銀貳兩,趙運啟施銀伍錢。

本府同知長　惠施銀捌両
本縣正堂楊樹年施銀拾陸両
本縣右堂余祖慶施銀陸両
本村信士孫懷義施銀壹伯両
信士趙世卿施銀壹伯両
信士趙世璽施銀壹伯両
信士趙世雅施銀壹伯両
信士孫維邦施銀壹伯両
大清咸豐六年九月穀旦　立

謹將募化人名開列於後

天地坛建修碑记

【简介】

清咸丰七年（1857）勒石。青石质。长 83、宽 60 厘米。碑文楷体，正文 10 行，满行 14 字。嵌于介休市龙凤镇张壁古堡北门天地坛墙壁。

【碑文】

天地壇建修碑記

孰非天之所生，孰非地之所養，則凡蒙其惠者，亦何在不當報其恩乜。況吾鄉綿岩後衛，汾水前環，尤為天地鍾毓之區，而可不建神壇以敬禮乎？

因北工社特存六十餘金，預備修造之費，遂興議於村東北方，創修大廈三間，以妥天地之神，用崇祀典。且於壇後修設廠棚，建立圍牆，以謹護衛而垂永久，洵盛舉也。是為記。

本村居士：張□良撰並書

公正：□生　□維馨

鄉耆：張祥□

鄉約：張克美　靳子英

鄉保：□培傑

起意經理：監生賈維馨　靳釗青　監生張悞辰

□工糾首：張桂林　賈□滿　監生張國誠　賈居泰　張五常　監生張悞辰

　　　　　張補田　張鎮梁　監生張芳

香老：□□□　張□□　張□□

公人：□□ 仝大明　靳釗青　王世道　監生賈維馨　監生梁□

大清咸豐七年歲次丁巳六月穀旦立

天地堂碑记

【简介】

清咸丰七年（1857）勒石。青石质。长 110、宽 70 厘米。碑文楷体。嵌于介休市洪山镇温村天地堂山门东侧墙壁。

【碑文】

天地堂碑記

募化人名字號詳載於後

趙居正周口募化紋銀貳拾兩：仁景茂捐銀肆兩、和裕典捐銀叁兩、恒興典捐銀弍兩、聚茂迪捐銀弍兩、廣全典捐銀弍兩、芳茂號捐銀弍兩、廣裕典捐銀弍兩、祥茂和捐銀弍兩、永茂長捐銀壹兩

趙銑周口募化紋銀叁拾伍兩：義興號捐銀叁兩、和裕典捐銀叁兩、信和典捐銀叁兩、興泰典捐銀弍兩、廣泰典捐銀弍兩、德懋典捐銀弍兩、恒發典捐銀弍兩、恒興典捐銀弍兩、如淵典捐銀弍兩、日昇昌捐銀弍兩、福泰永捐銀弍兩、慶益長捐銀弍兩、高復泰捐銀弍兩、祥茂和捐銀弍兩、聚茂迪捐銀弍兩、杜瑞隆捐銀弍兩

喬天義周口募化足銀叁拾壹兩：乾元號捐銀肆兩、日新巖捐銀叁兩、馬新順捐銀叁兩、時中成捐銀弍兩、隆盛號捐銀弍兩、聚隆行捐銀弍兩、復隆店捐銀弍兩、義興號捐銀弍兩、仁茂迪捐銀弍兩、恒興典捐銀弍兩、和裕典捐銀弍兩、廣泰典捐銀弍兩、德懋典捐銀壹兩、同茂迪捐銀壹兩、永茂長捐銀壹兩

喬秀廣宗縣募化紋銀弍拾柒兩：順德當行捐銀陸兩、廣宗當行捐銀陸兩、慶昌當捐銀肆兩、廣泉德捐銀叁兩、全盛號捐銀弍兩、公盛號捐銀弍兩、義成集捐銀弍兩、合興川捐銀弍兩

趙奉三揚州府募化元銀弍拾柒兩：當行捐銀壹拾伍兩、興盛號捐銀叁兩、德裕典捐銀叁兩、恒盛城行捐銀弍兩、天立公捐銀弍兩、義和典捐銀弍兩

常紹忠漢口募化元銀壹拾玖兩：公信號捐銀伍兩、裕通號捐銀叁兩、裕勝號捐銀叁兩、裕合號捐銀弍兩、裕新號捐銀弍兩、廣裕典捐銀弍兩、泰豐號捐銀弍兩

田喜春周口募化紋銀壹拾兩：聚發源捐銀弍兩、和裕典捐銀弍兩、隆盛號捐銀弍兩、慶益長捐銀弍兩、義興號捐銀弍兩

侯欽沭陽縣募化錢壹拾捌串，合銀玖兩：同泰典捐錢肆串、乾泰典捐錢叁串、啟泰典捐錢叁串、日昇典捐錢叁串、廣裕典捐錢叁串、乾泰坊捐錢弍串

常克芳禹州募化紋銀陸兩：恒裕當捐銀弍兩、恒盛當捐銀弍兩、永茂當捐銀弍兩

常錫蘭京都募化紋銀陸兩：松盛號捐銀弍兩、恒茂號捐銀弍兩、增合樓捐銀壹兩、永河軒捐銀壹兩

喬巨吉棗強縣募化紋銀伍兩：當行公捐銀弍兩、世昌隆捐銀壹兩、日興蔚捐銀壹兩、乾泰生捐銀壹兩

喬林祥施栢樹壹株、喬光極施栢樹壹株

咸豐七年歲次丁巳閏五月吉日誌

重修天地堂碑记

【简介】

清咸丰七年（1857）勒石。青石质。长110、宽70厘米。碑文楷体，正文19行，满行25字。嵌于介休市洪山镇温村天地堂山门西侧墙壁。

【碑文】

重修天地堂碑記

天地堂修建歷有年所，自嘉慶丁巳以至於今，越六十年矣。然僅神亭一間，每歲正月朔望僅可敬神，而無廚所以辦盤炷，且六月六日敬祀河神亦在於此，湫隘塵囂，不足以妥神靈而施展拜。第事起於一邨易，而起於一甲難，天地堂在村之中甲，前人施地出銀，有碑可考，茲欲重新修建，實費周張，爰集中甲父老商議，自揣力薄，難成其事，於是捐疏募化四方，獲一百九十餘金，存趙公世綸手，又獲利銀十五兩有零。神亭後緊鄰喬永華、賈萬有房基，遂會同本年公正喬公茂生、鄉耆趙公衍封等作價若干，稅契買定。擇定今年二月興工，仍會同當年公耆等議定，總理趙公士綸、常公紹孝董率其事，將神亭退後三丈有餘，新建正南殿宇三楹，可妥神靈，東房三間，可安廚竈，大門三間，可壯觀瞻，大門外空基廣丈餘，長七尺餘，局勢開展，往來車馬，不虞局促。自本年二月十七日動工，至五月告竣，不數月而宮牆壯麗，殿宇煥然一新矣。共費銀二百餘金。總理早作夜思，井井有條，夙夜勤勞，始終不懈，藉非眾糾首募化之力，何以糾工庀材，而成此大功乎！工成，里人求余文以記其事，余本不能文，念鄉人協力同心，更湫隘而為爽塏，非第中甲之盛，亦一鄉之光也。善哉此舉，曷可不誌？噫！後之視今，亦猶今之視昔，千百載後，有能補修廢墜而承厥先志者，是又望於後之諸君子也夫。爰拂石而為之記。

甲辰歲貢生、候補儒學訓導里人武廷璠薰沐撰文

候銓州吏目里人劉崑源薰沐敬書

起意：常克昌　趙居正　喬毓桂　趙奉三　喬嵐　趙士綸　郭維邦

公正：喬茂生　鄉耆趙衍封　鄉耆郭維垣　鄉約趙世和　鄉保王天福

總理：趙士綸　常紹孝　管銀錢帳喬天義　喬嵐　趙廷俊

經理管工：劉瓅　田喜春　喬登科　李士杰　武夢齡　曹汝訓　常紹忠　喬正傑　喬秀　焦映五　郭維翰　喬廷政　喬大經　趙士縉　趙邦治　趙世和　曹汝寍　喬三益　趙邦教　趙士紘

大清咸豐七年歲在彊圉大荒落閏五月穀旦

汉鄭侯萧相国传赞

【简介】

清咸丰八年（1858）勒石。青石质。碑为正方形，长 64、宽 64、厚 11 厘米。碑文楷体，16 行，满行 19 字。王笙镛书。现存介休市博物馆。

【碑文】

漢鄭侯蕭相國傳贊

公姓蕭，諱何，沛之豐人，初為沛主吏掾，高祖為亭長，公常左右之，既從入關，獨先收秦律令圖籍藏之。楚漢爭雄，公常守關中，轉給餽餉，軍中無乏，及帝定天下，大封功臣，以公為第一，封鄭侯，食邑八千戶。高祖崩，事惠帝，公疾，帝問曰：君即百歲後誰可代君？對曰：知臣莫如主。帝曰：曹参如何？曰：得之矣。及卒，謚文終。

贊曰：蕭何、曹参皆起秦刀筆吏，當時錄錄未有奇節。漢興，依日月之末光，何以信謹守管籥，参與韓信俱征伐天下。既定，因民之疾秦法，順流與之更始，二人同心，遂安海內。淮陰、黥布等已滅，唯何、参擅功名，位冠羣臣，聲施後世，為一代之宗臣，慶流苗裔盛矣哉。

咸豐著雍敦牂桂月弟子佾生王笙鏞薰沐敬書　禮房弟子梁映源薰沐敬立

张壁村公树记

【简介】

清咸丰八年（1858）勒石。青石质。长 64、宽 41 厘米。碑文楷体，13 行，满行 9 字。碑文记咸丰年间，张壁为补风水，公款购买树木之事。嵌于介休市龙凤镇张壁北门洞墙壁。

【碑文】

昔年我村𠀋因補風水公地，買到李如檀松樹壹株，又買到賈科遇柳䔢壹株，迄今在賈寶善堂暘內又買到張立定大槐樹壹株，此三樹木現今俱在賣主原地借長。北門外自香火地内外以及葫蘆經，上至照壁前，大道左右大小槐、柳、松樹皆屬闔村公樹，不與臨近地主相干。為此立石，永遠為記。

咸豐八年三月吉日　公耆約保公誌

重修观音堂碑记

【简介】

清咸丰九年(1859)十月勒石。青石质，圆首。碑通高114、宽44、厚10厘米。碑文楷体，正文9行，满行27字。额题"流芳千古"。现存介休市洪山镇磨沟村。

【碑文】

重修觀音堂碑記

汾州府學生員郭遐齡撰並書

觀音堂者，相傳普義禪師之所建也，立有碑記，以為自出己貲，創始於乾隆四十七年，越十年而工未竣。由今思之，所謂"自出己貲"者，不過一人募化之力，究非自出己財也。使其後嗣果能恪守清規，終守此廟可也。詎知相傳日久，其元孫定印不遵佛教，嫖賭是務，將廟中器物甚及門窗戶扇變賣一空。於是公人孟錫儒等思欲整理村規，始將定印逐出，其師叔因前碑記有"自出己貲"一語，以為廟與田地皆僧家故物，爰控公等於章仁憲案下，於三月初八日堂訊明確，將其師叔發僧祿司責楚，廟與田地，與僧並不相干，具結存卷。公等始得重新整理，動工補葺，工竣，索記於余，余固不能文，而又不可不記，爰錄實跡，以記其事。

值年公人糾首：從九孟錫儒、從九郭錫宏、從九黃鋭仁、孟學純、鄉保孟學有

大清咸豐九年歲次己未孟冬二十四日之吉立

重建真武庙碑记

【简介】

清咸丰九年（1859）勒石。青石质，圆首。碑首高37厘米。背身高128、宽79、厚16厘米。碑文楷体，正文10行，满行46字。额题“包桑永固”。现存介休市绵山镇靳凌村真武庙。

【碑文】

重建真武廟碑記

余觀靳淩村，綿峰湧翠於其南，汾水環青於其北，東有狐岐之勝，西有虹霽之靈，所謂山川淳樸之區，其信然歟！顧村中屋舍相連，鱗鱗然如環之轉，而其北地形略卑，且缺然如山之有口也。先民於其缺處建立真武廟，蓋所以為一里之觀瞻，即所以為一□□竺鎮。然牆垣僅具而規模狹隘，無以培風水，猶其小無以妥神靈，及其久也，且代遠年湮，漸就荒蕪，觸目者莫不傷心。村人久欲重新，奈諸凡不便，□□如願。咸豐二年，公耆、香糾等慨然有式廓之思，於是遠近募化，鳩工庀材，既高其臺，復崇其殿，殿內添塑十大元帥以及黑虎、靈官、周翁、桃花、龜蛇二將諸神像以昭其勸懲，以賴其護佑。復於臺之東西增修廊房數間，於其南建造山門。一時廟堂之壯麗、氣象之恢弘，煥然為之一新，而地形之缺然者，亦如環之轉而不竭矣。嗚呼！是舉也，不惟有以承先民於缺處建廟之意，即神之得所憑依，亦未必無景福之介爾也。今設帳於廟之西廊房，曆有□所故，此舉余亦□有聞焉。事成，諸公請乎於余，余義不容以不文辭，因述其梗概而為之記。

保和村錦□居士陳聚美沐手謹撰

保和村廩膳生員徐汝源沐手丹額

保和村增廣生員溫大純沐手敬書

糾首：陳德魁　張洪光　陳儒　仝守魁　侯可成　仝守林　商承基　陳文新　武悅和　陳立基　任劍　李□璋　侯可棟　梁君南　藺承發　陳大孝　藺承恩　陳億　張振翼　李士文　張偉　侯可安　焦太華　陳楷匚　張鳳年　梁天佑　任美　陳保齡

住持定全、徒心垣

大清咸豐九年歲次屠維協洽日躔鶉火之次立

重修东岳庙碑记

【简介】

清咸丰十年（1860）勒石。青石质，螭首。碑首高95、宽97、厚24厘米。碑身高204、宽92、厚18厘米。底座长108、宽63、高47厘米。碑文楷体，16行，满行61字。邑庠生郭树南撰文，太学生郭环汾书丹。碑阳额篆“永垂不朽”。碑阴额篆“功德常昭”，内容为功德人名。碑左右两边纹饰以八仙与棱框梅花相间。现存介休市绵山镇小靳村东岳庙。

【碑文】

重修東嶽廟碑記

天下有新建之功，有重修之功，新建之功固難，而重修之功亦不易也。乃若於重修之中而有新建之業，其昭人耳目者固可悉紀矣。本村舊有東嶽大廟，自歷代以來屢為補修，代有明徵。至嘉慶初年大擴其基，而大殿仍然如故，歷年既多，木料漸壞，風雨漂搖，廟貌傾側。於是胞兄郭晉、堂侄郭膺元起意重修，因請族兄郭建馨，陶兄繼禹、繼增，族侄郭培春，堂孫淩斗等，公人堂兄郭大桐、香老族叔郭維琮、陶兄全興，到公商議，眾口同聲，無有異詞。咸舉族兄郭建馨為總糾首，又舉堂侄郭膺元經理賬目，是以眾糾首竭力經營，樂為募化。道光二十四年春，既擇吉動土，每日輪流監工，排為成規。向之大殿甚低，今則升以三尺，向之三面土壁，今皆易為磚牆。殿內棟樑大柱易舊為新者不可勝數，殿門二大柱舊為暗柱，且脫梁換為明柱。唯是功費浩大，而所化僅三千之數，會眾商議，皆謂廟院內有大柏樹一株，不知種自何時，遂擇吉伐樹，以為廟工之資。前三日設醮諷經，至吉而伐之。此樹解獨幅槨板二副，獨幅棺三副，又成獨幅棺一副，其餘枝幹之可成為材者，不知幾何矣。殿前舊有獻殿一大間，改建為包亭三大間，四面俱有石欄杆。殿后舊有子孫聖母殿三小間，亦升以三尺，三面俱易磚壁焉。大殿內神前皆建暖閣，加以盤龍明柱。又東方建戲房院一所，西北建廚房院一所，其餘廟內兩傍重修者勿論已。至二十六年金裝神像，俱以上五彩繪，之前之廟貌不堪者，至今煥然改觀焉。二十七年三月二十八日開光，諷經三天，獻戲四天，功告竣矣。是役也，雖屬眾人募化之功，而所化之項一時未能齊全，總糾首佃銀貳千四百貳拾八兩，其他借項甚多不能歸結。明年春，總糾首病故，其子郭錫榮自京丁艱而歸，眾糾首遂向郭錫榮商議，即以獨幅槨板二副、棺板一副頂還伊父之佃項，又勸另捐銀壹千兩。斯時還留棺板二副，意欲出賣還清借項，即可勒石告竣。不意至咸豐二年板未出售，管賬人亦逝世，事豈不大可懼哉！因而遲延又久以及十年，棺板仍存，石無由建。予日夜心思，覺勒石一事若再遲之又久，恐遂埋沒眾善人捐助之功，又非善始善終之法。由是會同眾糾首陶兄繼曾等，核算賬目，仔細籌畫，別無一法一施，仍以獨幅棺板二副頂還借項，然後借項清而石建焉，則神安而人說矣。豈不休哉！豈不休哉！眾糾首索文於予，予不能文，為知廟工之詳者莫予若也，因總核前後共費銀伍千柒百貳拾三兩，遂述其大略而為之計。

邑庠生郭樹南薰沐撰文

太學生郭環汾沐手書丹

公正：郭大桐　陶繼禹

香老：陶全興　郭維琮　宋璉

糾首：郭晉　郭建馨　陶繼禹　陶繼曾　郭培春　郭膺元

監工：郭維琮　過維祺　陳士琦　陶全禄　陶紹端　陶繼閔　陶敷文　郭壯　郭墉　陳正言　郭樹南　陶昌鏞　陶尚彬　陶昌通　陳巽言　郭德元　郭貞元　焦性安　郭治　陳謨言　郭守元　宋會午　陳繼昌　郭伯恒　陶泰來　郭尚良　郭朝柱　郭淩斗　郭壽昌　陶惠吉　陶迪吉　陶思俊　陶秀升　郭向汾　郭本天　陶廣興

鄉保：焦發文

大清咸豐十年歲次庚申仲秋月初四日穀旦

住持僧精微　徒瞖妥　孫心毅

重修東嶽廟碑記

天下有新建之功有重修之功新建之功固難而重修之功亦不易也考昔於重修之中而有新建之業其昭人耳目者尚可悉紀矣本村舊有東嶽大帝白歷代以來屢為補修代有明徵至嘉慶初年大擴其基而大殿仍然如故歷年既多木料漸壞風雨漂搖廟貌傾側於是□兄郭[illegible]堂侄郭膺元起意重修因請族兄郭建馨閆兄繼禹繼曾族侄郭培春堂孫凌斗等公人堂兄郭大桐香老族叔郭維宗閆兄全興到公商議眾口同聲無有異詞咸舉族兄郭建馨為總糾首又舉堂侄郭膺元經理賬目是以眾糾首竭力經營樂為募化道光二十四年春即擇吉動土每日輪流監工排為旋規向之大殿甚低今則升以三尺向之三面土壁今皆易為磚牆殿內椽梁大柱易舊為新者不可勝數殿門二大柱舊為磚柱土塊梁換為明柱惟是功費浩大而所化僅及三千之數會眾商議皆謂廟院內有大柏樹一株不知種自何時遂擇吉伐樹以為廟工之資前三日狂飆經至吉而伐之此樹祥獨匾椰板二副獨匾擋三副又成獨匾擋一副其餘枝幹之可成為材者不知幾何矣殿前舊有卷殿一大間改建為包亭三大間四面俱有石欄杆殿後舊有子孫聖母殿三小間亦升以三尺三面俱易磚壁焉大殿內神前皆建暖閣加以盤龍明柱又東方建戲房院一所西北建廚房院一所其餘廟內兩傍之重修者勿論已至二十六年金裝神像內外俱以上五彩繪之前之廟[illegible]不堪者至今煥然改觀焉二十七年三月二十八日開光誦經三天獻戲四天而功告竣矣是役也雖為眾人募化之功而所化之項一時未能全收糾首佃[illegible]共該錢十四百貳拾八兩其他借項甚多不能賒結明年春總糾首病故其子郭錫榮□承丁艱而[illegible]糾首遂向郭錫榮商議即以獨匾椰板二副擋板一副頂還伊父之佃項又勸另[illegible]兩斷時還留擋板二副意欲出賣還清借項即可勸石告竣不意[illegible]二年板未出售借眾人[illegible]亦逝世事豈不大可懼哉因而遲延又久以至十年擋板仍存石無由出予日夜心思覺勸石一事若再遲之又久恐湮埋沒眾善人捐助之功又非善始善終之法由是會同眾糾首閆兄繼曾等核算賬目仔細算計別無一法一施仍以獨匾擋板二副頂還借項然後借項清而石建焉則神安而人悅矣豈不休哉眾糾首索文於予予本不能文為知廟工之詳者莫予若也因總核前後共費銀伍千柒百貳拾叁兩[illegible]其大略而為之記

經理立石　邑庠生郭□南薰沐撰文
太學生郭□汾沐手書丹

公正　郭大桐　香老[illegible]
閆繼禹　[illegible]
郭晉　閆繼[illegible]　郭維宗　閆合[illegible]　郭[illegible]　郭向[illegible]
郭建馨　郭培春　監工郭維組　閆[illegible]　郭樹南　閆昌通　郭貞元　陳葆吉　郭[illegible]　郭來[illegible]
閆維禹　郭膺元　陳士齊　閆[illegible]　閆昌齊　陳葆吉　焦生安　郭育元　郭[illegible]

大清咸豐十年歲次庚申仲秋月初四日穀旦

[illegible]特僧精微[illegible]

三教堂记事碣

【简介】

清咸丰十年(1860)勒石。青石质。长128、宽64厘米。碑文楷体。嵌于介休市绵山镇侯堡村三教堂墙壁。

【碑文】

修補上院東房、下院東窑並修補一應施錢人名開列:

封泰讓施錢拾五千文　宋中興施錢拾五千文　呂爾信施錢五千文　□春德施錢四千文
李□施錢叁千文　□□印施錢叁千文　封士發施錢貳千文　封膺禎施錢貳千文
封膺全施錢貳千文　封成□施錢壹千五百文　封泰協施錢壹千五百文　封士明施錢壹千五百文
郭淩斗施錢壹千文　雙合樓施錢壹千文　三益堂施錢壹千文　封家愈施錢壹千文
封全盛施錢壹千文　封□□施錢壹千文　封福新施錢壹千文　封□□施錢壹千文
封□□施錢壹千文　封全俊施錢壹千文　封全龍施錢壹千文　宋九祥施錢壹千文
宋福昌施錢壹千文　封□瑞施錢壹千文　高成富施錢壹千文　封壽益施錢壹千文
封士元施錢壹千文　宋錦謙施錢壹千文　封元瑞施錢壹千文　郭□森施錢壹千文
郭□昌施錢壹千文　封膺祿施錢壹千文　封士秀施錢壹千文　孫□□施錢壹千文
封士吉施錢壹千文　恒盛樓施錢伍百文　封肯山施錢伍百文　封鳴革施錢伍百文
封大禮施錢伍百文　封作鉽施錢伍百文　温祿施錢伍百文　宋富成施錢伍百文
孫文光施錢伍百文　郭清斗施錢伍百文　封田受施錢伍百文　宋金□施錢伍百文
張□□施錢伍百文　郭繼增施錢伍百文　封泰文施錢伍百文　封士□施錢伍百文
喬□施錢伍百文　宋英□施錢四百文　封□堂施錢三百文　封作鉞施錢三百文
封□□施錢三百文　封□□施錢三百文　封□□施錢三百文　封全□施錢三百文
封□□施錢三百文　封□□施錢三百文　封□□施錢三百文　封□□施錢三百文
封□□施錢三百文　封作銀施錢三百文　李中旺施錢三百文　呂潤福施錢三百文
封全禮施錢三百文　封□旺施錢三百文　封春侖施錢三百文　封元升施錢三百文
趙永福施錢三百文　呂德唐施錢三百文　封泰禮施錢三百文　呂忠全施錢三百文
封泰欽施錢三百文　封應信施錢三百文　焦中周施錢三百文　封在元施錢三百文
宋學禮施錢三百文　封應泰　李鴻儒施錢三百文

共布施錢九十八千七百文。

七年賣新水池柳樹二株,錢七十八千文,賣樹出放得利十八千六百四十文;

公中佃錢十四千二百八十五文;

四宗共入錢二百零九千六百廿五文

買木料、磚瓦、石灰等物,使錢一百零六千文;

泥木鐵工,使錢九十二千九百二十文;

立石褋費錢十千零七百零五文;

三宗共出錢二百零九千六百□五文。

七年起意:李溥　李成甲　封起雲　封大光　封鳴志　宋中興　封士喆　封登元

經理修補公正:李成甲 封士喆

香老:封大光　封美詩

鄉耆:封□□　封□□先鋒

封士元謹書

糾首:封鳴繍　封大禮　郭清斗　封泰欽

管賬:封大□　□春□

管錢：封永興

鄉保：封□增　封金元

丘祖龍門派住持鈕來湧　侄徒孫張本□□□□□□□□□□□

大清咸丰十年十月吉日立

赈济捐米碑记

【简介】

清咸丰十一年（1861）勒石。青石质。长126、宽68厘米。碑文楷体，正文13行，满行17字。嵌于介休市绵山镇侯堡村三教堂墙壁。

【碑文】

賑濟捐米碑記

嘗讀《大雅》歌云漢之昭昭，《洪範》紀恒暘之咎，此以知天灾流行，國家代有，咸豐十年亦猶是也。三時□，安望饗飧之□；二酺虚，不無庚癸之呼。越明年春，米粮騰貴，人食難艱，饑色餓殍，目睹心傷。況大廈非一木之支，巧婦難無米之炊，爰集村耆上廟公議，量力捐輸，無不慷慨樂施焉。遂拎中和節起，擇其可賑者，按口大小，逐日賑散，其極貧無靠者於公地另熬米粥，以延殘喘，共計大小口一百七十有奇，每日大口給米一合半，小口給米一合，至登麥乃止。事完勒石，永著嘉名，後之人俯視及此，庶無不有急公好義之心矣。是為序。

封奉典捐米五石　宋中興捐米四石　呂爾信捐米一石　白春睿捐米一石　李溥捐米五斗
李成甲捐米五斗　封慶信捐米五斗　封膺瑞捐米五斗　郭德昌捐米五斗　封□服捐米五斗
封之□捐米五斗　封□□捐米五斗　封鳴華捐米三斗　封作□捐米三斗　封作□捐米三斗
封膺合捐米三斗　封士元捐米三斗　宋福昌捐米三斗　封卜受捐米三斗　宋凡祥捐米三斗
孫文光捐米三斗　李成寅捐米三斗　封作都捐米三斗　封作詩捐米三斗　孫世明捐米三斗
封魁五捐米三斗　封泰銘捐米三斗　郭應來捐米三斗　封泰英捐米三斗　封應全捐米三斗
封泰文捐米三斗　封應泰捐米三斗　封士□捐米三斗　封士俊捐米三斗

共捐米二十石□斗，共賑米十九石六斗五升，下剩米三石六斗石升，巡更查夜用訖。

居士封膺瑞撰並書

起意經理：封作全　李成甲　呂爾信　李文元　封成仁　封膺瑞　封全文　封大禮　呂惠全

值年公耆：宋中興　封膺瑞　宋中興　封啟仁　李文元　封士元　封大禮　呂惠全　封大煦
封大興　鈕春源　封作武　封全受　封全元　封作鉞

大清咸豐十一年歲次辛酉九月吉日立

例赠宜人田母任太宜人守节抚孤事略

【简介】

清咸丰十一年（1861）勒石。青石质，圆首。碑首高40厘米。碑身高153、宽71厘米。碑文楷体，正文13行，满行61字。碑阳额篆“旌表”。碑阴额篆“昭兹来许”。现存介休市义安镇田岳堡村。

【碑文】

（碑阳）

例贈宜人田母任太宜人守節撫孤事略

介休田君泳祥，介余門人，與子以正持其尊堂任太宜人守節撫孤事略來見，曰：吾母以貧家守柏舟節，泳祥兄弟幸得成立，頃吾母年届七旬，鄉人以旌表，合例報學呈縣，奉旨准其建坊入祠如例，寒宗有祠，宗人謂吾母苦節，宜勒石樹碑於祠，以為宗族光，顧其文辭必出於當代巨人之手，始足以信今傳後。泳祥老矣，終歲奔走江湖，里居之日常少幸先生之設教汾陰也，敢以為請。余文其事略，讀之不禁喟然大息也，古謂慷慨盡節易，從容就義難。慷慨盡節者，鼓其血性，一瞑不視，固已節立名成，故以為易；從容就義者，曆淒風苦雨之中，而飲水落蘖之事，歷數年或數十年，堅忍之性如故絫之節，可謂難矣，而福善之天往往報之以安樂壽考，則又始於難而終於易也。太宜人年十五而歸於□夫錦川公，慷慨好義，不屑屑為錢之計，不十年而家事消落，錦川公遽逝世。太宜人時年二十五歲，痛哭絕粒數日，將以身殉，人勸之不聽，心自悟曰：□□已矣，□□□子何？時長子泳機年九歲，次子泳祥裁六歲，家貧，其以□嘝供食指，午夜篝燈，揮泪縫紉，衣襟盡濕。二子浙長，無力讀書，遠赴南方學贾，次子泳祥□□□□於□□□□□□□□公察其可任□□，俾總司襄樊鋪事，由是家道漸裕。太宜人年七十餘，猶不廢操作，子婦或諫之，则曰：吾年守節□□□□□□□□□□□□□□□□□□□□不能就枕，指痛腿酸，苦不可言，回顧兩孺子鼾睡於旁，淚涔涔下不止。今衣食粗足，含飴弄孫，回憶景□何殊□□□一□乎，豈□□□□□□□□□□□□□七十有七□□□康彊逢吉，人皆羡之，而不知其茹苦含辛數十年，乃得有今ヨ也。泳祥年已六十餘，願懇□□□祖母氏之苦□□命，可謂深知孝□，曰祠立□片石，榮於□□多矣。余故樂得而紀其事。

賜進士出身、誥授資政大夫、前兵部侍郎兼都察院右副都御史、巡撫廣西福建等處□□提督軍務兼署閩浙總督、太僕寺少卿、翰林院編修、五臺徐繼畬拜撰

族人：承溥　育清　承新　承淪　承增　承淑　逢溥
承慶　逢露　逢溫　永桂　泳琪　樹□　泳凝
樹功　樹桂　樹本　樹藝　樹堂　樹德　樹淳
樹恒　樹荃　樹焕　樹奎　樹炳　樹槐　樹林
樹齡　相齡　樹煊　樹言　樹常　樹柁　樹楠
樹檢　樹禧　樹猷　樹炯　炤暹　杞年　炤鑑
炤楚　炤鳳　炤安公立
男永機　永祥　孫男樹□　樹□　曾孫炤元　炤□

咸豐十一年歲次辛酉八月二十一日穀旦

（碑阴）

宣德郎玉鉑出銀一兩　王珠出銀五錢　玉鎬出銀五錢
樹德堂鎮宅出銀四兩　育泰出銀五錢　育會出錢三百文
世魁出銀一千文　育佑出錢一千五百文　育燦出銀二千文
育漢出錢二兩　育信出銀六百文　育梅出銀二兩
育澍出錢五百文　育安出銀七兩　育傑出銀五錢
育祥出錢一千文　育凝出錢一千文　育僖出銀五錢

育森出銀五錢
育柱出銀二兩五錢
育全出錢一千文
承芝出錢二千文
耆賓承溥出銀三兩
承旺出銀一兩
承湒出銀五錢
承旺出錢一千文
承淪出銀二兩三錢
承謨出錢一千文
承淑出銀三兩一錢
承柱出銀二兩五錢
承先出銀一兩
泳柁出銀三兩五錢
泳機出銀十五兩
清源出錢一千五百文
議敘都司逢渥出銀三兩
泳廣出錢二千文
逢裕出錢一千文
泳義出錢一千文
宏□出錢一千文
泳章出錢一千文
監生逢溫出銀三兩
逢澧出銀五錢
泳貴出銀一兩
本峻出銀一兩
本□出錢二千文
本□出銀一兩
泳□出銀五錢
樹□出錢一千文
樹□出銀五錢
樹富出錢三千文
樹德出銀三兩
樹□出銀五錢
樹樽出銀一兩
樹梅出銀一兩
樹恒出銀五錢
樹海出銀五錢
樹棒出錢一千文
樹□出銀一兩三錢
樹年出銀三兩
從九樹煊出銀三兩五錢
樹植出銀二兩

育濤出銀五錢
育根出錢一千五百文
耆賓承景出銀二兩
承琰出銀五錢
承旨出爭三千文
承湧了銀四兩
承沂出銀一兩
承聘出銀二兩五錢
承生出錢一千文
承根出銀五百文
承武出銀五錢
承達出錢五百文
承旭出銀一兩
宏園出銀五錢
泳安出錢三百文
議敘都司逢澤出銀三兩
監生泳卓出銀二兩五錢
住石屯村逢淇出錢二千文
州同逢溥出銀二兩
泳德出銀五錢
逢□出銀四兩
崇本出銀二兩
泳淇出銀五錢
泳福出銀三錢
本生出銀一兩
泳義出銀一兩
泳祿出錢一千五百文
逢□出銀一兩一錢
樹滋出銀五錢
樹生出銀五錢
樹林出銀二兩
樹喜出銀五錢
文康出錢二千文
樹□出銀三兩
樹祿出錢二千文
樹奎出銀三錢
湖北樹槐出錢二兩
樹湖出銀五錢
樹英一兩五錢
樹楨出錢二千文
樹標出銀三兩
監生樹林出銀十兩
樹誠出錢一千文

育楠出銀四兩五錢
育沛出銀二兩
石屯承列出錢五千文
承元出錢一千文
承德出錢三千文
承瀚出錢三百文
承淋出銀五錢
住關子嶺四家堡承淳出銀三錢
承基出錢四千文
承梅出銀五錢
承洲出銀五兩
承慶出銀一兩
宏□出銀十兩
際□出錢一千文
際康出銀五錢
際湧出錢一千六百文
宏祐出錢五百文
泳吉出銀二兩
逢慶出銀一兩
泳□出銀五兩
逢□出銀一兩
泳桂出銀四兩
泳壽出錢一千文
逢濯出銀八兩
本芝出銀三百文
泳濤出錢一千文
泳金出錢五百文
本□出銀三錢
文景出銀五錢
樹□出銀二兩
樹義出銀五錢
樹棠出銀六兩
樹基出銀四十兩
德萬出錢五百文
樹業出銀一兩
樹檜出錢一千一百文
樹炳出銀五錢
樹成出錢五百文
樹耀出錢一千五百文
樹政出錢八百文
樹智出錢八百文
樹熖出銀三錢
樹賢出錢五百文

從九□□出銀六兩	德豐出錢五百文	樹喜出錢五百文
從九樹權出銀十兩	副生熠暹出銀五錢	從九熠鑑出銀三兩
熠景出錢二千文	熠鳳出銀一兩	熠楚出銀一兩
熠建出銀五錢		
補遺：承裕出銀一兩	承宰出銀三百文	承相出錢五百文
樹昌出銀一千文	樹本出銀五錢	熠慶出銀三百文
玉禾出銀一兩	育寧出銀百百文	樹成又出錢二千五百文
樹根出錢四百文	宏潤出銀二兩	樹豐出銀六兩
十六世孫熠暹沐手書丹		

高崇基判案谕

【简介】

清同治四年（1865）勒石。青石质，圆首。碑首高 18 厘米。碑身高 73、宽 37 厘米。碑文楷体，9 行，满行 30 字。额题“永安寨”。现存介休市龙凤镇龙凤村。

【谕文】

特調介休縣正堂高判案，訊得龍鳳村西崖寨内向無墳塚，□□□不得利己損碍一村作墳，此諭。

同治三年十二月初七日判。龍鳳村公奉高縣尊鈞諭，為寨内作墳事，照得龍鳳村西崖有寨，舊名永安寨，係官家屯兵之所，村民避難之地，又係一鄉風水所關，緣舊有禁碑，被人剝落不復存，茲復創立新碑示禁。自禁之後，寨内有地只許種地，永遠不許作墳。倘敢仍蹈故轍，一經查出，將陰陽、土工、地主許村中立即扭赴本縣重究不貸，無貽後悔。此諭。

同治四年二月初旬 奉縣諭闔村公立

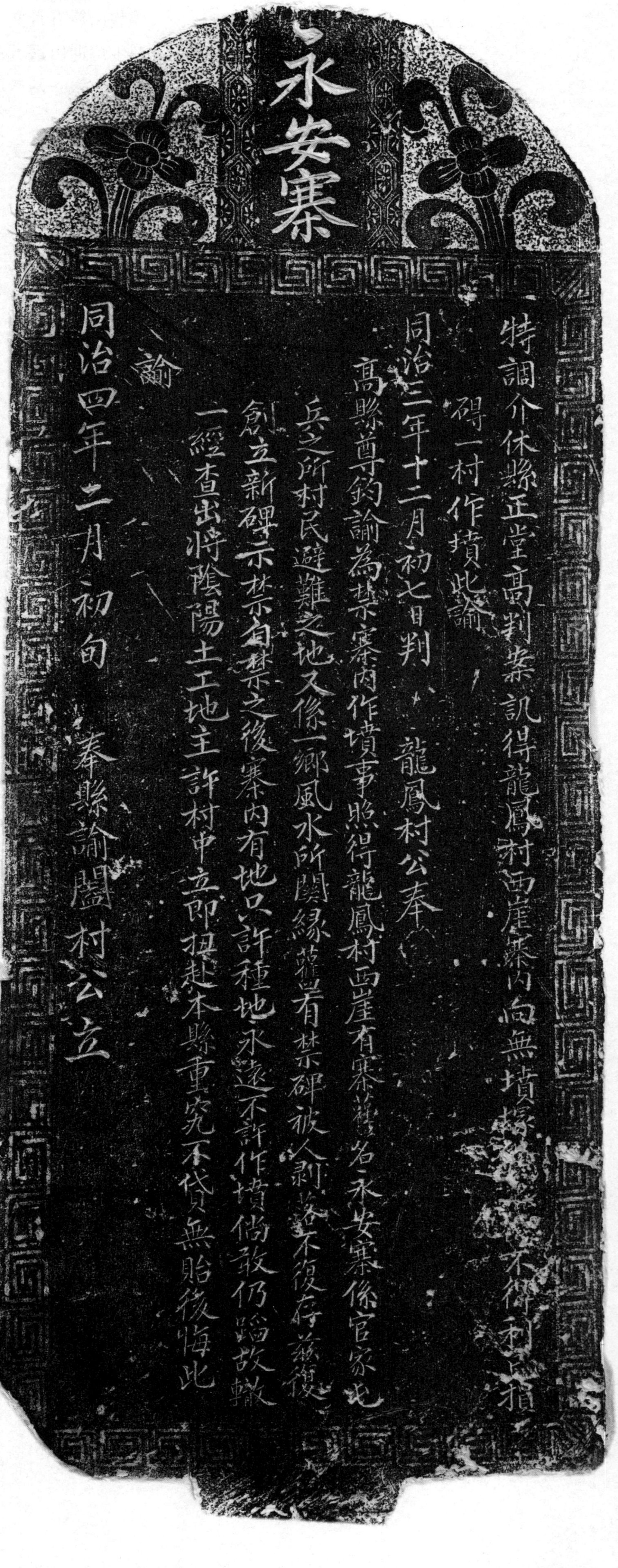

公议规章

【简介】

清同治七年（1868）勒石。青石质。长122、宽83、厚9厘米。碑文楷体，40行，满行21字。现存介休市绵山镇兴地村回銮寺正殿廊下。

【碑文】

甚哉，世風之不古也！默驗人情，大都皆趨利避害之流也。抑知專于己，勢必貽害于人，苟不為之早圖焉，亦幾成蔓草之難除矣。為此，合村公議，各定一章，今將逐條開列於後：

一、東綿自唐以來，佛前清水禁山至界境、建道松林樹木，無論本村外鄉，一概不准在此砍伐，違者重罰。

一、岩溝異鄉人，在坡開山以圖利益，甚至堵塞水路，從之受害非淺，即當禁止，倘有犯者，重罰不貸。

一、利民泉歷年與旌介村值月牌定日期，至夏大雨時行，山河必有猛水，郇人點香澆漫，水頭自有分派，不得強佔絕水，混行攬賴，嗣後水到之時，勿論本村、旌介輪流，准留一渠點香之水，如違公議，查出重罰。

一、水頭值日，接水歷有定規，早至太陽光照神河廟，晚至日落昏定時，花戶澆地香完，務要將自己甲口擋穩，勿使乘間而入，復流地內，似此即以盜水是問。

一、村人凡種水地者，必有渠路，而懶于修渠者，往往借人渠澆，自覺省費，焉知不可，倘後通河漂壞，目下暫借，則可久之，殊屬可惡。

一、本村、外匪無恥刁詐，乃是前世惡孽，今生應受，當夫天寒地凍，身無衣食，再加煙癮時發，自覺無路索借，不遂懷恨在心，捏造誣控，或尋死匿命，以至荒郊地畔，街道巷口，有死倒窩，拖累良民，耗家破產，深為可恤，若有此事，合眾承管，不與鄰地相干。

一、村人凡典賣墳塋土者，皆出貧乏狡猾之輩，遇急則捏造等情，根心迭出，甚至聲言傷礙墓塚，後若遇此，即以訛詐是問。

一、典賣地家，近來奇巧者甚多，即有贖回出賣者，亦有贖回自賣者，春冬俱可出賣者，止可冬賣冬贖，誠為合理，斷不准冬賣春回。多有原主當初典條白地，回贖遇種正麥，春回原主，每石分作四斗，或種回茬，兩家均分。

一、有地之家，外人租種，一時不便出賣者，秬地人原租交代，倘遇買主不願吃租者，內種正麥每石應分四斗，春天回茬應作停分，無干公議。

一、私立賭場並開煙館，無論本村、外匪，不准存留，以及引逗幼年子弟傾家蕩產押當等情，貓賊盜物存賣者，即以窩主是問。

一、花戶進村找擾，節屆隆冬，村中雖禁，值月牌頭務要各自巷口勤心查察，倘有訛賴，即時鳴公，遽速稟究。

一、以上各款逐條注明，各宜自重，開導於前，勿致悔之於後，倘若違禁，查明重罰，不遵者稟官究治，決不寬恕。

香糾、公耆仝具

大清同治七年仲冬穀旦立

甚哉古風之不古也默驗人情大都皆趨利避害之流
也抑知專利於己勢必貽害於人當不爲之早圖焉亦
幾成蔓草之難除矣爲此合村公議各定一章令將逐
條開列於後
一東綿自唐以來　佛前禱水禁山至界境出道松林
一樹木無論本村外鄉一概不准在此砍伐違者重罰
一岩溝異鄉人在坡開山以圖利益甚至堵塞水路必
之受害非淺即當禁止倘有犯者重罰不貸
一利民泉歷年與旌介村值月牌定日期至夏大雨時
行山溝必有猛水即人點香澆漫水頭自有分派不得
強占絕水混行攪賴嗣後水到之時勿論本村旌介輪
流進留一渠點香之水如違公議查出重罰
一水頭值日接水歷有定規早至太陽光照　河神廟
晚至日落昏定時各戶澆地香完務要將自己甲口號
撲勿使乘間而入復流地內倡此即以盜水是問
一却人凡種水地者必有渠路而懶於修渠者往往借
人渠澆自覺省費焉知不可尚後違浮壞自下暫借
一則可久之殊屬可惡
一本村外匪無恥刁詐乃是前世惡孽今生應受當夫
天寒地凍身無衣食再加煙癮時發自覺無路索借不
遂懷恨在心捏造誣控或尋死匿命以至荒郊地畔街
巷口有死倒窩拖累良民耗家破產深爲可恤若有
此事合公承管不與鄰地相干
一却人凡典賣墳塋地土者皆由貧乏疾貧之輩遇急
則捏造等情叔心徒出甚至聲言傷碍墳塚後若遇此
即以訛詐是問
一典賣地家近來奇巧者甚多即有贖田出賣者亦有
贖田自種者春冬俱可出賣者止可冬賣冬贖誠爲合
理斷不准冬賣春田多有原主當初典係白地回贖還
種正麥春田原主每石分作几斗或種田稍兩家均分
一有地之家外人租種一時不便出賣者租地人原租
交代倘遇買主不願吃租者內種正麥每石應分几斗
一春田田種應作停分無干公議
一私立賭場並開煙館無論本村外匪不准存留以及
引逗幼年子弟傾家蕩產押當等情猶賊盜物存者
即以窩主是問
一花戶進村找攫節屆臨冬村中雖禁值月牌頭務要
各自各白勤心查察倘有訛詐即時鳴公遞呈稟究
以上各款逐條註明各宜自重開導於前勿致悔之於
後尚若違禁查明重罰不遵者稟官究治決不寬恕
香糾公耆全具
大清同治七年仲冬穀旦立

桑儿峪祭田议规

【简介】

清同治八年（1869）勒石。青石质。长127、宽58厘米。碑文楷体，59行，满行22字。嵌于介休市张兰镇仙台村郎氏宗祠正堂廊下墙壁。

【碑文】

桑兒峪祭田議規

茲因郎、王戶桑兒峪舊有山俸地五十七垧半，俱經村人租種，每年秋後每垧交谷則六斗，一應皆以舊規辦事，惟恐日久收租、交租互生爭論，今將舊日所定規條同中人、公耆註明於後：

一議山俸地每垧每年交谷則六斗，不得拖欠；

一議臨時到桑兒峪收租，向來租地者按派三人出頭經理，你接我辦，仍照舊規，不得推辞；

一議郎、王戶到山收租，務備住扎房舍，即灶火鍋碗等具，必須準備；

一議應交租谷倘若粃雜不堪，無論誰家，定以時價作錢交租，不得拖欠。

中人張晉蘭、鄧沁源，公人孟景德。

一樣三張，郎、王戶各一張，桑兒峪一張，存王開金、王開學、王元瑞手。

同治七年二月初九日立

計開桑兒峪祭田碑記

黃潦溝地壹段三畝半垧、地壹段三畝三勾、地壹段四畝三勾、地壹段壹畝半半垧、地壹段壹畝半壹勾、地三段四畝三勾、地壹段五畝壹垧、地三段五畝壹垧、地六段五畝壹垧；西邊地一段二畝半垧、地一段四畝三勾、地二段三畝半垧、地一段四畝壹垧、地一段四畝壹垧、地一段三畝半垧、地三段四畝半壹垧、地一段三畝半三勾、地一段二畝壹勾、地三段五畝壹垧、地二段五畝壹垧、地二段二畝半垧、地五段五畝壹垧、地壹段五畝一垧、地壹段壹畝半壹勾；西邊小圪塔地壹段二畝半垧；西嶺地壹段九畝二垧、地壹段四畝壹垧、地壹段五畝壹垧、地壹段二畝半垧、地壹段五畝壹垧、地壹段二畝半垧、地五段五畝壹垧、地二段二畝半垧、地壹段四畝壹垧、地壹段五畝壹垧、地一段二畝壹勾；北坡地壹段六畝壹垧壹勾、地壹段五畝壹垧、地壹段二畝半半垧、地壹段叁畝叁勾、地壹段四畝壹垧、地壹段四畝壹垧、地壹段五畝壹垧、地五段五畝壹垧；廟溝地壹段五畝壹垧、地壹段二畝壹勾半、地壹段四畝壹垧；場圪塔地壹段四畝壹垧；羊圈坡地壹段二畝半半垧、地叁段五畝壹垧、地壹段七畝壹垧三勾、地二段壹畝壹勾、地壹段叁畝半垧、地壹段四畝叁勾；燒窑溝地六段二畝半半垧、地五段二畝半半垧、地壹段四畝一垧；長圪道地壹段六畝一垧半、地叁段二畝半叁勾；圪羊皮地肆段四畝壹垧、地壹段叁畝半垧；麻皮則地叁段二畝半垧；麻皮溝地壹段五畝壹垧、地壹段五畝壹垧；堡背後地六段四畝壹垧、地叁段四畝壹垧、地壹段二畝半垧；寨背後地壹段肆畝壹垧；背後圪塔地二段二畝半半垧；狀甲則地壹段五畝壹垧；順道則地壹段壹畝半半垧。

郎、王戶舊有祭田五拾柒垧半，今僅存五拾柒垧零半勾，共二百六十肆畝，其壹勾半不知何時遺失，謹誌之以備查考。

候選教諭、壬戌科舉人、十五世孫輔周書

大清同治八年十月吉日立

重修樊王庙记

【简介】

清同治八年（1869）勒石。青石质，圆首。碑首高 25 厘米。碑身高 120、宽 57、厚 12.5 厘米。底座长 61、宽 40、高 40 厘米。碑文楷体，正文 17 行，满行 42 字。碑阳额篆“万世同流”。碑阴额题“恩光普照”，布施文约 1000 字。漶漫严重。现存介休市连福镇西圪塔村樊王庙。

【碑文】

（碑阳）

重脩樊王廟記

鴻濛既闢，造化洪鈞，物華天寶，人傑地靈，子儀封而汾陽顯，之推隱而介休名。有一方之勝境，必有一代之□人，生為英傑，沒為靈神，以享以祀，以介景福，而百千萬世遂成古蹟。如樊王村，古冀州之域，屬定陽郡，今為汾州府□□□□□□□山帶河，巖谷成庄，人敦古□，家業農桑，厥賦下下，厥田山岡，飲和食德，□□民康，為漢樊舞陽□□□□□□□□□□□□□鳴飛□□□偃月□雲，冀北屯軍，徑掃窮山之□村□□□□□空谷之□□□□□□□□□□□□□□□□□□□□之□英姿颯爽，凝□增□□之光，□□烈之□□□名不□□□□□□□□□□□□□□□□□□工□□□□□□□□□□□□□□□□□□□□□□龍□□□□□□□□□□□□□□□□□□□□□□□□□蜃樓海市□□□□□□□□□□□□萬□□□□□□□□□□□□□□景□□□□□□□□□□□□□□□□□□□□□□□□□□□□□□□□□理□□□□□□□□□□□□□□□□□□□□□□□□春三月□工□□□□□□□□宇玉殿□□□□□□□□□□□□□□□□□□□□□□□□□□□□□□□□□□□□聖帝，右□□三□□□□□□□□□□□□□□□□□□□□□□□□□□正廊□□□□□□□□□為正□□。猗歟盛哉！□□□□□□□□□□□□□□□□□□□□□□□□□□□□□□□碑記□□□□□□□公會議，謹勒□珉，以□□□□□□□□□□□□□□□□□□□□□□□之意裕□□□□□□□□□以□□之心極而為脩□之□，□□□人□□□□□□□□□□□□□□□□□□風俊乂，□生則山□□□□□□□□則□毓其靈，自□人因□顯，地以人□，精誠所□，靈應□□□□□□永耀，蒸嘗之典，榮光□戶，□□□庇之□□□之元氣所關，生民之造化係焉。凡廟中一切事宜，值年公人同本村差務一體經管，以維持於永久，至於善人、糾首諸公名姓，舉列碑陰。

汾州府儒學生員張旭照敬撰并書

石工甯銘刊

大清同治八年歲次己巳秋九月初九日公立

（碑阴）

□安堂捐銀叁拾兩；裕盛□、從□典、梁□□各捐銀拾□兩……義□□、萬□號、大興典、永豐號各捐銀捌兩；趙如玉、全揚裕、日新中、□□典、□昇□、□□典……恒發號、源順恊、五福堂、蔚豐厚、蔚盛□、成利□各捐銀伍兩；□慶恒……□□典、□興典、豐興典、聚發典、申□成、聚錦號、永源號、謙吉昇、□義號……天立□、雙成號、源生綸、合義號、萬慶堂、永和盛、萬和堂、慎餘堂、隆和當、中和□、□新□、義成店、□□號、□□師、□□源、□□行、□慶號、恒昌號、□□號、□□□、□□□、□□昌、□□□、□□□、□□興、恒裕行、裕大行、源昌號、大豐號、永成號、□□士、益□長、公興義、豐隆號、萬□號、廣成號、恒源號、發盛號、世心堂、晉益□、新□□、公□當、富□當、廣慶號、義源□、永昇興、大順號、□□□、義□號、□義號、義興號、萬順號、義盛號、廣順號、慶成號各捐銀弍兩；德豐號、永盛號、侯思□各捐銀一兩五錢；長發號、□勝□、□和號各捐銀一兩二錢；五福長、合盛公、□興號、楊起泰、張□□、□□□、□□號、□□店、合盛坊、陳芝庭、源盛號、永發行、長秦行、達有號、義興號、恒興號、新順號、永盛號、三億號、和順號、天興號、新盛號、合順號、隆□號、裕成□、元□號、德豐行、立源號、□發號、□順□、□□□、□□□、□□□、聚昇號、乾元亨、永茂號、永美號、元順號、鈕文洲、□元公、永□義、協□□、隆聚□、同泰當、任志熙、李天興、寶盛當、耆賓張秉泰、洪興號各捐□一兩；日章德、永興□、張玉□、□福□、□□□、同心□、日昇瑞、恒泰義各捐銀五錢；復□長捐錢十二千文；□興號□□□□□；□□□捐錢三千文；大順號、源順行、梁乃和、大成和、李昌蘭、德忍永、船窩村、聚生源、永順行各捐錢式千文；復興昌、同隆泰各捐錢一千五伯文；東泰昌、啟盛永、趙良正、天成窑、郭元泰、聚□□、和□店、□信成、□興行、□昌號、恒昌公、昌盛義、義和昌、同泰義、兩益公、恒盛昌、同人成、張九安、裕盛昌、四盛公、□□公、聚□永、蔚盛當、泰盛義、同聚成、三益恊、長盛正、張如齡各捐錢壹千文；□□正、晋玉亨、蔚盛久、昌泰和各捐錢七伯文；□□厚、雙□□各捐錢六伯文；吉□豐……聚義□、張世珍、義常隆、趙寬、義順廠、玉興店、周鬚則、□儒□、□芥亭、□□□、□□□、張□□、王□、李□□、□九如、□友堂、□□生、□盛堂、張保和、張銀和、段儒□、李□□各捐……文；玉發盛、玉盛店各捐錢四伯文；張□□、張□□、郝正剛、孔姓、以敬堂、劉芝福、和盛店、□□齡、□紹宗、□□經、□□店、□□根、□□店、□□□、□□謙、張天□、□恒新、□大□、溫□正、張祥生、□□義、□順店、王大盛、賈老四、□天德、韓憲典、□儒忱、□□店、□□□各捐錢壹伯文。

天峻山重建石塔记

【简介】

清同治九年（1870）勒石。青石质。长 87、宽 57 厘米。碑文楷体。赵守乾撰文，刘受谦书丹。嵌于介休市连福镇赵家庄天峻山文峰塔塔身。

【碑文】

天峻山重建石塔記

天峻山在縣城東南四十里，羣峰拱翠，峭壁摩空，登其巔，則邑中形勝一覽在握，亦一方之勝概也。明萬歷中，渭南史公來治吾邑，精風鑑，謂其峰若更加穎，文風宜大振興，特建浮圖，其上一尖聳出，象管城子形，數十百里之遙可望見之。而其初建年月不可攷，於亂石中得斷碣，始知重建於康熙四十六年，迄咸豐九年而圮，蓋又閱百五十年矣。竊思邑中文運之盛衰，雖不盡視地利，而斯塔之興廢亦與有關焉。前邑侯靜海高公於此事尤屬惓惓，乃議鳩貲重修，始於同治甲子，閱六年經費始集，爰選吉於庚午七月興工，告成於九月之末。諸同事囑予為記，因敘其大略如此。

内閣中書、舉人趙守乾撰文

汾州府學廩生劉受謙書丹

大清同治九年月日重建

修建文峰塔记

【简介】

清同治九年（1870）勒石。青石质。碑文楷体。嵌于介休市连福镇赵家庄天峻山文峰塔塔身。

【碑文】

塔高七丈；坐底週圍六丈五尺有奇，徑過二丈一尺；收頂磐石週圍一丈三尺有奇，徑過四尺四寸；塔頂高七尺；坐巽宫辰方元宿一度，向婁宿六度。

花翎知府銜、戶部員外郎劉書源鑒造

一步原里人齊振全督工

大清同治九年五月二十一日重修

石匠王高盛 張同安

胡筮观墓志铭

【简介】

清同治十年（1871）勒石。志呈正方形，边长63厘米。志文楷体，分上下两部分，上部28行，下部27行，满行各16字。曾存于介休市张兰古玩城，志文据拓片录。

【志文】

皇清誥授奉直大夫、光禄寺署正銜加二級厚亭胡公暨德配李宜人合葬墓誌銘

賜進士出身、誥授中憲大夫、雲南鹽法道、前山西道監察御史、翰林院編修、南書房行走、提督山西學政、乙卯順天鄉試、丙辰會試同考官、戊午山西鄉試正考官加三級、江夏通家愚弟彭瑞毓頓首拜篆蓋

賜進士及第、誥授奉直大夫、文淵閣校理、國伎館纂修、詹事府右春坊右贊善、前翰林院編修、本衙門撰文、提督湖南學政加二級紀錄七次、太谷年愚姪温忠翰頓首拜撰

賜進士出身、誥授中議大夫、鹽道使銜、湖南辰沅永靖兵備道、前掌浙江道監察御史、翰林院編修、戊午湖南鄉試副考官加三級、太谷年愚姪杜瑞聯頓首拜書

同治十年辛未七月二十五日，故光禄寺署正銜、太學生胡公賓王卒於鄉，春秋六十有二。越明年壬申四月二十九日，長子寶琦、次子寶璜、寶琳將葬公於介邑新塋之阡，妻李宜人合祔，禮也。告窆有期，以事狀郵遞京師，乞其舅氏李先生敦愚囑余為之銘。余與公之仲子寶樹為同年友，於公為年家子，雖謭陋無文，然義不容辭。案狀，公諱筮觀，字賓王，厚亭其別字也。世居平陽郡之臨汾，明永樂時遷於介邑城西大宋曲村。世有隱德。高祖諱鳳翥，附貢生，贈朝議大夫。曾祖諱憲康，貢生，候選同知加一級，誥授朝議大夫。祖諱祚鞏，優廪貢生。父諱其昌，太學生。並封贈如公階官。祖母宋氏、張氏，母宋氏，皆贈宜人。

公生而謹厚，五齡失怙，事宋太宜人至孝。太宜人，介邑之賢母也。鄉前輩徐松龕先生為之傳。太宜人性最嚴，繩子弟以禮法。公數齡出就外傅，六經皆能記誦，年十七攻苦益力，遂抱疾藥，屢投弗□，於是廢舉業養痾鄉里。然經史諸書猶時時置諸座右，披閱無間寒暑。年三十後體少壯，疾亦漸瘳，遂事家人生産作業，往來豫中數年，行笈所至，无不以圖書自隨。時寶琦方貿遊江漢間，公寄以書曰：吾家世為儒，今以儒而賈，願汝曹勿效市井習也。咸豐甲寅，仲子寶樹補弟子員，公命受業於前大中丞松龕徐公之門，深為徐公所器許。戊午，寶樹領鄉薦，文章之名益噪。越數年，公之舊疾且豁然愈，蓋喜其有子能讀父書，承宋太宜人所以教公之志，不僅以科名榮耀閭里也。寶樹上春官屢不第，歸而授徒鄉里，主講中陽書院，切磋砥勵，士論翕然。時關中盜起，寶樹襄晉省防務，治軍書克勤厥事，大吏嘉其賢，聞於朝，以教職侭先用。於是其鄉之親族里黨莫不曰：微我賓王先生之教不至此。顧天公教子未竟之志，而即天之所以限□□與公之殁也，去仲子之殁甫三月耳，喪□之痛見於暮年，天之報施善人胡為若此？此真理之不可解者。然聞公於彌留之際，有姻黨中之貸金者，令以券歸之，凡數百金，曰：毋為後日子孫累此。其厚德足以風世。吾又知胡氏之後必昌也，李宜人之持内政也，躬自儉約，門庭肅然，其賢一如宋太宜人，君子以為能守姑教云。宜人系出名門，為同邑鄉飲介賓蔭槐公女。子四人，長寶琦，貢生，中書科中書銜；次即寶樹，署平陽府教授兼理訓導事；次寶璜，直隸候補典史；次寶琳，太學生。女一人，適孝邑增生張士訓。孫二人，長傳薪，次傳經；孫女二人。

公生於嘉慶庚午年四月二十二日亥時，卒於同治辛未年七月二十五日子時，享壽六十有二。宜人生於嘉慶己巳年二月二十九日巳時，卒於同治辛未年二月初三日午時，享壽六十有三。銘曰：

峨峨壺口，作鎮臨汾。蓄奇秘秀，以興□門。有明之初，介山是卜。乃遷厥居，奠於□□。宋曲諸姓，胡氏最昌。孝弟雍穆，典墳裔皇。君有令聞，鄉里所式。賢毋令妻，實為婦則。君有肖子，讀書五車。既登高科，用光門閭。諸子克家，童孫清妙。桑榆熙熙，曰惟德郡。溯自髫齔，垂及暮年。恪恭敦厚，力引罔愆。既營佳城，遺徽斯覩。鬱鬱松楸，修名千古。

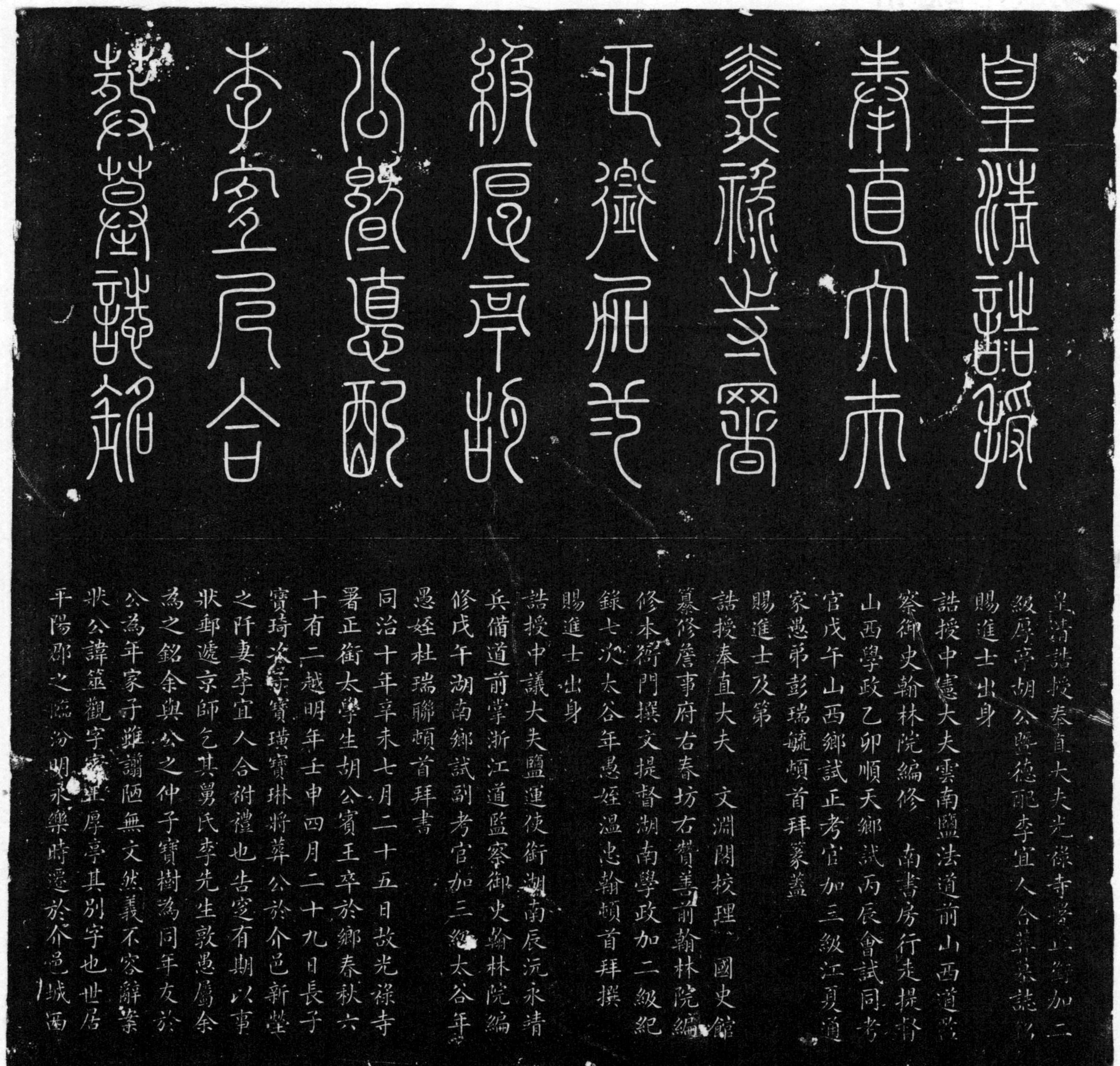

皇清誥授奉直大夫光祿寺署正加二級厚亭胡公暨德配李宜人合葬墓誌銘

皇清誥授奉直大夫光祿寺署正加二級厚亭胡公暨德配李宜人合葬墓誌銘

賜進士出身

誥授中憲大夫雲南鹽法道前山西道監察御史翰林院編修 南書房行走提督山西學政乙卯順天鄉試丙辰會試同考官戊午山西鄉試正考官加三級江夏通家愚弟彭瑞毓頓首拜篆蓋

賜進士及第

誥授奉直大夫 文淵閣校理 國史館纂修詹事府右春坊右贊善前翰林院編修本衙門撰文提督湖南學政加二級紀錄七次太谷年愚姪溫忠翰頓首拜撰

賜進士出身

誥授中議大夫鹽運使銜湖南辰沅永靖兵備道前掌浙江道監察御史翰林院編修戊午湖南鄉試副考官加三級太谷年愚姪杜瑞聯頓首拜書

同治十年辛未七月二十五日故光祿寺署正銜太學生胡公賓王卒於鄉，春秋六十有二。越明年壬申四月二十九日，長子寶琦，次子寶璜、寶琳將葬公於介邑新塋之阡，妻李宜人合祔，禮也。告窆有期，以事狀郵遞京師，乞其舅氏李先生敦愚屬余為之銘。余與公之仲子寶樹為同年友，於公為年家子，雖譾陋無文，然義不容辭。案狀：公諱箴觀，字賓王，厚亭其別字也。世居平陽郡之臨汾，明永樂時遷於介邑城西

千佛庵整修记事碑

【简介】

清同治十二年（1873）勒石。青石质。长 50、宽 42 厘米。碑文楷体，21 行，满行 20 字。嵌于介休市连福镇东湖龙村千佛庵墙壁。

【碑文】

千佛庵，湖龍四堡之公廟也，有四堡公事，各公人會議其間。顧修葺有年，殿庭滲漏，牆壁欹斜，若不急加整理，何以妥神靈而重公事？奈工程浩大，經費維艱，某等公同商酌，謹賣寺院古柏以充修理，即於原處栽小柏以備觀瞻，將來樹蔭依舊，廟貌增新。雖一時權宜之舉，諒後之君子皆有同心焉。工既竣，爰誌其緣起如此，而列出入各項於後：

一宗原入賣柏樹四箇錢三佰貳拾壹千文

一宗泥木畫匠工錢壹佰捌拾三千貳佰文

一宗灰磚瓦木料錢伍拾捌千陸佰四十文

一宗買柏果樹栽錢陸千三佰文

一宗襍費錢肆拾三千零九十文

一宗石匠工料錢貳千捌佰伍十文

一宗安神謝土經禮錢貳拾九千八佰文

一宗入月利錢貳千捌佰伍拾文

公人：西湖龍任懷珍

下馬堡高積慶

白堡白如言

上馬堡馬凝昌

鄉保：任懷潤　劉配京　白其祥　任懷珏　馬萬茂

本寺住持：德演　元章　仲年

大清同治拾貳年拾月中浣日公立

重修二郎神祠记

【简介】

清同治十三年（1874）勒石。青石质。长 93、宽 42 厘米。碑文楷书，正文 17 行，满行 16 字。其后布施等文 400 余字。现存介休市绵山镇大靳村。

【碑文】

□□□村舊有二郎神祠，自道光三十年重修，迄今二十餘年，風霜剥蝕，殘缺頗多，其殿西角窑坍塌尤甚，若不早為修葺，恐有傾覆之憂。奈社中素乏，需索維艱，香、糾籌度，撥照田公積，賣社中樹木，將社中水地租出，每年約得錢六千有餘，又在南王中、茹子窊募化，鳩工庀材，擇日興工，角窑重新，元帝閣易為覆瓦，獻亭兩廊換瓦易石，亦整飭焉。其餘缺者補之，殘者修之，雖未焕然改觀，庶幾稍為完繕，費錢二百餘緡，用多財少，資無所出，撥現年神社六千，尚屬不足，香、糾咸議昔年動工借文武樓錢，今者仍借，亦可議定，社中租錢抵還，約十餘年可以歸清。工竣勒石，直書始末，非敢云文，誌事而已。且將輸錢姓氏、動工費用悉書於左，俾後之覽者知斯工之不易興而斯舉之有難已也。

本鄉優附生張文焕撰文　優廩生張文燦書丹

施錢四千：廩生張本復；施錢三千：監生王啟瑞、監生張文熿；施錢二千：監生張本祥、從九李輝先、耆賓任思凝、景廣泰、從九李福元、從九李玉堂、從九曹中貴、曹世禄；施錢一千五百：黃文秀、李克恭；施錢壹千：庠生張本來、張本孚、張文煌、知事張玉豐、張廷陞、李根雲、李肯堂、李富印、□生李蓉捷、曹守智、從九張應陞、李德榮、陳樹縉、從九趙晉藩；施錢五百：曹大成、曹守仁、李錦玉、李錦富、李紹基、李春生、李文玉、李吉緒、段榮緒、張應全、王有旺、曹林彬、陳玉喜；施錢三百：張本壯、李易榮、李拉兔、李德成、李雙兔、王春光、曹兒子、張玉陞、曹頌昇、吳生榮、李蘭香、趙玉溫、李德堂、張文炳、李夢芝、燕來不走。

照田錢二十六千文，賣樹錢二十五千文，地租錢十千零一百文，募化錢五十四千三百文，神社錢六千文，舊借文武樓錢二十五千文，新借文武樓錢八十八千四百九十三文，七宗共入錢二百三十四千八百九十三文；舊修鐘鼓樓錢二十五千文，□□錢二千七百文，鐵匠鑄鐘錢一十一千零四十五文，石匠錢二十二千九百文，木匠錢一十五千五百一十文，泥匠錢八十九千零四十文，磚瓦、石灰錢六十七千零一十八文，雜使錢一千六百八十文，八宗共出錢二百三十四千八百九十三文。

香老張文熿總理

董事人從九李輝先　監生張本祥　廩生張本復　庠生張本來　曹大成　曹世禄　張廷陞　曹守智勒石

龍門鐵筆黃文秀刻字

大清同治十三年歲次甲戌冬至日闔社公立

两次动工花费并地亩碑记

【简介】

清同治十三年（1874）勒石。青石质，圆首。碑首高31厘米。碑身高92、宽47、10厘米。底座长54、宽35、高24厘米。碑文楷体。篆额“□勒贞珉”。第二次募化名模糊不清，未识录。现存介休市绵山风景区一斗泉。

【碑文】

兩次動工花費並地畝開列於後：

收來兩次募化銀，作錢五百六十二千零六十分文

收來兩次募化銀一百二十二千零六十八文

入收遂生堂佈施錢八十千文

共收錢七百六十四千七百六十八文

出第一次貼心誠師工費錢四百三十七千一百文

出第二次工料襍費錢二百八十七千零七十七文

共出錢七百六十四千五百七十七文，除淨出存錢一百九十一文。

計施：

宋萬育施旌介村香房平地九畝、又李家斜旱地六畝，共計一十五畝，隨帶糧六十四升。此地永遠作為神前香火使用。

督工糾首：任俊秀　登仕佐郎宋秉南　萬育公

鄉飲介賓樊清鵬　郭思和

住持：僧通謐師

油匠：張工□

泥匠：李殿華

木匠：陳大英

石匠：黃□□

大清同治十三年歲次甲戌孟夏上澣穀旦

兩次動工花費並地畝開列于後
收米両次花錢一百二十二千七百文
共收錢七百六十四千七百六十八文
計 施
宋萬青施旌介村香房平地九畝又李家科旱地六畝共計一十五畝
粮六斗四升此地永遠作爲 神前香火使用
督工糾首
任俊秀
宋秉南
萬育公
樊清鵬
郭思和
住持
大清同治十三年歲次甲戌孟夏上浣
穀旦

修筑西面围墙告竣碑记

【简介】

清光绪二年（1876）勒石。青石质，圆首。碑首高54厘米。碑身高177、宽76.5、厚15厘米。碑座长85、宽53、高39厘米。碑阳文楷体，14行，满行57字，额题“善善恶恶”。碑阴为村约，文楷体，正文8行，满行52字，额题“好好贤贤”。现存介休市龙凤镇西宋壁村兴国寺。

【碑文】

（碑阳）

大清光緒二年歲次丙子孟秋中浣之吉日修築西面圍牆告竣碑記

竊意我村北面圍牆既而兩修以後，村人皆曰將西面亦為修築，則村中周圍固密，庶可夜不閉戶，犬不驚吠，而賊寇之患幾無虞焉。《易》云：思患而豫防之。其斯之謂歟。但予懷宿比念歷有年所，雖防患固所良貴，然風水尤關至要。《堪輿經》曰：兆民萃處，百堵聿興。又曰：西北關閉，英傑竝肩，乾位傾頹，老翁逃潛。知擴而充之，焉可忽乎哉？稽自往古，建門修廟、鑿池築牆，未嘗不宜於風水矣。擬之於今，趨全避缺，增高益下，豈能不宜於風水乎？予於同治癸酉秋即萌此念，財資不給，未敢擅舉。詎意光緒乙亥冬，盜賊相侵，豺狼流毒，村人皆曰：家戶恒存乎疢疾者，西面不密之故也，夫如是，莫之能禦也。於是會集公保，督商乃事，惟幸此念一興，樂捐財資者踴躍首先，樂施地址者慷慨相從，足見我里風俗敦化，人情川流，即時而共襄盛舉，不日而告厥成功。天也！人也！盡人之性也！故勤公集議者不顯維德，而好善樂施者以永終譽，因不揣固陋，爰誌其事云爾。

舉意督工總管貢生宋大雅謹撰前後並書

捐戶施主姓名列於後：（字迹不清，略）

總管鄉耆：宋大雅

總管公正：宋普賜

總管約正：張龍光

總　　保：宋成勳　張廷光

鄉　　老：侯念章　宋士儒

保　　約：監生侯廷佐　宋永謙　張近信　榮以官　侯慶封　宋永泰　張近智　梁守道　宋□珖　宋起賓　宋永光　榮泰光

監工糾首：張近智　宋永謙　榮以官　宋永泰

管銀錢：宋大雅

管賬目：侯含章

鄉　　保：榮德惠

土工目：宋輔周　王福保　榮起恒

刻字匠：寧魁元

舉意督工總管貢生宋大雅謹撰前後併書

（碑阴）

光緒二年新正月初五日，公正宋普賜、鄉耆宋大雅為村事不整，致于散汏，蒙糾正張龍光鳴請保約、闔村人等，上門跪懇，重為保舉，核議條款，勒石永垂不朽。

一議村中設立公耆，必擇端方正直以便差務、以整村事者也。倘有惡棍匪類、包娼聚賭、勾留賊黨、攪亂村事者，許公耆、保約、闔村人等協力拿問送縣糾治，慎勿姑息，謹遵切切，□□□□。

一議村中公地併花戶路址地境，凡有路死貧人或移屍倒□，該入公中督辦。但花戶自相殘害、兩相鬥毆殺傷等情不入此議。宋普賜謹識。

一議凡膺村事者不能盡如人願，倘有不法之徒因仇挾嫌、上門詐訛、自害害人、誣賴人命等情，該入公中督辦。但因私仇私怨、兩相鬥毆殺傷等情不入此議。

一議充膺公耆者雖系端方正直，不得連年由己擅霸，每逢新年初五日算清公賬，卸退公地，限三日內聽保約等眾另為選舉，或原其舊任。保約等眾正門親送該保之公耆，倘有推違，許保約當官遞送。但不到退卸之期，或有別故等情，仍照舊規，請保約公地選舉，不入此議。宋大雅謹鐫。

一議鄉保、小甲、里催亦不得連年充膺，每逢新年初五日隨舊公耆告退公地，鄉保手所存什物逐件交清，俟送新公耆，後或舊充另選，靜聽公耆保約等栽培。但犯玩公違誤之條、勒索花戶錢財者，輕則黜革追贓，重則送縣糾治。該公人亦不得容隱徇情，致于累咎，切切。宋大雅謹鐫。

以上五條公同核議，以整村事，以安良善。凡我公耆秉心權衡，雖未必誌遺徽於後世，然亦當傳高誼於村中。君子自重，凜之慎之！張龍光謹鐫。

值年鄉耆：貢生宋大雅

值年公正：宋普賜

值年約正：生員張龍光

總保：宋成勳　張廷光

管賬：張廷光

鄉老：侯念章　宋士儒　張近信

保約：監生侯廷佐　侯蔚章　宋永謙　侯慶封　宋□洸　榮泰光　榮起寶　宋永光　宋永泰　張近智　榮以官　梁守道

鄉保、里催：榮德惠

小甲：樊廣仁　高大有　宋畯　宋輔周　闔村等公立

栖云庵功德碑

【简介】

清光绪二年（1876）勒石。青石质。碑长105、宽65厘米。碑文楷体。嵌于介休市龙凤镇渠池村栖云庵东配殿墙壁。

【碑文】

重修棲雲庵正殿五間，因信士募化銀錢三十餘年而衆姓名開列於後：

南槐志

榮本鋭　募化錢肆拾壹千伍百文

仝天祥　募化錢弍拾千文

仝九昌　募化銀捌兩整

柔現輝　募化錢壹拾肆千文

仝安朝　募化銀壹拾叁兩、錢叁拾千文

焦兆麟　募化銀壹拾兩整

高寶善　募化銀弍拾肆兩、錢陸拾伍千文

侯秉鈞　募化銀壹拾兩整

陶繼昌　募化銀肆拾陸兩

柔爾謙　募化錢弍拾千文

侯紹成　募化錢肆拾柒千文

侯國杰　募化銀伍拾兩整

仝九道　募化銀壹拾壹兩

從九焦宗文　募化二次錢肆拾玖千文

高寶光　募化錢陸千文

仝濟朝　募化錢壹拾千文

張文盛　募化錢弍拾叁千文

侯秉鐸　募化錢壹拾千文

侯紹寧　募化錢叁拾壹千文

焦廣壽　募化銀拾兩整　　元復號　　捐錢伍佰文

柔德發　施麥稭足用

石匠：衛師

木匠：原師

泥匠：薛師

以上各捐錢伍百文

管銀錢賬目：在公從九焦宗文　在公高魁元

管工：仝天祥　仝九積　張孔麟

管料：耆賓焦雙興　董成禧　侯國樞

糾首：仝達中　仝濟川

鄉約：張文盛

總理公正：侯秉鈞

鄉耆：仝九道

鄉保：仝天寧

光緒二年孟夏望日吉立

重修吕祖阁碑记

【简介】

清光绪三年（1877）勒石。青石质，圆首。碑首高39厘米。碑身高122、宽69、厚19厘米。底座长80、宽47、厚34厘米。碑文楷体，9行，满行45字。张镇青撰文并书丹。碑阳额题“福缘善庆”。碑阴额题“流芳百世”。现存介休市龙凤镇张壁村二郎庙。

【碑文】

（碑阳）

重修吕祖閣碑記

凡事不無固革損益等，亦求其盡善盡美而已。余村北門樓頂有吕祖閣焉，自道光十一年始，龕仙像於斯，然規模狹隘，似不堪妥神靈而昭祀典。

族叔九成公服賈楚南，屢蒙神庥，思欲增修其制久矣。惜余鄉素非殷實，而九成公則又力微，藉非取資他山，焉能成斯義舉哉？爰集糾首、公耆共商出疏募化。時則有若昌和賈公、族祖悦維公仗義慨允，情甘協力同募。遂于咸豐十一年共出緣簿叁本，曾不數載而所捐之項俱歸，又令子母相權者數載，計共得銀三佰餘兩。及同治十二年，因義學修金不足，將此銀分濟壹佰五十兩。

爰自光緒二年五月動工，高閈閎，厚牆垣，至七月間工始竣。又越年而雕榱刻桷，神閣遂焕然一新，殆功成而銀項亦盡矣。是所以妥神靈而昭祀典者，皆諸公之力，而又余族倡舉之功也，于余乎何欤？然使後之継起者粗知其旨，永延盛事於勿墜，是則余之意也夫。是為記。

例授修職郎、候選儒學訓導、附貢生張鎮青謹撰並書

起意總理：監生賈由榮　靳釗青　六品軍工張九成　昭武都尉張映辰　昭武都尉張鎮梁
監生張芳桂　從九張悦性　耆賓仝大旺　從九張五常　從九張未泉

香老：賈恒讓　侯天有

公正：六品軍工張九成　監生賈田榮

從九：張本泉

鄉耆：賈裕光　王恒泰　賈易和　張仁宇

鄉約：賈企長　張仁本　從九賈鵬宵

管工：賈企顏　賈易和　賈為山　張德奇

住持：心誠

大清光緒三年歲次丁丑季秋月穀旦立

（碑阴）

領疏人名開列於左：

信士賈易和由興化縣化來銀錢折銀玖拾貳兩伍錢

陸兩：興化縣正堂張

貳兩：慶成公　賈三合　騰鳴盛　天合福　福和恒　賈雙盛　賈祥瑞　長慶隆　義興長

壹兩伍錢：天元和　大章成　復盛泰　承法盛　寅泰永

壹兩：天保號　全盛號　郭立元　侯應福　張六一　宋志禄　郎學易　張學書　義盛號
永盛元　聚興源　李廷珍　李承祉　王衍貴　聚發號　大成義　元吉慶　大順合
聚泰鳳　門國光　李榮源　侯顯謨　張良佑　日盛永　聚盛和　李延瑞

伍仟：義盛號

貳仟：益謙典　仁和法

壹仟伍佰：慶泰典

壹仟：天順法　賈雙鯉　興順號　張裕昌　李春華　益盛裕　王永昌　復甡盛　武耀先　趙立新
吉發先　德泰和　岳發椿　慶源貞　九恩堂　張體敬　奉含章　郭元旺　萬順王　信誠正
張啟旺　張桂燦　冀潤廣　段廣隆　宋大義　靳毓豐　慶和盛　任泰興　冀政祉　宋政楊
劉道生　任存誠　永甡泰　益泰長　賈昌　岳樹屏　全慶生　同興合

六品軍工張九成由松滋縣化來銀柒拾兩零玖錢

陸兩：合盛典　合盛典諸夥友

肆兩：松滋縣正堂張

貳兩：右堂盛　右堂陸　允隆典　義盛典　協盛典　無名氏　黄問之　國盛典　乾升典　隆升典
豐升典　日升典　恒升典　非昌廷　泰豐裕　聚和迪　薛維周　李惇天

壹兩伍錢：無名氏

壹兩貳錢：經歷趙炯書　同知胡經書

壹兩：磨盤司王　吴天吉　廣源昌　怡順永　祥雲公　祥盛義　復義全　張慧卿　義升源　同聚盛
張昌文　臧興順　田鳴岐　李萬鍾　張豐盛

從九張悦維由當陽縣化來銀叁拾捌兩柒錢

肆兩：益盛典

貳兩：鼎豐泰　隆升典　大有典　義順全　慶余典　慶隆生　廣源昌　凝瑞典　蔚泰厚　毛余慶堂
全興通

壹兩貳錢：福興隆

壹兩：全泰典　全興典　慶豐昌　祥盛義　義聚成　義和合　新興一　謙益恒　全興西　協和福
陳愷豐　閆茂盛

以上三位共化銀貳佰零貳兩壹錢

十五年共得利銀壹佰柒拾玖兩叁錢肆分貳厘，協助義學銀壹佰伍拾兩整，淨剩銀貳佰叁拾壹兩肆分貳厘，此銀作錢出淨无存，另有細賬。

重修福慧庵碑记

【简介】

清光绪五年(1879)勒石。砂石质。碑身高162、宽73、厚19厘米。碑文楷书，19行，满行52字。庚午科举人刘青照撰并书。碑文风化较严重，字迹模糊。碑首丢失，碑座为方形，埋于土中。现存介休市龙凤镇南庄村福慧庵旧址。

【碑文】

重修福慧庵碑記

凡事可以永垂不朽者，必有人焉創於數十年之前，尤必有人焉因於數十年之後，建數十年後而因之者代不乏人，則繼繼承承，可歷千百世而常存。雖然世運有盛衰，人事即有興廢，往往勝地名區冠蓋如雲，遊觀者甚眾。方其盛時，□□天池，增飾崇麗，極宇宙之大觀，及世代云遙，復經風霜兵燹之餘，而學士文人目覩荒煙蔓草，有不禁感慨係之者何勝道？豈地之有□□□□□，亦以創始者甚難，而繼起而修之者正復不易也。

南莊村有福慧庵，由來已久，其創建不記何時，諸父老亦無能道者，而考諸殘碣，康熙間重修者屢矣。厥後雨淋日炙，漸即頹殘，即有一二樂善不倦者欲因舊址而增新焉，其如工程浩大何？道光初，有住持僧常貞者目擊傾頹，有志修葺，不辭跋涉，籌捐於數千里外，越三歲而始歸，可謂勞矣。由是里中好義之士胥克用勸，而募諸遠方者又有數十人。此數十人者，或先或後，雖生不同時，而要其募化周記載詳，某某誰何，皆有姓字之可稽。當是時，世際承平，年豐人樂，四方商賈又皆積有贏餘，以故近者首倡義舉，遠者不惜傾資。而一時慷慨樂輸以襄盛事者，固可見好善有同情，而亦見景運方隆，生其間者之得以坐享豐盈也，有由致矣。然而竭眾人之力，幾經籌畫，始得四百六十餘金，而棟宇之坍塌，久費益多，非再籌鉅款不為功，使僅以所募而給增修之需，恐不足也。議者曰：是宜日積月累，漸致生息，而土木之工俟異日而始興可也。無何，常貞歿，其事亦遂中止。迄今五十餘年，儲蓄甚繁，汲息銀千五百兩，合前募項計之，約有二千云。迨光緒紀元，公耆等以為財用足，而不及時繕葺，咎將奚辭？乃集里人議其事，庀材鳩工，朝夕經營，歷數月而殿宇崇焉。二年，公人贊成之，至三年功乃竣，共費銀二千餘兩。是役也，成功幸未晚耳，乃令興修稍緩，適當饑饉薦臻之時，將米珠薪桂，人且不免凍餒憂，而人何心於落成？今觀其氣象嵯峨，規模宏敞，巍然煥然，使士君子得以遊賞於其間，而鄉人又以歲時致祀，相與會飲為樂，則斯菴之遭為何如耶？歲己卯將勒石，公耆等乞余為之記，余不得已謭陋辭，因援筆而略陳之。嗚呼！昔人往矣，而其創造之功得以傳諸久遠者，固深賴後人修築之力也。使自今以往，纘承有人，其所傳不更遠哉！

庚午科舉人劉青照撰並書

光緒元年：

鄉約：張銘伍　公正：張毓豐　鄉耆：陰澤豐　鄉保：張遴

二年：

鄉約：張銘五　公正：張樹聲　鄉耆：張有旺　鄉保：張遴

三年：

鄉約：張銘五　公正：張樹聲　鄉耆：張有旺　鄉保：張遴

四年：

鄉約：張樹林　公正：張樹聲　鄉耆：張有旺　鄉保：張遴

五年：

鄉約：張鴻光　公正：陰澤豐　鄉耆：張慎三　鄉保：張遴

香老：張樹植　張萬釗

元年管銀錢糾首：張毓慶　陰澤宏

大清光緒五年歲次己卯孟秋之月下浣穀旦

贾氏宗祠记事碣

【简介】

清光绪六年（1880）勒石。青石质，碑文楷体。碑文记录张壁贾氏五门迫于生计欲卖风水树，族中公议以4000文购回归入祠堂事。嵌于介休市龙凤镇张壁古堡贾家巷墙壁。

【碑文】

一宗計祖塋内有槐樹二株、柏樹四株，係企顔、企功、企德、企□、企閿五門公樹。因光緒四年歲遭大祲，五門欲伐賣此樹。族人恐伐樹於風水有礙，會同闔族，因周濟錢四千文，立筆據一張，將槐、柏樹歸入闔族祠堂，以為風水之望，後人毋得翦伐。特記。

一宗十四世孫昌和施長和北山地合十九畝五分，十五世孫企顔、功、德、□、閿將槐、柏樹施入祠堂，未用錢。特記。

光緒六年夏四月闔族公立

扬善铭碑

【简介】

清光绪七年（1881）勒石。青石质，圆首。碑首高40厘米。碑身高179、宽75、厚14厘米。碑文楷体，正文9行，满行60字。底座长85、宽52、高40厘米。碑阳额题“笑言哑哑”。碑阴额题“束帛戋戋”，名为“该省县属捐输善士并各字号勒石永休”，文字模糊不清。碑体下部断裂。现存介休市龙凤镇西宋壁村兴国寺。

【碑文】

揚善銘碑

《易》云：積善之家，必有餘慶。善不積不足以成名，系士庶興廢之機。又云：居其室，出其言善，則千里之外應之；居其室，出其言不善，則千里之外違之，系君子樞機之發。《書》曰：禹聞善言則拜。又曰：舜帝善與人同俞。味古聖王之系辭典謨，要皆樂取於人以為善，取諸人以為善，是與人為善者也。其儒家之要旨曰善行，釋家之密諦曰善果，道家之真訣曰善因，三教之中，莫不道性善。惟善以為寬也已，是故君子莫大乎與人為善。如我村壤地偏小，古廟蕃庶，東有三官廟，西有龍王宮，南有興國寺，北有玄帝閣，東北隅有督財府，東門外有五道廟。吁！介福賴其神焉，享祀得其地焉。然而稽諸碑記，無一不取諸人以為善者也。蓋古昔盛時所以治隆於上，俗美於下，非後世之所能及也。及今廟貌淩夷，垣古頹敗，獨善其身者則固窮矣，兼善天下者而上達矣。旻天之詩曰：池之竭矣，不云自頻。泉之竭矣，不云自中。溥斯害矣，職兄斯弘。又非後世之所能逃也。故於同治九年秋，有鄉董榮成勳翁與言及此，遒謀乃事，欲循古昔善轍，仍行善與人同，於斯會集，善士靡不擇善而從。數十年來募化四方善士，不足三百餘金，雖未能治隆於上，微足以俗美於下。然於繼善成性之志、捄築削屢之方，則未必無小補焉耳。予竟忘其固陋，謬文僭踰，狎侮聖言，竊附其善行、善果、善因之謂歟。固為序。

例授修職郎貢生儒林宋大雅敬撰

軍功議敘六品銜紹統宋培業謹書

督理銀錢：貢生宋大雅

督理賬務：張龍光

管佈施：宋篤周　榮德寬　宋瑛　監生侯康

值年公正：宋大雅

值年鄉耆：宋培業

值年鄉老：高步南　宋瑛

總保：提舉銜張廷光　六品銜宋普賜　從九品侯有亮

保約：宋士儒　宋永謙　侯慶元　宋以公　宋錫玢　宋守先　高翔泰　榮秉孝　宋之文　宋成年　高光世　宋天助

鄉保：董錫

甲長：榮玨邦　宋輔周　胡其祿　韓永有

刻字匠：寧魁元

大清光緒七年歲次辛巳仲秋月中浣之吉日穀旦闔村共立

云诒任先生德教碑

【简介】

清光绪十一年（1885）勒石。青石质，圆首。碑首高30厘米。碑身高185、宽75、厚16厘米。底座长87、宽55、高16厘米。碑文楷体，13行，满行27字。额题“山高水长”。现存介休市城内祆神楼下。

【碑文】

光緒乙酉陽月穀旦

恭頌

皇清例授文林郎吏部揀選知縣辛亥恩科舉人雲詒任先生德教碑

受業：

李端五　王文銘　李家駼　李　時　李贊勳　李弼臣　梁慶政　任玉□

董從慶　吳歡亨　張鴻恩　張相雲　喬□西　李浤源　李振基　梁鴻棠

吳咸亨　岳光唐　王慶友　郭學如　梁瑾潤　羅義禮　李青輝　強裕堂

冀文瑞　李慎傑　梁逢□　李培英　李樹棻　薛厚基　趙一鼎　李□政

馬騰飛　□依仲　伏生全　岳慶躬　張　憬　張宗海　張　式　王士傑

□□□　郭世熙　梁日嶠　任元樂　范映偉　張友善　董書誠　羅學章

榮壽琪　岳寶樹　李　□　任錫福　梁續祖　賈　炳　范　鏞　任守愚

梁偉甲　宋毓芝　董爾梅　梁　傑　□映傑　梁藜照　李昌崇　康爾定

閆培樟　張錫藻　梁世榮　郭　峨　王培臣　張熙齡　常　發　李恩恭

張衍榮　董悅來　郭守□　李恩忠　張友□　王　琛　任守璞　張　壇

張作善　梁恩復　郭　霖　梁煥雲　張炳文　宋毓楠　張飾垣　楊鴻漸

郭瑞三　梁鴻禮　程景濂　文九容　張秉善　梁鴻基　武大勳　胡　鑑

梁榮祥　任玉庚　溫廣生　侯廣封

姪子　子祺　姪敵□　梁吉照　公立

山高水長
光緒乙酉陽月穀旦
受業
公立

陈抟书福寿大字刻石

【简介】

清光绪十二年（1886）勒石。青石质。高125、宽86厘米。五代宋初道士陈抟草书大“福”“寿”二字，清光绪十二年后人依迹转刻。嵌于介休市城内五岳庙大门左右墙壁。

【刻文】

福

陳摶書

壽

陳摶書

五岳真形图

【简介】

清光绪十二年（1886）勒石。青石质。长 90、宽 58 厘米。篆额“五岳真形”，左、右、下方阴刻华山、恒山、嵩山、衡山、泰山真形图。五岳各配说明文字，楷书字体。嵌于介休市城内五岳庙大殿外墙。

【碑文】

（右上）西嶽華山在華州華陰縣，是黃盧于真人得道之處，終南、太白二山為副嶽。神姓姜，諱□，封號金天順聖帝。西嶽者，主世界金銀銅鐵兼羽翼飛禽之事也。

（右下）北嶽恒山在定州曲陽縣，是長桑公真人得道之處，天涯、崆峒為副嶽。神姓晨，諱□，封號安天元聖帝。北嶽者，主世界江河淮濟兼四足負荷之類，管此事也。

（中）中嶽嵩山在西京河南府登封縣。是寇謙真人得道之處，女凡、少室二山為副嶽。神姓惲，諱□，封號中天崇聖帝。中嶽者，主世界土地山川谷峪兼牛羊食稻之種，管此事也。

（左上）南嶽衡山在衡州衡山縣，是太處真人得道之處，游山、霍山為副嶽。神姓崇，諱□，封號司天昭聖帝。南嶽者，主世界星象分野兼水族魚龍之事也。

（左下）東嶽泰山乃天地之孫、群靈之府也，在兗州奉符縣，是成興公真人得道之處，長白、梁父二山為副嶽。神姓歲，諱□，封號天齊仁聖帝。東嶽者，主世界人民官職及定生死之期，兼注貴賤之分、長短之事也。

五岳真形图附记刻石

【简介】

清光绪十二年（1886）勒石。青石质。长 90、宽 58 厘米。碑文楷体，16 行，满行 10 字。邑人王书常书丹。嵌于介休市城内五岳庙大殿外墙。

【碑文】

右圖刻岱祠。抱樸子云：凡脩道之士棲隱山谷，湏得五嶽真形圖佩之，則鬼魅虫虎一切妖毒皆莫能近。萬花谷記：漢武帝元封元年七月七日夜，西王母與上元夫人降，帝視其巾噐中有小書，紫錦囊盛之，乞覽。母曰：此五嶽真形圖也，乃三天太上所出，豈汝所宜佩乎？帝乞不已，與之，藏柏梁臺云。

贊曰：泰華嵩衡，恒相參五。上應乾樞，下鎮坤土。神悳昭明，篆文奇古。驅除邪魅，錫予福祜。

邑人王書常薰沐敬書

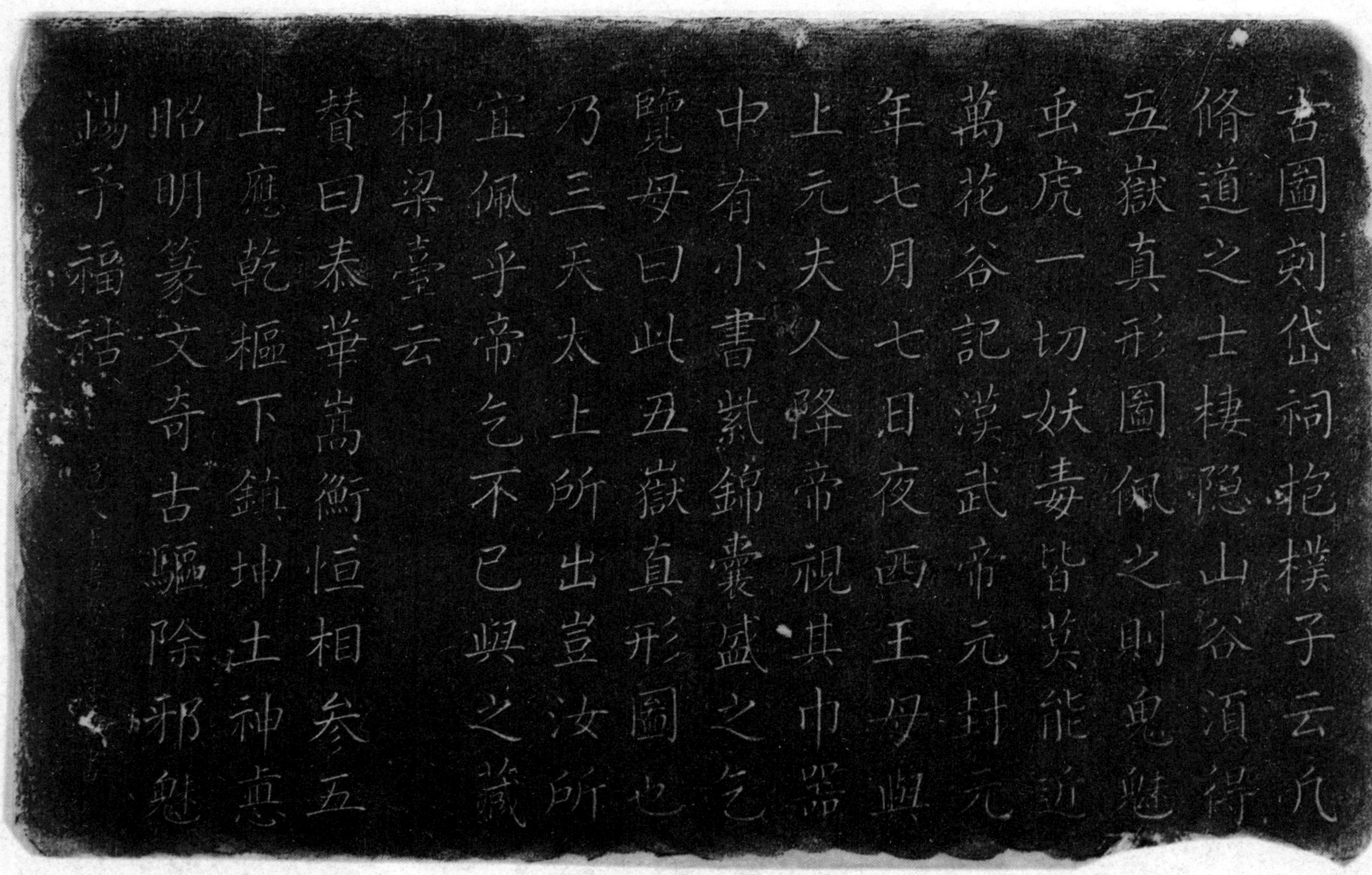

浚修介休县义棠镇河桥碑记

【简介】

清光绪十四年（1888）勒石。细砂石质，螭首，方座。碑首高、宽各 90 厘米。碑身高 194、宽 80、厚 18 厘米。额篆“浚修介休县义棠镇河桥碑记”。碑文楷体，19 行，满行 56 字。知汾州府事蕲水张楷撰文。知介休县事乌程吴匡书丹。分守山西冀宁道归安沈晋祥篆额。此碑系浚修义棠汾河桥珍贵的历史档案。现存介休市义棠镇义棠村汾河边。

【碑文】

光緒十二年六月，汾水大漲，決會垣北之金剛堰，壞城西南隅，損官廨、營房、民居數千家。陽曲以南至介休濱汾，田禾室廬多遭蕩沒。撫部長白剛大中丞軫念民瘼，次第籌修。明年夏，各工告成。秋後，閱兵省南，相度經流，慨然曰：道其源者，不可不輸其委也；障其上者，不可不宣其下也。今省垣雖鞏固，而尾閭弗暢，庸有瘳乎？乃屬冀寧道歸安沈觀察暨應城陳太守以十四年春先後履視全汾，擇要浚導，楷亦循行屬邑，周歷河干，至介休之義棠鎮。鎮南逼雀鼠谷，汾水逕此，斂橫流之氾濫，歸兩崖之約束。有橋曰虹霽，東西橫跨，為汾郡孔道，建自明正德初，數毀數復。自嘉慶十六年重修，迄今且七十餘年。舊十三孔，沙淤墊涸，乃塞其九，溜奪而西。昔本箭激，今乃環曲，橋基亦齧蝕將圮，每盛漲，四孔不能容，越橋下注。知介休吳令曰：往年曾試瀹橋下一二孔，未輟而伏汛至，則洶湧稍緩於前，而退亦速，是或就下無阻之驗也。觀察韙之，乃復中丞，請治故道。檄陳太守督工，而楷率吳令贊其事，發太原鎮標練軍三百人，別集民夫，分段間作。備畚鍤具器，用北省機梏，南引派別，河身之徙而西者復挽而東。捄沙土為村堤，漉泥礫於石瀨，桔槔轆轉，掃埭橫縱。四月間，中丞復按臨周覽，指示機宜，加撥局款。經始三月，至於七月，深通如式，寬十二丈至二十七丈，深一丈五尺，長二百五十二丈。橋工則肇東迄西，啟閉移遷，更遞甃砌。凡墊陷者、罅裂者、傾攲者，悉舉而新之。匠采於山，輿會於梁，鐵鍵鉤連，灰漿溢塞，箕翕翼張，屹立乎中流。河行舒舒，順軌而趨，乃復十三孔行水之舊，既又舉橋面舊石之載轍久而凹且磷者易之。十一月蕆事，合計浚河之工六，修橋之工四，其費領自公帑者七千兩，捐自官紳者二千兩有奇，而練軍之奉調助役、支餼額餉者不與焉。楷以丁亥春來守是邦，適在金剛堰決後，郡屬之平遙、介休、孝義皆汾所經，下隰頻苦墊溺。且文峪河亦於郡境會汾，奉檄巡歷，籌渠堰之利，而除漫決之害。嘗統全汾論之，來源在寧武諸山，而上游會水猶，無多也；入河在絳州以南，而下游利達，鮮患潦也。唯此數百里間，歲防而歲潰。夫良醫治病，膈不利者必疏消之。濬義棠而水歸其壑，其猶針劑之達中焦歟。今而後濱河諸地可以免沮洳而就耕鑿，利輪蹄而得津梁矣。役既竟，邦人礱石請為記，因紀工程之始末如右。至駐工督辦者，則道員用候補知府陳君澐霖；統率軍丁者，則前署蒲州協副將、候補都司易君松林；籌集捐款、招募工匠、購備財物者，則介休縣知縣吳君匡；工次監作、核收土方、支發錢項者，則候補從九品周君德禔也。例得並書。

分守山西冀寧道歸安沈晉祥篆額

知汾州府事蘄水張楷撰文

知介休縣事烏程吳匡書丹

光緒十四年十一月穀旦立

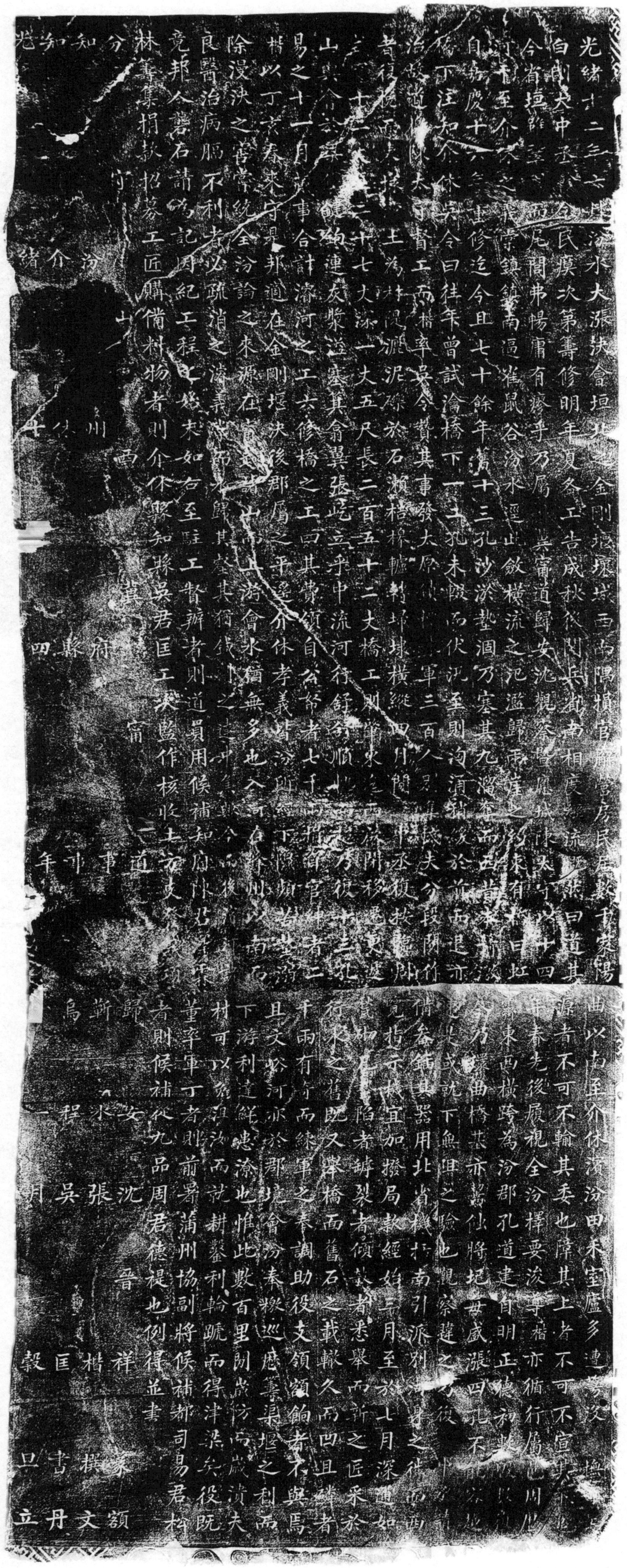

重修二井兼施东门与庙门外地基碑

【简介】

清光绪十六年（1890）勒石。青石质。碑长106、宽71厘米。碑文楷体，正文8行，满行29字。嵌于介休市绵山镇梁家村龙天庙墙壁。

【碑文】

重修二井兼施東門與廟門外地基碑

嘗聞水為必用之物，井為養命之源，門係萬人之衢，淤泥壅塞地基，亦是要務，以經不整齊。我村街中有古井一孔，窑湾有井一孔，自嘉慶乙亥重修，至今八十餘載。井內磚甬塌倒，難以汲水，前數年就該修理，因廟宇工程未動，不敢先理井務。去年廟工告竣，會眾公議，本村捐資一百肆拾餘千，辦石運磚，派工覓匠，月餘之間修理堅固，數十戶賴以汲水，非人力而能成，全賴井泉龍王之福庇。水深數丈，地基並門一應修理齊楚，合村仁人樂意，因而泐石以為後人之計。

從九里人鈕萬戶書丹

起意人：宋鵬輝　鈕廷琛　宋恩光　鈕晉垣　王鑑真　宋其盛　鈕萬戶

公正：鈕晉垣代總理　宋恩光　王鉴真

香老：王樂真

督工：宋恩慶　王大倫　王玉輅　王汝梅　王汝增　王秉田

鄉保：王其祥

泥匠：高司

住持：經富

石匠：和盛廠

捐錢人名開列于左：

王恒貞　捐錢弍拾千文　□錢伍千文

鈕萬印　捐錢弍拾千文

王鑒真　捐錢肆千文

王存真　捐錢陸千文

王秉田　捐錢肆千文

王秉鑑　捐錢弍千文

王道平　捐錢三千文

宋鵬輝　捐錢三千陸百文

溫　仁　捐錢壹千八百文

王其祥　捐錢弍千壹百文

王樂真　捐錢弍千壹百文

王玉輅　捐錢壹千伍百文

王其溫　捐錢壹千伍百文

鈕晉銘　捐錢壹千八百文

郭正裕　捐錢弍千文

周永棣　捐錢壹千伍百文

王汝福　捐錢壹千弍百文

宋世元　捐錢壹千弍百文

宋其盛　捐錢玖百文

宋　銀　捐錢玖百文

王汝梅　捐錢弍拾千文

王日真　捐錢三千文

王葆真　捐錢陸千文

王受綸　捐錢壹千文

王秉鉞　捐錢叁千文

王　接　捐錢壹千伍百文

王汝增　捐錢弍千四百文

宋世秀　捐錢弍千肆百文

鈕廷琛　捐錢弍千肆百文

王象文　捐錢弍千壹百文

王允和　捐錢弍千壹百文

王福泉　捐錢壹千伍百文

鈕萬戶　捐錢弍千文

鈕晉垣　捐錢弍千壹百文

郭正義　捐錢玖百文

羅大富　捐錢壹千弍百文

郭天保　捐錢壹千弍百文

宋世英　捐錢壹千弍百文

宋恩光　捐錢壹千弍百文

王充德　捐錢玖百文

王立孝　捐錢六百文　　王安才　捐錢六百文
鈕有福　捐錢六百文　　宋家廷　捐錢六百文
節義堂　捐錢三百文　　王致中　捐錢壹千弍百文

以上四十七戶共捐錢壹百肆拾八千八百文。

一應花費清單：

一宗泥匠高工代韋勞錢六拾五錢六百七十八文
一宗本村人工錢弍拾八千零五十文
一宗修地基施東門工錢拾七千八百五十文
一宗與王恒貞爭訟錢八千七百七十五文
一宗買磚、半頭磚、石灰脚供錢弍拾千零一百零七文
一宗永興油源裕燒酒錢四千弍百文
一宗木板、木杆，王其祥、王道平辛苦錢弍千五百文
一宗榆條、茶葉取貨工雜用錢弍千五百零弍文
一宗麻繩、鉄丁、木匠工錢七千八百六十文
一宗石料、人工刻字錢六千九百文

以上十宗共花費錢壹百六拾四千七百廿弍文，除入捐項淨缺錢拾五千九百廿弍文，此錢公中佃訖。

清龍飛光緒十六年孟冬月穀旦

重整修饰五岳庙碑记

【简介】

清光绪十六年（1890）勒石。青石质，螭首。碑首高86、宽84、厚23厘米。碑身高113、宽83、厚18厘米。底座长100、宽64、高62厘米。碑阳额篆“绍前来后”。碑文楷体，正文9行，满行51字。碑阴额篆“积善余庆”，内容为重整修饰五岳庙捐款名录。现存介休市城内五岳庙。

【碑文】

重整修飾五嶽廟碑記

《禮》有云：五嶽視三公，非其人不得與祭。重祀典也。然五方作鎮，靈爽式憑，五行鍾儀，保障默佑一方。受福者情切酬神，宜隆享祀，亦未始非禮也。明自景泰七年，特建五嶽廟，所以答神庥也。接朱霞而耀天文，仰崇山而戴垂雲，甚壯觀也。乾隆庚午夏回祿為災，竭力修葺，復舊觀也，多歷年所，衰頹難堪。道光壬辰，住持傳缽募化重整，特將戲樓踵事增華，飛欄翼以軒翥，反宇巘以高鑲，神人以和，更大觀也。奈風蝕雨淋，樓頂頓塌，適遇年荒，遲至丙戌，始仍舊貫，聊新整理。雖未美輪美奐，依然不失可觀也。從此祀事孔明，以妥以侑，方將萬舞，終和且平，神之聽之，錫福無疆。庶不負前人創造之婆心，望後人勿忘勿替，繩繩相繼，萬善同歸焉，禮也！是為記。

例授修職佐郎、候選儒學訓導、戊辰歲貢生魯熾昌薰沐敬撰並書

經理督工：生員任守先　候選經歷李天相　刑部主事梁膺紫　布理問銜李清源　監生曹琳　理問梁希賢　生員朱家楣　四品銜張應讓　守禦所郭錫光　監生李逢辰　同知楊淵　附貢武捷元　從九喬述思　理問王榮耀　同知張翰章　九品銜楊蔚　從九胡錫虞　州同鄧文純　五品銜李啟先　知事李登瀛　萬育美　從九梁成德　維新德　典籍宋其恒　德興厚

住持：道會司張信隆　侄徒郭嘉章　梁璜　梁媚　李琰　趙玉　侄孫景祥麟　景祥鳳勒石

大清龍飛光緒十六年八月二十日經理住持公立

捐輸募化開列於後（从略）

重整修飾五嶽廟碑記

禮有云五嶽視三公非其人不得與祭重祀典也然五方作鎮靈爽式憑五行□□保障默佑一方受福者□□□宜隆享祀

亦未始非禮也明自景泰七年特建

五嶽廟所以答神庥也接朱霞而耀天文仰崇山而戴垂雲甚壯觀也乾隆庚午歲因祿為災竭力修葺後首□觀也多歷年所衰頹難

堪道光年□公住持傳鉢募化重整特將戲樓踵事增華飛棡翼以軒翥反宇巘以高鍊神人以和更大觀也奈風蝕雨淋樓頂頹、

揭猶遇年荒遲至丙戌始仍舊貫聊新整理雖未美輪美奐依然不失可觀也從此祀事孔明以妥以侑□□□□□且平神

之祐之□猶無疆庶不負前人創造之婆心望後人勿怠勿替繩繩相繼萬世同歸為禮也是為□

例授修職佐郎候選儒學訓導戊辰歲貢生魯熾昌薰沐敬撰並書

總理督工

生員任守先　理問梁希賢　同知楊淵　九品□□楊蔚　萬育英

候選□□李天相　生員宋家楣　附貢武捷元　從九胡錫虞　從九梁成□

刑部書手梁膺榮　四品□□張應讓　從九喬述思　□□同□鄭文純　維新惠

□□□□李清源　□□□□郭錫光　□□□□王榮耀　五品□□李啟先　與□宋其恆

監生曾琳　□□□李逢辰　同知張翰章　知事李□濊　德興厚

住持□□張信隆　徒郭嘉瑋　孫□祥　□□勒石

大清龍飛光緒十六年八月二十日經理住持公立捐輸募化開列於後

公同义阖碗窑行公议规条碑记

【简介】

清光绪十八年（1892）勒石。青石质，圆首。碑首高27厘米。碑身高103、宽48、厚18厘米。底座长64、宽44、高20厘米。碑文楷体，17行，满行59字。碑阳额题“永远遵行”，字左右分刻双龙图案。碑阴额题“安业除患”。此碑内容系洪山碗窑行于光绪十八年议定、民国5年增补的十八条条规，是记载瓷器生产及管理状况少量存碑之一，碑中提供了当时经济萧条限产实况。现存介休市洪山镇洪山村源神庙。

【碑文】

（碑阳）

公同義闔盌窑行公議規條碑記

蓋聞亙古迨今，民非財而不養命，物非土而不發生。蓋介休所管地方，俱有出產，物類各異，推磁器出產，首屬我村洪山也。昉於何時，自唐朝末、宋代初而開設盌窑久矣。上關國稅，下系民生。介管各處兼磨溝等村，俱按公議，上輪下輪日期一應規條，一併隨洪山辦事，不得紊亂規條。膽敢利己廢公，照條規責罰。大清乾隆廿八年，合盌窑行修理神轎，並置買老君出駕執事。嗣後盌窑生意疲滯，更逢荒年，此出駕報賽，至此無人經管，隨將執事施與老爺社。其合行出銀功德人名，年深日遠，半落半在，難以稽查。老君殿久未修理，塌露神像，合行經理修補，于光緒拾一年，共出泥木、石畫、工料錢貳百餘吊，鳩工庀材，工成告竣。至拾八年，合盌行生意漸漸疲滯，又逢荒年，盌貨概不能銷售，看看歇業，行內有好義之人，急會同合行，公議行規十八條，開列於右。

一議：老君神前祭祀，按期正月十五、六月念一、八月十五，值年行頭同合行人等，詣源神廟太上老君神前，拈香設祭酬報，共享神福。輪定值年行頭，每年六家，三年一換，周而復始。派錢大小磁窑一樣。行內如有公事，無俱送帖口傳，速到源神等候，勿得有誤。倘膽敢抗誤公事，按紊亂行規罰錢兩千文。

二議：一個場院勿論兩三個磁窑，只許四個人做活，不准以磁窑論，每年化香錢以一個磁窑行事。

三議：每家窑上只許四個人做活，水輪上只許一個人做。倘有恙者，只准許替雇，不許多添，多添一人，罰錢拾吊文。

四議：水輪上工之日，定於二月十五日上輪，十一月十五日下輪。民國三年公議改十一月初一日下輪，民國五年公議民國六年改十月初一下輪，如早上遲下一日，罰錢拾吊文。

五議：做盌不准上絞輪，如上絞輪，一日罰錢拾吊文。

六議：做盌不許脫，如有脫者，罰錢叁吊文。

七議：水輪上至八月十五日只許點燈夜做，三更為止，如早點燈夜做，一日罰錢二吊文。

八議：開窑停輪，如不停輪，罰錢三吊文。

九議：合行推泥只許單車為度，如有用折半雙車，罰錢拾吊文。

十議：搭稍停輪准許雇人，如搭稍不停輪，則罰錢貳吊文。

十一議：十盆小套一應大小盆不許上白砥，如上白砥，一個罰錢拾吊文。

十二議：化費錢以四月起派，每家派錢若干。公派敬神演戲，脫雜貨派錢伍佰文，打雜派錢叁佰文，脫酒盅派錢貳佰文，打短工派錢貳佰文。

十三議：陽城黑貨、琉璃貨等，不管幾人做工，酬神演戲派錢壹吊文。如做盌四倖雇工做酬神演戲，該把中派錢壹吊文，旋匠派錢壹吊文。

十四議：行內化費六四倖公出酬神演戲，照以上各宗派款，各出各錢，勿得推阻。倘推阻，窑主扣出各窑所派各錢，窑主經收。所短四條開後始立。

補遺：揉泥派錢貳佰文。

大清光緒拾八年八月十一日　合行演戲議定行規人等同願　十五家公立

永遠遵行

（碑阴）

十五議：酬神演戲，本村磁窑、瓮窑等，俱如盌窑公派公出。

十六議：每年起派化費各款，清楚過賬，將每年化費賬目輪班交接，以照舊規辦事，勿得懈怠，賬目倘失遺、賬目兼不交接等情，按紊亂行規責罰。

十七議：行内如有存項，不得存人名下，存在字號，六家仝見。倘有用處，六家仝取，不得個人去取。行内所派錢项，限三日送到，如不送到者，罰倍出錢。

十八議：十九家閤行人等守分安命，以酬永遠，豈不樂矣。倘行内有利己廢公、有意違犯行規之人，膽敢如此，照條規責罰不恕。安分者而守□，□私者而無患。似此財為命源，以義為利，物□出產，以藝為業，製造磁業者關乎我村微小出產也。民國四年陰曆六月下旬，徵收局票催闔行起落地稅，值年行頭五家未聞此情由，如倏然落火坑，難以為業，隨即會同闔行報告此由。大家正在憂愁之間，倏然如夢初醒，介休現有商會，公辦各行公事，盌窑雖是手藝事業，也算小小一行，將此由報告商會，或可納辦否？值年行頭親詣商會，將徵收局情由並古今稅票、行内苦樂一切，開單報告於商會。副辦劉紳先生中孚垂憐，應允辦事，由商會函請官廳轉詳。去後，嗣於十月四日接准縣知事函，開轉達山西省財政廳長批准豁免。奉此，除函達徵收局外，為此如洪山村製造磁業各窑戶暨販賣粗磁盌具等件人等知悉，以後來城販賣各種粗磁盌具，一律免除落地稅錢文，如有不肖人等有勒指情事，准該販賣人報告前來，以憑究辦。切切！此布。此照公佈抄此。

民國一年重整行務：賈三兆、田顯文、田五恭、田顯照、吉春森、晉壘發、馬鎮玉、張滿金、齊根柱、王虎則、杜苟孩、晉三兆、磨溝黑孩則、楊小丑、晉三兆、杜苟孩、宋清泉、瓮窑晉三兆。

神前拈定代新添行頭分為三班，每年六家，周而復始辦：

頭班：九眼窑齊根柱、頭樓院窑楊敦則、敦敦窑晉三兆、頂則窑田顯文、菓則窑申來則、磨溝羅門院原小苟。

貳班：圪洞窑張士鴻、灣則窑馬鎮玉、北窑上田五恭、永溝窑晉壘發、夾道窑晉三兆、小水溝宋清湖。

三班：棗圪窑杜苟孩、橋上窑張之銀、賈坡窑田顯照、南窑上晉三兆、南河窑秦紹業、磨溝北門外窯李□則、磨溝南頭黑孩。

民國五年磨溝在中當事人王虎則、陳全禧

里人田五倫書丹並撰

住持侯祥□，石匠楊永茂

大中華民國五年陰曆冬月十五日閤行議定，將前後規條事款等仝刻碑記，舊十七家，斯年新添兩家，共十九家經理同願公立。

安業除患
民國五年陰曆冬月十五日

补修重新本庙碑记

【简介】

清光绪十八年（1892）勒石。青石质，无首，无座。碑身高224、宽97、厚17厘米。碑文楷体，17行，满行70字。现存介休市龙凤镇龙头村古龙寺。

【碑文】

補修重新本廟碑記

嘗謂作善降祥而善事不一，其致修善錫福而善果不一，其端欲求可以答神庥、繼往昔、勸來世者，誠不數數覯矣。

余龍頭村有武聖人廟，創建於雍正乙卯，重修於嘉慶丙寅，其間補舊增新者不知凡幾，而廟貌始備。奈代遠年湮，牆壁將至於傾圮，而日甚一日；風飄雨剝，棟宇恒歎其摧殘，而年復一年。今於光緒丁亥歲，鄉中耆老、公糾慨然欲繼前志，而度量工程，自顧囊橐，工程既浩大，囊橐復無餘，值此時艱，難完夙願，奈何？乃集眾善人而謀曰：好善有夙心，千古不易；樂輸有同志，四海皆然。盍募諸勝地名區乎？眾曰：善。於是各攜疏引，遠募他方，曾不朞年者三，積得百金者五。

乃於十六年孟夏刻日興工，擇吉葺理，傾圮者更作之，摧殘者重築之，凡六□而功成事竣。由是，殿閣輝煌則晶晶霞彩，樓臺壯麗則處處光明，繪金碧於梁楹，頓覺瓊樓玉宇，畫山藻於節梲，俄成寶殿珠宮，煥然射目，嶄然一新，孰不美廟貌□□嚴也哉？僉曰：斯舉也，上可報神靈之赫濯，前可繼往昔之創修，後可勸來世之樂善，一舉而三得，斯殆有神助焉，可以傳矣。謹附俚言，以記其事，為之銘曰：天啟其衷，佑我斯鄉。前志克繼，厥後克昌。斯有神助，豈但人賢。事之興替，良非偶然。輸金盛事，敬勒尊銜。

介休縣儒學生員郭冠儒頓首拜撰

介休縣儒學生員郭世熙薰沐敬書

鄉耆：宋溫　宋永祚　郭世熙

十三年公正：任卿士　任發侃

十四年公正：喬恒惠　喬錫芝

十五年公正：喬恒泰　李樹基　喬傑

十六年公正：劉廷福　任□□　任□

耆約：宋永康　李樹隆　任增耀　王清

十七年公正：喬傑　劉廷惠　任發侃　任錦明

耆約：喬恒惠　宋永康

十八年公正：李樹興　喬傑　宋永康

耆約：任發侃　任增曜

鄉保：喬之光

總理：李樹興　劉廷惠　喬恒惠　喬恒壽　任錦明

司銀：劉廷祿　宋永祚

督工：宋溫　任發侃　喬傑　任煥寶　郭冠儒　郭世熙　任□□

糾首：宋溫　郭清選　劉廷惠　任發侃　任廷祿　喬傑　李樹興　宋永祿　喬恒壽　郭冠儒　郭世熙

泥匠：劉賜福　木匠：呂承基

丹青：丁甲寅　石匠：荊天麟

（后有14行，每行17人名模糊不清，无法识别）

住持：比丘經符　徒演善

大清光緒十八年歲次壬辰桂月穀旦立

重修古庙碑记

【简介】

清光绪十八年(1892)勒石。青石质。长 70、宽 42 厘米。碑文楷书，正文 13 行，满行 18 字。现存介休市连福镇西湖龙村。

【碑文】

嘗聞善人之難見，且以致感慨於聖人，而況於畎畝之中而欲見樂善不倦、眾樂為善者，不尤難乎其難耶？我西湖龍村，十室之邑，頗有忠信，力田之餘，勸勉善行。近因本村西門外舊有古廟一座，樓上供真武帝君，樓下供子孫聖母，多歷年所，殿宇傾頹，倘不修葺，又將何以妥神靈哉！奈工程浩大，雖有本廟賣樹之錢，祇夠一半之費，所短之費尚無從出，幸有王德昌等糾眾為善，甘守義道，所獲之利，俱願一文不用，捐修此廟，從此廟貌一新，神有憑依。至其捐費若干，総註於左，另詳帳簿，玆不須贅。但如此善行，苟不泐之於石，將湮沒人善，何以令後人觀感耶？是為記。

本廟共賣樹錢六拾千文

義道共捐錢四拾壹千九百五拾四文

補修本廟共費錢壹百零一千九百五十四文

慨允義道公人任介傑

守義道信士：任介像　任長貴　任作客　武世安　張文照　任定茂　任世恭　張文熙　張鵬程　王德盛　王德惠　任世茂

糾首：張盛立　任作賓　任定昌　任長忠　任鶴翎　趙永富　任開森　王德惠　任世恕

里人任勵修謹撰

里人任大廷書丹

光緒十八年五月中浣吉立

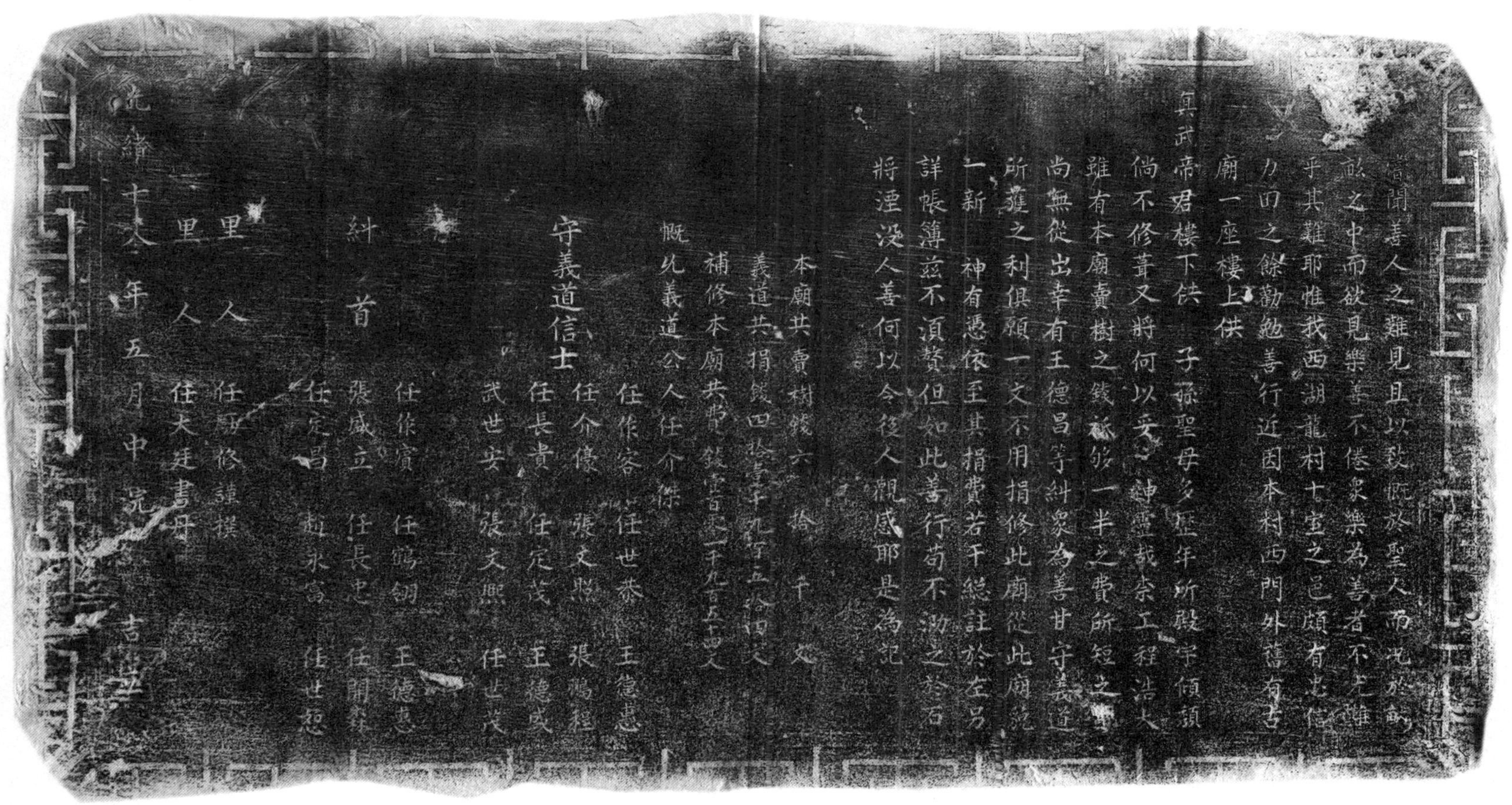

重修祠堂碑记

【简介】

清光绪十九年(1893)勒石。碑文楷体，正文10行，满行33字。现存介休市绵山镇大郎神村。

【碑文】

重修祠堂碑記

聞之有其舉之，莫敢廢也，凡祭類然。矧祭先，尤士庶之所切要者乎。高氏宗祠之創建，始於道光十五年潤堂翁，翁之獨捐建祠祀先也。其愾聞僾見，春露秋霜，奉先思孝之忱固不待言，而後人之蹌蹌濟濟，得薦馨香於俎豆者，非其力不及此，既醉之。《詩》云："孝子不匱，永錫爾類。"其此之謂歟？第歷年既久，未免積有工程，若不及時補修，風雨飄搖，異日工程愈大，修葺愈難。爰會合戶公議，各出己貲，錢工兩便。先將後院上房、東西二房並二門樓暫為補葺，惟前院東西房毀拆尤甚，力不能給，僅築圍牆，村木安放，共費錢貳拾餘吊。所有前後院樹木系公議定，不許私自無故擅伐。祠西園田半畝亦，系戶中耕種，糧錢合戶公納。爰立碑記，用垂永久，而潤翁創修之美意亦相與有成焉。

督工人：景南　企適

出錢人：景南　企福　企盛　企允　文明　玉明　明清

□□　喜成　企蟾　存仁　桂芬雙倖　鵬舉

汝泰　東陽　載陽　朝陽　保住　拱辰　□□

每門出錢壹千叁佰文

邑庠生、鄉飲介賓企允撰文　恩貢生企馮書丹

光緒十九年八月十三日立

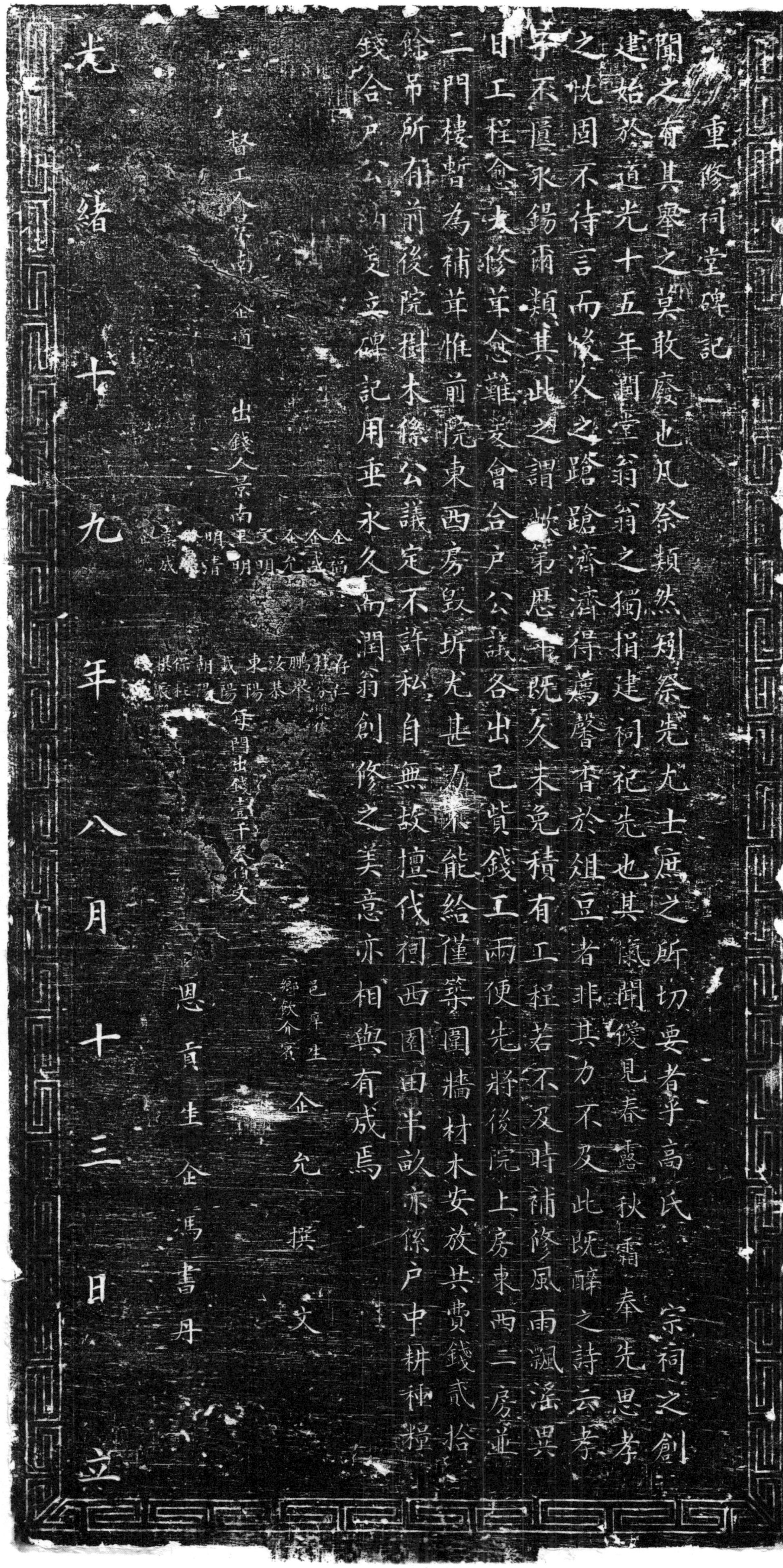

重修祠堂碑記

聞之有其舉之莫敢廢也凡祭類然矧祭先尤士庶之所切要者乎高氏宗祠之創建始於道光十五年潤堂翁翁之獨捐建祠祀先也其禴祠儀見春露秋霜奉先思孝之忱固不待言而後人之蹌蹌濟濟得薦馨香於俎豆者非其力不及此既醉之詩云孝子不匱永錫爾類其此之謂歟第歷年既久未免積有工程若不及時補修風雨飄搖異日工程愈大修葺愈難爰會合户公議各出己貲錢工兩便先將後院上房東西二房並二門樓暫為補葺惟前院東西房毀圻尤甚力未能給僅築圍牆材木安放共費錢貳拾餘吊所有前後院樹木條公議定不許私自無故擅伐祠西園田半畝亦係户中耕種糧錢合户公納爰立碑記用垂永久為潤翁創修之美意亦相與有成焉

督工人 景南 企道

出錢人 景南 王明 文明 企允 企盛 企福 明清 [illegible] 景成 企[illegible]

存仁 [illegible] 鵬舉 汝恭 東陽 載陽 朝陽 [illegible] 洪辰 每門出錢壹千叁佰文

邑庠生 鄉飲介賓 企允 撰文

恩貢生 企馮 書丹

光緒十九年八月十三日 立

郭修吾父子功德碑

【简介】

清光绪二十年（1894）勒石。青石质，螭首，方趺。碑身高124、宽76、厚15厘米。碑文楷体，16行，满行30字。碑阳额题“德泽扬辉”。碑阴额题“百世流芳”。内容为议立条规，5行，满行30字。现存介休市洪山镇洪山村源神庙。

【碑文】

（碑阳）

遵奉軍憲朱老公祖大人鈞命，本年三月初三，在源神廟點牌之日，差委東河水老人郝子組相隨，親臨察看河道情形，凡有益於水利及禁除弊端之處，靡不諭令舉行。觀其水平沙石壅滿，并命會齊三河老人，趕緊疏濬，勿致損壞水平而荒大工。奈地勢限制，挑起石渣無處堆放。前於光緒四年，郭公修吾充西河水老人，視其水平兩邊渣石無處堆放，頓生婆心，財出一己，置到水平左邊空地一段，而功濟三河，為堆石渣之地。彼時三河未得咸集，延至本年，公祖大人悉此善舉，即令郝子組會同三河，共領郭公盛舉。時郭公先已作古，即謁郭少君，備頌前情，少君慨然應允，云：為三河和好，願將是地契據仍施三河，為堆沙石之地，以成父志。今三河受惠，是地已領，未報郭公施濟之舉。今奉憲天大人興利除弊之恩，而銘頌郭公之功德云爾，以垂永久不朽焉。

值年首事：東河水老人　郝子組　郝鳳翔

中河水老人　宋聚傑　宋淇浚

西河水老人　張豐泰　孫修齡　公立

大清光緒二十年歲次甲午冬月穀旦

（碑阴）

議立規條

一、三河有事會議，勿得推誤，倘有一河不到，罰工壹百個。

一、每年三月初三，源神廟點牌之日，三河老人會晤，交接契約糧串，水平內外兩邊倘有工程，趕緊辦理，倘有推誤，罰工壹百個。

一、每年挑河刮砂，三河仍循舊規，勿得私心偏倚，倘有私心辦理，罰工壹百個。

遵奉
軍憲朱老公祖大人鈞命本年三月初三在源神廟點牌之日差委東河水
老人郝子組相隨親臨察看河道情形凡有益於水利及禁除弊端之處靡
不諭令舉行觀其水平沙石壅滿並命會齊三河老人趕緊疏濬勿致損壞
水平而荒大工奈地勢限制挑起石渣無處堆放前於光緒四年郭公修吾
充西渠老人視其水平兩邊渣石無處堆放頓生婆心財出一己置到水
平左邊空地一段而功濟三河為堆石渣之地彼時三河未得咸集延至本
年
公祖大人悉此善舉即令郝子組會同三河共領郭公盛舉特郭公先
已作古即謁郭少君備頌前情少君慨然應允云為三河和好願將是地契
據仍施三河為堆沙石之地以成父志今三河受惠是地已領未報郭公施
濟之舉今奉
憲天大人興利除弊之恩而銘頌郭公之功德云爾以垂永久不朽焉

東　郝子組　郝鳳翔
值年首事中河水老人宋聚傑　宋淇浚公立
西　張豐泰　孫修齡

大清光緒二十年歲次甲午冬月穀旦

議立條規

一、三河有事會議勿得推諉倘有一河不到罰工壹百個

一、每年三月初三源神廟點牌之日三河老人會晤交接契約粮串兼水平

一、內外兩邊倘有工程赶緊辦理倘有推諉罰工壹百個

一、每年挑河刮砂三河仍循舊規勿得私心偏倚倘有私心辦理罰工壹百個

水利纪事碑

【简介】

清光绪二十一年（1895）勒石。青石质。碑高 63、宽 129 厘米。碑文楷体，41 行，满行 20 字。嵌于介休市洪山镇洪山村源神庙墙壁。

【碑文】

蓋聞天下事有創有守，而守與創有相因者，固由生斯土者善於防微杜漸，亦由官斯土者善於除弊興利，然後法良意美垂諸無窮，足為他日徵信也。距縣治二十五里洪山村隅，有廟有池，皆曰"源神"，由來已久，祀堯舜禹三聖，建創始末詳載舊碑。命名之意，殆因其地即書傳所謂"狐岐之山，勝水出焉"。相傳有異禽棲止發源，又名"鸑鷟泉"。

縣屬土瘠，十載九旱，嘉禾常苦不登，惟洪山及鄰近數村汲用池水，地成沃壤，池邊復有漏堰水，沿東南一帶之田，咸賴斯泉灌溉，其分水□法造設水平，按東中西三河，每河十數村，各無爭□。古人立法誠盡善盡美，計我東河十八村得灌田壹百余頃，農民賴以滋養，既荷聖神霑潤之溥，敢闕春祈秋報之誠。

歲於上巳之期，各河值年董事所稱水老人者，率各村渠長，協備盤灶，演戲酬神，縣鎮長官監臨祀典，洵稱盛會。先期老人、渠長更代交接之後，例必疏通管道，葺補坍塌，以期源流暢達無滯，兼清理東河。經年應辦之件，非數日不能畢事，眾臨斯池必有止。所以故廟内樂台之右有廳三楹，為東河辦公之地，歷有年所。曾于嘉慶十八年，沙堡村值年老人曹鳴濤鳩工修理，公費錢貳佰數拾千，歷年補葺，小費不計。嗣于光緒十年，夏莊村值年老人郭炳麟復行修理，公費錢壹百數十千，整飾殊難，損壞率易，良可慨也。

嚮者公事既畢，間有他人私占之時，禁之不能，遺失器皿，污穢門牆，種種惡習堪虞。及光緒二十年，碗窑行張正悦、馬正玉等竟自強佔，任意踐踏，值年老人郝子組向彼剖論，反出惡聲，且攘為該行之地，謂非東河公所。因請同新舊老人、渠長咸集會議，眾憤不平，僉云：倘不考正，勢將被該匠行攘奪公地。先人創之，後人守之，詎不可忽棄哉。於是眾議成訟，公堂對質，該匠行毫無所據，我東河則有歷次修理化費□簿呈證。荷蒙郡司馬朱老仁憲判斷，令斯地永作東河公所，與他人無與，勒石為記，以垂久遠。此後，非向東河值年老人、渠長同許，不得私自開占。倘本廟住持徇情私修，察覺議罰。披讀判詞，欽感仁政焉。

嗟乎！近聖逆旅，何惜盈尺，居停有屬，看竹難言，維召父欣逢民歌樂只，念先之人創始甚難，賴後之人守成勿替，則憲天德澤恩膏與狐岐□□並傳，而咸興善舉。東河十八村人士守先待後，亦必代有人焉。爰書梗概，以資省閱。是為記。

於光緒二十秋立□，□□老爺□斷，日後□人明□神□□□□□許□亭作□神□。

（注：此处两行文字人为凿毁，模糊不清）

光緒二十一年十一月吉立

重修碑记

【简介】

清光绪二十一年（1895）勒石。青石质，圭首。碑首高17厘米。碑身高175、宽70、厚15厘米。底座长83、宽50、高33厘米。碑文楷体，正文7行，满行63字。碑阳额题“万善同归”。碑阴额题“福缘善庆”。现存介休市义棠镇要里村关帝庙廊下。

【碑文】

《詩》有之：晝爾於茅，宵爾索綯。蓋歲晚務閑，葺我牆屋也。吾儕小人，且不□牖戶之綢繆，況廟貌巍巍，尤為神明所托庇哉！茲要禮村西門外舊有關帝廟一區，其中樓閣雲連，兼有三皇閣、觀音堂、土地祠，誠一方之保障，眾姓所瞻依也。顧歷年既久，院□堪虞，村人好義者倡率興工，俾士商領疏募化，不數年，藉神力積成鉅款。爰于光緒拾四年正月動工，榱棟之崩壞者更替之，牆壁之欹斜者整齊之，堂階戶牖煥然復新。而綜核所費，尚有餘資，於是眾復商之曰：財者日用所必須，當必有持衡於冥冥中者，民命攸繫而祀典缺如，其可乎？況震宮一峰秀出，足壯觀瞻，新建財神廟以承祭祀。于是再命工師，營規立制，列棼撩以布翼，荷棟桴而高翔，洎光緒拾六年八月遂與武廟工同時告竣。但見東西兩山樓臺掩映，屋宇參差，朝□射則文采交輝，夜月明則鐘聲相應，非復嚮時之荒陋也。是役也，共費錢七佰吊有餘。然而先業永焉，新猷煥焉，吾羨其眾志之平而成功之易也，故代為記之。

光緒二十一年後五月二十四日穀旦

辛卯科舉人、本邑弟子張鳳岐頓首拜撰

文邑廩生李經魁頓首拜書

（后为捐施人名，文字模糊，略）

补葺源神庙大殿碑

【简介】

清光绪二十二年（1896）勒石。青石质。长 116、宽 55 厘米。碑文楷体，31 行，满行 15 字。嵌于介休市洪山镇洪山村源神庙。

【碑文】

補葺源神廟大殿碑

蓋聞事有常經，亦有權變。使舍權變而固執常經，事多窒，而本常經復兼從權變，事乃通。時勢使然，況補葺之事乎？如洪山村源神廟，廟外有泉，名稱鸑鷟，架嶺、東、中、西四河，灌溉沐恩靡既。

自清以來，疊次重修，分派銀兩，詳載舊碑。迄今代遠年湮，坍塌日甚，闔廟重修，豈不甚善？然時异勢殊，補葺最要者，莫若大殿，三面懸露，泥塑之神像已危；一楹欹斜，棟梁與節棁俱廢。每念及此，能不長歎不已哉？

乙未秋，我東河會同架嶺、中、西河老人，商議補葺大殿，如何分派，眾口一詞，慨然應允。越半月，中、西河老人各执一詞，有碍前議，想亦別有所見也。迨季秋，復與架嶺老人會議妥辦，約丙申上巳之日卜筮興工。不数月而告竣，既無風雨浸蝕之患，又無鳥鼠穿鑿之虞。經營籌畫，東河派錢四百緡，而架嶺所出則減半焉。善事盛舉，各表微忱，不惟架嶺、東河不敢以此為規，即中、西兩河亦不得以此為例也。神靈妥侑，人心咸安，厥後仁人君子修旁殿、築官亭，且勤垣墉與臺堦，派遵舊碑固可為，即變而通之，亦無不可爲矣。有經有權，吾人之奢望豈淺鮮哉！是為記。

架嶺河新舊老人：李緯楷　梁庭懷　韓大裕　閻家駿

東河新舊老人：王衍正　王桂彬　任承珮　任立樹

架嶺河經理人：張錫躬等

東河董事人：馬雲錦　曹熙功　馬騰龍　田熙

光緒二十二年十月吉立

补修北门楼小说

【简介】

清光绪二十二年（1896）勒石。长70、宽52厘米。碑文楷体，30行，满行30字。曾存于张兰古玩城，现下落不明，碑文据拓片所录。

【碑文】

補修北門樓小説

蓋聞人天路上，行善為先；功德林中，施捨第一。茲因我西街北門樓於光緒八年間重修補葺，前後上下俱各齊整，不料於十八年間被地氣搖動，即將門樓裂壞，後面靠窑坍塌數處。當時執事人等雖不忍坐視，奈工程浩大，力薄難成。因而公街募化約有二十餘金，意欲經理動工，聚金尚且不足，後社中由地畝内起攤，合湊百金。於二十一年九月間方興工修補，不日功成告竣，今將施金姓氏陳列於後，以誌永垂不朽。

甄泰康　魏繼昌　雍大盛　任宗訓　武維常　惠廷義

以上各施錢弍仟文。

雍承福　壹仟八百文

魏繼賢　壹仟六百文

薛亨　壹仟五百文

甄泰昌　甄丕緒　甄其寬　甄太安　甄其榮　張文興

惠廷禮　惠有才　以上各施錢壹仟文。

薛兆　施錢八百文

段天起施錢七百文

甄長慶　程萬金　以上各施錢六百文

甄長久　甄長棣　甄長潤　魏繼瑄　張應福　苗有進　田樹屏　韓伯禄　以上各施錢五百文

趙均　靳根元各施錢三百六十文

甄玉環　施錢三百文

甄長庚　施錢弍百六十文

甄國普　甄安仁　雍永志　任兆文　各施錢弍百四十文

經理人：甄丕緒　武繼常　甄長慶

大清光緒二十二年十一月穀旦立

重修八蜡祠碑记

【简介】

清光绪二十四年（1898）勒石。青石质，圆首。碑首高33厘米。碑身高163、宽70、厚15厘米。底座长77、宽46、高35厘米。碑文楷体，正文11行，满行64字。例授修职佐郎候选儒学训导戊辰岁贡生鲁炽昌撰文，王汝椿书丹，王家鹤、张儒勤等立石。额题“永垂不朽”。现存介休市城内五岳庙东八蜡庙祠正殿下。

【碑文】

重修八蜡祠碑記

竊思古人建廟，所以安妥神靈，使人致祭如在．仰祈默佑，實受其福，但多歷年所，難免摧殘，故前賢創造于初者，又賴後人補葺相承焉。

介邑草市巷舊有八蜡祠、財神殿、白虎神並立三楹，創建康熙年間，重修于道光二年，約七十餘年，雨淋日炙，塌毀難堪，上漏天日，莫蔽風霜，後牆傾頹，幾傷神位，孰不觸目酸心。

光緒二十年二月十二日，在城花布行敬獻白虎神君，見此光景，頓起善念，若不修葺，不惟褻瀆神靈，亦負古人善舉，遂會行商議。行中現有屢年積資百十餘串，議定暫停演戲，協力募化，行等皆悅。特委中和世楊公經理督工，因涓吉先修三殿，不日成之，開光設醮，頗足壯觀。又見戲樓傾欹、廟院不整，亦非盡善。奈行力薄，礙難再振，念及廟關闔邑，莫若延請紳董共成其事，擇舉十位，莫不樂善有同心。於二十一年閏五月念四日，仍興工焉。隨化隨修，至七月間，戲樓、山門亦稱完美，惟院缺磚不能平砥。苦無籌項，又請在外省通商者十位散疏募化，於二十二年化來銀兩，足需完竣，將見以妥以備，和洽神人，來格來歆，式憑靈爽。所有八蜡來歷、募疏程式以及立社原由，皆懸誌殿內，目所共睹。統計工程顛末，四年之久，皆由楊公經理之功，亦賴諸賢贊襄之力。謹將化費銀項、樂善人名勒諸貞珉，俾後之仁人君子繩繩相繼，永垂不朽焉爾。是為序。

例授修職佐郎候選儒學訓導戊辰歲貢生魯烘昌撰

優行邑庠生王汝椿書

紳董：王家鶴　張儒勤　梁膺紫　王榮耀　曹子昂　胡錫虞

李天相　宋家楣　李浍源　鄧文純　閻敦儀　花布行

督工：楊世保　郭喜璋

經理：泰豐義　景祥麟

玄門住持：郭嘉璋　梁嘉　梁嘉璜　李嘉瑛　趙嘉玉　姪徒景祥麟　景祥鳳　韓祥和　侯祥鶴

楊祥麓

大清光緒二十四年歲次戊戌孟夏月吉立

永垂不朽
重修八蜡祠碑記
紳董
玄門住持
督工
經理
大清光緒二十四年歲次戊戌孟夏月吉立

重修八蜡祠功德碑

【简介】

清光绪二十四年（1898）勒石。青石质，圆首。碑首高 34 厘米。碑身高 165、宽 70、厚 14 厘米。底座长 75、宽 44、高 31 厘米。碑文楷体。额题“万善同归”。现存介休市城内五岳庙东八蜡庙祠正殿下。

【碑文】

重修八蜡祠捐資人名開列於後

汴省：

公茂當　募化銀　伍拾玖兩　　梁傑　捐銀　壹拾兩

乾盛亨　捐銀　三兩　　晉盛義　募化銀　肆兩

王向華　捐銀　伍千文　　三和公　捐銀　壹千五百文

永茂成　募化銀　三千文　　泰豐義　捐銀　陸千文

鼎新成　捐錢　三千文　　張守緒堂　捐銀　壹兩

王家鶴　捐銀　肆兩　　協慶義　捐銀　肆兩

王順公　募化銀　貳兩　　無名氏　捐錢　柒千文

王和慶　捐錢　壹千五百文　　義恒全　捐化錢　三千貳百文

信和昌　捐錢　陸千文　　萬源泉　捐錢　壹千三百五拾文

歸郡：

恒茂典　募化銀　陸拾肆兩　　樂善堂　捐銀　肆兩

瑞豐亨　募化銀　壹拾壹兩　　花布行　捐銀　柒兩

岳朝臣　捐錢　肆千文　　王存臣堂　捐錢　壹千五百文

信和昌　募化銀　三千文　　雙合盛　捐錢　陸千文

強積善堂　捐銀　伍兩　　其昌德　捐銀　肆兩

永升慶　募化銀　捌兩　　花布行　捐錢　壹百伍拾千文

冀文蔚堂　捐錢　肆千文　　鄧寶山堂　捐錢　柒百文

中和世　捐錢　陸千文　　永升慶　捐錢　陸千文

以上三十四位共錢壹百貳拾壹千三佰伍拾文。

郭余慶堂　捐銀　壹兩　　日升慶　捐銀　肆兩

永盛長　募化銀　伍兩

通邑：

廣泰典　募化銀　伍拾貳兩　　乾甯庵　捐錢　貳千文

萬盛合　捐錢　柒百文　　元和公　捐錢　陸千文

瑞豐亨　捐錢　陸千文

沙市：濟美成　募化銀　四拾兩

沙莊：

泰豐義　募化銀　伍拾貳兩　　德和慶　捐銀　肆兩

中和世　募化銀　陸兩　　任崇瀚　募化銀　壹拾兩

趙城：

官運局　捐錢　貳千文　　元泰張　捐錢　柒百文

元順公　捐銀　陸千文　　永盛長　捐銀　陸千文

范秀　募化銀　壹拾捌兩　　晉泰昌　捐銀　肆兩

三和成　募化銀　肆兩　　梁承先　捐銀　肆兩

李三参堂　捐錢　貳千文　　大興永　捐錢　陸百文
晉盛義　捐錢　陸千文　　同泰慶　捐錢　三千文
王俊臣　募化銀　壹拾伍兩　　興隆信　捐銀　肆兩
元和公　募化銀　肆兩　　復盛亨　捐錢　貳千文
七香居　捐錢　陸百文　　三和成　捐錢　陸千文
源泰協　捐錢　三千文

天錫當　義盛長　思補□　李廣德堂　任崇海　昌盛當　新盛兩　致祥堂　任謙益堂　溫克勤
史雲章　源昌當　久□茂　□啟公　李輝生堂　□企曾　唐裕當　聚隆義　任恭讓堂　郝雯垣堂
王慶雲　李清俊　廣盛當　晉升長　遠讀書屋　王炳輝堂　宋錫　乾源當　同升鋪　魯積善堂
秦有餘堂　孟開先　新盛魁　萬源當　達盛長　講讀所　寶德堂　宋士秀　慶雲當　德源成
張階平堂　郭守貞堂　庞錦統　三益當　久泰裕　峪子村公　郭壽錦堂　聯紹會　恒盛元
永盛油店　王益和堂　李崇慶堂　田公田　協和當　信義成　龍頭村公　郭愛慕堂　張廷選
恒盛茂　義盛油店　張□益堂　羅文久堂　剌以乾　寶聚當　太升和　上站村公　安慶堂
楊福康　義順恒　湧泉染坊　王省三堂　薛永思堂　喬萌廣　德馨當　中正德　石河村公
張玉枝堂　梁開第　復興賡　德玉成　楊九德堂　李積騰堂　候長江　信成當　恒信茂　東段屯公
劉四箴堂　郭鳳祥　順昌協　三盛德　郭雲立堂　楊修本堂　武學智

以上每位捐錢伍佰文者，共壹百貳拾三位，計錢陸拾壹千五百文。

昌盛合　西靳屯公　喬聚成堂　溫輝堂　萬興昌　豐美恒　李三錫堂　閆潔善堂　馮大文　天興當
協泰成　南靳屯蚜蚄社　郭積善堂　宋長景　萬順堂　維新德　彭積善堂　任積厚堂　董逢文
聚盛當　公盛昌　宋古村公　梁淑雲堂　田仲良　永泰蔚　隆慶和　陰汲善堂　燕本國堂　王居恭
元發當　錦隆協　孫暢村公　胡保安堂　郭世熙　余慶成　同裕園　梁慎思堂　養靜書齋　冀傑
隆盛當　萬育堂　南張家莊公　王三槐堂　王汝　信義成　義和長　武純一堂　董鎔　靳□甲
日升裕　東來裕　南莊公　喬光裕堂　楊聖義　協泉湧　福泰和　李集義　李太和　宋金文
寶興長　聚義廠　龍鳳村公　張敬忍堂　王德全　同源如　雙和堂　喬積善堂　王佳馥　梁存仁
協同泰　廣義永　張良村公　梁賡紫　彭□靜　合□長　永盛店　郭榮壽堂　梁燮友　王建盛
文新盛　鼎興宏　彭中盛堂　梁希賢　劉緝□　恒和成　晉泰永　劉守誠堂　羅思捕　尚振華
雲發長　乾□行　郭聚德堂　閆敦儀　泰和長　黄涵行　趙天德堂　梁健甲　永裕成　聚□貨行
梁四錦堂　高應章　興順亨　勤業長　馬誠一堂　羅□恒堂　蔚新昌　源豐永　曹繩武堂　喬誠恭
悅來信　星盛聚　武豐成堂　李承統

以上每位捐錢壹千文者，共壹百壹拾肆位，計錢壹百壹拾肆千文。

永德昌　同泰店　郭東山堂　羅戲之　周岐山　寶元誠　雙寶窑　陰恕忍堂　羅德□　吳錫爵
馨香居　德義窑　郭寶遇　張錦德　李玉麟　和盛協　西內村公善堂　武厚植堂　郭治安　郭□長
永德杆　馬女村公　宋三畏堂　張友雍　孟爰誥　三益堂　永慶堂　宋德政堂　李光裕　郭盈泉

樂善君子三百五拾六位，共起錢壹萬零陸千零三拾文。

大清光緒二十四年歲次戊戌孟夏月吉立

合约石刻

【简介】

清光绪二十六年（1900）勒石。青石质。长52、宽36厘米。碑文楷体，12行，满行20字。为东河十八村老人张兴廉、张立常同渠长等与张兰镇培原局所订合约，其中规定了用水时间、用水的先后及水价、补偿办法等。嵌于介休市洪山镇洪山村源神庙正殿南墙。

【碑文】

立合約人：東河十八村水老人張興廉、張立嘗，同渠長等、張蘭鎮培原局經理人張鳳麟等。

情因奉張蘭軍憲朱公祖諭令，東河各村腊、正餘水牌內無人使用，每到腊、正兩月，賣與張蘭鎮使用，每一時水價少至五百文為止，大至八百文止。倘牌內有人買，則先盡牌內；無人所買，賣與張蘭鎮使用。倘日期過多，恐淹壞各村河道，張蘭修理渠邊地畝，或夏或秋，按收成賠補，以下不准買時辰，上牌下年若有餘剩，可賣澆灌里田。兩造別無說詞，已公稟軍憲存案，立此合約，一樣兩張，各執一張合約為據。

自楊屯以下，入張蘭新渠以上，借用七村公渠行水。

東河值年水老人：張興廉　張立常　渠長等　馬道原　黃立戎仝立

光緒二十六年十月初九日

張蘭鎮經理人張鳳麟　培原局經理人黃泳琳　王恩綸

介邑龙泉观修理花费银钱条款

【简介】

清光绪二十八年(1902)勒石。青石质，圆首，方座。碑首高55厘米。碑身高257、宽83、厚18厘米。底座长104、宽65.5、高33厘米。碑阳额题“千秋永固”，碑阴额题“万善同归”。碑文对研究介休的商业史有参考价值。现存介休市城内龙泉观。

【碑文】

(碑阳)

介邑龍泉觀修理花費銀錢條款

一宗疏頭賬簿　錢伍拾陸千肆佰壹十文

一宗木料等　錢壹千三百六拾千零八百八十五文

一宗磚瓦等　錢捌百捌拾五千三百五十壹文

一宗石頭　錢貳百玖拾九千三百六十五文

一宗石灰　錢三百玖拾七千壹百五十貳文

一宗黄土並倒糟土　錢壹百柒拾千零七百文

一宗繩索　錢伍拾千文

一宗麥汁　錢貳千捌百文

一宗口膠　錢貳拾千零五百七十文

一宗頭髮羊毛　錢捌千貳百五十文

一宗鐵器等　錢壹百玖拾陸千七百三十八文

一宗雜使　錢陸拾九千五百五十捌文

一宗蘭炭、黑炭熬茶水費　錢三拾六千九百四十三文

以上十四宗共出錢三千玖百肆拾壹千四百玖十伍文。

一宗石匠工　錢貳拾三千柒百五十文

一宗泥匠工　錢壹千六百玖拾玖千七百九十八文

一宗木匠工　錢捌百壹拾七千三百零八文

一宗油匠工　錢柒百捌拾玖千玖百九十七文

以上四宗共出錢三千三百三拾千零八百七十三文。

一宗總共捐來募化佈施　錢貳千伍百玖千柒百捌十文

一宗總共捐來募化並舊有銀換錢　肆千柒百三拾三千貳百九十六文

一宗得來利　錢壹拾伍千柒百伍十文

共入錢　柒千貳百柒拾捌千八百貳拾六文

共出錢　柒千貳百柒拾貳千三百六拾八文

除出淨存錢　陸千四百五拾八文

(碑阴)

修龍泉觀募捐錢項人名字號開列于左

德潤堂　施錢貳百千文

粮行　捐錢壹拾貳千文

王清榮　捐錢壹拾千文

萬盛窑　捐錢陸千文

楊世保　募化錢三拾三千文

油行公　捐錢壹拾六千文

復義窑　捐錢壹拾貳千文

爐食行　捐錢柒千文

興盛窑　捐錢陸千文

王汝椿　募化錢陸拾貳千文

黄酒行　捐錢壹拾五千八百文

豬肉行　捐錢壹拾壹千文

青煙行　捐錢陸千文

喬煥維　捐錢陸千文

李三錫堂　捐錢陸千文

張昭奎　捐錢伍千文　李承思堂　捐錢伍千文　聚義和　捐錢肆千文
公盛昌　捐錢肆千文　羅北基　捐錢肆千文　四盛公　捐錢三千文
無名氏　捐錢三千文　和至人廠　捐錢三千文　任心安堂　捐錢三千文
郭峨山　捐錢三千文　趙祿卿　捐錢三千文　三元則　捐錢三千文
眾善人捐來　伍拾貳千文　六十人者
共收錢　伍拾三千四百貳十八文
神觀疏頭捐銀人名：
王子珩　捐錢玖千文　郭永康　捐錢陸千文　王步□　捐錢陸千文
閆錦西　捐錢陸千文　王恭榮　捐錢伍千文　羅兆榮　捐錢肆千文
馬光耀　捐錢肆千文　王　傑　捐錢肆千文　楊太偉　捐錢肆千文
郭齊英　捐錢三千捌百文　王健中　捐錢三千捌佰柒十文　喬錫榮　捐錢三千伍百文
張守晉　捐錢三千四百文　喬□二堂　捐錢三千肆百文　梁樹德　捐錢三千壹百文
榮葆善堂　劉昭恒堂　張文遠　王家鵬　韓煥宗　李文變　温其福　郭炳麟　秦紹祖　郭伯玉
任春熙　降三多堂　狄勳　張汾原　霍如廷　梁吉香　樊思保　羅兆深　郭守門堂　宋三省堂
張宗海　李秋參　楊光祠　宋之山　趙福　郭成海　常茂成　劉錫珍　康保業堂　胡郝氏　王在岐
鄭陞三　曹維城　趙景發　胡同鳴　段永翔　張文翰　郭淩雲　王歸舟
以上三十九名，每名捐錢三千文至壹千。以下眾善人共捐錢貳百捌拾千零八百六十貳文。
一宗施來並捐錢　肆百零玖千玖百貳十八文
一宗硬疏頭　共捐錢肆百柒拾壹千一百八十二文
一宗神水　共收錢　伍百壹拾貳千八百六十文
一宗深水疏頭　共捐錢肆百柒拾壹千一百八十二文
一宗比幾疏頭並彩共收錢捌百柒拾四千一百七十二文
一宗開光收零佈施錢壹百伍拾八千零二十七文
以上六宗共收錢貳千伍百貳拾玖千七百八十文
邑庠生張琛薰沐敬書
經理人　首事　督工人
茹樹滋　梁膺紫　張德裕　梁希賢　梁思第　梁甲榮　梁　傑　焦烈光　日升昌　聚成當
天興當　隆盛當　元發當　德隆當　協同泰　永裕誠　元發長　蔚義昌　文新盛　泰和長
寶興長　晉興長　恒盛元　裕錦長　蔚豐興　聚元永　李家敬　東來裕　大興永　泰豐義
永盛油　梁希禹　張秉良　李夢蘭　張壽祺　李文華　梁樹德　宋其庚　任考祥　楊佩萃
李明訓　董述光　尹秉權　李振常　梁思複　梁田畯　張毓桂　王志信　張懋才　溫祭春
□理農　任邦傑　宋　蔚　梁源仁　高思□　梁　琇　溫學仁
住持　通謐　玄珠　玄玨　悟淨　悟醒　悟廣　悟寬
大清光緒二十八年歲次壬寅六月吉立

上编　现存石刻

源泉平讼记

【简介】

清光绪二十九年（1903）勒石。青石质，螭首，方趺。碑首高68、宽82、厚22厘米。碑身高156、宽78、厚18厘米。底座长88、宽63、高48厘米。碑文楷体，22行，满行50字。碑阳额题“率循罔越”，碑阴额题“永垂不朽”。赐进士出身知介休县事诸暨陈模撰文。介休县典史陕州卫海鸿监刊。碑文记述介休知县陈模平息洪山水利讼案经过。现存介休市洪山镇洪山村源神庙。

【碑文】

（碑阳）

源泉平訟記

邑東南狐岐山，勝水所出，俗謂之鸑鷟泉，又謂之源泉。而洪山河之源亦發端於是，溉地若干頃，設水老人經理其事。舊典昭垂，至纖至悉，百年以來，率循罔越。歲庚子，洪山村民未會眾村，興修池泉，違言既啟，訟端斯開。村近源泉，民眾而俗悍，少年狂狡，乘隙恣横，毁碑敗匾，毆傷三河渠長某等。事遂上聞，委員會鞫，未克允服。予於壬寅二月蒞介，首奉台司檄平其訟。遂於上巳日廟祀親詣其地，乃屬耆老而告之曰：泉居邑之巽方，混混如萬斛珠隨地而湧，天之所以惠我黎庶也。天方利之，而人自絕之，可乎？今觀大池之淤泥，小池之沙礫，日積日淤，何不移爭訟之眾力而治之。廟亦破敗傾圮，亟待更新，不此之圖，而齗齗於尺寸之水利。且同居一方，望衡對宇，孰非姻婭世戚，而重訟不休，積嫌生隙，豈不大違鄉里睦婣之訓。自前明歷國朝，懲弊定制，法已大備，前日委員會訊，諭以悉遵舊規，並治滋事者以應得之咎，毁敗碑匾，斷令照舊賠修，又有日後補修外堰，必須會眾商允方許開辦，以補舊章所未及。本縣檢閱判語至公極允，無可更易，乃猶依違支吾，摭拾他辭，反覆控訴，甚為爾耆老等不取也。兩造聞言唯唯，各悔前非，願具遵依，因命縣佐衛君海鴻、城紳李君天相居間以和其事。主持修池者為洪山渠長田寶和，擅興工作，實為訟首，勒令捐助經費銀二百兩，以備修廟動用，庶使後來知警。案既結，因即以此上復台司。抑予又聞之和氣致祥，廟之右所謂有七星泉者，泉眼久塞，無涓滴下注，亦思造物者靳此惠澤之故歟！倘懲毖於今日之訟，一反前繆，由此父詔兄勉，推而至於型仁講讓，俗美化行，如王公一魁建廟碑記所載。新泉湧出，源泉亦盛於昔者，安如今必異于古所去耶？則請以予今日之言為券也可。因允眾請，記其顛末，並附錄判詞四條，俾勒貞珉，為後者覽焉。

計開

被毁碑匾責成洪山村眾照舊賠修，遵照原式，不得增減字句。

池泉分流，各照向章，以水上鐵板為度。三河各村照開管道，水未平板不得開放。查鐵板雖有微損，而水誌依舊完好，兩造均不得藉口。

嗣後大池應行修理，必須會同公商，只准修理池堰，不准擁塞池外漏水。

殿旁舊有房屋三間，系三河之沙堡村修蓋。光緒二十年盌行借用此房，成訟有案。嗣後如遇酬神、演戲、祭祀以及一切因公會議，無論上游洪山等四村、下游三河四十八村，均准向東河值年水老人暫時借用，不准久占。如損失器具，照賠完好。若非廟內公事，一概禁止。

以上四條有關久遠遵守，由原斷摘出刊載，以備查照。

賜進士出身、知介休縣事諸暨陳模撰文

介休縣典史陝州衛海鴻監刊

光緒二十九年孟月吉日立

源泉平訟記

邑東南狐岐山勝水所出俗謂之鸑鷟泉又謂之源泉而洪山河之源亦發端於是溉地若干頃設水老人經理其事舊典照垂至纖至悉百年以來率循罔越歲庚子洪山村民未曾衆村興修池泉違言既啟訟端斯開村近源泉民衆而俗悍少年狂狡乘隙恣横毁碑敗匾毆傷三河渠長某等事遂上聞委員會鞫未克允服予於壬寅二月蒞介首奉台司檄平其訟遂於上巳日廟祀親詣其地乃屬耆老而告之曰泉居邑之巽方混混如萬斛珠隨地而湧天之所以惠我黎庶也天方利之而人自絶之可乎今觀大池之淤泥小池之沙礫日積日淤何不移爭訟之衆力而治之廟亦破敗傾圮亟待更新不此之圖而斷斷於尺寸之水利且同居一方望衡對宇孰非姻婭世戚而重訟不休積嫌生隙豈不大違鄉里睦婣之訓自前明歷

國朝懲弊定制法已大備前日委員會訊諭以悉遵舊規並治滋事者以應得之咎毁敗碑匾斷令照舊賠修又有日後補修外堰必須會衆商允方許開辦以補舊章所未及本縣檢閱判語至公極允無可更易乃猶依違支吾藉拾他辭反覆控訴甚爲爾耆老等不敢也兩造聞言唯唯各悔前非願具遵依因命縣佐衛君海鴻城紳李君天相居間以和其事主持修池者爲洪山渠長田寶和擅興工作實爲訟首勒令捐助經費銀二百兩以備修廟動用庶使後來知警案既結因即以此上復台司抑予又聞之和氣致祥廟之右所謂有七星泉者泉眼久塞無涓滴下注亦思造物者靳此惠澤之故歟倘懲毖於今日之訟一反前繆由此父詔兄勉推而至於型仁講讓俗美化行如王公一魁建廟碑記所載新泉湧出源泉亦盛於昔者安知今必異於古所云耶則請以予今日之言爲券也可因允衆請記其顛末並附錄判詞四條俾勒貞珉爲後者覽焉

計開

一被毁碑匾責成洪山村衆照舊賠修遵照原式不得增減字句

一池泉分流各照向章以水上鐵板爲度三河各村照開渠道水未平板不得開放查鐵板雖有微損而水誌依舊完好兩造均不得藉口

一嗣後大池應行修理必須會同公商呈准修理池堰不准壅塞池外漏水

一殿傍舊有房屋三間係三河之沙堡村修蓋光緒二十年盌行借用此房成訟有案嗣後如遇酬神演戲祭祀以及一切因公會議無論上游洪山等四村下游三河四十八村均准向東河值年水老人暫時借用不准久佔如損失器具照賠完好若非廟內公事一概禁止

以上四條有關久遠遵守由原斷摘出列載以備查照

賜進士出身知介休縣事諸暨陳模撰文

介休縣典史陝州衛海鴻監刊

光緒二十九年孟月吉日立

（碑阴）

今將東河各村渠長人名列後：

北張村：典籍梁兆元　安仁社

王里村：普濟社　張興標

仁安村：曹格先　張懋修　王啟敬　王天鎰　清潤堂　議敘王啟瑞　敦義居

南辛武：敦仁社　生員孟立增　王文楷　介賓王樹基

沙堡村：公濟堂

西楊村：杜慶元　杜連元

堿楊村：從九王國棟　二義公

武屯村：郝文魁　郝連鏞　米廷蘭　朱元隆　郝鑑芳　米增瑞

里屯村：王桂彬　武恩受

夏莊頭：宋培禮　介賓陳模

東湖龍：高斗豐　白恩樞　耆賓郝清和　耆賓馬立三　耆賓馬文漢　白恩綬

西湖龍：任國祥　任玉蘭

連福村：張國壽　思恩堂　純錫堂　三義堂　陸漢禧　毓厚堂

張良村：馬祭田　公中

東河值年水老人：

新：王文寶　王慶德　馬馭龍

舊：曹濟勤　孟開宇　王樹基

監生郭壽山　敬書

經理人：耆賓馬文漢　監生陳照順

石工：崔起雲　謹鐫

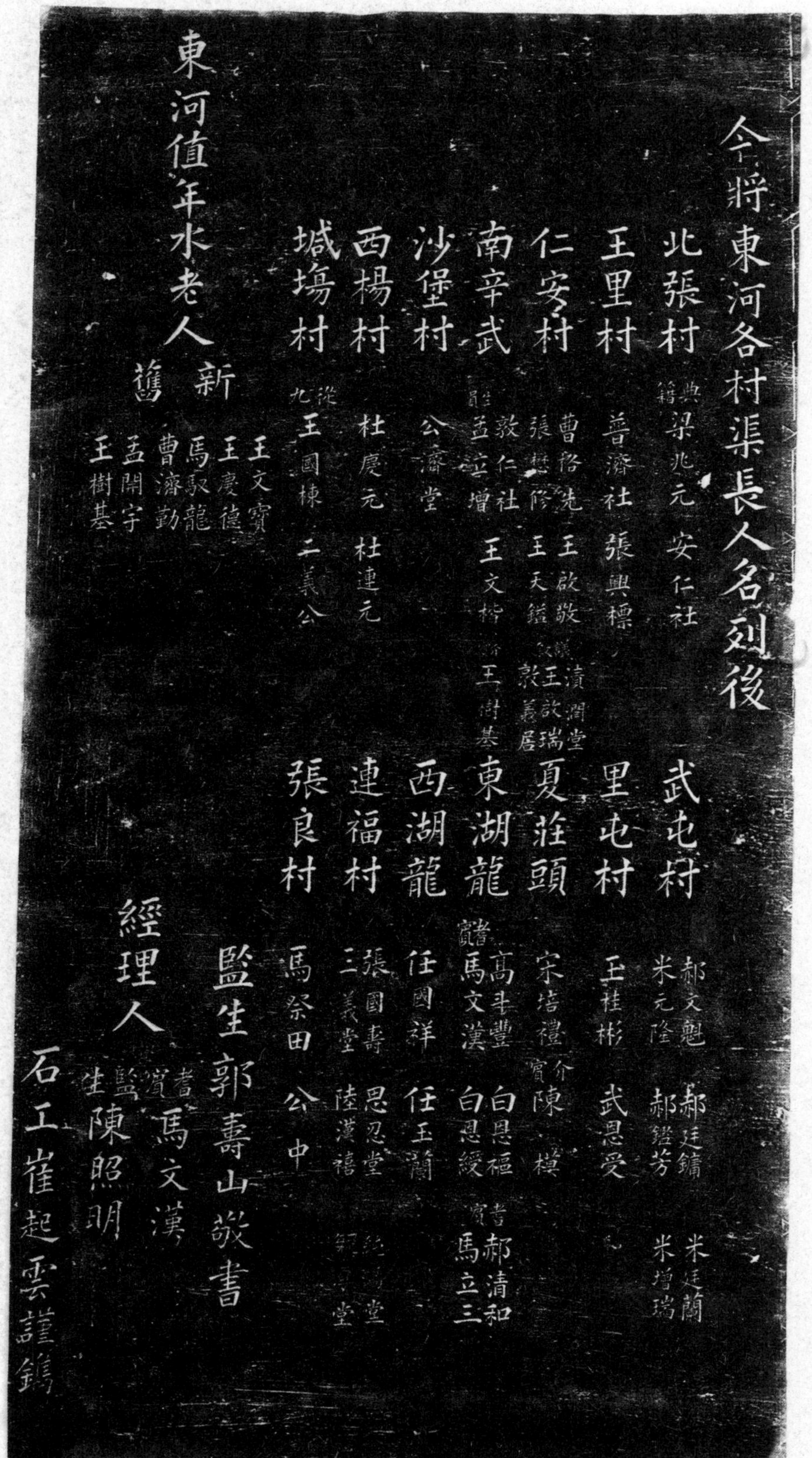

中河捐修源神庙碑

【简介】

清光绪三十一年（1905）勒石。青石质，圭首，方座。碑首高32厘米。碑身高127、宽69、厚16厘米。底座长76.5、宽44、高32厘米。碑文楷体，正文8行，满行32字。碑阳额题“百世其昌”，碑阴额题“千载流芳”。郭锦章撰文，曹尔益书丹，孙希恺、阎清源等立石，张金钟刻石。现存介休市洪山镇洪山村源神庙。

【碑文】

（碑阳）

中河捐修源神廟碑

光緒乙巳冬，四河捐修源神廟。工既竣，於丹雘之事未遑也。中河大眾集議，以為牆垣雖固，文采未彰，殊不足以昭誠格。適捐款有餘，乃將廟前之龍虎殿及八字照壁、牌坊，被以丹青，施以藻繪，耳目所至，煥然一新，使遊其地者不勝其鄭重之思焉。

夫人心不安，則神靈不格，今者上棟下宇，得免傾頹，鳥革翬飛，無譏樸陋。人心亦既安矣，神而有靈，庶其佑我無疆乎！是為記。

敕授徵仕郎前任定襄汾西縣訓導癸酉科舉人、邑人郭錦章撰文

議敘六品銜邑人曹爾益丹書

中河值年水老人　永慶村孫希愷　閻清源經理

本廟住持梁嘉瑁　徒侯祥鶴

石匠：張金鐘

光緒三十一年十二月吉日立

（碑阴）

中河九村議定：每刻捐錢六十文。今將本河各村開列於後：

石屯村公　施錢貳拾肆千文

三佳村公　捐錢壹佰伍拾肆千文

永慶村公　捐錢壹拾捌千陸佰文

西湛泉公　捐錢三拾柒千文

東湛泉公　捐錢陸佰文

東段屯公　捐錢貳仟文

西段屯公　捐錢肆仟壹佰文

宋安村公　捐錢貳佰肆拾文

洪善村公　捐錢貳佰文

晋

中河捐修源神廟碑

光緒乙巳冬四河捐修源神廟工既竣於丹艧之事未[illegible]也中河大衆集議以為墻垣雖固文采未彰殊不足以昭誠格適捐款有餘乃將廟前之龍虎殿及八字照壁牌坊被以丹青施以藻繪耳目所至煥然一新使游其地者不勝其鄭重以思焉夫人心不安則神靈不格今者上棟下宇得免傾頹鳥革翬飛無論其陋衆心亦既安矣神而有靈庶其佑我無疆乎是為記

敕授徵仕郎前任定襄汾西縣訓導癸酉科舉人　邑人郭錦章撰文

議敘六品銜邑人曹爾益丹書

中河值年水老人永慶村孫希愷經理

閤清源

本廟住持梁嘉瑁　徒侯祥鶴

石匠張金鐘

光緒三十一年十二月吉日立

千載流芳
中河九村議定每刻捐錢六十文今将本河各村開列於後
石乇村公施錢貳拾肆千文
三佳村公捐錢壹伯五拾肆千文
永慶村公捐錢壹拾捌千陸伯文
西湛泉公捐錢叁拾柒千文
東湛泉公捐錢陸伯文
東段乇公捐錢貳仟文
西段乇公捐錢肆千壹伯文
宋安村公捐錢貳伯肆拾文
洪善村公捐錢貳伯文

重修源神庙碑记

【简介】

清光绪三十一年（1905）勒石。青石质，螭首，方座。碑首高77、宽74、厚21厘米。碑身高167、宽73、厚16厘米。碑文楷体，正文13行，满行48字。额题“四河永固”。碑阴额题“永垂不朽”，碑文楷体，12行，满行46字。为清光绪三十四年（1908）《重壮观补塑神像碑记》。现存介休市洪山镇洪山村源神庙。

【碑文】

（碑阳）

重修源神廟碑記

吾鄉洪山村舊有鸑鷟泉，上建源神廟，内祀堯舜禹三聖，所以妥神靈而隆報享也。廟創建於北宋，累代重修不一，歷年既久，大半傾圮，第以民生凋敝，籌款艱難，屢議興修弗果。

歲乙巳春三月，邑侯郭公循例詣廟，祀享畢，周視内外，見其一望荒涼，為之感歎者久之。乃與洪山村公耆郭君之淦、劉君德榮、杨君立金，架嶺河老人劉德榮、宋梧，東河老人馬雲錦、白恩綬，中河老人孫希愷、閆清源，西河老人宋灝、馬思孝，議復舊觀。公復先為提倡，捐廉錢壹拾千文。四河老人等踴躍從事，各出勸募，鳩工庀材，擇吉於七月十一日興工，毀者完之，缺者補之，其或改作，或仍舊，務使工堅料實，可以垂諸久远而後止。外有田實和因水案成訟，勒令捐助经费銀貳百兩，作錢貳百四拾千文。重新建修，則樂樓後楹、前門、龍虎殿及閘外之繚垣與旗杆也；補葺者，則正殿及東廡、樂樓之前楹、門首與橋梁之牌坊也；改創者，則龍虎殿前之出檐、殿後之屏門與殿左之便門、通内正殿之耳門也。總計泥木石工料共用錢壹千貳百五拾藏千捌百文，至十月中望而工告成。

夫作事之難也，不難於經理之無人，而難於勸導之無術；不難於帑項之支絀，而難於眾志之和同。是役也，非邑侯提倡之力不至此，亦非諸君經營之力不至此。工既竣，爰敘其顛末，揭諸貞珉，以誌不朽云。

欽加同知銜、賞戴花翎、知介休縣事加三級、記錄十次、邑侯郭曾啟捐功德錢壹拾千文

架嶺捐錢貳百五拾吊零七百文

東河捐錢貳百五拾吊零七百文

中河捐錢貳百吊零零五百六拾文

西河捐錢三百吊零零捌百四拾文

值年老人　架嶺　劉德榮 宋梧

東河　馬雲錦　白恩綬

中河　孫西愷　閻清源

西河　宋灝　　馬思孝等經理

本廟住持羽士梁嘉琱　徒侯祥鶴

石匠王德森謹鐫

大清光緒三十一年歲次乙巳十二月初十日立

重修源神廟碑記

吾鄉洪山村舊有鸑鷟泉上建源神廟內祀堯舜禹三聖所以妥神靈而隆報享也廟創建於北宋累代重修不一歷年既久[illegible]大半傾圮第以民生彫敝籌款艱難屢議興修弗果歲乙巳春三月　邑侯郭公循例詣廟祀享畢周視內外見其一望荒[illegible]為之感歎者久之乃與洪山村公耆郭君之淦劉君德榮楊君立金架嶺老人劉德榮宋梧東河老人馬雲錦白思紹中河老人孫希愷閻清源西河老人宋灝馬思孝議復舊觀　公復先為提倡捐廉錢壹拾千文四河老人等踴躍從事各出勸募鳩工庀材擇吉於七月十一日[illegible]毀者完之缺者補之其或改作或仍舊務使工堅料實可以垂諸久遠而後止外有田實和因水案成訟勒令捐助經費[illegible]百兩作錢貳百四拾千文重新建修則樂樓後楹前門龍虎殿與門外之繚垣與旗桿也補葺者則正殿及東西廡樂樓之[illegible]楹門音與橋梁之牌坊也改創者則龍虎殿前之出簷殿後之屏門與殿左之便門道內正殿之耳門也總計泥木石工料共用錢壹千貳百五拾貳千捌百文至十月中望而工告成夫作事之難也不難於經理之無人而難於勸導之無術不難於[illegible]項之支絀而難於衆志之和同是役也非　邑侯提倡之力不至此亦非諸君經營之力不至此工既竣爰敘其顛末揭諸[illegible]珉以誌不朽云

欽加同知銜　賞戴花翎知介休縣事加三級紀錄十次　邑侯郭曾啟捐功德錢壹拾千文

架嶺捐錢貳百五拾吊零七百文　　架嶺劉德榮　宋梧

東河捐錢貳百五拾吊零七百文　值年老人　東河馬雲錦　白思紹　等經理

中河捐錢貳百吊零零五百六拾文　　中河孫希愷　閻清源

西河捐錢叁百吊零零捌百四拾文　　西河宋灝　馬思孝

本廟住持羽士梁嘉瑁徒侯祥鶴

石匠王德發謹鐫

大清光緒三十一年歲次乙巳十二月初十日立

（碑阴）

重壯觀補塑神像碑

蓋聞神恩廣大，養贍萬民。洪山村源神廟，下臨神泉，萬民利賴之源，灌田卅八村，老少童稚共沐恩澤，是以處處仰其神，人人感其德。奈年深日久，塌毁不堪，有志之士，觸目心傷。

於光緒丙申、乙巳兩年，二次補修，前碑載明。又於丁未三月上巳，曾縣尊親詣祀典，勸諭各河老人金妝補塑神像，且不廢前功，亦有始終，以妥神庥。四河踴躍，從事公議，每河捐錢一百五十吊，共派錢六百吊。卜吉於七月開工，將廟内外殿宇、樂樓前後山門、雲房，煥然一新。非神靈默佑，縣尊感化，以成全美。共費錢五百八十一吊八百二十七文，凈餘存錢十八吊一百七十三文，即整理戲樓三面木板、隔扇，遮苫飛禽風雨，工料、鐵釘、油刷共費錢三十九吊五百文。存款不足，焉能再派，即在本村募捐補足，以誌後有志者如是不朽云爾。

今將經理人員開列於左：

長班经理：從九王书紳　五品銜楊立金

管理銀錢賬務：郭嵩壽　康永慶

管理開除人工：任元凝

公耆：閻恩傑　梁廷楨

鄉保：閻高發

眾神董等每日監工，周而復始。

里人從九郭之淦撰

里人康永慶書

東河老人：從九王書紳　從九溫守志

中河老人：候選訓導郭綸章　布理問溫春儀

西河老人：從九張鴻禧　五品銜梁本邦

架嶺河老人：分部主事喬麟書　布政司理問斛守典

大清光緒三十四年二月十九日　四河公立

重壯觀補塑神像碑

盖聞神恩廣大養贍萬民洪山村源神廟下臨神泉萬民利賴之源灌田卌八村老少童稚共沐恩澤是以處處仰其神人人感其德奈年深日久塌毁不堪有志之士觸目心傷於光緒丙申乙巳兩年二次補修前碑載明又於丁未三月上巳曾縣尊親詣祀典勸諭各河老人金粧補塑神像且不廢前功亦有始終以妥神庥四河踴躍從事公議每河捐錢一百五十吊共派錢六百吊卜吉於七月開工將廟內外殿宇樂樓前後山門雲房煥然一新非神靈默佑二縣尊感化以成全美共費錢五百八十一吊八百二十七文淨餘存錢十八吊一百七十三文即整理戲樓三面木板格扇遮雨飛禽風雨工料鉄釘油刷共費錢三十九吊五百文存款不足焉能再派即在本村捐募補足以誌後有志者如是不朽云爾

今將經理人員開列於左

長班總理 從九王書紳 五品銜楊立全

銀錢賬務 郭嵩壽 康永慶

管理 開除人工 任元凝

公者 閻恩傑 梁廷楨

鄉保閻高發

里人康永慶書

衆紳董等 每日監工週而復始

里人從九郭之淦撰

東 中 西 架嶺 河老人

從九王書紳 從九温守智 候選訓導温綸章 布理問温春儀 從九張鴻禧 五品銜梁本邦 分部主事喬麟書 布政司理問斛守興

大清光緒三十四年二月十九日四河公立

重修东岳庙碑记

【简介】

清光绪三十四年（1908）勒石。青石质，圆首。碑首高55厘米。碑身高240、宽84、厚18厘米。底座长96、宽64、高50厘米。碑文楷体，正文11行，满行52字。例授登仕佐郎郭本天撰文，例授登仕佐郎现理僧会司元珍书丹。碑阳额题“继往开来”。碑阴额篆“圣缘同结”，内容为功德人名。现存介休市绵山镇小靳村东岳庙。

【碑文】

重修東嶽廟碑記

小靳村東嶽廟，由來已久。自道光二十四年經予先君等竭力修理，迄今五十餘載，歲月遷流，致多敝壞，簷牙半缺，朱綠無顔，令人觸目心驚。再不修理，工程愈大，其何以妥神靈而光祀典也！乃于光緒十五年季秋之月，賡書陳公人、雲章郭公人暨予起意重修，邀集糾首會議，眾論僉同。無如工程浩大，獨力難成，於是揭裱緣簿三拾本，分散募化，眾糾首募化於鄰村，善人出外者募化于四方君子。神之庇民，初無異致，人之好善，諒亦同情。迨光緒丙申春，化有成數，緣簿已交，適值時雨如膏，其苗沃若，人皆樂為。于六月間擇吉興工，眾糾首協力經理，不辭勞苦，又派數位輪流監工。重修大殿、抱廈、兩廊、三門，並修後院聖母宮三間。唯鐘鼓樂樓木料多壞，皆為易舊添新，以及禪堂客座、神房、戲房，俱各煥然一新。越明年三月，厥工告竣，共費製錢陸百餘緡。擇定八月初旬安神演戲，諷經設醮，以祀其事。予學識寡陋，而又眾糾首屬予作文，曷敢固辭。因述其大略，俾後有考云。

例授登仕佐郎古稀有九郭本天薰沐撰文

至丁酉工竣，敬獻演劇之後，而石未之樹，似闕如也。歲移戊申之秋，值年公耆陶君夢熊、陳君映斗，恐年久遺落眾善之名，相商與糾首郭君本道，乃不約而同，齊聲而言曰：此石如再不立，有負前先眾善之舉。於是求石磨鐫，題諸芳名於碑陰，以誌永垂不朽云爾。

例授登仕佐郎現理僧會司元珍薰沐書丹

起意重修公正：陶光先　陳賡書　郭本天　郭雲章

香老：焦復榮　郭金斗　郭抒藻　陶金科

值年公正：陶夢熊　陳映斗

香老：郭銀斗　陶執善　郭咸熙　陳起元

管賬：郭本道

糾首監工：陶立貴　陳賡詩　郭本天　陳映斗　郭孚嘉　郭本道　郭助觀　郭崇儒　陶夢熊　陶光先　陳鳴岐　郭雲章　郭鴻儒　郭權　郭杼藻　郭孚中　陶執禮　郭聘儒　陶書芝　郭家儒

甲長：陶慶余　郭箴宇　王永盛

約保：郭學禮

主持僧人：悟本

尚友：申祿經

大清光緒三十四年歲次戊申菊月穀旦立

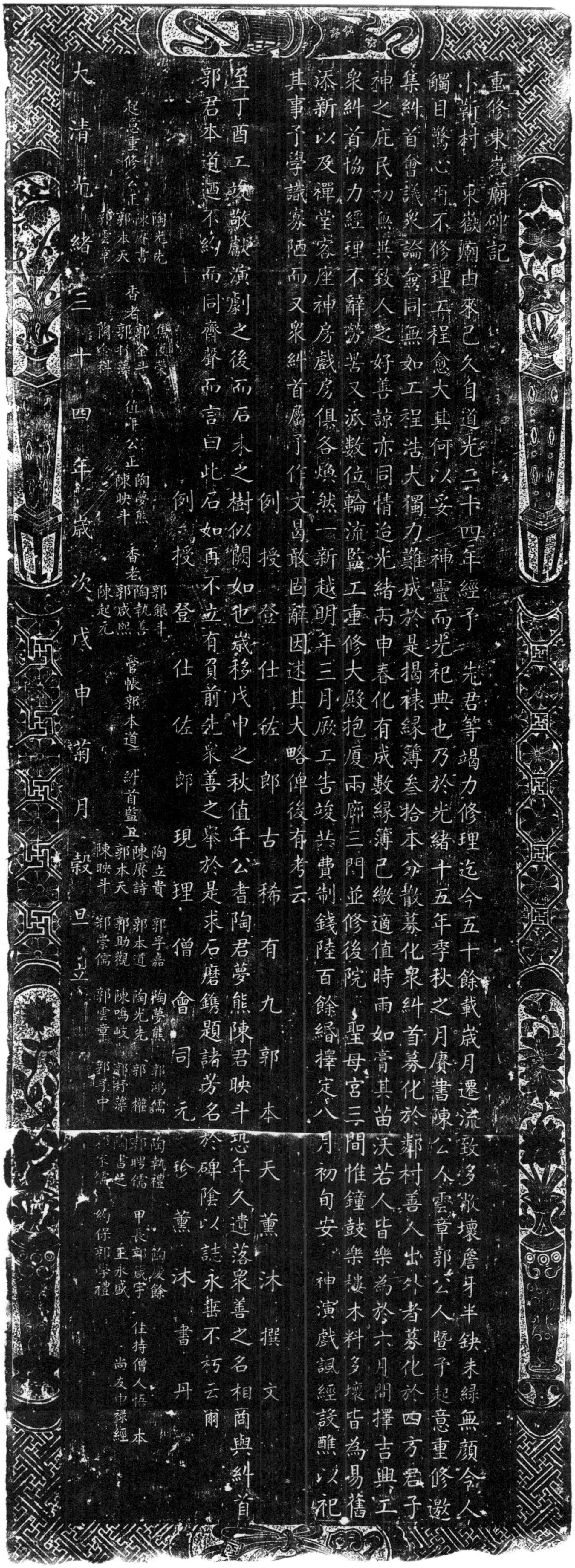

重修東嶽廟碑記

小郭村東嶽廟由來已久自道光二十四年經予先君等竭力修理迄今五十餘載歲月遷流致多敝壞簷牙半缺未緑無顏令人觸目驚心而不修理工程愈大其何以妥神靈而光祀典也乃於光緒十五年季秋之月賡書陳公今雲章郭公人暨予起意重修邀集糾首會議衆論僉同無如工程浩大獨力難成於是揭𢇈緣簿叁拾本分散募化衆糾首募化於鄰村善人出外者募化於四方君子神之庇民初無異致人之好善諒亦同情迨光緒丙申春化有成數緣簿已繳適值時雨如膏其苗沃若人皆樂為於六月間擇吉興工衆糾首協力經理不辭勞苦又派數位輪流監工重修大殿抱廈兩廊三門並修後院聖母宮三間惟鐘鼓樂樓木料多壞皆為易舊添新以及禪堂客座神房戲房俱各煥然一新越明年三月厥工告竣共費制錢陸百餘緡擇定八月初旬安神演戲諷經設醮以祀其事予學識寡陋而又衆糾首屬予作文曷敢固辭因述其大略俾後有考云

例授登仕佐郎古稀有九郭本天薰沐撰文

例授登仕佐郎現理僧會司元珍薰沐書丹

至丁酉工竣敬獻演劇之後而石未之樹似闕如也歲移戊申之秋值年公耆陶君夢熊陳君映斗恐年久遺落衆善之名相商與糾首郭君本道迺不約而同齊聲而言曰此石如再不立有負前些衆善之舉於是求石磨鐫題諸芳名於碑陰以誌永垂不朽云爾

陶光先　傳復榮　陶夢熊　郭銀斗　陶立貴　郭孚嘉　陶夢熊　郭鴻儒　陶執禮　陶復餘

陳希書　郭金斗　陳映斗　陶執善　營帳郭本道　陳賡詩　郭本道　陶光先　郭權　郭聘儒　甲長郭歲宇　住持僧人悟本

起意重修公正郭本天　香老郭圩藻　位作公正　香老郭歲熙　糾首監工郭本天　郭助觀　陳鳴岐　郭紆藻　陶書芝　王永盛　尚友申祿經

郭雲章　陶金科　陳起元　陳映斗　郭崇儒　郭雲章　郭孚中　郭家儒　約保郭學禮

大清光緒三十四年歲次戊申菊月穀旦立

补修源神庙金妆神像碑记

【简介】

清宣统元年（1909）勒石。青石质，圆首。碑首高28厘米。碑身高98、宽55、厚12厘米。底座长66、宽36、高33厘米。碑文楷体，正文7行，满行30字。碑阳额题“流芳百世”。碑阴额题“百世其昌”。杨立金立石，杨永茂刻石。现存介休市洪山镇洪山村源神庙。

【碑文】

（碑阳）

補修源神廟金妝神像碑記

蓋聞崇德報功，所以尊神明而重祀典也；廟貌輝煌，所以妥神靈而壯觀瞻也。況神功浩大，久為四方所仰賴；勝水長流，尤為萬民之生活。我村源神廟創自古昔，歷有年矣。今於光緒三十一年興工，三十三年工成而告竣焉。凡事有倡於前者，必有和之於後者，踴躍赴公，急力從事，彩畫神像，潤色廟宇以及樂樓，靡不煥然一新。是為誌。

起意人：楊立金

糾首經理人：宋開殷　郭鳳儀　史清智　劉德榮　韓大裕　宋輔殷　郭鳳鳴　任生慶　白定實　張懷德　任元玉　郭鐘洲　喬聯甲

值年鄉保：韓繼福

住持梁嘉珺　徒侯祥鶴

石匠：楊永茂謹鐫

大清宣統元年歲次四月二十四日吉立

（碑阴）

謹將十八程渠長芳名詳列於右：

第壹程：宋錫福　陰德信

第貳程：孟懷肖　侯爵五

第叁程：李齡蹊　宋玉成

第肆程：龔清雲　冀德馨

第五程：梁世昌　田寶光

第六程：張維烈　郭林泉

第柒程：郭棠芳　曹忠德

第捌程：胡德昌　溫啟泰

第玖程：宋德雲　任義富

第拾程：郭熙雲　梁培雲

拾壹程：劉清富　王文魁

拾貳程：吳榮南　張福安

拾三程：陰德馨　田寶和

拾肆程：郭春錦　康永鐸

拾伍程：任元有　張泰治

拾陸程：孟學泰　任生慶

拾柒程：武保元　張朋宜

拾捌程：閆六管　喬世傑

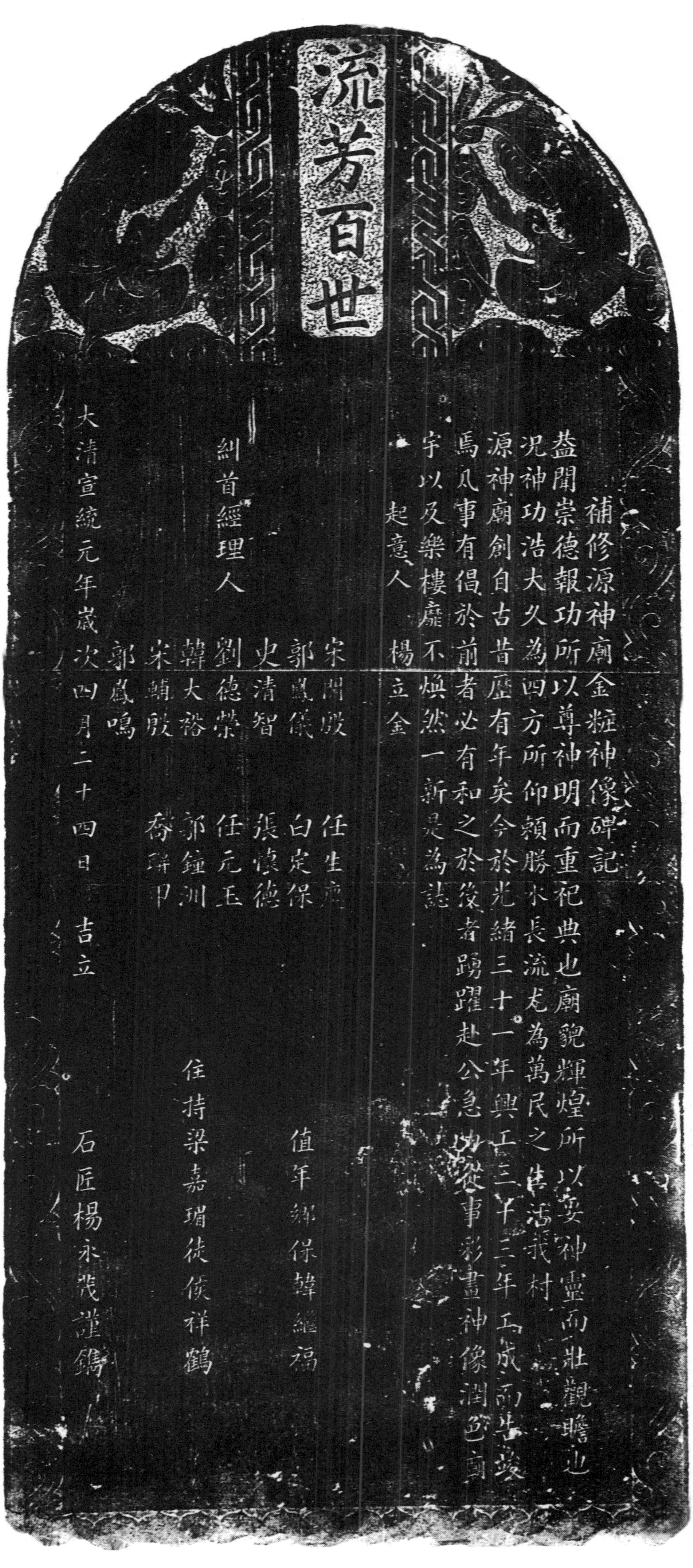

流芳百世

補修源神廟金粧神像碑記

葢聞崇德報功所以尊神明而重祀典也廟貌輝煌所以妥神靈而壯觀瞻也況神功浩大久為四方所仰賴勝水長流尤為萬民之生活我村源神廟創自古昔歷有年矣今於光緒三十一年興工三十三年工成而告竣焉凡事有倡於前者必有和之於後者踴躍赴公急功從事彩畫神像潤色廟宇以及樂樓靡不煥然一新是為誌

起意人　楊立金

糾首經理人

宋開殿　任生庶
郭鳳儀　白定保
史清智　張懷德
劉德榮　任元玉
韓大裕　郭鍾洲
宋輔殷　喬瑞甲
郭鳳鳴

值年鄉保韓繼福

住持梁嘉瑁徒侯祥鶴

大清宣統元年歲次四月二十四日　吉立

石匠楊永茂謹鐫

百世其昌

謹將十八程渠長芳名詳列於右

第壹程 宋錫鴻 陰德信
第貳程 孟懷尚 侯晉五
第叁程 李齡騰 宋玉成
第肆程 龔青雲 冀德馨
第五程 梁世昌 田寶光
第六程 張維烈 郭林泉

第柒程 郭棠芳 曹忠德
第捌程 胡德昌 呂啟恭
第玖程 宋德雲 任義富
第拾程 郭熙雲 梁培雲
拾壹程 劉清富 王文魁
拾貳程 吳榮南 張福安

拾叁程 陰德馨 田寶和
拾肆程 郭泰錦 康永鐸
拾五程 任元有 張泰治
拾陸程 孟學泰 任生慶
拾柒程 武保元 張朋宜
拾捌程 閻六晉 喬世祿

整修千佛庵圆照寺经费碑记

【简介】

清宣统二年（1910）勒石。青石质。长77、宽51厘米。碑文楷体，26行，满行20字。字迹损毁严重。现存介休市连福镇东湖龙村。

【碑文】

整修千佛庵圓照寺經費碑記

蓋聞先賢創業之難，必待後人以繼之也。凡我四堡創有千佛庵、圓照寺二古廟也，然年深日久，廟宇滲漏，工程浩大，無力整修。是以值年老人□四堡公糺面議，將在公榆柳樹木出售，作為修理之資，工程告竣，一切經費以誌成嵌石云爾。

計開：

入賣樹木褀物錢二百五拾四千五佰七十七文

出買木料、鐵器錢四拾柒千零二拾二文

入收地租錢捌千文整

出泥、木、畫匠工錢壹佰文

入四堡公攤費錢壹拾壹千弍佰文

出石灰、貓頭□瓦錢壹拾□□文

出兩廟祭祀繩索褀□□□千零□□文

出買石碑□□□

經理人糺首計開於後：

白堡：高迺和　白恩浩　白恩綬　郝錫慶　白守箴

下馬堡：任鳴泉　馬雲湖　馬麟瑞　馬雲祿

任逢豫　馬興讓

西湖龍：（碑面剥落，不可识）

上馬堡：（碑面剥落，不可识）

宣統二年冬月十日立

关帝庙重修碑

【简介】

清代勒石。青石质，无首。碑身高155、宽73、厚15厘米。底座长107、宽63、高32厘米。碑文楷体，12行，满行35字。碑面磨损严重。碑阴布施文1300余字。现存义安镇乐善村关帝庙。

【碑文】

（碑阳）

關聖帝君……里而極其敬……神得所，然後竭虔誠，奉祭祀，乃不……廟前院，其創始葺修歲月與三官廟……董理三官廟事，遂並帝君殿一同葺修，且另為□□銀貳伯餘兩以鄭重其事。棟楹甓瓦間有可用者新之，其腐撓者悉易以美材，又命畫工按古跡圖帝君像於殿壁，其所以肅人心者至矣。工竣，並推余為文以紀之。余惟帝君自後漢迄今千七百有餘歲矣，而普天之下俎豆常新，人人尊親，在在立廟，故是……之心不間於名區。向所謂有大功德於天下……塞乎天地，自在人心，則非余之所……

……撰並書

……額

大清……榖旦立

（碑阴）

關聖帝君面前募化布施人名開列於後

溫大受、男瑾河南募化：郸城裸貨行施銀叁兩五錢、泰豐典施銀貳兩、和順典施銀貳兩、協泰典施銀貳兩、合興典施銀貳兩、義順典施銀貳兩、光裕典施銀貳兩、泉盛典施銀貳兩、永和典施銀貳兩、亨元典施銀貳兩、同泰典施銀貳兩、協泰衣店施銀貳兩、循源號施銀貳兩、增慶號施銀貳兩、廣益號施銀貳兩、晉泰號施銀貳兩、豐泰號施銀貳兩、井亨號施銀壹兩、亨發號施銀壹兩、久成號施銀壹兩、永發號施銀壹兩、世隆典施銀壹兩、同裕典施銀壹兩、泉馨園施銀壹兩、同和號施銀壹兩、裕昌號施銀壹兩、澤遠典施銀壹兩、泉發號施銀壹兩、張大琳施銀叁錢。

趙梓芃漢口募化：泰來店施銀五兩、萬源成記施銀壹兩弍錢、廣源隆記施銀壹兩弍錢、存仁誠記施銀壹兩弍錢、西裕成記施銀壹兩弍錢、廣聚義記施銀壹兩弍錢、廣成公記施銀壹兩弍錢、源發長記施銀壹兩弍錢、寧泰公記施銀壹兩弍錢、天成德記施銀壹兩弍錢、隆和義記施銀壹兩弍錢、四盛趙記施銀壹兩弍錢、增盛永記施銀壹兩弍錢、興瑞吉記施銀壹兩弍錢、隆茂公記施銀壹兩弍錢、三元世記施銀壹兩弍錢、永裕號施銀壹兩弍錢、源發常記施銀壹兩弍錢、永興隆記施銀壹兩弍錢、集成行施銀壹兩弍錢、悅和公記施銀壹兩弍錢、長泰張記施銀壹兩弍錢、義泰趙記施銀壹兩弍錢。

趙浩、男梓性沙洋募化：元盛號施銀壹兩弍錢、恒源典施銀壹兩弍錢、成順號施銀壹兩弍錢、陳□龍施銀壹兩弍錢、張錫三施銀壹兩弍錢、萬順號施銀壹兩弍錢、永興號施銀壹兩弍錢、升興號施銀壹兩弍錢、正興典施銀壹兩弍錢、德昌肇記施銀壹兩弍錢、王盛輝記施銀壹兩弍錢、復興典施銀壹兩弍錢、傅永興施銀壹兩弍錢、同源號施銀壹兩弍錢、泰興號施銀壹兩弍錢、發泉號施銀壹兩弍錢、豐盛號施銀壹兩弍錢、東增盛號施銀壹兩弍錢、西增盛號施銀壹兩弍錢、古服五施銀壹兩弍錢。

李奇生西安府募化：增義恒號施銀弍兩四錢、協成玉號施銀弍兩四錢、義盛恭號施銀弍兩四錢、允昇吉號施銀弍兩四錢、新興德號施銀弍兩四錢、大順成號施銀弍兩四錢、興盛號施銀壹兩弍錢、萬盛號施銀壹兩弍錢、德興號施銀壹兩弍錢、豐義號施銀壹兩弍錢、全盛號施銀捌錢。

趙萬魁募化：楊利仁施銀弍兩四錢、王大賓施銀壹兩五錢、慎本堂宋施銀壹兩弍錢、宋趙氏施銀壹兩弍錢、吳士效施銀壹兩弍錢、介棋堂□施銀壹兩弍錢、瀘溪堂刘施銀壹兩弍錢、貽謀堂高施銀壹兩弍錢、張成施銀陸錢、成淑禮施銀陸錢、永豐倉長施銀陸錢、張洪施銀五錢、翟開泰施銀五錢、董鳳施銀五錢、張萬和施銀五錢、趙士舉施銀五錢、賀聖清施銀五錢、□允脩施銀五錢、徐三益施銀五錢。

趙萬益募化銀拾六兩九錢。

趙九賢□都募化：復盛當□銀弍兩四錢、慶戍號施銀弍兩四錢、豐裕當施銀壹兩弍錢、隆豐裕記施銀壹兩弍錢、興茂公記施銀壹兩弍錢、廣裕號施銀壹兩弍錢、萬成號施銀壹兩弍錢、王資深施銀壹兩、德茂號施銀壹兩、廣聚號施銀壹兩、豐盛永記施銀壹兩、義合楊記施銀壹兩、衛章施銀陸錢。

趙世昌、男清敏京都化銀：天德號施銀壹兩五錢、和順號施銀壹兩五錢、德盛號施銀壹兩、永亨號施銀壹兩、孫恒典施銀壹兩、六合號施銀壹兩、三義號施銀壹兩、瑞源號施銀壹兩、郭安慶施銀壹兩。

趙臨采大明府募化：裕隆當施銀壹兩、永春號施銀壹兩、得宜號施銀壹兩、泉發號施銀壹兩、永隆號施銀壹兩、廣泉號施銀壹兩、悅來號施銀五錢。

趙臨鄺、男思明漢中募化：廣信當施銀五錢、廣成當施銀五錢、明元當施銀五錢、永和合號施銀叁錢、三合和號施銀叁錢、大盛當施銀叁錢、大□號施銀叁錢、□盛和號施銀叁錢、全盛號施銀叁錢、永順老號施銀叁錢、萬順德號施銀叁錢、新成和號施銀叁錢、通成衣鋪施銀叁錢、王有富施銀叁錢、宋文星施銀叁錢、源順公號施銀叁錢、興順隆號施銀叁錢、謙順和號施銀叁錢、萬順燒房施銀叁錢、鈕發榮施銀叁兩。

张新政书陶渊明饮酒诗碣

【简介】

清代勒石。青石质。长 62、宽 35.5、厚 7.5 厘米。碑文草书，12 行，满行 5 字。内容为晋陶渊明《饮酒》诗，清张新政书。原在介休绵山书院旧址，1985 年迁至介休县博物馆。

【诗文】

結廬在人境，而無車馬喧。
問君何能爾？心遠地自偏。
採菊東籬下，悠然見南山。
山氣日夕佳，飛鳥相與還。
此中有真意，欲辯已忘言。
張新政

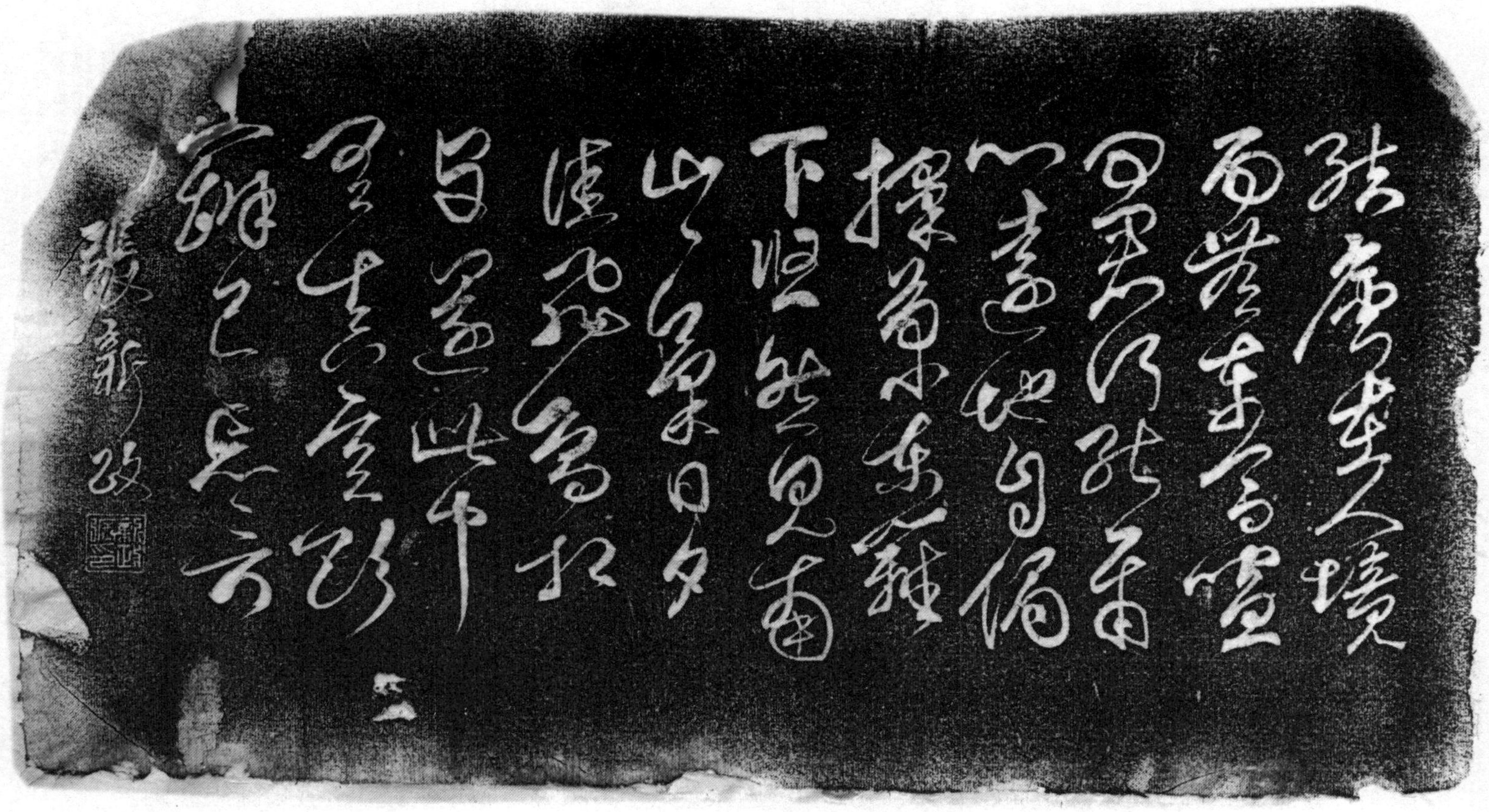

中华民国

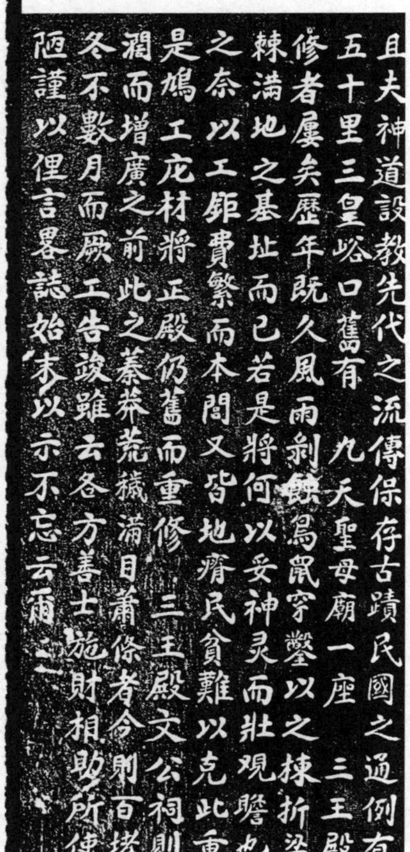
且夫神道設教先代之流傳保存古蹟民國之通例有
五十里三皇峪口舊有　九天聖母廟一座　三王殿
修者屢矣歷年既久風雨剝蝕鳥鼠穿鑿以之棟折梁
棘滿地之基址而已若是將何以妥神灵而壯觀瞻也
之奈以工鉅費繁而本閭又皆地瘠民貧難以克此重
是鳩工庀材將正殿仍舊而重修　三王殿文公祠則
凋而增廣之前此之蓁莽荒穢滿目蕭條者今則百堵
冬不數月而厥工告竣雖云各方善士施財相助所使
陋謹以俚言畧誌始末以示不忘云爾

下李侯村公规记

【简介】

中华民国5年（1916）勒石。青石质。碑长65、宽57厘米。碑文楷体，20行，满行26字。嵌于介休市张兰镇下李侯村观音阁东院正房门外东墙壁。

【碑文】

今於民國五年陰曆十月十八日，村長□□□擬訂公規十一條，欲為勒石公庭，未敢擅專，稟請曹縣長臺前批示。稟悉，該村長任事以來，竟能整理村務，杜絕弊端，猶能體恤民艱，力撙用費。茲當舉新之際，又為善後起見，擬訂公規十一條，均屬妥協，具見慮遠思深，關懷桑梓，殊堪嘉尚，應准如呈辦理，以便遵循而垂久遠。除另飭示諭外，合行批示呈稿，併發□批之下，會集眾議，保村間耆老公立庭前，俾眾□知。又於去年五月二十九日，村長□□□、張志逵因公債等款，村小難買重派，稟懇王縣長臺前批諭。據稟，該村村小人稀，不能負擔多款，亦屬實情，着將此項公債勉強認繳，此後再有公派之項，比照中小村辦理。應准如稟立案。

眾議保：張楷義　張爾烈　張爾燮　張慶垣　張映統（謹書）　張央峰　張志榮　吳立言

村間耆老：原壽義　吳元義　王豐華　程玉泉　原光壽　原光智

曹恩泰施石兩方

石匠：張氏

蓋嘗讀《論語》有云：舉直錯諸枉，則民服；舉枉錯諸直，則民不服。是以舉錯得宜，則一鄉之人民享無窮幸福，此所謂清源益民之要道也。而一鄉之人民既舉其為一鄉之長，蓋一鄉之人民宜公論矣。若不力決社弊習慣舊俗，倘苟非其人，輒秉公權，逞其村長之威，迫脅於眾□，陰私膏腴鯨吞，凡遇人民事件，貪賄偏袒，則一鄉之人民受莫大之影響，關係□為□，可不畏哉？為此立公規數條，勒石公庭，以塞流弊如左。

（门西侧墙壁另镶嵌一记事石碣，石质、大小与东侧同，文楷体，31行，满行36字。碣文如下）

一、每年□□□□集议□□□□□□来年村長，若是本年村長整理功績昭著，眾心悅服，公推聯任亦可。如其固辭不應，再為定期邀集眾議保暨花戶投票公舉，得票多者為來年之村長，勿得舊舉新接，任其一二人舉送上下交接，面顧相光，賬有弊端，豈能漏網？

一、在公議保多至十二位為定額，多者眾口亂言，人心不一，致公屢起訟端，耗費百畝之血款，猶擾縣主不安。倘顧不足，定期會議保暨花戶投票遴選，勿許任其一二人選舉添名，不以端方能事為正，竟以相攜光顧為重，上下相親，弊端易生，舉錯不宜，何服眾心？

一、充任村長勿許管理銀錢，賬務必須在議保之內選擇二位管理幫辦，管理賬務，年終送酬勖錢肆吊為定額，管理錢項效勞勿酬，一概銀錢出項入款逐細注明，如交接之日賬務不清，錢項缺短，歸該村長負擔補缺。

一、選村長選正不選副，若是正副公選，如心意弗合，互相生隙，以致舍弛公事，遺笑於眾。由該村長在議保之內選擇幫辦，選定某位，毋許推違。如該村長心有餘力，甘負責任，獨辦亦可。該村長每逢朔望之日詣公整理公事，出入賬務，平素非有急系要事，勿勞輕往。

一、地畝差派每畝以□拾文為定額，男一丁十五以上派丁錢五拾文，過六十為止。每騾馬一頭派錢肆百，每驢一頭貳百，所定各派准減不准增加，如是實系有異外之款，會同眾議保商辦。另派亦要曉白花戶為何款何費、應另派錢若干，該花戶亦不准疲頑抗違。

一、刻下債務除清，所有外借，得息存款，無論誰辦，准用餘息，不准抽本，亦不准行息，借用外款，亦不准變賣公產物件。所有屢年存項不准在公人等浮挪白用，若此年積月累，得息可以□□成裘，倘逢凶年可以暫墊，或是繕修廟宇、整理間垣以禦賊黨，准抽用。

一、公存豐備倉穀一切，依據物件上交下接，逐細盤點清白，由該村長委派倉長二位管理。所有家俱、零星碎物，該村長委交在公雇役經東，勿得任眾戶借用。惟豐備倉穀遇豐年每畝按二合起添，以濟眾戶荒年之急就，有何項急系要款，倉内之穀顆粒不准動用。

一、無故不准在公起皂費用，每會議保，清茶恭候，該議保等凡村長會集之期，勿許推違不到，若有己事覆身，輒白勿候。逢三次有事，該村長邀會三次不到，故意袖手傍觀，准該村長除名。凡在公村長議保雇役人等，犯賭博姦淫、毆打重傷，被人訐犯，該村長議保問真，先除名革黜，送官懲究，或者有年至耄耋，准其高老辭退。

一、公用雇工人等由該村長選擇，勿得面面相覰，不分奸惡，把持公事，暴虐於眾，亦不准自用自己親屬。惟年來縣署常規，滿年雜費等款上交下接有一定舊規，其工食由該村長增減酌量，通年應進佰伍陸拾吊之譜，若浩費甚大，無處可得，故云量入為出，則用之舒矣。

一、每年正月六日定於新舊村長交接之期，勿許舊村長遲延不交，亦不准新村長推違不接。至交接之日，限一月內將舊管新收開除實在，書白清單，貼街示眾。

以上各規，不遵故犯，該議保暨花戶訐告除名。

回銮寺东廊改作砖窑新建文昌殿并村西重修关帝庙等殿碑记

【简介】

中华民国7年（1918）勒石。青石质，圆首。碑首高48厘米。碑身高178、宽81、厚15厘米。底座长87、宽52、高37厘米。碑文楷体，20行，满行61字。碑阳额题“为善最乐”。碑阴额题“乐善好施”。现存介休市绵山镇兴地村回銮寺。

【碑文】

（碑阳）

迴鑾寺東廊改作磚窑新建文昌殿並村西重修關帝廟等殿碑記

嘗思作述遞乘，善作莫如善述；創因相繼，能創尤貴能因。余鄉迴鑾寺建自唐代，厥初東西俱系廊房，有清嘉慶年間，西廊改作磚窑，先人已有明紀，勿庸復贅。至光緒年間，而東廊頹殘，比西廊更甚。彼時即欲重修，力不從心，公糾商酌停戲，蓄積十數年，蓄積磚灰、木料錢壹仟柒百吊之譜，又本村勸捐錢資百餘吊。由是邀父老而選期就工，僉曰：寺内諸神皆備，惟文昌殿闕焉。於是廊房新築磚窑四孔，上座小殿三間，内塑神像三尊。斯意之舉，非創始也，因西廊之陳跡而已；斯工之興，非新作也，述西窑之舊形而已。

時值村西關聖寺殿塌毁幾廢，眾商一體修補，塑二處工程，共費錢貳仟餘吊，不有所碣，何以著眾善而昭來許乎。工竣之日，同事索余書記貞珉，余不辭譾陋，聊敘俚語，以垂誌久遠云爾。

翰林院待詔銜附貢生鈕榮綬撰文

業儒伍元貞書丹

經理糾首：從九李珮璋　伍成麟　待詔鈕榮綬　介賓鈕立邦　梁學金　介賓何如灝

管工：監生何其德　梁忠秉　介賓鈕國邦　王興致　武安泰　陳興基　鈕榮綬　何其溫　從九李珮璋　趙守田　介賓鈕立邦　郭成鑑　伍成麟　從九溫桂芳　梁學金　介賓何如灝　典籍陳汝唫

村長：鈕立邦　溫桂芳

公耆：何其德　王興致

管賬：鈕榮綬　陳汝唫

香老：伍成麟　何如灝　梁忠秉　郭成鑑

鄉保：王鼎　李長春

住持：寂詮　徒姪淳和

丹青：馬海潮　何鑑玉

泥匠：張愛詔　溫秀林

石匠：吳德應

清進士出身縣知事介休縣正堂陳賡虞捐錢肆千文

藍翎試用同知山東河工保案實據同知鴻臚寺序班附貢生王奭安捐大洋貳拾四元

河南候補遇缺侭先巡檢郭實善捐大洋貳拾四元

旌介村捐錢　拾貳千文　　南槐志莊捐錢　八千文　　馬堡村捐錢　六千文

小靳村捐錢　伍千文　　保和村捐錢　三千文　　陶家莊捐錢　壹千文

秦樹村捐錢　伍千文　　東歡村捐錢　八千文　　西歡村捐錢　六千文

長壽村捐錢　伍千文　　大靳村捐錢　四千文　　萬果村捐錢　三千文

北槐志莊捐錢　拾貳千文　　侯堡村捐錢八千文　　梁家村捐錢　伍千文

團圞村捐錢　伍千文　　四家窑捐錢三千文　　孫溝村捐錢　壹千文

觀音堂助工錢　壹百貳拾千文　　公耆助工錢　壹百伍拾千文　　辛莊助工錢　伍拾千文

中華民國七年八月中秋節穀旦

為善最樂

（碑阴）

介賓鈕立邦　捐錢拾伍千文　化錢七十四千文
從九李珮璋　捐化錢各拾千文
從九郭成銘　捐錢拾千文　化銀拾千文
梁學金　捐錢八千文　化銀拾千文
安培章　化大洋　拾元
李培汾　捐錢八千文　化錢肆千伍佰文
王其昌　捐大洋　八元
典籍陳汝唸　捐錢四千文　化錢七千文
何其溫　捐錢三千文　化錢八千文
范四箴　捐化錢各五千文
舉人王麗中　捐大洋　六元
梁忠秉　捐錢四千文　化錢二千五百文
王榮貴　捐大洋　五元
溫秉謙　捐錢七千文
龐傑　化錢七千文
鈕相邦　捐錢五千文　化錢壹千五百文
戴汝翼　捐錢四千文　化錢三千五百文
昂首堂　捐錢　六千文
李毓芝　捐錢四千文　化錢壹千五百文
武林億　捐錢五千文　化錢壹千文
溫桂芳　捐錢三千文　化錢三千五百文
金和永　捐錢五千文
源順廠　捐錢四千文　化錢壹千文
伍成麟　捐錢三千文　化錢貳千文
楊湧泉　捐錢四千文　化錢五百文
焦萬祥　化錢四千三百文
何其良　捐錢三千文　化錢壹千文
任豐慶　捐錢三千文　化錢壹千文
史斌　捐錢三千文　化錢壹千文
王鼎　捐錢壹千文　化錢三千文
郭振金　捐錢四千文　化錢四千文
趙興魁　捐化錢三千五百文
溫守業　捐化錢三千五百文
余錦文　捐化錢三千五百文
李興治　捐化錢三千五百文
何其恭　捐化錢三千五百文
焦錦春　捐化錢三千文
馬玉瑛　捐化錢三千文
焦家鵬　捐化錢三千文
李毓棠　捐化錢三千文
陳受明　捐化錢三千文
陳興德　捐化錢二千五百文

監生何其德　捐錢廿千文　化銀九千文
介賓鈕國邦　捐錢八千文　化銀拾肆千文
陳興基　捐錢三千文　化銀拾陸千文
附貢鈕萬邦　捐錢拾伍千文
從善堂　捐錢三千文　化錢拾千文
王興致　捐錢八千文　化錢四千文
介賓何其灝　捐錢八千文　化錢三千文
陳汝梅　捐錢七千文　化錢四千文
典籍武安泰　捐錢七千文，化錢二千五百文
趙守業　捐錢五千文　化錢四千文
李毓檀　捐錢六千文　化錢二千五百文
李魁湧　捐錢七千文　化錢壹千文
馬玉金　捐錢三千文　化錢四千五百文
焦錦林　捐錢五千文　化錢一千文
何學孔　捐錢五千文　化錢二千文
李錫文　捐錢四千文　化錢三千五百文
義成永　捐錢六千文
孫寶康　捐大洋　四元
梁學樞　捐錢五千文　化錢壹千文
李佩璜　捐錢三千文　化錢壹千文
冀泰明　捐錢五千文　化錢五百文
任本昌　捐錢五千文　化錢五百文
李佩琪　捐錢四千文　化錢壹千文
李長春　捐錢十五千文　化錢四千文
王慶玨　捐大洋　三元
元鈺　捐錢四千文
任履壽　捐錢二千文　化錢壹千文
趙潤身　捐錢三千文　化錢壹千文
任本玉　捐化銀各三千文
福泰和　化錢四千文
韓元傑　捐化錢三千五百文
溫守翱　捐化錢三千五百文
房啟元　捐化錢三千五百文
溫秉德　捐化錢三千五百文
溫英詔　捐化錢三千五百文
程志麟　捐化錢三千壹百文
趙德王　捐化錢三千文
增盛號　捐化錢三千文
房啟昌　捐化錢三千文
郭在有　捐化錢三千文
馬玉琦　捐化錢二千六百文
何志貴　捐化錢二千五百文

張思寬　捐化錢二千五百文
馬海潮　捐化錢二千五百文
李瑞春　捐化錢二千五百文
何聚知　捐化錢二千五百文
劉鑑　捐化錢二千五百文
武安常　捐化錢二千五百文
王錦章　捐化錢二千五百文
王德馨　捐化錢二千五百文
范九玉　捐化錢二千五百文
賈成玉　捐化錢二千三百文
吉義永　捐化錢二千文
元琜　捐化錢二千文
何如湖　捐化錢二千文
溫毓蘭　捐化錢二千文
鈕玉邦　捐化錢二千文
郭清立　捐化錢二千文
房啟祿　捐化錢一千五百文
何鑑珍　捐化錢一千五百文
張思亮　捐化錢一千五百文
余祥恭　捐化錢一千五百文
李豐成　捐化錢一千五百文
任立綿　捐化錢一千五百文
郭子忠　捐化錢一千五百文
宋白周　捐化錢一千五百文
王鳴鐸　捐化錢一千五百文
李子述　捐化錢一千五百文
鄭三達　捐化錢一千五百文
李秉珠　捐化錢一千五百文
封竹謨　捐化錢一千五百文
梁珍　捐化錢一千五百文
張瑞林　捐化錢一千五百文
宋元林　捐化錢一千五百文
無名氏　捐大洋　二元
任連里　捐化錢二千五百文
郭奎元　捐化錢一千五百文
房啟榮　捐化錢一千五百文
溫錫昌　捐化錢一千五百文
趙興隆　捐化錢一千五百文
趙光輝　捐化錢一千五百文
馬吉元　捐化錢一千五百文
任立德　捐化錢一千五百文
王泰來　捐化錢一千五百文
任立惠　捐化錢一千五百文

趙守儉　捐化錢二千五百文
李萬有　捐化錢二千五百文
趙毓亮　捐化錢二千五百文
梁忠壽　捐化錢二千五百文
何振邦　捐化錢二千五百文
張錦華　捐化錢二千五百文
溫槐慶　捐化錢二千五百文
梁忠德　捐化錢二千五百文
梁文治　捐化錢二千四百文
焦錦盛　捐化錢二千五百文
忠興厚　捐化錢二千文
王金斗　捐化錢二千文
無名氏　捐化錢二千文
溫錫祿　捐化錢二千文
陳維元　捐化錢二千文
大有益　捐錢二千文
郭秀全　捐化錢一千五百文
曹錦庫　捐化錢一千五百文
梁秉義　捐化錢一千五百文
任振綸　捐化錢一千五百文
趙永福　捐化錢一千五百文
趙虎成　捐化錢一千五百文
李泰章　捐化錢一千五百文
郭永全　捐化錢一千五百文
郭金聲　捐化錢一千五百文
溫守翔　捐化錢一千五百文
武雲照　捐化錢一千五百文
王九如　捐化錢一千五百文
李秉瑞　捐化錢一千五百文
李恒成　捐化錢一千五百文
梁玨　捐化錢一千五百文
鈕樹福　捐化錢一千五百文
鈕振邦　捐化錢二千五百文
趙德瑞　捐化錢一千五百文
趙毓林　捐化錢一千五百文
李守仁　捐化錢一千五百文
李守義　捐化錢一千五百文
李守智　捐化錢一千五百文
李守信　捐化錢一千五百文
李富貴　捐化錢一千五百文
陳興珠　捐化錢一千五百文
陳興瑞　捐化錢一千五百文
陳興旺　捐化錢一千五百文

任立志　捐化錢一千五百文
張慶昌　捐化錢一千五百文
趙德清　捐化錢一千五百文
梁忠楫　捐化錢一千五百文
張開先　捐化錢一千五百文
郭石頭　捐化錢一千五百文
冀泰元　捐化錢一千五百文
馬吉常　捐化錢壹千三百文
裕泰厚　捐化錢壹千文
元玨　捐化錢壹千文
尚禧　捐化錢壹千文
趙守富　捐化錢壹千文
吳德應　捐化錢一千文
焦振保　捐化錢一千文
陳明璽　捐化錢一千文
宋輔仁　捐化錢一千文
陳興田　捐化錢一千文
趙清順　捐化錢一千文
冀豐煌　捐化錢一千文
何臣漢　捐化錢一千文
王得勝　捐化錢一千文
武錫文　捐化錢一千文
楊金玉　捐化錢一千文
王秉鐸　捐化錢一千文
李應壽　捐化錢一千文
李大義　捐化錢五百文
侯元福　捐化錢五百文
趙守曾　捐化錢五百文
韓有貴　捐化錢五百文
冀本榮　捐化錢五百文
房福林　捐化錢五百文
房保成　捐化錢五百文
李俊文　捐化錢五百文
張慶雲　捐化錢五百文
溫寶□　捐化錢五百文
溫利　捐化錢五百文
陳興寬　捐化錢五百文
張榮□　捐化錢五百文
張恭禮　捐化錢五百文
張蘭賓　捐化錢五百文
王泰謨　捐化錢五百文
王復霖　捐化錢五百文
王夢安　捐化錢五百文
張興□　捐化錢五百文
趙光裕　捐化錢一千五百文
宋福林　捐化錢一千五百文
陶振盛　捐化錢一千五百文
宋白南　捐化錢一千五百文
溫選平　捐化錢一千五百文
溫英斌　捐化錢一千五百文
李魁五　捐化錢一千五百文
胡志儒　捐化錢壹千文
王錫儒　捐化錢壹千文
何如湘　捐化錢壹千文
張宗伯　捐化錢壹千文
溫如湘　捐化錢一千文
李毓蘭　捐化錢一千文
馬銀全　捐化錢一千文
侯元春　捐化錢一千文
趙天明　捐化錢一千文
馬柱德　捐化錢一千文
溫如賓　捐化錢一千文
侯永興　捐化錢一千文
李純　捐化錢一千文
昌盛合　捐化錢一千文
宋維清　捐化錢一千文
宋希水　捐化錢一千文
何忠漢　捐化錢一千文
石光普　捐化錢五百文
王恩元　捐化錢五百文
溫槐奇　捐化錢五百文
胡志鳳　捐化錢五百文
溫應琦　捐化錢五百文
李保長　捐化錢五百文
冀泰和　捐化錢五百文
任立增　捐化錢五百文
陳興恩　捐化錢五百文
郭天成　捐化錢五百文
李如榮　捐化錢五百文
楊金全　捐化錢五百文
梁德成　捐化錢五百文
余有德　捐化錢五百文
李保元　捐化錢五百文
溫如禮　捐化錢五百文
溫春定　捐化錢五百文
溫□□　捐化錢五百文
張慶邦　捐化錢五百文
馬□□　捐化錢五百文

樂善好施

宋槐碑

【简介】

中华民国 8 年（1919）勒石。青石质，圆首。碑首高 60 厘米。碑身高 113、宽 60、厚 14 厘米。底座长 70、宽 47、高 26 厘米。碑文楷体，正文书“宋槐”二字，右侧为薛凤仪题记。原在介休市东关文家庄，1983 年 9 月收藏于介休市博物馆。现存后土庙。

【碑文】

中華民國八年十一月吉日
四等嘉禾章簡任職存記
介休知事張賡麟敬立
宋槐
綠蔭匝地，直榦參天。
史公祠外，華巖菴前。
里推潞國，譽重韓宣。
漢槐對峙，亦越千年。
豐碑屹若，喬木巋然。
感古今之代謝兮，
肅容矜式夫前賢。
邑人薛鳳儀謹題贊

重修玄帝庙碑序

【简介】

中华民国8年（1919）勒石。青石质，圆首。碑首高46厘米。碑身高180、宽75、厚12厘米。底座长88、宽55、高15厘米。碑文楷体，16行，满行54字。碑阳额题“永垂不朽”。碑阴额题“奕世流芳”。现存介休市城关乡梁吉村。

【碑文】

（碑阳）

重修玄帝廟碑序

梁吉村北門外舊有玄帝廟一座，其來久矣，經修數十餘年，屢遭風雨頹殘，塌廢破漏，而兩窄厦更為爛累不堪，人人見之矚目心傷，每逢聚首之際，莫不追念前輩遺美而歎息也。追念工程浩大，力薄難持，無可如何，惟有仰天長歎而已。詎料今歲王君在沙募化銀兩，提倡補修，公糾眾等欣然鼓舞，拍手贊曰：善哉！美事也！經商者募化四方，務農者各鼓閭里，勞心者倡之於前，勞力者繼之於後，随於民國八年三月初八日動工，於五月初八日告竣。真武樓兩邊窄厦、山門、照壁整舊如新，上以妥神靈，下以蔭福庇，此亦不過紹述前人之遺美，敢云邀壯觀哉！爰以勒石，聊表後輩繼美云尔。

前清從九王守儉薰沐撰　生員賈淩雲薰沐書

信士二十四家隨置桂紅湖縐□簾三副

倡首人：樊登爵　賈樞　王守儉　薛慶和　樊效德　梁霞　吳棠　賈淩漢　郭書第　王世科

石　匠：薛書仁

泥木匠：梁萬成

中華民國八年歲次已未五月吉日立

（碑阴）

王煥募化銀肆拾伍兩　捐銀肆拾兩

監生賈鍾壽募化銀弍拾弍兩　捐銀弍拾肆兩

李德貴募化銀叁拾陸兩伍錢　捐銀叁兩陸錢

從九胡立文募化銀叁拾肆兩　捐叁兩陸錢

王景林募化銀叁拾壹兩　捐銀肆兩

李維新募化銀弍拾捌兩　捐銀壹兩弍錢

梁桂洲募化銀弍拾肆兩伍錢　捐銀弍兩肆錢

王鋒募化銀壹拾叁兩弍錢　捐銀捌兩

宋齊　募化銀弍拾伍兩

梁思正募化銀壹拾陸兩伍錢　捐銀陸兩

梁師愈募化銀壹拾陸兩　捐銀陸錢

李永募化銀捌兩　捐銀捌兩

宋培檀募化銀壹拾兩　捐銀伍兩

段本貴募化銀壹拾肆兩

宋振輝募化銀壹拾壹兩

梁墉募化銀捌兩　捐銀弍兩肆錢

李貴募化銀捌兩柒錢伍分　壹兩弍錢

樊儒寧募化銀弍兩　捐銀叁兩弍錢

宋元武募化銀肆兩　捐銀壹兩弍錢

王景魁募化銀肆拾兩　捐銀伍兩

宋振業募化銀弍拾肆兩伍錢　捐銀壹拾陸兩

李馥捐銀肆拾兩

監生梁雲五募化銀叁拾弍兩　捐銀伍兩

李芳募化銀捌兩柒錢伍分　捐銀弍拾肆兩

從九王慶募化銀弍拾肆兩　捐銀肆兩

李清林募化銀弍拾壹兩　捐銀伍兩

如施堂募化銀弍拾伍兩

樊廷柱募化銀壹拾陸兩　捐銀陸兩

賈順周募化銀弍拾兩　捐銀陸錢

宋振綱募化銀壹拾肆兩　捐銀弍兩肆錢

李昌募化銀捌兩　捐銀捌兩

梁福寶募化銀壹拾肆兩叁錢

樊廷進募化銀捌兩弍錢　捐銀叁兩陸錢

張恭募化銀壹拾兩　捐銀陸錢

閆立基　趙清立募化銀壹拾兩

張純募化銀陸兩弍錢　捐銀叁兩陸錢

梁毓德募化銀肆兩　捐銀壹兩弍錢

賈元熹募化銀肆兩陸錢　捐銀陸錢

薛志新募化銀叁兩陸錢　捐銀伍錢　　　　　　　靳永盛募化銀叁兩
高盛募化銀弍兩叁錢　捐錢陸錢　　　　　　　　楊奉詔募化銀弍兩叁錢　捐錢壹兩弍
段世昌募化銀弍兩伍錢　　　　　　　　　　　　王可光募化銀弍兩肆錢
李愷思募化銀弍兩　　　　　　　　　　　　　　郭秋魁募化銀陸兩
李宣捐銀陸兩　　　　　　　　　　　　　　　　宋培林捐銀伍兩
宋天錦捐銀肆兩　　　　　　　　　　　　　　　樊廷楝捐銀肆兩
耿光雲捐銀叁兩肆錢　　　　　　　　　　　　　興盛號捐銀叁兩
李俊富捐銀叁兩　　　　　　　　　　　　　　　李遵沆捐銀叁兩
梁體謙捐銀弍兩伍錢

施銀弍兩肆錢：李榮山　宋振鐸　王亮芝　李萬　馮恩溥　梁錫五　梁體富　閆澤文　孟增輝

施銀弍兩：李毓祥　張文達

施銀壹兩捌錢：張錫公　范成福　樊永清　郝積金

施銀壹兩陸錢：張文選　張文興

施銀壹兩伍錢：郝積福　侯帝佐

施銀壹兩弍錢：樊鑑清　李執鴻　梁福珍　樊銳先　樊儒先　樊習武　樊鑑樸　樊廷選　閆定魁　葉　芳　楊　彬　梁騰藻　梁清光　梁體明　梁萬里　鄭存祿　李扶旺　李　喜　李萬豐　李寶玉　李萬財　李愷祥　李愷光　葉　仁　侯　元　侯定柱　劉　忠　張廷梅　段增光　趙清柱　溫天秉　梁榮富　源盛祥

施銀壹兩零五分：宋振朝

施銀壹兩：王喜　郭維藩　燕彭年　李寧

施銀捌錢陸分：宋振要

施銀陸錢：劉廷楝　康　福　李魁玉　李　正　樊廷佑　李　智　李遵海　李富山　李遵亮　董存仁　樊大智　李　安　梁　賢　李　本　李發林　鈕志道　鈕志德　李芝林　李扶端　李天雲　梁體福　王　秀　王永漢　王　魁　葉遇明　郭光珍　閆來明　李遵義　郭漢輝　王　智　梁毓昌　梁毓盛　賈維靖　賈承周　郭其龍　王　榮　李修榮　李萬林　樊大瑾　李萬鵬　李光山　李永興　李增榮　李愷信　郭　昌　郭　遵　宋齊霄　張榮宗　任體元　李　灝　梁福明　梁　金　郭　琦　房學關　王　琇　宋天配　李　炳　榮學武　董　旺　裴天佑　侯大魁　閆永紫　閆景光　王清和　張錫琦　梁三聘　李　蔚　文　錦　陰培財　李升秀　王進爵　任定盛　侯帝佑　侯帝宰　羅清元　樊儒才　張寶昌　王永昌　閆學文　崔元貴　李寶馨　郭元章　榮光黼　侯帝全　樊永盛　梁　忠　梁　雲　張　俊　張榮魁　張榮福　任統緒　王進榮　梁大佑　李愷義　張雅儒　張立冬　宋齊雲　王本立　李愷輝　王啟博　恒盛杆　賈孫氏　郝美福

薛永禮施銀伍錢　　　胡寬祿施銀伍錢
李倫施銀叁錢　　　　賀珍施銀壹錢弍分
樊清英施銀壹錢弍分　住持羅復燭募化銀叁兩弍錢

重建玄帝庙碑

【简介】

中华民国8年（1919）勒石。青石质，圆首。碑首高37厘米。碑身高105、宽64厘米。碑文楷体，正文8行，满行36字。额题“万善同归”。现存介休市义安镇孟村玄帝庙。

【碑文】

重建玄帝廟碑

介休鄔城都孟村玄帝廟建於國初，登諸邑誌，誠古刹也。第閲世既久，維經屢修，仍其舊而補其缺耳。迄今因風雨侵蝕，棟楣梁桷則多撓折矣，蓋瓦及磚則多綻缺矣。

余等睹此而戚然者久之，維曰：創未有之規模，雖因□在之點□易，然牽一髮而週身動，倩一工而五行俱，若非醵金，何勷勝果？商諸同事，僉曰可。惟冀仁人君子慷慨樂捐，助蕆厥事，從此鳩工庀材，而舊者新之，缺者補之，露者蓋之，神靈之憑依者整飾之，固光而有耀也。且金玉姓字永泐貞瑠，抑陰德鴻仁，□膺厚福，此諸公分内事也，又何俟余等之贊揚也哉！特竭鄙忱而乐為之敘。

起意糾首：王萬先　王成顯　陳奇祿　陳邦槐　王克昌　王有年　陳守身　陳守誥　王□年　王永吉　陳學愚　王福昌

值年村長：王有年

總理賬目：王者仁　陳守身

總理銀錢：王萬選　陳守誥

總理買辦：王永吉　王有年

管工經理：王克昌　王成顯

□　長：王者仁　王有年　王福昌　陳守浩　陳守□　李禮　陳學愚　陳邦槐

邑人王本仁撰並書

中華民國八年歲次己未甲戌中浣日吉立

清旌节孝前山东文登县知县岳宝树母温太恭人碑

【简介】

中华民国10年（1921）勒石。青石质，长方形碑首，长方形底座。额宽99、高70厘米。碑身高298、宽95、厚20厘米。底座长102、宽64、高12厘米。碑文楷体，21行，满行58字。额篆“温太恭人节孝之碑”，居于碑首正中，两侧为浮雕龙形。清赐进士出身光禄大夫前新疆等处承宣布政使司布政使新城王树楠撰文，清廪膳生员同里李赓瀛书丹，清附学生员同里王鋆题额。现存介休市城内顺城关袄神楼下。

【碑文】

清旌節孝前山東文登縣知縣岳寶樹母溫太恭人碑

清賜進士出身光祿大夫前新疆等處承宣布政使司布政使新城王樹楠撰

清廩膳生員同里李賡瀛書

清附學生員同里王鋆題額

余採輯有清一代畿輔烈女傳，仿漢劉中壘傳式，分門編纂，都為六卷。竊歎天之所以厄節婦者，其勞餓拂亂之慘，幾為有生之類所不忍言，而卒之增益而玉成之者，天又若於節婦之報施為獨厚。歷觀已事，如操券然。若今介休岳檢侯之母溫太恭人，尤其彰彰可證者已。初，太恭人年十七，歸洋縣君為繼室，撫前室二子若己出，見者不知其為異母也。姑劉氏抱宿疾，躬調饔粥，奉藥餌，姑食然後食，姑寢然後寢，如是者五年，未嘗一日或怠也。咸豐中，逆匪藍大順擾漢中，攻洋縣急，洋縣君時以假典史，先期奉檄，出徵軍械。城陷，太恭人倉惶出走，率一老僕，攜三子一女匿伏邑西林莽中。賊蹤跡窮追，長子卒被執死，次子陷賊中不得出，太恭人負幼子及女脫走山家，其主人款之甚殷，而陰謀劫其女為子婦，太恭人乘夜逾垣遁，復慮其追躡也，退行數十里，得脫去。途中偶遇賊，則擲其財物，以計餌之。蓋一年之中，流離顛躓瀕於死者數矣。

會洋縣君用軍功擢知縣，來權洋篆，太恭人聞信趨歸洋，次子尋亦出賊穴逃而返，一家骨肉始稍稍完聚，而洋縣君忽以勞致疾，卒於官，時太恭人年二十五，檢侯僅六齡。洋自遭賊焚掠，彌望焦土，死骸相枕藉，百里內往往不見炊火，商賈滅跡，人煙闃寥。太恭人搶地呼號，求一柳棺不可得，乃蹴居破屋中，忍痛摒擋，先遣嫁婢，次歸女於城固令樊君之弟。賴兩家姻親存視，卒為洋縣君請恤典，撫遺孤，旦暮之間幸無大恙。適有邑富室周某者，欲攘取其子以為己嗣，不從則遍告諸鄰黨，群蹙交迫，以絕其生。太恭人既不得食，乃掘取蜀葵根和苜蓿煮而啖之，久之不復克堪，將抱子投漢水死。漢中郡守聞而賢之，佽之金，始得歸里門。

至則族中無聊賴子弟鬻其田廬悉罄，無所依，乃厝柩於家祠，賃屋以居。教二子讀書，以十指供修脯。次子既成立，俾繼其叔父之後。檢侯篤行能文，由舉人選授山東文登知縣。僉曰：賢哉，有是母宜有是子。天之所以報施節母者，其亦庶幾乎可以稍慰矣。而太恭人獨愀然，深念官之不易為，天寵之不可幸致也。時時舉民生之休與戚、吏治之賢若否，召之膝下而申誡之。及抵官，就養治所，檢侯一承母訓，戢訟寧民，期年之間頌聲大作。亡何而武昌變忽起，邑中暴民麻沸謀自立，號聚徒黨入署，拘官吏，囚之學宮，而獨遣人善視太恭人，曰：此賢母，且年高，勿驚擾也。尋復厚饋資斧，送之出境。檢侯遂間關奉太恭人以歸，時宣統三年十二月也。檢侯既去，邑中諸父老群起擊暴徒，倡言為我賢父母復仇，勿俾遺類，因悉數其罪而誅之。君子于此益歎檢侯之賢，而太恭人之教澤之入人深也。在易之節，曰苦節，曰甘節，苦不劇者甘不至。若太恭人一生之遭遇，其所謂由苦而得甘者，蓋亦僅矣。雖然，居今之世獨能入險出險，宴然享家庭之樂，且登大年，則天之所報施，又烏可以恒情測耶？太恭人生於道光庚子年二月，卒於民國丙辰年正月，壽七十有七，守節凡五十二年。光緒丙申，山西學使錢君駿祥奉旌於朝。洋縣君名壽寓，字福林。檢侯名寶樹，工詩善書，與余善。丁巳五月，余返綿山，檢侯出太恭人事略，丐為文記其顛末，樹之碑以昭來世，因撮其志節大凡而歸之。

中華民國十年歲次辛酉秋八月戊辰朔越七日乙亥　孫男岳念豐建

稷山喬鶴芝鐫

重立曹氏始祖碑记

【简介】

中华民国10年（1921）勒石。青石质，螭首。碑首高85、宽80厘米。碑身长145、宽80厘米。碑文楷体，碑阳20字。碑阴正文10行，满行28字。现存介休市义安镇北盐场村曹玠墓地。

【碑文】

（碑阳）

大宋誥封總理兵馬大元帥曹公諱玠字帝錫之墓

（碑阴）

始祖諱玠，字帝錫，宋仁宗乙丑進士，奉命討平貝州，歷守邊界，寸土不割，以功遷并州副都部署，任武安軍節度使，後為殿前都指揮。慶曆辛巳奉旨回朝，授上方寶劍，賜累世神池蓄馬水三分。至三年癸未疾終，恩加太子太保、總理兵馬大元帥，謚曰武莊王。甲申，賜仁安堡東墳田拾二畝，前豎望柱，次翁仲、石羊、石虎、碑銘，功高德厚，寵錫重爐，春秋永祀。今念前碑殘缺，謹按古志舊乘，書載碑陰。又載原真定靈壽人氏，由汴開封自武惠王少子玘公遷陝至晉西河，復徙介休縣人安里。次世佾字公伯，仁宗皇后弟也，余不敢增減，並刊以昭後昆，知所崇先報本之由云爾。

自大宋慶曆三年，元大德，明萬曆，清雍正甲寅、乾隆乙酉相繼重修，自今中華民國十年辛酉至壬戌季春之吉，曹氏合族嗣孫人等公重新立。

始祖諱玠字帝錫宋仁宗乙丑進士奉命討平貝州歷守邊界寸土不
割以功遷并州副都部署任武安軍節度使後為殿前都指揮慶曆辛
巳奉旨回朝授上方寶劍賜累世神池蓄馬水三分至三年癸未疾終
恩加太子太保總理兵馬大元帥謚曰武莊王甲申賜仁安堡東墳田拾
二畝前豎望柱次翁仲石羊石虎碑銘功高德厚寵錫重爐春秋永祀
今念前碑殘缺謹按古志舊乘書載碑陰又載原真定靈壽人氏由汴
開封自武惠王少子玘公遷陝至晉西河後徙介休縣人安里次世
佾字公伯
仁宗皇后弟也餘不敢增減並刊以昭後昆知所崇
先報本之由云爾自
大宋慶曆三年元大德明萬曆清雍正甲寅乾隆乙酉相繼重修自今
中華民國十年辛酉至壬戌季春之吉　曹氏合族嗣孫人等　公重新立

减免三村差车谕

【简介】

中华民国17年(1928)八月勒石。青石质,圆首。碑长105、宽65.5、厚18厘米。碑文楷体。碑阳额题“永垂不朽”。碑阴额题“百世流芳”。正文漶漫严重。现存介休市连福镇刘家山村。

【谕文】

(碑阳)

介休縣知事張宴林諭，内字第□八號

為諭遵事，案據該村村副呈稱“敝村仝居山野，不通車路，又無養車之家，懇請照章應車折騾”等情，據此已飭第三區區長調查，□後□據該區□□“職遵即前往劉家山等村詳細查問，本屬山溝小村，向無車路”等情□□□□知差徭局知□□□。此諭。仰該村嗣後准予應□□□辦理。此諭。

□諭劉家山 運吉村 馬山村村副□此

民國拾柒年捌月三日

(碑阴)

蓋聞開初以來，歷代世朝分久必合，合久必分，乃世道興□□流得也。近來亂原不止，國家多故，以□普通□□□□乏力，難以維持，原日劉、運、馬三村應差車一輛□□□□□□□□□□□□□□□□一□辦理，□補該村□車之費，該村□□□□□□□□□□□□□□□□□□□□民國□四年□□介休縣正堂□□□□□□□□□□□□□□□□□□□村□□□□第□區六十三村□□□□□□□□□□□□□□□□□□□□□□□□□□□□□□設法稟請……村□□□員□□□一次……於□□為劉、運、馬三村□□□□□□□。

……劉、運、馬三村村副馬士元 □鴻□ 文□□經理勒□

處安居士張壽長代撰併書

以上共□大洋二十一元 劉家山村攤大洋十元零五角 運吉村攤大洋六元三角 馬山村攤大洋四元二角

石工原全祿刊

永垂不朽

介休縣知事張宴林 諭

為諭遵事案據[illegible]村村副呈稱該村全[illegible]山野不通車路又

無養車之家[illegible]車折稅等[illegible]此之勤第三區區

其詞甚[illegible]道即[illegible]家[illegible]等村詳細

[illegible]本屬山[illegible]不[illegible]情[illegible]行知[illegible]係為知

[illegible]

民國拾柒年捌月三日

中山林

【简介】

中华民国 18 年（1929）勒石。青石质，圆首。碑首高 69 厘米。碑身高 167、宽 69、厚 13 厘米。底座长 78、宽 40、高 12 厘米。碑文楷体。现存介休市城内后土庙。

【碑文】

中山林

中華民國十八年三月十二日

孫中山先生逝世四週年植樹紀念碑

介休縣黨部、縣政府暨各機關團體恭立

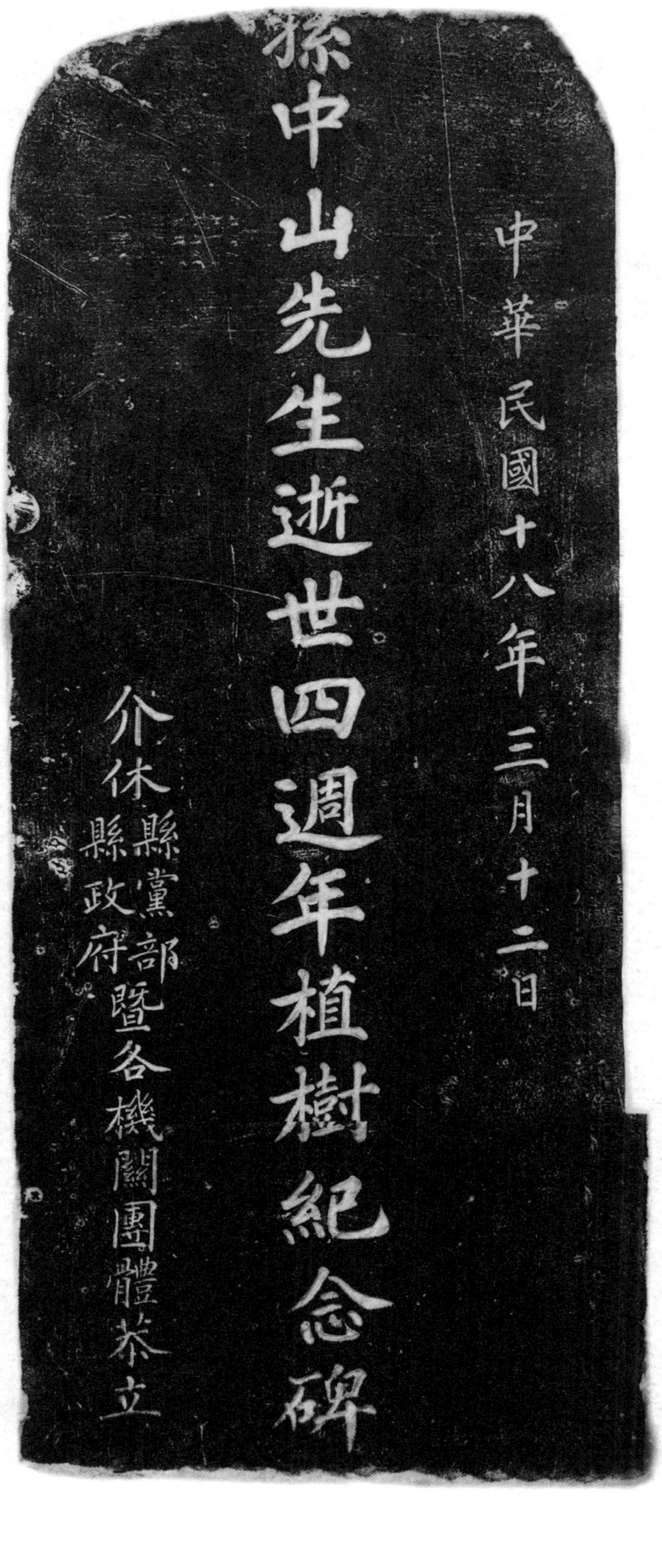

重修介休商会记

【简介】

中华民国23年（1934）勒石。青石质。长133、宽62、厚17厘米。碑文行书，32行，满行17字。梁清辉撰文并书丹。已断为两块。现存介休市博物馆。

【碑文】

（碑阳）

此考院地址也。清季罷科舉，詔各省、州、縣設工藝局，其辦法則募集商民股資，官督商辦。於是改號舍為機房，向之呫嗶吟哦之地，一旦軋軋聒耳矣。無如風氣未開，出品窳而成本重，不數年間，基金損失而外，僅商界方面負債至一千五百餘兩之鉅，彼時商界共有十五行，事在光緒末年。迨宣統元年，各州縣奉令組織商會，而地址缺如，官紳協議將該局殘機零物連同地址，通同抵還商界債款，永准斯地作為十五行共有，十五行遂就斯地設立商會，具禀縣署存案，迄今二十餘年矣。商行已發展至二十餘業，其内部組織亦由總理制而遞更為委員制，清輝不敏，承乏主席三年矣，目覩堂舍滲漏，梁棟摧殘，思所以補苴而修葺之。迭開會議，全體通過，計改建東西堂舍十三楹，餘仍舊觀。其所以未敢大事建築者，市面自駐軍移防而後元氣未復，不忍重煩商力也。工既訖，因追述始末如此。若夫擴而充之，或改弦而更張之，斯所望於後之賢者矣。

中華民國二十三年季秋之月　主席梁清輝撰並書

商會題名記：

總理制：胡廣烈　王榮耀　梁傑　張秉良　李振常　梁開第　郝明川　劉在勤

會長制：王道和　李文焯　劉中孚　任步霄　張宗游　梁清輝　史鴻麟

委員制：梁清輝

常務委員：韓德福　郭衛城　李讓

執行委員：王運隆　霍有仁　文瑜　賈欽書　王兆瑞　武長德

監察委員：李益亨　師振豪　荊培根　侯光勳　郝居敬　梁蕙　要學顔

中華民國二十三年秋九月吉日泐石

邑人喬天亨代筆　稷山喬鶴芝鐫

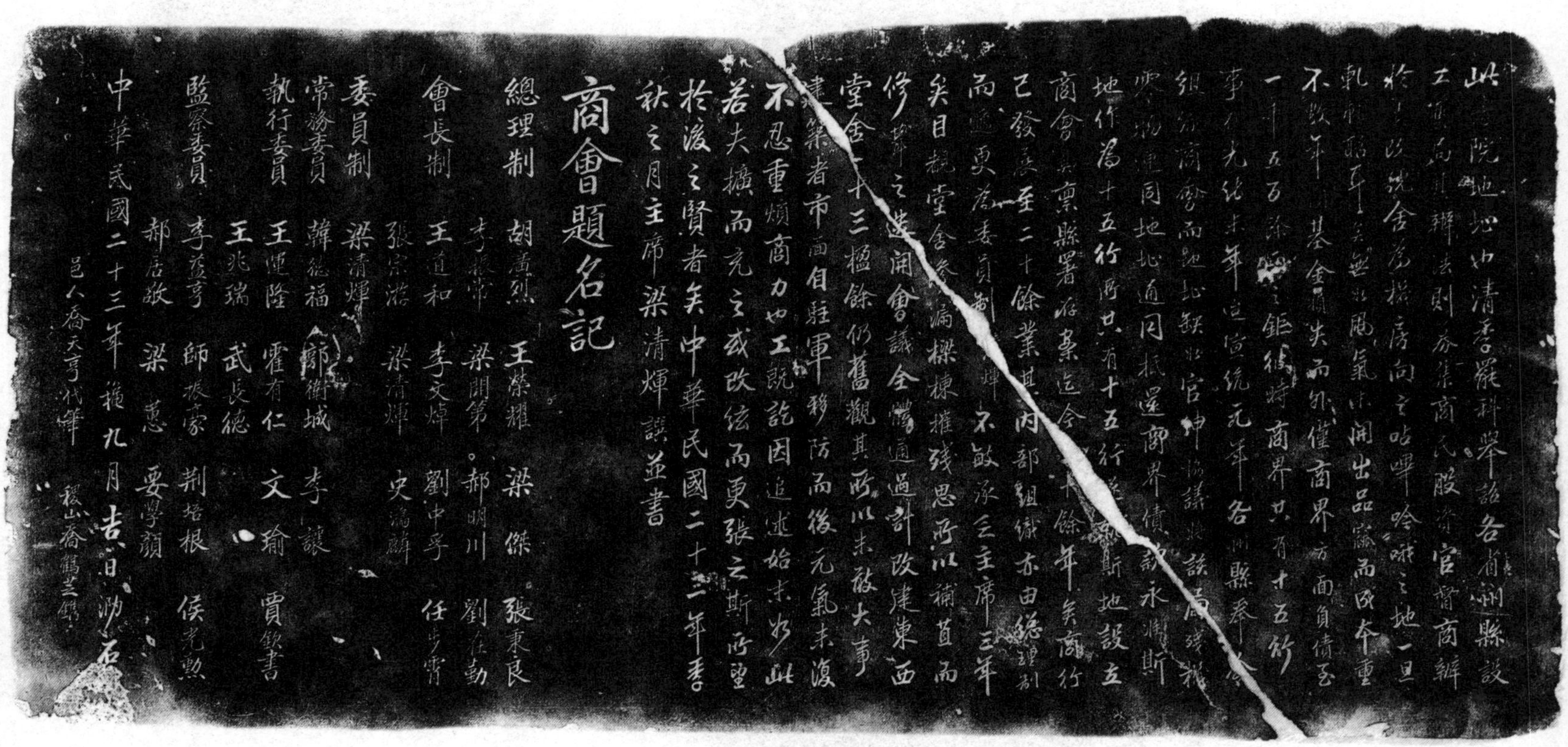

重修文家庄官井记

【简介】

中华民国 25 年（1936）勒石。青石质。碑长 102、宽 62 厘米。碑文行书，29 行，满行 19 字。现存介休市城关乡文家庄。

【碑文】

重修文家莊官井記

沈廼竹鐫

本莊有官井二，一鑿於北港道河，一鑿於文家巷口，為縣城著名之甘泉，附近居民咸賴汲引焉，然未詳鑿於何時代。考諸牆石有五，巷口則有四，其北牆二石，一係記載文家，一係募集款目，不僅字跡模糊，即經理人之姓名竟無一字可能辨識，惟年限顯然，乃康熙十七年也。想係鑿井之由來，豈非世遠年湮，風□侵摧以□之哉。其東牆二石，一乃乾隆四十二年，□耆張弘傑等因井損壞經修之，僅述工程花費之意，後未繼續記載當時起意鑿井者之為誰□何朝代；一乃光绪五年，經理人郭峨等復因井壞□修之，所述文意亦與乾隆四十二年等。港河牆石僅有一，乃民國八年經理人雷長年等因井損壞經修之，记载工程之起落，亦未詳鑿井之由來。除此五石，更無可考矣。

諺云：吃水莫忘打井人。噫！前輩繼續泐石者，豈不知斯言？抑彼時限無從考查耶？後之人雖有鑒於此，欲知打井人，豈可得乎？

本年秋，二井坍塌，因提議修葺於街長任士彥、街副劉思聰、文瑚及井神社社首杜步蟾、石長勝、蔡守仁、賀錦華、宋才安、蔡守亨、任世華諸君，而諸君慨然有同意焉。於是擇吉興工，將坍塌處整修完密，井臺四周建築圍牆，各安門二室，造門扇四合，均上木鎖，責成經理轆轤者開關木鎖，如此既保公共衛□□□其他危險。工竣後，共工料費國幣四十八元六角，核與募集之款相符。因思此次泐石，故考諸牆石而並記之者，是所望於後□□人樂為公益者有同意焉。援筆以記。

時在民國二十五年夏曆仲秋望日

提議修葺人文瑜撰文

文鑑海書丹

重建天地社碑记

【简介】

中华民国26年（1937）勒石。青石质。长77、宽43厘米。碑文楷体，26行，满行17字。嵌于介休市绵山镇西河底村天地社内墙壁。

【碑文】

重建天地社碑記

天下衰敝而復興之事，咸賴好義之人克盡心力始可完成也，此理不獨今是，尤古亦然。今西河底村原有天地社一座，社側有懸槐一株，與社並靈合佑。每歲春正月望日，村人迎天地神位請至社中，合村男女老幼羣相來此，叩首焚香，感德還願，聚樂於此地。昔日此社未衰時，村人皆為家家成裕，人人常樂，內而和，外而順，全仗社樹同德庇佑。惜哉年久失修，以致日漸衰微不堪，村況較昔天淵懸絕，村人時憂興歎，生活困苦交連，屢欲振作，常見致敗，想神社頹敝致村運不佳故耳。本年孟夏錦益等有鑒及此，樹茂而社衰，倡辦集議興工此社。已遷西靳屯之段君承基旅滬經商，□此社佑，鴻德難報萬一，慨然樂輸洋念元，藉表微忱。本村民王廷貴亦感深恩，樂輸銀四圓。於是鳩工庀材，所需之工出於村人合力，所需之材除原有，又增新購，除工材洋不敷外，由村公所社事費項下開支津貼，事屬義舉。眾樂速望告成，同心戮力，時僅念日，斯社復興，懸槐茂英。時逢夏令，異顯煥然一新，村運從此即可轉衰為興。村人恐倡辦好義人之功績久而漫滅，囑余撰文以作紀念，雄本不才，奈命難違，草此蕪詞，以勵來者，不讓他人專美於前，見衰思興，促期有感焉。

萬哉蕭錦益、正卿宋剛權倡辦兼經理

安人曹武雄撰文並書丹

中華民國二十六年四月念日吉立

城隍庙重行补修记

【简介】

中华民国 27 年（1938）勒石。青石质，螭首，方座。碑首高 77、宽 80、厚 22 厘米。通高 165、宽 78.5、厚 18 厘米。底座长 98.5、宽 65.5、高 34 厘米。碑文楷体，16 行，满行 40 字。碑阴为捐资人姓名，字迹模糊。碑面有断裂痕。现存介休市城内城隍庙。

【碑文】

城隍廟重行補修記

吾邑城隍廟在春暉門内，其建置沿革，前人碑載詳矣。當清中業，海寓升平，士民殷富，最喜以餘力崇飾祈報之祠，而斯廟興造最在先，最為閎麗，邑之人往往豔稱之，謂為傑構。厥後世局多故，重逢水旱兵疫之災，地方彫敝，雖目擊廟貌摧殘，而不惶葺理者，更六七十載。以抵于民國初年，始有鉅賈梁傑暨諸君子募金修復之舉。然梁君等僅致財貨而已，其度材調役，始終厥事者，惟邑紳張君宗游一人之力為多，大功用集，金碧燦然。越二年，壽人鮑剛以兵來屯，凡寺廟無不被損毀者，迨其去，廟之殿廡塵穢且山積，曩所設施墮矣，過者傷之。里中居民有急公好義者，邀集鄰舍少年十數助之力，而從事掃除，竭家粟供饘粥，拮据至連旬□中方清潔通人行。然猶私歎，以為力獨能逮此耳，他非所能任矣。

當是時，張紳督修關嶽廟將竣，聞其情況，遂慨然曰：彼細民且能然，吾輩顧可以已乎？因入廟循視，外内籌設材役所需，遍籲有力者鳩以資，不足則以私情呼助於姻好，若家事然。諸被干囑者感其誠意，且奇為自來紳士所未有，遂亦輸納稍稍來。歷數歲，財用恒若艱乏，而經晝料檢愈日恳勤，於是圮者葺、缺者補，依序漸復舊觀矣。

邑人士既深佩張紳之熱忱公益，又疾心時事之變幻無涯，謂不可以無述也，閒以語余。余固嘗持論，謂若張紳者其賢為捌郡冠者也，故樂道其勤勩以勸來者。是為記。

前朝議大夫中書科中書舍人優廩貢生李井撰文

介休縣東北坊街街副王繼寅書丹

中華民國二十七年歲次戊寅八月十五日

城隍廟重行補修記

吾邑城隍廟在[illegible]關內其建置沿革前人碑載詳矣當清中葉海寓昇平士民殷富最喜以[illegible]力[illegible]神

祈報之祠而斯[illegible]興造最在先最爲閎麗邑之人往往豔稱之謂爲傑構厥後世局多故重遭水[illegible]

之災地方彫敝[illegible]目擊廟貌摧殘而不遑葺理者更六七十載以抵於民國初年始有巨商梁傑[illegible]諸君

子募金修復之[illegible]然梁君等僅致財貨而已其度材鳩役始終厥事者惟邑紳張君宗游一人之[illegible]多

大功用集金碧燦然越二年壽人鮑剛以兵來屯凡[illegible]廟無不被損毀者迨其去廟之殿廡塵穢且[illegible]

曩所設施墮矣過[illegible]有傷之里中居民有急公好義者邀集鄰[illegible]少年十數[illegible]之力而從事掃除穢[illegible]

饘粥拮据至連旬[illegible]中方清潔通人行然猶私歎以爲力獨能逮此耳他非所能任矣當是時張紳[illegible]

關岳廟工將竣聞其情況遂慨然曰彼細民且能然吾輩顧[illegible]己乎因入廟循視外內籌度材役所需

徧籲有力者鳩以貲外足則以私情呼助於姻好若家[illegible]亦然諸被干囑者感其誠意且奇爲自來紳士所

未有遂亦輸納稍稍來歷數歲財用恒苦艱乏而[illegible]料檢愈自懇勤於是圮者葺缺者補依序漸復舊

觀矣邑人士既深佩張紳之熱忱公益又疚心時事之變幻無涯謂不可以無述也屬以語余余固嘗持

論謂若張紳者其賢爲州郡冠者也故樂道其勤勤以[illegible]求者是爲記

前朝議大夫中書科中書舍人[illegible]廩貢生李井撰文

介休縣東北坊[illegible]街街副王[illegible]魚書丹

中華民國十七年歲次戊寅八月十五日[illegible]誌

自省堂建筑碑记

【简介】

中华民国37年(1948)勒石。青石质。长118、宽60、厚18厘米。碑文楷体,20行,满行16字。阎锡山陆军第三十四军中将军长高倬之撰文。此碑为阎锡山陆军第三十四军中将军长高倬之所立。时高部驻防介休,于后土庙内拆毁正殿前献殿“思静亭”,起建“自省堂”,同时将嘉靖十三年“重建后土庙碑”捣毁为三段埋入地下。现存介休市城内后土庙。

【碑文】

自省堂建築碑記

夷考聖賢修齊治平之事業,莫不肇端於正心。蓋以心馭物,則理得而用宏。由是而為人類謀幸福,替造化表功能,此易理裁成輔相之大道,悉出於神明之運用,備載典籍,蔚為東方文化之大觀。近世科學昌明,唯物論出,人欲横流,不可遏抑。馴至戰亂頻仍,和平黯淡,人類前途不堪設想,故欲進躋於大同,允宜反求諸人心。

會長閻公治晉,迄今垂四十年,倡行自省,夙著成效。歲次丁亥,軍駐介休,時值戡亂勦匪,厲行肅僞。感於築堂自省,裨益於人心者甚大,雖蒿目時艱,諸多困難,决本人定勝天之理,以精神之有餘,補物力之不足。遂庀棄材,鳩兵工,群力經營,不日而成。疇昔以神道設教,今茲以反省自新,殊途同歸,體異用一。於焉講武修文,集思廣益,成己成物,其效無窮。為文記之,用誌不忘。

陸軍第三十四軍中將軍長高倬之

中華民國三十七年四月五日

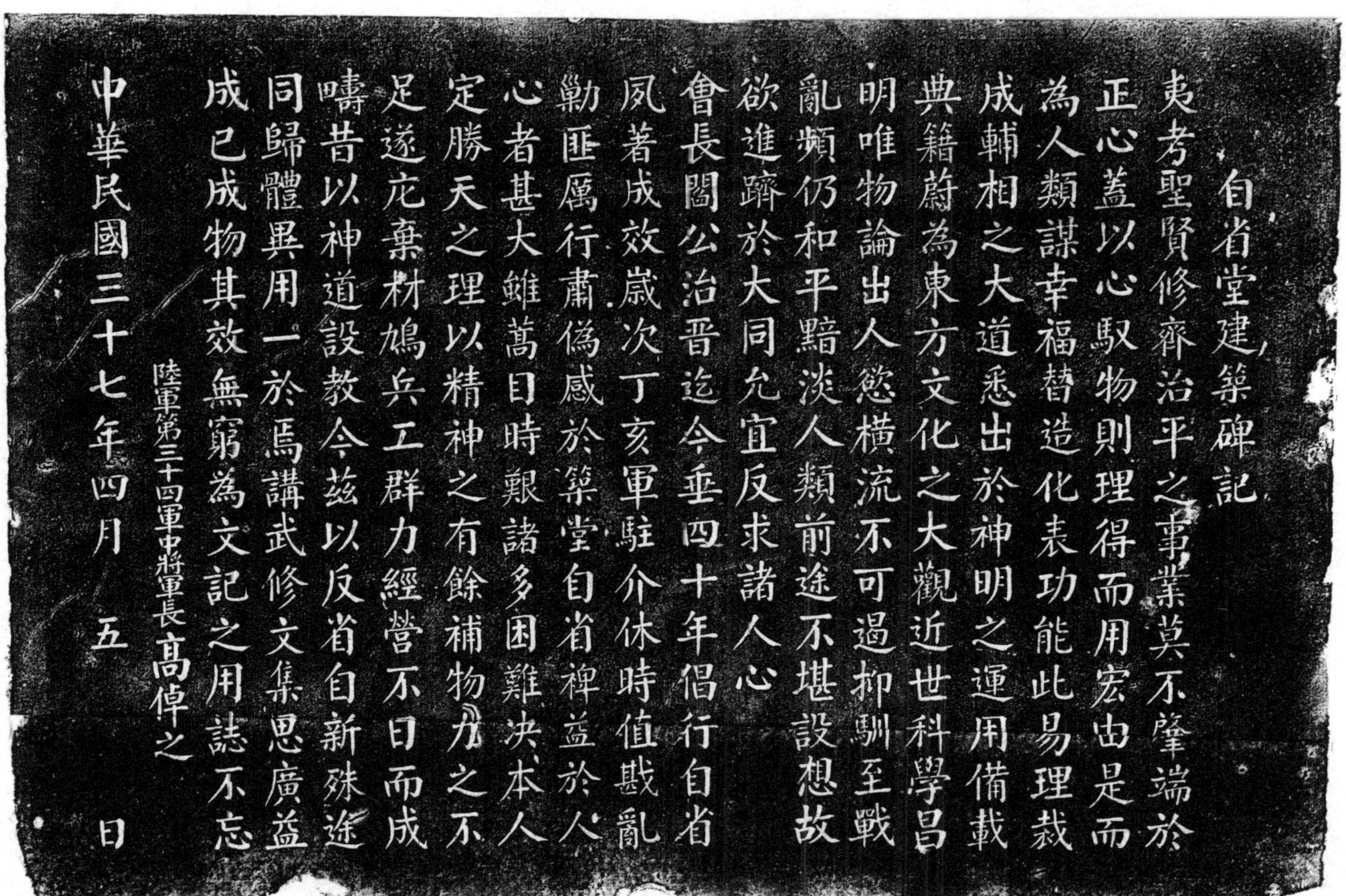
自省堂建築碑記
夷考聖賢修齊治平之事業莫不肇端於
正心蓋以心馭物則理得而用宏由是而
為人類謀幸福替造化表功能此易理裁
成輔相之大道悉出於神明之運用備載
典籍蔚為東方文化之大觀近世科學昌
明唯物論出人慾橫流不可遏抑馴至戰
亂頻仍和平黯淡人類前途不堪設想故
欲進躋於大同允宜反求諸人心
會長閻公治晉迄今垂四十年倡行自省
夙著成效歲次丁亥軍駐介休時值戡亂
勦匪厲行肅偽感於築堂自省裨益於人
心者甚大雖蒿目時艱諸多困難決本人
定勝天之理以精神之有餘補物力之不
足遂庀棄材鳩兵工群力經營不日而成
疇昔以神道設教今茲以反省自新殊途
同歸體異用一於焉講武修文集思廣益
成己成物其效無窮為文記之用誌不忘
陸軍第三十四軍中將軍長高倬之
中華民國三十七年四月五日

重修影戏台记

【简介】

中华民国 37 年（1948）勒石。青石质。碑长 66、宽 60 厘米。碑文楷体，正文 15 行，满行 20 字。现存介休市义安镇北辛武村。

【碑文】

重修影戲臺記

北辛武河東街每歲荷月，在龍王尊神案前獻影戲四日，考稽年代，歷有年所，皆是臨時搭臺。及至民國八年，本社積有餘資，建築影戲臺並房兩間，歲献不替。迨至丁丑，時世變更，屈記十有餘載，故將戲臺摧殘，社務廢馳。現經發起商榷，不忍久輟，意圖蹶而復振。因計本社尚有屢年存資，頗堪舉興，又睹公用之幄無厦，不避風雨，輒感困難，故定臺内兼幄，一舉兩用，僉謂合宜。恰巧所購材料騰踊贏餘，故籌置三幄，一共四盤，均為龍王社所有，本街公用。於是鳩工庀材，凡本街泥木匠工人，不論旄倪，派定循環義務作工，胥是樂盡其事，經之營之，僅費兩旬，煥然一新，真是眾擎易舉，悉賴群力。經理等謹將其事直述於上，非敢以斯昭功，欲冀嗣繼不衰，是所深望，故為記。

發起經理龍王社人：

左淩保　冀丹墀　張全福　冀義廣

王積德　冀年喜　郭成吉　韓九如

南世統謹撰並書

中華民國三十七年歲次戊子八月初三日穀旦

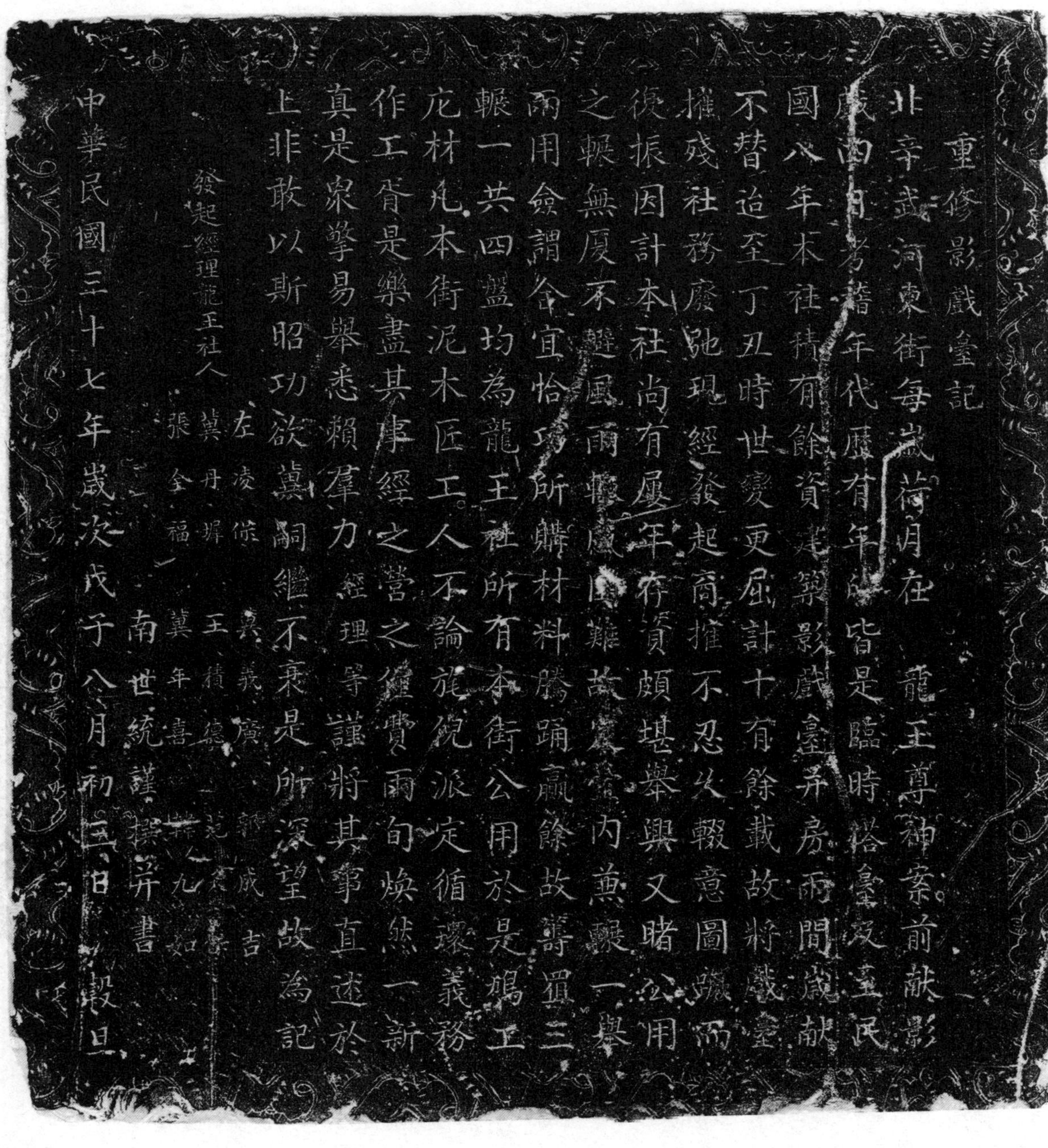

中华人民共和国

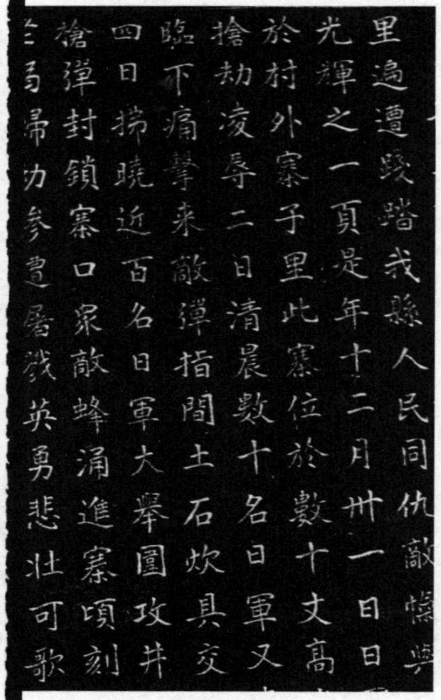

马波同志纪念碑

【简介】

1950年勒石。青石质，圆首。通高120、宽55、厚18厘米。碑文楷体，4行，满行14字。山西省人民政府副主席裴丽生题词。现存介休市连福镇张良村。

【碑文】

中華人民共和國　一九五零年

烈士　延安陸軍中學校畢業

二十二旅新七團文化幹事　馬波同志纪念碑

山西省人民政府副主席裴麗生題

介休县张良村烈士纪念碑

【简介】

1952年勒石。青石质，螭首。碑首高71、宽69厘米。碑身高122.5、宽64、厚13厘米。底座长84、宽48、高39厘米。碑文楷体，14行，满行40字。额篆“祥开革命”。山西省人民政府主席赖若愚题。现存介休市连福镇张良村。

【碑文】

介休縣張良村烈士紀念碑

宋仁榮　西北野戰軍團部参謀，在靜樂縣遇日寇殉

馬　波　二十二旅團文幹事，黨員，在趙城遇閻匪殉

高劍平　膺本縣縣長，在縣監收敵械，被礮彈炸殉職

斛永壽　新八團二營連排長，在縣四家窑遇閻匪殉

王金田　新八團二營四連排長，在靈石白草村戰殉

劉四狗　三五零團偵察排長，黨員，在蜀灌縣遇匪殉

宋喜成　基幹連排長，黨員，在沁源被日寇抓入城殉

張炳貴　黨員，在縣區任地下工作，日寇抓至太原殉

劉天福　新八團連班長，在平遙上堡牆被閻匪礮殉

宋承壽　新八團連班長，在太原與閻匪戰觸電網殉

武正孝　三十二團連班長，在縣中街村與閻匪戰殉

郭培惠　村民兵班長，在縣後崖頭被閻匪俘太原殉

谷月友　新八團連班長，善抓敵，在張壁閻匪作戰殉

劉經武　基幹連兵士，在縣圪垛村被日寇抓入城殉

宋仁達　呂梁軍區戰士，在安邑縣與蔣匪戰被斃殉

劉秀元　洪趙支隊戰士，在靈石被日寇機槍掃射殉

劉興貴　解放軍收入兵，在太原送前綫飯遇閻匪殉

王晉公　基幹連兵，在縣圪垛村被日寇抓城被刺殉

武子玉　本村民兵，到縣南坡村與閻匪戰頭被槍殉

劉福海　本村民兵，在沁源縣遇閻匪被重機關槍殉

任七一　本村民兵，在沁源縣遇閻匪，病被俘，太原殉

山西省人民政府主席　賴若愚題

公元一九五二年一月一日

介休縣張良村烈士紀念碑

宋仁榮　西北野戰軍團部參謀在靜樂縣遇日寇殉　郭培惠　村民兵班長在縣后崖頭被閻匪俘太原殉

馬波　二十二旅團文幹事黨員在趙城遇閻匪殉　谷月友　新八團連班長善抓敵在張壁閻匪作戰殉

高劍平　膺本縣縣長在縣監收敵械被礮彈炸殉職　劉經武　基幹連兵士在縣圪堖村被日寇抓入城殉

斛永壽　新八團二營連排長在縣四家窰遇閻匪殉　宋仁達　呂梁軍區戰士在安邑縣與蔣匪戰被礮殉

王金田　新八團二營四連排長在靈石白草村戰殉　劉秀元　洪趙支隊戰士在靈石被日寇機槍掃射殉

劉四狗　三五零團偵察排長黨員在蜀灌縣遇匪殉　劉興貴　解放軍收入兵在太原送前綫飯遇閻匪殉

宋喜成　基幹連排長黨員在沁源被日寇抓入城殉　王晉公　基幹連兵在縣圪堖村被日寇抓城被刺殉

張炳貞　黨員在縣區任地下工作日寇抓至太原殉　武子玉　本村民兵到縣南坡村與閻匪戰頭被槍殉

劉天福　新八團連班長在平遥王堡牆被閻匪礮殉　劉福海　本村民兵在沁源縣遇閻匪被重機關槍殉

宋承壽　新八團連班長在太原與閻匪戰躅電綱殉　任七一　本村民兵在沁源縣遇閻匪病被俘太原殉

武正孝　三十二團連班長在縣中街村與閻匪戰殉

山西省人民政府主席　賴若愚題

公元一九五二年十一月一日

王玉莲革命烈士碑

【简介】

1963年5月8日勒石。青石质，圆首。碑首高30厘米。碑身高130、宽70、厚16厘米。碑文行体，14行，满行25字。山西省人民委员会立。碑阳额题“精神不死”。碑阴额题“万古长青”。现存介休市义安镇孟王堡村。

【碑文】

（碑阳）

山西省人民委员会

关於授予王玉莲革命烈士称号的决定

介休县北辛武公社孟王堡大队第二生产队社员王玉莲已年迈五旬，但自担负保管生产队种籽粮的工作以来，一贯积极负责。因她独居一院，为了防止丢失，有事到邻村探望亲友，□要当天赶回，不曾在外留宿一夜。今年四月三十日深夜，该村偷盗分子杨文寿突然闯入院内，盗窃生产队种籽粮，被她发觉，立即大声呼喊。杨犯恐其事暴露，遂起杀人灭口之意，手持斧头闯入院内行凶，王玉莲奋起与杨犯搏斗并将该犯的头部抓伤，终因年老力衰，被杨犯连砍十余斧后壮烈牺牲。山西省人民委员会认为：王玉莲热爱集体经济，维护集体利益，不怕牺牲的高尚风格与精神是值得全省人民学习的。为了表彰王玉莲的英勇事迹，现决定授予王玉莲革命烈士称号。

（碑阴）

你是保卫人民公社集体财产的好榜样！

董廷柱

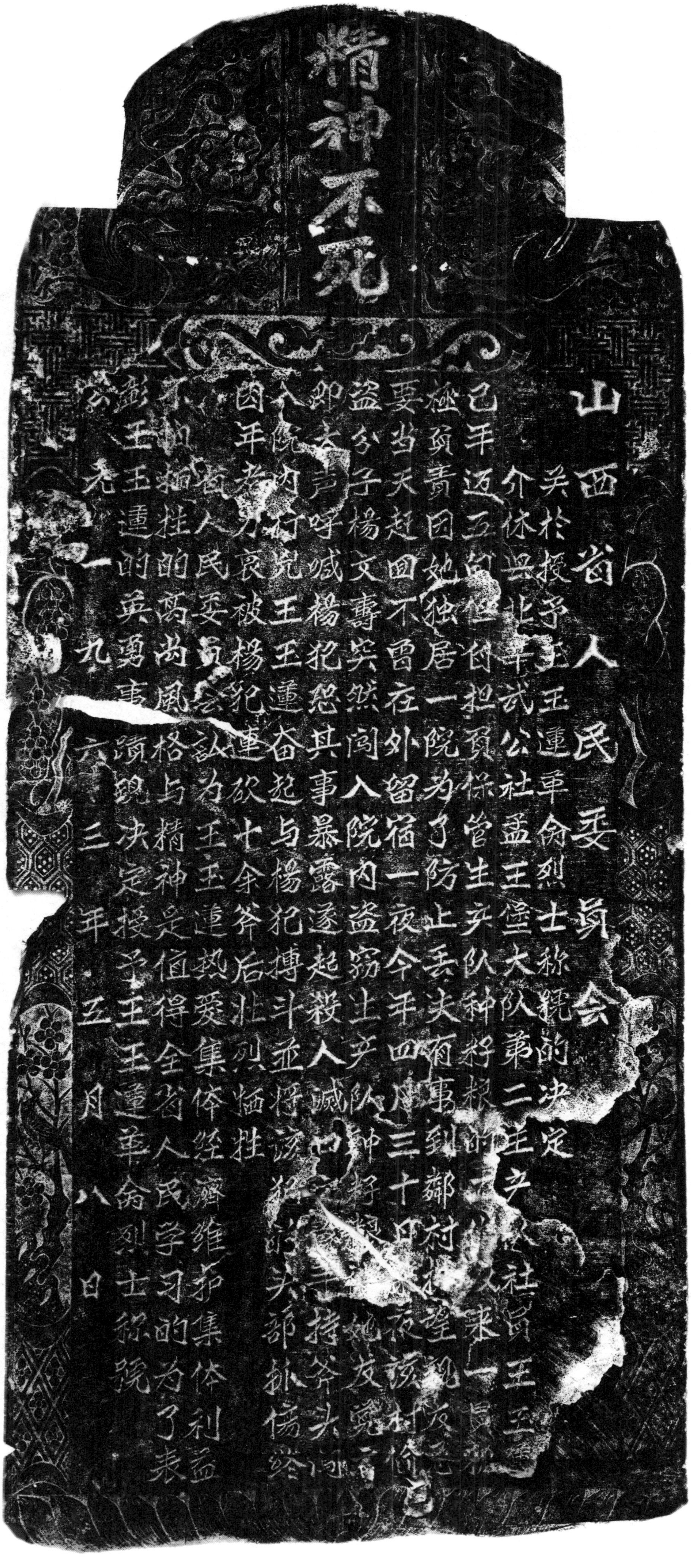
精神不死
山西省人民委员会
关于授予王王运革命烈士称号的决定
介休县北辛武公社孟王堡大队第二生产队社员王王运
已年过五旬但仍担负保管生产队种籽粮的工作以来一贯
极负责因她独居一院为了防止丢失有事到邻村探望亲友总
要当天赶回不曾在外留宿一夜今年四月三十日夜该村惯
盗分子杨文寿突然闯入院内盗窃生产队种籽粮她发觉
即大声呼喊杨犯恐其事暴露遂起杀人灭口持斧头向
入院内行凶王王运奋起与杨犯搏斗并将该犯头部抓伤终
因年老力衰被杨犯连砍七余斧后壮烈牺牲
省人民委员会认为王王运热爱集体经济维护集体利益
不怕牺牲的高尚风格与精神是值得全省人民学习的为了表
彰王王运的英勇事迹决定授予王王运革命烈士称号
公元一九六三年五月八日

王玉莲烈士纪念碑

【简介】

1963年5月8日勒石。青石质，圆首。碑首高30厘米。碑身高120、宽69、厚18厘米，碑文楷体，9行，满行18字。碑阳额题“永垂不朽”，碑阴额题“壮志长存”。中国共产党介休县委员会立。碑存介休市义安镇孟王堡村。

【碑文】

（碑阳）

中共介休县委追认王玉蓮烈士为正式党员。

北辛武公社孟王堡大队社员王玉蓮一贯劳动好，工作积极，热爱集体，为保护集体粮食，四月三十日夜与坏分子搏斗，壮烈牺牲。根据本人生前要求，大队党支部讨论通过，经县委审查批准，追认王玉蓮同志为中国共产党正式党员。

中国共产党介休县委员会

公元一九六三年五月八日

（碑阴）

学习王玉蓮同志模范榜样

做一个人民公社的好社员

王瑞生

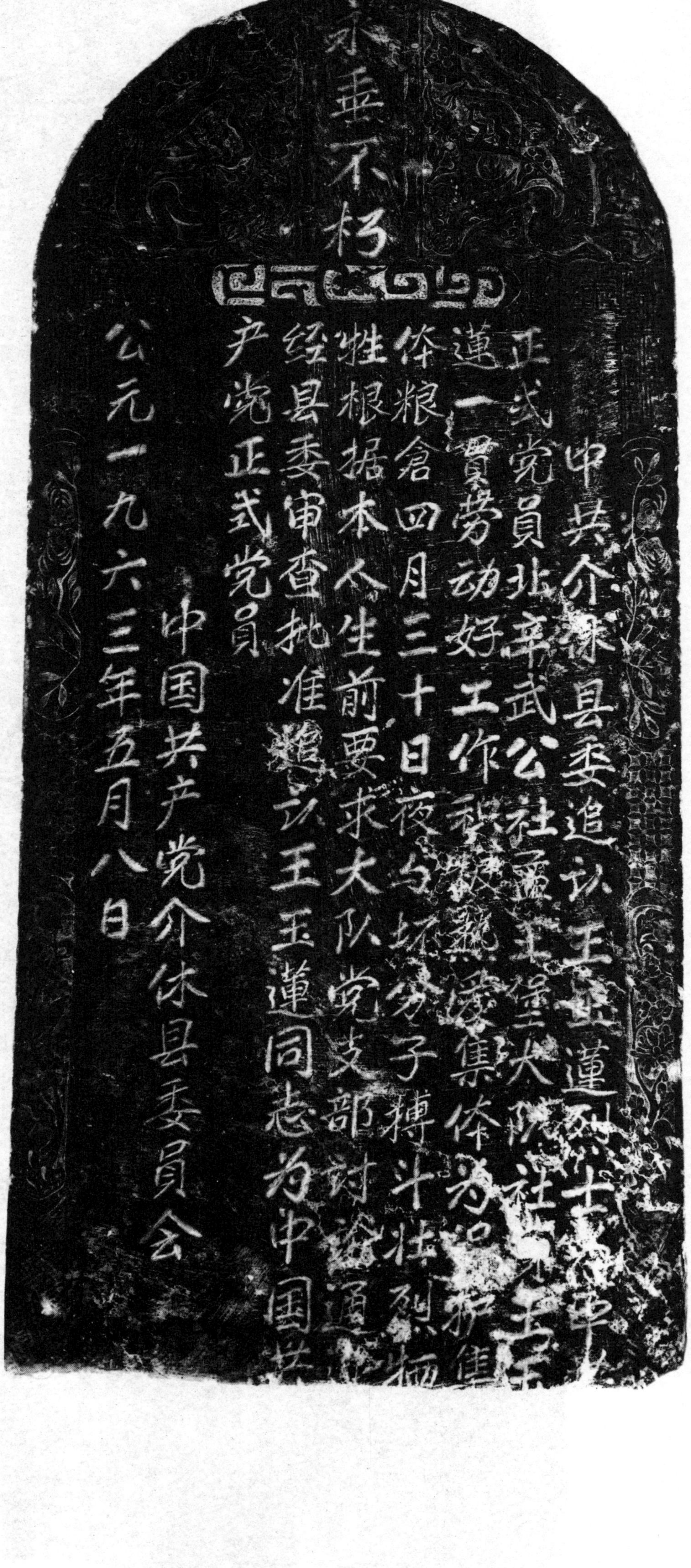

王玉莲革命烈士碑

【简介】

1964年4月30日勒石。青石质，螭首，方座。碑首高80、宽92、厚22厘米。碑身高160、宽88、厚17厘米。碑文楷体，25行，满行47字。额题“松柏长青”。□共介休县委员会、介休县人民委员会立。碑存介休市义安镇孟王堡村。

【碑文】

（碑阳）

革命烈士　王玉蓮同志永垂不朽

中共介休县委員会　介休县人民委員会　敬勒

公元一九六四年四月卅日

（碑阴）

王玉蓮革命烈士碑

王玉蓮烈士是忠于党、忠于革命事业的优秀女儿，是大公无私、爱护集体的好社员，是爱社如家、坚持社会主义道路的好榜样，为了保护集体粮仓，于一九六三年四月卅日晚在与盗窃犯英勇搏斗中献出了宝贵的生命。三玉蓮同志的一生是光荣的一生，其豪情其壮志真可谓寓于寻常之中，塞乎天地之间，为了表彰其功绩，山西省人民委员会特授予革命烈士光荣称号，中共介休县委根据王玉蓮生前请求，追认为中共正式党员。

玉蓮同志出身□□苦家庭，幼年时期饱受辛酸，十八岁结婚，丈夫早死，生活无依，无奈将十五岁女儿嫁出，多年来过着穷苦伶仃的生活。抗日战争期间，她受到党的教育，提高了阶级觉悟，懂得了爱什么、恨什么，从此走上了自觉的革命道路，为党为人民做出了□□光辉□□。解放战争期间，她的家是我方工作人员的隐蔽地，为保障革命干部安全，□经常不分昼夜站岗放哨，□□送信，□□□□。残酷的一九四七年里，王玉蓮同志曾多次冒着生命危险，掩护我方工作干部。有一次，为保护我铁北□□□□队王振国等三司志，曾独自站岗放哨，通宵达旦，毫无懈意，拂晓，敌人扑来搜捕，玉蓮机智地□□转移，敌人搜捕未获，将她捆起，用刺刀对着胸膛追逼□□□下落，玉蓮同志在敌人刺刀面前毫无惧色，从容对答，表现了一个革命者的英雄气概。一九四八年介休解放后，玉蓮同志与群众一起参加了反封建斗争，斗争中非常坚强勇敢，曾博得群众□□工作组表扬，此后更被选为村妇联会主任。五三年在党组织起来的号召下，联合七户□农，组织起全村第一个互助组，后又发展为农业生产合作社。人民公社化后，玉蓮同志為共产主义前景所鼓舞，虽然已快五十岁了，但精神更加焕发，行动处处争先，对劳动从不惜力，对集体则爱护备至，曾经顶着连绵秋雨抢收高粱，冒着严寒，迎着北风与男子一样挑渠排水，鏖战三月，从未退缩，别人劝□一笑置之。她的精神感动了全村群众，男女老少无不衷心赞佩，被誉为爱社如家一面旗。集体□要粮仓，玉蓮主动空出楼房让生产队占用，并自动担任义务保管员，日夜守护，寸步不离，五年如一日。一九六三年四月卅日深，坏分子杨文寿翻墙入院，盗窃库粮，玉蓮同志发觉后当即大呼捉贼，但因夜深人酣，无人接应，杨犯为杀人灭口，手持斧头破窗入室，进行凶杀。玉蓮虽然手无寸铁，但一想到集体粮食，顿然勇气倍增，赤手肉搏，终因年老力衰，最后英勇牺牲。

王玉蓮同志虽然牺牲了，但她的革命精神将永世长存，她的光辉事迹将万古流芳，她的一生将成为□□生者、教育后代、激励前进的力量，她的英雄形象将永远活在人民心中。

中共介休县委员会

介休县人民委员会

公元一九六四年四月卅日

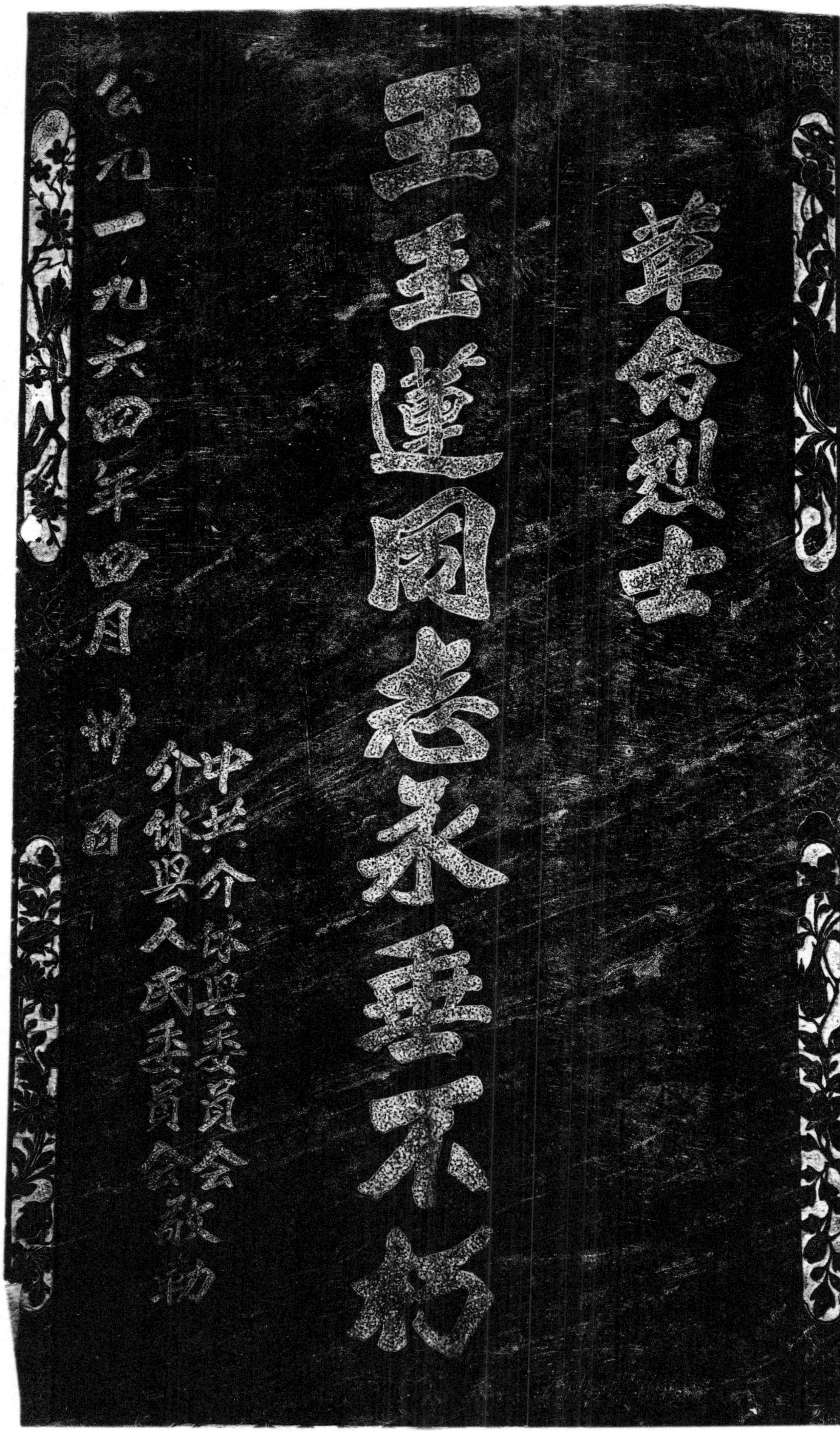
革命烈士
王玉莲同志永垂不朽
中共介休县委员会
介休县人民委员会敬勒
公元一九六四年四月卅日

革命英雄纪念碑

【简介】

1988 年 4 月勒石。碑呈方柱形，碑身高 11.48 米，用汉白玉石雕造。正面有薄一波题书："雄风壮绵岳，浩气贯河汾。"背面碑文简要记载了 1927 年以来介休人民和革命先烈在各个历史时期建立的英雄业绩。此碑文由介休籍名人、中国古文字学家、考古学家、省文物局原副局长、著名书法家张颔先生书写。纪念碑公园系由介休人民集资修建，旨在缅怀先烈，教育后代。此碑原在介休市城东朝阳路纪念碑公园内，2014 年迁于张兰镇上岭后村新建烈士陵园内。

【碑文】

介休县有光荣的革命传统，一九二七年就建立了中国共产党的地方组织，开展了工农和学生运动。

抗日战争和解放战争时期，介休属晋冀鲁豫边区，是延安通往华北、华东、华中解放区的交通要道。一九三八年二月十五日侵华日军侵占县城后，全县人民在中国共产党领导下，依托绵山，奋起抗日。曾组织万余民兵、游击队员武装自卫，选送三千子弟，充实野战军部队，动员数万民工支援前线，先后有五百余名同志及一大批无名英雄为国捐躯，他们以鲜血和生命换来了一九四八年七月十七日全县解放。

在社会主义革命和建设时期，全县人民发扬革命传统，争取更大光荣。又有一批英雄人物为捍卫祖国尊严、保卫国家财产和人民安全而英勇献身。

值此介休解放四十周年之际，谨立此碑，以缅怀先烈，教育后代，激励全县人民为建设有中国特色社会主义奋力进取。

中共介休县委会

介休县人民政府

一九八八年四月四日

修复西方圣境殿碑记

【简介】

1995年勒石。青石质，螭首。碑首高78、宽78、厚17厘米。碑身高143、宽75、厚19厘米。底座长90、宽58、高43厘米。碑文行书，9行，满行43字。题额“百世流芳”。碑阴题额“众志成城”。现存介休市龙凤镇张壁古堡。

【碑文】

（碑阳）

修复西方圣境殿碑记

西方圣境殿独居张壁村南门其首。前临舖石长街，和村北空王殿等群庙遥峙；背与堡外关帝庙隔辙相望，屏依绵峯。其右毗通可罕王祠，其左侧可睹古西教场。古堡形胜，一览在目。其殿夙有小西天之谓，然创建无可考也，殿侧仅存清雍正八、九年《重修西方圣境殿碑记》。殿内塑像多尊四壁悬塑，惜于六十年代后期被毁，殿观破败失修已年久矣。

欣值古堡开发，继各界集资重建关帝庙，张壁村党支部、村委紧接向全村倡捐，实施西方圣境殿之修复。村民纷纷慨然应捐，不越三月即集资壹万伍仟余元，其振兴张壁之虔诚可见。

该工程于一九九五年三月启工，九月中旬告结。经重修，圣境其殿一改破朽旧观，琉瓦壮丽，漆丹绘彩。古堡其颠，更增辉煌。此概述修复其事，并铭记张壁村民捐修之功德耳。

龙凤乡乡长：赵宇撰文

市博物馆：吕增禄书丹

修复领导组组长：赵宇

副组长：杨成锐　王彦俊

成员：贾钦厚　高玺平

集资领导组组长：杨成锐

副组长：王彦俊　贾钦厚

成员：高玺平　靳来生　侯玺泉　王振旺　张大森　贾冬锁　贾希珍　苏连宝
张大龙　焦桂英　邓春莲　贾洪奎　张福康　王企龙　周云龙　侯向英

工匠：苏连宝　戎怀亮

彩绘：郝振耀

刻石：平遥　李守良

公元一九九五年十一月一日（重阳吉日）立

（碑阴）

修复西方圣境殿捐资者

社会个人捐资：（均为壹百元）

太原市供电局　李天智　　介休市供电局　刘凤池

张国祚　高海荣　李发高　郭卫平　史健　　义安中心卫生院　温学信

介休纺织厂　梁志笃　　介休市乡镇供销公司　吴泽

城寺村　张五元　　岳家湾村　苏天禧

介休市农机公司　孟立志　　后党峪村　任家贵

安泰焦化有限公司　任家玺　　山西印染厂　温成旺

西关村　王宏盛　　孝义市　李树楠

介休市人民医院　张守信　　康达介休分公司　赵林生

修復西方聖境殿碑記

西方聖境殿獨居張壁村南門其首。前臨舖石長街，和村北空王殿等群廟遥峙；背與堡外關帝廟隔轍相望，屏依綿峯。其石畛通可穿王祠，其左則可睹古西教場。古堡於勝，一覽在目。其殿夙有小西天之謂，然創建無可考也，殿側僅存清雍正八九年《重修西方聖境殿碑記》。殿内塑像多尊和四壁懸塑惜於六十年代後期被毁。殿觀破敗失修已年久矣。

欣值古堡開發，繼各界集資重建關帝廟，張壁村黨支部、村委緊接倡捐，實施西方聖境殿之修復。村民紛紛慨然應捐，不越三日即集資壹萬伍仟餘圓。其振興張壁之虔誠可見。該工程於一九九五年三月啓工，九月中旬告結。經重修，聖境其殿一改破朽舊觀，琉瓦壯麗，漆丹繪彩。古堡其顏，更增輝煌。此概述修復其事，並銘記張壁村民捐修之功德耳。

龍鳳鄉鄉長　趙　宇撰文

市博物館　吕增福書丹

修復領導組　組長　趙　宇

副組長　楊成銳　王彥俊

成員　賈欽厚　高金平

集資領導組　組長　楊成銳

副組長　王彥俊　賈欽厚

成員　高金平　賈希珍　張福康　靳来生　蘇連寶　王金龍　侯金泉　張大龍　周雲龍　王振明　侯桂英　武企亮　張大森　鄧春蓮　侯向英　賈冬鎖　賈洪奎

工匠　蘇連寶　武懷亮

彩繪　郝振躍

刻石　平遥　李宗良

公元一九九五年十一月一日（重陽吉日）立

包头钢铁公司　陈冲　李文义
村民集资：
杨成锐　叁佰元　温贤尔　贰佰伍拾元　郑文忠　叁佰肆拾元　李林生　贰佰贰拾元
贰佰元：
王彦俊　贾钦厚　靳来生　张太龙
壹佰贰拾元：张尤森　贾希福　刘春敏　周秋生
壹佰元：贾冬锁　侯玺泉　王振兴　高玺平　高玺贵　高铁锁　王企龙　苏连宝　贾供奎
贾鸿善　刘春泰　刘春荣　郑广根　郑文旺　郑廷旺　李宪煌　李海山　李桂英
陆拾伍元：王振峯
陆拾元：梁玉生　王　忠　王为赤　宋彩胜
伍拾元：边根成　苏玉成　李永节　周云龙　刘春禄　刘天才　梁福生　郑来全　仝玉贵
王根栋　王彦章　戎玺亮　戎全福　焦启光　焦林英　贾洪光　贾春原　贾希珍
张年喜　张万秋　张福康　张大福　张得盛　韩正生　仝玺山　王永秀　乔玉银
高玺泉　高启明　戎怀亮　刘永忠　刘福生　李宪森　李宪灿　李海生　郑文贵
郑成世　张中举　张巧秀　张志敏　焦桂元　闫玉生　侯白英　宋大龙　贾浩岳
贾世寿　贾田厚　贾林生　贾忠厚　贾云厚　贾福祥　荣铁钉　杨成仪　戎来喜
高英生　乔建平　燕本元　仝士勇　张聚才　张才生　张海亮　张景元　张才林
梁清山　梁二旦　梁秋生　梁邦保　刘永庆　刘本元　贾洪珍　贾洪云　贾希耀
贾鸣友　贾林厚　贾玺厚　贾龙厚　贾禄厚　郑东虎　梁玺生　王国柱　王立新
王秀梅　薛朝东　薛朝海　戎海公　戎财亮　周云奎　侯建平　侯廷进　张还春
张桂生　张克辉　张大贵　张克良　张海旺　张海全　李七斤　李宪辉　李宪林
李永义　高玺崇　贾来喜　贾林贵　贾儒厚　贾来厚　王为山　王玉贵　王为海
梁玺凤　宋桂兰　闫立保　闫桂云　侯建生　荣玺光　荣来成　边振有　郑文虎
焦文海　李宪腾　李义平　李江海　李宪兰　张还清　张春元　张有福　张培英
贾虎生　贾洪禄　贾希贵　贾智厚　贾福厚　温贤材　温宝贵　高玺清　刘廷海
刘翠生　梁长杰　乔宏全　冀成祖　侯廷武　周全生　郑文进　郑文玉　卫玺元
边根福　任贵生　李海玺　李维平　张丙龙　张友林　张桂宝　张桂生　张殿臣
张进举　贾银锁　贾永厚　贾忠厚　贾友厚　温玺贵　贾四姣　李冬生
肆拾元：王满屯　刘来贵　宋春生
叁拾伍元：张克定
叁拾元：燕秀兰　梁忠保　高玺云　高玺成　张文生　仝思敬　宋士福　王海云　戎士金
戎来虎　贾根生　贾正厚　贾龙厚
贰拾元：贾非厚　贾聪厚　贾银厚　贾铁厚　贾祥厚　贾立新　贾洪田　贾洪良　贾希林
王企亮　梁成喜　张改凤　刘春富　仝云福　薛尘贵　李江潮　李福柱　李魁元
高　吉　高建平　焦根生　焦冬生　戎海瑞　戎立贵
壹拾捌元：宋培源
壹拾伍元：李二姣
壹拾元：王胜庆

重塑空王殿佛像碑记

【简介】

1995年3月勒石。青石质，圆首。碑首高27厘米。碑身高122、宽71、17厘米。底座长86、宽50、高40厘米。碑文行书，13行，满行39字。额题“承前启后”。现存介休市绵山抱腹岩。

【碑文】

重塑空王殿佛像碑记

绵山胜境，山峻水灵，卉木秀，兰若奇，闻名遐迩。史载北魏时山中即建有佛寺，初武德时已为一具有相当规模的佛禅林，初名抱腹，后改为云峰寺。一九三九年间，侵华日军纵火焚寺，主殿空王佛殿首罹其祸，仅存颓垣断壁，復建空王佛殿早为邑人之宿愿。

一九九　年　月，山西省人民政府公佈云峰寺为山西省重点寺庙，翌年，拨款二十三万元复建空王佛殿，一九九二年底，空王佛殿土建、段白工程大功告成，奈资金后继无源，有殿无佛，殊为憾事。著名企业家闫吉英君闻之，激发桑梓之情，为弘释学之精要，发展旅游，带动百业俱兴，遂慷慨解囊，投资拾余万元，延请匠师，择吉于一九九四年四月开工，砌筑神台，重塑佛像金身，兼绘壁画。工程进行中，广查典籍，释访宿老，遵宋明原貌，历时七月，于十一月底告竣。重塑佛像，重彩壁画之空王佛殿庄严肃穆，熠熠生辉。是役，地方政府及邑人予以极大关注。为彰扬闫君吉英功德，垂范后世，谨立是碑为记。

邑人李梦庚撰文　邑人师延龄书字

秦树乡兴地村全体村民立

太原丹青古建公司承塑　经理翟康志

公元一九九五年三月二十三日

承前啟後

重塑空王殿佛像碑記

綿山勝境，山峻水靈，古木奇，蘭花奇，聞名遐邇。史載北魏時山中即建有佛寺，初曾
武德時已為一具有相當規模的佛教禪林，初名抱腹，後改為云峰寺。一九三九年間，侵華
日軍縱火焚寺，主殿空王佛殿首罹其禍，僅存頹垣斷壁。復建空王佛殿早為邑人之宿願。
一九九　年　月，山西省人民政府公佈云峰寺為山西省重點寺廟。翌年撥款二十三萬
元，復建空王佛殿。一九九二年底，空王佛殿土建，暨白工程大功告成，奈資金後繼無源，
有殿無佛，殊為憾事。著名企業家閆吉英君聞之，激發愛桑梓之情，為弘揚宗教精要，發展
旅游，帶動百業俱興，遂慷慨解囊，投資拾余萬元，又請匠師，於一九九四年四月開
工，砌築神台，重塑佛像金身，彩繪壁畫。工程進行中，廣查典籍，拜謁宿老，遵宗師原
貌，歷時七月，於十一月底告竣。重塑佛像，重彩塑造之空王佛殿，莊嚴肅穆，鎏鎦生輝。
是役，地方政府及邑人予以[illegible]。為彰揚閆君吉英功德，垂範後世，謹立是碑為記。

邑人　李夢寅撰文　　邑人　師廷路書字

袁樹鄉興地村鈕偉村民　立

太原丹青古建公司承塑經理　翟鼎志

公元一九九五年三月二十三日

重修常乐村净土庵正殿碑记

【简介】

1995 年 8 月勒石。青石质，螭首。碑首高 100、宽 75、厚 20 厘米。碑身高 180、宽 90、厚 16.5 厘米。碑文行书，13 行，满行 38 字。展屏撰文。现存介休市绵山镇常乐村。

【碑文】

重修常樂村淨土庵正殿碑記

村南之淨土庵，創建於明萬曆四十八年，清雍正八年、民國二年曾重修。現存正殿面闊三楹，進深兩間，青瓦單簷硬山造頂。殿內釋迦佛像和觀音、地藏菩薩等九尊明代彩塑基本完好。殿北有磚窑三孔，角窑一間，為當年尼姑宿處。惜原殿西之呂祖閣、殿東之膳房、左右朵殿及西北方山門等建築均已無存。奈迄今八十餘載，歷經風雨虫蝕，地震影响，正殿殿牆傾裂，屋頂大片塌漏，主柱殘朽難支。村民早有意重修，皆因諸多緣故，未能如願。

恰逢盛世，常樂逐年興旺，經濟發展，為搶救文物古跡，換新村貌，村黨支部書記侯銀生、村委主任李長海首倡其導，支委范萬順帶頭響應，村民踴躍捐資，各界人士相助解囊。遂於一九九五年三月廿二日始，由張蘭鎮東北里村古建隊承攬重修淨土廟正殿，至同年八月十六日竣工。使一座幾近坍塌的廟殿，復重返原貌，風彩煥然，常樂村民無不歡欣，公議立碑，囑余為記。

展屏　撰文

呂增祿　書丹

刻石　陝西崔正斌

公元一九九五年八月廿日公立

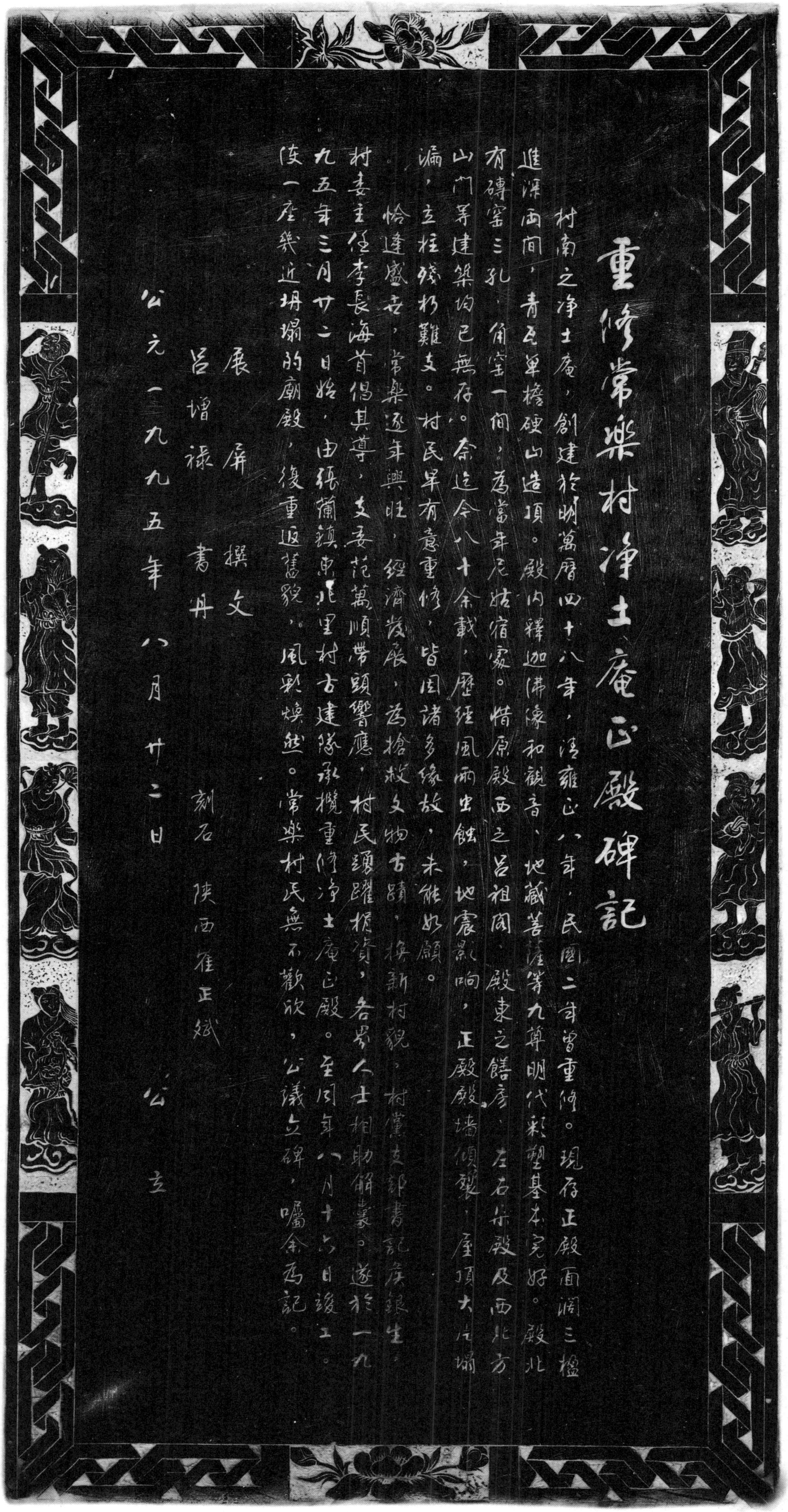

重修常樂村淨土庵正殿碑記

村南之淨土庵，創建於明萬曆四十八年，清雍正八年、民國二年曾重修。現存正殿面闊三楹進深兩間，青瓦單檐硬山造頂。殿內釋迦佛像和觀音、地藏菩薩等九尊明代彩塑基本完好。殿北有磚窑三孔，角窑一間，為常年尼姑宿處。惜原殿西之呂祖閣、殿東之饍房、左右朵殿及西北方山門等建築均已無存。奈迄今八十余載，歷經風雨虫蝕，地震影响，正殿殿墻傾裂，屋頂大片塌漏，立柱殘朽難支。村民早有意重修，皆因諸多緣故，未能如願。

恰逢盛世，常樂逐年興旺，經濟發展，為搶救文物古蹟，換新村貌，村黨支部書記侯銀生、村委主任李長海首倡其導，支委范萬順帶頭響應，村民踴躍捐資，各界人士相助解囊。遂於一九九五年三月廿二日始，由張蒲鎮東北里村古建隊承攬重修淨土庵正殿。至同年八月十六日竣工。使一座幾近坍塌的廟殿，復重返舊貌，風彩煥然。常樂村民無不歡欣，公議立碑，囑余為記。

展屏　撰文

呂增祿　書丹　　刻石　陝西崔正斌

公元一九九五年八月廿二日　　公　立

重修张壁古堡关帝庙碑记

【简介】

1995年勒石。青石质，螭首。碑首高78厘米。碑身高148、宽75、厚17厘米。底座长91、宽55、高41厘米。碑文行书，正文11行，满行51字。碑阳额题“万众一心”。碑阴额题“功德无量”。现存介休市龙凤镇张壁古堡。

【碑文】

（碑阳）

重修张壁古堡关帝庙碑记

关帝庙坐落于古堡南门外，与堡内可罕王祠毗连，始建于明末。康熙五十年予以重修，其规模为正殿三楹，配以东西朵殿，北面乐台与山门联体同轴，同南堡门咫尺相对，堪称特色。乾隆五十六年又构筑抱厦，新建献殿。迄今二百余年，历经风雨沧桑。清道光以后，几无修缮，“文革”十年浩劫，庙殿更趋破败不堪，朵殿、泥塑和旗杆尽将毁去。村人虽夙愿修葺，奈因工程浩大，财力不济，未能兴工。

幸逢改革大潮，市委、市政府市长特批拨专款五万元，首先投资关帝庙修复。有关单位和各界人士亦相继捐资献物。中国人民解放军驻介八七三七一部队支援木材五立方，折款六千元；汾西矿务局水泥厂支援水泥十吨，折款二千五百元；市城建委龙房砖厂支援青砖五万块，折款七千五百元；市汽车培训学校捐现金一千元；个人捐资金额达六千余元。

重修工程于一九九四年六月三日动工，同年十二月十五日竣工，核计投资金额计人民币八万五千元。修复后的大殿、献亭浑然壮观，乐台、山门修整一新；朵殿、旗杆、彩塑全部复原。合堡村民为感念八方功德，公议立碑纪念。

撰文：展屏　赵宇　仝玺山

雕塑：程林

书丹：吕增禄

重修领导人：龙凤乡人民政府乡长　赵宇
张壁村党支部书记　杨成锐
张壁村村民委员会主任　王彦俊

工匠：李永义　苏连保　侯玺泉

刻石：李守良

公元一九九五年五月一日立

（碑阴）

重修关帝庙捐资者

市委书记　李福林　二百元

市人大主任　张培荣　二百元

市委常委　郭仁保　一百元

市政府秘书长　温毓诚　一百元

龙凤乡乡长　赵宇　一百元

龙凤乡副乡长　李光桐　一百元

北空处长　高有生　一百元

连福镇镇长　张复英　一百元

义安镇镇长　王立瑞　一百元

义安镇党支部书记　温学悌　一百元

市长　张怀文　二百元

市委副书记　曹著赣　一百元

市武装部长　吴秉全　一百元

龙凤乡党委书记　武国柱　一百元

龙凤乡党委副书记　任必旺　一百元

晋中军分区参谋长　杨武光　一百元

市环保局长　袁盛旺　一百元

义安镇党委书记　孙振旺　一百元

义安镇党委副书记　杜新过　一百元

义安村村委主任　武鸿亮　一百元

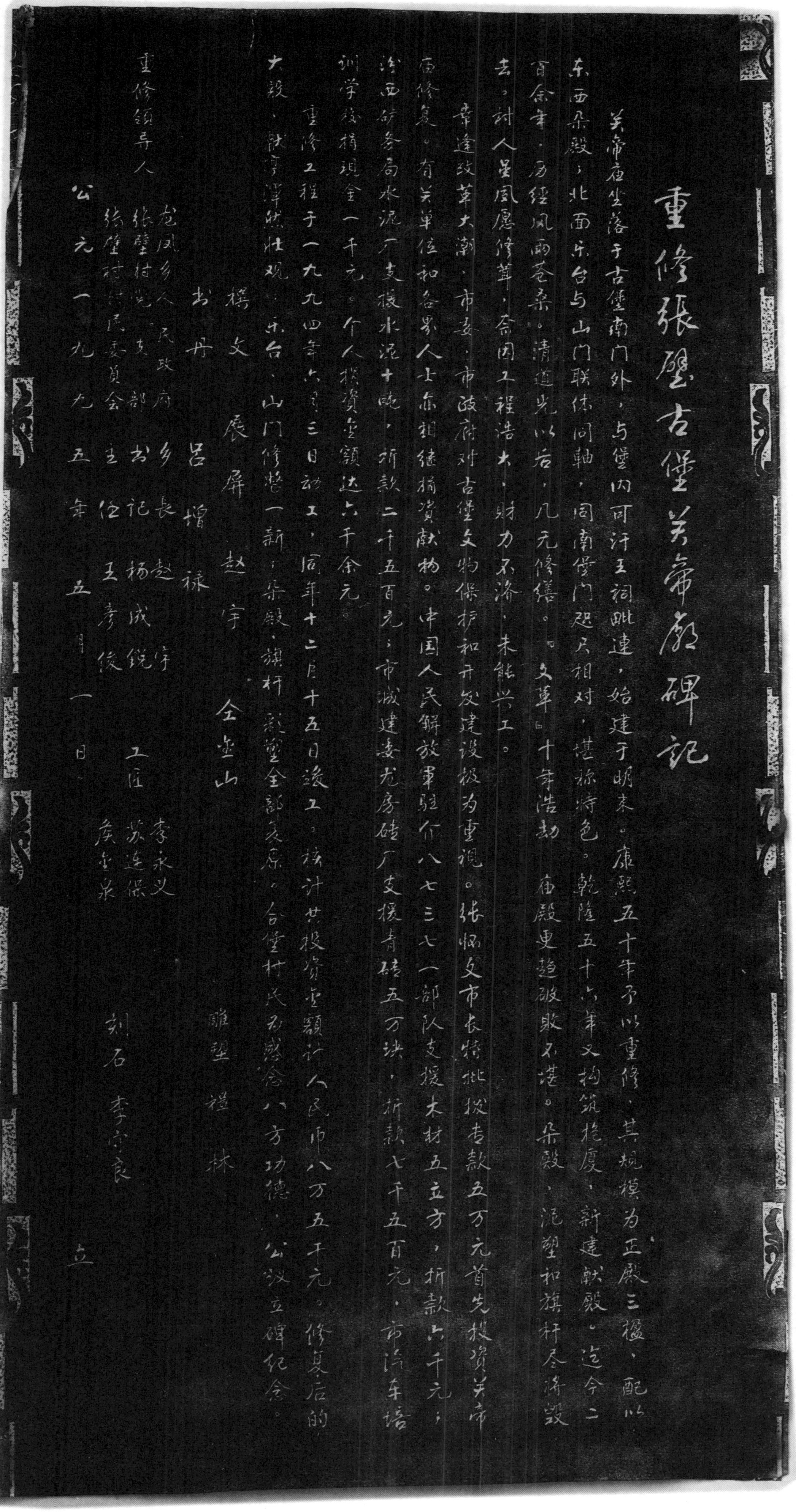

重修張壁古堡关帝廟碑記

关帝庙坐落于古堡南门外，与堡内可汗王祠毗连，始建于明末。康熙五十年予以重修，其规模为正殿三楹，配以东西朵殿；北面乐台与山门联体同轴，同南堡门咫尺相对，堪称特色。乾隆五十六年又构筑抱厦，新建献殿。迄今二百余年，历经风雨苍桑。清道光以后，几无修缮。"文革"十年浩劫，庙殿更趋破败不堪。朵殿、泥塑和旗杆尽遭毁去。时人虽屡思修葺，奈因工程浩大，财力不济，未能兴工。

幸逢改革大潮，市委、市政府对古堡文物保护和开发建设极为重视。张怀文市长特批拨专款五万元首先投资关帝庙修复。有关单位和各界人士亦相继捐资献物。中国人民解放军驻介八七三七一部队支援木材五立方，折款六千元；介西矿务局水泥厂支援水泥十吨，折款二千五百元；市城建委龙房砖厂支援青砖五万块，折款七千五百元；市汽车培训学校捐现金一千元。个人投资金额达六千余元。

重修工程于一九九四年六月三日动工，同年十二月十五日竣工。核计共投资金额计人民币八万五千元。修复后的大殿、献亭浑然壮观，乐台、山门修整一新，朵殿、旗杆、彩塑全部复原。合堡村民为感念八方功德，公议立碑纪念。

撰文 展屏 赵宇 仝宝山　雕塑 程林

书丹 吕增禄

重修领导人　龙凤乡人民政府 乡长 赵宇　工匠 李永义

张壁村党支部 书记 杨成锐　苏连保　刻石 李宗良

张壁村村民委员会 主任 王彦俊　庞金泉

公元一九九五年五月一日 立

义安利民焦化厂厂长　成锦让　二百元

义安利民焦化厂　成鹏　四百元

市中医院院长　贾忠义　三百元

西段屯村　时玺龙　五百元

市农物局　吴碧海　二百元

市种籽公司经理　王崇焱　一百元

山西碳素厂段茂公司经理　冀彪　一百元

龙凤信用社主任　梁兴福　一百元

城关镇　李宪玉　一百元

城寺煤化有限公司　靳维峰　一百元

北辛武焦化厂厂长　高振林　一百元

下城南村　岳巖林　一百元

峪子村　宋企官　九十元

市人大　田德曾　五十元

市人大　许光旺　五十元

山西碳素厂　祝鸣图　五十元

山西碳素厂　温涛　五十元

山西碳素厂　尚白旺　五十元

市计委　王维兴　五十元

市人事局　张克敏　五十元

市人事局　高养元　五十元

市人事局　齐春寿　五十元

城关镇　李怀珠　五十元

城关镇　赵承标　五十元

北贾乡　樊定福　五十元

北贾乡　李本佑　五十元

八七三七一部队　刘新利　五十元

市电石厂　耿开选　五十元

市国税局　张谦智　五十元

连福镇　刘崇福　五十元

市水利局　赵秉谦　五十元

市环保局　梁林赤　五十元

远高科技实业公司　焦胜利　五十元

石河碳素厂　王建业　五十元

东苑餐厅　武进民　五十元

市实验小学　任玉香　五十元

龙凤村　尹秋旺　五十元

大殿修记

【简介】

1999 年 7 月 1 日勒石。青石质。碑长 80、宽 60 厘米。碑文楷体，23 行，满行 18 行。常承钿撰文。嵌于介休市义安镇孟村湾村大殿墙壁。

【碑文】

大殿修记

孟村湾大殿始建于一九五零年。清光绪二十五年（一八九九年），山东青州、肥城等地遭受特大水灾，先辈逃荒至山西介休，在孟村村北汾河阳滩开荒种菜，艰苦创业，子孙繁衍，发展壮大，形成自然村，一九四九年中华人民共和国成立，被划为行政村，命名孟村湾。乡亲们吃尽了没文化的苦，将村组办的红火社多年积蓄全部拿出，全村群众出粮集资，由王维全、朱良甫负责兴建学校，一九五零年破土，一九五一年竣工。文化革命以来，大殿年久失修，屡遭破损。改革开放二十年，我村百业俱兴，政通人和，村风淳朴，安居乐业。一九九九年春，由村民和新鑫铸造厂朱林才出资，村委主持修葺，一九九九年五月三日开工，同年七月一日竣工。为永怀先辈艰苦创业精神，激励后人开拓进取，科技兴村，特撰此文。

修缮领导组：于兆水　展恩孝　姚其良　朱连森　边树连

顾问：朱其诚

撰文：常承钿

一九九九年七月一日吉立

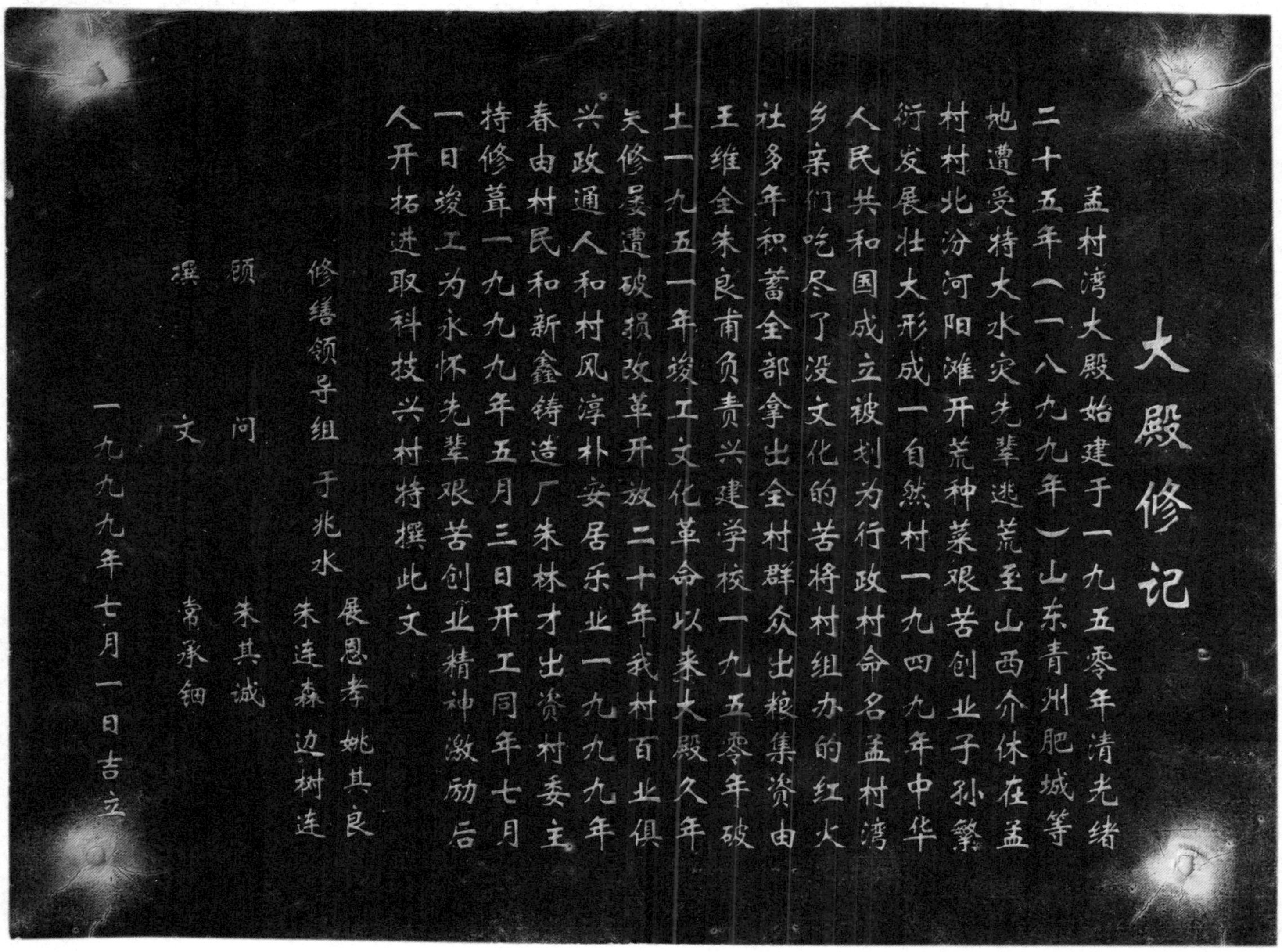

东段屯真武庙简介

【简介】

1999 年 8 月勒石。青石质，圆首。碑首高 50 厘米。碑身高 156、宽 76、厚 15.8 厘米。碑文行书，15 行，满行 46 字。现存介休市宋古乡东段屯真武庙。

【碑文】

东段屯真武庙简介

此庙始建于我国历史上的隋末唐初，至今约有一千三百余年。真武庙是最常见的庙宇之一，真武的足迹几乎遍及全国各地，广泛享受着人间香火。真武本称玄武，为四象（青龙，朱雀，白虎，玄武）之一。真武帝君亦称无量祖师，传说他在武当山□□□道，受王母娘娘的指点，到舍身崖跌峯沟，觉得身子很轻，脚一下落到地上，可觉得踩着个东西，仔细一看□□□□□□披着发，光着脚，原来正是自己的肉身，从此脱掉凡胎，真身由□□神龙，驭上九霄，成为道教的祖师爷。

无量祖师则指祖师的法力无边，《道藏》第六〇六册《玄天上帝启圣录》中称：自斯玄帝（即真武帝），主教宗师，分身□□，济物度人，无边无量，洞天福地，无不显灵，感灵事迹，简册难穷。这是□□□□□□□□。到了宋代，出现了真武的人格化图像，绘其像为北方之神，披发着黑衣，仗剑蹈龟蛇，从者执黑旗，□□□□□准像，后世的真武各种造像，均以此为准。

真武庙曾在清嘉庆廿二年进行首次整修，又在一九三八年第二次整修，于一九九八年进行了第三次整修，□□□□□殿为五尊神像，正像为真武帝君，左侧为文昌帝君和财神，右侧为关圣帝君和火神，东面有天师五员，西面有□□□。

真武形象无比高贵，地位也极其显赫，如今每年农历三月初三至初五日，为真武庙会期，真武殿前香烟缭绕，院内外游人如云，真武大庙将成为后人向往、游览的圣地。

撰文：东段屯村委会

立碑：李云峯

书丹：王宝麟

镌刻：姚国强

一九九九年八月十四日立

真武宝殿

东段屯真武庙简介

碑头图篆 高中兴

比庙始建于我国历史上的隋末唐初 至今约有一千三百余年 广泛享受着人间香火

真武庙是最常见的庙宇之一 真武的足迹几乎遍及全国各地 真武帝君亦称无量祖师 传说他本是[illegible]

真武本称玄武 为四灵（青龙 朱雀 白虎 玄武）之一 [illegible]

[illegible]受王母娘娘的指点 到舍身崖跳涧 觉得身子很轻 脚一下落到地上 可觉得踩着个东西 仔细一看 [illegible]

披着发 光着脚 原来正是自己的肉身 从此脱掉凡胎 真身向玄武神位 双上九霄 成为道教的祖师爷

无量祖师则指祖师的法力无边 《道藏》第六〇六册《玄天上帝启圣录》中称 自斯玄帝（即真武帝）[illegible]

主教宗师 分身各处 [illegible]人 无边无量 洞天福地 无不显其感灵事迹 简册难穷 这是说一[illegible]的[illegible]

到了宋代 出现了真武[illegible]化图像 绘其像为北方之神 披发着黑衣 仗剑蹈龟蛇 从者执黑旗 [illegible]

造像 后世的真武各种造像 就以此为准

真武庙曾在清嘉庆廿二年进行首次整修 又在一九三八年第二次整修 于一九九八年进行了第三次整修 [illegible]

殿内五尊神像 正像为真武帝君 左侧为文昌帝君和财神 右侧为关圣帝君和火神 东西有天师五员 西面有[illegible]

真武形象无比高贵 地位也极其显赫 如今每年农历三月初三至初五日 为真武庙会期 真武殿前香烟缭绕 [illegible]

游人如云 真武大庙将成为后人向往 游览的圣地

撰文 东段屯村委会 立碑 李云峰 书丹 王[illegible] 镌刻 姚国强 一九九九年八月十四日立

重修龙头寺碑记

【简介】

1999年勒石。青石质，螭首，须弥座。碑首高86、宽82、厚30厘米。碑身高180、宽76、厚20厘米。底座长97、宽69、高51厘米。碑文楷体，11行，满行46字。碑阳额篆“永固”。碑阴额篆“千秋”。现存介休市绵山大罗宫。

【碑文】

重修龙头寺碑记

龙头寺，原名塔巖头，因巖下有空王塔院而得名，又因绵山蜿蜒起伏，如二龙交汇，龙头高昂，唐太宗曾驻驆于此而改现名，始建年代不详。

龙头寺原有关帝庙、真武庙、龙王庙、观音堂等建筑，依山筑阁，庙貌宏伟，神像巍然，香火旺盛，于一九零四年毁于战火。数十年来，仅剩断壁残垣，焦土枯蒿，满目疮痍，令人慨叹。

改革开放，百废待兴，幸有山西三佳煤化有限公司董事长闫吉英先生，广结善缘，出资重修。自一九九六年四月开工至一九九九年五月告竣，历时三年，耗资三千余万元，将毁坏建筑全部修复，并新建南天门石牌楼、赋诗亭、普救殿、方神庙、城隍庙、旌介亭等建筑，庙貌宏伟，神像灿灿，一派新的气象，四方游人，家乡父老登临至此，无不交口赞誉。特刊石以资纪念，其辞云：

闫公吉英，高山景行。修复殿宇，重塑金容。

千年古寺，焕然一新。万民称颂，百世永铭。

介休市绵山风景区管理局

公元一九九九年十二月日立

重修龍頭寺碑記

龍頭寺原名塔巖頭因巖下有空王塔院而得名又因綿山蜿蜒起伏如二龍交匯龍頭高昂唐太宗曾駐蹕於此而改現名始建年代不詳。龍頭寺原有關帝廟真武廟龍王廟觀音堂等建築依山架閣廟貌宏偉神像巍然香火旺盛於一九四零年毀於戰火數十年來僅剩斷壁殘垣焦土枯蒿滿目瘡痍令人慨嘆改革開放百廢待興幸有山西三佳煤化有限公司董事長閻吉英先生廣結善緣出資重修自一九九六年四月開工至一九九九年五月告竣歷時三年耗資叁千餘萬元將毀圮建築全部修復並新建南天門石牌樓賦詩亭普救殿芳神廟城隍廟旌介亭等建築廟貌宏偉神像燦爛一派新的氣象四方游人家鄉父老豈蒞至此無不交口贊譽特刊石以資紀念其辭云

閻公吉英　高山景行　修復殿宇　重塑金容

千年古寺　煥然一新　萬民稱頌　百世永銘

介休市綿山風景區管理局

公元一九九九年十二月　日　立

古堡开发记事暨庙会重开碑记

【简介】

2000年立石。青石质，螭首，方座。碑首高82、宽75、厚15厘米。碑身高135、宽77、厚17厘米。底座长90、宽56、高26厘米。碑文楷体，16行，满行40字。碑阳额题“辉煌事业”。碑阴额题“功德无量”。现存介休市龙凤镇张壁古堡。

【碑文】

（碑阳）

古堡开发记事暨庙会重开碑记

我村张壁幽雅古老，历史文化遗存丰富，有得天独厚的旅游资源优势。一九九四年以来，在党的富民政策指引下，村党支部和村民委员会带领广大村民兴办旅游，遵照文物保护的原则，首先对失修的道庙、佛殿和堡下暗道、砖厂金墓进行修复、清理和抢救发掘，逐步实行对外开放，接着开辟了龙凤线，绵山线两条共十多公里的旅游道路，修建了停车场、票房、接待室等设施，进行了道路绿化和环境整治，并加强了古堡文化和发掘研究和宣传，不断完善旅游服务，取得了可观的效益。

古堡开发，受到介休市委、市政府、龙凤乡党委政府、各级主管部门领导的重视和大力支持及邻近厂矿、学校、企业单位，兄弟乡镇、村及社会各界团体、人士的慷慨捐助，来自全国的著名专家、学者和研究人员对古堡作了深入的考察和论证，并给于科学的认定和高度评价。年内古堡报国家级重点文物保护和旅游精品工程立项的工作已进行完毕。

为弘扬古堡文化，促进张壁繁荣发展，古堡于一九九八年农历七月十八日至廿日恢复传统庙会，并举办首届文化艺术节活动。三年来，每逢庙会，百里商贾，八方游人云集。古堡上下载歌载舞，热闹欢腾，一派兴隆景象，古堡开发，为张壁空前盛事，值此先期工程告捷之际，特立此碑，略记其事，以为纪念。

张壁村党支部　村民委员会

二零零零年十月立石

（碑阴）

重修真武殿圣境捐资者

一九九六年二月二十立

社会个人捐资者：

市驾培校　叁佰元　　市邮电局　三佰元　　市文艺中心　三佰元

市外贸公司　三佰元　　市人保公司　伍佰元　　八七三七一部队　伍佰元

市工务段中修队　壹仟元　　市乡镇局　贰佰元　　市旅行社　贰佰元

市粮食局　贰佰元　　八七三七一部队　工艺镜一块　　市气象局　礼炮折捌佰捌拾捌元

市电管总站　线路改造折伍万元　　团市委　贰佰元

市统计局　贰佰元　　市科委　贰佰元　　市物价局　贰佰元

市博物馆　贰佰元　　市检察院　贰佰元　　市司法局　贰佰元

市武装部　叁佰元　　市物资局　叁佰元　　市劳动局　叁佰元

汾局水泥厂　三佰　　汾局农机局　叁佰元　　市卫生局　三佰

市民政局　叁佰元　　市人事局　三佰

圪垛村委　李世旺　叁佰元　　西宋壁村委　边林贵　叁佰元

梁池村委　宋炳强　叁佰元　　漏土村委　梁学庆　叁佰元

龙凤荃玺会　伍佰元　　义安镇政府　伍佰元

河东村委　李士忠　伍佰元　　遐壁村委　邓丰智　伍佰元

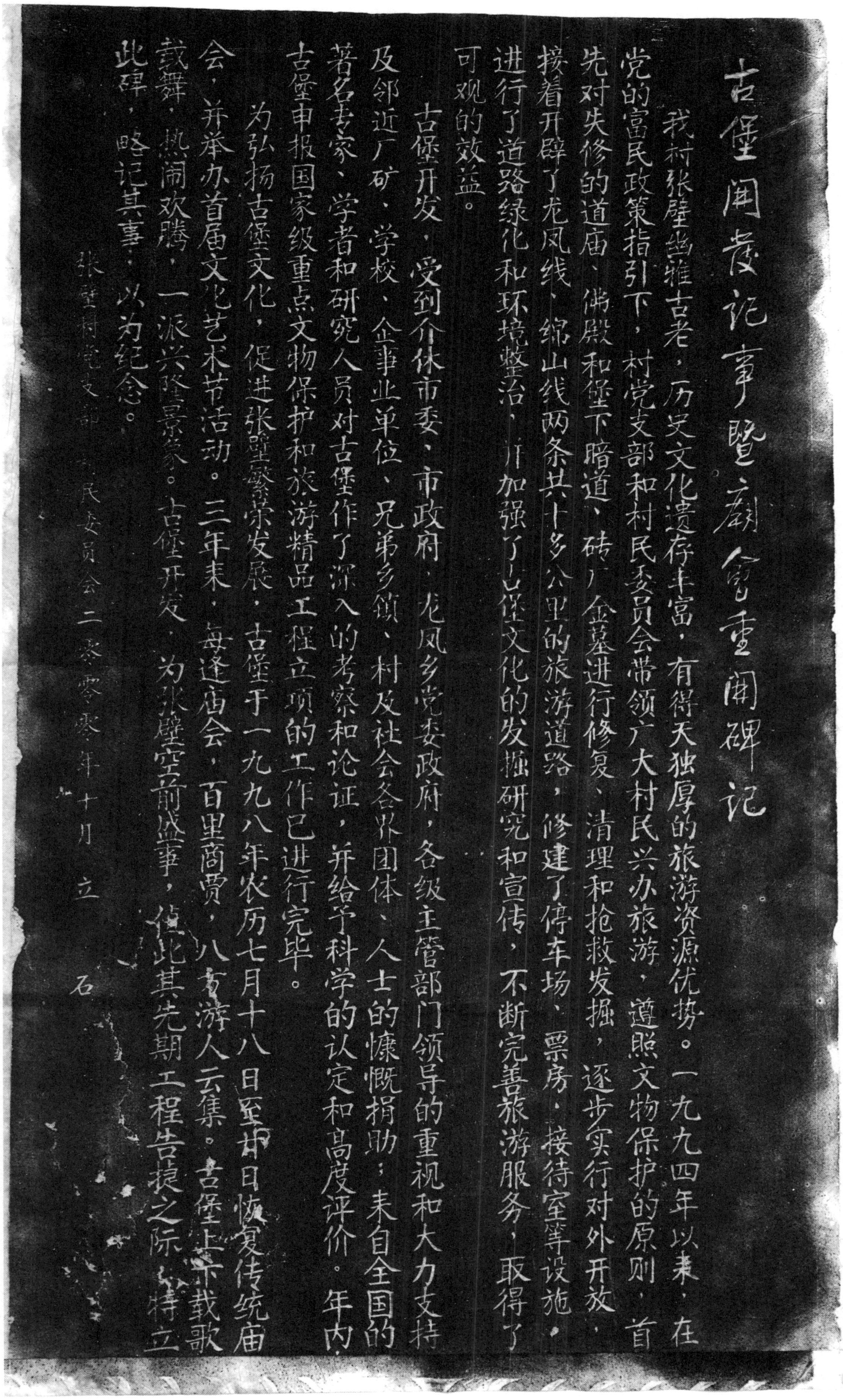

古堡开发记事暨庙会重开碑记

我村张壁幽雅古老，历史文化遗存丰富，有得天独厚的旅游资源优势。一九九四年以来，在党的富民政策指引下，村党支部和村民委员会带领广大村民兴办旅游，遵照文物保护的原则，首先对失修的道庙、佛殿和堡下暗道、砖厂金墓进行修复、清理和抢救发掘，逐步实行对外开放，接着开辟了龙凤线、绵山线两条共十多公里的旅游道路，修建了停车场、票房、接待室等设施，进行了道路绿化和环境整治，并加强了古堡文化的发掘研究和宣传，不断完善旅游服务，取得了可观的效益。

古堡开发，受到介休市委、市政府、龙凤乡党委政府，各级主管部门领导的重视和大力支持及邻近厂矿、学校、企事业单位、兄弟乡镇、村及社会各界团体、人士的慷慨捐助；来自全国的著名专家、学者和研究人员对古堡作了深入的考察和论证，并给予科学的认定和高度评价。年内，古堡申报国家级重点文物保护和旅游精品工程立项的工作已进行完毕。

为弘扬古堡文化，促进张壁繁荣发展，古堡于一九九八年农历七月十八日至廿日恢复传统庙会，并举办首届文化艺术节活动。三年来，每逢庙会，百里商贾，八方游人云集。古堡上下载歌载舞，热闹欢腾，一派兴隆景象。古堡开发，为张壁空前盛事，值此其先期工程告捷之际，特立此碑，略记其事，以为纪念。

张壁村党支部 村民委员会二零零零年十月 立 石

义安村委　温学悌　贰仟元
龙头村委　乔东华　壹仟元
义棠镇政府　伍佰元
秦树乡政府　伍佰元
龙腾建材厂　吴晓伟　姚新民　贰佰元
龙凤卫生院　仝四林　贰佰元
龙凤农机站　张志全　贰佰元
龙凤信用社　梁兴福　贰佰元
北庄村委　宋卯生　贰佰元
南庄村委　张良辰　贰佰元
姚坪村委　刘连生　贰佰元
龙头村　郭守模　壹佰元
城关预制厂　孟云龙　壹佰元
西宋壁学校　壹佰元
龙头饮料厂　壹佰元
龙凤小学　宋建华　壹佰元
龙凤供电局　贰佰元
龙凤派出所　贰佰元
侯拉柱　菓皮箱二个　折壹仟贰佰元
介休供电局所　杨晓峰　壹佰元
龙头村　任盛田　壹佰元
统战部　韩仁涧　壹佰元
公证处　张玺梅　壹佰元
种子公司　王崇炎　壹佰元
市委书记　张怀文　壹佰元
河东村　郝冬生　壹佰元
种子公司　唐彩萍　贰佰元
贾敦厚　贰佰元
李桂生　贰佰元
市中医院　贰佰元
高玺贵　壹佰元
刘春荣　壹佰元
李宪玉　张秀珍　壹佰元
绵村派出所　壹佰元
刻石　凌占虎　书丹　贾冬锁
市铝钒土厂　刘宝珠　壹佰元
省计委　王树森　壹佰元
绵山林厂　贰佰元
靳凌村委　贰佰元
公交公司陈忠荣　贰佰元
刘友生　青砖　贰千块　折叁佰元
义安村温学信　贰佰元

龙凤村委　尹秋明　贰仟元
洪山镇村委　贰佰元
安泰公司　壹仟元
大靳村委　贰佰元
龙凤中学　赵玉旺　贰佰元
龙凤供销社　耿来成　贰佰元
龙凤兽医站　蔺万鹏　贰佰元
鳌子岭村委　李太宗　贰佰元
峪子村委　张克敏　贰佰元
东宋壁村委　张企富　贰佰元
连福镇政府　叁佰元
下庄村　任建国　壹佰元
东南派出所　壹佰元
路灯管理处　壹佰元
龙头小学　李建忠　壹佰元
张玺龙　神袍五十四件　折壹仟元
龙绵石料厂　贰佰元
常乐村委李长海　贰佰元
一一四地质队　徐仁贵　壹佰元
峪子村　张培荣　壹佰元
水泵厂　李虎　壹佰元
云峰林场　武碧海　壹佰元
南街村　陈冶忠　壹佰元
副市长　张夏英　壹佰元
市信访局　壹佰元
龙头村　宋秀珍　壹佰元
霍来成　贰佰元
乔元立　贰佰元
梁明山　贰佰元
耿寺林　壹佰元
郑延旺　壹佰元
孙丽华　李桂梅　壹佰元
西靳屯法庭　程家强　壹佰元
省政府　王可福　壹佰元
樊珍　贰佰元
乡镇局　贰佰元
三佳煤化有限公司　贰佰元
戎成仪　石子　折贰佰元

新刻《道德经》后序

【简介】

2001年勒石。青石质，圆首。碑首高69厘米。碑身高138、宽80、厚16厘米。底座长105、宽58.5、高53厘米。碑文楷体，14行，满行41字。碑阳额篆“遵道行德”。碑阴额篆“天下大同”。现存介休市绵山大罗宫。

【碑文】

新刻《道德經》後序

遵道行德是作人之根本，道德真經是人類之明燈，《道德經》是中華民族遠古以來的道德文化，是濟世之本、做人之決竅。

中華民族歷劫猶存，與慎終追遠的信仰分不開。歷史上多少次多少人想侵占和殖民中國，千方百計去破壞慎終追遠的傳統信仰，結果中華民族不但屹立不倒，而且更加壯大。

道法自然哲理，改革開放政策，是人類道德文化的根本生機，宗教的生機，是中華民族的生機，它還將促使中華民族淨化貪念，並且增強無為而無不為的奉獻精神，必然形成廉潔奉公的社會風氣。

道家思想的創始人老子，大發濟世救人、普渡眾生之心，而著《道德經》，闡明天界地府星球之事理，開拓前人未揭露之天機，勸導世人確認天堂地獄神鬼之說，善惡兩途，福禍攸分。行善者得福，作惡者招禍，報應昭彰，分毫不差，惟願天下人個個知曉，個個信實。諸惡莫作，眾善奉行，自覺醒悟，回心向道，慈悲濟苦即是天尊，自性覺悟是佛，清靜圓通即是仙，智慧開明即是聖賢，正直無私即是真人。反之，陰險奸詐、殺盜邪淫者是鬼。作人只在自作躬體，勵行濟世救人，時時引善即升天堂，害人利己、處處作惡即降地獄。由是一切善惡禍福、天堂地獄皆自造自受，是作人者當自勉之，走天堂之路，其樂無窮。

新刻道德經後序

遵道行德是作人之根本道德真經是人類之明燈

道德經是中華民族遠古以來的道德文化是治世之本做人之訣竅中華民族歷劫猶存且愈從進遠的

信仰分不開歷史上多少次多少人想侵占和殖民中國千方百計去破壞傾終追逐的傳統信仰結果中

華民族不但屹立不倒而且更加壯大道法自然哲理改革開放政策是人類道德文化的根本生機宗教

的生機是中華民族的生機它必將促使中華民族淨化貪念並且增強無為而無不為的奉獻精神必然

形成濃濃奉公的社會風氣

道家思想的創始人老子大發濟世救人普度衆生之心而著道德經闡明天界地府星球之事理開拓升

人未揭露之天機勸導世人確認天堂地獄神鬼之說善惡兩途福禍依分行善者得福作惡者得禍報應

昭彰分毫不差唯愿天下人個個知曉人人信奉諸惡莫作衆善奉行自覺醒悟回心向道慈悲濟世者即是

天尊自性覺悟是佛清靜圓通即是仙智慧闡明即是聖賢正直無私即是真人反之陰險奸詐偷盜邪淫

者是鬼根就惡癡侵人害物者是畜暗行旁門着邪着崇者是妖殺生無辜屠宰生靈者是魔是以作神作

鬼作人在自作的體驗行濟世救人時時行善即升天堂作人則已后作惡即降地獄由是一切

的說天堂地獄皆自造自受走作人當自勉以走天堂之路其樂無窮

介休玉佛寺志

【简介】

2003年勒石。青石质，圭首。碑首高64.7、宽39.5厘米。碑身高137.5、宽64.7、厚8厘米。碑文楷体，15行，满行38字。额题“正法久住”。现存介休市宋古乡李家堡村。

【碑文】

介休玉佛寺志

夫开智运、凿昏衢、津万物者，佛也；破业障、生惠芽、豁巨海、倒邪山者，法也；宝福田、壑良田、崇舟载者，僧也。始知三宝福田其大矣哉，凡有皈依，皆蒙利益。而乾坤之间，万象咸育；日月照临，四生皆熏。蠢蠢周流，非法王莫能自觉；攸攸患厉，非世尊亦无以匡挽。我大觉能仁，处六尘而不著吉祥；调御越三界以居尊，何由以致？无非发觉觉性，返迷达悟，奈何六道业流，冗俗障身，难悟真旨，或有闻津，尠获实益，觉五大慈悲，故总化方便种种功，假兰若安僧弘法。

时运每更，春秋有秩。今玉佛寺者，原名玉皇阁，处介休绵山之北，汾河之南，得佳山佳水之间也。据残存碑文所载，玉皇阁重建明正德年间，始为道，所以为民俗信仰，如是不过方便耳。然岁月惊过，虽於清乾隆、光绪年间多次重修，难耐岁月更迭，玉皇阁在“文革”间更惨遭厄运，致使面目全非，徒有遗名。

时序逢春，去岁辛巳，有悲和法师者几经因缘来此，见殿宇久废，福田失耕，实不幸事。遂发心卓然，驻锡於此，重振山门，始更名玉佛寺。并於东院初建大殿，分上下两层，各塑五方佛及华严三圣，东厢观音殿，西厢地藏殿，稍见规模。并於西院拟建玉佛殿，两侧各修斋堂和僧寮。今在插草唱缘，祈望大江南北长老耆宿、護法善信能於此共植福田，聚沙成塔，共襄盛举，过现未来，俱沾法雨，得获善利，是为至祷也。

主持　沙门释悲和

癸未孟夏

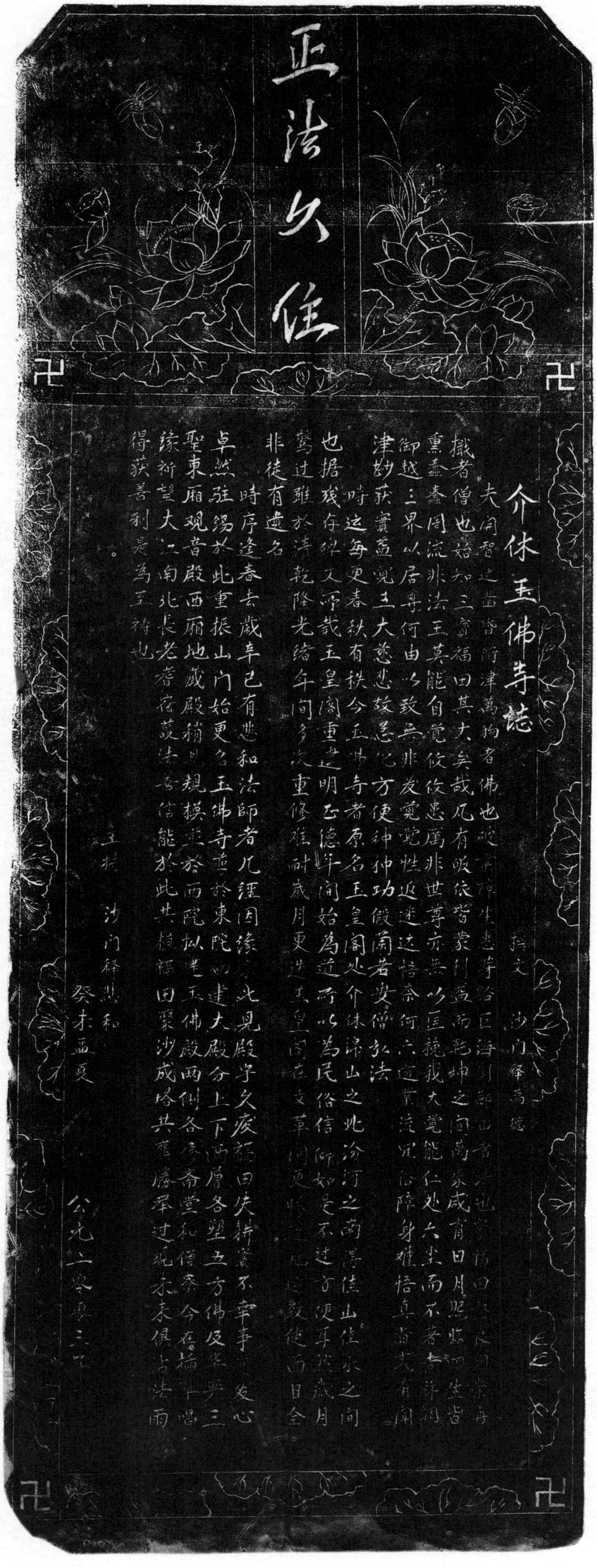
正法久住
介休玉佛寺誌
撰文 沙门释高德

仙台革命烈士碑

【简介】

2003 年 10 月勒石。青石质，圆首。碑首高 119 厘米。碑身高 119、宽 60.3、厚 6.8 厘米。碑文楷体，12 行，满行 28 字。额题“缅怀烈士”。李正体撰文。碑存介休市张兰镇仙台村。

【碑文】

仙台革命烈士碑

在抗日和解放战争时，我村处在敌人盘据的张兰镇上梁村战略要地之间。在中共介休县委的领导下，我村的青壮年为了国家的解放、民族的自由，奋勇参战，献出了宝贵的生命。为緬怀英灵，流芳千古，特立碑記。

郎七儿、马东生，被日寇抓捕，英勇就义。郎四七儿、王金錫、庞六儿、田吉庆，在与日寇战斗中壮烈牺牲。郎登仓，是咱村的民兵，一九四七年为保卫夏收，与闫匪作战，光荣牺牲。郎来喜，一九四七年临汾战役中牺牲。范树文，由介休县基干连整編为解放军，任副连长，在西康南宁县剿匪中不幸牺牲。

还有不少壮士为国捐躯，我们幸存者永远緬怀亲密的战友！

革命战友李正体　致敬

公元二〇〇三年十月一日　立

缅怀烈士

仙台革命烈士碑

在抗日和解放战争时，我村处在敌人盘踞的张兰镇上梁村战略要地之间。在中共介休县委的领导下，我村的儿女为了国家的解放，民族的自由，奋勇参战，献出了宝贵的生命。为缅怀英灵，流芳千古，特立碑記。

郎七儿　马冬生　被日寇抓捕英勇就义　郎四七儿　王金锡

庞六儿　田吉庆　在与日寇战斗中壮烈牺牲　郭盆仓　是我村的民兵，一九四七年为保卫夏收，与闫匪作战光荣牺牲。郎来喜　一九四七年临汾战役中牺牲。　范树文　由介休县基干连整编为解放军任副连长，在西康南宁县剿匪中不幸牺牲。

还有不少壮士为国捐躯。我们要一直永远缅怀[illegible]。

革命战友　李正休　致敬

公元二〇〇三年十月一日立

梁家庄三·七惨案殉难乡亲纪念碑

【简介】

2005年4月5日勒石。青石质。碑身高155、宽57、厚8厘米。碑阳文字楷体，15行，满行45字。碑阴文字隶书，12行，满行21字。介休市人民政府立。现存介休市张兰镇梁家庄村。

【碑文】

（碑阳）

梁家庄三·七惨案殉难乡亲纪念碑

一九三八年三月七日（农历二月初六），是一个永远难忘的日子！就在这天，驻扎在平遥县城的千余名侵华日軍疯狂向我太岳根据地扫荡，上午九时窜入梁家庄，进行了惨无人道的烧杀抢掠。由于汉奸的告密，鬼子挨门逐户搜查抗日軍人家属，將梁荫本老人捆绑抢杀，并残害其妻子、子女三人，鲜血染红了院里的雪地　接着又将村内的门窗、柴草、农具浇上汽油点燃，顿时使全村浓烟滚滚，成为一片火海，他们还用扇車向村民屋里和地窖内吹送燃烧辣椒的烟雾。直到中午十二时许，这伙灭绝人性的强盗才仓皇离去。

大火整整蔓延了两天两夜，村里所有的房舍、人畜、家具、粮食、树木被焚烧殆尽。共计烧毁房屋窑洞二百余间，杀死杀死五人，熏死四十三人：其中既有年逾古稀的老人，也有不满三岁的兒童。此外还烧死羊二百余只及其他禽畜无数。惨遭劫难后的梁家庄，留下的只有残垣断壁和一具烧焦的尸体；只有母亲哭喊孩儿丈夫呼唤妻子的声音。真是惨绝人寰，令人发指。

日寇的野蛮暴行，给我区人民带来了深重的灾难，同时更激起了广大軍民的无比义愤，进而化作同仇敌忾，打击侵略者的巨大力量，换来了八年抗战的伟大胜利。值此抗日战争胜利六十周年之际，回首这段惨痛的历史，缅怀殉难的父老乡亲，为不忘国耻家仇，激励今人后生，以维护祖国的領土完整和世界的永久和平，谨立斯碑。

介休市人民政府

公元二〇〇五年四月五日

（碑阴）

梁家庄三·七惨案殉难乡亲名单

梁荫本　梁張氏　梁梅兒　梁银龙

梁侯氏　梁吉珍　梁引小　梁拉小　梁常氏　梁梅梅

梁韩氏　梁双丑　梁王氏　梁保豆　梁兔兔　梁巧梅　梁海德

梁范氏　梁丙疙瘩　梁范氏　三个小孩

曹史氏　二个小孩　曹張氏　二个小孩

張杨氏　張三疙瘩　王福升　北社二小

張王氏　張六七　張赵氏

梁柴氏　梁二小　梁兰兰　梁柴氏

梁王氏　梁银元　二个小孩

梁程氏　梁韩氏

趙雷氏　趙馬弟

梁家庄三·七惨案殉难乡亲纪念碑

一九三八年三月七日（农历二月初六），是一个永远难忘的日子！就在这天，驻扎在平遥县城的千余名侵华日军疯狂向我太岳根据地"扫荡"。上午九时窜入梁家庄，进行了惨无人道的烧杀抢掠。由于汉奸的告密，鬼子挨门逐户搜查抗日军人家属，将梁前本老人捆绑抢杀，并残害其妻子、子女三人，鲜血染红了院里的雪地接着又将村内的门窗、柴草、农具浇上汽油点燃，顿时使全村浓烟滚滚，成为一片火海。他们还用扇車向村民屋里和地窖内吹送燃烧辣椒的烟雾。直到中午十二时许，这伙灭绝人性的强盗才仓皇离去。

大火整整蔓延了两天两夜，村里所有的房舍、人畜、家具、粮食、树木被焚烧殆尽。共计烧毁房屋窑洞二百余间，杀死烧死五人，熏死四十三人：其中既有年逾古稀的老人，也有不满三岁的幼童。此外，还烧死羊二百余只及其它禽畜无数。惨遭劫难后的梁家庄，留下的只有残垣断壁和一具具烧焦的尸体；只有母亲哭喊孩儿丈夫呼唤妻子的声音。真是惨绝人寰，令人发指。

日寇的野蛮暴行，给我区人民带来了深重的灾难，同时更激起了广大军民的无比义愤，进而化作同仇敌忾打击侵略者的巨大力量，换来了八年抗战的伟大胜利。值此抗日战争胜利六十周年之际，回首这段惨痛的历史缅怀殉难的父老乡亲，为不忘国耻家仇，激励今人后生，以维护祖国的领土完整和世界的永久和平，谨立斯碑永以为记。

介休市人民政府

公元二〇〇五年四月五日

张良村革命纪念碑

【简介】

2005年8月15日勒石。青石质，圆首。碑通高107、宽69、厚14.5厘米。薄一波题词为行书，其余皆楷体，8行，11字。额篆“绵山忠魂”。现存介休市连福镇张良村。

【碑文】

雄風壮绵岳　浩氣贯河汾

薄一波题

一九八七年九月九日

爱国民主人士的楷模　马鑫

绵山忠魂题

一部运转不息的革命　马达

绵山忠魂题

生荣死烈学延安烈士　马波

刘少白题

新七团文化宣干烈士　马润喜

华北政府题

征集　马富堂　鞠躬

公元二〇〇五年八一五抗战胜利六十周年纪念

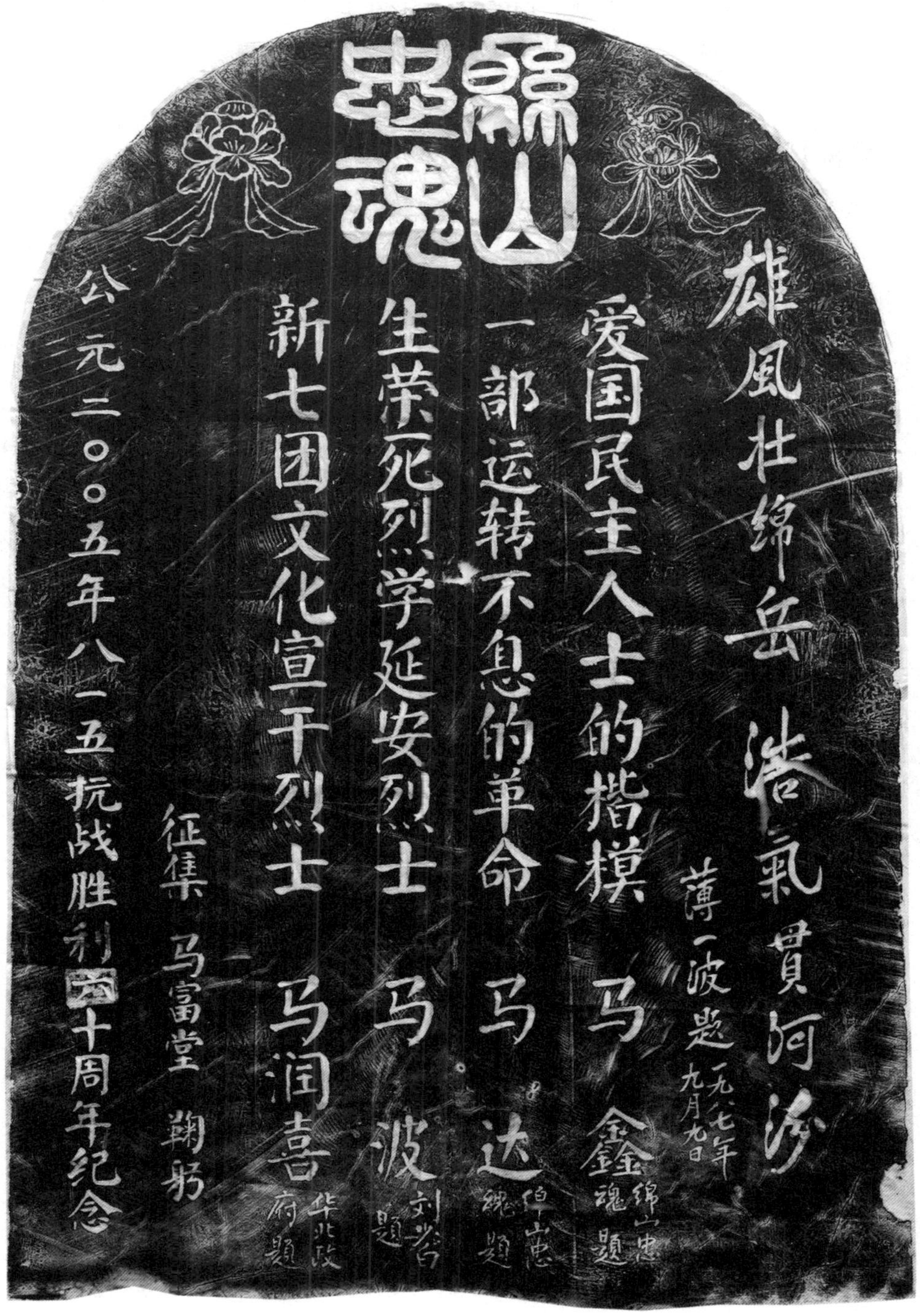

重修嵘师庙碑记

【简介】

2005年勒石。青石质，圆首。碑首高37厘米。碑身高164、宽95厘米。碑文楷体，18行，满行37字。额篆“功德无量”。现存介休市张兰镇板峪村嵘师庙。

【碑文】

重修嵘师庙碑记

板峪村位于介休市东南隅，距城三十三里，南通两沁，北衢汾平。有史以来人才辈出，物华天宝，人杰地灵。

嵘师庙建筑群，座落于板峪村之乾位，屹龙头之势，地势巍峨，脉气厚重，古庙组群布置因山势叠架，曲径相通。庙宇供奉道教诸神仙，史上方圆百里之众莫不顶礼膜拜，实为介邑东南之大观。庙建何时虽无详考，然根据现存经幢上有“大明弘治四年本村侯赵二姓所修（一四九一）”，及门墩石上有“大明正德三年七月修造（一五〇八）”刻记，另有大清道光八年即一八二八年、大清道光二十九年己酉六月重修碑记，说明此庙至晚在明代就存在。经时空遐悠，风雨侵蚀，地震撼动，人为破坏，庙宇屡修屡毁，近百年间更失修葺，现状满目疮痍，濒于颓废，山门摇摇欲坠，窑洞坍塌，禅房火劫，钟鼓楼拆无踪影，殿堂木架倾斜，塑像荡然无存，一片狼籍。时逢升平盛世，国泰民安，二〇〇五年，板峪村党支部、村委会研究决定修缮古庙，恢复已毁建筑。板峪村委会主任郝正琪牵头主办，时经三年，耗巨资二百余万元，民众捐资一百四十余万元，村委会出资七十余万元，所有殿宇遗存得以修葺一新。本次重复保留了原来布置格局，矫正木架，修复窑洞，院落恢复，钟鼓楼重修，山门扩建，禅房翻修，正殿、献殿、歇厦新建长廊、六角亭、石栏板、石雕，重塑东岳大帝、嵘师、三曹官、真武大帝、吕祖诸神，彩绘一新，垒砌石墙，扩改建道路，使名胜古庙文化遗产得以保护，继承发扬光大。此举得民心，深得群众拥护支持，功在当今，益裕千秋，光前启后，谨刻石铭志昭示世人。

纠首：郝正琪

撰文：刘平

书刻：霍首利

岁次二〇〇五年仲夏吉立

正觉寺重修碑记

【简介】

2006年9月勒石。青石质，圭首。碑首高50厘米。碑身高150、宽59.5、厚10.5厘米。碑文楷体，14行，满行33字。额篆“万古流芳”。释万舟撰文。现存介休市义安镇席村。

【碑文】

介休市席村古正覺寺伽蓝殿歷史悠久，香火遞代相續，伽蓝菩薩護佑鄉里，恩澤黎民，萬衆敬仰，頂禮膜拜。然光陰荏苒，时世變遷，寒暑更迭，風雨滄桑，從清朝道光四年廟宇復修後，至今二百年来寺廟逐漸破損，更遭文革動亂，趋於敗燬。為傳承和發揚民族优秀傳統文化，充分利用古文化景觀的优势，適時適宜地對民衆進行傳統的道德教育，貫徹以德治國的方鍼政策，以康啓錦為首的席村村委一班人，順應民意，在世紀之初組织工程隊對伽蓝殿進行了大規模的修葺，至二零零五年春節之前竣工，廟宇面貌為之一新。此殊勝功德之舉，感動八方，可謂四衆歡顔，百姓贊歎，吉地生辉，佛法復興，伽蓝殿香火復旺盛於以往，衆佛教居士热心護持，道場做諸善事，伽蓝殿佛日增暉，法轮常轉，敬錄巍巍功德，樹碑世世銘記。

廟宇修葺功德主：介休市義安镇席村村委

起意糾首：康啓錦　經理買辦：劉丙福

管工：康立德

道場維护：楊世芝　鄧寶林　乔建國　康寶兰　唐翠香　楊福来

介休市正覺禪寺住持釋萬舟　敬撰

佛曆二五五零年　公元二零零六年農曆九月十九日

萬古流芳

介休市席村古正覺寺伽藍殿曆史悠久香火遞代相續伽藍菩薩護佑鄉里恩澤黎民萬衆敬仰頂禮膜拜然光陰荏苒時世變遷寒暑更迭風雨滄桑從清朝道光四年廟宇復修後至今二百年來寺廟逐漸破損更遭文革動亂趋於敗燬為傳承和發揚民族优秀傳統文化充分利用古文化景觀的优势適時適宜地對民衆進行傳統的道德教育貫徹以德治國的方鍼政策以康啓錦為首的席村村委一班人順應民意在世紀之初組織工程隊對伽藍殿進行了大規模的修葺至二零零五年春節之前竣工廟宇面貌為之一新此殊勝功德之舉感動八方可謂四衆歡顔百姓贊歎古地生輝佛法復興伽藍殿香火復旺盛於以往衆佛教居士熱心護持道場做諸善事伽藍殿佛日增暉法輪常轉敬録巍巍功德樹碑世世銘記

廟宇修葺功德主　介休市義安鎮席村村委

起意　糾首　康啓錦　經理　賈辦　劉丙福　管工　康立德

道場維护　楊世芝　鄧寶林　乔建國　康寶兰　唐翠香　楊福來

介休市正覺禪寺住持　釋萬舟　敬撰

佛曆二五五零年　公元二零零六年　農曆九月十九日

佛像贴金记

【简介】

2007 年 5 月勒石。青石质，圆首。碑首高 38 厘米。碑身高 137.6、宽 53.5、厚 10 厘米。碑文楷体，12 行，满行 36 字。现存介休市张兰镇大甫村。

【碑文】

佛像贴金记

介休市人大常委、善男永根曾于甲申年春在村旧关帝庙遗址修复庙门、院墙，并邀平遥双林寺专家在原后殿重塑观音菩萨、弥勒佛、财神爷三大佛像和十八罗汉像，雕梁画栋，修葺一新，冠名康宁寺，并将每年农历二月十七日定为本村庙会日。从该年起，每年六月十九日菩萨出家日，薛君永根□□出资特邀专业团体举行戏曲或歌舞专场晚会，以表善男信女顶礼膜拜之诚心，既丰富了村民的精神生活，亦促进了百姓的安居乐业。几年来，寺内人气凝聚，香火日盛，村民和谐相处，生活安康，实乃神灵庇荫，佛光普照所至。故薛君永根又行善举，于去年暮春花费近万元，从省城太原请关公铜佛一尊，并请平遥推光漆老艺人，历时三个月为三大佛像及十八罗汉全身贴金，耗资近八万元。此善此举，此德此能，真乃为保一方平安，造福村民，仗义疏财，用心良苦。在此不得不独树一笔，刻石以记之，以彰以示后来者矣。

农历丁亥年盛夏之吉五月廿八撰文

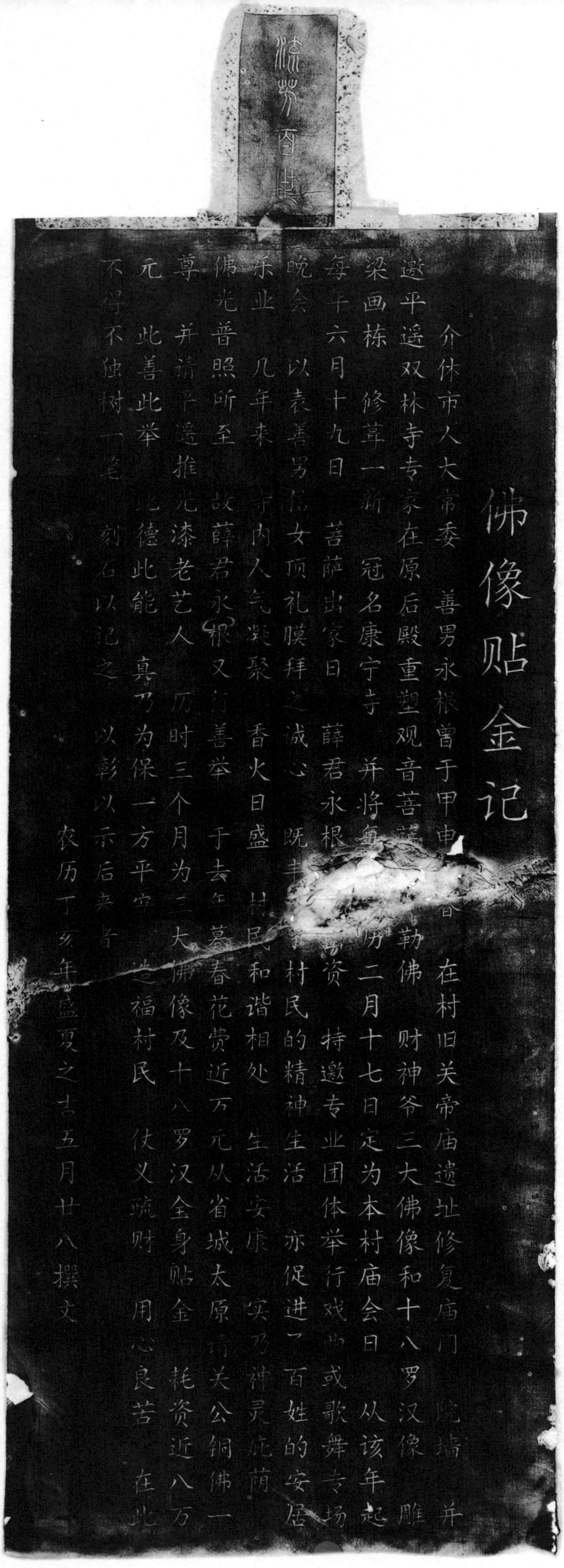

流芳百世

佛像贴金记

介休市人大常委 善男永根曾于甲申□春 在村旧关帝庙遗址修复庙门 院墙 并邀平遥双林寺专家在原后殿重塑观音菩萨□勒佛 财神爷三大佛像和十八罗汉像 雕梁画栋 修葺一新 冠名康宁寺 并将每□历二月十七日定为本村庙会日 从该年起每年六月十九日 菩萨出家日 薛君永根□资 特邀专业团体举行戏曲或歌舞专场晚会 以表善男信女顶礼膜拜之诚心 既丰□□村民的精神生活 亦促进了百姓的安居乐业 几年来 寺内人气凝聚 香火日盛 村民和谐相处 生活安康 实乃神灵庇荫佛光普照所至 故薛君永根又行善举 于去年暮春花费近万元从省城太原请关公铜佛一尊 并请平遥推光漆老艺人 历时三个月为三大佛像及十八罗汉全身贴金 耗资近八万元 此善此举 此德此能 真乃为保一方平安 造福村民 仗义疏财 用心良苦 在此不得不独树一笔 刻石以记之 以彰以示后来者

农历丁亥年盛夏之吉五月廿八撰文

护庙公约

【简介】

2008年10月勒石。青石质。碑首高45.5厘米。碑身高127、宽65、厚8厘米。碑文13行，满行27字。现存介休市连福镇西湖龙村。

【碑文】

护庙公约

为使关帝庙这一建筑得以保存完善，发挥应有的历史价值，依照文物保护法的有关条例规定，特制定如下公约，望大众守诺。

一、文物保护人人有责，善民有权献出爱心，做出应有的善事，予以增添光彩。

二、庙前十米以内不准有任何障碍物影响庙容。

三、任何人不得在庙内庙外张贴广告，书写标语、传单。

四、任何人不得动用庙内一切设施用品，对功德箱钱财不得贪为己用，功德资财用以管理修庙有关支出费用。

五、如有不懂世事的玩童，对庙容做出有损之事，理事会有权追究其家长的责任。

六、对那些存有恶意并造成破坏的事件，理事会上报公安部门予以惩处。

以上公约望大众守而诺之。

西湖龙关帝庙理事会

二零零八年十月一日

护庙公约

为使关帝庙这一建筑得以保存完善，发挥应有的历史价值，依照文物保护法的有关条例规定，特制定如下公约，望大众守诺。

一，文物保护人人有责，善民有权献出爱心，做出应有的善事予以增添光彩。二、庙前十米以内不准有任何障碍物影响庙容。三、任何人不得在庙内、庙外張貼广告，书写标语，传单。四、任何人不得动用庙内一切设施用品，对功德箱钱财不得貪为己用，功德资财用以管理修庙有关支出费用。五、如有不懂世事的玩童，对庙容做出有损之事，理事会有权追究其家長的责任。六、对那些存有恶意並造成破坏的事件，理事会上报公安部门予以惩处。

以上公约望大众守而诺之。

西湖龙关帝庙理事会

二零零八年十月一日

噤师庙修缮碑记

【简介】

2008年6月勒石。青石质，圆首。碑身高162、宽84厘米。碑文楷体，17行，满行40字。额篆“流芳百世”。现存介休市张兰镇板峪村噤师庙。

【碑文】

噤师庙修缮碑记

板峪村扼踞本邑东南，古为介平达晋东南通衢，村史久远，民风淳朴，人勤智睿，政商农工文医人才辈出，矿产丰储、富甲一方。悠遐的历史，偏远的域位，沉淀独特的地域文化。

噤师庙位于本村西北麓巅，与东岳、三曹官、财神诸神合龛奉供，是介休市政府公布的县级文物保护单位，全国罕见、其庙明代已存。其噤师爷祀志何神何人，不得详考，俗传为神游巫医，尤擅医治疑难杂症，疗效甚验，村民仰而神奉，庶人每有疑难杂疾，求之巫咒甚灵，久之方圆百里，无不称其神验。此为传说矣，而真实反映了僻壤之众村医疗的渴求和对民间名医的无比尊敬。

此庙为一因地势错落巧妙布局的建筑群，在长达一百多年的时间里少有修葺，多有自然和人为毁损，殿宇坍塌，断垣残壁，夕阳朔风中荒凄没落之状，莫不潸然。

公元二〇〇五年，村党支部、村委会顺应村民夙愿，出于对文化遗产积极保护的责任，对历史和未来负责的胆识，组织启动维修工程，村民响应，筹募财物，对该庙全面修缮恢复，并对庙周围环境道路综合整治，山川秀美的板峪新农村建设成就斐然。

庙宇修葺遵循原置，修旧如旧，增设画栏、彩灯、石砌护墙，更衬托出该庙的岿然雄踞，灿烂辉煌，不愧为一方胜境。为彰褒板峪村党支部、村委会和全村父老乡亲重视文化遗产保护，众心协力抢修文物之千秋功德，属文以志昭示后人，薪火相传。

介休市人民政府 介休市文物局

公元二〇〇八年六月六日旦立

双福寺碑志

【简介】

2008年11月勒石。青石质，螭首。碑首高100厘米。碑身高213、宽119.5、厚23.3厘米。碑文楷体，17行，满行39字。张文光撰文。现存介休市宋古乡赵家堡村。

【碑文】

雙福寺碑誌

歲次二零零八年，奇賢郭起財先生勤政以來，率村程亮、梁耀明、梁永義、任晉英等群賢，政通人和，百業俱興，和諧安樂。眾視舊廟海潮庵建於光緒五年，因年久失修禿廢破爛，眾所欲望重覆其觀，顯其勝狀。工程極大，非同小可，刻碑以記云：廟位於村中，面積約一萬餘平方米。東臨市都，舉瞻綿山，西靠呂梁，北倚并府。銜太呂山谷之中，吞汾河浩浩蕩蕩，青山綠水，銀帶飛騰，朝暉夕陽，氣象萬千，此則雙福寺大觀。南北交通十分便利，鉄、公四通八達，車水馬龍。夏日晴空萬里，秋日陰雨霏霏，登雙福寺有滿目秀观，宮殿樓閣尽顯奇觀。金、木、水、火、土五行相融，羣賢深欲，可歌可贊。郭起財先生將個人多年嘔心瀝血結存的一千餘萬元作為修復資金，經省、地、市文物部門批准，山西古建築設計院精密設計，由介休市北城區建築安裝公司承建，特邀山西省古雕塑美術家萬緒德教授及高徒王亞軍先生，聘請山西省晉中市書法家張文光先生，五台山高僧如空弟子法名慧緣陳金維先生策劃，榆社丹青彩繪師郭天祥先生，古建雕刻製作郭玉明先生，於二零零六年歲次丙戌年九月廿三日開工，於二零零八年十一月十三日竣工，共耗資 仟 佰 拾 萬餘元。滿世人之願，繼前人之志，以後人之鑒，弘中華五千年文明史。其樂耶！郭先生曰：先天下之憂而憂，後天下之樂而樂。噫，微斯人矣！

於公元二零零八年歲次戊子年十一月十三日

撰書：張文光

鐫字：張朝文

介休市宋牯鄉趙家堡村委員會立

雙福寺碑誌

歲次二零零八年，奇爲郭起財先生勤政以來，率村程亮、梁耀明、梁永義、任晉英等群賢政通人和，百業俱興，和諧安樂，众視舊廟海潮庵建於光緒五年因年久失修秃廢破爛，众所欲望，重覆其觀，顯其勝狀，工程極大非同小可，刻碑以記云：

廟位於村中，面積約一萬餘平方米。東臨市都，舉瞻綿山；西靠呂梁；北倚并府，銜太呂山谷之中。香汾河浩浩蕩蕩，青山綠水，銀帶飛騰，朝暉夕陰，氣象萬千，此則雙福寺大觀。南北交通十分便利，鐵公四通八達，車水馬龍。夏日清空萬里，秋日靈雨霏霏；登雙福寺有滿目秀觀，宮殿楼閣，尽顯奇觀。金、木、水、火、土五行相融。羣賢深欲，可歌可贊。郭起財先生將個人多年嘔心瀝血結存的壹仟餘萬元作為修覆資金，經省、地、市文物部門批准山西古建築設計院精密設計，由介休市北城區建築安裝公司承建。特邀山西省古雕塑美術家萬緒德教授及高徒王亞軍先生。聘請山西省晉中市書法家張文光先生；五台山高僧如空弟子法名慧緣陳金維先生策劃榆社丹青彩繪師郭天祥先生，古建雕刻制作郭玉明先生。於二零零六年歲次丙戌年九月廿三日開工，於二零零八年十一月十三日竣工。共耗資仟佰拾萬餘元。滿世人之願，繼前人之志，以後人之鑒，弘中華五千年文明史其樂耶。郭先生曰：先天下之憂而憂，後天下之樂而樂噫微斯人矣！

撰書：張文光
鐫字：張朝文

於公元二零零八年歲次戊子年十一月十三日　介休市宋胡鄉趙家堡村委會　立

重修关帝庙碑记

【简介】

2008年10月勒石。青石质，圆首。碑首高45.5厘米。碑身高127、宽65、厚8.2厘米。碑文楷体，18行，满行35字。郭树茂撰文。现存介休市连福镇西湖龙村。

【碑文】

重修关帝庙碑记

据介休县志印证及有关资料佐证，原庙建于清嘉庆年间，其原貌位于村北东西横线上，以村南北大街为轴，坐北向南，建筑结构为正殿，为关圣大雄宝殿，东西偏殿，中有过厅、戏楼等配套设施。关帝庙东有园照寺，西有娘娘庙，均建在东西横线上。南有观音庙（坐南向北），相望洪山源神圣水弯曲从关帝庙前绕过，形成傍山（南太岳山）依水、四周果园相印的景观圣地，是嵌在介休东南大地上的一颗明珠。这颗明珠历经三百年的风雨沧桑，特别是“文革”年代的磨难，造成不同程度的摧残，失去了应有的光泽，给后人留下了心灵上的创伤。

雄鸡一唱天下白，迎来了改革之治、开放盛世无限美好的境界，共产党的宗教政策，社会经济繁荣激励着仁人志士的爱国爱家乡的一片赤心。以关圣为楷模，崇尚忠义精神，倡导恢复重建关帝庙，广大善民极力拥护这一义举。这一义举得到了连福镇政府的支持，村民委员会顺应民意，组成重修关帝庙理事会，专门机构实施这一利民工程。

理事会组成人员不负众望，克服重重困难，排除各种干扰，为构建和谐的村风，以和为荣，以人为本，付出心血汗水，做出很大的贡献。

这一利民工程从奠基到竣工，历经六十天工期，耗资二十一万伍仟元。重建后的关帝庙雄伟壮观，给当今和谐社会人文自然增添了亮丽的景观，使古老的关帝庙重新放出光彩。

本碑文由郭树茂先生撰文。

原址重修关帝庙理事会名单如下：

会长：任卫国

理事：任锡勤

道教始祖传裔李宗坤后学書丹

副会长：赵月平　武玉龙　任元石

河南薛昌绪　刻石

公元二零零八年十月一日

重修关帝庙碑记

据介休县志印证及有关資料佐证原庙建于清嘉庆年间其原貌位于村北东西横线上以村南北大街为轴坐北向南建筑结构为正殿为关圣大雄宝殿东西偏殿中有过厅戏楼等配套设施关帝庙东有园照寺西有娘娘庙均建在东西横线上南有观音庙（坐南向北）相望洪山源神圣水弯曲从关帝庙前绕过形成傍山（南太岳山）依水四周果园相印的景观圣地是嵌在介休东南大地上的一颗明珠這颗明珠历经三百年的風雨滄桑特别是文革年代的磨难造成不同程度的摧残失去了应有的光泽给后人留下了心灵上的创伤 雄鸡一唱天下白迎来了改革之治开放盛世无限美好的境界共产党的宗教政策社会经济繁荣激励着仁人志士的爱国爱家乡的一片赤心以关圣为楷模崇善忠义精神倡导恢复重建关帝庙广大善民极力拥护這一义举這一义举得到了連福镇政府的支持村民委員会顺应民意组成重修关帝庙理事会专门机构实施這一利民工程 理事会组成人員不负众望克服重重困难排除各种干扰为构建和谐的村风以和为荣以人为本付出心血汗水做出很大的贡献 這一利民工程从奠基到竣工历经六十天工期耗资二十一仍伍仟元重建后的关帝庙雄伟壮观给当今和谐社会人文自然增添了亮丽的景观使古老的关帝庙重新放出光彩 本碑文由郭树茂先生撰文 原址重修关帝庙理事会名单如下

会長 任卫国 理事 任錫勤 道教始祖传裔李宗坤后学書丹

副会長 赵月平 武玉龙 任元石 河南 薛昌绪 刻石

公元二零零八年十月一日 立

重修银锭山真武庙碑记

【简介】

2008年8月勒石。青石质，圆首。碑首高30厘米。碑身高116、宽58厘米。碑文楷体，15行，满行50字。额题“百世流芳”。现存介休市义棠镇虹霁寺景区。

【碑文】

重修银锭山真武庙碑记

虹霁风光，引人入胜，银锭山头，寺庙如林。宝山之中向东处，自古建有一座真武庙，当年彩塑传神，钟楼双峙，殿中供奉真武大帝。

真武者，玄武也，起初，玄武与青龙、朱雀、白虎同为道教护法神，之后玄武异军突起，逐渐成为道教大神，奉王帝之命，为镇守北方的统帅。真武庙遍布全国各地，而在半山腰上建筑庙者，屈指可数。真武帝塑像，倍加威风，大帝披长发，著黑衣，气势威然，脚踏龟蛇，水火二将簇拥护卫，凡此，无不使拜谒者肃然起敬。

近百年来，银锭山真武庙历经沧桑巨变，风雨剥蚀，终至庙塌像毁，墙塌楼亡，一时胜迹化为废墟，一处景观荡然无存。近几年来，虹霁寺主点宝塔、大殿等相继修复，唯独此庙荒置一隅，足令游人慨叹惋惜。

本邑白岸村武国柱先生，曾任该村党支部书记、义棠镇北井煤矿矿长，九五年起任义棠镇起家凹煤矿经理至今。武国柱同志在各领导岗位上奋发进取，勤政爱民，实绩卓著，深孚重望。尤其在本村任职时，曾领导主持兴建小学、戏台，安装闭路电视，解决人畜吃水，关心教育，繁荣文化，热心公益，造福子孙，誉满乡里。为弘扬民族文化，发展旅游事业，挽救名胜古迹，武国柱先生在家族中首倡捐资修庙，家人深明大义，慨然允诺。尤其是国柱之父，曾任义棠煤矿工贸公司总支书记武国梁先生，其弟义棠镇党委副书记、经委主任武国有先生，对此事更是衷心赞助，鼎力玉成。于是，武国柱弟兄及其他家属尽将心血汗钱解囊献出，共筹集人民币捌万元，用以修复银锭山真武庙，使该庙重现昔日风采，让闻名遐迩的虹霁寺旅游区倍增瑰丽。为表彰武国柱先生及其家属、弟兄子侄捐款义举，特立此碑记。

义棠镇人民政府二零零八月立石

重修关公庙碑记

【简介】

2009年9月勒石。青石质，圆首。碑文楷体，16行，满行40字。额题“功在千秋”。现存介休市义安镇乐善村。

【碑文】

重修关公庙碑记

乐善村关公庙位于乐善村東南，占地面积四十二平方米，為传统的砖木结构建筑。据史料記載，該庙始建于民國初年，距今已有九十余年的历史。然历经了历史的变故和岁月的风雨沧桑，今已面目全非。為保护珍贵历史文化遗产，弘扬传统“忠义”文化底蕴，提高人民群众的精神文化生活水平，增進村民团结、和谐、文明的新风尚，乐善村党支部、村委会顺民心，应民意，在资金困难的情况下，由现任支部书記、村委主任雷炯巖同志带头出巨资，人民群众积极响应，踊跃捐资，才于公元二〇〇九年一月一日动工恢复重建，翻新庙宇，重塑金身，并于同年十一月八日竣工。修复後的关公庙仍為传统的砖木结构建筑，殿高六米，三铺顶，琉璃瓦装饰，飞梁斗拱，精美华丽。殿内关公塑像居中高两米，右有周仓持刀，左有关平捧印，文官、武官侍立两侧。墙上描绘有关公故事的重彩壁画。本次修复工程由介休市雲鹏古建筑工程队承建，耗资贰拾壹万余元，全部由民间个人捐助，参加捐助的人数达四百二十三人之多，充分体现了以雷炯巖同志為首的村支两委班子强大的凝聚力和广泛的号召力，必将成為推动乐善村新农村建设的强大动力。為彰显广大村民优良的传统作风，激发其爱國、爱村、爱家乡的滔滔热情，本次修复工程特立功德碑一座，激励后人，以示留念。

介休市乐善村　党支部　村委会

汾阳市董家庄石雕工艺部　田春堯书　仝志軍刻

公元二〇〇九年已丑九月二十九日　吉立

重修南门楼碑记

【简介】

2010年勒石。青石质，圆首。碑身高141、宽79厘米。碑文行书，12行，满行32字。额题“功德盖世”。现存介休市义棠镇白岸村。

【碑文】

重修南门楼碑记

介休市白岸村南门楼，位于白岸村南，是三晋自古以来南北交通枢纽，东镶汾河，举视绵山，南通盐都、古都西安，西靠吕梁，依山盘水，北依唐虹古郡太原，人杰地灵，风景秀丽。汾河从北往南，串越三贤故里，直达黄河。据考证，南门楼始建于嘉靖年间，邑中贤佬防洪溢、悱懞风水修此楼也，称定阳之南大门。时隔数千年，时代变迁，年久失修，加之文革毁坏，至今破烂不堪，废墟一片。于二零零八年，村贤武志忠、李宏懿上任后，带领村委一班人，继邑先遗志，广集民意，满足众盼，和谐发展，振兴白岸，集会动员村民一致赞同拥护，经上级部门批准，在外知名人士鼎力相助，广大村民踊跃捐资出力，共集柒拾贰万伍千叁佰元。择吉二零零九年九月兴工，共耗资百万余，于二零一零年九月圆满竣工。此建筑气势浩大，风景秀丽，功德盖世，永载史册。其必曰：先天下之忧而忧，后天下之乐而乐！

三贤故里张文光　高建军

龙天庙雕塑佛像碑记

【简介】

2011年勒石。青石质，圆首。碑身高137、宽69厘米。碑文隶书，20行，满行39字。现存介休市张兰镇板峪村三皇庙。

【碑文】

龍天廟雕塑佛像碑記

世有遷流，界有方位，道有隱顯，事有廢興。況夫道在人弘，理應事显，欲承先而啟後，續慧命以傳燈，不爲可無語言文字記載耶？

板峪龍天廟，始建之遠，近代亦就荒圮，急待修繕。二〇〇八年由本村大善人郝正琪等發心出鉅資，歷時三年，修復一新。二〇一一年僧人匯華應邀住持本寺，後越年，募緣檀那，歷時三月餘，漢白玉彌勒佛、護法韦馱雕塑金身圓滿，使古寺更具佛教道場之莊嚴。為報十方施主之厚恩，以表般若之勝因，啟眾生之正信，為眾生近善遠惡之歸，以期不錯因果，詔示來兹，謹以厓略志於石，普願萬善齊彰，同圓種智！

公元二〇一一年　仲秋

沙門匯華撰文

修建正觉禅寺山门缘起碑记

【简介】

2011年2月勒石。青石质。碑长201、宽60厘米。碑文楷体，42行，满行16字。嵌于介休市义安镇席村关帝庙墙壁。

【碑文】

修建正覺禪寺山門緣起碑記

夫寺者，佛教僧衆修道弘法居住的地方。佛法者，三寶也，如冥夜之燈燭，苦海之舟航，火宅之雨澤，即佛法僧寶也。佛為覺，釋迦本師也；法為正，佛說三藏經教也；僧為淨，清淨福田僧衆也。三寶功德難書，讚揚千生罕遇，萬劫難逢，歸依者福增無量，禮念者罪滅河沙，恭敬心誠，必蒙感應。山門者，為寺院正面樓門，過去多建於山林之間，故叫山門，因門有三，亦稱三門，象徵三解脫門，即空門、無相門、無作門。內塑兩金剛力士，為佛教擭法神，法不孤起，仗境方生，道不虛行，遇緣即應。康啟錦自任郇支書以來，心系百姓，為民辦事。其母楊氏學佛，康君受熏，萌生修寺之念，中屢請玉佛寺悲和禪人指導商議。二零零四年，郇委對西側伽藍院（關帝廟）進行了全面修復。零五年禪人之徒萬舟法師佛學院畢業返，受郇委之邀、恩師之托，主持本寺其他工程修建工作。師對該寺周密的做出規劃圖，立名為正覺禪寺。師祖籍山西交城縣安定郇，十九歲出家，二十六歲受具足戒，頗好書畫，喜研禪觀，發弘誓願，不辭辛苦，悲智雙運，六度齊修，開利生之門，演妙法心宗。四處籌集善款，錙銖積累，功德感召郇委郇民，十方檀信大力支持，歷經五載，山門得建，樓殿聳嚴，諸佛歡喜，龍天仰慕，萬人俱瞻，鬼神同慶。功德巍巍，聞是為記。山門及寺周圍牆共計善款肆拾餘萬元。

起意：釋悲和　康啟錦　釋萬舟　康啟貴

管工：康立德

正覺禪寺三寶衆弟子謹述

河南長住介休薛長緒刻石

石河郇董春輝古建隊施工

本寺住持沙門釋萬舟敬書

時維　佛曆二五五五年　公元二零一一年　農曆二月十九仲春　立石

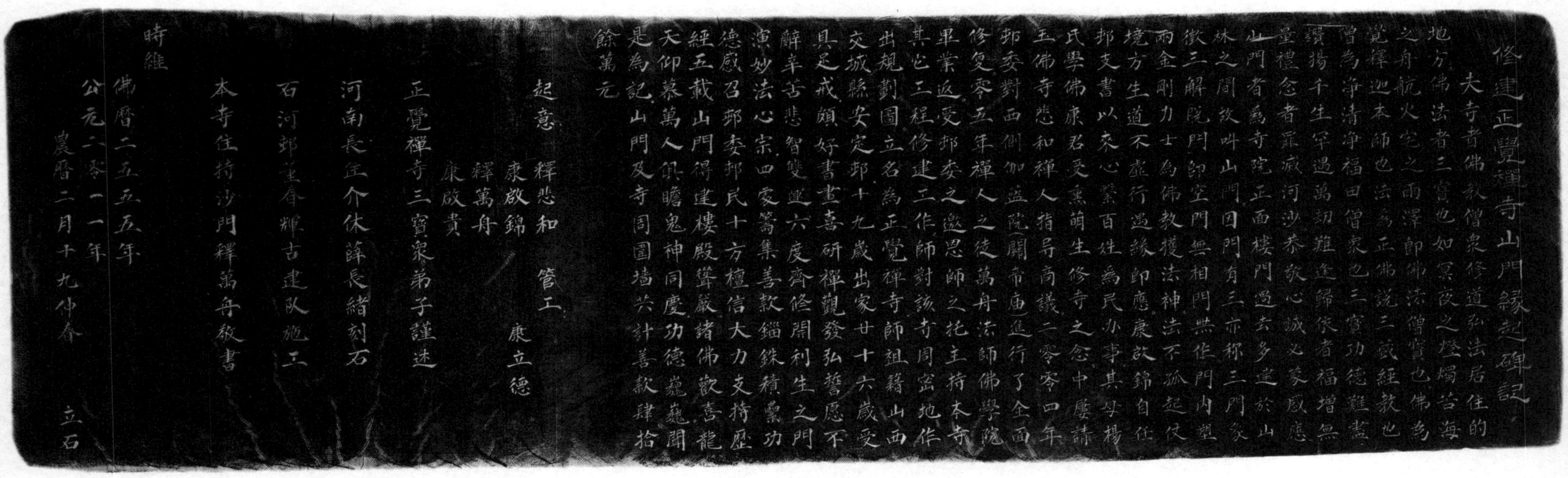

重修龙王庙碑记

【简介】

2011年勒石。青石质，圆首。碑首高27厘米。碑身高101、宽56厘米。碑文楷体，13行，满行31字。额题“万古流芳”。现存介休市义棠镇汪沟村龙王庙。

【碑文】

重修龙王庙碑记

介邑绵山自南而西横亘数十余里，至余村分枝落脉，周围环绕焉，内建龙王古庙居半巖。中巖下出清水，纯净味甘，生灵饮之清爽体健，且灌溉农田，流入于汾。更有苍白大石，形如鸟兽，盘居于庙之前后左右，重峰叠岭，绿水清波，神灵之功欤！唯自大清乾隆岁次乙巳仲冬（一七八五年）整修至今，斗转星移，历经沧桑，年久失修，亟待保护，励民行善，复旺香火，传承古文化促经济发展之理念。父老相约再度整修，重塑龙王、圣母、土地、山神之金身，庙殿绘画，行云布雨，闪电雷鸣，塑钢门窗，气派大方，庙宇屋顶琉璃筒瓦、猫头滴水、兽头挑角，中华大节，壮观雄丽，青砖院墙，条石台阶，四周绿树成荫，花香鸟语，碧水潺潺。大庙落成，龙王显灵，方圆百里普降雨露三天，润泽大地，百姓安居乐业，其乃神功所谓。事讫，嘱记其事，镌碑为志。

倡首人：宋瑞亮

撰文人：李成玉

经办人：李龙成

公元二零一一年岁次辛卯仲秋立

重修关帝庙碑记

【简介】

2012年6月勒石。青石质，螭首。碑首高90、宽83、厚23厘米。碑身高156、宽80、15.3厘米。碑文楷体，13行，满行37字。宋力青撰文。现存介休市义安镇中街村。

【碑文】

重修关帝庙碑记

维公元二零一二年岁次壬辰六月，中街村关帝庙重葺一新，工既竣，纠首赵良利先生属余为文，以勒贞珉，告示将来。因以为稽，夫关帝行宫始立于大清道光二十四年，凡三祀告成，正殿奉供关帝，南殿奉供三大士，东南为魁星楼及乐楼，东西配殿詢之村宿，亦不知奉供何方神灵矣。观夫斯庙，历经风雨，已毁十之八九矣，现仅存大殿三楹，十年前曾重粧神像。岁至壬辰，政通人和，乡民富庶，中华传统文化得以振兴。乡贤赵良利、赵鹏、赵崇泉、刘廷昌好善乐施，几经募化，斥资十三万元，将关帝行宫重新整饬，庙貌辉煌，神象灿然，西壁所绘关帝故事生动感人，金案上香火炽盛，可谓人神同愷，六合蒙庥。兹将捐资人芳名开列于后，以垂不朽云。是为记。

邑人　宋力青　敬撰并书。

经理纠首　赵良利　赵鹏　赵崇泉　刘廷昌

时在　公元二零一二年岁次壬辰六月吉日

重修關帝廟碑記

維公元二零一二年歲次壬辰六月中街村關帝廟重葺一新工既竣糺首趙良利先生屬余為以勒貞珉告示将来因以為稽夫關帝行宫始立于大清道光二十四年九三祀告成正殿奉供關帝南殿奉供三大士東南為魁星楼及楽楼東西配殿詢之村宿亦不知奉供何方神灵矣覌夫斯廟歷經風雨已毁十之八九矣現僅存大殿三楹十年前曾重粧神象歲至壬辰政通人和乡民富庶中華傳統文化得以振兴乡賢趙良利趙鵬趙崇泉劉廷昌好善楽施几經募化斥資十三万元将關帝行宫重新整飭廟貌辉煌神象灿然两壁所绘關帝故事生動感人金案上香火炽盛可謂人神同愷六合蒙庥兹将捐資人芳名開列于後以垂不朽云是為記

邑人　宋力青　敬撰並書

經理糺首　趙良利　趙崇泉　趙鵬　劉廷昌

旹在　公元二零一二年歲次壬辰六月吉日　立

碑记

【简介】

2013年9月勒石。青石质，螭首。碑身高180、宽68、厚8厘米。碑文楷体，33行，满行19字。题额"流芳百世"。现存介休市义安镇白家堡村。

【碑文】

碑记

白家堡村观音堂，位于本村村东，占地面积为800m²,为传统的砖木结构。据史料记载，观音堂始建于清中期乾隆年间，历经风雨沧桑，扬善重德，功勋不朽。百善孝为先，行事德为重，为珍重保护珍贵的历史文化遗产，弘扬中华民族的慈孝德仁，树正气，淳民风，我村党支部、村委会两议代表，顺民心应民意，决定重建观音堂。在支部村委经济困难的情况下，现任党支部书记张丕恭、村委主任温维邦带头捐资，村民郝宝龙、张丽萍夫妇积极响应，并经手筹集善款巨资，各界人士及广大村民崇尚古德，道义之举，积极踊跃参加捐助，使得我村观音堂于2013癸巳年二月初九日动工重建，同年农历九月初三日竣工。

此堂整体形式仿古，精美华丽，意蕴深沉，观音堂正殿中观音菩萨御乘朝天吼庄重威严，左有文殊菩萨驾勅青狮，雄壮睿智，右立普贤菩萨拥坐六牙白象，吉祥深沉。十八罗汉形态百异，各树功德，祥瑞而列。北偏殿文武财神庄严祥和，生财有道。关平捧印，周仓持刀，实述忠、孝、信、义万古扬。南偏殿左尊孔夫子，尚文崇德慈孝，右重文昌星，佑民功读得功名。堂壁彩绘各神韵泽民福祉深远昌。

本堂重建工程由孝义市国亮仿古建筑队承建，耗资50万元，民间个人善捐参捐人数众多，充分体现了我村政通人和、人心向善、崇文尚武、重德尊仁之瑞风，也体现了我村党支部村委会的凝聚力和民信力，此举必将成为我村建设发展的强大动力。为彰显广大村民及远近各界友好爱心人士的慈善仁德之举，激发其爱国、爱家乡的热情，特立碑记一座，激励后人，慈善行孝，远古流芳。

介休市白家堡村　党支部　村委会

二〇一三年九月初三日立

碑记

白家堡村观音堂，位于本村村东，占地面积为800㎡，为传统的砖木结构。据史料记载，观音堂始建于清中期乾隆年间，历经风雨沧桑，扬善重德，功勋不朽。百善孝为先，行事德为重，为珍重保护珍贵的历史文化遗产，弘扬中华民族的慈孝德仁，树正气，淳民风。我村党支部、村委会两议代表，顺民心应民意，决定重建观音堂。在支部村委经济困难的情况下，现任党支部书记张丕恭，村委主任温维邦，带头捐资，村民郝宝龙、张丽萍夫妇积极响应并经手筹集善款巨资，各界人士及广大村民崇尚古德，道义之举积极踊跃参加捐助，使得我村观音堂于2013癸巳年二月初九日动工重建同年农历九月初三日竣工。

此堂整体形式仿古，精美华丽，意蕴深沉，观音堂正殿中观音菩萨御乘朝天吼庄重威严，左有文殊菩萨驾勅青狮，雄壮睿智，右立普贤菩萨拥坐六牙白象，吉祥深沉。十八罗汉形态百异，各树功德，祥瑞而列。北偏殿文武财神庄严祥和，生财有道。关平捧印，周仓持刀，实述忠、孝、信、义、万古杨。南偏殿左尊孔夫子尚文崇德慈孝，右重文昌星，佑民功读得功名。堂壁彩绘各神韵泽民福祉深远昌。

本堂重建工程由孝义市国亮仿古建筑队承建耗资50万元，民间个人善捐参捐人数众多充分体现了我村政通人和，人心向善，崇文尚武，重德尊仁之瑞风。也体现了我村党支部村委会的凝聚力和民信力。此举必将成为我村建设发展的强大动力。为彰显广大村民及远近各界友好爱心人士的慈善仁德之举，激发其爱国，爱家乡的热情，特立碑记一座，激励后人，慈善行孝，远古流芳。

介休市白家堡村党支部
村委会

二〇一三年九月初三日立

修缮樊王村观音堂功德碑记

【简介】

2013 年 10 月勒石。青石质，螭首。碑首高 90、宽 52 厘米。碑身高 204、宽 79、厚 16 厘米。碑文楷体，11 行，满行 42 字。胡联斌撰文。现存介休市连福镇樊王村。

【碑文】

修缮樊王村观音堂功德碑记

樊王村得名于汉刘邦武将樊哙，西汉时期已成村落。观音堂内古迹毁坏严重，修缮中在旧墙拆出一石刻牌匾，匾中称在清乾隆十八年，本村任姓村民卖马坡耕地得银资修。之后观音堂经历漫长岁月，日晒雨淋，加之“文革”毁坏，早已面目全非，一度由村委会占用。本村杨姓后人杨瑞平同志，响应党的号召，白手起家，兴办实业，造福桑梓，致富不忘乡亲，二零一二年在村内建设水塔一座，解决村民吃水困难，修建排水渠，功在当代，利在后人。翻盖财神殿，修缮观音堂，雕塑佛像，新建大戏台，共出资一百余万元，现今之观音堂庄严雄伟，更胜昔时。有政策支持，神灵佑护，樊王村今后将更加繁荣昌盛，兴旺发达，村民安居乐业，奔向富裕道路。衷心感谢杨瑞平同志慷慨捐助、救危助困、兴建公益的善举，谨以碑记。

出资人：杨瑞平　侯加强　孟永生

技术总指导：王元根

雕塑人：王元东

监工：张海云　晋明礼

经办人：村支部书记张永生　村委主任王元生　曹翠风　李发全　张景峰

碑记撰稿人：胡联斌

二零一三年十月十二日　樊王村委　立

修缮樊王村观音堂功德碑记

樊王村得名于汉刘邦武将樊哙，西汉时期已成村落。观音堂内古迹毁坏严重，修缮中在旧墙拆出一石刻牌匾，匾中称在清乾隆十八年，本村任姓村民，卖马坡耕地得银资修。之后观音堂经历漫长岁月，日晒雨淋，加之文革毁坏，早已面目全非，一度由村委会占用。本村杨姓后人杨瑞平同志，响应党的号召，白手起家，兴办实业，造福桑梓，致富不忘乡亲，二零一二年在村内建设水塔一座，解决村民吃水困难。修建排水渠，功在当代，利在后人。翻盖财神殿，修缮观音堂，雕塑佛像，新建大戏台，共出资壹佰余万元，现今之观音堂庄严雄伟，更胜昔时。有政策支持，神灵佑护，樊王村今后将更加繁荣昌盛，兴旺发达，村民安居乐业，奔向富裕道路，衷心感谢杨瑞平同志慷慨捐助，救危助困、兴建公益的善举，谨以碑记。

出资人：杨瑞平 侯加强 孟永生 技术总指导：王元根 雕塑人：王元东 监工：张海云 晋明礼

经办人：村支部书记张永生 村委主任王元生 曹翠凤 李发全 张景峰 碑记撰稿人：胡联斌

二零一三年十月十二日 樊王村委 立

創建正觉禅寺大雄宝殿功德碑记

【简介】

2014年勒石。青石质，螭首。碑首高84.5、宽76、厚26.5厘米。碑身高205、宽80.5、厚20.5厘米。碑文楷体，20行，满行57字。现存介休市义安镇席村。

【碑文】

創建正覺禪寺大雄寶殿功德碑記

能仁闡教，駕度世之慈航；正覺立言，沛濟人之法雨。納清凉于火宅門外，拔沉溺于業海波中。方便善巧，以開迷悟，迷者自貽其咎，悟者超凡入聖，感而化之，善惡昭彰。夫三寶者，覺、正、净也，覺而不迷，正而不邪，净而不染，萬行具足。冥冥長夜之燈燭，滔滔苦海之舟航。夫三寶者，有事理之分，理三寶者，一體三寶是也，事三寶者，佛、法、僧是也。無非使人趨善而背惡，去妄以顯真，超極樂而斷輪回。故歷有修寺塑像無量功德善舉，朝野僧俗，鍥而不舍，樂此不疲。居介邑東北廿里席村，舊有伽藍西院（關帝廟）一所，不知創自何時，于清道光四年重修。后經“文革”浩劫，該院傾圮，神像俱毁，于二零零四年由席村村委書記康啟錦為首一班人出資復修。法不孤起，仗境方生，躬逢盛事，國運昌而佛教興。随着國家整體建設的推進，為贯徹黨中央文化大繁榮發展的方針，發揮佛法在傳統文化中的積極作用，啟迪智慧，净化人心，祥和社會。二零零五年萬舟法師應村委之邀住錫該地，夜夢白須道人摸頂與其語曰：“來則有緣，心定莫移，自度度人，人性本覺。”次日醒之，百鵲聲鳴，身心歡愉，前未曾有。遂發願駐此創一道場，立名為正覺禪寺，并設計出該寺宏偉藍图。前為四天王殿，鐘鼓二樓附側；中为三面觀音、十八羅漢及放生池，渾圓一體，東西列以祖師、伽蓝二院，環翼两无廡；后為大雄寶殿，其左為選佛之場，右為方丈之所。師嘔心瀝血，奔波呼吁，備受艱辛，籌集善款，消灾誦經，襯攢錙銖，感得十方信眾布施結緣。于二零零七年春師籌资二十萬元，奠定大雄寶殿地基；師又于二零零九年農曆二月續建，因資金缺乏，因緣不足，修到水泥框架完工后被迫停工，耗資八十余萬元。中途一停四年，期間框架風餐雨蝕，水泥粉化，鋼筋鏽殘，無人問津。觀之痛切萬分，不勝凄凉，年日日久，師唯恐前功盡弃。然自古凡事只要用心，必有諸佛善神護佑，莫無不成。天降康宏洗煤有限公司董事長康啟貴，師暇間與其談起此事，康君極力附隨，鞠躬盡瘁，願成善舉，慷慨解囊，無償奉獻，募捐巨資　　　萬元，于二零一三年再次續建，康君與師輾轉于寺上寺下，籌劃于巨細内外。兩年廢寢忘食，勞神用心，占地一千五百平方米、闊七間明清風格重檐歇山大殿終于圓滿落成。期間康啟錦、宋新民、孟銀光、梁振來、郝利梅、張小琴等護法携全家盡心竭力，發心協助，共成盛舉。如今石板鋪地，欄楯護柱。雕梁画棟，壁画莊嚴。尤其内塑三佛，巍巍金容，影暢表里，威光赫奕。可謂諸佛歡喜，龍天吉祥，鬼神同慶，光耀千秋。從此十方檀信，頻頻来集，廣度众生脱離水火，演暢如來出世本懷。供養諸佛，惠利群生。拯濟負荷，救療三苦。齊登仁壽之域，咸證菩萨妙果。創建之辛，構締之美，吾親歷之，不可無述，以示后來，故刻石以昭示永久。其施財資助者之姓氏，具列于碑陰及附碑，用同垂不朽焉。

起意糾首：釋萬舟　康立德　楊世芝　康啟錦　康啟明　康啟貴

經理買辦：釋匯悟　任晋琴　劉海春

管工：康立德　康明富　張風羽

本寺住持沙門萬舟主建

班首執事：釋萬慈　釋萬休　釋匯悟　釋匯一　釋匯信等立石

三寶弟子匯謙居士撰文

佛曆二五五八年　公元二零一四年歲次甲午梅月

观音庙历史信息碑记

【简介】

2014年夏勒石。青石质。碑长161、宽70厘米。碑文楷体，25行，满行13字。记述了旧碑内容新刻的缘由。嵌于介休市连福镇西狐村观音庙墙壁。

【碑文】

观音庙历史信息碑记

观音庙历经沧桑，屡遭损毁。村委会迎合民众所望，为保护和传承前辈文化遗产，对本古建筑进行了抢救性修复。整修时在墙壁泥皮下，发现了先贤们捐款行善之义举记载，有部分保存比较完善，现按原样刻碑铭记，供后人瞻仰。

本村金粧　菩贤菩萨信士王承信　妻杜氏　男仁文　男仁广　妻杨氏施银伍两

本村金粧　观音菩萨信士逯元试　妻孟　王　贾氏　男享璞　妻王氏　享玠　妻郭氏　孙男灵芝　灵蘭施银陆两

本村金粧　文殊菩萨信士王承印　妻王氏　田氏　男体仁　妻张氏　男体盛　妻孟氏施银伍两

本村金粧　信女王门康氏施银　连福信女孟门施银　信士王九章施银壹两

信士王九定施银叁钱陆分

信女董氏　温氏施银叁钱陆分

公元二〇一四年季夏立

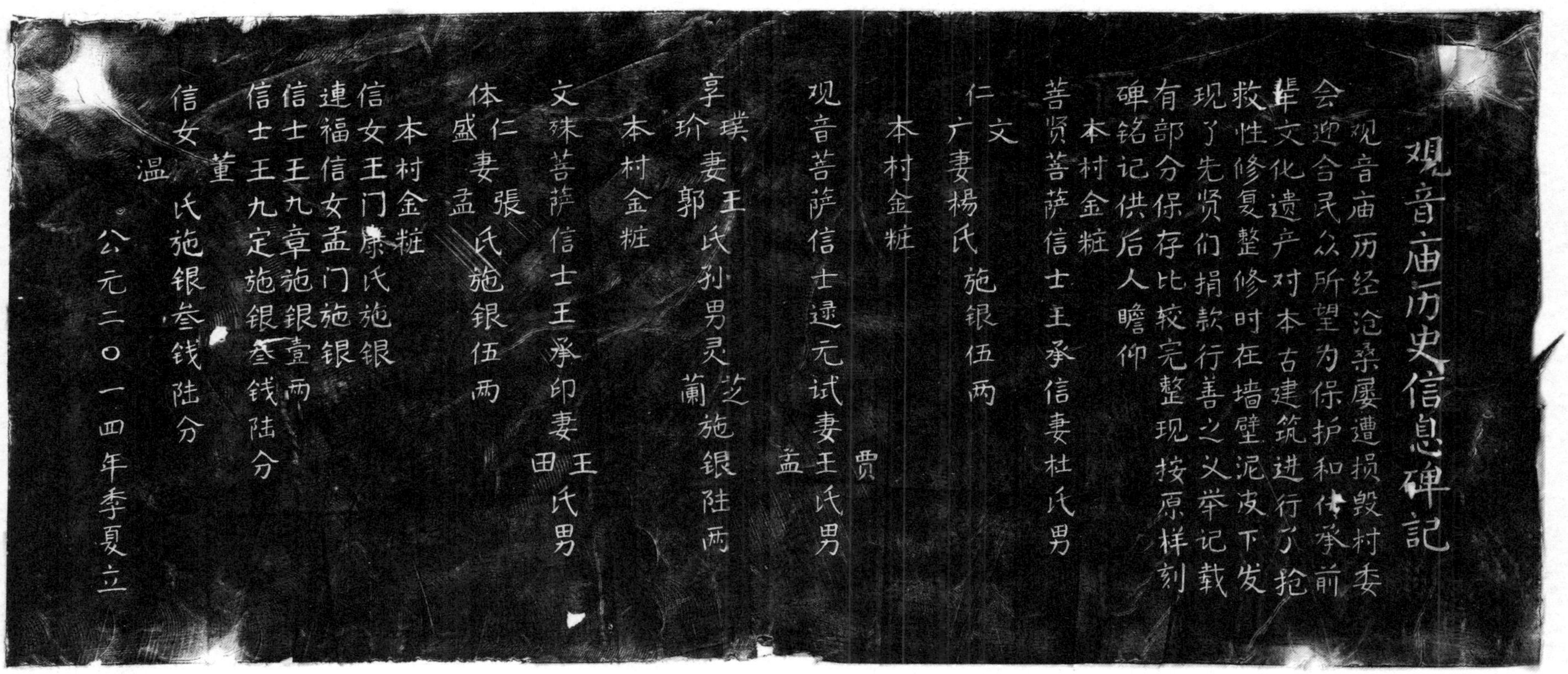

纪重修娘娘庙功德人之碑

【简介】

2014 年 8 月勒石。青石质，螭首。碑首高 44 厘米。碑身高 128、宽 64.5、10 厘米。碑文楷体，13 行，满行 37 字。宋力青撰文。现存介休市连福镇赵家庄村。

【碑文】

纪重修娘娘庙功德人之碑

俗云一方神祇呵护一方百姓。介邑东南三十里赵家庄旧有庙宇，乡人称之曰娘娘庙，而始建年代无考，虽有碑石一通尚存，但因字迹模糊，殊难辨认，不可稽考矣。夫娘娘者，乃送子观音也，乡民沐其恩泽可谓深矣，是以天地钟毓，必生才俊，若乃本庄赵公是也。赵公名海金，生而仁厚，笃行博爱，勤劳俭朴，泽及桑梓，其长子建飞秉承父风，功在当时，俾全村父老丰衣足食，富甲一方，口碑传送，兹不复详论也。

聿夫时代鼎革，百业俱兴，海金公暨建飞乔梓目睹娘娘庙残破不堪、神像颓败，毅然解囊，斥资三百余万元人民币，另择吉地重修新庙，俾千年古庙，大放异彩。是役自二零一四六月开工，当年告竣，由海金公董其事，纠工庀材，善始克终，不负众望，崇楼杰阁巍巍然屹立青山秀水间，天时地利，人和神灵，是村必将兴旺，乡民强康矣。纠首属余作文纪胜，余不善此道，而海金公父子千秋功德感动余怀，爰以为之，文字粗略，远未能尽述其二位功德者也。

介休后学　宋力青　谨撰并书

时在　公元二零一四年岁次甲午八月　吉　日

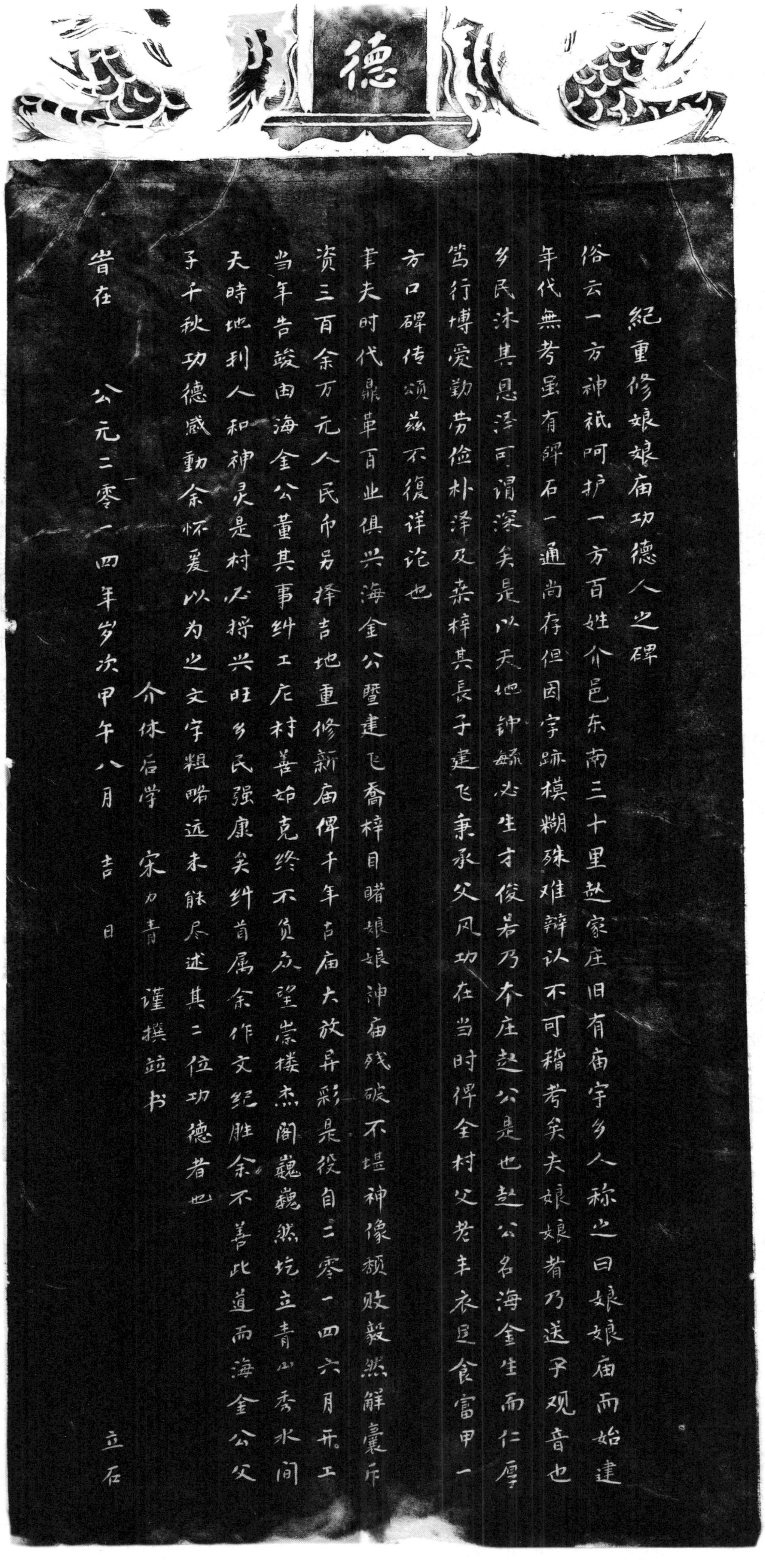
德

紀重修娘娘庙功德人之碑

俗云一方神祇呵护一方百姓介邑东南三十里赵家庄旧有庙宇乡人称之曰娘娘庙而始建年代無考虽有碑石一通尚存但因字跡模糊殊难辩认不可稽考矣夫娘娘者乃送子观音也乡民沐其恩泽可谓深矣是以天地钟灵必生才俊若乃本庄赵公是也赵公名海全生而仁厚笃行博爱勤劳俭朴泽及桑梓其長子建飞秉承父风功在当时俾全村父老丰衣足食富甲一方口碑传颂兹不復详论也

聿夫时代鼎革百业俱兴海全公暨建飞喬梓目睹娘娘神庙残破不堪神像颓败毅然解囊斥资三百余万元人民币另择吉地重修新庙俾千年古庙大放异彩是役自二零一四六月开工当年告竣由海全公董其事纠工庀村善始克终不负众望崇楼杰阁巍巍然屹立青山秀水间天時地利人和神灵是村必將兴旺乡民强康矣纠首属余作文纪胜余不善此道而海全公父子千秋功德感動余怀爰以为之文字粗陋远未能尽述其二位功德者也

介休后学　宋力青　谨撰並书

旹在　公元二零一四年岁次甲午八月　吉日　立石

义棠镇后庄村真武庙重修碑记

【简介】

2014年勒石。青石质，圆首。碑身高157、宽93厘米。碑文楷体，20行，满行51字。碑左右镌刻对联“继往克彰前世美；开来可启后人传”。现存介休市义棠镇后庄村真武庙。

【碑文】

义棠镇后庄村真武庙重修碑记

癸巳冬月，后庄村真武庙重修告竣。千古寺庙，重焕神采，文化遗产，得以保护。

后庄村历史悠久，古代大槐树栽种形成一只凤凰图案，现村庙门口古槐有文化部门碑记，推溯后庄村建村在四百年以上，属古村落，村东北方古建真武庙，砖木结构，一入庙门，关帝殿阁、真武殿、送子娘娘殿、龙王殿、两侧厢房、戏台浑然一体，后经“文革”，关帝阁及寺庙神像俱毁，仅存带歇厦古窑洞三间与破厢房一处。幸存歇厦两侧镶嵌砖雕艺术莲花绣球图案两块，年代久远，保存完好，有较高的考古价值。

真武庙尊造年代无确考，五块功德碑俱毁，给后世留下推测。据现存正殿歇厦樑题字：“扶梁功德主张国兴、张国隆先生捐银壹拾贰两”记载，张氏国字辈约在清康乾时代重修时捐资的表彰。

时至二〇一二年，李年保先生当选村委主任，率助理张海元及一班人，践行求德务实之宗旨，弘扬乐善奉献之精神，解民忧，办实事，大得民心，尤为突出。捐资修庙，在古庙原址翻修歇厦，雕梁画栋，琉璃装饰，彩绘壁画，歇厦铭柱悬挂乌黑瓦筒楹联，“以三十合修而成道德；得八十二化以伏龟蛇”，金碧辉煌，“玄帝宫”匾额高悬，雄壮威武，神气瑞庄。彩塑真武大帝宝相庄严，十大元帅威武勇猛，送子娘娘慈眉善目，龙王爷叱咤风云，全身塑像十九尊，匠心独具。正殿顶上，利用白岸村善士李宏懿先生所赠材料，新造老君阁，彩塑太上老君及侍童神像，威严端庄，神采奕奕。

重修古庙，耗资四十余万元，由李年保、张海元、村民及社会各界友好善士捐赠，不动用村集体分文。

新建真武庙，青石雕栏，殿堂清雅，晨钟暮鼓，梵音萦绕，铜鼎供桌，香烟袅袅，风水宝刹，相得益彰，昌明佛法，宣昭德行，国力昌隆，和谐久安，福佑八方，天人共喜，故铭石而谨誌。

创意：李年保

策划：张海元

督工：王聚善

财务：王来柱

承建技师：杜继生

彩塑技师：樊学平

撰文：介邑晚生张增辉

时在公元二零一四年岁次甲午槐月吉日

【联文】

繼往克彰前世美

開來可啟後人傳

重修娘娘庙碑记

【简介】

2014 年 8 月勒石。青石质，螭首。碑首高 56 厘米。碑身高 153.5、宽 76、厚 15.3 厘米。碑文楷体，13 行，满行 40 字。宋力青撰文。现存介休市连福镇赵家庄村。

【碑文】

重修娘娘庙碑记

古人云：石韫玉而山辉，水怀珠而川媚。吾邑介休得天地之钟毓，山川之灵秀，自古为三晋名域。其去郭东南三十里有天峻山，举目远眺，峰峦秀美，高入云表，与邑西南之绵岳对峙，势在伯仲之间。其东麓有村曰赵家庄，房舍栉比，坐落在青山绿水之中，四周松柏交翠，眼底溪水潺湲，宛若仙境。据村人云，是村原名曼岭，民国后称现名，至今沿用之，属连福镇管辖，村民居住此地复有千年矣。

是村向有娘娘庙，即送子观音庙，百姓蒙观音菩萨庇庥，安居乐业，然时代陵替，风雨交侵，破败不堪。欣逢盛世百废俱兴，村民复议重修娘娘庙，以谢覃恩。爰择吉日破土动工，是役自二零一四开工，当年告竣，共耗资三百余万元人民币。纵观是庙宏丽壮观，正殿三楹供奉观音菩萨，重楼单楹供奉太上老君，东配殿祀文昌帝君，西配殿祀关圣大帝，南向山门大殿，左右翼为钟鼓楼，客寮厨房具备，总占地三亩有奇。是役赵海金公暨长子建飞、仲子建忠、季子建光乔梓斥资、规则不遗余力，功德无量，总之天时地利人和神安者也。爰作是文以纪其盛，昭示来兹。

介邑后学　宋力青　谨撰并书

时在　公元二零一四年岁次甲午八月吉旦

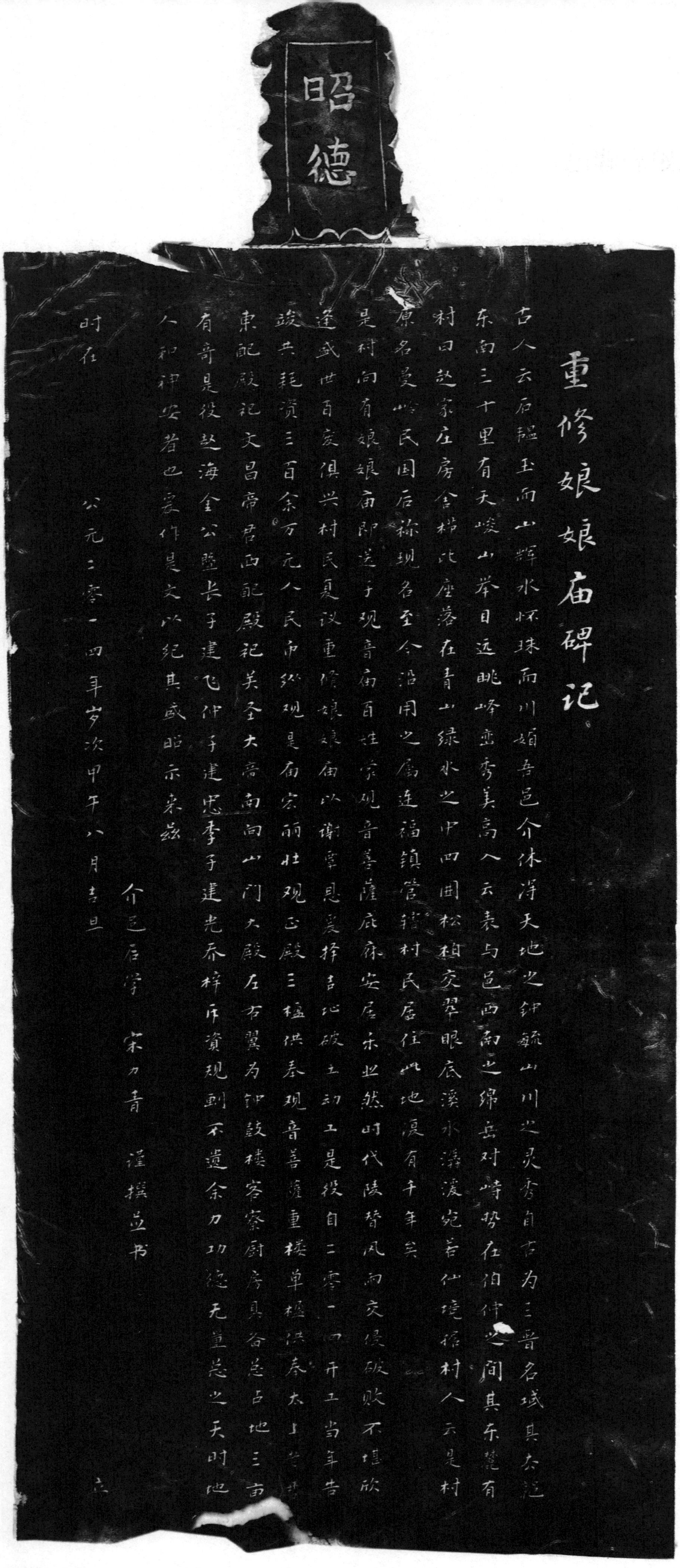

昭德

重修娘娘庙碑记

古人云石韫玉而山辉水怀珠而川媚吾邑介休浮天地之钟毓山川之灵秀自古为三晋名域其东迤东南三十里有天峻山举目远眺峰峦秀美高入云表与邑西南之绵岳对峙势在伯仲之间其东麓有村曰赵家庄房舍栉比座落在青山绿水之中四周松柏交翠眼底溪水潺湲宛若仙境据村人云是村原名曼峪民国后称现名至今沿用之属连福镇管辖村民居住此地浸有千年矣

是村向有娘娘庙即送子观音庙百姓崇观音菩萨庇庥安居乐业然时代陵替风雨交侵破败不堪欣逢盛世百废俱兴村民复议重修娘娘庙以谢宁息爰择吉地破土动工是役自二零一四年开工当年告竣共耗资三百余万元人民币纵观是庙宏丽壮观正殿三楹供奉观音菩萨重楼单檐供奉太上老君东配殿祀文昌帝君西配殿祀关圣大帝南向山门大殿左右翼为钟鼓楼客寮厨房具备总占地三亩有奇是役赵海全公暨长子建飞仲子建忠季子建光恭梓乐资规划不遗余力功德无量总之天时地人和神安着也爰作是文以纪其盛昭示来兹

介邑后学宋力青谨撰並书

时在公元二零一四年岁次甲午八月吉旦 立

重修娘娘庙纪赵公乔梓功德碑

【简介】

2014年8月勒石。青石质，螭首。碑首高57厘米。碑身高154、宽76、厚15.5厘米。碑文楷体，13行，满行40字。宋力青撰文。现存介休市连福镇赵家庄村。

【碑文】

重修娘娘庙纪赵公乔梓功德碑

俗云：一方神灵呵护一方百姓。介邑东南三十里有赵家庄并有庄，里人呼为娘娘庙，而始建年代无考，庙侧有碑尚存，但因字迹模糊，殊难稽考矣。夫娘娘庙者迺送子观音也，乡民沐其恩泽可谓深矣。赵家庄得神灵眷顾，山川钟毓，才俊辈出，斯世有赵海金公是也。海公生而仁厚，笃行博爱，勤劳简朴，堪为乡梓翘楚。其長子建飞、仲子建忠、季子建光皆有父风，德才兼备，乡国望重。海公乔梓致富一方，未忘乡亲，俾全村父老丰衣足食，乐业安居，伊父子功德非片言只字所能尽述矣。娘娘庙既圮，海公暨诸子目击心伤，慨然斥资三百余万元，择吉地重修娘娘行宫，俾千年古庙焕然一新，既宏且丽，去日之残局荡然无存矣，是村乡民亦将仰仗娘娘之神贶兴旺发达也。

是役自公元二零一四年六月开工，明年告成，海公董其事，纠工庀材，善始善终。崇楼杰阁，巍巍然屹立于青山绿水之中，人神共悦，然海公乔梓之不朽功德与青山同在，万古不磨，永为后人瞻仰。余不善作文，字句鄙陋，有愧乡贤，尚期阅者批评。是为记。

介邑后学　宋力青　谨撰並书

公元二零一四年岁次甲午八月　吉旦　恭立

永芳

重修娘娘庙纪赵公乔梓功德碑

俗云一方神灵呵护一方百姓介邑东南三十里有赵家庄並有庙里人呼为娘娘庙而始建年代无考庙侧有碑尚存但因字跡模糊殊难稽考矣夫娘娘庙者画送子观音也乡民沐其恩泽可谓深矣赵家庄得神灵眷顾山川钟毓才俊辈出斯世有赵海金公是也海公生而仁厚笃行博爱勤劳俭朴堪为乡梓翘楚其長子建飞仲子建忠季子建光皆有父风德才兼备乡国望重海公乔梓致富一方未忘乡亲俾全村父老丰衣足食乐业安居伊父子功德非片言只字所能尽述矣娘娘庙既圮海公暨諸子目击心伤慨然斥资二十余万元择吉地重修娘娘行宫俾千年古庙焕然一新既宏且丽去日之残局荡然无存矣是村乡民亦将仰仗娘娘之神贶兴旺发达也

是役自公元二零一四年六月开工明年告成海公董其事纪工庀材善始善终崇楼杰阁巍巍然屹立于青山绿水之中人神共悦然海公乔梓之不朽功德与青山同在万古不磨永为后人瞻仰余不善作文字句鄙陋有愧乡贤尚期阅者批评是为记

介邑后学　宋力青　谨撰並书

时在　公元二零一四年岁次甲午八月　吉旦　恭立

重修送子观音大士行宫碑记

【简介】

2014 年 8 月勒石。青石质，螭首。碑首高 44.5 厘米。碑身高 127.5、宽 65、10 厘米。碑文楷体，13 行，满行 37 字。宋力青撰文。现存介休市连福镇赵家庄村。

【碑文】

重修送子观音大士行宫碑记

盖闻石韫玉而山辉，水怀珠而川媚，乃天地之造化也。吾邑介休得山川钟毓，为三晋名区，其去郭东南二十里有山名曰天峻，望之峰峦秀美，高出云表，因以名之。而其西麓有村，四围木石交翠，房舍栉比，鸡犬相闻，宛若世外。据村人云，是村旧称慢岭，民国后呼作赵家庄，至今沿用之，属连福镇辖管，村人乔居此地亦有千年矣，故民心敦厚，古风犹存者也。

稽之里人云，是村向有娘娘庙，即送子观音之行宫耳，菩萨显灵，百姓蒙庥，香火尤炽，然因时代陵替，风雨交侵，残破不堪矣。今逢盛世，百业俱兴，村民复议重修娘娘庙以报神恩，遂择吉地宝址，纠工庀材，越明年大功告成。纵观是庙气势恢宏，整齐庄丽。依次为正殿，面阔三楹，西侧为耳房，金妆观音神容，重楼一楹，供奉太上老君尊容，东配殿供奉文昌帝君、西配殿供奉关圣大帝。全院呈三合形制，钟鼓楼分为左右翼，山门巍然屹立，面对青峰，令人起敬，炊房客寮一应俱全，占地三亩有奇，耗资三百万元有余。是以天宝地灵，人神同怿，爰作斯文以告后世永传不朽。

介休后学　宋力青　谨撰并书

时在　公纪二零一四年岁次甲午八月　吉　旦

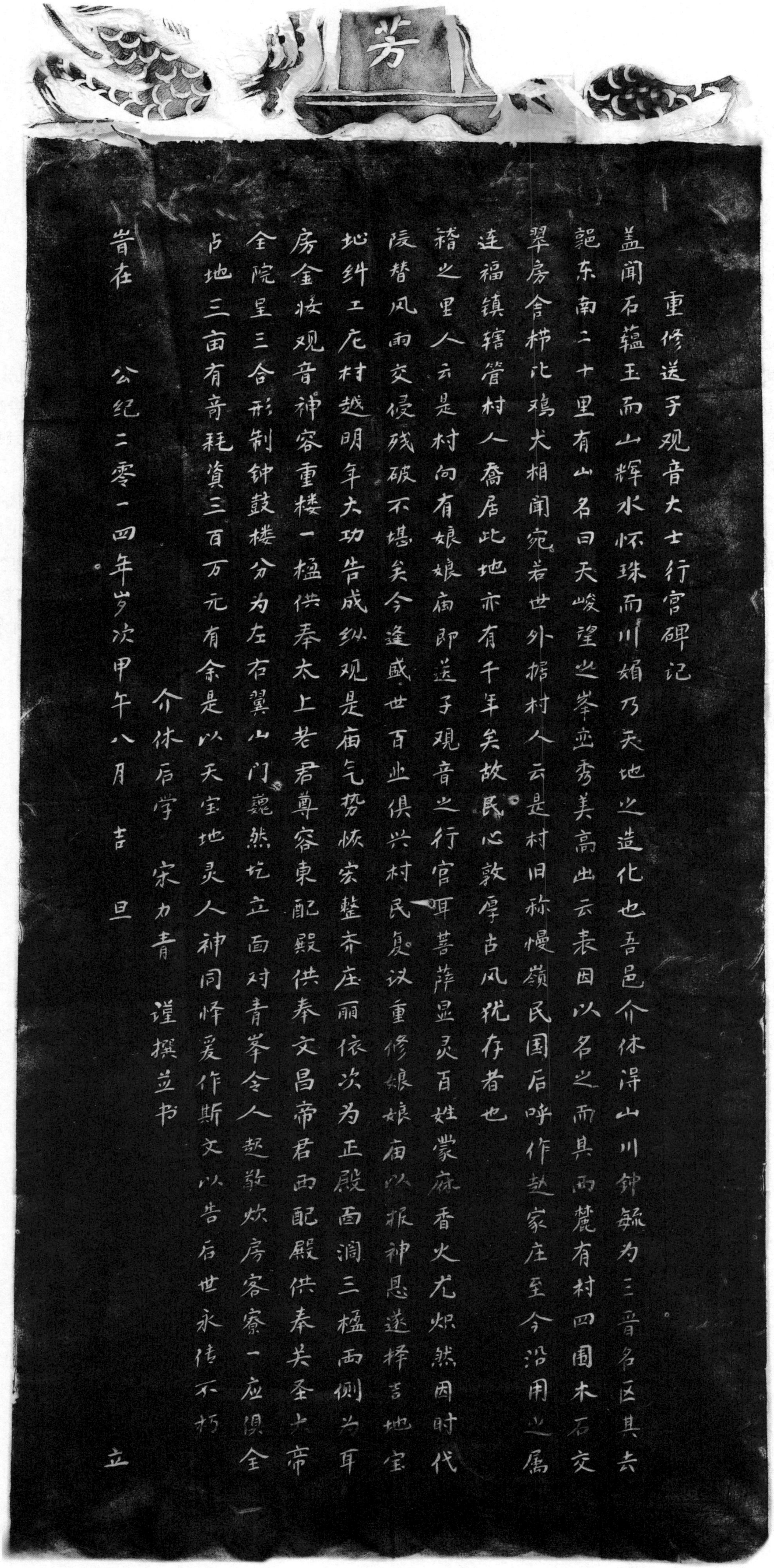
芳
重修送子观音大士行宫碑记
盖闻石韫玉而山辉水怀珠而川媚乃天地之造化也吾邑介休得山川钟毓为三晋名区其去
邑东南二十里有山名曰天峻望之峰峦秀美高出云表因以名之而其西麓有村四围木石交
翠房舍栉比鸡犬相闻宛若世外据村人云是村旧称幔岭民国后呼作赵家庄至今沿用之属
连福镇辖管村人裔居此地亦有千年矣故民心敦厚古风犹存者也
稽之里人云是村向有娘娘庙即送子观音之行宫耳菩萨显灵百姓蒙庥香火尤炽然因时代
陵替风雨交侵残破不堪矣今逢盛世百业俱兴村民复议重修娘娘庙以报神恩遂择吉地宝
地纠工庀材越明年大功告成纵观是庙气势恢宏整齐庄丽依次为正殿面阔三楹两侧为耳
房金妆观音神容重楼一楹供奉太上老君尊容东配殿供奉文昌帝君西配殿供奉关圣大帝
全院呈三合形制钟鼓楼分为左右翼山门巍然屹立面对青峰令人起敬炊房客寮一应俱全
占地三亩有奇耗资三百万元有余是以天宝地灵人神同怿爰作斯文以告后世永传不朽
介休后学　宋力青　谨撰并书
旹在　公纪二零一四年岁次甲午八月　吉旦　立

关圣帝庙修缮碑记

【简介】

2015年5月勒石。青石质，圆首。碑首高48厘米。碑身高150、宽69.5、厚9.5厘米。碑文楷体，13行，满行31字。刘平撰文。现存介休市连福镇西狐村。

【碑文】

关圣帝庙修缮碑记

据旧碑《重修关圣帝庙碑记》记载，该庙建于乾隆五十年（一七八五），重修于光绪二十三年（一八九七），碑文中提及西狐村者即旧碑所记载北狐村也，未知何年更名，故不具论重修事项。曾因失火，前面木结构被烧毁，庙中神像幸得砖窑庇护才得以保存。庙内东西山墙上绘有生动的三国故事壁画，像这样保存完整的清代壁画已不多见。由于历史原因，该庙屡遭损毁，许多文物被盗，经村两委会及村民代表会议研究决定，对该庙进行抢救性修复和保护。为保护传承历史文化遗产，迎合民众所望，由村支部书记、村民委员会主任王家全牵头集资庇材，村民自发捐款，集社会贤达人士慷慨解囊，使得此善举得以完成。经过两年多工期，用资二十余万元人民币，将此庙宇修缮一新，重放容光。为纪念此举，立碑铭记，以励后人对历史文物的保护，对传统文化延续爱护并发扬光大。

纠首　王家全

经记　王耀林

撰文　刘平

公元二〇一五年五月

弘福寺碑记

【简介】

2015年夏勒石。青石质，圆首。碑首高37厘米。碑身高123、宽65.5厘米。碑文楷体，16行，满行44字。额题“功德永存”。现存介休市义安镇田岳堡弘福寺。

【碑文】

弘福寺碑记

介休城东三十里处田岳堡村，物华天宝，人杰地灵。村北有新建庙宇曰弘福寺，其原址是该村田家佛堂旧址。原庙始建于何时，久已湮没无闻，从原庙断碑中知，该庙在清道光二十四年维修，后年久失修，上世纪六十年代毁坏。公元二零一三年，由邑人田锡平首倡恢复寺庙，热心诚意，慷慨解囊，捐出巨资，福源公司董事长曹龙、总经理岳纯林附议，更有客乡游子鼎力相助，四方善信同襄盛举，众志成城，二历寒暑，方始告竣。

弘福寺占地两千平方米，是一进四合院建筑，分主殿、东西耳殿、东西厢殿、天王殿、钟楼和鼓楼。建筑面积一千多平方米。殿内供奉释迦牟尼佛像、观音菩萨、普贤菩萨、文殊菩萨、地藏王菩萨和大势至菩萨，泥塑彩绘，维妙维肖；东西耳殿供奉文武财神、水母娘娘、送子娘娘；天王殿内供奉四大天王、韦陀、弥勒佛；大门两旁有哼哈二将。这些神像法相庄严，栩栩如生。配套工程有：厕所、菜窑、水窑、锅炉、地暖、庙前广场、庙前配房，全部工程造价三百五十万元。

兴建寺庙，皆在教化世人，弃恶扬善，祈祝国泰民安，风调雨顺，五谷丰登，疾疫不生。更求英男靓女，还期兰桂齐芳。大千尘寰之中，人心皆有存诚向善之美，如百川归海，蔚成世风大观，而诸贤功高德厚，热忱公益，造福桑梓，尤令人敬仰。故特立此碑，铭其功，彰其德，显其志，扬其名，期百世流芳，亦昭后昆追慕先骥，弘扬善德，诚哉斯言，今镌此碑，勒石为记。

邑人孟逢庆　白贞文撰文　张兰侯建荣刻字

公元二零一五年岁次乙未仲夏立

虹霁寺重建碑记

【简介】

2015年勒石。青石质，圆首。碑身高209、宽69厘米。碑文楷体，12行，满行48字。现存介休市义棠镇弘济寺景区。

【碑文】

（碑阳）

惠泽万民　百世流芳

恭颂李公宏伟先生功德千秋

银锭山公园虹霁寺生态旅游管委会

公元二〇一五年岁次乙未仲秋

（碑阴）

虹霁寺重建碑记

虹霁寺又名滚钟寺、宏济寺。始建唐贞观十三年，太宗破刘武周于汾州，立此寺。明万历年重修，清康熙年复修。历千年沧桑，相传有祈必应，声名扬远，终年香火鼎兴。后历尽战乱，又逢近代“文革”浩劫，殿倾楼塌，壁断垣残，宝刹尽毁，乡人心续难安，痛彻心间。后于一九九三年由介休市与义棠镇政府及社会各界筹资加以修葺，碍资力所限，不复旧观。时至今日，八方百姓沐之恩泽，五谷丰登，百废俱兴，而虹霁寺瓦青零落，裸丘荒塬。

时一赵姓居士因妻患股疾，尝四方寻医未果，慕名前来此寺，拜跪关圣，诉之缘由。翌日，其妻股疾痊愈，感其恩，日夜供奉关圣于此，不敢怠慢，然资薄力弧，无力修葺，终日忧虑，跪拜于关像前泣之。隐几而寐，是夜，关公托梦曰：尔勿忧虑，此山麓居一贤者，厚德忠孝，乐善好施，定可为吾重塑金身，再建楼殿。梦讫恍然大悟，此人素有耳闻，乃此地贤德李公。遂书信一封付之，李公观之大骇：吾素幼崇仰圣贤，此事功在桑梓，大义参天，岂可负圣贤之所托。立详事筹谋，鸠资撤新，勘定兴工。期间关圣多次显灵，化解此地劫祸，众人皆拜服。萦苦辛兮承风霜，践行三载兮历暑寒，终成唐风古建群，重檐琢石雕木，巧匠鬼斧神工。树碑铭志，昭示八方，不敢奢求留功名于千古，但祈愿一方百姓富足与安康。

任斌撰

重建康宁寺碑记

【简介】

2015年勒石。青石质，螭首。碑首高96、宽90厘米。碑身高197、宽90.5、厚17.5厘米。碑文楷体，19行，满行68字。王崇智撰文。现存介休市张兰镇大甫村。

【碑文】

重建康宁寺碑记

介邑东四十里许古镇张兰之大甫村，古有关帝庙，始建于清康熙元年，同治六年重修碑记可考。是庙位于古村北，坐北朝南，为二进院庙。前院正殿为关公殿，面阔三楹，东西设配殿三间。关公正殿与庙门、戏台建于同一中轴线，戏台与主殿隔庙门南北相望，庙门东西设耳房各一间，两侧为钟鼓楼。正殿东西两廊可通后庙院，有主殿三楹，偏耳殿各一间，东西配殿各三间。关帝庙创建以来，乡民春祈秋报，辈享安宁。惜年久失修，殿宇及佛像风剥雨蚀，貌像颓废，除主殿闲置弃用外，其他房舍挪作它用，乡民睹之，莫不惋惜。世纪之初，政通人和，国泰民安，适有率先致富且有感恩之心的市十大杰出青年、市人大常委、村党支部书记、村委主任薛永根善解民意，主动起意修缮古建，自投善款近伍万元，并领疏募集捐款近柒仟元。新塑主殿三大佛像及十八罗汉，更新庙墙，粉饰门庭，次年又耗资柒万捌仟元金妆佛像，且更名为康宁寺。是役也，工始于甲申之春，告竣寒露之秋。时光流转，又逢盛世，国运昌隆，民富国强，与时俱进的薛永根超凡脱俗，净化心灵，在寺庙文化复兴之际又行善举，召集两委人士再议二次重建、扩建康宁寺，为民祈求福祉，种植善根，培植福根，永根以感恩社会、回馈乡民之宏愿。倾巨资陆佰万元，贤妻白爱兰也久有夙愿，出资贰佰万元，对康宁寺进行了全新大规模的重建、扩建，在庙建原址基础上，新购用民宅三所，向西扩建三十五米，占地面积四千六百平方米。新建殿宇十一间，建筑面积为一千一百六十平方米，塑佛像伍拾肆尊。重建的寺庙后院正殿为大雄宝殿，面阔五楹，东偏殿依次为财神殿、弥勒佛殿、观音殿，西偏殿依次为药王殿、五龙殿、土地殿，东配殿为送子观音殿、文殊菩萨殿、哼将，西配殿为客房、哈将。寺庙前院正殿为春秋殿，面阔三楹，两侧为钟鼓楼，正殿南望戏台，西侧为五福影壁，另有僧舍一处。以上殿宇均为二次扩建新增之作，工程兴土木于甲午初春，落成于乙未仲夏。重建的康宁寺，寺貌焕然一新，殿宇依次排列，布局合理，主次分明，规模宏大，巍然壮观，牌匾楹联一应俱全，雕梁画栋，四壁彩绘，铜铃鸟佩，鸟革翚飞。新建之寺，妥神安民，祈福万载。厥功之成，嘱余为记，余不胜文，然念古人创建之功，后人续建之绩，略记其颠末，恐年久失记，勒石贞珉，以垂永久。是为记。

介邑人村夫 王崇智薰沐谨撰并题额

出资人：薛永根 白爱兰

善士：薛永茂 薛永恒

塑像负责人：薛永栋

塑像彩绘：曹时续

施工负责人：薛明

施工单位：湖北项祥元

刻石：霍首利

公元二零一五年乙未年仲夏吉

重建康宁寺碑记

介邑东四十里许古镇张兰之大甫村，古有关帝庙，始建于清康熙元年，同治六年重修碑记可考、是庙位于古村北、坐北朝南，为二进庭院，前院正殿为关公殿、西[illegible]设配殿三间、关公正殿与庙门、戏台建于同一中轴线、戏台与主殿隔庙门南北相望、庙门东西设耳房各一间、两侧为钟鼓楼、正殿东西两廊可通后庙院、有主殿三楹、偏耳殿各一间，东西配殿各三间。关帝庙创建以来，乡民春祈秋报，辈享安宁。惜年久失修，殿宇及佛像风剥雨蚀、貌像颓废、除主殿闲置弃用外、其它房舍挪作它用、乡民睹之、莫不惋惜。世纪之初、政通人和、国泰民安、适有率先致富且有感恩之心的市十大杰出青年、市人大常委、村党支部书记、村委主任薛永根善解民意、主动起意修缮古建、自投善款近伍万元、并领疏募集捐款近柒仟元、新塑主殿三大佛像及十八罗汉、更新庙墙、粉饰门庭、次年又耗资柒万捌仟元金妆佛像、且更々为康宁寺、是役也、工始于甲申之春、告峻寒露之秋。时光流转、又逢盛世、国运隆昌、民富国强、与时俱进的薛永根超凡脱俗、净化心灵、在寺庙文化复兴之际、又行善举、召集两委人士再议二次重建、扩建康宁寺，为民祈求福祉、种植善根、培植福根、永根以感恩社会、回馈乡民之宏愿、倾巨资陆佰万元、贤妻白爱兰也久有夙愿出资贰佰万元、对康宁寺进行了全新大规[illegible]扩建、在庙建原址基础上、新购用民宅三所、向西扩建三十五米、占地面积四千六百平方米、新建殿宇十一间、建筑面积为一千一百六十五[illegible]建的寺庙后院正殿为大雄宝殿、面阔五楹、东偏殿依次为财神殿、弥勒佛殿、观音殿、西偏殿依次为药王殿、五龙殿、土地殿、东配殿为送子观音殿、文殊菩萨殿、哼将、西配殿为客房、哈将、寺庙前院正殿为春秋殿、面阔三楹、两侧为钟鼓楼、正殿南望戏台、西侧为五福影壁、另有僧舍一处、以上殿宇均为二次扩建新增之作、工程兴土木于[illegible]年初春、落成于乙未仲夏。重建的康宁寺、寺貌焕然一新、殿宇依次排列、布局合理、主次分明、规模宏大、巍然壮观、牌匾楹联一应俱全、雕梁画栋、四壁彩绘、铜铃鸟[illegible]、鸟革翚飞、新建之寺，妥神安民、祈福万载。厥功之成、嘱余为记、余不胜文、然念古人创建之功、后人续建之绩、略记其颠末、恐年久失记、勒石贞珉、以垂永久、是为记。

介邑人村夫　王崇智薰沐谨撰并题额

出资人　薛永根　白爱兰

善士　薛永茂　薛永恒

塑像负责人　薛永栋

塑像彩绘　曹时绪

施工负责人　薛[illegible]明

施工单位　湖北项祥元

刻石　霍首利

元二零一五年乙未年仲夏吉[illegible]

碑记

【简介】

2017 年勒石。青石质，螭首。碑首高 50.5 厘米。碑身高 124、宽 60、厚 12 厘米。碑文楷体，10 行，满行 27 字。现存介休市义安镇北盐场村。

【碑文】

碑记

介休市北盐场村娘娘庙建于何年何月，即无从查起，总之此庙经过长期无人维修、保养、战事洗礼，已无再用价值。二〇〇六年村委会建马路，因此庙碍事，决定拆迁，由大善人张志敦捐资向后六十余米处建新庙一座，六百三十七平方米。再由僧人释一悟发动众居士及善男信女捐款，塑毗卢遮那佛、卢舍那佛、释迦牟尼佛、阿弥陀佛、药师佛五大佛及文殊菩萨、普贤菩萨、观世音菩萨、地藏王菩萨四位菩萨，但遗憾的是捐款名单遗失无法刻碑。此次刻碑均是众居士为继承祖国传统文化事业，发扬佛教优良传统，而塑四大金刚佛身捐款人名单。愿所有捐款人及全家必获其利益。

磨沟村打井建牌楼纪念碑记

【简介】

2017年勒石。青石质，圆首。碑首高80厘米。碑身高189、宽98.5、厚24厘米。碑文楷体，17行，满行40字。孟满喜撰文。现存介休市洪山镇磨沟村。

【碑文】

磨沟村打井建牌楼纪念碑记

夫洪山镇磨沟村者，因磨座一沟而得名。受胜水之惠，赖地理之势，应时运之顺，承祖先之勤，水磨、陶瓷、沙锅诸业，兴盛千载，闻名遐迩。旧村以东西卧岭为堡，南北筑楼为门，祖辈安居，子孙乐业。

上世纪以降，门楼遭毁，圣水断沉，百姓四出乞水，村落百业凋零。近年人祸频生，无故危厄再三。或云：门毁风水透也，水断风水绝矣。传言故不可信，众望却是实情，打井吃水迫在眉睫，修建牌楼、照壁亦合民心。

天佑桑梓，必出贤者。甲午年末，村委换届，李君广生竞选上任。上任伊始，李君广生先解打井之急，入城数求立项，情诚感动领导，回村屡筹资金，心善敦化群众。乙未仲夏开钻打井，孟秋功成出水，老者闻之展眉畅怀，雏稚观之奔走欢号。於戏！打井之举，功在当代，利益千秋也。

打井供水之后，众又盼修牌楼，以复古村风水之兴，更兆兴貌百业之旺。丁酉初夏，村委众贤议定建筑牌楼、照壁，主任广生筹款择日开工，数月告竣。牌楼耸立门外，金碧而辉煌，村民庆贺街口，嘉善而点赞。

欣逢盛世，权为民谋，人民拥而戴之，责为庶担，黎庶铭而记之，利为众惠，群众传而颂之。李君广生，任职三年，为时虽短，实事数件，德行却昌，感动众多有识之士，解囊援手打水井，捐资襄助建牌楼，其善举不可不铭，其功德不可不彰，众乡亲嘱余为记，以铭众人拾柴之功。余不善为文，直书其事，以告来者云耳。

磨沟村村民委员会　立石

乡人　孟满喜撰文

公元二零一七年岁次丁酉菊月吉旦

磨沟村打井建牌楼纪念碑记

夫洪山镇磨沟村者，因磨座一沟而得名。受胜水之惠，赖地理之势，应时运之顺，承祖先之勤，水磨、陶瓷、沙锅诸业，兴盛千载，闻名遐迩。旧村以东西卧岭为堡，南北筑楼为门，祖辈安居，子孙乐业。上世纪以降，门楼遭毁，圣水断流，百姓四出乞水，村落百业凋零。近年人祸频生，先故罹厄再三。或云：门毁风水透也，水断风水绝矣。传言固不可信，众望却是实情：打井吃水迫在眉睫，修建牌楼、照壁亦合民心。

天佑桑梓，必出贤者。甲午年末，村委换届，李君广生竞选上任。上任伊始，李君广生先解打井之急。入城数求立项，情诚感动领导。回村屡筹资金，心善敦化群众。乙未仲夏开钻打井，孟秋功成出水，老者闻之展眉畅怀，雏稚观之奔走欢号。於戏！打井之举，功在当代，利益千秋也。

打井供水之后，众又盼修牌楼，以复古村风水之兴，更兆新貌百业之旺。丁酉初夏，村委众贤议定建筑牌楼、照壁，主任广生筹款择日开工。数月告竣，牌楼耸立门外，金碧而辉煌；村民庆贺街口，嘉善而点赞。

欣逢盛世，权为民谋，人民拥而戴之；责为庶担，黎庶铭而记之；利为众惠，群众传而颂之。李君广生，任职三年为时虽短，实事数件德行却昌，感动众多有识之士，解囊援手打水井，捐资囊助建牌楼，其善举不可不铭，其功德不可不彰，众乡亲嘱余为记，以铭众人拾柴之功。余不善为文，直书其事，以告来者云耳。

磨沟村村民委员会　立石

乡人　孟满喜撰文

公元二零一七年岁次丁酉菊月吉旦

重修樊侯庙碑记

【简介】

2017年8月立石。青石质，螭首。碑首高50厘米。碑身高156、宽76、厚15.8厘米。碑文隶书，13行，满行39字。邑人宋力青撰文。现存介休市连福镇西圪塔村。

【碑文】

重修樊侯庙碑记

介休为三晋名区，而连福又为介邑名镇，其南有村曰西圪塔，古称后樊王村，且环境清幽，民风淳朴。据传前汉时高祖刘邦北征，张良、樊哙随往，道出绵上，路径此地，闻有土匪出没，樊哙除灭，乡民不复其扰，绘哙像以奉之，村名亦由是得之矣。是庙始建年代殊难稽考，廊下有碑石一通，为清同治间所立，然文字剥落无法辨认。樊王行宫悬梁时间在咸丰年间，由此推断，应为清末遗构。是庙向有正殿为丁字型窑洞三眼，窑顶筑楼三楹，两侧有台阶可通其上。大院东西各有窑洞三眼，南有掖门可通庙外，山门三楹，为硬山式屋顶，石额曰樊侯庙。近年村民于田间掘得石匾一通，上有樊侯古庙字迹，可见其历史之悠久矣。然而因年代久远，荒于失修，亟待修缮。邑贤杨瑞平先生目睹其状，为保护历史文化遗迹，慨然解囊，斥资320918元予以大修。在村支书张国强、村长李新东组织领导下，并聘侯家强与孟永生经理此事，爰纠工庀材，历时二年告竣，庙貌焕然一新，神像灿烂，人神同恺。邑贤杨公之弈世，功德将千古不朽，永为后人瞻仰矣，由是立石存记，以告来者云尔。

邑人宋力青撰

时在公元二零一七年岁次丁酉八月吉旦　立石

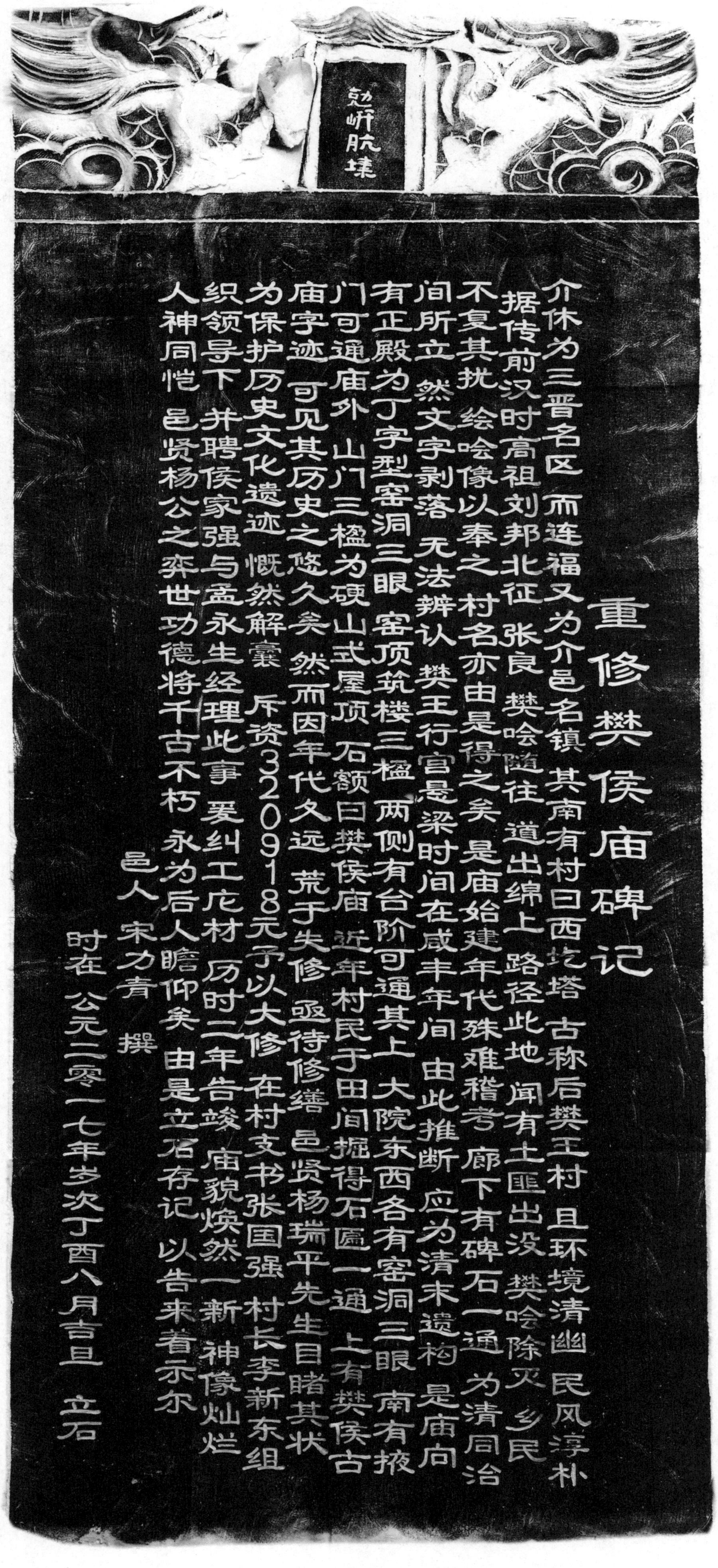

重修樊侯庙碑记

介休为三晋名区 而连福又为介邑名镇 其南有村曰西圪塔 古称后樊王村 且环境清幽 民风淳朴 据传前汉时高祖刘邦北征张良樊哙随往 道出绵上 路径此地 闻有土匪出没 樊哙除灭 乡民不复其扰 绘哙像以奉之 村名亦由是得之矣 是庙始建年代殊难稽考 廊下有碑石一通 为清同治间所立 然文字剥落 无法辨认 樊王行宫悬梁时间在咸丰年间 由此推断 应为清末遗构 是庙向有正殿为丁字型窑洞三眼 窑顶筑楼三楹 两侧有台阶可通其上 大院东西各有窑洞三眼 南有掖门可通庙外 山门三楹为硬山式屋顶 石额曰樊侯庙 近年村民于田间掘得石匾一通 上有樊侯古庙字迹 可见其历史之悠久矣 然而因年代久远 荒于失修 亟待修缮 邑贤杨瑞平先生目睹其状 为保护历史文化遗迹 慨然解囊 斥资320918元予以大修 在村支书张国强 村长李新东组织领导下 并聘侯家强与孟永生经理此事 爰纠工庀材 历时二年告竣 庙貌焕然一新 神像灿烂 人神同悦 邑贤杨公之弈世功德将千古不朽 永为后人瞻仰矣 由是立石存记 以告来者示尔

邑人 宋力青 撰

时在 公元二零一七年岁次丁酉八月吉旦 立石

纪年不详

代無之而亦何也無之
觀瞻而厚風俗也
廟傾圮無存
廟僧舍三間座乎東西相
得仁一人之力之所致也

张壁功德碑

【简介】

纪年不详。砂石质。碑文楷体。碑阳额题“千载不朽”。碑阴额题“万善同归”。根据碑文人名，可推断为清嘉庆至道光时之物。功德名录中，大量出现商铺字号，共有541家，证明了张壁人在外经商的活跃程度。碑中也记载了南庄著名武师阴泰忠捐银10两的史实。现存介休市龙凤镇张壁古堡。

【碑文】

（碑阳）

賈元信募化銀四十五兩一錢：

三兩：四發號　□宏號

二兩：永發號　人和號　陳炳義　竇上吉

一兩五錢：公發號　永盛號

一兩二錢：增盛號　田宏福　張述龍　隆盛號　雙和號　同泰號

一兩：義盛號　郝志仁　楊義順　李九福　郭三泰　劉全盛　靳偉　雙合號　任秀元　任國旺　復盛號　任成玉　宋智統　王世盛　恒盛號　元興號

五錢：榮職奇　石萬星　全裕號　三盛號　玉盛號

靳開業募化銀四十五兩一錢：

五兩：天盛號　復盛號

三兩：雙盛號　恒興號

一兩四錢：薛旺甫

一兩五錢：雷天成　壽復盛

一兩二錢：義成號

一兩：李璽盛　永盛號　裕和號　高天成　趙復興　郎業甯　褚若遇　孫璽　元興號　正勝號　世興館　晉大引　興隆號　程永盛　裕順號　薛會寶　余垂柳　興隆典　永盛號

五錢：增泰號　乾元號　裕昌號　李適□　德新號

賈世福募化銀四十四兩八錢：

三兩：恒慶號　恒元號

二兩：協盛號　張應普　同慶號　萬本號　慶本號　泰和號　仕興號　正順號　永順號　雙和號　為元號　萬豐公記

一兩二錢：元泰號　永義號　四義號　晉隆號

一兩：永盛號　晉記號　德元號　恒裕號　元亨號　公興號　兩益號　永盛號

賈士典募化銀四十二兩五錢：

二兩：永昌號　永豐號

一兩：張萬盛　隆泰號　永又號　四升號　永聚號　永發號　兆豐號　至安號　東來號　永順號　德泰典　吉祥典　致祥典　雙隆號　立誠號　森茂號　瑞興號　萬盛號　和興號　鼎隆號　同泰號　恒盛號　悅和號　恒發號　隆裕號　元隆號　存濟號　允茂號　裕先典　長裕典　恒茂典　昌盛典　福新典　全裕典　德裕典　賈升典　永盛號

張仁智募化銀四十二兩：

五兩：宋甯恒　高績　任勣青

三兩：梁吉信

二兩四錢：任鵬良　高經　高倫　高密軒　高職　高秉仁　梁佃濤　高秉義　侯右召　梁福佩

三兩五錢：恒裕典

二兩：天福號　天潔號　永吉號　聚興店　晉源號　萬益典　天佑典　萬吉號　豐盛號　源裕號
百川號　廣昌號　同義號
一兩：永發號　天興號　日增店　雙和號　鎮代店　萬錦號
五錢：大來號
冀敦誠募化銀四十兩：
三兩：永壽典　長壽典
二兩：材發典　瑞凝典　長遠典　源遠典　興安典　日升典
一兩：敦厚堂　三合廠　義成號　聚五堂　沈盛順　劉天成　元昌店　福祿店　全震元　法甯號
豐益典　聚肇典　悅和號　東來號　同壽號　三益號　玉成局　雅懷寶
賈中元募化銀四十兩：
四兩：恒元號
三兩：永順號　晉隆號
二兩：雙和號　隆盛號　元昌號　同慶號　正順號
一兩五錢：德元號　萬隆號　萬順號　昌順號
一兩：四美號　永合號　晉隆號　永盛號　義順號　全盛號　廣成號　慶本號　元泰號　永盛號
四義號　勝公號
五錢：趙承統
居義號募化銀四十兩：
五兩：居義號
三兩：慶豐號　隆昌店　聚興引
二兩：四合號　廣泰號　恒來號　旺盛號　趙增生　發泰號　恒順號　和興號　廣裕號
一兩：廣慶號　大福號　大興號　李瑞生　王淵泉　羅維新　寶興號　廣益號
賈元泰募化銀二十七兩七錢
四兩：李合興
三兩：公盛號
二兩：人和坊
一兩五錢：萬盛棧　雙合站　天玉號
一兩二錢：同盛站　義盛號　王美號　天慶號
一兩：恒泰號　合盛號　賈元泰
五錢：萬和號　石旺選　李廣福　冀培元　三盛號　日升號　趙瑜　張炳耀　雙盛號　宋璽倉
趙秉信
張福喜募化銀十六兩：
二兩：萬順號　通順號
一兩五錢：義興號　環盛號　公盛號
一兩：豐盛號　源泰號　中興號　同興號　定陽號　永順號
五錢：永泰號
王應輔募化銀十五兩：
二兩：隆昌店　庞廣豐　聚興引　居善號
一兩：恒秉號　三源福　成盛號　恒萬順　廣成號　趙增盛　永吉號
張鵬荃募捐銀十五兩：
二兩：豐泰號
一兩：元盛典　義成典　同盛典　章成典　安懷典　永德典　元慶號　天元號　廣泰號　廣源典
義聚典　豐有號

三和號募化銀十兩：
一兩五錢：天長號　合盛號
一兩四錢：三和義記　元盛號　天義號　增原號
一兩：東來店
神像金妝：燕振能募化銀十五兩二錢出銀
人名：燕門郝氏　靳門毛氏　賈門張氏　賈門郝氏　焦門張氏
靳宗喜　靳宗福捐水池銀十兩
本廟宗排：佛圖永固續燈芯
　　　　　洞宗遐昌繼萬年
　　　　　提引禪學大旺理
　　　　　總統五派輝朗天

（碑陰）

領疏募化銀人名開列於後：

楊本深施銀十六两　聚興木廠施銀三两

張禮維領疏共募化銀陸佰叁拾捌两壹錢

楊□撰　銀五十两　楊□氏　銀四十两　楊□旺　銀三十两　仝九韶　銀三十两
焦丕慶　銀二十两　王嘉猷　銀二十两　王捷元　銀二十两　陳本域　銀二十两
陳肇拆　銀二十两　陳肇坦　銀二十两　焦丕明　銀十五两　陰本忠　銀壹十两
張有功　銀壹十两　張奇貴　銀壹十两　張學炳　銀壹十两　冀天恭　銀壹十两
宋世泰　銀壹十两　宋宗祁　銀壹十两　李克敬　銀壹十两　任臣侯　銀壹十两
永順典　銀壹十两　宋永隆　銀壹十两　寧遠堂　銀壹十两　宏裕堂　銀壹十两
德和號　銀壹十两　慶泰典　銀壹十两　同盛典　銀壹拾两　義盛典　銀壹拾两
義太典　銀八两　陳聚斌　銀五两　溫士俊　銀五两　焦際亨　銀五两
喬可榮　銀五两　喬廷選　銀五两　王悌　銀五两　任巨元　銀五两
李生枝　銀五两　冀天受　銀五两　任鈕氏　銀五两　陰德寬　銀五两
冀清賢　銀五两　任為泰　銀五两　本堂　銀五两　劉漢瑜　銀五两
劉寧邦　銀五两　恒錦號　銀五两　裕美號　銀五两　正和號　銀五两
德恒樓　銀五两　潁邑六會　銀五两　復盛典　銀五两　信聚典　銀五两
四盛典　銀五两　和盛號　銀四两　聚盛號　銀四两　義興典　銀四两
廣發典　銀四两　周朝徸　銀四两　聚興典　銀三两　潁邑衣舍　銀三两
廣源典　銀三两　義成典　銀三两　永慶店　銀三两　廣生堂　銀二两
關中會　銀二两　郝振綱　銀二两　郝振常　銀二两　何淇　銀二两
通濟典　銀二两　潁邑鹽店　銀二两　義泰店　銀二两　恒興典　銀二两
豐泰典　銀二两　潁郡鹽店　銀二两　林映盛　銀二两　張應禎　銀一两二錢
張正己　銀一两　馮興盛　銀一两　北興盛　銀一两　仝益店　銀一两
泰順店　銀一两　萬順店　銀一两

吉元店　廣泰衣店　恒隆衣店

賈士瑜募化銀一百八十二两七錢

賈恒盛　銀四两　天立榮記　銀四两　統泰號　銀四两
合盛九記　銀四两　豫源號　銀四两　馮正昌　銀三两
龍興號　銀三两　周廣洤　銀三两　恒興銀局　銀三两
賀隆興　銀三两　聚興號　銀二两四錢　焦盛號　銀二两四錢
日升號　銀二两四錢　萬順號　銀二两四錢　黄義茂　銀二两四錢
馬同泰　銀二两四錢　金生爐　銀二两四錢　誠信義記　銀二两四錢
合興正記　銀二两四錢　增盛永記　銀二两四錢　仁誠號　銀二两四錢
聚茂迪記　銀二两四錢　萬盛號　銀二两四錢　明威號　銀二两四錢
發泰號　銀二两四錢　廣益永記　銀二两四錢　雙盛號　銀二两四錢
全盛號　銀二两四錢　同興號　銀二两四錢　義興號　銀二两四錢
石大昌　銀二两四錢　豐興號　銀二两四錢　賈兆興　銀二两
賈裕盛　銀二两　毛際寧　銀二两　毛興盛　銀二两
永興號　銀二两　天成號　銀二两　日升錢局　銀二两
大祥號　銀二两　聚興號　銀二两　恒立成莊　銀二两
春和號　銀二两　唐德荃　銀二两　俞希魯　銀二两
劉樹康　銀二两　莫宏矩　銀二两　三興號　銀二两

尤生茂　銀二两
尤隆茂　銀二两
李恒升　銀二两
張豐盛　銀二两
張大興　銀二两
張豐興　銀二两
張興盛　銀二两
張源隆　銀二两
張源昌　銀二两
張源盛　銀二两
李聚發　銀二两
馬西成　銀二两
張永隆　銀二两
王恒若　銀二两
任從德　銀二两
任隆裕　銀二两
張谷成　銀二两
發泰號　銀一两五錢
建興號　銀一两五錢
福盛超記　銀一两五錢
積成號　銀一两貳錢
文昌號　銀一两貳錢
源隆號　銀一两
王興號　銀一两
冀秀奇　銀一两
永源號　銀一两
溫天順　銀一两
鄧恒立　銀一两
祥盛號　銀一两
祥盛□記　銀一两
魁聚號　銀一两
日盛號　銀一两
如德號　銀一两
同合號　銀一两
福盛魁記　銀一两
福盛德記　銀一两

靳枝旺募化銀壹佰零捌两：

恒源號　銀二两
元發號　銀二两
協成號　銀二两
元隆號　銀二两
慶發號　銀二两
廣義號　銀二两
義聚號　銀二两
合義號　銀二两
恒益號　銀二两
豐裕號　銀二两
聚隆號　銀二两
元泰號　銀二两
涵璽號　銀二两
元吉號　銀二两
大成號　銀二两
永發號　銀二两
合盛號　銀二两
建功號　銀二两
建德號　銀二两
信成號　銀二两
廣聚典　銀二两
泰號　銀二两
廣慶號　銀一两
天錦號　銀一两
全泰號　銀一两
宋元健　銀一两
同發號　銀五两
漢川縣右堂　銀三两
公信號　銀三两
增盛號　銀二两四錢
聚合號　銀二两四錢
同盛號　銀二两四錢
乾號　銀二两四錢
日升號　銀二两四錢
公發號　銀二两四錢
公和號　銀二两四錢
恒盛號　銀二两四錢
永盛號　銀二两四錢
同成號　銀二两四錢
同興號　銀二两四錢
永昌號　銀二两四錢
許榮棠　銀二两
林鍾璜　銀二两
徐玉鼎　銀二两
公興號　銀二两
溫世光　銀一两二錢
永興號　銀一两二錢
張福穩　銀一两二錢
廣昌號　銀一两二錢

張仁維募化銀六十八两：

天元典　銀五两
元興店　銀五两
聚成號　銀三两
冀培文　銀三两
源興典　銀三两
乾豐典　銀三两
合聚典　銀二两
全興典　銀二两
東升典　銀二两
郭世隆　銀二两
全泰典　銀二两
聚豐號　銀二两
永和號　銀二两
永成號　銀二两
永盛典　銀二两
義興典　銀二两
胡大盛　銀一两二錢
元大號　銀一两二錢
天昌號　銀一两二錢
郭璉　銀一两二錢
發隆號　銀一两二錢
罄宜號　銀一两二錢
大興號　銀一两二錢
泰和號　銀一两二錢
凝和典　銀一两二錢
郭位邦　銀一两二錢
寶林號　銀一两二錢
餘慶號　銀一两二錢
日增號　銀一两二錢
益山號　銀一两二錢
如春號　銀一两二錢
充裕號　銀一两二錢
門福興　銀一两二錢
合盛號　銀一两二錢
永隆號　銀一两二錢

張恩維募化銀六十三两：

全天順　銀四两　德義號　銀三两五錢　泰昌號　銀三两
源盛號　銀二两四錢　賈俊遇　銀二两四錢　天順號　銀二两四錢
昌順號　銀二两　充輝號　銀二两　賈康遇　銀一两五錢
聚源號　銀一两五錢　張大林　銀一两五錢　張應官　銀一两五錢
協心號　銀一两二錢　四盛號　銀一两二錢　李泰純　銀一两二錢
張本林　銀一两二錢　天和堂　銀一两　萬豐號　銀一两
史文德　銀一两　公興號　銀一两　永美號　銀一两
豐太號　銀一两　義盛號　銀一两　張萬廩　銀一两
德盛號　銀一两　德盛和記　銀一两　武良功　銀一两
宋德源　銀一两　宋益源　銀一两　宋信升　銀一两
冀悦盛　銀一两　梁日源　銀一两　張九遠　銀一两
賈星遇　銀一两　隆興號　銀一两　利貞號　銀一两
焦福林　銀一两　任發泰　銀八錢　發盛號　銀八錢
盛源號　銀八錢　賈書遇　銀八錢　恒太號　銀八錢
永和號　銀八錢　王開孝　銀八錢　羅起庫　銀八錢
侯綱　銀八錢　隆盛號　銀八錢　昌順號　銀八錢
靳枝恒　銀八錢　張扶仁　銀八錢　立興號　銀四錢
廣源號　銀三錢　石富　銀三錢

張應田募化銀十五两八錢：

隆順號　銀一两　久成號　銀一两　宋成業　銀一两
恒太號　銀一两　永吉號　銀一两　洪興店　銀一两
廣成店　銀一两　永盛店　銀一两　仁興號　銀一两
德興典　銀一两　聚興號　銀一两　郝裕興　銀一两
王大豐　銀一两　王世侯　銀一两　再盛店　銀八錢

張明輝募化銀十五两：

祥裕典　銀二两　信源典　銀二两　天成典　銀二两
亨吉典　銀二两　恒昌典　銀二两　九成號　銀一两
復興號　銀一两　永順號　銀一两　合興號　銀一两
祥昌號　銀一两

王應朝募化銀十二两：

錦源號　銀一两　恒發號　銀一两　旺盛號　銀一两
泰興號　銀一两　聚源號　銀一两　慶昌號　銀一两
協泰號　銀一两　元昌店　銀一两　義和店　銀一两
世昌號　銀一两　慶元號　銀一两　發大號　銀一两

帝君阴骘文

【简介】

纪年不详。青石质。长86、宽42厘米。碑文楷体，16行，满行37字。嵌于介休市洪山镇西宋丁村文昌阁墙壁。

【碑文】

帝君陰騭文

帝君曰：吾一十七世為士大夫身，未嘗虐民酷吏，救人之難，濟人之急，憫人之孤，容人之過，廣行陰騭，上格蒼穹，人能如我存心，天必錫汝以福。於是訓於人曰：昔于公治獄，大興駟馬之門；竇氏濟人，高折五枝之桂。救蟻中狀元之選，埋蛇享宰相之榮。欲廣福田，須憑心地。行時時之方便，作種種之陰功。利物利人，修善修福。正直代天行化，慈祥為國救民。忠主孝親，敬兄信友。或奉真朝斗，或拜佛念經。報答四恩，廣行三教。濟急如涸轍之魚，救危如救密羅之雀。矜孤恤寡，敬老憐貧。措衣食周道路之飢寒，施棺槨免屍骸之暴露。家富提携親戚，歲饑賑濟隣朋。斗秤須要公平，不可輕出重入；奴僕待之寬恕，豈宜備責苛求。印造經文，創修寺院，捨藥材以拯疾苦，施茶水以解渴煩，或買物而放生，或持齋而戒殺。舉步常看虫蟻，禁火勿燒山林，點夜燈以照人引行，造河船以濟人渡。勿登山而網禽鳥，勿臨水而毒魚蝦，勿宰耕牛，勿棄字紙，勿謀人之財產，勿妬人之技能，勿淫人之妻女，勿唆人之爭訟，勿壞人之名節，勿破人之婚姻，勿因私讐使兄弟不和，勿因小利使人父子不睦，勿倚權勢而辱善良，勿恃富豪而欺窮困。善人則親近之，助德行於身心；惡人則遠避之，杜災殃於眉睫。常須隱惡揚善，不可口是心非，剪礙道之荊榛，除當塗之瓦石，修數百年崎嶇之路，造千萬人來往之橋。垂訓以格人非，蠲資以成人美；作事須循天理，出言要順人心。見先哲於羹牆，慎獨知於衾影。諸惡莫作，眾美奉行，永無惡曜加臨，常有吉神擁護。近報則在自己，遠報則在兒孫，百福駢臻，千祥雲集，豈不從陰騭中得來者哉！

槐蔭堂敬刊

帝君陰騭文

帝君曰：吾一十七世為士大夫，身未嘗虐民酷吏，救人之難，濟人之急，憫人之孤，容人之過，廣行陰騭，上格蒼穹。人能如我存心，天必錫汝以福。於是訓於人曰：昔于公治獄，大興駟馬之門；竇氏濟人，高折五枝之桂；救蟻中狀元之選；埋蛇享宰相之榮。欲廣福田，須憑心地。行時時之方便，作種種之陰功。利物利人，修善修福。正直代天行化，慈祥為國救民。忠主孝親，敬兄信友。或奉真朝斗，或拜佛念經。報答四恩，廣行三教。濟急如濟涸轍之魚，救危如救密羅之雀。矜孤恤寡，敬老憐貧。措衣食周道路之飢寒，施棺槨免屍骸之暴露。家富提携親戚，歲饑賑濟鄰朋。斗秤須要公平，不可輕出重入。奴僕待之寬恕，豈宜備責苛求。印造經文，創修寺院。捨藥材以拯疾苦，施茶水以解渴煩。或買物而放生，或持齋而戒殺。舉步常看蟲蟻，禁火莫燒山林。點夜燈以照人行，造河船以濟人渡。勿登山而網禽鳥，勿臨水而毒魚蝦。勿宰耕牛，勿棄字紙。勿謀人之財產，勿妬人之技能。勿淫人之妻女，勿唆人之爭訟。勿壞人之名節，勿破人之婚姻。勿因私讐使人兄弟不和，勿因小利使人父子不睦。勿倚權勢而辱善良，勿恃富豪而欺窮困。善人則親近之，助德行於身心；惡人則遠避之，杜災殃於眉睫。常須隱惡揚善，不可口是心非。翦礙道之荊榛，除當塗之瓦石。修數百年崎嶇之路，造千萬人來往之橋。垂訓以格人非，捐貲以成人美。作事須循天理，出言要順人心。見先哲於羹牆，慎獨知於衾影。諸惡莫作，眾善奉行。永無惡曜加臨，常有吉神擁護。近報則在自己，遠報則在兒孫。百福駢臻，千祥雲集，豈不從陰騭中得來者哉。

槐蔭堂敬刊

帝君劝孝文

【简介】

纪年不详。青石质。长 86、宽 42 厘米。碑文楷体，16 行，满行 37 字。嵌于介休市洪山镇西宋丁村文昌阁墙壁。

【碑文】

帝君勸孝文

帝君垂訓曰：今日是元旦，為人間第一日，吾當說人間第一事。何謂第一事？孝者百行之原，精而極之，可以參贊化育，故謂之第一事。赤子離了母胎，在孩抱便知得，故為第一事。舍此一事，並無學問；舍此一事，並無功業。舍此而立言，則為無本之言。舍此而能功盖天下，到底不從性分中流出，必作僞以欺國，負本以滅身。

天地是孝德結成，日月是孝光發亮。孝之道，言不可得而盡也。為人子者，事富貴之父母易，事貧賤者父母難；事康健之父母易，事衰老之父母難；事具慶之父母易，事寡獨之父母難。

夫富貴之父母，出入有人扶持，居止有人陪從，其願常給，其心常歡。貧賤之父母，捨却白髮夫妻，誰為言笑？離了青年子媳，莫與追隨。人子一日在外，父母一日孤悽。為人子者，善體其情，能頃刻離左右也乎？康健之父母，行動可以自如，取攜可以自便，朝作暮息可以任意，訪親問舊可以娛情。衰老之父母，兒子便是手足，不在面前，手足欲舉而不能；媳婦便是腹心，不在膝下，腹心有求而不遂，時而欣欣於內，時而戚戚於懷。為人子者，善體其情，能頃刻離左右也乎？具慶之父母，日間有以作伴，夜間有以相溫。晝無所事，相與說長論短；夜不成眠，互為知寒道冷。寡獨之父母，兒女雖有團圓之樂，夫妻已成離別之悲。家庭之內，獨行踽踽涼涼；形影之間，惟有淒悽楚楚。為人子者，善體其情，能頃刻離左右也乎？嗚呼！試問身從何來？親為生我之本。孝為何事？人所自有之心。見我此章而不動心者，非人也！見我此章而不墮淚者，非人也！逆子忤媳見我此章而不化為孝子順媳者，與禽獸何異？人人得而誅之者也！

槐蔭堂敬刊

上编　现存石刻

帝君勸孝文

帝君垂訓曰。人生日是元旦。為人間第一日。吾當說人間第一事。何謂第一事。孝者百行之原。精而極之。可以參贊化育。故謂之第一事。赤子離了母腹。在孩抱便知得。故為之第一事。舍此一事。並無學問。舍此一事。並無功業。舍此而立言。則為無本之言。舍此而能功蓋天下。到底不從性分中流出。必作僞以欺罔。貪本以滅身。天地是孝德結成。日月是孝光發亮。孝之道。言不可得而盡也。為人子者。事富貴之父母易。事貧賤之父母難。事康健之父母易。事衰老之父母難。事具慶之父母易。事寡獨之父母難。夫富貴之父母。出入有人扶持。居止有人陪從。其願常洽。其心常歡。貧賤之父母。捨卻白髮夫妻。誰為言笑。離了青年子媳。莫與追隨。人子一日在外。父母一日孤悽。為人子者。善體其情。能頃刻離左右也乎。康健之父母。行動可以自如。取攜可以自便。朝作暮息。可以任意。訪親問舊。可以娛情。衰老之父母。兒子便是手足。不在面前。手足欲舉而不能。媳婦便是腹心。不在膝下。腹心有求而不遂。時而欣欣於內。時而戚戚於懷。為人子者。善體其情。能頃刻離左右也乎。具慶之父母。日間有伴。夜間有以相溫。晝無所事。相與說長論短。夜不成眠。互為知共道途。寡獨之父母。兒女雖有團圓之樂。夫妻已成離別之悲。家庭之內。獨行踽踽涼涼。形影之間。惟有淒淒楚楚。為人子者。善體其情。能頃刻離左右也乎。嗚呼。試問身從何來。親為生我之本。孝為何事。人所自有之心。見我此章而不動心者。非人也。見我此章而不墮淚者。非人也。逆子悖父見我此章而不化為孝子順媳者。與禽獸何異。人人得而誅之者也。

槐蔭堂敬刊。

下编

佚失石刻

魏故宋处士墓志铭

【简介】

北魏孝昌三年(527)刊石。宽45、高42厘米。据拓片整理。

【志文】

君諱京，字士視，西河郡介休縣都鄉徵士里人也。君稟質清和，體逸生民，神心警悟，通識淵遠，幼懷成人之操，少振拔群之聲。黃中顯於悼歲，惠性著自齠年。既庭訓夙傾，虞庠闕受，底躬特立，率心好古。匪待斷機，遊藝已勸；寧勞三徙，九流咸辨。方將賓王顯親，騁足驤首，天步伊艱，殲良奄及，春秋廿有六。魏孝昌二年龍集丙午五月己亥朔十日戊申，卒於洛陽經民里。秀而不實，酸感聞見。越十一月丙申朔十四日己酉，葬洛陽縣北芒之南，附皇考府君，鐫德玄石，詒厥將來。

其詞曰：洪族邈矣，咸自殷商。賓周事漢，弈世克昌。積福誕哲，眾慶斯彰。猗歟若人，天性溫良。虎文歲蔚，蘭馥日芳。四鄰歸美，九族具望。棲息衡門，優遊藉□。學無不該，該無不辨。虛記輔仁，徒言與善。趙璧墜壑，會竹□□。□酒莫斟，賓書誰卷。泉室無昭，徽音有□。

宋休墓志

【简介】

北齐天统四年(568)刊石。志盖楷书“齐故处士宋君墓志铭记”。据拓片整理。

【志文】

君諱休，字文貴，西河介休人也。自玄鳥降商以還，白騎歸周而後，乘軒駕駟，亙史綿圖。雖復秦奄四方，漢宅九有，曹應土運，馬攝金行，莫不奇士異人，槐蔭庇□，備諸典史，可略而言。

祖征君池，風概牆寓，鬱為士林則。父□□府君特，氣韻檢格，動作人師。而桂出便芬，蘭生必馥，餘慶爰在，鍾我鳳毛。君稟和而秀，含章載挺，丱歲稱奇，齠年致異；竭仁義而行己，總忠孝而期物，談玄即為理窟，摛掞仍成筆海。既而難起幽方，命將遄出，能仁能勇，異軫同歸。乃召為都督，援戈進討，所向便披，前無堅敵。君推鋒之始，本存批患攘氛以外，果事捐榮，於是藏名晦跡，高蹈永往。雖復貞不絕俗，諒乃心王山泉。朝廷嘉其氣高就，拜東平太守，暫謁而已，不之任焉。

但葉露豪風，曾非久物，精賢上智，未所能逃。以大齊皇建二年十月八日終於大坊，時年六十八。以天統四年十一月十八日，既厝於澠水南，孔厝山東北趾。若乃幽幽馬塚，不乏開時；森森鵬池，寧無竭日。敢為銘贊，持示來昆。

其詞曰：玄王之後，弈世重光。人官天爵，繼踵相望。門羅杞梓，世聚琳琅。仍生異物，家風載昌。異物伊何，兼資文武。握瑜懷瑾，仁基智宇。氛藹斯櫬，林泉載佇。我便嘉尚，就相榮樵。人生幾何，還似流波。山情始富，壟隧先過。林寒月□，草勁霜多。勒銘幽石，共永山河。

大唐处士故君胡君墓志并序

【简介】

唐开元三年(715)刊石。石呈方形，长宽各47厘米。盖篆“胡君墓志”。此石在清乾隆时为一郭姓村民在城东二十里东胡村掘得，后为介邑文化名人马鑫收藏。中华人民共和国成立后，马将其捐赠给山西省博物馆，现存山西省艺术博物馆。光绪《山西通志》存目，《介休金石略》考证甚详。

【志文】

大唐處士故君胡君墓誌並序

君諱佺，字尚真，安定人也，遠祖因宦遂居介休。夫榱椽是佐，錯胡綜之文章；清白知名，見胡威之父子。光光懿烈，不替先風，簡諜詳諸，可略言矣。祖買，隋孝廉，舉文林郎，幼洽詩書，長崇禮樂，太初玉樹，夙擅嘉聲，韋氏金籯，遽升高第。父端，養素不仕，情貪野薜，志蔑裘裳，道王业琴，跡存山水。君濯濯儀形，汪汪軌度，珠胎孕月，光彩絕倫，蘭若銜風，幽芳自遠。鄉

里稱善，喻彼少遊，文籍自娛，同夫孟陋。遺累囂滓，慠性煙霄。簪軒不介於懷，寵辱不驚其慮。歲臨辰巳，鄭康成於是云亡；月犯少微，謝慶緒俄而致殞。春秋七十，卒于私第。夫人石氏，秾荷比秀，美箭齊貞，宜其室家，和如琴瑟。翰林之鳥，始雙飛而隻飛；龍門之桐，俄半生而半死。嗣子懷爽、懷玉，岵屺長違，霜露增感。粤以開元三年歲次乙卯龍集單閼十月己酉朔廿五日癸酉，遷窆於介休縣東廿里平原，禮也。綿上山傍，昭餘澤右，懼陵谷而驟易，思封樹而永懷。乃為銘曰：

盤根安定，散葉汾壖。乃祖乃父，光後光前。惟君節概，業尚虚玄。鬼瞰庭宇，鳥鳴座筵。不逢石髓，俄歸玉泉。一閟丘隴，長嗟逝川。

唐故梁府君墓志并序

【简介】

唐宝历元年（825）勒石。长51、宽48厘米。志文行楷体，20行，满行19字。拓片出自介休市张兰古玩城，据拓片所录。

【志文】

唐故梁府君墓誌并序

府君諱曇芝，其是安定人也，黃帝之苗裔山伯之後，秦漢之濟，或公或王，隋唐之時，官冕相續，其後之孫因官遂為介休人矣。

曾祖諱瞻，祖諱洪，父諱貫，並不仕，視王侯蔑如也。府君敞勝懷忠直，禮樂事修，怡神二頃之田，逍遙自得。育子以趍庭之訓，接賓有謙敬之義。何啚大限如期，疾纏旬日，藥餌不及，俄然忽終，年七十二，元和五祀九月廿日卒乎私弟。夫人王氏，四德咸修，笄年禮延，成家竭節，事夫齊眉，居孀數年，養子成立。天乎不整，二豎呈哉，長慶五年正月六日歸於大夜，享年七十八。公有三子，長曰紫幹，命同顏子，今也則亡，次子僧惠弁，幼子江潤，號叩天地，泣血居孀，知生事之儀，死葬從禮，卜寶曆元年歲在乙巳四月甲戌朔九日壬午合葬於介休縣東卌里信蚪鄉之平原，禮也！前瞻介嶺，萬壑崆峒，却倚大川長河一帶，左接平陶南景，右臨有道之丘。恐千載之後時代變移，故刊石為銘，記之万古，其辭曰：

紫枯禍福寄浮休，人代忙忙復幽。草露垂珠隨日墮，翠柳桃花春又秋。嗣子泣流砂土潤，親姻腸斷感人愁。千年金骨埋泉壤，萬代聲包樹壟頭。

唐故张府君墓志铭并序

【简介】

唐咸通十年（869）勒石。志石、志盖均为正方形，边长40厘米。志文楷体，21行，满行25字。志盖篆书“张君墓志”。志文据碑拓所录。

【志文】

唐故张府君墓誌銘並序

君諱山，其係南陽人也，承黃帝公孫之裔緒，寔晉代名賢司空華之胤焉。曾諱思仁，祖諱珪，俱養志丘園，優遊不仕。考諱鈕，字韻，孤高氣苞，宏廓衿風，明雅藝備，人倫□跡，潔身怡然物外。君敏暢自天，溫恭由已。先恩孝撫，下懷仁禮，教垂家門，風流紹誠，□後嗣勤儉彌彰。國賦之外，日用恒足。熟料生程有數，賢智難逃，雖享椿年，亦隨大辰，以咸通元年十二月廿三日歿于家弟，春秋七十有七。夫人□定郡胡氏，英姿百約，令則盈芬，仁惠蘭馨，柔慈玉在，姻戚之心蓋厚，於主之行彰聞。何圖風枝不停，逝波無歇，春槿秋蓮，早逢霜隕，咸通九年閏十二月十八日奄于其室，年七十有三。君有三子，一子厥名文義，去咸通二年十二月十七日終於弟，新婦趙氏，大中六年七月廿二日奄歿。嗣子名文宗，仁義恭敬，勤光嗣後，前新婦董氏，去咸通三年十月十三日歿，後新婦董氏。次子文晟，尊稟遺風，嘗不變節，每追膝下之恩，豈思□熒之效，新婦太原王氏。次女適王氏。其家今啟葬，尊儀出厝，祔於塋前。及孫長曰行約，新婦馮氏。次曰堂德、元正、元實、寶郎、寶愛，孫女適賈氏。孫男行約，尋常懷仁孝，克己於家，寢食匪安，辛勤無憚，協心同力，營其大事，泣血漸哀，庸傷天地。咸通十年己丑正月乙未二日辛酉合葬於汾州介休縣東卅里信虬鄉理堆村北二里，郭壁村東一里，連接先營，墳前禮也，周回縈屈，位備四神，猶恐谷變陵遷，茉四為□，琢石勒銘，詳其泉戶，銘來述。

贈尚书祠部员外郎文府君墓志

【简介】

北宋明道二年(1033)刊，文彦博撰文。文据康熙版《介休县志》卷八。乾隆版《介休县志》卷十二、嘉庆版《介休县志》卷十二均收录。

【志文】

贈尚書祠部員外郎文府君墓誌

夫水之有源，源出之深者其流長；人之本祖，祖德之厚者其嗣昌。噫！源深德厚者，見之吾祖祠部府君矣。君諱銃，字挺之。本姓敬，當晉室，以犯高祖御名，改賜今姓，取文象也。至聖朝，以避翼祖廟諱，遂不復舊。有嬀裔，遷於齊，子完之孫，以謚為姓，自時厥後，冑緒益蕃。或占籍於平陽，或流居於蒲坂。八代祖太尉平陽王，有大勳力於中宗，載於國書可考。太祖晤，太和中由鴻臚丞辟北都留守判官。曾王父禨，時以明經中第，守汾州參軍，未幾留判，歸老於西河，參軍榮侍於膝下，且又嘉是山水，樂其風土，乃自河東縣之同果里，徙居於是。故府君今為西河介休人也。王父沼，澤州錄事參軍；烈考崇遠，長興中守遼州平城簿，與晉高祖有豐沛之舊。天福初，龍興大夏，鳳起晉陽，遂以協贊之功，亟升出宰之任，授代州崞縣令，稍遷并州太谷令。帷幄之助居多，而綿上之封蓋薄，方將偕隱，以保天和。屬劉氏偏羈於太原，選用俊賢，縻以要職，而又兩宰劇縣，載更都轄，而考終於家。有子二人，其長蚤亡，府君即其次也。始以蔭補郊社署丞，尋辟石州軍事推官。大平興國中，武車載駕，王師有征，後主率并民因壘，太宗皇帝霈陽春之澤，封歸命之侯。凡劉氏之舊臣，率度材而被用。時府君方以府退，便於家居，且以頤養為懷，無復出處之意。雖詔書搜訪，州司敦遣，竟以疾辭，不克上道。常以杖履浮沉於鄉里，頗用文酒燕樂於朋友，故與進士溫夢說詩舊，崇果詔休輩，有世外莫逆之契。藥餌弗驗，壞梁斯及，以至道二年九月三日，啟手足於晉陵里之第，享年五十有三。府君始娶王氏，故戶部郎中丕之女也，生慶善之門，稟柔懿之德，天奪其筭，先府君而亡。有子三人：長曰洎，今為司訓員外郎、荊湖南路轉運使；次曰淳，郊社齋郎；次曰淵，未仕而亡。有女一人，適史氏。再娶郭氏，有子一人曰渭。府君以長子登朝，遘慶凡四，追命為尚書祠曹員外郎，夫人追封臨沂縣太君。娶耿氏，有子一人，曰彥博，即府君嫡孫。天聖五年春進士甲科，今為殿中丞、知并州榆次縣，權倅西河郡事。而耿氏早亡，亦以彥博預殿閣之引籍，遘農壇之展禮，得援恩例，追封扶風縣君。再娶王氏，封永樂縣君。有子一人曰彥若，應進士舉。有女二人，(長適)將作監主簿鞠齊鄉，故天章閣待制詠之子也；次適進士成偉，殿中丞元吉之子。府君之次男淳，始娶郭氏、冀氏，皆早亡，今娶武氏，有子四人，長曰彥先，次日彥國，其次幼。渭娶王氏。斯皆府君貽謀積德之至厚，故子孫錫美流光之寖昌也。彥博之生也後不逮事，捧遺規以出涕，瞻畫像而下榻。嘗立侍於父叔，因習聞於話言，曰惟府君局量弘深，性資端厚，德行著於鄉黨，仁愛洽於族姻，希蜀嚴之沉溟，達義易之素履。善教諸子，俾詔家聲，惟以清白傳家，不以產業為事。識者以府君為林宗、干木，西河之後出也，所不至者壽耳。府君棄代之年，權窆於里第之西原，今即真宅，以明道二年十月十七日己酉得吉，卜於靈石縣之孝義原。祖母臨沂太君，先葬於介休之西原，陪祖之舊封，松檟美茂，不復遷祔，從古禮也。禮曰：銘者稱先祖之美，表孝孫之心也。庸刻沈礎，以識佳城。銘曰：王父之德，柔嘉維則。行有枝葉，信著金石。州黨胥化，宗姻是式。跌宕文石，涵泳典籍。美璞中存，含華內蘊。道屈當世，慶流後昆。祠曹追命，密印推恩。綿山南峙，汾水東瀰。吁嗟佳城，玆焉寧止。爰石勒銘，徽音無已。

文潞公家庙碑记

【简介】

北宋元丰三年（1080）刊，司马光撰文。据康熙版《介休县志》卷八录。

【碑文】

文潞公家廟碑記

先王之制，自天子至官師皆有廟。君子將營宮室，宗廟為先，居室為後。及秦，非笑聖人，蕩滅典禮，務尊君卑臣，於是天子之外，無敢營夫宗廟者。漢世公卿貴人多建祠堂於墓所，在都邑則鮮焉。魏晉以降，漸復廟制，其後遂著於令，以官品為所祀世數之差。唐侍中王珪不立私廟，為執法所糾，太宗命有司為之營構以恥之，是以唐世貴臣皆有廟。及五代蕩析，士民求生有所未遑，禮頹教陊，廟制遂絕。宋興，夷亂蘇疲，久而未講。仁宗皇帝憫群臣貴宦公相，而祖禰食於寢，儕於庶人。慶曆元年，因郊祀赦聽，文武官依舊式立家廟。令雖下，有司莫之舉，士大夫亦以耳目不際，往往不知廟之可設於家也。

皇祐二年，天子宗祀禮成，平章事宋公奏，言有司不能推述先典，明諭上仁，因循顧望，遂逾十載，緣偷襲弊，殊可嗟憫。臣嘗因進對，屢聞聖言，謂諸臣專殖第產，不立私廟，睿心至意，形於歎息。蓋由古今異宜，封爵殊制，因疑成憚。遂格詔書，請下禮官儒臣議定制度。於是翰林院承旨而下共奏請，自平章事以上立四廟，東宮少保以上三廟，其餘器服儀範，俟更參酌以聞。是歲十二月，詔如其請。既而在職者違慢相尚，迄今廟制卒不立，公卿亦安固習常，得諉以為辭，無肯倡眾為之者。獨平章事文公首奏，乞立廟河南，明年七月，有詔可之。然尚未知築構之式，靡所循依。

至和初，西鎮長安，訪唐朝之存者，得杜岐公舊跡，止餘一堂四室及旁兩翼，嘉祐元年，始仿而營之。三年，增置兩廡及門，東廡以藏祭器，西廡以藏家譜。祊在中門之右，省牲展饌滌濯在中門之左，庖廚在其東南，其外門再重西折而南出。四年秋廟成，以入輔出藩，未嘗安處於洛。

元豐三年秋，留守西都，始釁廟而祀焉。一旦，授光以家譜曰：予欲志世族之所從來，及廟之所由立，垂示後昆，而為我敘其事款於石。光竊惟公追遠復古，率禮興化之盛德，不可無傳，雖自知不文，不敢辭，謹敘而銘之。

按譜云：文氏之先，出陳公子完，以諡為氏，與翼祖諱同。至秦有丕，丕生河東太守教，教家平陽。其後有韶，漢末為揚州刺史。自韶以來，世乃可譜。韶之六世孫頻，後魏為太守。頻曾孫顯俊，以別駕從北齊高祖起晉州，就霸業，戰功居多，終兗州刺史。頻之六世孫曰肅、曰君洪。肅仕隋，為穎州郡丞，名列循吏，以公直抗宇文述，老於秩。君洪從唐高祖起晉陽，為右衛將軍。太子建成餘黨攻宮門，君洪首奮梃出戰歿。頻之八世孫曰暉、曰播。暉相中宗，誅張易之，奪武后天下歸之唐，用仇人讒，謫死嶠南。播有史學，官至給事中。君洪之曾孫羽，為御史中丞。肅之四世孫括，為御史大夫。括孫晦，為太子賓客。暉兄昕，為義城節度使；皞為散騎常待，榮冠當時。自顯俊至晦，皆有傳見於史。其家自平陽或遷太平，或遷蒲坂，或遷寶鼎。

晦之從父兄弟晤，為北都留守判官，始居介休。晤生汾州參軍穟，穟生綰，綰生澤州錄事參軍，即公之高祖考也，諱詔。曾祖考諱某，仕後唐，歷晉城、天池、平城三主簿，避晉高祖諱，更其氏曰文，歷崞、太谷二令。漢高祖即位復舊氏，更名某。漢失天下，其支別者，自歸於晉陽，復事之，終嵐州錄事參軍。祖考諱某，辟石州幕府，棄官歸鄉里。太宗皇帝平晉陽，召之不起，以廟諱故，復為文氏。考諱某，以儒學進，歷十三官，所至以彊直勤敏，振利攘害，名聞達不可掩，判三司開拆磨勘司，終主客郎中、河東轉運司，其治行之詳見於故平章事宴公、參知政事王公所撰墓誌及碑。公即河東節度使、開府儀同三司、守太尉、判河南兼西京留守司事、潞國公、諡忠烈諱彥博，字寬夫。生而神異，博通諸史，及進士第，立朝端重，顧盼有威，寅亮四朝，為國元老，入贊萬幾，出綏四方。上則固社稷，尊宗廟，下則熙百工，和萬民。天子腹心，股肱耳目，天下所取，平其勳業，閎大顯榮。褒封三代，贈官皆至太師、中書令兼尚書令，爵燕、周、魏三國公。廟成，澤州府君為第一室，夫人某氏配；燕公為第二室，燕國太夫人宋氏配；周公為第三室，周國太夫人王氏、越國太夫人郭氏配。魏公居東室，魏國太夫人耿氏、魯國太夫人申氏配。公以廟制未備，不敢作主，周晉荀安昌公祠製作神板，采唐周元陽議，祀以元日、寒食、秋分、冬夏至，致齋一日。又以或受詔之四方，不常其居，乃酌古諸侯載遷主之義，作車奉神板以行，此皆禮之從宜者也。其銘曰：鬱彼喬木，茂於苞根。浩彼長川，發於浚源。矧人之先，云誰敢諼。天佑有宋，誕生哲臣。乃幹樞軸，乃秉鎔鈞。克釐克講，允武允文。甘陵有妖，悖暴紛嚻。公往逍遙，不日而消。仁祖遘疾，群心震栗。公入密勿，四海清謐。出奠方維，為諸侯師。以惠以綏，不廢其威。至也民悅，去也民思。其民如何，式謠且歌。歌政之和，在洛為多，謀居之安，疇如得民。公自汾渚，遷於洛滸。永樂茲土，永燕私處。伊水洋洋，山木蒼蒼。是掄是劂，是斷是斫。達於有洛，是相是虞。是卜是諏，是築是捄。是植是扶，是茨是塗，作廟渠渠。新廟既成，室家是營。公曰予居，風雨是撫。勿侈勿崇，予躬是容。人庳公堂，公曰予康。人隘公庭，公曰予寧。人勿予隘，惟子孫是賴；人勿予庳，惟子孫是利。克恭克儉，予履予視。俾躬之為美，匪目之為麗。廟堂既闢，四室有侐。犉牲孔碩，導黍及稷。籩豆既滌，灑掃既備。旨酒既泲，封牲為饎。乃薦乃陳，苾苾芬芬。祖考欣欣，百嘏來臻。天錫公祉，強明壽愷。帝錫公祿，崇謍豐泰。天匪公私，公德是宜。帝匪公優，公勳是酬。公拜稽首，揚天子之休。恩純終始，式貽孫子。子子孫孫，勿替勿望。時奉蒸嘗，保公之烈光。

元豐三年仲春既望敕制　司馬光撰

承诏诗宴自识碑记

【简介】

北宋元丰四年（1081）刊，文彦博撰文。据康熙版《介休县志》卷八录。

【碑文】

承詔詩宴自識碑記

元豐三年季秋，皇帝行大鄉之禮於明堂。方守魏，被召侍大禮。慶成後四日，特蒙制恩，進位太尉，保釐洛郊。臣犬馬之年，七十有五。前此累年，章十數上，以求致仕。聖恩俯憐舊物，曲念老臣，皆未之許。今復優進公位，俾守別都，自顧衰殘，非敢當克。俯伏辭避，至於再三，訖不獲命。乃以閏月二十三日陛辭，翌日出都，仍賜宴於瓊林苑，以二府大臣押伴。既有臨，遣中使內出寶器，俾釂天醴，以極魚藻之樂。賜御詩，以寵其行。臣伏思蒙厚恩，荷殊渥，自近世逮本朝以來未有此比。則有弼臣惇，奉詔作序，事義詳矣。臣雖窮極語言，不能盡意，惟知負戴天地生成之德，感激而繼之以泣。惟陛下聰明睿智，煥乎有文，帝庸作歌，光昭前典。伏自臨御以來，十有四載，而英韶之韻，雲漢之章，百執願聞，萬物思睹者久矣，曾未之得。夫何老臣，首蒙天賜！至榮至幸，超絕等倫。始至都門，則已傳佈於宮省；尋抵洛宅，又得誇示於吏民。是用圖金石刻，以永其傳。將與夫日月並明，天地同久，復使臣之子子孫孫相繼率勵，保之守之，亦克永世，老臣為不朽矣！

元豐四年正月三日　文彥博謹記

新文庙记

【简介】

元元贞元年（1295）刊，时任保定路易州儒学教授伶思贤撰文。据乾隆版《介休县志》录。

【碑文】

新文廟記

元貞元年八月一日，介休文廟修竣，縣尹田君澤以書來告，曰：縣之學，舊在治東，中更兵燹，鞠為茂草。大元勃興，文武並用，詔諸路郡縣官吏，春秋釋奠先師，以時修其廟宇。士能通一經者復其身，其有茂才異等，則歲貢而超擢之。由是天下學校始復立焉。至元甲子，閻公梅來宰是邑，與諸生謀議更新，乃於城之東南隅市民居一所，以為奉祀之地。壬申，古陶梁公天翔繼至，始作大成殿，而以故居為講肄之堂，工未訖而代去。後二十年，主簿平陽王君益蒞任，慨然營葺，不憚勤勞。於是邑之吏民相率捐金以助，堂廡、階戺次第畢興。未越月，而澤適至，乃相與贊成之。自惟邑小民寡，不敢重為勞費，而又當驛路之衝，南北往來，冠蓋相望，朝夕送迎，不遑寧處，弗獲時親鼛鼓，迄三年而工乃竣。今秋上丁，用釋菜之禮而落成之。維子善文，願記之以風示一邑，庶乎士人咸興起焉，澤之願也。

余維今天下之邑，號能其官者，不過優於簿書期會之間，詳於追胥督責之末。而振興學校，能如二君之協心者，夫豈不可貴哉？余雖不敏，不容不彰其作人之意，因誦所聞，以告其邑之士曰：自天降生民，莫不與之以仁、義、禮、智之性，使知有君臣、父子、夫婦、朋友之常，是所謂物則而秉彝也。惟其拘於氣質之偏，遷於嗜慾之誘，或至陷溺其心而不自悟耳，先王為是建學立師訓導之，以復其性。故人生八歲，則入小學，而教之灑掃、應對、進退與夫《六藝》之文；十五以上，則入大學，而教之格物、致知、誠意、正心以修其身，然後齊家，以達於治國平天下，莫不因其固有之良以導之，期於不失其性，不亂其倫，以復其初而已。夫然故其為教易知，而其為學易明，此三代之前所以賢材眾多，風俗淳厚，而非後世所能及也。及周之衰，異端並起，惑世誣民。吾夫子出而發明堯、舜、禹、湯、文、武、周公之道，以傳之弟子。至孟氏歿，而諸儒疵而不純，凡師之所以教，弟子之所以學，或放於虛無之境，或入於華靡之場，學校之設，其名雖存，其實已亡。浸淫及於五季之亂，而敗壞極矣。近世周、程、張、朱數君子迭起，尊信孔氏而得其不傳之統。著書立言，莫非復先正窮理盡性之微，修己治人之要，其有功於當世，實非淺鮮。然而世之儒者，泥於俗學，未嘗考其已試之效，或輕議而竊笑之。其有稍知景慕者，則又舍近務遠，處下窺高，而不思反之於身，以求其切於致君澤民之實。今天子即位，首發德音，以為孔子之道，垂憲萬世，命有司歲葺宮牆，擇宿儒為之博士，養弟子員以廩餼，蓋將以收得人之效也。二君遇文明之世，聿新庠序，又能挺然自立學聖賢之道，而推之以教人，是皆宜書之以示來者。邑之士誠能於日用人倫之際，講論問辩，敬守力行，處家敦孝弟之行，處鄉興謙讓之風，達而在朝，則功名事業光炫史冊，三代之盛，何不可及之有？此皆先王建學之意，而二君之所望於多士也，可不勉哉！

歲次乙未重陽日 保定路易州儒學教授豫章伶思賢撰書

河村新润济侯庙记

【简介】

元至元二年（1336）刊，冯钰撰文。据乾隆版《介休县志》卷十二录。

【碑文】

河村新潤濟侯廟記

侯名破羌，自署河西王秃髮傉檀之子也。傉檀為乞伏熾磐所滅，侯自樂都奔北魏，世祖愛其勇，賜爵西平侯，加龍驤將軍，謂侯曰："卿與朕同源，今可為源氏。"賜名賀。累立戰功，封平西王，改隴西王。卒，贈侍中太尉，謚曰宣。《魏書》班班可考也。初，侯從世祖擊西河叛黨白龍，至白彪山下，馬忽墮足，躍地出泉，後人遂名其泉曰"馬跑泉"，又名"源公池"。疏流浚源，溉田數十頃，立廟以祀。宋崇寧中，鎮將許某祈雨立沛，因榜為"永澤廟"。宣和元年，大樑營宫室，遣使取河東大木。時亢旱，汾流既涸，知汾州軍周煒懼違詔命，誠禱於侯，大雨浹旬，木筏得順流以達，於是河東經略安撫使李某請於朝，封潤濟侯。介邑密邇西河，維雨維暘，澤被孔厚，春秋祈報，俎豆維虔，兹村之廟所以作也。歲久欲圮，父老虞無以妥侯之神，醵金更新之，而問記於余，余因敘侯之巔末，以垂於後。時至元二年閏五月二十一日也。

复西河水利记

【简介】

明嘉靖二十年（1541）刊，孔天胤撰文。据乾隆版《介休县志》卷十二、嘉庆版《介休县志》卷十二录。

【碑文】

復西河水利記

邑之勝水出狐岐山下，其流混混不舍，實惟農民灌溉之資。鑿溝浚澮，引源接流，可使瘠土為腴，利至渥也。顧民不善疏，官不荒度，則水之用微矣。自宋文潞公始作三渠，引水分灌。其東渠、中渠則由東北灌北張、宋安等村之田；西渠則由石河而西，經邑城泮池，灌韓板等村之田。百姓深享其利，無不德之。乃自石河壅淤，西渠之水莫能遠達，蓋百年未之能復焉。辛丑之夏，參政瀨川于公行縣，問民疾苦，遂得西渠所由廢興。即召父老告之曰：泉流之興以利民也，而今乃壅淤如是，厥維弗疏之？故乃命縣尹董君宗魯興其役，主簿董君舉正督之。石河故道浚深七尺，搆隧道二百餘步，達泮池，高三尺，廣二尺有奇，凡十日工竣。於是西渠之水復通韓板如故，士民欣然，頌公貽萬世之利。縣尹撰狀，授茂才馬璐、高斌，屬余為記，永之貞珉，俾邑人世有所考。昔西門豹之治鄴也，令名炳焉。史起以為仁智豹未之盡，則有以漳水而不知用，史起乃引之以灌鄴田，鄴人至今歌之。余于公亦云。

兴复西渠水利记

【简介】

明嘉靖二十年（1541）刊，孔天胤撰文。据康熙版《介休县志》卷八录。

【碑文】

興復西渠水利記

縣東南有勝水，山（出）狐岐之山。其流湛洋汪濊，實惟沃壤之資、力農之本。故通溝瀆，畜陂澤，則畚插而雲興，決渠而雨注，田惡可腴，而凶年不憂，蓋因天分地之自然也。然細民未知其利，庸吏暗於化裁，則水之用微矣。自宋文潞公始作三渠，分引此水灌田。其東渠、中渠，則由東北灌浸北張、宋安等村之田；西渠則由石河而西，經邑城黌泮，灌浸韓板等村之田，百姓享其利。其後石河壅閼，西渠乃遂不流，蓋近百年，莫之能復焉。今年辛丑之夏，分守大參政迭川于公行縣，尋介子之桂樹，訪有道之林丘，觀風川谷，問水郊原，遂得西渠所由廢興，即召吏民而語之曰：泉流之興，以利民也，而今乃湮廢如是，夫石河之壅，有不可辟者乎！是則吏不為民，故行水失時，地利有不盡焉，其盍治之哉！乃顓命主簿董舉正興石河之役，又命新任知縣董公宗魯督視之。浚河深七尺，而暗構石隊於中，袤二百餘步，高三尺，廣二尺有奇，作十日而工成，西渠之水遂復流如故焉。又為鑿泮池，廣橋門，用受新泌之流，於是士民欣然謂公曰：一旦而貽萬世之利！知縣董君等以訓導吕萬里撰狀，介生員馬璐、高斌屬余為紀其事，以表石章，俾邑人世世有所考繹。昔西門豹之治鄴也，令名炳焉，史起以為仁智豹未之盡，則以有漳水而不知用，史起乃引之以灌鄴田，鄴人為歌。今于公之澤溥矣，介人之歌，寧有已耶！

嘉靖二十年陝西右参議文谷孔天胤撰

介休县缮城记

【简介】

明隆庆四年（1570）刊，孔天胤撰文。据康熙版《介休县志》卷八录。

【碑文】

介休縣繕城記

比歲圉臣失事，北患跳梁。隆慶元年九月，至入内地，大肆殺掠，時石州城守不設，致寇攻襲。而介休以縣尹劉公備禦有方，得不被害。於是郡縣咸大議城守之役，然無體國愛民之實者，猶勞而無功，勤而寡效。公曰：夫古所謂以逸待勞者，非晏然無事之謂也，乃一勞而永逸乎！夫古所謂成大事不計小費者，非秋毫無損之謂也，乃小費而大成乎！兹邑之城，在太平之時，不可不謂之固，在折衝禦侮之時，則增繕惡可已也？乃均田里以出其力，酌公帑以出其財，規書既定，程限有期，既備乃事，弗亟弗徐。民樂於趨事，工樂於售能，不數月而考厥成績。其城增高一丈二尺，幫厚八尺，周圍雉堞、樓櫓、敵臺之屬，皆有業有嚴，式堅式好。公所謂一勞而永逸，小費而大成，允矣。然舉一邑之民，而遺之百世之安，則公之勤也，無窮之惠也，宜勒之金石，以示不忘。於是邑之師生士夫與宗尉之有山莊於邑者，共伐石紀功，徵外史氏為之記。《易》曰：王公設險，以守其國。言城廓溝洫之修也。《詩》曰：大邦維翰。言守土者楨干乎國也。夫大邦無險哉，而必曰"維翰"，則設險者勢也，守之者不勢之勢也。使石州雖無堅城，倘得人以守，則必無破陷之虞，惟城守俱乏，斯賊乃乘之矣。今劉公鏡於先見，豫於遠圖，蓋不徒設險而已。其廣儲蓄以足其餽，練兵卒以養其鋒，居民財以足其生，定民事以和其志。無事則與之休息，有事則與之固守。可以折衝，可以禦侮，公其翰矣，邦其永寧。夫君子有體國之誠心，而後有佐國之良法；有愛民之真心，而後有保民之實政。公一繕墉而六美具焉，可以觀其心矣。是用記焉，用告來者。公字神將，旁其名也，念虚其號也，嘉靖己酉鄉貢進士，湖廣興國州人。縣丞吴君從政、主簿金君珊、典史李君朝官並協董役，於法得書。

隆慶四年　河汾孔天胤撰

新城南上堡水神庙记

【简介】

明万历八年（1580）刊，刘芃臣撰文。据乾隆版《介休县志》卷十二录。

【碑文】

新城南上堡水神廟記

余村自昔建有水母廟，蓋灰南、東柳二泉資上中下三堡灌溉，實賴靈長之德，有以利濟無涯，歲時報享之宜也。顧神向無主名，意水為天下之至柔，有母德焉，故以母道事之歟！維廟宇日就傾頹，眾懼無以妥神之靈也，相約整修，解囊不吝，眾志維勤。凡費白金百兩，工不匝月，煥然增美於前。於是父老畢集，既焚香奠神，藎臣乃遍告之曰：茲水賴神之靈，吾三堡三分其利，每分三日，周而復始，次第輪流，向無爭奪。誠恐日久弊生，致水澤有不均之患，非但人起訟端，而神其馨此黍稷乎？僉曰：願子孫世世守此舊規，若有違者，唯神殛之。因記斯廟之修而並勒諸石，以垂於後。時萬曆八年春仲也。

创建真武庙记

【简介】

明万历十三年（1585）刊，梁明翰撰文。据康熙版《介休县志》卷八录。

【碑文】

創建真武廟記

介之推之畸行，郭有道之貞固，宋文潞公之四朝元老，猗歟盛哉！我朝開科以來，邑之舉於鄉者，自永樂辛卯歷天順、嘉靖，迄隆慶丁卯，科不乏人。惟甲科，自成化甲辰張翼登李旻榜進士，之後百年來未有繼者。每聞術士相傳，謂縣之南綿山拱翠，朱雀高明，其北地平，且下玄武卑弱，須起樓臺觀閣，以壯形勝。然此議已久，但風水人所易忽，而工費浩大，竟無任事者。萬曆八年，新尹張公首重學校，試生儒，亟稱其文思蔚然而甲第久缺，何也？學諭樊志義、司訓張思仁、生員趙承恩等具以前所議對。公喟然曰：聞昔王子俊云，天下之事雖非古始，苟可以義起者，君子亦有所不廢。矧此議關一方文運，概縣輿情，義之所在，可但已耶！遂卜日集師生，召里中父老，會議於明倫堂，令好義者捐資助役。時鄉民宋世邦、李鳳、王攀、梁永恭等六十餘人，翕然響應，各捐資不等。銀至百兩，以下至五六十或二三十兩者；粟至百石，以下至七八十或三四十石者，報名附籍。董友真捐園地五畝並易價六畝為廟基，僉舉老僧明曉焚修化緣。於八年四月初一日經始，正殿五楹，兩廊各五楹，二門、三門各三間，前面東、西各僧院一所，至十三年八月竣事。自北郊延望，巍峨煊□，與南山對峙。實地靈人傑，義有所取爾也。雖是張公先以母憂去，未觀厥成，故茲勒石，非特志廟之底績，蓋追念公之遺愛，不費公帑而成功，兼土人之尚義，不憚大作而致用。庶幾登雋連茹之盛，而堪輿家之說，亦不可恃而可恃也已。張公諱重恩，河南祥符縣，隆慶庚午舉人。

萬曆十三年 孝義梁明翰撰

修史村净土寺记

【简介】

明万历十三年（1585）刊，梁明翰撰文。据乾隆版《介休县志》卷十二录。

【碑文】

修史村淨土寺記

史村之有淨土寺久矣。明曉上人卓錫之，明年，聿新舊宇，為一方壯麗道場，此僧家供養瞿曇，不為懶慵道人，無足異也。先自嘉靖壬寅，俺答內寇，掠至綿山之陽，軍士多殺傷，廑朝廷西顧之憂，臺臣檄縣郡修整封堠里堡，為保聚計。史村有寨雖久，卑隘不足恃，而寺離寨南二里地方，三十畝有奇，四面高崖，環以深澗，車馬不能過。惟南一線微徑，僅通人行，形勢若天塹然。上人諗數年後邑中尚有兵劫，此寺址險固，足以備不虞。爰持鉢告檀那布金，改佛殿三楹為五楹矣。築禪房數十間，市田七頃，聚僧徒十餘人，朝夕誦法華不輟，鄉人咸目為高僧，敬禮之。越丁卯，為隆慶元年，寺方修訖，而寇陷石州，復自向陽峽焚劫縣境，上人乃悉呼鄰寺居民，攜老幼避入於此者千百人，遍給饘粥，凡三日，寇始退，咸獲安全。於是一方之民謂上人非但戒行高潔，其知見廣大深遠，能度一切眾生苦厄，如法華導師，多諸方便，於險道中化作一城。是時疲極之眾，前入大城，生已度想，生安穩想，抑如如來，生住於種種之地，所謂解脫相也。眾既感德不止，而上人猶思預弗已，續建僧寮七楹。此心直是空際法雲，欲遍覆世界。眾更頌其功之無量無礙，謂不可不昭示來茲，特走數十里問余為記。余曰：善哉，佛法慈悲，上人欲度盡大千方證菩提乎？今之牧民者，各有解倒懸、登衽席之責，而視官若傳舍，不肯憂民之憂，素餐尸位，如粥飯僧者何可勝道？上人不過紺園一開士，而能俾千百生靈免於鋒鏑，厥功實非淺鮮，無論預識劫灰，即其有備無患，皆牧民者之所聞而滋愧也！余邑梵刹所在多有，而欃槍向處，百姓呼號驚竄莫之能救，言之至今痛心。噫！天下安得胥上人者，而保我黎民哉！上人，蒲郡僧也，聞楊襄毅公謂其世尊化身，信然。

鸑鷟泉水利记

【简介】

明万历一六年（1588）刊，王一魁撰文。据乾隆版《介休县志》卷十二录。

【碑文】

鸑鷟泉水利記

初，邑民溫恕等爭鸑鷟泉水利，聚訟有年，不能止。余蒞任未閱月，上官星火命平此訟，以息爭端。余既宰是邦，與民樂利相關，何敢須臾緩？即詣泉所，召三河父老，遍問致訟之原。謂昔時水之所至，地即灌之，今豪強之徒視為利藪，往往多壟斷謀，故有有地無水、有水無地諸弊。有地無水者，自來無買水券，不能引水溉地，旱則苗槁；有水無地者，自來有買水券，雖無地可澆，得以市利。於是訟者四起矣。余以為地者糧之自出，水者地之資生，糧與地不能判而為兩，則地與水能離而為二乎？因與民約曰：自今伊始，不論水券之有無，惟既輸水地之糧，即當案程分灌。後凡賣水地者，水即隨之，不得賣地不賣水，賣水不賣地，復循夙弊如此。有水無水，皆曉然於人之耳目，縱有豪強之徒，亦知法之畫一，無所施其狡獪，寧不貧富相安，爭奪可息耶？父老聽斷之下，無不稱便。乃與主簿浦君命書吏取水地圖籍，與民硃券校對，計畝分水，仍注諸冊，使不能紊亂，大略具矣。而巡按御史文公謂水地與平坡，糧之輕重遠甚，冊中尚未昭悉。且買水買地，百姓各為世業，今日驟為更張，民情果帖然服耶？輪澆之法，向先自下而上，今仍如舊耶？事屬更始，不厭詳審。余復按冊稽之，自萬曆九年清丈地畝，就現在水程計，水地二百九頃六十五畝有奇，每畝水糧八升一合，共水糧一千六百九十八石而贏。又自萬曆十年至十六年，接續更正平坡沙城地為水地十一頃二十九畝有奇，加水糧二十九石而贏。今復清出水地四頃二畝有奇，加水糧八石四斗而贏。較之九年清丈時，溢出水地一十四頃三十二畝有奇，水糧三十八石而贏，仍解豐贍庫存儲。倘國家有加賦之條，民地有陵谷之虞，即可絕長補短，無庸重累我民。更有刁民張世德等以本非水地，私買水程，計地一十三頃九畝有奇，仍改平坡，不得復分水澤，贖鍰百金，以充源神廟修葺之資。申詳各上官訖，於是上官謂余不避勞怨，能清百年之弊釐正之，非傳舍視官、秦越視民者比。自此，富室不得爭衡，窮簷得安耕鑿，王君之惠民，不與水利可大可久哉！宜勒之貞珉，使民世世知所法守。噫！余自登籍以來，矢慎矢勤，惟恐一不得當，下以違閭閻之好惡，上以煩州司之糾繩。今經界水地，不過黽勉爾公，何敢當此獎借，第既關民利，不得不勒石以記之。而灰柳二泉水地二十三頃九十一畝有奇，水糧一百九十三石而贏，水程二十三程一十時，並載入焉。至灌溉之法，自下而上，自昔良規，不能易也。

重建源神庙记

【简介】

明万历十九年（1591）刊，王一魁撰文。乾隆版《介休县志》卷十二、嘉庆版《介休县志》卷十二均收录。

【碑文】

重建源神廟記

狐岐山在邑東南三十里，勝水所自出，俗謂之鸑鷟，又謂之源。混混數十里，自南而北流，分東、中、西三河，資以溉田若干頃（詳余《水利碑記》）。山舊有源神廟，故事，每歲上巳，有司率土人詣廟致祭，分三河水勢，以時正興東作也。余自丁亥秋涖兹邑，越明年戊子春三月，邑人白余。余竊惟山川邱陵能出雲雨者皆曰神，古者諸侯祭封内山川，祭法能禦大災則祀之。若兹源泉，既以其水溉舄鹵矣，又時以其氣蒸為雲雨，即歲大旱，苗不為槁，夫非所謂神而能禦大災者耶？若是者，祭之不為諂；藉令不祀，猶將創以為典，矧既有舉之者乎？於是設牲走祀，祀畢周覽形勢，廟在山之西阜，頹焉將傾，基亦隘甚，且南山如面牆，瞻眺弗廣，泉出左腋，廟中不可見，心竊病之。回視宋間書，至大二年創建，洪武十八年重修。傍得石刻，進士趙珉撰文，前并州押衙、銀青光禄大夫、檢校國子兼殿中侍御史徐賨撰銘，碑稱至道三年重建神堂，大中祥符七年勒石，由是知源神廟宋以前已有之，而其為水利，從來最遠。碑文用四六頗麗，然誕漫纖靡，闊略於事情，銘及字畫尤草草多剝落，顧非是則罔與徵往，古人所以重金石文也。頃之至南山麓，得平阜，廣十丈，長倍之，仰眺諸峰，左右盤礴，宛如雙闕，透迤北下，蒼翠萬疊，俯瞰飛泉，瀉出山下，如萬斛珠隨地而湧，聽之泠泠然，鏘鏘然，若理絲桐而鳴環珮也。余於是喟然歎曰：斯非神皋靈域乎？奈何不於是作廟也？第歲方祲饑，民力未舒，何敢輒興土木，意逡巡未決。先是邑民以水利久弛，因緣為奸，積數十年弗能抉其弊，訟獄滋繁，百姓坐是困敝者不可勝計。余則謂凡為政者，因民之利而平之也。今民以爭利弗息，而不為之平，名雖曰利，其害實多。為有司者，日抗顏於其上，一切弊政置之弗聞，若懵瞶然，民其謂我何？因疏流導源，釐定章程，俾三河土壤貧富均平，民乃悦服息爭。而向之因緣為奸者叩頭悔汗，願以新神廟贖。余許其自新，白於觀察侯公，報可，乃庀材鳩工，擇邑之賢者董其役，余亦時至省視，土人享灌溉之利者，亦各輸粟輸金為助。鄙人有言，利於己為有德，以彼其利，宜其奔走恐後也。於是廟卒遷於南阜，負離抱坎，正殿五楹，肖堯、舜、禹三聖人像，蓋狐岐為禹治而堯舜命之也。東西廡各三間，殿前數步，甃磚房五，洞中為儀門，洞上樹臺，為歲時歌舞報享之所。大門三楹，門外地漸下，作石梯數十級，梯竟疊小橋，竪坊其上，榜曰"溥博淵泉"，下即鸑鷟泉也。橋上目送流泉，如神膏自溢，非天造地設與？廟西偏建官廳一所，顔曰"趨稼"，祀神時齋居也。山地若干畝，給道士奉香火。工始於戊子之夏，畢於庚寅之秋。規制較前閎敞而不傷於財，庶幾可以妥神矣。是冬，土人告余曰：新泉六七孔出山下，源泉亦盛於昔。余視之，信然。噫！夫非神之靈長也歟！諸薦紳先生暨父老輩咸趨余記，因述其巔末，勒珉而樹之廟左，宋祥符碑亦移置廡下，時萬曆十九年辛卯三月三日也。同事寮友某某經始落成，得並書之。諸有勞績者，亦載碑陰，弗敢略云。

重修庙学记

【简介】

明万历四十三年（1615）刊，王策撰文。据康熙版《介休县志》卷八录。

【碑文】

重修廟學記

孔子之道與天地並悠久。我朝重道崇儒，遠過前代，亦以並隆於天地。是故冬郊、夏社、春秋，孔廟視寥寥一曠，舉者懸也。至於廟貌沿革，按體式，合爻象，肅聖祀，起氣運，以仰稱聖天子重道崇儒之盛意，則有待乎賢守令焉。介自渭南史夫子飭其廟，廟後買民地，展為通衢，創建書院，授業有堂，育材有舘，科第陡發，迄今籍甚，皆其出於門下者。然院宇四角皆空基，短垣榛蕪蓊蔚，殊不入大觀。地復卑且濕，積澇傾圮，所存者腐材裂瓦，夜不蓋星，風來隱然欲動，牆圍毀缺，犬豕時時欄人，穢踐其中。邑尹壽張孫公惻於念思，闡史夫子遺跡，偕佐貳論訓，告諸士大夫鄉老，首捐俸金三十兩，仍醵諸尚義銀，糾督工役。始於甲寅之正月，至乙卯之十月用告厥成。其增基三尺而厚者，資爽塏也；徙敬一亭而北者，正方位也；升啟聖祠而上者，妥神居也；樹空基為回廊而連者，飭廟梲也；開兩便門於大成門而腋者，避當中也；殿牙新插以出簷而翚者，備明制也；名宦、鄉賢移置於大成門外而峙者，仿從祀也；加創神庫而砌者，重祭器也；兼飾神廚而密者，毖芬薌也；浚泮池而廣者，滋風水也；傍殿肇魁星二樓而翼者，耀文明也；官宅益十數楹而多者，恤官師也；牆垣更以磚石悉四面而周者，壯觀瞻、堅久遠也。若夫閣之高至四丈二尺有奇，垂簷三疊，冠以琉璃，衣以丹青，為一方巨麗。敬一亭壯如閣簷，二層頂攢八卦，而十字絞角，絕勝於他方。殿之高齊於閣，而亦二簷環以丹桂，回道轉角，與閣亦無異。其餘華聳，大率類此。有者新矣，無者補矣，褊小者恢廓矣，舛錯者變易矣，規模一定，繕葺既精。寓目有煥然之采，對境有儼若之恪，此諸糾、諸施、諸工役之與其力，而系孫公之心。嗚呼！聖道有顯晦，文運有盛衰。天理民彝之在，人心無可澌滅。公德政接美史夫子，行且越擢，後之人視此，隨宜整理，俾之日新，則天地不朽，聖廟不朽，吾人尊尚先聖之念與俱提醒於不朽。洪揚聖教，永祜斯文，胥賴於茲，是又有望於將來之為孫公者。謹識。

萬曆四十三年歲在乙卯孟冬吉旦 汾州府介休縣儒學教諭事、舉人榆石後學王策撰

新介子祠记

【简介】

明天启六年（1626）刊，张煊撰文。据乾隆版《介休县志》卷十二录。

【碑文】

新介子祠記

吾邑介子，從晉公子重耳出亡十九年，歸不言祿，奉母而隱，終身無怨言，夫人而知之也。余謂介子之志，有大難白於當時，而寧隱忍以沒者，苟非後世君子闡而揚之，則其志終湮而不彰。何則？東遷之後，王室既衰，周之子孫，日失其序，天下之想望輔共主者實惟晉國。而重耳又少好善，足以撥亂世而反之正，故追隨險阻，不恤其身。深望返國之初即圭介入覲，夙夜匪懈，式辟四方，以答文、武、周公之靈於在天也。不謂阻謀桑下，懷安之志氣已畢露於中途，而授璧要君之侶復皆固結主，知他日同朝對命，必以仁義之陳為迂闊，而急功近名之為可信也，故歸即引遁入山，唯恐不深耳。或者謂既知重耳之不足輔，何不於未返國之時而即避去耶？是又不然，君子既隨人於患難之中，未能速俾之轉危即安，而復中道委去，於心孰忍？中人猶且不為，而謂賢者為之乎？迨君已主晉祀，特借不賞功之名，如孔子之燔肉不至以去，其心實素察其君之不過霸諸侯，而恥與狐偃輩同為譎詐之臣也。浸假得申其行道之志，雖未必若伊、呂之偉烈豐功，而視狐偃諸人，必更有可觀者。倘徒以祿弗及之故，何難一求，而胡身隱焉文之矜平躁釋乎！我故曰：介子之志，有大難白於當時，而寧隱忍以沒也。迄於今吊綿山之隱處，雖牧豎、樵夫，莫不憐其志。則介子生雖弗及祿，而已俎豆千秋也，又何必文公之旌哉？我里舊有介子祠，歲久將傾，集同志稱量輸金，葺而新之，凡兩月而工竣。時天啟六年秋仲也。余因記修祠之歲月，而論介子之志。

重修虹霁桥碑记

【简介】

明崇祯二年（1629）刊，马初登撰文。据康熙版《介休县志》卷八录。

【碑文】

重修虹霽橋碑記

汾水出自太原，入於河，其汪洋數百里，瀠洄旋轉，以至余邑之西南谷口，若歸國門際聖明，一瀉浩瀚，奔騰滿注。其兩岸之山氣氤氳如蒸，山麓有長橋臥於波上。余嘗憑高遠望，見若神龍翔舞而來，水天蕩漾，而應虹倚銀漢，彩現雲端，亦一方之勝概也。堪輿家謂太原一川之脈關闌於斯，信不爽云。然形勝之說，儒者不道，吾獨美虹霽一橋。蓋晉陽土易，汾水善潰，倏忽遷流，橋樑罔功，故斯所經，非舟莫渡。惟此谷連山參差，土勁多石，是以氾濫橫肆之勢，至此若聽約束，而津梁不受衝損。若乃秋水時至，萬頃一碧，地勢冥迷，泥沙決裂，舟楫不運，深淺難測。彼汾一方，嗟限南北，斯橋獨以天邊一虹，通全省之血脈。是非太原一川之脈關闌於斯，實太原一川之脈疏通於斯也。而橋斷石殞，如斯人何？鄉耆眾糾首等夙有利濟之意，共為扼腕。道士李常靜苦練身心，遇修葺頂踵從之，故協力經營。於今年三月告成，計圮之日，僅半載餘也。又增碑坊二座，如左右翼，起三官廟於西以鎮之。余嘉數父老及道士之功，為全晉利賴無窮也，故為之記。

崇禎二年 天啟甲子舉人馬初登撰

缮关厢记

【简介】

明崇祯十六年（1643）刊，刘正宗撰文。据乾隆版《介休县志》卷十二录。

【碑文】

繕關廂記

三晉夙稱天府，為中原必爭之地，而介邑適處衝衢，商賈四方輻輳，邑屋萬家，不得不深保聚計，況今流寇多出沒於此哉！初，隆、萬間蒙古屢警，城既以石為基，易土以磚，稱完固矣。而城外東北二面，向築土為關廂，未之堅厚，即欲繼城而修之，眾以力竭而止。因循至今，大半傾圮，倘不及時規畫，其何以壯外而固內？然費以數萬計，國家當用兵之候，帑藏不盈，藐茲下邑，何敢復傷度支？而謀諸閭黨，道旁之築，訖無成功，可奈何？維時侍御張君獨慨然告眾曰：奈何以萬世利，狃目前自阻哉！願出千金，為紳士先。復上疏云：臣邑當三晉之衝，土城非百年之計。守城必先守關，修關勝於修城。關之弗守，即金湯屹屹何益？臣雖寒素，當捐金首倡，以共保此一方。疏入，天子可其奏，乃下詔敕，撫臣詣邑，召富室計議。於是人咸急公，工亦畢集。經始於己卯仲夏，為高為厚，俱如城制，雉堞翼如，樓櫓相望，厥長一千一百丈有奇，用白金四萬而贏，至癸未八月告竣，侍御乃徵余言以記之。余按《春秋》有築必書，凡以興萬世利，非愜輿情而破隅見，無以堅厥志而觀厥成。是役也，中丞斷其議，郡守邑令董其成，而不吝千金、抗疏首請者，實惟侍御張君之力。侍御邑人，名煊，戊辰進士。餘若員外郎董君諱直愚，共濟斯役者，並宜泐於左，以為眾志成城之勸。

董公义修文庙碑记

【简介】

清顺治十四年（1657）刊，宋奇杰撰文。据康熙版《介休县志》卷八录。

【碑文】

董公義修文廟碑記

孔子祖述憲章，上律下襲，所謂道集大成。後人不能贊一辭也，亦不敢贊一辭。從古帝王肇興，輒詔天下建學，欲其閎廠壯麗，凡以妥吾夫子也。介學不知創自何年，久而凋殘殆甚。聞明朝神宗時，渭上史公嘗為修飾，壽張孫公與榆石王廣文亦嘉意綢繆，庶幾燁然可觀。迄今歷四十餘年，風漂雨漬，牆垣傾圮，棟宇摧折，彤顏亦少為黯色矣。邑庠董公每於朔望瞻拜，不勝欷歎，又不敢獨為君子，嘗誡同志曰：吾儕翱翔禮樂之林，沐浴文明之化，章縫翩翩，何忍坐視此頹敝景象耶？奈何有其心者乏青蚨，擁其財者吝紅朽。於是獨力仔肩，丙夜經營，晝則糾工匠，購物料。材木易以精良，垣墉期於鞏固。雕龕鏤閣，刻桷丹楹，舉几筵、榱題、神庫、神廚之屬，靡不一一更新。考董公之為人，性勤而行恭謹，自凡幃以至閭閻，持己接人無少愆儀，凡修諸神廟，如八蠟祠等並竭力輸助。至吾夫子，尤盡心力、殫財物，推而及梓潼帝君行宮、城頭奎樓，俱丹碧琉璃，黯然賞心娛目。厥子郡庠正紳，善繼乃志，於已修者細加補葺，未修者不難創置，如石棟牌坊之類，種種營造，總之皆以崇重吾夫子也。自是遊學宮者誦詩讀書，心領而身體之，懿行嘉言，傳示萬□，斯不負董公修學之意也哉！豈僅掞藻摛華，以博青紫耶。聖靈默佑，董公子孫將有振振繩繩，光大家聲未有艾者矣！是役也，經始於明季辛未年，相延於清興之乙未、丙申間猶修飾未已。當年督工者，已故則建極王君、商霖傅君、徽聲羅君、先登馬君、恩貢日扶桑君，在如來貢侯君等咸與贊成焉。今董公物雖故矣，闔學諸公不忍沒其美，以余與正紳兄素同硯席，請余撰章，以志不朽云。董公諱爾型，增生，邑之西北坊人。三子正紳、鼎紳、望紳，俱庠生。

順治十四年歲在丁酉純陽首夏邑人宋奇傑撰

董生修文庙记

【简介】

清顺治十四年（1657）刊，李如樸撰文。据乾隆版《介休县志》卷十二录。

【碑文】

董生修文廟記

邑之文廟，自渭南史公整修後，歷數十載，無繼其役。棟宇摧殘，丹雘脱落，紳士朔望瞻拜，雖莫不欷歔興歎，而未聞有更新之創。獨邑庠董生爾型謂：我既翱翔禮樂之林，沐浴文明之化，坐視宮牆頹廢，心何以安？既鮮眾志，我獨任之，充我之力，積二十年可以竣，雖曠日持久，終勝道旁之築也。於是糾工度材，殿、廡、堂、階暨神庫、神廚之屬，靡不次第以舉。無何天不永年，未及觀成而卒。厥子正紳，善繼乃志，不避寒暑，朝夕踵修，星霜凡屢易，而後規制大備，賁飾煥然矣。是役也，經始於崇禎辛未，至國朝順治丙申而工方訖。歲餘兩紀，時更兩朝，人經兩世，其辛勞不為不久，苟非誠心以貫之，烏能終始不輟若是？夫明季自思陵即位以來，無歲不用兵，天下騷動，流寇所過，城邑為墟，生其際者，皆謀苟全之不暇。而董生父子獨以文教為重，作述相承，修於舉世不能修之時。迨聖朝定鼎，我邑學校獨不煩當事振興，而鐘鼓豆籩，無不完具，其功豈不大哉！余蒞任以來，嘗讚歎之。茲邑人咸謂不忍沒其美，請記之以垂不朽。余雖不文，何敢辭？因述其巔末，壽諸貞珉。抑聞董生篤行君子，鄉黨無不奉為楷模，獨惜早逝，不得一見之。而三子俱已列膠黼，好學能文。正紳其長君也。天將興董氏也歟！何子孫之多賢也。同時董役若王君建極、傅君商霖、羅君徽聲、馬君先登、桑君日扶、侯君來貢等，咸著勞勩，於法得書，不敢略云。

修李姑岩记

【简介】

清顺治十七年（1660）刊，梁钟豫撰文。据乾隆版《介休县志》卷十二录。

【碑文】

修李姑巖記

綿上之巖有名李姑者，相傳唐太宗妹入山禮佛，至此結廬，焚修有年，卒登覺岸，後人即其廬肖像祀之。考《唐書》，高祖十九女，皆先後下嫁，無出家者。惟睿宗女玉真公主，始度為道士，號上清元都大洞三景師。後多繼其風，終唐世凡十二人，未聞有為比邱尼者。李姑果太宗妹耶？仙耶？佛耶？皆未敢信。顧斯巖自昔至今，率皆黄冠奉香火，則李姑疑為道家近是。甲申之歲，邑境遭闖寇肆掠，余避兵入綿上，得遊斯巖。煉師王某，款留信宿，問《黄庭》，論《真誥》，娓娓有元旨。而道宇雜樹交蔭，雲垂煙接，披拂清芬，令人坐臥忘返，巖之最上層，則李姑像在焉。瞻拜仙儀，飄飄出塵世狀，匠手亦巧於繪哉。下覽眾峰，如萬點蒼翠，呼吸之際，可通帝座矣。自辭煉師歸後，未能再至，己丑之秋，斯巖遭餘孽蹂躪，而煉師亦厭世去。其徒微興，慮道宇之漸及荒榛也，亟告邑人士捐金以助。於是取材於山，陶土為瓦，舉廢易新，工始於順治庚子暮春之九日，凡十旬而竣。微興走告於余，願為記，余曰：天下事佛禮仙之地，不過榜之曰寺曰觀，而此獨以李姑棲息之巖，即名之曰巖，蓋巖以李姑顯，而洞宫亦可以巖稱也。抑聞之山之石窟曰巖，又殿旁高廡曰巖，意者李姑生則修真巖穴，死則得侍通明殿頭如上元夫人耶？姑不具論，惟綿山為吾邑勝地，而斯巖又為綿山勝地，至今憶舊遊，心嘗戀戀，愧予已濫竽雁塔，勢不能不為風塵俗吏，宦海蒼茫，望之不可涯涘。苟得早賦遂初，重遊勝地，則如出火坑中，登蓬萊仙島，豈不大快哉？因記斯巖之修，而誌余異日之志。

介山分界碑记

【简介】

清康熙十二年（1673）刊，时任介休知县李钟盛撰文。据康熙版《介休县志》卷八录。

【碑文】

介山分界碑記

靈民與介民壤址相接，控爭綿山甚久矣。辛亥之春，予奉委會同靈石、介休兩縣會勘復勘，登山歷眺，至再至三。其山延袤廣大，連亙三邑，東抵沁源，北接介休，山之支派甚多，因地異名，各有屬轄。經介山南之坡為陽坡，地名有北塔溝、紅嚴村、柏溝峪、大小柏溝村、介神廟諸處，屬靈石縣地；山北之坡為陰坡，地名有說法臺、抱樓山、陶圪塔、饅頭山、興地村等處，屬介休縣地。俱以山嶺中脊陰陽為界，下以柏溝村、興地村二溝合流總渠水心為界。兩縣水地犬牙排列，井井不紊，此古封疆一定，形勢燦然在目。予以靈、介之地之民屬地各異，均朝廷封疆内之百姓也。復於康熙十一年七月十二日，會同介休、靈石兩縣令及署事，於義棠驛焚香誓曰：今日奉上委會勘審，雖小民構訟之刁，實系封疆之重，敢有一念瞻徇，罔法蔑民，則陽膏王鈇，陰被神譴，分門立戶者，必受滅門絕戶之慘矣！彼時萬耳萬目，實共見之。矢公矢慎，備晰看詳，並摹畫山圖，具呈汾、平兩府及各上臺洞鑒矣。事連兩載未決，幸介休縣新任李公復請詳，隨經學憲董公親勘登山，上覽陰陽山脊，下察柏溝、興地二溝合流水心界限，與畫圖詳看，中語歷歷不爽，亦無疑議。乃復藩臺議詳，撫院批允結案，靈介之界，俱如所請。今據介休士民等刊案成帙，並請鐫石，余曾以看詳，中統列甚晰，毋容再贅。所願望者，靈、介兩民世守山脊，中分陰陽，下分柏溝、興地二溝合流水心界限。遵憲垂示，兩毋侵越，永杜爭端。略摘要語，聊記奉委之始末云。孝義縣知縣陳之文撰識。

壬子夏之仲月，捧檄始抵介休任，民呶呶以爭山訟，承問者，各為其民，各爭其土，雖屢勘歷詳，經年曠月，訟尚未有艾也。余取前會勘卷，悉目之而喟然曰：余今為介令，是當為介山主。雖古之閑田有讓者，今當仁，余其敢讓乎？且民病於訟而廢其時，三農害則邑大厲，欲民之安也，其何日之有？余亦疲於奔走者屢僕僕矣，遂力請於上，蒙撫院委學憲平其訟焉。董公遂親踏勘，見山之陽坡屬靈石，山之陰坡屬介休，地界甚明。更稽之碑誌甚確，歷查會勘之招詳甚悉，乃中劈山之脊而分隸之，奸民始帖然服罪而去，訟遂以息。夫此介山一拳石耳，在國典則疆域之正否系焉，在百姓則一邑之利害分焉，故曰仁政必自經界始，經界不正則邑民受山水之害，禍有甚於盜水決陂者。靈之民侵之者，以漁利也；介之民必爭復者，以遠害也。夫漁利之與遠害，其曲直相判，洞之者若觀火矣。於民得復反其疆，非予所能也，始之持其平者，孝義陳公也；中之嚴其斷者，學憲董公也；終之主其事息其民者，撫憲與藩台兩大人也。予何力之有焉，爰書以勒於石，非序績也。如《春秋》所書，系虎牢於鄭，系彭城於宋，得正封守之意云爾。

康熙十二年 知縣李鍾盛撰立

抱腹岩地租香火碑记

【简介】

清康熙二十四年（1685）刊，任介休知县李应龙撰文。据康熙版《介休县志》卷八录。

【碑文】

抱腹巖地租香火碑記

縣治南距城五十里許有綿山焉，山之嶺乃抱腹巖雲峰寺，建自大唐，蓋空王古佛化身地也。嶙峋峭壁，古洞天成，山奇形異，松柏森森，瑞雲藹藹，秀色重重，祈雨澤隨禱即應，威靈之曁眾姓瞻仰。諸如景致多端，風水所關，不一而足，載碑記者甚多，余不為之贅述。其巖居半山中，上山高峻，攀援百丈之鐵索嶺，住持難於耕種，因而周圍山廠居民出租承種，手足胼胝。每歲所獲，上供古佛香火，補修殿宇，供億十方，下備貧民俯仰之資。歷唐、宋以來，非一朝一夕也。奈何世遠年淹，土棍串謀，勢豪垂涎，兼滑不畏死之輩，欺神挾民，竟將古佛香火地霸為己業。一山居民畏其勢，本寺住持避其惡，數至於斯，神人共憤，奸惡得計，據為不拔基，久假不歸，若固有之。孰知天道有循環，氣數有轉移，貪腹一滿，勢必至傾覆，若或使之，而訟端起焉，被人訐告，不可謂非古佛之靈也。庭訊，下發寸寸指，凡系古佛香火地，仍悉斷雲峰寺經管收租，永為香火等資費。本分居民寫約，砍種務要住持情願，不法匪類，不得串勢豪而欺常住持，強霸而挾貧民。其諸馬跑泉東至秋阡嶺，西至迷串則，南至鵓子橋、北至上馬石；又有東西去利民泉、煤窑、車轅山、東五龍、西五龍、說法臺、西水溝、東水溝、樺皮庵、桃圪塔、饅頭山等處，俱系雲峰寺收租掌管。但人心不古，而跋扈虎狼接踵而生，再若年深久遠，又不無強霸如今日者，其上山砍柴者不可攔阻，故為勒之貞珝，世世相傳，以永垂無弊云。

康熙二十四年　知縣李應龍立

鸑鷟泉水利碑记

【简介】

清康熙二十九年(1690)刊，时任介休知县王埴撰文。据康熙版《介休县志》卷八录。

【碑文】

鸑鷟泉水利碑記

狐岐山鸑鷟泉勝水，灌溉農田數十村，其利甚溥。自宋文潞公分浚三河，開千百年水利之原。厥後強豪霸爭，東河據上流而獨行，尚無多慮。中、西兩河同源分派，患害疊出，有不可勝言者。萬曆間一經於一魁王公之正定，再經於記事史公之均平，計地立程，挨次輪灌，更設水老人、渠長，給與印信簿籍，分時刻以澆地，始於三月之初三日，終於八月之初一日。舊規載在邑乘，垂諸碑記，無容紊亂者也。迨順治年間，法久弊生，屢訟屢議，紛紛不已，官究無定法。今因夏月亢陽，雨澤愆期，農民急需河水灌田，中、西兩河之民，告石同人每藉坑(圪)塔混水，使中霸西、使西霸中之弊，以“霸水殺眾，永除霸害”為詞；石同村告西河人有五分作一刻之弊，以“私增水刻，紊亂舊規”為詞。本縣據詞審斷，令西河人將五分作一刻之弊永為革除，至果有分毫者，止使分毫之水，亦不得假冒一刻。又思水各有地，地各有主，何有坑(圪)塔水之稱？致令霸爭不已也。遂押石同村人各開花名水冊，各造時辰分刻，與中西河有水分者無異。至如使中霸西、使西霸中之弊，尤為霸水根由，下流受害之原。此弊不除，雖花名各立，恐霸害如故，何以息訟而安民！本縣展轉思維，欲求所以革除積弊之法。問石同西河水若干、中河水若干，西河水老人應曰：石同應得西河水六分，大約於七十日之內，該用九程十一時；石同應得中河水四分，大約於四十五日之內，該用四程五時二刻三分五厘。合中西兩河之水共使一十四程四時一刻三分。本縣又思石同中河水於四十五日之內，計該水五十三時二刻三分五厘，則西河七十日之內自然該水七十九時七刻五分二厘五毫。然兩河水分多寡不齊，因設一借水還水，四六折算，兩河並行之法，使石同人於七十日之內，用西河七十九時七刻五分二厘五毫，用中河水七十九時七刻五分二厘五毫，再補以四六折算之水，借中河二十三時三刻四分八厘五毫。此外，中河人又貼石同放程水七刻四分以上，算來，石同人各河共該使一百四時四刻一厘，此四六折算，兩河並行之法也。於石同西河九程十一時，中河四程五時二刻三分五厘之原額毫無增減耳。西河人將所借中河時辰亦用四六折算之法，還中河六分水一十四時四刻五分九厘，外浸河水一時。如此通變則各使各水，兩河之原額不增不減，下流之憤氣可息可平，又何受使中霸西、使西霸中之害哉！此法得之紳衿父老幾經躊躇，幾費斟酌，似乎公而無偏矣。猶恐輿情未協，因詣城隍廟矢公矢慎，面諭兩河與石同村各紳衿士庶有水分者並各處鄉耆、水老人、渠長人等，共酌可否。中河士庶侯養征等同聲應曰“公”；西河士庶溫養定等同聲應曰“公”；石同士庶楊魁玉等同聲應曰“公”。惟其僉曰“公”矣，則人情可平，法行可久。石同與中西兩河之民可以各自安分灌溉，而上河永不能侵奪下河矣。至輪牌舊例，起於三月初三日，止於八月初一日。今則不可拘執論也。八月田苗尚需澆灌，何可停牌不周，以起農民混亂霸爭之端乎？本縣為爾民酌為改定，至九月寒露後輪牌方許停止，此本縣均水息訟之微意也。較之王、史二公之法，雖稍為更張，然各家水程原額仍舊，何妨通變於其間。尤恐時移勢異，強豪日久生奸，因命工鐫石，樹碑於本縣儀門，永遠垂為定例，俾後人不得紛更焉。

康熙二十九年　知縣榆陽王埴撰立

介休县重修钟楼记

【简介】

清康熙三十一年(1692)刊，时任介休县教谕石博撰文。据康熙版《介休县志》卷八录。

【碑文】

介休縣重修鐘樓記

朝廷以百官致治，而於令寄百里之命以親民事，生養教化而外，理繁治劇無可委亦無可待。即一土一木，補苴罅漏，皆視其才與勤否。而不可假未有因循叢脞之庭，能利用大作愁苦怨咨之邑，能已事遄往者也。《詩》云“百堵具興”，又云“庶民子來”，固牛刀之遊刃，抑亦比諸采詩觀風，則序記所由來矣。邑侯王公，以閥閱名儒，分符介邑，下車來，凡所以遂民之生者，罔弗周也；凡所以祛民之害者，罔弗力也。其諸築城、鑿池、葺大小行署、立西關廛市。蒞政之明年，捐所入俸，遴父老勤敏者七人，鳩工庀材，且詳而簡，不速而成也。復暇日，嘗周章東顧曰：緊矗然雄峙，非明神宗時關中王公一魁創以棲凫者耶，今胡鷺孤振振乃爾？頗聞公善堪輿家言，乃置茲巽地是為文峰。邇來，數十人科第蟬聯，可謂信而有征。於是經始於己巳七月，落成於庚午四月。是年十月，趙君輔捷武闈；明年，王賜召捷南宮。後先兩王公殷殷於幽明之故，克副建官致治之實，不亦益可徵哉。抑余聞之，鐘金奏也，秋分之音，萬物至秋而成，又鐘之為言，動也，節度之所生也，有節度則萬物昌。而公之所以遂民生而祛民害，端在斯乎！

康熙三十一年壬申　介休縣教諭石博撰

修张兰城记

【简介】

清康熙五十六年（1717）刊，刘尔聪撰文。据乾隆版《介休县志》卷十二录。

【碑文】

修張蘭城記

張蘭距邑東四十里，為孔道要區。蓋即古之張南，南、蘭聲相近，故音變焉。鎮向有城，不知建自何時，無碑板可考，不敢妄為附會。自明季流寇肆虐，所過都邑為墟，我鎮之戒嚴者，歲凡三四，而卒不受瘡痍，實惟堅城是賴。今國家奠安海宇，休養黎元，數十年來，干戈既息，盜賊罔聞，閭閻之間，往往夜扉不闔。而天子方下詔，令天下完固城郭，以衛封疆。此非安不忘危，憂深思遠之至意乎？我鎮城週五里，屋舍鱗次，不下萬家，蓋藏者什之三，商賈復四方輻輳，儼如大邑，環視舊垣，大半多頹落。萬一有萑苻之驚，其何恃而不恐？於是馬贊府得馨捐金首創，里人翕然相率以助。經始於丙申春暮，告竣於己亥孟秋，鬻工凡九萬而盈，費白金四千有奇。是役也，上以慰求寧之意，下以免守望之勞，且以徵吾鎮眾志成城、親睦之古風在焉。是不可以不記。余亦里人，樂觀厥成，且有馬贊府之囑，因述其巔末，以壽諸貞珉。凡以財輔，以力相者，並得列焉。是為記。

新文奎楼记

【简介】

清康熙五十八年（1719）刊，梁星煜撰文。据乾隆版《介休县志》卷十二录。

【碑文】

新文奎樓記

余幼時讀書城之東南隅，地與文奎樓仰相接也。每散步登其上，則見夫連山高嶺，凝煙雨而靄夕陽，與夫叢落澗溪，樹陰掩曖，或遠而或近者，莫不環繞於斯樓，不覺目曠心怡，低回留之不忍去。考之邑乘，斯樓實惟邑侯史公建於明季萬曆時。當公未下車之先，士不與禮闈選者，閱一甲子而贏。公謂文運之隆，雖由家課三餘，士窮萬卷，而堪輿家孤虛向背之言，亦不可不信，乃辨方測景，樹樓於斯。規制三層，下則四面洞開，中祀文昌，上供奎宿，皆位離而拱於北，蓋文廟處治之巽宫，而斯樓又當文廟之巽位。《易》曰：齊乎巽。齊者，氣機畢達也。文廟既主乎中，奎宿復左輔之，正與雙峰饒氏"旺相"之論吻合也。厥後科第蟬聯，多致通顯，非風會之果能默移歟？噫！史公於我邑中星好，無不心籌手畫，垂之永久，而況斯樓之有關文運，後人敢以等閒陳跡觀耶？余自登籍以來，鞅掌簿書，奔驰羽檄，不遑憶及故鄉風景。歲丁酉，堉兒走淮上省，余問桑梓事無變遷狀？獨云斯樓高敞，風雨易摧，有就傾之勢。余不禁愀然曰：以史公締造之苦心，既關文運，又足以備勝覽，倘任其墜而莫為之，後我邑中人不自愧乎！因效鍾離捐金之意，亟命堉兒歸里，經始其事。於是父老歡然助理，梓人圬者亦莫不呈技而效能。朽者易之，故者新之，規制不異於昔，而景色煥然矣。頃堉兒以書告曰：工始於今歲仲春，三閱月而竣，里中人咸請記之。余曰：噫！余何能文為！顧斯樓既修，足以繼史公締造之心願，自今伊始，吾閭闬子弟，靡不焚膏繼晷，研史窮經，以副盛世求賢之渴。庶幾與史公建樓之意終始相成，而余他日退老林泉，睹人文之日盛，則登樓重眺，山川雖故，而風景不較勝於往昔哉！爰即屬望之誠，走筆而為之記。

龙头村建义学记

【简介】

清雍正二年（1724）刊，任麟凤撰文。据乾隆版《介休县志》卷十二录。

【碑文】

龍頭村建義學記

嗚呼！為善之難也，或有志而無力，或有力而無志。有志有力矣，而弗克及身成之，幾使其志其力終湮沒而不彰，則不禁令繼述者之泣血椎心而不能自已也。我龍頭村多事耕稼，數百年來，科第僅一見余先君紹。先公少孤，家無負郭田，讀書僅通大義，即遊四方，逐什一之利，凡三十餘載，積數千金。撫不肖兩昆季，就傅卒業，得補弟子員。而猶以我里中鮮禮讓之風，要未嘗啟迪其性天而不之覺悟。語云：雖有至道，弗學不知其善。夫家有塾，黨有庠，古制如是，今何不可自我復之？遂於康熙六十年冬，市里中舊宇一所，田二十四畝有奇，為講誦之地，脩脯之資。將欲擴棟宇而新之，規制草創，而昊天不吊，先君忽遭大變，有志未得竟成，嗚呼痛哉！不肖與弟翔鳳營葬之餘，念先子彌留之夕，猶戀戀此事，若弗亟成先志，何以慰地下靈？乃庀材鳩工，改南三楹為講堂，左右廂各二楹，堂後舊有磚窑三孔，增東西廂如前院，窑南北向添建三楹，與前講堂相比附，臨衢樹樓門，顔曰"義學"。始於雍正元年暮春，終於次年仲夏。爰集鄉黨父老而告之曰：先君數十年勤苦積金，不欲盡私諸子孫，建此學，市此田，將公諸閭里，工未竣而逝世。兹余昆季踵成之，其實皆先君之志也、先君之力也。今而後相與擇博文約禮之士，聘而主之，歲以為常，令後生小子藏焉修焉，息焉遊焉，非但禮讓聿興，即科第亦可由之而起，而我先君之志力庶幾遂矣。噫！我先君之志力亦良苦矣！父老咸感歎之曰：是不可不勒諸貞珉，以垂不朽。麟鳳乃抆淚而書之。

奉政大夫梁锡珩墓志铭

【简介】

清雍正六年（1728）刊，俞兆晟撰文。梁锡珩，字楚白，号深山，介休南新屯人，其家族为介休望族。据乾隆版《介休县志》卷十二录。

【志文】

奉政大夫梁錫珩墓誌銘

君姓梁氏，諱錫珩，字楚白，號深山，汾州介休縣人。七世祖永通，潛德弗耀，為明壽官，以孝弟力田，人稱長者。曾祖州佐，贈中憲大夫。祖星炯，號靜齋，仕內閣中書，鄉飲大賓。父塏，字竣業，以少年諸生，早卒，遺腹生君。而妣宋氏亦繼卒，靜齋撫育之。介休之梁氏稱著姓，世居城南之南靳屯，族姓繁衍。而靜齋居邑中，抱遺孤，迒然如寸絲之擊石，亦綦危矣。靜齋獨曰：此兒豐頤廣額，雙眸爛然，長必大吾宗，吾何患焉？能言後，口授《孝經》即成誦。勝衣就傅，矩度如成人。稍長，篝燈夜讀，攻苦請業。靜齋意雖珍惜，而課之甚嚴，故胸中羅經史，偶論古今成敗得失，皆中窾要。其事祖父也，視色笑，問燠寒，侍起居飲食，必躬必親。靜齋樂善好施，親戚里黨中有遭大故及貧不能給衣食者，靜齋意有所動，君必贊成之。年十四應童子試，為學使者所激賞。廣文石君卒於官，含殮之具，君為獨肩，士論賢之。戊子遭家難，祖若孫赴太原。當是時，一少年奉七旬老翁於逆旅，驚波駭浪，層見疊興，平時交遊，懼禍避匿，祖若孫影形相吊。未復覆巢之危，忽抱終天之痛，假令心魂不定，則禍敗愈不可測矣。君於悲號之餘，奮身稱冤，當事氣餒，遂得平反。服闋，需次入都，與名流、巨公倡和成帙，一時贈詩，有"青瑣門前新國士，白登山下舊詩人"之句，其見重如此。

甲午後，寓居陽和秋原，射獵盤馬鳴鏑，精悍之色溢於眉間。及歸而焚香煮茗，吟唱於簾東硯北，夜分忘倦，其詩渾成卓老，如"漢營何處路，秦塞不分山""候逢黃菊節，人在白登城""白日照殘千嶂雪，春風吹斷一河冰""去雁影低秋水外，暮蟬聲曳夕陽遲"，幾與古人爭席。性好遊，己亥四月，謁叔祖北瞻於浦子口，遂渡江自吳入越，還至西湖，遇舊友同遊佳山水，觸暑登涉，疾作而逝。所著有古今文若干首，詩若干卷，《玉溪生詩註》《唐詩類鈔》《文選節要》藏於家。於戲！君之始生，怙恃俱失。及長，而靜齋以訟卒於太原，君又以遊而卒於杭。魂魄所依，皆非故土，又不獲老其才以用於世，一展其生平之所蘊蓄。天耶？人耶？夫安知其所自耶？君生於康熙甲子，卒於康熙己亥，年三十有六，候選郎中。配冀氏、傅氏兩宜人，勤儉雍睦，前後同轍。子男濬、泌，孫男本樸、本棟。以雍正六年十二月初八日葬於南鄉之新阡。銘曰：

維經與史，實腴吾腹。維風與雅，實醫吾俗。然而嗜之，亦非厚福。君之多材，摧輪折軸。君乏善吟，輟豪栖牘。得毋天心，纏綿蘊蓄。綿山之陽，幽扃是域。庇彼後嗣，廷荷福祿。

新东内封观音堂记

【简介】

清雍正七年（1729）刊，任瑽撰文。据乾隆版《介休县志》卷十二录。

【碑文】

新東內封觀音堂記

世言觀音大士之靈，在補陀落伽山，離明州數千里，佛書所謂海岸孤絕處也。四方男婦頂禮，駕一葉舟，涉萬頃濤，不計程期，相忘生死，必欲一至焚一瓣香者，良以大士慈悲廣大，能救人之若厄也。然而大士顯化，靈跡所在多有，世人每忽近而慕遠，且欲以奔涉之勞示誠心耳。苟悟即心即佛之旨，則目前即南海，何必遠而求之哉。我東內封舊有觀音堂，相傳初建時堡未築也，今堡外居民且數十家，士女盈寧，黍稷庭碩，或由大士默佑使然歟！顧歷年既久，大半風雨摧殘，不有以葺之，行將化為劫灰。里中相顧咨嗟，各捐金樂助，乃召梓人飭圬者相與維新之。工始於雍正戊申春暮，竣於己酉孟秋，且徵余文為記。余為大士慈雲遍蔭大千世界，我里之至誠頂禮，大士自然默佑無涯，固不必向南海求之也。維斯堂在百室之中，農人得憩夏畦，行旅獲舒勞足，而且月朗風清，野老常於此話桑麻、論今昔。即有訟端，可以解紛；或有發召，可以集議。正不獨夕梵滌我塵心，晨鐘發人深省也，修之所關綦巨。我恐落伽山精舍，徒為沙門弟子鼓惑四方男婦拋棄金錢之所，未必若是之有補裨耳。因記之以示警。

奉政大夫州同知刘世昌墓志铭

【简介】

清雍正九年（1731）刊，王琋撰文。据乾隆版《介休县志》卷十二录。

【志文】

奉政大夫、州同知劉世昌墓誌銘

公既沒，鄉人為之太息。其壯者走哭於柩，老者扶杖泣行下，士大夫之為文而吊者累數日不絕。嗟乎！豈非善人也哉！奚為悲思者眾也。劉氏上世為山陰人，遷於介之張蘭，後家北里村。自公十世祖斌，傳祖諱一登，積行愈多，而家業漸興，遂為介大著姓。公祖之生公考也甚晚，未及俟公成立。公考，邑庠生，諱承漢，生公甚早，而又早世，故亦未俟公之成立。公依賢母李氏，且養且教，至十四五歲，即肩其家務，經營內外之間，秩然無少棼，而劉氏之業益大。既遊庠，旋入成均，考候選州同知職，賓於鄉飲。今以子貴，得誥贈奉政大夫。有子八人，孫六人，皆克守公之庭訓。公性不儕俗，經史百家，靡不漁獵，論古今是非成敗之理，津津如數家常事。間以餘力窺釋氏書，輒能洞其源流。居常以孝悌、睦姻、任恤為務，時時道說於人。嘗設茶房於孔道，施棺木衣服，收恤道路鰥寡孤獨之生且死者，歲以為常。黨族或貧不能婚葬，即為身營其事。庚子、辛丑間，境比歲仍荒饑，民交轉散，公出粟賑濟，全活者無數。村南有水，齧堡城下為害，捐資導之成渠，溉田連村陌，鄉人至今為利。嗟乎！以公之積心，使得試於時，必能惠政著聞，卓然如古人可紀，而僅施於鄉曲閭黨之內為惜。然以公之所施於鄉，而鄉人之所以感佩公者，與得志於時，較其功固略相當。公元配范氏，誥贈宜人，無出。今配王氏，誥封宜人，及待封姚氏、待贈張氏各有出。長男洪澤，候補郎中；次洪治，國學生；三洪訓，增廣生；四洪教，國學生，候選州同知；五洪寬，歲貢生，候選州同知；六洪莊，七洪順，八洪讓，皆業儒。孫宗楷、淑楷、清楷、光楷、永楷、征楷，或業儒，或幼。女五。女之適人者及諸子所娶，率望族，不殫敘。善人必有後，吾於公為信，公嘗重梓功過格行，世所言大抵善惡感報之理，則公之為善而獲報固宜。況兩立義學於鄉，以育鄉之成人小子，其意溥矣。孰謂青雲之報，獨不宜在公子若孫。公諱世昌，字寰之，生於康熙丁未九月九日，於雍正己酉年五月十九日以疾卒，享年六十三歲。今以雍正九年八月初七日葬於祖塋之次。而其子洪澤請言諸幽。嗟乎！公之品誼，在人口堪銘。余頗能悉公世家巔末可以銘，且公之交余不浹三載，遽肯出肺肝相示，回念風雨談心時，慷慨論列往昔事當否，依依若目前事，余情固不忘公也，尤宜為公銘。銘曰：

雌也是守，雄豈不知。匪殖之封，裕而能施。惠流於寠，教烝於髦。寠民髦士，咸濡公膏。有田有書，有孫有子。公乎死不疚！吾不悲公之死。

修尊经阁记

【简介】

清雍正九年（1731）刊，李寿彭撰文。据乾隆版《介休县志》卷十二录。

【碑文】

修尊經閣記

文廟例有尊經閣，所以藏典籍，課經生，由來遠矣。介之文廟，舊在縣治之東。元初，縣尹閻公梅徙於城之東南隅，今其遺址也。厥後，殿、廡、亭、廨、祠庫、齋廚之屬，俱以次整齊，而尊經一閣獨缺焉未備。明正德十年，歷城趙公睿來宰是邑，乃於明倫堂後購民地一區創建之，此有閣之始也。自是終明之季，百餘年間，雖復因時葺補，而歷年既久，風雨摧折，岌岌就傾，我朝鼎興，整飭天下郡縣學校，以昭文治。我邑之文廟既已完固，獨是閣斷斷待人。貢士梁君錫珩乃請於祖中書君星炯，慨然獨任。一切腐材裂瓦盡撤而更之。聚木石，廓規模，制凡三層，崇五丈二尺，周十六丈八尺，縻金錢百二十萬有奇。是役也，始於康熙辛巳，越五載而落成。又二十一載，實今天子建極之六年，余奉簡命，承乏茲土，中書君祖孫已相繼歿，而適於是冬營葬。余既往吊於其廬，而退觀今少司農俞公兆晟所為君墓誌銘，則修閣之事載焉。辛亥春，會有欲新文廟之舉，中書君兩曾孫濬、泌念是閣為先人義舉，復捐六十金丹堊之。既竣，學博榮君欲謀所以不朽者，請余言勒諸石。余惟古者建閣命名之意，非徒備規制，侈觀瞻已也，蓋即以是為師生講學之地也。自學者溺於科舉之業，所讀者章句之書，所務者揣摹之學，而聖賢所以示人窮理正心、修己治人之實，置焉弗講，蓋經學之不明久矣。今此邦之士，幸得博雅敦行如榮君者為之師，既日進諸生而啟迪之。當此之時，誠能舉聖賢萬卷之書於閣上，昕夕誦習，相與講明切究以修實行，將道德明秀之材，庶其有冀乎！則是閣之建，所關匪細，而因名責實，有不可以徒然者矣。今夫坐擁巨萬資，不惜貫朽，雖捐錙銖為里黨利，輒有難色，又其子孫或職是以墮廢先猷者，比比皆是。間有一二樂施之輩，則又惑於浮屠果報之說，以為福田利益計，求其如梁氏祖孫所為，亦已鮮矣。

嗟乎！是豈不足以維風勵俗哉！余既嘉中書君祖孫倡義於前，濬、泌昆季復繼述於後，而又喜榮君樂於成人之美，因為次第其始末，以詔後之君子，而並於紀事之餘，著其尊經之實，蓋於此邦有厚望云。中書君名星炯，字漢昭。孫錫珩，字楚白，候選郎中。曾孫濬、泌，俱國學生。世為邑聞人。是為記。

太学生王文辉墓志铭

【简介】

清乾隆七年（1742）刊，杨绳武撰文。据乾隆版《介休县志》卷十二录。

【志文】

太學生王文輝墓誌銘

君諱文輝，字郁章，一字竹堂，系出周靈王太子晉，世為山西介休人。明洪武中，有富平令諱傑者，沒祀名宦，其後遂盛。數傳至君之曾祖賜勑，祖肖堯，皆為諸生，食餼有聲。父進賢，以醫名當世，晚而生子，君其是也。君生有異稟，氣質凝重，常與群兒嬉戲，多以粉墨塗面，君獨不肯，見者知非凡品也。七歲就傅，受經書，如宿習，稍長為文，新穎獨出，同學者咸推讓之。年十四補博士弟子，常下帷山寺，工苦不輟，或臨風執卷，或對月披衣，讀書當得意處，幾忘筋力之疲與風雪之中人也。顧數踏省闈不售，壬辰遊京師，入太學。京師故聲華馳逐之場，而君懷中常滅刺，有願識其面者，率謝不往，落落無所遇。君慨然曰：得失命也，吾敢衡命以倖進乎！遂襆被出都門，由居庸抵雲中，訪故人於白登山下，登臨憑弔，俯仰古今，無復問世之志矣。歸而杜門著述，築亭疏石，栽花藝蔬，風日晴美，招一二親故，飲酒賦詩，徜徉嘯傲，與同里紳士修香山、洛社故事，巋然居首焉。君故精於醫，而既棄舉子業，亦欲托於醫以自晦，數百里內外，爭造請之，服其藥，無不立愈。或一家持其方去，鄰里襲用之，或乞其渣煎之，無不效者，遠近傳以為神。事親孝，善先意承志，及丁內外艱，哀毀盡禮，三年未嘗見齒，卒服後每遇諱日，未嘗不流涕，比老以為常。意氣慷慨，已然諾，為人排解紛難。少與同里梁君楚白交，梁故饒於資，群小多覬覦之者，構大獄欲置之死，親舊皆懼，潛避之，君獨出死力營救，至挺身對簿，周內百端，不少動，事久得解，梁君深德之。而君事過之後，絕口不一談，人尤以為難。梁君後卒，遺孤年少，奔走南北，君為之經紀其家。晚歲，鄉人益服其器識，或爭曲直、辯可否，君一言判決，無不各愜其意以去。教諸子讀書敦行，無少懈，長子佑遂以能文名雄河朔間。君所著有《竹堂文集》十卷、《方案》十二卷、《究心集》二卷、《杜詩選抄》《性理摘要》。以乾隆丙辰十二月十九日卒於家，距君之生為康熙丁巳九月二十日，年六十歲。配梁氏，繼閻氏，子三：長佑，縣學生；次儒；次僴。女三。孫二。佑等以乾隆七年壬戌葬君於西靳屯青龍橋之新阡，而郵書乞銘於余，余雖未識君，而君之

子佑前歲曾以詩一卷就正於余，蓋後來之雋也，知其淵源所漸者深矣，乃不辭而為之誌，并繫以銘。

銘曰：子推之鄉，子晉之裔。鍾地之靈，為人之瑞。儒非唊名，醫非玩世。簪組何榮，道充為貴。有子紹衣，世美克濟。余為誄德，銘詞不愧。

李文才暨张氏合葬墓志铭

【简介】

清乾隆十六年（1751）勒石。长 78、宽 62 厘米。志文楷体，32 行，满行 27 字。据碑拓录。

【志文】

府君諱文才，字洪宇，別號素庵，姓李氏，介休義棠鎮人。祖諱汝信，妣岳氏，生五子，父行四，諱玉金，妣趙氏。二代俱以府君故贈儒林郎、贈安人，葬義棠南門外二里許，別有碑記可稽。

府君兄弟二人，居長，賦性孝友，居心仁慈，不喜奢華，不尚虞詐，擇友嚴，故寡交，待人恕，故無怨。少預家政，凡生意之經營、夥計之應酧、宗族鄉黨之賀吉而吊凶，一皆身任其勞，俾吾叔得潛心力學，熟習弓馬，故一試入泮，屢□科場。愛弟之心沒而後已，至子侄輩則延師肄業，令安靜讀書，諸凡言□衣食間，惟以浮誇侈靡是戎，其正身以教家者類如此，乃若念公好施，則有約略可紀者，在義棠時，有助立社倉等事，□年幼多不及記憶，姑勿具論。

於康熙六十年，邑中大荒，堂尊楊公令紳士捐銀共賑，府君先至。公曰：人皆未至爾，何獨至且從容？越數日又至，公曰：他人請且不至，爾不請屢至。以真義士稱之。乾隆十二年立義倉，府君捐穀五十石，郡公為之舉扁。凡邑中脩建寺塔、緝補橋路，無不竭力捐助。至族黨鄰里中有疾病死殤，不能醫藥殯葬者，則或與銀兩，或買棺木以賙濟之。而且於安邑數十金買藥方、施膏施散，數十年來受其惠者固不獨在本邑已。迄今移居城內溫家巷亦二十餘年，非公不入衙門，足跡不出閭巷，論者又共推其有守焉。

府君太學生，例銓州同，今上御極之十三年，討大金川，府君輸銀六千兩義之，敕以原職即用。十六年應召入京，未掣籤，以舊疾歸，不逾年而殞。生於康熙二十二年八月二十一日寅時，卒於乾隆十六年十二月十二日未時，享年六十九歲。元配張氏，數年即卒，無出。繼配張氏，封安人，先府君二年而卒，生於康熙二十九年八月初八日子時，卒於乾隆十四年九月初八日未時，享年六十歲。生三子：長日麗，歲貢，娶劉氏，繼娶宋氏，繼娶康氏；次日旭，太學生，習舉子業，娶王氏，繼娶喬氏；三日矗，業儒，聘羅氏。女三：長適處士武承極；次與弟，繼適太學生郭世溥；三適軍功議敘正九品梁本樸。孫男六，俱幼學。孫女一，幼。

今於本年十一月初四，日麗等扶柩泣血，合葬於南郊之封贈原，抆淚而為之誌。昊天罔極，嗚呼痛哉！

銘曰：以道型家，身教可師。唯孝則友，寓焉於慈。交遊不苟，頻笑有時。急公尚義，樂與好施。浮華垂戒，陰隲是遺。昭慈來許，祖武繩其。

不孝男：李日麗、日旭、日矗，孫增、基、坦、境、□、域謹誌。

新北里村龙天庙记

【简介】

清乾隆十六年（1751）刊，王彦柱撰文。据乾隆版《介休县志》卷十二录。

【碑文】

新北里村龍天廟記

侯名渾，魏昌賈氏，來令我邑。興聚勿施，民歌孔邇，良有司也。時晉永興元年，劉元海遣將喬晞寇西河，攻破介休，侯與夫人宗氏俱不屈死。邑人既懷其德，復憫其忠，立廟祀之，歲時烝嘗弗替。而水旱疾疫，禱之必應，祈雨尤靈。祭法以死勤事則祀之，能禦大災則祀之，二者侯俱有焉。宜乎俎豆千秋，遍邑中皆尸祝也。顧廟號"龍天"，祀典未之載，古碑復剝落不可考，不知始於何代。間嘗思之，龍能興雲致雨，澤及萬物，侯之歲被陰膏，其靈昭昭，而民無不戴之如天，義或取諸此乎？我里之廟，創於元至正間，數百年來，屢經整葺，今復將圮焉，爰告於眾曰：侯令我邑時愛民若子，既而死衛社稷，無非心衛我民。至千百載後，調雨暘介黍稷，靈爽在天，愛民如一日，則千百載後猶我父母也。夫既為我之父母，而忍其露寢乎？眾欣然相與維新之。工既竣，勒碑以記其事，時乾隆辛未十月三日也。

修石屯分水夹口记

【简介】

清乾隆十六年（1751）刊，张正任撰文。据乾隆版《介休县志》卷十二录。

【碑文】

修石屯分水夾口記

余邑生齒既繁，非商賈生涯，即盡力於南畝。農家之水耨至重也，西北地勢汙下，且濱汾河，灌溉之資甚便。而東南率皆高阜，歲或愆陽，穀即不登。所利者惟狐岐之勝水，混混下注，足以潤數十村之土壤耳。《志》載：宋時文潞公開三河，建石平以分派，東河既順流獨往，而中、西兩河上流雖分而尚合。至石屯村過環翠橋數百步，始立石夾口，判而為兩，一趨於北為中河，一注於西為西河。其制如夾字，故曰夾口。舊制中河三分，西河七分。歲久，木石既頹，三七莫辨，利歸於中，害貽於西，聚訟不休。時關中史公涖任，廣咨博訪，又得鄉先進武別駕名奮孝者，相與講明區畫，乃重立夾口。昔以石者易以鐵，昔以木者易以石。中河地約四十頃，分水四分；西河地約六十頃，分水六分。兩河人皆稱平允，告之上臺，勒碑垂遠，此明萬曆二十六年事也。百餘年來，夾口復壞，漸有強食弱肉之患。於是兩河人僉議興修，請諸邑侯宋公。中河以侯君起明、張君宏漢，西河以楊君清風經紀其事，而命余董之。工始於乾隆十四年季秋，終於次年孟夏，夾口寬狹低昂如昔，水循故道，史公之良法庶幾復焉。凡用鐵以觔計者，五百而贏；石以丈計者，三十有奇。白金若干兩，兩河計畝而出，情無或吝。厥成之日，眾咸屬余為記，余乃述史公之舊章，今邑侯宋公之纘緒，願我兩河人世世守之，自均平如一，無煩當事之躊躇矣。爰勒之貞珉，俾後人知所法守云。

参政范毓䭪墓志铭

【简介】

清乾隆二十年（1755）刊，梁锡玙撰文。据乾隆版《介休县志》卷十二录。

【志文】

參政范毓𩡝墓誌銘

公諱毓𩡝，字廷香，姓范氏，正定總戎培蘭公之兄，而太僕芝巖公之同母弟也。公壯而敢為，倜儻有大志。太僕公之轉粟北塞也，先後凡八年，省帑藏以億萬計，厥勳之茂，聲震朝野。雖其區畫經緯有獨卓者，而涉危險馳絕漠，身其難以倡之先，則公之力也。癸卯之役，朝廷嘉其績，將不次擢用，而公竟遘疾，老於家，以不克竟其蘊蓄。惜夫！

按狀，公祖諱永斗，字肖山，父諱三拔，字瓊標，並贈中大夫，晉贈驃騎將軍，潮州鎮總兵，官都督僉事。祖母鄧氏、亐氏，母任氏，並贈太淑人，晉贈太夫人。繼母任氏，封太淑人，晉封太夫人。世祖初，以昔在遼左，肖山公先著誠款，特召見予以官，辭，乃賚蟒服、鞍馬、路費甚厚已，復賜房地於張家口，俾歲有進奉。瓊標公繼之，因世其業。瓊標公五子，公居四，幼穎異，年十五應郡試，輒冠一郡，然非其志也，嘗語人曰：大丈夫當戮力沙場，安能里居邑邑以一編老乎！尋瓊標公遣就婚太平署，留一年，還，使佐芝巖公理鉛礦及鹾務，公笑應曰：此固不足償余願也，姑試之。因往來晉楚，其所區畫，咸有條理。芝巖公或有所執持，雖問難數返，卒侃侃莫能易，於是芝巖公心識其可與共大事矣。當是時，准噶爾桀驁西北，王師薄伐，挽運糧糗石費至百二十金，公私苦之。芝巖公故嘗往來塞上，所以諳其事者甚悉，顧難其人以任斯役也，私念非公莫可計。馳召之，公大喜，白瓊標公曰：此足以償所願矣。遂入都，請辦米萬石，起癸卯仲夏，迄季冬，歷時八月，而往返克期，三軍騰飽。視舊費僅三之一。

先是，官為轉輸，費巨而路遙，苦不能給。至是帥府聞公至，喜甚，趣之見，拊而慰之曰：公真所謂為國家效力疆場者也。上其功，奉敕優敘，以布政使司參政即用，聞者榮之。是役也，出長城，逾瀚海，抵察漢叟爾軍所，幾千里大抵皆鹵磧林莽，復絕人跡。而所謂瀚海者，積砂為海，綿亙千里，人乏勺水，馬絕芻牧，因而渴死半道者，枕屍相屬也，又積雪苦寒，墮人肌膚。蒙古侵掠乘間竊發，行者至此莫不震懾，而公獨偕眾坦行，卒無患害，然則公亦真可謂勇決敢為者矣。

既至都，念晨昏久曠，方謀歸省，而瓊標公適病篤，公聞遄歸，日夜侍湯藥，而瓊標公竟不起。方公之出塞也，風霜侵剝，已患足疾，至是復以居哀浸劇，服除，遂以疾告。公既里居，時伯仲年已高，芝巖公方受殊眷，轉餉北路，培蘭公又遠鎮潮州，公乃扶疾治家事。公固志期許國者，徒以久疾閑退，雅非本懷，故居嘗怏怏未能以忘世也。及芝巖公諸子先後登賢書，戊辰歲，芝巖公少子成進士，授館職，公乃欣然色喜，顧謂諸子曰：吾今其可無恨矣。吾弟兄雖戮力行間，受國爵寵，然吾終以不獲與科名為恨。今爾諸兄幸善承伯訓，聯登甲乙，得以文章侍從，上報殊絕之恩，下竟先人之志，今而後吾其可以無恨矣。雖然，吾且將以望諸侄者望汝曹也，汝其識之。於是修園亭，植花竹，日課諸子其中。每良辰美景，則置酒高會，蕭然嘯歌，亦庶幾怡然而忘老矣。

公生平篤桑梓，居鄉久，尤務施濟。每歲歉，則出囷米以賑。疫作，則施湯藥，里中之賴以全濟者甚眾。後進有貧不能學者，公為備脩脯。遇紛難，輒為排解，咸得其平。故公卒之日，鄉人無不登堂駢集而泣下也。

公生甫二歲，母任太夫人即見背。其事繼母任太夫人也，一如其所生，兩執親喪皆有禮。及諸兄先後謝世，公年已垂暮，總戎公亦先公卒，公乃大慟曰：天乎！諸兄長我，先我應爾；弟生我後且八年，今亦先我逝耶！我葬諸兄，而弟不及葬我。諸兄不我葬，而我乃葬弟，天乎！何命之窮也！竟以積痛增劇，發病卒。嗚呼惜哉！公其所謂遇而不遇者夫！然吾觀古今來懷才蘊智能之士，轗軻而不遇於時者多矣。如公者，固嘗一試其才，名聞君相，及養疾邱園，享素封之資，極優遊之樂。而公之兄弟、從子，咸卿階啟戟，甲第聯輝，名魁當世。然則知公者，不執遇與不遇，而公遠矣。

公歿於乾隆癸酉年，距生於康熙丁卯年，享年六十有七。貢生，援例候選知府，以辦運北路軍功，誥授中大夫、布政使參政。今將以乾隆二十年秋九月十一日葬於松村南原之大官地新阡。元配郭氏，誥贈淑人，康熙甲戌科進士、江南寧國府太平縣知縣諱集之公女。繼配劉氏，誥贈淑人，諱子輝公女。啟其祔於先塋者而合窆焉。繼配李氏，誥封淑人，諱之標公女。子八：清潤，候選州同知，軍餉議敘加一級。清澤，先卒。清滋、清汾，並國學生。清溱、清涓、溝涑、清湜俱幼。女三：長適國學生郭藩民，次適國學生常宜宇，次許字國學生梁本榮。孫八人：柴、梁、果、梗、柔、棋、奎、□。女孫六人。銘曰：

默默蒼旻，悠悠太始。洪纖不均，異踪同軌。嗟哉范公，奮跡何偉。名著廟廊，身歸田里。豈造物殊其施，而豐嗇異其理。彼綿者山，彼汾者水。永以其藏，固安於此。

皇清故太学素园高君暨元配陶孺人合葬墓志铭

【简介】

清乾隆二十三年（1758）勒石。志石长92、宽78厘米。志文楷体，29行，满行35字，志石上下边篆文“梦游仙境”。文据拓片录。

【志文】

皇清故太學素園高君暨元配陶孺人合葬墓誌銘

賜進士出身、翰林院編修加一級、年家眷姻弟范清沂頓首拜撰文。

賜進士出身、特授文林郎、前知直隸順義新樂縣、補授遵化州豐潤縣事加二級、紀錄五次，又紀大功一次、年家眷弟馬綬頓首拜篆蓋並書丹。

高君素園既歿之五年，其孤將以二月八日葬君於上站村之先塋，而以元配陶孺人袝，先期乞余銘其壙中之石。余與君故有連，又雅知君也，遂不得辭。按狀：君諱拔，字靜方，素園其自號，世為汾州之介休人，曾祖世明，祖文英。考習禮，誥贈奉政大夫，妣郭氏，誥封宜人，生二子，君其仲也，配陶繼王，陶生子一，上通，庠生，娶張氏。孫男二清、雅，俱幼。

君生於康熙五十六年十二月初五日，卒以乾隆十八年三月十四日，得年三十有七。陶孺人先君一年生，先君十三年卒。君生有異稟，志趣不凡，十齡時問諸同學曰：吾輩讀書欲何為？曰：欲得科名耳。君笑曰：為斯而已乎？比長入國子上舍，名隱隱起，是時君雖鋭意舉子業，然必以經史古文為根柢，於時藝獨沉酣於唐、歸兩大家，以為是真深於古者，或語以揣摩，君夷然曰：文求其是而已，窮達命也，奈何詭遇以求合。後竟屢擯棘闈，而君不悔也。君内行純潔，與兄相友愛無間，待人以誠，雖僮僕有過，不加朴責，但開導之，使自感愧而已。性沉默寡言笑，平居終日澹然若無所營者，然每聞古獨行君子與夫當世賢豪長者，以及鄉先輩之嘉言懿行，則又未嘗不俯仰留連，慨然深有意乎。其人也，體素豐碩，偶感寒疾，人謂必無他慮，鉅意竟以是殞其生乎？疾革時無他語，獨以不獲終養母氏為恨，語子上通曰：汝祖母老矣，我不能事，而又遺之悲，我死，汝當日侍左右，以慰其心，庶幾見汝如見我，而悲可少解也。其言絕沉痛不可聽，當彌留之際而曲致孝思猶如此。家號素封，而衣服飲食取具無所擇，曰：吾非過吝，惜福當如是也。蓋贈翁常訓子侄以忠孝勤儉，君固濡染有由，抑其天性之美，亦自省過人者。嗟呼！吾邑風氣浮薄，鮮不染於驕奢者，父兄師友既無詞書禮義之教而為之，子若弟者類皆不率於孝友，以輕儇為敏捷，以巧詐為聰明，以逾越大閑為脱略小節，華衣服，盛僕從，囂囂然自命得意，間有老成謙謹者，且目哄而嘲議之，以故流蕩忘返，再傳而破其先世之遺者，往往而是。若君之恂恂修飭、儉約自持者，殆所謂一鄉之善士，寧但贈翁保家之子哉！顧乃轗軻失意，未獲有所設施以表見於世，而又天奪之速，年未四十而奄忽大故，悲夫！銘曰：無玷者其德，不永者其年。顯揚之報應在後賢。君乎有知，寧飲恨於重泉。

皇清貤贈儒林郎刘公暨元配貤封安人李太君合葬墓志铭

【简介】

清乾隆二十六年(1761)勒石。青石质，正方形。边长67厘米。志文楷体，32行，满行38字。文据碑拓录。

【志文】

皇清貤贈儒林郎劉公暨元配貤封安人李太君合葬墓誌銘

邑庠生眷弟郭坦如頓首拜書丹

太學生姪澤淵薰沐敬篆蓋

邑庠生姪澤濤薰沐敬撰文

乾隆二十六年六月十四日申時，皇清貤封安人堂伯妣李氏卒，越明年，承重孫建倉卜吉於四月二十日戌時扶柩於祖塋之次，屆期屬誌於濤。

蓋自先伯考源沛公之没，迄今已二十一年矣，納竁之詞亦尚未備也。濤既懼詞拙不能為先人臚陳軼事，且待奉日淺，生平大節知之未審，懼所誌無以詳其實也，兹質之諸父並諸兄之久其側者，乃詳其實而誌之。按劉氏世居介邑東鄉之西北里村，先高祖諱達，曾祖諱永寧，皆忠厚承家。生先祖考昆弟五，其三為先伯祖廣生公，少勤儉，遊歷江湖，學陶頓業。先伯考源沛公，甫數歲失所恃，就撫於先祖妣朱太孺人，稍長，性穎悟，喜讀書，欲以功名自奮，念伯祖遠客荊襄，不獲時承色笑，遂廢呫嗶，從遊湘沅間，溫清定省，朝夕左右，時年弱冠矣。元配伯妣李氏即安人也，性婉嫕，事繼妣張太孺人亦能恭順。公既奉嚴命代綜商事，遇遠出輒戒安人曰：余既無同懷昆弟，今又窮年役役，奔走於江滸海澨間，兩尊人甘旨之奉俱屬之，汝能先意承志，無失兩尊人歡，余亦庶稱慰耳。安人亦曲體公意，事舅姑備極孝敬，免薨滫瀡，恪遵婦道，惴惴焉恐不當公意也。居親喪，公哀毁骨立，窆綷練祥，纖悉準於禮，鄉人稱善焉。性尤勤儉，自弱冠南遊，歷三湘，經兩粵，風淒雪霏數十年，未嘗言瘁，居恒自奉甚約，衣必浣濯，食無兼味，意泊如也。安人蒞內政亦能成公志，凡諸操作，雖婢獲在前，必躬自檢點。至於布帛菽粟之費，皆酌豐約用之不敢汰。生男一，澤寬，伯兄也。公雖鍾愛備至，教之一以義方，居常必便勤儉，視諸昆弟子一如己出。與人交不喜作嫵媚狀，有不合即拂衣去，遇急難輒傾身營護，雖勞不恤也。

乾隆八年九月初二日未時卒，享壽六十有九。以十年三月十二日酉時安葬於村南之先塋，時安人亦年過六十矣。十六年三月，伯兄以疾逝，遺孤建倉年尚幼，安人撫膺長號曰：吾兩世血胤，餘此一綫，不可無善後計也。亟為延師傅，俾篤志誦讀，稍暇輒為陳述先人勤儉樹德始末。二十二年，安人年屆八袠，時建倉以州同知在籍候補，遂援例貤贈安人，伯考亦貤贈儒林郎。癸未夏六月，安人以壽終，茲將與伯考合葬於先塋之次，因並誌其德行而泐諸石。伯考諱復興，源沛其字也，生於康熙十四年閏五月十一日寅時。伯妣生於康熙十七年十一月二十九日申時，邑俊台公女。男澤寬，太學生，娶李氏。女一，適李貴隆。孫建倉，候銓州同知，娶郝氏。孫女二，長適趙唐英，次適王重玙。曾孫男三、女三俱幼。銘曰：

四序波馳，萬彙芸植。行必準天，貨惡棄地。繄我前人，克彰厥義。儉以安身，勤以立志。爰及佳偶，秉遵罔墜。佳城既開，漆燈永閟。念茲懎德，慶流無暨。載泐之石，載詳其意。昭茲來許，勿其有貳。嗚呼前人，永綏厥嗣。

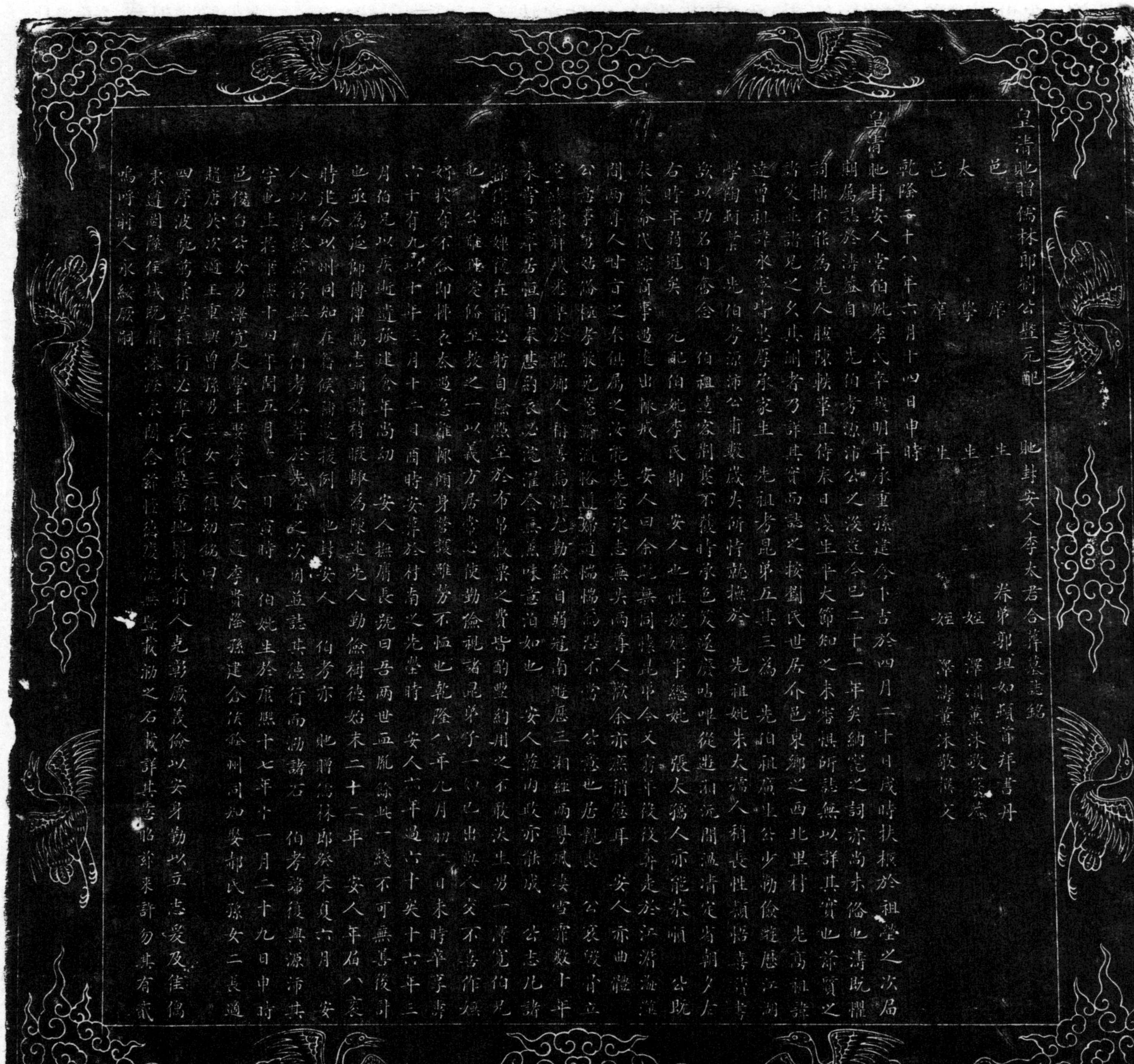

新田堡净明寺记

【简介】

清乾隆三十三年（1768）刊，马绶撰文。据乾隆版《介休县志》卷十二录。

【碑文】

新田堡淨明寺記

余非佞佛人也，而作頌佛文字，可乎？顧佛法自東漢入中國，至梁稍盛，寺宇遍天下，學士、大夫多崇信之。賴昌黎、廬陵、關、閩、濂、洛後先數君子起而辟之，學者乃稍稍知孔孟之傳為正。然而佛法終不能廢者，何歟？彼其輪回禍福之說，既足以鼓惑庸愚而解衣散錢，又足以存活貧乏。是以其徒日眾，而與黃老儼然角勝吾儒。余謂聖賢之教，如日月經天，江河行地，而亦不無閏數、支流雜出於其間。若周秦以來，諸子百家紛紛爭鳴於時，而後世亦並傳其說，佛法之在今日，其亦猶是。夫深山窮谷，人跡罕至，類有一二蓮藏龍宮，點染生色，維彼桑門聚徒守之，不然虎狼且穴處矣。抑今貧者日困，富者日慳，一聞福田利益之說，則不必勸之而施，不必奪之而予，而鰥寡孤獨，或得祝髮以寄食其中，不餓殍以死，斯亦何背於先王之政乎！吾村北淨明寺建於萬歷四十一年，前人修之屢矣。今丁亥春，住僧復以將傾告，於是各解囊相助。凡朽者易之，舊者新之，宏敞壯麗，視昔有加焉。工既竣，屬余為記。余思梵剎之設，雖以供養菩提，而吾徒每假之為鼓歌弦誦之地。憶里中先哲曾於此中講學論文，兩登甲第，不佞亦踵相接焉。夫博功名，邀聲譽，今之學者不過如是，而聖賢正道之傳亦藉是維繫不墜。脫後有繼昌黎諸賢，相與倡明聖教，則此選佛之場，即為鹿洞、鵝湖亦何不可哉？修之宜也。爰記之。

春秋致祭文潞公祠堂记

【简介】

清乾隆三十四年（1769）刊，王谋文撰文。据乾隆版《介休县志》卷十二录。

【碑文】

春秋致祭文潞公祠堂記

有宋潞國文公，以太師致仕居洛，薨年九十二，葬於河南之登封縣。而公實介人，子孫之在介者，敦水木之義，建祠於縣治之北關，有堂有廡，有幾有筵，為穆為昭，以烝以礿，至於今數百年矣。戊子之秋，謀文來宰是邑，諏日齋肅謁祠下。既拜罷，見文氏之裔咸在，相與問祭田多寡，粢盛若何，皆合詞而進曰：先公之祠，建之雖久，而自昔未列祀典。歲時俎豆，惟子孫駿奔將肆，時懼雲礽失墜，犧牲之不供，無以妥先靈於地下，誠得當路者崇禮之，庶幾於萬斯年烝嘗不絕。今日幸承明問，竊願有請。余喟然歎曰：我國家扶植忠良，雖微必闡。以潞公之碩德勳名，宜乎廟食百世。前此廢而不舉，既無以昭令典，復無以慰人心。因循至今，余何敢更須臾緩哉！乃上其事於方岳朱公、大中丞鄂公，皆曰：文潞公雖崇祀鄉賢，而在介休宜有特祭。向者，陽曲狄梁公祠已議：邑令繁費中，春秋支四金，令子孫具籩豆，有司親臨致祭。夫狄梁公，唐代名臣，文潞公，宋朝賢相，均之無愧元祀。今介休令王君以此請，即以祀狄梁公之禮祀之可。議既下，文氏子孫咸登堂稽首謝，以為先公之禮，賴公之力，自今以後乃堪不朽。願勒諸石，俾後人知所自。余曰：是舉也，臺使體國典以勸忠，後嗣竭明禋以致孝。余為有司適得請而行之，於職頗為無憾。惟潞公端重立朝，俾兩宮孝慈無間，荒服稱為天下異人。較之狄梁公再造唐室，勳業正相等，祀事媲而同之，寧復多讓。於此歎中丞公與方伯公之議禮評准，而猶冀文氏之裔之世守弗失也。

乾隆己丑仲冬記

晋邑令贾公墓碑记

【简介】

清乾隆三十四年（1769）刊，王谋文撰文。据乾隆版《介休县志》卷十二录。

【碑文】

晉邑令賈公墓碑記

公諱渾，晉太安二年為介休令。時劉淵起離石，遣其將喬晞攻陷之，公抗節不屈，曰：吾為晉守，不能全之，苟求生以事賊，何面目以視息世間哉！晞將殺之，尹崧曰：盍舍諸以勸事君？晞不聽，遂遇害。夫人宗氏，年二十餘，晞豔其色，夫人罵曰：屠販奴，豈有害人之夫，而欲加無禮，於心安乎！何不速殺我？因仰天大哭，又殺之。淵聞而怒曰：使天道有知，喬晞豈有後乎？追晞還，收公夫婦屍，葬而祭之。嗚呼！忠烈之感人如是。夫典午時，八王爭國，外患迭起，五嶽三塗，並皆淪陷。其間分符郡邑，開門延款者，所在多有。而公以屹然孤城，與之存亡，恨血殷紅，偕其伉儷，不朽大節，昭垂天壤，寧獨介邑也乎哉！雖然，介固公土也，守於斯，殉於斯，至今樵采不敢入，蓋忠魂貞魄之所棲也。余既拜公於墓下，慨然興感，而猶恐後世之莫知主名也，因次其事而勒諸石。

浚城濠碑记

【简介】

清乾隆三十四年（1769）刊，王谋文撰文。据乾隆版《介休县志》卷十二录。

【碑文】

浚城濠碑記

邑之南，綿山横亙，溪澗爭流，為之委者一曲。彼汾遠在城北十里之外，當秋雨浹旬，霪潦四溢，邑處平原廣衍中，適當氾濫之衝。所賴者四周隍塹，而積石久淪，略存古跡，此巷陌市廛往往有巨浸之歎也。去年秋，余涖任兹土，即謀所以胠斯患。而時漸沍寒，勞民無益。春來，風既解凍，乃聚紳士而告之曰：城之有隍，以捍牧圉，而兹且為水道長津，奈何淤而不通，竟數十年。是惜一時之用，無以免百室之災，何如醵有限之金錢，享無窮之樂利，如蓮勺史公之開汾渠、太常張公之築關城，至今賴之耶？僉曰：此舉大有裨於我邑，深協民望，願聽命執功。於是稱量畢輸，諏日興鼛鼓。自城南村水神廟旁，浚至西壕，達韓屯村，又自南壕繞東而北，從沙河上游，向北壇後鑿北河一道，入梁家堡合流注汾。計丈四千四百三十有奇，里凡二十四，堤工石甃者半、土築者半，深或八尺，或六尺、五尺，相地之高下，以平衡為准。寬或一丈，或過半，隨地之廣狹，俾田廬不害。作橋五所，以通人行。四門外各置地一區，令居民作沙礫場，無使壅積堤上。此皆州少府王君檀、李太守日麗、張參軍聖訓等經畫周詳，勤勞董役，乃得次第告成也。當秋夏之交，河既畢疏，大雨時降，山水之奔騰而至者胥歸壕塹，泄於汾濱。城以内，城以外，無復向時横溢之患。紳士咸相告稱慶，明效比於張、史二公，願有記以垂後，余遜謝不敢。當所慮者，毀損靡常，必隨時補苴計乃永久。此不得不仍屬之邑中父老，而并望之繼余任者，似非記不可。是役也，始於己丑仲春，至孟冬訖工，役夫既廪暨一切畚鍤之需，總費白金八千八百有奇。重建城關角樓七座，修門樓四座，工料二千四百金而贏。皆繼河工而舉之者，不妨連類而志諸石。襄事諸君，勞勩可嘉，備書姓氏，弗敢略。

张良村筑堡修庙记

【简介】

清乾隆三十四年(1769)刊,王谋文撰文。据乾隆版《介休县志》卷十二录。

【碑文】

張良村築堡修廟記

介邑東南張良村，聚廬而處者數千指，環四面以為堡，門墉雉堞，而捍而衛。歲時相聚，歙豳擊鼓，以為祈報之所，則廟祀興焉。廟在堡之坤隅，以祀晉邑令賈公渾。考公之令介也，值喬晞之難，公與夫人身殉之，葬諸城南常樂村。是村父老以公孤忠大節，靈爽猶存，就墓所而作之廟，歲奠椒醬，奔走惟恐後，亦以為神之棲於是，錫福於民者近也。張良村去墓遠矣，乃亦立廟以祀之，即以為社，以為田祖，若《詩》之歌甫田者然。是豈侯之靈爽即為勾龍、后稷歟！聞之有功烈於民、於社稷者，皆在祀典。以公之與城存亡，勤勞在民，功在社稷，其精誠所貫，實足以感風雲而動雷雨，則夫祀於彼與祀於此，誰謂不可哉！斯廟之建，未詳所始，碑記所載自我朝定鼎之初，暨今上御極之始，兩次繼修，歲月既久，傾圮隨之。里中議用補苴而無財，難於棘手，遷延者亦幾載矣。維堡向缺西南，今僉謀完固相保聚，而廟適當缺外，旁有隙地二十餘畝，可繩入堡中。侯卜居於此者計地售金，資斯廟木石工役之費。經劃既定，板築聿興，松桷是繼，始於戊子之春，閱己丑秋仲而竣。余適詣廟瞻禮，父老述其巔末，咸以記請。余維堡之完也，守望具焉，廟之成也，報賽備焉，所謂百室寧而百禮洽，觀於鄉而歎王道之在，而上之休養生息，涵照於百年之深亦可知矣。若夫賈公之宰斯邑，澤流民社；殉斯邑，氣壯山河。則永永年代默佑是堡之黎民也，又奚疑哉！是為記。

绵山书院碑记

【简介】

清乾隆三十五年(1770)刊,王谋文撰文。据乾隆版《介休县志》卷十二录。

【碑文】

綿山書院碑記

書院為談經課士之地，與庠序相濟為功，自宋元以來，所在皆設。敉帝畿有國學，即有首善書院以佐之，外而達之省會、郡、縣，無不皆然，凡以教育賢材，不徒責之博士員也。介休處綿山之麓，代鍾碩德名賢，如介子、郭先生、文相國而外，出而致君，以勳烈著稱，列於國史者甚眾，此豈徒籍山川之靈秀哉！政教之所漸濡，師友之所講說，而人文乃如斯盛也。邑之文廟東偏舊有育材舘，為明季史公記事所建，規制雖隘，而集諸生春誦夏弦其中，作《勸士規》五條以課之，一時咸受裁成，蒸蒸多秀彥矣。百餘年來，大半成瓦礫，所存不過數楹。余蒞任之初，顧而歎息，即與廣文雷、李二君商所以復建，而時方欲平河患，並役為難。至己丑冬，河浚既畢，乃營度而更新之，凡七閱月告竣，用白金三千五百有奇，河工餘費什之三，通融取辦什之七。經畫曲當則賴州少府王君檀、李太守日麗、張參軍聖訓，夙夜董役則司馬任君珩、強君桂繩、茂才梁君望溟，備著其勞而終始贊成，兩廣文實與有力焉。於是燕居有室，會講有堂，誦習有舍，將延名宿以主講席。惟冀肄業者追維史公創造之心，揆余修復之意，浸淫於《詩》《書》《易》《象》《春秋》，敦篤乎智仁、聖義、中和。使修其辭為有德之言，見諸用為有本之學。若介子諸先哲之令聞顯於無窮，勳名著於當代，寧非書院之大有裨於茲邑哉！抑非士子之自待當如斯耶！爰榜之為"綿山書院"，以昭其地，并志課士之意而勒諸石。

国子监祭酒梁锡玙墓志铭

【简介】

清乾隆四十年（1775）刊，蔡新撰文。据嘉庆版《介休县志》卷十二录。

【志文】

國子監祭酒梁錫玙墓誌銘

定陽大司成梁確軒先生既沒之明年，卜葬有日，其孤徵以書狀乞余銘其墓。余自顧不文，然於先生同列久誼，弗獲辭。謹按狀，先生諱錫玙，字魯望，號確軒。先世自關中遷介休，遂為著姓。曾祖而下，皆歲貢生。曾祖諱州佐，贈中憲大夫、江南淮安府知府。祖諱星煜，歷知淮安府事。考諱埔，以長子官贈直隸永平府知府；妣王氏，廣東雷瓊道副使廷伊孫女、州同知之礪女，贈恭人。兩世又以先生任少詹、學士加一級，恭遇覃恩，累贈中大夫如先生官。妣皆贈淑人。

翁生六子，長錫藩，知永平府。先生其仲也，天性純明，嗜讀書，無他好，少長績學，邃於經術，由邑諸生入貢，領雍正甲辰鄉薦，十上春官不售，隨兄之北平任，受知嘉禾尚書錢公陳群。錢公時方按試於此，一見先生即許為通儒。皇上辛未之歲詔舉經學，錢公遂舉先生名應詔，下閣臣核覆，於同徵四十人中，得先生與陳公祖范、吳公鼎、顧公棟高四人復旨。於是，上徵其著述以進，特命引見，授先生國子監司業，一體食俸，不為定員。召對勤政殿，面奉玉音，有"潛心經學，不是他途幸進"之譽，旋敕翰林中書官，在武英殿寫先生所上《易經揆一》以備乙覽。蓋聖朝稽古右文甚盛典也，惟先生當之無愧云。其恩遇始末，載入《易經》首卷。先生既貳成均，一以躬行實踐之學董正師儒。未幾，命直上書房授皇子書，入翰林為侍講，充日講起居注官。升左春坊左庶子、侍讀學士，晉少詹事，恭遇覃恩授階中大夫，奉命祭告太皞氏等陵。甲申，仍為庶子。自為詞臣，疊奉敕纂《易經補義》《春秋直解》，次第進呈，一一稱旨。丁亥，晉大司成，先生曰：吾前後兩入成均，是聖主始終以教人之責畀我，我其敢不盡心少補文治。於是整飭六館課程而外，親設皋比於彝倫之堂，召諸生環立，聽講經義，使各反覆問難，以研奥旨。大比之年，甄錄多文行士，槐市人才頓為之改觀。己丑冬，因公左遷，先生遂引年告致，優遊著書以自老也。續又纂成《春秋廣義》《易經補義》進呈，復蒙宣賜尚方珍幣，藝林榮之。

先生生長貴盛，幼即敦樸，為其祖淮南太守所鍾愛。淮南宦成歸里，頗以賓朋聲伎自娛，先生登樓讀書，若弗聞也者，其祖為之叱散家伶，不復再近。事考妣以孝聞，中遭兩喪，哀禮交盡。兄若弟率先破產，先生嘗撤其前配常淑人嫁資以補之。逮乎析產，則盡舉所有以讓諸兄弟。遂糊口館穀，坐是大困，而先生故與繼配于淑人恬然安之也。及官於朝，稍有俸入，恒苦不足惟恃，于淑人健婦持家，勉強擘畫，以給朝夕。雖僕直禁近，其公退蕭然過於寒士。生平於師友淵源，倍敦風義，文章政事，極有條理。自少迄老，幾更窮達盛衰之境，而心地沖融，始終如一，只以窮經為性命。

末年攤書靜坐，考訂、塗乙、丹黄，未嘗一日釋手。所著《易》《春秋》先後納諸冊府，足以信今而傳後。自餘六經，皆有論著，集藏於家。以乾隆三十九年甲午十二月二十六日辰時卒於京邸，距生於康熙三十六年十月初三日卯時，享年七十有九。元配常淑人，吳橋縣知縣三樂女；繼卞淑人，訓導時和女；繼于淑人，巡撫江蘇都御史兼兵部侍郎准女、江南總督尚書清端公孫女也。子男一人，徵，太學肄業生，以新建尚書裘文達公薦，預修《四庫全書》。娶馮氏，翰林學士祁女。于淑人出。女三，通判喬淩漢、癸未進士員外郎范杜、庠生張聖范，其婿也。孫男、女皆幼。余維先生上結主知，下符物望，人品見重於當時，經術可傳於後世，年垂八十，而袖然為三晉之達尊，人師、經師，先生其兩無憾已。今以乙未冬十月十二日葬於其邑之南鄉。乃為之銘曰：介山之陽，哲人所藏。鬱鬱葱葱，稽古榮光。明德有後，卜世其昌。

小东街杨氏世谱

【简介】

清乾隆四十二年（1777）刊。此石刻为介休城内小东街杨氏十七世孙杨其珰记录其家族从一世至十七世的详细谱系。碑文录自介休市史志办藏拓本。

【正文】

小東街楊氏世譜

竊維追遠之誠，固人子之性天，而遠之又遠，則世代既湮，墓石俱損，故舊譜之訛傳頗多。

余自乾隆丁酉秋，悚惕頓萌，遂立心追溯，務睹淵源。乃從介抵陜，舉一切遊觀勝境及寺院庵觀，凡古跡舊志刻有先人諱字者，莫不親為印察，參互考訂。茲既世及森然，又值塋工告竣，因敘之以刻於石，俾後世子子孫孫舉得瞻仰焉。

稽我楊氏始祖，諱順德，字奉若，號懋才。係宋功臣之後，身舉孝廉方正。於宋末携二子溫與厲，從陜西延安府米脂寨黃土坡楊家橋遷來介休縣，卜城内小東街居焉。長子溫，分隸西南坊，為此地東支；次子厲，分隸西北坊，為此地西支。於我朝順治九年並坊，合為澗安里二甲。

二世祖授職儒官，諱溫，字如玉，號璞庵，生子三：長諱玘，次諱庸，三諱原。二世祖諱厲，字儼然，號竹亭，生子一，諱承祖。

三世祖諱玘，字廷瑞，號寶之，道號友蘭居士，又道號臥雲居人。生子三：長諱端，次諱智，三諱厚。（當洪武二年，新建北城隍廟，玘祖曾督工修理，故殿前所立小圓碑刻有上二代及子孫名，考之與舊譜核詳。此碑於嘉慶十一年七月七日日夕時分，忽化為灰，老道與余今猶奇之，因再志之，以遺後人。）三世祖諱庸，字依衡，號平軒，生子一，諱暉。三世祖諱原，字本立，號惺一（失傳）。三世祖諱承祖，字效武，號水言，生子一，諱訪。

四世祖儒學生員諱端，字表正，號章甫，生子三：長諱公佐，次諱公仁，三諱公克。（洪武十年，端祖曾管理重修南寺，故殿前西所立碑石俱刻有三代及子孫之名，考之與家舊譜核詳。）四世祖諱智，字時信，號亮菴，志載孝友，少喪母，醯醬不入於口者三年，三年未嘗見齒。後喪父，廬墓三年，朝夕哀毁，有司奏聞，正統十一年旌表。生子一，諱公倫。四世祖諱厚，字廣生，號博野，生子四：長諱公素，次諱公能，三諱公敬，四諱公至。四世祖永樂，庚子科舉人，任直隸安平縣知縣，諱暉，字印川，號亮庵，生子一，諱森。四世祖諱訪，字好古，號比于，生子一，諱鋭。

五世祖儒學生員諱公佐，字廷弼，號棠蔭，生子一，諱濟。五世祖諱公仁，字博施，號化普，生子一，諱澄。五世祖諱公克，字維新，號焕章，生子一，諱深。五世祖諱公倫，字攸敘，號篤慶，生子一，諱芳。五世祖諱公素，字行位，號自得（失傳）。五世祖諱公能，字幹貞，號可傳（失傳）。五世祖諱公敬，字孝哉，號禮門（失傳）。五世祖諱公至，字聖域，號觀美（失傳）。五世祖景泰，庚午科舉人，任陜西合肥縣知縣，諱森，字培之，號榮亭（失傳）。五世祖諱鋭，字進德，號晉墅，生子一，諱子林。

六世祖授職儒官，諱濟，字楫卿，號風帆，生子一，諱鎧。六世祖隆慶貢士，諱澄，字清源，號月印（失傳）。六世祖諱深，字資之，號逢其（失傳）。六世祖隆慶歲進士，授鳳陽衛經歷，諱芳，字佩蘭，號鬱文（失傳）。六世祖諱子林，字麟趾，號翼之，生子三：長諱信，次諱仁，三諱德。

七世祖鄉飲耆賓，諱鎧，字干城，號蔚西。（於嘉靖三十一年曾管理重修城隍廟工，實有勤勞，故碑石刻有上四代及子孫之名，考之與家舊譜核詳。）生子二：長諱永錫，次諱永熙。七世祖諱信，字慎餘，號省三。（於嘉靖三十一年督修城隍廟，故名刻於碑，上書四代，下書子孫，考之與此地墓石核詳。）生子一，諱大祿。七世祖諱仁，字樂山，號靜軒（失傳）。七世祖諱德，字修來，號寸園（失傳）。

八世祖儒學生員，諱永錫，字爾類，號泮泉。（於隆慶六年督修城隍廟，故碑石刻有上四代及子孫之名，考之與家舊譜核詳。）生子二：長諱天敘，次諱天秩。八世祖永熙，字庶績，號咸庵，生子二：長諱天福，次諱天祿。八世祖諱大祿，字篤祜，號咨爾，生子二：長諱逢，次諱蓬。

九世祖天敘，字有典，號敬五，生子一，諱大光。九世祖諱天秩，字敦五，號敬思，生子二：長諱大經，次諱大綸。九世祖諱逢，諱蓬（失傳）。

十世祖授職儒官，諱大光，字體乾，號葆庵，生子一，諱應魁。十世祖諱大經，字維誠，號本立，生子一，諱應江。十世祖諱大綸，字繩武，號東川，生子二：長諱應乾，次諱應和。

十一世祖諱應魁，字聚星，號奎文，生子三：長諱占春，次諱遇春，三諱景春。十一世祖諱應江，字桂岩，號萬川，生子三：長諱茂楠，次諱茂槐，三諱茂德。十一世祖諱應乾，字佩三，號健庵，生子四：長諱茂桂，次諱茂桐，三諱茂梧，四諱茂槱。十一世祖諱應和，字暢之，號順予（葬小官道），生子四：長諱茂林，次諱茂楫，三諱茂楨，四諱茂樞。

十二世祖諱占春，諱遇春，諱景春（失傳）。十二世祖諱茂楠，諱茂槐，諱茂德，諱茂銅，諱茂梧，請茂槱，諱茂樞（失傳）。十二世祖諱茂桂，字秋芳，號馥軒，生子四：長諱開基，次諱美基，三諱宏基，四諱鞏基。十二世祖儒學增廣生員，諱茂林，字子青，號綠蔭，生子一，諱用九。十二世祖諱茂楫，字濟川，號仙帆，生子一諱芝芳。十二世祖諱茂楨，字幹廷，號本榮，生子一，諱用成。

十三世祖儒學生員，諱開基，字世樣，號鼎立。生子三：長諱崇慶，次諱安慶，三諱瑞慶。十三世祖誥封明威將軍，諱美基，字纘業，號聖庵（塋在龍鳳村南門外），生子二：長諱啟慶，次諱祥慶。十三世祖府學生員，諱宏基，字務滋，號寸田（塋在焦市），生子一，諱吉慶。十三世祖諱鞏基，字廷址，號岐陽，生子一，諱承慶。十三世祖儒學生員，諱用九，字純一，號居東，生子二：長諱文燦，次諱文蔚。十三世祖諱芝芳、用成（失傳）。

十四世祖諱崇慶，字徙義，號德符，生子三：長諱生榮，次諱生華，三諱生富。十四世祖諱安慶，字允吉，號祥庵，生子一，諱福元。十四世祖諱瑞慶，字玉符，號聖祥，生子一，諱光禮。十四世祖敕授明威將軍、雲南永昌衛守府，康熙壬子舉人、癸丑進士，諱啟慶，字君祥，號修吉，生子三：長諱光仁，次諱光祖，三諱光宗。十四世祖諱祥慶，字端甫，號禎亭，生子二：長諱光孝，次諱光義。十四世祖諱吉慶，字集祥，號繁祉，生子二：長諱光盛，次諱光印。十四世祖諱承慶，字贊成，號雲山（失傳）。十四世祖諱文燦，字君正，號自貞，繼子一，諱特選。十四世祖太學生，諱文蔚，字質正，號君態，生子二：長諱特簡，次諱特選。

十五世祖諱生榮，生子朋樸。十五世祖諱生華，生子朋棫。十五世祖貤贈武德郎，諱生富，字發翁，號興吾，生子一，諱朋杞。十五世祖諱福元（失傳）。十五世祖贈文林郎，諱光禮，字履中，號敬齋，生子三：長諱朋楹，次諱朋桓，三諱朋構。十五世祖儒學生員，諱光仁，字施博，號澤溥，生子四：長諱毓龍，次諱毓奇，三諱毓秀，四諱毓鳳。十五世祖諱光祖，字榮先，號維則，繼子一，諱毓鳳。十五世祖諱光宗，字孝先，號曜軒，生子三：長諱毓成，次諱毓旺，三諱毓德。十五世祖儒學生員，諱光孝，字伯原，號順齋，生子五：長諱毓棟，次諱毓柱，三諱毓材，四諱毓杰，五諱毓相。十五世祖太學生，諱光義，字德方，號毅庵，生子三：長諱敏林，次諱敏森，三諱毓檀。十五世祖諱光盛，字景春，號茲惠，生子四：長諱發元，次諱興元，三諱毓元，四諱望元。十五世祖諱光印，字級升，號東府，生子二：長諱恒元，次諱立元。十五世祖諱特選，字廷英，號靜庵，生子二：長諱軥，次諱可隆。十五世祖太學生諱特簡，字帝心，號樸府，生子三：長可培，次可昌，三可彰；繼子一，可隆。

十六世諱朋樸，字文徽，號醇齋（失傳）。十六世諱朋棫，字巽齋，號西園，生子一，定魁。十六世誥贈武德郎、軍功議敘主薄，諱朋杞，字凝露，號楨幹，生子四：長定元，次定立，三□□，四定昌。十六世欽賜國子監學錄、鄉飲大賓、乾隆辛卯科科舉，諱棚楹，字丹甫，號坐林，繼子一，太初。十六世太學生，諱朋桓，字輔周，號正庵，繼子一，定昌。十六世貤贈中憲大大，讳朋構，字肯堂，號淩霞，生子二：長際春，次太初。十六世諱毓龍，字從雲，號在田，生子定。十六世諱毓奇，字可珍，號士才，生子一，錫保。十六世諱毓秀，字齊霞，號佩蘭，生子一，錫昌。十六世諱毓鳳，字鳴九，號瑞峰，生子瑢。十六世諱毓成，字廷棟，號良弼，生子二：長際隆，次際泰。十六世諱毓旺，字天培，號日潤，生子一，際昌。十六世諱毓德，字潤之，號廣居，生子三：長際亨，次際通，三際廷。十六世太學生，諱毓棟，字朝選，號暢軒，繼子一，其琠。十六世授登仕郎，諱毓柱，字廷選，號茂軒，生子三：長其珩，次其琠，三其璨。十六世諱毓才，字殿選，號培真，繼子一，其璐。十六世諱毓杰，字國選，號華亭，生子三：長其璁，次其璐，三其瑍。十六世太學生，諱毓

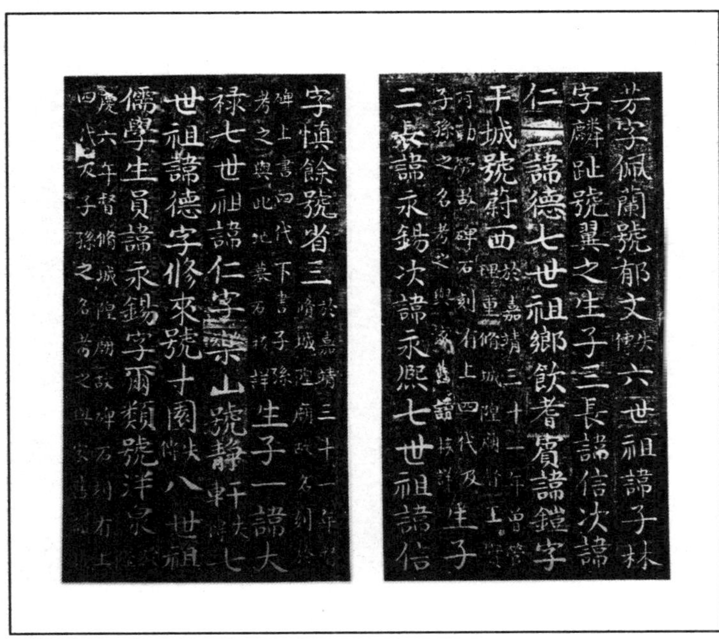

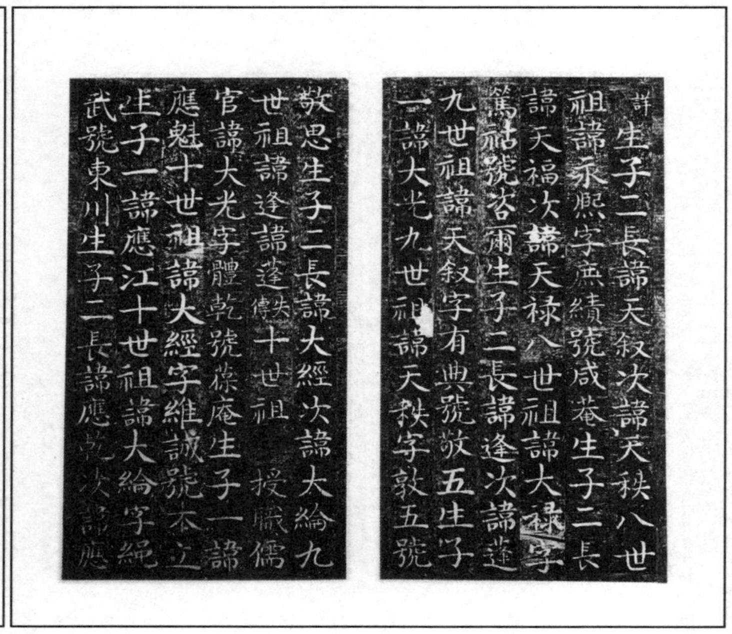

詳生子二長諱天叙次諱天秩八世
祖諱承熙字庶績號咸菴生子二長
諱天福次諱天禄八世祖諱大禄字
篤祜號咨爾生子二長諱逢次諱蓮
九世祖諱天叙字有典號敬五生子
一諱大光九世祖諱天秩字敦五號
敬思生子二長諱大經次諱大綸九
世祖諱逢諱蓬傳失十世祖 授職儒
官諱大光字體乾號葆庵生子一諱
應魁十世祖諱大經字維誠號本立
生子一諱應江十世祖諱大綸字綖
武號東川生子二長諱應乾次諱應

和十一世祖諱應魁字聚星號奎文
生子三長諱古春次諱遇春三諱景
春十一世祖諱應江字桂岩號萬川
生子三長諱茂楠次諱茂梴三諱茂
德十一世祖諱應乾字佩三號健庵
生子四長諱茂桂次諱茂桐三諱茂
梧四諱茂槤十一世祖諱應和字吻
之號順予寄籍小遒生子四長諱茂林次
諱茂楫三諱茂楨四諱茂樞十二世
祖諱占春諱遇春諱景春傳失十二世
祖諱茂楠諱茂槐諱茂德諱茂桐諱
茂梧諱茂槤諱茂樞傳失十二世祖諱

茂桂字秋芳號馥軒生子四長諱開
基次諱美基三諱宏基四諱肇基十
二世祖儒學增廣生員諱茂林字子
青號綠蔭生子一諱用九十二世祖
諱茂楫字濟川號仙舫生子一諱芝
芳十二世祖諱茂楨字幹廷號本榮
生子一諱用成十三世祖儒學生員
諱開基字世祥號鼎立生子三長諱
崇慶次諱安慶三諱瑞慶十三世祖
誥封明威將軍諱美基字纘業號聖
菴塋在龍鳳村南門外生子二長諱啓慶次諱
祥慶十三世祖府學生員諱宏基字

務滋號寺由塋在焦寺生子一諱吉慶十
三世祖諱肇基字建址號岐陽生子
一諱承慶十三世祖儒學生員諱用
九字純一號居東生子二長諱文燦
次諱文蔚十三世祖諱芝芳用成傳失
十四世祖諱崇慶字從義號德符生
子二長諱生榮次諱生華三諱生富
十四世祖諱安慶字允吉號祥菴生
子一諱福元十四世祖諱瑞慶字玉
符號聖祥生子一諱光禮十四世祖
敕授明威將軍雲南永昌衛守府康
熙壬子舉人癸丑進士諱啓慶字君

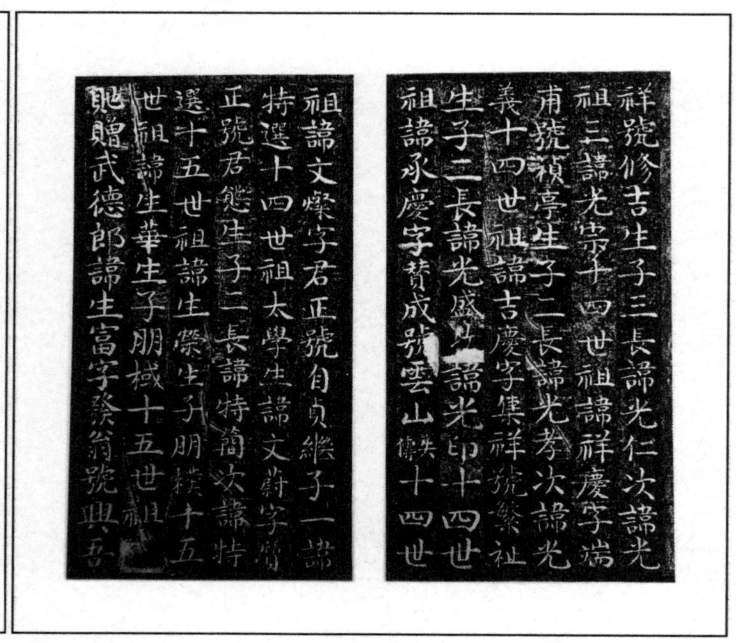

祥號修吉生子三長諱光仁次諱光
祖三諱光宗十四世祖諱祥慶字端
甫號頴亭生子二長諱光孝次諱光
義十四世祖諱吉慶字集祥號燦祉
生子二長諱光盛次諱光印十四世
祖諱承慶字贊成號雲山傳失十四世
祖諱文燦字君正號自貞繼子一諱
特選十四世祖太學生諱文蔚字簡
正號君態生子二長諱特簡次諱特
選十五世祖諱生榮生子朋樸十五
世祖諱生華生子朋棫十五世祖
貤贈武德郎諱生富字癸翁號興吾

生子一諱朋杞十五世祖諱福元傳失
十五世祖 贈文林郎諱光禮字
履中號敬齋生子三長諱朋楹次諱
朋[illegible]三諱朋構十五世祖儒學生員
諱光仁字施博號澤溥生子四長諱
毓龍次諱毓奇三諱毓秀四諱毓鳳
十五世祖諱光祖字繼先號維則繼
子一諱毓鳳十五世祖諱光宗字孝
先號曜軒生子三長諱毓成次諱毓
旺三諱毓德十五世祖儒學生員諱
光孝字伯原號順齋生子五長諱毓
棟次諱毓桂三諱毓材四諱毓杰五

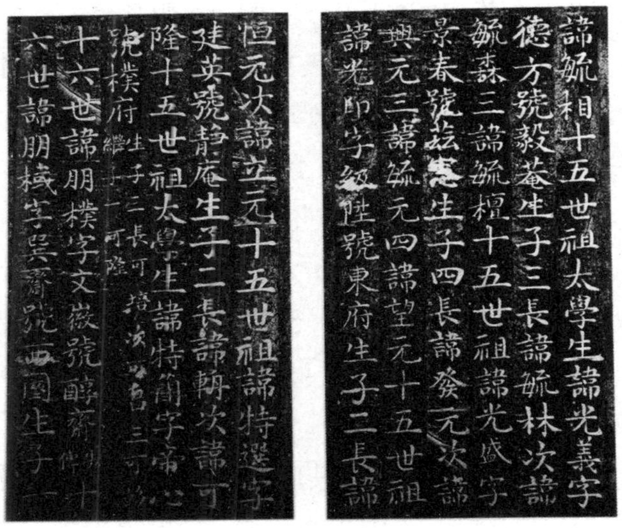
諱毓相十五世祖太學生諱光義字
德方號毅菴生子三長諱毓林次諱
毓森三諱毓檀十五世祖諱光盛字
景春號茲憲生子四長諱發元次諱
興元三諱毓元四諱望元十五世祖
諱光卿字紱陛號東府生子二長諱
恒元次諱立元十五世祖諱特選字
建英號靜菴生子二長諱翰次諱可
隆十五世祖太學生諱特簡字甫心
號樸府生子三長可培次可昌三可彭繼子一可隆
十六世諱朋樸字文嶽號醇齋十
六世諱朋橫字巽齋號西園生子一

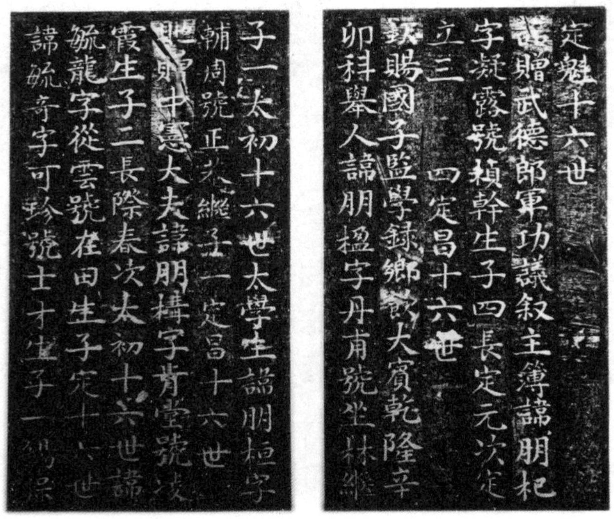
定魁十六世
誥贈武德郎軍功議叙主簿諱朋杞
字凝露號楨幹生子四長定元次定
立三　四定昌十六世
欽賜國子監學錄鄉飲大賓乾隆辛
卯科舉人諱朋楹字丹甫號坐林繼
子一太初十六世太學生諱朋桓字
輔周號正光繼子一定昌十六世
貤贈中憲大夫諱朋構字肯堂號汝
霞生子二長際春次太初十六世諱
毓龍字從雲號在田生子定十六世
諱毓奇字可珍號士才生子一錫崇

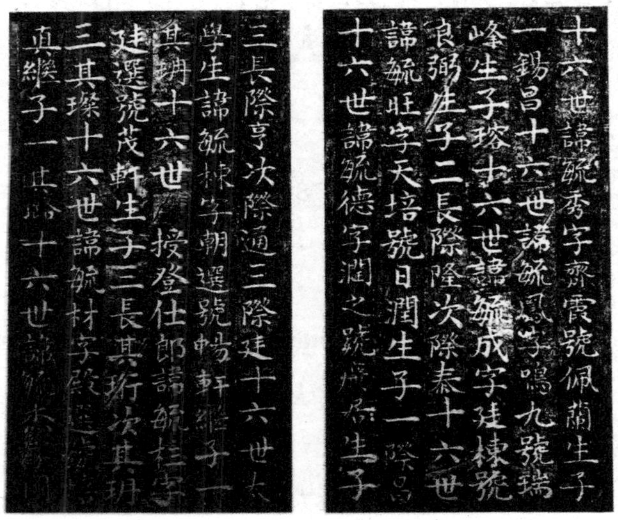
十六世諱毓秀字齊霞號佩蘭生子
一錫昌十六世諱毓鳳字鳴九號瑞
峰生子琮十六世諱毓成字建棟號
良弼生子二長際隆次際泰十六世
諱毓旺字天培號日潤生子一際昌
十六世諱毓德字潤之號[illegible]生子
三長際亨次際通三際建十六世太
學生諱毓棣字朝選號暢軒繼子一
其翊十六世　授登仕郎諱毓桂字
建選號茂軒生子三長其珩次其玥
三其璨十六世諱毓材字啟運號[illegible]
真繼子一其琀十六世諱[illegible]

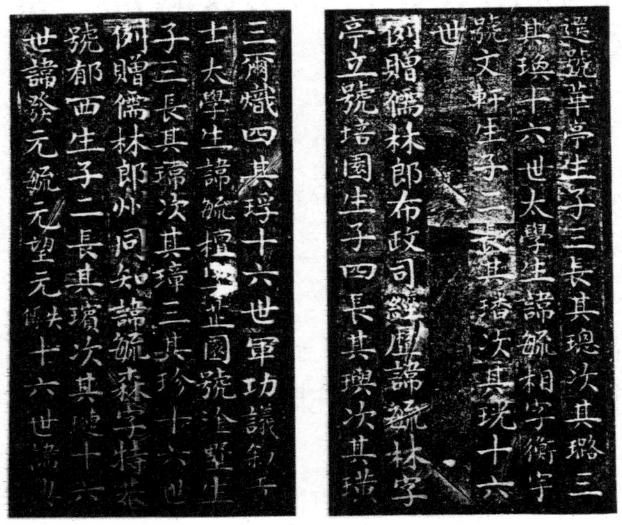
選號華亭生子三長其璁次其璐三
其瑍十六世太學生諱毓相字衡宇
號文軒生子二長其璠次其珖十六
世
例贈儒林郎布政司經歷諱毓林字
亭立號培園生子四長其璵次其瑞
三爾熾四其琈十六世軍功議叙千
士太學生諱毓檀字[illegible]園號淦塈生
子三長其璋次其瑋三其珍十六世
例贈儒林郎州同知諱毓森字特菴
號郁西生子二長其瓚次其璉十六
世諱發元毓元望元俱失十六世諱[illegible]

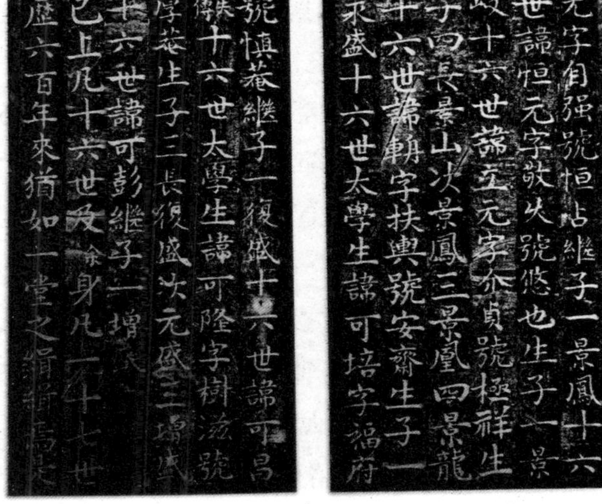
元字自强號恒占繼子一景鳳十六
世諱恒元字敬吾號悠也生子一景
岐十六世諱立元字亦貞號極祥生
子四長景山次景鳳三景凰四景龍
十六世諱翰字扶輿號安齋生子一
永盛十六世太學生諱可培字福府
號慎菴繼子一復盛十六世諱可昌
俱失十六世太學生諱可隆字樹滋號
厚菴生子三長復盛次元盛三瑞盛
十六世諱可彭繼子一增失
已上凡十六世余身凡一百十七世
歷六百年來猶如一堂之[illegible]是

倚瑩纂譜之深心也亦即紀是碑之
微意也　其璵出銀伍拾兩　其璜子香年出銀柒兩
爾熾子舒甲出銀[illegible]兩　其[illegible]子[illegible]兩
南出銀柒兩　正出銀叁兩
定昌出銀拾兩　正中出銀拾兩
定出銀拾兩　暨達出銀拾兩
例授儒林郎候補布政使司經歷
十七世孫其璵字魯望謹叙時年七十歲

相，字衡宇，號文軒，生子二：長其璠，次其珖。十六世例贈儒林郎、布政司經歷，諱毓林，字亭立，號培園，生子四：長其瑍，次其璜，三爾熾，四其琈。十六世軍功議敘、貢士、太學生，諱毓檀，字芷園，號淦墅，生子三：長其瑺，次其璋，三其珍。十六世例贈儒林郎、州同知，諱毓森，字特庵，號郁西，生子二：長其琣，次其璉。十六世諱發元、毓元、望元（失傳）。十六世諱興元，字自強，號恒占，繼子一，景鳳。十六世諱恒元，字敬久，號悠也，生子一，景岐。

十六世諱立元，字介貞，號極祥，生子四：長景山，次景鳳，三景凰，四景龍。十六世諱軥，字扶輿，號安齋，生子一，永盛。十六世太學生諱可培，字福府，號慎菴，繼子一，復盛。十六世諱可昌失傳。十六世太學生諱可隆，字樹滋，號厚庵，生子三：長復盛，次元盛，三增盛。十六世諱可彭，繼子一，增盛。

已上凡十六世，及余身凡一十七世。歷六百年來，猶如一堂之緝緝焉。是修塋纂譜之深心也，亦即紀是碑之微意也。

（其瑍出銀伍拾兩，其璜子喬年出銀柒兩，爾織子舒甲出銀柒兩，其琈子炳南出銀染兩，正出銀伍兩，定文昌出銀拾兩，正中出銀拾兩，凝出銀拾兩，聲遠出銀拾兩。）

例授儒林郎、候補布政使司經歷、十七世孫其瑍字魯望謹敘（時年七十歲）。

皇清敕授武德郎诰赠武翼都尉原任湖北蕲州卫守备军功议叙加三级郭公暨配温梁淑人合葬墓志铭

【简介】

清乾隆四十三年（1778）勒石。正方形，边长78厘米。志文楷体，35行，满行41字。文据拓片录。

【志文】

皇清勅授武德郎誥贈武翼都尉原任湖北蘄州衛守備軍功議敘加三級郭公暨配温梁淑人合葬墓誌銘

賜進士出身誥授奉政大夫刑部福建司主事加五級紀錄二次前翰林院檢討充國史館纂修年家愚姪郭在逵頓首拜撰文

賜進士出身誥授通議大夫日講起居注官左春坊左庶子掌坊事兼辦翰林院事前任翰林院侍讀學士右春坊右庶子國子監司業翰林院檢討庶吉士通家弟法式善頓首拜篆盖

賜進士出身誥授中憲大夫禮科掌印給事中巡視西城北城前刑科給事中掌江西道監察御史督理街道入直武英殿四庫館分校庚子順天鄉試同考官加二級紀錄七次年家弟王鍾健頓首拜書

公世居介，與余同出自郭，而系之遠邇，莫或詳之。聞公遠祖故居縣治之東鄙，數傳徙西南鄙。迄公考始成室於附治之東，有宋文潞公故里，邑人稱曰文家莊其地徙居之。余年少長聞文家莊郭氏寖熾，而不獲識公父子昆弟其人，戊戌計偕至都，公以樞銓需次寓都門之日，南坊與余邸舍同巷，余因識公。聞言經世務，異之，既而知公得之庭訓之匪朝伊夕也。公仕於楚，越月以疾卒官，余聞而悲之，既聞公考哭子卒，余愈悲之。越數年，公仲子淵極試赴都，與余識，余既歸居先大人憂，因公仲子獲識公叔季弟及公家子淵植，皆如公賢。又詢得公大母煢煢以節撫公考成立狀，於以知忠孝節慈之萃於一門，至遲之又久，而乃篤其慶也。公大母節旌於朝，建坊崇祀為制。公弟若子乞余言樹穹碑於墓誌之，余既為傳，以彰公母之賢。癸丑冬，公仲子復視余於都，因言曰：吾祖吾考柩於堂，越今十有六年，將以來歲四月之吉諏葬。諸父伯兄命吾具狀以告，請銘吾祖復銘吾考。余諾之，既銘公考，因而銘公。公祖若考暨先後妣諱氏，贈室内外，行卒年月期，詳公考銘。公諱璋，字廷儀，號輝軒，幼而英異，長入塾，喜師談史所載武略事，願就武試，異博第仕，速顯其親，意若不自持，而公考以公大母篤愛公，懼危厥體。公知之因不復言武試，既棄儒，遊齊魯燕趙間，與奇傑士遊識愈壯，志鋭無前，若將可見之施行者。比歸，習治家事，尤勇於義，然不敢以賢智為也。

歲庚寅，天子命重臣簡勁旅討金川叛酋，郡守詣介募士民，知義者量力助軍。公請諸考，納白金七千，郡守嘉之，告諸大吏，達於天子。軍旋敘績，公以衛守備即用。檄至，公將登車就道，顧以考齒邁，不忍遽言違，公考曰：移孝作忠，汝其往哉！公於是毅然願以武略報國，既就選得湖北蕲州衛，馳赴視事，晝訓士卒，以有勇知方之義，夜治文書不少怠。越月午中暑仆地，喑而厥，藥之稍蘇，知急不可為，乃危坐書語曰：君親之德未報，臣子之義有愧！書已疾漸，翌午卒。公志銳而材達，未竟厥施，可哀也已！顧公尤篤於庸行，居母喪哀毀，思慕若禮，稱見似目瞿者，侍父左右雖成人若孺子然，孝友以誠，於後母如其母，於異母弟如其母之子，訓諸子以義方，君之施於有政如此。

公生以雍正六年戊申八月二十八日，卒以乾隆四十三年戊戌閏六月初一日，年五十有一。官湖北蕲州衛守備，軍功議敘加三級、贈武翼都尉。始配溫氏，以賢稱，曉大義，繼配梁，賢如溫，皆先公卒，並贈淑人。又繼配陳，封淑人。子四：長淵植，候銓遊擊；次淵極，充功臣館校錄，候銓州同知加六級；次淵梓，候銓衛千總加一級；次淵楹，國學生。孫四：翊京、拱京、翰京、輔京。女二，孫女三，嫁娶聘字皆名族。詳公子所具狀，公家庶子，體貌俱魁梧英緯，蓋將光大其家聲者，公之志其將有終乎！公大母之節，余传之，公考之賢，余銘之。公卒於官，以死勤事，是則可銘也已。銘曰：在雛而鷚，未角而螭。斂翼胡為，覆卵者慈。附鳳有時，乘驥以馳。羽可為儀，不竟厥施。俟於熊羆，證以刻辭，識諸珉碑。

重建东门楼观音韦驮痘症子孙圣母碑记

【简介】

清乾隆四十三年（1778）勒石。青石质，圆首。碑首高31厘米。碑身高106、宽62厘米。碑文楷体，16行，满行37字。额题“百世流芳”。碑原在介休市张兰镇张兰村，现下落不明。文据拓片录。

【碑文】

重建東門樓觀音韋馱痘症子孫圣母碑記

自古聖人以神道設教，故封神之論時見諸他說，立廟之典特詳於簡編，矧救難恤苦，偕護法而俱臨，解厄消災，保後嗣以無害。如觀音、韋馱、痘症子孫聖母，其有裨於生民，尤彰明而較著者耶！隨處現化身，寶筏渡迷，固不拘乎通都大邑；居心大保赤，佑啟後人，亦弗遺於黑子彈丸。

吾鄉東頭東門樓上先有觀音像一尊，有感即應，無祈不靈，第以殿匪崇居，每深湫隘之慮，地僅容膝，殊覺拜跪猶難。爰是眾有同心，共議改作，慮積金之未給，復募化於遠人。仍其舊址，不歎憑籍無基；增其式廓，頗覺繼長有餘。殿設三楹，中建觀音，其旁既設聖母之座，其西更益以韋馱之神，樓閣壯麗，不日已成，金碧輝煌，數月告竣。睹莊嚴於妙相，愈想無邊法力，呼吸通乎帝座，欣孩提之得所，深感母氏劬勞鞠育，偏於寰區。聿觀厥成，知好施之非一，昭茲來許，爰勒石以垂芳。是為記。

貢生任德善撰，男重威書。

經理人：任伯成　任太交　任鼎星　任萬通　任性聰 任宏建　任□□　喬昌世　任位勳　任心學　任作文　任位禹

長春觀住持道會司燕本法

乾隆四十三年三月十六日立

增修武屯堡记

【简介】

清乾隆五十三年（1788）勒石。青石质。碑长75、宽48厘米。碑文楷体，11行，满行15字。原嵌于介休市连福镇西武屯村堡门墙壁，现无存，文据拓片录。

【碑文】

增修武屯堡記

武屯東堡始於順治六年，而增□□之則在康熙之丁丑，距今戊申□□益□，因諧衆卜吉，拓西南兩面，益地四□□有奇，遂稱爽塏。工將竣，□誌其顛末，□為之歌曰：

介有里兮曰澗□，環□水兮曰岐□。煙火日益兮□空□，增臺式廓兮庶心□。所有餘年兮□□完，揭石門□兮誌不刊。嗚呼！□□□將益□嗣茲烈兮人□知來者。

乾隆五十三年八月穀旦

皇清诰授武翼大夫候选游击进亭李君墓志铭

【简介】

清乾隆五十八年（1793）勒石。志呈正方形。边长79厘米。志文楷体，36行，满行38字。碑文据拓片录。

【志文】

皇清誥授武翼大夫候選遊擊進亭李君墓誌銘

例授文林郎吏部揀選知縣壬午科舉人愚弟杜永休頓首拜撰文

覃恩敕授文林郎原任通政使司知事兼理登聞院事務加四級姻眷姪張聖詔頓首拜書丹

覃恩敕授文林郎原任詹事府主簿加一級隨帶又加一級愚內弟強惲頓首拜篆蓋

余設賬於介邑李氏者有年矣，自葵軒、青山兩君外，得遍交其群從。既而青山移居常樂村張氏北園，復延余館於家。其南園則，其從弟進亭君居也，望衡對宇，過從尤數。壬子冬，余歸忻州，今歲春杪始來館過視君，而君病已不可為矣，逾月卒，□□數月將營葬事，其孤昔從余遊者，因來乞銘。嗚呼！松菊猶存風流，頓書言念交情，有不涔涔淚下者哉？又安忍以弇陋辭也，爰誌而銘之。

君姓李氏，諱日暹，字勤修，進亭其號也。故隴西人，遷山西之孝義，自八世祖仲良始，占籍介休，居義棠鎮，為邑望族，最後遷居城中。曾祖汝信，祖玉金，累贈武翼大夫。父文緯，州同知，以子職封武翼大夫。妣秦氏，繼妣侯氏、周氏。君周出也，而居長，性倜儻任俠，喜交遊。嫻弧矢年甫弱冠，即為督學使者所賞識，補邑武生，援倒職遊擊，授武翼大夫。每欲以武略自奮，後緣事未獲如願，遂寄情聲色歌樓舞榭，日與五陵豪雋相徵逐，以故緇流羽士狎客纖舞，里胥市儈之流無不欲承顏色而效趨走。而君亦通脫自喜，不設城府，無貴賤，咸歡然相接應，□□□乎。或至使酒箕坐如灌夫之，為以忤貴遊而不顧也。間有規之者曰：君家從兄如中憲君、葵軒司務君、怡齋評事君、青山暨看弟別駕君曉園皆鄉閭重望、仕宦勝流，而君之從子亦有掇巍科躋顯職為國干城者。君胡不養高自重，以崇令聞彼朱家劇孟者流？恐終為盛德之累也。君笑曰：是則然矣，第古人所謂，使我有身後名，不如生前一杯酒，又何為耶？吾聊以耗遣壯心，消磨豪氣，又安能效世之鴻儒，齒夫終其身如轅下之駒，褌中之虱乎。晚歲漸就韜晦，與邑中士大夫修潞公耆英故事，更联同人為奕社，以家事付之子，藝花種竹為娛老計。然遇歡場，綺席酒酣，以往其豪情俠思猶躍躍露眉睫間也。於是，人每謂君積習未除黠癡相半，而孰知君之居心積行，實有過人者。別駕君之筮仕也，頗形拮据，初未嘗語君，君輒以千金助之，無少吝。迨別駕自京江謝病歸，鬱鬱不得志，君時過城中省視聚首笑談，凡所以慰籍之者。甚至于宗族鄉黨以緩急告者無不立應。即事涉公庭，亦必委曲周全之。己酉歲歉，人多菜色，君率同志數輩多方募賑，村之窮民不至流徙者，皆君力也。前此修城濬河、建書院、篆邑乘及金川軍餉，君佐中憲君皆捐重貲及中憲君老謝公事，近歲如捐修武廟、考棚、公館諸工，又興別駕君共為領袖，不辭勞瘁。其篤於友爱，扶危濟困，急公尚義，類如此。嗟呼！世之擁財自封者，非持籌障簏，寸累銖積為子孫計，即盛其飲食居處服飾車從以相誇炫求。其輕財重俠如君者，豈易得哉？跡其行誼，與諸昆弟雖若異趣而分道揚鑣，各行其志，倘亦無愧於古所謂豪傑之士也歟。

君生於乾隆三年九月初六日，卒於五十八年四月初七日，年五十有六。將以其年八月二十日葬於常樂村封贈原祖塋之次。配強氏，儒林郎、候選州同知、桂绳公女也。子男子一，城，太學生，娶代州馮氏，翰林院編修、祈公孫女，庠生廷立公女。子女子三，一適朝議大夫、張公企棫男，候選員外郎清典；一適平遙雷凝馨；一適太學生溫金鼇。孫男二，世詩聘庠生張公日新女，世書聘太學生賈公盛烈女。孫女四，一字候選千總溫公泰履男，一字平遙貢生雷公發馨男，二未字。銘曰：

仙李蟠根，隴西右族。世代遞遷，猗於汾曲。維君少颬，志氣騰逴。通俠輕財，早謝羈束。恤人困窮，脫人桎梏。慷慨論交，推心置腹。晚歲韜光，大夢先覺。有子克家，一夔已足。兩孫玉立，赫然頭角。壙中之石，猥以相屬。我詞豐諛，庶稱實錄。

新建介休县武庙碑记

【简介】

清乾隆六十年（1795）刊，汪本直撰文。据嘉庆版《介休县志》卷十二录。

【碑文】

新建介休縣武廟碑記

直隸忻州知州前介休縣知縣汪本直謹撰並書。

關帝祠宇遍域中，歷代崇祀號，而我國家累加忠義神武靈佑之封，春秋擇日致祭，如上丁釋奠禮。而又追爵三世及後裔襲官罔替，典至重也。介休縣故有武廟，卑狹不稱其制度，復逼近驛館，冠蓋絡繹，賓客之來至，有秣馬於墀、燎庖於廡者，甚不敬。歲癸卯，本直承乏此邦，拜瞻踧踖。而今大中丞蔣公方守汾郡，按部時輒憮然，以湫隘囂塵為神羞，顧念拓廟基必先移驛館，置驛舘必先擇康莊。爰規地西郊，別建邸舍若干所，辟除城外大道，以通往來。驛舘既成，乃即廟故址擴而充之，謀所以鼎新者，諸紳士咸踴躍從事。丁未秋，厥工遂創，事鉅資繁，未及告成，而直以辛亥量移忻州。幸踵事徐君經營考庀，不懈益振，越甲寅乃蕆事。廟臨通衢，建東西二坊。前為三門，中為大殿，殿前為演劇臺，後為後殿，為春秋樓。殿左建啟聖祠，暨諸像設俎豆無闕禮。又於東北隅拓地建試館，以為歲科縣童子試及季考月課之所。列舍可容八百人，顏其處曰“澄鑒亭”，其西建財神廟。工既畢，以書來告，且曰：是役也，一舉而數善備焉，廟貌崇則神如在也，傳舍辟則賓如歸也，校士有其場，司祿有其饗。俾縣之民秀者觀光，而奮願者蒙業而安，咸有嘉德，而無違心。上以答明神默佑之靈，下以成都人士好施之善，不可以無述。直不文，焉能為瑰麗詞以壽諸貞珉，第念斯廟經始，實為大中丞公誘掖以成其美。而直既離介，後之人卒能致力搘擋，勿貽鮮終之誚，其勞均足紀也。經理則紳士范請滋、茹綸常、李日普諸君，住持則僧人如杲。據事直書，用告來者，毋忘樸斫之勤。歲時昭假，式禮莫愆，斯所以邀神貺而庇民生者多矣！是為記。

乾隆六十年歲次乙卯仲秋月勒石

朝议大夫燕公汝靖神道碑

【简介】

清乾隆年间刊，燕申撰文。据乾隆版《介休县志》卷十二录。

【表文】

朝議大夫燕公汝靖神道碑

嗚呼！我高叔祖西軒公卜吉，百有餘歲，五世從孫申特表於其墓，非徒欲著其德也，實有所不能已也。申幼時，先子嘗言：西軒公去登封任時，百姓遮道攀轅，有“無以公歸，無使心悲”之頌，心竊志之。數年後，於斷簡中得《族譜序》，不信佛說，真堪頡頏韓、蘇，知公能文章。又得臺臣薦剡云：心對彼蒼，政廑保赤。知公德被於民。閱《登封誌》，敘公修文廟，纂邑乘，教養恩勤，祀於名宦，知公有功於是邑。嗚呼！可謂三不朽矣。《易》曰：“積善之家，必有餘慶。”《書》曰：“天道，福善、禍淫。”以我西軒公之可以不朽如此，宜子孫振振繩繩，高大門戶也。奈何一再傳而即不祀？豈心可對彼蒼，而不邀彼蒼之報耶？政廑保赤，而不保子孫耶？蓋□歷仕半生，勤勞吏治，德澤流諸黎庶，雖沒世不能忘。迄今登封之民以享以祀，歲時勿替，即無牖下之奠，而已俎豆馨香也。誰謂為善不報哉？申念高祖與公同胞，生平最友愛，忝嘗未敢廢，猶懼後人之忘其所自，而特揭於阡。此百餘年無表，而今日表之者，有所不能已也。高叔祖諱汝靖，字懋忠，號西軒，明萬曆戊子舉人，任登封令，從祀名宦，累擢長蘆運同，卒於官。

表宋孝子庐墓记

【简介】

清乾隆年间刊，李生栋撰文。文据乾隆版《介休县志》卷十二。

【碑文】

表宋孝子廬墓記

聞之表懿行，發幽光，皆司風教者分宜行之，非是，則為疏為曠。庚辰秋，余秉鐸是邦，朝夕課諸生，苟有一善，奬掖即隨之，而尤欲得砥節勵行之士表而章之，以為邑中勸。訪之既久，乃得張良村故州司馬宋君者。君諱如隱，字仲默。幼即失怙事母，先意承志，數十年始終弗懈。愛妾偶忤姑意，即出之弗顧。母病伺湯藥，夜不解衣，禱天願代母。既卒，水漿不入口，哀毀骨立。而殯殮俱如禮，洎營葬畢，即結廬墓傍，寢食其中，凡三閲寒暑，晨昏仍若定省然。嗚呼！可謂孝矣！鄉黨嘉其行，咸欲告之有司請旌，君固辭至再，曰：人之事親，唯恐力之不竭，以虧子道。我供我事親之職而已，豈敢以此博聲譽哉！及老病劇，猶屬二子，勿徇人言，以違我志。二子涕泣受命，至今十餘年，隱而未彰也。噫！親在則養之以誠，親沒則盡之以敬，而終身猶不欲以一旌博後世名，此真所謂生前有懿行，歿後有幽光，求之古不多得，求之今則罕聞，若非表而章之，何以慰鄉評而廣風教？爰立石於故廬之側，以昭秉鐸之分。詞之不文，所不計也。

缮修县城记

【简介】

清嘉庆三年（1798）刊，祝修全撰文。据嘉庆版《介休县志》卷十二录。

【碑文】

繕修縣城記

介邑為三晉名區，綿山峙其南，汾水環其北，垣墉巀嶪，雉堞崢嶸，誠西河之保障也，漢唐以來稱巖邑。明時以石為基，易土以磚，我朝百餘年間，賢令尹屢加繕葺完固矣。歷時既久，樓堞或頹圮也，門扃或敝朽也，城垣或汙惡也，倘不及時補築，何以固捍衛而慶敉寧。余下車始，即議修之，然費以巨萬計，比歲川楚用兵，國家發帑金數千萬，藐茲下邑，何敢上請度支？而或派諸里甲，累及閭閻，築城之議一興，而民已告瘁矣。衛民者實以厲民，保民者反以病民，烏乎可？維時在城紳士群起而請曰：我公為邑民謀生聚，眾紳士願捐資成之。余曰：善！人樂急公，工樂趨事。經始於丁巳孟夏，告竣於戊午季秋。費白金一萬三千兩有奇。百雉言言，崇墉屹屹，重門迭障，巋然改觀。古人謂眾志成城，余深嘉介邑人士踴躍赴功，民不勞而事已集也。介邑當秦蜀孔道，煙火萬家，商賈賓客之所至，雲集輻輳，繼自今壯觀瞻而深保聚，可數千百年食其福，吾樂與父老子弟觀厥成也。若夫隨時增繕，是又望於後之賢有司與邑中諸君子矣。是役也，和衷共濟者為城守馮君鍾、典史顧君炎，董其事者為紳士李君日普諸人。風雨炎寒，不辭勞勩，余實嘉賴之也，並泐其姓字於碑陰。嘉慶三年十月穀旦。

皇清岁贡生朴庵岳公暨孺人任房张氏合葬墓志铭

【简介】

清嘉庆四年（1799）刊。岳现增，字尧封，号朴庵。岳氏为介休义棠望族。文据介休市博物馆藏拓片录。

【志文】

皇清歲貢生樸庵岳公暨孺人任房張氏合葬墓誌銘

例授徵仕郎候補內閣中書恩加一級癸卯科舉人姻愚弟梁譽佐頓首拜撰文

例授文林郎吏部揀選知縣庚寅順天舉人姻愚弟羅萬象頓首拜篆蓋

例授文林郎吏部揀選知縣甲寅科舉人姻愚侄李鍾芳頓首拜書丹

君歿之六年，歲己未，卜葬有期，適余以省親回籍，諸孤持君狀，乞余志壙中之石。余以□好，誼不容辭，因節略其狀而敘之。

按，君諱現增，字堯封，號樸庵，姓岳氏。其先人中□□□人徙於山右沁源之虹梁鄉，傳數世，復徙於介之義棠鎮。自是厥後，子孫蕃盛，遂□立一寨，聚族而處，為邑之著姓焉。曾祖儲璜公，為邑庠生，生子二：長登甲公，邑庠生；次登第公，無子，以登甲公三子文煥、少子文煒為其後，以子貴，贈武德郎。君即文煥公□□。文煥公為郡武生，晉秩衛千總，授武信郎，是為武信公。初，君家世業儒，武信公童而習之，□□安焉，繼以數不得志於有司，乃轉而攻韜略、習騎射，遂與弟文煒、侄現瑾同時入武庠。嗣若弟、若侄、若侄孫中鄉魁者二，領解者二，成進士者一。介邑之稱武世家者，咸首屈一指焉。

武信公得君晚，且家無次丁，而督課則不少貸，童歲即就外傅，擇敦行好學之士以□□。君資性沉潛，又以嚴父師故，溫凊之外，晨昏攻苦，學業日進。嘗從孝廉永淳李公遊，□公深器重之，而武信公亦隱然色喜，知異日之必大門閭也。繼緣武信公年邁，且善病，不能理家政，遂棄舉子業，援例貢成均。弱冠後，武信公捐館舍，君哀毀骨立，葬祭悉以禮。是時，李太安人尚在堂，君依依膝下，先意承志，能得其歡心。比歿，慎終之禮，一如武信公□□。為人性醇厚，樂善好施，與人交，熱腸俠骨，不□畛域。凡戚里之有事，必□就而□之，遇緩急，則量力佽助，無吝心，無德色，蓋其性然也。癸巳歲，我國家有金川之役，富室皆□貲助餉，君家故不甚豐，慨然樂輸，若惟恐後，朝廷嘉賞，給慕義抒忱□□以旌之，其好義有如此者。平生待人甚恕，而於督諸子則甚嚴，嘗諄諄誡之曰："昔爾祖期予遠大，予以親老丁單，未克底於成，至今念念不忘。

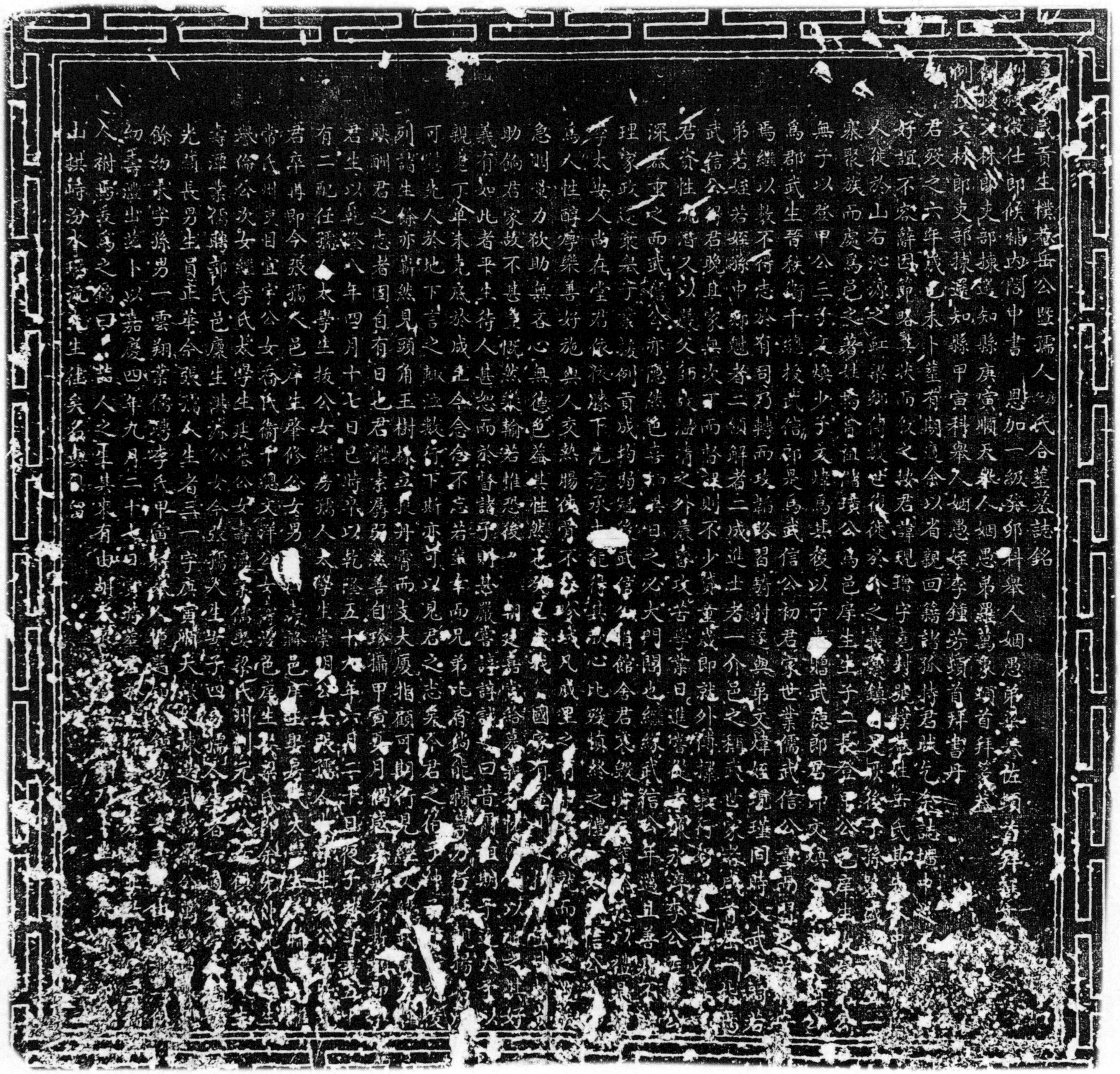

若輩幸而兄弟比肩，倘能積學力行，顯親揚名，□可慰先人於地下。"言之輒泣數行下，斯亦可以見君之志矣。今君之伯子、仲子□□先後列諸生，餘亦嶄然見頭角，玉樹林立，挺丹霄而支大廈，指顧可期，行見經文緯武，□□輝映，酬君之志者固自有日也。

君體素孱弱，然善自珍攝，甲寅夏月，偶感暑氣，不數□即□。君生以乾隆八年四月十七日巳時，卒以乾隆五十九年六月二十日夜子時，享壽五十有二。配任孺人，太學生拔公女；繼房孺人，太學生崇明公女；張孺人，太學生瑛公女，皆先君卒。再即今張孺人，邑庠生肇修公女。男□四：壽瀧，邑庠生，娶房氏，太學生□□公女，繼常氏，州吏目宜宇公女，喬氏，衛千總文洋公女。壽灃，邑庠生，娶梁氏，即余先仲兄太學生譽倫公次女，繼李氏，太學生延蕃公女。壽瀛，業儒，娶梁氏，州判元傑公女。俱前張儒人生。壽潭，業儒，聘郭氏，邑廩生淇濬公女，今張孺人生。女子四：房孺人生者一，適太學生□□光顯長男生員正華。今張儒人生者三，一字庚寅順天舉人、揀選知縣羅公萬象□□□，餘幼未字。孫男一，雲翔，業儒，聘李氏，甲寅科舉人、揀選知縣鍾芳公女，□□□□□□□幼，壽灃出。茲卜以嘉慶四年九月二十七日寅時，葬君於□□□□□塋並□□□三孺人祔焉。

爰為之銘曰：喆人之生，其來有由。胡天□□，□□永□。乃□幽□，□□□。□山拱峙，汾水環流。先生往矣，名與俱留。

续修武庙落成碑记

【简介】

清嘉庆五年（1800）刊，蔡夔撰文。据嘉庆版《介休县志》卷十二录。

【碑文】

續修武廟落成碑記

事非獨創始難，圖終亦難，而圖終於中輟之後尤難。不辭其難，至於多歷年所，卒能補苴罅漏，塵塵焉以克底於成，則圖終之功直與創始等。介邑關帝廟在城之東北，其右舊有驛館，凡郵騎使軺之由乎是者，叫囂隳突，神用不寧，前邑令汪公始遷驛館於西郊。既已無憂客使，乃亟謀鼎新斯廟，隘者以廣，庳者以崇。工始於丁未秋，凡建為門者三，為殿者二。西為啟聖祠，為財神廟。又其東北創試館，曰"澄鑒亭"。洎辛亥春，未既厥功，擢忻州牧以去。大興徐君繼來為宰，謂垣墉樸斫，前之人既勤厥事，其可弗塈茨舟雘之是圖。又以前臨通衢，慮夫塵氛之坌集也，爰障之以牆，東西通闤闠。慮夫肩摩轂擊者之趨若鶩而至如麕也，爰間之以冊。其他有事乎卒業者，方以次繕修，則又以掛吏議去。蓋已閱八年之久，而績用弗成，雖勇於從事者亦知難而退矣。時則邑人茹參軍綸常、李別駕日普、慨然歎興，謂如九仞之山，而功虧於一簣，人其謂我何？亟謀之。宋指揮廷英毅然捐重資為倡，又先後勸捐，共得二千五百金，益以後任祝公修城公費贏餘之三百金，於是於後建樓為春秋樓、為坊、為兩廊牆，累以磚階甃以石，髹漆丹碧之飾，踵事而增，而工乃大備。夔於庚申夏自河津量移來此，月朔謁廟，周觀碑碣，於兩廡間並詢諸人，人因悉其事之巔末，喟然曰：是役也，惟汪公克任厥始，惟徐君克圖厥中，惟諸君克成厥終，闕其一焉，即無以蕆事。顧其始也，群力集而眾志果，氣方作而易盈；其中也，重前規而侈後功，亦鼓舞焉而弗容倦；至其終也，事越十年，官更三任，舉凡趨事之物力與任事之精神，固已再而衰，三而竭矣。而諸君賈其餘勇，不避艱辛，卒有以通觀厥成，竟前人未竟之緒。則以視乎創始者，力雖殺而功則均，而戛戛乎其難殆有甚焉！是不可不有所述，以諗來茲也。至始與茹、李二君董其事者，有范千戶清滋並協理諸君子，又各紳士、商民之後先捐助者，其姓氏與數皆列書於碑陰，固無藉乎余之文也。是為記。

皇清诰封奉政大夫晋封奉直大夫又晋封中宪大夫张公韬庵先生墓志铭

【简介】

清嘉庆八年（1803）刊。张瑛，字灿如，号韬庵。张氏为介休望族，几代十数人在旧志中有名。文据拓片录。

【志文】

皇清誥封奉政大夫晉封奉直大夫又晉封中憲大夫張公韜庵先生墓誌銘

先生諱煐，字燦如，號韜庵，又號樸叟。其先隴西人也，始祖諱頤，遷介休，遂居焉。曾祖諱奇士，太學生，以曾孫素堂仕，貤贈中憲大夫、兵部武庫司郎中加四級。祖諱龍瀛，贈如其官。考諱呈錦，敕封登仕郎，以孫企敞職，貤贈中憲大夫，韜庵其次子也。幼岐嶷，至性過人，事親孝，父疾待湯藥，必親嘗，衣不解帶，朝夕無倦容，居喪擗踴盡哀，事無大小，必稟命於季父及伯兄乃行。季父歿，遺孤素堂甫四齡，視之如同胞。性嗜書，不屑為章句學，應童子試，輒列前茅，後以搘拄門閭，棄舉業，就理問職，並承辦河東鹺務，悉心經理，勿貽伯兄勞。又以母氏高太恭人年高，承歡膝下，不忍離，遂恝意仕進。無何，高太恭人歿，治喪畢，而伯兄杲、如相繼即世，痛慈親之棄養，憫伯氏之云亡，百務叢集，心力益交瘁矣。

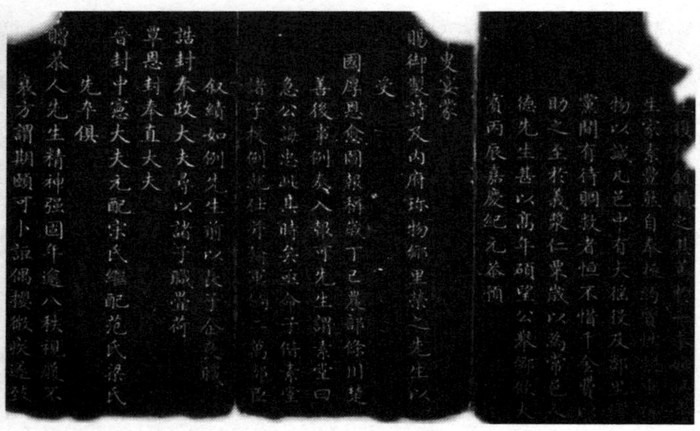
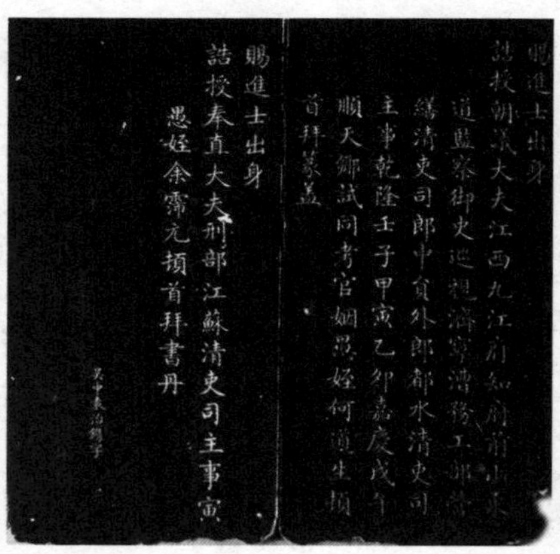
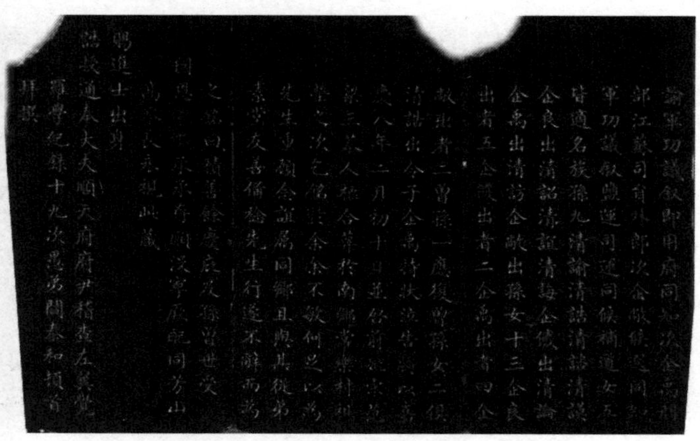

歲癸巳，川運例開，時素堂已成立，納貲補部郎，先生並代輸軍餉萬二，得軍功議敘，旋以兵部郎中出守甘肅，歷鞏蘭署道篆，兼護臬事。先生每寄書，必以循職勖，素堂亦清白自矢，所至有廉潔聲。逾數年，因公罣吏議，先生復倍鍰贖之，其篤於一本如此。先生家素豐，然自奉極約，質性凝重，接物以誠。凡邑中有大徭役及鄰里鄉黨間有待賙救者，恒不惜千金費以助之。至於義漿仁粟，歲以為常，邑人德先生甚，以高年碩望，公舉鄉飲大賓。丙辰，嘉慶紀元，恭預千叟宴，蒙賜御制詩及內府珍物，鄉里榮之。先生以受國厚恩，愈圖報稱，歲丁巳，農部條川楚善後事，例奏入，報可。先生謂素堂曰："急公誨忠，此其時矣。"亟命子偕素堂諸子援例就仕，並輸軍餉二萬，部臣敘績如例。先生前以長子企良職，誥封奉政大夫；尋以諸子職，疊荷覃恩，封奉直大夫，晉封中憲大夫。

元配宋氏，繼配范氏、梁氏，先卒，俱贈恭人。先生精神強固，年逾八秩，視履不衰，方謂期頤可卜，詎偶攖微疾，遂致不起。嗚呼，傷哉！生於康熙己亥十二月二十一日，卒於嘉慶辛酉七月初九日，享年八十有三。再繼配楊氏，善相夫子，撫諸子如己出，壼行肅然，以憂先生疾，旋於八月十七日卒，享年六十有三。子四：長企良，候選布政司經歷加三級；次企儼，廩貢生，候選教諭，軍功議敘即用府同知；次企禹，刑部江蘇司員外郎；次企敞，候選同知，軍功議敘鹽運司運同，候補道。女五，皆適名族。孫九：清諭、清誥、清諮、清謨，企良出；清詔、清誼、清誨，企儼出；清諭，企禹出；清訪，企敞出。孫女十三，企良出者五，企儼出者二，企禹出者四，企敞出者二。曾孫一，應復，曾孫女二，俱清誥出。

令子企禹持狀泣告，將以嘉慶八年二月初十日，並啟前妣宋、范、梁三恭人柩，合葬於南鄉常樂村祖塋之次。乞銘於余，余不敏，何足以為先生重，顧念誼屬同鄉，且與其從弟素堂友善，備稔先生行，遂不辭而為之銘曰：

積善餘慶，庇及孫曾。世受國恩，繩繩承承。存順沒寧，厥配同芳。山高水長，永視此藏。

賜進士出身誥授通奉大夫順天府府尹稽查左翼覺羅學紀錄十九次㬎弟閻泰和頓首拜撰

賜進士出身誥授朝議大夫江西九江府知府前山東道監察御史巡視濟寧漕務工部營繕清吏司郎中員外郎都水清吏司主事乾隆壬子甲寅乙卯嘉慶戊午順天鄉試同考官姻愚侄何道生頓首拜篆蓋

賜進士出身、誥授奉直大夫、刑部江蘇清吏司主事、寅愚侄余霈元頓首拜書丹

吳中袁治鐫字

诰授奉直大夫布政使司经历加二级乡饮大宾容斋茹先生墓志铭

【简介】

清嘉庆十四年（1809）刊。石长宽各71、厚8厘米。茹纶常，字容斋，介休师屯北人，迁居城内。乾隆间邑中文苑名士。志石出土于近年，流失民间。文据拓片录。

【志文】

誥授奉直大夫布政使司經歷加二級鄉飲大賓容齋茹先生墓誌銘

例授文林郎乙卯恩科舉人揀選知縣戊辰大挑二等即用儒學教諭前署潞安府屯留縣訓導事門生閻中秀頓首拜撰

丁酉科選拔內廷校錄官直隸代州繁峙縣儒學教諭事恩加二級愚弟董揚曾頓首拜書丹並篆蓋

嘉慶十四年五月二十日，綿上茹容齋先生考終於里第，兩越月，其門下士閻中秀自純留司訓任所受代歸，始得哭先生於殯宮。諸孤泣而言曰："先君子啟手足時，遺命以墓誌銘屬君，君其毋辭。"秀伏念先生嘗數遊京師，所交當代名公巨卿，莫不重先生之清才碩望，咸折節禮下之，倘走一紙以相告，亦孰不欲銘先生者？而必拳拳焉以身後事遺命待秀，於此見大君子之用心，絕無邀名希世之念，抑所以矜寵於秀者亦甚矣。秀雖不肖，安敢以不文辭，違先生命哉？

先生姓茹氏，諱綸常，字文静，一字容齋，晚年自號漫叟。誥授奉直大夫、布政使司經歷加二級。曾祖考諱星貴，鄉飲賓；祖考諱時修，府庠生，贈儒林郎；考諱秩崇，歲貢生，贈奉直大夫，妣李氏，贈宜人。贈公生三子，先生居長，天資超邁，穎敏絕倫。幼時讀書於合河孫氏家塾，蓋白侍郎為先生婦翁，而文定公則侍郎舅氏也。文定公見先生詩文，決其必貴，深相器重。後又從吾鄉梁大司成確軒公遊，目為大器。無何，累躓名場，郁郁不得志，遂棄帖括業，專肆力於詩古文辭，而於詩尤獨好，故其詩為最工。先生沉酣六籍，熔鑄百家，其為詩不拘一體，自漢魏六朝、唐宋元明迄國朝諸名家，無不略貌追神，挹其醇而去其疵，卓然成一家言。先生初集付剞時，年甫逾壯，吾鄉若董刺史帷園、任文學西郊、王文學田夫，皆深於詩者，序先生詩，咸傾心推許，目為畏友。蓋先生於三君子中年最少，為後起，而才富學贍，實駕出諸人之上。又當兩遊鄴下、三抵都門，陟太行之高、踰井陘之險，涉漳河、過易水，得江山之助，以開拓心胸，以故學益進、詩益精。乾隆甲申，與魏書巢進士、張蘭谷參軍、帷園、西郊、田夫為樂與詩社；丁酉，復偕西郊、蘭谷、李別駕曉園、高明經竹泉為友聲詩社。每當花晨月夕，分題角詠，踔厲奮發，落筆數千言，同輩皆斂手下之。而先生虛懷服善，雅意憐才，見人有片長足錄，輒稱揚而樂道之，遇後進可造就者，誘掖獎勸，唯恐不逮。近今作者皆奉先生為津梁圭臬，爭以詩稿相質正，而先生猶若不自信，嘗以所著詩文集寄正於隨園袁子才太史，子才報書，推為一朝作手，訂為神交，嗣後手劄往來無間。新安吕寸田論先生詩，謂："不止方駕今人，雄視綿上，直可與元遺山、吳天章諸前輩相抗手。"秀則更以兩人擬之：其五古似白太傅，七古似蘇玉局。先生之集具在，識者當不以斯言為河漢也。

先生身材不逾中人，清癯鶴立，而揚休玉色，鬚眉如畫，目炯炯有神光。才能洞達，遇糾紛盤錯事，人所不能措手者，先生紆徐料理，動中機宜。性率直，與人交，坦白無所阿護，人有□諉語，其不可者拒之；已負諸責，則銘胸刻臆，殷殷田田，必踐之而後快。嘉善浦秋稼，詩人也，來主講席於河汾時，與先生相唱酬，厥後秋稼赴北闈鄉試，歿於旅邸，適先生亦客都中，為經紀其喪，刊其詩於集中。又嘗輯《山右詩鈔》，已將成書，聞李牧坪輯《山右詩存》，盡舉而付之。其敦崇古誼、樂於成善舉類此。

嘉慶丙辰元年，高宗純皇帝舉行千叟宴，職官六十以上、軍民七十以上者皆得入宴，先生以五品大夫階獲與斯典。宴後得御制詩及如意杖、錦荷包諸珍物十三種，先生有《紀恩詩》載集中。三年，邑侯祝午橋舉先生鄉飲大賓，人不慶先生之得與斯舉，轉慶侯之能得人也。先生之品望為何如哉！先生學行，久著於時，凡來宰綿上者，咸深相矜重，諮詢利弊，藉為先路之導。若王達溪明府之修邑乘，汪讓庭明府之建武廟，皆延先生為領袖董其事；他如吕蘭浦、祝午橋、蔡賡堂諸明府，俱甫下車即延訪先生。琴堂之暇有所著作，必惟先生是商，非其取信者深，能如是乎？

先生嗜學，至老不倦，所坐臥處，牙籤萬軸，左圖右史，羅列橫陳。日與古人相晤對，夜則一燈熒然，書聲與漏聲相答，雖嚴寒盛暑弗輟。書法古雅，得鍾太傅神韻，又能賞鑒古名人書畫，決別真贋，獨具正法眼藏。飲饌服飾，節儉無過費，而遇有異書、古人名跡，則損重貲購之不少吝，其風趣如此。夫以先生之才學，使得置身石渠、天祿間，足以鼓吹休明，為邦家光，而乃不得志於場屋，僅以詩人終老，遇亦窮矣。然先生不朽之業，及身自定，他日傳儒林者，采而列之青史中，亦足資一代文獻之徵，以視赫赫於一時而泯泯於身後者，有志之士當不以彼易此也。

先生生於雍正二年九月初三日，卒之年七十有六，所著有《容齋詩集》二十八卷、《容齋文鈔》十卷、《容齋詩話》二卷、《古香詩》一卷，藏於家。原配興縣白宜人，監察御史、欽命巡視臺灣兼提督學政、按察使司按察使、刑部左侍郎諱瀛公女；繼侯宜人，翰林院待詔諱國新公女，俱先卒。再繼楊氏，太學生名學文公女。子五：長景文，太學生，先卒；次景韓，從九品，出嗣胞弟緯常；次景吕，邑庠生；次棫，太學生，出嗣堂兄彝常，侯出。次景曾，楊出。女五，俱適名族。孫男六，孫女五，曾孫男二。諸孤將以其年仲冬十日奉先生柩，葬於南靳屯村南之新塋，白、侯兩宜人祔焉。

先生與家叔父融一公為莫逆交，晚年所與唱和者，惟家叔父居多，每以詩酒過從，秀得侍先生杖履。時秀猶童子耳，即蒙先生青睞，弱冠後從先生遊，受古文詩。先生口講指畫，循循善誘，秀得於風雅中稍知門徑，皆先生之力。嗟乎！昔日趨隅童子，今已四十過頭，每愧不能有所樹立，負先生培植之意，然竊幸魯靈光巍然尚存，或猶可假之歲月，以鑄我於成，今其已矣。嗚呼！哲人既萎，則秀有"賜也日損"之懼，此所以執筆為銘，而不知涕泗之何從也。

銘曰：泰華嶙峋，列岫讓其崇也；江海汪洋，眾流朝其宗也；先生之學，漱六籍而會其通也。騷壇樹幟，萬夫雄也；伯仲古人，蘇髯公也。淵穆沖虛，其宅衷也；安嫻儒雅，其澤躬也。式玉式金，粹其容也；曰歲在己，以考終也。令聞令望，垂無窮也；綿山之陽，奠幽宮也。千秋百世，猶將訪詩人之墓而憑弔芳蹤也。

乔君家传

【简介】

清嘉庆十四年（1809）刊。此文为介休田村乔如宇请法式善为其父乔元赋所撰，翁方纲书。据介休市史志办藏拓片整理。

【正文】

喬君家傳

日講起居注官左春坊左庶子白山法式善撰

恩加三品銜前鴻臚寺卿大興翁方綱書

喬君諱元賦，字相文，先世由平陽遷介休西鄉之田邨。君生而穎敏，言笑不苟，年十三喪母，哀毀如成人，事繼母不異所生。為諸生，有聲庠序間。朝廷方開四庫書館，以君充謄錄官，甄敘當得兵馬司指揮，非其意也。歸，築廬三楹，顏曰“學庵”，羅古今圖書數百卷，雜蒔花竹，將以山居老。已而官募鹺商，人皆避去，君獨奮曰：“公務也，敢憚勞乎？”卒就之。是時，觀察高郵沈公重君文，趣應試，中副榜。沈公歎曰：“以子文而不得高第，命也！”遂棄去。課子弟講學，采先儒粹語，揭諸楹壁。先世故好善，君益修其緒。建義塾，治橋樑，夏施藥餌，冬施衣，鄉里賴之。配何宜人，克承夫志。君卒於嘉慶元年，宜人後十三年而卒。命其子如宇、如齡出千金贍宗黨之無告者。予識如宇，述君大略，俾余傳之，如齡亦有父風云。

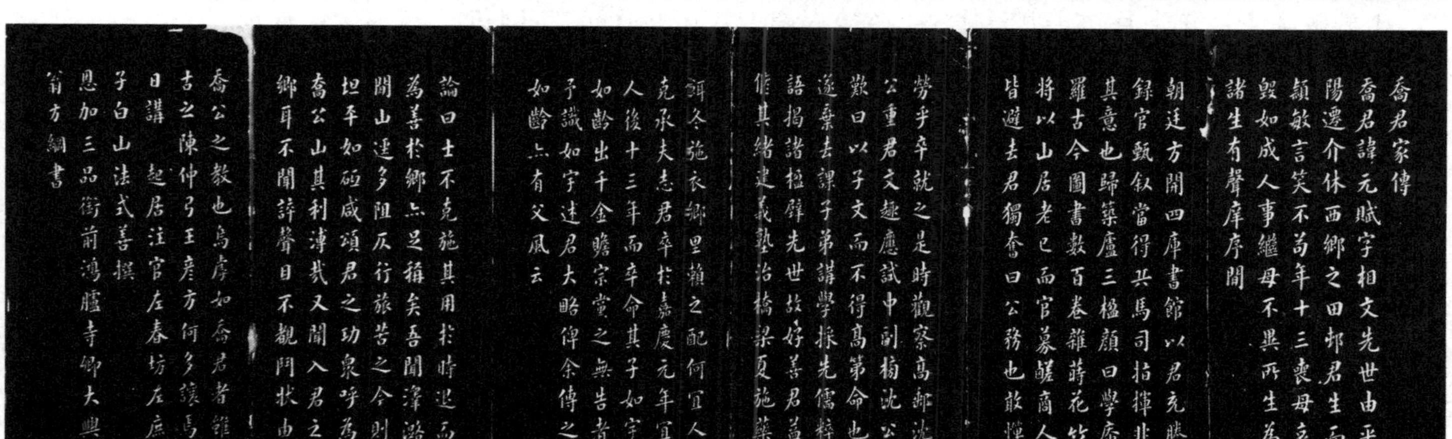

論曰：士不克施其用於時，退而為善，於鄉亦足稱矣。吾聞澤潞間山徑多阻仄，行旅苦之，今則坦平如砥，咸頌君之功，衆呼為“喬公山”，其利溥哉。又聞入君之鄉，耳不聞誶聲、目不睹斗狀，由喬公之教也。烏虖！如喬君者，雖古之陳仲弓、王彦方，何多讓焉？

重修义棠桥碑记

【简介】

清嘉庆十六年（1811）刊，叶汝芝撰文。据嘉庆版《介休县志》卷十二录。

【碑文】

重修義棠橋碑記

余於庚申剌絳州，既奉差，關北汾水之源流得盡探之。戊辰，由霍州移守汾郡。郡横汾，每秋水漲溢，汩沒瀰湃，舟楫不能濟，獨介邑之義棠有橋焉。橋本宏闊，而當怒流。汾出管涔，其源遠，欲於中横束，與水勢爭，恒不勝，故屢壞，補築大不易。辛未，余以事過之，見工整有加於舊，古所稱“垂虹飲馬，萬里千秋”，殆不是過。初，浙東徐公令介邑，與父老議重修，而適以他事去職，事遂寢。十五年春，奉命開復，復莅介，越明年十月而橋成，計費錢千六百萬有奇。余任東省時，備悉城河兩工之費，非公帑不辦。來晉覺城郭雄壯，石梁高架，迥逾他省。詢之故老，猶指為某里、某甲分修者，迄今數十百年矣。昔之完固者，日就傾圮矣，豈官吏未加之意歟！抑晉民之慕義少遜曩時歟！若茲橋之工艱鉅如此，而徐公毅然為之，卒觀厥成功。後之守土者深思其故，當必有觀感而興者矣。今按部至介，紳士郭志和等來謁。志和，余河東時舊識也，茲之獨肩巨任，克勷厥成焉，益徵徐公之知人善任矣。橋之巔末，詳於邑乘，不復序。

皇清例授登仕佐郎张公墓志

【简介】

清嘉庆十九年（1814）勒石。志石、志盖均长75、宽63厘米。志文楷体，20行，满行17字。志盖篆“皇清例授登仕佐郎实斋张公暨德配王孺人合葬墓志铭”。文据碑拓录。

【志文】

皇清例授登仕佐郎張公墓誌

公張姓，諱沛瑾，字國珍，號實斋，世居介休縣距城四十里東南鄉下嶺后村。公從九品職，例授登仕佐郎，生於乾隆十一年十月二十九日戌時，歿於嘉慶十八年九月初三日酉時，享壽六旬有八。

公元配王太君，生於乾隆乙丑年九月初八日未時，歿於嘉慶壬戌年二月初五日巳時，先公卒。繼室曹氏未出。生子一，生女二，皆王太君出。男秉緯，國學生，娶曹公肇國之長女。長女適李公宗翰之長男，次女適宋公永昌之長男。孫男二，長溥，聘任公知恭之二女，次淵，幼未聘；孫女二，長女適宋公毓芳之長男，次女幼。今子秉緯將以甲戌年正月二十日午時扶柩，並啟前妣王太君柩合葬於陽和之新塋，刻石藏墓，以誌先公千秋不朽云。

大清嘉慶十九年正月二十日合葬謹誌

重修绵山光岩寺碑记

【简介】

清嘉庆二十一年（1816）刊，李绳宗撰文。光岩寺在介休绵山脚下，是历代上绵山的必经之地。传说田志超初入山时在此参禅讲学。明代该寺曾复建，并有碑碣以志。该碑记为清嘉庆二十年（1815）僧人体文重修寺庙后由平定州解元李绳宗撰写的碑文。1940年元月，光岩寺被侵华日军烧毁，碑文由李德华据张晋保存拓片录。

【碑文】

重修綿山光巖寺碑記

余少讀《左傳・僖公二十四年》，晉侯賞從亡者，介子推不言祿，祿亦弗及，遂隱而死。晉侯求之不獲，以綿上為之田，杜氏注曰：西河介休縣南有地，名綿上。至襄公十三年晉悼公搜於綿上以治兵，士匄將中軍，讓荀偃。杜氏均無注。又二十九年齊高豎致盧而出奔晉，晉人城綿而寘旃。定公六年，趙簡之逆宋樂祁，飲之酒於綿上。杜氏均無注。心竊恒焉：春秋時晉國東都翼，在今翼城縣。及武公為晉侯，都曲沃，在今聞喜縣之南，絳州之北，今太平南二十五里城址尚在。至景公遷於新田，在今曲沃縣，於是命新田為絳，而以其故都為絳為故絳。此晉國前後四故之故都也，其地皆不相遠。悼公搜於綿上，此必在近國都之地，豈能遠之於西河介休？樂祁自宋如晉，其路亦不也於此。況文公之時，霍山以北大抵皆狄地，北不得以介休之綿山封推也。後讀寧人《日知錄》，亦故此為今翼城縣西亦有綿山，俗謂之小綿山，近曲沃，當必是簡子逆樂祁之地。今萬泉縣南二里，有介山萬泉古汾陰地。《漢書・成帝紀》詔曰：朕用事介山，祭后土，皆有光應。《地理志》：汾陰，介山在南。《揚雄傳》：其三月，將祭后土，上乃帥群臣，湊汾陰。既祭，行遊介山，回安邑，顧龍門，覽鹽池，登歷觀陟西嶽，以望八荒。雄上河東，曰：靈輿安步，周流容與，以覽乎介山。嗟文公而潛推兮，勤大禹於龍門，推隱於此。故雄聽及《水經注》，亦引此。謂晉太康記、地道記及永初記，並言推隱於是山，而辯之非然。可見漢時已有二說。辛酉（嘉慶六年）歲，余至介休，曾遊綿山，見其勢險竣，綿亙數十里，兩山外合而中分，土人爭傳空王佛事。山之麓有光岩寺，由寺而下路頗平夷，由寺而上路皆險仄，來馬不能進，故遊山者必於是寺少憩焉。寺建於前□，嗣後屢屢重修，皆有碑碣以誌。嘉慶乙亥，本寺僧人體文又複重修，芮邑呂子也鳴詳悉其事，囑余記之。余因敘所疑，俾勒石以俟博雅君子正焉。

平定州癸卯科解元李繩宗　謹撰

汾邑小相村靈岩寺方丈庚慜敬書

城內糾首郝聰 郝□ 興地村糾首趙如□　何成珠　李廣朝　趙雙峰

抱腹岩雲峰寺臨濟正宗第三十八世重修　住持比丘體文　徒精俊承眾仝立石

大清嘉慶二十有一年歲在丙子端陽月初一日穀旦

鐵筆寧文言鐫

皇清太学生晓园郭君墓志铭

【简介】

清嘉庆二十三年（1818）勒石。志石、志盖均为正方形，边长71厘米。志文楷体，27行，满行31字。志盖篆书“皇清太学生晓园郭君墓志铭”。文据拓片录。

【志文】

皇清太學生曉園郭君墓誌銘

例授文林郎吏部揀選知縣甲子科舉人同硯愚弟任附桐頓首拜撰文

例授徵仕郎驗選直隸州州判戊午科副榜愚弟李垿頓首拜書丹

例授修職郎前署潞安府儒學教授辛酉科副榜愚弟張聖和頓首拜篆盖

誌者非諛詞阿譽之謂，謂其姓氏足以光簡冊，里居足以繫思慕，嘉言懿行足以傳奕□，不隨陵谷變遷也。故必有所表見，而後志有所建立，而後銘。然人以有所表見為賢，亦或以無所表見為賢，有所建立為貴，亦或以無所建立為貴，勢也，亦時也。

郭君曉園，世居介邑城内，貤贈儒林郎諱全忠公之孫，太學生、敕贈儒林郎、布政司經歷諱富有公之三子也。方其趨庭聆訓，奉命惟謹，及失怙，恒以慰太安人為心，而事諸兄以順，撫弟姪以慈，舉家數十口，使彼此協心無異言者，皆君以恂恂之德，委曲調護，感動於隱微也。其篤行有如此者。此猶所傳聞也，若余所目見者，則秉資穎異，好問嗜學，每風清月夕，露湑花朝，焚香朗誦，清雅絕倫，以視世之浮靡狂蕩、佻達自嬉者，其為人賢不肖何如也？假令以才自負，安見不頭角崢嶸，天假以年，安見不功名顯赫？夫乃歎君之有所表見者，父在則禮然，兄在則禮然，無所建立者，地位限之，亦天年限之也。嗚乎，惜哉！

君氏郭，諱昭，字郎公，號曉園，卒於嘉慶十六年十二月二十四日未時，距生於乾隆四十四年二月初八日寅時，享年三十四歲。德配李孺人，武德佐騎尉諱輝發公孫女，太學生瑞公長女，事母撫孤，如君不死。子一，名升泰。女二，長未字，次字勅授修職郎佐郎、直隸霍州儒學訓導加二級諱僎張公孫男、太學生鵬程公男東陽。將以嘉慶二十三年十月二十六日未時安葬於董家莊光祿原祖塋之次，其子升泰知余同受業於鄴園先生，稔知雅範，乞言以勒諸石，余緬溯當年風雨晦明，聚首一堂，不敢以不文辭，既誌之，乃銘曰：

昔有虢叔，迪教詡名。君政在家，祗父恭兄。君壽如顔，君守有閑。怡怡抑抑，伯仲之間。內守我樸，不與名逐。如玉在石，如珠在櫝。是謂潛德，蘊其光耀。性根不滅，天光自照。我懷其人，以言寫真。敢告奕世，貽兹休銘。

郭子辉夫妇投崖碑文

【简介】

清嘉庆年间刊，李国琦撰文。据嘉庆版《介休县志》卷十二录。

【碑文】

郭子輝夫婦投崖碑文

介邑义安村郭子輝同妻孟氏者，清操自勵，峻骨天成。遍足跡於三江，行簦漬露；促杼聲於五夜，蓽舍凝寒。耽隱愧分餐，饑樂河干伐木；食貧恭舉案，勤依吳下傭舂。景迫桑榆，白髮慨炊煙頻斷；命貞磐石，青燈話薤露先零。闺闈氣壯長虹，戒牛衣之勿泣；巾幗心盟皦日，甘梓樹之相交。於是訪介子之孤踪，擇綿峰之淨土。龍開疊嶂，指為同穴之邱；鹿架危橋，引作出塵之步。捐微軀於絕壁，踐素履於重泉。夫婦偕亡，鄉鄰共慘。嗟乎！如賓魂亦樂，敲殘鐵寺之鐘；同夢骨安歸，灑斷蜂泉之淚。吊幽靈於曲澗，節重千秋；表芳躅於豐碑，評留四字，夫婦潔烈。

皇清例授武略骑尉虚斋李翁暨德配刘安人簉室黄氏合葬墓志铭

【简介】

清道光十一年(1831)勒石。青石质。志石长宽均76.5厘米，志盖佚。志文楷体，正文29行，满行32字。

文据拓片录。

【志文】

皇清例授武略騎尉虚齋李翁暨德配劉安人、簉室黄氏合葬墓誌銘

公姓李氏，諱清象，字懸明，虚齋其號也，世居介邑張蘭鎮，自公始遷於西北里村。與予祖父為莫逆交，予幼時即耳其為人大有古君子風，嘗以未獲睹面為恨。迨道光庚寅館於公家，聆厥緒論，果與曩所聞者無或殊焉。予方幸獲久聚談，廣見聞所不及，乃未經數月，公竟溘然以逝。後卜葬有期，嗣君協祥請誌於予，予自慚學疎，未敢允諾，既而念累世交好，不得以譾陋辭，爰即所素悉於公者而為之誌。

公，肅如公憐子也，行三，性至孝，少失怙恃，未獲多承膝下歡，公每言及此，輒涕泣隨之，不勝風木之痛。賴公堂兄清英公、伯兄清芳公以養以教，公罔不奉命惟謹，事無鉅細，悉以咨之，至成人弗衰。公仲兄清誠公素多疾，公為延醫調治，親嘗藥餌，衣不解帶者數月，一切内外事悉經理之，歷艱險毫無懼色。後清誠公沒，遺其子年未及冠，居於鎮，公恐其失於教養，挈其家與同處焉，是固公之才識過人，抑亦友于之至性所激也。好讀書，雖盛夏，日誦古文數篇，尤愛與諸名士往來，以故座上無俗客云。其訓子若侄以讀書為第一要務，延師課誦，晨昏無間，無故不得暫遊館外以曠厥功，擬之燕山之教，真不啻焉。至於持身卓卓不苟，治家井井有條，驕矜不形，侈靡不事，即臧獲輩罔不畏公之威而整齊肅然。及居鄉則以謙沖為志，接

物則以忠恕為懷，賑貧恤困，樂善好施，種種懿行足為人楷模者，筆難罄述。信乎，公之為人超然遠矣。

公生於乾隆三十五年十二月十六日午時，享壽六旬有一。德配劉氏，例贈安人，太學生建綱劉公女，幽閒貞靜，雖古賢媛不是過焉，先公早逝，生於乾隆三十五年七月十四日子時，享年三十有六。繼配張氏，守禦所千總煥斗張公妹。如夫人張氏、黃氏俱有閫德，黃氏亦繼公而逝，生於乾隆四十九年二月二十五日亥時，享年四十有八。子五：長徵瑞，早亡，妻張氏，京府經理誠本張公女，劉安人出；次徵休，翰林院待詔，娶田氏，覃恩敕封修職郎開聰田公女；三徵佐，娶劉氏，候推遊擊茂堉劉公女，俱張氏出；四徵藝，娶郭氏，鄉飲介賓汝楫郭公孫女，繼配張氏出；五徵讓，娶趙氏，鄉飲大賓、附貢生世公趙公妹，黃氏出。女二，俱適名門。孫男一，毓桂，徵休出，承祧於公之長男徵瑞。孫女六，一字於四川崇慶州知州陳常公孫男，餘尚未字。茲於道光十一年四月十六日戌時合葬於新塋發祥原，因為之銘。

銘曰：汾水環流，綿峰挺列。中有偉人，是邦之傑。品擬金純，德比玉潔。弗矜智巧，祇守樸拙。孝弟性成，友愛心切。義方垂訓，軌物時設。貽謀至遠，繼繩弗絕。子子孫孫，千載芳烈。

平遙縣儒學□□生員愚再侄閻廷珏頓首拜撰并填諱。

不肖男徵休泣血書丹并篆蓋。

皇清诰授中议大夫候补道加一级前军功议叙盐运司运同眉轩张公墓志铭

【简介】

清道光十三年（1833）刊。张企敞，号眉轩，张煐四子，介休城内人，张氏为清代望族。嘉庆版《介休县志》有传。文据拓本录。

【志文】

皇清誥授中議大夫候補道加一級前軍功議敘鹽運司運同眉軒張公墓志銘

賜同進士出身覃恩誥授奉直大夫前翰林院庶吉士武英殿協修兵部職方司主事愚侄婿何炳彝頓首拜撰文

例授文林郎吏部揀選知縣乙酉科舉人愚弟靳世昌頓首拜書丹

例授文林郎吏部揀選知縣辛巳恩科舉人愚侄胡子庚頓首篆蓋

公姓張氏，諱企敞，字漢尹，號眉軒，先世由隴西遷居山西介休縣。祖諱呈錦；父諱煐，布政司理問，預千叟宴，鄉飲大賓。皆晉贈資政大夫。妣宋氏、范氏、梁氏、楊氏。公，楊夫人出也。資政公生四子，公其季也。事親孝，篤於友誼，一門群從雍睦，無間言。其後以食指繁，室隘不能容，遂析居。諸兄或他徙，或宦京師，公獨居故宅，不離親左右，而侍奉益虔。連遭父母喪，哀毀骨立，祭葬如禮。而惟諸兄之命是遵，未嘗少有依違焉。

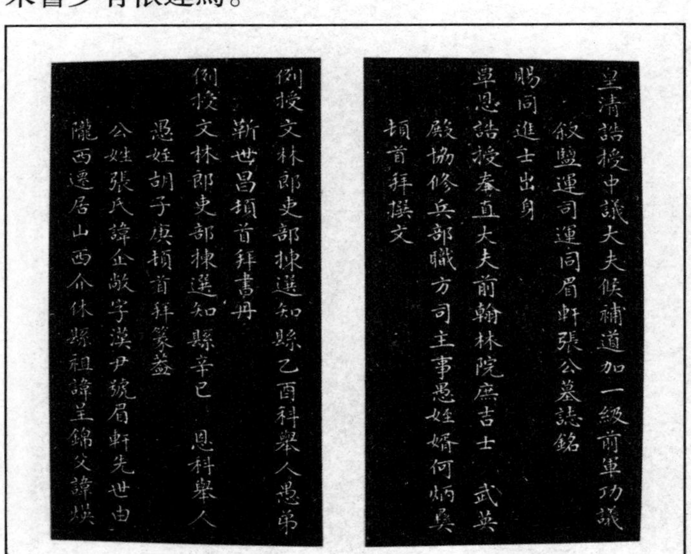

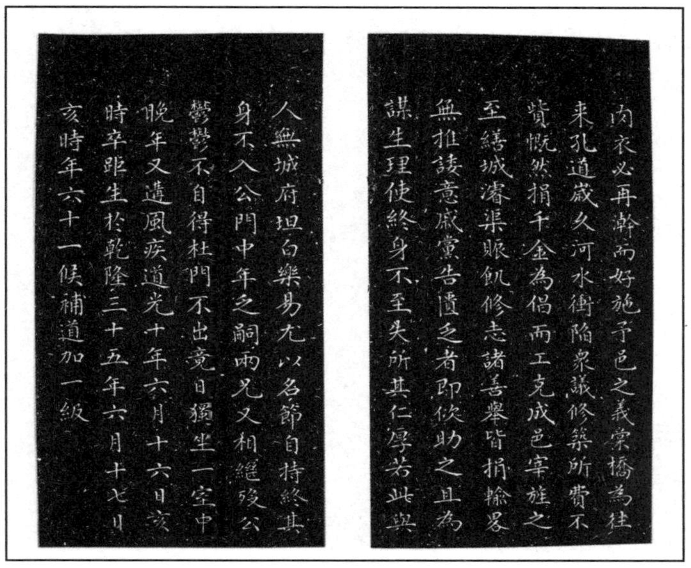

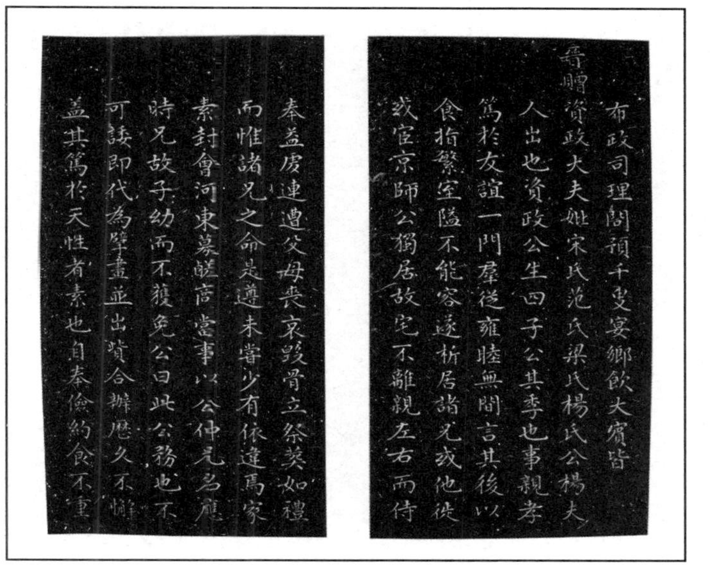

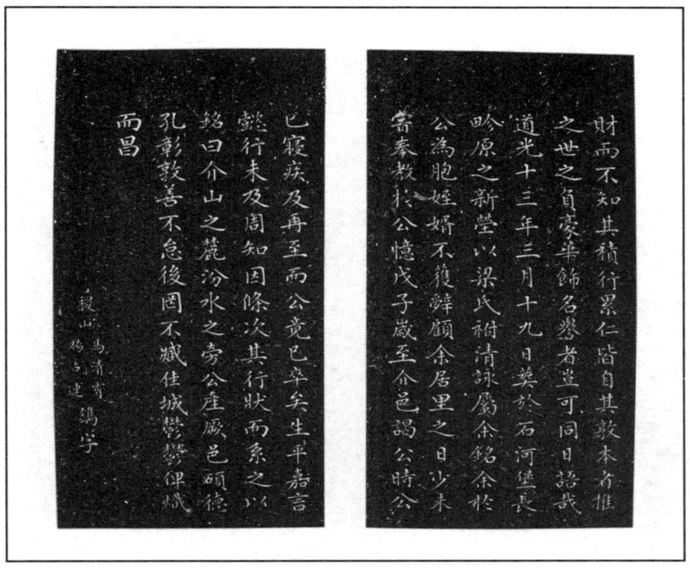

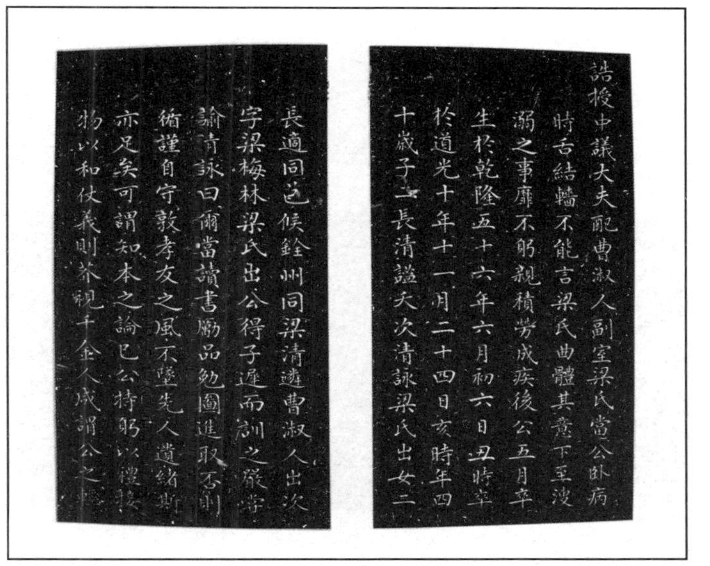

家素封，會河東募鹺商，當事以公仲兄名應，時兄故子幼，而不獲免。公曰：“此公務也，不可諉。”即代為擘畫，並出貲合辦，歷久不懈，蓋其篤於天性者素也。自奉儉約，食不重肉，衣必再澣，而好施予。邑之義棠橋為往來孔道，歲久河水沖陷，眾議修築，所費不貲。慨然捐千金為倡，而工克成，邑宰旌之。至繕城、浚渠、賑饑、修志諸善舉，皆捐輸，略無推諉意。戚黨告匱乏者即佽助之，且為謀生理，使終身不至失所，其仁厚若此。與人無城府，坦白樂易，尤以名節自持，終其身不入公門。中年乏嗣，兩兄又相繼歿，公郁郁不自得，杜門不出，竟日獨坐一室中，晚年又遘風疾。道光十年六月十六日亥時卒，距生於乾隆三十五年六月十七日亥時，年六十一。候補道加一級，誥授中議大夫。配曹淑人，副室梁氏。

當公臥病時，舌結轖不能言，梁氏曲體其意，下至溲溺之事，靡不躬親，積勞成疾，後公五月卒。生於乾隆五十六年六月初六日丑時，卒於道光十年十一月二十四日亥時，年四十歲。子二，長清謐，夭，次清詠，梁氏出。女二，長適同邑候銓州同梁清遴，曹淑人出；次字梁梅林，梁氏出。公得子遲而訓子嚴，嘗諭清詠曰：“爾當讀書勵品，勉圖進取。否則循謹自守，敦孝友之風，不墜先人遺緒，斯亦足矣！”可謂知本之論已。公持躬以禮，接物以和。仗義則芥視千金，人咸謂公之輕財，而不知其積行累仁，皆自其敦本者推之。世之負豪華、飾名譽者，豈可同日語哉？

道光十三年三月十九日，葬於石河堡長畛原之新塋，以梁氏祔。清詠屬余銘，余於公為胞侄婿，不獲辭。顧余居里之日少，未嘗奉教於公，憶戊子歲至介邑謁公時，公已寢疾，及再至，而公竟已卒矣。生平嘉言懿行，未及周知，因條次其行狀，而系之以銘曰：

介山之麓，汾水之旁。公產厥邑，碩德孔彰。敦善不怠，後罔不臧。佳城鬱鬱，俾熾而昌。

稷山馬清霄、楊占連鐫字

皇清太学生先兄完庵公暨元配张孺人继配马孺人陈孺人陈孺人梁孺人张孺人合葬墓志

【简介】

清道光十三年（1833）勒石。青石质。志石长70、宽70、高9.5厘米。志文楷体，正文27行，满行30字。文据拓片录。

【志文】

皇清太學生先兄完菴公暨元配張孺人繼配馬孺人陳孺人陳孺人梁孺人張孺人合葬墓誌

例授文林郎乙酉科舉人揀選知縣臨泉弟原鎮鏞頓首拜填諱

先兄完菴公諱爾璞，字琢之，號完菴，以例入國學，世居介邑城西圓門巷。曾祖守□公，諱瓚，太學生，敕贈儒林郎。祖馨堂公，諱桂繩，州同職，鄉飲大賓，以伯父官覃恩敕封儒林郎，詹事府主簿加二級。父厚軒公，諱愉，守禦所千總，以□□職誥贈奉直大夫；母張太君，繼母郭太君，母氏史，俱誥贈宜人。府君生二子，兄居長，張太君出，次即爾琪，史宜人出。

兄生而敦厚，稍長就外傅，雖資僅中材，而端謹過人，循循規矩然，得父母歡心。授室後，因府君日夕

經營，每至焦勞，□慨然曰："有子而不能顯揚其親，反勞其親，何以子為！"於是投筆硯，代父理家政，井井有條，府君始獲少安。幼失恃，每一念及，潸然淚下，事繼母能盡子職，故繼母視兄亦無異所生焉。府君棄養，時惟史宜人在堂，琪始數歲，妹尚幼，兄事庶母以敬，待弟妹以愛，凡日用起居之節，無不經心，婚嫁衣飾之資，罔不致力。嘉慶己卯歲，兄欲為琪捐職．琪以"兄尚無職，弟不可先為"辭，兄曰："余膺職請封，例不及庶母，庶母在吾家數十年，事上接下，淑慎溫恭，不可無以顯之。欲弟受職，非但榮身，正為榮親計耳。"琪因援例授職□政司經歷加二級，為先父母暨生母氏史並請五品封典，龍章之錫，兄之力也。

兄素性儉約，而待人甚寬，遇姻婭鄰里以及祠廟、橋樑之賴於資助者，有不聞，聞必先，有不求，求必應。嘗語琪曰："吾先人以忠厚教家，歷傳至今，子孫當仰承先意惟是。儉可為，吝不可為，期勿墜家業、勿隳家風而已。"壬辰夏偶然時疾，琪以兄體素精健，尚無意外虞，孰料醫藥罔效，十餘日而竟溘然長逝哉！

兄以乾隆三十九年七月二十七日酉時生，於道光十二年四月二十五日午時卒，享年五十九歲。元配張孺人，繼配馬孺人、陳孺人、陳孺人、梁孺人、張孺人，俱先卒，皆克遵婦道，有賢淑聲，今在堂者張孺人，側室王、劉氏。子一，名鎮域，劉氏出，幼，未聘；女三，王氏出者二，劉氏出者一，俱幼，未字。今卜於道光十三年三月二十六日安葬於董家庄永壽原祖塋之次，並啟張孺人、馬孺人、陳孺人、陳孺人、梁孺人、張孺人之柩合葬於其壙。因掇舉行略，刊於石而掩諸幽，是為誌。

弟爾琪抆淚頓首謹書

一斋公墓志铭

【简介】

清道光十八年（1838）刊。一斋，北辛武冀国定号。文据介休北辛武《冀氏族谱·艺文二》录。

【志文】

一齋公墓志銘

賜進士出身例授文林郎江蘇即用知縣充丁酉科江南鄉試同考官愚表弟張雨田頓首拜撰文

賜進士出身敕授徵仕郎翰林院檢討加三級愚弟楊天柱頓首拜書丹

賜進士出身例授奉直大夫州銜知江蘇丹陽縣事充甲午科江南鄉試同考官鄉愚弟王錫九頓首拜篆蓋

一齋公，余表兄也。與余別二年矣。戊戌夏，陡聞訃音，不覺淚涔涔下，為之惘然者數日。既而表嫂馬安人以書來，命余志其墓。時余有昆山之役，後又差往徐郡，數月內未遑執筆，然以至戚，義不獲辭。今略暇，序次其事而誌之。

謹按：公姓冀氏，諱國定，字正甫，號一齋。世居介邑北辛武村。始祖諱宗，十三傳至諱光厚者，為公高祖；諱州昇者，為公曾祖，俱有隱德。祖諱之瑜，字鍾玉，即余之外祖父也，倜儻有大略，嘗遊襄漢間，以計然術起家，重然諾，待人以誠，所至人輒交之，尤好施與，周人之急。嘉慶甲子、乙丑間，連歲歉收，出粟賑之，活人無算，以軍功議敘州吏目。祖母郝、韓、孟，俱例封儒人。考諱映漢，字樸齋，有厚德，敕贈儒林郎。妣郭安人，生妣徐安人。

公生而穎異，有才識。數歲即失怙，鍾玉公年已老，雙目失明，公善體其意，先意承之，無不得其歡心。治家一踵鍾玉公家法，內外井井有條，鍾玉公因而喜曰："使吾老而不覺無子之痛者，孫之力也。"公伉悽，見事明敏，又知人善任使。公家自鍾玉公已稱素封，公廓而大之。性喜勤，不耽安逸，雖遠在數千里外，或一年，或數年，必親至其地。至則調度有法，固或同一業，他人皆負累，而公業無不隆。愛節儉，衣服樸素無華，遇人有急難，樂周之。又勇於赴義，晉省號舍年多圮毀，且湫隘，壬午歲，當路謀重修，公捐資萬金。趙城教匪滋事，公助餉五千餘金。以至文廟、城垣各工及書院膏火諸義舉，又不下數萬金，其他行事，亦多類此。

公之初承家業也，僅十餘齡，上失怙恃，中鮮昆季，且七葉單傳，門以外無五服之親，煢煢獨立，孑然一身。里黨豪強者覦公財，咸思中傷之，勢甚洶洶，而公不少動，屢興大獄，上下公庭，剖辯不屈，上憲廉得其情，事卒得解。公又艱於子嗣，四十外猶無子，宗緒不絕如線，當此之時，危如一發引千鈞，姻黨戚好皆代公慮，公惟勤理家政，力行諸善事不倦。其後十餘年，連得八子，家業亦倍隆於往昔，名聲藉甚，大吏自中丞、方伯皆耳公名，嘖嘖稱賢。長吏以下，咸思折節交之，而公俯抑殊甚。卒之，當路以諸義舉入告，得邀旌典，且崇祀孝義焉。嗚呼！非有過人之才略，而能如是乎？公與余雖屬輩行，然長余二十餘歲，幼時即蒙公青目，余亦素敬其為人。丙申，余成進士，筮仕江南，公時在直省，知余將行，速行至家，贈余資斧，且曰："方今為吏，不能不少為圓通，然如枉法事，絕不可為。"嗚呼！余年方四十餘，故老飄零殆盡，如公者已不可多得，方思時惠德音，匡余不逮，而孰意遽至於此耶。悲夫！

公生於乾隆四十一年二月二十九日辰時，卒於道光十八年二月十五日申時，享壽六旬有三。初捐布政司理問，以修貢院晉加一級、軍功議敘府通判，恩旌崇祀孝義祠。德配王安人、范安人先公卒，在堂者則馬安人。副室郭氏、張氏、李氏，張氏先卒。子八：長以公，郭氏出，議敘縣丞；二以廉，議敘鹽運司知事，未及葬公而卒；四以中，亦議敘鹽知事；六以正、七以誠，馬安人出，以誠先卒；三佛保，先卒；五以和、八以敬，李氏出。女九：馬安人出者三，郭氏出者三，張氏出者二，李氏出者一。將以道光十九年十月初一日葬公於大器原之新阡，爰系之以銘曰：君之德業日以成，君之德澤猶未盈。譬之大廈棟樑生，方今伊始兆其萌。葬君新阡氣象宏，鬱鬱葱葱佳氣縈。階前玉樹生奇英，桂茁蘭芽交崢嶸。我為君告題幽扃，奕世綿綿莫與京。

白恩佑"翰林""进士"石匾

【简介】

清道光二十七年（1847）勒石。青石质。两石均长 58、宽 22 厘米。原镶嵌于介休市连福镇东湖龙村白恩佑故居墙壁，现无存，匾文据拓片录。

【匾文】

道光二十七年丁未科
翰林　庶吉士白恩佑

道光二十七年丁未科會試
進士
中式第二百十四名進士白恩佑

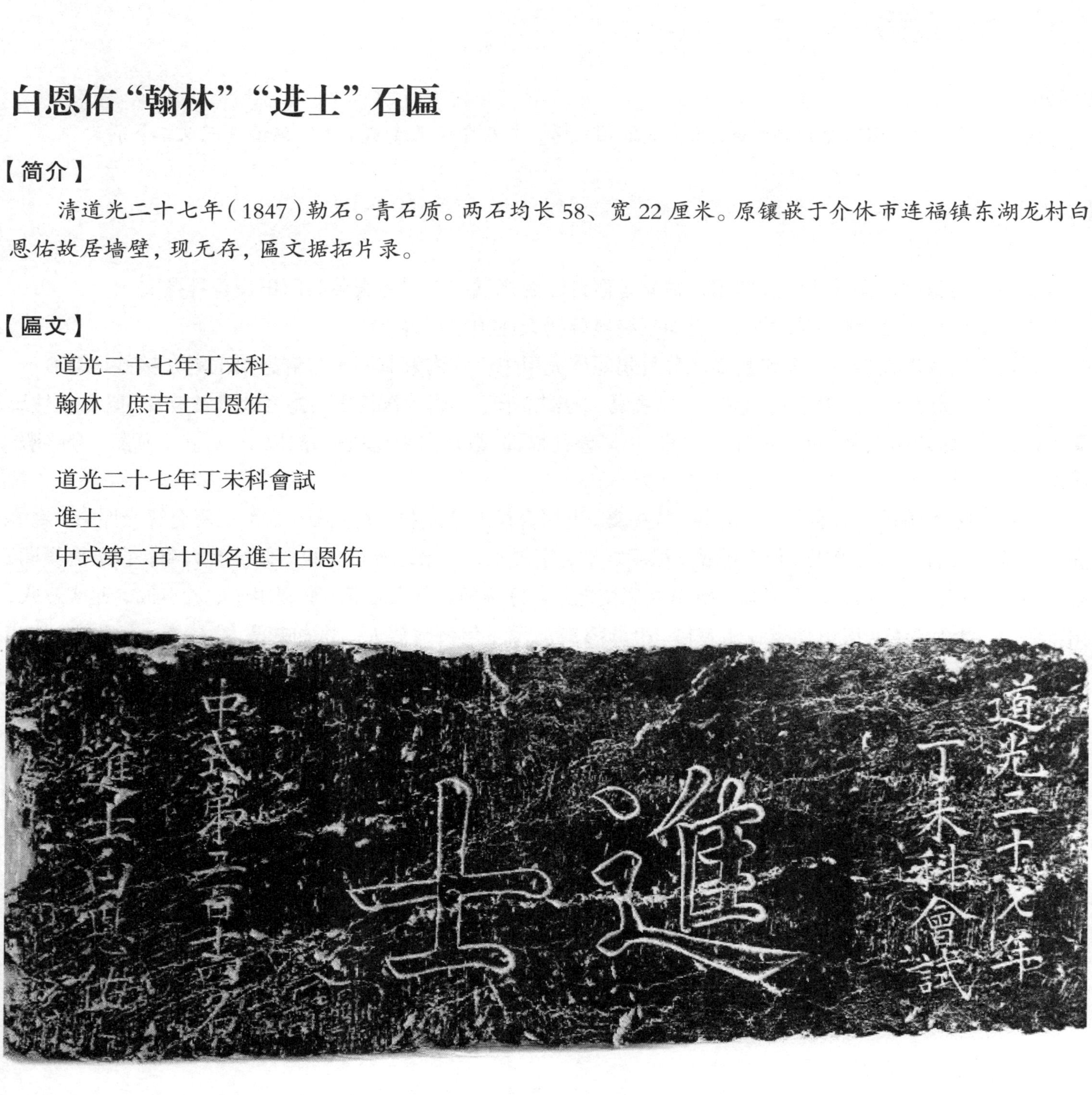

皇清诰授武翼都尉候铨都司军功议叙加一级前守御所千总卫守备例封奉直大夫户部四川司员外郎桂岩郭公暨元配宋淑人继配王淑人合葬墓志铭

【简介】

清道光二十八年（1848）刊。郭建馨，字仲芳，号桂岩。介休小靳村人，经商起家，后迁居城内温家巷。文据拓本录。

【志文】

皇清誥授武翼都尉候銓都司軍功議敘 加一級前守禦所千總衛守備例封奉直大夫戶部四川司員外郎桂巖郭公暨元配宋淑人繼配王淑人合葬墓誌銘

賜進士出身鴻臚寺卿稽查左翼宗學前日講起居注官翰林院侍讀分教庶吉士國史館提調壬辰會試同考官甲午科貴州學政加二級愚侄賈克慎頓首拜撰文

賜進士出身翰林院編修國史館纂修前分教庶吉士愚侄賈瑜頓首拜書丹

賜進士及第中憲大夫刑部湖廣司郎中加二級軍機處行走方略館提調兼纂修官甲辰科湖南鄉試副考官前翰林院編修愚侄喬晉芳頓首拜篆蓋

郭姓為周二號後，尚矣。其在介休者，漢有道先生為最著。或曰，唐令公裔亦有散居是邑者。

錫榮郭君，邑人也，官農部郎，以同鄉故，與予過從較密。覿其醇實老成，固知受益於庭訓者素矣。及得與讀其尊人桂巖公所示札，諄諄以先勞後祿、報稱聖朝為囑，至敘家政，除言己身康強、老幼均安外，無一語及瑣事，若惟恐郭君分心內顧，如北山詩人之所詠也者。余以此愈自信取友之不謬，而益重郭君之為人。

戊申季春，桂巖公訃至京，郭君奔喪歸，予曾具賻吊而送之。未抵舍，其母王淑人亦卒於家。今祔葬有期，遣伻奉所述狀至京邸，乞予銘。誼既不容辭，又自以為知公深莫予若也。謹依狀為志，系以銘而還之。

公諱建馨，字仲芳，桂巖其號也。世居汾州介休南鄉之小靳村，為邑望族，至公始遷居城內溫家巷。祖考汾公公，妣馬氏、宋氏；考太學生慕庵公，妣宋氏、鈕氏、劉氏，厚德懿範，鄉人至今樂道之。以公貴請封，祖考、考皆贈如公職，祖妣、妣皆贈淑人。慕庵公生丈夫子二，長太學生蘭溪公，攻舉業未售，卒，亦貤贈公職。次即公，性樸誠爽直，幼即有大志，甫七歲，生母鈕淑人卒，公即能隨兄後助喪葬事，哀禮如成人。就外傅讀書，一上口遂不忘，塾師皆器重之。弱冠將應學憲試，而兄蘭溪公適捐館，遺孤錫瓊才三歲。當是時，親老子弱，家計紛錯，慕庵公又以喪子故，目疾久不瘳。繼母劉復多病，公不得已，乃棄帖括學而從事於商，夙興夜寐，勤濟以儉。無事則端坐一室，手一編，粥粥若無能。遇艱巨，慷慨勇為，同事皆難之。及事成，雖多年耆宿，莫不帖然心服焉。以是人罔敢售其欺，而所居業日益隆。居恒自奉殊約，而於事之關大體及可以娛親心者，極其懇至。奉甘旨，振貧窮，延明師友課子侄輩誦讀，親族子弟有可造者，並使入塾，一切膏火束脩之費，皆代任之。才不能學者，亦必引之闤闠，或假之上田，俾各有以自立。厥後子遊庠，侄例貢生，同應鄉試，屢薦焉，侄孫可觀，青年食廩餼，識者以為樂成人美之報云。嘉慶甲子歲洊饑，慕庵公憫里中乏食形於色，公即請命，出二百餘金糴穀倡賑，所全活甚眾。十八年，山左教匪滋擾，公聞信復請父命往曹經度商事，兼視鄉族之旅寓於其地者，至則捐金二千有奇，雇募鄉勇捍禦街坊，一郡賴之獲安。

越二年乙亥，考慕庵公及繼妣劉相繼逝，公哀毀瘠立，而附身附棺，殯窆皆以禮，人無間然。服闋，復經商於齊衛及中州等處，凡遇塞河修城諸大功，莫弗資助。至於本邑興舉，如補築城垣，重修廟宇、書院等役，工費俱極浩繁。又以海疆不靖，各省大吏勸捐軍需，公皆踴躍，急公樂輸，唯恐居後。事竣入奏，疊奉恩詔，由本職守禦所千總進階衛守備，旋授都司，復以軍功議敘加一級，至武翼都尉遊擊銜，妻皆封淑人，人方為公榮之，而詎知公之本願非直區區為一己之尊貴已乎！

道光癸巳歲又歉，邑南鄉尤甚，公復捐資，首先賑給，如甲子故事，蓋以繼父志也。他若鄰村之修橋補路，戚黨之慶吉吊凶，銖兩微資，解推小惠，又曷足為公縷述焉。然嫉惡甚嚴，其有奸詭荒惰者，雖至親交契，必故窘之、重懲之，待悉改其前非而後止。嘗語人曰："孔子云：'君子周急不繼富。'夫繼富且不可，而乃助惡為厲乎！好仁而失之愚，其與守錢虜相去幾何哉？”

公素壯健少病，不喜醫，偶勞疾，恒勿藥而亦旋愈。然習勤罔懈，至老愈甚，或勸沮之，則曰：“吾不為疲也。”客秋猶綜理商務，往復曹衛之間。今歲春仲歸里，精神少減，而食息如昨。至重三日早起，忽曰：“心甚覺煩，余殆將死也。”日未晡，安坐而歿。嗚呼！其諸諺所稱仙逝者耶？公卒於道光二十八年三月初三日申時，距生於乾隆四十五年三月初八日酉時，享稀壽六十九歲。夫以公生平言行如此卓卓，脫使擢巍科、膺顯宦、出身加民，將成就表著，豈特如是而已？然蓄而未發，以詒孫子，寖熾寖昌，所得不更多乎！然則公雖終，公不沒矣。

元配宋淑人，太學生諱豫貞公女，甫笄歸公，幽閒淳靜，言笑不苟，中饋事皆身任之，翁姑稱賢焉。以疾卒於嘉慶八年五月廿六日戌時，距生於乾隆四十五年五月初一日午時，得年二十有四，權厝於村南之原。繼配王淑人，太學生、誥贈奉直大夫、州同加二級諱棻公女，姿性樸純，事舅姑、處妯娌、待婢僕謙和順正，從無疾言遽色。相夫子，數辦喪葬婚嫁，事雖甚勞，無倦容。親戚鄰里識與不識，論婦道者，咸奉以為模楷云。當公之將歿也，淑人亦微恙，哭曰：“盍稍待十數日，與我偕逝乎？”痛幾絕。及視公含斂，訖於本月十三日卯時亦卒，計去公之卒，果十日也。距生於乾隆五十三年正月廿一日未時，享壽六十一歲。子男二：長即錫榮，宋淑人出，誥授奉直大夫，戶部四川司員外郎兼雲南、浙江司坐辦井田科事，前鹽運司知事，附貢生，原聘布政司理問祁公諱霖瑞女，娶布政司經歷、晉封奉政大夫、府同知、鄉飲大賓焦公名佩璜女；次錫川，王淑人出，幼殤。女一，亦王出，適誥封朝議大夫、順天府督糧通判、軍功議敘加治中銜王公諱如琨次子議敘布政司經歷名臣恭。孫男二，進觀、會觀，俱幼。茲卜吉於道光二十八年十一月十六日申時舉公及王淑人柩，並啟元配宋淑人櫬，合葬於邑南西宋壁村老崙窊之新阡。

銘曰：洪惟郭公，兼吏隱名。配二淑媛，並占女貞。神遊仙界，魄掩佳城。積厚流光，無間幽明。陵谷可變，志石不更。

孤哀子錫榮泣血納石。

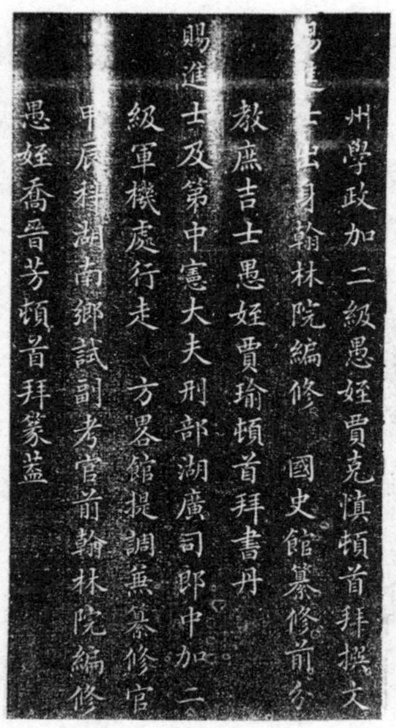

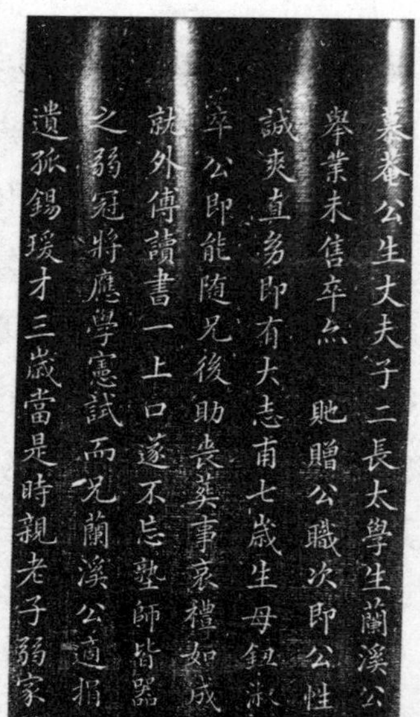

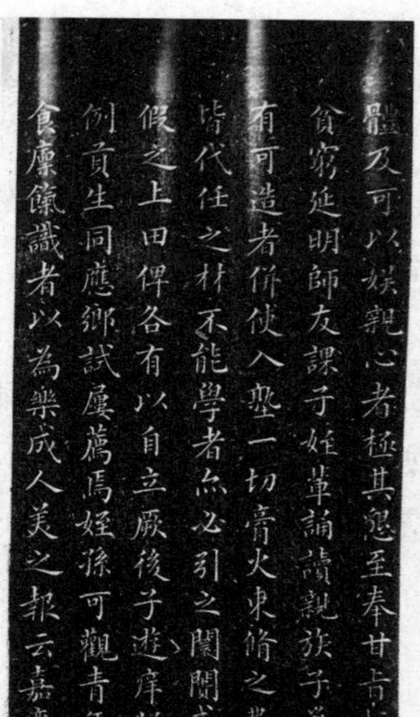

甲子歲游饑慕菴公憫里中之食形於色
公即請命出二百餘金糴穀倡賑所全活
甚衆十八年山左教匪滋擾公聞信復請
父命往曹經度商事無視鄉族之旅寓於
其地者至則捐金二千有奇雇募鄉勇捍
禦街坊一鄉賴之獲安越二年乙亥考慕
菴公及繼妣劉相繼逝公哀毁瘠立而附

身附棺殯窆皆以禮人無間然服闋復經
商於齊衛及中州等處凡遇塞河脩城諸
大功莫弗資助至於本邑興舉如補築城
垣重修廟宇書院等役工費俱極浩繁又
以海疆不靖各省大吏勸捐軍需公皆踴
躍急公樂輸唯恐居後事竣入　奏疊奉
恩詔由本職守禦所千總進階衛守備旋授都

司復以軍功議敘加一級至武翼都尉遊
擊銜妻皆　封淑人人方為公榮之而詎
知公之本願非直區區為一已之尊貴已
乎道光癸巳歲又歉邑南鄉尤甚公復捐
貲首先賑給如甲子故事蓋以繼父志也
他若鄰村之修橋補路戚黨之慶吉弔凶
銖兩微資解推小惠又曷足為公縷述焉

然嫉惡甚嚴其有奸詭荒惰者雖至親交
契必故窘之重懲之待悛改其前非而後
已嘗語人曰孔子云君子周急不繼富夫
繼富且不可而乃助惡為厲乎好仁而失
之愚其與守錢虜相去幾何哉公素壯健
少病不喜醫偶勞疾恒勿藥而亦旋愈然
習勤罔懈至老愈甚或勸沮之則曰吾不

為疲也客秋猶綜理商務往復曹衛之間
今歲春仲歸里精神少減而食息如昨至
重三日早起忽曰心甚覺煩余殆將死也
日未晡安坐而歿嗚呼其諸讀所稱仙逝
者耶公卒於道光廿八年三月初三日申
時距生於乾隆四十五年三月初八日酉
時享稀壽六十九歲夫以公生平言行如

此卓卓脫使擢巍科膺顯宦出身加民將
成就表著豈特如是而已然蓄而未發以
詒孫子寖熾寖昌所得不更多乎然則公
雖終公不沒矣元配宋淑人太學生諱豫
貞公女甫笄歸公幽閒淳靜言笑不苟中
饋事皆身任之翁姑稱賢焉以疾卒於嘉
慶八年五月廿六日戌時距生於乾隆四

十五年五月初一日午時得年二十有四
權厝於村南之原繼配王淑人太學生
誥贈奉直大夫州同加二級諱棻公女姿性樸
純事舅姑處妯娌待婢僕謙和順正從無
疾言遽色相夫子數辦喪葬婚嫁事雖甚
勞無倦容親戚鄰里識與不識諭婦道者
咸奉以為模楷云當公之將歿也淑人亦

微恙哭曰盍稍待十數日與我偕逝乎痛
幾絕及視公含斂訖於本月十三日卯時
亦卒計去公之卒果十日也距生於乾隆
五十三年正月廿一日未時享壽六十一
歲子男二長即錫榮宋淑人出
誥授奉直大夫戶部四川司員外郎兼雲南浙
江司坐辦井田科事兩監運司知事附貢

生原聘布政司理問祁公諱霖瑞女娶布
政司經歷
晉封奉政大夫府同知鄉飲大賓焦公名佩璜
女次錫川王淑人出幼殤女一亦王出適
誥封朝議大夫順天府督糧通判軍功議敘加
治中銜王公諱如琨次子議敘布政司經
歷名臣恭孫男二進觀會觀俱幼茲卜吉

於道光二十八年十一月十六日申時舉
公及王淑人柩並啟元配宋淑人櫬合葬
於邑南西宋辟村老塋穴之新阡
銘曰洪惟祁公兼吏隱名配二淑媛並占
女貞神遊仙界魄掩佳城積厚流光無間
幽明陵谷可變誌石不更
孤哀子錫榮泣血納石

皇清例授登仕郎候铨巡司约轩郭公暨德配孺人曹孺人合葬墓志铭

【简介】

清道光三十年(1850)勒石。志呈正方形，志、盖边长均为56厘米。志文楷体，23行，满行32字。志盖篆“皇清例授登仕佐郎约轩郭公暨德配孺人曹孺人合葬墓志铭”。文据碑拓录。

【志文】

皇清例授登仕郎候銓巡司約軒郭公暨德配孺人曹孺人合葬墓誌銘

族叔約軒公，制行高潔，植品端芳，不事修飾，而父母爱之，鄉里重之，戚黨稱之，以斯人而當具慶之事，旅遊於南，遂捐館焉，何痛如之！蓋其賦性也和而介，其居心也曲而謹，本非曠達豪邁者比，況復受風霜羈旅之威，重以鴻雁黃鳥之嗟，則其致疾而卒也，有由來矣。公殁後，諸孤扶櫬旋里，未幾，公室曹孺人亦卒，卜葬有期。以余知公稔，因乞誌梗概焉。

公郭姓，諱映淇，字猗園，約軒其號也，居介邑義和堡。曾大父例贈文林郎萃傑公，大父凝晉公，父鄉飲介賓、太學生銘琳公，母楊孺人。伯仲四，而公居季。為人敦孝友，尚實行，寡言笑，重然諾，雖未嘗博科第、登仕籍，而素行孚乎內外，視世之有忝所生、夸詐接物者，相去奚翅霄壤。噫！如公者可以風矣。

數年來淹留在家，惟以事親教子為務，本不欲遠離膝下，而適有荊楚之役，亦以為親雖老猶矍鑠也，己方艾可有為也，而豈意離親未兩月而忽奄逝乎，其命也夫！公室曹孺人，武生豐周公女也，及笄適公，克盡婦道，聞公訃至，驚痛欲絕，遂奄奄成病，未及一載亦卒。

公生於嘉慶四年十月初三日未時，道光二十九年八月十六日未時卒於湖北荊沙旅邸。孺人生於嘉慶五年十二月十五日卯時，卒於道光三十年七月十六日亥時，享壽俱五旬有一。舉子五：長桂高，佾生，娶宋氏；次桂梃，娶曹氏；次桂屏、次桂強、次桂恩未聘。女五：長亡，冥配李門；次適茹門；三適侯門；四未字；五亡，冥配王門。孫女一，幼。茲於道光三十年十月初九日未時，合厝於西湖龍蔚慶原祖塋之次，因誌之而繫以銘曰：

惟公之德兮，不愧影衾。惟公之品兮，式為玉金。惟公之棄高堂而蚤逝兮，應抱憾之殊深。惟公之桂蘭森立，雖殁而不殁兮，猶堪慰乎素心。九原有知兮，毋恫怨於山岑。

例授登仕郎軍功議敘國子監典籍儒學廩膳生員族侄向辰頓首拜撰文

敕授修職郎署理順天漷縣粮捕分州侯補縣丞加二級族弟汾清頓首拜書丹

例授徵仕郎軍功議敘州判愚侄靳以昌頓首拜篆蓋

皇清例授修职郎议叙即用县丞太学生胞三弟刘尚熺之墓志

【简介】

清咸丰六年(1856)勒石。正方形，边长66厘米。碑文楷体，16行，满行20字。文据拓片录。

【志文】

皇清例授修職郎議敘即用縣丞太學生胞三弟劉尚熺之墓誌

郡庠生胞兄尚燦撰並書

胞三弟尚熺，字東明，太學生，議敘即用縣丞，世居介邑西北里村。曾祖諱紹興，祖諱澤和，父諱建璜。妣田太君，生余兄弟四：長尚爍；次即余，繼於堂大伯父為嗣；四尚炤，先卒。弟居三，妻王氏，生三女，長適梁門，次適孟門，三適黃門，妾馬氏無出。年過五旬，因無後而憂慮得疾，嗚呼！孰料竟一病不起也。終於道光二十年腊月十六日戌時，距生於嘉慶三年腊月二十五日戌時，得年五旬有三。繼余長子君屏為嗣，改名峻遠，聘曹氏。茲擇於本年二月二十六日安葬於新塋之次。念手足之愛靡窮，使哀痛之情難已，因歸

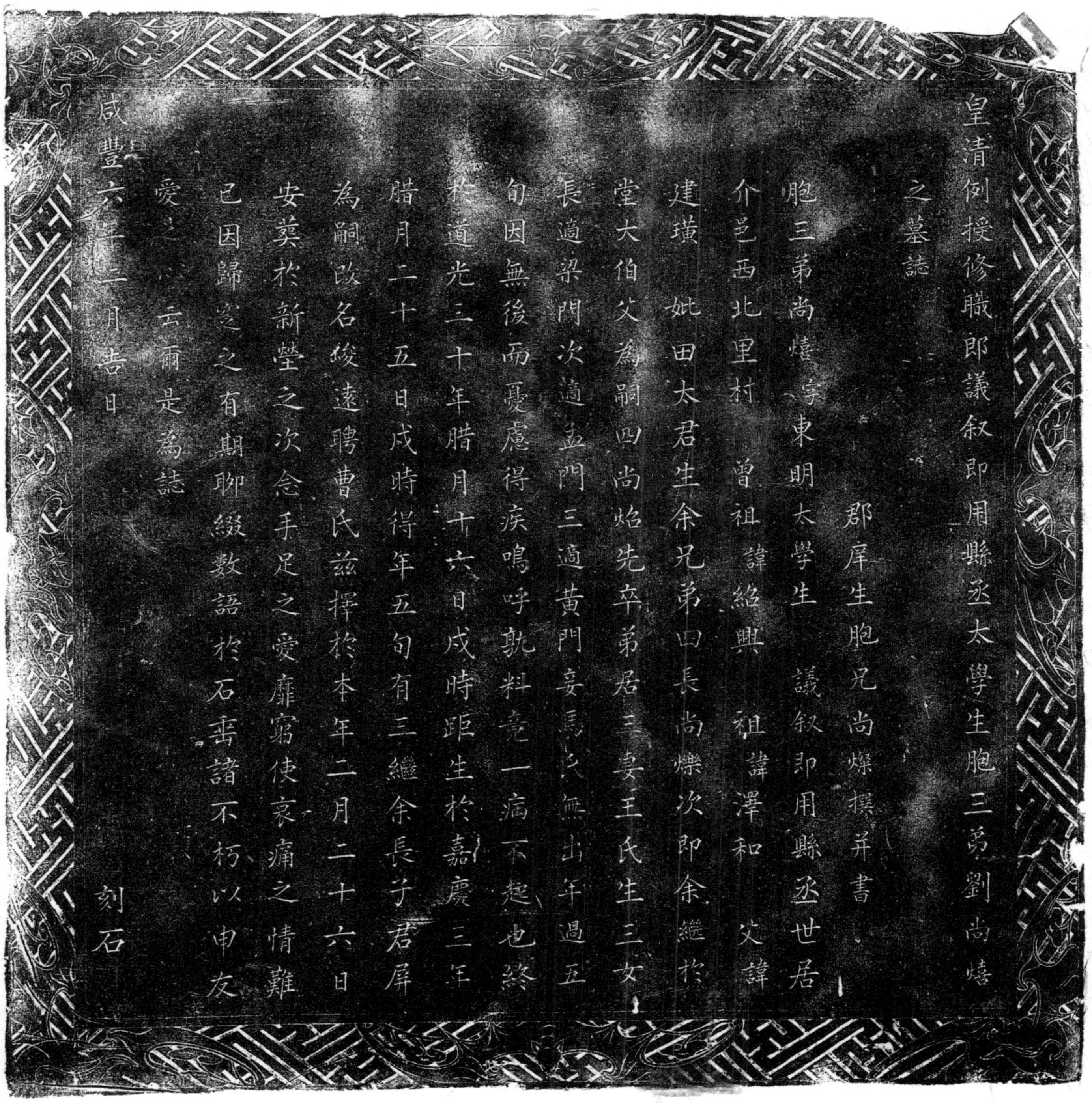

皇清例授修職郎議叙即用縣丞太學生胞三弟劉尚禧
之墓誌
郡庠生胞兄尚爍撰并書
胞三弟尚禧字東明太學生 議叙即用縣丞世居
介邑西北里村 曾祖諱紹興 祖諱澤和 父諱
建璜 妣田太君生余兄弟四長尚爍次即余繼於
堂大伯父為嗣四尚焰先卒弟君三妻王氏生三女
長適梁門次適孟門三適黃門妾馬氏無出年過五
旬因無後而憂慮得疾嗚呼孰料竟一病不起也終
於道光三十年臘月十六日戌時距生於嘉慶三年
臘月二十五日戌時得年五旬有三繼余長子君屏
為嗣改名從遠聘曹氏茲擇於本年二月二十六日
安葬於新塋之次念手足之愛靡窮使哀痛之情難
已因歸窆之有期聊綴數語於石垂諸不朽以申友
愛之心云爾是為誌
咸豐六年三月吉日 刻石

窆之有期，聊綴數語於石，垂諸不朽，以申友愛之心云爾。是為誌。

咸豐六年三月吉日刻石

田氏宗祠碑记

【简介】

清咸丰八年（1858）勒石。青石质，圆首。碑首高 41 厘米。碑身高 154、宽 71 厘米。碑文楷体，正文 14 行，满行 51 字，额篆“旌先后”。碑原在介休市义安镇田岳堡村，现下落不明。文据拓片录。

【碑文】

田氏宗祠碑記

歲戊午，予館於介之仙臺村，友人逢露田公號蓮房者來云：敝族宗祠工竣，將勒石，請為文以記之。予戲應曰：公族當嘉慶、道光年昌盛極矣，未聞有祠堂之修，今為是舉，得勿難乎。蓮房曰：彼固有之，而有不得不修者。嘉慶、道光時，風氣尚古樸，人情猶忠厚，且禮義生於富足，支派雖繁，頗相為親愛，相為顧恤，不至趨利避害，反眼若不相□□。今人心日漸澆漓，家業半至消耗。以強遇弱，不免於淩□而無扶持之心；以富遇貧，不免於矜誇而無周恤之意；以智遇愚，不免於欺惘而無憐憫之情。一本所生而視如路人，勢必愈遠愈疏，愈疏愈離，將有不可勝言者矣。一有宗祠，庶或遇節或逢忌，合族跪拜，少者不得參長者之前，疏者不得越親者之序，論昭穆不論功名，計年齒不計勢力，裁以禮之不可違，仍聯以情之無所隔，有心者能不念今之視為路人者其初兄弟也，兄弟其初一人之身也，而水源木本之感，起於春露秋霜時乎？是則修之之意也，而烏得不修？予聞之鼓掌曰：非予一言之戲，胡以發公此段大道理、大議論，於此而記之□□文也，而何庸予之記之也乎？雖然，此事之所由興也，事之所由成，亦不可不記公言之。予為公記之，首事者誰？蓮房曰：基趾、物料之置，逢澤、正訟、承泗與予及樹基也，時歲咸豐元年，緣干支不合，工未動，後中止者五年，七年春復起焉。予曰：繼起者誰？曰：予與泳桂、樹基繼起之。予曰：經理者誰？曰：予三人與育楠、承景、宏繡、泳祥、逢澧、逢濯、本生、樹梅、樹椿、樹煊等也。予曰：照管者誰？曰：得暇即照管者族内數十人也。予曰：工定於何時□□何時？於七年春二月，至七月告竣也。予曰：花費之數若何？曰：共費銀一千三百餘兩。予曰：宜記者□□之多，又寫□之名，□□□之□碑之陰必列焉，不必記。

例授修職□郎候選□學訓導歲貢生北和李成溪撰文並書丹

例授登仕郎候補翰林院待詔軍功議敘加一級裔孫逢露篆額

經理管工：育安　玉銖　育梅　育梓　育沛　育森　育楠　承景　承洲　承瀚　承聘　宏繡　逢渥
泳祥　泳澤　泳卓　崇本　泳吉　逢露　泳桂　本生　逢澧　逢濯　樹生　樹基　樹功
樹德　樹椿　樹梅　樹栴　樹奎　樹槐　樹植　樹欂　樹煊　炤暹

大清咸豐八年歲次戊午九月吉日立

马太夫人墓志铭

【简介】

清同治元年（1862）刊。马太夫人，介休北辛武冀国定妻。录自介休北辛武《冀氏族谱·艺文二》。

【志文】

馬太夫人墓誌銘

例授中憲大夫議敘道員銜前分缺先選訓導附貢生嫡堂弟馬鑾宇頓首拉淚撰並書

例授奉政大夫分部候銓郎中壬子科舉人愚侄羅寶翰頓首拜篆額

同治紀元之秋，資政大夫、議敘知府銜、加五級冀甥以中，纍然喪服，吞聲飲泣而請曰："母太夫人卜葬有日，知母氏者莫如舅氏，敢乞文以志幽室。"嗚呼！太夫人，余之嫡堂姊也，而今不獲再見矣，乃揮淚而志之。

太夫人姓馬，介休張良村人。先籍扶風，元季，祖有諱翥者始遷介休張蘭鎮，後又分居張良村。在前明有通德長者之稱。傳九世入國朝，而篤生覃恩晉贈資政大夫諱得正者，厚澤被於黎民，餘慶貽於孫子，歿後，東撫具奏，奉旨崇祀魚臺名宦祠。後世支派繁衍，代有爵秩。傳十四世而有誥贈中議大夫諱培和者，太夫人其第三女也。

太夫人生時，中議公夢為神人所授，鍾愛特甚。比數歲，端嚴慎重，聰穎過人，女红纂繡，無不嫻習，嘗為雜佩，以分貽近族諸弟妹，能決盤錯諸務，輒當中議公意。年甫及笄，同邑北辛武村誥贈資政大夫一齋公諱國定聘為繼室。時一齋公大父貤贈資政大夫諱之瑜、父誥贈資政大夫諱映漢、生母誥贈夫人徐太夫人俱在堂也，太夫人善事顏色，能得其歡心，生盡孝，歿致哀，人競稱之。御諸媵恩誼周洽，有樛木之風。一齋公家稱富有，而七葉單傳，苦於襄贊無人，太夫人明於禮教，乃相之以立家規。嘗謂一齋公曰："皇天無親，惟德是輔。約己豐施，所以行富貴也。”一齋公深以為然。省垣貢院傾圮，一齋公捐萬金以修之，增其坐號，一時遺才胥得與試，當路有“多士歡顔”之頌。嗣後修書院、設膏火、建義墳、施棺木，諸善事次第舉行。一齋公聲名洋溢而崇祀孝義祠者，太夫人贊助之力為多也。

一齋公既歿，事務棼結，諸孤煢煢。太夫人綜理内外，悉能洞燭其微。令諸鋪立條規、平市估，不得為操切盈縮之術；農人勤耒耜、慎樹藝，不得廢耕耘。收穫之時，禦之以禮而優之以稍，所以事無不治而井井有條。至於營墳地、置祭田、建宗祠、修族譜，無非崇本抑末之舉，規模愈形其宏遠焉。

咸豐初年，粵賊肆起，南省騷動。太夫人念生民塗炭，慨然興報國之心，屢次助餉，凡數十萬金，而家業耗其七八矣。太夫人曰：“方今邊烽未靖，聖主宵旰勤勞，大江南北城池尚未盡復，家業之耗又何足言！”於戲！此豈尋常識見所能幾及者哉！由是恩綸疊沛，晉封二品夫人，諸子俱身膺顯爵，榮光閭里。

庚申、辛酉歲饑，婦女仳離，餓莩遍道，太夫人發所儲糧賑之。不足，又買粟以濟，所活無算。居平衣不尚文繡，食不期豐腴，所居宫室數十年曾無增益，而周急濟困、指囷贈舟之事，則不一而足。以至修佛寺、造橋樑，亦皆隨分盡心，不可勝紀也。

太夫人生有異質，明於物理，事無大小，立即剖判，令聞廣譽，久已昭著。於人或有因事請謁，親見者愈歎其為不可及焉。今夫非常之才，良非易覯，况求諸閨閣中乎？太夫人以坤道之柔順，兼乾道之陽明，綱維備舉，事物咸周，非間氣所鍾不能至此也。

太夫人長余十九年，憶幼時就傅之日，退食偶為讀書，太夫人輒加奬勵。後延余訓子，不數年而季子以正首拔青衿，浸浸乎青雲直上，諸子俱恭儉守禮，無矜誇之習。積厚者光長，固理之必然也。辛酉冬日，余因病歸養，太夫人深為憂慮，未兩月，而太夫人遽以微疾逝，時壬戌二月初九日也。嗚呼！痛哉！距生於乾隆癸丑七月十二日，享壽七十歲。子五人：長資政大夫、鹽運司運同銜加五級以公，誥封夫人側室郭太夫人出，配宋氏，封夫人；次武顯將軍、賞戴花翎、前鹽運司知事銜以廉，太夫人出，配郭氏，贈夫人，俱先卒；次即資政大夫、議敘知府銜加五級以中，太夫人出，初聘羅氏，未娶而卒，元配喬氏，封夫人；次議敘知府銜以穌，例封恭人側室李太恭人出，配梁氏，繼配羅氏、高氏、宋氏；次鹽運司運同銜、賞戴花翎、邑庠生以正，太夫人出，配張氏。女九人：一適内閣中書、歲貢生侯君蔭昌，太夫人出；一適鹽課司提舉李君光晉，李太恭人出。余俱先卒。孫男五人：長議敘郎中銜、武庠生惟聰，以公出，配陰氏；次議敘參將銜、賞戴花翎加二級惟賢，以中出，繼以廉嗣，聘李氏；次惟馨，以和出；次惟清，以中出；次惟仁，以公出，俱幼。孫女十一人：長適國子監典籍張君恩錫，次適翰林院待詔郭君開基，次適布政司經歷李君承構，餘未字。

將以同治二年歲次癸亥三月初六日，祔葬於本邑田堡村大器原一齋公之壙。

銘曰：巾幗之中推丈夫，智周萬物誰與伍。捐資助餉靖中原，散粟施金賑荒土。賢母高年不倦勤，賢郎難永承歡舞。鐫貞勒德銘幽隧，徽音昭灼芳千古。

田子莲房倡修宗祠记

【简介】

清同治年间勒石。长 120、宽 66 厘米。碑文楷体，正文 26 行，满行 17 字。文据拓片录。

【碑文】

田子蓮房倡修宗祠記

田氏宗祠之建也，督工者為田君誠齋，倡議而定其規模者為余門人田子蓮房，宗□□兩君之獨任其勞也，思泐石於祠以不朽其人。余既為文以表誠齋矣，其宗人復□蓮房為請。先是蓮房嘗修族譜，丐余為序，又嘗偕誠齋赴祖籍忻州尋先世遺跡。

夫世俗之所務者，宫室妻妾之奉耳，兩君獨䊸□於報本追遠，可謂賢矣。蓮房，名逢露，字□零，性嗜學，好□古文詞，而不喜為科舉之學，亦不□仕宦，甞援例得翰林院待詔銜，意不屑也。慕太史公遊名山大川，策蹇入秦棧，抵梁洋，登祁山，又登定軍山，拜諸葛武侯之墓，東南走淮徐、維揚、姑蘇、越州，六朝、唐宋以來，山川之秀，文獻古跡之多，靡不俯仰憑弔，發為詩歌。家有小園，雜植花樹，與同人觴詠其中，吟哦之外兼學書畫。遊蘇閶得姬吴氏，能為小詩，滌見泰香，□其雅興，有石癖，几案□州，皆米家上品也，盖其嗜好之不俗如此。蓮房少孤，事母孝，性慷慨，戚屬師友之間□□贈舟無難色。性好風雅，□□於倫類，無□士浮薄之習，即其倡修宗祠一事，可以知其生乎也。

余主講平遙書院，蓮房執贄來學詩，余不工詩，無以益蓮房，然其人固有詩人之性情者也，而宗祠一事又能盡其根本之大者，故樂得而記之。

五臺友生徐繼畬撰

同邑後學宋玉堂書

族人：承增　承□　育沛　育楠　承溥　承□　承生

逢溥　泳祥　泳淑　承淪　泳□　逢□　逢澧

樹槐　樹基　樹桂　逢濯　樹□　樹□　樹□

樹極　樹□　樹□　□□

同治□□年

兴修北盐场村天顺渠天顺堰記

【简介】

清光绪五年（1879）刊。碑文详述介休卢县令组织兴修北盐场天顺渠旧道，并呈请上司按旧例分汾河水程十五日于介休的史实。文据拓片录。

【碑文】

興修北鹽場村天順渠天順堰記

竊惟王政以農田為首，農田以水利為先。介休山河環抱，水田稀少，民間耕種播獲等賴天雨，一遇亢旱，則束手無策，饑饉薦臻，蓋補救之術缺而不講也。

光緒二三年間，連遭旱荒。奉列憲檄，飭欽奉上諭：據給事中夏奏，請飭修水利，以裕民食。據稱農田水利，關係民生計，飭各直省督撫行令所屬，認真講求水利，酌度地方情形，如何興舉，悉心區畫，妥為辦理等因。欽此欽遵，轉行列縣。

維時宰介休者為河間盧公，查邑志載前明萬曆二十七年，邑令史公開鑿管道，引汾溉田，原有水程十五日，名為霍隆渠，□名天順渠。後因汾河屢徙，至乾隆三十六年，由平遙魏樂村入介休北鹽場村，經數村至馬家河，復由故道而下。自河徙以後，介民憚於改作，原定水程因循廢卻。盧公秉性愛民，嫻習吏治，勸令沿河村莊遵奉前因，挑渠築堰，興復舊制。而北鹽場公耆曹正中等遵諭辦理，自行籌款，於四年正月二十一日開工，至二月二十九日工竣。

蒙盧公據情稟請撫、藩、道、府各憲批准立案。又稟道憲，請分水程日期。蒙道憲檄委太原府、汾州府，會議查核，並檄委候補通判汪，前往徐、文、平、介四縣，會司各地方官，查明某縣應分水程若干。

會銜詳覆，以憑查核立案等因，旋據詳稱：汾河水程自徐溝而下，以小雪後三日至清明後三日，統共一百三十五天，而徐、文、平、介四縣分用，須通盤核計，均匀派撥，以昭公允。

查光緒三年新章，經太原府清守，會同汾州府瑞守，以徐溝縣南社村為首堰，判給水程四十二日；文水縣韓武堡為二堰，判給水程三十三日；賈家堡為三堰，判給水程二十七日；水寨村為四堰，判給水程二十五日；平遙縣王家莊為五堰，判給水程八日。

詳准照辦在案：今介休縣民既築天順渠堰一道，引汾灌田，為救旱荒之計，乃規復舊制，並非自今創始，稟蒙撫憲批准在案。又奉前署道憲鮑批：看於上游各縣渠堰水程內，勻分給介休縣天順末堰水程，以求一體同仁。今查勘議詳，自因裒多益寡，浥彼注茲。擬請將徐溝縣南社村首堰水程四十二日內，分給天順渠五日，改為三十七日；在文水縣韓武堡為二堰水程三十三日內，分給天順渠四日，改為二十九日；在賈家堡為三堰水程二十七日內，分給天順渠三日，改為二十四日；在水寨村四堰水程二十五日內，分給天順渠三日，改為二十二日。總共分給介休縣天順渠十五日。其平遙王家莊和順渠五堰，原僅分水八日，為期無多，不能再減，毋須分給。如此通融酌分，在徐溝、文水二縣各堰無甚傷損，而於介休一縣亦頗有裨益。

所有奉委查勘會議章程，相應繪圖貼說，會銜詳情憲臺查核批示飭遵，以便立案等因。蒙批據詳所議，各情均屬妥善，自因如詳立案，除劄飭上游各縣遵照現議章程辦理外，並即行知該縣。嗣後每年給水時預期詳報查考批飭□辦，以免混爭水程，毋得隱漏，致幹查參，並移委員知照繳圖說存。

謹按此次奉文繕修水利，勸諭民間照辦，並詳請批准立案等情，皆由縣尊盧父臺實心愛民，凡地方利弊，無不悉心講求，是以沿河村莊得蒙無窮利益，化瘠土為沃壤，易旱地為水田。自前明史公後二百餘年，復還舊日規模，堪與召父杜母並稱矣，是為記。

運同銜儘先運副郭可觀撰

邑庠生米聚奎書

堰長武生□禦所千總鄉飲大賓曹世中

大清光緒五年十一月二十八日

范氏祠堂序

【简介】

此文系介休张原范氏第十五世孙范汝廉作。据考，汝廉为范三拔长子毓馨后裔。录于《姓范氏家谱》（“姓”疑为衍文）前，《姓范氏家谱》修于清光绪十六年（1890），现由范汝廉后裔保存。

【正文】

范氏祠堂序

《記》曰：“人道親親也，親親故尊祖，尊祖故敬宗，敬宗故收族。”收族則必詳其支派，而異姓不得亂其宗，縱有收養義子，生不列譜，死不入塋，此庶民家廟所必肅也。

我范氏受姓始於春秋晉卿范宣子，歷年久遠，世系難稽。自始祖志綱公於前明成化年間，由陝徙晉，寄居於介休城中。後遷於張原村，入北史里九甲。歿後安厝於村外西南隅，此祖塋也。

後六世祖貤贈驃騎將軍諱明，又相地於南坡之龍池岡而起塋焉，迄今椒聊蕃衍，瓜瓞雲仍，計其世系，至今蓋十有五傳矣。伏思我范氏世受皇恩，簪纓奕世，是皆祖宗之功德有以庇蔭乎後人，其所以貽厥子孫、謀昭茲來許者，雖百世不可忘也。

至九傳，都督公毓𦡀同武顯公清濟，曾請商於參政公毓䄵，並合族欲建立家廟。卜地於村東，相其基址，度其方位，而工未即興，未幾，而參政公與都督公相繼而即世矣。至乾隆十七年，清濟公協同國昌、國朝、國鴻、清睿、清模等，糾合族各捐分資，即前所卜之地，庀材鳩工，經營締造，閱一載而落成焉。范氏之有家廟，蓋始於此。工既告竣，而業祀不給，國昌復又捐銀一千二百兩，經清濟手入天錫鹽店，作為押本，每年生息供歲祀之費。自是春秋歲時處修祀典，以尊祖考，以睦宗族，彬彬乎有禮意焉。《記》所謂“人道親親者”，其庶幾乎！沿四十八年，天錫號鹽務賠累，承辦無力，遂告退家廟押本銀兩，從此化為烏有。遂致數年，蘋蘩不備，祀典幾廢。庚戌春清明之期，清滋等二十一位復聚族捐助，補點修葺，重整祀典，瞻拜之下，庶無愧矣。

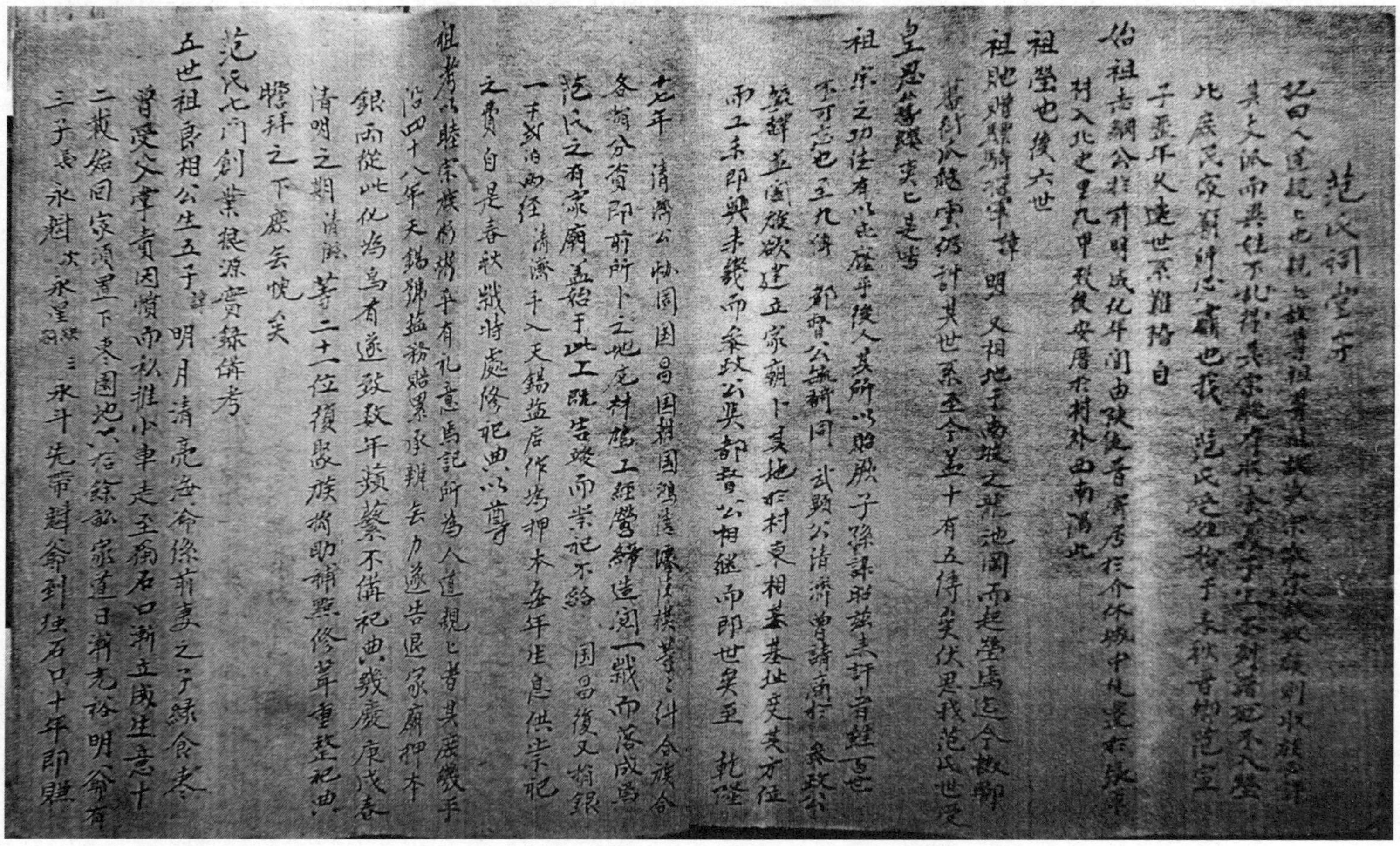

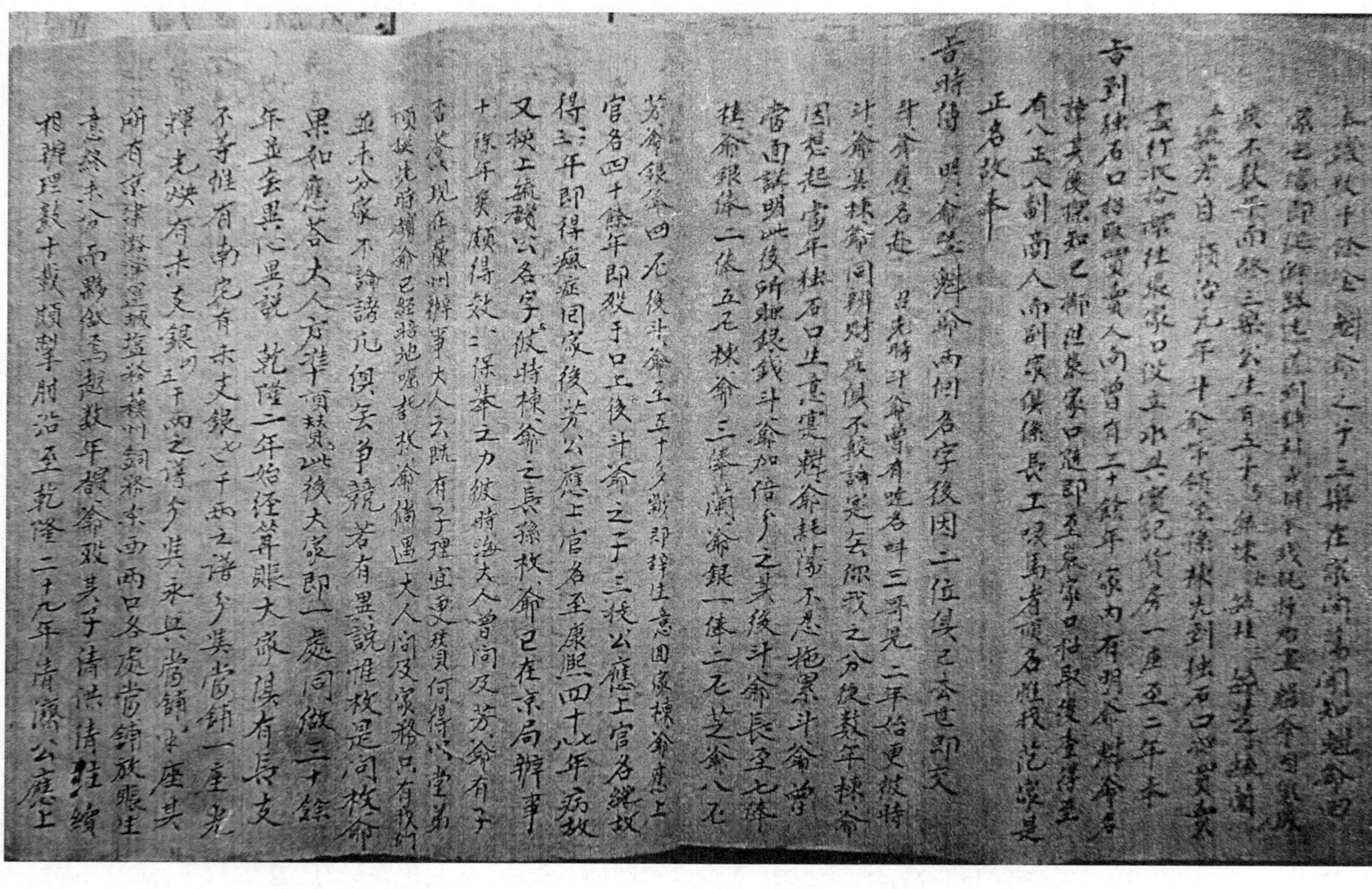

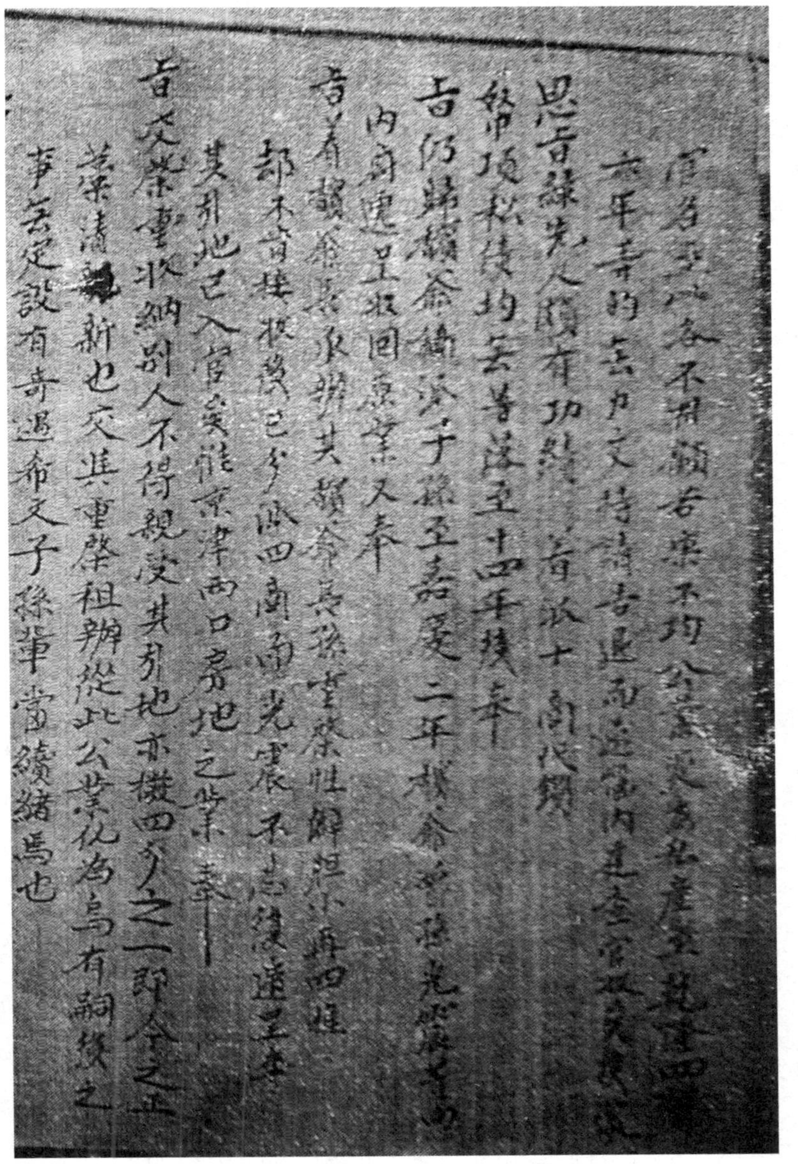

范氏七門創業根源實錄備考

五世祖良相公，生五子，諱明、月、清、亮、海，明爺系前妻之子，緣食棗，曾受父掌責，因憤而私推小車，走至獨石口，漸立成生意。十二載始回家，須置下棗園地六十畝，家道日漸充裕。明爺有三子，長永魁，次永星，三永斗。先帶魁爺到獨石口，十年即賺本錢數千餘金。魁爺之子三樂在家閒蕩，聞知魁爺回家之信，即從避路繞道，到鋪胡弄，將本錢耗拆殆盡。魁爺因氣成疾，不數年而終。三樂公生有五子：長毓棟，次毓桂，三毓芝，四毓蘭，五毓芳。自順治元年，斗爺帶領侄孫棟先到獨石口，將買賣盡行收拾，帶往張家口設立永興寰記貨房一座。

至二年，奉旨到獨石口招取買賣人，向曾有三十餘家，內有明爺、魁爺名諱。其後探知已挪往張家口，隨即至張家口招取。後查得只有八正、八副商人，而別家俱系長工、喂馬者頂名，唯我范家是正名。故奉旨時傳明爺暨魁爺兩個名字，後因二位俱已去世，即交斗爺應名赴召。先時，斗爺曾有噬名，叫三哥兒，二年始更。彼時斗爺與棟爺同辦，財產俱不較論，實無你我之分。後數年，棟爺因想起當年獨石口生意實魁爺耗蕩，不忍拖累斗爺，曾當面講明，此後所賺銀錢，斗爺加倍分之。其後，斗爺長至七俸，桂爺銀俸二俸五厘，棟爺三俸，蘭爺銀一俸二厘，芝爺八厘，芳爺銀四厘。後斗爺至五十多歲，即辭生意回家，棟爺應上官名，四十餘年即歿於口上。後斗爺之子三拔公應上官名，才顧得二三年，即得瘋症回家。後芳公應上官名，至康熙四十七八年病故，又換上毓馪公名字。彼時，棟爺之長孫枚爺已在京局辦事十餘年矣，頗得效一二保舉之力。彼時，海大人曾問及芳爺有子否，答以現在蘇州辦事，大人云："既有子，理宜更替，何得以堂弟頂換？"先時，馪爺已經暗地囑託枚爺，倘遇大人問及家務，只有我們，並未分家，不論諸問題俱無爭競，若有異說，唯枚是問。枚爺果如應答，大人方准頂替。此後大家即一處同做三十餘年，並無異心異說。

乾隆二年，始經算賬，大家俱有長支不等，唯有南宅有未支銀七八千兩之譜，分與當鋪一座；光輝、光煥有未支銀四五千兩之譜，分與永興當鋪半座，其所有京、津、潞、澤、運城鹽務，蘇州銅務，東西兩口各處當鋪，放賬生意終未分而夥做焉。越數年，馪爺歿，其子清洪、清注續相辦理數十載，頗掣肘，沿至乾隆二十九年，清濟公應上官名，至以各不相顧，苦樂不均，公業變為私產。至乾隆四十六年，弄的無力支持，請告退，而遂惱內廷，查官收矣。

後蒙恩旨，緣先人頗有功績，著派十商代銷，帑項私債，均無著落。至十四年後，奉旨仍歸馪爺嫡派子孫。至嘉慶二年，馪爺曾孫光震等向內府遞呈，收回原業。又奉旨，著馪爺長孫承辦，馪爺長孫重棨性僻膽小，再四推卻，不肯接收。後已分派四商，而光震不忍，復遞呈奪其引地，已入官矣。唯京津兩口房地之業奉旨交重棨收納，別人不得親受其引地，亦撥四分之一，即今之正、槁、清新也，交與重棨租辦。從此，公業化為烏有，嗣後之事無定，設有奇遇，希文子孫輩當續緒焉也。

古棠侯公墓志

【简介】

清光绪二十一年（1895）刊。侯古棠，名荫昌，介休北贾村人，清末晋商巨贾。《山西通志》《山西票号史料》对其本人及家族记载有误。此文收入清岳鸿举《处园文稿》。

【志文】

古棠侯公墓誌

光緒十九年四月，侯公古棠卒於里第，邑人士聞之，微論識與不識，咸喟然太息曰："此非特侯氏之不幸，抑亦增吾鄉老成凋謝之感也。"

今年八月，哲嗣卓峰手行狀來謁，泣且言曰："從傑不孝，侍疾又無狀，不能延先君子壽。今卜葬有日，幽室未閟，敢以志銘請。"

竊思某之於公也，雖生同鄉里，而相見日疏，然於公之言論丰采，與夫立身制行之本末，耳熟能詳。嘗欲輯其遺聞軼事，以補志乘之遺。今志公墓，其又奚辭？

謹按狀：公諱蔭昌，字古棠，世居介休之北賈村。曾祖考生瑞，誥封奉政大夫；祖考興域，議敘光祿寺署正；考培餘，嘉慶戊寅科副舉人，候選郎中，皆以公封資政大夫。曾祖妣某、祖妣某、妣某，皆二品夫人。郎中公六子，公第二。少負異稟，讀書目數行下，七歲入家塾，出語驚其長老。郎中公課子最刻勵，佳時令節，盛暑嚴寒，跬步不得離書齋。以故公年十二，幾不知馬之幾足；十三歲應童子試，輒冠其曹輩；十四歲，丁郎中公艱；十七歲服闋，是年冬入邑庠，旋試高等食餼，愈矢攻苦，讀許文正"取科第耳，如斯而已乎"之言，慨然有志於學問。時五臺徐廣軒先生家居，公以重聘延致之，執經請業，敬禮備至。廣軒先生於書無所不窺，亦無所不精，而尤邃於《易》，顧學不諱禪顯，與講學諸儒枘鑿，其宗旨具見所著《敦艮齋遺書》中。先生歿，復延先生之子松龕中丞主其家，中丞精史學，熟輿圖，公親受業徐氏父子之門，故經學、史學具有根柢，無向壁虛造之談。前後應試十二，房薦者四，堂備者二。咸豐乙卯，主試為今高陽相國及平湖張庶子金鏞，得公卷奇賞之，公以病未入三場，比揭曉，首二藝已發刻矣，公一笑置之。越明年丙辰，以歲貢就教職，自是遂不復應試。益肆力於詩古文詞，於學術源流、文章派別，怡然煥然，確有心得。所為古文，裁量完密，法度謹嚴，詩亦清婉可誦。只以生長華腴，為富所掩，或不盡知其學問也。

侯氏自國初以來，以財雄於鄉，經商遍十八行省。咸豐初元，粵逆狂竄，群盜如毛。公之商業十失八九，其僅有存者亦皆虧折，銷耗盈千累萬，他商或遠颺無蹤，或減成彌補。公歎曰："商之所以通行者，一信字而已。信之不存，商將焉附？"傾其產盡償之。海內聞之皆曰："不我欺也。"自是騰挪挹注，呼應愈靈。三十年來，交庫款，匯關稅，商業日興，家道亦日旺，侯氏之名達九重矣。

公尤深慮遠，居安思危，恐子弟之日趨於奢也，為之立家法，明條教。凡冠婚喪祭之儀，出入起居之節，皆大為之防，不得逾越。又以為敦本莫要於睦族，集族人籌宗祠經費，置祭田，設義塾。族大丁繁，賴以成立者甚眾。光緒丁丑，吾晉奇荒，僵者踣者，道殣相望。公惻然心傷，與妻兄冀悅庵封翁倡捐萬金，活人無算。時曾忠襄公撫晉，特疏於朝，奉旨嘉獎，賞加道銜，給三代正二品封典。公受寵若驚，彌自惕勵，常語人曰："我祖宗貽澤孔長，得有今日異數殊榮，至吾身而適遇，吾何德以當之，且凡此皆我先大夫所行而未果者也。"山西浚文書局、吾介綿山書院皆經費闕如，邑侯吳書年直剌謀之於公，公慨捐鉅款以襄，厥事後因事，晉省忠襄公為公設專席焉，時人榮之。他如蘇皖之災、順直之賑，不可殫述，茲特舉其尤著者。

公貌清腴豐潤，音吐宏亮，性慈祥愷惻，與人言如恐傷之，待人一秉至誠，無矯飾虛偽，而遇事剛斷，力持大體，不少假借，人皆樂其寬而畏其明。少時體氣稍弱，中年以後，學問日深，精神亦日健。雖年逾七旬而耳目聰明，血氣和平，望之如蒼松翠柏，令人起敬。十八年秋冬之交，連遭猶子之喪，公哭之慟，飲食遂大減。十九年四月患時疫，醫藥罔效，竟致不起。

公歿之夕，無雲而雷，靈風肅然，亦可見其生有自來云。公生於嘉慶二十三年五月十一日寅時，卒於光緒十九年四月初六日丑時，春秋七十有六。娶冀夫人，為晉封榮祿大夫一齋封公之第七女，花翎二品頂戴、候選道達堂觀察之姊也。幼嫻閨訓，言動以禮，年十五嬪於公。事姑孝，相夫敬，處娣姒和，賢聲噪於里閈。先公而歿，遺命簪珥釵環悉以銅為之，不得用金玉珠翠。嗚呼！即此一事，其識見亦豈尋常所能及哉？夫人生於嘉慶二十一年五月二十二日卯時，卒於同治八年三月初七日酉時，春秋五十有四。

公無子，以弟之子從傑為嗣，即卓峰也，邑庠生、藍翎郎中銜、候選光祿寺署正。娶張、郭、曹、曹，俱歿。孫女二，俱適平遙，曰米某、曰李某。卓峰卜於光緒二十一年十月十二日葬公於新塋之正，而乞銘於予。嗚乎！公之行事，昭昭在人耳目，不藉人言為輕重也，惟其然，而愈可銘也已。

皇清诰授通奉大夫晋封资政大夫二品衔花翎即选道达堂冀公暨德配诰封夫人梁罗高宋张太夫人合葬墓志铭

【简介】

清光绪二十七年（1901）刊。冀以龢，字达堂，为介休北辛武冀氏国定第五子。据拓本整理。

【志文】

皇清誥授通奉大夫晉封資政大夫二品銜花翎即選道達堂冀公暨德配誥封夫人梁羅高宋張太夫人合葬墓誌銘

敕授修職郎前任絳縣儒學教諭庚辰大挑二等庚午科舉人愚表再侄劉青照頓首拜撰文

敕授文林郎吏部揀選知縣辛卯科舉人通家愚弟胡芸頓首拜書丹

誥授奉政大夫同知銜福建候補知縣前署安溪縣事丙子科舉人愚弟郭師濂頓首拜篆額

冀公達堂既卒之明年，葬有日，其孫紹煦乞余為文以誌墓。余思公生平行誼，如敦宗睦族、憐貧恤寡諸善舉，不可勝紀，而其表表在人耳目者，惟文學是崇，嘗構講舍、延名師、定課期，以為文會，遠近士子聞風慕義，莫不爭先恐後，來切觀摩，前後二十餘年，諸生之領鄉薦、登仕籍者，不一而足，人咸謂非公之力不及此。嗚乎！是烏可以弗志？

謹按狀：公諱以龢，字達堂，號芸階，世居介休北辛武村。曾祖諱之瑜，祖諱映漢，俱誥贈榮祿大夫；父諱國定，誥贈榮祿大夫，崇祀孝義祠。妣氏王、氏范、氏馬，誥封一品夫人；庶母郭、生母李，誥封一品夫人。公兄弟六人，長以公，次以廉，三早殤，四以中，六以正，俱先卒。

公序居五，生有至性，不事嬉戲，髫齡失怙，事諸母以孝，處昆季愛敬兼至，有姜氏風。理家政井井有條，臧獲盈前，不以疾言遽色相加，比有過，責無貸，改則如初。人皆畏其嚴，門以內不聞詬誶聲。與人交謙抑自牧，殷勤懇摯，無世俗驕矜氣。故一時賢士大夫皆樂與之遊，其品望素著，為人所欽服如此。

公幼而穎悟，愛讀書，入學就傅，恪守弟子職唯謹。比長，經史而外，兼攻舉子業，試秋闈屢不獲售，人或從旁慰藉，而性情沖淡，絕不以得失介於懷。嘗從母舅馬殿卿先生遊。先生潛心理學，所著有《中庸時習錄》，未及梓，而先生捐館舍。公收其遺稿，詳加校訂，且為之序，以付剞劂。於此見公之師承有自，歷久弗忘。而其所黽勉於平居者惟期實學，不徒文彩風流已也！

公為吾介著姓，其先世即豐於財，以樂善好施聞。咸豐初，粵匪擾及湖南，公家商務多在楚，乃亟率司事諸人，竭貲捐輸不少吝；庚申辛酉，介邑連歲荒旱，公籍里中戶口，按冊賑給，全活者眾；迨丁戊之歲，吾晉大祲，公所以周恤鄉里者，一如前法，復倡捐數萬金，以裨賑需。時撫軍曾公沅浦上其事於朝，頒"萬戶蒙庥"綽楔。其所以嘉獎者至優極渥，要非公之慷慨捐金，烏能若是？

嗟乎！風俗之澆漓久矣。素封之家往往擁厚貲以相誇耀，不獨居處飲食踵事增華，即車馬之馳驅、衣服之曳婁，亦必窮極奢侈，以驚駭庸愚。而一鄉一邑，或罹水火之災，或遭饑饉之歲，身家性命淪亡即在須臾，竟坐視而不一拯救，則所謂相保相賙者蕩然無復存焉！至於閭巷窮民，有疲癃殘疾、踵門乞憐者，猶且置若罔聞，而不肯分其餘以相餉。甚至倨傲自矜，更以不入耳之言責其煩瀆，將厭薄之不已而指摘之，指摘之不已而驅逐之。挾勢恃強，必使其人速去而後快者，比比皆是。聞公之風，亦可少愧矣。

公素體健，而天懷曠達，不設城府，方謂登大耋、享期頤，厚福正無量也。乃乙未冬，偶感風寒，引動痰火，遂得偏枯之疾，困頓床褥者凡五年，竟至不起。天之報施善人乃如此耶？則真莫解已。

公生於道光十一年三月初九日卯時，卒於光緒二十六年六月初二日申時，享壽七十歲。德配梁太夫人、羅太夫人、高太夫人、宋太夫人、張太夫人，簉室王氏、張氏，俱先公卒。子三：長惟馨，羅太夫人出，議敘國子監典籍，配劉氏，贈孺人，年餘偕亡；次惟熙，宋太夫人出，議敘郎中，卒於京寓，配李氏，封宜人；三惟洛，張太夫人出，繼貞園公嗣，議敘中書科中書，早殤，冥配劉氏，贈孺人。女四：長、次、三俱未字卒，冥配於名門；四適郡增生郭君瑾堂。孫男一，即紹煦，惟熙出，繼惟馨嗣，議敘花翎郎中，配劉氏，封宜人。曾孫男一，名師承；女一，小字窈窕，俱幼。

今將於光緒二十七年七月初八日，挽公靈輀並啟梁、羅、高、宋、張太夫人柩，以初九日子時合葬於仙台村毓秀原新阡之正，王、張二側室祔焉。

銘曰：簪纓巨族，彝訓常留。有典有則，舊章率由。惠孚鄉里，信及交遊。惟公之德，養欲給求。惟公之量，並蓄兼收。以文會友，結納名流。園林深邃，琴書消憂。一觴一詠，暢敘情幽。慈祥感召，荷天之庥。鳌凝寶篆，福備箕疇。人謂公壽，與松柏侔。胡為倏忽，神赴玉樓。佳城鬱鬱，魂魄悠悠。勒諸貞石，垂鑒千秋。

河津高昌海鐫字

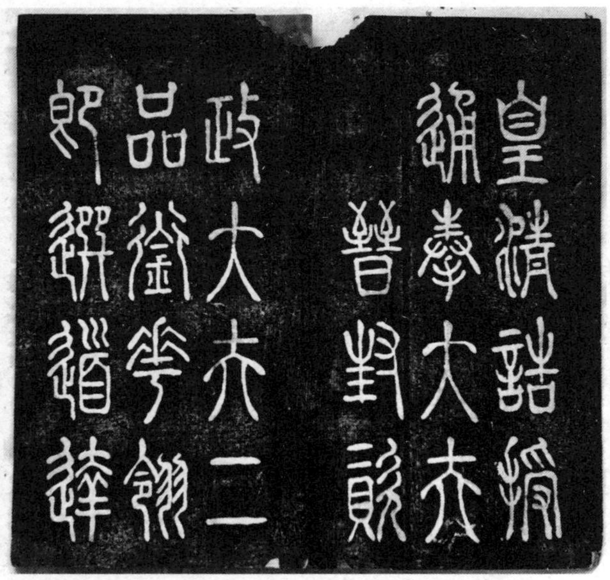

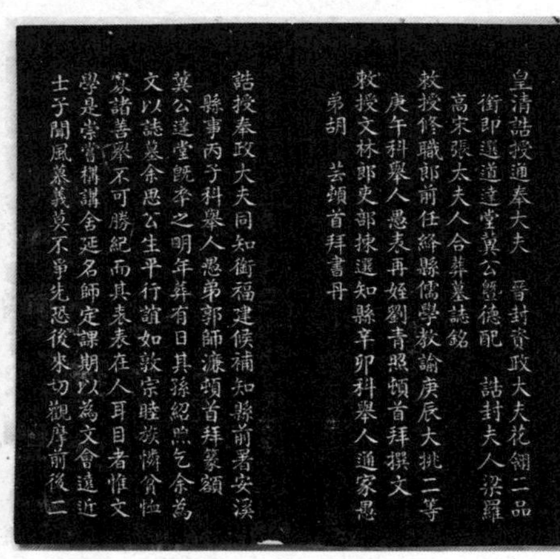
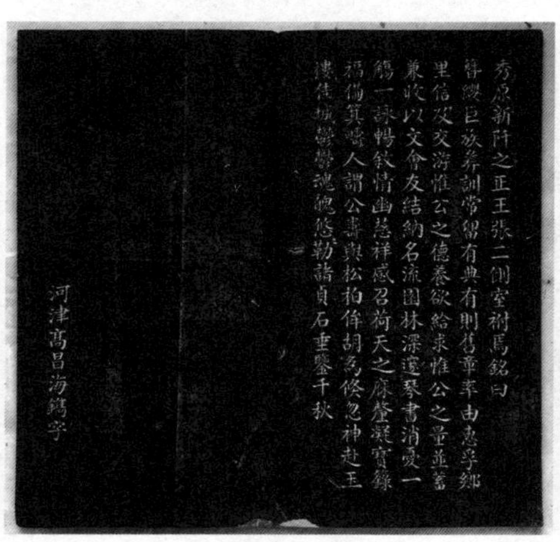
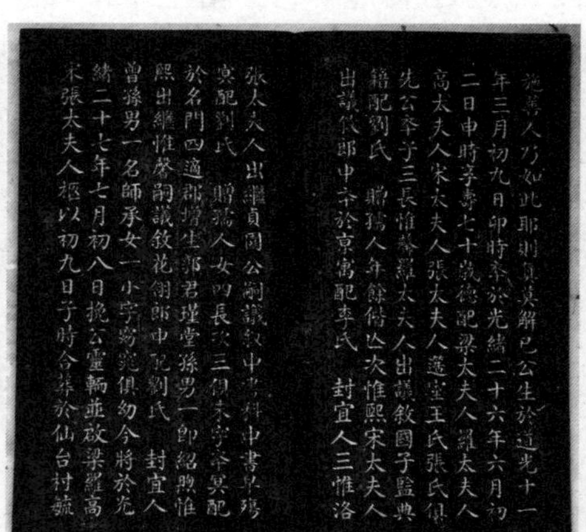
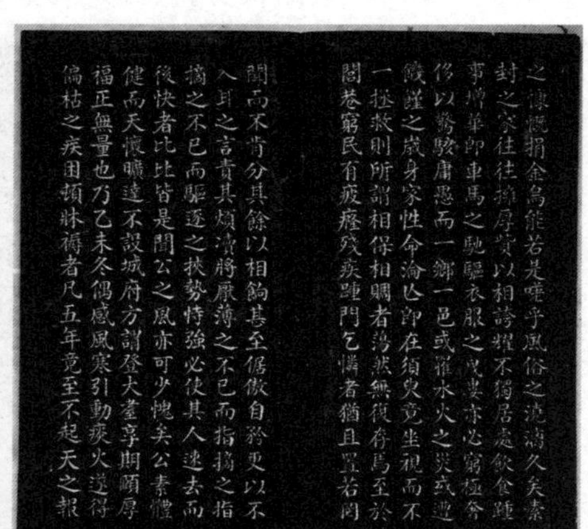

皇清诰授奉政大夫五品衔候铨按察司经历云翔张公墓志铭

【简介】

清光绪二十八年（1902）刊。文据拓片录。

【志文】

皇清誥授奉政大夫五品銜候銓按察司經歷雲翔張公墓志銘

族弟張泰絇制文

姻愚姪劉鎔書丹

內兄馬立言題簽

光緒壬寅四月三日，族兄雲翔以壽終，春秋八十有一。

初有疾弗豫，邀我至家，摒擋藥物，言身後事，區處唯謹。少頃，呼婢引所生長子彤恩求見，指而屬之曰："此子甫六歲，惟天惟祖宗，全付余有家，余不克負荷。嗣此奉祭祀、持門戶，煢煢小子，其又曷堪第？念係近渠先生嫡孫，肯不時垂顧，余目瞑矣。" 語次聲淚俱下，妻妾環侍，亦吞聲飲泣，間以它語，少忍須臾，乃更覼縷陳之曰："謹按宗譜，余系出五房，自太高祖中憲公仁晉階知府，歷世滋大。仁生恒年；恒年生洪楷；洪楷生縉書，即先祖笏堂公，夙擅書，名學米南宮法，小時猶及追隨，寫關廟碑，片石巋然，尚存廊下，衹今仿佛能記憶之。先祖有子五人，先君居長。譜名師載，人以近渠先生稱，有孫八人，驥君長，屬同母弟，三人同堂；弟四人，皆不永年，亦尠所生，生又中殤。惟余晚年生子二人，彤恩而下，其次甫離襁褓，錫名彭惠，嗣子嘉言系擇繼者。自高曾祖禰以還，世德相傳，至余身而薄祐，門祚式微，服屬至親，惟此而已！嗟余少承庭訓，粗知義方，中年備試諸艱，以儉約自奉，稍盡色養，能博堂上親心歡。時近渠先生年垂六十，為鄉塾師，嘗謂躬處極困，盎無米，灶無煙，持操少有不嚴，廉恥大防於是隳矣，然能安之若命，默驗天心，此中機緘，磨厲人才在是，玉成人事亦在是，顧視自立何如耳！天運往復，窮達何常？異時吾子孫家用充裕，惟荒年賑穀，斯為功德不淺哉！因是前歲辛丑薦饑之餘，斗米千錢，爰捐米百斛，以為鄉鄰倡，今歲春，復捐錢九萬，以補不足。此昔承先君志也，受命以來，夙夜兢業，積儲半生，幸不辱命。乃兩年病，不能出，寔賴吾弟家居，左右贊成之，庶可見先君於地下耳！"

翌日，偕族弟夢九往視，病已彌留，仍申前言，付託再三，謹同聲應曰諾，易簀未幾，言猶在耳。

將以是年秋八月二十日，卜葬於綿壽原新阡。會其妻馬宜人、妾程氏暨子嘉言合謀刻石幽宮，乞我銘墓，爰略述之，無費辭。雲翔，以字行譜名驥，議敘五品銜，候銓按察司經歷，介休張氏，世居東鄉，洎雲翔貴援例……

城隍庙新建影壁楼亭记

【简介】

清光绪三十三年（1907）勒石。青石质。碑长63、宽53厘米。碑文楷体，14行，满行20字。原在介休市城内城隍庙。

【碑文】

光緒三十有三年，歲在彊梧協洽且月月陽在圉，介休城隍廟重建影壁樓亭落成，邑人董重為之記，曰城隍蓋郡國之保障，世俗或以為治鬼其然，豈其然乎？《郊特牲》云：祭坊與水庸。先王列於祀典，而報厥功者，所以重民命也。令各直省府廳州縣朝廷設廟崇封，抑非重民命而瀍，為群姓立社遺意歟？禦大菑，捍大患，城隍有焉，祀之固其宜也。廟貌故閎壯，而風雨飄搖，蓋失修也久矣。昭陽單閼之歲，大門影壁樓

亭乃遭霪霖而圯，於是民力不給，莫之繕完。今季春，邑紳劉君旭初慨捐钜資，李君吉人暨同事諸君益醵帚也，眾戶輸金，鳩匠人而庀材，先期白諸邑侯貴築曾公，公督焉，翼翼業業，監於成憲，罔有愆役，不踰時屏□克樹。烏乎！亦足妥神靈而致其虔也。已輸者、費者若干緡，與從事厥役者備紀之如左。

皇清诰授资政大夫花翎二品衔直隶候补道乔公墓志铭

【简介】

中华民国2年（1913）刊。乔世杰，字英甫，介休洪山人。其五子鹏书，1947年为“国大代表”、介休县国民党立法委员；鹏书子乔健原为香港中文大学教授。据介休市博物馆藏拓本整理。

【志文】

皇清誥授資政大夫花翎二品銜 直隸候補道喬公墓志銘

誥授奉政大夫陸軍部主事通家弟趙一琴篆蓋

賜進士出身誥授光祿大夫花翎二品銜四川補用道大計卓異二次特授清溪縣調補富順縣知縣鄉愚弟武丕文撰文

誥授光祿大夫欽加二品銜賞戴花翎奏調北洋差遣委用河南即補道鄉愚弟武同文書丹

君諱世傑，字英甫，喬姓，山西汾州府介休縣人，先世皆有潛德。君於兄弟行居二，襁褓喪父，六歲喪母，撫養於外氏家，賴舅父樊貢生教育之，以至於成人。君少有遠志，讀書能見其大。十四歲遊京師，入商界，與都人士交，而材識益進。旋就京友捐號事，號友識君才，委赴四川辦理捐務，井井有條，官商均樂與之交。迨光緒二十六年兩宮西巡，各省水旱頻仍，捐例大開，君復入川設捐號。不數月，輸將踴躍，鉅款克集。以故，人咸服君有濟變才，遂公推薦為成都商會總辦，詳部委任。君聯絡各商，眾情翕服，川省大吏因是知君長於理財。會浚川源官銀行總理甚難其選，大吏以君久在商界，信用素孚，具奏派充總理。四川為西南財賦之區，資本既豐，吸力自大。君又長袖善舞，添設分行於各省，浚蜀中之利，以匯中外之財，相輔相助，脈絡貫通。川省財政遂藉以稍抒其困，至是益為大吏所信任。時鐵嶺趙欽使督辦川滇邊務開懇事宜，關外路險人稀，交通不便，君乃不避險阻，親身調查，設分莊於拉薩、巴里塘、打箭爐、雅州等處，俾得源源接濟，軍餉有資，邊事乃漸次就緒，關外工商學諸務亦因之而起色。蓋君雖未躋顯位，而本商務之經濟，以促行政之變革者，君真商界之偉人歟。君性豪邁不羈，輕財好義，尤以引掖後進為急務，戚族交遊有困厄，必百計拯救之。先是有舅父某歿，妻老子幼，君歲給其養贍，且為遺孤等墊資圖事，以勵前進。在川有同鄉侯明府歿於官邸，身後蕭條，君既歸其喪，又令諸子就學經商，今皆能自立矣。至於補修京師之山西會館，創建平遙段村之橋，開浚石屯村、狐村之石路，皆出鉅資以成善事，尤彰彰在人耳目，無容縷述也。

君廣豐頤，素無疾，宣統三年秋，偶感風寒，乃竟不起，九月初七日已時卒於四川旅寓。生於咸豐七年十月二十日戌時，年五十有五。君由監生考取謄錄，歷保至直隸候補道，花翎二品銜，晉封一品，三代皆請如君封。有丈夫子七人，女子子四人。元配陳夫人，先卒，生子一，曰麟書，庠生，商部主事，娶任氏。繼配趙夫人生子三，曰翰書，曰玉書，曰雲書，均幼讀。生女二，長字同邑宋門，次幼。如夫人者二。馮氏生子二，曰鵬書，曰彤書，生女一，均幼讀。葉氏生子一，曰鳳書，生女一，均幼。如夫人率孤等將由四川扶柩回籍，卜於癸丑年四月初八日安葬於祖塋之次，而以狀乞銘。其狀不詳具祖、父名諱，於志墓例有闕，姑就其狀而編次之。

銘曰：古有鉅賈，國受其福。弦高犒師，功垂鄭國。惟君之才，兼有其識。廿世紀中，商戰劇烈。君在商界，時議翕服。光緒之季，西南孔亟。賴君轉輸，餉需不缺。位雖不列於廟堂，而名已達乎天闕。烏乎！喬君之風永無斁，千載而下視此石。

男麟書等瘞石。

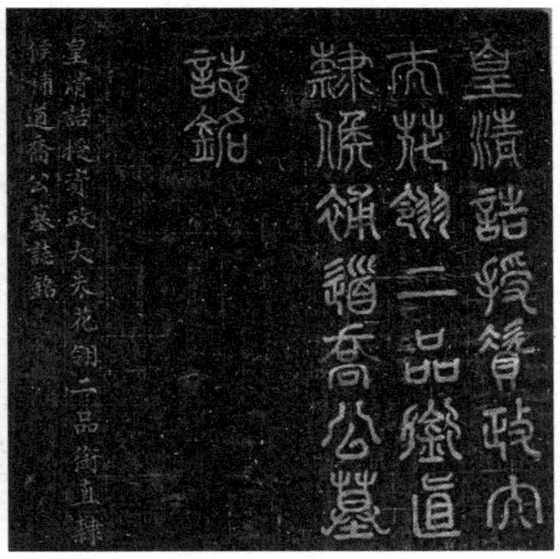

介休重修三官楼碑记

【简介】

中华民国6年（1917）勒石。该碑由晚清介休文苑大名士岳处园撰写，开头着墨不多，却将当时介休城内主要街市的布局构画得十分清晰。原碑早年立于三官楼底，楼拆除后迁移至城隍庙内正殿前檐下，现已无存。

【碑文】

介休重修三官樓碑記

縣城以東西街為通衢，市廛櫛比，衡宇對望，最稱繁庶。東有樓曰三官樓，西有樓曰鐘樓，遙相對峙，若雙峰然。兩樓之間曰四樓，俗名十字樓，為四街往來之總匯焉。顧四樓與鐘樓，清同光年間皆經重修，獨三官樓闕焉未講，歷年久遠，簷牙坍塌，棟宇摧殘，勢將墜壓，每四八集會，肩摩轂擊，胥出其途，行人惴惴，咸有戒心。邑人士謀所以新之，而此諉彼諉，謙讓未遑，議論雖多，成功絕少。梁君儁堂客鄂數十年，于荊沙紳商感情尤洽，慨然攜募冊以往，越三載歸來，共集得銀二千三百有奇，豫估樓工，綽乎有餘，乃鳩匠飭材，諏吉興工。故始于宣統元年六月，落成於民國五年九月，共用銀兩千兩而弱。羨余之數，于樓之南偏購房屋一所，以歲入租為歲修費資，可謂法良意美矣！是役也，事固集腋，然非梁君，腋烏由集？所謂微夫人之力不及此也。君名傑，邑東關人，見義勇為，有諾必踐，其他行誼，不具述記。其樓工，昔平遙中都橋為劉澤民所建，青主先生書碑，謂不知其人，請觀其橋，余與梁君亦云，觀其樓，其人可知矣。至於經營相度歷七八年，則王君寵章及在事諸人，皆勞瘁罔懈，例得與捐資姓氏備書碑陰，俾後來者有考焉。

邑人岳鴻舉撰書，時年七十有二。

民國六年歲次丁巳四月癸亥朔越八日庚午建

稷山喬鶴芝刻

清贡生岳处园先生之墓志

【简介】

中华民国10年（1921）刊。岳鸿举，字远侯，号处园，清末民初介休文苑名士，著述宏富。文据拓片录，董重《介休金石略》亦收，并有手稿传世。

【志文】

清貢生岳處園先生之墓誌

烏乎！辛亥迄今十載，世變之極，亙古未有。苟長此以往，讀書種子不幾絕跡邪？如吾介自郎澗東營周、岳月山寶樹諸老徂謝，士林為之減色。《詩》曰：“人之云亡，邦國殄瘁。”又曰：“雖無老成人，尚有典型。”又曰：“不憖遺一老。”哀哉！處園岳先生，少貧，植品力學，有大志，讀書不規規於帖括，手寫兩《漢書》《明史》及經世文字，為張信山清甸、吳我齋觀亨兩賢達所期許。嘗反《士不遇賦》，制《欒文襄公傳》以寄意，卒見賞於太守朱公、學使高公，僅以優行貢成均。

光緒初葉，介人士尚排比之學，先生與薛君桐威專耆古文辭，人皆目為迂且狂。邇來桐威之集已梓行，而先生詩古文暨隨筆俱漸次壽諸棗梨，視四十年前何如也？朝考報罷，不復仕進，因母夫人春秋高，就州縣幕，藉羔雁資以佐菽水。

宣統間，國是日非，學術又不靖，亟歸，以端本之學詒鄉人。及國變，審時事愈不可為，危行言遜，肆志載籍，閉戶自精。宋沈麟士細書滿篋，晉陶淵明飲酒賦詩，漢郭有道汲引後進，先生殆兼之矣。

孤衍鄦卜遠日，於九月十日為宅兆期，屬藏幽文，謹略品學志行之大凡，告於永永無極。

生之歲為道光丙午，壽七十有六，卒於今歲辛酉二月二日，諱鴻舉，字遠侯，號曰處園。曾祖信，祖觀保，考紹武，世為介休人。

同里董重撰

王鋆書

稷山喬鶴芝鐫

郭林宗赞并引

【简介】

具体年代不详，明孙继鲁撰文。据乾隆版《介休县志》卷十二录，嘉庆版《介休县志》卷十二亦有之。

【碑文】

郭林宗贊並引

先生大都高蹈，中郎備矣。乃身棲白屋，心在彤庭，殄瘁有嗟，中郎無述。良以後漢傾頹，磐石搖動，退聊邱壑，進窒經綸，委質未通，聘珍得已。如曾居鼎宰物，攬轡分符，既正君臣，莫逃天地。橫流砥柱，豈讓諸人？獨憾丹書約泯，白馬盟寒，英雄異延攬之秋，黨人丁禁錮之會。芳香蕪穢，氛禮彌滿。東已失朋，西何得吉？斯時留神載籍，啟發友生，馳譽當年，流芳後世，豈先生之淵意哉！惟中郎之作碑銘，屬時方重忌諱，詞雖麗則，意遂沉淪，俾先生大隱弗明，致後進長恳靡定。假以全身為是，則龍逢、比干失在夏殷；若謂濟世為非，則長沮、桀溺賢於孔孟。先生有道，夫豈懵然，固知見幾，正憂國也。爰述贊曰：

嗟哉先生！逢時讒慝。鳳伏㲈翔，飆回霧塞。煉石無補，杞國徒憂。辟舉托疾，肥遁靈修。巖穴栖栖，經生比比。明哲葆光，矯強不已。敷求漢庭，董子其人。或出或處，易地同神。

三复泮水记

【简介】

年代、撰文者均不详。据康熙版《介休县志》卷八录。

【碑文】

三復泮水記

泮水之麗於學宮，義取潛龍，寧不須水以神變化？然非人所能為也。惟天造地設，有神運焉。介之東南二十里許名狐岐，勝水於茲發源。每至三月，躬詣致祝，其源豐而流長，溉民田二百餘頃，繞縣左右。茲水也，造物者若或畀之，豈獨阜民，將閤邑之形勝、文風實重藉之。今初春，闔學以復泮水請，余問奚自，曰：自之來也遠矣。嘉靖間參藩于公鑿城穿渠，引勝水注泮池，復溢城外灌田，蓋兩利而並行也。後山水泛漲，及築城為阻，而泮水由格。歷萬曆甲戌，邑令康公復重修入學，立有石碑，以垂永久，厥後不知何年又廢。披閱碑文，及行水故渠，歷歷可據，委屬百餘年來舊典，胡可久湮？隨集三河父老會議，東中二河形格勢禁，已不能至矣，惟西河可達。然分在民間者，勺水不能動也，獨有浸河水甚裕，下從民議，每月三次放水入學，以初二、十二、廿二為期。五月十二，入學之始期也，是日引水至城下，而水弗入，會余以他務未至。先期吏備祀儀於側，三學博肅禮祭之，水始豁然進城，謂非有神運不可。士民連袵聚觀，喜可知也。蓋其大者盡以灌田，其餘波所及以修文事。即不能如嘉、萬間源源而來，然權宜於久廢之後，百年曠典復之一朝，泮水於今為三舉矣！益信天造地設，豈偶然哉！夫潛龍得水有所，乘以變化，願諸生勉旃。是役也，督水城外，丞君有力；鑿水城內，學博楊君有力。余適樂觀其成，勒之貞珉，永矢勿諼，憲憲令德，作如是觀。

永福寺藏经记

【简介】

年代不详，文彦博撰文。文据乾隆版《介休县志》卷十二录，嘉庆版《介休县志》卷十二亦收。

【碑文】

永福寺藏經記

彦博蒙祖禰之餘慶，被過庭之嚴訓。遭遇聖時，早登科級，驟叨進用，□□藩輔逾四十年。慶曆中，忝爰立□恩，得立家廟四世於西京。又高曾祖墳在汾州靈石、介休二縣，父母墳在西京伊闕縣。皆在有奉墳僧院，各得賜額，曰“永福”“教忠”“積慶”。得撥放□行，澤及大臣之家，至優至厚，以至子孫，敢不克荷？內介休空王西院、西京資聖院乃因舊院，已各有藏經，惟永福、教忠院近特捨俸賜金帛，各置經一大藏，付逐院收掌，逐時看轉，以克資薦。本院主首、知事僧精嚴護持，不得少有損失。

奉直大夫议叙主簿靄园梁公墓表

【简介】

年代不详，程体常撰文。文据嘉庆版《介休县志》卷十二录。

【表文】

奉直大夫議敘主簿靄園梁公墓表

聞之天道無親，常與善人，又曰積善之家，必有餘慶。余於梁氏靄園之厚德純誠，克昌厥後，而歎古聖賢垂訓勸勉來者之益信而有徵也。公諱昶，字瑞亭，號靄園，晚號健叟，汾之介休人。系出伯益，為安定鄔氏，漢酒泉太守統之裔。十六傳至士榮公，始遷介，越八世為公祖中憲大夫敷素，移居北關。父秀俊，庠生，晉贈中憲大夫。子三：長耀，候選同知；三照，布政司理問。公行二，性樸實，樂於為善，好讀書。未遇，援例入太學，用助軍餉議敘主簿，不願仕進，遂以福壽終於家，年八十有二。曾舉鄉飲大賓，預千叟宴，蒙賜詩章及內府珍物。配李氏，善相夫子，稱慈淑。以長子譽傑州同職加二級，晉封公奉直大夫。妣宜人。次譽倫，三譽佐，領乾隆癸卯科鄉薦，官內閣中書。孫五人：叔咸、叔恒、叔頤、叔豐、叔泰。孫女六。曾孫六人：曰棁、曰楣、曰桴、曰楫、曰棟、曰櫺。曾孫女八。元孫一，燮理。婚嫁皆名門，不盡述。公家故素封，顧似續繁衍，常慮不給於供，持躬務勤儉，日戒子弟毋習遊惰，毋逐世俗浮誇，似吝於出納者。然及觀其急國用、效輸將，捐地、浚渠、興水利，俾邑人資灌溉，與夫賙親收族、賑恤單寒，凡事之有益於閭里者，無不毅然自任，慷慨出橐中金相援助，雖至傾囊倒篋，勿稍惜其力。行善事有如此，殆所謂富而好禮者耶！以視世之剝削貧民肥己，擁重資而較及錙銖，輒形於顏面者，奚啻天壤之隔哉？宜乎身享遐齡，螽斯麟趾，繼繼繩繩。季則掇高科，職司清要，蘭孫叔恒亦以明經秉鐸石城。曾元繞膝，遞采泮芹，書香累葉，天之報施善人，洵不爽矣！余籍靈石，與介接壤，得自鄉人之傳誦，既耳熟能詳，又與中書君忝列姻婭，同官於朝，故有以知公之深。而中書君暖然如春，趨公謹慎，迨退息田園，忠以存心，恕以接物，鄉黨共推為長者，皆稟公義方之教也。世德相承，天道福善，具徵公之流澤孔長，梁氏家聲，當久而益振也。公生卒年月日備載壙志，茲特敘其梗節，以表諸墓。

皇清诰赠中宪大夫原职太仆寺卿加三级用二品服又加五级芝岩范公墓表

【简介】

芝岩，范毓䭺字，清初著名皇商。1999年上半年，时任介休市博物馆副馆长的吕增禄发现剪贴本拓片，长350、宽35厘米，今藏介休市博物馆。清钱仪吉《碑传集》录全文。

【表文】

皇清誥贈中憲大夫原職太僕寺卿加三級用二品服又加五級芝巖范公墓表

賜進士出身經筵講官光祿大夫刑部尚書教習庶吉士年家眷弟海陽汪由敦頓首拜撰文

賜進士及第通奉大夫刑部右侍郎紀錄二次年家眷弟茂苑彭啟豐頓首拜篆額

賜進士出身文林郎翰林院庶吉士年家眷侍生平江沈志祖頓首拜書丹

士大夫當國家清宴，各出其智能材谞，求效用當世，其顯焉者訏謨廟堂，布列有位，下至奔走一官一職，外而折沖禦侮，闕一人則一職不舉，此世所共知也。其爵未班，祿未受，奮竭才力，而深有裨於國家緩急之用，非表著其功伐，人未之知也。輪輳輗軏，一不具則無以勝重載；帆檣棹楫，一不利則無以涉大川。天下之大，國家庶事之煩且賾，其所需於用，豈渺聞淺見者意度所能及哉？若介休范公芝巖，其功次可最也。

范氏自至剛者，明初自介邑徙居張原村。七傳而至公祖肖山公，家大起，市易邊城，以信義著。皇朝定鼎初，召至京師授以職，力辭，因命主貿易事，賜產張家口為世業，歲輸皮幣入內府。子德淵繼之，中歲感疾歸，公代其事。公諱䭺，字芝巖，德淵公第三子也。以公弟毓䭴貴，祖考並贈封中大夫，祖妣鄧氏、牛氏，妣任氏，繼妣任氏，並贈封太叔人。又以公弟毓䭴貴，曾祖考諱明公暨祖、考並贈驃騎將軍，曾祖妣張氏暨祖妣、妣並贈封太夫人。

公生而穎異，性篤孝，既長，卓犖瑰偉，忠實能任事，承祖父遺業，曉暢邊地厄塞險易。蒙古諸部長往知公名，謂公魁傑才也。親族內外，藉公衣食者數十百輩，公一見，悉知其人材具短長。敏鈍程才，而授之事，事無不舉。燕、楚、交、廣諸大都會，多所置辦，從公口授指畫，雖身其地者弗能易察虛實，數千里外無遁情。生平坦肝膈示人，人人樂為用。其能集事多類此。

康熙丙子、丁丑間，聖祖仁皇帝有事准噶尔。官軍饋餉率以百二十金致一石，且或後期苦不繼。辛丑西征，官運視前值為准，公熟籌之曰："三之一足矣。"遂以家財運餉萬石，贍察漢廋尔，軍費一如所計，刻期至，無後者。

雍正五年，世宗憲皇帝討策凌，師出西北兩路，籌餉孔亟。怡賢親王知公前運餉有成效，以公名薦，立報可。公感上知遇，悉力自任，計轂多寡，差道路遠近，以次受值。曰洪郭尔鄂倫，曰鄂尔坤推河，曰塔木尔，曰查克拜達里克蒙古尔拖羅海，曰烏里雅蘇泰白格尔，曰察漢廋尔……而以科卜多為最遠，其值自一十一兩五錢至二十五兩有差。其先後籌運米石，有請於察漢廋尔官倉存剩借支補運者；有請於直隸、山西州縣及湖灘河所倉粟支給，而輸其值歸司庫，俾出陳易新者；有頓遞於多羅鄂波沿途支給者。擘畫悉中機要，計部一如所請，不少掣其肘，公益得自展布，車輪駝負，所需人工、牲畜、器具、資裝、芻糧、鞅靽，率先期集辦。臨時咄嗟應手，得經窮荒沙磧不毛之地，崇山沮澤作屏，夷治接軫銜尾，幕府所在，儲胥充裕，軍得宿飽。前後十年，所運米凡百餘萬石，所省大司農金錢六百餘萬，較最先所定值，不啻百億巨萬矣。

辛亥、壬子間，寇犯北路，所失米十三萬餘石，牛馬橐駝稱是。憲皇帝命據實報銷，公以國興亟，不可懸待。復補運如所失數，費白金百四十有四萬，不以上計部。至大兵既撤，前所運科卜多米，胥改輸近地。計部概以近值核銷，運戶前所受遠值，當追繳。公曰："運戶悉窮子，所受值，隨手罄，改運已無力，況追所受值乎！且追亦何可得也？"即如所改地，償其值，而代輸所應追者二百六十二萬餘兩。先以歷年應領米鉛價九十餘萬兩扣抵，餘立五限輸計部。

乾隆三年，奉命採辦洋銅，運京局，以抵分限應輸之數。又奉命采參長白諸山場，歷年所入，視前為多，後緣不敷近額。八年，部議以應折參價及所逋運值，凡百十四萬兩有奇，悉辦洋銅，輸西安、保定、湖北、江西、江蘇五布政司，備鼓鑄。銅產東南外洋長崎諸島，賈舶風帆出沒洪濤礁嶼中，倭夷居奇留難，承辦官羈十餘年，不得如額，指為畏途。公曰："吾受恩重，此吾分也。"立遣人駕巨舟赴洋採辦。其始終任事不擇險易類如此。

公以雍正七年，特恩優敘予太僕寺卿銜，再加二級，章服同二品，前此所未有也。十一年，以通融事發，削職，而所供辦悉如故。

嗚呼！財用之關天下計也，大矣！貿遷有無化居，見於典訓，而薰風之曲，不諱阜財。聖人經世之用，未嘗不寓於此。而拘迂之士，當官以流品相矜尚，稍有緩急騰空，言而無濟實用，長才無由自見，事以僨敗而疲，氓因之益困，可勝歎哉！觀公之受厚恩，有以知我國家因才器使，善用其長，委任當而無遺賢有如此。而公之智力，誠亦有過人者，蓋兩得之矣。

公之歿也，少宗伯梁溪秦公為之志，孤子清洪奉其文來請表墓道之石。予未與公深交，而秦公端人也，其言核其文於公生平善行，不具著著；其運籌饋餉有裨軍國之大者，亦與史法合，因為之纂次，俾揭諸阡。其配祔卒葬年月、子姓姻戚，具載志中，亦不具述。

公子四人：清洪，戊午順天舉人，刑部浙江司員外郎加五級，誥授中憲大夫；清注，丙辰恩科順天副榜貢生，候補中書科中書舍人；清澳，戊午順天舉人；清沂，丙辰恩科順天舉人。皆向學，以文章取科名，能世其家云。

三贤祠辩

【简介】

年代不详，王琈撰文。文据嘉庆《介休县志》卷十二录。

【正文】

三賢祠辯

介之仙台有所謂蚱蜢廟，土人俎豆之維虔。歲或昆蟲殺稼，父老走廟籲請，即不為災。吁！蚱蜢亦靈矣。余偶經其地，見門額有"三賢"字，筆劃雖斷落，尚可辨。不禁憮然曰：此田子方廟也，胡為名實之相違如此乎！按西河郡志載：子方與卜子夏、段干木為流寓，稱"三賢"。想昔之慕義者，建祠於兹歟？抑三賢車轍所至與？後人不核，徒以子方與蚱蜢音相合，而又冠以田，遂置子夏、干木不道，獨子方之名以訛顯。今廟像尚三，其加冕而旒，則後人附會而新之也。噫！果蚱蜢奪子方之位，抑子方竊蚱蜢之祀耶？余不敢知。獨念蚱蜢臚諸祀族次先穡矣！亦何地不可居歆，而實逼處此，以與後之君子爭此數椽乎？且子方義至高，生不苟合當世，豈其千百載後忽自敗其操，區區一祀之愛，取非其有，而腹是果，中材猶將恥焉，敢謂子方其不吐乎？然今之享祀者果伊誰哉？又誰為福民而利賴之哉？蓋古之聖賢，生有殊德，死則以風雲雨露之澤庇厥下民。子方賢人，不辜民之請，為之捍災禦患，俾弗蝝於蟊螣，用克有年，亦理之可信。而特不能自言其非蚱蜢也，民日受捍災禦患之德，以時舉祀勿敢墜，亦遂不知其子方也夫。吾謂子方得祀於土宜矣，獨怪士大夫不祀，而獨祀於農夫野老，農夫野老又不知其為子方，而士大夫又不辨其非，將跪而祀之曰"蚱蜢"，坐而受之則"子方"。穀士女而降之康者"子方"，頌神功而矯舉之則又曰"蚱蜢"。人祀之非實，神享之非名，非名則冒，非實則濫，濫與冒弗光祀典。為告鄉人曰：先生姓田名子方，與卜子夏、段干木皆魏文侯時人，文侯深敬之，事著於春秋之際，祀不可缺也，名不可假也。

诰封昭武都尉累赠武翼都尉附贡生温公耿昌墓志铭

【简介】

年代不详，郭攀斗撰文。文据嘉庆版《介休县志》卷十二录。

【志文】

誥封昭武都尉累贈武翼都尉附貢生溫公耿昌墓誌銘

綿山之陽，有古柏焉，相傳為秦時所植，故名其村曰秦樹。風俗淳樸，尚有陶唐之遺，而溫氏尤以厚德著於鄉，余於公見之矣。公諱沛，字盛川，耿昌其號也。先世居介之東關，繼遷秦樹，而族益盛。高祖鑒庵，曾祖興我。祖惠臺，候銓州同。父諱丕謨，晉贈昭武都尉，世德相承，克昌厥後。公生平無嗜好，幼即潛心載籍。及壯，補弟子員，屢困於棘闈，旋貢入太學。不復圖進取，日以卷牘自娛，老而不釋。常與人語及，每以不得博取科名、有負初心為恨。性至孝，年近六旬，逮事親，膝下承歡，依然孺慕。家裕於財，而自奉極儉約。具識大體，常急公助國餉者再。閭里歲歉，恒貸金粟以賙之，其他善行不殫述。蓋富而好行其德者。

嗟乎！儒者窮居草茅，坐誦書史，幸而得見用於時。不必盡具匡濟之略，已足震耀流俗人耳目，交口稱道勿置。若夫巖穴之士，匿跡銷聲，而聞望歸焉，往往名過其實者有之。獨至素封，其習尚既易入驕淫，而世復刻以相繩，少所許可，偶不自檢，即指摘其短長共詬誶，或面諛腹誹，唯恐其不性竭財單者。如公之席豐履厚，恂恂儒素，慷慨好施，所務皆家庭庸行，而親族無間言，鄉黨有令譽，亦庶幾德讓君子，可以風世之役役於利濦而不舍者矣。公卒於嘉慶十年六月二十八日，年八十一。配郭氏、冀氏、侯氏、文氏、李氏、焦氏。唯冀氏生二子。長泰履，候選都司，封公昭武都尉，累贈武翼都尉，郭氏、冀氏皆淑人。次泰恒，候選布政司理問。孫三，毓檀，議敘縣丞。毓芝、毓蘭，俱幼業儒。長君泰履將以十一年八月十五日合葬先妣於先人之兆，乞余為銘，余不敢辭。泰履事公，色養兼至，純孝也。《詩》云：孝思不匱，永賜爾類。其信然乎！銘曰：

鬱鬱南原，卜吉攸止。克諧以孝，德被邑子。嗚呼！爾公爾侯，憂勞沒齒，是亦為政，奚必仕？

资政大夫慎庵张君墓志铭

【简介】

年代不详，茹纶常撰文。文据嘉庆版《介休县志》卷十二录。

【志文】

資政大夫慎庵張君墓誌銘

修短稟於天，樹立操於己。怙惡者無論矣！彼庸碌弇鄙，生無一節之可稱，死無片善之堪記，此其人雖壽躋耄期，亦與草亡木卒等耳，何足重哉！若夫篤於孝友，睦於里黨，飭躬勵行，雖不永年，而聞者莫不咨嗟而稱道之。此吾於世講慎庵張君有深悼焉！君諱清典，字徽五，號慎庵。先地自隴西遷介休，曾王父呈錦，登仕郎，贈文林郎。王父焯，太學生，軍功議敘主簿，以子職贈朝議大夫，以次孫貴，覃恩贈中憲大夫，晉贈資政大夫。父企栻，布政司理問，加級授朝議大夫，以次子貴，覃恩贈中憲大夫，晉贈資政大夫；母梁，封夫人，有壼德，年垂八旬，生二子。君其長也。生而恬靜純孝，氣度如成人，最為父亦敬公所鍾愛。稍長就家塾，與弟同學，友愛備至，惟於學課則競先不讓。看日誦千言，弟弗之及，為文則略遜於弟，因是尤晝夜攻苦不輟，稟素弱遂致病，幾殆。父戒曰：汝志強而體孱，心細而量狹，欲效力皇途，尚可別圖，慎無以功名身外之物貽父母憂也。厥後，弟果入庠食餼，君以例入太學，皆涓中書科中書。然亦敬公性厭煩劇，不喜群居狂論，晚歲幾欲杜門謝客。凡邑中公事及里社周旋、親鄰慶吊，悉屬之君，而君酬應得宜，處事周詳，量情施予。

與人交，最重然諾，以故人皆器重之。叔祖樸庵公以兩門公務，每托君籌辦。邑侯汪公建武廟及考所公館，皆延君為領袖。君之父執如范息園、李曉園，及予同事數載，無不嘉其老成持重，而歎其父為有子也。詎意廟工未竣，亦敬公忽感末疾，君倉皇醫卜，衣不解帶者屢月，後稍愈，迄未能痊可。復與弟更番夜侍湯藥者幾三載。及罹大故，以積勞擗踴苫塊，哀毀彌甚。予每過唁曰：生事死葬，孝之大者，子生事之禮盡，而死葬之禮未盡也。矧堂上白頭之母，膝下黃口之兒，皆子其之責，子其勉之！乃殮畢未數月，聞君染時疫。予曰：殆哉！精悴神傷，豈能支乎？數日溘逝。

嗚呼！慎庵其死於孝耶，其死於病耶，抑不幸而予言之中耶！使斯人年甫逾強壯，而赍志以歿，亦何天奪之速耶！蓋君始終椿蔭之下，雖小有設施，卒未獲抒其胸臆，自恃年力，而未奮跡雲霄。以俗情論，生於富貴之家，席豐履盛，而弗克享妻孥一日之養，其勝於終窶者幾何哉？嗚呼！一棺戢身，萬事都捐。是誠可悲也已！

君生於乾隆十七年四月十六日，卒於乾隆五十九年五月十一日，年四十有三。吏部候選員外郎，以子職贈奉政大夫，以弟官貤贈資政大夫。配李氏，封夫人。子二：應恒，奉政大夫，候選府同知，娶羅氏；應觀，軍功議敘主簿，聘李氏。女四：長適靈石廩貢生王惠來，卒；二適監生曹於麟，卒；三適候選同知任信；四未聘。孫男一，守恭，聘劉氏，廩貢生錫桓公女；孫女一，字靳氏，候選府同知如汾公男有寬。時應恒以承重，與其叔俱丁太夫人憂，將以嘉慶十年十月十六日卯時奉資政公與太夫人柩合葬於上城南之永昌原，應恒亦即於是日奉君柩安葬祖墳之次。先期，君弟戶部君率侄應恒過余曰：兄之銘欲累先生，而以營葬考妣事鉅時迫，不遑筆墨，行狀未具，奈何？予曰：余與君家四世交情，百年鄰好，家風之長厚，人品之淳良，余頗稔知，固不待狀也。義無可辭，因約略誌之。銘曰：

易古積善之慶，詩傳張仲之賢。無忝所生，而胡不永年？人耶天耶？其主芙蓉之城，而騎箕尾之躔耶！倘非虛言，或可以慰君魂魄於九泉。君孝友克敦，官階崇加於身後。富貴不驕，良讓譽翕於人口。華屋山邱，依父與母。有子有孫，芝蘭瓊玖。人生過隙，何必耆耈。沒世名稱，期為不朽。嗚呼！視予之歎其誰某，銘君之壙曰漫叟。

附录

一、其他材质刻文选录

空王殿建修碑记

【简介】

明万历三十三年（1605）勒石。琉璃烧造，孔雀蓝底，黑色字，螭首，方座。碑首高22、宽49厘米。碑身高137、宽49、厚18厘米。底座长80、宽47、高34厘米。碑文楷体，7行，满行17字。额题“空王古佛”，碑阴额题“建修碑记”。现存介休市龙凤镇张壁古堡空王佛祠。

【碑文】

空王殿建修碑記

萬曆叁十叁年叁月貳拾叁日。

蓋聞佛居鷲嶺，尚乃化利人天；僧住禪林，豈不煩於眾信。千般善事，唯有作福為先；萬種法門，無過修造第一。今有介休縣遐壁里張壁村空王寺僧人寬位、祖潤、佛心，欲建古佛空王殿。工程浩大，獨力難成，不免恭持素簿，便謁高門，仰望萬聖同歸云耳。

糾首：張大崇　張計□　張乙科　賈明　靳实　王守君　靳陽　賈英　張旺　張邦　張□　賈庫　張慶　賈相　張義

起意僧人：寬賢

创建空王佛行祠碑记

【简介】

明万历四十一年（1613）勒石。琉璃烧造，孔雀蓝底，黑色字，螭首，方座。碑首高22、宽49厘米。碑身高137、宽49、厚18厘米。底座长80、宽47、高34厘米。碑文楷体，16行，满行42字。额题“皇帝万岁”。本地匠人烧造，张宝书。碑文详述了唐代高僧田志超修行经历，具有重要史料价值。现存介休市龙凤镇张壁古堡空王佛祠。

【碑文】

刱建空王佛行祠碑記

夫空王佛者，乃往昔久遠劫中苦行修道，得成名佛，曰空王如來，為一大事。因緣出現於世，閻浮示跡，降入凡俗。遡其源流，迺知古佛係陕西鳳翔府人，俗姓田氏，寄居在太原府榆次縣原渦村。自幼齋素，聰明智慧，逈出常人，長膺里長，凡有錢糧逋負者，一併陪補，不給，受縣官責，遂棄家緣，割愛辭親與妻，至開化寺削髮為僧，法名惠超。繼訪靜樂，旋回鳳凰寺，苦行三載，尋師講道。又詣介休縣華嚴、洪濟寺，自發肯心，擔水赴工，致動四天王使鐘擡水，因主僧清晨識破，將鐘抛下，漂至河津。復至臨溪塔巖頭，感青衣童子奉獻，摩斯、銀公迎接，五龍王祈請至中巖，嵌巖危峰，幾不能過，有二兔搭橋引之于前，一猛虎追赶之于後，五龍捧聖，皈至大巖。常有異僧往來，共談說法，與五龍下棋，每每有勝。織女献衣，天王捧鉢。至唐貞觀八年，亢旱不雨，長安耆老來祈甘雨，佛命摩斯施雨，比時摩斯淘米，將米泔西望三杓，得雨三日有驗。唐王聞此大悦，遂命鑾駕，訪見真人，空王等三聖不肯屈見，以故隱匿入滅，即今抱腹巖、摩斯塔、銀公洞是也。唐王焚香虔祝，乞示明應，天空中擲下金字牌，書寫“人滅聖人即空王佛”。摩斯、銀公為度此方，故示現。所以每年三月十七日，空王聖誕，龍神聚會，四方各府州縣人民朝禮聖境，報答佛恩。登涉中途，綿山之麓張壁村，乃空王佛之要路，凡散人到此無不止息，或遇天雨盛大，不能朝禮，此村南焚之。以萬曆三十年，本村糾首張大崇、靳陽、張邦、賈相等，心存好善，欲建行祠。一鄉巨擘，一旦捐資，各處募緣，四方賢俊，布施集輳，建立行祠三楹。內塑空王、摩斯、銀公三聖，采畫金妝，壁繪如來功行，週圍完備，外具成，四方香客亦遇風雨而有賴。民詣行祠，恭禮金容，與岩古佛亦然欣喜一村院人也。余安居勝景，頃發誠心，依空王古本採略銘石，永表後世云耳。

書字人張寶

萬曆四十一年六月十六日吉造

琉璃匠人：喬京　喬天科　喬天恩　喬汝貞

住持僧人：性高　性奇　門徒寬賢　寬義　寬位　法孫祖閏　祖國　重孫道春　道務　道秀　曾孫典鳴

道德真经后序

【简介】

2001 年刻。黄花梨木质，共 13 块，每块长 290、宽 110 厘米，每块文字 15 行，满行 56 字。碑文行书。嵌于介休市绵山六罗宫殿内壁。

【碑文】

道德真经后序

夫作人之道，应遵道行法，言行合一，要按忠孝仁信礼仪廉耻八德为之。是道则进，非道则退，非理莫视，非理莫听，非理莫言，非理莫行，念念心正，处处诚实。作事须循天理，不要巧诈虚伪，对人应讲良心，不可口是心非。尊师重道，正心修身，慈孝温良，敬让谦和，平等待人，不嫉妒，不妄言，不争不贪，能忍能让，扶弱济贫，救苦救难，敬天地祀祖先，广行善事，爱国家，爱人民，修道培德，丝毫之过必除，细微之功必积，恬淡无欲，身心康宁，清静无为，悟道明心，前程光明，命逢昌运，灾消祸散，劫难不侵，福寿增延，与道合真，不仅自益，亦是为国利民。但愿中华各族亲如一人，世界各族好如一家，和睦相处，互爱互助，共存共荣，天下人皆渡着美满幸福的生活。天人合一，共享天府之乐，自然而言世界和平，天下大同。

道德真经是世界文明拓展之源，中华民族的繁荣昌盛关乎世界人类幸福与和平。此经诚为救世普渡之宝筏，是人类向往之灯塔，成仙成佛成圣成贤之梯航，是救正人心治世之大法。余甚契之，希阅者熟读精思，专心研求，静心领悟，洞明宇宙天地人生之真谛，俾修道者益加鼓舞，精进慕道者访求明师，以修大道，使世人明白了作人准绳与方向，在处世为人方面也就不敢任意妄为，作位道德人，无量善哉！学者得遇是书，珍惜宝藏，弘扬流传，迭相教化，广结善缘，功德无量，衷心赞仰乐而为后序。

时在公元二零零一年岁次辛巳端月上元节　介休邑人阎吉英敬撰

二、分时代统计表

时 代	统计结果	
	现 存	佚 失
北朝·唐·五代	8	5
宋·金	5	3
元	2	2
明	50	12
清	297	65
中华民国	15	3
中华人民共和国	49	0
纪年不详	4	8
总计	430	98

三、分类统计表

类 别	统计结果	
	现 存	佚 失
记事类	353	54
乡规民约类	18	1
墓碑墓志类	20	39
烈士纪念碑类	9	0
匾额楹联类	4	1
题诗题刻类	8	0
其他类	18	3
总计	430	98

索　引

一、记事类

●**现存石刻**

●佚失石刻

二、乡规民约类

●现存石刻

●佚失石刻

三、墓碑墓志类

●现存石刻

●佚失石刻

四、烈士纪念碑类

●现存石刻

五、匾额楹联类

●现存石刻

●佚失石刻

六、题诗题刻类

●现存石刻

七、其他类

●现存石刻

●佚失石刻

后 记

《三晋石刻大全·晋中市介休市卷》即将出版，我们心中涌动着难以言喻的激动与感慨。这部凝聚了无数人心血与汗水的著作，不仅是对介休石刻艺术的一次全面调查与展现，更是我们团队共同经历的一段难忘旅程。

2004年11月，《三晋石刻总目·晋中市卷》的出版发行，使我们萌发了全面搜集整理介休石刻资料的想法。2007年11月1日，晋中市委、市政府根据山西省委、省政府要求，发出《关于编纂〈三晋石刻大全〉晋中市各县（区、市）分卷的通知》，介休市随即成立《三晋石刻大全·晋中市介休市卷》编纂办公室，正式启动此项工作。弹指一挥间，17年过去了，编纂办公室工作人员因工作变动等原因几度更换，但大家始终尽职尽责，久久为功，累计行程万余里，走遍了全市的乡镇村庄、古庙遗址，翻越了境内大大小小的山峰。餐风宿露，风尘仆仆，抄录、拓印、收集了大量碑石资料信息，这些第一手资料是本书编辑的基本条件。

编辑过程中，从抄录原文、识读断句、录入电脑、校对文字、拓本拍照到版式制作，工作人员都以高度的敬业精神，饱满的工作热情与严谨的科学态度，孜孜以求，奋力拼搏，为圆满完成这一重大历史使命，付出了艰辛劳动。介休市博物馆秦明、段青兰、温春爱、王涛、张强、李晋祥、王晓伟等同志，在前期搜集、捶拓、抄录、拍照等资料信息收集中付出了大量辛勤劳动。后期碑文录入、文字校对等琐碎工作，文旅局机关干部职工特别是办公室人员几乎都曾有过参与，不再赘述，在此一并表示诚挚谢意！

此项工程得到了省、市领导及社会文化人士的热情关注与鼎力支持，山西省三晋文化研究会的领导们多次提出建设性意见建议。介休市政协副主席郝继文，介休市史志研究室主任温旭霞、副主任侯添，文化学者刘保全、范有根、孟满喜、任兆琮、陈全、冀广大等也从资料、图片等方面给予大力支持和无私帮助，并提出很多有益的建议。介休市回音文化传播有限公司在后期资料整理过程中也发挥了积极作用，在此一并表示衷心的感谢！

在本书的编纂过程中，介休市文旅局（原文化局）几任主要领导都给予了大力支持，特别是现任局长宋林伟，是文化系统的老战士，对介休文化事业怀有深厚感情。2008年编纂工作启动后，时任市文化局副局长的他主抓此项工作。2020年10月，从市委宣传部返回文旅局任局长后，对进展缓慢的《三晋石刻大全·晋中市介休市卷》编纂工作念兹在兹，多次向有关领导反映呼吁。2021年8月，在时任介休市委常委、常务副市长段燕瑞的有效组织和积极协调下，宋林伟迅速组织力量，推进这项工作。此后，编纂工作驶入快车道，并取得实效。

本书共收集各类碑石528通（块），其中现存碑石430通（含中华人民共和国成立后碑石49通），佚失碑石碑文98篇。碑文识读标断是本书编纂的核心部分，需要有很强的古汉语功底和丰富的知识积累。10余年间，王礻川先生广泛搜集各方资料，基本完成了碑刻内容的拓印，初步识读了大部分碑文。2021年8月，市文化和旅游局苏长生接手该项工作后，请许中先生将剩余的近60篇碑文识读完毕。此后，苏长生利用下乡、文物普查等机会，又陆续补充了50多通之前遗漏的碑石，并组织对全部碑石内容进行了再次识读，对基本信息资料逐一核实和查漏补缺，最终成稿。

《三晋石刻大全·晋中市介休市卷》的出版，是无数同志汗水和心血的结晶，是介休文化事业的一项丰硕成果，也是三晋文化研究的重要参考资料。

需要说明的是，在本书编辑过程中，仍有古代碑石不断出土和发现，在力所能及的条件下，我们也陆续进行了增补，但仍有遗漏，是为一大憾事！

限于编者的学识水平，本书可能存在很多不足甚至错误，敬请方家读者批评指正！

《三晋石刻大全·晋中市介休市卷》编委会

二〇二四年八月

图书在版编目(CIP)数据

三晋石刻大全. 晋中市介休市卷 / 李玉明 李俊明总主编；宋林伟分册主编 . 太原：三晋出版社，2024. 8. -- ISBN 978-7-5457-3078-4

K877.402

中国国家版本馆 CIP 数据核字第 2024FM2306 号

三晋石刻大全 · 晋中市介休市卷

总 主 编：李玉明　李俊明
本卷主编：宋林伟
执行主编：苏长生
责任编辑：落馥香
审　　订：王晓枫　王宗政

出 版 者：山西出版传媒集团 · 三晋出版社
地　　址：太原市建设南路 21 号
邮　　编：030012
电　　话：0351 — 4922268（发行中心）
0351 — 4956036（综合办）
E — mail：sj@sxpmg.com
网　　址：http://www.sjcbs.cn

经 销 者：新华书店
承 印 者：山西基因包装印刷科技股份有限公司

开　　本：787mm × 1092mm　1/8
印　　张：125.5
字　　数：1600 千字
版　　次：2024 年 8 月　第一版
印　　次：2024 年 8 月　第一次印刷
书　　号：ISBN 978-7-5457-3078-4
定　　价：1250.00 元（全二册）

ISBN 978-7-5457-3078-4

如有印装质量问题，请与本社发行部联系　电话：0351—4922268

史料载体　文化积淀　定格瞬间　昭示永恒

《三晋石刻大全》

荣列国家十二五规划、山西省十二五规划，并荣获山西出版传媒集团2009年度十大好书、优秀晋版图书一等奖、全国古籍优秀图书一等奖。

已(即)出书目(有★号者为已出)	定(估)价	已(即)出书目(有★号者为已出)	定(估)价
★《临汾市洪洞县卷》	600元	★《晋城市城区卷》	480元
★《临汾市尧都区卷》	480元	★《晋城市泽州县卷》	690元
★《临汾市安泽县卷》	280元	★《长治市沁源县卷》	350元
★《临汾市侯马市卷》	260元	★《长治市平顺县卷》(增订本)	1200元
★《临汾市曲沃县卷》	380元	★《长治市黎城县卷》	500元
★《临汾市浮山县卷》	480元	★《长治市长治县卷》	300元
★《临汾市古县卷》	380元	★《长治市长治县炎帝碑林卷》	600元
★《临汾市蒲县卷》	340元	★《长治市屯留县卷》	200元
★《临汾市大宁县卷》	180元	★《长治市长子县卷》	350元
★《临汾市乡宁县卷》	630元	★《长治市武乡县卷》	660元
★《临汾市霍州市卷》	600元	★《长治市壶关县卷》	600元
★《临汾市永和县卷》	240元	★《长治市襄垣县卷》	750元
★《临汾市襄汾县卷》	990元	★《太原市古交市卷》	200元
★《临汾市吉县卷》	600元	★《太原市杏花岭区卷》	400元
★《临汾市汾西县卷》	400元	★《太原市尖草坪区卷》	300元
★《临汾市翼城县卷》	1500元	★《太原市万柏林区卷》	150元
《临汾市隰县卷》	220元	★《太原市迎泽区卷》	370元
★《运城市盐湖区卷》	420元	★《太原市娄烦县卷》	300元
★《运城市绛县卷》	610元	《太原市阳曲县卷》	400元
★《运城市新绛县卷》	520元	《太原市晋源区卷》	400元
★《运城市临猗县卷》	400元	★《吕梁市孝义市卷》	380元
★《运城市芮城县卷》	620元	★《吕梁市柳林县卷》	360元
★《运城市稷山县卷》	900元	★《吕梁市石楼县卷》	310元
★《运城市永济市卷》	900元	★《吕梁市方山县卷》	390元
★《运城市平陆县卷》	360元	★《吕梁市兴县卷》	480元
★《运城市夏县卷》	1500元	《吕梁市兴县卷续编》	500元
★《运城市万荣县卷》	500元	★《吕梁市汾阳市卷》	1900元
★《运城市河津市卷》	1100元	★《吕梁市文水县卷》	500元
★《运城市垣曲县卷》	400元	★《吕梁市临县卷》	1800元
★《运城市闻喜县卷》	550元	★《忻州市宁武县卷》(增订本)	400元
★《晋中市寿阳县卷》	580元	★《朔州市平鲁区卷》	380元
★《晋中市灵石县卷》	580元	★《朔州市怀仁县卷》	320元
★《晋中市左权县卷》	380元	★《朔州市朔城区卷》	1300元
★《晋中市榆次区卷》	460元	★《朔州市应县卷》	500元
★《晋中市和顺县卷》	300元	★《朔州市右玉县卷》	500元
★《晋中市太谷县卷》	400元	《朔州市山阴县卷》	600元
★《晋中市平遥县卷》	1800元	★《大同市灵丘县卷》	200元
★《晋中市介休市卷》	1250元	★《大同市灵丘县卷续编》	200元
★《阳泉市盂县卷》	620元	★《大同市左云县卷》	240元
《阳泉市平定县卷》	1000元	★《大同市浑源县卷》(增订本)	720元
《阳泉市郊区(城区·矿区)卷》	1800元	★《大同市广灵县卷》	380元
★《晋城市高平市卷》	680元	★《大同市南郊区卷》	300元
★《晋城市沁水县卷》	500元	★《大同市大同县卷》	200元
★《晋城市阳城县卷》	660元	《大同市天镇县卷》	500元
★《晋城市陵川县卷》	620元		